北京市南水北调工程征地拆迁实务及法规汇编

法规汇编卷（上册）

北京市南水北调工程拆迁办公室 编

图书在版编目（CIP）数据

北京市南水北调工程征地拆迁实务及法规汇编. 法规汇编卷 / 北京市南水北调工程拆迁办公室编. -- 北京 : 中国水利水电出版社, 2013.4
ISBN 978-7-5170-0854-5

Ⅰ. ①北… Ⅱ. ①北… Ⅲ. ①南水北调—水利工程—土地征用—法规—汇编—北京市②南水北调—水利工程—房屋拆迁—法规—汇编—北京市 Ⅳ. ①D927.102.399②D927.102.181.9

中国版本图书馆CIP数据核字(2013)第091940号

责任编辑：李金玲

书　　名	**北京市南水北调工程征地拆迁实务及法规汇编·法规汇编卷**（上册）
作　　者	北京市南水北调工程拆迁办公室　编
出版发行	中国水利水电出版社
	（北京市海淀区玉渊潭南路1号D座　100038）
	网址：www.waterpub.com.cn
	E-mail：sales@waterpub.com.cn
	电话：（010）68367658（发行部）
经　　售	北京科水图书销售中心（零售）
	电话：（010）88383994、63202643、68545874
	全国各地新华书店和相关出版物销售网点
排　　版	中国水利水电出版社微机排版中心
印　　刷	北京纪元彩艺印刷有限公司
规　　格	184mm×260mm　16开本　81.75印张（总）　1938千字（总）
版　　次	2013年4月第1版　2013年4月第1次印刷
印　　数	0001—1000册
总 定 价	**368.00**元（上、下册）

《北京市南水北调工程征地拆迁实务及法规汇编》
编 委 会

目　　录

上　　册

第一部分　法　　律

第二部分　行政法规及法规性文件

第三部分　地方性法规

第四部分　部门规章及规范性文件

下　册

第五部分　地方政府规章及规范性文件（北京）

第六部分　其他规范性文件

第一部分

法律

一、水 利 工 程

中华人民共和国水法

主席令第74号

（2002年8月29日第九届全国人民代表大会常务委员会第二十九次会议通过，根据2009年8月27日第十一届全国人民代表大会常务委员会第十次会议《关于修改部分法律的决定》修正）

第一章　总　　则

第一条　为了合理开发、利用、节约和保护水资源，防治水害，实现水资源的可持续利用，适应国民经济和社会发展的需要，制定本法。

第二条　在中华人民共和国领域内开发、利用、节约、保护、管理水资源，防治水害，适用本法。

本法所称水资源，包括地表水和地下水。

第三条　水资源属于国家所有。水资源的所有权由国务院代表国家行使。农村集体经济组织的水塘和由农村集体经济组织修建管理的水库中的水，归各该农村集体经济组织使用。

第四条　开发、利用、节约、保护水资源和防治水害，应当全面规划、统筹兼顾、标本兼治、综合利用、讲求效益，发挥水资源的多种功能，协调好生活、生产经营和生态环境用水。

第五条　县级以上人民政府应当加强水利基础设施建设，并将其纳入本级国民经济和社会发展计划。

第六条　国家鼓励单位和个人依法开发、利用水资源，并保护其合法权益。开发、利用水资源的单位和个人有依法保护水资源的义务。

第七条　国家对水资源依法实行取水许可制度和有偿使用制度。但是，农村集体经济组织及其成员使用本集体经济组织的水塘、水库中的水的除外。国务院水行政主管部门负责全国取水许可制度和水资源有偿使用制度的组织实施。

第八条　国家厉行节约用水，大力推行节约用水措施，推广节约用水新技术、新工艺，发展节水型工业、农业和服务业，建立节水型社会。

各级人民政府应当采取措施，加强对节约用水的管理，建立节约用水技术开发推广体系，培育和发展节约用水产业。

单位和个人有节约用水的义务。

第九条 国家保护水资源，采取有效措施，保护植被，植树种草，涵养水源，防治水土流失和水体污染，改善生态环境。

第十条 国家鼓励和支持开发、利用、节约、保护、管理水资源和防治水害的先进科学技术的研究、推广和应用。

第十一条 在开发、利用、节约、保护、管理水资源和防治水害等方面成绩显著的单位和个人，由人民政府给予奖励。

第十二条 国家对水资源实行流域管理与行政区域管理相结合的管理体制。

国务院水行政主管部门负责全国水资源的统一管理和监督工作。

国务院水行政主管部门在国家确定的重要江河、湖泊设立的流域管理机构（以下简称流域管理机构），在所管辖的范围内行使法律、行政法规规定的和国务院水行政主管部门授予的水资源管理和监督职责。

县级以上地方人民政府水行政主管部门按照规定的权限，负责本行政区域内水资源的统一管理和监督工作。

第十三条 国务院有关部门按照职责分工，负责水资源开发、利用、节约和保护的有关工作。

县级以上地方人民政府有关部门按照职责分工，负责本行政区域内水资源开发、利用、节约和保护的有关工作。

第二章 水资源规划

第十四条 国家制定全国水资源战略规划。

开发、利用、节约、保护水资源和防治水害，应当按照流域、区域统一制定规划。规划分为流域规划和区域规划。流域规划包括流域综合规划和流域专业规划；区域规划包括区域综合规划和区域专业规划。

前款所称综合规划，是指根据经济社会发展需要和水资源开发利用现状编制的开发、利用、节约、保护水资源和防治水害的总体部署。前款所称专业规划，是指防洪、治涝、灌溉、航运、供水、水力发电、竹木流放、渔业、水资源保护、水土保持、防沙治沙、节约用水等规划。

第十五条 流域范围内的区域规划应当服从流域规划，专业规划应当服从综合规划。

流域综合规划和区域综合规划以及与土地利用关系密切的专业规划，应当与国民经济和社会发展规划以及土地利用总体规划、城市总体规划和环境保护规划相协调，兼顾各地区、各行业的需要。

第十六条 制定规划，必须进行水资源综合科学考察和调查评价。水资源综合科学考察和调查评价，由县级以上人民政府水行政主管部门会同同级有关部门组织进行。

县级以上人民政府应当加强水文、水资源信息系统建设。县级以上人民政府水行政主管部门和流域管理机构应当加强对水资源的动态监测。

基本水文资料应当按照国家有关规定予以公开。

第十七条　国家确定的重要江河、湖泊的流域综合规划，由国务院水行政主管部门会同国务院有关部门和有关省、自治区、直辖市人民政府编制，报国务院批准。跨省、自治区、直辖市的其他江河、湖泊的流域综合规划和区域综合规划，由有关流域管理机构会同江河、湖泊所在地的省、自治区、直辖市人民政府水行政主管部门和有关部门编制，分别经有关省、自治区、直辖市人民政府审查提出意见后，报国务院水行政主管部门审核；国务院水行政主管部门征求国务院有关部门意见后，报国务院或者其授权的部门批准。

前款规定以外的其他江河、湖泊的流域综合规划和区域综合规划，由县级以上地方人民政府水行政主管部门会同同级有关部门和有关地方人民政府编制，报本级人民政府或者其授权的部门批准，并报上一级水行政主管部门备案。

专业规划由县级以上人民政府有关部门编制，征求同级其他有关部门意见后，报本级人民政府批准。其中，防洪规划、水土保持规划的编制、批准，依照防洪法、水土保持法的有关规定执行。

第十八条　规划一经批准，必须严格执行。

经批准的规划需要修改时，必须按照规划编制程序经原批准机关批准。

第十九条　建设水工程，必须符合流域综合规划。在国家确定的重要江河、湖泊和跨省、自治区、直辖市的江河、湖泊上建设水工程，其工程可行性研究报告报请批准前，有关流域管理机构应当对水工程的建设是否符合流域综合规划进行审查并签署意见；在其他江河、湖泊上建设水工程，其工程可行性研究报告报请批准前，县级以上地方人民政府水行政主管部门应当按照管理权限对水工程的建设是否符合流域综合规划进行审查并签署意见。水工程建设涉及防洪的，依照防洪法的有关规定执行；涉及其他地区和行业的，建设单位应当事先征求有关地区和部门的意见。

第三章　水资源开发利用

第二十条　开发、利用水资源，应当坚持兴利与除害相结合，兼顾上下游、左右岸和有关地区之间的利益，充分发挥水资源的综合效益，并服从防洪的总体安排。

第二十一条　开发、利用水资源，应当首先满足城乡居民生活用水，并兼顾农业、工业、生态环境用水以及航运等需要。

在干旱和半干旱地区开发、利用水资源，应当充分考虑生态环境用水需要。

第二十二条　跨流域调水，应当进行全面规划和科学论证，统筹兼顾调出和调入流域的用水需要，防止对生态环境造成破坏。

第二十三条　地方各级人民政府应当结合本地区水资源的实际情况，按照地表水与地下水统一调度开发、开源与节流相结合、节流优先和污水处理再利用的原则，合理组织开发、综合利用水资源。

国民经济和社会发展规划以及城市总体规划的编制、重大建设项目的布局，应当与当地水资源条件和防洪要求相适应，并进行科学论证；在水资源不足的地区，应当对城市规模和建设耗水量大的工业、农业和服务业项目加以限制。

第二十四条　在水资源短缺的地区，国家鼓励对雨水和微咸水的收集、开发、利用和对海水的利用、淡化。

第二十五条 地方各级人民政府应当加强对灌溉、排涝、水土保持工作的领导，促进农业生产发展；在容易发生盐碱化和渍害的地区，应当采取措施，控制和降低地下水的水位。

农村集体经济组织或者其成员依法在本集体经济组织所有的集体土地或者承包土地上投资兴建水工程设施的，按照谁投资建设谁管理和谁受益的原则，对水工程设施及其蓄水进行管理和合理使用。

农村集体经济组织修建水库应当经县级以上地方人民政府水行政主管部门批准。

第二十六条 国家鼓励开发、利用水能资源。在水能丰富的河流，应当有计划地进行多目标梯级开发。

建设水力发电站，应当保护生态环境，兼顾防洪、供水、灌溉、航运、竹木流放和渔业等方面的需要。

第二十七条 国家鼓励开发、利用水运资源。在水生生物洄游通道、通航或者竹木流放的河流上修建永久性拦河闸坝，建设单位应当同时修建过鱼、过船、过木设施，或者经国务院授权的部门批准采取其他补救措施，并妥善安排施工和蓄水期间的水生生物保护、航运和竹木流放，所需费用由建设单位承担。

在不通航的河流或者人工水道上修建闸坝后可以通航的，闸坝建设单位应当同时修建过船设施或者预留过船设施位置。

第二十八条 任何单位和个人引水、截（蓄）水、排水，不得损害公共利益和他人的合法权益。

第二十九条 国家对水工程建设移民实行开发性移民的方针，按照前期补偿、补助与后期扶持相结合的原则，妥善安排移民的生产和生活，保护移民的合法权益。

移民安置应当与工程建设同步进行。建设单位应当根据安置地区的环境容量和可持续发展的原则，因地制宜，编制移民安置规划，经依法批准后，由有关地方人民政府组织实施。所需移民经费列入工程建设投资计划。

第四章 水资源、水域和水工程的保护

第三十条 县级以上人民政府水行政主管部门、流域管理机构以及其他有关部门在制定水资源开发、利用规划和调度水资源时，应当注意维持江河的合理流量和湖泊、水库以及地下水的合理水位，维护水体的自然净化能力。

第三十一条 从事水资源开发、利用、节约、保护和防治水害等水事活动，应当遵守经批准的规划；因违反规划造成江河和湖泊水域使用功能降低、地下水超采、地面沉降、水体污染的，应当承担治理责任。

开采矿藏或者建设地下工程，因疏干排水导致地下水水位下降、水源枯竭或者地面塌陷，采矿单位或者建设单位应当采取补救措施；对他人生活和生产造成损失的，依法给予补偿。

第三十二条 国务院水行政主管部门会同国务院环境保护行政主管部门、有关部门和有关省、自治区、直辖市人民政府，按照流域综合规划、水资源保护规划和经济社会发展要求，拟定国家确定的重要江河、湖泊的水功能区划，报国务院批准。跨省、自治区、直

辖市的其他江河、湖泊的水功能区划，由有关流域管理机构会同江河、湖泊所在地的省、自治区、直辖市人民政府水行政主管部门、环境保护行政主管部门和其他有关部门拟定，分别经有关省、自治区、直辖市人民政府审查提出意见后，由国务院水行政主管部门会同国务院环境保护行政主管部门审核，报国务院或者其授权的部门批准。

前款规定以外的其他江河、湖泊的水功能区划，由县级以上地方人民政府水行政主管部门会同同级人民政府环境保护行政主管部门和有关部门拟定，报同级人民政府或者其授权的部门批准，并报上一级水行政主管部门和环境保护行政主管部门备案。

县级以上人民政府水行政主管部门或者流域管理机构应当按照水功能区对水质的要求和水体的自然净化能力，核定该水域的纳污能力，向环境保护行政主管部门提出该水域的限制排污总量意见。

县级以上地方人民政府水行政主管部门和流域管理机构应当对水功能区的水质状况进行监测，发现重点污染物排放总量超过控制指标的，或者水功能区的水质未达到水域使用功能对水质的要求的，应当及时报告有关人民政府采取治理措施，并向环境保护行政主管部门通报。

第三十三条 国家建立饮用水水源保护区制度。省、自治区、直辖市人民政府应当划定饮用水水源保护区，并采取措施，防止水源枯竭和水体污染，保证城乡居民饮用水安全。

第三十四条 禁止在饮用水水源保护区内设置排污口。

在江河、湖泊新建、改建或者扩大排污口，应当经过有管辖权的水行政主管部门或者流域管理机构同意，由环境保护行政主管部门负责对该建设项目的环境影响报告书进行审批。

第三十五条 从事工程建设，占用农业灌溉水源、灌排工程设施，或者对原有灌溉用水、供水水源有不利影响的，建设单位应当采取相应的补救措施；造成损失的，依法给予补偿。

第三十六条 在地下水超采地区，县级以上地方人民政府应当采取措施，严格控制开采地下水。在地下水严重超采地区，经省、自治区、直辖市人民政府批准，可以划定地下水禁止开采或者限制开采区。在沿海地区开采地下水，应当经过科学论证，并采取措施，防止地面沉降和海水入侵。

第三十七条 禁止在江河、湖泊、水库、运河、渠道内弃置、堆放阻碍行洪的物体和种植阻碍行洪的林木及高秆作物。

禁止在河道管理范围内建设妨碍行洪的建筑物、构筑物以及从事影响河势稳定、危害河岸堤防安全和其他妨碍河道行洪的活动。

第三十八条 在河道管理范围内建设桥梁、码头和其他拦河、跨河、临河建筑物、构筑物，铺设跨河管道、电缆，应当符合国家规定的防洪标准和其他有关的技术要求，工程建设方案应当依照防洪法的有关规定报经有关水行政主管部门审查同意。

因建设前款工程设施，需要扩建、改建、拆除或者损坏原有水工程设施的，建设单位应当负担扩建、改建的费用和损失补偿。但是，原有工程设施属于违法工程的除外。

第三十九条 国家实行河道采砂许可制度。河道采砂许可制度实施办法，由国务院规定。

在河道管理范围内采砂，影响河势稳定或者危及堤防安全的，有关县级以上人民政府水行政主管部门应当划定禁采区和规定禁采期，并予以公告。

第四十条 禁止围湖造地。已经围垦的，应当按照国家规定的防洪标准有计划地退地还湖。

禁止围垦河道。确需围垦的，应当经过科学论证，经省、自治区、直辖市人民政府水行政主管部门或者国务院水行政主管部门同意后，报本级人民政府批准。

第四十一条 单位和个人有保护水工程的义务，不得侵占、毁坏堤防、护岸、防汛、水文监测、水文地质监测等工程设施。

第四十二条 县级以上地方人民政府应当采取措施，保障本行政区域内水工程，特别是水坝和堤防的安全，限期消除险情。水行政主管部门应当加强对水工程安全的监督管理。

第四十三条 国家对水工程实施保护。国家所有的水工程应当按照国务院的规定划定工程管理和保护范围。

国务院水行政主管部门或者流域管理机构管理的水工程，由主管部门或者流域管理机构商有关省、自治区、直辖市人民政府划定工程管理和保护范围。

前款规定以外的其他水工程，应当按照省、自治区、直辖市人民政府的规定，划定工程保护范围和保护职责。

在水工程保护范围内，禁止从事影响水工程运行和危害水工程安全的爆破、打井、采石、取土等活动。

第五章 水资源配置和节约使用

第四十四条 国务院发展计划主管部门和国务院水行政主管部门负责全国水资源的宏观调配。全国的和跨省、自治区、直辖市的水中长期供求规划，由国务院水行政主管部门会同有关部门制订，经国务院发展计划主管部门审查批准后执行。地方的水中长期供求规划，由县级以上地方人民政府水行政主管部门会同同级有关部门依据上一级水中长期供求规划和本地区的实际情况制订，经本级人民政府发展计划主管部门审查批准后执行。

水中长期供求规划应当依据水的供求现状、国民经济和社会发展规划、流域规划、区域规划，按照水资源供需协调、综合平衡、保护生态、厉行节约、合理开源的原则制定。

第四十五条 调蓄径流和分配水量，应当依据流域规划和水中长期供求规划，以流域为单元制定水量分配方案。

跨省、自治区、直辖市的水量分配方案和旱情紧急情况下的水量调度预案，由流域管理机构商有关省、自治区、直辖市人民政府制订，报国务院或者其授权的部门批准后执行。其他跨行政区域的水量分配方案和旱情紧急情况下的水量调度预案，由共同的上一级人民政府水行政主管部门商有关地方人民政府制订，报本级人民政府批准后执行。

水量分配方案和旱情紧急情况下的水量调度预案经批准后，有关地方人民政府必须执行。

在不同行政区域之间的边界河流上建设水资源开发、利用项目，应当符合该流域经批准的水量分配方案，由有关县级以上地方人民政府报共同的上一级人民政府水行政主管部门或者有关流域管理机构批准。

第四十六条　县级以上地方人民政府水行政主管部门或者流域管理机构应当根据批准的水量分配方案和年度预测来水量，制定年度水量分配方案和调度计划，实施水量统一调度；有关地方人民政府必须服从。

国家确定的重要江河、湖泊的年度水量分配方案，应当纳入国家的国民经济和社会发展年度计划。

第四十七条　国家对用水实行总量控制和定额管理相结合的制度。

省、自治区、直辖市人民政府有关行业主管部门应当制订本行政区域内行业用水定额，报同级水行政主管部门和质量监督检验行政主管部门审核同意后，由省、自治区、直辖市人民政府公布，并报国务院水行政主管部门和国务院质量监督检验行政主管部门备案。

县级以上地方人民政府发展计划主管部门会同同级水行政主管部门，根据用水定额、经济技术条件以及水量分配方案确定的可供本行政区域使用的水量，制定年度用水计划，对本行政区域内的年度用水实行总量控制。

第四十八条　直接从江河、湖泊或者地下取用水资源的单位和个人，应当按照国家取水许可制度和水资源有偿使用制度的规定，向水行政主管部门或者流域管理机构申请领取取水许可证，并缴纳水资源费，取得取水权。但是，家庭生活和零星散养、圈养畜禽饮用等少量取水的除外。

实施取水许可制度和征收管理水资源费的具体办法，由国务院规定。

第四十九条　用水应当计量，并按照批准的用水计划用水。

用水实行计量收费和超定额累进加价制度。

第五十条　各级人民政府应当推行节水灌溉方式和节水技术，对农业蓄水、输水工程采取必要的防渗漏措施，提高农业用水效率。

第五十一条　工业用水应当采用先进技术、工艺和设备，增加循环用水次数，提高水的重复利用率。

国家逐步淘汰落后的、耗水量高的工艺、设备和产品，具体名录由国务院经济综合主管部门会同国务院水行政主管部门和有关部门制定并公布。生产者、销售者或者生产经营中的使用者应当在规定的时间内停止生产、销售或者使用列入名录的工艺、设备和产品。

第五十二条　城市人民政府应当因地制宜采取有效措施，推广节水型生活用水器具，降低城市供水管网漏失率，提高生活用水效率；加强城市污水集中处理，鼓励使用再生水，提高污水再生利用率。

第五十三条　新建、扩建、改建建设项目，应当制订节水措施方案，配套建设节水设施。节水设施应当与主体工程同时设计、同时施工、同时投产。

供水企业和自建供水设施的单位应当加强供水设施的维护管理，减少水的漏失。

第五十四条　各级人民政府应当积极采取措施，改善城乡居民的饮用水条件。

第五十五条　使用水工程供应的水，应当按照国家规定向供水单位缴纳水费。供水价格应当按照补偿成本、合理收益、优质优价、公平负担的原则确定。具体办法由省级以上人民政府价格主管部门会同同级水行政主管部门或者其他供水行政主管部门依据职权制定。

第六章　水事纠纷处理与执法监督检查

第五十六条　不同行政区域之间发生水事纠纷的，应当协商处理；协商不成的，由上一级人民政府裁决，有关各方必须遵照执行。在水事纠纷解决前，未经各方达成协议或者共同的上一级人民政府批准，在行政区域交界线两侧一定范围内，任何一方不得修建排水、阻水、取水和截（蓄）水工程，不得单方面改变水的现状。

第五十七条　单位之间、个人之间、单位与个人之间发生的水事纠纷，应当协商解决；当事人不愿协商或者协商不成的，可以申请县级以上地方人民政府或者其授权的部门调解，也可以直接向人民法院提起民事诉讼。县级以上地方人民政府或者其授权的部门调解不成的，当事人可以向人民法院提起民事诉讼。

在水事纠纷解决前，当事人不得单方面改变现状。

第五十八条　县级以上人民政府或者其授权的部门在处理水事纠纷时，有权采取临时处置措施，有关各方或者当事人必须服从。

第五十九条　县级以上人民政府水行政主管部门和流域管理机构应当对违反本法的行为加强监督检查并依法进行查处。

水政监督检查人员应当忠于职守，秉公执法。

第六十条　县级以上人民政府水行政主管部门、流域管理机构及其水政监督检查人员履行本法规定的监督检查职责时，有权采取下列措施：

（一）要求被检查单位提供有关文件、证照、资料；

（二）要求被检查单位就执行本法的有关问题作出说明；

（三）进入被检查单位的生产场所进行调查；

（四）责令被检查单位停止违反本法的行为，履行法定义务。

第六十一条　有关单位或者个人对水政监督检查人员的监督检查工作应当给予配合，不得拒绝或者阻碍水政监督检查人员依法执行职务。

第六十二条　水政监督检查人员在履行监督检查职责时，应当向被检查单位或者个人出示执法证件。

第六十三条　县级以上人民政府或者上级水行政主管部门发现本级或者下级水行政主管部门在监督检查工作中有违法或者失职行为的，应当责令其限期改正。

第七章　法　律　责　任

第六十四条　水行政主管部门或者其他有关部门以及水工程管理单位及其工作人员，利用职务上的便利收取他人财物、其他好处或者玩忽职守，对不符合法定条件的单位或者个人核发许可证、签署审查同意意见，不按照水量分配方案分配水量，不按照国家有关规定收取水资源费，不履行监督职责，或者发现违法行为不予查处，造成严重后果，构成犯罪的，对负有责任的主管人员和其他直接责任人员依照刑法的有关规定追究刑事责任；尚不够刑事处罚的，依法给予行政处分。

第六十五条　在河道管理范围内建设妨碍行洪的建筑物、构筑物，或者从事影响河势稳定、危害河岸堤防安全和其他妨碍河道行洪的活动的，由县级以上人民政府水行政主管部门或者流域管理机构依据职权，责令停止违法行为，限期拆除违法建筑物、构筑物，恢复原状；逾期不拆除、不恢复原状的，强行拆除，所需费用由违法单位或者个人负担，并处一万元以上十万元以下的罚款。

未经水行政主管部门或者流域管理机构同意，擅自修建水工程，或者建设桥梁、码头和其他拦河、跨河、临河建筑物、构筑物，铺设跨河管道、电缆，且防洪法未作规定的，由县级以上人民政府水行政主管部门或者流域管理机构依据职权，责令停止违法行为，限期补办有关手续；逾期不补办或者补办未被批准的，责令限期拆除违法建筑物、构筑物；逾期不拆除的，强行拆除，所需费用由违法单位或者个人负担，并处一万元以上十万元以下的罚款。

虽经水行政主管部门或者流域管理机构同意，但未按照要求修建前款所列工程设施的，由县级以上人民政府水行政主管部门或者流域管理机构依据职权，责令限期改正，按照情节轻重，处一万元以上十万元以下的罚款。

第六十六条　有下列行为之一，且防洪法未作规定的，由县级以上人民政府水行政主管部门或者流域管理机构依据职权，责令停止违法行为，限期清除障碍或者采取其他补救措施，处一万元以上五万元以下的罚款：

（一）在江河、湖泊、水库、运河、渠道内弃置、堆放阻碍行洪的物体和种植阻碍行洪的林木及高秆作物的；

（二）围湖造地或者未经批准围垦河道的。

第六十七条　在饮用水水源保护区内设置排污口的，由县级以上地方人民政府责令限期拆除、恢复原状；逾期不拆除、不恢复原状的，强行拆除、恢复原状，并处五万元以上十万元以下的罚款。

未经水行政主管部门或者流域管理机构审查同意，擅自在江河、湖泊新建、改建或者扩大排污口的，由县级以上人民政府水行政主管部门或者流域管理机构依据职权，责令停止违法行为，限期恢复原状，处五万元以上十万元以下的罚款。

第六十八条　生产、销售或者在生产经营中使用国家明令淘汰的落后的、耗水量高的工艺、设备和产品的，由县级以上地方人民政府经济综合主管部门责令停止生产、销售或者使用，处二万元以上十万元以下的罚款。

第六十九条　有下列行为之一的，由县级以上人民政府水行政主管部门或者流域管理机构依据职权，责令停止违法行为，限期采取补救措施，处二万元以上十万元以下的罚款；情节严重的，吊销其取水许可证：

（一）未经批准擅自取水的；

（二）未依照批准的取水许可规定条件取水的。

第七十条　拒不缴纳、拖延缴纳或者拖欠水资源费的，由县级以上人民政府水行政主管部门或者流域管理机构依据职权，责令限期缴纳；逾期不缴纳的，从滞纳之日起按日加收滞纳部分千分之二的滞纳金，并处应缴或者补缴水资源费一倍以上五倍以下的罚款。

第七十一条　建设项目的节水设施没有建成或者没有达到国家规定的要求，擅自投入使用的，由县级以上人民政府有关部门或者流域管理机构依据职权，责令停止使用，限期改正，处五万元以上十万元以下的罚款。

第七十二条 有下列行为之一，构成犯罪的，依照刑法的有关规定追究刑事责任；尚不够刑事处罚，且防洪法未作规定的，由县级以上地方人民政府水行政主管部门或者流域管理机构依据职权，责令停止违法行为，采取补救措施，处一万元以上五万元以下的罚款；违反治安管理处罚法的，由公安机关依法给予治安管理处罚；给他人造成损失的，依法承担赔偿责任：

（一）侵占、毁坏水工程及堤防、护岸等有关设施，毁坏防汛、水文监测、水文地质监测设施的；

（二）在水工程保护范围内，从事影响水工程运行和危害水工程安全的爆破、打井、采石、取土等活动的。

第七十三条 侵占、盗窃或者抢夺防汛物资，防洪排涝、农田水利、水文监测和测量以及其他水工程设备和器材，贪污或者挪用国家救灾、抢险、防汛、移民安置和补偿及其他水利建设款物，构成犯罪的，依照刑法的有关规定追究刑事责任。

第七十四条 在水事纠纷发生及其处理过程中煽动闹事、结伙斗殴、抢夺或者损坏公私财物、非法限制他人人身自由，构成犯罪的，依照刑法的有关规定追究刑事责任；尚不够刑事处罚的，由公安机关依法给予治安管理处罚。

第七十五条 不同行政区域之间发生水事纠纷，有下列行为之一的，对负有责任的主管人员和其他直接责任人员依法给予行政处分：

（一）拒不执行水量分配方案和水量调度预案的；

（二）拒不服从水量统一调度的；

（三）拒不执行上一级人民政府的裁决的；

（四）在水事纠纷解决前，未经各方达成协议或者上一级人民政府批准，单方面违反本法规定改变水的现状的。

第七十六条 引水、截（蓄）水、排水，损害公共利益或者他人合法权益的，依法承担民事责任。

第七十七条 对违反本法第三十九条有关河道采砂许可制度规定的行政处罚，由国务院规定。

第八章 附 则

第七十八条 中华人民共和国缔结或者参加的与国际或者国境边界河流、湖泊有关的国际条约、协定与中华人民共和国法律有不同规定的，适用国际条约、协定的规定。但是，中华人民共和国声明保留的条款除外。

第七十九条 本法所称水工程，是指在江河、湖泊和地下水源上开发、利用、控制、调配和保护水资源的各类工程。

第八十条 海水的开发、利用、保护和管理，依照有关法律的规定执行。

第八十一条 从事防洪活动，依照防洪法的规定执行。

水污染防治，依照水污染防治法的规定执行。

第八十二条 本法自2002年10月1日起施行。

二、土 地 征 占

中华人民共和国土地管理法

主席令第 28 号

（1986 年 6 月 25 日第六届全国人民代表大会常务委员会第十六次会议通过，根据 1988 年 12 月 29 日第七届全国人民代表大会常务委员会第五次会议《关于修改〈中华人民共和国土地管理法〉的决》第一次修改，1998 年 8 月 29 日第九届全国人民代表大会常务委员会第四次会议修订，根据 2004 年 8 月 28 日第十届全国人民代表大会常务委员会第十一次会议《关于修改〈中华人民共和国土地管理法〉的决定》第二次修正）

第一章 总 则

第一条 为了加强土地管理，维护土地的社会主义公有制，保护、开发土地资源，合理利用土地，切实保护耕地，促进社会经济的可持续发展，根据宪法，制定本法。

第二条 中华人民共和国实行土地的社会主义公有制，即全民所有制和劳动群众集体所有制。

全民所有，即国家所有土地的所有权由国务院代表国家行使。

任何单位和个人不得侵占、买卖或者以其他形式非法转让土地。土地使用权可以依法转让。

国家为了公共利益的需要，可以依法对土地实行征收或者征用并给予补偿。

国家依法实行国有土地有偿使用制度。但是，国家在法律规定的范围内划拨国有土地使用权的除外。

第三条 十分珍惜、合理利用土地和切实保护耕地是我国的基本国策。各级人民政府应当采取措施，全面规划，严格管理，保护、开发土地资源，制止非法占用土地的行为。

第四条 国家实行土地用途管制制度。

国家编制土地利用总体规划，规定土地用途，将土地分为农用地、建设用地和未利用地。严格限制农用地转为建设用地，控制建设用地总量，对耕地实行特殊保护。

前款所称农用地是指直接用于农业生产的土地，包括耕地、林地、草地、农田水利用地、养殖水面等；建设用地是指建造建筑物、构筑物的土地，包括城乡住宅和公共设施用地、工矿用地、交通水利设施用地、旅游用地、军事设施用地等；未利用地是指农用地和建设用地以外的土地。

使用土地的单位和个人必须严格按照土地利用总体规划确定的用途使用土地。

第五条 国务院土地行政主管部门统一负责全国土地的管理和监督工作。

县级以上地方人民政府土地行政主管部门的设置及其职责，由省、自治区、直辖市人民政府根据国务院有关规定确定。

第六条 任何单位和个人都有遵守土地管理法律、法规的义务，并有权对违反土地管理法律、法规的行为提出检举和控告。

第七条 在保护和开发土地资源、合理利用土地以及进行有关的科学研究等方面成绩显著的单位和个人，由人民政府给予奖励。

第二章 土地的所有权和使用权

第八条 城市市区的土地属于国家所有。

农村和城市郊区的土地，除由法律规定属于国家所有的以外，属于农民集体所有；宅基地和自留地、自留山，属于农民集体所有。

第九条 国有土地和农民集体所有的土地，可以依法确定给单位或者个人使用。使用土地的单位和个人，有保护、管理和合理利用土地的义务。

第十条 农民集体所有的土地依法属于村农民集体所有的，由村集体经济组织或者村民委员会经营、管理；已经分别属于村内两个以上农村集体经济组织的农民集体所有的，由村内各该农村集体经济组织或者村民小组经营、管理；已经属于乡（镇）农民集体所有的，由乡（镇）农村集体经济组织经营、管理。

第十一条 农民集体所有的土地，由县级人民政府登记造册，核发证书，确认所有权。

农民集体所有的土地依法用于非农业建设的，由县级人民政府登记造册，核发证书，确认建设用地使用权。

单位和个人依法使用的国有土地，由县级以上人民政府登记造册，核发证书，确认使用权；其中，中央国家机关使用的国有土地的具体登记发证机关，由国务院确定。

确认林地、草原的所有权或者使用权，确认水面、滩涂的养殖使用权，分别依照《中华人民共和国森林法》、《中华人民共和国草原法》和《中华人民共和国渔业法》的有关规定办理。

第十二条 依法改变土地权属和用途的，应当办理土地变更登记手续。

第十三条 依法登记的土地的所有权和使用权受法律保护，任何单位和个人不得侵犯。

第十四条 农民集体所有的土地由本集体经济组织的成员承包经营，从事种植业、林业、畜牧业、渔业生产。土地承包经营期限为三十年。发包方和承包方应当订立承包合同，约定双方的权利和义务。承包经营土地的农民有保护和按照承包合同约定的用途合理利用土地的义务。农民的土地承包经营权受法律保护。

在土地承包经营期限内，对个别承包经营者之间承包的土地进行适当调整的，必须经村民会议三分之二以上成员或者三分之二以上村民代表的同意，并报乡（镇）人民政府和县级人民政府农业行政主管部门批准。

第十五条　国有土地可以由单位或者个人承包经营，从事种植业、林业、畜牧业、渔业生产。农民集体所有的土地，可以由本集体经济组织以外的单位或者个人承包经营，从事种植业、林业、畜牧业、渔业生产。发包方和承包方应当订立承包合同，约定双方的权利和义务。土地承包经营的期限由承包合同约定。承包经营土地的单位和个人，有保护和按照承包合同约定的用途合理利用土地的义务。农民集体所有的土地由本集体经济组织以外的单位或者个人承包经营的，必须经村民会议三分之二以上成员或者三分之二以上村民代表的同意，并报乡（镇）人民政府批准。

第十六条　土地所有权和使用权争议，由当事人协商解决；协商不成的，由人民政府处理。

单位之间的争议，由县级以上人民政府处理；个人之间、个人与单位之间的争议，由乡级人民政府或者县级以上人民政府处理。

当事人对有关人民政府的处理决定不服的，可以自接到处理决定通知之日起三十日内，向人民法院起诉。

在土地所有权和使用权争议解决前，任何一方不得改变土地利用现状。

第三章　土地利用总体规划

第十七条　各级人民政府应当依据国民经济和社会发展规划、国土整治和资源环境保护的要求、土地供给能力以及各项建设对土地的需求，组织编制土地利用总体规划。

土地利用总体规划的规划期限由国务院规定。

第十八条　下级土地利用总体规划应当依据上一级土地利用总体规划编制。

地方各级人民政府编制的土地利用总体规划中的建设用地总量不得超过上一级土地利用总体规划确定的控制指标，耕地保有量不得低于上一级土地利用总体规划确定的控制指标。

省、自治区、直辖市人民政府编制的土地利用总体规划，应当确保本行政区域内耕地总量不减少。

第十九条　土地利用总体规划按照下列原则编制：

（一）严格保护基本农田，控制非农业建设占用农用地；

（二）提高土地利用率；

（三）统筹安排各类、各区域用地；

（四）保护和改善生态环境，保障土地的可持续利用；

（五）占用耕地与开发复垦耕地相平衡。

第二十条　县级土地利用总体规划应当划分土地利用区，明确土地用途。

乡（镇）土地利用总体规划应当划分土地利用区，根据土地使用条件，确定每一块土地的用途，并予以公告。

第二十一条　土地利用总体规划实行分级审批。

省、自治区、直辖市的土地利用总体规划，报国务院批准。

省、自治区人民政府所在地的市、人口在一百万以上的城市以及国务院指定的城市的土地利用总体规划，经省、自治区人民政府审查同意后，报国务院批准。

本条第二款、第三款规定以外的土地利用总体规划，逐级上报省、自治区、直辖市人民政府批准；其中，乡（镇）土地利用总体规划可以由省级人民政府授权的设区的市、自治州人民政府批准。

土地利用总体规划一经批准，必须严格执行。

第二十二条 城市建设用地规模应当符合国家规定的标准，充分利用现有建设用地，不占或者尽量少占农用地。

城市总体规划、村庄和集镇规划，应当与土地利用总体规划相衔接，城市总体规划、村庄和集镇规划中建设用地规模不得超过土地利用总体规划确定的城市和村庄、集镇建设用地规模。

在城市规划区内、村庄和集镇规划区内，城市和村庄、集镇建设用地应当符合城市规划、村庄和集镇规划。

第二十三条 江河、湖泊综合治理和开发利用规划，应当与土地利用总体规划相衔接。在江河、湖泊、水库的管理和保护范围以及蓄洪滞洪区内，土地利用应当符合江河、湖泊综合治理和开发利用规划，符合河道、湖泊行洪、蓄洪和输水的要求。

第二十四条 各级人民政府应当加强土地利用计划管理，实行建设用地总量控制。

土地利用年度计划，根据国民经济和社会发展计划、国家产业政策、土地利用总体规划以及建设用地和土地利用的实际状况编制。土地利用年度计划的编制审批程序与土地利用总体规划的编制审批程序相同，一经审批下达，必须严格执行。

第二十五条 省、自治区、直辖市人民政府应当将土地利用年度计划的执行情况列为国民经济和社会发展计划执行情况的内容，向同级人民代表大会报告。

第二十六条 经批准的土地利用总体规划的修改，须经原批准机关批准；未经批准，不得改变土地利用总体规划确定的土地用途。经国务院批准的大型能源、交通、水利等基础设施建设用地，需要改变土地利用总体规划的，根据国务院的批准文件修改土地利用总体规划。

经省、自治区、直辖市人民政府批准的能源、交通、水利等基础设施建设用地，需要改变土地利用总体规划的，属于省级人民政府土地利用总体规划批准权限内的，根据省级人民政府的批准文件修改土地利用总体规划。

第二十七条 国家建立土地调查制度。

县级以上人民政府土地行政主管部门会同同级有关部门进行土地调查。土地所有者或者使用者应当配合调查，并提供有关资料。

第二十八条 县级以上人民政府土地行政主管部门会同同级有关部门根据土地调查成果、规划土地用途和国家制定的统一标准，评定土地等级。

第二十九条 国家建立土地统计制度。

县级以上人民政府土地行政主管部门和同级统计部门共同制定统计调查方案，依法进行土地统计，定期发布土地统计资料。土地所有者或者使用者应当提供有关资料，不得虚报、瞒报、拒报、迟报。

土地行政主管部门和统计部门共同发布的土地面积统计资料是各级人民政府编制土地

利用总体规划的依据。

第三十条　国家建立全国土地管理信息系统，对土地利用状况进行动态监测。

第四章　耕　地　保　护

第三十一条　国家保护耕地，严格控制耕地转为非耕地。

国家实行占用耕地补偿制度。非农业建设经批准占用耕地的，按照“占多少，垦多少”的原则，由占用耕地的单位负责开垦与所占用耕地的数量和质量相当的耕地；没有条件开垦或者开垦的耕地不符合要求的，应当按照省、自治区、直辖市的规定缴纳耕地开垦费，专款用于开垦新的耕地。

省、自治区、直辖市人民政府应当制定开垦耕地计划，监督占用耕地的单位按照计划开垦耕地或者按照计划组织开垦耕地，并进行验收。

第三十二条　县级以上地方人民政府可以要求占用耕地的单位将所占用耕地耕作层的土壤用于新开垦耕地、劣质地或者其他耕地的土壤改良。

第三十三条　省、自治区、直辖市人民政府应当严格执行土地利用总体规划和土地利用年度计划，采取措施，确保本行政区域内耕地总量不减少；耕地总量减少的，由国务院责令在规定期限内组织开垦与所减少耕地的数量与质量相当的耕地，并由国务院土地行政主管部门会同农业行政主管部门验收。个别省、直辖市确因土地后备资源匮乏，新增建设用地后，新开垦耕地的数量不足以补偿所占用耕地的数量的，必须报经国务院批准减免本行政区域内开垦耕地的数量，进行易地开垦。

第三十四条　国家实行基本农田保护制度。下列耕地应当根据土地利用总体规划划入基本农田保护区，严格管理：

（一）经国务院有关主管部门或者县级以上地方人民政府批准确定的粮、棉、油生产基地内的耕地；

（二）有良好的水利与水土保持设施的耕地，正在实施改造计划以及可以改造的中、低产田；

（三）蔬菜生产基地；

（四）农业科研、教学试验田；

（五）国务院规定应当划入基本农田保护区的其他耕地。

各省、自治区、直辖市划定的基本农田应当占本行政区域内耕地的百分之八十以上。

基本农田保护区以乡（镇）为单位进行划区定界，由县级人民政府土地行政主管部门会同同级农业行政主管部门组织实施。

第三十五条　各级人民政府应当采取措施，维护排灌工程设施，改良土壤，提高地力，防止土地荒漠化、盐渍化、水土流失和污染土地。

第三十六条　非农业建设必须节约使用土地，可以利用荒地的，不得占用耕地；可以利用劣地的，不得占用好地。

禁止占用耕地建窑、建坟或者擅自在耕地上建房、挖砂、采石、采矿、取土等。

禁止占用基本农田发展林果业和挖塘养鱼。

第三十七条　禁止任何单位和个人闲置、荒芜耕地。已经办理审批手续的非农业建设占用耕地，一年内不用而又可以耕种并收获的，应当由原耕种该幅耕地的集体或者个人恢复耕种，也可以由用地单位组织耕种；一年以上未动工建设的，应当按照省、自治区、直辖市的规定缴纳闲置费；连续两年未使用的，经原批准机关批准，由县级以上人民政府无偿收回用地单位的土地使用权；该幅土地原为农民集体所有的，应当交由原农村集体经济组织恢复耕种。

在城市规划区范围内，以出让方式取得土地使用权进行房地产开发的闲置土地，依照《中华人民共和国城市房地产管理法》的有关规定办理。

承包经营耕地的单位或者个人连续两年弃耕抛荒的，原发包单位应当终止承包合同，收回发包的耕地。

第三十八条 国家鼓励单位和个人按照土地利用总体规划，在保护和改善生态环境、防止水土流失和土地荒漠化的前提下，开发未利用的土地；适宜开发为农用地的，应当优先开发成农用地。

国家依法保护开发者的合法权益。

第三十九条 开垦未利用的土地，必须经过科学论证和评估，在土地利用总体规划划定的可开垦的区域内，经依法批准后进行。禁止毁坏森林、草原开垦耕地，禁止围湖造田和侵占江河滩地。

根据土地利用总体规划，对破坏生态环境开垦、围垦的土地，有计划有步骤地退耕还林、还牧、还湖。

第四十条 开发未确定使用权的国有荒山、荒地、荒滩从事种植业、林业、畜牧业、渔业生产的，经县级以上人民政府依法批准，可以确定给开发单位或者个人长期使用。

第四十一条 国家鼓励土地整理。县、乡（镇）人民政府应当组织农村集体经济组织，按照土地利用总体规划，对田、水、路、林、村综合整治，提高耕地质量，增加有效耕地面积，改善农业生产条件和生态环境。

地方各级人民政府应当采取措施，改造中、低产田，整治闲散地和废弃地。

第四十二条 因挖损、塌陷、压占等造成土地破坏，用地单位和个人应当按照国家有关规定负责复垦；没有条件复垦或者复垦不符合要求的，应当缴纳土地复垦费，专项用于土地复垦。复垦的土地应当优先用于农业。

第五章　建　设　用　地

第四十三条 任何单位和个人进行建设，需要使用土地的，必须依法申请使用国有土地；但是，兴办乡镇企业和村民建设住宅经依法批准使用本集体经济组织农民集体所有的土地的，或者乡（镇）村公共设施和公益事业建设经依法批准使用农民集体所有的土地的除外。

前款所称依法申请使用的国有土地包括国家所有的土地和国家征收的原属于农民集体所有的土地。

第四十四条 建设占用土地，涉及农用地转为建设用地的，应当办理农用地转用审批手续。

省、自治区、直辖市人民政府批准的道路、管线工程和大型基础设施建设项目、国务院批准的建设项目占用土地，涉及农用地转为建设用地的，由国务院批准。

在土地利用总体规划确定的城市和村庄、集镇建设用地规模范围内，为实施该规划而将农用地转为建设用地的，按土地利用年度计划分批次由原批准土地利用总体规划的机关批准。在已批准的农用地转用范围内，具体建设项目用地可以由市、县人民政府批准。

本条第二款、第三款规定以外的建设项目占用土地，涉及农用地转为建设用地的，由省、自治区、直辖市人民政府批准。

第四十五条 征收下列土地的，由国务院批准：

（一）基本农田；

（二）基本农田以外的耕地超过三十五公顷的；

（三）其他土地超过七十公顷的。

征收前款规定以外的土地的，由省、自治区、直辖市人民政府批准，并报国务院备案。

征收农用地的，应当依照本法第四十四条的规定先行办理农用地转用审批。其中，经国务院批准农用地转用的，同时办理征地审批手续，不再另行办理征地审批；经省、自治区、直辖市人民政府在征地批准权限内批准农用地转用的，同时办理征地审批手续，不再另行办理征地审批，超过征地批准权限的，应当依照本条第一款的规定另行办理征地审批。

第四十六条 国家征收土地的，依照法定程序批准后，由县级以上地方人民政府予以公告并组织实施。

被征收土地的所有权人、使用权人应当在公告规定期限内，持土地权属证书到当地人民政府土地行政主管部门办理征地补偿登记。

第四十七条 征收土地的，按照被征收土地的原用途给予补偿。

征收耕地的补偿费用包括土地补偿费、安置补助费以及地上附着物和青苗的补偿费。征收耕地的土地补偿费，为该耕地被征收前三年平均年产值的六至十倍。征收耕地的安置补助费，按照需要安置的农业人口数计算。需要安置的农业人口数，按照被征收的耕地数量除以征地前被征收单位平均每人占有耕地的数量计算。每一个需要安置的农业人口的安置补助费标准，为该耕地被征收前三年平均年产值的四至六倍。但是，每公顷被征收耕地的安置补助费，最高不得超过被征收前三年平均年产值的十五倍。

征收其他土地的土地补偿费和安置补助费标准，由省、自治区、直辖市参照征收耕地的土地补偿费和安置补助费的标准规定。

被征收土地上的附着物和青苗的补偿标准，由省、自治区、直辖市规定。

征收城市郊区的菜地，用地单位应当按照国家有关规定缴纳新菜地开发建设基金。

依照本条第二款的规定支付土地补偿费和安置补助费，尚不能使需要安置的农民保持原有生活水平的，经省、自治区、直辖市人民政府批准，可以增加安置补助费。但是，土地补偿费和安置补助费的总和不得超过土地被征收前三年平均年产值的三十倍。

国务院根据社会、经济发展水平，在特殊情况下，可以提高征收耕地的土地补偿费和安置补助费的标准。

第四十八条 征地补偿安置方案确定后，有关地方人民政府应当公告，并听取被征地的农村集体经济组织和农民的意见。

第四十九条 被征地的农村集体经济组织应当将征收土地的补偿费用的收支状况向本集体经济组织的成员公布，接受监督。

禁止侵占、挪用被征收土地单位的征地补偿费用和其他有关费用。

第五十条 地方各级人民政府应当支持被征地的农村集体经济组织和农民从事开发经营，兴办企业。

第五十一条 大中型水利、水电工程建设征收土地的补偿费标准和移民安置办法，由国务院另行规定。

第五十二条 建设项目可行性研究论证时，土地行政主管部门可以根据土地利用总体规划、土地利用年度计划和建设用地标准，对建设用地有关事项进行审查，并提出意见。

第五十三条 经批准的建设项目需要使用国有建设用地的，建设单位应当持法律、行政法规规定的有关文件，向有批准权的县级以上人民政府土地行政主管部门提出建设用地申请，经土地行政主管部门审查，报本级人民政府批准。

第五十四条 建设单位使用国有土地，应当以出让等有偿使用方式取得；但是，下列建设用地，经县级以上人民政府依法批准，可以以划拨方式取得：

（一）国家机关用地和军事用地；

（二）城市基础设施用地和公益事业用地；

（三）国家重点扶持的能源、交通、水利等基础设施用地；

（四）法律、行政法规规定的其他用地。

第五十五条 以出让等有偿使用方式取得国有土地使用权的建设单位，按照国务院规定的标准和办法，缴纳土地使用权出让金等土地有偿使用费和其他费用后，方可使用土地。

自本法施行之日起，新增建设用地的土地有偿使用费，百分之三十上缴中央财政，百分之七十留给有关地方人民政府，都专项用于耕地开发。

第五十六条 建设单位使用国有土地的，应当按照土地使用权出让等有偿使用合同的约定或者土地使用权划拨批准文件的规定使用土地；确需改变该幅土地建设用途的，应当经有关人民政府土地行政主管部门同意，报原批准用地的人民政府批准。其中，在城市规划区内改变土地用途的，在报批前，应当先经有关城市规划行政主管部门同意。

第五十七条 建设项目施工和地质勘查需要临时使用国有土地或者农民集体所有的土地的，由县级以上人民政府土地行政主管部门批准。其中，在城市规划区内的临时用地，在报批前，应当先经有关城市规划行政主管部门同意。土地使用者应当根据土地权属，与有关土地行政主管部门或者农村集体经济组织、村民委员会签订临时使用土地合同，并按照合同的约定支付临时使用土地补偿费。

临时使用土地的使用者应当按照临时使用土地合同约定的用途使用土地，并不得修建永久性建筑物。

临时使用土地期限一般不超过两年。

第五十八条 有下列情形之一的，由有关人民政府土地行政主管部门报经原批准用地的人民政府或者有批准权的人民政府批准，可以收回国有土地使用权：

（一）为公共利益需要使用土地的；

（二）为实施城市规划进行旧城区改建，需要调整使用土地的；

（三）土地出让等有偿使用合同约定的使用期限届满，土地使用者未申请续期或者申请续期未获批准的；

（四）因单位撤销、迁移等原因，停止使用原划拨的国有土地的；

（五）公路、铁路、机场、矿场等经核准报废的。

依照前款第（一）项、第（二）项的规定收回国有土地使用权的，对土地使用权人应当给予适当补偿。

第五十九条 乡镇企业、乡（镇）村公共设施、公益事业、农村村民住宅等乡（镇）村建设，应当按照村庄和集镇规划，合理布局，综合开发，配套建设；建设用地，应当符合乡（镇）土地利用总体规划和土地利用年度计划，并依照本法第四十四条、第六十条、第六十一条、第六十二条的规定办理审批手续。

第六十条 农村集体经济组织使用乡（镇）土地利用总体规划确定的建设用地兴办企业或者与其他单位、个人以土地使用权入股、联营等形式共同举办企业的，应当持有关批准文件，向县级以上地方人民政府土地行政主管部门提出申请，按照省、自治区、直辖市规定的批准权限，由县级以上地方人民政府批准；其中，涉及占用农用地的，依照本法第四十四条的规定办理审批手续。

按照前款规定兴办企业的建设用地，必须严格控制。省、自治区、直辖市可以按照乡镇企业的不同行业和经营规模，分别规定用地标准。

第六十一条 乡（镇）村公共设施、公益事业建设，需要使用土地的，经乡（镇）人民政府审核，向县级以上地方人民政府土地行政主管部门提出申请，按照省、自治区、直辖市规定的批准权限，由县级以上地方人民政府批准；其中，涉及占用农用地的，依照本法第四十四条的规定办理审批手续。

第六十二条 农村村民一户只能拥有一处宅基地，其宅基地的面积不得超过省、自治区、直辖市规定的标准。

农村村民建住宅，应当符合乡（镇）土地利用总体规划，并尽量使用原有的宅基地和村内空闲地。

农村村民住宅用地，经乡（镇）人民政府审核，由县级人民政府批准；其中，涉及占用农用地的，依照本法第四十四条的规定办理审批手续。

农村村民出卖、出租住房后，再申请宅基地的，不予批准。

第六十三条 农民集体所有的土地的使用权不得出让、转让或者出租用于非农业建设；但是，符合土地利用总体规划并依法取得建设用地的企业，因破产、兼并等情形致使土地使用权依法发生转移的除外。

第六十四条 在土地利用总体规划制定前已建的不符合土地利用总体规划确定的用途的建筑物、构筑物，不得重建、扩建。

第六十五条 有下列情形之一的，农村集体经济组织报经原批准用地的人民政府批准，可以收回土地使用权：

（一）为乡（镇）村公共设施和公益事业建设，需要使用土地的；

（二）不按照批准的用途使用土地的；

（三）因撤销、迁移等原因而停止使用土地的。

依照前款第（一）项规定收回农民集体所有的土地的，对土地使用权人应当给予适当补偿。

第六章　监　督　检　查

第六十六条　县级以上人民政府土地行政主管部门对违反土地管理法律、法规的行为进行监督检查。

土地管理监督检查人员应当熟悉土地管理法律、法规，忠于职守、秉公执法。

第六十七条　县级以上人民政府土地行政主管部门履行监督检查职责时，有权采取下列措施：

（一）要求被检查的单位或者个人提供有关土地权利的文件和资料，进行查阅或者予以复制；

（二）要求被检查的单位或者个人就有关土地权利的问题作出说明；

（三）进入被检查单位或者个人非法占用的土地现场进行勘测；

（四）责令非法占用土地的单位或者个人停止违反土地管理法律、法规的行为。

第六十八条　土地管理监督检查人员履行职责，需要进入现场进行勘测、要求有关单位或者个人提供文件、资料和作出说明的，应当出示土地管理监督检查证件。

第六十九条　有关单位和个人对县级以上人民政府土地行政主管部门就土地违法行为进行的监督检查应当支持与配合，并提供工作方便，不得拒绝与阻碍土地管理监督检查人员依法执行职务。

第七十条　县级以上人民政府土地行政主管部门在监督检查工作中发现国家工作人员的违法行为，依法应当给予行政处分的，应当依法予以处理；自己无权处理的，应当向同级或者上级人民政府的行政监察机关提出行政处分建议书，有关行政监察机关应当依法予以处理。

第七十一条　县级以上人民政府土地行政主管部门在监督检查工作中发现土地违法行为构成犯罪的，应当将案件移送有关机关，依法追究刑事责任；尚不构成犯罪的，应当依法给予行政处罚。

第七十二条　依照本法规定应当给予行政处罚，而有关土地行政主管部门不给予行政处罚的，上级人民政府土地行政主管部门有权责令有关土地行政主管部门作出行政处罚决定或者直接给予行政处罚，并给予有关土地行政主管部门的负责人行政处分。

第七章　法　律　责　任

第七十三条　买卖或者以其他形式非法转让土地的，由县级以上人民政府土地行政主管部门没收违法所得；对违反土地利用总体规划擅自将农用地改为建设用地的，限期拆除在非法转让的土地上新建的建筑物和其他设施，恢复土地原状，对符合土地利用总体规划的，没收在非法转让的土地上新建的建筑物和其他设施；可以并处罚款；对直接负责的主管人员和其他直接责任人员，依法给予行政处分；构成犯罪的，依法追究刑事责任。

第七十四条 违反本法规定，占用耕地建窑、建坟或者擅自在耕地上建房、挖砂、采石、采矿、取土等，破坏种植条件的，或者因开发土地造成土地荒漠化、盐渍化的，由县级以上人民政府土地行政主管部门责令限期改正或者治理，可以并处罚款；构成犯罪的，依法追究刑事责任。

第七十五条 违反本法规定，拒不履行土地复垦义务的，由县级以上人民政府土地行政主管部门责令限期改正；逾期不改正的，责令缴纳复垦费，专项用于土地复垦，可以处以罚款。

第七十六条 未经批准或者采取欺骗手段骗取批准，非法占用土地的，由县级以上人民政府土地行政主管部门责令退还非法占用的土地，对违反土地利用总体规划擅自将农用地改为建设用地的，限期拆除在非法占用的土地上新建的建筑物和其他设施，恢复土地原状，对符合土地利用总体规划的，没收在非法占用的土地上新建的建筑物和其他设施，可以并处罚款；对非法占用土地单位的直接负责的主管人员和其他直接责任人员，依法给予行政处分；构成犯罪的，依法追究刑事责任。

超过批准的数量占用土地，多占的土地以非法占用土地论处。

第七十七条 农村村民未经批准或者采取欺骗手段骗取批准，非法占用土地建住宅的，由县级以上人民政府土地行政主管部门责令退还非法占用的土地，限期拆除在非法占用的土地上新建的房屋。

超过省、自治区、直辖市规定的标准，多占的土地以非法占用土地论处。

第七十八条 无权批准征收、使用土地的单位或者个人非法批准占用土地的，超越批准权限非法批准占用土地的，不按照土地利用总体规划确定的用途批准用地的，或者违反法律规定的程序批准占用、征收土地的，其批准文件无效，对非法批准征收、使用土地的直接负责的主管人员和其他直接责任人员，依法给予行政处分；构成犯罪的，依法追究刑事责任。非法批准、使用的土地应当收回，有关当事人拒不归还的，以非法占用土地论处。

非法批准征收、使用土地，对当事人造成损失的，依法应当承担赔偿责任。

第七十九条 侵占、挪用被征收土地单位的征地补偿费用和其他有关费用，构成犯罪的，依法追究刑事责任；尚不构成犯罪的，依法给予行政处分。

第八十条 依法收回国有土地使用权当事人拒不交出土地的，临时使用土地期满拒不归还的，或者不按照批准的用途使用国有土地的，由县级以上人民政府土地行政主管部门责令交还土地，处以罚款。

第八十一条 擅自将农民集体所有的土地的使用权出让、转让或者出租用于非农业建设的，由县级以上人民政府土地行政主管部门责令限期改正，没收违法所得，并处罚款。

第八十二条 不依照本法规定办理土地变更登记的，由县级以上人民政府土地行政主管部门责令其限期办理。

第八十三条 依照本法规定，责令限期拆除在非法占用的土地上新建的建筑物和其他设施的，建设单位或者个人必须立即停止施工，自行拆除；对继续施工的，作出处罚决定的机关有权制止。建设单位或者个人对责令限期拆除的行政处罚决定不服的，可以在接到责令限期拆除决定之日起十五日内，向人民法院起诉；期满不起诉又不自行拆除的，由作出处罚决定的机关依法申请人民法院强制执行，费用由违法者承担。

第八十四条 土地行政主管部门的工作人员玩忽职守、滥用职权、徇私舞弊，构成犯罪的，依法追究刑事责任；尚不构成犯罪的，依法给予行政处分。

第八章 附 则

第八十五条 中外合资经营企业、中外合作经营企业、外资企业使用土地的，适用本法；法律另有规定的，从其规定。

第八十六条 本法自1999年1月1日起施行。

中华人民共和国农村土地承包法

主席令第 73 号

（2002 年 8 月 29 日公布，自 2003 年 3 月 1 日
起施行，2009 年 8 月 27 日修正）

第一章　总　　则

第一条　为稳定和完善以家庭承包经营为基础、统分结合的双层经营体制，赋予农民长期而有保障的土地使用权，维护农村土地承包当事人的合法权益，促进农业、农村经济发展和农村社会稳定，根据宪法，制定本法。

第二条　本法所称农村土地，是指农民集体所有和国家所有依法由农民集体使用的耕地、林地、草地，以及其他依法用于农业的土地。

第三条　国家实行农村土地承包经营制度。

农村土地承包采取农村集体经济组织内部的家庭承包方式，不宜采取家庭承包方式的荒山、荒沟、荒丘、荒滩等农村土地，可以采取招标、拍卖、公开协商等方式承包。

第四条　国家依法保护农村土地承包关系的长期稳定。

农村土地承包后，土地的所有权性质不变。承包地不得买卖。

第五条　农村集体经济组织成员有权依法承包由本集体经济组织发包的农村土地。

任何组织和个人不得剥夺和非法限制农村集体经济组织成员承包土地的权利。

第六条　农村土地承包，妇女与男子享有平等的权利。承包中应当保护妇女的合法权益，任何组织和个人不得剥夺、侵害妇女应当享有的土地承包经营权。

第七条　农村土地承包应当坚持公开、公平、公正的原则，正确处理国家、集体、个人三者的利益关系。

第八条　农村土地承包应当遵守法律、法规，保护土地资源的合理开发和可持续利用。未经依法批准不得将承包地用于非农建设。

国家鼓励农民和农村集体经济组织增加对土地的投入，培肥地力，提高农业生产能力。

第九条　国家保护集体土地所有者的合法权益，保护承包方的土地承包经营权，任何组织和个人不得侵犯。

第十条　国家保护承包方依法、自愿、有偿地进行土地承包经营权流转。

第十一条　国务院农业、林业行政主管部门分别依照国务院规定的职责负责全国农村土地承包及承包合同管理的指导。县级以上地方人民政府农业、林业等行政主管部门分别依照各自职责，负责本行政区域内农村土地承包及承包合同管理。乡（镇）人民政府负责本行政区域内农村土地承包及承包合同管理。

第二章　家　庭　承　包

第一节　发包方和承包方的权利和义务

第十二条　农民集体所有的土地依法属于村农民集体所有的，由村集体经济组织或者村民委员会发包；已经分别属于村内两个以上农村集体经济组织的农民集体所有的，由村内各该农村集体经济组织或者村民小组发包。村集体经济组织或者村民委员会发包的，不得改变村内各集体经济组织农民集体所有的土地的所有权。

国家所有依法由农民集体使用的农村土地，由使用该土地的农村集体经济组织、村民委员会或者村民小组发包。

第十三条　发包方享有下列权利：

（一）发包本集体所有的或者国家所有依法由本集体使用的农村土地；

（二）监督承包方依照承包合同约定的用途合理利用和保护土地；

（三）制止承包方损害承包地和农业资源的行为；

（四）法律、行政法规规定的其他权利。

第十四条　发包方承担下列义务：

（一）维护承包方的土地承包经营权，不得非法变更、解除承包合同；

（二）尊重承包方的生产经营自主权，不得干涉承包方依法进行正常的生产经营活动；

（三）依照承包合同约定为承包方提供生产、技术、信息等服务；

（四）执行县、乡（镇）土地利用总体规划，组织本集体经济组织内的农业基础设施建设；

（五）法律、行政法规规定的其他义务。

第十五条　家庭承包的承包方是本集体经济组织的农户。

第十六条　承包方享有下列权利：

（一）依法享有承包地使用、收益和土地承包经营权流转的权利，有权自主组织生产经营和处置产品；

（二）承包地被依法征收、征用、占用的，有权依法获得相应的补偿；

（三）法律、行政法规规定的其他权利。

第十七条　承包方承担下列义务：

（一）维持土地的农业用途，不得用于非农建设；

（二）依法保护和合理利用土地，不得给土地造成永久性损害；

（三）法律、行政法规规定的其他义务。

第二节　承包的原则和程序

第十八条　土地承包应当遵循以下原则：

（一）按照规定统一组织承包时，本集体经济组织成员依法平等地行使承包土地的权利，也可以自愿放弃承包土地的权利；

（二）民主协商，公平合理；

（三）承包方案应当按照本法第十二条的规定，依法经本集体经济组织成员的村民会议三分之二以上成员或者三分之二以上村民代表的同意；

（四）承包程序合法。

第十九条　土地承包应当按照以下程序进行：

（一）本集体经济组织成员的村民会议选举产生承包工作小组；

（二）承包工作小组依照法律、法规的规定拟订并公布承包方案；

（三）依法召开本集体经济组织成员的村民会议，讨论通过承包方案；

（四）公开组织实施承包方案；

（五）签订承包合同。

第三节　承包期限和承包合同

第二十条　耕地的承包期为三十年。草地的承包期为三十年至五十年。林地的承包期为三十年至七十年；特殊林木的林地承包期，经国务院林业行政主管部门批准可以延长。

第二十一条　发包方应当与承包方签订书面承包合同。

承包合同一般包括以下条款：

（一）发包方、承包方的名称，发包方负责人和承包方代表的姓名、住所；

（二）承包土地的名称、坐落、面积、质量等级；

（三）承包期限和起止日期；

（四）承包土地的用途；

（五）发包方和承包方的权利和义务；

（六）违约责任。

第二十二条　承包合同自成立之日起生效。承包方自承包合同生效时取得土地承包经营权。

第二十三条　县级以上地方人民政府应当向承包方颁发土地承包经营权证或者林权证等证书，并登记造册，确认土地承包经营权。

颁发土地承包经营权证或者林权证等证书，除按规定收取证书工本费外，不得收取其他费用。

第二十四条　承包合同生效后，发包方不得因承办人或者负责人的变动而变更或者解除，也不得因集体经济组织的分立或者合并而变更或者解除。

第二十五条　国家机关及其工作人员不得利用职权干涉农村土地承包或者变更、解除承包合同。

第四节　土地承包经营权的保护

第二十六条　承包期内，发包方不得收回承包地。

承包期内，承包方全家迁入小城镇落户的，应当按照承包方的意愿，保留其土地承包经营权或者允许其依法进行土地承包经营权流转。

承包期内，承包方全家迁入设区的市，转为非农业户口的，应当将承包的耕地和草地交回发包方。承包方不交回的，发包方可以收回承包的耕地和草地。

承包期内，承包方交回承包地或者发包方依法收回承包地时，承包方对其在承包地上投入而提高土地生产能力的，有权获得相应的补偿。

第二十七条　承包期内，发包方不得调整承包地。

承包期内，因自然灾害严重毁损承包地等特殊情形对个别农户之间承包的耕地和草地需要适当调整的，必须经本集体经济组织成员的村民会议三分之二以上成员或者三分之二以上村民代表的同意，并报乡（镇）人民政府和县级人民政府农业等行政主管部门批准。承包合同中约定不得调整的，按照其约定。

第二十八条 下列土地应当用于调整承包土地或者承包给新增人口：

（一）集体经济组织依法预留的机动地；

（二）通过依法开垦等方式增加的；

（三）承包方依法、自愿交回的。

第二十九条 承包期内，承包方可以自愿将承包地交回发包方。承包方自愿交回承包地的，应当提前半年以书面形式通知发包方。承包方在承包期内交回承包地的，在承包期内不得再要求承包土地。

第三十条 承包期内，妇女结婚，在新居住地未取得承包地的，发包方不得收回其原承包地；妇女离婚或者丧偶，仍在原居住地生活或者不在原居住地生活但在新居住地未取得承包地的，发包方不得收回其原承包地。

第三十一条 承包人应得的承包收益，依照继承法的规定继承。

林地承包的承包人死亡，其继承人可以在承包期内继续承包。

第五节　土地承包经营权的流转

第三十二条 通过家庭承包取得的土地承包经营权可以依法采取转包、出租、互换、转让或者其他方式流转。

第三十三条 土地承包经营权流转应当遵循以下原则：

（一）平等协商、自愿、有偿，任何组织和个人不得强迫或者阻碍承包方进行土地承包经营权流转；

（二）不得改变土地所有权的性质和土地的农业用途；

（三）流转的期限不得超过承包期的剩余期限；

（四）受让方须有农业经营能力；

（五）在同等条件下，本集体经济组织成员享有优先权。

第三十四条 土地承包经营权流转的主体是承包方。承包方有权依法自主决定土地承包经营权是否流转和流转的方式。

第三十五条 承包期内，发包方不得单方面解除承包合同，不得假借少数服从多数强迫承包方放弃或者变更土地承包经营权，不得以划分“口粮田”和“责任田”等为由收回承包地搞招标承包，不得将承包地收回抵顶欠款。

第三十六条 土地承包经营权流转的转包费、租金、转让费等，应当由当事人双方协商确定。流转的收益归承包方所有，任何组织和个人不得擅自截留、扣缴。

第三十七条 土地承包经营权采取转包、出租、互换、转让或者其他方式流转，当事人双方应当签订书面合同。采取转让方式流转的，应当经发包方同意；采取转包、出租、互换或者其他方式流转的，应当报发包方备案。

土地承包经营权流转合同一般包括以下条款：

（一）双方当事人的姓名、住所；

（二）流转土地的名称、坐落、面积、质量等级；

（三）流转的期限和起止日期；

（四）流转土地的用途；

（五）双方当事人的权利和义务；

（六）流转价款及支付方式；

（七）违约责任。

第三十八条 土地承包经营权采取互换、转让方式流转，当事人要求登记的，应当向县级以上地方人民政府申请登记。未经登记，不得对抗善意第三人。

第三十九条 承包方可以在一定期限内将部分或者全部土地承包经营权转包或者出租给第三方，承包方与发包方的承包关系不变。

承包方将土地交由他人代耕不超过一年的，可以不签订书面合同。

第四十条 承包方之间为方便耕种或者各自需要，可以对属于同一集体经济组织的土地的土地承包经营权进行互换。

第四十一条 承包方有稳定的非农职业或者有稳定的收入来源的，经发包方同意，可以将全部或者部分土地承包经营权转让给其他从事农业生产经营的农户，由该农户同发包方确立新的承包关系，原承包方与发包方在该土地上的承包关系即行终止。

第四十二条 承包方之间为发展农业经济，可以自愿联合将土地承包经营权入股，从事农业合作生产。

第四十三条 承包方对其在承包地上投入而提高土地生产能力的，土地承包经营权依法流转时有权获得相应的补偿。

第三章 其他方式的承包

第四十四条 不宜采取家庭承包方式的荒山、荒沟、荒丘、荒滩等农村土地，通过招标、拍卖、公开协商等方式承包的，适用本章规定。

第四十五条 以其他方式承包农村土地的，应当签订承包合同。当事人的权利和义务、承包期限等，由双方协商确定。以招标、拍卖方式承包的，承包费通过公开竞标、竞价确定；以公开协商等方式承包的，承包费由双方议定。

第四十六条 荒山、荒沟、荒丘、荒滩等可以直接通过招标、拍卖、公开协商等方式实行承包经营，也可以将土地承包经营权折股分给本集体经济组织成员后，再实行承包经营或者股份合作经营。

承包荒山、荒沟、荒丘、荒滩的，应当遵守有关法律、行政法规的规定，防止水土流失，保护生态环境。

第四十七条 以其他方式承包农村土地，在同等条件下，本集体经济组织成员享有优先承包权。

第四十八条 发包方将农村土地发包给本集体经济组织以外的单位或者个人承包，应当事先经本集体经济组织成员的村民会议三分之二以上成员或者三分之二以上村民代表的同意，并报乡（镇）人民政府批准。

由本集体经济组织以外的单位或者个人承包的，应当对承包方的资信情况和经营能力进行审查后，再签订承包合同。

第四十九条 通过招标、拍卖、公开协商等方式承包农村土地，经依法登记取得土地承包经营权证或者林权证等证书的，其土地承包经营权可以依法采取转让、出租、入股、抵押或者其他方式流转。

第五十条 土地承包经营权通过招标、拍卖、公开协商等方式取得的，该承包人死亡，其应得的承包收益，依照继承法的规定继承；在承包期内，其继承人可以继续承包。

第四章 争议的解决和法律责任

第五十一条 因土地承包经营发生纠纷的，双方当事人可以通过协商解决，也可以请求村民委员会、乡（镇）人民政府等调解解决。

当事人不愿协商、调解或者协商、调解不成的，可以向农村土地承包仲裁机构申请仲裁，也可以直接向人民法院起诉。

第五十二条 当事人对农村土地承包仲裁机构的仲裁裁决不服的，可以在收到裁决书之日起三十日内向人民法院起诉。逾期不起诉的，裁决书即发生法律效力。

第五十三条 任何组织和个人侵害承包方的土地承包经营权的，应当承担民事责任。

第五十四条 发包方有下列行为之一的，应当承担停止侵害、返还原物、恢复原状、排除妨害、消除危险、赔偿损失等民事责任：

（一）干涉承包方依法享有的生产经营自主权；

（二）违反本法规定收回、调整承包地；

（三）强迫或者阻碍承包方进行土地承包经营权流转；

（四）假借少数服从多数强迫承包方放弃或者变更土地承包经营权而进行土地承包经营权流转；

（五）以划分“口粮田”和“责任田”等为由收回承包地搞招标承包；

（六）将承包地收回抵顶欠款；

（七）剥夺、侵害妇女依法享有的土地承包经营权；

（八）其他侵害土地承包经营权的行为。

第五十五条 承包合同中违背承包方意愿或者违反法律、行政法规有关不得收回、调整承包地等强制性规定的约定无效。

第五十六条 当事人一方不履行合同义务或者履行义务不符合约定的，应当依照《中华人民共和国合同法》的规定承担违约责任。

第五十七条 任何组织和个人强迫承包方进行土地承包经营权流转的，该流转无效。

第五十八条 任何组织和个人擅自截留、扣缴土地承包经营权流转收益的，应当退还。

第五十九条 违反土地管理法规，非法征收、征用、占用土地或者贪污、挪用土地征收、征用补偿费用，构成犯罪的，依法追究刑事责任；造成他人损害的，应当承担损害赔偿等责任。

第六十条 承包方违法将承包地用于非农建设的，由县级以上地方人民政府有关行政主管部门依法予以处罚。

承包方给承包地造成永久性损害的，发包方有权制止，并有权要求承包方赔偿由此造成的损失。

第六十一条　国家机关及其工作人员有利用职权干涉农村土地承包，变更、解除承包合同，干涉承包方依法享有的生产经营自主权，或者强迫、阻碍承包方进行土地承包经营权流转等侵害土地承包经营权的行为，给承包方造成损失的，应当承担损害赔偿等责任；情节严重的，由上级机关或者所在单位给予直接责任人员行政处分；构成犯罪的，依法追究刑事责任。

第五章　附　　则

第六十二条　本法实施前已经按照国家有关农村土地承包的规定承包，包括承包期限长于本法规定的，本法实施后继续有效，不得重新承包土地。未向承包方颁发土地承包经营权证或者林权证等证书的，应当补发证书。

第六十三条　本法实施前已经预留机动地的，机动地面积不得超过本集体经济组织耕地总面积的百分之五。不足百分之五的，不得再增加机动地。

本法实施前未留机动地的，本法实施后不得再留机动地。

第六十四条　各省、自治区、直辖市人民代表大会常务委员会可以根据本法，结合本行政区域的实际情况，制定实施办法。

第六十五条　本法自 2003 年 3 月 1 日起施行。

三、房 屋 拆 迁

中华人民共和国城市房地产管理法

主席令第72号

（1994年7月5日第八届全国人民代表大会常务委员会第八次会议通过，根据2007年8月30日第十届全国人民代表大会常务委员会第二十九次会议《关于修改〈中华人民共和国城市房地产管理法〉的决定》修正）

第一章 总 则

第一条 为了加强对城市房地产的管理，维护房地产市场秩序，保障房地产权利人的合法权益，促进房地产业的健康发展，制定本法。

第二条 在中华人民共和国城市规划区国有土地（以下简称国有土地）范围内取得房地产开发用地的土地使用权，从事房地产开发、房地产交易，实施房地产管理，应当遵守本法。

本法所称房屋，是指土地上的房屋等建筑物及构筑物。

本法所称房地产开发，是指在依据本法取得国有土地使用权的土地上进行基础设施、房屋建设的行为。

本法所称房地产交易，包括房地产转让、房地产抵押和房屋租赁。

第三条 国家依法实行国有土地有偿、有限期使用制度。但是，国家在本法规定的范围内划拨国有土地使用权的除外。

第四条 国家根据社会、经济发展水平，扶持发展居民住宅建设，逐步改善居民的居住条件。

第五条 房地产权利人应当遵守法律和行政法规，依法纳税。房地产权利人的合法权益受法律保护，任何单位和个人不得侵犯。

第六条 为了公共利益的需要，国家可以征收国有土地上单位和个人的房屋，并依法给予拆迁补偿，维护被征收人的合法权益；征收个人住宅的，还应当保障被征收人的居住条件。具体办法由国务院规定。

第七条 国务院建设行政主管部门、土地管理部门依照国务院规定的职权划分，各司其职，密切配合，管理全国房地产工作。

县级以上地方人民政府房产管理、土地管理部门的机构设置及其职权由省、自治区、直辖市人民政府确定。

第二章　房地产开发用地

第一节　土地使用权出让

第八条　土地使用权出让，是指国家将国有土地使用权（以下简称土地使用权）在一定年限内出让给土地使用者，由土地使用者向国家支付土地使用权出让金的行为。

第九条　城市规划区内的集体所有的土地，经依法征收转为国有土地后，该幅国有土地的使用权方可有偿出让。

第十条　土地使用权出让，必须符合土地利用总体规划、城市规划和年度建设用地计划。

第十一条　县级以上地方人民政府出让土地使用权用于房地产开发的，须根据省级以上人民政府下达的控制指标拟订年度出让土地使用权总面积方案，按照国务院规定，报国务院或者省级人民政府批准。

第十二条　土地使用权出让，由市、县人民政府有计划、有步骤地进行。出让的每幅地块、用途、年限和其他条件，由市、县人民政府土地管理部门会同城市规划、建设、房产管理部门共同拟定方案，按照国务院规定，报经有批准权的人民政府批准后，由市、县人民政府土地管理部门实施。

直辖市的县人民政府及其有关部门行使前款规定的权限，由直辖市人民政府规定。

第十三条　土地使用权出让，可以采取拍卖、招标或者双方协议的方式。

商业、旅游、娱乐和豪华住宅用地，有条件的，必须采取拍卖、招标方式；没有条件，不能采取拍卖、招标方式的，可以采取双方协议的方式。

采取双方协议方式出让土地使用权的出让金不得低于按国家规定所确定的最低价。

第十四条　土地使用权出让最高年限由国务院规定。

第十五条　土地使用权出让，应当签订书面出让合同。

土地使用权出让合同由市、县人民政府土地管理部门与土地使用者签订。

第十六条　土地使用者必须按照出让合同约定，支付土地使用权出让金；未按照出让合同约定支付土地使用权出让金的，土地管理部门有权解除合同，并可以请求违约赔偿。

第十七条　土地使用者按照出让合同约定支付土地使用权出让金的，市、县人民政府土地管理部门必须按照出让合同约定，提供出让的土地；未按照出让合同约定提供出让的土地的，土地使用者有权解除合同，由土地管理部门返还土地使用权出让金，土地使用者并可以请求违约赔偿。

第十八条　土地使用者需要改变土地使用权出让合同约定的土地用途的，必须取得出让方和市、县人民政府城市规划行政主管部门的同意，签订土地使用权出让合同变更协议或者重新签订土地使用权出让合同，相应调整土地使用权出让金。

第十九条　土地使用权出让金应当全部上缴财政，列入预算，用于城市基础设施建设和土地开发。土地使用权出让金上缴和使用的具体办法由国务院规定。

第二十条　国家对土地使用者依法取得的土地使用权，在出让合同约定的使用年限届满前不收回；在特殊情况下，根据社会公共利益的需要，可以依照法律程序提前收回，并根据土地使用者使用土地的实际年限和开发土地的实际情况给予相应的补偿。

第二十一条 土地使用权因土地灭失而终止。

第二十二条 土地使用权出让合同约定的使用年限届满，土地使用者需要继续使用土地的，应当至迟于届满前一年申请续期，除根据社会公共利益需要收回该幅土地的，应当予以批准。经批准准予续期的，应当重新签订土地使用权出让合同，依照规定支付土地使用权出让金。

土地使用权出让合同约定的使用年限届满，土地使用者未申请续期或者虽申请续期但依照前款规定未获批准的，土地使用权由国家无偿收回。

第二节 土地使用权划拨

第二十三条 土地使用权划拨，是指县级以上人民政府依法批准，在土地使用者缴纳补偿、安置等费用后将该幅土地交付其使用，或者将土地使用权无偿交付给土地使用者使用的行为。

依照本法规定以划拨方式取得土地使用权的，除法律、行政法规另有规定外，没有使用期限的限制。

第二十四条 下列建设用地的土地使用权，确属必需的，可以由县级以上人民政府依法批准划拨：

（一）国家机关用地和军事用地；

（二）城市基础设施用地和公益事业用地；

（三）国家重点扶持的能源、交通、水利等项目用地；

（四）法律、行政法规规定的其他用地。

第三章 房地产开发

第二十五条 房地产开发必须严格执行城市规划，按照经济效益、社会效益、环境效益相统一的原则，实行全面规划、合理布局、综合开发、配套建设。

第二十六条 以出让方式取得土地使用权进行房地产开发的，必须按照土地使用权出让合同约定的土地用途、动工开发期限开发土地。超过出让合同约定的动工开发日期满一年未动工开发的，可以征收相当于土地使用权出让金百分之二十以下的土地闲置费；满二年未动工开发的，可以无偿收回土地使用权；但是，因不可抗力或者政府、政府有关部门的行为或者动工开发必需的前期工作造成动工开发迟延的除外。

第二十七条 房地产开发项目的设计、施工，必须符合国家的有关标准和规范。

房地产开发项目竣工，经验收合格后，方可交付使用。

第二十八条 依法取得的土地使用权，可以依照本法和有关法律、行政法规的规定，作价入股，合资、合作开发经营房地产。

第二十九条 国家采取税收等方面的优惠措施鼓励和扶持房地产开发企业开发建设居民住宅。

第三十条 房地产开发企业是以营利为目的，从事房地产开发和经营的企业。设立房地产开发企业，应当具备下列条件：

（一）有自己的名称和组织机构；

（二）有固定的经营场所；

（三）有符合国务院规定的注册资本；

（四）有足够的专业技术人员；

（五）法律、行政法规规定的其他条件。

设立房地产开发企业，应当向工商行政管理部门申请设立登记。工商行政管理部门对符合本法规定条件的，应当予以登记，发给营业执照；对不符合本法规定条件的，不予登记。

设立有限责任公司、股份有限公司，从事房地产开发经营的，还应当执行公司法的有关规定。

房地产开发企业在领取营业执照后的一个月内，应当到登记机关所在地的县级以上地方人民政府规定的部门备案。

第三十一条　房地产开发企业的注册资本与投资总额的比例应当符合国家有关规定。

房地产开发企业分期开发房地产的，分期投资额应当与项目规模相适应，并按照土地使用权出让合同的约定，按期投入资金，用于项目建设。

第四章　房地产交易

第一节　一般规定

第三十二条　房地产转让、抵押时，房屋的所有权和该房屋占用范围内的土地使用权同时转让、抵押。

第三十三条　基准地价、标定地价和各类房屋的重置价格应当定期确定并公布。具体办法由国务院规定。

第三十四条　国家实行房地产价格评估制度。

房地产价格评估，应当遵循公正、公平、公开的原则，按照国家规定的技术标准和评估程序，以基准地价、标定地价和各类房屋的重置价格为基础，参照当地的市场价格进行评估。

第三十五条　国家实行房地产成交价格申报制度。

房地产权利人转让房地产，应当向县级以上地方人民政府规定的部门如实申报成交价，不得瞒报或者作不实的申报。

第三十六条　房地产转让、抵押，当事人应当依照本法第五章的规定办理权属登记。

第二节　房地产转让

第三十七条　房地产转让，是指房地产权利人通过买卖、赠与或者其他合法方式将其房地产转移给他人的行为。

第三十八条　下列房地产，不得转让：

（一）以出让方式取得土地使用权的，不符合本法第三十九条规定的条件的；

（二）司法机关和行政机关依法裁定、决定查封或者以其他形式限制房地产权利的；

（三）依法收回土地使用权的；

（四）共有房地产，未经其他共有人书面同意的；

（五）权属有争议的；

（六）未依法登记领取权属证书的；

（七）法律、行政法规规定禁止转让的其他情形。

第三十九条 以出让方式取得土地使用权的，转让房地产时，应当符合下列条件：

（一）按照出让合同约定已经支付全部土地使用权出让金，并取得土地使用权证书；

（二）按照出让合同约定进行投资开发，属于房屋建设工程的，完成开发投资总额的百分之二十五以上，属于成片开发土地的，形成工业用地或者其他建设用地条件。

转让房地产时房屋已经建成的，还应当持有房屋所有权证书。

第四十条 以划拨方式取得土地使用权的，转让房地产时，应当按照国务院规定，报有批准权的人民政府审批。有批准权的人民政府准予转让的，应当由受让方办理土地使用权出让手续，并依照国家有关规定缴纳土地使用权出让金。

以划拨方式取得土地使用权的，转让房地产报批时，有批准权的人民政府按照国务院规定决定可以不办理土地使用权出让手续的，转让方应当按照国务院规定将转让房地产所获收益中的土地收益上缴国家或者作其他处理。

第四十一条 房地产转让，应当签订书面转让合同，合同中应当载明土地使用权取得的方式。

第四十二条 房地产转让时，土地使用权出让合同载明的权利、义务随之转移。

第四十三条 以出让方式取得土地使用权的，转让房地产后，其土地使用权的使用年限为原土地使用权出让合同约定的使用年限减去原土地使用者已经使用年限后的剩余年限。

第四十四条 以出让方式取得土地使用权的，转让房地产后，受让人改变原土地使用权出让合同约定的土地用途的，必须取得原出让方和市、县人民政府城市规划行政主管部门的同意，签订土地使用权出让合同变更协议或者重新签订土地使用权出让合同，相应调整土地使用权出让金。

第四十五条 商品房预售，应当符合下列条件：

（一）已交付全部土地使用权出让金，取得土地使用权证书；

（二）持有建设工程规划许可证；

（三）按提供预售的商品房计算，投入开发建设的资金达到工程建设总投资的百分之二十五以上，并已经确定施工进度和竣工交付日期；

（四）向县级以上人民政府房产管理部门办理预售登记，取得商品房预售许可证明。

商品房预售人应当按照国家有关规定将预售合同报县级以上人民政府房产管理部门和土地管理部门登记备案。

商品房预售所得款项，必须用于有关的工程建设。

第四十六条 商品房预售的，商品房预购人将购买的未竣工的预售商品房再行转让的问题，由国务院规定。

第三节　房地产抵押

第四十七条 房地产抵押，是指抵押人以其合法的房地产以不转移占有的方式向抵押权人提供债务履行担保的行为。债务人不履行债务时，抵押权人有权依法以抵押的房地产拍卖所得的价款优先受偿。

第四十八条　依法取得的房屋所有权连同该房屋占用范围内的土地使用权，可以设定抵押权。

以出让方式取得的土地使用权，可以设定抵押权。

第四十九条　房地产抵押，应当凭土地使用权证书、房屋所有权证书办理。

第五十条　房地产抵押，抵押人和抵押权人应当签订书面抵押合同。

第五十一条　设定房地产抵押权的土地使用权是以划拨方式取得的，依法拍卖该房地产后，应当从拍卖所得的价款中缴纳相当于应缴纳的土地使用权出让金的款额后，抵押权人方可优先受偿。

第五十二条　房地产抵押合同签订后，土地上新增的房屋不属于抵押财产。需要拍卖该抵押的房地产时，可以依法将土地上新增的房屋与抵押财产一同拍卖，但对拍卖新增房屋所得，抵押权人无权优先受偿。

第四节　房　屋　租　赁

第五十三条　房屋租赁，是指房屋所有权人作为出租人将其房屋出租给承租人使用，由承租人向出租人支付租金的行为。

第五十四条　房屋租赁，出租人和承租人应当签订书面租赁合同，约定租赁期限、租赁用途、租赁价格、修缮责任等条款，以及双方的其他权利和义务，并向房产管理部门登记备案。

第五十五条　住宅用房的租赁，应当执行国家和房屋所在城市人民政府规定的租赁政策。租用房屋从事生产、经营活动的，由租赁双方协商议定租金和其他租赁条款。

第五十六条　以营利为目的，房屋所有权人将以划拨方式取得使用权的国有土地上建成的房屋出租的，应当将租金中所含土地收益上缴国家。具体办法由国务院规定。

第五节　中　介　服　务　机　构

第五十七条　房地产中介服务机构包括房地产咨询机构、房地产价格评估机构、房地产经纪机构等。

第五十八条　房地产中介服务机构应当具备下列条件：

（一）有自己的名称和组织机构；

（二）有固定的服务场所；

（三）有必要的财产和经费；

（四）有足够数量的专业人员；

（五）法律、行政法规规定的其他条件。

设立房地产中介服务机构，应当向工商行政管理部门申请设立登记，领取营业执照后，方可开业。

第五十九条　国家实行房地产价格评估人员资格认证制度。

第五章　房地产权属登记管理

第六十条　国家实行土地使用权和房屋所有权登记发证制度。

第六十一条　以出让或者划拨方式取得土地使用权，应当向县级以上地方人民政府土地管理部门申请登记，经县级以上地方人民政府土地管理部门核实，由同级人民政府颁发土地使用权证书。

在依法取得的房地产开发用地上建成房屋的，应当凭土地使用权证书向县级以上地方人民政府房产管理部门申请登记，由县级以上地方人民政府房产管理部门核实并颁发房屋所有权证书。

房地产转让或者变更时，应当向县级以上地方人民政府房产管理部门申请房产变更登记，并凭变更后的房屋所有权证书向同级人民政府土地管理部门申请土地使用权变更登记，经同级人民政府土地管理部门核实，由同级人民政府更换或者更改土地使用权证书。

法律另有规定的，依照有关法律的规定办理。

第六十二条 房地产抵押时，应当向县级以上地方人民政府规定的部门办理抵押登记。

因处分抵押房地产而取得土地使用权和房屋所有权的，应当依照本章规定办理过户登记。

第六十三条 经省、自治区、直辖市人民政府确定，县级以上地方人民政府由一个部门统一负责房产管理和土地管理工作的，可以制作、颁发统一的房地产权证书，依照本法第六十一条的规定，将房屋的所有权和该房屋占用范围内的土地使用权的确认和变更，分别载入房地产权证书。

第六章 法 律 责 任

第六十四条 违反本法第十一条、第十二条的规定，擅自批准出让或者擅自出让土地使用权用于房地产开发的，由上级机关或者所在单位给予有关责任人员行政处分。

第六十五条 违反本法第三十条的规定，未取得营业执照擅自从事房地产开发业务的，由县级以上人民政府工商行政管理部门责令停止房地产开发业务活动，没收违法所得，可以并处罚款。

第六十六条 违反本法第三十九条第一款的规定转让土地使用权的，由县级以上人民政府土地管理部门没收违法所得，可以并处罚款。

第六十七条 违反本法第四十条第一款的规定转让房地产的，由县级以上人民政府土地管理部门责令缴纳土地使用权出让金，没收违法所得，可以并处罚款。

第六十八条 违反本法第四十五条第一款的规定预售商品房的，由县级以上人民政府房产管理部门责令停止预售活动，没收违法所得，可以并处罚款。

第六十九条 违反本法第五十八条的规定，未取得营业执照擅自从事房地产中介服务业务的，由县级以上人民政府工商行政管理部门责令停止房地产中介服务业务活动，没收违法所得，可以并处罚款。

第七十条 没有法律、法规的依据，向房地产开发企业收费的，上级机关应当责令退回所收取的钱款；情节严重的，由上级机关或者所在单位给予直接责任人员行政处分。

第七十一条 房产管理部门、土地管理部门工作人员玩忽职守、滥用职权，构成犯罪的，依法追究刑事责任；不构成犯罪的，给予行政处分。

房产管理部门、土地管理部门工作人员利用职务上的便利，索取他人财物，或者非法收受他人财物为他人谋取利益，构成犯罪的，依法追究刑事责任；不构成犯罪的，给予行政处分。

第七章 附 则

第七十二条 在城市规划区外的国有土地范围内取得房地产开发用地的土地使用权，从事房地产开发、交易活动以及实施房地产管理，参照本法执行。

第七十三条 本法自 1995 年 1 月 1 日起施行。

中华人民共和国城乡规划法

主席令第74号

（2007年10月28日公布，自2008年1月1日起施行）

第一章　总　　则

第一条　为了加强城乡规划管理，协调城乡空间布局，改善人居环境，促进城乡经济社会全面协调可持续发展，制定本法。

第二条　制定和实施城乡规划，在规划区内进行建设活动，必须遵守本法。

本法所称城乡规划，包括城镇体系规划、城市规划、镇规划、乡规划和村庄规划。城市规划、镇规划分为总体规划和详细规划。详细规划分为控制性详细规划和修建性详细规划。

本法所称规划区，是指城市、镇和村庄的建成区以及因城乡建设和发展需要，必须实行规划控制的区域。规划区的具体范围由有关人民政府在组织编制的城市总体规划、镇总体规划、乡规划和村庄规划中，根据城乡经济社会发展水平和统筹城乡发展的需要划定。

第三条　城市和镇应当依照本法制定城市规划和镇规划。城市、镇规划区内的建设活动应当符合规划要求。

县级以上地方人民政府根据本地农村经济社会发展水平，按照因地制宜、切实可行的原则，确定应当制定乡规划、村庄规划的区域。在确定区域内的乡、村庄，应当依照本法制定规划，规划区内的乡、村庄建设应当符合规划要求。

县级以上地方人民政府鼓励、指导前款规定以外的区域的乡、村庄制定和实施乡规划、村庄规划。

第四条　制定和实施城乡规划，应当遵循城乡统筹、合理布局、节约土地、集约发展和先规划后建设的原则，改善生态环境，促进资源、能源节约和综合利用，保护耕地等自然资源和历史文化遗产，保持地方特色、民族特色和传统风貌，防止污染和其他公害，并符合区域人口发展、国防建设、防灾减灾和公共卫生、公共安全的需要。

在规划区内进行建设活动，应当遵守土地管理、自然资源和环境保护等法律、法规的规定。

县级以上地方人民政府应当根据当地经济社会发展的实际，在城市总体规划、镇总体规划中合理确定城市、镇的发展规模、步骤和建设标准。

第五条　城市总体规划、镇总体规划以及乡规划和村庄规划的编制，应当依据国民经济和社会发展规划，并与土地利用总体规划相衔接。

第六条　各级人民政府应当将城乡规划的编制和管理经费纳入本级财政预算。

第七条　经依法批准的城乡规划，是城乡建设和规划管理的依据，未经法定程序不得修改。

第八条　城乡规划组织编制机关应当及时公布经依法批准的城乡规划。但是，法律、行政法规规定不得公开的内容除外。

第九条　任何单位和个人都应当遵守经依法批准并公布的城乡规划，服从规划管理，并有权就涉及其利害关系的建设活动是否符合规划的要求向城乡规划主管部门查询。

任何单位和个人都有权向城乡规划主管部门或者其他有关部门举报或者控告违反城乡规划的行为。城乡规划主管部门或者其他有关部门对举报或者控告，应当及时受理并组织核查、处理。

第十条　国家鼓励采用先进的科学技术，增强城乡规划的科学性，提高城乡规划实施及监督管理的效能。

第十一条　国务院城乡规划主管部门负责全国的城乡规划管理工作。

县级以上地方人民政府城乡规划主管部门负责本行政区域内的城乡规划管理工作。

第二章　城乡规划的制定

第十二条　国务院城乡规划主管部门会同国务院有关部门组织编制全国城镇体系规划，用于指导省域城镇体系规划、城市总体规划的编制。

全国城镇体系规划由国务院城乡规划主管部门报国务院审批。

第十三条　省、自治区人民政府组织编制省域城镇体系规划，报国务院审批。

省域城镇体系规划的内容应当包括：城镇空间布局和规模控制，重大基础设施的布局，为保护生态环境、资源等需要严格控制的区域。

第十四条　城市人民政府组织编制城市总体规划。

直辖市的城市总体规划由直辖市人民政府报国务院审批。省、自治区人民政府所在地的城市以及国务院确定的城市的总体规划，由省、自治区人民政府审查同意后，报国务院审批。其他城市的总体规划，由城市人民政府报省、自治区人民政府审批。

第十五条　县人民政府组织编制县人民政府所在地镇的总体规划，报上一级人民政府审批。其他镇的总体规划由镇人民政府组织编制，报上一级人民政府审批。

第十六条　省、自治区人民政府组织编制的省域城镇体系规划，城市、县人民政府组织编制的总体规划，在报上一级人民政府审批前，应当先经本级人民代表大会常务委员会审议，常务委员会组成人员的审议意见交由本级人民政府研究处理。

镇人民政府组织编制的镇总体规划，在报上一级人民政府审批前，应当先经镇人民代表大会审议，代表的审议意见交由本级人民政府研究处理。

规划的组织编制机关报送审批省域城镇体系规划、城市总体规划或者镇总体规划，应当将本级人民代表大会常务委员会组成人员或者镇人民代表大会代表的审议意见和根据审议意见修改规划的情况一并报送。

第十七条　城市总体规划、镇总体规划的内容应当包括：城市、镇的发展布局，功能分区，用地布局，综合交通体系，禁止、限制和适宜建设的地域范围，各类专项规划等。

规划区范围、规划区内建设用地规模、基础设施和公共服务设施用地、水源地和水系、基本农田和绿化用地、环境保护、自然与历史文化遗产保护以及防灾减灾等内容，应当作为城市总体规划、镇总体规划的强制性内容。

城市总体规划、镇总体规划的规划期限一般为二十年。城市总体规划还应当对城市更长远的发展作出预测性安排。

第十八条 乡规划、村庄规划应当从农村实际出发，尊重村民意愿，体现地方和农村特色。

乡规划、村庄规划的内容应当包括：规划区范围，住宅、道路、供水、排水、供电、垃圾收集、畜禽养殖场所等农村生产、生活服务设施、公益事业等各项建设的用地布局、建设要求，以及对耕地等自然资源和历史文化遗产保护、防灾减灾等的具体安排。乡规划还应当包括本行政区域内的村庄发展布局。

第十九条 城市人民政府城乡规划主管部门根据城市总体规划的要求，组织编制城市的控制性详细规划，经本级人民政府批准后，报本级人民代表大会常务委员会和上一级人民政府备案。

第二十条 镇人民政府根据镇总体规划的要求，组织编制镇的控制性详细规划，报上一级人民政府审批。县人民政府所在地镇的控制性详细规划，由县人民政府城乡规划主管部门根据镇总体规划的要求组织编制，经县人民政府批准后，报本级人民代表大会常务委员会和上一级人民政府备案。

第二十一条 城市、县人民政府城乡规划主管部门和镇人民政府可以组织编制重要地块的修建性详细规划。修建性详细规划应当符合控制性详细规划。

第二十二条 乡、镇人民政府组织编制乡规划、村庄规划，报上一级人民政府审批。村庄规划在报送审批前，应当经村民会议或者村民代表会议讨论同意。

第二十三条 首都的总体规划、详细规划应当统筹考虑中央国家机关用地布局和空间安排的需要。

第二十四条 城乡规划组织编制机关应当委托具有相应资质等级的单位承担城乡规划的具体编制工作。

从事城乡规划编制工作应当具备下列条件，并经国务院城乡规划主管部门或者省、自治区、直辖市人民政府城乡规划主管部门依法审查合格，取得相应等级的资质证书后，方可在资质等级许可的范围内从事城乡规划编制工作：

（一）有法人资格；

（二）有规定数量的经国务院城乡规划主管部门注册的规划师；

（三）有规定数量的相关专业技术人员；

（四）有相应的技术装备；

（五）有健全的技术、质量、财务管理制度。

规划师执业资格管理办法，由国务院城乡规划主管部门会同国务院人事行政部门制定。

编制城乡规划必须遵守国家有关标准。

第二十五条 编制城乡规划，应当具备国家规定的勘察、测绘、气象、地震、水文、环境等基础资料。

县级以上地方人民政府有关主管部门应当根据编制城乡规划的需要，及时提供有关基础资料。

第二十六条 城乡规划报送审批前，组织编制机关应当依法将城乡规划草案予以公告，并采取论证会、听证会或者其他方式征求专家和公众的意见。公告的时间不得少于三十日。

组织编制机关应当充分考虑专家和公众的意见，并在报送审批的材料中附具意见采纳情况及理由。

第二十七条 省域城镇体系规划、城市总体规划、镇总体规划批准前，审批机关应当组织专家和有关部门进行审查。

第三章 城乡规划的实施

第二十八条 地方各级人民政府应当根据当地经济社会发展水平，量力而行，尊重群众意愿，有计划、分步骤地组织实施城乡规划。

第二十九条 城市的建设和发展，应当优先安排基础设施以及公共服务设施的建设，妥善处理新区开发与旧区改建的关系，统筹兼顾进城务工人员生活和周边农村经济社会发展、村民生产与生活的需要。

镇的建设和发展，应当结合农村经济社会发展和产业结构调整，优先安排供水、排水、供电、供气、道路、通信、广播电视等基础设施和学校、卫生院、文化站、幼儿园、福利院等公共服务设施的建设，为周边农村提供服务。

乡、村庄的建设和发展，应当因地制宜、节约用地，发挥村民自治组织的作用，引导村民合理进行建设，改善农村生产、生活条件。

第三十条 城市新区的开发和建设，应当合理确定建设规模和时序，充分利用现有市政基础设施和公共服务设施，严格保护自然资源和生态环境，体现地方特色。

在城市总体规划、镇总体规划确定的建设用地范围以外，不得设立各类开发区和城市新区。

第三十一条 旧城区的改建，应当保护历史文化遗产和传统风貌，合理确定拆迁和建设规模，有计划地对危房集中、基础设施落后等地段进行改建。

历史文化名城、名镇、名村的保护以及受保护建筑物的维护和使用，应当遵守有关法律、行政法规和国务院的规定。

第三十二条 城乡建设和发展，应当依法保护和合理利用风景名胜资源，统筹安排风景名胜区及周边乡、镇、村庄的建设。

风景名胜区的规划、建设和管理，应当遵守有关法律、行政法规和国务院的规定。

第三十三条 城市地下空间的开发和利用，应当与经济和技术发展水平相适应，遵循统筹安排、综合开发、合理利用的原则，充分考虑防灾减灾、人民防空和通信等需要，并符合城市规划，履行规划审批手续。

第三十四条 城市、县、镇人民政府应当根据城市总体规划、镇总体规划、土地利用总体规划和年度计划以及国民经济和社会发展规划，制定近期建设规划，报总体规划审批机关备案。

近期建设规划应当以重要基础设施、公共服务设施和中低收入居民住房建设以及生态环境保护为重点内容，明确近期建设的时序、发展方向和空间布局。近期建设规划的规划期限为五年。

第三十五条 城乡规划确定的铁路、公路、港口、机场、道路、绿地、输配电设施及输电线路走廊、通信设施、广播电视设施、管道设施、河道、水库、水源地、自然保护区、防汛通道、消防通道、核电站、垃圾填埋场及焚烧厂、污水处理厂和公共服务设施的用地以及其他需要依法保护的用地，禁止擅自改变用途。

第三十六条 按照国家规定需要有关部门批准或者核准的建设项目，以划拨方式提供国有土地使用权的，建设单位在报送有关部门批准或者核准前，应当向城乡规划主管部门申请核发选址意见书。

前款规定以外的建设项目不需要申请选址意见书。

第三十七条 在城市、镇规划区内以划拨方式提供国有土地使用权的建设项目，经有关部门批准、核准、备案后，建设单位应当向城市、县人民政府城乡规划主管部门提出建设用地规划许可申请，由城市、县人民政府城乡规划主管部门依据控制性详细规划核定建设用地的位置、面积、允许建设的范围，核发建设用地规划许可证。

建设单位在取得建设用地规划许可证后，方可向县级以上地方人民政府土地主管部门申请用地，经县级以上人民政府审批后，由土地主管部门划拨土地。

第三十八条 在城市、镇规划区内以出让方式提供国有土地使用权的，在国有土地使用权出让前，城市、县人民政府城乡规划主管部门应当依据控制性详细规划，提出出让地块的位置、使用性质、开发强度等规划条件，作为国有土地使用权出让合同的组成部分。未确定规划条件的地块，不得出让国有土地使用权。

以出让方式取得国有土地使用权的建设项目，在签订国有土地使用权出让合同后，建设单位应当持建设项目的批准、核准、备案文件和国有土地使用权出让合同，向城市、县人民政府城乡规划主管部门领取建设用地规划许可证。

城市、县人民政府城乡规划主管部门不得在建设用地规划许可证中，擅自改变作为国有土地使用权出让合同组成部分的规划条件。

第三十九条 规划条件未纳入国有土地使用权出让合同的，该国有土地使用权出让合同无效；对未取得建设用地规划许可证的建设单位批准用地的，由县级以上人民政府撤销有关批准文件；占用土地的，应当及时退回；给当事人造成损失的，应当依法给予赔偿。

第四十条 在城市、镇规划区内进行建筑物、构筑物、道路、管线和其他工程建设的，建设单位或者个人应当向城市、县人民政府城乡规划主管部门或者省、自治区、直辖市人民政府确定的镇人民政府申请办理建设工程规划许可证。

申请办理建设工程规划许可证，应当提交使用土地的有关证明文件、建设工程设计方案等材料。需要建设单位编制修建性详细规划的建设项目，还应当提交修建性详细规划。对符合控制性详细规划和规划条件的，由城市、县人民政府城乡规划主管部门或者省、自治区、直辖市人民政府确定的镇人民政府核发建设工程规划许可证。

城市、县人民政府城乡规划主管部门或者省、自治区、直辖市人民政府确定的镇人民政府应当依法将经审定的修建性详细规划、建设工程设计方案的总平面图予以公布。

第四十一条 在乡、村庄规划区内进行乡镇企业、乡村公共设施和公益事业建设的，建设单位或者个人应当向乡、镇人民政府提出申请，由乡、镇人民政府报城市、县人民政府城乡规划主管部门核发乡村建设规划许可证。

在乡、村庄规划区内使用原有宅基地进行农村村民住宅建设的规划管理办法，由省、自治区、直辖市制定。

在乡、村庄规划区内进行乡镇企业、乡村公共设施和公益事业建设以及农村村民住宅建设，不得占用农用地；确需占用农用地的，应当依照《中华人民共和国土地管理法》有关规定办理农用地转用审批手续后，由城市、县人民政府城乡规划主管部门核发乡村建设规划许可证。

建设单位或者个人在取得乡村建设规划许可证后，方可办理用地审批手续。

第四十二条　城乡规划主管部门不得在城乡规划确定的建设用地范围以外作出规划许可。

第四十三条　建设单位应当按照规划条件进行建设；确需变更的，必须向城市、县人民政府城乡规划主管部门提出申请。变更内容不符合控制性详细规划的，城乡规划主管部门不得批准。城市、县人民政府城乡规划主管部门应当及时将依法变更后的规划条件通报同级土地主管部门并公示。

建设单位应当及时将依法变更后的规划条件报有关人民政府土地主管部门备案。

第四十四条　在城市、镇规划区内进行临时建设的，应当经城市、县人民政府城乡规划主管部门批准。临时建设影响近期建设规划或者控制性详细规划的实施以及交通、市容、安全等的，不得批准。

临时建设应当在批准的使用期限内自行拆除。

临时建设和临时用地规划管理的具体办法，由省、自治区、直辖市人民政府制定。

第四十五条　县级以上地方人民政府城乡规划主管部门按照国务院规定对建设工程是否符合规划条件予以核实。未经核实或者经核实不符合规划条件的，建设单位不得组织竣工验收。

建设单位应当在竣工验收后六个月内向城乡规划主管部门报送有关竣工验收资料。

第四章　城乡规划的修改

第四十六条　省域城镇体系规划、城市总体规划、镇总体规划的组织编制机关，应当组织有关部门和专家定期对规划实施情况进行评估，并采取论证会、听证会或者其他方式征求公众意见。组织编制机关应当向本级人民代表大会常务委员会、镇人民代表大会和原审批机关提出评估报告并附具征求意见的情况。

第四十七条　有下列情形之一的，组织编制机关方可按照规定的权限和程序修改省域城镇体系规划、城市总体规划、镇总体规划：

（一）上级人民政府制定的城乡规划发生变更，提出修改规划要求的；

（二）行政区划调整确需修改规划的；

（三）因国务院批准重大建设工程确需修改规划的；

（四）经评估确需修改规划的；

（五）城乡规划的审批机关认为应当修改规划的其他情形。

修改省域城镇体系规划、城市总体规划、镇总体规划前，组织编制机关应当对原规划的实施情况进行总结，并向原审批机关报告；修改涉及城市总体规划、镇总体规划强制性内容的，应当先向原审批机关提出专题报告，经同意后，方可编制修改方案。

修改后的省域城镇体系规划、城市总体规划、镇总体规划，应当依照本法第十三条、第十四条、第十五条和第十六条规定的审批程序报批。

第四十八条 修改控制性详细规划的，组织编制机关应当对修改的必要性进行论证，征求规划地段内利害关系人的意见，并向原审批机关提出专题报告，经原审批机关同意后，方可编制修改方案。修改后的控制性详细规划，应当依照本法第十九条、第二十条规定的审批程序报批。控制性详细规划修改涉及城市总体规划、镇总体规划的强制性内容的，应当先修改总体规划。

修改乡规划、村庄规划的，应当依照本法第二十二条规定的审批程序报批。

第四十九条 城市、县、镇人民政府修改近期建设规划的，应当将修改后的近期建设规划报总体规划审批机关备案。

第五十条 在选址意见书、建设用地规划许可证、建设工程规划许可证或者乡村建设规划许可证发放后，因依法修改城乡规划给被许可人合法权益造成损失的，应当依法给予补偿。

经依法审定的修建性详细规划、建设工程设计方案的总平面图不得随意修改；确需修改的，城乡规划主管部门应当采取听证会等形式，听取利害关系人的意见；因修改给利害关系人合法权益造成损失的，应当依法给予补偿。

第五章 监 督 检 查

第五十一条 县级以上人民政府及其城乡规划主管部门应当加强对城乡规划编制、审批、实施、修改的监督检查。

第五十二条 地方各级人民政府应当向本级人民代表大会常务委员会或者乡、镇人民代表大会报告城乡规划的实施情况，并接受监督。

第五十三条 县级以上人民政府城乡规划主管部门对城乡规划的实施情况进行监督检查，有权采取以下措施：

（一）要求有关单位和人员提供与监督事项有关的文件、资料，并进行复制；

（二）要求有关单位和人员就监督事项涉及的问题作出解释和说明，并根据需要进入现场进行勘测；

（三）责令有关单位和人员停止违反有关城乡规划的法律、法规的行为。

城乡规划主管部门的工作人员履行前款规定的监督检查职责，应当出示执法证件。被监督检查的单位和人员应当予以配合，不得妨碍和阻挠依法进行的监督检查活动。

第五十四条 监督检查情况和处理结果应当依法公开，供公众查阅和监督。

第五十五条 城乡规划主管部门在查处违反本法规定的行为时，发现国家机关工作人员依法应当给予行政处分的，应当向其任免机关或者监察机关提出处分建议。

第五十六条 依照本法规定应当给予行政处罚，而有关城乡规划主管部门不给予行政处罚的，上级人民政府城乡规划主管部门有权责令其作出行政处罚决定或者建议有关人民政府责令其给予行政处罚。

第五十七条 城乡规划主管部门违反本法规定作出行政许可的，上级人民政府城乡规划主管部门有权责令其撤销或者直接撤销该行政许可。因撤销行政许可给当事人合法权益造成损失的，应当依法给予赔偿。

第六章 法 律 责 任

第五十八条 对依法应当编制城乡规划而未组织编制，或者未按法定程序编制、审批、修改城乡规划的，由上级人民政府责令改正，通报批评；对有关人民政府负责人和其他直接责任人员依法给予处分。

第五十九条 城乡规划组织编制机关委托不具有相应资质等级的单位编制城乡规划的，由上级人民政府责令改正，通报批评；对有关人民政府负责人和其他直接责任人员依法给予处分。

第六十条 镇人民政府或者县级以上人民政府城乡规划主管部门有下列行为之一的，由本级人民政府、上级人民政府城乡规划主管部门或者监察机关依据职权责令改正，通报批评；对直接负责的主管人员和其他直接责任人员依法给予处分：

（一）未依法组织编制城市的控制性详细规划、县人民政府所在地镇的控制性详细规划的；

（二）超越职权或者对不符合法定条件的申请人核发选址意见书、建设用地规划许可证、建设工程规划许可证、乡村建设规划许可证的；

（三）对符合法定条件的申请人未在法定期限内核发选址意见书、建设用地规划许可证、建设工程规划许可证、乡村建设规划许可证的；

（四）未依法对经审定的修建性详细规划、建设工程设计方案的总平面图予以公布的；

（五）同意修改修建性详细规划、建设工程设计方案的总平面图前未采取听证会等形式听取利害关系人的意见的；

（六）发现未依法取得规划许可或者违反规划许可的规定在规划区内进行建设的行为，而不予查处或者接到举报后不依法处理的。

第六十一条 县级以上人民政府有关部门有下列行为之一的，由本级人民政府或者上级人民政府有关部门责令改正，通报批评；对直接负责的主管人员和其他直接责任人员依法给予处分：

（一）对未依法取得选址意见书的建设项目核发建设项目批准文件的；

（二）未依法在国有土地使用权出让合同中确定规划条件或者改变国有土地使用权出让合同中依法确定的规划条件的；

（三）对未依法取得建设用地规划许可证的建设单位划拨国有土地使用权的。

第六十二条 城乡规划编制单位有下列行为之一的，由所在地城市、县人民政府城乡规划主管部门责令限期改正，处合同约定的规划编制费一倍以上二倍以下的罚款；情节严重的，责令停业整顿，由原发证机关降低资质等级或者吊销资质证书；造成损失的，依法承担赔偿责任：

（一）超越资质等级许可的范围承揽城乡规划编制工作的；

（二）违反国家有关标准编制城乡规划的。

未依法取得资质证书承揽城乡规划编制工作的，由县级以上地方人民政府城乡规划主管部门责令停止违法行为，依照前款规定处以罚款；造成损失的，依法承担赔偿责任。

以欺骗手段取得资质证书承揽城乡规划编制工作的，由原发证机关吊销资质证书，依照本条第一款规定处以罚款；造成损失的，依法承担赔偿责任。

第六十三条 城乡规划编制单位取得资质证书后，不再符合相应的资质条件的，由原发证机关责令限期改正；逾期不改正的，降低资质等级或者吊销资质证书。

第六十四条 未取得建设工程规划许可证或者未按照建设工程规划许可证的规定进行建设的，由县级以上地方人民政府城乡规划主管部门责令停止建设；尚可采取改正措施消除对规划实施的影响的，限期改正，处建设工程造价百分之五以上百分之十以下的罚款；无法采取改正措施消除影响的，限期拆除，不能拆除的，没收实物或者违法收入，可以并处建设工程造价百分之十以下的罚款。

第六十五条 在乡、村庄规划区内未依法取得乡村建设规划许可证或者未按照乡村建设规划许可证的规定进行建设的，由乡、镇人民政府责令停止建设、限期改正；逾期不改正的，可以拆除。

第六十六条 建设单位或者个人有下列行为之一的，由所在地城市、县人民政府城乡规划主管部门责令限期拆除，可以并处临时建设工程造价一倍以下的罚款：

（一）未经批准进行临时建设的；

（二）未按照批准内容进行临时建设的；

（三）临时建筑物、构筑物超过批准期限不拆除的。

第六十七条 建设单位未在建设工程竣工验收后六个月内向城乡规划主管部门报送有关竣工验收资料的，由所在地城市、县人民政府城乡规划主管部门责令限期补报；逾期不补报的，处一万元以上五万元以下的罚款。

第六十八条 城乡规划主管部门作出责令停止建设或者限期拆除的决定后，当事人不停止建设或者逾期不拆除的，建设工程所在地县级以上地方人民政府可以责成有关部门采取查封施工现场、强制拆除等措施。

第六十九条 违反本法规定，构成犯罪的，依法追究刑事责任。

第七章 附　　则

第七十条 本法自 2008 年 1 月 1 日起施行。《中华人民共和国城市规划法》同时废止。

四、征占林地及伐移

中华人民共和国森林法

主席令第 17 号

（1984 年 9 月 20 日第六届全国人民代表大会常务委员会第七次会议通过，根据 1998 年 4 月 29 日第九届全国人民代表大会常务委员会第二次会议《关于修改〈中华人民共和国森林法〉的决定》第一次修正，根据 2009 年 8 月 27 日第十一届全国人民代表大会常务委员会第十次会议《关于修改部分法律的决定》第二次修正）

第一章　总　　则

第一条　为了保护、培育和合理利用森林资源，加快国土绿化，发挥森林蓄水保土、调节气候、改善环境和提供林产品的作用，适应社会主义建设和人民生活的需要，特制定本法。

第二条　在中华人民共和国领域内从事森林、林木的培育种植、采伐利用和森林、林木、林地的经营管理活动，都必须遵守本法。

第三条　森林资源属于国家所有，由法律规定属于集体所有的除外。

国家所有的和集体所有的森林、林木和林地，个人所有的林木和使用的林地，由县级以上地方人民政府登记造册，发放证书，确认所有权或者使用权。国务院可以授权国务院林业主管部门，对国务院确定的国家所有的重点林区的森林、林木和林地登记造册，发放证书，并通知有关地方人民政府。

森林、林木、林地的所有者和使用者的合法权益，受法律保护，任何单位和个人不得侵犯。

第四条　森林分为以下五类：

（一）防护林：以防护为主要目的的森林、林木和灌木丛，包括水源涵养林，水土保持林，防风固沙林，农田、牧场防护林，护岸林，护路林；

（二）用材林：以生产木材为主要目的的森林和林木，包括以生产竹材为主要目的的竹林；

（三）经济林：以生产果品，食用油料、饮料、调料，工业原料和药材等为主要目的的林木；

（四）薪炭林：以生产燃料为主要目的的林木；

（五）特种用途林：以国防、环境保护、科学实验等为主要目的的森林和林木，包括国防林、实验林、母树林、环境保护林、风景林，名胜古迹和革命纪念地的林木，自然保护区的森林。

第五条　林业建设实行以营林为基础，普遍护林，大力造林，采育结合，永续利用的方针。

第六条　国家鼓励林业科学研究，推广林业先进技术，提高林业科学技术水平。

第七条　国家保护林农的合法权益，依法减轻林农的负担，禁止向林农违法收费、罚款，禁止向林农进行摊派和强制集资。

国家保护承包造林的集体和个人的合法权益，任何单位和个人不得侵犯承包造林的集体和个人依法享有的林木所有权和其他合法权益。

第八条　国家对森林资源实行以下保护性措施：

（一）对森林实行限额采伐，鼓励植树造林、封山育林，扩大森林覆盖面积；

（二）根据国家和地方人民政府有关规定，对集体和个人造林、育林给予经济扶持或者长期贷款；

（三）提倡木材综合利用和节约使用木材，鼓励开发、利用木材代用品；

（四）征收育林费，专门用于造林育林；

（五）煤炭、造纸等部门，按照煤炭和木浆纸张等产品的产量提取一定数额的资金，专门用于营造坑木、造纸等用材林；

（六）建立林业基金制度。

国家设立森林生态效益补偿基金，用于提供生态效益的防护林和特种用途林的森林资源、林木的营造、抚育、保护和管理。森林生态效益补偿基金必须专款专用，不得挪作他用。具体办法由国务院规定。

第九条　国家和省、自治区人民政府，对民族自治地方的林业生产建设，依照国家对民族自治地方自治权的规定，在森林开发、木材分配和林业基金使用方面，给予比一般地区更多的自主权和经济利益。

第十条　国务院林业主管部门主管全国林业工作。县级以上地方人民政府林业主管部门，主管本地区的林业工作。乡级人民政府设专职或者兼职人员负责林业工作。

第十一条　植树造林、保护森林，是公民应尽的义务。各级人民政府应当组织全民义务植树，开展植树造林活动。

第十二条　在植树造林、保护森林、森林管理以及林业科学研究等方面成绩显著的单位或者个人，由各级人民政府给予奖励。

第二章　森 林 经 营 管 理

第十三条　各级林业主管部门依照本法规定，对森林资源的保护、利用、更新，实行管理和监督。

第十四条　各级林业主管部门负责组织森林资源清查，建立资源档案制度，掌握资源变化情况。

第十五条　下列森林、林木、林地使用权可以依法转让，也可以依法作价入股或者作为合资、合作造林、经营林木的出资、合作条件，但不得将林地改为非林地：

（一）用材林、经济林、薪炭林；

（二）用材林、经济林、薪炭林的林地使用权；

（三）用材林、经济林、薪炭林的采伐迹地、火烧迹地的林地使用权；

（四）国务院规定的其他森林、林木和其他林地使用权。

依照前款规定转让、作价入股或者作为合资、合作造林、经营林木的出资、合作条件的，已经取得的林木采伐许可证可以同时转让，同时转让双方都必须遵守本法关于森林、林木采伐和更新造林的规定。

除本条第一款规定的情形外，其他森林、林木和其他林地使用权不得转让。

具体办法由国务院规定。

第十六条　各级人民政府应当制定林业长远规划。国有林业企业事业单位和自然保护区，应当根据林业长远规划，编制森林经营方案，报上级主管部门批准后实行。

林业主管部门应当指导农村集体经济组织和国有的农场、牧场、工矿企业等单位编制森林经营方案。

第十七条　单位之间发生的林木、林地所有权和使用权争议，由县级以上人民政府依法处理。

个人之间、个人与单位之间发生的林木所有权和林地使用权争议，由当地县级或者乡级人民政府依法处理。

当事人对人民政府的处理决定不服的，可以在接到通知之日起一个月内，向人民法院起诉。

在林木、林地权属争议解决以前，任何一方不得砍伐有争议的林木。

第十八条　进行勘查、开采矿藏和各项建设工程，应当不占或者少占林地；必须占用或者征收、征用林地的，经县级以上人民政府林业主管部门审核同意后，依照有关土地管理的法律、行政法规办理建设用地审批手续，并由用地单位依照国务院有关规定缴纳森林植被恢复费。森林植被恢复费专款专用，由林业主管部门依照有关规定统一安排植树造林，恢复森林植被，植树造林面积不得少于因占用、征收、征用林地而减少的森林植被面积。上级林业主管部门应当定期督促、检查下级林业主管部门组织植树造林、恢复森林植被的情况。

任何单位和个人不得挪用森林植被恢复费。县级以上人民政府审计机关应当加强对森林植被恢复费使用情况的监督。

第三章　森　林　保　护

第十九条　地方各级人民政府应当组织有关部门建立护林组织，负责护林工作；根据实际需要在大面积林区增加护林设施，加强森林保护；督促有林的和林区的基层单位，订立护林公约，组织群众护林，划定护林责任区，配备专职或者兼职护林员。

护林员可以由县级或者乡级人民政府委任。护林员的主要职责是：巡护森林，制止破坏森林资源的行为。对造成森林资源破坏的，护林员有权要求当地有关部门处理。

第二十条 依照国家有关规定在林区设立的森林公安机关，负责维护辖区社会治安秩序，保护辖区内的森林资源，并可以依照本法规定，在国务院林业主管部门授权的范围内，代行本法第三十九条、第四十二条、第四十三条、第四十四条规定的行政处罚权。

武装森林警察部队执行国家赋予的预防和扑救森林火灾的任务。

第二十一条 地方各级人民政府应当切实做好森林火灾的预防和扑救工作：

（一）规定森林防火期，在森林防火期内，禁止在林区野外用火；因特殊情况需要用火的，必须经过县级人民政府或者县级人民政府授权的机关批准；

（二）在林区设置防火设施；

（三）发生森林火灾，必须立即组织当地军民和有关部门扑救；

（四）因扑救森林火灾负伤、致残、牺牲的，国家职工由所在单位给予医疗、抚恤；非国家职工由起火单位按照国务院有关主管部门的规定给予医疗、抚恤，起火单位对起火没有责任或者确实无力负担的，由当地人民政府给予医疗、抚恤。

第二十二条 各级林业主管部门负责组织森林病虫害防治工作。

林业主管部门负责规定林木种苗的检疫对象，划定疫区和保护区，对林木种苗进行检疫。

第二十三条 禁止毁林开垦和毁林采石、采砂、采土以及其他毁林行为。

禁止在幼林地和特种用途林内砍柴、放牧。

进入森林和森林边缘地区的人员，不得擅自移动或者损坏为林业服务的标志。

第二十四条 国务院林业主管部门和省、自治区、直辖市人民政府，应当在不同自然地带的典型森林生态地区、珍贵动物和植物生长繁殖的林区、天然热带雨林区和具有特殊保护价值的其他天然林区，划定自然保护区，加强保护管理。

自然保护区的管理办法，由国务院林业主管部门制定，报国务院批准施行。

对自然保护区以外的珍贵树木和林区内具有特殊价值的植物资源，应当认真保护；未经省、自治区、直辖市林业主管部门批准，不得采伐和采集。

第二十五条 林区内列为国家保护的野生动物，禁止猎捕；因特殊需要猎捕的，按照国家有关法规办理。

第四章 植 树 造 林

第二十六条 各级人民政府应当制定植树造林规划，因地制宜地确定本地区提高森林覆盖率的奋斗目标。

各级人民政府应当组织各行各业和城乡居民完成植树造林规划确定的任务。

宜林荒山荒地，属于国家所有的，由林业主管部门和其他主管部门组织造林；属于集体所有的，由集体经济组织组织造林。

铁路公路两旁、江河两侧、湖泊水库周围，由各有关主管单位因地制宜地组织造林；工矿区，机关、学校用地，部队营区以及农场、牧场、渔场经营地区，由各该单位负责造林。

国家所有和集体所有的宜林荒山荒地可以由集体或者个人承包造林。

第二十七条 国有企业事业单位、机关、团体、部队营造的林木，由营造单位经营并按照国家规定支配林木收益。

集体所有制单位营造的林木，归该单位所有。

农村居民在房前屋后、自留地、自留山种植的林木，归个人所有。城镇居民和职工在自有房屋的庭院内种植的林木，归个人所有。

集体或者个人承包国家所有和集体所有的宜林荒山荒地造林的，承包后种植的林木归承包的集体或者个人所有；承包合同另有规定的，按照承包合同的规定执行。

第二十八条　新造幼林地和其他必须封山育林的地方，由当地人民政府组织封山育林。

第五章　森　林　采　伐

第二十九条　国家根据用材林的消耗量低于生长量的原则，严格控制森林年采伐量。国家所有的森林和林木以国有林业企业事业单位、农场、厂矿为单位，集体所有的森林和林木、个人所有的林木以县为单位，制定年采伐限额，由省、自治区、直辖市林业主管部门汇总，经同级人民政府审核后，报国务院批准。

第三十条　国家制定统一的年度木材生产计划。年度木材生产计划不得超过批准的年采伐限额。计划管理的范围由国务院规定。

第三十一条　采伐森林和林木必须遵守下列规定：

（一）成熟的用材林应当根据不同情况，分别采取择伐、皆伐和渐伐方式，皆伐应当严格控制，并在采伐的当年或者次年内完成更新造林；

（二）防护林和特种用途林中的国防林、母树林、环境保护林、风景林，只准进行抚育和更新性质的采伐；

（三）特种用途林中的名胜古迹和革命纪念地的林木、自然保护区的森林，严禁采伐。

第三十二条　采伐林木必须申请采伐许可证，按许可证的规定进行采伐；农村居民采伐自留地和房前屋后个人所有的零星林木除外。

国有林业企业事业单位、机关、团体、部队、学校和其他国有企业事业单位采伐林木，由所在地县级以上林业主管部门依照有关规定审核发放采伐许可证。

铁路、公路的护路林和城镇林木的更新采伐，由有关主管部门依照有关规定审核发放采伐许可证。

农村集体经济组织采伐林木，由县级林业主管部门依照有关规定审核发放采伐许可证。

农村居民采伐自留山和个人承包集体的林木，由县级林业主管部门或者其委托的乡、镇人民政府依照有关规定审核发放采伐许可证。

采伐以生产竹材为主要目的的竹林，适用以上各款规定。

第三十三条　审核发放采伐许可证的部门，不得超过批准的年采伐限额发放采伐许可证。

第三十四条　国有林业企业事业单位申请采伐许可证时，必须提出伐区调查设计文件。其他单位申请采伐许可证时，必须提出有关采伐的目的、地点、林种、林况、面积、蓄积、方式和更新措施等内容的文件。

对伐区作业不符合规定的单位，发放采伐许可证的部门有权收缴采伐许可证，中止其采伐，直到纠正为止。

第三十五条 采伐林木的单位或者个人，必须按照采伐许可证规定的面积、株数、树种、期限完成更新造林任务，更新造林的面积和株数不得少于采伐的面积和株数。

第三十六条 林区木材的经营和监督管理办法，由国务院另行规定。

第三十七条 从林区运出木材，必须持有林业主管部门发给的运输证件，国家统一调拨的木材除外。

依法取得采伐许可证后，按照许可证的规定采伐的木材，从林区运出时，林业主管部门应当发给运输证件。

经省、自治区、直辖市人民政府批准，可以在林区设立木材检查站，负责检查木材运输。对未取得运输证件或者物资主管部门发给的调拨通知书运输木材的，木材检查站有权制止。

第三十八条 国家禁止、限制出口珍贵树木及其制品、衍生物。禁止、限制出口的珍贵树木及其制品、衍生物的名录和年度限制出口总量，由国务院林业主管部门会同国务院有关部门制定，报国务院批准。

出口前款规定限制出口的珍贵树木或者其制品、衍生物的，必须经出口人所在地省、自治区、直辖市人民政府林业主管部门审核，报国务院林业主管部门批准，海关凭国务院林业主管部门的批准文件放行。进出口的树木或者其制品、衍生物属于中国参加的国际公约限制进出口的濒危物种的，并必须向国家濒危物种进出口管理机构申请办理允许进出口证明书，海关并凭允许进出口证明书放行。

第六章 法 律 责 任

第三十九条 盗伐森林或者其他林木的，依法赔偿损失；由林业主管部门责令补种盗伐株数十倍的树木，没收盗伐的林木或者变卖所得，并处盗伐林木价值三倍以上十倍以下的罚款。

滥伐森林或者其他林木，由林业主管部门责令补种滥伐株数五倍的树木，并处滥伐林木价值二倍以上五倍以下的罚款。

拒不补种树木或者补种不符合国家有关规定的，由林业主管部门代为补种，所需费用由违法者支付。

盗伐、滥伐森林或者其他林木，构成犯罪的，依法追究刑事责任。

第四十条 违反本法规定，非法采伐、毁坏珍贵树木的，依法追究刑事责任。

第四十一条 违反本法规定，超过批准的年采伐限额发放林木采伐许可证或者超越职权发放林木采伐许可证、木材运输证件、批准出口文件、允许进出口证明书的，由上一级人民政府林业主管部门责令纠正，对直接负责的主管人员和其他直接责任人员依法给予行政处分；有关人民政府林业主管部门未予纠正的，国务院林业主管部门可以直接处理；构成犯罪的，依法追究刑事责任。

第四十二条 违反本法规定，买卖林木采伐许可证、木材运输证件、批准出口文件、允许进出口证明书的，由林业主管部门没收违法买卖的证件、文件和违法所得，并处违法买卖证件、文件的价款一倍以上三倍以下的罚款；构成犯罪的，依法追究刑事责任。

伪造林木采伐许可证、木材运输证件、批准出口文件、允许进出口证明书的，依法追究刑事责任。

第四十三条　在林区非法收购明知是盗伐、滥伐的林木的，由林业主管部门责令停止违法行为，没收违法收购的盗伐、滥伐的林木或者变卖所得，可以并处违法收购林木的价款一倍以上三倍以下的罚款；构成犯罪的，依法追究刑事责任。

第四十四条　违反本法规定，进行开垦、采石、采砂、采土、采种、采脂和其他活动，致使森林、林木受到毁坏的，依法赔偿损失；由林业主管部门责令停止违法行为，补种毁坏株数一倍以上三倍以下的树木，可以处毁坏林木价值一倍以上五倍以下的罚款。

违反本法规定，在幼林地和特种用途林内砍柴、放牧致使森林、林木受到毁坏的，依法赔偿损失；由林业主管部门责令停止违法行为，补种毁坏株数一倍以上三倍以下的树木。

拒不补种树木或者补种不符合国家有关规定的，由林业主管部门代为补种，所需费用由违法者支付。

第四十五条　采伐林木的单位或者个人没有按照规定完成更新造林任务的，发放采伐许可证的部门有权不再发给采伐许可证，直到完成更新造林任务为止；情节严重的，可以由林业主管部门处以罚款，对直接责任人员由所在单位或者上级主管机关给予行政处分。

第四十六条　从事森林资源保护、林业监督管理工作的林业主管部门的工作人员和其他国家机关的有关工作人员滥用职权、玩忽职守、徇私舞弊，构成犯罪的，依法追究刑事责任；尚不构成犯罪的，依法给予行政处分。

第七章　附　　则

第四十七条　国务院林业主管部门根据本法制定实施办法，报国务院批准施行。

第四十八条　民族自治地方不能全部适用本法规定的，自治机关可以根据本法的原则，结合民族自治地方的特点，制定变通或者补充规定，依照法定程序报省、自治区或者全国人民代表大会常务委员会批准施行。

第四十九条　本法自 1985 年 1 月 1 日起施行。

五、文　物　保　护

中华人民共和国文物保护法

主席令第 84 号

（1982 年 11 月 19 日第五届全国人民代表大会常务委员会第二十五次会议通过，根据 1991 年 6 月 29 日第七届全国人民代表大会常务委员会第二十次会议《关于修改〈中华人民共和国文物保护法〉第三十条、第三十一条的决定》第一次修正，2002 年 10 月 28 日第九届全国人民代表大会常务委员会第三十次会议修订，根据 2007 年 12 月 29 日第十届全国人民代表大会常务委员会第三十一次会议《关于修改〈中华人民共和国文物保护法〉的决定》第二次修正）

第一章　总　　则

第一条　为了加强对文物的保护，继承中华民族优秀的历史文化遗产，促进科学研究工作，进行爱国主义和革命传统教育，建设社会主义精神文明和物质文明，根据宪法，制定本法。

第二条　在中华人民共和国境内，下列文物受国家保护：

（一）具有历史、艺术、科学价值的古文化遗址、古墓葬、古建筑、石窟寺和石刻、壁画；

（二）与重大历史事件、革命运动或者著名人物有关的以及具有重要纪念意义、教育意义或者史料价值的近代现代重要史迹、实物、代表性建筑；

（三）历史上各时代珍贵的艺术品、工艺美术品；

（四）历史上各时代重要的文献资料以及具有历史、艺术、科学价值的手稿和图书资料等；

（五）反映历史上各时代、各民族社会制度、社会生产、社会生活的代表性实物。

文物认定的标准和办法由国务院文物行政部门制定，并报国务院批准。

具有科学价值的古脊椎动物化石和古人类化石同文物一样受国家保护。

第三条　古文化遗址、古墓葬、古建筑、石窟寺、石刻、壁画、近代现代重要史迹和代表性建筑等不可移动文物，根据它们的历史、艺术、科学价值，可以分别确定为全国重点文物保护单位，省级文物保护单位，市、县级文物保护单位。

历史上各时代重要实物、艺术品、文献、手稿、图书资料、代表性实物等可移动文物，分为珍贵文物和一般文物；珍贵文物分为一级文物、二级文物、三级文物。

第四条 文物工作贯彻保护为主、抢救第一、合理利用、加强管理的方针。

第五条 中华人民共和国境内地下、内水和领海中遗存的一切文物，属于国家所有。

古文化遗址、古墓葬、石窟寺属于国家所有。国家指定保护的纪念建筑物、古建筑、石刻、壁画、近代现代代表性建筑等不可移动文物，除国家另有规定的以外，属于国家所有。

国有不可移动文物的所有权不因其所依附的土地所有权或者使用权的改变而改变。

下列可移动文物，属于国家所有：

（一）中国境内出土的文物，国家另有规定的除外；

（二）国有文物收藏单位以及其他国家机关、部队和国有企业、事业组织等收藏、保管的文物；

（三）国家征集、购买的文物；

（四）公民、法人和其他组织捐赠给国家的文物；

（五）法律规定属于国家所有的其他文物。

属于国家所有的可移动文物的所有权不因其保管、收藏单位的终止或者变更而改变。

国有文物所有权受法律保护，不容侵犯。

第六条 属于集体所有和私人所有的纪念建筑物、古建筑和祖传文物以及依法取得的其他文物，其所有权受法律保护。文物的所有者必须遵守国家有关文物保护的法律、法规的规定。

第七条 一切机关、组织和个人都有依法保护文物的义务。

第八条 国务院文物行政部门主管全国文物保护工作。

地方各级人民政府负责本行政区域内的文物保护工作。县级以上地方人民政府承担文物保护工作的部门对本行政区域内的文物保护实施监督管理。

县级以上人民政府有关行政部门在各自的职责范围内，负责有关的文物保护工作。

第九条 各级人民政府应当重视文物保护，正确处理经济建设、社会发展与文物保护的关系，确保文物安全。

基本建设、旅游发展必须遵守文物保护工作的方针，其活动不得对文物造成损害。

公安机关、工商行政管理部门、海关、城乡建设规划部门和其他有关国家机关，应当依法认真履行所承担的保护文物的职责，维护文物管理秩序。

第十条 国家发展文物保护事业。县级以上人民政府应当将文物保护事业纳入本级国民经济和社会发展规划，所需经费列入本级财政预算。

国家用于文物保护的财政拨款随着财政收入增长而增加。

国有博物馆、纪念馆、文物保护单位等的事业性收入，专门用于文物保护，任何单位或者个人不得侵占、挪用。

国家鼓励通过捐赠等方式设立文物保护社会基金，专门用于文物保护，任何单位或者个人不得侵占、挪用。

第十一条 文物是不可再生的文化资源。国家加强文物保护的宣传教育，增强全民文物保护的意识，鼓励文物保护的科学研究，提高文物保护的科学技术水平。

第十二条 有下列事迹的单位或者个人，由国家给予精神鼓励或者物质奖励：

（一）认真执行文物保护法律、法规，保护文物成绩显著的；

（二）为保护文物与违法犯罪行为作坚决斗争的；

（三）将个人收藏的重要文物捐献给国家或者为文物保护事业作出捐赠的；

（四）发现文物及时上报或者上交，使文物得到保护的；

（五）在考古发掘工作中作出重大贡献的；

（六）在文物保护科学技术方面有重要发明创造或者其他重要贡献的；

（七）在文物面临破坏危险时，抢救文物有功的；

（八）长期从事文物工作，作出显著成绩的。

第二章　不可移动文物

第十三条 国务院文物行政部门在省级、市、县级文物保护单位中，选择具有重大历史、艺术、科学价值的确定为全国重点文物保护单位，或者直接确定为全国重点文物保护单位，报国务院核定公布。

省级文物保护单位，由省、自治区、直辖市人民政府核定公布，并报国务院备案。

市级和县级文物保护单位，分别由设区的市、自治州和县级人民政府核定公布，并报省、自治区、直辖市人民政府备案。

尚未核定公布为文物保护单位的不可移动文物，由县级人民政府文物行政部门予以登记并公布。

第十四条 保存文物特别丰富并且具有重大历史价值或者革命纪念意义的城市，由国务院核定公布为历史文化名城。

保存文物特别丰富并且具有重大历史价值或者革命纪念意义的城镇、街道、村庄，由省、自治区、直辖市人民政府核定公布为历史文化街区、村镇，并报国务院备案。

历史文化名城和历史文化街区、村镇所在地的县级以上地方人民政府应当组织编制专门的历史文化名城和历史文化街区、村镇保护规划，并纳入城市总体规划。

历史文化名城和历史文化街区、村镇的保护办法，由国务院制定。

第十五条 各级文物保护单位，分别由省、自治区、直辖市人民政府和市、县级人民政府划定必要的保护范围，作出标志说明，建立记录档案，并区别情况分别设置专门机构或者专人负责管理。全国重点文物保护单位的保护范围和记录档案，由省、自治区、直辖市人民政府文物行政部门报国务院文物行政部门备案。

县级以上地方人民政府文物行政部门应当根据不同文物的保护需要，制定文物保护单位和未核定为文物保护单位的不可移动文物的具体保护措施，并公告施行。

第十六条 各级人民政府制定城乡建设规划，应当根据文物保护的需要，事先由城乡建设规划部门会同文物行政部门商定对本行政区域内各级文物保护单位的保护措施，并纳入规划。

第十七条 文物保护单位的保护范围内不得进行其他建设工程或者爆破、钻探、挖掘等作业。但是，因特殊情况需要在文物保护单位的保护范围内进行其他建设工程或者爆破、钻探、挖掘等作业的，必须保证文物保护单位的安全，并经核定公布该文物保护单位的人民政府批准，在批准前应当征得上一级人民政府文物行政部门同意；在全国重点文物保护单位的保护范围内进行其他建设工程或者爆破、钻探、挖掘等作业的，必须经省、自治区、直辖市人民政府批准，在批准前应当征得国务院文物行政部门同意。

第十八条 根据保护文物的实际需要，经省、自治区、直辖市人民政府批准，可以在文物保护单位的周围划出一定的建设控制地带，并予以公布。

在文物保护单位的建设控制地带内进行建设工程，不得破坏文物保护单位的历史风貌；工程设计方案应当根据文物保护单位的级别，经相应的文物行政部门同意后，报城乡建设规划部门批准。

第十九条 在文物保护单位的保护范围和建设控制地带内，不得建设污染文物保护单位及其环境的设施，不得进行可能影响文物保护单位安全及其环境的活动。对已有的污染文物保护单位及其环境的设施，应当限期治理。

第二十条 建设工程选址，应当尽可能避开不可移动文物；因特殊情况不能避开的，对文物保护单位应当尽可能实施原址保护。

实施原址保护的，建设单位应当事先确定保护措施，根据文物保护单位的级别报相应的文物行政部门批准，并将保护措施列入可行性研究报告或者设计任务书。

无法实施原址保护，必须迁移异地保护或者拆除的，应当报省、自治区、直辖市人民政府批准；迁移或者拆除省级文物保护单位的，批准前须征得国务院文物行政部门同意。全国重点文物保护单位不得拆除；需要迁移的，须由省、自治区、直辖市人民政府报国务院批准。

依照前款规定拆除的国有不可移动文物中具有收藏价值的壁画、雕塑、建筑构件等，由文物行政部门指定的文物收藏单位收藏。

本条规定的原址保护、迁移、拆除所需费用，由建设单位列入建设工程预算。

第二十一条 国有不可移动文物由使用人负责修缮、保养；非国有不可移动文物由所有人负责修缮、保养。非国有不可移动文物有损毁危险，所有人不具备修缮能力的，当地人民政府应当给予帮助；所有人具备修缮能力而拒不依法履行修缮义务的，县级以上人民政府可以给予抢救修缮，所需费用由所有人负担。

对文物保护单位进行修缮，应当根据文物保护单位的级别报相应的文物行政部门批准；对未核定为文物保护单位的不可移动文物进行修缮，应当报登记的县级人民政府文物行政部门批准。

文物保护单位的修缮、迁移、重建，由取得文物保护工程资质证书的单位承担。

对不可移动文物进行修缮、保养、迁移，必须遵守不改变文物原状的原则。

第二十二条 不可移动文物已经全部毁坏的，应当实施遗址保护，不得在原址重建。但是，因特殊情况需要在原址重建的，由省、自治区、直辖市人民政府文物行政部门报省、自治区、直辖市人民政府批准；全国重点文物保护单位需要在原址重建的，由省、自治区、直辖市人民政府报国务院批准。

第二十三条 核定为文物保护单位的属于国家所有的纪念建筑物或者古建筑，除可以建立博物馆、保管所或者辟为参观游览场所外，作其他用途的，市、县级文物保护单位应当经核定公布该文物保护单位的人民政府文物行政部门征得上一级文物行政部门同意后，报核定公布该文物保护单位的人民政府批准；省级文物保护单位应当经核定公布该文物保护单位的省级人民政府的文物行政部门审核同意后，报该省级人民政府批准；全国重点文物保护单位作其他用途的，应当由省、自治区、直辖市人民政府报国务院批准。国有未核定为文物保护单位的不可移动文物作其他用途的，应当报告县级人民政府文物行政部门。

第二十四条 国有不可移动文物不得转让、抵押。建立博物馆、保管所或者辟为参观游览场所的国有文物保护单位，不得作为企业资产经营。

第二十五条 非国有不可移动文物不得转让、抵押给外国人。

非国有不可移动文物转让、抵押或者改变用途的，应当根据其级别报相应的文物行政部门备案；由当地人民政府出资帮助修缮的，应当报相应的文物行政部门批准。

第二十六条 使用不可移动文物，必须遵守不改变文物原状的原则，负责保护建筑物及其附属文物的安全，不得损毁、改建、添建或者拆除不可移动文物。

对危害文物保护单位安全、破坏文物保护单位历史风貌的建筑物、构筑物，当地人民政府应当及时调查处理，必要时，对该建筑物、构筑物予以拆迁。

第三章　考　古　发　掘

第二十七条 一切考古发掘工作，必须履行报批手续；从事考古发掘的单位，应当经国务院文物行政部门批准。

地下埋藏的文物，任何单位或者个人都不得私自发掘。

第二十八条 从事考古发掘的单位，为了科学研究进行考古发掘，应当提出发掘计划，报国务院文物行政部门批准；对全国重点文物保护单位的考古发掘计划，应当经国务院文物行政部门审核后报国务院批准。国务院文物行政部门在批准或者审核前，应当征求社会科学研究机构及其他科研机构和有关专家的意见。

第二十九条 进行大型基本建设工程，建设单位应当事先报请省、自治区、直辖市人民政府文物行政部门组织从事考古发掘的单位在工程范围内有可能埋藏文物的地方进行考古调查、勘探。

考古调查、勘探中发现文物的，由省、自治区、直辖市人民政府文物行政部门根据文物保护的要求会同建设单位共同商定保护措施；遇有重要发现的，由省、自治区、直辖市人民政府文物行政部门及时报国务院文物行政部门处理。

第三十条 需要配合建设工程进行的考古发掘工作，应当由省、自治区、直辖市文物行政部门在勘探工作的基础上提出发掘计划，报国务院文物行政部门批准。国务院文物行政部门在批准前，应当征求社会科学研究机构及其他科研机构和有关专家的意见。

确因建设工期紧迫或者有自然破坏危险，对古文化遗址、古墓葬急需进行抢救发掘的，由省、自治区、直辖市人民政府文物行政部门组织发掘，并同时补办审批手续。

第三十一条 凡因进行基本建设和生产建设需要的考古调查、勘探、发掘，所需费用由建设单位列入建设工程预算。

第三十二条 在进行建设工程或者在农业生产中，任何单位或者个人发现文物，应当保护现场，立即报告当地文物行政部门，文物行政部门接到报告后，如无特殊情况，应当在二十四小时内赶赴现场，并在七日内提出处理意见。文物行政部门可以报请当地人民政府通知公安机关协助保护现场；发现重要文物的，应当立即上报国务院文物行政部门，国务院文物行政部门应当在接到报告后十五日内提出处理意见。

依照前款规定发现的文物属于国家所有，任何单位或者个人不得哄抢、私分、藏匿。

第三十三条 非经国务院文物行政部门报国务院特别许可，任何外国人或者外国团体不得在中华人民共和国境内进行考古调查、勘探、发掘。

第三十四条 考古调查、勘探、发掘的结果，应当报告国务院文物行政部门和省、自治区、直辖市人民政府文物行政部门。

考古发掘的文物，应当登记造册，妥善保管，按照国家有关规定移交给由省、自治区、直辖市人民政府文物行政部门或者国务院文物行政部门指定的国有博物馆、图书馆或者其他国有收藏文物的单位收藏。经省、自治区、直辖市人民政府文物行政部门或者国务院文物行政部门批准，从事考古发掘的单位可以保留少量出土文物作为科研标本。

考古发掘的文物，任何单位或者个人不得侵占。

第三十五条 根据保证文物安全、进行科学研究和充分发挥文物作用的需要，省、自治区、直辖市人民政府文物行政部门经本级人民政府批准，可以调用本行政区域内的出土文物；国务院文物行政部门经国务院批准，可以调用全国的重要出土文物。

第四章 馆藏文物

第三十六条 博物馆、图书馆和其他文物收藏单位对收藏的文物，必须区分文物等级，设置藏品档案，建立严格的管理制度，并报主管的文物行政部门备案。

县级以上地方人民政府文物行政部门应当分别建立本行政区域内的馆藏文物档案；国务院文物行政部门应当建立国家一级文物藏品档案和其主管的国有文物收藏单位馆藏文物档案。

第三十七条 文物收藏单位可以通过下列方式取得文物：

（一）购买；

（二）接受捐赠；

（三）依法交换；

（四）法律、行政法规规定的其他方式。

国有文物收藏单位还可以通过文物行政部门指定保管或者调拨方式取得文物。

第三十八条 文物收藏单位应当根据馆藏文物的保护需要，按照国家有关规定建立、健全管理制度，并报主管的文物行政部门备案。未经批准，任何单位或者个人不得调取馆藏文物。

文物收藏单位的法定代表人对馆藏文物的安全负责。国有文物收藏单位的法定代表人离任时，应当按照馆藏文物档案办理馆藏文物移交手续。

第三十九条 国务院文物行政部门可以调拨全国的国有馆藏文物。省、自治区、直辖市人民政府文物行政部门可以调拨本行政区域内其主管的国有文物收藏单位馆藏文物；调拨国有馆藏一级文物，应当报国务院文物行政部门备案。

国有文物收藏单位可以申请调拨国有馆藏文物。

第四十条 文物收藏单位应当充分发挥馆藏文物的作用，通过举办展览、科学研究等活动，加强对中华民族优秀的历史文化和革命传统的宣传教育。

国有文物收藏单位之间因举办展览、科学研究等需借用馆藏文物的，应当报主管的文物行政部门备案；借用馆藏一级文物的，应当经省、自治区、直辖市人民政府文物行政部门批准，并报国务院文物行政部门备案。

非国有文物收藏单位和其他单位举办展览需借用国有馆藏文物的，应当报主管的文物行政部门批准；借用国有馆藏一级文物，应当经国务院文物行政部门批准。

文物收藏单位之间借用文物的最长期限不得超过三年。

第四十一条 已经建立馆藏文物档案的国有文物收藏单位，经省、自治区、直辖市人民政府文物行政部门批准，并报国务院文物行政部门备案，其馆藏文物可以在国有文物收藏单位之间交换；交换馆藏一级文物的，必须经国务院文物行政部门批准。

第四十二条 未建立馆藏文物档案的国有文物收藏单位，不得依照本法第四十条、第四十一条的规定处置其馆藏文物。

第四十三条 依法调拨、交换、借用国有馆藏文物，取得文物的文物收藏单位可以对提供文物的文物收藏单位给予合理补偿，具体管理办法由国务院文物行政部门制定。

国有文物收藏单位调拨、交换、出借文物所得的补偿费用，必须用于改善文物的收藏条件和收集新的文物，不得挪作他用；任何单位或者个人不得侵占。

调拨、交换、借用的文物必须严格保管，不得丢失、损毁。

第四十四条 禁止国有文物收藏单位将馆藏文物赠与、出租或者出售给其他单位、个人。

第四十五条 国有文物收藏单位不再收藏的文物的处置办法，由国务院另行制定。

第四十六条 修复馆藏文物，不得改变馆藏文物的原状；复制、拍摄、拓印馆藏文物，不得对馆藏文物造成损害。具体管理办法由国务院制定。

不可移动文物的单体文物的修复、复制、拍摄、拓印，适用前款规定。

第四十七条 博物馆、图书馆和其他收藏文物的单位应当按照国家有关规定配备防火、防盗、防自然损坏的设施，确保馆藏文物的安全。

第四十八条 馆藏一级文物损毁的，应当报国务院文物行政部门核查处理。其他馆藏文物损毁的，应当报省、自治区、直辖市人民政府文物行政部门核查处理；省、自治区、直辖市人民政府文物行政部门应当将核查处理结果报国务院文物行政部门备案。

馆藏文物被盗、被抢或者丢失的，文物收藏单位应当立即向公安机关报案，并同时向主管的文物行政部门报告。

第四十九条 文物行政部门和国有文物收藏单位的工作人员不得借用国有文物，不得非法侵占国有文物。

第五章　民间收藏文物

第五十条 文物收藏单位以外的公民、法人和其他组织可以收藏通过下列方式取得的文物：

（一）依法继承或者接受赠与；

（二）从文物商店购买；

（三）从经营文物拍卖的拍卖企业购买；

（四）公民个人合法所有的文物相互交换或者依法转让；

（五）国家规定的其他合法方式。

文物收藏单位以外的公民、法人和其他组织收藏的前款文物可以依法流通。

第五十一条 公民、法人和其他组织不得买卖下列文物：

（一）国有文物，但是国家允许的除外；

（二）非国有馆藏珍贵文物；

（三）国有不可移动文物中的壁画、雕塑、建筑构件等，但是依法拆除的国有不可移动文物中的壁画、雕塑、建筑构件等不属于本法第二十条第四款规定的应由文物收藏单位收藏的除外；

（四）来源不符合本法第五十条规定的文物。

第五十二条 国家鼓励文物收藏单位以外的公民、法人和其他组织将其收藏的文物捐赠给国有文物收藏单位或者出借给文物收藏单位展览和研究。

国有文物收藏单位应当尊重并按照捐赠人的意愿，对捐赠的文物妥善收藏、保管和展示。

国家禁止出境的文物，不得转让、出租、质押给外国人。

第五十三条 文物商店应当由国务院文物行政部门或者省、自治区、直辖市人民政府文物行政部门批准设立，依法进行管理。

文物商店不得从事文物拍卖经营活动，不得设立经营文物拍卖的拍卖企业。

第五十四条 依法设立的拍卖企业经营文物拍卖的，应当取得国务院文物行政部门颁发的文物拍卖许可证。

经营文物拍卖的拍卖企业不得从事文物购销经营活动，不得设立文物商店。

第五十五条 文物行政部门的工作人员不得举办或者参与举办文物商店或者经营文物拍卖的拍卖企业。

文物收藏单位不得举办或者参与举办文物商店或者经营文物拍卖的拍卖企业。

禁止设立中外合资、中外合作和外商独资的文物商店或者经营文物拍卖的拍卖企业。

除经批准的文物商店、经营文物拍卖的拍卖企业外，其他单位或者个人不得从事文物的商业经营活动。

第五十六条 文物商店销售的文物，在销售前应当经省、自治区、直辖市人民政府文物行政部门审核；对允许销售的，省、自治区、直辖市人民政府文物行政部门应当作出标识。

拍卖企业拍卖的文物，在拍卖前应当经省、自治区、直辖市人民政府文物行政部门审核，并报国务院文物行政部门备案；省、自治区、直辖市人民政府文物行政部门不能确定是否可以拍卖的，应当报国务院文物行政部门审核。

第五十七条 文物商店购买、销售文物，拍卖企业拍卖文物，应当按照国家有关规定作出记录，并报原审核的文物行政部门备案。

拍卖文物时，委托人、买受人要求对其身份保密的，文物行政部门应当为其保密；但是，法律、行政法规另有规定的除外。

第五十八条 文物行政部门在审核拟拍卖的文物时，可以指定国有文物收藏单位优先购买其中的珍贵文物。购买价格由文物收藏单位的代表与文物的委托人协商确定。

第五十九条 银行、冶炼厂、造纸厂以及废旧物资回收单位，应当与当地文物行政部门共同负责拣选掺杂在金银器和废旧物资中的文物。拣选文物除供银行研究所必需的历史货币可以由人民银行留用外，应当移交当地文物行政部门。移交拣选文物，应当给予合理补偿。

第六章 文物出境进境

第六十条 国有文物、非国有文物中的珍贵文物和国家规定禁止出境的其他文物，不得出境；但是依照本法规定出境展览或者因特殊需要经国务院批准出境的除外。

第六十一条 文物出境，应当经国务院文物行政部门指定的文物进出境审核机构审核。经审核允许出境的文物，由国务院文物行政部门发给文物出境许可证，从国务院文物行政部门指定的口岸出境。

任何单位或者个人运送、邮寄、携带文物出境，应当向海关申报；海关凭文物出境许可证放行。

第六十二条 文物出境展览，应当报国务院文物行政部门批准；一级文物超过国务院规定数量的，应当报国务院批准。

一级文物中的孤品和易损品，禁止出境展览。

出境展览的文物出境，由文物进出境审核机构审核、登记。海关凭国务院文物行政部门或者国务院的批准文件放行。出境展览的文物复进境，由原文物进出境审核机构审核查验。

第六十三条 文物临时进境，应当向海关申报，并报文物进出境审核机构审核、登记。

临时进境的文物复出境，必须经原审核、登记的文物进出境审核机构审核查验；经审核查验无误的，由国务院文物行政部门发给文物出境许可证，海关凭文物出境许可证放行。

第七章 法律责任

第六十四条 违反本法规定，有下列行为之一，构成犯罪的，依法追究刑事责任：

（一）盗掘古文化遗址、古墓葬的；

（二）故意或者过失损毁国家保护的珍贵文物的；

（三）擅自将国有馆藏文物出售或者私自送给非国有单位或者个人的；

（四）将国家禁止出境的珍贵文物私自出售或者送给外国人的；

（五）以牟利为目的倒卖国家禁止经营的文物的；

（六）走私文物的；

（七）盗窃、哄抢、私分或者非法侵占国有文物的；

（八）应当追究刑事责任的其他妨害文物管理行为。

第六十五条 违反本法规定，造成文物灭失、损毁的，依法承担民事责任。

违反本法规定，构成违反治安管理行为的，由公安机关依法给予治安管理处罚。

违反本法规定，构成走私行为，尚不构成犯罪的，由海关依照有关法律、行政法规的规定给予处罚。

第六十六条 有下列行为之一，尚不构成犯罪的，由县级以上人民政府文物主管部门责令改正，造成严重后果的，处五万元以上五十万元以下的罚款；情节严重的，由原发证机关吊销资质证书：

（一）擅自在文物保护单位的保护范围内进行建设工程或者爆破、钻探、挖掘等作业的；

（二）在文物保护单位的建设控制地带内进行建设工程，其工程设计方案未经文物行政部门同意、报城乡建设规划部门批准，对文物保护单位的历史风貌造成破坏的；

（三）擅自迁移、拆除不可移动文物的；

（四）擅自修缮不可移动文物，明显改变文物原状的；

（五）擅自在原址重建已全部毁坏的不可移动文物，造成文物破坏的；

（六）施工单位未取得文物保护工程资质证书，擅自从事文物修缮、迁移、重建的。

刻划、涂污或者损坏文物尚不严重的，或者损毁依照本法第十五条第一款规定设立的文物保护单位标志的，由公安机关或者文物所在单位给予警告，可以并处罚款。

第六十七条 在文物保护单位的保护范围内或者建设控制地带内建设污染文物保护单位及其环境的设施的，或者对已有的污染文物保护单位及其环境的设施未在规定的期限内完成治理的，由环境保护行政部门依照有关法律、法规的规定给予处罚。

第六十八条 有下列行为之一的，由县级以上人民政府文物主管部门责令改正，没收违法所得，违法所得一万元以上的，并处违法所得二倍以上五倍以下的罚款；违法所得不足一万元的，并处五千元以上二万元以下的罚款：

（一）转让或者抵押国有不可移动文物，或者将国有不可移动文物作为企业资产经营的；

（二）将非国有不可移动文物转让或者抵押给外国人的；

（三）擅自改变国有文物保护单位的用途的。

第六十九条 历史文化名城的布局、环境、历史风貌等遭到严重破坏的，由国务院撤销其历史文化名城称号；历史文化城镇、街道、村庄的布局、环境、历史风貌等遭到严重破坏的，由省、自治区、直辖市人民政府撤销其历史文化街区、村镇称号；对负有责任的主管人员和其他直接责任人员依法给予行政处分。

第七十条 有下列行为之一，尚不构成犯罪的，由县级以上人民政府文物主管部门责令改正，可以并处二万元以下的罚款，有违法所得的，没收违法所得：

（一）文物收藏单位未按照国家有关规定配备防火、防盗、防自然损坏的设施的；

（二）国有文物收藏单位法定代表人离任时未按照馆藏文物档案移交馆藏文物，或者所移交的馆藏文物与馆藏文物档案不符的；

（三）将国有馆藏文物赠与、出租或者出售给其他单位、个人的；

（四）违反本法第四十条、第四十一条、第四十五条规定处置国有馆藏文物的；

（五）违反本法第四十三条规定挪用或者侵占依法调拨、交换、出借文物所得补偿费用的。

第七十一条 买卖国家禁止买卖的文物或者将禁止出境的文物转让、出租、质押给外国人，尚不构成犯罪的，由县级以上人民政府文物主管部门责令改正，没收违法所得，违法经营额一万元以上的，并处违法经营额二倍以上五倍以下的罚款；违法经营额不足一万元的，并处五千元以上二万元以下的罚款。

第七十二条 未经许可，擅自设立文物商店、经营文物拍卖的拍卖企业，或者擅自从事文物的商业经营活动，尚不构成犯罪的，由工商行政管理部门依法予以制止，没收违法所得、非法经营的文物，违法经营额五万元以上的，并处违法经营额二倍以上五倍以下的罚款；违法经营额不足五万元的，并处二万元以上十万元以下的罚款。

第七十三条 有下列情形之一的，由工商行政管理部门没收违法所得、非法经营的文物，违法经营额五万元以上的，并处违法经营额一倍以上三倍以下的罚款；违法经营额不足五万元的，并处五千元以上五万元以下的罚款；情节严重的，由原发证机关吊销许可证书：

（一）文物商店从事文物拍卖经营活动的；

（二）经营文物拍卖的拍卖企业从事文物购销经营活动的；

（三）文物商店销售的文物、拍卖企业拍卖的文物，未经审核的；

（四）文物收藏单位从事文物的商业经营活动的。

第七十四条 有下列行为之一，尚不构成犯罪的，由县级以上人民政府文物主管部门会同公安机关追缴文物；情节严重的，处五千元以上五万元以下的罚款：

（一）发现文物隐匿不报或者拒不上交的；

（二）未按照规定移交拣选文物的。

第七十五条 有下列行为之一的，由县级以上人民政府文物主管部门责令改正：

（一）改变国有未核定为文物保护单位的不可移动文物的用途，未依照本法规定报告的；

（二）转让、抵押非国有不可移动文物或者改变其用途，未依照本法规定备案的；

（三）国有不可移动文物的使用人拒不依法履行修缮义务的；

（四）考古发掘单位未经批准擅自进行考古发掘，或者不如实报告考古发掘结果的；

（五）文物收藏单位未按照国家有关规定建立馆藏文物档案、管理制度，或者未将馆藏文物档案、管理制度备案的；

（六）违反本法第三十八条规定，未经批准擅自调取馆藏文物的；

（七）馆藏文物损毁未报文物行政部门核查处理，或者馆藏文物被盗、被抢或者丢失，文物收藏单位未及时向公安机关或者文物行政部门报告的；

（八）文物商店销售文物或者拍卖企业拍卖文物，未按照国家有关规定作出记录或者未将所作记录报文物行政部门备案的。

第七十六条 文物行政部门、文物收藏单位、文物商店、经营文物拍卖的拍卖企业的工作人员，有下列行为之一的，依法给予行政处分，情节严重的，依法开除公职或者吊销其从业资格；构成犯罪的，依法追究刑事责任：

（一）文物行政部门的工作人员违反本法规定，滥用审批权限、不履行职责或者发现违法行为不予查处，造成严重后果的；

（二）文物行政部门和国有文物收藏单位的工作人员借用或者非法侵占国有文物的；

（三）文物行政部门的工作人员举办或者参与举办文物商店或者经营文物拍卖的拍卖企业的；

（四）因不负责任造成文物保护单位、珍贵文物损毁或者流失的；

（五）贪污、挪用文物保护经费的。

前款被开除公职或者被吊销从业资格的人员，自被开除公职或者被吊销从业资格之日起十年内不得担任文物管理人员或者从事文物经营活动。

第七十七条 有本法第六十六条、第六十八条、第七十条、第七十一条、第七十四条、第七十五条规定所列行为之一的，负有责任的主管人员和其他直接责任人员是国家工作人员的，依法给予行政处分。

第七十八条 公安机关、工商行政管理部门、海关、城乡建设规划部门和其他国家机关，违反本法规定滥用职权、玩忽职守、徇私舞弊，造成国家保护的珍贵文物损毁或者流失的，对负有责任的主管人员和其他直接责任人员依法给予行政处分；构成犯罪的，依法追究刑事责任。

第七十九条 人民法院、人民检察院、公安机关、海关和工商行政管理部门依法没收的文物应当登记造册，妥善保管，结案后无偿移交文物行政部门，由文物行政部门指定的国有文物收藏单位收藏。

第八章 附 则

第八十条 本法自公布之日起施行。

六、工　程　管　理

（一）资金管理

中华人民共和国预算法

主席令第21号

（1994年3月22日公布，自1995年1月1日起施行）

第一章　总　　则

第一条　为了强化预算的分配和监督职能，健全国家对预算的管理，加强国家宏观调控，保障经济和社会的健康发展，根据宪法，制定本法。

第二条　国家实行一级政府一级预算，设立中央，省、自治区、直辖市，设区的市、自治州，县、自治县、不设区的市、市辖区，乡、民族乡、镇五级预算。

不具备设立预算条件的乡、民族乡、镇，经省、自治区、直辖市政府确定，可以暂不设立预算。

第三条　各级预算应当做到收支平衡。

第四条　中央政府预算（以下简称中央预算）由中央各部门（含直属单位，下同）的预算组成。

中央预算包括地方向中央上解的收入数额和中央对地方返还或者给予补助的数额。

第五条　地方预算由各省、自治区、直辖市总预算组成。

地方各级总预算由本级政府预算（以下简称本级预算）和汇总的下一级总预算组成；下一级只有本级预算的，下一级总预算即指下一级的本级预算。没有下一级预算的，总预算即指本级预算。

地方各级政府预算由本级各部门（含直属单位，下同）的预算组成。

地方各级政府预算包括下级政府向上级政府上解的收入数额和上级政府对下级政府返还或者给予补助的数额。

第六条　各部门预算由本部门所属各单位预算组成。

第七条　单位预算是指列入部门预算的国家机关、社会团体和其他单位的收支预算。

第八条　国家实行中央和地方分税制。

第九条　经本级人民代表大会批准的预算，非经法定程序，不得改变。

第十条　预算年度自公历1月1日起，至12月31日止。

第十一条　预算收入和预算支出以人民币元为计算单位。

第二章　预算管理职权

第十二条　全国人民代表大会审查中央和地方预算草案及中央和地方预算执行情况的报告；批准中央预算和中央预算执行情况的报告；改变或者撤销全国人民代表大会常务委员会关于预算、决算的不适当的决议。

全国人民代表大会常务委员会监督中央和地方预算的执行；审查和批准中央预算的调整方案；审查和批准中央决算；撤销国务院制定的同宪法、法律相抵触的关于预算、决算的行政法规、决定和命令；撤销省、自治区、直辖市人民代表大会及其常务委员会制定的同宪法、法律和行政法规相抵触的关于预算、决算的地方性法规和决议。

第十三条　县级以上地方各级人民代表大会审查本级总预算草案及本级总预算执行情况的报告；批准本级预算和本级预算执行情况的报告；改变或者撤销本级人民代表大会常务委员会关于预算、决算的不适当的决议；撤销本级政府关于预算、决算的不适当的决定和命令。

县级以上地方各级人民代表大会常务委员会监督本级总预算的执行；审查和批准本级预算的调整方案；审查和批准本级政府决算（以下简称本级决算）；撤销本级政府和下一级人民代表大会及其常务委员会关于预算、决算的不适当的决定、命令和决议。

设立预算的乡、民族乡、镇的人民代表大会审查和批准本级预算和本级预算执行情况的报告；监督本级预算的执行；审查和批准本级预算的调整方案；审查和批准本级决算；撤销本级政府关于预算、决算的不适当的决定和命令。

第十四条　国务院编制中央预算、决算草案；向全国人民代表大会作关于中央和地方预算草案的报告；将省、自治区、直辖市政府报送备案的预算汇总后报全国人民代表大会常务委员会备案；组织中央和地方预算的执行；决定中央预算预备费的动用；编制中央预算调整方案；监督中央各部门和地方政府的预算执行；改变或者撤销中央各部门和地方政府关于预算、决算的不适当的决定、命令；向全国人民代表大会、全国人民代表大会常务委员会报告中央和地方预算的执行情况。

第十五条　县级以上地方各级政府编制本级预算、决算草案；向本级人民代表大会作关于本级总预算草案的报告；将下一级政府报送备案的预算汇总后报本级人民代表大会常务委员会备案；组织本级总预算的执行；决定本级预算预备费的动用；编制本级预算的调整方案；监督本级各部门和下级政府的预算执行；改变或者撤销本级各部门和下级政府关于预算、决算的不适当的决定、命令；向本级人民代表大会、本级人民代表大会常务委员会报告本级总预算的执行情况。

乡、民族乡、镇政府编制本级预算、决算草案；向本级人民代表大会作关于本级预算草案的报告；组织本级预算的执行；决定本级预算预备费的动用；编制本级预算的调整方案；向本级人民代表大会报告本级预算的执行情况。

第十六条 国务院财政部门具体编制中央预算、决算草案；具体组织中央和地方预算的执行；提出中央预算预备费动用方案；具体编制中央预算的调整方案；定期向国务院报告中央和地方预算的执行情况。

地方各级政府财政部门具体编制本级预算、决算草案；具体组织本级总预算的执行；提出本级预算预备费动用方案；具体编制本级预算的调整方案；定期向本级政府和上一级政府财政部门报告本级总预算的执行情况。

第十七条 各部门编制本部门预算、决算草案；组织和监督本部门预算的执行；定期向本级政府财政部门报告预算的执行情况。

第十八条 各单位编制本单位预算、决算草案；按照国家规定上缴预算收入，安排预算支出，并接受国家有关部门的监督。

第三章 预 算 收 支 范 围

第十九条 预算由预算收入和预算支出组成。

预算收入包括：

（一）税收收入；

（二）依照规定应当上缴的国有资产收益；

（三）专项收入；

（四）其他收入。

预算支出包括：

（一）经济建设支出；

（二）教育、科学、文化、卫生、体育等事业发展支出；

（三）国家管理费用支出；

（四）国防支出；

（五）各项补贴支出；

（六）其他支出。

第二十条 预算收入划分为中央预算收入、地方预算收入、中央和地方预算共享收入。

预算支出划分为中央预算支出和地方预算支出。

第二十一条 中央预算与地方预算有关收入和支出项目的划分、地方向中央上解收入、中央对地方返还或者给予补助的具体办法，由国务院规定，报全国人民代表大会常务委员会备案。

第二十二条 预算收入应当统筹安排使用；确需设立专用基金项目的，须经国务院批准。

第二十三条 上级政府不得在预算之外调用下级政府预算的资金。下级政府不得挤占或者截留属于上级政府预算的资金。

第四章 预 算 编 制

第二十四条 各级政府、各部门、各单位应当按照国务院规定的时间编制预算草案。

第二十五条　中央预算和地方各级政府预算，应当参考上一年预算执行情况和本年度收支预测进行编制。

第二十六条　中央预算和地方各级政府预算按照复式预算编制。

复式预算的编制办法和实施步骤，由国务院规定。

第二十七条　中央政府公共预算不列赤字。

中央预算中必需的建设投资的部分资金，可以通过举借国内和国外债务等方式筹措，但是借债应当有合理的规模和结构。

中央预算中对已经举借的债务还本付息所需的资金，依照前款规定办理。

第二十八条　地方各级预算按照量入为出、收支平衡的原则编制，不列赤字。

除法律和国务院另有规定外，地方政府不得发行地方政府债券。

第二十九条　各级预算收入的编制，应当与国民生产总值的增长率相适应。

按照规定必须列入预算的收入，不得隐瞒、少列，也不得将上年的非正常收入作为编制预算收入的依据。

第三十条　各级预算支出的编制，应当贯彻厉行节约、勤俭建国的方针。

各级预算支出的编制，应当统筹兼顾，确保重点，在保证政府公共支出合理需要的前提下，妥善安排其他各类预算支出。

第三十一条　中央预算和有关地方政府预算中安排必要的资金，用于扶助经济不发达的民族自治地方、革命老根据地、边远、贫困地区发展经济文化建设事业。

第三十二条　各级政府预算应当按照本级政府预算支出额的百分之一至百分之三设置预备费，用于当年预算执行中的自然灾害救灾开支及其他难以预见的特殊开支。

第三十三条　各级政府预算应当按照国务院的规定设置预算周转金。

第三十四条　各级政府预算的上年结余，可以在下年用于上年结转项目的支出；有余额的，可以补充预算周转金；再有余额的，可以用于下年必需的预算支出。

第三十五条　国务院应当及时下达关于编制下一年预算草案的指示。

编制预算草案的具体事项，由国务院财政部门部署。

第三十六条　省、自治区、直辖市政府应当按照国务院规定的时间，将本级总预算草案报国务院审核汇总。

第三十七条　国务院财政部门应当在每年全国人民代表大会会议举行的一个月前，将中央预算草案的主要内容提交全国人民代表大会财政经济委员会进行初步审查。

省、自治区、直辖市、设区的市、自治州政府财政部门应当在本级人民代表大会会议举行的一个月前，将本级预算草案的主要内容提交本级人民代表大会有关的专门委员会或者根据本级人民代表大会常务委员会主任会议的决定提交本级人民代表大会常务委员会有关的工作委员会进行初步审查。

县、自治县、不设区的市、市辖区政府财政部门应当在本级人民代表大会会议举行的一个月前，将本级预算草案的主要内容提交本级人民代表大会常务委员会进行初步审查。

第五章　预算审查和批准

第三十八条　国务院在全国人民代表大会举行会议时，向大会作关于中央和地方预算草案的报告。

地方各级政府在本级人民代表大会举行会议时，向大会作关于本级总预算草案的报告。

第三十九条 中央预算由全国人民代表大会审查和批准。

地方各级政府预算由本级人民代表大会审查和批准。

第四十条 乡、民族乡、镇政府应当及时将经本级人民代表大会批准的本级预算报上一级政府备案。县级以上地方各级政府应当及时将经本级人民代表大会批准的本级预算及下一级政府报送备案的预算汇总，报上一级政府备案。

县级以上地方各级政府将下一级政府依照前款规定报送备案的预算汇总后，报本级人民代表大会常务委员会备案。国务院将省、自治区、直辖市政府依照前款规定报送备案的预算汇总后，报全国人民代表大会常务委员会备案。

第四十一条 国务院和县级以上地方各级政府对下一级政府依照本法第四十条规定报送备案的预算，认为有同法律、行政法规相抵触或者有其他不适当之处，需要撤销批准预算的决议的，应当提请本级人民代表大会常务委员会审议决定。

第四十二条 各级政府预算经本级人民代表大会批准后，本级政府财政部门应当及时向本级各部门批复预算。各部门应当及时向所属各单位批复预算。

第六章 预 算 执 行

第四十三条 各级预算由本级政府组织执行，具体工作由本级政府财政部门负责。

第四十四条 预算年度开始后，各级政府预算草案在本级人民代表大会批准前，本级政府可以先按照上一年同期的预算支出数额安排支出；预算经本级人民代表大会批准后，按照批准的预算执行。

第四十五条 预算收入征收部门，必须依照法律、行政法规的规定，及时、足额征收应征的预算收入。不得违反法律、行政法规规定，擅自减征、免征或者缓征应征的预算收入，不得截留、占用或者挪用预算收入。

第四十六条 有预算收入上缴任务的部门和单位，必须依照法律、行政法规和国务院财政部门的规定，将应当上缴的预算资金及时、足额地上缴国家金库（以下简称国库），不得截留、占用、挪用或者拖欠。

第四十七条 各级政府财政部门必须依照法律、行政法规和国务院财政部门的规定，及时、足额地拨付预算支出资金，加强对预算支出的管理和监督。

各级政府、各部门、各单位的支出必须按照预算执行。

第四十八条 县级以上各级预算必须设立国库；具备条件的乡、民族乡、镇也应当设立国库。

中央国库业务由中国人民银行经理，地方国库业务依照国务院的有关规定办理。

各级国库必须按照国家有关规定，及时准确地办理预算收入的收纳、划分、留解和预算支出的拨付。

各级国库库款的支配权属于本级政府财政部门。除法律、行政法规另有规定外，

未经本级政府财政部门同意，任何部门、单位和个人都无权动用国库库款或者以其他

方式支配已入国库的库款。

各级政府应当加强对本级国库的管理和监督。

第四十九条 各级政府应当加强对预算执行的领导，支持政府财政、税务、海关等预算收入的征收部门依法组织预算收入，支持政府财政部门严格管理预算支出。

财政、税务、海关等部门在预算执行中，应当加强对预算执行的分析；发现问题时应当及时建议本级政府采取措施予以解决。

第五十条 各部门、各单位应当加强对预算收入和支出的管理，不得截留或者动用应当上缴的预算收入，也不得将不应当在预算内支出的款项转为预算内支出。

第五十一条 各级政府预算预备费的动用方案，由本级政府财政部门提出，报本级政府决定。

第五十二条 各级政府预算周转金由本级政府财政部门管理，用于预算执行中的资金周转，不得挪作他用。

第七章 预 算 调 整

第五十三条 预算调整是指经全国人民代表大会批准的中央预算和经地方各级人民代表大会批准的本级预算，在执行中因特殊情况需要增加支出或者减少收入，使原批准的收支平衡的预算的总支出超过总收入，或者使原批准的预算中举借债务的数额增加的部分变更。

第五十四条 各级政府对于必须进行的预算调整，应当编制预算调整方案。中央预算的调整方案必须提请全国人民代表大会常务委员会审查和批准。县级以上地方各级政府预算的调整方案必须提请本级人民代表大会常务委员会审查和批准；乡、民族乡、镇政府预算的调整方案必须提请本级人民代表大会审查和批准。未经批准，不得调整预算。

第五十五条 未经批准调整预算，各级政府不得作出任何使原批准的收支平衡的预算的总支出超过总收入或者使原批准的预算中举借债务的数额增加的决定。

对违反前款规定作出的决定，本级人民代表大会、本级人民代表大会常务委员会或者上级政府应当责令其改变或者撤销。

第五十六条 在预算执行中，因上级政府返还或者给予补助而引起的预算收支变化，不属于预算调整。接受返还或者补助款项的县级以上地方各级政府应当向本级人民代表大会常务委员会报告有关情况；接受返还或者补助款项的乡、民族乡、镇政府应当向本级人民代表大会报告有关情况。

第五十七条 各部门、各单位的预算支出应当按照预算科目执行。不同预算科目间的预算资金需要调剂使用的，必须按照国务院财政部门的规定报经批准。

第五十八条 地方各级政府预算的调整方案经批准后，由本级政府报上一级政府备案。

第八章 决 算

第五十九条 决算草案由各级政府、各部门、各单位，在每一预算年度终了后按照国务院规定的时间编制。

编制决算草案的具体事项，由国务院财政部门部署。

第六十条 编制决算草案，必须符合法律、行政法规，做到收支数额准确、内容完整、报送及时。

第六十一条 各部门对所属各单位的决算草案，应当审核并汇总编制本部门的决算草案，在规定的期限内报本级政府财政部门审核。

各级政府财政部门对本级各部门决算草案审核后发现有不符合法律、行政法规规定的，有权予以纠正。

第六十二条 国务院财政部门编制中央决算草案，报国务院审定后，由国务院提请全国人民代表大会常务委员会审查和批准。

县级以上地方各级政府财政部门编制本级决算草案，报本级政府审定后，由本级政府提请本级人民代表大会常务委员会审查和批准。

乡、民族乡、镇政府编制本级决算草案，提请本级人民代表大会审查和批准。

第六十三条 各级政府决算经批准后，财政部门应当向本级各部门批复决算。

第六十四条 地方各级政府应当将经批准的决算，报上一级政府备案。

第六十五条 国务院和县级以上地方各级政府对下一级政府依照本法第六十四条规定报送备案的决算，认为有同法律、行政法规相抵触或者有其他不适当之处，需要撤销批准该项决算的决议的，应当提请本级人民代表大会常务委员会审议决定；经审议决定撤销的，该下级人民代表大会常务委员会应当责成本级政府依照本法规定重新编制决算草案，提请本级人民代表大会常务委员会审查和批准。

第九章　监　　督

第六十六条 全国人民代表大会及其常务委员会对中央和地方预算、决算进行监督。

县级以上地方各级人民代表大会及其常务委员会对本级和下级政府预算、决算进行监督。

乡、民族乡、镇人民代表大会对本级预算、决算进行监督。

第六十七条 各级人民代表大会和县级以上各级人民代表大会常务委员会有权就预算、决算中的重大事项或者特定问题组织调查，有关的政府、部门、单位和个人应当如实反映情况和提供必要的材料。

第六十八条 各级人民代表大会和县级以上各级人民代表大会常务委员会举行会议时，人民代表大会代表或者常务委员会组成人员，依照法律规定程序就预算、决算中的有关问题提出询问或者质询，受询问或者受质询的有关的政府或者财政部门必须及时给予答复。

第六十九条 各级政府应当在每一预算年度内至少二次向本级人民代表大会或者其常务委员会作预算执行情况的报告。

第七十条 各级政府监督下级政府的预算执行；下级政府应当定期向上一级政府报告预算执行情况。

第七十一条 各级政府财政部门负责监督检查本级各部门及其所属各单位预算的执行；并向本级政府和上一级政府财政部门报告预算执行情况。

第七十二条 各级政府审计部门对本级各部门、各单位和下级政府的预算执行、决算实行审计监督。

第十章 法律责任

第七十三条 各级政府未经依法批准擅自变更预算，使经批准的收支平衡的预算的总支出超过总收入，或者使经批准的预算中举借债务的数额增加的，对负有直接责任的主管人员和其他直接责任人员追究行政责任。

第七十四条 违反法律、行政法规的规定，擅自动用国库库款或者擅自以其他方式支配已入国库的库款的，由政府财政部门责令退还或者追回国库库款，并由上级机关给予负有直接责任的主管人员和其他直接责任人员行政处分。

第七十五条 隐瞒预算收入或者将不应当在预算内支出的款项转为预算内支出的，由上一级政府或者本级政府财政部门责令纠正，并由上级机关给予负有直接责任的主管人员和其他直接责任人员行政处分。

第十一章 附　则

第七十六条 各级政府、各部门、各单位应当加强对预算外资金的管理。预算外资金管理办法由国务院另行规定。各级人民代表大会要加强对预算外资金使用的监督。

第七十七条 民族自治地方的预算管理，依照民族区域自治法的有关规定执行；民族区域自治法没有规定的，依照本法和国务院的有关规定执行。

第七十八条 国务院根据本法制定实施条例。

第七十九条 本法自 1995 年 1 月 1 日施行。1991 年 10 月 21 日国务院发布的《国家预算管理条例》同时废止。

中华人民共和国会计法

主席令第24号

（1985年1月21日第六届全国人民代表大会常务委员会第九次会议通过，根据1993年12月29日第八届全国人民代表大会常务委员会第五次会议《关于修改〈中华人民共和国会计法〉的决定》修正，1999年10月31日第九届全国人民代表大会常务委员会第十二次会议修订）

第一章　总　　则

第一条　为了规范会计行为，保证会计资料真实、完整，加强经济管理和财务管理，提高经济效益，维护社会主义市场经济秩序，制定本法。

第二条　国家机关、社会团体、公司、企业、事业单位和其他组织（以下统称单位）必须依照本法办理会计事务。

第三条　各单位必须依法设置会计账簿，并保证其真实、完整。

第四条　单位负责人对本单位的会计工作和会计资料的真实性、完整性负责。

第五条　会计机构、会计人员依照本法规定进行会计核算，实行会计监督。

任何单位或者个人不得以任何方式授意、指使、强令会计机构、会计人员伪造、变造会计凭证、会计账簿和其他会计资料，提供虚假财务会计报告。

任何单位或者个人不得对依法履行职责、抵制违反本法规定行为的会计人员实行打击报复。

第六条　对认真执行本法，忠于职守，坚持原则，做出显著成绩的会计人员，给予精神的或者物质的奖励。

第七条　国务院财政部门主管全国的会计工作。

县级以上地方各级人民政府财政部门管理本行政区域内的会计工作。

第八条　国家实行统一的会计制度。国家统一的会计制度由国务院财政部门根据本法制定并公布。

国务院有关部门可以依照本法和国家统一的会计制度制定对会计核算和会计监督有特殊要求的行业实施国家统一的会计制度的具体办法或者补充规定，报国务院财政部门审核批准。

中国人民解放军总后勤部可以依照本法和国家统一的会计制度制定军队实施国家统一的会计制度的具体办法，报国务院财政部门备案。

第二章　会　计　核　算

第九条　各单位必须根据实际发生的经济业务事项进行会计核算，填制会计凭证，登记会计账簿，编制财务会计报告。

任何单位不得以虚假的经济业务事项或者资料进行会计核算。

第十条　下列经济业务事项，应当办理会计手续，进行会计核算：

（一）款项和有价证券的收付；

（二）财物的收发、增减和使用；

（三）债权债务的发生和结算；

（四）资本、基金的增减；

（五）收入、支出、费用、成本的计算；

（六）财务成果的计算和处理；

（七）需要办理会计手续、进行会计核算的其他事项。

第十一条　会计年度自公历1月1日起至12月31日止。

第十二条　会计核算以人民币为记账本位币。

业务收支以人民币以外的货币为主的单位，可以选定其中一种货币作为记账本位币，但是编报的财务会计报告应当折算为人民币。

第十三条　会计凭证、会计账簿、财务会计报告和其他会计资料，必须符合国家统一的会计制度的规定。

使用电子计算机进行会计核算的，其软件及其生成的会计凭证，会计账簿、财务会计报告和其他会计资料，也必须符合国家统一的会计制度的规定。

任何单位和个人不得伪造、变造会计凭证、会计账簿及其他会计资料，不得提供虚假的财务会计报告。

第十四条　会计凭证包括原始凭证和记账凭证。

办理本法第十条所列的经济业务事项，必须填制或者取得原始凭证并及时送交会计机构。

会计机构、会计人员必须按照国家统一的会计制度的规定对原始凭证进行审核，对不真实、不合法的原始凭证有权不予接受，并向单位负责人报告；对记载不准确、不完整的原始凭证予以退回，并要求按照国家统一的会计制度的规定更正、补充。

原始凭证记载的各项内容均不得涂改；原始凭证有错误的，应当由出具单位重开或者更正，更正处应当加盖出具单位印章。原始凭证金额有错误的，应当由出具单位重开，不得在原始凭证上更正。

记账凭证应当根据经过审核的原始凭证及有关资料编制。

第十五条　会计账簿登记，必须以经过审核的会计凭证为依据，并符合有关法律、行政法规和国家统一的会计制度的规定。会计账簿包括总账、明细账、日记账和其他辅助性账簿。

会计账簿应当按照连续记号的页码顺序登记。会计账簿记录发生错误或者隔页、缺号、跳行的，应当按照国家统一的会计制度规定的方法更正，并由会计人员和会计机构负责人（会计主管人员）在更正处盖章。

使用电子计算机进行会计核算的，其会计账簿的登记、更正，应当符合国家统一的会计制度的规定。

第十六条　各单位发生的各项经济业务事项应当在依法设置的会计账簿上统一登记、

核算，不得违反本法和国家统一的会计制度的规定私设会计账簿登记、核算。

第十七条 各单位应当定期将会计账簿记录与实物、款项及有关资料相互核对，保证会计账簿记录与实物及款项的实有数额相符、会计账簿记录与会计凭证的有关内容相符、会计账簿之间相对应的记录相符、会计账簿记录与会计报表的有关内容相符。

第十八条 各单位采用的会计处理方法，前后各期应当一致，不得随意变更；确有必要变更的，应当按照国家统一的会计制度的规定变更，并将变更的原因、情况及影响在财务会计报告中说明。

第十九条 单位提供的担保、未决诉讼等或有事项，应当按照国家统一的会计制度的规定，在财务会计报告中予以说明。

第二十条 财务会计报告应当根据经过审核的会计账簿记录和有关资料编制，并符合本法和国家统一的会计制度关于财务会计报告的编制要求、提供对象和提供期限的规定；其他法律、行政法规另有规定的，从其规定。

财务会计报告由会计报表、会计报表附注和财务情况说明书组成，向不同的会计资料使用者提供的财务会计报告，其编制依据应当一致，有关法律、行政法规规定会计报表、会计报表附注和财务情况说明书须经注册会计师审计的，注册会计师及其所在的会计师事务所出具的审计报告应当随同财务会计报告一并提供。

第二十一条 财务会计报告应当由单位负责人和主管会计工作的负责人、会计机构负责人（会计主管人员）签名并盖章；设置总会计师的单位，还须由总会计师签名并盖章。

单位负责人应当保证财务会计报告真实、完整。

第二十二条 会计记录的文字应当使用中文。在民族自治地方，会计记录可以同时使用当地通用的一种民族文字。在中华人民共和国境内的外商投资企业、外国企业和其他外国组织的会计记录可以同时使用一种外国文字。

第二十三条 各单位对会计凭证、会计账簿、财务会计报告和其他会计资料应当建立档案，妥善保管。会计档案的保管期限和销毁办法，由国务院财政部门会同有关部门制定。

第三章　公司、企业会计核算的特别规定

第二十四条 公司、企业进行会计核算，除应当遵守本法第二章的规定外，还应当遵守本章规定。

第二十五条 公司、企业必须根据实际发生的经济业务事项，按照国家统一的会计制度的规定确认、计量和记录资产、负债、所有者权益、收入、费用、成本和利润。

第二十六条 公司、企业进行会计核算不得有下列行为：

（一）随意改变资产、负债、所有者权益的确认标准或者计量方法，虚列、多列、不列或者少列资产、负债、所有者权益；

（二）虚列或者隐瞒收入，推迟或者提前确认收入；

（三）随意改变费用、成本的确认标准或者计量方法，虚列、多列、不到或者少列费用、成本；

（四）随意调整利润的计算、分配方法，编造虚假利润或者隐瞒利润；

（五）违反国家统一的会计制度规定的其他行为。

第四章 会 计 监 督

第二十七条 各单位应当建立、健全本单位内部会计监督制度。单位内部会计监督制度应当符合下列要求：

（一）记账人员与经济业务事项和会计事项的审批人员、经办人员、财物保管人员的职责权应当明确，并相互分离、相互制约；

（二）重大对外投资、资产处置、资金调度和其他重要经济业务事项的决策和执行的相互监督、相互制约程序应当明确；

（三）财产清查的范围、期限和组织程序应当明确；

（四）对会计资料定期进行内部审计的办法和程序应当明确。

第二十八条 单位负责人应当保证会计机构、会计人员依法履行职责，不得授意、指使、强令会计机构、会计人员违法办理会计事项。

会计机构、会计人员对违反本法和国家统一的会计制度规定的会计事项，有权拒绝办理或者按照职权予以纠正。

第二十九条 会计机构、会计人员发现会计账簿记录与实物、款项及有关资料不相符的，按照国家统一的会计制度的规定有权自行处理的，应当及时处理；无权处理的，应当立即向单位负责人报告，请求查明原因，作出处理。

第三十条 任何单位和个人对违反本法和国家统一的会计制度规定的行为，有权检举。收到检举的部门有权处理的，应当依法按照职责分工及时处理；无权处理的，应当及时移送有权处理的部门处理。收到检举的部门、负责处理的部门应当为检举人保密，不得将检举人姓名和检举材料转给被检举单位和被检举人个人。

第三十一条 有关法律、行政法规规定，须经注册会计师进行审计的单位，应当向受委托的会计师事务所如实提供会计凭证、会计账簿财务会计报告和其他会计资料以及有关情况。

任何单位或者个人不得以任何方式要求或者示意注册会计师及其所在的会计师事务所出具不实或者不当的审计报告。

财政部门有权对会计师事务所出具审计报告的程序和内容进行监督。

第三十二条 财政部门对各单位的下列情况实施监督：

（一）是否依法设置会计账簿；

（二）会计凭证、会计账簿、财务会计报告和其他会计资料是否真实、完整；

（三）会计核算是否符合本法和国家统一的会计制度的规定；

（四）从事会计工作的人员是否具备从业资格。

在对前款第（二）项所列事项实施监督，发现重大违法嫌疑时，国务院财政部门及其派出机构可以向与被监督单位有经济业务往来的单位和被监督单位开立账户的金融机构查询有关情况，有关单位和金融机构应当给予支持。

第三十三条 财政、审计、税务、人民银行、证券监管、保险监管等部门应当依照有关法律、行政法规规定的职责，对有关单位的会计资料实施监督检查。

前款所列监督检查部门对有关单位的会计资料依法实施监督检查后，应当出具检查结论。有关监督检查部门已经作出的检查结论能够满足其他监督检查部门履行本部门职责需要的，其他监督检查部门应当加以利用，避免重复查账。

第三十四条 依法对有关单位的会计资料实施监督检查的部门及其工作人员对在监督检查中知悉的国家秘密和商业秘密负有保密义务。

第三十五条 各单位必须依照有关法律、行政法规的规定，接受有关监督检查部门依法实施的监督检查，如实提供会计凭证、会计账簿、财务会计报告和其他会计资料以及有关情况，不得拒绝、隐瞒、谎报。

第五章 会计机构和会计人员

第三十六条 各单位应当根据会计业务的需要，设置会计机构，或者在有关机构中设置会计人员并指定会计主管人员；不具备设置条件的，应当委托经批准设立从事会计代理记账业务的中介机构代理记账。

国有的和国有资产占控股地位或者主导地位的大、中型企业必须设置总会计师。总会计师的任职资格、任免程序、职责权限由国务院规定。

第三十七条 会计机构内部应当建立稽核制度。

出纳人员不得兼任稽核、会计档案保管和收入、支出、费用、债权债务账目的登记工作。

第三十八条 从事会计工作的人员，必须取得会计从业资格证书。

担任单位会计机构负责人（会计主管人员）的，除取得会计从业资格证书外，还应当具备会计师以上专业技术职务资格或者从事会计工作三年以上经历。

会计人员从业资格管理办法由国务院财政部门规定。

第三十九条 会计人员应当遵守职业道德，提高业务素质。对会计人员的教育和培训工作应当加强。

第四十条 因有提供虚假财务会计报告，做假账，隐匿或者故意销毁会计凭证、会计账簿、财务会计报告，贪污，挪用公款，职务侵占等与会计职务有关的违法行为被依法追究刑事责任的人员，不得取得或者重新取得会计从业资格证书。

除前款规定的人员外，因违法违纪行为被吊销会计从业资格证书的人员，自被吊销会计从业资格证书之日起五年内，不得重新取得会计从业资格证书。

第四十一条 会计人员调动工作或者离职，必须与接管人员办清交接手续。

一般会计人员办理交接手续，由会计机构负责人（会计主管人员）监交；会计机构负责人（会计主管人员）办理交接手续，由但为负责人监交，必要时主管单位可以派人会同监交。

第六章 法律责任

第四十二条 违反本法规定，有下列行为之一的，由县级以上人民政府财政部门责令限期改正，可以对单位并处三千元以上五万元以下的罚款；对其直接负责的主管人员和其他直接责任人，可以处两千元以上二万元以下的罚款；属于国家工作人员的，还应当由其所在单位或者有关单位依法给予行政处分：

（一）不依法设置会计账簿的；

（二）私设会计账簿的；

（三）未按照规定填制、取得原始凭证或者填制、取得的原始凭证不符合规定的；

（四）以未经审核的会计凭证为依据登记会计账簿或者登记会计账簿不符合规定的；

（五）随意变更会计处理方法的；

（六）向不同的会计资料使用者提供的财务会计报告编制依据不一致的；

（七）未按照规定使用会计记录文字或者记账本位币的；

（八）未按照规定保管会计资料，致使会计资料毁损、灭失的；

（九）未按照规定建立并实施单位内部会计监督制度或者拒绝依法实施的监督或者不如实提供有关会计资料及有关情况的；

（十）任用会计人员不符合本法规定的。

有前款所列行为之一，构成犯罪的，依法追究刑事责任。

会计人员有第一款所列行为之一，情节严重的，由县级以上人民政府财政部门吊销会计从业资格证书。

有关法律对第一款所列行为的处罚另有规定的，依照有关法律的规定办理。

第四十三条　伪造、变造会计凭证、会计账簿，编制虚假财务会计报告的，构成犯罪的，依法追究刑事责任。

有前款行为，尚不构成犯罪的，由县级以上人民政府财政部门予以通报，可以对单位并处五千元以上十万元以下的罚款；对其直接负责的主管人员和其他直接责任人员，可以处三千元以上五万元以下的罚款；属于国家工作人员的，还应当由其所在单位或者有关单位依法给予撤职直至开除的行政处分；对其中的会计人员，并由县级以上人民政府财政部门吊销会计从业资格证书。

第四十四条　隐匿或者故意销毁依法应当保存的会计凭证、会计账簿、财务会计报告，构成犯罪的，依法追究刑事责任。

有前款行为，尚不构成犯罪的，由县级以上人民政府财政部门予以通报；可以对单位并处五千元以上十万元以下的罚款；对其直接负责的主管人员和其他直接责任人员，可以处三千元以上五万元以下的罚款；属于国家工作人员的，还应当由其所在单位或者有关单位依法给予撤职直至开除的行政处分；对其中的会计人员，并由县级以上人民政府财政部门吊销会计从业资格证书。

第四十五条　授意、指使、强令会计机构、会计人员及其他人员伪造、变造会计凭证、会计账簿，编制虚假财务会计报告或者隐匿、故意销毁依法应当保存的会计凭证、会计账簿、财务会计报告，构成犯罪的，依法追究刑事责任；尚不构成犯罪的，可以处五千元以上五万元以下的罚款；属于国家工作人员的，还应当由其所在单位或者有关单位依法给予降级、撤职、开除的行政处分。

第四十六条　单位负责人对依法履行职责、抵制违反本法规定行为的会计人员以降级、撤职、调离工作岗位、解聘或者开除等方式实行打击报复，构成犯罪的，依法追究刑事责任；尚不构成犯罪的，由其所在单位或者有关单位依法给予行政处分。对受打击报复的会计人员，应当恢复其名誉和原有职务、级别。

第四十七条 财政部门及有关行政部门的工作人员在实施监督管理中滥用职权、玩忽职守、徇私舞弊或者泄露国家秘密、商业秘密，构成犯罪的，依法追究刑事责任；尚不构成犯罪的，依法给予行政处分。

第四十八条 违反本法第三十条规定，将检举人姓名和检举材料转给被检举单位和被检举人个人的，由所在单位或者有关单位依法给予行政处分。

第四十九条 违反本法规定，同时违反其他法律规定的，由有关部门在各自职权范围内依法进行处罚。

第七章 附 则

第五十条 本法下列用语的含义：

单位负责人，是指单位法定代表人或者法律、行政法规规定代表单位行使治权主要负责人。

国家统一的会计制度，是指国务院财政部门根据本法制定的关于会计核算、会计监督、会计机构和会计人员以及会计工作管理的制度。

第五十一条 个体工商户会计管理的具体办法，由国务院财政部门根据本法的原则另行规定。

第五十二条 本法自 2000 年 7 月 1 日起施行。

中华人民共和国审计法

主席令第 32 号

(1994 年 8 月 31 日公布，自 1995 年 1 月 1 日起施行，2006 年 2 月 28 日修正)

第一章 总 则

第一条 为了加强国家的审计监督，维护国家财政经济秩序，提高财政资金使用效益，促进廉政建设，保障国民经济和社会健康发展，根据宪法，制定本法。

第二条 国家实行审计监督制度。国务院和县级以上地方人民政府设立审计机关。

国务院各部门和地方各级人民政府及其各部门的财政收支，国有的金融机构和企业事业组织的财务收支，以及其他依照本法规定应当接受审计的财政收支、财务收支，依照本法规定接受审计监督。

审计机关对前款所列财政收支或者财务收支的真实、合法和效益，依法进行审计监督。

第三条 审计机关依照法律规定的职权和程序，进行审计监督。

审计机关依据有关财政收支、财务收支的法律、法规和国家其他有关规定进行审计评价，在法定职权范围内作出审计决定。

第四条 国务院和县级以上地方人民政府应当每年向本级人民代表大会常务委员会提出审计机关对预算执行和其他财政收支的审计工作报告。审计工作报告应当重点报告对预算执行的审计情况。必要时，人民代表大会常务委员会可以对审计工作报告作出决议。

国务院和县级以上地方人民政府应当将审计工作报告中指出的问题的纠正情况和处理结果向本级人民代表大会常务委员会报告。

第五条 审计机关依照法律规定独立行使审计监督权，不受其他行政机关、社会团体和个人的干涉。

第六条 审计机关和审计人员办理审计事项，应当客观公正，实事求是，廉洁奉公，保守秘密。

第二章 审计机关和审计人员

第七条 国务院设立审计署，在国务院总理领导下，主管全国的审计工作。审计长是审计署的行政首长。

第八条 省、自治区、直辖市、设区的市、自治州、县、自治县、不设区的市、市辖区的人民政府的审计机关，分别在省长、自治区主席、市长、州长、县长、区长和上一级审计机关的领导下，负责本行政区域内的审计工作。

第九条 地方各级审计机关对本级人民政府和上一级审计机关负责并报告工作，审计业务以上级审计机关领导为主。

第十条 审计机关根据工作需要，经本级人民政府批准，可以在其审计管辖范围内设立派出机构。

派出机构根据审计机关的授权，依法进行审计工作。

第十一条 审计机关履行职责所必需的经费，应当列入财政预算，由本级人民政府予以保证。

第十二条 审计人员应当具备与其从事的审计工作相适应的专业知识和业务能力。

第十三条 审计人员办理审计事项，与被审计单位或者审计事项有利害关系的，应当回避。

第十四条 审计人员对其在执行职务中知悉的国家秘密和被审计单位的商业秘密，负有保密的义务。

第十五条 审计人员依法执行职务，受法律保护。

任何组织和个人不得拒绝、阻碍审计人员依法执行职务，不得打击报复审计人员。

审计机关负责人依照法定程序任免。审计机关负责人没有违法失职或者其他不符合任职条件的情况的，不得随意撤换。

地方各级审计机关负责人的任免，应当事先征求上一级审计机关的意见。

第三章　审计机关职责

第十六条 审计机关对本级各部门（含直属单位）和下级政府预算的执行情况和决算以及其他财政收支情况，进行审计监督。

第十七条 审计署在国务院总理领导下，对中央预算执行情况和其他财政收支情况进行审计监督，向国务院总理提出审计结果报告。

地方各级审计机关分别在省长、自治区主席、市长、州长、县长、区长和上一级审计机关的领导下，对本级预算执行情况和其他财政收支情况进行审计监督，向本级人民政府和上一级审计机关提出审计结果报告。

第十八条 审计署对中央银行的财务收支，进行审计监督。

审计机关对国有金融机构的资产、负债、损益，进行审计监督。

第十九条 审计机关对国家的事业组织和使用财政资金的其他事业组织的财务收支，进行审计监督。

第二十条 审计机关对国有企业的资产、负债、损益，进行审计监督。

第二十一条 对国有资本占控股地位或者主导地位的企业、金融机构的审计监督，由国务院规定。

第二十二条 审计机关对政府投资和以政府投资为主的建设项目的预算执行情况和决算，进行审计监督。

第二十三条 审计机关对政府部门管理的和其他单位受政府委托管理的社会保障基金、社会捐赠资金以及其他有关基金、资金的财务收支，进行审计监督。

第二十四条 审计机关对国际组织和外国政府援助、贷款项目的财务收支，进行审计监督。

第二十五条 审计机关按照国家有关规定，对国家机关和依法属于审计机关审计监督对象的其他单位的主要负责人，在任职期间对本地区、本部门或者本单位的财政收支、财务收支以及有关经济活动应负经济责任的履行情况，进行审计监督。

第二十六条 除本法规定的审计事项外，审计机关对其他法律、行政法规规定应当由审计机关进行审计的事项，依照本法和有关法律、行政法规的规定进行审计监督。

第二十七条 审计机关有权对与国家财政收支有关的特定事项，向有关地方、部门、单位进行专项审计调查，并向本级人民政府和上一级审计机关报告审计调查结果。

第二十八条 审计机关根据被审计单位的财政、财务隶属关系或者国有资产监督管理关系，确定审计管辖范围。

审计机关之间对审计管辖范围有争议的，由其共同的上级审计机关确定。

上级审计机关可以将其审计管辖范围内的本法第十八条第二款至第二十五条规定的审计事项，授权下级审计机关进行审计；上级审计机关对下级审计机关审计管辖范围内的重大审计事项，可以直接进行审计，但是应当防止不必要的重复审计。

第二十九条 依法属于审计机关审计监督对象的单位，应当按照国家有关规定建立健全内部审计制度；其内部审计工作应当接受审计机关的业务指导和监督。

第三十条 社会审计机构审计的单位依法属于审计机关审计监督对象的，审计机关按照国务院的规定，有权对该社会审计机构出具的相关审计报告进行核查。

第四章 审计机关权限

第三十一条 审计机关有权要求被审计单位按照审计机关的规定提供预算或者财务收支计划、预算执行情况、决算、财务会计报告，运用电子计算机储存、处理的财政收支、财务收支电子数据和必要的电子计算机技术文档，在金融机构开立账户的情况，社会审计机构出具的审计报告，以及其他与财政收支或者财务收支有关的资料，被审计单位不得拒绝、拖延、谎报。

被审计单位负责人对本单位提供的财务会计资料的真实性和完整性负责。

第三十二条 审计机关进行审计时，有权检查被审计单位的会计凭证、会计账簿、财务会计报告和运用电子计算机管理财政收支、财务收支电子数据的系统，以及其他与财政收支、财务收支有关的资料和资产，被审计单位不得拒绝。

第三十三条 审计机关进行审计时，有权就审计事项的有关问题向有关单位和个人进行调查，并取得有关证明材料。有关单位和个人应当支持、协助审计机关工作，如实向审计机关反映情况，提供有关证明材料。

审计机关经县级以上人民政府审计机关负责人批准，有权查询被审计单位在金融机构的账户。

审计机关有证据证明被审计单位以个人名义存储公款的，经县级以上人民政府审计机关主要负责人批准，有权查询被审计单位以个人名义在金融机构的存款。

第三十四条 审计机关进行审计时，被审计单位不得转移、隐匿、篡改、毁弃会计凭证、会计账簿、财务会计报告以及其他与财政收支或者财务收支有关的资料，不得转移、隐匿所持有的违反国家规定取得的资产。

审计机关对被审计单位违反前款规定的行为，有权予以制止；必要时，经县级以上人民政府审计机关负责人批准，有权封存有关资料和违反国家规定取得的资产；对其中在金融机构的有关存款需要予以冻结的，应当向人民法院提出申请。

审计机关对被审计单位正在进行的违反国家规定的财政收支、财务收支行为，有权予以制止；制止无效的，经县级以上人民政府审计机关负责人批准，通知财政部门和有关主管部门暂停拨付与违反国家规定的财政收支、财务收支行为直接有关的款项，已经拨付的，暂停使用。

审计机关采取前两款规定的措施不得影响被审计单位合法的业务活动和生产经营活动。

第三十五条 审计机关认为被审计单位所执行的上级主管部门有关财政收支、财务收支的规定与法律、行政法规相抵触的，应当建议有关主管部门纠正；有关主管部门不予纠正的，审计机关应当提请有权处理的机关依法处理。

第三十六条 审计机关可以向政府有关部门通报或者向社会公布审计结果。

审计机关通报或者公布审计结果，应当依法保守国家秘密和被审计单位的商业秘密，遵守国务院的有关规定。

第三十七条 审计机关履行审计监督职责，可以提请公安、监察、财政、税务、海关、价格、工商行政管理等机关予以协助。

第五章 审 计 程 序

第三十八条 审计机关根据审计项目计划确定的审计事项组成审计组，并应当在实施审计三日前，向被审计单位送达审计通知书；遇有特殊情况，经本级人民政府批准，审计机关可以直接持审计通知书实施审计。

被审计单位应当配合审计机关的工作，并提供必要的工作条件。

审计机关应当提高审计工作效率。

第三十九条 审计人员通过审查会计凭证、会计账簿、财务会计报告，查阅与审计事项有关的文件、资料，检查现金、实物、有价证券，向有关单位和个人调查等方式进行审计，并取得证明材料。

审计人员向有关单位和个人进行调查时，应当出示审计人员的工作证件和审计通知书副本。

第四十条 审计组对审计事项实施审计后，应当向审计机关提出审计组的审计报告。审计组的审计报告报送审计机关前，应当征求被审计对象的意见。被审计对象应当自接到审计组的审计报告之日起十日内，将其书面意见送交审计组。审计组应当将被审计对象的书面意见一并报送审计机关。

第四十一条 审计机关按照审计署规定的程序对审计组的审计报告进行审议，并对被审计对象对审计组的审计报告提出的意见一并研究后，提出审计机关的审计报告；对违反国家规定的财政收支、财务收支行为，依法应当给予处理、处罚的，在法定职权范围内作出审计决定或者向有关主管机关提出处理、处罚的意见。

审计机关应当将审计机关的审计报告和审计决定送达被审计单位和有关主管机关、单位。审计决定自送达之日起生效。

第四十二条　上级审计机关认为下级审计机关作出的审计决定违反国家有关规定的，可以责成下级审计机关予以变更或者撤销，必要时也可以直接作出变更或者撤销的决定。

第六章　法　律　责　任

第四十三条　被审计单位违反本法规定，拒绝或者拖延提供与审计事项有关的资料的，或者提供的资料不真实、不完整的，或者拒绝、阻碍检查的，由审计机关责令改正，可以通报批评，给予警告；拒不改正的，依法追究责任。

第四十四条　被审计单位违反本法规定，转移、隐匿、篡改、毁弃会计凭证、会计账簿、财务会计报告以及其他与财政收支、财务收支有关的资料，或者转移、隐匿所持有的违反国家规定取得的资产，审计机关认为对直接负责的主管人员和其他直接责任人员依法应当给予处分的，应当提出给予处分的建议，被审计单位或者其上级机关、监察机关应当依法及时作出决定，并将结果书面通知审计机关；构成犯罪的，依法追究刑事责任。

第四十五条　对本级各部门（含直属单位）和下级政府违反预算的行为或者其他违反国家规定的财政收支行为，审计机关、人民政府或者有关主管部门在法定职权范围内，依照法律、行政法规的规定，区别情况采取下列处理措施：

（一）责令限期缴纳应当上缴的款项；

（二）责令限期退还被侵占的国有资产；

（三）责令限期退还违法所得；

（四）责令按照国家统一的会计制度的有关规定进行处理；

（五）其他处理措施。

第四十六条　对被审计单位违反国家规定的财务收支行为，审计机关、人民政府或者有关主管部门在法定职权范围内，依照法律、行政法规的规定，区别情况采取前条规定的处理措施，并可以依法给予处罚。

第四十七条　审计机关在法定职权范围内作出的审计决定，被审计单位应当执行。

审计机关依法责令被审计单位上缴应当上缴的款项，被审计单位拒不执行的，审计机关应当通报有关主管部门，有关主管部门应当依照有关法律、行政法规的规定予以扣缴或者采取其他处理措施，并将结果书面通知审计机关。

第四十八条　被审计单位对审计机关作出的有关财务收支的审计决定不服的，可以依法申请行政复议或者提起行政诉讼。

被审计单位对审计机关作出的有关财政收支的审计决定不服的，可以提请审计机关的本级人民政府裁决，本级人民政府的裁决为最终决定。

第四十九条　被审计单位的财政收支、财务收支违反国家规定，审计机关认为对直接负责的主管人员和其他直接责任人员依法应当给予处分的，应当提出给予处分的建议，被审计单位或者其上级机关、监察机关应当依法及时作出决定，并将结果书面通知审计机关。

第五十条　被审计单位的财政收支、财务收支违反法律、行政法规的规定，构成犯罪的，依法追究刑事责任。

第五十一条　报复陷害审计人员的，依法给予处分；构成犯罪的，依法追究刑事责任。

第五十二条 审计人员滥用职权、徇私舞弊、玩忽职守或者泄露所知悉的国家秘密、商业秘密的，依法给予处分；构成犯罪的，依法追究刑事责任。

第七章 附 则

第五十三条 中国人民解放军审计工作的规定，由中央军事委员会根据本法制定。

第五十四条 本法自1995年1月1日起施行。1988年11月30日国务院发布的《中华人民共和国审计条例》同时废止。

（二）政府采购

中华人民共和国合同法

主席令第15号

（1999年3月15日公布，自1999年10月1日起施行）

总 则

第一章 一 般 规 定

第一条 为了保护合同当事人的合法权益，维护社会经济秩序，促进社会主义现代化建设，制定本法。

第二条 本法所称合同是平等主体的自然人、法人、其他组织之间设立、变更、终止民事权利义务关系的协议。婚姻、收养、监护等有关身份关系的协议，适用其他法律的规定。

第三条 合同当事人的法律地位平等，一方不得将自己的意志强加给另一方。

第四条 当事人依法享有自愿订立合同的权利，任何单位和个人不得非法干预。

第五条 当事人应当遵循公平原则确定各方的权利和义务。

第六条 当事人行使权利、履行义务应当遵循诚实信用原则。

第七条 当事人订立、履行合同，应当遵守法律、行政法规，尊重社会公德，不得扰乱社会经济秩序，损害社会公共利益。

第八条 依法成立的合同，对当事人具有法律约束力。当事人应当按照约定履行自己的义务，不得擅自变更或者解除合同。依法成立的合同，受法律保护。

第二章 合 同 的 订 立

第九条 当事人订立合同，应当具有相应的民事权利能力和民事行为能力。当事人依法可以委托代理人订立合同。

第十条 当事人订立合同，有书面形式、口头形式和其他形式。法律、行政法规规定采用书面形式的，应当采用书面形式。当事人约定采用书面形式的，应当采用书面形式。

第十一条 书面形式是指合同书、信件和数据电文（包括电报、电传、传真、电子数据交换和电子邮件）等可以有形地表现所载内容的形式。

第十二条 合同的内容由当事人约定，一般包括以下条款：

（一）当事人的名称或者姓名和住所；

（二）标的；

（三）数量；

（四）质量；

（五）价款或者报酬；

（六）履行期限、地点和方式；

（七）违约责任；

（八）解决争议的方法。当事人可以参照各类合同的示范文本订立合同。

第十三条 当事人订立合同，采取要约、承诺方式。

第十四条 要约是希望和他人订立合同的意思表示，该意思表示应当符合下列规定：

（一）内容具体确定；

（二）表明经受要约人承诺，要约人即受该意思表示约束。

第十五条 要约邀请是希望他人向自己发出要约的意思表示。寄送的价目表、拍卖公告、招标公告、招股说明书、商业广告等为要约邀请。商业广告的内容符合要约规定的，视为要约。

第十六条 要约到达受要约人时生效。

采用数据电文形式订立合同，收件人指定特定系统接收数据电文的，该数据电文进入该特定系统的时间，视为到达时间；未指定特定系统的，该数据电文进入收件人的任何系统的首次时间，视为到达时间。

第十七条 要约可以撤回。撤回要约的通知应当在要约到达受要约人之前或者与要约同时到达受要约人。

第十八条 要约可以撤销。撤销要约的通知应当在受要约人发出承诺通知之前到达受要约人。

第十九条 有下列情形之一的，要约不得撤销：

（一）要约人确定了承诺期限或者以其他形式明示要约不可撤销；

（二）受要约人有理由认为要约是不可撤销的，并已经为履行合同作了准备工作。

第二十条 有下列情形之一的，要约失效：

（一）拒绝要约的通知到达要约人；

（二）要约人依法撤销要约；

（三）承诺期限届满，受要约人未作出承诺；

（四）受要约人对要约的内容作出实质性变更。

第二十一条 承诺是受要约人同意要约的意思表示。

第二十二条 承诺应当以通知的方式作出，但根据交易习惯或者要约表明可以通过行为作出承诺的除外。

第二十三条 承诺应当在要约确定的期限内到达要约人。要约没有确定承诺期限的，承诺应当依照下列规定到达：

（一）要约以对话方式作出的，应当即时作出承诺，但当事人另有约定的除外；

（二）要约以非对话方式作出的，承诺应当在合理期限内到达。

第二十四条 要约以信件或者电报作出的，承诺期限自信件载明的日期或者电报交发之日开始计算。信件未载明日期的，自投寄该信件的邮戳日期开始计算。要约以电话、传真等快速通信方式作出的，承诺期限自要约到达受要约人时开始计算。

第二十五条　承诺生效时合同成立。

第二十六条　承诺通知到达要约人时生效。承诺不需要通知的，根据交易习惯或者要约的要求作出承诺的行为时生效。

采用数据电文形式订立合同的，承诺到达的时间适用本法第十六条第二款的规定。

第二十七条　承诺可以撤回。撤回承诺的通知应当在承诺通知到达要约人之前或者与承诺通知同时到达要约人。

第二十八条　受要约人超过承诺期限发出承诺的，除要约人及时通知受要约人该承诺有效的以外，为新要约。

第二十九条　受要约人在承诺期限内发出承诺，按照通常情形能够及时到达要约人，但因其他原因承诺到达要约人时超过承诺期限的，除要约人及时通知受要约人因承诺超过期限不接受该承诺的以外，该承诺有效。

第三十条　承诺的内容应当与要约的内容一致。受要约人对要约的内容作出实质性变更的，为新要约。有关合同标的、数量、质量、价款或者报酬、履行期限、履行地点和方式、违约责任和解决争议方法等的变更，是对要约内容的实质性变更。

第三十一条　承诺对要约的内容作出非实质性变更的，除要约人及时表示反对或者要约表明承诺不得对要约的内容作出任何变更的以外，该承诺有效，合同的内容以承诺的内容为准。

第三十二条　当事人采用合同书形式订立合同的，自双方当事人签字或者盖章时合同成立。

第三十三条　当事人采用信件、数据电文等形式订立合同的，可以在合同成立之前要求签订确认书。签订确认书时合同成立。

第三十四条　承诺生效的地点为合同成立的地点。

采用数据电文形式订立合同的，收件人的主营业地为合同成立的地点；没有主营业地的，其经常居住地为合同成立的地点。当事人另有约定的，按照其约定。

第三十五条　当事人采用合同书形式订立合同的，双方当事人签字或者盖章的地点为合同成立的地点。

第三十六条　法律、行政法规规定或者当事人约定采用书面形式订立合同，当事人未采用书面形式但一方已经履行主要义务，对方接受的，该合同成立。

第三十七条　采用合同书形式订立合同，在签字或者盖章之前，当事人一方已经履行主要义务，对方接受的，该合同成立。

第三十八条　国家根据需要下达指令性任务或者国家订货任务的，有关法人、其他组织之间应当依照有关法律、行政法规规定的权利和义务订立合同。

第三十九条　采用格式条款订立合同的，提供格式条款的一方应当遵循公平原则确定当事人之间的权利和义务，并采取合理的方式提请对方注意免除或者限制其责任的条款，按照对方的要求，对该条款予以说明。

格式条款是当事人为了重复使用而预先拟定，并在订立合同时未与对方协商的条款。

第四十条　格式条款具有本法第五十二条和第五十三条规定情形的，或者提供格式条款一方免除其责任、加重对方责任、排除对方主要权利的，该条款无效。

第四十一条 对格式条款的理解发生争议的，应当按照通常理解予以解释。对格式条款有两种以上解释的，应当作出不利于提供格式条款一方的解释。格式条款和非格式条款不一致的，应当采用非格式条款。

第四十二条 当事人在订立合同过程中有下列情形之一，给对方造成损失的，应当承担损害赔偿责任：

（一）假借订立合同，恶意进行磋商；

（二）故意隐瞒与订立合同有关的重要事实或者提供虚假情况；

（三）有其他违背诚实信用原则的行为。

第四十三条 当事人在订立合同过程中知悉的商业秘密，无论合同是否成立，不得泄露或者不正当地使用。泄露或者不正当地使用该商业秘密给对方造成损失的，应当承担损害赔偿责任。

第三章 合同的效力

第四十四条 依法成立的合同，自成立时生效。

法律、行政法规规定应当办理批准、登记等手续生效的，依照其规定。

第四十五条 当事人对合同的效力可以约定附条件。附生效条件的合同，自条件成就时生效。附解除条件的合同，自条件成就时失效。

当事人为自己的利益不正当地阻止条件成就的，视为条件已成就；不正当地促成条件成就的，视为条件不成就。

第四十六条 当事人对合同的效力可以约定附期限。附生效期限的合同，自期限届至时生效。附终止期限的合同，自期限届满时失效。

第四十七条 限制民事行为能力人订立的合同，经法定代理人追认后，该合同有效，但纯获利益的合同或者与其年龄、智力、精神健康状况相适应而订立的合同，不必经法定代理人追认。

相对人可以催告法定代理人在一个月内予以追认。法定代理人未作表示的，视为拒绝追认。合同被追认之前，善意相对人有撤销的权利。撤销应当以通知的方式作出。

第四十八条 行为人没有代理权、超越代理权或者代理权终止后以被代理人名义订立的合同，未经被代理人追认，对被代理人不发生效力，由行为人承担责任。

相对人可以催告被代理人在一个月内予以追认。被代理人未作表示的，视为拒绝追认。合同被追认之前，善意相对人有撤销的权利。撤销应当以通知的方式作出。

第四十九条 行为人没有代理权、超越代理权或者代理权终止后以被代理人名义订立合同，相对人有理由相信行为人有代理权的，该代理行为有效。

第五十条 法人或者其他组织的法定代表人、负责人超越权限订立的合同，除相对人知道或者应当知道其超越权限的以外，该代表行为有效。

第五十一条 无处分权的人处分他人财产，经权利人追认或者无处分权的人订立合同后取得处分权的，该合同有效。

第五十二条 有下列情形之一的，合同无效：

（一）一方以欺诈、胁迫的手段订立合同，损害国家利益；

（二）恶意串通，损害国家、集体或者第三人利益；

（三）以合法形式掩盖非法目的；

（四）损害社会公共利益；

（五）违反法律、行政法规的强制性规定。

第五十三条　合同中的下列免责条款无效：

（一）造成对方人身伤害的；

（二）因故意或者重大过失造成对方财产损失的。

第五十四条　下列合同，当事人一方有权请求人民法院或者仲裁机构变更或者撤销：

（一）因重大误解订立的；

（二）在订立合同时显失公平的。

一方以欺诈、胁迫的手段或者乘人之危，使对方在违背真实意思的情况下订立的合同，受损害方有权请求人民法院或者仲裁机构变更或者撤销。

当事人请求变更的，人民法院或者仲裁机构不得撤销

第五十五条　有下列情形之一的，撤销权消灭：

（一）具有撤销权的当事人自知道或者应当知道撤销事由之日起一年内没有行使撤销权；

（二）具有撤销权的当事人知道撤销事由后明确表示或者以自己的行为放弃撤销权。

第五十六条　无效的合同或者被撤销的合同自始没有法律约束力。合同部分无效，不影响其他部分效力的，其他部分仍然有效。

第五十七条　合同无效、被撤销或者终止的，不影响合同中独立存在的有关解决争议方法的条款的效力

第五十八条　合同无效或者被撤销后，因该合同取得的财产，应当予以返还；不能返还或者没有必要返还的，应当折价补偿。有过错的一方应当赔偿对方因此所受到的损失，双方都有过错的，应当各自承担相应的责任。

第五十九条　当事人恶意串通，损害国家、集体或者第三人利益的，因此取得的财产收归国家所有或者返还集体、第三人。

第四章　合同的履行

第六十条　当事人应当按照约定全面履行自己的义务。

当事人应当遵循诚实信用原则，根据合同的性质、目的和交易习惯履行通知、协助、保密等义务。

第六十一条　合同生效后，当事人就质量、价款或者报酬、履行地点等内容没有约定或者约定不明确的，可以协议补充；不能达成补充协议的，按照合同有关条款或者交易习惯确定。

第六十二条　当事人就有关合同内容约定不明确，依照本法第六十一条的规定仍不能确定的，适用下列规定：

（一）质量要求不明确的，按照国家标准、行业标准履行；没有国家标准、行业标准的，按照通常标准或者符合合同目的的特定标准履行。

（二）价款或者报酬不明确的，按照订立合同时履行地的市场价格履行；依法应当执行政府定价或者政府指导价的，按照规定履行。

（三）履行地点不明确，给付货币的，在接受货币一方所在地履行；交付不动产的，在不动产所在地履行；其他标的，在履行义务一方所在地履行。

（四）履行期限不明确的，债务人可以随时履行，债权人也可以随时要求履行，但应当给对方必要的准备时间。

（五）履行方式不明确的，按照有利于实现合同目的的方式履行。

（六）履行费用的负担不明确的，由履行义务一方负担。

第六十三条 执行政府定价或者政府指导价的，在合同约定的交付期限内政府价格调整时，按照交付时的价格计价。逾期交付标的物的，遇价格上涨时，按照原价格执行；价格下降时，按照新价格执行。逾期提取标的物或者逾期付款的，遇价格上涨时，按照新价格执行；价格下降时，按照原价格执行。

第六十四条 当事人约定由债务人向第三人履行债务的，债务人未向第三人履行债务或者履行债务不符合约定，应当向债权人承担违约责任。

第六十五条 当事人约定由第三人向债权人履行债务的，第三人不履行债务或者履行债务不符合约定，债务人应当向债权人承担违约责任。

第六十六条 当事人互负债务，没有先后履行顺序的，应当同时履行。一方在对方履行之前有权拒绝其履行要求。一方在对方履行债务不符合约定时，有权拒绝其相应的履行要求。

第六十七条 当事人互负债务，有先后履行顺序，先履行一方未履行的，后履行一方有权拒绝其履行要求。先履行一方履行债务不符合约定的，后履行一方有权拒绝其相应的履行要求。

第六十八条 应当先履行债务的当事人，有确切证据证明对方有下列情形之一的，可以中止履行：

（一）经营状况严重恶化；

（二）转移财产、抽逃资金，以逃避债务；

（三）丧失商业信誉；

（四）有丧失或者可能丧失履行债务能力的其他情形。

当事人没有确切证据中止履行的，应当承担违约责任。

第六十九条 当事人依照本法第六十八条的规定中止履行的，应当及时通知对方。对方提供适当担保时，应当恢复履行。中止履行后，对方在合理期限内未恢复履行能力并且未提供适当担保的，中止履行的一方可以解除合同。

第七十条 债权人分立、合并或者变更住所没有通知债务人，致使履行债务发生困难的，债务人可以中止履行或者将标的物提存。

第七十一条 债权人可以拒绝债务人提前履行债务，但提前履行不损害债权人利益的除外。债务人提前履行债务给债权人增加的费用，由债务人负担。

第七十二条 债权人可以拒绝债务人部分履行债务，但部分履行不损害债权人利益的除外。债务人部分履行债务给债权人增加的费用，由债务人负担。

第七十三条　因债务人怠于行使其到期债权，对债权人造成损害的，债权人可以向人民法院请求以自己的名义代位行使债务人的债权，但该债权专属于债务人自身的除外。

代位权的行使范围以债权人的债权为限。债权人行使代位权的必要费用，由债务人负担。

第七十四条　因债务人放弃其到期债权或者无偿转让财产，对债权人造成损害的，债权人可以请求人民法院撤销债务人的行为。债务人以明显不合理的低价转让财产，对债权人造成损害，并且受让人知道该情形的，债权人也可以请求人民法院撤销债务人的行为。

撤销权的行使范围以债权人的债权为限。债权人行使撤销权的必要费用，由债务人负担。

第七十五条　撤销权自债权人知道或者应当知道撤销事由之日起一年内行使。自债务人的行为发生之日起五年内没有行使撤销权的，该撤销权消灭。

第七十六条　合同生效后，当事人不得因姓名、名称的变更或者法定代表人、负责人、承办人的变动而不履行合同义务。

第五章　合同的变更和转让

第七十七条　当事人协商一致，可以变更合同。

法律、行政法规规定变更合同应当办理批准、登记等手续的，依照其规定。

第七十八条　当事人对合同变更的内容约定不明确的，推定为未变更。

第七十九条　债权人可以将合同的权利全部或者部分转让给第三人，但有下列情形之一的除外：

（一）根据合同性质不得转让；

（二）按照当事人约定不得转让；

（三）依照法律规定不得转让。

第八十条　债权人转让权利的，应当通知债务人。未经通知，该转让对债务人不发生效力。

债权人转让权利的通知不得撤销，但经受让人同意的除外。

第八十一条　债权人转让权利的，受让人取得与债权有关的从权利，但该从权利专属于债权人自身的除外。

第八十二条　债务人接到债权转让通知后，债务人对让与人的抗辩，可以向受让人主张。

第八十三条　债务人接到债权转让通知时，债务人对让与人享有债权，并且债务人的债权先于转让的债权到期或者同时到期的，债务人可以向受让人主张抵消。

第八十四条　债务人将合同的义务全部或者部分转移给第三人的，应当经债权人同意。

第八十五条　债务人转移义务的，新债务人可以主张原债务人对债权人的抗辩。

第八十六条　债务人转移义务的，新债务人应当承担与主债务有关的从债务，但该从债务专属于原债务人自身的除外。

第八十七条　法律、行政法规规定转让权利或者转移义务应当办理批准、登记等手续的，依照其规定。

第八十八条 当事人一方经对方同意，可以将自己在合同中的权利和义务一并转让给第三人。

第八十九条 权利和义务一并转让的，适用本法第七十九条、第八十一条 至第八十三条、第八十五条至第八十七条的规定。

第九十条 当事人订立合同后合并的，由合并后的法人或者其他组织行使合同权利，履行合同义务。当事人订立合同后分立的，除债权人和债务人另有约定的以外，由分立的法人或者其他组织对合同的权利和义务享有连带债权，承担连带债务。

第六章 合同的权利义务终止

第九十一条 有下列情形之一的，合同的权利义务终止：

（一）债务已经按照约定履行；

（二）合同解除；

（三）债务相互抵消；

（四）债务人依法将标的物提存；

（五）债权人免除债务；

（六）债权债务同归于一人；

（七）法律规定或者当事人约定终止的其他情形。

第九十二条 合同的权利义务终止后，当事人应当遵循诚实信用原则，根据交易习惯履行通知、协助、保密等义务。

第九十三条 当事人协商一致，可以解除合同。

当事人可以约定一方解除合同的条件。解除合同的条件成就时，解除权人可以解除合同。

第九十四条 有下列情形之一的，当事人可以解除合同：

（一）因不可抗力致使不能实现合同目的；

（二）在履行期限届满之前，当事人一方明确表示或者以自己的行为表明不履行主要债务；

（三）当事人一方迟延履行主要债务，经催告后在合理期限内仍未履行；

（四）当事人一方迟延履行债务或者有其他违约行为致使不能实现合同目的；

（五）法律规定的其他情形。

第九十五条 法律规定或者当事人约定解除权行使期限，期限届满当事人不行使的，该权利消灭。

法律没有规定或者当事人没有约定解除权行使期限，经对方催告后在合理期限内不行使的，该权利消灭。

第九十六条 当事人一方依照本法第九十三条第二款、第九十四条的规定主张解除合同的，应当通知对方。合同自通知到达对方时解除。对方有异议的，可以请求人民法院或者仲裁机构确认解除合同的效力。

法律、行政法规规定解除合同应当办理批准、登记等手续的，依照其规定。

第九十七条　合同解除后，尚未履行的，终止履行；已经履行的，根据履行情况和合同性质，当事人可以要求恢复原状、采取其他补救措施，并有权要求赔偿损失。

第九十八条　合同的权利义务终止，不影响合同中结算和清理条款的效力。

第九十九条　当事人互负到期债务，该债务的标的物种类、品质相同的，任何一方可以将自己的债务与对方的债务抵消，但依照法律规定或者按照合同性质不得抵消的除外。

当事人主张抵消的，应当通知对方。通知自到达对方时生效。抵消不得附条件或者附期限。

第一百条　当事人互负债务，标的物种类、品质不相同的，经双方协商一致，也可以抵消。

第一百零一条　有下列情形之一，难以履行债务的，债务人可以将标的物提存：

（一）债权人无正当理由拒绝受领；

（二）债权人下落不明；

（三）债权人死亡未确定继承人或者丧失民事行为能力未确定监护人；

（四）法律规定的其他情形。

标的物不适于提存或者提存费用过高的，债务人依法可以拍卖或者变卖标的物，提存所得的价款。

第一百零二条　标的物提存后，除债权人下落不明的以外，债务人应当及时通知债权人或者债权人的继承人、监护人。

第一百零三条　标的物提存后，毁损、灭失的风险由债权人承担。提存期间，标的物的孳息归债权人所有。提存费用由债权人负担。

第一百零四条　债权人可以随时领取提存物，但债权人对债务人负有到期债务的，在债权人未履行债务或者提供担保之前，提存部门根据债务人的要求应当拒绝其领取提存物。

债权人领取提存物的权利，自提存之日起五年内不行使而消灭，提存物扣除提存费用后归国家所有。

第一百零五条　债权人免除债务人部分或者全部债务的，合同的权利义务部分或者全部终止。

第一百零六条　债权和债务同归于一人的，合同的权利义务终止，但涉及第三人利益的除外。

第七章　违　约　责　任

第一百零七条　当事人一方不履行合同义务或者履行合同义务不符合约定的，应当承担继续履行、采取补救措施或者赔偿损失等违约责任。

第一百零八条　当事人一方明确表示或者以自己的行为表明不履行合同义务的，对方可以在履行期限届满之前要求其承担违约责任。

第一百零九条　当事人一方未支付价款或者报酬的，对方可以要求其支付价款或者报酬。

第一百一十条　当事人一方不履行非金钱债务或者履行非金钱债务不符合约定的，对方可以要求履行，但有下列情形之一的除外：

（一）法律上或者事实上不能履行；

（二）债务的标的不适于强制履行或者履行费用过高；

（三）债权人在合理期限内未要求履行。

第一百一十一条 质量不符合约定的，应当按照当事人的约定承担违约责任。对违约责任没有约定或者约定不明确，依照本法第六十一条的规定仍不能确定的，受损害方根据标的的性质以及损失的大小，可以合理选择要求对方承担修理、更换、重作、退货、减少价款或者报酬等违约责任。

第一百一十二条 当事人一方不履行合同义务或者履行合同义务不符合约定的，在履行义务或者采取补救措施后，对方还有其他损失的，应当赔偿损失。

第一百一十三条 当事人一方不履行合同义务或者履行合同义务不符合约定，给对方造成损失的，损失赔偿额应当相当于因违约所造成的损失，包括合同履行后可以获得的利益，但不得超过违反合同一方订立合同时预见到或者应当预见到的因违反合同可能造成的损失。

经营者对消费者提供商品或者服务有欺诈行为的，依照《中华人民共和国消费者权益保护法》的规定承担损害赔偿责任。

第一百一十四条 当事人可以约定一方违约时应当根据违约情况向对方支付一定数额的违约金，也可以约定因违约产生的损失赔偿额的计算方法。

约定的违约金低于造成的损失的，当事人可以请求人民法院或者仲裁机构予以增加；约定的违约金过分高于造成的损失的，当事人可以请求人民法院或者仲裁机构予以适当减少。

当事人就迟延履行约定违约金的，违约方支付违约金后，还应当履行债务。

第一百一十五条 当事人可以依照《中华人民共和国担保法》约定一方向对方给付定金作为债权的担保。债务人履行债务后，定金应当抵作价款或者收回。给付定金的一方不履行约定的债务的，无权要求返还定金；收受定金的一方不履行约定的债务的，应当双倍返还定金。

第一百一十六条 当事人既约定违约金，又约定定金的，一方违约时，对方可以选择适用违约金或者定金条款。

第一百一十七条 因不可抗力不能履行合同的，根据不可抗力的影响，部分或者全部免除责任，但法律另有规定的除外。当事人迟延履行后发生不可抗力的，不能免除责任。

本法所称不可抗力，是指不能预见、不能避免并不能克服的客观情况。

第一百一十八条 当事人一方因不可抗力不能履行合同的，应当及时通知对方，以减轻可能给对方造成的损失，并应当在合理期限内提供证明。

第一百一十九条 当事人一方违约后，对方应当采取适当措施防止损失的扩大；没有采取适当措施致使损失扩大的，不得就扩大的损失要求赔偿。

当事人因防止损失扩大而支出的合理费用，由违约方承担。

第一百二十条 当事人双方都违反合同的，应当各自承担相应的责任。

第一百二十一条 当事人一方因第三人的原因造成违约的，应当向对方承担违约责任。当事人一方和第三人之间的纠纷，依照法律规定或者按照约定解决。

第一百二十二条　因当事人一方的违约行为，侵害对方人身、财产权益的，受损害方有权选择依照本法要求其承担违约责任或者依照其他法律要求其承担侵权责任。

第八章　其　他　规　定

第一百二十三条　其他法律对合同另有规定的，依照其规定。

第一百二十四条　本法分则或者其他法律没有明文规定的合同，适用本法总则的规定，并可以参照本法分则或者其他法律最相类似的规定。

第一百二十五条　当事人对合同条款的理解有争议的，应当按照合同所使用的词句、合同的有关条款、合同的目的、交易习惯以及诚实信用原则，确定该条款的真实意思。

合同文本采用两种以上文字订立并约定具有同等效力的，对各文本使用的词句推定具有相同含义。各文本使用的词句不一致的，应当根据合同的目的予以解释。

第一百二十六条　涉外合同的当事人可以选择处理合同争议所适用的法律，但法律另有规定的除外。涉外合同的当事人没有选择的，适用与合同有最密切联系的国家的法律。

在中华人民共和国境内履行的中外合资经营企业合同、中外合作经营企业合同、中外合作勘探开发自然资源合同，适用中华人民共和国法律。

第一百二十七条　工商行政管理部门和其他有关行政主管部门在各自的职权范围内，依照法律、行政法规的规定，对利用合同危害国家利益、社会公共利益的违法行为，负责监督处理；构成犯罪的，依法追究刑事责任。

第一百二十八条　当事人可以通过和解或者调解解决合同争议。

当事人不愿和解、调解或者和解、调解不成的，可以根据仲裁协议向仲裁机构申请仲裁。涉外合同的当事人可以根据仲裁协议向中国仲裁机构或者其他仲裁机构申请仲裁。当事人没有订立仲裁协议或者仲裁协议无效的，可以向人民法院起诉。当事人应当履行发生法律效力的判决、仲裁裁决、调解书；拒不履行的，对方可以请求人民法院执行。

第一百二十九条　因国际货物买卖合同和技术进出口合同争议提起诉讼或者申请仲裁的期限为四年，自当事人知道或者应当知道其权利受到侵害之日起计算。因其他合同争议提起诉讼或者申请仲裁的期限，依照有关法律的规定。

分　　则

第九章　买　卖　合　同

第一百三十条　买卖合同是出卖人转移标的物的所有权于买受人，买受人支付价款的合同。

第一百三十一条　买卖合同的内容除依照本法第十二条的规定以外，还可以包括包装方式、检验标准和方法、结算方式、合同使用的文字及其效力等条款。

第一百三十二条　出卖的标的物，应当属于出卖人所有或者出卖人有权处分。

法律、行政法规禁止或者限制转让的标的物，依照其规定。

第一百三十三条　标的物的所有权自标的物交付时起转移，但法律另有规定或者当事人另有约定的除外。

第一百三十四条 当事人可以在买卖合同中约定买受人未履行支付价款或者其他义务的，标的物的所有权属于出卖人。

第一百三十五条 出卖人应当履行向买受人交付标的物或者交付提取标的物的单证，并转移标的物所有权的义务。

第一百三十六条 出卖人应当按照约定或者交易习惯向买受人交付提取标的物单证以外的有关单证和资料。

第一百三十七条 出卖具有知识产权的计算机软件等标的物的，除法律另有规定或者当事人另有约定的以外，该标的物的知识产权不属于买受人。

第一百三十八条 出卖人应当按照约定的期限交付标的物。约定交付期间的，出卖人可以在该交付期间内的任何时间交付。

第一百三十九条 当事人没有约定标的物的交付期限或者约定不明确的，适用本法第六十一条、第六十二条第四项的规定。

第一百四十条 标的物在订立合同之前已为买受人占有的，合同生效的时间为交付时间。

第一百四十一条 出卖人应当按照约定的地点交付标的物。

当事人没有约定交付地点或者约定不明确，依照本法第六十一条的规定仍不能确定的，适用下列规定：

（一）标的物需要运输的，出卖人应当将标的物交付给第一承运人以运交给买受人；

（二）标的物不需要运输，出卖人和买受人订立合同时知道标的物在某一地点的，出卖人应当在该地点交付标的物；不知道标的物在某一地点的，应当在出卖人订立合同时的营业地交付标的物。

第一百四十二条 标的物毁损、灭失的风险，在标的物交付之前由出卖人承担，交付之后由买受人承担，但法律另有规定或者当事人另有约定的除外。

第一百四十三条 因买受人的原因致使标的物不能按照约定的期限交付的，买受人应当自违反约定之日起承担标的物毁损、灭失的风险。

第一百四十四条 出卖人出卖交由承运人运输的在途标的物，除当事人另有约定的以外，毁损、灭失的风险自合同成立时起由买受人承担。

第一百四十五条 当事人没有约定交付地点或者约定不明确，依照本法第一百四十一条第二款第一项的规定标的物需要运输的，出卖人将标的物交付给第一承运人后，标的物毁损、灭失的风险由买受人承担。

第一百四十六条 出卖人按照约定或者依照本法第一百四十一条第二款第二项的规定将标的物置于交付地点，买受人违反约定没有收取的，标的物毁损、灭失的风险自违反约定之日起由买受人承担。

第一百四十七条 出卖人按照约定未交付有关标的物的单证和资料的，不影响标的物毁损、灭失风险的转移。

第一百四十八条 因标的物质量不符合质量要求，致使不能实现合同目的的，买受人可以拒绝接受标的物或者解除合同。买受人拒绝接受标的物或者解除合同的，标的物毁损、灭失的风险由出卖人承担。

第一百四十九条　标的物毁损、灭失的风险由买受人承担的，不影响因出卖人履行债务不符合约定，买受人要求其承担违约责任的权利。

第一百五十条　出卖人就交付的标的物，负有保证第三人不得向买受人主张任何权利的义务，但法律另有规定的除外。

第一百五十一条　买受人订立合同时知道或者应当知道第三人对买卖的标的物享有权利的，出卖人不承担本法第一百五十条规定的义务。

第一百五十二条　买受人有确切证据证明第三人可能就标的物主张权利的，可以中止支付相应的价款，但出卖人提供适当担保的除外。

第一百五十三条　出卖人应当按照约定的质量要求交付标的物。出卖人提供有关标的物质量说明的，交付的标的物应当符合该说明的质量要求。

第一百五十四条　当事人对标的物的质量要求没有约定或者约定不明确，依照本法第六十一条的规定仍不能确定的，适用本法第六十二条第一项的规定。

第一百五十五条　出卖人交付的标的物不符合质量要求的，买受人可以依照本法第一百一十一条的规定要求承担违约责任。

第一百五十六条　出卖人应当按照约定的包装方式交付标的物。对包装方式没有约定或者约定不明确，依照本法第六十一条的规定仍不能确定的，应当按照通用的方式包装，没有通用方式的，应当采取足以保护标的物的包装方式。

第一百五十七条　买受人收到标的物时应当在约定的检验期间内检验。没有约定检验期间的，应当及时检验。

第一百五十八条　当事人约定检验期间的，买受人应当在检验期间内将标的物的数量或者质量不符合约定的情形通知出卖人。买受人怠于通知的，视为标的物的数量或者质量符合约定。

当事人没有约定检验期间的，买受人应当在发现或者应当发现标的物的数量或者质量不符合约定的合理期间内通知出卖人。买受人在合理期间内未通知或者自标的物收到之日起两年内未通知出卖人的，视为标的物的数量或者质量符合约定，但对标的物有质量保证期的，适用质量保证期，不适用该两年的规定。

出卖人知道或者应当知道提供的标的物不符合约定的，买受人不受前两款规定的通知时间的限制。

第一百五十九条　买受人应当按照约定的数额支付价款。对价款没有约定或者约定不明确的，适用本法第六十一条、第六十二条第二项的规定。

第一百六十条　买受人应当按照约定的地点支付价款。对支付地点没有约定或者约定不明确，依照本法第六十一条的规定仍不能确定的，买受人应当在出卖人的营业地支付，但约定支付价款以交付标的物或者交付提取标的物单证为条件的，在交付标的物或者交付提取标的物单证的所在地支付。

第一百六十一条　买受人应当按照约定的时间支付价款。对支付时间没有约定或者约定不明确，依照本法第六十一条的规定仍不能确定的，买受人应当在收到标的物或者提取标的物单证的同时支付。

第一百六十二条 出卖人多交标的物的，买受人可以接收或者拒绝接收多交的部分。买受人接收多交部分的，按照合同的价格支付价款；买受人拒绝接收多交部分的，应当及时通知出卖人。

第一百六十三条 标的物在交付之前产生的孳息，归出卖人所有，交付之后产生的孳息，归买受人所有

第一百六十四条 因标的物的主物不符合约定而解除合同的，解除合同的效力及于从物。因标的物的从物不符合约定被解除的，解除的效力不及于主物。

第一百六十五条 标的物为数物，其中一物不符合约定的，买受人可以就该物解除，但该物与他物分离使标的物的价值显受损害的，当事人可以就数物解除合同。

第一百六十六条 出卖人分批交付标的物的，出卖人对其中一批标的物不交付或者交付不符合约定，致使该批标的物不能实现合同目的的，买受人可以就该批标的物解除。

出卖人不交付其中一批标的物或者交付不符合约定，致使今后其他各批标的物的交付不能实现合同目的的，买受人可以就该批以及今后其他各批标的物解除。

买受人如果就其中一批标的物解除，该批标的物与其他各批标的物相互依存的，可以就已经交付和未交付的各批标的物解除。

第一百六十七条 分期付款的买受人未支付到期价款的金额达到全部价款的五分之一的，出卖人可以要求买受人支付全部价款或者解除合同。

出卖人解除合同的，可以向买受人要求支付该标的物的使用费。

第一百六十八条 凭样品买卖的当事人应当封存样品，并可以对样品质量予以说明。出卖人交付的标的物应当与样品及其说明的质量相同。

第一百六十九条 凭样品买卖的买受人不知道样品有隐蔽瑕疵的，即使交付的标的物与样品相同，出卖人交付的标的物的质量仍然应当符合同种物的通常标准。

第一百七十条 试用买卖的当事人可以约定标的物的试用期间。对试用期间没有约定或者约定不明确，依照本法第六十一条的规定仍不能确定的，由出卖人确定。

第一百七十一条 试用买卖的买受人在试用期内可以购买标的物，也可以拒绝购买。试用期间届满，买受人对是否购买标的物未作表示的，视为购买。

第一百七十二条 招标投标买卖的当事人的权利和义务以及招标投标程序等，依照有关法律、行政法规的规定。

第一百七十三条 拍卖的当事人的权利和义务以及拍卖程序等，依照有关法律、行政法规的规定。

第一百七十四条 法律对其他有偿合同有规定的，依照其规定；没有规定的，参照买卖合同的有关规定。

第一百七十五条 当事人约定易货交易，转移标的物的所有权的，参照买卖合同的有关规定。

第十章　供用电、水、气、热力合同

第一百七十六条 供用电合同是供电人向用电人供电，用电人支付电费的合同。

第一百七十七条 供用电合同的内容包括供电的方式、质量、时间，用电容量、地

址、性质，计量方式，电价、电费的结算方式，供用电设施的维护责任等条款。

第一百七十八条　供用电合同的履行地点，按照当事人约定；当事人没有约定或者约定不明确的，供电设施的产权分界处为履行地点。

第一百七十九条　供电人应当按照国家规定的供电质量标准和约定安全供电。供电人未按照国家规定的供电质量标准和约定安全供电，造成用电人损失的，应当承担损害赔偿责任。

第一百八十条　供电人因供电设施计划检修、临时检修、依法限电或者用电人违法用电等原因，需要中断供电时，应当按照国家有关规定事先通知用电人。未事先通知用电人中断供电，造成用电人损失的，应当承担损害赔偿责任。

第一百八十一条　因自然灾害等原因断电，供电人应当按照国家有关规定及时抢修。未及时抢修，造成用电人损失的，应当承担损害赔偿责任。

第一百八十二条　用电人应当按照国家有关规定和当事人的约定及时交付电费。用电人逾期不交付电费的，应当按照约定支付违约金。经催告用电人在合理期限内仍不交付电费和违约金的，供电人可以按照国家规定的程序中止供电。

第一百八十三条　用电人应当按照国家有关规定和当事人的约定安全用电。用电人未按照国家有关规定和当事人的约定安全用电，造成供电人损失的，应当承担损害赔偿责任。

第一百八十四条　供用水、供用气、供用热力合同，参照供用电合同的有关规定。

第十一章　赠　与　合　同

第一百八十五条　赠与合同是赠与人将自己的财产无偿给予受赠人，受赠人表示接受赠与的合同。

第一百八十六条　赠与人在赠与财产的权利转移之前可以撤销赠与。

具有救灾、扶贫等社会公益、道德义务性质的赠与合同或者经过公证的赠与合同，不适用前款规定。

第一百八十七条　赠与的财产依法需要办理登记等手续的，应当办理有关手续。

第一百八十八条　具有救灾、扶贫等社会公益、道德义务性质的赠与合同或者经过公证的赠与合同，赠与人不交付赠与的财产的，受赠人可以要求交付。

第一百八十九条　因赠与人故意或者重大过失致使赠与的财产毁损、灭失的，赠与人应当承担损害赔偿责任。

第一百九十条　赠与可以附义务。

赠与附义务的，受赠人应当按照约定履行义务。

第一百九十一条　赠与的财产有瑕疵的，赠与人不承担责任。附义务的赠与，赠与的财产有瑕疵的，赠与人在附义务的限度内承担与出卖人相同的责任。

赠与人故意不告知瑕疵或者保证无瑕疵，造成受赠人损失的，应当承担损害赔偿责任。

第一百九十二条　受赠人有下列情形之一的，赠与人可以撤销赠与：

（一）严重侵害赠与人或者赠与人的近亲属；

（二）对赠与人有扶养义务而不履行；

（三）不履行赠与合同约定的义务。

赠与人的撤销权，自知道或者应当知道撤销原因之日起一年内行使。

第一百九十三条 因受赠人的违法行为致使赠与人死亡或者丧失民事行为能力的，赠与人的继承人或者法定代理人可以撤销赠与。

赠与人的继承人或者法定代理人的撤销权，自知道或者应当知道撤销原因之日起六个月内行使。

第一百九十四条 撤销权人撤销赠与的，可以向受赠人要求返还赠与的财产。

第一百九十五条 赠与人的经济状况显著恶化，严重影响其生产经营或者家庭生活的，可以不再履行赠与义务。

第十二章 借款合同

第一百九十六条 借款合同是借款人向贷款人借款，到期返还借款并支付利息的合同。

第一百九十七条 借款合同采用书面形式，但自然人之间借款另有约定的除外。借款合同的内容包括借款种类、币种、用途、数额、利率、期限和还款方式等条款。

第一百九十八条 订立借款合同，贷款人可以要求借款人提供担保。担保依照《中华人民共和国担保法》的规定。

第一百九十九条 订立借款合同，借款人应当按照贷款人的要求提供与借款有关的业务活动和财务状况的真实情况。

第二百条 借款的利息不得预先在本金中扣除。利息预先在本金中扣除的，应当按照实际借款数额返还借款并计算利息。

第二百零一条 贷款人未按照约定的日期、数额提供借款，造成借款人损失的，应当赔偿损失。

借款人未按照约定的日期、数额收取借款的，应当按照约定的日期、数额支付利息。

第二百零二条 贷款人按照约定可以检查、监督借款的使用情况。借款人应当按照约定向贷款人定期提供有关财务会计报表等资料。

第二百零三条 借款人未按照约定的借款用途使用借款的，贷款人可以停止发放借款、提前收回借款或者解除合同。

第二百零四条 办理贷款业务的金融机构贷款的利率，应当按照中国人民银行规定的贷款利率的上下限确定。

第二百零五条 借款人应当按照约定的期限支付利息。对支付利息的期限没有约定或者约定不明确，依照本法第六十一条的规定仍不能确定，借款期间不满一年的，应当在返还借款时一并支付；借款期间一年以上的，应当在每届满一年时支付，剩余期间不满一年的，应当在返还借款时一并支付。

第二百零六条 借款人应当按照约定的期限返还借款。对借款期限没有约定或者约定不明确，依照本法第六十一条的规定仍不能确定的，借款人可以随时返还；贷款人可以催告借款人在合理期限内返还。

第二百零七条　借款人未按照约定的期限返还借款的，应当按照约定或者国家有关规定支付逾期利息。

第二百零八条　借款人提前偿还借款的，除当事人另有约定的以外，应当按照实际借款的期间计算利息

第二百零九条　借款人可以在还款期限届满之前向贷款人申请展期。贷款人同意的，可以展期。

第二百一十条　自然人之间的借款合同，自贷款人提供借款时生效。

第二百一十一条　自然人之间的借款合同对支付利息没有约定或者约定不明确的，视为不支付利息。

自然人之间的借款合同约定支付利息的，借款的利率不得违反国家有关限制借款利率的规定。

第十三章　租　赁　合　同

第二百一十二条　租赁合同是出租人将租赁物交付承租人使用、收益，承租人支付租金的合同。

第二百一十三条　租赁合同的内容包括租赁物的名称、数量、用途、租赁期限、租金及其支付期限和方式、租赁物维修等条款。

第二百一十四条　租赁期限不得超过二十年。超过二十年的，超过部分无效。租赁期间届满，当事人可以续订租赁合同，但约定的租赁期限自续订之日起不得超过二十年。

第二百一十五条　租赁期限六个月以上的，应当采用书面形式。当事人未采用书面形式的，视为不定期租赁。

第二百一十六条　出租人应当按照约定将租赁物交付承租人，并在租赁期间保持租赁物符合约定的用途。

第二百一十七条　承租人应当按照约定的方法使用租赁物。对租赁物的使用方法没有约定或者约定不明确，依照本法第六十一条的规定仍不能确定的，应当按照租赁物的性质使用。

第二百一十八条　承租人按照约定的方法或者租赁物的性质使用租赁物，致使租赁物受到损耗的，不承担损害赔偿责任。

第二百一十九条　承租人未按照约定的方法或者租赁物的性质使用租赁物，致使租赁物受到损失的，出租人可以解除合同并要求赔偿损失。

第二百二十条　出租人应当履行租赁物的维修义务，但当事人另有约定的除外。

第二百二十一条　承租人在租赁物需要维修时可以要求出租人在合理期限内维修。出租人未履行维修义务的，承租人可以自行维修，维修费用由出租人负担。因维修租赁物影响承租人使用的，应当相应减少租金或者延长租期。

第二百二十二条　承租人应当妥善保管租赁物，因保管不善造成租赁物毁损、灭失的，应当承担损害赔偿责任。

第二百二十三条　承租人经出租人同意，可以对租赁物进行改善或者增设他物。

承租人未经出租人同意，对租赁物进行改善或者增设他物的，出租人可以要求承租人恢复原状或者赔偿损失。

第二百二十四条 承租人经出租人同意，可以将租赁物转租给第三人。承租人转租的，承租人与出租人之间的租赁合同继续有效，第三人对租赁物造成损失的，承租人应当赔偿损失。承租人未经出租人同意转租的，出租人可以解除合同。

第二百二十五条 在租赁期间因占有、使用租赁物获得的收益，归承租人所有，但当事人另有约定的除外。

第二百二十六条 承租人应当按照约定的期限支付租金。对支付期限没有约定或者约定不明确，依照本法第六十一条的规定仍不能确定，租赁期间不满一年的，应当在租赁期间届满时支付；租赁期间一年以上的，应当在每届满一年时支付，剩余期间不满一年的，应当在租赁期间届满时支付。

第二百二十七条 承租人无正当理由未支付或者迟延支付租金的，出租人可以要求承租人在合理期限内支付。承租人逾期不支付的，出租人可以解除合同。

第二百二十八条 因第三人主张权利，致使承租人不能对租赁物使用、收益的，承租人可以要求减少租金或者不支付租金。

第三人主张权利的，承租人应当及时通知出租人。

第二百二十九条 租赁物在租赁期间发生所有权变动的，不影响租赁合同的效力。

第二百三十条 出租人出卖租赁房屋的，应当在出卖之前的合理期限内通知承租人，承租人享有以同等条件优先购买的权利。

第二百三十一条 因不可归责于承租人的事由，致使租赁物部分或者全部毁损、灭失的，承租人可以要求减少租金或者不支付租金；因租赁物部分或者全部毁损、灭失，致使不能实现合同目的的，承租人可以解除合同。

第二百三十二条 当事人对租赁期限没有约定或者约定不明确，依照本法第六十一条的规定仍不能确定的，视为不定期租赁。当事人可以随时解除合同，但出租人解除合同应当在合理期限之前通知承租人。

第二百三十三条 租赁物危及承租人的安全或者健康的，即使承租人订立合同时明知该租赁物质量不合格，承租人仍然可以随时解除合同。

第二百三十四条 承租人在房屋租赁期间死亡的，与其生前共同居住的人可以按照原租赁合同租赁该房屋。

第二百三十五条 租赁期间届满，承租人应当返还租赁物。返还的租赁物应当符合按照约定或者租赁物的性质使用后的状态。

第二百三十六条 租赁期间届满，承租人继续使用租赁物，出租人没有提出异议的，原租赁合同继续有效，但租赁期限为不定期。

第十四章 融资租赁合同

第二百三十七条 融资租赁合同是出租人根据承租人对出卖人、租赁物的选择，向出卖人购买租赁物，提供给承租人使用，承租人支付租金的合同。

第二百三十八条 融资租赁合同的内容包括租赁物名称、数量、规格、技术性能、检验方法、租赁期限、租金构成及其支付期限和方式、币种、租赁期间届满租赁物的归属等条款。

融资租赁合同应当采用书面形式。

第二百三十九条　出租人根据承租人对出卖人、租赁物的选择订立的买卖合同，出卖人应当按照约定向承租人交付标的物，承租人享有与受领标的物有关的买受人的权利。

第二百四十条　出租人、出卖人、承租人可以约定，出卖人不履行买卖合同义务的，由承租人行使索赔的权利。承租人行使索赔权利的，出租人应当协助。

第二百四十一条　出租人根据承租人对出卖人、租赁物的选择订立的买卖合同，未经承租人同意，出租人不得变更与承租人有关的合同内容。

第二百四十二条　出租人享有租赁物的所有权。承租人破产的，租赁物不属于破产财产。

第二百四十三条　融资租赁合同的租金，除当事人另有约定的以外，应当根据购买租赁物的大部分或者全部成本以及出租人的合理利润确定。

第二百四十四条　租赁物不符合约定或者不符合使用目的的，出租人不承担责任，但承租人依赖出租人的技能确定租赁物或者出租人干预选择租赁物的除外。

第二百四十五条　出租人应当保证承租人对租赁物的占有和使用。

第二百四十六条　承租人占有租赁物期间，租赁物造成第三人的人身伤害或者财产损害的，出租人不承担责任。

第二百四十七条　承租人应当妥善保管、使用租赁物。承租人应当履行占有租赁物期间的维修义务。

第二百四十八条　承租人应当按照约定支付租金。承租人经催告后在合理期限内仍不支付租金的，出租人可以要求支付全部租金；也可以解除合同，收回租赁物。

第二百四十九条　当事人约定租赁期间届满租赁物归承租人所有，承租人已经支付大部分租金，但无力支付剩余租金，出租人因此解除合同收回租赁物的，收回的租赁物的价值超过承租人欠付的租金以及其他费用的，承租人可以要求部分返还。

第二百五十条　出租人和承租人可以约定租赁期间届满租赁物的归属。对租赁物的归属没有约定或者约定不明确，依照本法第六十一条的规定仍不能确定的，租赁物的所有权归出租人。

第十五章　承　揽　合　同

第二百五十一条　承揽合同是承揽人按照定作人的要求完成工作，交付工作成果，定作人给付报酬的合同。

承揽包括加工、定作、修理、复制、测试、检验等工作。

第二百五十二条　承揽合同的内容包括承揽的标的、数量、质量、报酬、承揽方式、材料的提供、履行期限、验收标准和方法等条款。

第二百五十三条　承揽人应当以自己的设备、技术和劳力，完成主要工作，但当事人另有约定的除外。

承揽人将其承揽的主要工作交由第三人完成的，应当就该第三人完成的工作成果向定作人负责；未经定作人同意的，定作人也可以解除合同。

第二百五十四条 承揽人可以将其承揽的辅助工作交由第三人完成。承揽人将其承揽的辅助工作交由第三人完成的，应当就该第三人完成的工作成果向定作人负责。

第二百五十五条 承揽人提供材料的，承揽人应当按照约定选用材料，并接受定作人检验。

第二百五十六条 定作人提供材料的，定作人应当按照约定提供材料。承揽人对定作人提供的材料，应当及时检验，发现不符合约定时，应当及时通知定作人更换、补齐或者采取其他补救措施。

承揽人不得擅自更换定作人提供的材料，不得更换不需要修理的零部件。

第二百五十七条 承揽人发现定作人提供的图纸或者技术要求不合理的，应当及时通知定作人。因定作人怠于答复等原因造成承揽人损失的，应当赔偿损失。

第二百五十八条 定作人中途变更承揽工作的要求，造成承揽人损失的，应当赔偿损失。

第二百五十九条 承揽工作需要定作人协助的，定作人有协助的义务。定作人不履行协助义务致使承揽工作不能完成的，承揽人可以催告定作人在合理期限内履行义务，并可以顺延履行期限；定作人逾期不履行的，承揽人可以解除合同。

第二百六十条 承揽人在工作期间，应当接受定作人必要的监督检验。定作人不得因监督检验妨碍承揽人的正常工作。

第二百六十一条 承揽人完成工作的，应当向定作人交付工作成果，并提交必要的技术资料和有关质量证明。定作人应当验收该工作成果。

第二百六十二条 承揽人交付的工作成果不符合质量要求的，定作人可以要求承揽人承担修理、重作、减少报酬、赔偿损失等违约责任。

第二百六十三条 定作人应当按照约定的期限支付报酬。对支付报酬的期限没有约定或者约定不明确，依照本法第六十一条的规定仍不能确定的，定作人应当在承揽人交付工作成果时支付；工作成果部分交付的，定作人应当相应支付。

第二百六十四条 定作人未向承揽人支付报酬或者材料费等价款的，承揽人对完成的工作成果享有留置权，但当事人另有约定的除外。

第二百六十五条 承揽人应当妥善保管定作人提供的材料以及完成的工作成果，因保管不善造成毁损、灭失的，应当承担损害赔偿责任。

第二百六十六条 承揽人应当按照定作人的要求保守秘密，未经定作人许可，不得留存复制品或者技术资料。

第二百六十七条 共同承揽人对定作人承担连带责任，但当事人另有约定的除外。

第二百六十八条 定作人可以随时解除承揽合同，造成承揽人损失的，应当赔偿损失。

第十六章　建 设 工 程 合 同

第二百六十九条 建设工程合同是承包人进行工程建设，发包人支付价款的合同。建设工程合同包括工程勘察、设计、施工合同。

第二百七十条 建设工程合同应当采用书面形式。

第二百七十一条 建设工程的招标投标活动，应当依照有关法律的规定公开、公平、公正进行。

第二百七十二条 发包人可以与总承包人订立建设工程合同，也可以分别与勘察人、设计人、施工人订立勘察、设计、施工承包合同。发包人不得将应当由一个承包人完成的建设工程肢解成若干部分发包给几个承包人。

总承包人或者勘察、设计、施工承包人经发包人同意，可以将自己承包的部分工作交由第三人完成。第三人就其完成的工作成果与总承包人或者勘察、设计、施工承包人向发包人承担连带责任。承包人不得将其承包的全部建设工程转包给第三人或者将其承包的全部建设工程肢解以后以分包的名义分别转包给第三人。

禁止承包人将工程分包给不具备相应资质条件的单位。禁止分包单位将其承包的工程再分包。建设工程主体结构的施工必须由承包人自行完成。

第二百七十三条 国家重大建设工程合同，应当按照国家规定的程序和国家批准的投资计划、可行性研究报告等文件订立。

第二百七十四条 勘察、设计合同的内容包括提交有关基础资料和文件（包括概预算）的期限、质量要求、费用以及其他协作条件等条款。

第二百七十五条 施工合同的内容包括工程范围、建设工期、中间交工工程的开工和竣工时间、工程质量、工程造价、技术资料交付时间、材料和设备供应责任、拨款和结算、竣工验收、质量保修范围和质量保证期、双方相互协作等条款。

第二百七十六条 建设工程实行监理的，发包人应当与监理人采用书面形式订立委托监理合同。发包人与监理人的权利和义务以及法律责任，应当依照本法委托合同以及其他有关法律、行政法规的规定。

第二百七十七条 发包人在不妨碍承包人正常作业的情况下，可以随时对作业进度、质量进行检查。

第二百七十八条 隐蔽工程在隐蔽以前，承包人应当通知发包人检查。发包人没有及时检查的，承包人可以顺延工程日期，并有权要求赔偿停工、窝工等损失。

第二百七十九条 建设工程竣工后，发包人应当根据施工图纸及说明书、国家颁发的施工验收规范和质量检验标准及时进行验收。验收合格的，发包人应当按照约定支付价款，并接收该建设工程。建设工程竣工经验收合格后，方可交付使用；未经验收或者验收不合格的，不得交付使用。

第二百八十条 勘察、设计的质量不符合要求或者未按照期限提交勘察、设计文件拖延工期，造成发包人损失的，勘察人、设计人应当继续完善勘察、设计，减收或者免收勘察、设计费并赔偿损失。

第二百八十一条 因施工人的原因致使建设工程质量不符合约定的，发包人有权要求施工人在合理期限内无偿修理或者返工、改建。经过修理或者返工、改建后，造成逾期交付的，施工人应当承担违约责任。

第二百八十二条 因承包人的原因致使建设工程在合理使用期限内造成人身和财产损害的，承包人应当承担损害赔偿责任。

第二百八十三条 发包人未按照约定的时间和要求提供原材料、设备、场地、资金、技术资料的，承包人可以顺延工程日期，并有权要求赔偿停工、窝工等损失。

第二百八十四条 因发包人的原因致使工程中途停建、缓建的，发包人应当采取措施弥补或者减少损失，赔偿承包人因此造成的停工、窝工、倒运、机械设备调迁、材料和构件积压等损失和实际费用。

第二百八十五条 因发包人变更计划，提供的资料不准确，或者未按照期限提供必需的勘察、设计工作条件而造成勘察、设计的返工、停工或者修改设计，发包人应当按照勘察人、设计人实际消耗的工作量增付费用。

第二百八十六条 发包人未按照约定支付价款的，承包人可以催告发包人在合理期限内支付价款。发包人逾期不支付的，除按照建设工程的性质不宜折价、拍卖的以外，承包人可以与发包人协议将该工程折价，也可以申请人民法院将该工程依法拍卖。建设工程的价款就该工程折价或者拍卖的价款优先受偿。

第二百八十七条 本章没有规定的，适用承揽合同的有关规定。

第十七章　运　输　合　同

第一节　一　般　规　定

第二百八十八条 运输合同是承运人将旅客或者货物从起运地点运输到约定地点，旅客、托运人或者收货人支付票款或者运输费用的合同。

第二百八十九条 从事公共运输的承运人不得拒绝旅客、托运人通常、合理的运输要求。

第二百九十条 承运人应当在约定期间或者合理期间内将旅客、货物安全运输到约定地点。

第二百九十一条 承运人应当按照约定的或者通常的运输路线将旅客、货物运输到约定地点。

第二百九十二条 旅客、托运人或者收货人应当支付票款或者运输费用。承运人未按照约定路线或者通常路线运输增加票款或者运输费用的，旅客、托运人或者收货人可以拒绝支付增加部分的票款或者运输费用。

第二节　客　运　合　同

第二百九十三条 客运合同自承运人向旅客交付客票时成立，但当事人另有约定或者另有交易习惯的除外。

第二百九十四条 旅客应当持有效客票乘运。旅客无票乘运、超程乘运、越级乘运或者持失效客票乘运的，应当补交票款，承运人可以按照规定加收票款。旅客不交付票款的，承运人可以拒绝运输。

第二百九十五条 旅客因自己的原因不能按照客票记载的时间乘坐的，应当在约定的时间内办理退票或者变更手续。逾期办理的，承运人可以不退票款，并不再承担运输义务。

第二百九十六条 旅客在运输中应当按照约定的限量携带行李。超过限量携带行李的，应当办理托运手续。

第二百九十七条　旅客不得随身携带或者在行李中夹带易燃、易爆、有毒、有腐蚀性、有放射性以及有可能危及运输工具上人身和财产安全的危险物品或者其他违禁物品。

旅客违反前款规定的，承运人可以将违禁物品卸下、销毁或者送交有关部门。旅客坚持携带或者夹带违禁物品的，承运人应当拒绝运输。

第二百九十八条　承运人应当向旅客及时告知有关不能正常运输的重要事由和安全运输应当注意的事项。

第二百九十九条　承运人应当按照客票载明的时间和班次运输旅客。承运人迟延运输的，应当根据旅客的要求安排改乘其他班次或者退票。

第三百条　承运人擅自变更运输工具而降低服务标准的，应当根据旅客的要求退票或者减收票款；提高服务标准的，不应当加收票款。

第三百零一条　承运人在运输过程中，应当尽力救助患有急病、分娩、遇险的旅客。

第三百零二条　承运人应当对运输过程中旅客的伤亡承担损害赔偿责任，但伤亡是旅客自身健康原因造成的或者承运人证明伤亡是旅客故意、重大过失造成的除外。

前款规定适用于按照规定免票、持优待票或者经承运人许可搭乘的无票旅客。

第三百零三条　在运输过程中旅客自带物品毁损、灭失，承运人有过错的，应当承担损害赔偿责任。

旅客托运的行李毁损、灭失的，适用货物运输的有关规定。

第三节　货　运　合　同

第三百零四条　托运人办理货物运输，应当向承运人准确表明收货人的名称或者姓名或者凭指示的收货人，货物的名称、性质、重量、数量，收货地点等有关货物运输的必要情况。

因托运人申报不实或者遗漏重要情况，造成承运人损失的，托运人应当承担损害赔偿责任。

第三百零五条　货物运输需要办理审批、检验等手续的，托运人应当将办理完有关手续的文件提交承运人。

第三百零六条　托运人应当按照约定的方式包装货物。对包装方式没有约定或者约定不明确的，适用本法第一百五十六条的规定。

托运人违反前款规定的，承运人可以拒绝运输。

第三百零七条　托运人托运易燃、易爆、有毒、有腐蚀性、有放射性等危险物品的，应当按照国家有关危险物品运输的规定对危险物品妥善包装，作出危险物标志和标签，并将有关危险物品的名称、性质和防范措施的书面材料提交承运人。

托运人违反前款规定的，承运人可以拒绝运输，也可以采取相应措施以避免损失的发生，因此产生的费用由托运人承担。

第三百零八条　在承运人将货物交付收货人之前，托运人可以要求承运人中止运输、返还货物、变更到达地或者将货物交给其他收货人，但应当赔偿承运人因此受到的损失。

第三百零九条　货物运输到达后，承运人知道收货人的，应当及时通知收货人，收货人应当及时提货。收货人逾期提货的，应当向承运人支付保管费等费用。

第三百一十条　收货人提货时应当按照约定的期限检验货物。对检验货物的期限没有约定或者约定不明确，依照本法第六十一条的规定仍不能确定的，应当在合理期限内检验货物。收货人在约定的期限或者合理期限内对货物的数量、毁损等未提出异议的，视为承运人已经按照运输单证的记载交付的初步证据。

第三百一十一条 承运人对运输过程中货物的毁损、灭失承担损害赔偿责任，但承运人证明货物的毁损、灭失是因不可抗力、货物本身的自然性质或者合理损耗以及托运人、收货人的过错造成的，不承担损害赔偿责任。

第三百一十二条 货物的毁损、灭失的赔偿额，当事人有约定的，按照其约定；没有约定或者约定不明确，依照本法第六十一条的规定仍不能确定的，按照交付或者应当交付时货物到达地的市场价格计算。法律、行政法规对赔偿额的计算方法和赔偿限额另有规定的，依照其规定。

第三百一十三条 两个以上承运人以同一运输方式联运的，与托运人订立合同的承运人应当对全程运输承担责任。损失发生在某一运输区段的，与托运人订立合同的承运人和该区段的承运人承担连带责任。

第三百一十四条 货物在运输过程中因不可抗力灭失，未收取运费的，承运人不得要求支付运费；已收取运费的，托运人可以要求返还。

第三百一十五条 托运人或者收货人不支付运费、保管费以及其他运输费用的，承运人对相应的运输货物享有留置权，但当事人另有约定的除外。

第三百一十六条 收货人不明或者收货人无正当理由拒绝受领货物的，依照本法第一百零一条的规定，承运人可以提存货物。

第四节 多式联运合同

第三百一十七条 多式联运经营人负责履行或者组织履行多式联运合同，对全程运输享有承运人的权利，承担承运人的义务。

第三百一十八条 多式联运经营人可以与参加多式联运的各区段承运人就多式联运合同的各区段运输约定相互之间的责任，但该约定不影响多式联运经营人对全程运输承担的义务。

第三百一十九条 多式联运经营人收到托运人交付的货物时，应当签发多式联运单据。按照托运人的要求，多式联运单据可以是可转让单据，也可以是不可转让单据。

第三百二十条 因托运人托运货物时的过错造成多式联运经营人损失的，即使托运人已经转让多式联运单据，托运人仍然应当承担损害赔偿责任。

第三百二十一条 货物的毁损、灭失发生于多式联运的某一运输区段的，多式联运经营人的赔偿责任和责任限额，适用调整该区段运输方式的有关法律规定。货物毁损、灭失发生的运输区段不能确定的，依照本章规定承担损害赔偿责任。

第十八章 技术合同

第一节 一般规定

第三百二十二条 技术合同是当事人就技术开发、转让、咨询或者服务订立的确立相互之间权利和义务的合同。

第三百二十三条 订立技术合同，应当有利于科学技术的进步，加速科学技术成果的

转化、应用和推广

第三百二十四条　技术合同的内容由当事人约定，一般包括以下条款：

（一）项目名称；

（二）标的的内容、范围和要求；

（三）履行的计划、进度、期限、地点、地域和方式；

（四）技术情报和资料的保密；

（五）风险责任的承担；

（六）技术成果的归属收益的分成办法；

（七）验收标准和方法；

（八）价款、报酬或者使用费及其支付方式；

（九）违约金或者损失赔偿的计算方法；

（十）解决争议的方法；

（十一）名词和术语的解释。

与履行合同有关的技术背景资料、可行性论证和技术评价报告、项目任务书和计划书、技术标准、技术规范、原始设计和工艺文件，以及其他技术文档，按照当事人的约定可以作为合同的组成部分。

技术合同涉及专利的，应当注明发明创造的名称、专利申请人和专利权人、申请日期、申请号、专利号以及专利权的有效期限。

第三百二十五条　技术合同价款、报酬或者使用费的支付方式由当事人约定，可以采取一次总算、一次总付或者一次总算、分期支付，也可以采取提成支付或者提成支付附加预付入门费的方式。

约定提成支付的，可以按照产品价格、实施专利和使用技术秘密后新增的产值、利润或者产品销售额的一定比例提成，也可以按照约定的其他方式计算。提成支付的比例可以采取固定比例、逐年递增比例或者逐年递减比例。约定提成支付的，当事人应当在合同中约定查阅有关会计账目的办法。

第三百二十六条　职务技术成果的使用权、转让权属于法人或者其他组织的，法人或者其他组织可以就该项职务技术成果订立技术合同。法人或者其他组织应当从使用和转让该项职务技术成果所取得的收益中提取一定比例，对完成该项职务技术成果的个人给予奖励或者报酬。法人或者其他组织订立技术合同转让职务技术成果时，职务技术成果的完成人享有以同等条件优先受让的权利。

职务技术成果是执行法人或者其他组织的工作任务，或者主要是利用法人或者其他组织的物质技术条件所完成的技术成果。

第三百二十七条　非职务技术成果的使用权、转让权属于完成技术成果的个人，完成技术成果的个人可以就该项非职务技术成果订立技术合同。

第三百二十八条　完成技术成果的个人有在有关技术成果文件上写明自己是技术成果完成者的权利和取得荣誉证书、奖励的权利。

第三百二十九条　非法垄断技术、妨碍技术进步或者侵害他人技术成果的技术合同无效。

第二节 技术开发合同

第三百三十条 技术开发合同是指当事人之间就新技术、新产品、新工艺或者新材料及其系统的研究开发所订立的合同。

技术开发合同包括委托开发合同和合作开发合同。

技术开发合同应当采用书面形式。当事人之间就具有产业应用价值的科技成果实施转化订立的合同，参照技术开发合同的规定。

第三百三十一条 委托开发合同的委托人应当按照约定支付研究开发经费和报酬；提供技术资料、原始数据；完成协作事项；接受研究开发成果。

第三百三十二条 委托开发合同的研究开发人应当按照约定制定和实施研究开发计划；合理使用研究开发经费；按期完成研究开发工作，交付研究开发成果，提供有关的技术资料和必要的技术指导，帮助委托人掌握研究开发成果。

第三百三十三条 委托人违反约定造成研究开发工作停滞、延误或者失败的，应当承担违约责任。

第三百三十四条 研究开发人违反约定造成研究开发工作停滞、延误或者失败的，应当承担违约责任。

第三百三十五条 合作开发合同的当事人应当按照约定进行投资，包括以技术进行投资；分工参与研究开发工作；协作配合研究开发工作。

第三百三十六条 合作开发合同的当事人违反约定造成研究开发工作停滞、延误或者失败的，应当承担违约责任。

第三百三十七条 因作为技术开发合同标的的技术已经由他人公开，致使技术开发合同的履行没有意义的，当事人可以解除合同。

第三百三十八条 在技术开发合同履行过程中，因出现无法克服的技术困难，致使研究开发失败或者部分失败的，该风险责任由当事人约定。没有约定或者约定不明确，依照本法第六十一条的规定仍不能确定的，风险责任由当事人合理分担。

当事人一方发现前款规定的可能致使研究开发失败或者部分失败的情形时，应当及时通知另一方并采取适当措施减少损失。没有及时通知并采取适当措施，致使损失扩大的，应当就扩大的损失承担责任。

第三百三十九条 委托开发完成的发明创造，除当事人另有约定的以外，申请专利的权利属于研究开发人。研究开发人取得专利权的，委托人可以免费实施该专利。

研究开发人转让专利申请权的，委托人享有以同等条件优先受让的权利。

第三百四十条 合作开发完成的发明创造，除当事人另有约定的以外，申请专利的权利属于合作开发的当事人共有。当事人一方转让其共有的专利申请权的，其他各方享有以同等条件优先受让的权利。

合作开发的当事人一方声明放弃其共有的专利申请权的，可以由另一方单独申请或者由其他各方共同申请。申请人取得专利权的，放弃专利申请权的一方可以免费实施该专利。

合作开发的当事人一方不同意申请专利的，另一方或者其他各方不得申请专利。

第三百四十一条 委托开发或者合作开发完成的技术秘密成果的使用权、转让权以及利益的分配办法，由当事人约定。没有约定或者约定不明确，依照本法第六十一条的规定仍不能确定的，当事人均有使用和转让的权利，但委托开发的研究开发人不得在向委托人交付研究开发成果之前，将研究开发成果转让给第三人。

第三节 技术转让合同

第三百四十二条 技术转让合同包括专利权转让、专利申请权转让、技术秘密转让、专利实施许可合同。

技术转让合同应当采用书面形式。

第三百四十三条 技术转让合同可以约定让与人和受让人实施专利或者使用技术秘密的范围，但不得限制技术竞争和技术发展。

第三百四十四条 专利实施许可合同只在该专利权的存续期间内有效。专利权有效期限届满或者专利权被宣布无效的，专利权人不得就该专利与他人订立专利实施许可合同。

第三百四十五条 专利实施许可合同的让与人应当按照约定许可受让人实施专利，交付实施专利有关的技术资料，提供必要的技术指导。

第三百四十六条 专利实施许可合同的受让人应当按照约定实施专利，不得许可约定以外的第三人实施该专利；并按照约定支付使用费。

第三百四十七条 技术秘密转让合同的让与人应当按照约定提供技术资料，进行技术指导，保证技术的实用性、可靠性，承担保密义务。

第三百四十八条 技术秘密转让合同的受让人应当按照约定使用技术，支付使用费，承担保密义务。

第三百四十九条 技术转让合同的让与人应当保证自己是所提供的技术的合法拥有者，并保证所提供的技术完整、无误、有效，能够达到约定的目标。

第三百五十条 技术转让合同的受让人应当按照约定的范围和期限，对让与人提供的技术中尚未公开的秘密部分，承担保密义务。

第三百五十一条 让与人未按照约定转让技术的，应当返还部分或者全部使用费，并应当承担违约责任；实施专利或者使用技术秘密超越约定的范围的，违反约定擅自许可第三人实施该项专利或者使用该项技术秘密的，应当停止违约行为，承担违约责任；违反约定的保密义务的，应当承担违约责任。

第三百五十二条 受让人未按照约定支付使用费的，应当补交使用费并按照约定支付违约金；不补交使用费或者支付违约金的，应当停止实施专利或者使用技术秘密，交还技术资料，承担违约责任；实施专利或者使用技术秘密超越约定的范围的，未经让与人同意擅自许可第三人实施该专利或者使用该技术秘密的，应当停止违约行为，承担违约责任；违反约定的保密义务的，应当承担违约责任。

第三百五十三条 受让人按照约定实施专利、使用技术秘密侵害他人合法权益的，由让与人承担责任，但当事人另有约定的除外。

第三百五十四条 当事人可以按照互利的原则，在技术转让合同中约定实施专利、使用技术秘密后续改进的技术成果的分享办法。没有约定或者约定不明确，依照本法第六十一条的规定仍不能确定的，一方后续改进的技术成果，其他各方无权分享。

第三百五十五条 法律、行政法规对技术进出口合同或者专利、专利申请合同另有规定的，依照其规定。

第四节 技术咨询合同和技术服务合同

第三百五十六条 技术咨询合同包括就特定技术项目提供可行性论证、技术预测、专题技术调查、分析评价报告等合同。

技术服务合同是指当事人一方以技术知识为另一方解决特定技术问题所订立的合同，不包括建设工程合同和承揽合同。

第三百五十七条 技术咨询合同的委托人应当按照约定阐明咨询的问题，提供技术背景材料及有关技术资料、数据；接受受托人的工作成果，支付报酬。

第三百五十八条 技术咨询合同的受托人应当按照约定的期限完成咨询报告或者解答问题；提出的咨询报告应当达到约定的要求。

第三百五十九条 技术咨询合同的委托人未按照约定提供必要的资料和数据，影响工作进度和质量，不接受或者逾期接受工作成果的，支付的报酬不得追回，未支付的报酬应当支付。

技术咨询合同的受托人未按期提出咨询报告或者提出的咨询报告不符合约定的，应当承担减收或者免收报酬等违约责任。

技术咨询合同的委托人按照受托人符合约定要求的咨询报告和意见作出决策所造成的损失，由委托人承担，但当事人另有约定的除外。

第三百六十条 技术服务合同的委托人应当按照约定提供工作条件，完成配合事项；接受工作成果并支付报酬。

第三百六十一条 技术服务合同的受托人应当按照约定完成服务项目，解决技术问题，保证工作质量，并传授解决技术问题的知识。

第三百六十二条 技术服务合同的委托人不履行合同义务或者履行合同义务不符合约定，影响工作进度和质量，不接受或者逾期接受工作成果的，支付的报酬不得追回，未支付的报酬应当支付。

技术服务合同的受托人未按照合同约定完成服务工作的，应当承担免收报酬等违约责任。

第三百六十三条 在技术咨询合同、技术服务合同履行过程中，受托人利用委托人提供的技术资料和工作条件完成的新的技术成果，属于受托人。委托人利用受托人的工作成果完成的新的技术成果，属于委托人。当事人另有约定的，按照其约定。

第三百六十四条 法律、行政法规对技术中介合同、技术培训合同另有规定的，依照其规定。

第十九章 保管合同

第三百六十五条 保管合同是保管人保管寄存人交付的保管物，并返还该物的合同。

第三百六十六条 寄存人应当按照约定向保管人支付保管费。

当事人对保管费没有约定或者约定不明确，依照本法第六十一条的规定仍不能确定的，保管是无偿的。

第三百六十七条 保管合同自保管物交付时成立，但当事人另有约定的除外。

第三百六十八条 寄存人向保管人交付保管物的，保管人应当给付保管凭证，但另有交易习惯的除外。

第三百六十九条　保管人应当妥善保管保管物。

当事人可以约定保管场所或者方法。除紧急情况或者为了维护寄存人利益的以外，不得擅自改变保管场所或者方法。

第三百七十条　寄存人交付的保管物有瑕疵或者按照保管物的性质需要采取特殊保管措施的，寄存人应当将有关情况告知保管人。寄存人未告知，致使保管物受损失的，保管人不承担损害赔偿责任；保管人因此受损失的，除保管人知道或者应当知道并且未采取补救措施的以外，寄存人应当承担损害赔偿责任。

第三百七十一条　保管人不得将保管物转交第三人保管，但当事人另有约定的除外。

保管人违反前款规定，将保管物转交第三人保管，对保管物造成损失的，应当承担损害赔偿责任。

第三百七十二条　保管人不得使用或者许可第三人使用保管物，但当事人另有约定的除外。

第三百七十三条　第三人对保管物主张权利的，除依法对保管物采取保全或者执行的以外，保管人应当履行向寄存人返还保管物的义务。

第三人对保管人提起诉讼或者对保管物申请扣押的，保管人应当及时通知寄存人。

第三百七十四条　保管期间，因保管人保管不善造成保管物毁损、灭失的，保管人应当承担损害赔偿责任，但保管是无偿的，保管人证明自己没有重大过失的，不承担损害赔偿责任。

第三百七十五条　寄存人寄存货币、有价证券或者其他贵重物品的，应当向保管人声明，由保管人验收或者封存。寄存人未声明的，该物品毁损、灭失后，保管人可以按照一般物品予以赔偿。

第三百七十六条　寄存人可以随时领取保管物。

当事人对保管期间没有约定或者约定不明确的，保管人可以随时要求寄存人领取保管物；约定保管期间的，保管人无特别事由，不得要求寄存人提前领取保管物。

第三百七十七条　保管期间届满或者寄存人提前领取保管物的，保管人应当将原物及其孳息归还寄存人。

第三百七十八条　保管人保管货币的，可以返还相同种类、数量的货币。保管其他可替代物的，可以按照约定返还相同种类、品质、数量的物品。

第三百七十九条　有偿的保管合同，寄存人应当按照约定的期限向保管人支付保管费。

当事人对支付期限没有约定或者约定不明确，依照本法第六十一条的规定仍不能确定的，应当在领取保管物的同时支付。

第三百八十条　寄存人未按照约定支付保管费以及其他费用的，保管人对保管物享有留置权，但当事人另有约定的除外。

第二十章　仓　储　合　同

第三百八十一条　仓储合同是保管人储存存货人交付的仓储物，存货人支付仓储费的合同。

第三百八十二条 仓储合同自成立时生效。

第三百八十三条 储存易燃、易爆、有毒、有腐蚀性、有放射性等危险物品或者易变质物品，存货人应当说明该物品的性质，提供有关资料。

存货人违反前款规定的，保管人可以拒收仓储物，也可以采取相应措施以避免损失的发生，因此产生的费用由存货人承担。

保管人储存易燃、易爆、有毒、有腐蚀性、有放射性等危险物品的，应当具备相应的保管条件。

第三百八十四条 保管人应当按照约定对入库仓储物进行验收。保管人验收时发现入库仓储物与约定不符合的，应当及时通知存货人。保管人验收后，发生仓储物的品种、数量、质量不符合约定的，保管人应当承担损害赔偿责任。

第三百八十五条 存货人交付仓储物的，保管人应当给付仓单。

第三百八十六条 保管人应当在仓单上签字或者盖章。仓单包括下列事项：

（一）存货人的名称或者姓名和住所；

（二）仓储物的品种、数量、质量、包装、件数和标记；

（三）仓储物的损耗标准；

（四）储存场所；

（五）储存期间；

（六）仓储费；

（七）仓储物已经办理保险的，其保险金额、期间以及保险人的名称；

（八）填发人、填发地和填发日期。

第三百八十七条 仓单是提取仓储物的凭证。存货人或者仓单持有人在仓单上背书并经保管人签字或者盖章的，可以转让提取仓储物的权利。

第三百八十八条 保管人根据存货人或者仓单持有人的要求，应当同意其检查仓储物或者提取样品。

第三百八十九条 保管人对入库仓储物发现有变质或者其他损坏的，应当及时通知存货人或者仓单持有人。

第三百九十条 保管人对入库仓储物发现有变质或者其他损坏，危及其他仓储物的安全和正常保管的，应当催告存货人或者仓单持有人作出必要的处置。因情况紧急，保管人可以作出必要的处置，但事后应当将该情况及时通知存货人或者仓单持有人。

第三百九十一条 当事人对储存期间没有约定或者约定不明确的，存货人或者仓单持有人可以随时提取仓储物，保管人也可以随时要求存货人或者仓单持有人提取仓储物，但应当给予必要的准备时间。

第三百九十二条 储存期间届满，存货人或者仓单持有人应当凭仓单提取仓储物。存货人或者仓单持有人逾期提取的，应当加收仓储费；提前提取的，不减收仓储费。

第三百九十三条 储存期间届满，存货人或者仓单持有人不提取仓储物的，保管人可以催告其在合理期限内提取，逾期不提取的，保管人可以提存仓储物。

第三百九十四条 储存期间，因保管人保管不善造成仓储物毁损、灭失的，保管人应当承担损害赔偿责任。因仓储物的性质、包装不符合约定或者超过有效储存期造成仓储物变质、损坏的，保管人不承担损害赔偿责任。

第三百九十五条 本章没有规定的，适用保管合同的有关规定。

第二十一章 委 托 合 同

第三百九十六条 委托合同是委托人和受托人约定，由受托人处理委托人事务的合同。

第三百九十七条 委托人可以特别委托受托人处理一项或者数项事务，也可以概括委托受托人处理一切事务。

第三百九十八条 委托人应当预付处理委托事务的费用。受托人为处理委托事务垫付的必要费用，委托人应当偿还该费用及其利息。

第三百九十九条 受托人应当按照委托人的指示处理委托事务。需要变更委托人指示的，应当经委托人同意；因情况紧急，难以和委托人取得联系的，受托人应当妥善处理委托事务，但事后应当将该情况及时报告委托人。

第四百条 受托人应当亲自处理委托事务。经委托人同意，受托人可以转委托。转委托经同意的，委托人可以就委托事务直接指示转委托的第三人，受托人仅就第三人的选任及其对第三人的指示承担责任。转委托未经同意的，受托人应当对转委托的第三人的行为承担责任，但在紧急情况下受托人为维护委托人的利益需要转委托的除外。

第四百零一条 受托人应当按照委托人的要求，报告委托事务的处理情况。委托合同终止时，受托人应当报告委托事务的结果。

第四百零二条 受托人以自己的名义，在委托人的授权范围内与第三人订立的合同，第三人在订立合同时知道受托人与委托人之间的代理关系的，该合同直接约束委托人和第三人，但有确切证据证明该合同只约束受托人和第三人的除外。

第四百零三条 受托人以自己的名义与第三人订立合同时，第三人不知道受托人与委托人之间的代理关系的，受托人因第三人的原因对委托人不履行义务，受托人应当向委托人披露第三人，委托人因此可以行使受托人对第三人的权利，但第三人与受托人订立合同时如果知道该委托人就不会订立合同的除外。

受托人因委托人的原因对第三人不履行义务，受托人应当向第三人披露委托人，第三人因此可以选择受托人或者委托人作为相对人主张其权利，但第三人不得变更选定的相对人。

委托人行使受托人对第三人的权利的，第三人可以向委托人主张其对受托人的抗辩。第三人选定委托人作为其相对人的，委托人可以向第三人主张其对受托人的抗辩以及受托人对第三人的抗辩。

第四百零四条 受托人处理委托事务取得的财产，应当转交给委托人。

第四百零五条 受托人完成委托事务的，委托人应当向其支付报酬。因不可归责于受托人的事由，委托合同解除或者委托事务不能完成的，委托人应当向受托人支付相应的报酬。当事人另有约定的，按照其约定。

第四百零六条 有偿的委托合同，因受托人的过错给委托人造成损失的，委托人可以要求赔偿损失。无偿的委托合同，因受托人的故意或者重大过失给委托人造成损失的，委托人可以要求赔偿损失。

受托人超越权限给委托人造成损失的，应当赔偿损失。

第四百零七条 受托人处理委托事务时，因不可归责于自己的事由受到损失的，可以向委托人要求赔偿损失。

第四百零八条 委托人经受托人同意，可以在受托人之外委托第三人处理委托事务。因此给受托人造成损失的，受托人可以向委托人要求赔偿损失。

第四百零九条 两个以上的受托人共同处理委托事务的，对委托人承担连带责任。

第四百一十条 委托人或者受托人可以随时解除委托合同。因解除合同给对方造成损失的，除不可归责于该当事人的事由以外，应当赔偿损失。

第四百一十一条 委托人或者受托人死亡、丧失民事行为能力或者破产的，委托合同终止，但当事人另有约定或者根据委托事务的性质不宜终止的除外。

第四百一十二条 因委托人死亡、丧失民事行为能力或者破产，致使委托合同终止将损害委托人利益的，在委托人的继承人、法定代理人或者清算组织承受委托事务之前，受托人应当继续处理委托事务。

第四百一十三条 因受托人死亡、丧失民事行为能力或者破产，致使委托合同终止的，受托人的继承人、法定代理人或者清算组织应当及时通知委托人。因委托合同终止将损害委托人利益的，在委托人作出善后处理之前，受托人的继承人、法定代理人或者清算组织应当采取必要措施。

第二十二章　行　纪　合　同

第四百一十四条 行纪合同是行纪人以自己的名义为委托人从事贸易活动，委托人支付报酬的合同。

第四百一十五条 行纪人处理委托事务支出的费用，由行纪人负担，但当事人另有约定的除外。

第四百一十六条 行纪人占有委托物的，应当妥善保管委托物。

第四百一十七条 委托物交付给行纪人时有瑕疵或者容易腐烂、变质的，经委托人同意，行纪人可以处分该物；和委托人不能及时取得联系的，行纪人可以合理处分。

第四百一十八条 行纪人低于委托人指定的价格卖出或者高于委托人指定的价格买入的，应当经委托人同意。未经委托人同意，行纪人补偿其差额的，该买卖对委托人发生效力。

行纪人高于委托人指定的价格卖出或者低于委托人指定的价格买入的，可以按照约定增加报酬。没有约定或者约定不明确，依照本法第六十一条的规定仍不能确定的，该利益属于委托人。

委托人对价格有特别指示的，行纪人不得违背该指示卖出或者买入。

第四百一十九条 行纪人卖出或者买入具有市场定价的商品，除委托人有相反的意思表示的以外，行纪人自己可以作为买受人或者出卖人。

行纪人有前款规定情形的，仍然可以要求委托人支付报酬。

第四百二十条　行纪人按照约定买入委托物，委托人应当及时受领。经行纪人催告，委托人无正当理由拒绝受领的，行纪人依照本法第一百零一条的规定可以提存委托物。

委托物不能卖出或者委托人撤回出卖，经行纪人催告，委托人不取回或者不处分该物的，行纪人依照本法第一百零一条的规定可以提存委托物。

第四百二十一条　行纪人与第三人订立合同的，行纪人对该合同直接享有权利、承担义务。

第三人不履行义务致使委托人受到损害的，行纪人应当承担损害赔偿责任，但行纪人与委托人另有约定的除外。

第四百二十二条　行纪人完成或者部分完成委托事务的，委托人应当向其支付相应的报酬。委托人逾期不支付报酬的，行纪人对委托物享有留置权，但当事人另有约定的除外。

第四百二十三条　本章没有规定的，适用委托合同的有关规定。

第二十三章　居　间　合　同

第四百二十四条　居间合同是居间人向委托人报告订立合同的机会或者提供订立合同的媒介服务，委托人支付报酬的合同。

第四百二十五条　居间人应当就有关订立合同的事项向委托人如实报告。

居间人故意隐瞒与订立合同有关的重要事实或者提供虚假情况，损害委托人利益的，不得要求支付报酬并应当承担损害赔偿责任。

第四百二十六条　居间人促成合同成立的，委托人应当按照约定支付报酬。对居间人的报酬没有约定或者约定不明确，依照本法第六十一条的规定仍不能确定的，根据居间人的劳务合理确定。因居间人提供订立合同的媒介服务而促成合同成立的，由该合同的当事人平均负担居间人的报酬。

居间人促成合同成立的，居间活动的费用，由居间人负担。

第四百二十七条　居间人未促成合同成立的，不得要求支付报酬，但可以要求委托人支付从事居间活动支出的必要费用。

附　　则

第四百二十八条　本法自 1999 年 10 月 1 日起施行，《中华人民共和国经济合同法》、《中华人民共和国涉外经济合同法》、《中华人民共和国技术合同法》同时废止。

中华人民共和国招标投标法

主席令第21号

（1999年8月30日公布，自2000年1月1日起施行）

第一章 总 则

第一条 为了规范招标投标活动，保护国家利益、社会公共利益和招标投标活动当事人的合法权益，提高经济效益，保证项目质量，制定本法。

第二条 在中华人民共和国境内进行招标投标活动，适用本法。

第三条 在中华人民共和国境内进行下列工程建设项目包括项目的勘察、设计、施工、监理以及与工程建设有关的重要设备、材料等的采购，必须进行招标：

（一）大型基础设施、公用事业等关系社会公共利益、公众安全的项目；

（二）全部或者部分使用国有资金投资或者国家融资的项目；

（三）使用国际组织或者外国政府贷款、援助资金的项目。

前款所列项目的具体范围和规模标准，由国务院发展计划部门会同国务院有关部门制订，报国务院批准。

法律或者国务院对必须进行招标的其他项目的范围有规定的，依照其规定。

第四条 任何单位和个人不得将依法必须进行招标的项目化整为零或者以其他任何方式规避招标。

第五条 招标投标活动应当遵循公开、公平、公正和诚实信用的原则。

第六条 依法必须进行招标的项目，其招标投标活动不受地区或者部门的限制。任何单位和个人不得违法限制或者排斥本地区、本系统以外的法人或者其他组织参加投标，不得以任何方式非法干涉招标投标活动。

第七条 招标投标活动及其当事人应当接受依法实施的监督。

有关行政监督部门依法对招标投标活动实施监督，依法查处招标投标活动中的违法行为。

对招标投标活动的行政监督及有关部门的具体职权划分，由国务院规定。

第二章 招 标

第八条 招标人是依照本法规定提出招标项目、进行招标的法人或者其他组织。

第九条 招标项目按照国家有关规定需要履行项目审批手续的，应当先履行审批手续，取得批准。

招标人应当有进行招标项目的相应资金或者资金来源已经落实，并应当在招标文件中如实载明。

第十条 招标分为公开招标和邀请招标。

公开招标，是指招标人以招标公告的方式邀请不特定的法人或者其他组织投标。

邀请招标，是指招标人以投标邀请书的方式邀请特定的法人或者其他组织投标。

第十一条　国务院发展计划部门确定的国家重点项目和省、自治区、直辖市人民政府确定的地方重点项目不适宜公开招标的，经国务院发展计划部门或者省、自治区、直辖市人民政府批准，可以进行邀请招标。

第十二条　招标人有权自行选择招标代理机构，委托其办理招标事宜。任何单位和个人不得以任何方式为招标人指定招标代理机构。

招标人具有编制招标文件和组织评标能力的，可以自行办理招标事宜。任何单位和个人不得强制其委托招标代理机构办理招标事宜。

依法必须进行招标的项目，招标人自行办理招标事宜的，应当向有关行政监督部门备案。

第十三条　招标代理机构是依法设立、从事招标代理业务并提供相关服务的社会中介组织。

招标代理机构应当具备下列条件：

（一）有从事招标代理业务的营业场所和相应资金；

（二）有能够编制招标文件和组织评标的相应专业力量；

（三）有符合本法第三十七条第三款规定条件、可以作为评标委员会成员人选的技术、经济等方面的专家库。

第十四条　从事工程建设项目招标代理业务的招标代理机构，其资格由国务院或者省、自治区、直辖市人民政府的建设行政主管部门认定。具体办法由国务院建设行政主管部门会同国务院有关部门制定。从事其他招标代理业务的招标代理机构，其资格认定的主管部门由国务院规定。

招标代理机构与行政机关和其他国家机关不得存在隶属关系或者其他利益关系。

第十五条　招标代理机构应当在招标人委托的范围内办理招标事宜，并遵守本法关于招标人的规定。

第十六条　招标人采用公开招标方式的，应当发布招标公告。依法必须进行招标的项目的招标公告，应当通过国家指定的报刊、信息网络或者其他媒介发布。

招标公告应当载明招标人的名称和地址、招标项目的性质、数量、实施地点和时间以及获取招标文件的办法等事项。

第十七条　招标人采用邀请招标方式的，应当向三个以上具备承担招标项目的能力、资信良好的特定的法人或者其他组织发出投标邀请书。

投标邀请书应当载明本法第十六条第二款规定的事项。

第十八条　招标人可以根据招标项目本身的要求，在招标公告或者投标邀请书中，要求潜在投标人提供有关资质证明文件和业绩情况，并对潜在投标人进行资格审查；国家对投标人的资格条件有规定的，依照其规定。

招标人不得以不合理的条件限制或者排斥潜在投标人，不得对潜在投标人实行歧视待遇。

第十九条　招标人应当根据招标项目的特点和需要编制招标文件。招标文件应当包括招标项目的技术要求、对投标人资格审查的标准、投标报价要求和评标标准等所有实质性要求和条件以及拟签订合同的主要条款。

国家对招标项目的技术、标准有规定的，招标人应当按照其规定在招标文件中提出相应要求。

招标项目需要划分标段、确定工期的，招标人应当合理划分标段、确定工期，并在招标文件中载明。

第二十条 招标文件不得要求或者标明特定的生产供应者以及含有倾向或者排斥潜在投标人的其他内容。

第二十一条 招标人根据招标项目的具体情况，可以组织潜在投标人踏勘项目现场。

第二十二条 招标人不得向他人透露已获取招标文件的潜在投标人的名称、数量以及可能影响公平竞争的有关招标投标的其他情况。

招标人设有标底的，标底必须保密。

第二十三条 招标人对已发出的招标文件进行必要的澄清或者修改的，应当在招标文件要求提交投标文件截止时间至少十五日前，以书面形式通知所有招标文件收受人。该澄清或者修改的内容为招标文件的组成部分。

第二十四条 招标人应当确定投标人编制投标文件所需要的合理时间；但是，依法必须进行招标的项目，自招标文件开始发出之日起至投标人提交投标文件截止之日止，最短不得少于二十日。

第三章 投　　标

第二十五条 投标人是响应招标、参加投标竞争的法人或者其他组织。

依法招标的科研项目允许个人参加投标的，投标的个人适用本法有关投标人的规定。

第二十六条 投标人应当具备承担招标项目的能力；国家有关规定对投标人资格条件或者招标文件对投标人资格条件有规定的，投标人应当具备规定的资格条件。

第二十七条 投标人应当按照招标文件的要求编制投标文件。投标文件应当对招标文件提出的实质性要求和条件作出响应。

招标项目属于建设施工的，投标文件的内容应当包括拟派出的项目负责人与主要技术人员的简历、业绩和拟用于完成招标项目的机械设备等。

第二十八条 投标人应当在招标文件要求提交投标文件的截止时间前，将投标文件送达投标地点。招标人收到投标文件后，应当签收保存，不得开启。投标人少于三个的，招标人应当依照本法重新招标。

在招标文件要求提交投标文件的截止时间后送达的投标文件，招标人应当拒收。

第二十九条 投标人在招标文件要求提交投标文件的截止时间前，可以补充、修改或者撤回已提交的投标文件，并书面通知招标人。补充、修改的内容为投标文件的组成部分。

第三十条 投标人根据招标文件载明的项目实际情况，拟在中标后将中标项目的部分非主体、非关键性工作进行分包的，应当在投标文件中载明。

第三十一条　两个以上法人或者其他组织可以组成一个联合体，以一个投标人的身份共同投标。

联合体各方均应当具备承担招标项目的相应能力；国家有关规定或者招标文件对投标人资格条件有规定的，联合体各方均应当具备规定的相应资格条件。由同一专业的单位组成的联合体，按照资质等级较低的单位确定资质等级。

联合体各方应当签订共同投标协议，明确约定各方拟承担的工作和责任，并将共同投标协议连同投标文件一并提交招标人。联合体中标的，联合体各方应当共同与招标人签订合同，就中标项目向招标人承担连带责任。

招标人不得强制投标人组成联合体共同投标，不得限制投标人之间的竞争。

第三十二条　投标人不得相互串通投标报价，不得排挤其他投标人的公平竞争，损害招标人或者其他投标人的合法权益。

投标人不得与招标人串通投标，损害国家利益、社会公共利益或者他人的合法权益。

禁止投标人以向招标人或者评标委员会成员行贿的手段谋取中标。

第三十三条　投标人不得以低于成本的报价竞标，也不得以他人名义投标或者以其他方式弄虚作假，骗取中标。

第四章　开标、评标和中标

第三十四条　开标应当在招标文件确定的提交投标文件截止时间的同一时间公开进行；开标地点应当为招标文件中预先确定的地点。

第三十五条　开标由招标人主持，邀请所有投标人参加。

第三十六条　开标时，由投标人或者其推选的代表检查投标文件的密封情况，也可以由招标人委托的公证机构检查并公证；经确认无误后，由工作人员当众拆封，宣读投标人名称、投标价格和投标文件的其他主要内容。

招标人在招标文件要求提交投标文件的截止时间前收到的所有投标文件，开标时都应当当众予以拆封、宣读。

开标过程应当记录，并存档备查。

第三十七条　评标由招标人依法组建的评标委员会负责。

依法必须进行招标的项目，其评标委员会由招标人的代表和有关技术、经济等方面的专家组成，成员人数为五人以上单数，其中技术、经济等方面的专家不得少于成员总数的三分之二。

前款专家应当从事相关领域工作满八年并具有高级职称或者具有同等专业水平，由招标人从国务院有关部门或者省、自治区、直辖市人民政府有关部门提供的专家名册或者招标代理机构的专家库内的相关专业的专家名单中确定；一般招标项目可以采取随机抽取方式，特殊招标项目可以由招标人直接确定。

与投标人有利害关系的人不得进入相关项目的评标委员会；已经进入的应当更换。

评标委员会成员的名单在中标结果确定前应当保密。

第三十八条　招标人应当采取必要的措施，保证评标在严格保密的情况下进行。

任何单位和个人不得非法干预、影响评标的过程和结果。

第三十九条 评标委员会可以要求投标人对投标文件中含义不明确的内容作必要的澄清或者说明，但是澄清或者说明不得超出投标文件的范围或者改变投标文件的实质性内容。

第四十条 评标委员会应当按照招标文件确定的评标标准和方法，对投标文件进行评审和比较；设有标底的，应当参考标底。评标委员会完成评标后，应当向招标人提出书面评标报告，并推荐合格的中标候选人。

招标人根据评标委员会提出的书面评标报告和推荐的中标候选人确定中标人。招标人也可以授权评标委员会直接确定中标人。

国务院对特定招标项目的评标有特别规定的，从其规定。

第四十一条 中标人的投标应当符合下列条件之一：

（一）能够最大限度地满足招标文件中规定的各项综合评价标准；

（二）能够满足招标文件的实质性要求，并且经评审的投标价格最低；但是投标价格低于成本的除外。

第四十二条 评标委员会经评审，认为所有投标都不符合招标文件要求的，可以否决所有投标。

依法必须进行招标的项目的所有投标被否决的，招标人应当依照本法重新招标。

第四十三条 在确定中标人前，招标人不得与投标人就投标价格、投标方案等实质性内容进行谈判。

第四十四条 评标委员会成员应当客观、公正地履行职务，遵守职业道德，对所提出的评审意见承担个人责任。

评标委员会成员不得私下接触投标人，不得收受投标人的财物或者其他好处。

评标委员会成员和参与评标的有关工作人员不得透露对投标文件的评审和比较、中标候选人的推荐情况以及与评标有关的其他情况。

第四十五条 中标人确定后，招标人应当向中标人发出中标通知书，并同时将中标结果通知所有未中标的投标人。

中标通知书对招标人和中标人具有法律效力。中标通知书发出后，招标人改变中标结果的，或者中标人放弃中标项目的，应当依法承担法律责任。

第四十六条 招标人和中标人应当自中标通知书发出之日起三十日内，按照招标文件和中标人的投标文件订立书面合同。招标人和中标人不得再行订立背离合同实质性内容的其他协议。

招标文件要求中标人提交履约保证金的，中标人应当提交。

第四十七条 依法必须进行招标的项目，招标人应当自确定中标人之日起十五日内，向有关行政监督部门提交招标投标情况的书面报告。

第四十八条 中标人应当按照合同约定履行义务，完成中标项目。中标人不得向他人转让中标项目，也不得将中标项目肢解后分别向他人转让。

中标人按照合同约定或者经招标人同意，可以将中标项目的部分非主体、非关键性工作分包给他人完成。接受分包的人应当具备相应的资格条件，并不得再次分包。

中标人应当就分包项目向招标人负责，接受分包的人就分包项目承担连带责任。

第五章 法 律 责 任

第四十九条 违反本法规定，必须进行招标的项目而不招标的，将必须进行招标的项目化整为零或者以其他任何方式规避招标的，责令限期改正，可以处项目合同金额千分之五以上千分之十以下的罚款；对全部或者部分使用国有资金的项目，可以暂停项目执行或者暂停资金拨付；对单位直接负责的主管人员和其他直接责任人员依法给予处分。

第五十条 招标代理机构违反本法规定，泄露应当保密的与招标投标活动有关的情况和资料的，或者与招标人、投标人串通损害国家利益、社会公共利益或者他人合法权益的，处五万元以上二十五万元以下的罚款，对单位直接负责的主管人员和其他直接责任人员处单位罚款数额百分之五以上百分之十以下的罚款；有违法所得的，并处没收违法所得；情节严重的，暂停直至取消招标代理资格；构成犯罪的，依法追究刑事责任。给他人造成损失的，依法承担赔偿责任。

前款所列行为影响中标结果的，中标无效。

第五十一条 招标人以不合理的条件限制或者排斥潜在投标人的，对潜在投标人实行歧视待遇的，强制要求投标人组成联合体共同投标的，或者限制投标人之间竞争的，责令改正，可以处一万元以上五万元以下的罚款。

第五十二条 依法必须进行招标的项目的招标人向他人透露已获取招标文件的潜在投标人的名称、数量或者可能影响公平竞争的有关招标投标的其他情况的，或者泄露标底的，给予警告，可以并处一万元以上十万元以下的罚款；对单位直接负责的主管人员和其他直接责任人员依法给予处分；构成犯罪的，依法追究刑事责任。

前款所列行为影响中标结果的，中标无效。

第五十三条 投标人相互串通投标或者与招标人串通投标的，投标人以向招标人或者评标委员会成员行贿的手段谋取中标的，中标无效，处中标项目金额千分之五以上千分之十以下的罚款，对单位直接负责的主管人员和其他直接责任人员处单位罚款数额百分之五以上百分之十以下的罚款；有违法所得的，并处没收违法所得；情节严重的，取消其一年至二年内参加依法必须进行招标的项目的投标资格并予以公告，直至由工商行政管理机关吊销营业执照；构成犯罪的，依法追究刑事责任。给他人造成损失的，依法承担赔偿责任。

第五十四条 投标人以他人名义投标或者以其他方式弄虚作假，骗取中标的，中标无效，给招标人造成损失的，依法承担赔偿责任；构成犯罪的，依法追究刑事责任。

依法必须进行招标的项目的投标人有前款所列行为尚未构成犯罪的，处中标项目金额千分之五以上千分之十以下的罚款，对单位直接负责的主管人员和其他直接责任人员处单位罚款数额百分之五以上百分之十以下的罚款；有违法所得的，并处没收违法所得；情节严重的，取消其一年至三年内参加依法必须进行招标的项目的投标资格并予以公告，直至由工商行政管理机关吊销营业执照。

第五十五条 依法必须进行招标的项目，招标人违反本法规定，与投标人就投标价格、投标方案等实质性内容进行谈判的，给予警告，对单位直接负责的主管人员和其他直接责任人员依法给予处分。

前款所列行为影响中标结果的，中标无效。

第五十六条 评标委员会成员收受投标人的财物或者其他好处的，评标委员会成员或者参加评标的有关工作人员向他人透露对投标文件的评审和比较、中标候选人的推荐以及与评标有关的其他情况的，给予警告，没收收受的财物，可以并处三千元以上五万元以下的罚款，对有所列违法行为的评标委员会成员取消担任评标委员会成员的资格，不得再参加任何依法必须进行招标的项目的评标；构成犯罪的，依法追究刑事责任。

第五十七条 招标人在评标委员会依法推荐的中标候选人以外确定中标人的，依法必须进行招标的项目在所有投标被评标委员会否决后自行确定中标人的，中标无效。责令改正，可以处中标项目金额千分之五以上千分之十以下的罚款；对单位直接负责的主管人员和其他直接责任人员依法给予处分。

第五十八条 中标人将中标项目转让给他人的，将中标项目肢解后分别转让给他人的，违反本法规定将中标项目的部分主体、关键性工作分包给他人的，或者分包人再次分包的，转让、分包无效，处转让、分包项目金额千分之五以上千分之十以下的罚款；有违法所得的，并处没收违法所得；可以责令停业整顿；情节严重的，由工商行政管理机关吊销营业执照。

第五十九条 招标人与中标人不按照招标文件和中标人的投标文件订立合同的，或者招标人、中标人订立背离合同实质性内容的协议的，责令改正；可以处中标项目金额千分之五以上千分之十以下的罚款。

第六十条 中标人不履行与招标人订立的合同的，履约保证金不予退还，给招标人造成的损失超过履约保证金数额的，还应当对超过部分予以赔偿；没有提交履约保证金的，应当对招标人的损失承担赔偿责任。

中标人不按照与招标人订立的合同履行义务，情节严重的，取消其二年至五年内参加依法必须进行招标的项目的投标资格并予以公告，直至由工商行政管理机关吊销营业执照。

因不可抗力不能履行合同的，不适用前两款规定。

第六十一条 本章规定的行政处罚，由国务院规定的有关行政监督部门决定。本法已对实施行政处罚的机关作出规定的除外。

第六十二条 任何单位违反本法规定，限制或者排斥本地区、本系统以外的法人或者其他组织参加投标的，为招标人指定招标代理机构的，强制招标人委托招标代理机构办理招标事宜的，或者以其他方式干涉招标投标活动的，责令改正；对单位直接负责的主管人员和其他直接责任人员依法给予警告、记过、记大过的处分，情节较重的，依法给予降级、撤职、开除的处分。

个人利用职权进行前款违法行为的，依照前款规定追究责任。

第六十三条 对招标投标活动依法负有行政监督职责的国家机关工作人员徇私舞弊、滥用职权或者玩忽职守，构成犯罪的，依法追究刑事责任；不构成犯罪的，依法给予行政处分。

第六十四条 依法必须进行招标的项目违反本法规定，中标无效的，应当依照本法规定的中标条件从其余投标人中重新确定中标人或者依照本法重新进行招标。

第六章　附　　则

第六十五条　投标人和其他利害关系人认为招标投标活动不符合本法有关规定的，有权向招标人提出异议或者依法向有关行政监督部门投诉。

第六十六条　涉及国家安全、国家秘密、抢险救灾或者属于利用扶贫资金实行以工代赈、需要使用农民工等特殊情况，不适宜进行招标的项目，按照国家有关规定可以不进行招标。

第六十七条　使用国际组织或者外国政府贷款、援助资金的项目进行招标，贷款方、资金提供方对招标投标的具体条件和程序有不同规定的，可以适用其规定，但违背中华人民共和国的社会公共利益的除外。

第六十八条　本法自2000年1月1日起施行。

中华人民共和国政府采购法

主席令第 68 号

（2002 年 6 月 29 日公布，自 2003 年 1 月 1 日起施行）

第一章　总　　则

第一条　为了规范政府采购行为，提高政府采购资金的使用效益，维护国家利益和社会公共利益，保护政府采购当事人的合法权益，促进廉政建设，制定本法。

第二条　在中华人民共和国境内进行的政府采购适用本法。

本法所称政府采购，是指各级国家机关、事业单位和团体组织，使用财政性资金采购依法制定的集中采购目录以内的或者采购限额标准以上的货物、工程和服务的行为。

政府集中采购目录和采购限额标准依照本法规定的权限制定。

本法所称采购，是指以合同方式有偿取得货物、工程和服务的行为，包括购买、租赁、委托、雇用等。

本法所称货物，是指各种形态和种类的物品，包括原材料、燃料、设备、产品等。

本法所称工程，是指建设工程，包括建筑物和构筑物的新建、改建、扩建、装修、拆除、修缮等。

本法所称服务，是指除货物和工程以外的其他政府采购对象。

第三条　政府采购应当遵循公开透明原则、公平竞争原则、公正原则和诚实信用原则。

第四条　政府采购工程进行招标投标的，适用招标投标法。

第五条　任何单位和个人不得采用任何方式，阻挠和限制供应商自由进入本地区和本行业的政府采购市场。

第六条　政府采购应当严格按照批准的预算执行。

第七条　政府采购实行集中采购和分散采购相结合。集中采购的范围由省级以上人民政府公布的集中采购目录确定。

属于中央预算的政府采购项目，其集中采购目录由国务院确定并公布；属于地方预算的政府采购项目，其集中采购目录由省、自治区、直辖市人民政府或者其授权的机构确定并公布。

纳入集中采购目录的政府采购项目，应当实行集中采购。

第八条　政府采购限额标准，属于中央预算的政府采购项目，由国务院确定并公布；属于地方预算的政府采购项目，由省、自治区、直辖市人民政府或者其授权的机构确定并公布。

第九条　政府采购应当有助于实现国家的经济和社会发展政策目标，包括保护环境，扶持不发达地区和少数民族地区，促进中小企业发展等。

第十条　政府采购应当采购本国货物、工程和服务。但有下列情形之一的除外：

（一）需要采购的货物、工程或者服务在中国境内无法获取或者无法以合理的商业条件获取的；

（二）为在中国境外使用而进行采购的；

（三）其他法律、行政法规另有规定的。

前款所称本国货物、工程和服务的界定，依照国务院有关规定执行。

第十一条　政府采购的信息应当在政府采购监督管理部门指定的媒体上及时向社会公开发布，但涉及商业秘密的除外。

第十二条　在政府采购活动中，采购人员及相关人员与供应商有利害关系的，必须回避。供应商认为采购人员及相关人员与其他供应商有利害关系的，可以申请其回避。

前款所称相关人员，包括招标采购中评标委员会的组成人员，竞争性谈判采购中谈判小组的组成人员，询价采购中询价小组的组成人员等。

第十三条　各级人民政府财政部门是负责政府采购监督管理的部门，依法履行对政府采购活动的监督管理职责。

各级人民政府其他有关部门依法履行与政府采购活动有关的监督管理职责。

第二章　政府采购当事人

第十四条　政府采购当事人是指在政府采购活动中享有权利和承担义务的各类主体，包括采购人、供应商和采购代理机构等。

第十五条　采购人是指依法进行政府采购的国家机关、事业单位、团体组织。

第十六条　集中采购机构为采购代理机构。设区的市、自治州以上人民政府根据本级政府采购项目组织集中采购的需要设立集中采购机构。

集中采购机构是非营利事业法人，根据采购人的委托办理采购事宜。

第十七条　集中采购机构进行政府采购活动，应当符合采购价格低于市场平均价格、采购效率更高、采购质量优良和服务良好的要求。

第十八条　采购人采购纳入集中采购目录的政府采购项目，必须委托集中采购机构代理采购；采购未纳入集中采购目录的政府采购项目，可以自行采购，也可以委托集中采购机构在委托的范围内代理采购。

纳入集中采购目录属于通用的政府采购项目的，应当委托集中采购机构代理采购；属于本部门、本系统有特殊要求的项目，应当实行部门集中采购；属于本单位有特殊要求的项目，经省级以上人民政府批准，可以自行采购。

第十九条　采购人可以委托经国务院有关部门或者省级人民政府有关部门认定资格的采购代理机构，在委托的范围内办理政府采购事宜。

采购人有权自行选择采购代理机构，任何单位和个人不得以任何方式为采购人指定采购代理机构。

第二十条　采购人依法委托采购代理机构办理采购事宜的，应当由采购人与采购代理机构签订委托代理协议，依法确定委托代理的事项，约定双方的权利义务。

第二十一条　供应商是指向采购人提供货物、工程或者服务的法人、其他组织或者自然人。

第二十二条 供应商参加政府采购活动应当具备下列条件：

（一）具有独立承担民事责任的能力；

（二）具有良好的商业信誉和健全的财务会计制度；

（三）具有履行合同所必需的设备和专业技术能力；

（四）有依法缴纳税收和社会保障资金的良好记录；

（五）参加政府采购活动前三年内，在经营活动中没有重大违法记录；

（六）法律、行政法规规定的其他条件。

采购人可以根据采购项目的特殊要求，规定供应商的特定条件，但不得以不合理的条件对供应商实行差别待遇或者歧视待遇。

第二十三条 采购人可以要求参加政府采购的供应商提供有关资质证明文件和业绩情况，并根据本法规定的供应商条件和采购项目对供应商的特定要求，对供应商的资格进行审查。

第二十四条 两个以上的自然人、法人或者其他组织可以组成一个联合体，以一个供应商的身份共同参加政府采购。

以联合体形式进行政府采购的，参加联合体的供应商均应当具备本法第二十二条规定的条件，并应当向采购人提交联合协议，载明联合体各方承担的工作和义务。联合体各方应当共同与采购人签订采购合同，就采购合同约定的事项对采购人承担连带责任。

第二十五条 政府采购当事人不得相互串通损害国家利益、社会公共利益和其他当事人的合法权益；不得以任何手段排斥其他供应商参与竞争。

供应商不得以向采购人、采购代理机构、评标委员会的组成人员、竞争性谈判小组的组成人员、询价小组的组成人员行贿或者采取其他不正当手段谋取中标或者成交。

采购代理机构不得以向采购人行贿或者采取其他不正当手段谋取非法利益。

第三章 政府采购方式

第二十六条 政府采购采用以下方式：

（一）公开招标；

（二）邀请招标；

（三）竞争性谈判；

（四）单一来源采购；

（五）询价；

（六）国务院政府采购监督管理部门认定的其他采购方式。

公开招标应作为政府采购的主要采购方式。

第二十七条 采购人采购货物或者服务应当采用公开招标方式的，其具体数额标准，属于中央预算的政府采购项目，由国务院规定；属于地方预算的政府采购项目，由省、自治区、直辖市人民政府规定；因特殊情况需要采用公开招标以外的采购方式的，应当在采购活动开始前获得设区的市、自治州以上人民政府采购监督管理部门的批准。

第二十八条 采购人不得将应当以公开招标方式采购的货物或者服务化整为零或者以

其他任何方式规避公开招标采购。

第二十九条　符合下列情形之一的货物或者服务，可以依照本法采用邀请招标方式采购：

（一）具有特殊性，只能从有限范围的供应商处采购的；

（二）采用公开招标方式的费用占政府采购项目总价值的比例过大的。

第三十条　符合下列情形之一的货物或者服务，可以依照本法采用竞争性谈判方式采购：

（一）招标后没有供应商投标或者没有合格标的或者重新招标未能成立的；

（二）技术复杂或者性质特殊，不能确定详细规格或者具体要求的；

（三）采用招标所需时间不能满足用户紧急需要的；

（四）不能事先计算出价格总额的。

第三十一条　符合下列情形之一的货物或者服务，可以依照本法采用单一来源方式采购：

（一）只能从唯一供应商处采购的；

（二）发生了不可预见的紧急情况不能从其他供应商处采购的；

（三）必须保证原有采购项目一致性或者服务配套的要求，需要继续从原供应商处添购，且添购资金总额不超过原合同采购金额百分之十的。

第三十二条　采购的货物规格、标准统一、现货货源充足且价格变化幅度小的政府采购项目，可以依照本法采用询价方式采购。

第四章　政府采购程序

第三十三条　负有编制部门预算职责的部门在编制下一财政年度部门预算时，应当将该财政年度政府采购的项目及资金预算列出，报本级财政部门汇总。部门预算的审批，按预算管理权限和程序进行。

第三十四条　货物或者服务项目采取邀请招标方式采购的，采购人应当从符合相应资格条件的供应商中，通过随机方式选择三家以上的供应商，并向其发出投标邀请书。

第三十五条　货物和服务项目实行招标方式采购的，自招标文件开始发出之日起至投标人提交投标文件截止之日止，不得少于二十日。

第三十六条　在招标采购中，出现下列情形之一的，应予废标：

（一）符合专业条件的供应商或者对招标文件作实质响应的供应商不足三家的；

（二）出现影响采购公正的违法、违规行为的；

（三）投标人的报价均超过了采购预算，采购人不能支付的；

（四）因重大变故，采购任务取消的。

废标后，采购人应当将废标理由通知所有投标人。

第三十七条　废标后，除采购任务取消情形外，应当重新组织招标；需要采取其他方式采购的，应当在采购活动开始前获得设区的市、自治州以上人民政府采购监督管理部门或者政府有关部门批准。

第三十八条　采用竞争性谈判方式采购的，应当遵循下列程序：

（一）成立谈判小组。谈判小组由采购人的代表和有关专家共三人以上的单数组成，其中专家的人数不得少于成员总数的三分之二。

（二）制定谈判文件。谈判文件应当明确谈判程序、谈判内容、合同草案的条款以及评定成交的标准等事项。

（三）确定邀请参加谈判的供应商名单。谈判小组从符合相应资格条件的供应商名单中确定不少于三家的供应商参加谈判，并向其提供谈判文件。

（四）谈判。谈判小组所有成员集中与单一供应商分别进行谈判。在谈判中，谈判的任何一方不得透露与谈判有关的其他供应商的技术资料、价格和其他信息。谈判文件有实质性变动的，谈判小组应当以书面形式通知所有参加谈判的供应商。

（五）确定成交供应商。谈判结束后，谈判小组应当要求所有参加谈判的供应商在规定时间内进行最后报价，采购人从谈判小组提出的成交候选人中根据符合采购需求、质量和服务相等且报价最低的原则确定成交供应商，并将结果通知所有参加谈判的未成交的供应商。

第三十九条 采取单一来源方式采购的，采购人与供应商应当遵循本法规定的原则，在保证采购项目质量和双方商定合理价格的基础上进行采购。

第四十条 采取询价方式采购的，应当遵循下列程序：

（一）成立询价小组。询价小组由采购人的代表和有关专家共三人以上的单数组成，其中专家的人数不得少于成员总数的三分之二。询价小组应当对采购项目的价格构成和评定成交的标准等事项作出规定。

（二）确定被询价的供应商名单。询价小组根据采购需求，从符合相应资格条件的供应商名单中确定不少于三家的供应商，并向其发出询价通知书让其报价。

（三）询价。询价小组要求被询价的供应商一次报出不得更改的价格。

（四）确定成交供应商。采购人根据符合采购需求、质量和服务相等且报价最低的原则确定成交供应商，并将结果通知所有被询价的未成交的供应商。

第四十一条 采购人或者其委托的采购代理机构应当组织对供应商履约的验收。大型或者复杂的政府采购项目，应当邀请国家认可的质量检测机构参加验收工作。验收方成员应当在验收书上签字，并承担相应的法律责任。

第四十二条 采购人、采购代理机构对政府采购项目每项采购活动的采购文件应当妥善保存，不得伪造、变造、隐匿或者销毁。采购文件的保存期限为从采购结束之日起至少保存十五年。

采购文件包括采购活动记录、采购预算、招标文件、投标文件、评标标准、评估报告、定标文件、合同文本、验收证明、质疑答复、投诉处理决定及其他有关文件、资料。

采购活动记录至少应当包括下列内容：

（一）采购项目类别、名称；

（二）采购项目预算、资金构成和合同价格；

（三）采购方式，采用公开招标以外的采购方式的，应当载明原因；

（四）邀请和选择供应商的条件及原因；

（五）评标标准及确定中标人的原因；

（六）废标的原因；

（七）采用招标以外采购方式的相应记载。

第五章　政府采购合同

第四十三条　政府采购合同适用合同法。采购人和供应商之间的权利和义务，应当按照平等、自愿的原则以合同方式约定。

采购人可以委托采购代理机构代表其与供应商签订政府采购合同。由采购代理机构以采购人名义签订合同的，应当提交采购人的授权委托书，作为合同附件。

第四十四条　政府采购合同应当采用书面形式。

第四十五条　国务院政府采购监督管理部门应当会同国务院有关部门，规定政府采购合同必须具备的条款。

第四十六条　采购人与中标、成交供应商应当在中标、成交通知书发出之日起三十日内，按照采购文件确定的事项签订政府采购合同。

中标、成交通知书对采购人和中标、成交供应商均具有法律效力。中标、成交通知书发出后，采购人改变中标、成交结果的，或者中标、成交供应商放弃中标、成交项目的，应当依法承担法律责任。

第四十七条　政府采购项目的采购合同自签订之日起七个工作日内，采购人应当将合同副本报同级政府采购监督管理部门和有关部门备案。

第四十八条　经采购人同意，中标、成交供应商可以依法采取分包方式履行合同。

政府采购合同分包履行的，中标、成交供应商就采购项目和分包项目向采购人负责，分包供应商就分包项目承担责任。

第四十九条　政府采购合同履行中，采购人需追加与合同标的相同的货物、工程或者服务的，在不改变合同其他条款的前提下，可以与供应商协商签订补充合同，但所有补充合同的采购金额不得超过原合同采购金额的百分之十。

第五十条　政府采购合同的双方当事人不得擅自变更、中止或者终止合同。

政府采购合同继续履行将损害国家利益和社会公共利益的，双方当事人应当变更、中止或者终止合同。有过错的一方应当承担赔偿责任，双方都有过错的，各自承担相应的责任。

第六章　质疑与投诉

第五十一条　供应商对政府采购活动事项有疑问的，可以向采购人提出询问，采购人应当及时作出答复，但答复的内容不得涉及商业秘密。

第五十二条　供应商认为采购文件、采购过程和中标、成交结果使自己的权益受到损害的，可以在知道或者应知其权益受到损害之日起七个工作日内，以书面形式向采购人提出质疑。

第五十三条　采购人应当在收到供应商的书面质疑后七个工作日内作出答复，并以书面形式通知质疑供应商和其他有关供应商，但答复的内容不得涉及商业秘密。

第五十四条　采购人委托采购代理机构采购的，供应商可以向采购代理机构提出询问或者质疑，采购代理机构应当依照本法第五十一条、第五十三条的规定就采购人委托授权范围内的事项作出答复。

第五十五条 质疑供应商对采购人、采购代理机构的答复不满意或者采购人、采购代理机构未在规定的时间内作出答复的，可以在答复期满后十五个工作日内向同级政府采购监督管理部门投诉。

第五十六条 政府采购监督管理部门应当在收到投诉后三十个工作日内，对投诉事项作出处理决定，并以书面形式通知投诉人和与投诉事项有关的当事人。

第五十七条 政府采购监督管理部门在处理投诉事项期间，可以视具体情况书面通知采购人暂停采购活动，但暂停时间最长不得超过三十日。

第五十八条 投诉人对政府采购监督管理部门的投诉处理决定不服或者政府采购监督管理部门逾期未作处理的，可以依法申请行政复议或者向人民法院提起行政诉讼。

第七章 监 督 检 查

第五十九条 政府采购监督管理部门应当加强对政府采购活动及集中采购机构的监督检查。

监督检查的主要内容是：

（一）有关政府采购的法律、行政法规和规章的执行情况；

（二）采购范围、采购方式和采购程序的执行情况；

（三）政府采购人员的职业素质和专业技能。

第六十条 政府采购监督管理部门不得设置集中采购机构，不得参与政府采购项目的采购活动。

采购代理机构与行政机关不得存在隶属关系或者其他利益关系。

第六十一条 集中采购机构应当建立健全内部监督管理制度。采购活动的决策和执行程序应当明确，并相互监督、相互制约。经办采购的人员与负责采购合同审核、验收人员的职责权限应当明确，并相互分离。

第六十二条 集中采购机构的采购人员应当具有相关职业素质和专业技能，符合政府采购监督管理部门规定的专业岗位任职要求。

集中采购机构对其工作人员应当加强教育和培训；对采购人员的专业水平、工作实绩和职业道德状况定期进行考核。采购人员经考核不合格的，不得继续任职。

第六十三条 政府采购项目的采购标准应当公开。

采用本法规定的采购方式的，采购人在采购活动完成后，应当将采购结果予以公布。

第六十四条 采购人必须按照本法规定的采购方式和采购程序进行采购。

任何单位和个人不得违反本法规定，要求采购人或者采购工作人员向其指定的供应商进行采购。

第六十五条 政府采购监督管理部门应当对政府采购项目的采购活动进行检查，政府采购当事人应当如实反映情况，提供有关材料。

第六十六条 政府采购监督管理部门应当对集中采购机构的采购价格、节约资金效果、服务质量、信誉状况、有无违法行为等事项进行考核，并定期如实公布考核结果。

第六十七条　依照法律、行政法规的规定对政府采购负有行政监督职责的政府有关部门，应当按照其职责分工，加强对政府采购活动的监督。

第六十八条　审计机关应当对政府采购进行审计监督。政府采购监督管理部门、政府采购各当事人有关政府采购活动，应当接受审计机关的审计监督。

第六十九条　监察机关应当加强对参与政府采购活动的国家机关、国家公务员和国家行政机关任命的其他人员实施监察。

第七十条　任何单位和个人对政府采购活动中的违法行为，有权控告和检举，有关部门、机关应当依照各自职责及时处理。

第八章　法　律　责　任

第七十一条　采购人、采购代理机构有下列情形之一的，责令限期改正，给予警告，可以并处罚款，对直接负责的主管人员和其他直接责任人员，由其行政主管部门或者有关机关给予处分，并予通报：

（一）应当采用公开招标方式而擅自采用其他方式采购的；

（二）擅自提高采购标准的；

（三）委托不具备政府采购业务代理资格的机构办理采购事务的；

（四）以不合理的条件对供应商实行差别待遇或者歧视待遇的；

（五）在招标采购过程中与投标人进行协商谈判的；

（六）中标、成交通知书发出后不与中标、成交供应商签订采购合同的；

（七）拒绝有关部门依法实施监督检查的。

第七十二条　采购人、采购代理机构及其工作人员有下列情形之一，构成犯罪的，依法追究刑事责任；尚不构成犯罪的，处以罚款，有违法所得的，并处没收违法所得，属于国家机关工作人员的，依法给予行政处分：

（一）与供应商或者采购代理机构恶意串通的；

（二）在采购过程中接受贿赂或者获取其他不正当利益的；

（三）在有关部门依法实施的监督检查中提供虚假情况的；

（四）开标前泄露标底的。

第七十三条　有前两条违法行为之一影响中标、成交结果或者可能影响中标、成交结果的，按下列情况分别处理：

（一）未确定中标、成交供应商的，终止采购活动；

（二）中标、成交供应商已经确定但采购合同尚未履行的，撤销合同，从合格的中标、成交候选人中另行确定中标、成交供应商；

（三）采购合同已经履行的，给采购人、供应商造成损失的，由责任人承担赔偿责任。

第七十四条　采购人对应当实行集中采购的政府采购项目，不委托集中采购机构实行集中采购的，由政府采购监督管理部门责令改正；拒不改正的，停止按预算向其支付资金，由其上级行政主管部门或者有关机关依法给予其直接负责的主管人员和其他直接责任人员处分。

第七十五条 采购人未依法公布政府采购项目的采购标准和采购结果的，责令改正，对直接负责的主管人员依法给予处分。

第七十六条 采购人、采购代理机构违反本法规定隐匿、销毁应当保存的采购文件或者伪造、变造采购文件的，由政府采购监督管理部门处以二万元以上十万元以下的罚款，对其直接负责的主管人员和其他直接责任人员依法给予处分；构成犯罪的，依法追究刑事责任。

第七十七条 供应商有下列情形之一的，处以采购金额千分之五以上千分之十以下的罚款，列入不良行为记录名单，在一至三年内禁止参加政府采购活动，有违法所得的，并处没收违法所得，情节严重的，由工商行政管理机关吊销营业执照；构成犯罪的，依法追究刑事责任：

（一）提供虚假材料谋取中标、成交的；

（二）采取不正当手段诋毁、排挤其他供应商的；

（三）与采购人、其他供应商或者采购代理机构恶意串通的；

（四）向采购人、采购代理机构行贿或者提供其他不正当利益的；

（五）在招标采购过程中与采购人进行协商谈判的；

（六）拒绝有关部门监督检查或者提供虚假情况的。

供应商有前款第（一）至（五）项情形之一的，中标、成交无效。

第七十八条 采购代理机构在代理政府采购业务中有违法行为的，按照有关法律规定处以罚款，可以依法取消其进行相关业务的资格，构成犯罪的，依法追究刑事责任。

第七十九条 政府采购当事人有本法第七十一条、第七十二条、第七十七条违法行为之一，给他人造成损失的，并应依照有关民事法律规定承担民事责任。

第八十条 政府采购监督管理部门的工作人员在实施监督检查中违反本法规定滥用职权，玩忽职守，徇私舞弊的，依法给予行政处分；构成犯罪的，依法追究刑事责任。

第八十一条 政府采购监督管理部门对供应商的投诉逾期未作处理的，给予直接负责的主管人员和其他直接责任人员行政处分。

第八十二条 政府采购监督管理部门对集中采购机构业绩的考核，有虚假陈述，隐瞒真实情况的，或者不作定期考核和公布考核结果的，应当及时纠正，由其上级机关或者监察机关对其负责人进行通报，并对直接负责的人员依法给予行政处分。

集中采购机构在政府采购监督管理部门考核中，虚报业绩，隐瞒真实情况的，处以二万元以上二十万元以下的罚款，并予以通报；情节严重的，取消其代理采购的资格。

第八十三条 任何单位或者个人阻挠和限制供应商进入本地区或者本行业政府采购市场的，责令限期改正；拒不改正的，由该单位、个人的上级行政主管部门或者有关机关给予单位责任人或者个人处分。

第九章　附　　则

第八十四条 使用国际组织和外国政府贷款进行的政府采购，贷款方、资金提供方与中方达成的协议对采购的具体条件另有规定的，可以适用其规定，但不得损害国家利益和社会公共利益。

第八十五条　对因严重自然灾害和其他不可抗力事件所实施的紧急采购和涉及国家安全和秘密的采购，不适用本法。

第八十六条　军事采购法规由中央军事委员会另行制定。

第八十七条　本法实施的具体步骤和办法由国务院规定。

第八十八条　本法自 2003 年 1 月 1 日起施行。

（三）档案管理

中华人民共和国档案法

主席令第71号

（1987年9月5日第六届全国人民代表大会常务委员会第二十二次会议通过，根据1996年7月5日第八届全国人民代表大会常务委员会第二十次会议《关于修改〈中华人民共和国档案法〉的决定》修正）

第一章 总 则

第一条 为了加强对档案的管理和收集、整理工作，有效地保护和利用档案，为社会主义现代化建设服务，制定本法。

第二条 本法所称的档案，是指过去和现在的国家机构、社会组织以及个人从事政治、军事、经济、科学、技术、文化、宗教等活动直接形成的对国家和社会有保存价值的各种文字、图表、声像等不同形式的历史记录。

第三条 一切国家机关、武装力量、政党、社会团体、企业事业单位和公民都有保护档案的义务。

第四条 各级人民政府应当加强对档案工作的领导，把档案事业的建设列入国民经济和社会发展计划。

第五条 档案工作实行统一领导、分级管理的原则，维护档案完整与安全，便于社会各方面的利用。

第二章 档案机构及其职责

第六条 国家档案行政管理部门主管全国档案事业，对全国的档案事业实行统筹规划，组织协调，统一制度，监督和指导。

县级以上地方各级人民政府的档案行政管理部门主管本行政区域内的档案事业，并对本行政区域内机关、团体、企业事业单位和其他组织的档案工作实行监督和指导。

乡、民族乡、镇人民政府应当指定人员负责保管本机关的档案，并对所属单位的档案工作实行监督和指导。

第七条 机关、团体、企业事业单位和其他组织的档案机构或者档案工作人员，负责保管本单位的档案，并对所属机构的档案工作实行监督和指导。

第八条 中央和县级以上地方各级各类档案馆，是集中管理档案的文化事业机构，负责接收、收集、整理、保管和提供利用各分管范围内的档案。

第九条 档案工作人员应当忠于职守，遵守纪律，具备专业知识。

在档案的收集、整理、保护和提供利用等方面成绩显著的单位或者个人，由各级人民政府给予奖励。

第三章 档案的管理

第十条 对国家规定的应当立卷归档的材料，必须按照规定，定期向本单位档案机构或者档案工作人员移交，集中管理，任何个人不得据为己有。

国家规定不得归档的材料，禁止擅自归档。

第十一条 机关、团体、企业事业单位和其他组织必须按照国家规定，定期向档案馆移交档案。

第十二条 博物馆、图书馆、纪念馆等单位保存的文物、图书资料同时是档案的，可以按照法律和行政法规的规定，由上述单位自行管理。

档案馆与上述单位应当在档案的利用方面互相协作。

第十三条 各级各类档案馆，机关、团体、企业事业单位和其他组织的档案机构，应当建立科学的管理制度，便于对档案的利用；配置必要的设施，确保档案的安全；采用先进技术，实现档案管理的现代化。

第十四条 保密档案的管理和利用，密级的变更和解密，必须按照国家有关保密的法律和行政法规的规定办理。

第十五条 鉴定档案保存价值的原则、保管期限的标准以及销毁档案的程序和办法，由国家档案行政管理部门制定。禁止擅自销毁档案。

第十六条 集体所有的和个人所有的对国家和社会具有保存价值的或者应当保密的档案，档案所有者应当妥善保管。对于保管条件恶劣或者其他原因被认为可能导致档案严重损毁和不安全的，国家档案行政管理部门有权采取代为保管等确保档案完整和安全的措施；必要时，可以收购或者征购。

前款所列档案，档案所有者可以向国家档案馆寄存或者出卖；向国家档案馆以外的任何单位或者个人出卖的，应当按照有关规定由县级以上人民政府档案行政管理部门批准。严禁倒卖牟利，严禁卖给或者赠送给外国人。

向国家捐赠档案的，档案馆应当予以奖励。

第十七条 禁止出卖属于国家所有的档案。

国有企业事业单位资产转让时，转让有关档案的具体办法由国家档案行政管理部门制定。档案复制件的交换、转让和出卖，按照国家规定办理。

第十八条 属于国家所有的档案和本法第十六条规定的档案以及这些档案的复制件，禁止私自携运出境。

第四章 档案的利用和公布

第十九条 国家档案馆保管的档案，一般应当自形成之日起满三十年向社会开放。经济、科学、技术、文化等类档案向社会开放的期限，可以少于三十年，涉及国家安全或者重大利益以及其他到期不宜开放的档案向社会开放的期限，可以多于三十年，具体期限由国家档案行政管理部门制订，报国务院批准施行。

档案馆应当定期公布开放档案的目录，并为档案的利用创造条件，简化手续，提供方便。中华人民共和国公民和组织持有合法证明，可以利用已经开放的档案。

第二十条 机关、团体、企业事业单位和其他组织以及公民根据经济建设、国防建设、教学科研和其他各项工作的需要，可以按照有关规定，利用档案馆未开放的档案以及有关机关、团体、企业事业单位和其他组织保存的档案。

利用未开放档案的办法，由国家档案行政管理部门和有关主管部门规定。

第二十一条 向档案馆移交、捐赠、寄存档案的单位和个人，对其档案享有优先利用权，并可对其档案中不宜向社会开放的部分提出限制利用的意见，档案馆应当维护他们的合法权益。

第二十二条 属于国家所有的档案，由国家授权的档案馆或者有关机关公布；未经档案馆或者有关机关同意，任何组织和个人无权公布。

集体所有的和个人所有的档案，档案的所有者有权公布，但必须遵守国家有关规定，不得损害国家安全和利益，不得侵犯他人的合法权益。

第二十三条 各级各类档案馆应当配备研究人员，加强对档案的研究整理，有计划地组织编辑出版档案材料，在不同范围内发行。

第五章　法　律　责　任

第二十四条 有下列行为之一的，由县级以上人民政府档案行政管理部门、有关主管部门对直接负责的主管人员或者其他直接责任人员依法给予行政处分；构成犯罪的，依法追究刑事责任：

（一）损毁、丢失属于国家所有的档案的；

（二）擅自提供、抄录、公布、销毁属于国家所有的档案的；

（三）涂改、伪造档案的；

（四）违反本法第十六条、第十七条规定，擅自出卖或者转让档案的；

（五）倒卖档案牟利或者将档案卖给、赠送给外国人的；

（六）违反本法第十条、第十一条规定，不按规定归档或者不按期移交档案的；

（七）明知所保存的档案面临危险而不采取措施，造成档案损失的；

（八）档案工作人员玩忽职守，造成档案损失的。

在利用档案馆的档案中，有前款第一项、第二项、第三项违法行为的，由县级以上人民政府档案行政管理部门给予警告，可以并处罚款；造成损失的，责令赔偿损失。

企业事业组织或者个人有第一款第四项、第五项违法行为的，由县级以上人民政府档案行政管理部门给予警告，可以并处罚款；有违法所得的，没收违法所得；并可以依照本法第十六条的规定征购所出卖或者赠送的档案。

第二十五条 携运禁止出境的档案或者其复制件出境的，由海关予以没收，可以并处罚款；并将没收的档案或者其复制件移交档案行政管理部门；构成犯罪的，依法追究刑事责任。

第六章　附　　则

第二十六条 本法实施办法，由国家档案行政管理部门制定，报国务院批准后施行。

第二十七条 本法自 1988 年 1 月 1 日起施行。

七、其　　他

中华人民共和国行政诉讼法

主席令第 16 号

（1989 年 4 月 4 日公布，自 1990 年 10 月 1 日起施行）

第一章　总　　则

第一条　为保证人民法院正确、及时审理行政案件，保护公民、法人和其他组织的合法权益，维护和监督行政机关依法行使行政职权，根据宪法制定本法。

第二条　公民、法人或者其他组织认为行政机关和行政机关工作人员的具体行政行为侵犯其合法权益，有权依照本法向人民法院提起诉讼。

第三条　人民法院依法对行政案件独立行使审判权，不受行政机关、社会团体和个人的干涉。

人民法院设行政审判庭、审理行政案件。

第四条　人民法院审理行政案件，以事实为根据，以法律为准绳。

第五条　人民法院审理行政案件，对具体行政行为是否合法进行审查。

第六条　人民法院审理行政案件，依法实行合议、回避、公开审判和两审终审制度。

第七条　当事人在行政诉讼中的法律地位平等。

第八条　各民族公民都有用本民族语言、文字进行行政诉讼的权利。

在少数民族聚居或者多民族共同居住的地区，人民法院应当用当地民族通用的语言、文字进行审理和发布法律文书。

人民法院应当对不通晓当地民族通用的语言、文字的诉讼参与人提供翻译。

第九条　当事人在行政诉讼中有权进行辩论。

第十条　人民检察院有权对行政诉讼实行法律监督。

第二章　受　案　范　围

第十一条　人民法院受理公民、法人和其他组织对下列具体行政行为不服提起的诉讼：

（一）对拘留、罚款、吊销许可证和执照、责令停产停业、没收财物等行政处罚不服的；

（二）对限制人身自由或者对财产的查封、扣押、冻结等行政强制措施不服的；

（三）认为行政机关侵犯法律规定的经营自主权的；

（四）认为符合法定条件申请行政机关颁发许可证和执照，行政机关拒绝颁发或者不予答复的；

（五）申请行政机关履行保护人身权、财产权的法定职责，行政机关拒绝履行或者不予答复的；

（六）认为行政机关没有依法发给抚恤金的；

（七）认为行政机关违法要求履行义务的；

（八）认为行政机关侵犯其他人身权、财产权的。

除前款规定外，人民法院受理法律、法规规定可以提起诉讼的其他行政案件。

第十二条 人民法院不受理公民、法人或者其他组织对下列事项提起的诉讼：

（一）国防、外交等国家行为；

（二）行政法规、规章或者行政机关制定、发布的具有普遍约束力的决定、命令；

（三）行政机关对行政机关工作人员的奖惩、任免等决定；

（四）法律规定由行政机关最终裁决的具体行政行为。

第三章　管　　辖

第十三条 基层人民法院管辖第一审行政案件。

第十四条 中级人民法院管辖下列第一审行政案件：

（一）确认发明专利权的案件、海关处理的案件；

（二）对国务院各部门或者省、自治区、直辖市人民政府所作的具体行政行为提起诉讼的案件；

（三）本辖区内重大、复杂的案件。

第十五条 高级人民法院管辖本辖区内重大、复杂的第一审行政案件。

第十六条 最高人民法院管辖全国范围内重大、复杂的第一审行政案件。

第十七条 行政案件由最初作出具体行政行为的行政机关所在地人民法院管辖。经复议的案件，复议机关改变原具体行政行为的，也可以由复议机关所在地人民法院管辖。

第十八条 对限制人身自由的行政强制措施不服提起的诉讼，由被告所在地或者原告所在地人民法院管辖。

第十九条 因不动产提起的行政诉讼，由不动产所在地人民法院管辖。

第二十条 两个以上人民法院都有管辖权的案件，原告可以选择其中一个人民法院提起诉讼。原告向两个以上有管辖权的人民法院提起诉讼的，由最先收到起诉状的人民法院管辖。

第二十一条 人民法院发现受理的案件不属于自己管辖时，应当移送有管辖权的人民法院。受移送的人民法院不得自行移送。

第二十二条 有管辖权的人民法院由于特殊原因不能行使管辖权的，由上级人民法院指定管辖。

人民法院对管辖权发生争议，由争议双方协商解决。协商不成的，报它们的共同上级人民法院指定管辖。

第二十三条　上级人民法院有权审判下级人民法院管辖的第一审行政案件，也可以把自己管辖的第一审行政案件移交下级人民法院审判。

下级人民法院对其管辖的第一审行政案件，认为需要由上级人民法院审判的，可以报请上级人民法院决定。

第四章　诉讼参加人

第二十四条　依照本法提起诉讼的公民、法人或者其他组织是原告。

有权提起诉讼的公民死亡，其近亲属可以提起诉讼。

有权提起诉讼的法人或者其他组织终止，承受其权利的法人或者其他组织可以提起诉讼。

第二十五条　公民、法人或者其他组织直接向人民法院提起诉讼的，作出具体行政行为的行政机关是被告。

经复议的案件，复议机关决定维持原具体行政行为的，作出原具体行政行为的行政机关是被告；复议机关改变原具体行政行为的，复议机关是被告。

两个以上行政机关作出同一具体行政行为的，共同作出具体行政行为的行政机关是共同被告。

由法律、法规授权的组织所作的具体行政行为，该组织是被告。由行政机关委托的组织所作的具体行政行为，委托的行政机关是被告。

行政机关被撤销的，继续行使其职权的行政机关是被告。

第二十六条　当事人一方或者双方为二人以上，因同一具体行政行为发生的行政案件，或者因同样的具体行政行为发生的行政案件、人民法院认为可以合并审理的，为共同诉讼。

第二十七条　同提起诉讼的具体行政行为有利害关系的其他公民、法人或者其他组织，可以作为第三人申请参加诉讼，或者由人民法院通知参加诉讼。

第二十八条　没有诉讼行为能力的公民，由其法定代理人代为诉讼。法定代理人互相推诿代理责任的，由人民法院指定其中一人代为诉讼。

第二十九条　当事人、法定代理人，可以委托一至二人代为诉讼。

律师、社会团体、提起诉讼的公民的近亲属或者所在单位推荐的人，以及经人民法院许可的其他公民，可以受委托为诉讼代理人。

第三十条　代理诉讼的律师，可以依照规定查阅本案有关材料，可以向有关组织和公民调查，收集证据。对涉及国家秘密和个人隐私的材料，应当依照法律规定保密。

经人民法院许可，当事人和其他诉讼代理人可以查阅本案庭审材料，但涉及国家秘密和个人隐私的除外。

第五章　证　　据

第三十一条　证据有以下几种：

（一）书证；

（二）物证；

（三）视听资料；

（四）证人证言；

（五）当事人的陈述；

（六）鉴定结论；

（七）勘验笔录、现场笔录。

以上证据经法庭审查属实，才能作为定案的根据。

第三十二条 被告对作出的具体行政行为负有举证责任，应当提供作出该具体行政行为的证据和所依据的规范性文件。

第三十三条 在诉讼过程中，被告不得自行向原告和证人收集证据。

第三十四条 人民法院有权要求当事人提供或者补充证据。

人民法院有权向有关行政机关以及其他组织、公民调取证据。

第三十五条 在诉讼过程中，人民法院认为对专门性问题需要鉴定的，应当交由法定鉴定部门鉴定；没有法定鉴定部门的，由人民法院指定的鉴定部门鉴定。

第三十六条 在证据可能灭失或者以后难以取得的情况下，诉讼参加人可以向人民法院申请保全证据，人民法院也可以主动采取保全措施。

第六章 起诉和受理

第三十七条 对属于人民法院受案范围的行政案件，公民、法人或者其他组织可以先向上一级行政机关或者法律、法规规定的行政机关申请复议，对复议不服的，再向人民法院提起诉讼；也可以直接向人民法院提起诉讼。

法律、法规规定应当先向行政机关申请复议，对复议不服再向人民法院提起诉讼的，依照法律、法规的规定。

第三十八条 公民、法人或者其他组织向行政机关申请复议的，复议机关应当在收到申请书之日起两个月内作出决定。法律、法规另有规定的除外。

申请人不服复议决定的，可以在收到复议决定书之日起十五日内向人民法院提起诉讼。复议机关逾期不作决定的，申请人可以在复议期满之日起十五日内向人民法院提起诉讼。法律另有规定的除外。

第三十九条 公民、法人或者其他组织直接向人民法院提起诉讼的，应当在知道作出具体行政行为之日起三个月内提出。法律另有规定的除外。

第四十条 公民、法人或者其他组织因不可抗力或者其他特殊情况耽误法定期限的，在障碍消除后的十日内，可以申请延长期限，由人民法院决定。

第四十一条 提起诉讼应当符合下列条件：

（一）原告是认为具体行政行为侵犯其合法权益的公民、法人或者其他组织；

（二）有明确的被告；

（三）有具体的诉讼请求和事实根据；

（四）属于人民法院受案范围和受诉人民法院管辖。

第四十二条 人民法院接到起诉状，经审查，应当在七日内立案或者作出裁定不予受理。原告对裁定不服的，可以提起上诉。

第七章　审理和判决

第四十三条　人民法院应当在立案之日起五日内，将起诉状副本发送被告。被告应当在收到起诉状副本之日起十日内向人民法院提交作出具体行政行为的有关材料，并提出答辩状。人民法院应当在收到答辩状之日起五日内，将答辩状副本发送原告。

被告不提出答辩状的，不影响人民法院审理。

第四十四条　诉讼期间，不停止具体行政行为的执行。但有下列情形之一的，停止具体行政行为的执行：

（一）被告认为需要停止执行的；

（二）原告申请停止执行，人民法院认为该具体行政行为的执行会造成难以弥补的损失，并且停止执行不损害社会公共利益，裁定停止执行的；

（三）法律、法规规定停止执行的。

第四十五条　人民法院公开审理行政案件，但涉及国家秘密、个人隐私和法律另有规定的除外。

第四十六条　人民法院审理行政案件，由审判员组成合议庭，或者由审判员、陪审员组成合议庭。合议庭的成员，应当是三人以上的单数。

第四十七条　当事人认为审判人员与本案有利害关系或者有其他关系可能影响公正审判，有权申请审判人员回避。

审判人员认为自己与本案有利害关系或者有其他关系，应当申请回避。

前两款规定，适用于书记员、翻译人员、鉴定人、勘验人。

院长担任审判长时的回避，由审判委员会决定；审判人员的回避，由院长决定；其他人员的回避，由审判长决定。当事人对决定不服的，可以申请复议。

第四十八条　经人民法院两次合法传唤，原告无正当理由拒不到庭的，视为申请撤诉；被告无正当理由拒不到庭的，可以缺席判决。

第四十九条　诉讼参与人或者其他人有下列行为之一的，人民法院可以根据情节轻重，予以训诫、责令具结悔过或者处一千元以下的罚款、十五日以下的拘留；构成犯罪的，依法追究刑事责任：

（一）有义务协助执行的人，对人民法院的协助执行通知书，无故推拖、拒绝或者妨碍执行的；

（二）伪造、隐藏、毁灭证据的；

（三）指使、贿买、胁迫他人作伪证或者威胁、阻止证人作证的；

（四）隐藏、转移、变卖、毁损已被查封、扣押、冻结的财产的；

（五）以暴力、威胁或者其他方法阻碍人民法院工作人员执行职务或者扰乱人民法院工作秩序的；

（六）对人民法院工作人员、诉讼参与人、协助执行人侮辱、诽谤、诬陷、殴打或者打击报复的。

罚款、拘留须经人民法院院长批准。当事人不服的，可以申请复议。

第五十条 人民法院审理行政案件，不适用调解。

第五十一条 人民法院对行政案件宣告判决或者裁定前，原告申请撤诉的，或者被告改变其所作的具体行政行为，原告同意并申请撤诉的，是否准许，由人民法院裁定。

第五十二条 人民法院审理行政案件，以法律和行政法规、地方性法规为依据。地方性法规适用于本行政区域内发生的行政案件。

人民法院审理民族自治地方的行政案件，并以该民族自治地方的自治条例和单行条例为依据。

第五十三条 人民法院审理行政案件，参照国务院部、委根据法律和国务院的行政法规、决定、命令制定、发布的规章以及省、自治区、直辖市和省、自治区的人民政府所在地的市和经国务院批准的较大的市的人民政府根据法律和国务院的行政法规制定、发布的规章。

人民法院认为地方人民政府制定、发布的规章与国务院部、委制定、发布的规章不一致的，以及国务院部、委制定、发布的规章之间不一致的，由最高人民法院送请国务院作出解释或者裁决。

第五十四条 人民法院经过审理，根据不同情况，分别作出以下判决：

（一）具体行政行为证据确凿，适用法律、法规正确，符合法定程序的，判决维持。

（二）具体行政行为有下列情形之一的，判决撤销或者部分撤销，并可以判决被告重新作出具体行政行为：

1. 主要证据不足的；

2. 适用法律、法规错误的；

3. 违反法定程序的；

4. 超越职权的；

5. 滥用职权的。

（三）被告不履行或者拖延履行法定职责的，判决其在一定期限内履行。

（四）行政处罚显失公正的，可以判决变更。

第五十五条 人民法院判决被告重新作出具体行政行为的，被告不得以同一的事实和理由作出与原具体行政行为基本相同的具体行政行为。

第五十六条 人民法院在审理行政案件中，认为行政机关的主管人员、直接责任人员违反政纪的，应当将有关材料移送该行政机关或者其上一级行政机关或者监察、人事机关；认为有犯罪行为的，应当将有关材料移送公安、检察机关。

第五十七条 人民法院应当在立案之日起三个月内作出第一审判决。有特殊情况需要延长的，由高级人民法院批准，高级人民法院审理第一审案件需要延长的，由最高人民法院批准。

第五十八条 当事人不服人民法院第一审判决的，有权在判决书送达之日起十五内向上一级人民法院提起上诉。当事人不服人民法院第一审裁定的，有权在裁定书送达之日起十日内向上一级人民法院提起上诉。逾期不提起上诉的，人民法院的第一审判决或者裁定发生法律效力。

第五十九条 人民法院对上诉案件，认为事实清楚的，可以实行书面审理。

第六十条　人民法院审理上诉案件，应当在收到上诉状之日起两个月内作出终审判决。有特殊情况需要延长的，由高级人民法院批准，高级人民法院审理上诉案件需要延长的，由最高人民法院批准。

第六十一条　人民法院审理上诉案件，按照下列情形，分别处理：

（一）原判决认定事实清楚，适用法律、法规正确的，判决驳回上诉，维持原判；

（二）原判决认定事实清楚，但适用法律、法规错误的，依法改判；

（三）原判决认定事实不清，证据不足，或者由于违反法定程序可能影响案件正确判决的，裁定撤销原判，发回原审人民法院重审，也可以查清事实后改判。当事人对重审案件的判决、裁定，可以上诉。

第六十二条　当事人对已经发生法律效力的判决、裁定，认为确有错误的，可以向原审人民法院或者上一级人民法院提出申诉，但判决、裁定不停止执行。

第六十三条　人民法院院长对本院已经发生法律效力的判决、裁定，发现违反法律、法规规定认为需要再审的，应当提交审判委员会决定是否再审。

上级人民法院对下级人民法院已经发生法律效力的判决、裁定，发现违反法律、法规规定的，有权提审或者指令下级人民法院再审。

第六十四条　人民检察院对人民法院已经发生法律效力的判决、裁定，发现违反法律、法规规定的，有权按照审判监督程序提出抗诉。

第八章　执　　行

第六十五条　当事人必须履行人民法院发生法律效力的判决、裁定。

公民、法人或者其他组织拒绝履行判决、裁定的，行政机关可以向第一审人民法院申请强制执行，或者依法强制执行。

行政机关拒绝履行判决、裁定的，第一审人民法院可以采取以下措施：

（一）对应当归还的罚款或者应当给付的赔偿金，通知银行从该行政机关的账户内划拨；

（二）在规定期限内不履行的，从期满之日起，对该行政机关按日处五十元至一百元的罚款；

（三）向该行政机关的上一级行政机关或者监察、人事机关提出司法建议。接受司法建议的机关，根据有关规定进行处理，并将处理情况告知人民法院；

（四）拒不履行判决、裁定，情节严重构成犯罪的，依法追究主管人员和直接责任人员的刑事责任。

第六十六条　公民、法人或者其他组织对具体行政行为在法定期限内不提起诉讼又不履行的，行政机关可以申请人民法院强制执行，或者依法强制执行。

第九章　侵权赔偿责任

第六十七条　公民、法人或者其他组织的合法权益受到行政机关或者行政机关工作人员作出的具体行政行为侵犯造成损害的，有权请求赔偿。

公民、法人或者其他组织单独就损害赔偿提出请求，应当先由行政机关解决。对行政机关的处理不服，可以向人民法院提起诉讼。

赔偿诉讼可以适用调解。

第六十八条 行政机关或者行政机关工作人员作出的具体行政行为侵犯公民、法人或者其他组织的合法权益造成损害的，由该行政机关或者该行政机关工作人员所在的行政机关负责赔偿。

行政机关赔偿损失后，应当责令有故意或者重大过失的行政机关工作人员承担部分或者全部赔偿费用。

第六十九条 赔偿费用，从各级财政列支。各级人民政府可以责令有责任的行政机关支付部分或者全部赔偿费用。具体办法由国务院规定。

第十章 涉外行政诉讼

第七十条 外国人、无国籍人、外国组织在中华人民共和国进行行政诉讼，适用本法。法律另有规定的除外。

第七十一条 外国人、无国籍人、外国组织在中华人民共和国进行行政诉讼，同中华人民共和国公民、组织有同等的诉讼权利和义务。

外国法院对中华人民共和国公民、组织的行政诉讼权利加以限制的，人民法院对该国公民、组织的行政诉讼权利，实行对等原则。

第七十二条 中华人民共和国缔结或者参加的国际条约同本法有不同规定的，适用该国际条约的规定。中华人民共和国声明保留的条款除外。

第七十三条 外国人、无国籍人、外国组织在中华人民共和国进行行政诉讼，委托律师代理诉讼的，应当委托中华人民共和国律师机构的律师。

第十一章 附 则

第七十四条 人民法院审理行政案件，应当收取诉讼费用。诉讼费用由败诉方承担，双方都有责任的由双方分担。收取诉讼费用的具体办法另行规定。

第七十五条 本法自1990年10月1日起施行。

中华人民共和国测绘法

主席令第75号

（2002年8月29日公布，自2002年12月1日起施行）

第一章 总 则

第一条 为了加强测绘管理，促进测绘事业发展，保障测绘事业为国家经济建设、国防建设和社会发展服务，制定本法。

第二条 在中华人民共和国领域和管辖的其他海域从事测绘活动，应当遵守本法。

本法所称测绘，是指对自然地理要素或者地表人工设施的形状、大小、空间位置及其属性等进行测定、采集、表述以及对获取的数据、信息、成果进行处理和提供的活动。

第三条 测绘事业是经济建设、国防建设、社会发展的基础性事业。各级人民政府应当加强对测绘工作的领导。

第四条 国务院测绘行政主管部门负责全国测绘工作的统一监督管理。国务院其他有关部门按照国务院规定的职责分工，负责本部门有关的测绘工作。

县级以上地方人民政府负责管理测绘工作的行政部门（以下简称测绘行政主管部门）负责本行政区域测绘工作的统一监督管理。县级以上地方人民政府其他有关部门按照本级人民政府规定的职责分工，负责本部门有关的测绘工作。

军队测绘主管部门负责管理军事部门的测绘工作，并按照国务院、中央军事委员会规定的职责分工负责管理海洋基础测绘工作。

第五条 从事测绘活动，应当使用国家规定的测绘基准和测绘系统，执行国家规定的测绘技术规范和标准。

第六条 国家鼓励测绘科学技术的创新和进步，采用先进的技术和设备，提高测绘水平。

对在测绘科学技术进步中做出重要贡献的单位和个人，按照国家有关规定给予奖励。

第七条 外国的组织或者个人在中华人民共和国领域和管辖的其他海域从事测绘活动，必须经国务院测绘行政主管部门会同军队测绘主管部门批准，并遵守中华人民共和国的有关法律、行政法规的规定。

外国的组织或者个人在中华人民共和国领域从事测绘活动，必须与中华人民共和国有关部门或者单位依法采取合资、合作的形式进行，并不得涉及国家秘密和危害国家安全。

第二章 测绘基准和测绘系统

第八条 国家设立和采用全国统一的大地基准、高程基准、深度基准和重力基准，其数据由国务院测绘行政主管部门审核，并与国务院其他有关部门、军队测绘主管部门会商后，报国务院批准。

第九条 国家建立全国统一的大地坐标系统、平面坐标系统、高程系统、地心坐标系统和重力测量系统，确定国家大地测量等级和精度以及国家基本比例尺地图的系列和基本精度。具体规范和要求由国务院测绘行政主管部门会同国务院其他有关部门、军队测绘主管部门制定。

在不妨碍国家安全的情况下，确有必要采用国际坐标系统的，必须经国务院测绘行政主管部门会同军队测绘主管部门批准。

第十条 因建设、城市规划和科学研究的需要，大城市和国家重大工程项目确需建立相对独立的平面坐标系统的，由国务院测绘行政主管部门批准；其他确需建立相对独立的平面坐标系统的，由省、自治区、直辖市人民政府测绘行政主管部门批准。

建立相对独立的平面坐标系统，应当与国家坐标系统相联系。

第三章 基础测绘

第十一条 基础测绘是公益性事业。国家对基础测绘实行分级管理。

本法所称基础测绘，是指建立全国统一的测绘基准和测绘系统，进行基础航空摄影，获取基础地理信息的遥感资料，测制和更新国家基本比例尺地图、影像图和数字化产品，建立、更新基础地理信息系统。

第十二条 国务院测绘行政主管部门会同国务院其他有关部门、军队测绘主管部门组织编制全国基础测绘规划，报国务院批准后组织实施。

县级以上地方人民政府测绘行政主管部门会同本级人民政府其他有关部门根据国家和上一级人民政府的基础测绘规划和本行政区域内的实际情况，组织编制本行政区域的基础测绘规划，报本级人民政府批准，并报上一级测绘行政主管部门备案后组织实施。

第十三条 军队测绘主管部门负责编制军事测绘规划，按照国务院、中央军事委员会规定的职责分工负责编制海洋基础测绘规划，并组织实施。

第十四条 县级以上人民政府应当将基础测绘纳入本级国民经济和社会发展年度计划及财政预算。

国务院发展计划主管部门会同国务院测绘行政主管部门，根据全国基础测绘规划，编制全国基础测绘年度计划。

县级以上地方人民政府发展计划主管部门会同同级测绘行政主管部门，根据本行政区域的基础测绘规划，编制本行政区域的基础测绘年度计划，并分别报上一级主管部门备案。

国家对边远地区、少数民族地区的基础测绘给予财政支持。

第十五条 基础测绘成果应当定期进行更新，国民经济、国防建设和社会发展急需的基础测绘成果应当及时更新。

基础测绘成果的更新周期根据不同地区国民经济和社会发展的需要确定。

第四章 界线测绘和其他测绘

第十六条 中华人民共和国国界线的测绘，按照中华人民共和国与相邻国家缔结的边界条约或者协定执行。中华人民共和国地图的国界线标准样图，由外交部和国务院测绘行政主管部门拟订，报国务院批准后公布。

第十七条　行政区域界线的测绘，按照国务院有关规定执行。省、自治区、直辖市和自治州、县、自治县、市行政区域界线的标准画法图，由国务院民政部门和国务院测绘行政主管部门拟订，报国务院批准后公布。

第十八条　国务院测绘行政主管部门会同国务院土地行政主管部门编制全国地籍测绘规划。县级以上地方人民政府测绘行政主管部门会同同级土地行政主管部门编制本行政区域的地籍测绘规划。

县级以上人民政府测绘行政主管部门按照地籍测绘规划，组织管理地籍测绘。

第十九条　测量土地、建筑物、构筑物和地面其他附着物的权属界址线，应当按照县级以上人民政府确定的权属界线的界址点、界址线或者提供的有关登记资料和附图进行。权属界址线发生变化时，有关当事人应当及时进行变更测绘。

第二十条　城市建设领域的工程测量活动，与房屋产权、产籍相关的房屋面积的测量，应当执行由国务院建设行政主管部门、国务院测绘行政主管部门负责组织编制的测量技术规范。

水利、能源、交通、通信、资源开发和其他领域的工程测量活动，应当按照国家有关的工程测量技术规范进行。

第二十一条　建立地理信息系统，必须采用符合国家标准的基础地理信息数据。

第五章　测 绘 资 质 资 格

第二十二条　国家对从事测绘活动的单位实行测绘资质管理制度。

从事测绘活动的单位应当具备下列条件，并依法取得相应等级的测绘资质证书后，方可从事测绘活动：

（一）有与其从事的测绘活动相适应的专业技术人员；

（二）有与其从事的测绘活动相适应的技术装备和设施；

（三）有健全的技术、质量保证体系和测绘成果及资料档案管理制度；

（四）具备国务院测绘行政主管部门规定的其他条件。

第二十三条　国务院测绘行政主管部门和省、自治区、直辖市人民政府测绘行政主管部门按照各自的职责负责测绘资质审查、发放资质证书，具体办法由国务院测绘行政主管部门商国务院其他有关部门规定。

军队测绘主管部门负责军事测绘单位的测绘资质审查。

第二十四条　测绘单位不得超越其资质等级许可的范围从事测绘活动或者以其他测绘单位的名义从事测绘活动，并不得允许其他单位以本单位的名义从事测绘活动。

测绘项目实行承发包的，测绘项目的发包单位不得向不具有相应测绘资质等级的单位发包或者迫使测绘单位以低于测绘成本承包。

测绘单位不得将承包的测绘项目转包。

第二十五条　从事测绘活动的专业技术人员应当具备相应的执业资格条件，具体办法由国务院测绘行政主管部门会同国务院人事行政主管部门规定。

第二十六条　测绘人员进行测绘活动时，应当持有测绘作业证件。

任何单位和个人不得妨碍、阻挠测绘人员依法进行测绘活动。

第二十七条 测绘单位的资质证书、测绘专业技术人员的执业证书和测绘人员的测绘作业证件的式样，由国务院测绘行政主管部门统一规定。

第六章 测 绘 成 果

第二十八条 国家实行测绘成果汇交制度。

测绘项目完成后，测绘项目出资人或者承担国家投资的测绘项目的单位，应当向国务院测绘行政主管部门或者省、自治区、直辖市人民政府测绘行政主管部门汇交测绘成果资料。属于基础测绘项目的，应当汇交测绘成果副本；属于非基础测绘项目的，应当汇交测绘成果目录。负责接收测绘成果副本和目录的测绘行政主管部门应当出具测绘成果汇交凭证，并及时将测绘成果副本和目录移交给保管单位。测绘成果汇交的具体办法由国务院规定。

国务院测绘行政主管部门和省、自治区、直辖市人民政府测绘行政主管部门应当定期编制测绘成果目录，向社会公布。

第二十九条 测绘成果保管单位应当采取措施保障测绘成果的完整和安全，并按照国家有关规定向社会公开和提供利用。

测绘成果属于国家秘密的，适用国家保密法律、行政法规的规定；需要对外提供的，按照国务院和中央军事委员会规定的审批程序执行。

第三十条 使用财政资金的测绘项目和使用财政资金的建设工程测绘项目，有关部门在批准立项前应当征求本级人民政府测绘行政主管部门的意见，有适宜测绘成果的，应当充分利用已有的测绘成果，避免重复测绘。

第三十一条 基础测绘成果和国家投资完成的其他测绘成果，用于国家机关决策和社会公益性事业的，应当无偿提供。

前款规定之外的，依法实行有偿使用制度；但是，政府及其有关部门和军队因防灾、减灾、国防建设等公共利益的需要，可以无偿使用。

测绘成果使用的具体办法由国务院规定。

第三十二条 中华人民共和国领域和管辖的其他海域的位置、高程、深度、面积、长度等重要地理信息数据，由国务院测绘行政主管部门审核，并与国务院其他有关部门、军队测绘主管部门会商后，报国务院批准，由国务院或者国务院授权的部门公布。

第三十三条 各级人民政府应当加强对编制、印刷、出版、展示、登载地图的管理，保证地图质量，维护国家主权、安全和利益。具体办法由国务院规定。

各级人民政府应当加强对国家版图意识的宣传教育，增强公民的国家版图意识。

第三十四条 测绘单位应当对其完成的测绘成果质量负责。县级以上人民政府测绘行政主管部门应当加强对测绘成果质量的监督管理。

第七章 测 量 标 志 保 护

第三十五条 任何单位和个人不得损毁或者擅自移动永久性测量标志和正在使用中的临时性测量标志，不得侵占永久性测量标志用地，不得在永久性测量标志安全控制范围内从事危害测量标志安全和使用效能的活动。

本法所称永久性测量标志，是指各等级的三角点、基线点、导线点、军用控制点、重力点、天文点、水准点和卫星定位点的木质觇标、钢质觇标和标石标志，以及用于地形测图、工程测量和形变测量的固定标志和海底大地点设施。

第三十六条　永久性测量标志的建设单位应当对永久性测量标志设立明显标记，并委托当地有关单位指派专人负责保管。

第三十七条　进行工程建设，应当避开永久性测量标志；确实无法避开，需要拆迁永久性测量标志或者使永久性测量标志失去效能的，应当经国务院测绘行政主管部门或者省、自治区、直辖市人民政府测绘行政主管部门批准；涉及军用控制点的，应当征得军队测绘主管部门的同意。所需迁建费用由工程建设单位承担。

第三十八条　测绘人员使用永久性测量标志，必须持有测绘作业证件，并保证测量标志的完好。

保管测量标志的人员应当查验测量标志使用后的完好状况。

第三十九条　县级以上人民政府应当采取有效措施加强测量标志的保护工作。

县级以上人民政府测绘行政主管部门应当按照规定检查、维护永久性测量标志。

乡级人民政府应当做好本行政区域内的测量标志保护工作。

第八章　法　律　责　任

第四十条　违反本法规定，有下列行为之一的，给予警告，责令改正，可以并处十万元以下的罚款；对负有直接责任的主管人员和其他直接责任人员，依法给予行政处分：

（一）未经批准，擅自建立相对独立的平面坐标系统的；

（二）建立地理信息系统，采用不符合国家标准的基础地理信息数据的。

第四十一条　违反本法规定，有下列行为之一的，给予警告，责令改正，可以并处十万元以下的罚款；构成犯罪的，依法追究刑事责任；尚不够刑事处罚的，对负有直接责任的主管人员和其他直接责任人员，依法给予行政处分：

（一）未经批准，在测绘活动中擅自采用国际坐标系统的；

（二）擅自发布中华人民共和国领域和管辖的其他海域的重要地理信息数据的。

第四十二条　违反本法规定，未取得测绘资质证书，擅自从事测绘活动的，责令停止违法行为，没收违法所得和测绘成果，并处测绘约定报酬一倍以上二倍以下的罚款。

以欺骗手段取得测绘资质证书从事测绘活动的，吊销测绘资质证书，没收违法所得和测绘成果，并处测绘约定报酬一倍以上二倍以下的罚款。

第四十三条　违反本法规定，测绘单位有下列行为之一的，责令停止违法行为，没收违法所得和测绘成果，处测绘约定报酬一倍以上二倍以下的罚款，并可以责令停业整顿或者降低资质等级；情节严重的，吊销测绘资质证书：

（一）超越资质等级许可的范围从事测绘活动的；

（二）以其他测绘单位的名义从事测绘活动的；

（三）允许其他单位以本单位的名义从事测绘活动的。

第四十四条　违反本法规定，测绘项目的发包单位将测绘项目发包给不具有相应资质等级的测绘单位或者迫使测绘单位以低于测绘成本承包的，责令改正，可以处测绘约定报酬二倍以下的罚款。发包单位的工作人员利用职务上的便利，索取他人财物或者非法收受他人财物，为他人谋取利益，构成犯罪的，依法追究刑事责任；尚不够刑事处罚的，依法给予行政处分。

第四十五条 违反本法规定，测绘单位将测绘项目转包的，责令改正，没收违法所得，处测绘约定报酬一倍以上二倍以下的罚款，并可以责令停业整顿或者降低资质等级；情节严重的，吊销测绘资质证书。

第四十六条 违反本法规定，未取得测绘执业资格，擅自从事测绘活动的，责令停止违法行为，没收违法所得，可以并处违法所得二倍以下的罚款；造成损失的，依法承担赔偿责任。

第四十七条 违反本法规定，不汇交测绘成果资料的，责令限期汇交；逾期不汇交的，对测绘项目出资人处以重测所需费用一倍以上二倍以下的罚款；对承担国家投资的测绘项目的单位处一万元以上五万元以下的罚款，暂扣测绘资质证书，自暂扣测绘资质证书之日起六个月内仍不汇交测绘成果资料的，吊销测绘资质证书，并对负有直接责任的主管人员和其他直接责任人员依法给予行政处分。

第四十八条 违反本法规定，测绘成果质量不合格的，责令测绘单位补测或者重测；情节严重的，责令停业整顿，降低资质等级直至吊销测绘资质证书；给用户造成损失的，依法承担赔偿责任。

第四十九条 违反本法规定，编制、印刷、出版、展示、登载的地图发生错绘、漏绘、泄密，危害国家主权或者安全，损害国家利益，构成犯罪的，依法追究刑事责任；尚不够刑事处罚的，依法给予行政处罚或者行政处分。

第五十条 违反本法规定，有下列行为之一的，给予警告，责令改正，可以并处五万元以下的罚款；造成损失的，依法承担赔偿责任；构成犯罪的，依法追究刑事责任；尚不够刑事处罚的，对负有直接责任的主管人员和其他直接责任人员，依法给予行政处分：

（一）损毁或者擅自移动永久性测量标志和正在使用中的临时性测量标志的；

（二）侵占永久性测量标志用地的；

（三）在永久性测量标志安全控制范围内从事危害测量标志安全和使用效能的活动的；

（四）在测量标志占地范围内，建设影响测量标志使用效能的建筑物的；

（五）擅自拆除永久性测量标志或者使永久性测量标志失去使用效能，或者拒绝支付迁建费用的；

（六）违反操作规程使用永久性测量标志，造成永久性测量标志毁损的。

第五十一条 违反本法规定，有下列行为之一的，责令停止违法行为，没收测绘成果和测绘工具，并处一万元以上十万元以下的罚款；情节严重的，并处十万元以上五十万元以下的罚款，责令限期离境；所获取的测绘成果属于国家秘密，构成犯罪的，依法追究刑事责任：

（一）外国的组织或者个人未经批准，擅自在中华人民共和国领域和管辖的其他海域从事测绘活动的；

（二）外国的组织或者个人未与中华人民共和国有关部门或者单位合资、合作，擅自在中华人民共和国领域从事测绘活动的。

第五十二条 本法规定的降低资质等级、暂扣测绘资质证书、吊销测绘资质证书的行政处罚，由颁发资质证书的部门决定；其他行政处罚由县级以上人民政府测绘行政主管部门决定。

本法第五十一条规定的责令限期离境由公安机关决定。

第五十三条 违反本法规定，县级以上人民政府测绘行政主管部门工作人员利用职务上的便利收受他人财物、其他好处或者玩忽职守，对不符合法定条件的单位核发测绘资质证书，不依法履行监督管理职责，或者发现违法行为不予查处，造成严重后果，构成犯罪的，依法追究刑事责任；尚不够刑事处罚的，对负有直接责任的主管人员和其他直接责任人员，依法给予行政处分。

第九章 附 则

第五十四条 军事测绘管理办法由中央军事委员会根据本法规定。

第五十五条 本法自 2002 年 12 月 1 日起施行。

中华人民共和国行政许可法

主席令第 7 号

（2003 年 8 月 27 日公布，自 2004 年 7 月 1 日起施行）

第一章　总　　则

第一条　为了规范行政许可的设定和实施，保护公民、法人和其他组织的合法权益，维护公共利益和社会秩序，保障和监督行政机关有效实施行政管理，根据宪法，制定本法。

第二条　本法所称行政许可，是指行政机关根据公民、法人或者其他组织的申请，经依法审查，准予其从事特定活动的行为。

第三条　行政许可的设定和实施，适用本法。

有关行政机关对其他机关或者对其直接管理的事业单位的人事、财务、外事等事项的审批，不适用本法。

第四条　设定和实施行政许可，应当依照法定的权限、范围、条件和程序。

第五条　设定和实施行政许可，应当遵循公开、公平、公正的原则。

有关行政许可的规定应当公布；未经公布的，不得作为实施行政许可的依据。行政许可的实施和结果，除涉及国家秘密、商业秘密或者个人隐私的外，应当公开。

符合法定条件、标准的，申请人有依法取得行政许可的平等权利，行政机关不得歧视。

第六条　实施行政许可，应当遵循便民的原则，提高办事效率，提供优质服务。

第七条　公民、法人或者其他组织对行政机关实施行政许可，享有陈述权、申辩权；有权依法申请行政复议或者提起行政诉讼；其合法权益因行政机关违法实施行政许可受到损害的，有权依法要求赔偿。

第八条　公民、法人或者其他组织依法取得的行政许可受法律保护，行政机关不得擅自改变已经生效的行政许可。

行政许可所依据的法律、法规、规章修改或者废止，或者准予行政许可所依据的客观情况发生重大变化的，为了公共利益的需要，行政机关可以依法变更或者撤回已经生效的行政许可。由此给公民、法人或者其他组织造成财产损失的，行政机关应当依法给予补偿。

第九条　依法取得的行政许可，除法律、法规规定依照法定条件和程序可以转让的外，不得转让。

第十条　县级以上人民政府应当建立健全对行政机关实施行政许可的监督制度，加强对行政机关实施行政许可的监督检查。

行政机关应当对公民、法人或者其他组织从事行政许可事项的活动实施有效监督。

第二章　行政许可的设定

第十一条　设定行政许可，应当遵循经济和社会发展规律，有利于发挥公民、法人或者其他组织的积极性、主动性，维护公共利益和社会秩序，促进经济、社会和生态环境协调发展。

第十二条　下列事项可以设定行政许可：

（一）直接涉及国家安全、公共安全、经济宏观调控、生态环境保护以及直接关系人身健康、生命财产安全等特定活动，需要按照法定条件予以批准的事项；

（二）有限自然资源开发利用、公共资源配置以及直接关系公共利益的特定行业的市场准入等，需要赋予特定权利的事项；

（三）提供公众服务并且直接关系公共利益的职业、行业，需要确定具备特殊信誉、特殊条件或者特殊技能等资格、资质的事项；

（四）直接关系公共安全、人身健康、生命财产安全的重要设备、设施、产品、物品，需要按照技术标准、技术规范，通过检验、检测、检疫等方式进行审定的事项；

（五）企业或者其他组织的设立等，需要确定主体资格的事项；

（六）法律、行政法规规定可以设定行政许可的其他事项。

第十三条　本法第十二条所列事项，通过下列方式能够予以规范的，可以不设行政许可：

（一）公民、法人或者其他组织能够自主决定的；

（二）市场竞争机制能够有效调节的；

（三）行业组织或者中介机构能够自律管理的；

（四）行政机关采用事后监督等其他行政管理方式能够解决的。

第十四条　本法第十二条所列事项，法律可以设定行政许可。尚未制定法律的，行政法规可以设定行政许可。

必要时，国务院可以采用发布决定的方式设定行政许可。实施后，除临时性行政许可事项外，国务院应当及时提请全国人民代表大会及其常务委员会制定法律，或者自行制定行政法规。

第十五条　本法第十二条所列事项，尚未制定法律、行政法规的，地方性法规可以设定行政许可；尚未制定法律、行政法规和地方性法规的，因行政管理的需要，确需立即实施行政许可的，省、自治区、直辖市人民政府规章可以设定临时性的行政许可。临时性的行政许可实施满一年需要继续实施的，应当提请本级人民代表大会及其常务委员会制定地方性法规。

地方性法规和省、自治区、直辖市人民政府规章，不得设定应当由国家统一确定的公民、法人或者其他组织的资格、资质的行政许可；不得设定企业或者其他组织的设立登记及其前置性行政许可。其设定的行政许可，不得限制其他地区的个人或者企业到本地区从事生产经营和提供服务，不得限制其他地区的商品进入本地区市场。

第十六条　行政法规可以在法律设定的行政许可事项范围内，对实施该行政许可作出具体规定。

地方性法规可以在法律、行政法规设定的行政许可事项范围内，对实施该行政许可作出具体规定。

规章可以在上位法设定的行政许可事项范围内，对实施该行政许可作出具体规定。

法规、规章对实施上位法设定的行政许可作出的具体规定，不得增设行政许可；对行政许可条件作出的具体规定，不得增设违反上位法的其他条件。

第十七条 除本法第十四条、第十五条规定的外，其他规范性文件一律不得设定行政许可。

第十八条 设定行政许可，应当规定行政许可的实施机关、条件、程序、期限。

第十九条 起草法律草案、法规草案和省、自治区、直辖市人民政府规章草案，拟设定行政许可的，起草单位应当采取听证会、论证会等形式听取意见，并向制定机关说明设定该行政许可的必要性、对经济和社会可能产生的影响以及听取和采纳意见的情况。

第二十条 行政许可的设定机关应当定期对其设定的行政许可进行评价；对已设定的行政许可，认为通过本法第十三条所列方式能够解决的，应当对设定该行政许可的规定及时予以修改或者废止。

行政许可的实施机关可以对已设定的行政许可的实施情况及存在的必要性适时进行评价，并将意见报告该行政许可的设定机关。

公民、法人或者其他组织可以向行政许可的设定机关和实施机关就行政许可的设定和实施提出意见和建议。

第二十一条 省、自治区、直辖市人民政府对行政法规设定的有关经济事务的行政许可，根据本行政区域经济和社会发展情况，认为通过本法第十三条所列方式能够解决的，报国务院批准后，可以在本行政区域内停止实施该行政许可。

第三章 行政许可的实施机关

第二十二条 行政许可由具有行政许可权的行政机关在其法定职权范围内实施。

第二十三条 法律、法规授权的具有管理公共事务职能的组织，在法定授权范围内，以自己的名义实施行政许可。被授权的组织适用本法有关行政机关的规定。

第二十四条 行政机关在其法定职权范围内，依照法律、法规、规章的规定，可以委托其他行政机关实施行政许可。委托机关应当将受委托行政机关和受委托实施行政许可的内容予以公告。

委托行政机关对受委托行政机关实施行政许可的行为应当负责监督，并对该行为的后果承担法律责任。

受委托行政机关在委托范围内，以委托行政机关名义实施行政许可；不得再委托其他组织或者个人实施行政许可。

第二十五条 经国务院批准，省、自治区、直辖市人民政府根据精简、统一、效能的原则，可以决定一个行政机关行使有关行政机关的行政许可权。

第二十六条 行政许可需要行政机关内设的多个机构办理的，该行政机关应当确定一个机构统一受理行政许可申请，统一送达行政许可决定。

行政许可依法由地方人民政府两个以上部门分别实施的，本级人民政府可以确定一个部门受理行政许可申请并转告有关部门分别提出意见后统一办理，或者组织有关部门联合办理、集中办理。

第二十七条　行政机关实施行政许可，不得向申请人提出购买指定商品、接受有偿服务等不正当要求。

行政机关工作人员办理行政许可，不得索取或者收受申请人的财物，不得谋取其他利益。

第二十八条　对直接关系公共安全、人身健康、生命财产安全的设备、设施、产品、物品的检验、检测、检疫，除法律、行政法规规定由行政机关实施的外，应当逐步由符合法定条件的专业技术组织实施。专业技术组织及其有关人员对所实施的检验、检测、检疫结论承担法律责任。

第四章　行政许可的实施程序

第一节　申请与受理

第二十九条　公民、法人或者其他组织从事特定活动，依法需要取得行政许可的，应当向行政机关提出申请。申请书需要采用格式文本的，行政机关应当向申请人提供行政许可申请书格式文本。申请书格式文本中不得包含与申请行政许可事项没有直接关系的内容。

申请人可以委托代理人提出行政许可申请。但是，依法应当由申请人到行政机关办公场所提出行政许可申请的除外。

行政许可申请可以通过信函、电报、电传、传真、电子数据交换和电子邮件等方式提出。

第三十条　行政机关应当将法律、法规、规章规定的有关行政许可的事项、依据、条件、数量、程序、期限以及需要提交的全部材料的目录和申请书示范文本等在办公场所公示。

申请人要求行政机关对公示内容予以说明、解释的，行政机关应当说明、解释，提供准确、可靠的信息。

第三十一条　申请人申请行政许可，应当如实向行政机关提交有关材料和反映真实情况，并对其申请材料实质内容的真实性负责。行政机关不得要求申请人提交与其申请的行政许可事项无关的技术资料和其他材料。

第三十二条　行政机关对申请人提出的行政许可申请，应当根据下列情况分别作出处理：

（一）申请事项依法不需要取得行政许可的，应当即时告知申请人不受理；

（二）申请事项依法不属于本行政机关职权范围的，应当即时作出不予受理的决定，并告知申请人向有关行政机关申请；

（三）申请材料存在可以当场更正的错误的，应当允许申请人当场更正；

（四）申请材料不齐全或者不符合法定形式的，应当当场或者在五日内一次告知申请人需要补正的全部内容，逾期不告知的，自收到申请材料之日起即为受理；

（五）申请事项属于本行政机关职权范围，申请材料齐全、符合法定形式，或者申请人按照本行政机关的要求提交全部补正申请材料的，应当受理行政许可申请。

行政机关受理或者不予受理行政许可申请，应当出具加盖本行政机关专用印章和注明日期的书面凭证。

第三十三条 行政机关应当建立和完善有关制度，推行电子政务，在行政机关的网站上公布行政许可事项，方便申请人采取数据电文等方式提出行政许可申请；应当与其他行政机关共享有关行政许可信息，提高办事效率。

第二节 审 查 与 决 定

第三十四条 行政机关应当对申请人提交的申请材料进行审查。

申请人提交的申请材料齐全、符合法定形式，行政机关能够当场作出决定的，应当当场作出书面的行政许可决定。

根据法定条件和程序，需要对申请材料的实质内容进行核实的，行政机关应当指派两名以上工作人员进行核查。

第三十五条 依法应当先经下级行政机关审查后报上级行政机关决定的行政许可，下级行政机关应当在法定期限内将初步审查意见和全部申请材料直接报送上级行政机关。上级行政机关不得要求申请人重复提供申请材料。

第三十六条 行政机关对行政许可申请进行审查时，发现行政许可事项直接关系他人重大利益的，应当告知该利害关系人。申请人、利害关系人有权进行陈述和申辩。行政机关应当听取申请人、利害关系人的意见。

第三十七条 行政机关对行政许可申请进行审查后，除当场作出行政许可决定的外，应当在法定期限内按照规定程序作出行政许可决定。

第三十八条 申请人的申请符合法定条件、标准的，行政机关应当依法作出准予行政许可的书面决定。

行政机关依法作出不予行政许可的书面决定的，应当说明理由，并告知申请人享有依法申请行政复议或者提起行政诉讼的权利。

第三十九条 行政机关作出准予行政许可的决定，需要颁发行政许可证件的，应当向申请人颁发加盖本行政机关印章的下列行政许可证件：

（一）许可证、执照或者其他许可证书；

（二）资格证、资质证或者其他合格证书；

（三）行政机关的批准文件或者证明文件；

（四）法律、法规规定的其他行政许可证件。

行政机关实施检验、检测、检疫的，可以在检验、检测、检疫合格的设备、设施、产品、物品上加贴标签或者加盖检验、检测、检疫印章。

第四十条 行政机关作出的准予行政许可决定，应当予以公开，公众有权查阅。

第四十一条 法律、行政法规设定的行政许可，其适用范围没有地域限制的，申请人取得的行政许可在全国范围内有效。

第三节 期　　限

第四十二条 除可以当场作出行政许可决定的外，行政机关应当自受理行政许可申请之日起二十日内作出行政许可决定。二十日内不能作出决定的，经本行政机关负责人批准，可以延长十日，并应当将延长期限的理由告知申请人。但是，法律、法规另有规定的，依照其规定。

依照本法第二十六条的规定，行政许可采取统一办理或者联合办理、集中办理的，办理的时间不得超过四十五日；四十五日内不能办结的，经本级人民政府负责人批准，可以延长十五日，并应当将延长期限的理由告知申请人。

第四十三条 依法应当先经下级行政机关审查后报上级行政机关决定的行政许可，下级行政机关应当自其受理行政许可申请之日起二十日内审查完毕。但是，法律、法规另有规定的，依照其规定。

第四十四条 行政机关作出准予行政许可的决定，应当自作出决定之日起十日内向申请人颁发、送达行政许可证件，或者加贴标签、加盖检验、检测、检疫印章。

第四十五条 行政机关作出行政许可决定，依法需要听证、招标、拍卖、检验、检测、检疫、鉴定和专家评审的，所需时间不计算在本节规定的期限内。行政机关应当将所需时间书面告知申请人。

第四节 听 证

第四十六条 法律、法规、规章规定实施行政许可应当听证的事项，或者行政机关认为需要听证的其他涉及公共利益的重大行政许可事项，行政机关应当向社会公告，并举行听证。

第四十七条 行政许可直接涉及申请人与他人之间重大利益关系的，行政机关在作出行政许可决定前，应当告知申请人、利害关系人享有要求听证的权利；申请人、利害关系人在被告知听证权利之日起五日内提出听证申请的，行政机关应当在二十日内组织听证。

申请人、利害关系人不承担行政机关组织听证的费用。

第四十八条 听证按照下列程序进行：

（一）行政机关应当于举行听证的七日前将举行听证的时间、地点通知申请人、利害关系人，必要时予以公告；

（二）听证应当公开举行；

（三）行政机关应当指定审查该行政许可申请的工作人员以外的人员为听证主持人，申请人、利害关系人认为主持人与该行政许可事项有直接利害关系的，有权申请回避；

（四）举行听证时，审查该行政许可申请的工作人员应当提供审查意见的证据、理由，申请人、利害关系人可以提出证据，并进行申辩和质证；

（五）听证应当制作笔录，听证笔录应当交听证参加人确认无误后签字或者盖章。

行政机关应当根据听证笔录，作出行政许可决定。

第五节 变更与延续

第四十九条 被许可人要求变更行政许可事项的，应当向作出行政许可决定的行政机关提出申请；符合法定条件、标准的，行政机关应当依法办理变更手续。

第五十条 被许可人需要延续依法取得的行政许可的有效期的，应当在该行政许可有效期届满三十日前向作出行政许可决定的行政机关提出申请。但是，法律、法规、规章另有规定的，依照其规定。

行政机关应当根据被许可人的申请，在该行政许可有效期届满前作出是否准予延续的决定；逾期未作决定的，视为准予延续。

第六节 特 别 规 定

第五十一条 实施行政许可的程序，本节有规定的，适用本节规定；本节没有规定的，适用本章其他有关规定。

第五十二条 国务院实施行政许可的程序，适用有关法律、行政法规的规定。

第五十三条 实施本法第十二条第二项所列事项的行政许可的，行政机关应当通过招标、拍卖等公平竞争的方式作出决定。但是，法律、行政法规另有规定的，依照其规定。

行政机关通过招标、拍卖等方式作出行政许可决定的具体程序，依照有关法律、行政法规的规定。

行政机关按照招标、拍卖程序确定中标人、买受人后，应当作出准予行政许可的决定，并依法向中标人、买受人颁发行政许可证件。

行政机关违反本条规定，不采用招标、拍卖方式，或者违反招标、拍卖程序，损害申请人合法权益的，申请人可以依法申请行政复议或者提起行政诉讼。

第五十四条 实施本法第十二条第三项所列事项的行政许可，赋予公民特定资格，依法应当举行国家考试的，行政机关根据考试成绩和其他法定条件作出行政许可决定；赋予法人或者其他组织特定的资格、资质的，行政机关根据申请人的专业人员构成、技术条件、经营业绩和管理水平等的考核结果作出行政许可决定。但是，法律、行政法规另有规定的，依照其规定。

公民特定资格的考试依法由行政机关或者行业组织实施，公开举行。行政机关或者行业组织应当事先公布资格考试的报名条件、报考办法、考试科目以及考试大纲。但是，不得组织强制性的资格考试的考前培训，不得指定教材或者其他助考材料。

第五十五条 实施本法第十二条第四项所列事项的行政许可的，应当按照技术标准、技术规范依法进行检验、检测、检疫，行政机关根据检验、检测、检疫的结果作出行政许可决定。

行政机关实施检验、检测、检疫，应当自受理申请之日起五日内指派两名以上工作人员按照技术标准、技术规范进行检验、检测、检疫。不需要对检验、检测、检疫结果作进一步技术分析即可认定设备、设施、产品、物品是否符合技术标准、技术规范的，行政机关应当当场作出行政许可决定。

行政机关根据检验、检测、检疫结果，作出不予行政许可决定的，应当书面说明不予行政许可所依据的技术标准、技术规范。

第五十六条 实施本法第十二条第五项所列事项的行政许可，申请人提交的申请材料齐全、符合法定形式的，行政机关应当当场予以登记。需要对申请材料的实质内容进行核实的，行政机关依照本法第三十四条第三款的规定办理。

第五十七条 有数量限制的行政许可，两个或者两个以上申请人的申请均符合法定条件、标准的，行政机关应当根据受理行政许可申请的先后顺序作出准予行政许可的决定。但是，法律、行政法规另有规定的，依照其规定。

第五章 行 政 许 可 的 费 用

第五十八条 行政机关实施行政许可和对行政许可事项进行监督检查，不得收取任何费用。但是，法律、行政法规另有规定的，依照其规定。

行政机关提供行政许可申请书格式文本，不得收费。

行政机关实施行政许可所需经费应当列入本行政机关的预算，由本级财政予以保障，按照批准的预算予以核拨。

第五十九条 行政机关实施行政许可，依照法律、行政法规收取费用的，应当按照公布的法定项目和标准收费；所收取的费用必须全部上缴国库，任何机关或者个人不得以任何形式截留、挪用、私分或者变相私分。财政部门不得以任何形式向行政机关返还或者变相返还实施行政许可所收取的费用。

第六章 监 督 检 查

第六十条 上级行政机关应当加强对下级行政机关实施行政许可的监督检查，及时纠正行政许可实施中的违法行为。

第六十一条 行政机关应当建立健全监督制度，通过核查反映被许可人从事行政许可事项活动情况的有关材料，履行监督责任。

行政机关依法对被许可人从事行政许可事项的活动进行监督检查时，应当将监督检查的情况和处理结果予以记录，由监督检查人员签字后归档。公众有权查阅行政机关监督检查记录。

行政机关应当创造条件，实现与被许可人、其他有关行政机关的计算机档案系统互联，核查被许可人从事行政许可事项活动情况。

第六十二条 行政机关可以对被许可人生产经营的产品依法进行抽样检查、检验、检测，对其生产经营场所依法进行实地检查。检查时，行政机关可以依法查阅或者要求被许可人报送有关材料；被许可人应当如实提供有关情况和材料。

行政机关根据法律、行政法规的规定，对直接关系公共安全、人身健康、生命财产安全的重要设备、设施进行定期检验。对检验合格的，行政机关应当发给相应的证明文件。

第六十三条 行政机关实施监督检查，不得妨碍被许可人正常的生产经营活动，不得索取或者收受被许可人的财物，不得谋取其他利益。

第六十四条 被许可人在作出行政许可决定的行政机关管辖区域外违法从事行政许可事项活动的，违法行为发生地的行政机关应当依法将被许可人的违法事实、处理结果抄告作出行政许可决定的行政机关。

第六十五条 个人和组织发现违法从事行政许可事项的活动，有权向行政机关举报，行政机关应当及时核实、处理。

第六十六条 被许可人未依法履行开发利用自然资源义务或者未依法履行利用公共资源义务的，行政机关应当责令限期改正；被许可人在规定期限内不改正的，行政机关应当依照有关法律、行政法规的规定予以处理。

第六十七条 取得直接关系公共利益的特定行业的市场准入行政许可的被许可人，应当按照国家规定的服务标准、资费标准和行政机关依法规定的条件，向用户提供安全、方便、稳定和价格合理的服务，并履行普遍服务的义务；未经作出行政许可决定的行政机关批准，不得擅自停业、歇业。

被许可人不履行前款规定的义务的，行政机关应当责令限期改正，或者依法采取有效措施督促其履行义务。

第六十八条 对直接关系公共安全、人身健康、生命财产安全的重要设备、设施，行政机关应当督促设计、建造、安装和使用单位建立相应的自检制度。

行政机关在监督检查时，发现直接关系公共安全、人身健康、生命财产安全的重要设备、设施存在安全隐患的，应当责令停止建造、安装和使用，并责令设计、建造、安装和使用单位立即改正。

第六十九条 有下列情形之一的，作出行政许可决定的行政机关或者其上级行政机关，根据利害关系人的请求或者依据职权，可以撤销行政许可：

（一）行政机关工作人员滥用职权、玩忽职守作出准予行政许可决定的；

（二）超越法定职权作出准予行政许可决定的；

（三）违反法定程序作出准予行政许可决定的；

（四）对不具备申请资格或者不符合法定条件的申请人准予行政许可的；

（五）依法可以撤销行政许可的其他情形。

被许可人以欺骗、贿赂等不正当手段取得行政许可的，应当予以撤销。

依照前两款的规定撤销行政许可，可能对公共利益造成重大损害的，不予撤销。

依照本条第一款的规定撤销行政许可，被许可人的合法权益受到损害的，行政机关应当依法给予赔偿。依照本条第二款的规定撤销行政许可的，被许可人基于行政许可取得的利益不受保护。

第七十条 有下列情形之一的，行政机关应当依法办理有关行政许可的注销手续：

（一）行政许可有效期届满未延续的；

（二）赋予公民特定资格的行政许可，该公民死亡或者丧失行为能力的；

（三）法人或者其他组织依法终止的；

（四）行政许可依法被撤销、撤回，或者行政许可证件依法被吊销的；

（五）因不可抗力导致行政许可事项无法实施的；

（六）法律、法规规定的应当注销行政许可的其他情形。

第七章　法　律　责　任

第七十一条 违反本法第十七条规定设定的行政许可，有关机关应当责令设定该行政许可的机关改正，或者依法予以撤销。

第七十二条 行政机关及其工作人员违反本法的规定，有下列情形之一的，由其上级行政机关或者监察机关责令改正；情节严重的，对直接负责的主管人员和其他直接责任人员依法给予行政处分：

（一）对符合法定条件的行政许可申请不予受理的；

（二）不在办公场所公示依法应当公示的材料的；

（三）在受理、审查、决定行政许可过程中，未向申请人、利害关系人履行法定告知义务的；

（四）申请人提交的申请材料不齐全、不符合法定形式，不一次告知申请人必须补正的全部内容的；

（五）未依法说明不受理行政许可申请或者不予行政许可的理由的；

（六）依法应当举行听证而不举行听证的。

第七十三条 行政机关工作人员办理行政许可、实施监督检查，索取或者收受他人财物或者谋取其他利益，构成犯罪的，依法追究刑事责任；尚不构成犯罪的，依法给予行政处分。

第七十四条 行政机关实施行政许可，有下列情形之一的，由其上级行政机关或者监察机关责令改正，对直接负责的主管人员和其他直接责任人员依法给予行政处分；构成犯罪的，依法追究刑事责任：

（一）对不符合法定条件的申请人准予行政许可或者超越法定职权作出准予行政许可决定的；

（二）对符合法定条件的申请人不予行政许可或者不在法定期限内作出准予行政许可决定的；

（三）依法应当根据招标、拍卖结果或者考试成绩择优作出准予行政许可决定，未经招标、拍卖或者考试，或者不根据招标、拍卖结果或者考试成绩择优作出准予行政许可决定的。

第七十五条 行政机关实施行政许可，擅自收费或者不按照法定项目和标准收费的，由其上级行政机关或者监察机关责令退还非法收取的费用；对直接负责的主管人员和其他直接责任人员依法给予行政处分。

截留、挪用、私分或者变相私分实施行政许可依法收取的费用的，予以追缴；对直接负责的主管人员和其他直接责任人员依法给予行政处分；构成犯罪的，依法追究刑事责任。

第七十六条 行政机关违法实施行政许可，给当事人的合法权益造成损害的，应当依照国家赔偿法的规定给予赔偿。

第七十七条 行政机关不依法履行监督职责或者监督不力，造成严重后果的，由其上级行政机关或者监察机关责令改正，对直接负责的主管人员和其他直接责任人员依法给予行政处分；构成犯罪的，依法追究刑事责任。

第七十八条 行政许可申请人隐瞒有关情况或者提供虚假材料申请行政许可的，行政机关不予受理或者不予行政许可，并给予警告；行政许可申请属于直接关系公共安全、人身健康、生命财产安全事项的，申请人在一年内不得再次申请该行政许可。

第七十九条 被许可人以欺骗、贿赂等不正当手段取得行政许可的，行政机关应当依法给予行政处罚；取得的行政许可属于直接关系公共安全、人身健康、生命财产安全事项的，申请人在三年内不得再次申请该行政许可；构成犯罪的，依法追究刑事责任。

第八十条 被许可人有下列行为之一的，行政机关应当依法给予行政处罚；构成犯罪的，依法追究刑事责任：

（一）涂改、倒卖、出租、出借行政许可证件，或者以其他形式非法转让行政许可的；

（二）超越行政许可范围进行活动的；

（三）向负责监督检查的行政机关隐瞒有关情况、提供虚假材料或者拒绝提供反映其活动情况的真实材料的；

（四）法律、法规、规章规定的其他违法行为。

第八十一条 公民、法人或者其他组织未经行政许可，擅自从事依法应当取得行政许可的活动的，行政机关应当依法采取措施予以制止，并依法给予行政处罚；构成犯罪的，依法追究刑事责任。

第八章 附 则

第八十二条 本法规定的行政机关实施行政许可的期限以工作日计算，不含法定节假日。

第八十三条 本法自2004年7月1日起施行。

本法施行前有关行政许可的规定，制定机关应当依照本法规定予以清理；不符合本法规定的，自本法施行之日起停止执行。

中华人民共和国物权法

主席令第62号

（2007年3月16日公布，自2007年10月1日起施行）

第一编　总　　则

第一章　基　本　原　则

第一条　为了维护国家基本经济制度，维护社会主义市场经济秩序，明确物的归属，发挥物的效用，保护权利人的物权，根据宪法，制定本法。

第二条　因物的归属和利用而产生的民事关系，适用本法。

本法所称物，包括不动产和动产。法律规定权利作为物权客体的，依照其规定。

本法所称物权，是指权利人依法对特定的物享有直接支配和排他的权利，包括所有权、用益物权和担保物权。

第三条　国家在社会主义初级阶段，坚持公有制为主体、多种所有制经济共同发展的基本经济制度。

国家巩固和发展公有制经济，鼓励、支持和引导非公有制经济的发展。

国家实行社会主义市场经济，保障一切市场主体的平等法律地位和发展权利。

第四条　国家、集体、私人的物权和其他权利人的物权受法律保护，任何单位和个人不得侵犯。

第五条　物权的种类和内容，由法律规定。

第六条　不动产物权的设立、变更、转让和消灭，应当依照法律规定登记。动产物权的设立和转让，应当依照法律规定交付。

第七条　物权的取得和行使，应当遵守法律，尊重社会公德，不得损害公共利益和他人合法权益。

第八条　其他相关法律对物权另有特别规定的，依照其规定。

第二章　物权的设立、变更、转让和消灭

第一节　不　动　产　登　记

第九条　不动产物权的设立、变更、转让和消灭，经依法登记，发生效力；未经登记，不发生效力，但法律另有规定的除外。

依法属于国家所有的自然资源，所有权可以不登记。

第十条　不动产登记，由不动产所在地的登记机构办理。

国家对不动产实行统一登记制度。统一登记的范围、登记机构和登记办法，由法律、行政法规规定。

第十一条 当事人申请登记，应当根据不同登记事项提供权属证明和不动产界址、面积等必要材料。

第十二条 登记机构应当履行下列职责：

（一）查验申请人提供的权属证明和其他必要材料；

（二）就有关登记事项询问申请人；

（三）如实、及时登记有关事项；

（四）法律、行政法规规定的其他职责。

申请登记的不动产的有关情况需要进一步证明的，登记机构可以要求申请人补充材料，必要时可以实地查看。

第十三条 登记机构不得有下列行为：

（一）要求对不动产进行评估；

（二）以年检等名义进行重复登记；

（三）超出登记职责范围的其他行为。

第十四条 不动产物权的设立、变更、转让和消灭，依照法律规定应当登记的，自记载于不动产登记簿时发生效力。

第十五条 当事人之间订立有关设立、变更、转让和消灭不动产物权的合同，除法律另有规定或者合同另有约定外，自合同成立时生效；未办理物权登记的，不影响合同效力。

第十六条 不动产登记簿是物权归属和内容的根据。不动产登记簿由登记机构管理。

第十七条 不动产权属证书是权利人享有该不动产物权的证明。不动产权属证书记载的事项，应当与不动产登记簿一致；记载不一致的，除有证据证明不动产登记簿确有错误外，以不动产登记簿为准。

第十八条 权利人、利害关系人可以申请查询、复制登记资料，登记机构应当提供。

第十九条 权利人、利害关系人认为不动产登记簿记载的事项错误的，可以申请更正登记。不动产登记簿记载的权利人书面同意更正或者有证据证明登记确有错误的，登记机构应当予以更正。

不动产登记簿记载的权利人不同意更正的，利害关系人可以申请异议登记。登记机构予以异议登记的，申请人在异议登记之日起十五日内不起诉，异议登记失效。异议登记不当，造成权利人损害的，权利人可以向申请人请求损害赔偿。

第二十条 当事人签订买卖房屋或者其他不动产物权的协议，为保障将来实现物权，按照约定可以向登记机构申请预告登记。预告登记后，未经预告登记的权利人同意，处分该不动产的，不发生物权效力。

预告登记后，债权消灭或者自能够进行不动产登记之日起三个月内未申请登记的，预告登记失效。

第二十一条 当事人提供虚假材料申请登记，给他人造成损害的，应当承担赔偿责任。

因登记错误，给他人造成损害的，登记机构应当承担赔偿责任。登记机构赔偿后，可以向造成登记错误的人追偿。

第二十二条 不动产登记费按件收取，不得按照不动产的面积、体积或者价款的比例收取。具体收费标准由国务院有关部门会同价格主管部门规定。

第二节 动 产 交 付

第二十三条 动产物权的设立和转让，自交付时发生效力，但法律另有规定的除外。

第二十四条 船舶、航空器和机动车等物权的设立、变更、转让和消灭，未经登记，不得对抗善意第三人。

第二十五条 动产物权设立和转让前，权利人已经依法占有该动产的，物权自法律行为生效时发生效力。

第二十六条 动产物权设立和转让前，第三人依法占有该动产的，负有交付义务的人可以通过转让请求第三人返还原物的权利代替交付。

第二十七条 动产物权转让时，双方又约定由出让人继续占有该动产的，物权自该约定生效时发生效力。

第三节 其 他 规 定

第二十八条 因人民法院、仲裁委员会的法律文书或者人民政府的征收决定等，导致物权设立、变更、转让或者消灭的，自法律文书或者人民政府的征收决定等生效时发生效力。

第二十九条 因继承或者受遗赠取得物权的，自继承或者受遗赠开始时发生效力。

第三十条 因合法建造、拆除房屋等事实行为设立或者消灭物权的，自事实行为成就时发生效力。

第三十一条 依照本法第二十八条至第三十条规定享有不动产物权的，处分该物权时，依照法律规定需要办理登记的，未经登记，不发生物权效力。

第三章 物 权 的 保 护

第三十二条 物权受到侵害的，权利人可以通过和解、调解、仲裁、诉讼等途径解决。

第三十三条 因物权的归属、内容发生争议的，利害关系人可以请求确认权利。

第三十四条 无权占有不动产或者动产的，权利人可以请求返还原物。

第三十五条 妨害物权或者可能妨害物权的，权利人可以请求排除妨害或者消除危险。

第三十六条 造成不动产或者动产毁损的，权利人可以请求修理、重作、更换或者恢复原状。

第三十七条 侵害物权，造成权利人损害的，权利人可以请求损害赔偿，也可以请求承担其他民事责任。

第三十八条 本章规定的物权保护方式，可以单独适用，也可以根据权利被侵害的情形合并适用。

侵害物权，除承担民事责任外，违反行政管理规定的，依法承担行政责任；构成犯罪的，依法追究刑事责任。

第二编　所　有　权

第四章　一　般　规　定

第三十九条　所有权人对自己的不动产或者动产，依法享有占有、使用、收益和处分的权利。

第四十条　所有权人有权在自己的不动产或者动产上设立用益物权和担保物权。用益物权人、担保物权人行使权利，不得损害所有权人的权益。

第四十一条　法律规定专属于国家所有的不动产和动产，任何单位和个人不能取得所有权。

第四十二条　为了公共利益的需要，依照法律规定的权限和程序可以征收集体所有的土地和单位、个人的房屋及其他不动产。

征收集体所有的土地，应当依法足额支付土地补偿费、安置补助费、地上附着物和青苗的补偿费等费用，安排被征地农民的社会保障费用，保障被征地农民的生活，维护被征地农民的合法权益。

征收单位、个人的房屋及其他不动产，应当依法给予拆迁补偿，维护被征收人的合法权益；征收个人住宅的，还应当保障被征收人的居住条件。

任何单位和个人不得贪污、挪用、私分、截留、拖欠征收补偿费等费用。

第四十三条　国家对耕地实行特殊保护，严格限制农用地转为建设用地，控制建设用地总量。不得违反法律规定的权限和程序征收集体所有的土地。

第四十四条　因抢险、救灾等紧急需要，依照法律规定的权限和程序可以征用单位、个人的不动产或者动产。被征用的不动产或者动产使用后，应当返还被征用人。单位、个人的不动产或者动产被征用或者征用后毁损、灭失的，应当给予补偿。

第五章　国家所有权和集体所有权、私人所有权

第四十五条　法律规定属于国家所有的财产，属于国家所有即全民所有。

国有财产由国务院代表国家行使所有权；法律另有规定的，依照其规定。

第四十六条　矿藏、水流、海域属于国家所有。

第四十七条　城市的土地，属于国家所有。法律规定属于国家所有的农村和城市郊区的土地，属于国家所有。

第四十八条　森林、山岭、草原、荒地、滩涂等自然资源，属于国家所有，但法律规定属于集体所有的除外。

第四十九条　法律规定属于国家所有的野生动植物资源，属于国家所有。

第五十条　无线电频谱资源属于国家所有。

第五十一条　法律规定属于国家所有的文物，属于国家所有。

第五十二条　国防资产属于国家所有。

铁路、公路、电力设施、电信设施和油气管道等基础设施，依照法律规定为国家所有的，属于国家所有。

第五十三条 国家机关对其直接支配的不动产和动产，享有占有、使用以及依照法律和国务院的有关规定处分的权利。

第五十四条 国家举办的事业单位对其直接支配的不动产和动产，享有占有、使用以及依照法律和国务院的有关规定收益、处分的权利。

第五十五条 国家出资的企业，由国务院、地方人民政府依照法律、行政法规规定分别代表国家履行出资人职责，享有出资人权益。

第五十六条 国家所有的财产受法律保护，禁止任何单位和个人侵占、哄抢、私分、截留、破坏。

第五十七条 履行国有财产管理、监督职责的机构及其工作人员，应当依法加强对国有财产的管理、监督，促进国有财产保值增值，防止国有财产损失；滥用职权，玩忽职守，造成国有财产损失的，应当依法承担法律责任。

违反国有财产管理规定，在企业改制、合并分立、关联交易等过程中，低价转让、合谋私分、擅自担保或者以其他方式造成国有财产损失的，应当依法承担法律责任。

第五十八条 集体所有的不动产和动产包括：

（一）法律规定属于集体所有的土地和森林、山岭、草原、荒地、滩涂；

（二）集体所有的建筑物、生产设施、农田水利设施；

（三）集体所有的教育、科学、文化、卫生、体育等设施；

（四）集体所有的其他不动产和动产。

第五十九条 农民集体所有的不动产和动产，属于本集体成员集体所有。

下列事项应当依照法定程序经本集体成员决定：

（一）土地承包方案以及将土地发包给本集体以外的单位或者个人承包；

（二）个别土地承包经营权人之间承包地的调整；

（三）土地补偿费等费用的使用、分配办法；

（四）集体出资的企业的所有权变动等事项；

（五）法律规定的其他事项。

第六十条 对于集体所有的土地和森林、山岭、草原、荒地、滩涂等，依照下列规定行使所有权：

（一）属于村农民集体所有的，由村集体经济组织或者村民委员会代表集体行使所有权；

（二）分别属于村内两个以上农民集体所有的，由村内各该集体经济组织或者村民小组代表集体行使所有权；

（三）属于乡镇农民集体所有的，由乡镇集体经济组织代表集体行使所有权。

第六十一条 城镇集体所有的不动产和动产，依照法律、行政法规的规定由本集体享有占有、使用、收益和处分的权利。

第六十二条 集体经济组织或者村民委员会、村民小组应当依照法律、行政法规以及章程、村规民约向本集体成员公布集体财产的状况。

第六十三条 集体所有的财产受法律保护，禁止任何单位和个人侵占、哄抢、私分、破坏。

集体经济组织、村民委员会或者其负责人作出的决定侵害集体成员合法权益的，受侵害的集体成员可以请求人民法院予以撤销。

第六十四条 私人对其合法的收入、房屋、生活用品、生产工具、原材料等不动产和动产享有所有权。

第六十五条 私人合法的储蓄、投资及其收益受法律保护。

国家依照法律规定保护私人的继承权及其他合法权益。

第六十六条 私人的合法财产受法律保护，禁止任何单位和个人侵占、哄抢、破坏。

第六十七条 国家、集体和私人依法可以出资设立有限责任公司、股份有限公司或者其他企业。国家、集体和私人所有的不动产或者动产，投到企业的，由出资人按照约定或者出资比例享有资产收益、重大决策以及选择经营管理者等权利并履行义务。

第六十八条 企业法人对其不动产和动产依照法律、行政法规以及章程享有占有、使用、收益和处分的权利。

企业法人以外的法人，对其不动产和动产的权利，适用有关法律、行政法规以及章程的规定。

第六十九条 社会团体依法所有的不动产和动产，受法律保护。

第六章 业主的建筑物区分所有权

第七十条 业主对建筑物内的住宅、经营性用房等专有部分享有所有权，对专有部分以外的共有部分享有共有和共同管理的权利。

第七十一条 业主对其建筑物专有部分享有占有、使用、收益和处分的权利。业主行使权利不得危及建筑物的安全，不得损害其他业主的合法权益。

第七十二条 业主对建筑物专有部分以外的共有部分，享有权利，承担义务；不得以放弃权利不履行义务。

业主转让建筑物内的住宅、经营性用房，其对共有部分享有的共有和共同管理的权利一并转让。

第七十三条 建筑区划内的道路，属于业主共有，但属于城镇公共道路的除外。建筑区划内的绿地，属于业主共有，但属于城镇公共绿地或者明示属于个人的除外。建筑区划内的其他公共场所、公用设施和物业服务用房，属于业主共有。

第七十四条 建筑区划内，规划用于停放汽车的车位、车库应当首先满足业主的需要。

建筑区划内，规划用于停放汽车的车位、车库的归属，由当事人通过出售、附赠或者出租等方式约定。

占用业主共有的道路或者其他场地用于停放汽车的车位，属于业主共有。

第七十五条 业主可以设立业主大会，选举业主委员会。

地方人民政府有关部门应当对设立业主大会和选举业主委员会给予指导和协助。

第七十六条 下列事项由业主共同决定：

（一）制定和修改业主大会议事规则；

（二）制定和修改建筑物及其附属设施的管理规约；

（三）选举业主委员会或者更换业主委员会成员；

（四）选聘和解聘物业服务企业或者其他管理人；

（五）筹集和使用建筑物及其附属设施的维修资金；

（六）改建、重建建筑物及其附属设施；

（七）有关共有和共同管理权利的其他重大事项。

决定前款第五项和第六项规定的事项，应当经专有部分占建筑物总面积三分之二以上的业主且占总人数三分之二以上的业主同意。决定前款其他事项，应当经专有部分占建筑物总面积过半数的业主且占总人数过半数的业主同意。

第七十七条　业主不得违反法律、法规以及管理规约，将住宅改变为经营性用房。业主将住宅改变为经营性用房的，除遵守法律、法规以及管理规约外，应当经有利害关系的业主同意。

第七十八条　业主大会或者业主委员会的决定，对业主具有约束力。

业主大会或者业主委员会作出的决定侵害业主合法权益的，受侵害的业主可以请求人民法院予以撤销。

第七十九条　建筑物及其附属设施的维修资金，属于业主共有。经业主共同决定，可以用于电梯、水箱等共有部分的维修。维修资金的筹集、使用情况应当公布。

第八十条　建筑物及其附属设施的费用分摊、收益分配等事项，有约定的，按照约定；没有约定或者约定不明确的，按照业主专有部分占建筑物总面积的比例确定。

第八十一条　业主可以自行管理建筑物及其附属设施，也可以委托物业服务企业或者其他管理人管理。

对建设单位聘请的物业服务企业或者其他管理人，业主有权依法更换。

第八十二条　物业服务企业或者其他管理人根据业主的委托管理建筑区划内的建筑物及其附属设施，并接受业主的监督。

第八十三条　业主应当遵守法律、法规以及管理规约。

业主大会和业主委员会，对任意弃置垃圾、排放污染物或者噪声、违反规定饲养动物、违章搭建、侵占通道、拒付物业费等损害他人合法权益的行为，有权依照法律、法规以及管理规约，要求行为人停止侵害、消除危险、排除妨害、赔偿损失。业主对侵害自己合法权益的行为，可以依法向人民法院提起诉讼。

第七章　相　邻　关　系

第八十四条　不动产的相邻权利人应当按照有利生产、方便生活、团结互助、公平合理的原则，正确处理相邻关系。

第八十五条　法律、法规对处理相邻关系有规定的，依照其规定；法律、法规没有规定的，可以按照当地习惯。

第八十六条　不动产权利人应当为相邻权利人用水、排水提供必要的便利。

对自然流水的利用，应当在不动产的相邻权利人之间合理分配。对自然流水的排放，应当尊重自然流向。

第八十七条　不动产权利人对相邻权利人因通行等必须利用其土地的，应当提供必要的便利。

第八十八条 不动产权利人因建造、修缮建筑物以及铺设电线、电缆、水管、暖气和燃气管线等必须利用相邻土地、建筑物的，该土地、建筑物的权利人应当提供必要的便利。

第八十九条 建造建筑物，不得违反国家有关工程建设标准，妨碍相邻建筑物的通风、采光和日照。

第九十条 不动产权利人不得违反国家规定弃置固体废物，排放大气污染物、水污染物、噪声、光、电磁波辐射等有害物质。

第九十一条 不动产权利人挖掘土地、建造建筑物、铺设管线以及安装设备等，不得危及相邻不动产的安全。

第九十二条 不动产权利人因用水、排水、通行、铺设管线等利用相邻不动产的，应当尽量避免对相邻的不动产权利人造成损害；造成损害的，应当给予赔偿。

第八章 共　　有

第九十三条 不动产或者动产可以由两个以上单位、个人共有。共有包括按份共有和共同共有。

第九十四条 按份共有人对共有的不动产或者动产按照其份额享有所有权。

第九十五条 共同共有人对共有的不动产或者动产共同享有所有权。

第九十六条 共有人按照约定管理共有的不动产或者动产；没有约定或者约定不明确的，各共有人都有管理的权利和义务。

第九十七条 处分共有的不动产或者动产以及对共有的不动产或者动产作重大修缮的，应当经占份额三分之二以上的按份共有人或者全体共同共有人同意，但共有人之间另有约定的除外。

第九十八条 对共有物的管理费用以及其他负担，有约定的，按照约定；没有约定或者约定不明确的，按份共有人按照其份额负担，共同共有人共同负担。

第九十九条 共有人约定不得分割共有的不动产或者动产，以维持共有关系的，应当按照约定，但共有人有重大理由需要分割的，可以请求分割；没有约定或者约定不明确的，按份共有人可以随时请求分割，共同共有人在共有的基础丧失或者有重大理由需要分割时可以请求分割。因分割对其他共有人造成损害的，应当给予赔偿。

第一百条 共有人可以协商确定分割方式。达不成协议，共有的不动产或者动产可以分割并且不会因分割减损价值的，应当对实物予以分割；难以分割或者因分割会减损价值的，应当对折价或者拍卖、变卖取得的价款予以分割。

共有人分割所得的不动产或者动产有瑕疵的，其他共有人应当分担损失。

第一百零一条 按份共有人可以转让其享有的共有的不动产或者动产份额。其他共有人在同等条件下享有优先购买的权利。

第一百零二条 因共有的不动产或者动产产生的债权债务，在对外关系上，共有人享有连带债权、承担连带债务，但法律另有规定或者第三人知道共有人不具有连带债权债务关系的除外；在共有人内部关系上，除共有人另有约定外，按份共有人按照份额享有债权、承担债务，共同共有人共同享有债权、承担债务。偿还债务超过自己应当承担份额的按份共有人，有权向其他共有人追偿。

第一百零三条　共有人对共有的不动产或者动产没有约定为按份共有或者共同共有，或者约定不明确的，除共有人具有家庭关系等外，视为按份共有。

第一百零四条　按份共有人对共有的不动产或者动产享有的份额，没有约定或者约定不明确的，按照出资额确定；不能确定出资额的，视为等额享有。

第一百零五条　两个以上单位、个人共同享有用益物权、担保物权的，参照本章规定。

第九章　所有权取得的特别规定

第一百零六条　无处分权人将不动产或者动产转让给受让人的，所有权人有权追回；除法律另有规定外，符合下列情形的，受让人取得该不动产或者动产的所有权：

（一）受让人受让该不动产或者动产时是善意的；

（二）以合理的价格转让；

（三）转让的不动产或者动产依照法律规定应当登记的已经登记，不需要登记的已经交付给受让人。

受让人依照前款规定取得不动产或者动产的所有权的，原所有权人有权向无处分权人请求赔偿损失。

当事人善意取得其他物权的，参照前两款规定。

第一百零七条　所有权人或者其他权利人有权追回遗失物。该遗失物通过转让被他人占有的，权利人有权向无处分权人请求损害赔偿，或者自知道或者应当知道受让人之日起二年内向受让人请求返还原物，但受让人通过拍卖或者向具有经营资格的经营者购得该遗失物的，权利人请求返还原物时应当支付受让人所付的费用。权利人向受让人支付所付费用后，有权向无处分权人追偿。

第一百零八条　善意受让人取得动产后，该动产上的原有权利消灭，但善意受让人在受让时知道或者应当知道该权利的除外。

第一百零九条　拾得遗失物，应当返还权利人。拾得人应当及时通知权利人领取，或者送交公安等有关部门。

第一百一十条　有关部门收到遗失物，知道权利人的，应当及时通知其领取；不知道的，应当及时发布招领公告。

第一百一十一条　拾得人在遗失物送交有关部门前，有关部门在遗失物被领取前，应当妥善保管遗失物。因故意或者重大过失致使遗失物毁损、灭失的，应当承担民事责任。

第一百一十二条　权利人领取遗失物时，应当向拾得人或者有关部门支付保管遗失物等支出的必要费用。

权利人悬赏寻找遗失物的，领取遗失物时应当按照承诺履行义务。

拾得人侵占遗失物的，无权请求保管遗失物等支出的费用，也无权请求权利人按照承诺履行义务。

第一百一十三条　遗失物自发布招领公告之日起六个月内无人认领的，归国家所有。

第一百一十四条 拾得漂流物、发现埋藏物或者隐藏物的，参照拾得遗失物的有关规定。文物保护法等法律另有规定的，依照其规定。

第一百一十五条 主物转让的，从物随主物转让，但当事人另有约定的除外。

第一百一十六条 天然孳息，由所有权人取得；既有所有权人又有用益物权人的，由用益物权人取得。当事人另有约定的，按照约定。

法定孳息，当事人有约定的，按照约定取得；没有约定或者约定不明确的，按照交易习惯取得。

第三编 用 益 物 权

第十章 一 般 规 定

第一百一十七条 用益物权人对他人所有的不动产或者动产，依法享有占有、使用和收益的权利。

第一百一十八条 国家所有或者国家所有由集体使用以及法律规定属于集体所有的自然资源，单位、个人依法可以占有、使用和收益。

第一百一十九条 国家实行自然资源有偿使用制度，但法律另有规定的除外。

第一百二十条 用益物权人行使权利，应当遵守法律有关保护和合理开发利用资源的规定。所有权人不得干涉用益物权人行使权利。

第一百二十一条 因不动产或者动产被征收、征用致使用益物权消灭或者影响用益物权行使的，用益物权人有权依照本法第四十二条、第四十四条的规定获得相应补偿。

第一百二十二条 依法取得的海域使用权受法律保护。

第一百二十三条 依法取得的探矿权、采矿权、取水权和使用水域、滩涂从事养殖、捕捞的权利受法律保护。

第十一章 土地承包经营权

第一百二十四条 农村集体经济组织实行家庭承包经营为基础、统分结合的双层经营体制。

农民集体所有和国家所有由农民集体使用的耕地、林地、草地以及其他用于农业的土地，依法实行土地承包经营制度。

第一百二十五条 土地承包经营权人依法对其承包经营的耕地、林地、草地等享有占有、使用和收益的权利，有权从事种植业、林业、畜牧业等农业生产。

第一百二十六条 耕地的承包期为三十年。草地的承包期为三十年至五十年。林地的承包期为三十年至七十年；特殊林木的林地承包期，经国务院林业行政主管部门批准可以延长。

前款规定的承包期届满，由土地承包经营权人按照国家有关规定继续承包。

第一百二十七条 土地承包经营权自土地承包经营权合同生效时设立。

县级以上地方人民政府应当向土地承包经营权人发放土地承包经营权证、林权证、草原使用权证，并登记造册，确认土地承包经营权。

第一百二十八条　土地承包经营权人依照农村土地承包法的规定，有权将土地承包经营权采取转包、互换、转让等方式流转。流转的期限不得超过承包期的剩余期限。未经依法批准，不得将承包地用于非农建设。

第一百二十九条　土地承包经营权人将土地承包经营权互换、转让，当事人要求登记的，应当向县级以上地方人民政府申请土地承包经营权变更登记；未经登记，不得对抗善意第三人。

第一百三十条　承包期内发包人不得调整承包地。

因自然灾害严重毁损承包地等特殊情形，需要适当调整承包的耕地和草地的，应当依照农村土地承包法等法律规定办理。

第一百三十一条　承包期内发包人不得收回承包地。农村土地承包法等法律另有规定的，依照其规定。

第一百三十二条　承包地被征收的，土地承包经营权人有权依照本法第四十二条第二款的规定获得相应补偿。

第一百三十三条　通过招标、拍卖、公开协商等方式承包荒地等农村土地，依照农村土地承包法等法律和国务院的有关规定，其土地承包经营权可以转让、入股、抵押或者以其他方式流转。

第一百三十四条　国家所有的农用地实行承包经营的，参照本法的有关规定。

第十二章　建设用地使用权

第一百三十五条　建设用地使用权人依法对国家所有的土地享有占有、使用和收益的权利，有权利用该土地建造建筑物、构筑物及其附属设施。

第一百三十六条　建设用地使用权可以在土地的地表、地上或者地下分别设立。新设立的建设用地使用权，不得损害已设立的用益物权。

第一百三十七条　设立建设用地使用权，可以采取出让或者划拨等方式。

工业、商业、旅游、娱乐和商品住宅等经营性用地以及同一土地有两个以上意向用地者的，应当采取招标、拍卖等公开竞价的方式出让。

严格限制以划拨方式设立建设用地使用权。采取划拨方式的，应当遵守法律、行政法规关于土地用途的规定。

第一百三十八条　采取招标、拍卖、协议等出让方式设立建设用地使用权的，当事人应当采取书面形式订立建设用地使用权出让合同。

建设用地使用权出让合同一般包括下列条款：

（一）当事人的名称和住所；

（二）土地界址、面积等；

（三）建筑物、构筑物及其附属设施占用的空间；

（四）土地用途；

（五）使用期限；

（六）出让金等费用及其支付方式；

（七）解决争议的方法。

第一百三十九条 设立建设用地使用权的，应当向登记机构申请建设用地使用权登记。建设用地使用权自登记时设立。登记机构应当向建设用地使用权人发放建设用地使用权证书。

第一百四十条 建设用地使用权人应当合理利用土地，不得改变土地用途；需要改变土地用途的，应当依法经有关行政主管部门批准。

第一百四十一条 建设用地使用权人应当依照法律规定以及合同约定支付出让金等费用。

第一百四十二条 建设用地使用权人建造的建筑物、构筑物及其附属设施的所有权属于建设用地使用权人，但有相反证据证明的除外。

第一百四十三条 建设用地使用权人有权将建设用地使用权转让、互换、出资、赠与或者抵押，但法律另有规定的除外。

第一百四十四条 建设用地使用权转让、互换、出资、赠与或者抵押的，当事人应当采取书面形式订立相应的合同。使用期限由当事人约定，但不得超过建设用地使用权的剩余期限。

第一百四十五条 建设用地使用权转让、互换、出资或者赠与的，应当向登记机构申请变更登记。

第一百四十六条 建设用地使用权转让、互换、出资或者赠与的，附着于该土地上的建筑物、构筑物及其附属设施一并处分。

第一百四十七条 建筑物、构筑物及其附属设施转让、互换、出资或者赠与的，该建筑物、构筑物及其附属设施占用范围内的建设用地使用权一并处分。

第一百四十八条 建设用地使用权期间届满前，因公共利益需要提前收回该土地的，应当依照本法第四十二条的规定对该土地上的房屋及其他不动产给予补偿，并退还相应的出让金。

第一百四十九条 住宅建设用地使用权期间届满的，自动续期。

非住宅建设用地使用权期间届满后的续期，依照法律规定办理。该土地上的房屋及其他不动产的归属，有约定的，按照约定；没有约定或者约定不明确的，依照法律、行政法规的规定办理。

第一百五十条 建设用地使用权消灭的，出让人应当及时办理注销登记。登记机构应当收回建设用地使用权证书。

第一百五十一条 集体所有的土地作为建设用地的，应当依照土地管理法等法律规定办理。

第十三章　宅基地使用权

第一百五十二条 宅基地使用权人依法对集体所有的土地享有占有和使用的权利，有权依法利用该土地建造住宅及其附属设施。

第一百五十三条 宅基地使用权的取得、行使和转让，适用土地管理法等法律和国家有关规定。

第一百五十四条 宅基地因自然灾害等原因灭失的，宅基地使用权消灭。对失去宅基地的村民，应当重新分配宅基地。

第一百五十五条 已经登记的宅基地使用权转让或者消灭的，应当及时办理变更登记或者注销登记。

第十四章 地 役 权

第一百五十六条 地役权人有权按照合同约定，利用他人的不动产，以提高自己的不动产的效益。

前款所称他人的不动产为供役地，自己的不动产为需役地。

第一百五十七条 设立地役权，当事人应当采取书面形式订立地役权合同。

地役权合同一般包括下列条款：

（一）当事人的姓名或者名称和住所；

（二）供役地和需役地的位置；

（三）利用目的和方法；

（四）利用期限；

（五）费用及其支付方式；

（六）解决争议的方法。

第一百五十八条 地役权自地役权合同生效时设立。当事人要求登记的，可以向登记机构申请地役权登记；未经登记，不得对抗善意第三人。

第一百五十九条 供役地权利人应当按照合同约定，允许地役权人利用其土地，不得妨害地役权人行使权利。

第一百六十条 地役权人应当按照合同约定的利用目的和方法利用供役地，尽量减少对供役地权利人物权的限制。

第一百六十一条 地役权的期限由当事人约定，但不得超过土地承包经营权、建设用地使用权等用益物权的剩余期限。

第一百六十二条 土地所有权人享有地役权或者负担地役权的，设立土地承包经营权、宅基地使用权时，该土地承包经营权人、宅基地使用权人继续享有或者负担已设立的地役权。

第一百六十三条 土地上已设立土地承包经营权、建设用地使用权、宅基地使用权等权利的，未经用益物权人同意，土地所有权人不得设立地役权。

第一百六十四条 地役权不得单独转让。土地承包经营权、建设用地使用权等转让的，地役权一并转让，但合同另有约定的除外。

第一百六十五条 地役权不得单独抵押。土地承包经营权、建设用地使用权等抵押的，在实现抵押权时，地役权一并转让。

第一百六十六条 需役地以及需役地上的土地承包经营权、建设用地使用权部分转让时，转让部分涉及地役权的，受让人同时享有地役权。

第一百六十七条 供役地以及供役地上的土地承包经营权、建设用地使用权部分转让时，转让部分涉及地役权的，地役权对受让人具有约束力。

第一百六十八条 地役权人有下列情形之一的，供役地权利人有权解除地役权合同，地役权消灭：

（一）违反法律规定或者合同约定，滥用地役权；

（二）有偿利用供役地，约定的付款期间届满后在合理期限内经两次催告未支付费用。

第一百六十九条 已经登记的地役权变更、转让或者消灭的，应当及时办理变更登记或者注销登记。

第四编 担 保 物 权

第十五章 一 般 规 定

第一百七十条 担保物权人在债务人不履行到期债务或者发生当事人约定的实现担保物权的情形，依法享有就担保财产优先受偿的权利，但法律另有规定的除外。

第一百七十一条 债权人在借贷、买卖等民事活动中，为保障实现其债权，需要担保的，可以依照本法和其他法律的规定设立担保物权。

第三人为债务人向债权人提供担保的，可以要求债务人提供反担保。反担保适用本法和其他法律的规定。

第一百七十二条 设立担保物权，应当依照本法和其他法律的规定订立担保合同。担保合同是主债权债务合同的从合同。主债权债务合同无效，担保合同无效，但法律另有规定的除外。

担保合同被确认无效后，债务人、担保人、债权人有过错的，应当根据其过错各自承担相应的民事责任。

第一百七十三条 担保物权的担保范围包括主债权及其利息、违约金、损害赔偿金、保管担保财产和实现担保物权的费用。当事人另有约定的，按照约定。

第一百七十四条 担保期间，担保财产毁损、灭失或者被征收等，担保物权人可以就获得的保险金、赔偿金或者补偿金等优先受偿。被担保债权的履行期未届满的，也可以提存该保险金、赔偿金或者补偿金等。

第一百七十五条 第三人提供担保，未经其书面同意，债权人允许债务人转移全部或者部分债务的，担保人不再承担相应的担保责任。

第一百七十六条 被担保的债权既有物的担保又有人的担保的，债务人不履行到期债务或者发生当事人约定的实现担保物权的情形，债权人应当按照约定实现债权；没有约定或者约定不明确，债务人自己提供物的担保的，债权人应当先就该物的担保实现债权；第三人提供物的担保的，债权人可以就物的担保实现债权，也可以要求保证人承担保证责任。提供担保的第三人承担担保责任后，有权向债务人追偿。

第一百七十七条 有下列情形之一的，担保物权消灭：

（一）主债权消灭；

（二）担保物权实现；

（三）债权人放弃担保物权；

（四）法律规定担保物权消灭的其他情形。

第一百七十八条 担保法与本法的规定不一致的，适用本法。

第十六章　抵　押　权

第一节　一般抵押权

第一百七十九条　为担保债务的履行，债务人或者第三人不转移财产的占有，将该财产抵押给债权人的，债务人不履行到期债务或者发生当事人约定的实现抵押权的情形，债权人有权就该财产优先受偿。

前款规定的债务人或者第三人为抵押人，债权人为抵押权人，提供担保的财产为抵押财产。

第一百八十条　债务人或者第三人有权处分的下列财产可以抵押：

（一）建筑物和其他土地附着物；

（二）建设用地使用权；

（三）以招标、拍卖、公开协商等方式取得的荒地等土地承包经营权；

（四）生产设备、原材料、半成品、产品；

（五）正在建造的建筑物、船舶、航空器；

（六）交通运输工具；

（七）法律、行政法规未禁止抵押的其他财产。

抵押人可以将前款所列财产一并抵押。

第一百八十一条　经当事人书面协议，企业、个体工商户、农业生产经营者可以将现有的以及将有的生产设备、原材料、半成品、产品抵押，债务人不履行到期债务或者发生当事人约定的实现抵押权的情形，债权人有权就实现抵押权时的动产优先受偿。

第一百八十二条　以建筑物抵押的，该建筑物占用范围内的建设用地使用权一并抵押。以建设用地使用权抵押的，该土地上的建筑物一并抵押。

抵押人未依照前款规定一并抵押的，未抵押的财产视为一并抵押。

第一百八十三条　乡镇、村企业的建设用地使用权不得单独抵押。以乡镇、村企业的厂房等建筑物抵押的，其占用范围内的建设用地使用权一并抵押。

第一百八十四条　下列财产不得抵押：

（一）土地所有权；

（二）耕地、宅基地、自留地、自留山等集体所有的土地使用权，但法律规定可以抵押的除外；

（三）学校、幼儿园、医院等以公益为目的的事业单位、社会团体的教育设施、医疗卫生设施和其他社会公益设施；

（四）所有权、使用权不明或者有争议的财产；

（五）依法被查封、扣押、监管的财产；

（六）法律、行政法规规定不得抵押的其他财产。

第一百八十五条　设立抵押权，当事人应当采取书面形式订立抵押合同。

抵押合同一般包括下列条款：

（一）被担保债权的种类和数额；

（二）债务人履行债务的期限；

（三）抵押财产的名称、数量、质量、状况、所在地、所有权归属或者使用权归属；

（四）担保的范围。

第一百八十六条 抵押权人在债务履行期届满前，不得与抵押人约定债务人不履行到期债务时抵押财产归债权人所有。

第一百八十七条 以本法第一百八十条第一款第一项至第三项规定的财产或者第五项规定的正在建造的建筑物抵押的，应当办理抵押登记。抵押权自登记时设立。

第一百八十八条 以本法第一百八十条第一款第四项、第六项规定的财产或者第五项规定的正在建造的船舶、航空器抵押的，抵押权自抵押合同生效时设立；未经登记，不得对抗善意第三人。

第一百八十九条 企业、个体工商户、农业生产经营者以本法第一百八十一条规定的动产抵押的，应当向抵押人住所地的工商行政管理部门办理登记。抵押权自抵押合同生效时设立；未经登记，不得对抗善意第三人。

依照本法第一百八十一条规定抵押的，不得对抗正常经营活动中已支付合理价款并取得抵押财产的买受人。

第一百九十条 订立抵押合同前抵押财产已出租的，原租赁关系不受该抵押权的影响。抵押权设立后抵押财产出租的，该租赁关系不得对抗已登记的抵押权。

第一百九十一条 抵押期间，抵押人经抵押权人同意转让抵押财产的，应当将转让所得的价款向抵押权人提前清偿债务或者提存。转让的价款超过债权数额的部分归抵押人所有，不足部分由债务人清偿。

抵押期间，抵押人未经抵押权人同意，不得转让抵押财产，但受让人代为清偿债务消灭抵押权的除外。

第一百九十二条 抵押权不得与债权分离而单独转让或者作为其他债权的担保。债权转让的，担保该债权的抵押权一并转让，但法律另有规定或者当事人另有约定的除外。

第一百九十三条 抵押人的行为足以使抵押财产价值减少的，抵押权人有权要求抵押人停止其行为。抵押财产价值减少的，抵押权人有权要求恢复抵押财产的价值，或者提供与减少的价值相应的担保。抵押人不恢复抵押财产的价值也不提供担保的，抵押权人有权要求债务人提前清偿债务。

第一百九十四条 抵押权人可以放弃抵押权或者抵押权的顺位。抵押权人与抵押人可以协议变更抵押权顺位以及被担保的债权数额等内容，但抵押权的变更，未经其他抵押权人书面同意，不得对其他抵押权人产生不利影响。

债务人以自己的财产设定抵押，抵押权人放弃该抵押权、抵押权顺位或者变更抵押权的，其他担保人在抵押权人丧失优先受偿权益的范围内免除担保责任，但其他担保人承诺仍然提供担保的除外。

第一百九十五条 债务人不履行到期债务或者发生当事人约定的实现抵押权的情形，抵押权人可以与抵押人协议以抵押财产折价或者以拍卖、变卖该抵押财产所得的价款优先受偿。协议损害其他债权人利益的，其他债权人可以在知道或者应当知道撤销事由之日起一年内请求人民法院撤销该协议。

抵押权人与抵押人未就抵押权实现方式达成协议的，抵押权人可以请求人民法院拍卖、变卖抵押财产。

抵押财产折价或者变卖的，应当参照市场价格。

第一百九十六条　依照本法第一百八十一条规定设定抵押的，抵押财产自下列情形之一发生时确定：

（一）债务履行期届满，债权未实现；

（二）抵押人被宣告破产或者被撤销；

（三）当事人约定的实现抵押权的情形；

（四）严重影响债权实现的其他情形。

第一百九十七条　债务人不履行到期债务或者发生当事人约定的实现抵押权的情形，致使抵押财产被人民法院依法扣押的，自扣押之日起抵押权人有权收取该抵押财产的天然孳息或者法定孳息，但抵押权人未通知应当清偿法定孳息的义务人的除外。

前款规定的孳息应当先充抵收取孳息的费用。

第一百九十八条　抵押财产折价或者拍卖、变卖后，其价款超过债权数额的部分归抵押人所有，不足部分由债务人清偿。

第一百九十九条　同一财产向两个以上债权人抵押的，拍卖、变卖抵押财产所得的价款依照下列规定清偿：

（一）抵押权已登记的，按照登记的先后顺序清偿；顺序相同的，按照债权比例清偿；

（二）抵押权已登记的先于未登记的受偿；

（三）抵押权未登记的，按照债权比例清偿。

第二百条　建设用地使用权抵押后，该土地上新增的建筑物不属于抵押财产。该建设用地使用权实现抵押权时，应当将该土地上新增的建筑物与建设用地使用权一并处分，但新增建筑物所得的价款，抵押权人无权优先受偿。

第二百零一条　依照本法第一百八十条第一款第三项规定的土地承包经营权抵押的，或者依照本法第一百八十三条规定以乡镇、村企业的厂房等建筑物占用范围内的建设用地使用权一并抵押的，实现抵押权后，未经法定程序，不得改变土地所有权的性质和土地用途。

第二百零二条　抵押权人应当在主债权诉讼时效期间行使抵押权；未行使的，人民法院不予保护。

第二节　最高额抵押权

第二百零三条　为担保债务的履行，债务人或者第三人对一定期间内将要连续发生的债权提供担保财产的，债务人不履行到期债务或者发生当事人约定的实现抵押权的情形，抵押权人有权在最高债权额限度内就该担保财产优先受偿。

最高额抵押权设立前已经存在的债权，经当事人同意，可以转入最高额抵押担保的债权范围。

第二百零四条　最高额抵押担保的债权确定前，部分债权转让的，最高额抵押权不得转让，但当事人另有约定的除外。

第二百零五条　最高额抵押担保的债权确定前，抵押权人与抵押人可以通过协议变更债权确定的期间、债权范围以及最高债权额，但变更的内容不得对其他抵押权人产生不利影响。

第二百零六条 有下列情形之一的，抵押权人的债权确定：

（一）约定的债权确定期间届满；

（二）没有约定债权确定期间或者约定不明确，抵押权人或者抵押人自最高额抵押权设立之日起满二年后请求确定债权；

（三）新的债权不可能发生；

（四）抵押财产被查封、扣押；

（五）债务人、抵押人被宣告破产或者被撤销；

（六）法律规定债权确定的其他情形。

第二百零七条 最高额抵押权除适用本节规定外，适用本章第一节一般抵押权的规定。

第十七章 质 权

第一节 动 产 质 权

第二百零八条 为担保债务的履行，债务人或者第三人将其动产出质给债权人占有的，债务人不履行到期债务或者发生当事人约定的实现质权的情形，债权人有权就该动产优先受偿。

前款规定的债务人或者第三人为出质人，债权人为质权人，交付的动产为质押财产。

第二百零九条 法律、行政法规禁止转让的动产不得出质。

第二百一十条 设立质权，当事人应当采取书面形式订立质权合同。

质权合同一般包括下列条款：

（一）被担保债权的种类和数额；

（二）债务人履行债务的期限；

（三）质押财产的名称、数量、质量、状况；

（四）担保的范围；

（五）质押财产交付的时间。

第二百一十一条 质权人在债务履行期届满前，不得与出质人约定债务人不履行到期债务时质押财产归债权人所有。

第二百一十二条 质权自出质人交付质押财产时设立。

第二百一十三条 质权人有权收取质押财产的孳息，但合同另有约定的除外。

前款规定的孳息应当先充抵收取孳息的费用。

第二百一十四条 质权人在质权存续期间，未经出质人同意，擅自使用、处分质押财产，给出质人造成损害的，应当承担赔偿责任。

第二百一十五条 质权人负有妥善保管质押财产的义务；因保管不善致使质押财产毁损、灭失的，应当承担赔偿责任。

质权人的行为可能使质押财产毁损、灭失的，出质人可以要求质权人将质押财产提存，或者要求提前清偿债务并返还质押财产。

第二百一十六条 因不能归责于质权人的事由可能使质押财产毁损或者价值明显减

少，足以危害质权人权利的，质权人有权要求出质人提供相应的担保；出质人不提供的，质权人可以拍卖、变卖质押财产，并与出质人通过协议将拍卖、变卖所得的价款提前清偿债务或者提存。

第二百一十七条　质权人在质权存续期间，未经出质人同意转质，造成质押财产毁损、灭失的，应当向出质人承担赔偿责任。

第二百一十八条　质权人可以放弃质权。债务人以自己的财产出质，质权人放弃该质权的，其他担保人在质权人丧失优先受偿权益的范围内免除担保责任，但其他担保人承诺仍然提供担保的除外。

第二百一十九条　债务人履行债务或者出质人提前清偿所担保的债权的，质权人应当返还质押财产。

债务人不履行到期债务或者发生当事人约定的实现质权的情形，质权人可以与出质人协议以质押财产折价，也可以就拍卖、变卖质押财产所得的价款优先受偿。

质押财产折价或者变卖的，应当参照市场价格。

第二百二十条　出质人可以请求质权人在债务履行期届满后及时行使质权；质权人不行使的，出质人可以请求人民法院拍卖、变卖质押财产。

出质人请求质权人及时行使质权，因质权人怠于行使权利造成损害的，由质权人承担赔偿责任。

第二百二十一条　质押财产折价或者拍卖、变卖后，其价款超过债权数额的部分归出质人所有，不足部分由债务人清偿。

第二百二十二条　出质人与质权人可以协议设立最高额质权。

最高额质权除适用本节有关规定外，参照本法第十六章第二节最高额抵押权的规定。

第二节　权　利　质　权

第二百二十三条　债务人或者第三人有权处分的下列权利可以出质：

（一）汇票、支票、本票；

（二）债券、存款单；

（三）仓单、提单；

（四）可以转让的基金份额、股权；

（五）可以转让的注册商标专用权、专利权、著作权等知识产权中的财产权；

（六）应收账款；

（七）法律、行政法规规定可以出质的其他财产权利。

第二百二十四条　以汇票、支票、本票、债券、存款单、仓单、提单出质的，当事人应当订立书面合同。质权自权利凭证交付质权人时设立；没有权利凭证的，质权自有关部门办理出质登记时设立。

第二百二十五条　汇票、支票、本票、债券、存款单、仓单、提单的兑现日期或者提货日期先于主债权到期的，质权人可以兑现或者提货，并与出质人协议将兑现的价款或者提取的货物提前清偿债务或者提存。

第二百二十六条　以基金份额、股权出质的，当事人应当订立书面合同。以基金份额、证券登记结算机构登记的股权出质的，质权自证券登记结算机构办理出质登记时设立；以其他股权出质的，质权自工商行政管理部门办理出质登记时设立。

基金份额、股权出质后，不得转让，但经出质人与质权人协商同意的除外。出质人转让基金份额、股权所得的价款，应当向质权人提前清偿债务或者提存。

第二百二十七条 以注册商标专用权、专利权、著作权等知识产权中的财产权出质的，当事人应当订立书面合同。质权自有关主管部门办理出质登记时设立。

知识产权中的财产权出质后，出质人不得转让或者许可他人使用，但经出质人与质权人协商同意的除外。出质人转让或者许可他人使用出质的知识产权中的财产权所得的价款，应当向质权人提前清偿债务或者提存。

第二百二十八条 以应收账款出质的，当事人应当订立书面合同。质权自信贷征信机构办理出质登记时设立。

应收账款出质后，不得转让，但经出质人与质权人协商同意的除外。出质人转让应收账款所得的价款，应当向质权人提前清偿债务或者提存。

第二百二十九条 权利质权除适用本节规定外，适用本章第一节动产质权的规定。

第十八章 留 置 权

第二百三十条 债务人不履行到期债务，债权人可以留置已经合法占有的债务人的动产，并有权就该动产优先受偿。

前款规定的债权人为留置权人，占有的动产为留置财产。

第二百三十一条 债权人留置的动产，应当与债权属于同一法律关系，但企业之间留置的除外。

第二百三十二条 法律规定或者当事人约定不得留置的动产，不得留置。

第二百三十三条 留置财产为可分物的，留置财产的价值应当相当于债务的金额。

第二百三十四条 留置权人负有妥善保管留置财产的义务；因保管不善致使留置财产毁损、灭失的，应当承担赔偿责任。

第二百三十五条 留置权人有权收取留置财产的孳息。

前款规定的孳息应当先充抵收取孳息的费用。

第二百三十六条 留置权人与债务人应当约定留置财产后的债务履行期间；没有约定或者约定不明确的，留置权人应当给债务人两个月以上履行债务的期间，但鲜活易腐等不易保管的动产除外。债务人逾期未履行的，留置权人可以与债务人协议以留置财产折价，也可以就拍卖、变卖留置财产所得的价款优先受偿。

留置财产折价或者变卖的，应当参照市场价格。

第二百三十七条 债务人可以请求留置权人在债务履行期届满后行使留置权；留置权人不行使的，债务人可以请求人民法院拍卖、变卖留置财产。

第二百三十八条 留置财产折价或者拍卖、变卖后，其价款超过债权数额的部分归债务人所有，不足部分由债务人清偿。

第二百三十九条 同一动产上已设立抵押权或者质权，该动产又被留置的，留置权人优先受偿。

第二百四十条 留置权人对留置财产丧失占有或者留置权人接受债务人另行提供担保

的，留置权消灭。

第五编　占　　有

第十九章　占　　有

第二百四十一条　基于合同关系等产生的占有，有关不动产或者动产的使用、收益、违约责任等，按照合同约定；合同没有约定或者约定不明确的，依照有关法律规定。

第二百四十二条　占有人因使用占有的不动产或者动产，致使该不动产或者动产受到损害的，恶意占有人应当承担赔偿责任。

第二百四十三条　不动产或者动产被占有人占有的，权利人可以请求返还原物及其孳息，但应当支付善意占有人因维护该不动产或者动产支出的必要费用。

第二百四十四条　占有的不动产或者动产毁损、灭失，该不动产或者动产的权利人请求赔偿的，占有人应当将因毁损、灭失取得的保险金、赔偿金或者补偿金等返还给权利人；权利人的损害未得到足够弥补的，恶意占有人还应当赔偿损失。

第二百四十五条　占有的不动产或者动产被侵占的，占有人有权请求返还原物；对妨害占有的行为，占有人有权请求排除妨害或者消除危险；因侵占或者妨害造成损害的，占有人有权请求损害赔偿。

占有人返还原物的请求权，自侵占发生之日起一年内未行使的，该请求权消灭。

附　　则

第二百四十六条　法律、行政法规对不动产统一登记的范围、登记机构和登记办法作出规定前，地方性法规可以依照本法有关规定作出规定。

第二百四十七条　本法自 2007 年 10 月 1 日起施行

中华人民共和国行政复议法

主席令第16号

（1999年4月29日第九届全国人民代表大会常务委员会第九次会议通过，根据2009年8月27日第十一届全国人民代表大会常务委员会第十次会议《关于修改部分法律的决定》修正）

第一章 总 则

第一条 为了防止和纠正违法的或者不当的具体行政行为，保护公民、法人和其他组织的合法权益，保障和监督行政机关依法行使职权，根据宪法，制定本法。

第二条 公民、法人或者其他组织认为具体行政行为侵犯其合法权益，向行政机关提出行政复议申请，行政机关受理行政复议申请、作出行政复议决定，适用本法。

第三条 依照本法履行行政复议职责的行政机关是行政复议机关。行政复议机关负责法制工作的机构具体办理行政复议事项，履行下列职责：

（一）受理行政复议申请；

（二）向有关组织和人员调查取证，查阅文件和资料；

（三）审查申请行政复议的具体行政行为是否合法与适当，拟订行政复议决定；

（四）处理或者转送对本法第七条所列有关规定的审查申请；

（五）对行政机关违反本法规定的行为依照规定的权限和程序提出处理建议；

（六）办理因不服行政复议决定提起行政诉讼的应诉事项；

（七）法律、法规规定的其他职责。

第四条 行政复议机关履行行政复议职责，应当遵循合法、公正、公开、及时、便民的原则，坚持有错必纠，保障法律、法规的正确实施。

第五条 公民、法人或者其他组织对行政复议决定不服的，可以依照行政诉讼法的规定向人民法院提起行政诉讼，但是法律规定行政复议决定为最终裁决的除外。

第二章 行政复议范围

第六条 有下列情形之一的，公民、法人或者其他组织可以依照本法申请行政复议：

（一）对行政机关作出的警告、罚款、没收违法所得、没收非法财物、责令停产停业、暂扣或者吊销许可证、暂扣或者吊销执照、行政拘留等行政处罚决定不服的；

（二）对行政机关作出的限制人身自由或者查封、扣押、冻结财产等行政强制措施决定不服的；

（三）对行政机关作出的有关许可证、执照、资质证、资格证等证书变更、中止、撤销的决定不服的；

（四）对行政机关作出的关于确认土地、矿藏、水流、森林、山岭、草原、荒地、滩涂、海域等自然资源的所有权或者使用权的决定不服的；

（五）认为行政机关侵犯合法的经营自主权的；

（六）认为行政机关变更或者废止农业承包合同，侵犯其合法权益的；

（七）认为行政机关违法集资、征收财物、摊派费用或者违法要求履行其他义务的；

（八）认为符合法定条件，申请行政机关颁发许可证、执照、资质证、资格证等证书，或者申请行政机关审批、登记有关事项，行政机关没有依法办理的；

（九）申请行政机关履行保护人身权利、财产权利、受教育权利的法定职责，行政机关没有依法履行的；

（十）申请行政机关依法发放抚恤金、社会保险金或者最低生活保障费，行政机关没有依法发放的；

（十一）认为行政机关的其他具体行政行为侵犯其合法权益的。

第七条 公民、法人或者其他组织认为行政机关的具体行政行为所依据的下列规定不合法，在对具体行政行为申请行政复议时，可以一并向行政复议机关提出对该规定的审查申请：

（一）国务院部门的规定；

（二）县级以上地方各级人民政府及其工作部门的规定；

（三）乡、镇人民政府的规定。

前款所列规定不含国务院部、委员会规章和地方人民政府规章。规章的审查依照法律、行政法规办理。

第八条 不服行政机关作出的行政处分或者其他人事处理决定的，依照有关法律、行政法规的规定提出申诉。

不服行政机关对民事纠纷作出的调解或者其他处理，依法申请仲裁或者向人民法院提起诉讼。

第三章 行政复议申请

第九条 公民、法人或者其他组织认为具体行政行为侵犯其合法权益的，可以自知道该具体行政行为之日起六十日内提出行政复议申请；但是法律规定的申请期限超过六十日的除外。

因不可抗力或者其他正当理由耽误法定申请期限的，申请期限自障碍消除之日起继续计算。

第十条 依照本法申请行政复议的公民、法人或者其他组织是申请人。

有权申请行政复议的公民死亡的，其近亲属可以申请行政复议。有权申请行政复议的公民为无民事行为能力人或者限制民事行为能力人的，其法定代理人可以代为申请行政复议。有权申请行政复议的法人或者其他组织终止的，承受其权利的法人或者其他组织可以申请行政复议。

同申请行政复议的具体行政行为有利害关系的其他公民、法人或者其他组织，可以作为第三人参加行政复议。

公民、法人或者其他组织对行政机关的具体行政行为不服申请行政复议的，作出具体行政行为的行政机关是被申请人。

申请人、第三人可以委托代理人代为参加行政复议。

第十一条 申请人申请行政复议，可以书面申请，也可以口头申请；口头申请的，行政复议机关应当当场记录申请人的基本情况、行政复议请求、申请行政复议的主要事实、理由和时间。

第十二条 对县级以上地方各级人民政府工作部门的具体行政行为不服的，由申请人选择，可以向该部门的本级人民政府申请行政复议，也可以向上一级主管部门申请行政复议。

对海关、金融、国税、外汇管理等实行垂直领导的行政机关和国家安全机关的具体行政行为不服的，向上一级主管部门申请行政复议。

第十三条 对地方各级人民政府的具体行政行为不服的，向上一级地方人民政府申请行政复议。

对省、自治区人民政府依法设立的派出机关所属的县级地方人民政府的具体行政行为不服的，向该派出机关申请行政复议。

第十四条 对国务院部门或者省、自治区、直辖市人民政府的具体行政行为不服的，向作出该具体行政行为的国务院部门或者省、自治区、直辖市人民政府申请行政复议。对行政复议决定不服的，可以向人民法院提起行政诉讼；也可以向国务院申请裁决，国务院依照本法的规定作出最终裁决。

第十五条 对本法第十二条、第十三条、第十四条规定以外的其他行政机关、组织的具体行政行为不服的，按照下列规定申请行政复议：

（一）对县级以上地方人民政府依法设立的派出机关的具体行政行为不服的，向设立该派出机关的人民政府申请行政复议；

（二）对政府工作部门依法设立的派出机构依照法律、法规或者规章规定，以自己的名义作出的具体行政行为不服的，向设立该派出机构的部门或者该部门的本级地方人民政府申请行政复议；

（三）对法律、法规授权的组织的具体行政行为不服的，分别向直接管理该组织的地方人民政府、地方人民政府工作部门或者国务院部门申请行政复议；

（四）对两个或者两个以上行政机关以共同的名义作出的具体行政行为不服的，向其共同上一级行政机关申请行政复议；

（五）对被撤销的行政机关在撤销前所作出的具体行政行为不服的，向继续行使其职权的行政机关的上一级行政机关申请行政复议。

有前款所列情形之一的，申请人也可以向具体行政行为发生地的县级地方人民政府提出行政复议申请，由接受申请的县级地方人民政府依照本法第十八条的规定办理。

第十六条 公民、法人或者其他组织申请行政复议，行政复议机关已经依法受理的，或者法律、法规规定应当先向行政复议机关申请行政复议、对行政复议决定不服再向人民法院提起行政诉讼的，在法定行政复议期限内不得向人民法院提起行政诉讼。

公民、法人或者其他组织向人民法院提起行政诉讼，人民法院已经依法受理的，不得申请行政复议。

第四章 行政复议受理

第十七条 行政复议机关收到行政复议申请后，应当在五日内进行审查，对不符合本法规定的行政复议申请，决定不予受理，并书面告知申请人；对符合本法规定，但是不属于本机关受理的行政复议申请，应当告知申请人向有关行政复议机关提出。

除前款规定外，行政复议申请自行政复议机关负责法制工作的机构收到之日起即为受理。

第十八条 依照本法第十五条第二款的规定接受行政复议申请的县级地方人民政府，对依照本法第十五条第一款的规定属于其他行政复议机关受理的行政复议申请，应当自接到该行政复议申请之日起七日内，转送有关行政复议机关，并告知申请人。接受转送的行政复议机关应当依照本法第十七条的规定办理。

第十九条 法律、法规规定应当先向行政复议机关申请行政复议、对行政复议决定不服再向人民法院提起行政诉讼的，行政复议机关决定不予受理或者受理后超过行政复议期限不作答复的，公民、法人或者其他组织可以自收到不予受理决定书之日起或者行政复议期满之日起十五日内，依法向人民法院提起行政诉讼。

第二十条 公民、法人或者其他组织依法提出行政复议申请，行政复议机关无正当理由不予受理的，上级行政机关应当责令其受理；必要时，上级行政机关也可以直接受理。

第二十一条 行政复议期间具体行政行为不停止执行；但是，有下列情形之一的，可以停止执行：

（一）被申请人认为需要停止执行的；

（二）行政复议机关认为需要停止执行的；

（三）申请人申请停止执行，行政复议机关认为其要求合理，决定停止执行的；

（四）法律规定停止执行的。

第五章 行政复议决定

第二十二条 行政复议原则上采取书面审查的办法，但是申请人提出要求或者行政复议机关负责法制工作的机构认为有必要时，可以向有关组织和人员调查情况，听取申请人、被申请人和第三人的意见。

第二十三条 行政复议机关负责法制工作的机构应当自行政复议申请受理之日起七日内，将行政复议申请书副本或者行政复议申请笔录复印件发送被申请人。被申请人应当自收到申请书副本或者申请笔录复印件之日起十日内，提出书面答复，并提交当初作出具体行政行为的证据、依据和其他有关材料。

申请人、第三人可以查阅被申请人提出的书面答复、作出具体行政行为的证据、依据和其他有关材料，除涉及国家秘密、商业秘密或者个人隐私外，行政复议机关不得拒绝。

第二十四条 在行政复议过程中，被申请人不得自行向申请人和其他有关组织或者个人收集证据。

第二十五条 行政复议决定作出前，申请人要求撤回行政复议申请的，经说明理由，可以撤回；撤回行政复议申请的，行政复议终止。

第二十六条 申请人在申请行政复议时，一并提出对本法第七条所列有关规定的审查申请的，行政复议机关对该规定有权处理的，应当在三十日内依法处理；无权处理的，应当在七日内按照法定程序转送有权处理的行政机关依法处理，有权处理的行政机关应当在六十日内依法处理。处理期间，中止对具体行政行为的审查。

第二十七条 行政复议机关在对被申请人作出的具体行政行为进行审查时，认为其依据不合法，本机关有权处理的，应当在三十日内依法处理；无权处理的，应当在七日内按照法定程序转送有权处理的国家机关依法处理。处理期间，中止对具体行政行为的审查。

第二十八条 行政复议机关负责法制工作的机构应当对被申请人作出的具体行政行为进行审查，提出意见，经行政复议机关的负责人同意或者集体讨论通过后，按照下列规定作出行政复议决定：

（一）具体行政行为认定事实清楚，证据确凿，适用依据正确，程序合法，内容适当的，决定维持；

（二）被申请人不履行法定职责的，决定其在一定期限内履行；

（三）具体行政行为有下列情形之一的，决定撤销、变更或者确认该具体行政行为违法；决定撤销或者确认该具体行政行为违法的，可以责令被申请人在一定期限内重新作出具体行政行为：

1. 主要事实不清、证据不足的；
2. 适用依据错误的；
3. 违反法定程序的；
4. 超越或者滥用职权的；
5. 具体行政行为明显不当的。

（四）被申请人不按照本法第二十三条的规定提出书面答复、提交当初作出具体行政行为的证据、依据和其他有关材料的，视为该具体行政行为没有证据、依据，决定撤销该具体行政行为。

行政复议机关责令被申请人重新作出具体行政行为的，被申请人不得以同一的事实和理由作出与原具体行政行为相同或者基本相同的具体行政行为。

第二十九条 申请人在申请行政复议时可以一并提出行政赔偿请求，行政复议机关对符合国家赔偿法的有关规定应当给予赔偿的，在决定撤销、变更具体行政行为或者确认具体行政行为违法时，应当同时决定被申请人依法给予赔偿。

申请人在申请行政复议时没有提出行政赔偿请求的，行政复议机关在依法决定撤销或者变更罚款，撤销违法集资、没收财物、征收财物、摊派费用以及对财产的查封、扣押、冻结等具体行政行为时，应当同时责令被申请人返还财产，解除对财产的查封、扣押、冻结措施，或者赔偿相应的价款。

第三十条 公民、法人或者其他组织认为行政机关的具体行政行为侵犯其已经依法取得的土地、矿藏、水流、森林、山岭、草原、荒地、滩涂、海域等自然资源的所有权或者使用权的，应当先申请行政复议；对行政复议决定不服的，可以依法向人民法院提起行政诉讼。

根据国务院或者省、自治区、直辖市人民政府对行政区划的勘定、调整或者征收土地的决定，省、自治区、直辖市人民政府确认土地、矿藏、水流、森林、山岭、草原、荒地、滩涂、海域等自然资源的所有权或者使用权的行政复议决定为最终裁决。

第三十一条　行政复议机关应当自受理申请之日起六十日内作出行政复议决定；但是法律规定的行政复议期限少于六十日的除外。情况复杂，不能在规定期限内作出行政复议决定的，经行政复议机关的负责人批准，可以适当延长，并告知申请人和被申请人；但是延长期限最多不超过三十日。

行政复议机关作出行政复议决定，应当制作行政复议决定书，并加盖印章。

行政复议决定书一经送达，即发生法律效力。

第三十二条　被申请人应当履行行政复议决定。

被申请人不履行或者无正当理由拖延履行行政复议决定的，行政复议机关或者有关上级行政机关应当责令其限期履行。

第三十三条　申请人逾期不起诉又不履行行政复议决定的，或者不履行最终裁决的行政复议决定的，按照下列规定分别处理：

（一）维持具体行政行为的行政复议决定，由作出具体行政行为的行政机关依法强制执行，或者申请人民法院强制执行；

（二）变更具体行政行为的行政复议决定，由行政复议机关依法强制执行，或者申请人民法院强制执行。

第六章　法　律　责　任

第三十四条　行政复议机关违反本法规定，无正当理由不予受理依法提出的行政复议申请或者不按照规定转送行政复议申请的，或者在法定期限内不作出行政复议决定的，对直接负责的主管人员和其他直接责任人员依法给予警告、记过、记大过的行政处分；经责令受理仍不受理或者不按照规定转送行政复议申请，造成严重后果的，依法给予降级、撤职、开除的行政处分。

第三十五条　行政复议机关工作人员在行政复议活动中，徇私舞弊或者有其他渎职、失职行为的，依法给予警告、记过、记大过的行政处分；情节严重的，依法给予降级、撤职、开除的行政处分；构成犯罪的，依法追究刑事责任。

第三十六条　被申请人违反本法规定，不提出书面答复或者不提交作出具体行政行为的证据、依据和其他有关材料，或者阻挠、变相阻挠公民、法人或者其他组织依法申请行政复议的，对直接负责的主管人员和其他直接责任人员依法给予警告、记过、记大过的行政处分；进行报复陷害的，依法给予降级、撤职、开除的行政处分；构成犯罪的，依法追究刑事责任。

第三十七条　被申请人不履行或者无正当理由拖延履行行政复议决定的，对直接负责的主管人员和其他直接责任人员依法给予警告、记过、记大过的行政处分；经责令履行仍拒不履行的，依法给予降级、撤职、开除的行政处分。

第三十八条　行政复议机关负责法制工作的机构发现有无正当理由不予受理行政复议申请、不按照规定期限作出行政复议决定、徇私舞弊、对申请人打击报复或者不履行行政复议决定等情形的，应当向有关行政机关提出建议，有关行政机关应当依照本法和有关法律、行政法规的规定作出处理。

第七章　附　　则

第三十九条　行政复议机关受理行政复议申请，不得向申请人收取任何费用。行政复议活动所需经费，应当列入本机关的行政经费，由本级财政予以保障。

第四十条　行政复议期间的计算和行政复议文书的送达，依照民事诉讼法关于期间、送达的规定执行。

本法关于行政复议期间有关“五日”、“七日”的规定是指工作日，不含节假日。

第四十一条　外国人、无国籍人、外国组织在中华人民共和国境内申请行政复议，适用本法。

第四十二条　本法施行前公布的法律有关行政复议的规定与本法的规定不一致的，以本法的规定为准。

第四十三条　本法自1999年10月1日起施行。1990年12月24日国务院发布、1994年10月9日国务院修订发布的《行政复议条例》同时废止。

中华人民共和国行政处罚法

主席令第 63 号

（1996 年 3 月 17 日公布，自 1996 年 10 月 1 日起施行，2009 年 8 月 27 日修正）

第一章 总 则

第一条 为了规范行政处罚的设定和实施，保障和监督行政机关有效实施行政管理，维护公共利益和社会秩序，保护公民、法人或者其他组织的合法权益，根据宪法，制定本法。

第二条 行政处罚的设定和实施，适用本法。

第三条 公民、法人或者其他组织违反行政管理秩序的行为，应当给予行政处罚的，依照本法由法律、法规或者规章规定，并由行政机关依照本法规定的程序实施。

没有法定依据或者不遵守法定程序的，行政处罚无效。

第四条 行政处罚遵循公正、公开的原则。

设定和实施行政处罚必须以事实为依据，与违法行为的事实、性质、情节以及社会危害程度相当。

对违法行为给予行政处罚的规定必须公布；未经公布的，不得作为行政处罚的依据。

第五条 实施行政处罚，纠正违法行为，应当坚持处罚与教育相结合，教育公民、法人或者其他组织自觉守法。

第六条 公民、法人或者其他组织对行政机关所给予的行政处罚，享有陈述权、申辩权；对行政处罚不服的，有权依法申请行政复议或者提起行政诉讼。

公民、法人或者其他组织因行政机关违法给予行政处罚受到损害的，有权依法提出赔偿要求。

第七条 公民、法人或者其他组织因违法受到行政处罚，其违法行为对他人造成损害的，应当依法承担民事责任。

违法行为构成犯罪，应当依法追究刑事责任，不得以行政处罚代替刑事处罚。

第二章 行政处罚的种类和设定

第八条 行政处罚的种类：

（一）警告；

（二）罚款；

（三）没收违法所得、没收非法财物；

（四）责令停产停业；

（五）暂扣或者吊销许可证、暂扣或者吊销执照；

（六）行政拘留；

（七）法律、行政法规规定的其他行政处罚。

第九条 法律可以设定各种行政处罚。

限制人身自由的行政处罚，只能由法律设定。

第十条 行政法规可以设定除限制人身自由以外的行政处罚。

法律对违法行为已经作出行政处罚规定，行政法规需要作出具体规定的，必须在法律规定的给予行政处罚的行为、种类和幅度的范围内规定。

第十一条 地方性法规可以设定除限制人身自由、吊销企业营业执照以外的行政处罚。

法律、行政法规对违法行为已经作出行政处罚规定，地方性法规需要作出具体规定的，必须在法律、行政法规规定的给予行政处罚的行为、种类和幅度的范围内规定。

第十二条 国务院部、委员会制定的规章可以在法律、行政法规规定的给予行政处罚的行为、种类和幅度的范围内作出具体规定。

尚未制定法律、行政法规的，前款规定的国务院部、委员会制定的规章对违反行政管理秩序的行为，可以设定警告或者一定数量罚款的行政处罚。罚款的限额由国务院规定。

国务院可以授权具有行政处罚权的直属机构依照本条第一款、第二款的规定，规定行政处罚。

第十三条 省、自治区、直辖市人民政府和省、自治区人民政府所在地的市人民政府以及经国务院批准的较大的市人民政府制定的规章可以在法律、法规规定的给予行政处罚的行为、种类和幅度的范围内作出具体规定。

尚未制定法律、法规的，前款规定的人民政府制定的规章对违反行政管理秩序的行为，可以设定警告或者一定数量罚款的行政处罚。罚款的限额由省、自治区、直辖市人民代表大会常务委员会规定。

第十四条 除本法第九条、第十条、第十一条、第十二条以及第十三条的规定外，其他规范性文件不得设定行政处罚。

第三章　行政处罚的实施机关

第十五条 行政处罚由具有行政处罚权的行政机关在法定职权范围内实施。

第十六条 国务院或者经国务院授权的省、自治区、直辖市人民政府可以决定一个行政机关行使有关行政机关的行政处罚权，但限制人身自由的行政处罚权只能由公安机关行使。

第十七条 法律、法规授权的具有管理公共事务职能的组织可以在法定授权范围内实施行政处罚。

第十八条 行政机关依照法律、法规或者规章的规定，可以在其法定权限内委托符合本法第十九条规定条件的组织实施行政处罚。行政机关不得委托其他组织或者个人实施行政处罚。

委托行政机关对受委托的组织实施行政处罚的行为应当负责监督，并对该行为的后果承担法律责任。

受委托组织在委托范围内，以委托行政机关名义实施行政处罚；不得再委托其他任何组织或者个人实施行政处罚。

第十九条 受委托组织必须符合以下条件：

（一）依法成立的管理公共事务的事业组织；

（二）具有熟悉有关法律、法规、规章和业务的工作人员；

（三）对违法行为需要进行技术检查或者技术鉴定的，应当有条件组织进行相应的技术检查或者技术鉴定。

第四章 行政处罚的管辖和适用

第二十条 行政处罚由违法行为发生地的县级以上地方人民政府具有行政处罚权的行政机关管辖。法律、行政法规另有规定的除外。

第二十一条 对管辖发生争议的，报请共同的上一级行政机关指定管辖。

第二十二条 违法行为构成犯罪的，行政机关必须将案件移送司法机关，依法追究刑事责任。

第二十三条 行政机关实施行政处罚时，应当责令当事人改正或者限期改正违法行为。

第二十四条 对当事人的同一个违法行为，不得给予两次以上罚款的行政处罚。

第二十五条 不满十四周岁的人有违法行为的，不予行政处罚，责令监护人加以管教；已满十四周岁不满十八周岁的人有违法行为的，从轻或者减轻行政处罚。

第二十六条 精神病人在不能辨认或者不能控制自己行为时有违法行为的，不予行政处罚，但应当责令其监护人严加看管和治疗。间歇性精神病人在精神正常时有违法行为的，应当给予行政处罚。

第二十七条 当事人有下列情形之一的，应当依法从轻或者减轻行政处罚：

（一）主动消除或者减轻违法行为危害后果的；

（二）受他人胁迫有违法行为的；

（三）配合行政机关查处违法行为有立功表现的；

（四）其他依法从轻或者减轻行政处罚的。

违法行为轻微并及时纠正，没有造成危害后果的，不予行政处罚。

第二十八条 违法行为构成犯罪，人民法院判处拘役或者有期徒刑时，行政机关已经给予当事人行政拘留的，应当依法折抵相应刑期。

违法行为构成犯罪，人民法院判处罚金时，行政机关已经给予当事人罚款的，应当折抵相应罚金。

第二十九条 违法行为在二年内未被发现的，不再给予行政处罚。法律另有规定的除外。

前款规定的期限，从违法行为发生之日起计算；违法行为有连续或者继续状态的，从行为终了之日起计算。

第五章 行政处罚的决定

第三十条 公民、法人或者其他组织违反行政管理秩序的行为，依法应当给予行政处罚的，行政机关必须查明事实；违法事实不清的，不得给予行政处罚。

第三十一条 行政机关在作出行政处罚决定之前，应当告知当事人作出行政处罚决定的事实、理由及依据，并告知当事人依法享有的权利。

第三十二条 当事人有权进行陈述和申辩。行政机关必须充分听取当事人的意见，对当事人提出的事实、理由和证据，应当进行复核；当事人提出的事实、理由或者证据成立的，行政机关应当采纳。

行政机关不得因当事人申辩而加重处罚。

第一节 简 易 程 序

第三十三条 违法事实确凿并有法定依据，对公民处以五十元以下、对法人或者其他组织处以一千元以下罚款或者警告的行政处罚的，可以当场作出行政处罚决定。当事人应当依照本法第四十六条、第四十七条、第四十八条的规定履行行政处罚决定。

第三十四条 执法人员当场作出行政处罚决定的，应当向当事人出示执法身份证件，填写预定格式、编有号码的行政处罚决定书。行政处罚决定书应当当场交付当事人。

前款规定的行政处罚决定书应当载明当事人的违法行为、行政处罚依据、罚款数额、时间、地点以及行政机关名称，并由执法人员签名或者盖章。

执法人员当场作出的行政处罚决定，必须报所属行政机关备案。

第三十五条 当事人对当场作出的行政处罚决定不服的，可以依法申请行政复议或者提起行政诉讼。

第二节 一 般 程 序

第三十六条 除本法第三十三条规定的可以当场作出的行政处罚外，行政机关发现公民、法人或者其他组织有依法应当给予行政处罚的行为的，必须全面、客观、公正地调查，收集有关证据；必要时，依照法律、法规的规定，可以进行检查。

第三十七条 行政机关在调查或者进行检查时，执法人员不得少于两人，并应当向当事人或者有关人员出示证件。当事人或者有关人员应当如实回答询问，并协助调查或者检查，不得阻挠。询问或者检查应当制作笔录。

行政机关在收集证据时，可以采取抽样取证的方法；在证据可能灭失或者以后难以取得的情况下，经行政机关负责人批准，可以先行登记保存，并应当在七日内及时作出处理决定，在此期间，当事人或者有关人员不得销毁或者转移证据。

执法人员与当事人有直接利害关系的，应当回避。

第三十八条 调查终结，行政机关负责人应当对调查结果进行审查，根据不同情况，分别作出如下决定：

（一）确有应受行政处罚的违法行为的，根据情节轻重及具体情况，作出行政处罚决定；

（二）违法行为轻微，依法可以不予行政处罚的，不予行政处罚；

（三）违法事实不能成立的，不得给予行政处罚；

（四）违法行为已构成犯罪的，移送司法机关。

对情节复杂或者重大违法行为给予较重的行政处罚，行政机关的负责人应当集体讨论决定。

第三十九条 行政机关依照本法第三十八条的规定给予行政处罚，应当制作行政处罚决定书。行政处罚决定书应当载明下列事项：

（一）当事人的姓名或者名称、地址；

（二）违反法律、法规或者规章的事实和证据；

（三）行政处罚的种类和依据；

（四）行政处罚的履行方式和期限；

（五）不服行政处罚决定，申请行政复议或者提起行政诉讼的途径和期限；

（六）作出行政处罚决定的行政机关名称和作出决定的日期。

行政处罚决定书必须盖有作出行政处罚决定的行政机关的印章。

第四十条 行政处罚决定书应当在宣告后当场交付当事人；当事人不在场的，行政机关应当在七日内依照民事诉讼法的有关规定，将行政处罚决定书送达当事人。

第四十一条 行政机关及其执法人员在作出行政处罚决定之前，不依照本法第三十一条、第三十二条的规定向当事人告知给予行政处罚的事实、理由和依据，或者拒绝听取当事人的陈述、申辩，行政处罚决定不能成立；当事人放弃陈述或者申辩权利的除外。

第三节 听 证 程 序

第四十二条 行政机关作出责令停产停业、吊销许可证或者执照、较大数额罚款等行政处罚决定之前，应当告知当事人有要求举行听证的权利；当事人要求听证的，行政机关应当组织听证。当事人不承担行政机关组织听证的费用。听证依照以下程序组织：

（一）当事人要求听证的，应当在行政机关告知后三日内提出；

（二）行政机关应当在听证的七日前，通知当事人举行听证的时间、地点；

（三）除涉及国家秘密、商业秘密或者个人隐私外，听证公开举行；

（四）听证由行政机关指定的非本案调查人员主持；当事人认为主持人与本案有直接利害关系的，有权申请回避；

（五）当事人可以亲自参加听证，也可以委托一至二人代理；

（六）举行听证时，调查人员提出当事人违法的事实、证据和行政处罚建议；当事人进行申辩和质证；

（七）听证应当制作笔录；笔录应当交当事人审核无误后签字或者盖章。

当事人对限制人身自由的行政处罚有异议的，依照治安管理处罚法有关规定执行。

第四十三条 听证结束后，行政机关依照本法第三十八条的规定，作出决定。

第六章 行 政 处 罚 的 执 行

第四十四条 行政处罚决定依法作出后，当事人应当在行政处罚决定的期限内，予以履行。

第四十五条 当事人对行政处罚决定不服申请行政复议或者提起行政诉讼的，行政处罚不停止执行，法律另有规定的除外。

第四十六条 作出罚款决定的行政机关应当与收缴罚款的机构分离。

除依照本法第四十七条、第四十八条的规定当场收缴的罚款外，作出行政处罚决定的行政机关及其执法人员不得自行收缴罚款。

当事人应当自收到行政处罚决定书之日起十五日内，到指定的银行缴纳罚款。银行应当收受罚款，并将罚款直接上缴国库。

第四十七条 依照本法第三十三条的规定当场作出行政处罚决定，有下列情形之一的，执法人员可以当场收缴罚款：

（一）依法给予二十元以下的罚款的；

（二）不当场收缴事后难以执行的。

第四十八条 在边远、水上、交通不便地区，行政机关及其执法人员依照本法第三十三条、第三十八条的规定作出罚款决定后，当事人向指定的银行缴纳罚款确有困难，经当事人提出，行政机关及其执法人员可以当场收缴罚款。

第四十九条 行政机关及其执法人员当场收缴罚款的，必须向当事人出具省、自治区、直辖市财政部门统一制发的罚款收据；不出具财政部门统一制发的罚款收据的，当事人有权拒绝缴纳罚款。

第五十条 执法人员当场收缴的罚款，应当自收缴罚款之日起二日内，交至行政机关；在水上当场收缴的罚款，应当自抵岸之日起二日内交至行政机关；行政机关应当在二日内将罚款缴付指定的银行。

第五十一条 当事人逾期不履行行政处罚决定的，作出行政处罚决定的行政机关可以采取下列措施：

（一）到期不缴纳罚款的，每日按罚款数额的百分之三加处罚款；

（二）根据法律规定，将查封、扣押的财物拍卖或者将冻结的存款划拨抵缴罚款；

（三）申请人民法院强制执行。

第五十二条 当事人确有经济困难，需要延期或者分期缴纳罚款的，经当事人申请和行政机关批准，可以暂缓或者分期缴纳。

第五十三条 除依法应当予以销毁的物品外，依法没收的非法财物必须按照国家规定公开拍卖或者按照国家有关规定处理。

罚款、没收违法所得或者没收非法财物拍卖的款项，必须全部上缴国库，任何行政机关或者个人不得以任何形式截留、私分或者变相私分；财政部门不得以任何形式向作出行政处罚决定的行政机关返还罚款、没收的违法所得或者返还没收非法财物的拍卖款项。

第五十四条 行政机关应当建立健全对行政处罚的监督制度。县级以上人民政府应当加强对行政处罚的监督检查。

公民、法人或者其他组织对行政机关作出的行政处罚，有权申诉或者检举；行政机关应当认真审查，发现行政处罚有错误的，应当主动改正。

第七章 法律责任

第五十五条 行政机关实施行政处罚，有下列情形之一的，由上级行政机关或者有关部门责令改正，可以对直接负责的主管人员和其他直接责任人员依法给予行政处分：

（一）没有法定的行政处罚依据的；

（二）擅自改变行政处罚种类、幅度的；

（三）违反法定的行政处罚程序的；

（四）违反本法第十八条关于委托处罚的规定的。

第五十六条　行政机关对当事人进行处罚不使用罚款、没收财物单据或者使用非法定部门制发的罚款、没收财物单据的，当事人有权拒绝处罚，并有权予以检举。上级行政机关或者有关部门对使用的非法单据予以收缴销毁，对直接负责的主管人员和其他直接责任人员依法给予行政处分。

第五十七条　行政机关违反本法第四十六条的规定自行收缴罚款的，财政部门违反本法第五十三条的规定向行政机关返还罚款或者拍卖款项的，由上级行政机关或者有关部门责令改正，对直接负责的主管人员和其他直接责任人员依法给予行政处分。

第五十八条　行政机关将罚款、没收的违法所得或者财物截留、私分或者变相私分的，由财政部门或者有关部门予以追缴，对直接负责的主管人员和其他直接责任人员依法给予行政处分；情节严重构成犯罪的，依法追究刑事责任。

执法人员利用职务上的便利，索取或者收受他人财物、收缴罚款据为己有，构成犯罪的，依法追究刑事责任；情节轻微不构成犯罪的，依法给予行政处分。

第五十九条　行政机关使用或者损毁扣押的财物，对当事人造成损失的，应当依法予以赔偿，对直接负责的主管人员和其他直接责任人员依法给予行政处分。

第六十条　行政机关违法实行检查措施或者执行措施，给公民人身或者财产造成损害、给法人或者其他组织造成损失的，应当依法予以赔偿，对直接负责的主管人员和其他直接责任人员依法给予行政处分；情节严重构成犯罪的，依法追究刑事责任。

第六十一条　行政机关为牟取本单位私利，对应当依法移交司法机关追究刑事责任的不移交，以行政处罚代替刑罚，由上级行政机关或者有关部门责令纠正；拒不纠正的，对直接负责的主管人员给予行政处分；徇私舞弊、包庇纵容违法行为的，依照刑法有关规定追究刑事责任。

第六十二条　执法人员玩忽职守，对应当予以制止和处罚的违法行为不予制止、处罚，致使公民、法人或者其他组织的合法权益、公共利益和社会秩序遭受损害的，对直接负责的主管人员和其他直接责任人员依法给予行政处分；情节严重构成犯罪的，依法追究刑事责任。

第八章　附　　则

第六十三条　本法第四十六条罚款决定与罚款收缴分离的规定，由国务院制定具体实施办法。

第六十四条　本法自1996年10月1日起施行。

本法公布前制定的法规和规章关于行政处罚的规定与本法不符合的，应当自本法公布之日起，依照本法规定予以修订，在1997年12月31日前修订完毕。

中华人民共和国建筑法

主席令第46号

（1997年11月1日第八届全国人民代表大会常务委员会第二十八次会议通过，根据2011年4月22日第十一届全国人民代表大会常务委员会第二十次会议《关于修改〈中华人民共和国建筑法〉的决定》修正）

第一章 总 则

第一条 为了加强对建筑活动的监督管理，维护建筑市场秩序，保证建筑工程的质量和安全，促进建筑业健康发展，制定本法。

第二条 在中华人民共和国境内从事建筑活动，实施对建筑活动的监督管理，应当遵守本法。

本法所称建筑活动，是指各类房屋建筑及其附属设施的建造和与其配套的线路、管道、设备的安装活动。

第三条 建筑活动应当确保建筑工程质量和安全，符合国家的建筑工程安全标准。

第四条 国家扶持建筑业的发展，支持建筑科学技术研究，提高房屋建筑设计水平，鼓励节约能源和保护环境，提倡采用先进技术、先进设备、先进工艺、新型建筑材料和现代管理方式。

第五条 从事建筑活动应当遵守法律、法规，不得损害社会公共利益和他人的合法权益。

任何单位和个人都不得妨碍和阻挠依法进行的建筑活动。

第六条 国务院建设行政主管部门对全国的建筑活动实施统一监督管理。

第二章 建 筑 许 可

第一节 建筑工程施工许可

第七条 建筑工程开工前，建设单位应当按照国家有关规定向工程所在地县级以上人民政府建设行政主管部门申请领取施工许可证；但是，国务院建设行政主管部门确定的限额以下的小型工程除外。

按照国务院规定的权限和程序批准开工报告的建筑工程，不再领取施工许可证。

第八条 申请领取施工许可证，应当具备下列条件：

（一）已经办理该建筑工程用地批准手续；

（二）在城市规划区的建筑工程，已经取得规划许可证；

（三）需要拆迁的，其拆迁进度符合施工要求；

（四）已经确定建筑施工企业；

（五）有满足施工需要的施工图纸及技术资料；

（六）有保证工程质量和安全的具体措施；

（七）建设资金已经落实；

（八）法律、行政法规规定的其他条件。

建设行政主管部门应当自收到申请之日起十五日内，对符合条件的申请颁发施工许可证。

第九条　建设单位应当自领取施工许可证之日起三个月内开工。因故不能按期开工的，应当向发证机关申请延期；延期以两次为限，每次不超过三个月。既不开工又不申请延期或者超过延期时限的，施工许可证自行废止。

第十条　在建的建筑工程因故中止施工的，建设单位应当自中止施工之日起一个月内，向发证机关报告，并按照规定做好建筑工程的维护管理工作。

建筑工程恢复施工时，应当向发证机关报告；中止施工满一年的工程恢复施工前，建设单位应当报发证机关核验施工许可证。

第十一条　按照国务院有关规定批准开工报告的建筑工程，因故不能按期开工或者中止施工的，应当及时向批准机关报告情况。因故不能按期开工超过六个月的，应当重新办理开工报告的批准手续。

第二节　从　业　资　格

第十二条　从事建筑活动的建筑施工企业、勘察单位、设计单位和工程监理单位，应当具备下列条件：

（一）有符合国家规定的注册资本；

（二）有与其从事的建筑活动相适应的具有法定执业资格的专业技术人员；

（三）有从事相关建筑活动所应有的技术装备；

（四）法律、行政法规规定的其他条件。

第十三条　从事建筑活动的建筑施工企业、勘察单位、设计单位和工程监理单位，按照其拥有的注册资本、专业技术人员、技术装备和已完成的建筑工程业绩等资质条件，划分为不同的资质等级，经资质审查合格，取得相应等级的资质证书后，方可在其资质等级许可的范围内从事建筑活动。

第十四条　从事建筑活动的专业技术人员，应当依法取得相应的执业资格证书，并在执业资格证书许可的范围内从事建筑活动。

第三章　建筑工程发包与承包

第一节　一　般　规　定

第十五条　建筑工程的发包单位与承包单位应当依法订立书面合同，明确双方的权利和义务。

发包单位和承包单位应当全面履行合同约定的义务。不按照合同约定履行义务的，依法承担违约责任。

第十六条　建筑工程发包与承包的招标投标活动，应当遵循公开、公正、平等竞争的原则，择优选择承包单位。

建筑工程的招标投标，本法没有规定的，适用有关招标投标法律的规定。

第十七条 发包单位及其工作人员在建筑工程发包中不得收受贿赂、回扣或者索取其他好处。

承包单位及其工作人员不得利用向发包单位及其工作人员行贿、提供回扣或者给予其他好处等不正当手段承揽工程。

第十八条 建筑工程造价应当按照国家有关规定，由发包单位与承包单位在合同中约定。公开招标发包的，其造价的约定，须遵守招标投标法律的规定。

发包单位应当按照合同的约定，及时拨付工程款项。

第二节 发 包

第十九条 建筑工程依法实行招标发包，对不适于招标发包的可以直接发包。

第二十条 建筑工程实行公开招标的，发包单位应当依照法定程序和方式，发布招标公告，提供载有招标工程的主要技术要求、主要的合同条款、评标的标准和方法以及开标、评标、定标的程序等内容的招标文件。

开标应当在招标文件规定的时间、地点公开进行。开标后应当按照招标文件规定的评标标准和程序对标书进行评价、比较，在具备相应资质条件的投标者中，择优选定中标者。

第二十一条 建筑工程招标的开标、评标、定标由建设单位依法组织实施，并接受有关行政主管部门的监督。

第二十二条 建筑工程实行招标发包的，发包单位应当将建筑工程发包给依法中标的承包单位。建筑工程实行直接发包的，发包单位应当将建筑工程发包给具有相应资质条件的承包单位。

第二十三条 政府及其所属部门不得滥用行政权力，限定发包单位将招标发包的建筑工程发包给指定的承包单位。

第二十四条 提倡对建筑工程实行总承包，禁止将建筑工程肢解发包。

建筑工程的发包单位可以将建筑工程的勘察、设计、施工、设备采购一并发包给一个工程总承包单位，也可以将建筑工程勘察、设计、施工、设备采购的一项或者多项发包给一个工程总承包单位；但是，不得将应当由一个承包单位完成的建筑工程肢解成若干部分发包给几个承包单位。

第二十五条 按照合同约定，建筑材料、建筑构配件和设备由工程承包单位采购的，发包单位不得指定承包单位购入用于工程的建筑材料、建筑构配件和设备或者指定生产厂、供应商。

第三节 承 包

第二十六条 承包建筑工程的单位应当持有依法取得的资质证书，并在其资质等级许可的业务范围内承揽工程。

禁止建筑施工企业超越本企业资质等级许可的业务范围或者以任何形式用其他建筑施工企业的名义承揽工程。禁止建筑施工企业以任何形式允许其他单位或者个人使用本企业的资质证书、营业执照，以本企业的名义承揽工程。

第二十七条 大型建筑工程或者结构复杂的建筑工程，可以由两个以上的承包单位联合共同承包。共同承包的各方对承包合同的履行承担连带责任。

两个以上不同资质等级的单位实行联合共同承包的，应当按照资质等级低的单位的业务许可范围承揽工程。

第二十八条　禁止承包单位将其承包的全部建筑工程转包给他人，禁止承包单位将其承包的全部建筑工程肢解以后以分包的名义分别转包给他人。

第二十九条　建筑工程总承包单位可以将承包工程中的部分工程发包给具有相应资质条件的分包单位；但是，除总承包合同中约定的分包外，必须经建设单位认可。施工总承包的，建筑工程主体结构的施工必须由总承包单位自行完成。

建筑工程总承包单位按照总承包合同的约定对建设单位负责；分包单位按照分包合同的约定对总承包单位负责。总承包单位和分包单位就分包工程对建设单位承担连带责任。

禁止总承包单位将工程分包给不具备相应资质条件的单位。禁止分包单位将其承包的工程再分包。

第四章　建筑工程监理

第三十条　国家推行建筑工程监理制度。

国务院可以规定实行强制监理的建筑工程的范围。

第三十一条　实行监理的建筑工程，由建设单位委托具有相应资质条件的工程监理单位监理。建设单位与其委托的工程监理单位应当订立书面委托监理合同。

第三十二条　建筑工程监理应当依照法律、行政法规及有关的技术标准、设计文件和建筑工程承包合同，对承包单位在施工质量、建设工期和建设资金使用等方面，代表建设单位实施监督。

工程监理人员认为工程施工不符合工程设计要求、施工技术标准和合同约定的，有权要求建筑施工企业改正。

工程监理人员发现工程设计不符合建筑工程质量标准或者合同约定的质量要求的，应当报告建设单位要求设计单位改正。

第三十三条　实施建筑工程监理前，建设单位应当将委托的工程监理单位、监理的内容及监理权限，书面通知被监理的建筑施工企业。

第三十四条　工程监理单位应当在其资质等级许可的监理范围内，承担工程监理业务。

工程监理单位应当根据建设单位的委托，客观、公正地执行监理任务。

工程监理单位与被监理工程的承包单位以及建筑材料、建筑构配件和设备供应单位不得有隶属关系或者其他利害关系。

工程监理单位不得转让工程监理业务。

第三十五条　工程监理单位不按照委托监理合同的约定履行监理义务，对应当监督检查的项目不检查或者不按照规定检查，给建设单位造成损失的，应当承担相应的赔偿责任。

工程监理单位与承包单位串通，为承包单位谋取非法利益，给建设单位造成损失的，应当与承包单位承担连带赔偿责任。

第五章　建筑安全生产管理

第三十六条　建筑工程安全生产管理必须坚持安全第一、预防为主的方针，建立健全安全生产的责任制度和群防群治制度。

第三十七条　建筑工程设计应当符合按照国家规定制定的建筑安全规程和技术规范，保证工程的安全性能。

第三十八条　建筑施工企业在编制施工组织设计时，应当根据建筑工程的特点制定相应的安全技术措施；对专业性较强的工程项目，应当编制专项安全施工组织设计，并采取安全技术措施。

第三十九条　建筑施工企业应当在施工现场采取维护安全、防范危险、预防火灾等措施；有条件的，应当对施工现场实行封闭管理。

施工现场对毗邻的建筑物、构筑物和特殊作业环境可能造成损害的，建筑施工企业应当采取安全防护措施。

第四十条　建设单位应当向建筑施工企业提供与施工现场相关的地下管线资料，建筑施工企业应当采取措施加以保护。

第四十一条　建筑施工企业应当遵守有关环境保护和安全生产的法律、法规的规定，采取控制和处理施工现场的各种粉尘、废气、废水、固体废物以及噪声、振动对环境的污染和危害的措施。

第四十二条　有下列情形之一的，建设单位应当按照国家有关规定办理申请批准手续：

（一）需要临时占用规划批准范围以外场地的；

（二）可能损坏道路、管线、电力、邮电通信等公共设施的；

（三）需要临时停水、停电、中断道路交通的；

（四）需要进行爆破作业的；

（五）法律、法规规定需要办理报批手续的其他情形。

第四十三条　建设行政主管部门负责建筑安全生产的管理，并依法接受劳动行政主管部门对建筑安全生产的指导和监督。

第四十四条　建筑施工企业必须依法加强对建筑安全生产的管理，执行安全生产责任制度，采取有效措施，防止伤亡和其他安全生产事故的发生。

建筑施工企业的法定代表人对本企业的安全生产负责。

第四十五条　施工现场安全由建筑施工企业负责。实行施工总承包的，由总承包单位负责。分包单位向总承包单位负责，服从总承包单位对施工现场的安全生产管理。

第四十六条　建筑施工企业应当建立健全劳动安全生产教育培训制度，加强对职工安全生产的教育培训；未经安全生产教育培训的人员，不得上岗作业。

第四十七条　建筑施工企业和作业人员在施工过程中，应当遵守有关安全生产的法律、法规和建筑行业安全规章、规程，不得违章指挥或者违章作业。作业人员有权对影响人身健康的作业程序和作业条件提出改进意见，有权获得安全生产所需的防护用品。作业人员对危及生命安全和人身健康的行为有权提出批评、检举和控告。

第四十八条 建筑施工企业应当依法为职工参加工伤保险缴纳工伤保险费。鼓励企业为从事危险作业的职工办理意外伤害保险，支付保险费。

第四十九条 涉及建筑主体和承重结构变动的装修工程，建设单位应当在施工前委托原设计单位或者具有相应资质条件的设计单位提出设计方案；没有设计方案的，不得施工。

第五十条 房屋拆除应当由具备保证安全条件的建筑施工单位承担，由建筑施工单位负责人对安全负责。

第五十一条 施工中发生事故时，建筑施工企业应当采取紧急措施减少人员伤亡和事故损失，并按照国家有关规定及时向有关部门报告。

第六章 建筑工程质量管理

第五十二条 建筑工程勘察、设计、施工的质量必须符合国家有关建筑工程安全标准的要求，具体管理办法由国务院规定。

有关建筑工程安全的国家标准不能适应确保建筑安全的要求时，应当及时修订。

第五十三条 国家对从事建筑活动的单位推行质量体系认证制度。从事建筑活动的单位根据自愿原则可以向国务院产品质量监督管理部门或者国务院产品质量监督管理部门授权的部门认可的认证机构申请质量体系认证。经认证合格的，由认证机构颁发质量体系认证证书。

第五十四条 建设单位不得以任何理由，要求建筑设计单位或者建筑施工企业在工程设计或者施工作业中，违反法律、行政法规和建筑工程质量、安全标准，降低工程质量。

建筑设计单位和建筑施工企业对建设单位违反前款规定提出的降低工程质量的要求，应当予以拒绝。

第五十五条 建筑工程实行总承包的，工程质量由工程总承包单位负责，总承包单位将建筑工程分包给其他单位的，应当对分包工程的质量与分包单位承担连带责任。分包单位应当接受总承包单位的质量管理。

第五十六条 建筑工程的勘察、设计单位必须对其勘察、设计的质量负责。勘察、设计文件应当符合有关法律、行政法规的规定和建筑工程质量、安全标准、建筑工程勘察、设计技术规范以及合同的约定。设计文件选用的建筑材料、建筑构配件和设备，应当注明其规格、型号、性能等技术指标，其质量要求必须符合国家规定的标准。

第五十七条 建筑设计单位对设计文件选用的建筑材料、建筑构配件和设备，不得指定生产厂、供应商。

第五十八条 建筑施工企业对工程的施工质量负责。

建筑施工企业必须按照工程设计图纸和施工技术标准施工，不得偷工减料。工程设计的修改由原设计单位负责，建筑施工企业不得擅自修改工程设计。

第五十九条 建筑施工企业必须按照工程设计要求、施工技术标准和合同的约定，对建筑材料、建筑构配件和设备进行检验，不合格的不得使用。

第六十条 建筑物在合理使用寿命内，必须确保地基基础工程和主体结构的质量。

建筑工程竣工时，屋顶、墙面不得留有渗漏、开裂等质量缺陷；对已发现的质量缺陷，建筑施工企业应当修复。

第六十一条 交付竣工验收的建筑工程，必须符合规定的建筑工程质量标准，有完整的工程技术经济资料和经签署的工程保修书，并具备国家规定的其他竣工条件。

建筑工程竣工经验收合格后，方可交付使用；未经验收或者验收不合格的，不得交付使用。

第六十二条 建筑工程实行质量保修制度。

建筑工程的保修范围应当包括地基基础工程、主体结构工程、屋面防水工程和其他土建工程，以及电气管线、上下水管线的安装工程，供热、供冷系统工程等项目；保修的期限应当按照保证建筑物合理寿命年限内正常使用，维护使用者合法权益的原则确定。具体的保修范围和最低保修期限由国务院规定。

第六十三条 任何单位和个人对建筑工程的质量事故、质量缺陷都有权向建设行政主管部门或者其他有关部门进行检举、控告、投诉。

第七章 法 律 责 任

第六十四条 违反本法规定，未取得施工许可证或者开工报告未经批准擅自施工的，责令改正，对不符合开工条件的责令停止施工，可以处以罚款。

第六十五条 发包单位将工程发包给不具有相应资质条件的承包单位的，或者违反本法规定将建筑工程肢解发包的，责令改正，处以罚款。

超越本单位资质等级承揽工程的，责令停止违法行为，处以罚款，可以责令停业整顿，降低资质等级；情节严重的，吊销资质证书；有违法所得的，予以没收。

未取得资质证书承揽工程的，予以取缔，并处罚款；有违法所得的，予以没收。

以欺骗手段取得资质证书的，吊销资质证书，处以罚款；构成犯罪的，依法追究刑事责任。

第六十六条 建筑施工企业转让、出借资质证书或者以其他方式允许他人以本企业的名义承揽工程的，责令改正，没收违法所得，并处罚款，可以责令停业整顿，降低资质等级；情节严重的，吊销资质证书。对因该项承揽工程不符合规定的质量标准造成的损失，建筑施工企业与使用本企业名义的单位或者个人承担连带赔偿责任。

第六十七条 承包单位将承包的工程转包的，或者违反本法规定进行分包的，责令改正，没收违法所得，并处罚款，可以责令停业整顿，降低资质等级；情节严重的，吊销资质证书。

承包单位有前款规定的违法行为的，对因转包工程或者违法分包的工程不符合规定的质量标准造成的损失，与接受转包或者分包的单位承担连带赔偿责任。

第六十八条 在工程发包与承包中索贿、受贿、行贿，构成犯罪的，依法追究刑事责任；不构成犯罪的，分别处以罚款，没收贿赂的财物，对直接负责的主管人员和其他直接责任人员给予处分。

对在工程承包中行贿的承包单位，除依照前款规定处罚外，可以责令停业整顿，降低资质等级或者吊销资质证书。

第六十九条 工程监理单位与建设单位或者建筑施工企业串通，弄虚作假、降低工程质量的，责令改正，处以罚款，降低资质等级或者吊销资质证书；有违法所得的，予以没收；造成损失的，承担连带赔偿责任；构成犯罪的，依法追究刑事责任。

工程监理单位转让监理业务的，责令改正，没收违法所得，可以责令停业整顿，降低资质等级；情节严重的，吊销资质证书。

第七十条　违反本法规定，涉及建筑主体或者承重结构变动的装修工程擅自施工的，责令改正，处以罚款；造成损失的，承担赔偿责任；构成犯罪的，依法追究刑事责任。

第七十一条　建筑施工企业违反本法规定，对建筑安全事故隐患不采取措施予以消除的，责令改正，可以处以罚款；情节严重的，责令停业整顿，降低资质等级或者吊销资质证书；构成犯罪的，依法追究刑事责任。

建筑施工企业的管理人员违章指挥、强令职工冒险作业，因而发生重大伤亡事故或者造成其他严重后果的，依法追究刑事责任。

第七十二条　建设单位违反本法规定，要求建筑设计单位或者建筑施工企业违反建筑工程质量、安全标准，降低工程质量的，责令改正，可以处以罚款；构成犯罪的，依法追究刑事责任。

第七十三条　建筑设计单位不按照建筑工程质量、安全标准进行设计的，责令改正，处以罚款；造成工程质量事故的，责令停业整顿，降低资质等级或者吊销资质证书，没收违法所得，并处罚款；造成损失的，承担赔偿责任；构成犯罪的，依法追究刑事责任。

第七十四条　建筑施工企业在施工中偷工减料的，使用不合格的建筑材料、建筑构配件和设备的，或者有其他不按照工程设计图纸或者施工技术标准施工的行为的，责令改正，处以罚款；情节严重的，责令停业整顿，降低资质等级或者吊销资质证书；造成建筑工程质量不符合规定的质量标准的，负责返工、修理，并赔偿因此造成的损失；构成犯罪的，依法追究刑事责任。

第七十五条　建筑施工企业违反本法规定，不履行保修义务或者拖延履行保修义务的，责令改正，可以处以罚款，并对在保修期内因屋顶、墙面渗漏、开裂等质量缺陷造成的损失，承担赔偿责任。

第七十六条　本法规定的责令停业整顿、降低资质等级和吊销资质证书的行政处罚，由颁发资质证书的机关决定；其他行政处罚，由建设行政主管部门或者有关部门依照法律和国务院规定的职权范围决定。

依照本法规定被吊销资质证书的，由工商行政管理部门吊销其营业执照。

第七十七条　违反本法规定，对不具备相应资质等级条件的单位颁发该等级资质证书的，由其上级机关责令收回所发的资质证书，对直接负责的主管人员和其他直接责任人员给予行政处分；构成犯罪的，依法追究刑事责任。

第七十八条　政府及其所属部门的工作人员违反本法规定，限定发包单位将招标发包的工程发包给指定的承包单位的，由上级机关责令改正；构成犯罪的，依法追究刑事责任。

第七十九条　负责颁发建筑工程施工许可证的部门及其工作人员对不符合施工条件的建筑工程颁发施工许可证的，负责工程质量监督检查或者竣工验收的部门及其工作人员对不合格的建筑工程出具质量合格文件或者按合格工程验收的，由上级机关责令改正，对责任人员给予行政处分；构成犯罪的，依法追究刑事责任；造成损失的，由该部门承担相应的赔偿责任。

第八十条 在建筑物的合理使用寿命内，因建筑工程质量不合格受到损害的，有权向责任者要求赔偿。

第八章 附 则

第八十一条 本法关于施工许可、建筑施工企业资质审查和建筑工程发包、承包、禁止转包，以及建筑工程监理、建筑工程安全和质量管理的规定，适用于其他专业建筑工程的建筑活动，具体办法由国务院规定。

第八十二条 建设行政主管部门和其他有关部门在对建筑活动实施监督管理中，除按照国务院有关规定收取费用外，不得收取其他费用。

第八十三条 省、自治区、直辖市人民政府确定的小型房屋建筑工程的建筑活动，参照本法执行。

依法核定作为文物保护的纪念建筑物和古建筑等的修缮，依照文物保护的有关法律规定执行。

抢险救灾及其他临时性房屋建筑和农民自建低层住宅的建筑活动，不适用本法。

第八十四条 军用房屋建筑工程建筑活动的具体管理办法，由国务院、中央军事委员会依据本法制定。

第八十五条 本法自 1998 年 3 月 1 日起施行。

中华人民共和国行政强制法

主席令第49号

（2011年6月30日公布，自2012年1月1日起施行）

第一章　总　　则

第一条　为了规范行政强制的设定和实施，保障和监督行政机关依法履行职责，维护公共利益和社会秩序，保护公民、法人和其他组织的合法权益，根据宪法，制定本法。

第二条　本法所称行政强制，包括行政强制措施和行政强制执行。

行政强制措施，是指行政机关在行政管理过程中，为制止违法行为、防止证据损毁、避免危害发生、控制危险扩大等情形，依法对公民的人身自由实施暂时性限制，或者对公民、法人或者其他组织的财物实施暂时性控制的行为。

行政强制执行，是指行政机关或者行政机关申请人民法院，对不履行行政决定的公民、法人或者其他组织，依法强制履行义务的行为。

第三条　行政强制的设定和实施，适用本法。

发生或者即将发生自然灾害、事故灾难、公共卫生事件或者社会安全事件等突发事件，行政机关采取应急措施或者临时措施，依照有关法律、行政法规的规定执行。

行政机关采取金融业审慎监管措施、进出境货物强制性技术监控措施，依照有关法律、行政法规的规定执行。

第四条　行政强制的设定和实施，应当依照法定的权限、范围、条件和程序。

第五条　行政强制的设定和实施，应当适当。采用非强制手段可以达到行政管理目的的，不得设定和实施行政强制。

第六条　实施行政强制，应当坚持教育与强制相结合。

第七条　行政机关及其工作人员不得利用行政强制权为单位或者个人谋取利益。

第八条　公民、法人或者其他组织对行政机关实施行政强制，享有陈述权、申辩权；有权依法申请行政复议或者提起行政诉讼；因行政机关违法实施行政强制受到损害的，有权依法要求赔偿。

公民、法人或者其他组织因人民法院在强制执行中有违法行为或者扩大强制执行范围受到损害的，有权依法要求赔偿。

第二章　行政强制的种类和设定

第九条　行政强制措施的种类：

（一）限制公民人身自由；

（二）查封场所、设施或者财物；

（三）扣押财物；

（四）冻结存款、汇款；

（五）其他行政强制措施。

第十条 行政强制措施由法律设定。

尚未制定法律，且属于国务院行政管理职权事项的，行政法规可以设定除本法第九条第一项、第四项和应当由法律规定的行政强制措施以外的其他行政强制措施。

尚未制定法律、行政法规，且属于地方性事务的，地方性法规可以设定本法第九条第二项、第三项的行政强制措施。

法律、法规以外的其他规范性文件不得设定行政强制措施。

第十一条 法律对行政强制措施的对象、条件、种类作了规定的，行政法规、地方性法规不得作出扩大规定。

法律中未设定行政强制措施的，行政法规、地方性法规不得设定行政强制措施。但是，法律规定特定事项由行政法规规定具体管理措施的，行政法规可以设定除本法第九条第一项、第四项和应当由法律规定的行政强制措施以外的其他行政强制措施。

第十二条 行政强制执行的方式：

（一）加处罚款或者滞纳金；

（二）划拨存款、汇款；

（三）拍卖或者依法处理查封、扣押的场所、设施或者财物；

（四）排除妨碍、恢复原状；

（五）代履行；

（六）其他强制执行方式。

第十三条 行政强制执行由法律设定。

法律没有规定行政机关强制执行的，作出行政决定的行政机关应当申请人民法院强制执行。

第十四条 起草法律草案、法规草案，拟设定行政强制的，起草单位应当采取听证会、论证会等形式听取意见，并向制定机关说明设定该行政强制的必要性、可能产生的影响以及听取和采纳意见的情况。

第十五条 行政强制的设定机关应当定期对其设定的行政强制进行评价，并对不适当的行政强制及时予以修改或者废止。

行政强制的实施机关可以对已设定的行政强制的实施情况及存在的必要性适时进行评价，并将意见报告该行政强制的设定机关。

公民、法人或者其他组织可以向行政强制的设定机关和实施机关就行政强制的设定和实施提出意见和建议。有关机关应当认真研究论证，并以适当方式予以反馈。

第三章 行政强制措施实施程序

第一节 一般规定

第十六条 行政机关履行行政管理职责，依照法律、法规的规定，实施行政强制措施。

违法行为情节显著轻微或者没有明显社会危害的，可以不采取行政强制措施。

第十七条　行政强制措施由法律、法规规定的行政机关在法定职权范围内实施。行政强制措施权不得委托。

依据《中华人民共和国行政处罚法》的规定行使相对集中行政处罚权的行政机关，可以实施法律、法规规定的与行政处罚权有关的行政强制措施。

行政强制措施应当由行政机关具备资格的行政执法人员实施，其他人员不得实施。

第十八条　行政机关实施行政强制措施应当遵守下列规定：

（一）实施前须向行政机关负责人报告并经批准；

（二）由两名以上行政执法人员实施；

（三）出示执法身份证件；

（四）通知当事人到场；

（五）当场告知当事人采取行政强制措施的理由、依据以及当事人依法享有的权利、救济途径；

（六）听取当事人的陈述和申辩；

（七）制作现场笔录；

（八）现场笔录由当事人和行政执法人员签名或者盖章，当事人拒绝的，在笔录中予以注明；

（九）当事人不到场的，邀请见证人到场，由见证人和行政执法人员在现场笔录上签名或者盖章；

（十）法律、法规规定的其他程序。

第十九条　情况紧急，需要当场实施行政强制措施的，行政执法人员应当在二十四小时内向行政机关负责人报告，并补办批准手续。行政机关负责人认为不应当采取行政强制措施的，应当立即解除。

第二十条　依照法律规定实施限制公民人身自由的行政强制措施，除应当履行本法第十八条规定的程序外，还应当遵守下列规定：

（一）当场告知或者实施行政强制措施后立即通知当事人家属实施行政强制措施的行政机关、地点和期限；

（二）在紧急情况下当场实施行政强制措施的，在返回行政机关后，立即向行政机关负责人报告并补办批准手续；

（三）法律规定的其他程序。

实施限制人身自由的行政强制措施不得超过法定期限。实施行政强制措施的目的已经达到或者条件已经消失，应当立即解除。

第二十一条　违法行为涉嫌犯罪应当移送司法机关的，行政机关应当将查封、扣押、冻结的财物一并移送，并书面告知当事人。

第二节　查封、扣押

第二十二条　查封、扣押应当由法律、法规规定的行政机关实施，其他任何行政机关或者组织不得实施。

第二十三条　查封、扣押限于涉案的场所、设施或者财物，不得查封、扣押与违法行为无关的场所、设施或者财物；不得查封、扣押公民个人及其所扶养家属的生活必需品。

当事人的场所、设施或者财物已被其他国家机关依法查封的，不得重复查封。

第二十四条 行政机关决定实施查封、扣押的，应当履行本法第十八条规定的程序，制作并当场交付查封、扣押决定书和清单。

查封、扣押决定书应当载明下列事项：

（一）当事人的姓名或者名称、地址；

（二）查封、扣押的理由、依据和期限；

（三）查封、扣押场所、设施或者财物的名称、数量等；

（四）申请行政复议或者提起行政诉讼的途径和期限；

（五）行政机关的名称、印章和日期。

查封、扣押清单一式二份，由当事人和行政机关分别保存。

第二十五条 查封、扣押的期限不得超过三十日；情况复杂的，经行政机关负责人批准，可以延长，但是延长期限不得超过三十日。法律、行政法规另有规定的除外。

延长查封、扣押的决定应当及时书面告知当事人，并说明理由。

对物品需要进行检测、检验、检疫或者技术鉴定的，查封、扣押的期间不包括检测、检验、检疫或者技术鉴定的期间。检测、检验、检疫或者技术鉴定的期间应当明确，并书面告知当事人。检测、检验、检疫或者技术鉴定的费用由行政机关承担。

第二十六条 对查封、扣押的场所、设施或者财物，行政机关应当妥善保管，不得使用或者损毁；造成损失的，应当承担赔偿责任。

对查封的场所、设施或者财物，行政机关可以委托第三人保管，第三人不得损毁或者擅自转移、处置。因第三人的原因造成的损失，行政机关先行赔付后，有权向第三人追偿。

因查封、扣押发生的保管费用由行政机关承担。

第二十七条 行政机关采取查封、扣押措施后，应当及时查清事实，在本法第二十五条规定的期限内作出处理决定。对违法事实清楚，依法应当没收的非法财物予以没收；法律、行政法规规定应当销毁的，依法销毁；应当解除查封、扣押的，作出解除查封、扣押的决定。

第二十八条 有下列情形之一的，行政机关应当及时作出解除查封、扣押决定：

（一）当事人没有违法行为；

（二）查封、扣押的场所、设施或者财物与违法行为无关；

（三）行政机关对违法行为已经作出处理决定，不再需要查封、扣押；

（四）查封、扣押期限已经届满；

（五）其他不再需要采取查封、扣押措施的情形。

解除查封、扣押应当立即退还财物；已将鲜活物品或者其他不易保管的财物拍卖或者变卖的，退还拍卖或者变卖所得款项。变卖价格明显低于市场价格，给当事人造成损失的，应当给予补偿。

第三节　冻　　结

第二十九条 冻结存款、汇款应当由法律规定的行政机关实施，不得委托给其他行政机关或者组织；其他任何行政机关或者组织不得冻结存款、汇款。

冻结存款、汇款的数额应当与违法行为涉及的金额相当；已被其他国家机关依法冻结的，不得重复冻结。

第三十条 行政机关依照法律规定决定实施冻结存款、汇款的，应当履行本法第十八条第一项、第二项、第三项、第七项规定的程序，并向金融机构交付冻结通知书。

金融机构接到行政机关依法作出的冻结通知书后，应当立即予以冻结，不得拖延，不得在冻结前向当事人泄露信息。

法律规定以外的行政机关或者组织要求冻结当事人存款、汇款的，金融机构应当拒绝。

第三十一条 依照法律规定冻结存款、汇款的，作出决定的行政机关应当在三日内向当事人交付冻结决定书。冻结决定书应当载明下列事项：

（一）当事人的姓名或者名称、地址；

（二）冻结的理由、依据和期限；

（三）冻结的账号和数额；

（四）申请行政复议或者提起行政诉讼的途径和期限；

（五）行政机关的名称、印章和日期。

第三十二条 自冻结存款、汇款之日起三十日内，行政机关应当作出处理决定或者作出解除冻结决定；情况复杂的，经行政机关负责人批准，可以延长，但是延长期限不得超过三十日。法律另有规定的除外。

延长冻结的决定应当及时书面告知当事人，并说明理由。

第三十三条 有下列情形之一的，行政机关应当及时作出解除冻结决定：

（一）当事人没有违法行为；

（二）冻结的存款、汇款与违法行为无关；

（三）行政机关对违法行为已经作出处理决定，不再需要冻结；

（四）冻结期限已经届满；

（五）其他不再需要采取冻结措施的情形。

行政机关作出解除冻结决定的，应当及时通知金融机构和当事人。金融机构接到通知后，应当立即解除冻结。

行政机关逾期未作出处理决定或者解除冻结决定的，金融机构应当自冻结期满之日起解除冻结。

第四章 行政机关强制执行程序

第一节 一 般 规 定

第三十四条 行政机关依法作出行政决定后，当事人在行政机关决定的期限内不履行义务的，具有行政强制执行权的行政机关依照本章规定强制执行。

第三十五条 行政机关作出强制执行决定前，应当事先催告当事人履行义务。催告应当以书面形式作出，并载明下列事项：

（一）履行义务的期限；

（二）履行义务的方式；

（三）涉及金钱给付的，应当有明确的金额和给付方式；

（四）当事人依法享有的陈述权和申辩权。

第三十六条 当事人收到催告书后有权进行陈述和申辩。行政机关应当充分听取当事人的意见，对当事人提出的事实、理由和证据，应当进行记录、复核。当事人提出的事实、理由或者证据成立的，行政机关应当采纳。

第三十七条 经催告，当事人逾期仍不履行行政决定，且无正当理由的，行政机关可以作出强制执行决定。

强制执行决定应当以书面形式作出，并载明下列事项：

（一）当事人的姓名或者名称、地址；

（二）强制执行的理由和依据；

（三）强制执行的方式和时间；

（四）申请行政复议或者提起行政诉讼的途径和期限；

（五）行政机关的名称、印章和日期。

在催告期间，对有证据证明有转移或者隐匿财物迹象的，行政机关可以作出立即强制执行决定。

第三十八条 催告书、行政强制执行决定书应当直接送达当事人。当事人拒绝接收或者无法直接送达当事人的，应当依照《中华人民共和国民事诉讼法》的有关规定送达。

第三十九条 有下列情形之一的，中止执行：

（一）当事人履行行政决定确有困难或者暂无履行能力的；

（二）第三人对执行标的主张权利，确有理由的；

（三）执行可能造成难以弥补的损失，且中止执行不损害公共利益的；

（四）行政机关认为需要中止执行的其他情形。

中止执行的情形消失后，行政机关应当恢复执行。对没有明显社会危害，当事人确无能力履行，中止执行满三年未恢复执行的，行政机关不再执行。

第四十条 有下列情形之一的，终结执行：

（一）公民死亡，无遗产可供执行，又无义务承受人的；

（二）法人或者其他组织终止，无财产可供执行，又无义务承受人的；

（三）执行标的灭失的；

（四）据以执行的行政决定被撤销的；

（五）行政机关认为需要终结执行的其他情形。

第四十一条 在执行中或者执行完毕后，据以执行的行政决定被撤销、变更，或者执行错误的，应当恢复原状或者退还财物；不能恢复原状或者退还财物的，依法给予赔偿。

第四十二条 实施行政强制执行，行政机关可以在不损害公共利益和他人合法权益的情况下，与当事人达成执行协议。执行协议可以约定分阶段履行；当事人采取补救措施的，可以减免加处的罚款或者滞纳金。

执行协议应当履行。当事人不履行执行协议的，行政机关应当恢复强制执行。

第四十三条 行政机关不得在夜间或者法定节假日实施行政强制执行。但是，情况紧急的除外。

行政机关不得对居民生活采取停止供水、供电、供热、供燃气等方式迫使当事人履行相关行政决定。

第四十四条　对违法的建筑物、构筑物、设施等需要强制拆除的，应当由行政机关予以公告，限期当事人自行拆除。当事人在法定期限内不申请行政复议或者提起行政诉讼，又不拆除的，行政机关可以依法强制拆除。

第二节　金钱给付义务的执行

第四十五条　行政机关依法作出金钱给付义务的行政决定，当事人逾期不履行的，行政机关可以依法加处罚款或者滞纳金。加处罚款或者滞纳金的标准应当告知当事人。

加处罚款或者滞纳金的数额不得超出金钱给付义务的数额。

第四十六条　行政机关依照本法第四十五条规定实施加处罚款或者滞纳金超过三十日，经催告当事人仍不履行的，具有行政强制执行权的行政机关可以强制执行。

行政机关实施强制执行前，需要采取查封、扣押、冻结措施的，依照本法第三章规定办理。

没有行政强制执行权的行政机关应当申请人民法院强制执行。但是，当事人在法定期限内不申请行政复议或者提起行政诉讼，经催告仍不履行的，在实施行政管理过程中已经采取查封、扣押措施的行政机关，可以将查封、扣押的财物依法拍卖抵缴罚款。

第四十七条　划拨存款、汇款应当由法律规定的行政机关决定，并书面通知金融机构。金融机构接到行政机关依法作出划拨存款、汇款的决定后，应当立即划拨。

法律规定以外的行政机关或者组织要求划拨当事人存款、汇款的，金融机构应当拒绝。

第四十八条　依法拍卖财物，由行政机关委托拍卖机构依照《中华人民共和国拍卖法》的规定办理。

第四十九条　划拨的存款、汇款以及拍卖和依法处理所得的款项应当上缴国库或者划入财政专户。任何行政机关或者个人不得以任何形式截留、私分或者变相私分。

第三节　代　　履　　行

第五十条　行政机关依法作出要求当事人履行排除妨碍、恢复原状等义务的行政决定，当事人逾期不履行，经催告仍不履行，其后果已经或者将危害交通安全、造成环境污染或者破坏自然资源的，行政机关可以代履行，或者委托没有利害关系的第三人代履行。

第五十一条　代履行应当遵守下列规定：

（一）代履行前送达决定书，代履行决定书应当载明当事人的姓名或者名称、地址，代履行的理由和依据、方式和时间、标的、费用预算以及代履行人；

（二）代履行三日前，催告当事人履行，当事人履行的，停止代履行；

（三）代履行时，作出决定的行政机关应当派员到场监督；

（四）代履行完毕，行政机关到场监督的工作人员、代履行人和当事人或者见证人应当在执行文书上签名或者盖章。

代履行的费用按照成本合理确定，由当事人承担。但是，法律另有规定的除外。

代履行不得采用暴力、胁迫以及其他非法方式。

第五十二条　需要立即清除道路、河道、航道或者公共场所的遗洒物、障碍物或者污染物，当事人不能清除的，行政机关可以决定立即实施代履行；当事人不在场的，行政机关应当在事后立即通知当事人，并依法作出处理。

第五章　申请人民法院强制执行

第五十三条　当事人在法定期限内不申请行政复议或者提起行政诉讼，又不履行行政决定的，没有行政强制执行权的行政机关可以自期限届满之日起三个月内，依照本章规定申请人民法院强制执行。

第五十四条　行政机关申请人民法院强制执行前，应当催告当事人履行义务。催告书送达十日后当事人仍未履行义务的，行政机关可以向所在地有管辖权的人民法院申请强制执行；执行对象是不动产的，向不动产所在地有管辖权的人民法院申请强制执行。

第五十五条　行政机关向人民法院申请强制执行，应当提供下列材料：

（一）强制执行申请书；

（二）行政决定书及作出决定的事实、理由和依据；

（三）当事人的意见及行政机关催告情况；

（四）申请强制执行标的情况；

（五）法律、行政法规规定的其他材料。

强制执行申请书应当由行政机关负责人签名，加盖行政机关的印章，并注明日期。

第五十六条　人民法院接到行政机关强制执行的申请，应当在五日内受理。

行政机关对人民法院不予受理的裁定有异议的，可以在十五日内向上一级人民法院申请复议，上一级人民法院应当自收到复议申请之日起十五日内作出是否受理的裁定。

第五十七条　人民法院对行政机关强制执行的申请进行书面审查，对符合本法第五十五条规定，且行政决定具备法定执行效力的，除本法第五十八条规定的情形外，人民法院应当自受理之日起七日内作出执行裁定。

第五十八条　人民法院发现有下列情形之一的，在作出裁定前可以听取被执行人和行政机关的意见：

（一）明显缺乏事实根据的；

（二）明显缺乏法律、法规依据的；

（三）其他明显违法并损害被执行人合法权益的。

人民法院应当自受理之日起三十日内作出是否执行的裁定。裁定不予执行的，应当说明理由，并在五日内将不予执行的裁定送达行政机关。

行政机关对人民法院不予执行的裁定有异议的，可以自收到裁定之日起十五日内向上一级人民法院申请复议，上一级人民法院应当自收到复议申请之日起三十日内作出是否执行的裁定。

第五十九条　因情况紧急，为保障公共安全，行政机关可以申请人民法院立即执行。经人民法院院长批准，人民法院应当自作出执行裁定之日起五日内执行。

第六十条　行政机关申请人民法院强制执行，不缴纳申请费。强制执行的费用由被执行人承担。

人民法院以划拨、拍卖方式强制执行的，可以在划拨、拍卖后将强制执行的费用扣除。

依法拍卖财物，由人民法院委托拍卖机构依照《中华人民共和国拍卖法》的规定办理。

划拨的存款、汇款以及拍卖和依法处理所得的款项应当上缴国库或者划入财政专户，不得以任何形式截留、私分或者变相私分。

第六章　法　律　责　任

第六十一条　行政机关实施行政强制，有下列情形之一的，由上级行政机关或者有关部门责令改正，对直接负责的主管人员和其他直接责任人员依法给予处分：

（一）没有法律、法规依据的；

（二）改变行政强制对象、条件、方式的；

（三）违反法定程序实施行政强制的；

（四）违反本法规定，在夜间或者法定节假日实施行政强制执行的；

（五）对居民生活采取停止供水、供电、供热、供燃气等方式迫使当事人履行相关行政决定的；

（六）有其他违法实施行政强制情形的。

第六十二条　违反本法规定，行政机关有下列情形之一的，由上级行政机关或者有关部门责令改正，对直接负责的主管人员和其他直接责任人员依法给予处分：

（一）扩大查封、扣押、冻结范围的；

（二）使用或者损毁查封、扣押场所、设施或者财物的；

（三）在查封、扣押法定期间不作出处理决定或者未依法及时解除查封、扣押的；

（四）在冻结存款、汇款法定期间不作出处理决定或者未依法及时解除冻结的。

第六十三条　行政机关将查封、扣押的财物或者划拨的存款、汇款以及拍卖和依法处理所得的款项，截留、私分或者变相私分的，由财政部门或者有关部门予以追缴；对直接负责的主管人员和其他直接责任人员依法给予记大过、降级、撤职或者开除的处分。

行政机关工作人员利用职务上的便利，将查封、扣押的场所、设施或者财物据为己有的，由上级行政机关或者有关部门责令改正，依法给予记大过、降级、撤职或者开除的处分。

第六十四条　行政机关及其工作人员利用行政强制权为单位或者个人谋取利益的，由上级行政机关或者有关部门责令改正，对直接负责的主管人员和其他直接责任人员依法给予处分。

第六十五条　违反本法规定，金融机构有下列行为之一的，由金融业监督管理机构责令改正，对直接负责的主管人员和其他直接责任人员依法给予处分：

（一）在冻结前向当事人泄露信息的；

（二）对应当立即冻结、划拨的存款、汇款不冻结或者不划拨，致使存款、汇款转移的；

（三）将不应当冻结、划拨的存款、汇款予以冻结或者划拨的；

（四）未及时解除冻结存款、汇款的。

第六十六条 违反本法规定，金融机构将款项划入国库或者财政专户以外的其他账户的，由金融业监督管理机构责令改正，并处以违法划拨款项两倍的罚款；对直接负责的主管人员和其他直接责任人员依法给予处分。

违反本法规定，行政机关、人民法院指令金融机构将款项划入国库或者财政专户以外的其他账户的，对直接负责的主管人员和其他直接责任人员依法给予处分。

第六十七条 人民法院及其工作人员在强制执行中有违法行为或者扩大强制执行范围的，对直接负责的主管人员和其他直接责任人员依法给予处分。

第六十八条 违反本法规定，给公民、法人或者其他组织造成损失的，依法给予赔偿。

违反本法规定，构成犯罪的，依法追究刑事责任。

第七章 附 则

第六十九条 本法中十日以内期限的规定是指工作日，不含法定节假日。

第七十条 法律、行政法规授权的具有管理公共事务职能的组织在法定授权范围内，以自己的名义实施行政强制，适用本法有关行政机关的规定。

第七十一条 本法自 2012 年 1 月 1 日起施行。

第二部分

行政法规及法规性文件

一、水 利 工 程

国务院批转国家计委、财政部、水利部、建设部《关于加强公益性水利工程建设管理的若干意见》的通知

国发〔2000〕20号

（国务院2000年7月15日发布）

各省、自治区、直辖市人民政府，国务院各部委、各直属机构：

国务院同意国家计委、财政部、水利部、建设部《关于加强公益性水利工程建设管理的若干意见》，现转发给你们，请认真贯彻执行。

附件

关于加强公益性水利工程建设管理的若干意见

国家计委为了加强公益性水利工程（以下简称水利工程）的建设管理，进一步明确水利工程建设的项目法人及各个环节的责任，提高水利工程建设质量，现提出以下意见：

一、建立、健全水利工程建设项目法人责任制

（一）按照《水利产业政策》，根据作用和受益范围，水利工程建设项目划分为中央项目和地方项目。中央项目由水利部（或流域机构）负责组织建设并承担相应责任。项目的类别在审批项目建议书或可行性研究报告时确定。已经安排中央投资进行建设的项目，由水利部与有关地方人民政府协商确定类别，报国家计委备案。

（二）中央项目由水利部（或流域机构）负责组建项目法人（即项目责任主体，下同），任命法人代表。地方项目由项目所在地的县级以上地方人民政府组建项目法人，任命法人代表，其中总投资在2亿元以上的地方大型水利工程项目、由项目所在地的省（自治区、直辖市及计划单列市，下同）人民政府负责或委托组建项目法人，任命法人代表。

（三）项目法人对项目建设的全过程负责，对项目的工程质量、工程进度和资金管理负总责。其主要职责为：负责组建项目法人在现场的建设管理机构；负责落实工程建设计划和资金；负责对工程质量、进度、资金等进行管理、检查和监督；负责协调项目的外部

关系。

（四）项目法人应当按照《中华人民共和国合同法》和《建设工程质量管理条例》的有关规定，与勘察设计单位、施工单位、工程监理单位签订合同，并明确项目法人、勘察设计单位、施工单位、工程监理单位质量终身责任人及其所应负的责任。

（五）在长江中下游堤防工程项目中，长江水利委员会负责组织建设的一、二级堤防等重点堤防中的穿堤建筑物、基础加固、防渗处理、抛石固基等施工难度大、技术要求高的工程、由长江水利委员会负责组建项目法人，任命法人代表。工程建设的征地、拆迁、移民、施工影响补偿、防汛抢险、与地方实施工程的衔接、竣工验收和工程移交等与地方有关的事宜，由长江水利委员会与工程项目所在地的省人民政府（或授权部门）签定协议，并确定协议双方执行责任人，明确双方的责权关系，保证互相配合，防止互相推诿，以免影响工程施工和防汛。

二、加强水利工程项目的前期工作

（一）大江大河的综合治理规划及重大专项规划，由水利部负责组织编制，在充分听取有关部门、地方和专家意见的基础上，报国务院审批。尚未经过审批和需要进行修订的规划，要抓紧做好修订和报审工作。

（二）水利工程项目应符合流域规划要求，工程建设必须履行基本建设程序。水利工程项目的项目建议书、可行性研究报告、初步设计、开工报告或施工许可（按照国务院规定的权限和程序批准开工报告的建筑工程，不再领取施工许可证）等前期工作文件的审批，按照现行的基本建设程序办理。

（三）水利工程勘察设计单位承担水利工程的勘察设计任务，必须具备相应的水利水电勘察设计资质，严禁无证或越级承担勘察设计任务。各级建设行政主管部门在审批勘察设计单位的水利水电勘察设计资质前，须征得水利行政主管部门的同意。

（四）地质、水文、气象、社会经济等水利工程设计的基础资料，凡不涉密的，要向社会公开，实行资料共享。

（五）水利工程项目的安排必须符合流域规划所确定的轻重缓急建设要求，既要考虑需要，也要充分研究投资方向、投资可能、前期工作深度等多种因素，严格按照基本建设程序审批。水利部门、受委托的咨询机构要对有关技术、经济问题严格把关，提出明确意见。不具备条件的项目不予审批。

（六）前期工作费用按照项目类别分别由中央和地方承担，其中用于规划和跨流域、跨地区、跨行业的基础性工作的，在中央和地方基本建设财政性投资中列支，严格按照基本建设程序进行管理；用于建设项目的，按规定纳入工程概算。中央和地方在安排建设计划和建设资金时，应优先保证用于项目建设的前期工作费用，并要合理安排资金进行勘察设计工作。

（七）年度计划中安排的水利工程项目，必须符合经过批准的可行性研究报告所确定的建设方案。工程施工必须具备设计图纸，完备各项校核、审核手续。

三、加强水利工程建设的施工组织

（一）水利工程建设必须按照有关规定认真执行项目法人责任制、招标投标制、工程监理制、合同管理制等管理制度。未按规定执行上述制度的，计划部门不安排计划，财政部门停止拨付资金。

（二）各级水利部门对水利工程质量和建设资金负行业管理责任。

（三）承建水利工程的施工企业必须具备相应的水利水电工程施工资质，并由项目法人按照《中华人民共和国招标投标法》的规定通过招标择优选定，严禁无证或越级承建水利工程。各级建设行政主管部门在审批施工企业的水利水电施工资质前，须征得水利行政主管部门的同意。工程施工不得分标过细或化整为零，严禁违法分包及层层转包。需组织群众进行土料运输、平整土地等单纯的工序和以群众投工投劳为主的堤防工程，必须采取相应的保证质量的措施，具体措施由水利部负责制定。

（四）承担水利工程监理的监理单位必须具备与所监理工程相应的资质等级，并由项目法人按照《中华人民共和国招标投标法》的规定通过招标择优选定。堤防工程中，长江一、二级堤防工程的监理由长江水利委员会负责归口管理，其中一级堤防工程的监理由其所属的具备资质条件的监理公司承担；二级堤防工程依法通过招标方式择优选定监理单位，报长江水利委员会批准。其他流域一、二级堤防工程的监理，属流域机构直接负责建设的堤防工程，由流域机构通过招标方式择优选定监理单位，报水利部批准；不属流域机构直接负责建设的堤防工程，由项目法人依法通过招标方式择优选定监理单位，报流域机构批准。三级堤防等其他水利工程的监理单位，也要依法通过招标方式择优选择。

（五）进一步完善合同管理制。由水利部商有关部门，尽快组织制定《堤防工程施工合同范本》，并严格按要求组织实施。

四、严格水利工程项目验收制度

（一）水利工程建设必须执行国家水利工程验收规程和规范。水利工程验收包括分部工程验收、阶段验收、单位工程验收和竣工验收。堤防工程的分部工程验收由监理单位主持；阶段验收、单位工程验收由项目法人主持。竣工验收，一级堤防由水利部（或委托流域机构）主持；二级堤防由流域机构主持；三级及三级以下堤防由地方水利部门主持。工程验收必须有专家参加，充分听取专家的意见。

（二）水利工程竣工验收前，质量监督单位要按水利工程质量评定规定提出质量监督意见报告，项目法人要按照财政部关于基本建设财务管理的规定提出工程竣工财务决算报告。在以上工作基础上，验收委员会鉴定工程质量等级，对工程进行验收。

（三）要充分考虑堤防工程应急度汛的特点，当工程具备验收条件时，要及时组织验收。

验收中发现不符合施工质量要求的，由项目法人责成施工单位限期返工处理，直至达到质量要求；对未经验收及验收不合格就交付使用或进行后续工程施工的，要追究项目法人的责任。未经验收而参与度汛的工程，由项目法人负责组织研究制定度汛方案，保证安全度汛。

五、加强水利工程建设项目的计划与资金管理

（一）水利工程建设项目法人必须按照国家批准的建设方案和投资规模编制年度计划，严格控制工程概算。

（二）中央项目的年度计划由水利部报国家计委，地方项目的年度计划由省计划和水利部门进行初审，其中一、二级堤防和列入国家计划的大中型项目的年度计划，须报送流域机构审核，由省计划和水利部门联合报送国家计委、水利部，同时抄送流域机构备案。

（三）地方要求审批项目或在年度计划中要求中央安排投资的，要在申请报告中说明地方资金的具体来源，并出具出资证明。凡不通过规定渠道报送的项目，一律不予受理。

地方资金不落实的项目，不予审批，不得安排中央资金。地方已承诺安排资金，但实际执行中到位不足的，中央计划、财政、水利等部门要督促地方补足，必要时可采取停止审批其他项目、调整计划、停止拨付中央资金等措施，督促地方将建设资金落实到位。

（四）完善协商和制约机制，减少计划下达和资金拨付的层次和环节。中央项目的计划和基本建设支出预算分别由国家计委和财政部下达到水利部，地方项目的计划由国家计委和水利部联合下达到省计划和水利部门。地方项目的基本建设支出预算，由财政部下达到省财政部门。国家计划和基本建设支出预算下达后，省计划、财政和水利部门应及时办理相应的手续，凡可将计划和基本建设支出预算直接下达到项目法人的，要直接下达到项目法人。项目法人应根据国家下达的投资计划和基本建设支出预算，合理安排各项建设任务。

（五）各级计划、水利部门要根据规划，按项目的轻重缓急安排计划，对特别急需的项目尤其是起关键作用的工程（如重要干堤的重点险段、重点病险水库的度汛应急工程等）应优先安排。

（六）水利基本建设资金管理要严格执行国家水利基本建设资金管理办法的规定，开设专户，专户存储，专款专用，严禁挤占、挪用和滞留。水利基本建设资金必须按规定用于经过批准的水利工程，任何单位和个人不得以任何名义改变基本建设支出预算，不得改变资金的使用性质和使用方向。

（七）各级计划（稽察）、财政、水利等部门下达计划、预算、稽察情况的文件要同时抄送各有关部门，做到互相监督，互相配合，及时通气，堵塞漏洞。对查出问题的责任单位，有关部门要采取有效措施督促其整改，追究有关人员的责任并按规定严肃处理。

（八）设计变更、子项目调整、建设标准调整、概算预算调整等，须按程序上报原审批单位审批。由以上原因形成中央投资节余的，应按国家有关规定报国家计委、财政部、水利部审批后，将节余资金用于其他经过批准的水利工程建设项目。

（九）任何单位和个人，不得以任何借口和理由收取概算外的工程管理费。

六、加强对水利工程建设的检查监督

（一）各级计划、财政、水利及建设部门要充实检查监督力量，对水利工程建设项目及移民建镇项目的工程质量、建设进度和资金管理使用情况经常进行稽察、检查和监督，发现问题及时提出整改意见，按管理权限查处，并应及时将有关情况向同级人民政府和上级主管部门报告。上级主管部门要定期和不定期对项目执行情况进行检查和稽察。

（二）地方水利部门负责对地方投资的水利工程进行检查监督，定期将工程进度、工程质量、资金管理、工程监理和工程施工队伍等情况的检查和抽样检测结果，向上一级水利部门作出书面报告。水利部（或流域机构）负责对中央投资的水利工程进行检查监督，发现问题要及时查处，督促有关项目法人进行整改。

（三）加强专家对项目前期工作和项目实施过程的监督。对重大项目和关键问题，要组织专家进行充分的论证。对专家提出的意见和建议要认真研究，对合理可行的意见要及时采纳。

（四）欢迎新闻媒体、人民群众和社会各方面的监督。各有关部门要设立举报电话，完善举报制度。对群众用各种形式提出的意见和建议，要认真分析，及时处理。

七、其他

（一）各地区和各有关部门可根据本意见制订相应的实施细则。

（二）本意见由国家计委商财政部、水利部、建设部负责解释。

国务院办公厅转发国务院体改办《关于水利工程管理体制改革实施意见》的通知

国办发〔2002〕45号

（国务院办公厅2002年9月17日发布）

各省、自治区、直辖市人民政府，国务院各部委、各直属机构：

国务院体改办关于《水利工程管理体制改革实施意见》已经国务院同意，现转发给你们，请认真贯彻执行。

附件

关于水利工程管理体制改革实施意见

为了保证水利工程的安全运行，充分发挥水利工程的效益，促进水资源的可持续利用，保障经济社会的可持续发展，现就水利工程管理体制改革（以下简称水管体制改革）提出以下实施意见。

一、水管体制改革的必要性和紧迫性

水利工程是国民经济和社会发展的重要基础设施。50多年来，我国兴建了一大批水利工程，形成了数千亿元的水利固定资产，初步建成了防洪、排涝、灌溉、供水、发电等工程体系，在抗御水旱灾害，保障经济社会安全，促进工农业生产持续稳定发展，保护水土资源和改善生态环境等方面发挥了重要作用。

但是，水利工程管理中存在的问题也日趋突出，主要是：水利工程管理体制不顺，水利工程管理单位（以下简称水管单位）机制不活，水利工程运行管理和维修养护经费不足，供水价格形成机制不合理，国有水利经营性资产管理运营体制不完善等。这些问题不仅导致大量水利工程得不到正常的维修养护，效益严重衰减，而且对国民经济和人民生命财产安全带来极大的隐患，如不尽快从根本上解决，国家近年来相继投入巨资新建的大量水利设施也将老化失修、积病成险。因此，推进水管体制改革势在必行。

二、水管体制改革的目标和原则

（一）水管体制改革的目标。

通过深化改革，力争在3到5年内，初步建立符合我国国情、水情和社会主义市场经济要求的水利工程管理体制和运行机制：

——建立职能清晰、权责明确的水利工程管理体制；

——建立管理科学、经营规范的水管单位运行机制；

——建立市场化、专业化和社会化的水利工程维修养护体系；

——建立合理的水价形成机制和有效的水费计收方式；

——建立规范的资金投入、使用、管理与监督机制；

——建立较为完善的政策、法律支撑体系。

（二）水管体制改革的原则。

1. 正确处理水利工程的社会效益与经济效益的关系。既要确保水利工程社会效益的充分发挥，又要引入市场竞争机制，降低水利工程的运行管理成本，提高管理水平和经济效益。

2. 正确处理水利工程建设与管理的关系。既要重视水利工程建设，又要重视水利工程管理，在加大工程建设投资的同时加大工程管理的投入，从根本上解决“重建轻管”问题。

3. 正确处理责、权、利的关系。既要明确政府各有关部门和水管单位的权利和责任，又要在水管单位内部建立有效的约束和激励机制，使管理责任、工作效绩和职工的切身利益紧密挂钩。

4. 正确处理改革、发展与稳定的关系。既要从水利行业的实际出发，大胆探索，勇于创新，又要积极稳妥，充分考虑各方面的承受能力，把握好改革的时机与步骤，确保改革顺利进行。

5. 正确处理近期目标与长远发展的关系。既要努力实现水管体制改革的近期目标，又要确保新的管理体制有利于水资源的可持续利用和生态环境的协调发展。

三、水管体制改革的主要内容和措施

（一）明确权责，规范管理。

水行政主管部门对各类水利工程负有行业管理责任，负责监督检查水利工程的管理养护和安全运行，对其直接管理的水利工程负有监督资金使用和资产管理责任。对国民经济有重大影响的水资源综合利用及跨流域（指全国七大流域）引水等水利工程，原则上由国务院水行政主管部门负责管理；一个流域内，跨省（自治区、直辖市）的骨干水利工程原则上由流域机构负责管理；一省（自治区、直辖市）内，跨行政区划的水利工程原则上由上一级水行政主管部门负责管理；同一行政区划内的水利工程，由当地水行政主管部门负责管理。各级水行政主管部门要按照政企分开、政事分开的原则，转变职能，改善管理方式，提高管理水平。

水管单位具体负责水利工程的管理、运行和维护，保证工程安全和发挥效益。

水行政主管部门管理的水利工程出现安全事故的，要依法追究水行政主管部门、水管单位和当地政府负责人的责任；其他单位管理的水利工程出现安全事故的，要依法追究业主责任和水行政主管部门的行业管理责任。

（二）划分水管单位类别和性质，严格定编定岗。

1. 划分水管单位类别和性质。根据水管单位承担的任务和收益状况，将现有水管单位分为三类：

第一类是指承担防洪、排涝等水利工程管理运行维护任务的水管单位，称为纯公益性水管单位，定性为事业单位。

第二类是指承担既有防洪、排涝等公益性任务，又有供水、水力发电等经营性功能的水利工程管理运行维护任务的水管单位，称为准公益性水管单位。准公益性水管单位依其经营收益情况确定性质，不具备自收自支条件的，定性为事业单位；具备自收自支条件的，定性为企业。目前已转制为企业的，维持企业性质不变。

第三类是指承担城市供水、水力发电等水利工程管理运行维护任务的水管单位，称为经营性水管单位，定性为企业。

水管单位的具体性质由机构编制部门会同同级财政和水行政主管部门负责确定。

2. 严格定编定岗。事业性质的水管单位，其编制由机构编制部门会同同级财政部门和水行政主管部门核定。实行水利工程运行管理和维修养护分离（以下简称管养分离）后的维修养护人员、准公益性水管单位中从事经营性资产运营和其它经营活动的人员，不再核定编制。各水管单位要根据国务院水行政主管部门和财政部门共同制定的《水利工程管理单位定岗标准》，在批准的编制总额内合理定岗。

（三）全面推进水管单位改革，严格资产管理。

1. 根据水管单位的性质和特点，分类推进人事、劳动、工资等内部制度改革。事业性质的水管单位，要按照精简、高效的原则，撤并不合理的管理机构，严格控制人员编制；全面实行聘用制，按岗聘人，职工竞争上岗，并建立严格的目标责任制度；水管单位负责人由主管部门通过竞争方式选任，定期考评，实行优胜劣汰。事业性质的水管单位仍执行国家统一的事业单位工资制度，同时鼓励在国家政策指导下，探索符合市场经济规则、灵活多样的分配机制，把职工收入与工作责任和绩效紧密结合起来。

企业性质的水管单位，要按照产权清晰、权责明确、政企分开、管理科学的原则建立现代企业制度，构建有效的法人治理结构，做到自主经营，自我约束，自负盈亏，自我发展；水管单位负责人由企业董事会或上级机构依照相关规定聘任，其它职工由水管单位择优聘用，并依法实行劳动合同制度，与职工签订劳动合同；要积极推行以岗位工资为主的基本工资制度，明确职责，以岗定薪，合理拉开各类人员收入差距。

要努力探索多样化的水利工程管理模式，逐步实行社会化和市场化。对于新建工程，应积极探索通过市场方式，委托符合条件的单位管理水利工程。

2. 规范水管单位的经营活动，严格资产管理。由财政全额拨款的纯公益性水管单位不得从事经营性活动。准公益性水管单位要在科学划分公益性和经营性资产的基础上，对内部承担防洪、排涝等公益职能部门和承担供水、发电及多种经营职能部门进行严格划分，将经营部门转制为水管单位下属企业，做到事企分开、财务独立核算。事业性质的准公益性水管单位在核定的财政资金到位情况下，不得兴办与水利工程无关的多种经营项目，已经兴办的要限期脱钩。企业性质的准公益性水管单位和经营性水管单位的投资经营活动，原则上应围绕与水利工程相关的项目进行，并保证水利工程日常维修养护经费的足额到位。

加强国有水利资产管理，明确国有资产出资人代表。积极培育具有一定规模的国有或国有控股的企业集团，负责水利经营性项目的投资和运营，承担国有资产的保值增值责任。

（四）积极推行管养分离。

积极推行水利工程管养分离，精简管理机构，提高养护水平，降低运行成本。

在对水管单位科学定岗和核定管理人员编制基础上，将水利工程维修养护业务和养护人员从水管单位剥离出来，独立或联合组建专业化的养护企业，以后逐步通过招标方式择优确定维修养护企业。

为确保水利工程管养分离的顺利实施，各级财政部门应保证经核定的水利工程维修养护资金足额到位；国务院水行政主管部门要尽快制定水利工程维修养护企业的资质标准；各级政府和水行政主管部门及有关部门应当努力创造条件，培育维修养护市场主体，规范维修养护市场环境。

（五）建立合理的水价形成机制，强化计收管理。

1. 逐步理顺水价。水利工程供水水费为经营性收费，供水价格要按照补偿成本、合理收益、节约用水、公平负担的原则核定，对农业用水和非农业用水要区别对待，分类定价。农业用水水价按补偿供水成本的原则核定，不计利润；非农业用水（不含水力发电用水）价格在补偿供水成本、费用、计提合理利润的基础上确定。水价要根据水资源状况、供水成本及市场供求变化适时调整，分步到位。

除中央直属及跨省级水利工程供水价格由国务院价格主管部门管理外，地方水价制定和调整工作由省级价格主管部门直接负责，或由市县价格主管部门提出调整方案报省级价格主管部门批准。国务院价格主管部门要尽快出台《水利工程供水价格管理办法》。

2. 强化计收管理。要改进农业用水计量设施和方法，逐步推广按立方米计量。积极培育农民用水合作组织，改进收费办法，减少收费环节，提高缴费率。严格禁止乡村两级在代收水费中任意加码和截留。

供水经营者与用水户要通过签订供水合同，规范双方的责任和权利。要充分发挥用水户的监督作用，促进供水经营者降低供水成本。

（六）规范财政支付范围和方式，严格资金管理。

1. 根据水管单位的类别和性质的不同，采取不同的财政支付政策。纯公益性水管单位，其编制内在职人员经费、离退休人员经费、公用经费等基本支出由同级财政负担。工程日常维修养护经费在水利工程维修养护岁修资金中列支。工程更新改造费用纳入基本建设投资计划，由计划部门在非经营性资金中安排。

事业性质的准公益性水管单位，其编制内承担公益性任务的在职人员经费、离退休人员经费、公用经费等基本支出以及公益性部分的工程日常维修养护经费等项支出，由同级财政负担，更新改造费用纳入基本建设投资计划，由计划部门在非经营性资金中安排；经营性部分的工程日常维修养护经费由企业负担，更新改造费用在折旧资金中列支，不足部分由计划部门在非经营性资金中安排。事业性质的准公益性水管单位的经营性资产收益和其它投资收益要纳入单位的经费预算。各级水行政主管部门应及时向同级财政部门报告该类水管单位各种收益的变化情况，以便财政部门实行动态核算，并适时调整财政补贴额度。

企业性质的水管单位，其所管理的水利工程的运行、管理和日常维修养护资金由水管单位自行筹集，财政不予补贴。企业性质的水管单位要加强资金积累，提高抗风险能力，确保水利工程维修养护资金的足额到位，保证水利工程的安全运行。

水利工程日常维修养护经费数额，由财政部门会同同级水行政主管部门依据《水利工程维修养护定额标准》确定。《水利工程维修养护定额标准》由国务院水行政主管部门会同财政部门共同制定。

2. 积极筹集水利工程维修养护岁修资金。为保障水管体制改革的顺利推进，各级政府要合理调整水利支出结构，积极筹集水利工程维修养护岁修资金。中央水利工程维修养护岁修资金来源为中央水利建设基金的30%（调整后的中央水利建设基金使用结构为：55%用于水利工程建设，30%用于水利工程维护，15%用于应急度汛），不足部分由中央财政给予安排。地方水利工程维修养护岁修资金来源为地方水利建设基金和河道工程修建维护管理费，不足部分由地方财政给予安排。

中央维修养护岁修资金用于中央所属水利工程的维修养护。省级水利工程维修养护岁修资金主要用于省属水利工程的维修养护，以及对贫困地区、县所属的非经营性水利工程的维修养护经费的补贴。

3. 严格资金管理。所有水利行政事业性收费均实行“收支两条线”管理。经营性水管单位和准公益性水管单位所属企业必须按规定提取工程折旧。工程折旧资金、维修养护经费、更新改造经费要做到专款专用，严禁挪作他用。各有关部门要加强对水管单位各项资金使用情况的审计和监督。

（七）妥善安置分流人员，落实社会保障政策。

1. 妥善安置分流人员。水行政主管部门和水管单位要在定编定岗的基础上，广开渠道，妥善安置分流人员。支持和鼓励分流人员大力开展多种经营，特别是旅游、水产养殖、农林畜产和建筑施工等具有行业和自身优势的项目。利用水利工程的管理和保护区域内的水土资源进行生产或经营的企业，要优先安排水管单位分流人员。在清理水管单位现有经营性项目的基础上，要把部分经营性项目的剥离与分流人员的安置结合起来。

剥离水管单位兴办的社会职能机构，水管单位所属的学校、医院原则上移交当地政府管理，人员成建制划转。在分流人员的安置过程中，各级政府和水行政主管部门要积极做好统筹安排和协调工作。

2. 落实社会保障政策。各类水管单位应按照有关法律、法规和政策参加所在地的基本医疗、失业、工伤、生育等社会保险。在全国统一的事业单位养老保险改革方案出台前，保留事业性质的水管单位仍维持现行养老制度。

转制为中央企业的水管单位的基本养老保险，可参照国家对转制科研机构、工程勘察设计单位的有关政策规定执行。各地应做好转制前后离退休人员养老保险待遇的衔接工作。

（八）税收扶持政策。

在实行水利工程管理体制改革中，为安置水管单位分流人员而兴办的多种经营企业，符合国家有关税法规定的，经税务部门核准，执行相应的税收优惠政策。

（九）完善新建水利工程管理体制。

进一步完善新建水利工程的建设管理体制。全面实行建设项目法人责任制、招标投标制和工程监理制，落实工程质量终身责任制，确保工程质量。

要实现新建水利工程建设与管理的有机结合。在制定建设方案的同时制定管理方案，核算管理成本，明确工程的管理体制、管理机构和运行管理经费来源，对没有管理方案的工程不予立项。要在工程建设过程中将管理设施与主体工程同步实施，管理设施不健全的工程不予验收。

（十）改革小型农村水利工程管理体制。

小型农村水利工程要明晰所有权，探索建立以各种形式农村用水合作组织为主的管理体制，因地制宜，采用承包、租赁、拍卖、股份合作等灵活多样的经营方式和运行机制，具体办法另行制定。

（十一）加强水利工程的环境与安全管理。

1. 加强环境保护。水利工程的建设和管理要遵守国家环保法律法规，符合环保要求，着眼于水资源的可持续利用。进行水利工程建设，要严格执行环境影响评价制度和环境保护“三同时”制度。水管单位要做好水利工程管理范围内的防护林（草）建设和水土保持工作，并采取有效措施，保障下游生态用水需要。水管单位开展多种经营活动应当避免污染水源和破坏生态环境。环保部门要组织开展有关环境监测工作，加强对水利工程及周边区域环境保护的监督管理。

2. 强化安全管理。水管单位要强化安全意识，加强对水利工程的安全保卫工作。利用水利工程的管理和保护区域内的水土资源开展的旅游等经营项目，要在确保水利工程安全的前提下进行。

原则上不得将水利工程作为主要交通通道；大坝坝顶、河道堤顶或戗台确需兼作公路的，需经科学论证和有关主管部门批准，并采取相应的安全维护措施；未经批准，已作为主要交通通道的，对大坝要限期实行坝路分离，对堤防要限制交通流量。

地方各级政府要按照国家有关规定，支持水管单位尽快完成水利工程的确权划界工作，明确水利工程的管理和保护范围。

（十二）加快法制建设，严格依法行政。

要尽快修订《水库大坝安全管理条例》，完善水利工程管理的有关法律、法规。各省、自治区、直辖市要加快制定相关的地方法规和实施细则。各级水行政主管部门要按照管理权限严格依法行政，加大水行政执法的力度。

四、加强组织领导

水管体制改革的有关工作由国务院水行政主管部门会同有关部门负责。各有关部门要高度重视，统一思想，密切配合。要加强对各地改革工作的指导，选择典型进行跟踪调研。对改革中出现的问题，要及时研究，提出解决措施。

各省、自治区、直辖市人民政府要加强对水管体制改革工作的领导，依据本实施意见，结合本地实际，制定具体实施方案并组织实施。

各级水行政主管部门和水管单位要认真组织落实改革方案，并做好职工的思想政治工作，确保水管体制改革的顺利进行和水利工程的安全运行。

大中型水利水电工程建设征地补偿和移民安置条例

国务院令第471号

（2006年7月7日公布，自2006年9月1日起施行）

第一章　总　　则

第一条　为了做好大中型水利水电工程建设征地补偿和移民安置工作，维护移民合法权益，保障工程建设的顺利进行，根据《中华人民共和国土地管理法》和《中华人民共和国水法》，制定本条例。

第二条　大中型水利水电工程的征地补偿和移民安置，适用本条例。

第三条　国家实行开发性移民方针，采取前期补偿、补助与后期扶持相结合的办法，使移民生活达到或者超过原有水平。

第四条　大中型水利水电工程建设征地补偿和移民安置应当遵循下列原则：

（一）以人为本，保障移民的合法权益，满足移民生存与发展的需求；

（二）顾全大局，服从国家整体安排，兼顾国家、集体、个人利益；

（三）节约利用土地，合理规划工程占地，控制移民规模；

（四）可持续发展，与资源综合开发利用、生态环境保护相协调；

（五）因地制宜，统筹规划。

第五条　移民安置工作实行政府领导、分级负责、县为基础、项目法人参与的管理体制。

国务院水利水电工程移民行政管理机构（以下简称国务院移民管理机构）负责全国大中型水利水电工程移民安置工作的管理和监督。

县级以上地方人民政府负责本行政区域内大中型水利水电工程移民安置工作的组织和领导；省、自治区、直辖市人民政府规定的移民管理机构，负责本行政区域内大中型水利水电工程移民安置工作的管理和监督。

第二章　移民安置规划

第六条　已经成立项目法人的大中型水利水电工程，由项目法人编制移民安置规划大纲，按照审批权限报省、自治区、直辖市人民政府或者国务院移民管理机构审批；省、自治区、直辖市人民政府或者国务院移民管理机构在审批前应当征求移民区和移民安置区县级以上地方人民政府的意见。

没有成立项目法人的大中型水利水电工程，项目主管部门应当会同移民区和移民安置区县级以上地方人民政府编制移民安置规划大纲，按照审批权限报省、自治区、直辖市人民政府或者国务院移民管理机构审批。

第七条　移民安置规划大纲应当根据工程占地和淹没区实物调查结果以及移民区、移民安置区经济社会情况和资源环境承载能力编制。

工程占地和淹没区实物调查，由项目主管部门或者项目法人会同工程占地和淹没区所在地的地方人民政府实施；实物调查应当全面准确，调查结果经调查者和被调查者签字认可并公示后，由有关地方人民政府签署意见。实物调查工作开始前，工程占地和淹没区所在地的省级人民政府应当发布通告，禁止在工程占地和淹没区新增建设项目和迁入人口，并对实物调查工作作出安排。

第八条　移民安置规划大纲应当主要包括移民安置的任务、去向、标准和农村移民生产安置方式以及移民生活水平评价和搬迁后生活水平预测、水库移民后期扶持政策、淹没线以上受影响范围的划定原则、移民安置规划编制原则等内容。

第九条　编制移民安置规划大纲应当广泛听取移民和移民安置区居民的意见；必要时，应当采取听证的方式。

经批准的移民安置规划大纲是编制移民安置规划的基本依据，应当严格执行，不得随意调整或者修改；确需调整或者修改的，应当报原批准机关批准。

第十条　已经成立项目法人的，由项目法人根据经批准的移民安置规划大纲编制移民安置规划；没有成立项目法人的，项目主管部门应当会同移民区和移民安置区县级以上地方人民政府，根据经批准的移民安置规划大纲编制移民安置规划。

大中型水利水电工程的移民安置规划，按照审批权限经省、自治区、直辖市人民政府移民管理机构或者国务院移民管理机构审核后，由项目法人或者项目主管部门报项目审批或者核准部门，与可行性研究报告或者项目申请报告一并审批或者核准。

省、自治区、直辖市人民政府移民管理机构或者国务院移民管理机构审核移民安置规划，应当征求本级人民政府有关部门以及移民区和移民安置区县级以上地方人民政府的意见。

第十一条　编制移民安置规划应当以资源环境承载能力为基础，遵循本地安置与异地安置、集中安置与分散安置、政府安置与移民自找门路安置相结合的原则。

编制移民安置规划应当尊重少数民族的生产、生活方式和风俗习惯。

移民安置规划应当与国民经济和社会发展规划以及土地利用总体规划、城市总体规划、村庄和集镇规划相衔接。

第十二条　移民安置规划应当对农村移民安置、城（集）镇迁建、工矿企业迁建、专项设施迁建或者复建、防护工程建设、水库水域开发利用、水库移民后期扶持措施、征地补偿和移民安置资金概（估）算等作出安排。

对淹没线以上受影响范围内因水库蓄水造成的居民生产、生活困难问题，应当纳入移民安置规划，按照经济合理的原则，妥善处理。

第十三条　对农村移民安置进行规划，应当坚持以农业生产安置为主，遵循因地制宜、有利生产、方便生活、保护生态的原则，合理规划农村移民安置点；有条件的地方，可以结合小城镇建设进行。

农村移民安置后，应当使移民拥有与移民安置区居民基本相当的土地等农业生产资料。

第十四条 对城（集）镇移民安置进行规划，应当以城（集）镇现状为基础，节约用地，合理布局。

工矿企业的迁建，应当符合国家的产业政策，结合技术改造和结构调整进行；对技术落后、浪费资源、产品质量低劣、污染严重、不具备安全生产条件的企业，应当依法关闭。

第十五条 编制移民安置规划应当广泛听取移民和移民安置区居民的意见；必要时，应当采取听证的方式。

经批准的移民安置规划是组织实施移民安置工作的基本依据，应当严格执行，不得随意调整或者修改；确需调整或者修改的，应当依照本条例第十条的规定重新报批。

未编制移民安置规划或者移民安置规划未经审核的大中型水利水电工程建设项目，有关部门不得批准或者核准其建设，不得为其办理用地等有关手续。

第十六条 征地补偿和移民安置资金、依法应当缴纳的耕地占用税和耕地开垦费以及依照国务院有关规定缴纳的森林植被恢复费等应当列入大中型水利水电工程概算。

征地补偿和移民安置资金包括土地补偿费、安置补助费，农村居民点迁建、城（集）镇迁建、工矿企业迁建以及专项设施迁建或者复建补偿费（含有关地上附着物补偿费），移民个人财产补偿费（含地上附着物和青苗补偿费）和搬迁费，库底清理费，淹没区文物保护费和国家规定的其他费用。

第十七条 农村移民集中安置的农村居民点、城（集）镇、工矿企业以及专项设施等基础设施的迁建或者复建选址，应当依法做好环境影响评价、水文地质与工程地质勘察、地质灾害防治和地质灾害危险性评估。

第十八条 对淹没区内的居民点、耕地等，具备防护条件的，应当在经济合理的前提下，采取修建防护工程等防护措施，减少淹没损失。

防护工程的建设费用由项目法人承担，运行管理费用由大中型水利水电工程管理单位负责。

第十九条 对工程占地和淹没区内的文物，应当查清分布，确认保护价值，坚持保护为主、抢救第一的方针，实行重点保护、重点发掘。

第三章 征 地 补 偿

第二十条 依法批准的流域规划中确定的大中型水利水电工程建设项目的用地，应当纳入项目所在地的土地利用总体规划。

大中型水利水电工程建设项目核准或者可行性研究报告批准后，项目用地应当列入土地利用年度计划。

属于国家重点扶持的水利、能源基础设施的大中型水利水电工程建设项目，其用地可以以划拨方式取得。

第二十一条 大中型水利水电工程建设项目用地，应当依法申请并办理审批手续，实行一次报批、分期征收，按期支付征地补偿费。

对于应急的防洪、治涝等工程，经有批准权的人民政府决定，可以先行使用土地，事后补办用地手续。

第二十二条　大中型水利水电工程建设征收耕地的，土地补偿费和安置补助费之和为该耕地被征收前三年平均年产值的16倍。土地补偿费和安置补助费不能使需要安置的移民保持原有生活水平、需要提高标准的，由项目法人或者项目主管部门报项目审批或者核准部门批准。

征收其他土地的土地补偿费和安置补助费标准，按照工程所在省、自治区、直辖市规定的标准执行。

被征收土地上的零星树木、青苗等补偿标准，按照工程所在省、自治区、直辖市规定的标准执行。

被征收土地上的附着建筑物按照其原规模、原标准或者恢复原功能的原则补偿；对补偿费用不足以修建基本用房的贫困移民，应当给予适当补助。

使用其他单位或者个人依法使用的国有耕地，参照征收耕地的补偿标准给予补偿；使用未确定给单位或者个人使用的国有未利用地，不予补偿。

移民远迁后，在水库周边淹没线以上属于移民个人所有的零星树木、房屋等应当分别依照本条第三款、第四款规定的标准给予补偿。

第二十三条　大中型水利水电工程建设临时用地，由县级以上人民政府土地主管部门批准。

第二十四条　工矿企业和交通、电力、电信、广播电视等专项设施以及中小学的迁建或者复建，应当按照其原规模、原标准或者恢复原功能的原则补偿。

第二十五条　大中型水利水电工程建设占用耕地的，应当执行占补平衡的规定。为安置移民开垦的耕地、因大中型水利水电工程建设而进行土地整理新增的耕地、工程施工新造的耕地可以抵扣或者折抵建设占用耕地的数量。

大中型水利水电工程建设占用25度以上坡耕地的，不计入需要补充耕地的范围。

第四章　移　民　安　置

第二十六条　移民区和移民安置区县级以上地方人民政府负责移民安置规划的组织实施。

第二十七条　大中型水利水电工程开工前，项目法人应当根据经批准的移民安置规划，与移民区和移民安置区所在的省、自治区、直辖市人民政府或者市、县人民政府签订移民安置协议；签订协议的省、自治区、直辖市人民政府或者市人民政府，可以与下一级有移民或者移民安置任务的人民政府签订移民安置协议。

第二十八条　项目法人应当根据大中型水利水电工程建设的要求和移民安置规划，在每年汛期结束后60日内，向与其签订移民安置协议的地方人民政府提出下年度移民安置计划建议；签订移民安置协议的地方人民政府，应当根据移民安置规划和项目法人的年度移民安置计划建议，在与项目法人充分协商的基础上，组织编制并下达本行政区域的下年度移民安置年度计划。

第二十九条　项目法人应当根据移民安置年度计划，按照移民安置实施进度将征地补偿和移民安置资金支付给与其签订移民安置协议的地方人民政府。

第三十条　农村移民在本县通过新开发土地或者调剂土地集中安置的，县级人民政府应当将土地补偿费、安置补助费和集体财产补偿费直接全额兑付给该村集体经济组织或者村民委员会。

农村移民分散安置到本县内其他村集体经济组织或者村民委员会的，应当由移民安置村集体经济组织或者村民委员会与县级人民政府签订协议，按照协议安排移民的生产和生活。

第三十一条 农村移民在本省行政区域内其他县安置的，与项目法人签订移民安置协议的地方人民政府，应当及时将相应的征地补偿和移民安置资金交给移民安置区县级人民政府，用于安排移民的生产和生活。

农村移民跨省安置的，项目法人应当及时将相应的征地补偿和移民安置资金交给移民安置区省、自治区、直辖市人民政府，用于安排移民的生产和生活。

第三十二条 搬迁费以及移民个人房屋和附属建筑物、个人所有的零星树木、青苗、农副业设施等个人财产补偿费，由移民区县级人民政府直接全额兑付给移民。

第三十三条 移民自愿投亲靠友的，应当由本人向移民区县级人民政府提出申请，并提交接收地县级人民政府出具的接收证明；移民区县级人民政府确认其具有土地等农业生产资料后，应当与接收地县级人民政府和移民共同签订协议，将土地补偿费、安置补助费交给接收地县级人民政府，统筹安排移民的生产和生活，将个人财产补偿费和搬迁费发给移民个人。

第三十四条 城（集）镇迁建、工矿企业迁建、专项设施迁建或者复建补偿费，由移民区县级以上地方人民政府交给当地人民政府或者有关单位。因扩大规模、提高标准增加的费用，由有关地方人民政府或者有关单位自行解决。

第三十五条 农村移民集中安置的农村居民点应当按照经批准的移民安置规划确定的规模和标准迁建。

农村移民集中安置的农村居民点的道路、供水、供电等基础设施，由乡（镇）、村统一组织建设。

农村移民住房，应当由移民自主建造。有关地方人民政府或者村民委员会应当统一规划宅基地，但不得强行规定建房标准。

第三十六条 农村移民安置用地应当依照《中华人民共和国土地管理法》和《中华人民共和国农村土地承包法》办理有关手续。

第三十七条 移民安置达到阶段性目标和移民安置工作完毕后，省、自治区、直辖市人民政府或者国务院移民管理机构应当组织有关单位进行验收；移民安置未经验收或者验收不合格的，不得对大中型水利水电工程进行阶段性验收和竣工验收。

第五章 后 期 扶 持

第三十八条 移民安置区县级以上地方人民政府应当编制水库移民后期扶持规划，报上一级人民政府或者其移民管理机构批准后实施。

编制水库移民后期扶持规划应当广泛听取移民的意见；必要时，应当采取听证的方式。

经批准的水库移民后期扶持规划是水库移民后期扶持工作的基本依据，应当严格执行，不得随意调整或者修改；确需调整或者修改的，应当报原批准机关批准。

未编制水库移民后期扶持规划或者水库移民后期扶持规划未经批准，有关单位不得拨付水库移民后期扶持资金。

第三十九条　水库移民后期扶持规划应当包括后期扶持的范围、期限、具体措施和预期达到的目标等内容。水库移民安置区县级以上地方人民政府应当采取建立责任制等有效措施，做好后期扶持规划的落实工作。

第四十条　水库移民后期扶持资金应当按照水库移民后期扶持规划，主要作为生产生活补助发放给移民个人；必要时可以实行项目扶持，用于解决移民村生产生活中存在的突出问题，或者采取生产生活补助和项目扶持相结合的方式。具体扶持标准、期限和资金的筹集、使用管理依照国务院有关规定执行。

省、自治区、直辖市人民政府根据国家规定的原则，结合本行政区域实际情况，制定水库移民后期扶持具体实施办法，报国务院批准后执行。

第四十一条　各级人民政府应当加强移民安置区的交通、能源、水利、环保、通信、文化、教育、卫生、广播电视等基础设施建设，扶持移民安置区发展。

移民安置区地方人民政府应当将水库移民后期扶持纳入本级人民政府国民经济和社会发展规划。

第四十二条　国家在移民安置区和大中型水利水电工程受益地区兴办的生产建设项目，应当优先吸收符合条件的移民就业。

第四十三条　大中型水利水电工程建成后形成的水面和水库消落区土地属于国家所有，由该工程管理单位负责管理，并可以在服从水库统一调度和保证工程安全、符合水土保持和水质保护要求的前提下，通过当地县级人民政府优先安排给当地农村移民使用。

第四十四条　国家在安排基本农田和水利建设资金时，应当对移民安置区所在县优先予以扶持。

第四十五条　各级人民政府及其有关部门应当加强对移民的科学文化知识和实用技术的培训，加强法制宣传教育，提高移民素质，增强移民就业能力。

第四十六条　大中型水利水电工程受益地区的各级地方人民政府及其有关部门应当按照优势互补、互惠互利、长期合作、共同发展的原则，采取多种形式对移民安置区给予支持。

第六章　监　督　管　理

第四十七条　国家对移民安置和水库移民后期扶持实行全过程监督。省、自治区、直辖市人民政府和国务院移民管理机构应当加强对移民安置和水库移民后期扶持的监督，发现问题应当及时采取措施。

第四十八条　国家对征地补偿和移民安置资金、水库移民后期扶持资金的拨付、使用和管理实行稽察制度，对拨付、使用和管理征地补偿和移民安置资金、水库移民后期扶持资金的有关地方人民政府及其有关部门的负责人依法实行任期经济责任审计。

第四十九条　县级以上人民政府应当加强对下级人民政府及其财政、发展改革、移民等有关部门或者机构拨付、使用和管理征地补偿和移民安置资金、水库移民后期扶持资金的监督。

县级以上地方人民政府或者其移民管理机构应当加强对征地补偿和移民安置资金、水库移民后期扶持资金的管理，定期向上一级人民政府或者其移民管理机构报告并向项目法人通报有关资金拨付、使用和管理情况。

第五十条 各级审计、监察机关应当依法加强对征地补偿和移民安置资金、水库移民后期扶持资金拨付、使用和管理情况的审计和监察。

县级以上人民政府财政部门应当加强对征地补偿和移民安置资金、水库移民后期扶持资金拨付、使用和管理情况的监督。

审计、监察机关和财政部门进行审计、监察和监督时，有关单位和个人应当予以配合，及时提供有关资料。

第五十一条 国家对移民安置实行全过程监督评估。签订移民安置协议的地方人民政府和项目法人应当采取招标的方式，共同委托有移民安置监督评估专业技术能力的单位对移民搬迁进度、移民安置质量、移民资金的拨付和使用情况以及移民生活水平的恢复情况进行监督评估；被委托方应当将监督评估的情况及时向委托方报告。

从事移民安置规划编制和移民安置监督评估的专业技术人员，应当通过国家考试，取得相应的资格。

第五十二条 征地补偿和移民安置资金应当专户存储、专账核算，存储期间的孳息，应当纳入征地补偿和移民安置资金，不得挪作他用。

第五十三条 移民区和移民安置区县级人民政府，应当以村为单位将大中型水利水电工程征收的土地数量、土地种类和实物调查结果、补偿范围、补偿标准和金额以及安置方案等向群众公布。群众提出异议的，县级人民政府应当及时核查，并对统计调查结果不准确的事项进行改正；经核查无误的，应当及时向群众解释。

有移民安置任务的乡（镇）、村应当建立健全征地补偿和移民安置资金的财务管理制度，并将征地补偿和移民安置资金收支情况张榜公布，接受群众监督；土地补偿费和集体财产补偿费的使用方案应当经村民会议或者村民代表会议讨论通过。

移民安置区乡（镇）人民政府、村（居）民委员会应当采取有效措施帮助移民适应当地的生产、生活，及时调处矛盾纠纷。

第五十四条 县级以上地方人民政府或者其移民管理机构以及项目法人应当建立移民工作档案，并按照国家有关规定进行管理。

第五十五条 国家切实维护移民的合法权益。

在征地补偿和移民安置过程中，移民认为其合法权益受到侵害的，可以依法向县级以上人民政府或者其移民管理机构反映，县级以上人民政府或者其移民管理机构应当对移民反映的问题进行核实并妥善解决。移民也可以依法向人民法院提起诉讼。

移民安置后，移民与移民安置区当地居民享有同等的权利，承担同等的义务。

第五十六条 按照移民安置规划必须搬迁的移民，无正当理由不得拖延搬迁或者拒迁。已经安置的移民不得返迁。

第七章 法 律 责 任

第五十七条 违反本条例规定，有关地方人民政府、移民管理机构、项目审批部门及其他有关部门有下列行为之一的，对直接负责的主管人员和其他直接责任人员依法给予行政处分；造成严重后果，有关责任人员构成犯罪的，依法追究刑事责任：

（一）违反规定批准移民安置规划大纲、移民安置规划或者水库移民后期扶持规划的；

（二）违反规定批准或者核准未编制移民安置规划或者移民安置规划未经审核的大中型水利水电工程建设项目的；

（三）移民安置未经验收或者验收不合格而对大中型水利水电工程进行阶段性验收或者竣工验收的；

（四）未编制水库移民后期扶持规划，有关单位拨付水库移民后期扶持资金的；

（五）移民安置管理、监督和组织实施过程中发现违法行为不予查处的；

（六）在移民安置过程中发现问题不及时处理，造成严重后果以及有其他滥用职权、玩忽职守等违法行为的。

第五十八条 违反本条例规定，项目主管部门或者有关地方人民政府及其有关部门调整或者修改移民安置规划大纲、移民安置规划或者水库移民后期扶持规划的，由批准该规划大纲、规划的有关人民政府或者其有关部门、机构责令改正，对直接负责的主管人员和其他直接责任人员依法给予行政处分；造成重大损失，有关责任人员构成犯罪的，依法追究刑事责任。

违反本条例规定，项目法人调整或者修改移民安置规划大纲、移民安置规划的，由批准该规划大纲、规划的有关人民政府或者其有关部门、机构责令改正，处 10 万元以上 50 万元以下的罚款；对直接负责的主管人员和其他直接责任人员处 1 万元以上 5 万元以下的罚款；造成重大损失，有关责任人员构成犯罪的，依法追究刑事责任。

第五十九条 违反本条例规定，在编制移民安置规划大纲、移民安置规划、水库移民后期扶持规划，或者进行实物调查、移民安置监督评估中弄虚作假的，由批准该规划大纲、规划的有关人民政府或者其有关部门、机构责令改正，对有关单位处 10 万元以上 50 万元以下的罚款；对直接负责的主管人员和其他直接责任人员处 1 万元以上 5 万元以下的罚款；给他人造成损失的，依法承担赔偿责任。

第六十条 违反本条例规定，侵占、截留、挪用征地补偿和移民安置资金、水库移民后期扶持资金的，责令退赔，并处侵占、截留、挪用资金额 3 倍以下的罚款，对直接负责的主管人员和其他责任人员依法给予行政处分；构成犯罪的，依法追究有关责任人员的刑事责任。

第六十一条 违反本条例规定，拖延搬迁或者拒迁的，当地人民政府或者其移民管理机构可以申请人民法院强制执行；违反治安管理法律、法规的，依法给予治安管理处罚；构成犯罪的，依法追究有关责任人员的刑事责任。

第八章 附 则

第六十二条 长江三峡工程的移民工作，依照《长江三峡工程建设移民条例》执行。

南水北调工程的征地补偿和移民安置工作，依照本条例执行。但是，南水北调工程中线、东线一期工程的移民安置规划的编制审批，依照国务院的规定执行。

第六十三条 本条例自 2006 年 9 月 1 日起施行。1991 年 2 月 15 日国务院发布的《大中型水利水电工程建设征地补偿和移民安置条例》同时废止。

二、土 地 征 占

中华人民共和国城镇国有土地使用权出让和转让暂行条例

国务院令第 55 号

（1990 年 5 月 19 日公布，自 1990 年 5 月 19 日起施行）

第一章　总　　则

第一条　为了改革城镇国有土地使用制度，合理开发、利用、经营土地，加强土地管理，促进城市建设和经济发展，制定本条例。

第二条　国家按照所有权与使用权分离的原则，实行城镇国有土地使用权出让、转让制度，但地下资源、埋藏物和市政公用设施除外。前款所称城镇国有土地是指市、县城、建制镇、工矿区范围内属于全民所有的土地（以下简称土地）。

第三条　中华人民共和国境内外的公司、企业、其他组织和个人，除法律另有规定者外，均可依照本条例的规定取得土地使用权，进行土地开发、利用、经营。

第四条　依照本条例的规定取得土地使用权的土地使用者，其使用权在使用年限内可以转让、出租、抵押或者用于其他经济活动，合法权益受国家法律保护。

第五条　土地使用者开发、利用、经营土地的活动，应当遵守国家法律、法规的规定，并不得损害社会公共利益。

第六条　县级以上人民政府土地管理部门依法对土地使用权的出让、转让、出租、抵押、终止进行监督检查。

第七条　土地使用权出让、转让、出租、抵押、终止及有关的地上建筑物、其他附着物的登记，由政府土地管理部门、房产管理部门依照法律和国务院的有关规定办理。

登记文件可以公开查阅。

第二章　土地使用权出让

第八条　土地使用权出让是指国家以土地所有者的身份将土地使用权在一定年限内让与土地使用者，并由土地使用者向国家支付土地使用权出让金的行为。

土地使用权出让应当签订出让合同。

第九条　土地使用权的出让，由市、县人民政府负责，有计划、有步骤地进行。

第十条　土地使用权出让的地块、用途、年限和其他条件，由市、县人民政府土地管理部门会同城市规划和建设管理部门、房产管理部门共同拟定方案，按照国务院规定的批准权限批准后，由土地管理部门实施。

第十一条　土地使用权出让合同应当按照平等、自愿、有偿的原则，由市、县人民政府土地管理部门（以下简称出让方）与土地使用者签订。

第十二条　土地使用权出让最高年限按下列用途确定：

（一）居住用地七十年；

（二）工业用地五十年；

（三）教育、科技、文化、卫生、体育用地五十年；

（四）商业、旅游、娱乐用地四十年；

（五）综合或者其他用地五十年。

第十三条　土地使用权出让可以采取下列方式：

（一）协议；

（二）招标；

（三）拍卖；

（四）依照前款规定方式出让土地使用权的具体程序和步骤，由省、自治区、直辖市人民政府规定。

第十四条　土地使用者应当在签订土地使用权出让合同后六十日内，支付全部土地使用权出让金。逾期未全部支付的，出让方有权解除合同，并可请求违约赔偿。

第十五条　出让方应当按照合同规定，提供出让的土地使用权。未按合同规定提供土地使用权的，土地使用者有权解除合同，并可请求违约赔偿。

第十六条　土地使用者在支付全部土地使用权出让金后，应当依照规定办理登记，领取土地使用证，取得土地使用权。

第十七条　土地使用者应当按照土地使用权出让合同的规定和城市规划的要求，开发、利用、经营土地。

未按合同规定的期限和条件开发、利用土地的，市、县人民政府土地管理部门应当予以纠正，并根据情节可以给予警告、罚款直至无偿收回土地使用权的处罚。

第十八条　土地使用者需要改变土地使用权出让合同规定的土地用途的，应当征得出让方同意并经土地管理部门和城市规划部门批准，依照本章的有关规定重新签订土地使用权出让合同，调整土地使用权出让金，并办理登记。

第三章　土地使用权转让

第十九条　土地使用权转让是指土地使用者将土地使用权再转让的行为，包括出售、交换和赠与。未按土地使用权出让合同规定的期限和条件投资开发、利用土地的，土地使用权不得转让。

第二十条　土地使用权转让应当签订转让合同。

第二十一条　土地使用权转让时，土地使用权出让合同和登记文件中所载明的权利、义务随之转移。

第二十二条 土地使用者通过转让方式取得的土地使用权，其使用年限为土地使用权出让合同规定的使用年限减去原土地使用者已使用年限后的剩余年限。

第二十三条 土地使用权转让时，其地上建筑物、其他附着物所有权随之转让。

第二十四条 地上建筑物、其他附着物的所有人或者共有人，享有该建筑物、附着物使用范围内的土地使用权。土地使用者转让地上建筑物、其他附着物所有权时，其使用范围内的土地使用权随之转让，但地上建筑物、其他附着物作为动产转让的除外。

第二十五条 土地使用权和地上建筑物、其他附着物所有权转让，应当按照规定办理过户登记。土地使用权和地上建筑物、其他附着物所有权分割转让的，应当经市、县人民政府土地管理部门和房产管理部门批准，并依照规定办理过户登记。

第二十六条 土地使用权转让价格明显低于市场价格的，市、县人民政府有优先购买权。土地使用权转让的市场价格不合理上涨时，市、县人民政府可以采取必要的措施。

第二十七条 土地使用权转让后，需要改变土地使用权出让合同规定的土地用途的，依照本条例第十八条的规定办理。

第四章 土地使用权出租

第二十八条 土地使用权出租是指土地使用者作为出租人将土地使用权随同地上建筑物、其他附着物租赁给承租人使用，由承租人向出租人支付租金的行为。未按土地使用权出让合同规定的期限和条件投资开发、利用土地的，土地使用权不得出租。

第二十九条 土地使用权出租，出租人与承租人应当签订租赁合同。租赁合同不得违背国家法律、法规和土地使用权出让合同的规定。

第三十条 土地使用权出租后，出租人必须继续履行土地使用权的出让合同。

第三十一条 土地使用权和地上建筑物、其他附着物出租，出租人应当依照规定办理登记。

第五章 土地使用权抵押

第三十二条 土地使用权可以抵押。

第三十三条 土地使用权抵押时，其地上建筑物、其他附着物随之抵押。地上建筑物、其他附着物抵押时，其使用范围内的土地使用权随之抵押。

第三十四条 土地使用权抵押，抵押人与抵押权人应当签订抵押合同。抵押合同不得违背国家法律、法规和土地使用权出让合同的规定。

第三十五条 土地使用权和地上建筑物、其他附着物抵押，应当按照规定办理抵押登记。

第三十六条 抵押人到期未能履行债务或者在抵押合同期间宣告解散、破产的，抵押权人有权依照国家法律、法规和抵押合同的规定处分抵押财产。因处分抵押财产而取得土地使用权和地上建筑物、其他附着物所有权的，应当依照规定办理过户登记。

第三十七条 处分抵押财产所得，抵押权人有优先受偿权。

第三十八条 抵押权因债务清偿或者其他原因而消灭的，应当依照规定办理注销抵押登记。

第六章　土地使用权中止

第三十九条　土地使用权因土地使用权出让合同规定的使用年限届满、提前收回及土地灭失等原因而终止。

第四十条　土地使用权期满，土地使用权及其地上建筑物、其他附着物所有权由国家无偿取得。土地使用者应当交还土地使用证，并依照规定办理注销登记。

第四十一条　土地使用权期满，土地使用者可以申请续期。需要续期的，应当依照本条例第二章的规定重新签订合同，支付土地使用权出让金，并办理登记。

第四十二条　国家对土地使用者依法取得的土地使用权不提前收回。在特殊情况下，根据社会公众利益的需要，国家依照法律程序提前收回，并根据土地使用者已使用的年限和开发、利用土地的实际情况给予相应的补偿。

第七章　划拨土地使用权

第四十三条　划拨土地使用权是指土地使用者通过各种方式依法无偿取得的土地使用权。前款土地使用者应当依照《中华人民共和国城镇土地使用税暂行条例》的规定缴纳土地使用税。

第四十四条　划拨土地使用权，除本条例第四十五条规定的情况外，不得转让、出租、抵押。

第四十五条　符合下列条件的，经市、县人民政府土地管理部门和房产管理部门批准，其划拨土地使用权和地上建筑物、其他附着物所有权可以转让、出租、抵押：

（一）土地使用者为公司、企业、其他经济组织和个人；

（二）领有国有土地使用证；

（三）具有地上建筑物、其他附着物合法的产权证明；

（四）依照本条例第二章的规定签订土地使用权出让合同，向当地市、县人民政府补交土地使用权出让金或者以转让、出租、抵押所获效益抵交土地使用权出让金。

转让、出租、抵押前款划拨土地使用权的，分别依照本条例第三章、第四章和第五章的规定办理。

第四十六条　对未经批准擅自转让、出租、抵押划拨土地使用权的单位和个人，市、县人民政府土地管理部门应当没收其非法收入，并根据情节处以罚款。

第四十七条　无偿取得划拨土地使用权的土地使用者，因迁移、解散、撤销、破产或者其他原因而停止使用土地的，市、县人民政府应当无偿收回其划拨土地使用权，并可依照本条例的规定予以出让。

对划拨土地使用权，市、县人民政府根据城市建设发展需要和城市规划的要求，可以无偿收回，并可依照本条便的规定予以出让。

无偿收回划拨土地使用权时，对其地上建筑物、其他附着物，市、县人民政府应当根据实际情况给予适当补偿。

第八章　附　　则

第四十八条　依照本条例的规定取得土地使用权的个人，其土地使用权可以继承。

第四十九条　土地使用者应当依照国家税收法规的规定纳税。

第五十条　依照本条例收取的土地使用权出让金列入财政预算，作为专项基金管理，主要用于城市建设和土地开发。具体使用管理办法，由财政部另行制定。

第五十一条　各省自治区、直辖市人民政府应当根据本条例的规定和当地的实际情况选择部分条件比较成熟的城镇先行试点。

第五十二条　外商投资从事开发经营成片土地的，其土地使用权的管理依照国务院的有关规定执行。

第五十三条　本条例由国家土地管理局负责解释：实施办法由省、自治区、直辖市人民政府制定。

第五十四条　本条例自发布之日起施行。

关于深化改革严格土地管理的决定

国发〔2004〕28号

（国务院2004年10月21日发布）

各省、自治区、直辖市人民政府，国务院各部委、各直属机构：

实行最严格的土地管理制度，是由我国人多地少的国情决定的，也是贯彻落实科学发展观，保证经济社会可持续发展的必然要求。去年以来，各地区、各部门认真贯彻党中央、国务院部署，全面清理各类开发区，切实落实暂停审批农用地转用的决定，土地市场治理整顿取得了积极进展，有力地促进了宏观调控政策的落实。但是，土地市场治理整顿的成效还是初步的、阶段性的，盲目投资、低水平重复建设，圈占土地、乱占滥用耕地等问题尚未根本解决。因此，必须正确处理保障经济社会发展与保护土地资源的关系，严格控制建设用地增量，努力盘活土地存量，强化节约利用土地，深化改革，健全法制，统筹兼顾，标本兼治，进一步完善符合我国国情的最严格的土地管理制度。现决定如下：

一、严格执行土地管理法律法规

（一）牢固树立遵守土地法律法规的意识。各地区、各有关部门要深入持久地开展土地法律法规的学习教育活动，深刻认识我国国情和保护耕地的极端重要性，本着对人民、对历史负责的精神，严格依法管理土地，积极推进经济增长方式的转变，实现土地利用方式的转变，走符合中国国情的新型工业化、城市化道路。进一步提高依法管地用地的意识，要在法律法规允许的范围内合理用地。对违反法律法规批地、占地的，必须承担法律责任。

（二）严格依照法定权限审批土地。农用地转用和土地征收的审批权在国务院和省、自治区、直辖市人民政府，各省、自治区、直辖市人民政府不得违反法律和行政法规的规定下放土地审批权。严禁规避法定审批权限，将单个建设项目用地拆分审批。

（三）严格执行占用耕地补偿制度。各类非农业建设经批准占用耕地的，建设单位必须补充数量、质量相当的耕地，补充耕地的数量、质量实行按等级折算，防止占多补少、占优补劣。不能自行补充的，必须按照各省、自治区、直辖市的规定缴纳耕地开垦费。耕地开垦费要列入专户管理，不得减免和挪作他用。政府投资的建设项目也必须将补充耕地费用列入工程概算。

（四）禁止非法压低地价招商。省、自治区、直辖市人民政府要依照基准地价制定并公布协议出让土地最低价标准。协议出让土地除必须严格执行规定程序外，出让价格不得低于最低价标准。违反规定出让土地造成国有土地资产流失的，要依法追究责任；情节严重的，依照《中华人民共和国刑法》的规定，以非法低价出让国有土地使用权罪追究刑事责任。

（五）严格依法查处违反土地管理法律法规的行为。当前要着重解决有法不依、执法不严、违法不究和滥用行政权力侵犯农民合法权益的问题。要加大土地管理执法力度，严肃查处非法批地、占地等违法案件。建立国土资源与监察等部门联合办案和案件移送制度，既查处土地违法行为，又查处违法责任人。典型案件，要公开处理。对非法批准占用土地、征收土地和非法低价出让国有土地使用权的国家机关工作人员，依照《监察部国土资源部关于违反土地管理规定行为行政处分暂行办法》给予行政处分；构成犯罪的，依照《中华人民共和国刑法》、《中华人民共和国土地管理法》、《最高人民法院关于审理破坏土地资源刑事案件具体应用法律若干问题的解释》和最高人民检察院关于渎职犯罪案件立案标准的规定，追究刑事责任。对非法批准征收、使用土地，给当事人造成损失的，还必须依法承担赔偿责任。

二、加强土地利用总体规划、城市总体规划、村庄和集镇规划实施管理

（六）严格土地利用总体规划、城市总体规划、村庄和集镇规划修改的管理。在土地利用总体规划和城市总体规划确定的建设用地范围外，不得设立各类开发区（园区）和城市新区（小区）。对清理后拟保留的开发区，必须依据土地利用总体规划和城市总体规划，按照布局集中、用地集约和产业集聚的原则严格审核。严格土地利用总体规划的修改，凡涉及改变土地利用方向、规模、重大布局等原则性修改，必须报原批准机关批准。城市总体规划、村庄和集镇规划也不得擅自修改。

（七）加强土地利用计划管理。农用地转用的年度计划实行指令性管理，跨年度结转使用计划指标必须严格规范。改进农用地转用年度计划下达和考核办法，对国家批准的能源、交通、水利、矿山、军事设施等重点建设项目用地和城、镇、村的建设用地实行分类下达，并按照定额指标、利用效益等分别考核。

（八）从严从紧控制农用地转为建设用地的总量和速度。加强农用地转用审批的规划和计划审查，强化土地利用总体规划和土地利用年度计划对农用地转用的控制和引导，凡不符合规划、没有农用地转用年度计划指标的，不得批准用地。为巩固土地市场治理整顿成果，2004年农用地转用计划指标不再追加；对过去拖欠农民的征地补偿安置费在2004年年底前不能足额偿还的地方，暂缓下达该地区2005年农用地转用计划。

（九）加强建设项目用地预审管理。凡不符合土地利用总体规划、没有农用地转用计划指标的建设项目，不得通过项目用地预审。发展改革等部门要通过适当方式告知项目单位开展前期工作，项目单位提出用地预审申请后，国土资源部门要依法对建设项目用地进行审查。项目建设单位向发展改革等部门申报核准或审批建设项目时，必须附国土资源部门预审意见；没有预审意见或预审未通过的，不得核准或批准建设项目。

（十）加强村镇建设用地的管理。要按照控制总量、合理布局、节约用地、保护耕地的原则，编制乡（镇）土地利用总体规划、村庄和集镇规划，明确小城镇和农村居民点的数量、布局和规模。鼓励农村建设用地整理，城镇建设用地增加要与农村建设用地减少相挂钩。农村集体建设用地，必须符合土地利用总体规划、村庄和集镇规划，并纳入土地利用年度计划，凡占用农用地的必须依法办理审批手续。禁止擅自通过“村改居”等方式将农民集体所有土地转为国有土地。禁止农村集体经济组织非法出让、出租集体土地用于非农业建设。改革和完善宅基地审批制度，加强农村宅基地管理，禁止城镇居民在农村购置宅基地。引导新办乡村工业向建制镇和规划确定的小城镇集中。在符合规划的前提下，村庄、集镇、建制镇中的农民集体所有建设用地使用权可以依法流转。

（十一）严格保护基本农田。基本农田是确保国家粮食安全的基础。土地利用总体规划修编，必须保证现有基本农田总量不减少，质量不降低。基本农田要落实到地块和农户，并在土地所有权证书和农村土地承包经营权证书中注明。基本农田保护图件备案工作，应在新一轮土地利用总体规划修编后三个月内完成。基本农田一经划定，任何单位和个人不得擅自占用，或者擅自改变用途，这是不可逾越的“红线”。符合法定条件，确需改变和占用基本农田的，必须报国务院批准；经批准占用基本农田的，征地补偿按法定最高标准执行，对以缴纳耕地开垦费方式补充耕地的，缴纳标准按当地最高标准执行。禁止占用基本农田挖鱼塘、种树和其他破坏耕作层的活动，禁止以建设“现代农业园区”或者“设施农业”等任何名义，占用基本农田变相从事房地产开发。

三、完善征地补偿和安置制度

（十二）完善征地补偿办法。县级以上地方人民政府要采取切实措施，使被征地农民生活水平不因征地而降低。要保证依法足额和及时支付土地补偿费、安置补助费以及地上附着物和青苗补偿费。依照现行法律规定支付土地补偿费和安置补助费，尚不能使被征地农民保持原有生活水平的，不足以支付因征地而导致无地农民社会保障费用的，省、自治区、直辖市人民政府应当批准增加安置补助费。土地补偿费和安置补助费的总和达到法定上限，尚不足以使被征地农民保持原有生活水平的，当地人民政府可以用国有土地有偿使用收入予以补贴。省、自治区、直辖市人民政府要制订并公布各市县征地的统一年产值标准或区片综合地价，征地补偿做到同地同价，国家重点建设项目必须将征地费用足额列入概算。大中型水利、水电工程建设征地的补偿费标准和移民安置办法，由国务院另行规定。

（十三）妥善安置被征地农民。县级以上地方人民政府应当制定具体办法，使被征地农民的长远生计有保障。对有稳定收益的项目，农民可以经依法批准的建设用地土地使用权入股。在城市规划区内，当地人民政府应当将因征地而导致无地的农民，纳入城镇就业体系，并建立社会保障制度；在城市规划区外，征收农民集体所有土地时，当地人民政府要在本行政区域内为被征地农民留有必要的耕作土地或安排相应的工作岗位；对不具备基本生产生活条件的无地农民，应当异地移民安置。劳动和社会保障部门要会同有关部门尽快提出建立被征地农民的就业培训和社会保障制度的指导性意见。

（十四）健全征地程序。在征地过程中，要维护农民集体土地所有权和农民土地承包经营权的权益。在征地依法报批前，要将拟征地的用途、位置、补偿标准、安置途径告知被征地农民；对拟征土地现状的调查结果须经被征地农村集体经济组织和农户确认；确有必要的，国土资源部门应当依照有关规定组织听证。要将被征地农民知情、确认的有关材料作为征地报批的必备材料。要加快建立和完善征地补偿安置争议的协调和裁决机制，维护被征地农民和用地者的合法权益。经批准的征地事项，除特殊情况外，应予以公示。

（十五）加强对征地实施过程监管。征地补偿安置不落实的，不得强行使用被征土地。省、自治区、直辖市人民政府应当根据土地补偿费主要用于被征地农户的原则，制订土地补偿费在农村集体经济组织内部的分配办法。被征地的农村集体经济组织应当将征地补偿费用的收支和分配情况，向本集体经济组织成员公布，接受监督。农业、民政等部门要加强对农村集体经济组织内部征地补偿费用分配和使用的监督。

四、健全土地节约利用和收益分配机制

（十六）实行强化节约和集约用地政策。建设用地要严格控制增量，积极盘活存量，把节约用地放在首位，重点在盘活存量上下工夫。新上建设项目首先要利用现有建设用地，严格控制建设占用耕地、林地、草原和湿地。开展对存量建设用地资源的普查，研究制定鼓励盘活存量的政策措施。各地区、各有关部门要按照集约用地的原则，调整有关厂区绿化率的规定，不得圈占土地搞“花园式工厂”。在开发区（园区）推广多层标准厂房。对工业用地在符合规划、不改变原用途的前提下，提高土地利用率和增加容积率的，原则上不再收取或调整土地有偿使用费。基础设施和公益性建设项目，也要节约合理用地。今后，供地时要将土地用途、容积率等使用条件的约定写入土地使用合同。对工业项目用地必须有投资强度、开发进度等控制性要求。土地使用权人不按照约定条件使用土地的，要承担相应的违约责任。在加强耕地占用税、城镇土地使用税、土地增值税征收管理的同时，进一步调整和完善相关税制，加大对建设用地取得和保有环节的税收调节力度。

（十七）推进土地资源的市场化配置。严格控制划拨用地范围，经营性基础设施用地要逐步实行有偿使用。运用价格机制抑制多占、滥占和浪费土地。除按现行规定必须实行招标、拍卖、挂牌出让的用地外，工业用地也要创造条件逐步实行招标、拍卖、挂牌出让。经依法批准利用原有划拨土地进行经营性开发建设的，应当按照市场价补缴土地出让金。经依法批准转让原划拨土地使用权的，应当在土地有形市场公开交易，按照市场价补缴土地出让金；低于市场价交易的，政府应当行使优先购买权。

（十八）制订和实施新的土地使用标准。依照国家产业政策，国土资源部门对淘汰类、限制类项目分别实行禁止和限制用地，并会同有关部门制订工程项目建设用地定额标准，省、自治区、直辖市人民政府可以根据实际情况制订具体实施办法。继续停止高档别墅类房地产、高尔夫球场等用地的审批。

（十九）严禁闲置土地。农用地转用批准后，满两年未实施具体征地或用地行为的，批准文件自动失效；已实施征地，满两年未供地的，在下达下一年度的农用地转用计划时扣减相应指标，对具备耕作条件的土地，应当交原土地使用者继续耕种，也可以由当地人民政府组织耕种。对用地单位闲置的土地，严格依照《中华人民共和国土地管理法》的有关规定处理。

（二十）完善新增建设用地土地有偿使用费收缴办法。新增建设用地土地有偿使用费实行先缴后分，按规定的标准就地全额缴入国库，不得减免，并由国库按规定的比例就地分成划缴。审计部门要加强对新增建设用地土地有偿使用费征收和使用的监督检查。对减免和欠缴的，要依法追缴。财政部、国土资源部要适时调整新增建设用地土地有偿使用费收取标准。新增建设用地土地有偿使用费要严格按法定用途使用，由中央支配的部分，要向粮食主产区倾斜。探索建立国有土地收益基金，遏制片面追求土地收益的短期行为。

五、建立完善耕地保护和土地管理的责任制度

（二十一）明确土地管理的权力和责任。调控新增建设用地总量的权力和责任在中央，盘活存量建设用地的权力和利益在地方，保护和合理利用土地的责任在地方各级人民政府，省、自治区、直辖市人民政府应负主要责任。在确保严格实施土地利用总体规划，不突破土地利用年度计划的前提下，省、自治区、直辖市人民政府可以统筹本行政区域内的用地安排，依照法定权限对农用地转用和土地征收进行审批，按规定用途决定新增建设用地土地有偿使用费地方分成部分的分配和使用，组织本行政区域内耕地占补平衡，并对土地管理法律法规执行情况进行监督检查。地方各级人民政府要对土地利用总体规划确定的本行政区域内的耕地保有量和基本农田保护面积负责，政府主要领导是第一责任人。地方各级人民政府都要建立相应的工作制度，采取多种形式，确保耕地保护目标落实到基层。

（二十二）建立耕地保护责任的考核体系。国务院定期向各省、自治区、直辖市下达耕地保护责任考核目标。各省、自治区、直辖市人民政府每年要向国务院报告耕地保护责任目标的履行情况。实行耕地保护责任考核的动态监测和预警制度。国土资源部会同农业部、监察部、审计署、统计局等部门定期对各省、自治区、直辖市耕地保护责任目标履行情况进行检查和考核，并向国务院报告。对认真履行责任目标，成效突出的，要给予表彰，并在安排中央支配的新增建设用地土地有偿使用费时予以倾斜。对没有达到责任目标的，要在全国通报，并责令限期补充耕地和补划基本农田。对土地开发整理补充耕地的情况也要定期考核。

（二十三）严格土地管理责任追究制。对违反法律规定擅自修改土地利用总体规划的、发生非法占用基本农田的、未完成耕地保护责任考核目标的、征地侵害农民合法权益引发群体性事件且未能及时解决的、减免和欠缴新增建设用地土地有偿使用费的、未按期完成基本农田图件备案工作的，要严肃追究责任，对有关责任人员由上级主管部门或监察机关依法定权限给予行政处分。同时，上级政府要责令限期整改，整改期间暂停农用地转用和征地审批。具体办法由国土资源部会同有关部门另行制订。实行补充耕地监督的责任追究制，国土资源部门和农业部门负责对补充耕地的数量和质量进行验收，并对验收结果承担责任。省、自治区、直辖市国土资源部门和农业部门要加强监督检查。

（二十四）强化对土地执法行为的监督。建立公开的土地违法立案标准。对有案不查、执法不严的，上级国土资源部门要责令其作出行政处罚决定或直接给予行政处罚。坚决纠正违法用地只通过罚款就补办合法手续的行为。对违法用地及其建筑物和其他设施，按法律规定应当拆除或没收的，不得以罚款、补办手续取代；确需补办手续的，依法处罚后，从新从高进行征地补偿和收取土地出让金及有关规费。完善土地执法监察体制，建立国家土地督察制度，设立国家土地总督察，向地方派驻土地督察专员，监督土地执法行为。

（二十五）加强土地管理行政能力建设。2004年年底以前要完成省级以下国土资源管理体制改革，理顺领导干部管理体制、工作机制和加强基层队伍建设。市、县人民政府要保证基层国土资源管理所机构、编制、经费到位，切实发挥基层国土资源管理所在土地管理执法中的作用。国土资源部要会同有关部门抓紧建立和完善统一的土地分类、调查、登记和统计制度，启动新一轮土地调查，保证土地数据的真实性。组织实施“金土工程”。充分利用现代高新技术加强土地利用动态监测，建立土地利用总体规划实施、耕地保护、土地市场的动态监测网络。

各地区、各有关部门要以“三个代表”重要思想为指导，牢固树立科学发展观和正确的政绩观，把落实好最严格的土地管理制度作为对执政能力和依法行政能力的检验。高度重视土地的保护和合理利用，认真总结经验，积极推进土地管理体制改革，不断完善土地法制，建立严格、科学、有效的土地管理制度，维护好广大人民群众的根本利益，确保经济社会的可持续发展。

国务院办公厅转发劳动保障部《关于做好被征地农民就业培训和社会保障工作的指导意见》的通知

国办发〔2006〕29号

（国务院办公厅2006年4月10日发布）

各省、自治区、直辖市人民政府，国务院各部委、各直属机构：

劳动保障部《关于做好被征地农民就业培训和社会保障工作的指导意见》已经国务院同意，现转发给你们，请认真贯彻执行。

附件

关于做好被征地农民就业培训和社会保障工作的指导意见

随着我国城镇化的发展，部分集体土地被征用，被征地农民的就业和社会保障问题日益突出，直接影响了被征地农民的切身利益和社会稳定。为妥善解决被征地农民的基本生活和长远生计问题，维护其合法权益，保持社会稳定，促进城镇化健康发展，根据《国务院关于深化改革严格土地管理的决定》（国发〔2004〕28号）的有关要求，现就做好被征地农民就业培训和社会保障工作提出以下指导意见：

一、基本思路和原则要求

（一）将做好被征地农民就业培训和社会保障工作作为征地制度改革的重要内容。地方各级人民政府要从统筹城乡经济社会和谐发展的高度，加强就业培训和社会保障工作，将被征地农民的就业问题纳入政府经济和社会发展规划及年度计划，尽快建立适合被征地农民特点与需求的社会保障制度，采取有效措施落实就业培训和社会保障资金，促进被征地农民实现就业和融入城镇社会，确保被征地农民生活水平不因征地而降低，长远生计有保障。

（二）明确范围，突出重点，统筹兼顾。被征地农民就业培训和社会保障工作的对象，主要是因政府统一征收农村集体土地而导致失去全部或大部分土地，且在征地时享有农村集体土地承包权的在册农业人口，具体对象由各地确定。做好被征地农民就业培训和社会保障工作要以新被征地农民为重点人群，以劳动年龄段内的被征地农民为就业培训重点对象，以大龄和老龄人群为社会保障重点对象。在实施过程中，各地要结合本地实际，充分考虑地方政府财政、村集体和农民承受能力，统筹考虑同一地区新老被征地农民就业培训和社会保障问题。对符合条件的新被征地农民，政府应在征地的同时即做出就业培训安排并落实相应的社会保障政策。对原已被征地农民的就业培训和社会保障问题，也要统筹考虑需要与可能、新老政策相互衔接等因素，予以妥善解决。

（三）根据城市规划区内外不同情况实行分类指导。各地应根据实际情况，妥善解决被征地农民的就业培训和社会保障问题。在城市规划区内，当地人民政府应将被征地农民纳入城镇就业体系，并建立社会保障制度。在城市规划区外，应保证在本行政区域内为被征地农民留有必要的耕地或安排相应的工作岗位，并纳入农村社会保障体系；对不具备生产生活条件地区的被征地农民，要异地移民安置，并纳入安置地的社会保障体系。

二、努力促进被征地农民就业

（四）促进被征地农民就业。坚持市场导向的就业机制，统筹城乡就业，多渠道开发就业岗位，改善就业环境，鼓励引导各类企业、事业单位、社区吸纳被征地农民就业，支持被征地农民自谋职业和自主创业。在城市规划区内，要将被征地农民纳入统一的失业登记制度和城镇就业服务体系。未就业的被征地农民可到当地公共就业服务机构办理失业登记，公共就业服务机构要及时办理，并积极为被征地农民提供就业咨询、就业指导、就业培训、职业介绍等服务，促进在劳动年龄段内有就业愿望的被征地农民尽快实现就业。在劳动年龄段内尚未就业且有就业愿望的，可按规定享受促进就业再就业的相关扶持政策。

（五）落实被征地农民就业安置责任。政府要积极开发公益性岗位安置就业困难的被征地农民就业，督促指导用地单位优先安置被征地农民就业。就业安置可以采取用地单位直接提供就业岗位并与符合就业条件的安置对象签订劳动合同的方式，也可以采取用地单位、就业服务机构和被征地农民三方签订合同委托安置的方式。

（六）加强对被征地农民的培训工作。在城市规划区内，各地要有针对性地制定适合被征地农民特点的职业培训计划，通过订单式培训等多种方式帮助被征地农民实现就业。在城市规划区外，各地要针对被征地农民的特点积极开展职业培训，提高被征地农民的就业竞争能力和创业能力。

三、积极做好被征地农民社会保障工作

（七）明确保障对象。被征地农民社会保障对象的确定，要严格按规定程序核准并予以公告后，报县（市）人民政府有关部门备案。具体办法由各省、自治区、直辖市人民政府制定。

（八）保障基本生活和长远生计。各地要从实际出发，采取多种方式保障被征地农民的基本生活和长远生计。对城市规划区内的被征地农民，应根据当地经济发展水平和被征地农民不同年龄段，制定保持基本生活水平不下降的办法和养老保障办法。对符合享受城市居民最低生活保障条件的，应按规定纳入城市居民最低生活保障范围。已开展城市医疗救助制度试点的地区，对符合医疗救助条件的要按规定纳入救助范围。有条件的地区可将被征地农民纳入城镇职工养老、医疗、失业等社会保险参保范围，通过现行城镇社会保障体系解决其基本生活保障问题。对城市规划区外的被征地农民，凡已经建立农村社会养老保险制度、开展新型农村合作医疗制度试点和实行农村最低生活保障制度的地区，要按有关规定将其纳入相应的保障范围。没有建立上述制度的地区，可由当地人民政府根据实际情况采取多种形式保障被征地农民的基本生活，提供必要的养老和医疗服务，并将符合条件的人员纳入当地的社会救助范围。

（九）合理确定保障水平。各地要按照统筹城乡就业和社会保障制度建设的要求，根据适应当地经济社会发展水平、政策可衔接、政府财力能承受、被征地农民生活水平不降低、简便易行等原则，合理确定被征地农民的社会保障水平。被征地农民基本生活和养老保障水平，应不低于当地最低生活保障标准。

四、落实被征地农民就业培训和社会保障资金

（十）落实就业培训和社会保障资金。开展被征地农民就业培训所需资金从当地财政列支；社会保障所需资金从当地政府批准提高的安置补助费和用于被征地农户的土地补偿费中统一安排，两项费用尚不足以支付的，由当地政府从国有土地有偿使用收入中解决。有条件的地区，地方财政和集体经济要加大扶持力度，支持和引导被征地农民参加城乡社会保险。被征地农民社会保障资金筹集办法，由各省、自治区、直辖市人民政府制定。

（十一）严格资金管理。政府承担的被征地农民就业培训和社会保障所需资金由当地有关部门在征地过程中统一划拨。各地政府要严格执行各项财务管理规定，加强资金监督和管理，确保资金的安全和增值，任何单位和个人不得挤占、截留或挪用。

五、加强领导，精心组织

（十二）高度重视被征地农民就业培训和社会保障工作。地方各级人民政府和有关部门要充分认识做好被征地农民就业培训和社会保障工作的必要性、紧迫性和艰巨性，将其列入重要议事日程，实行一把手负责制，建立责任追究制度。要广泛深入宣传开展被征地农民就业培训和社会保障工作的重要意义和有关政策。劳动保障部门作为被征地农民就业培训和社会保障工作的主管部门，要切实履行职责，地方各级人民政府要确保必要的人员和工作经费，务必把工作做细做实，切忌简单化。

（十三）制订具体实施办法。各省、自治区、直辖市人民政府要根据国发〔2004〕28号文件和本指导意见，结合本地实际情况制订切实可行的实施办法。要本着先试点、再推开的原则，及时研究和解决工作中出现的新情况、新问题，不断完善有关政策措施。各有关部门要通力协作，密切配合，积极稳妥地做好被征地农民的就业培训和社会保障工作。

关于加强土地调控有关问题的通知

国发〔2006〕31号

（国务院2006年8月31日发布）

各省、自治区、直辖市人民政府，国务院各部委、各直属机构：

党中央、国务院高度重视土地管理和调控。2004年印发的《国务院关于深化改革严格土地管理的决定》（国发〔2004〕28号），在严格土地执法、加强规划管理、保障农民权益、促进集约用地、健全责任制度等方面，作出了全面系统的规定。各地区、各部门采取措施，积极落实，取得了初步成效。但是，当前土地管理特别是土地调控中出现了一些新动向、新问题，建设用地总量增长过快，低成本工业用地过度扩张，违法违规用地、滥占耕地现象屡禁不止，严把土地“闸门”任务仍然十分艰巨。为进一步贯彻落实科学发展观，保证经济社会可持续发展，必须采取更严格的管理措施，切实加强土地调控。现就有关问题通知如下：

一、进一步明确土地管理和耕地保护的责任

地方各级人民政府主要负责人应对本行政区域内耕地保有量和基本农田保护面积、土地利用总体规划和年度计划执行情况负总责。将新增建设用地控制指标（包括占用农用地和未利用地）纳入土地利用年度计划，以实际耕地保有量和新增建设用地面积，作为土地利用年度计划考核、土地管理和耕地保护责任目标考核的依据；实际用地超过计划的，扣减下一年度相应的计划指标。国土资源部要加强对各地实际建设用地和土地征收情况的核查。

按照权责一致的原则，调整城市建设用地审批方式。在土地利用总体规划确定的城市建设用地范围内，依法由国务院分批次审批的农用地转用和土地征收，调整为每年由省级人民政府汇总后一次申报，经国土资源部审核，报国务院批准后由省级人民政府具体组织实施，实施方案报国土资源部备案。

严格实行问责制。对本行政区域内发生土地违法违规案件造成严重后果的，对土地违法违规行为不制止、不组织查处的，对土地违法违规问题隐瞒不报、压案不查的，应当追究有关地方人民政府负责人的领导责任。监察部、国土资源部要抓紧完善土地违法违规领导责任追究办法。

二、切实保障被征地农民的长远生计

征地补偿安置必须以确保被征地农民原有生活水平不降低、长远生计有保障为原则。各地要认真落实国办发〔2006〕29号文件的规定，做好被征地农民就业培训和社会保障工作。被征地农民的社会保障费用，按有关规定纳入征地补偿安置费用，不足部分由当地政府从国有土地有偿使用收入中解决。社会保障费用不落实的不得批准征地。

三、规范土地出让收支管理

国有土地使用权出让总价款全额纳入地方预算，缴入地方国库，实行“收支两条线”

管理。土地出让总价款必须首先按规定足额安排支付土地补偿费、安置补助费、地上附着物和青苗补偿费、拆迁补偿费以及补助被征地农民社会保障所需资金的不足，其余资金应逐步提高用于农业土地开发和农村基础设施建设的比重，以及用于廉租住房建设和完善国有土地使用功能的配套设施建设。

四、调整建设用地有关税费政策

提高新增建设用地土地有偿使用费缴纳标准。新增建设用地土地有偿使用费缴纳范围，以当地实际新增建设用地面积为准。新增建设用地土地有偿使用费专项用于基本农田建设和保护、土地整理、耕地开发。对违规减免和欠缴的新增建设用地土地有偿使用费，要进行清理，限期追缴。其中，国发〔2004〕28号文件下发后减免和欠缴的，要在今年年底前全额清缴；逾期未缴的，暂不办理用地审批。财政部会同国土资源部要抓紧制订新增建设用地土地有偿使用费缴纳标准和适时调整的具体办法，并进一步改进和完善新增建设用地土地有偿使用费的分配使用管理。

提高城镇土地使用税和耕地占用税征收标准，财政部、税务总局会同国土资源部、法制办要抓紧制订具体办法。财税部门要加强税收征管，严格控制减免税。

五、建立工业用地出让最低价标准统一公布制度

国家根据土地等级、区域土地利用政策等，统一制订并公布各地工业用地出让最低价标准。工业用地出让最低价标准不得低于土地取得成本、土地前期开发成本和按规定收取的相关费用之和。工业用地必须采用招标拍卖挂牌方式出让，其出让价格不得低于公布的最低价标准。低于最低价标准出让土地，或以各种形式给予补贴或返还的，属非法低价出让国有土地使用权的行为，要依法追究有关人员的法律责任。

六、禁止擅自将农用地转为建设用地

农用地转为建设用地，必须符合土地利用总体规划、城市总体规划、村庄和集镇规划，纳入年度土地利用计划，并依法办理农用地转用审批手续。禁止通过“以租代征”等方式使用农民集体所有农用地进行非农业建设，擅自扩大建设用地规模。农民集体所有建设用地使用权流转，必须符合规划并严格限定在依法取得的建设用地范围内。未依法办理农用地转用审批，国家机关工作人员批准通过“以租代征”等方式占地建设的，属非法批地行为；单位和个人擅自通过“以租代征”等方式占地建设的，属非法占地行为，要依法追究有关人员的法律责任。

七、强化对土地管理行为的监督检查

国家土地督察机构要认真履行国务院赋予的职责，加强对地方人民政府土地管理行为的监督检查。对监督检查中发现的违法违规问题，要及时提出纠正或整改意见。对纠正整改不力的，依照有关规定责令限期纠正整改。纠正整改期间，暂停该地区农用地转用和土地征收。

国土资源管理部门及其工作人员要严格执行国家土地管理的法律法规和方针政策，依法行政，对土地利用情况的真实性和合法性负责。凡玩忽职守、滥用职权、徇私舞弊、不执行和不遵守土地管理法律法规的，依照有关法律法规追究有关领导和人员的责任。

八、严肃惩处土地违法违规行为

国家机关工作人员非法批准征收、占用土地，或者非法低价出让国有土地使用权，触犯刑律的，依法追究刑事责任。对不执行国家土地调控政策、超计划批地用地、未按期缴纳新增建设用地土地有偿使用费及其他规定税费、未按期足额支付征地补偿安置费而征占土地，以及通过调整土地利用总体规划擅自改变基本农田位置，以规避建设占用基本农田应依法上报国务院审批的，要追究有关人员的行政责任。

完善土地违法案件的查处协调机制，加大对土地违法违规行为的查处力度。监察部要会同国土资源部等有关部门，在近期集中开展一次以查处非法批地、未批先用、批少用多、非法低价出让国有土地使用权等行为为重点的专项行动。对重大土地违法违规案件要公开处理，涉嫌犯罪的，要移送司法机关依法追究刑事责任。

各地区、各部门要以邓小平理论和“三个代表”重要思想为指导，全面落实科学发展观，充分认识实行最严格土地管理制度的重要性，认真贯彻、坚决执行中央关于加强土地调控的各项措施。各地区要结合执行本通知，对国发〔2004〕28号文件实施以来的土地管理和利用情况进行全面自查，对清查出的土地违法违规行为必须严肃处理。发展改革委、监察部、财政部、劳动保障部、国土资源部、建设部、农业部、人民银行、税务总局、统计局、法制办等部门要各司其职、密切配合，尽快制定本通知实施的配套文件，共同做好加强土地调控的各项工作。国土资源部要会同监察部等有关部门做好对本通知贯彻执行情况的监督检查。各地区、各部门要在2006年年底前将贯彻执行本通知的情况向国务院报告。

中华人民共和国耕地占用税暂行条例

国务院令第 511 号

（2007 年 12 月 1 日公布，自 2008 年 1 月 1 日起施行）

第一条 为了合理利用土地资源，加强土地管理，保护耕地，制定本条例。

第二条 本条例所称耕地，是指用于种植农作物的土地。

第三条 占用耕地建房或者从事非农业建设的单位或者个人，为耕地占用税的纳税人，应当依照本条例规定缴纳耕地占用税。

前款所称单位，包括国有企业、集体企业、私营企业、股份制企业、外商投资企业、外国企业以及其他企业和事业单位、社会团体、国家机关、部队以及其他单位；所称个人，包括个体工商户以及其他个人。

第四条 耕地占用税以纳税人实际占用的耕地面积为计税依据，按照规定的适用税额一次性征收。

第五条 耕地占用税的税额规定如下：

（一）人均耕地不超过 1 亩的地区（以县级行政区域为单位，下同），每平方米为 10 元至 50 元；

（二）人均耕地超过 1 亩但不超过 2 亩的地区，每平方米为 8 元至 40 元；

（三）人均耕地超过 2 亩但不超过 3 亩的地区，每平方米为 6 元至 30 元；

（四）人均耕地超过 3 亩的地区，每平方米为 5 元至 25 元。

国务院财政、税务主管部门根据人均耕地面积和经济发展情况确定各省、自治区、直辖市的平均税额。

各地适用税额，由省、自治区、直辖市人民政府在本条第一款规定的税额幅度内，根据本地区情况核定。各省、自治区、直辖市人民政府核定的适用税额的平均水平，不得低于本条第二款规定的平均税额。

第六条 经济特区、经济技术开发区和经济发达且人均耕地特别少的地区，适用税额可以适当提高，但是提高的部分最高不得超过本条例第五条第三款规定的当地适用税额的 50％。

第七条 占用基本农田的，适用税额应当在本条例第五条第三款、第六条规定的当地适用税额的基础上提高 50％。

第八条 下列情形免征耕地占用税：

（一）军事设施占用耕地；

（二）学校、幼儿园、养老院、医院占用耕地。

第九条 铁路线路、公路线路、飞机场跑道、停机坪、港口、航道占用耕地，减按每平方米 2 元的税额征收耕地占用税。

根据实际需要，国务院财政、税务主管部门商国务院有关部门并报国务院批准后，可以对前款规定的情形免征或者减征耕地占用税。

第十条　农村居民占用耕地新建住宅，按照当地适用税额减半征收耕地占用税。

农村烈士家属、残疾军人、鳏寡孤独以及革命老根据地、少数民族聚居区和边远贫困山区生活困难的农村居民，在规定用地标准以内新建住宅缴纳耕地占用税确有困难的，经所在地乡（镇）人民政府审核，报经县级人民政府批准后，可以免征或者减征耕地占用税。

第十一条　依照本条例第八条、第九条规定免征或者减征耕地占用税后，纳税人改变原占地用途，不再属于免征或者减征耕地占用税情形的，应当按照当地适用税额补缴耕地占用税。

第十二条　耕地占用税由地方税务机关负责征收。

土地管理部门在通知单位或者个人办理占用耕地手续时，应当同时通知耕地所在地同级地方税务机关。获准占用耕地的单位或者个人应当在收到土地管理部门的通知之日起30日内缴纳耕地占用税。土地管理部门凭耕地占用税完税凭证或者免税凭证和其他有关文件发放建设用地批准书。

第十三条　纳税人临时占用耕地，应当依照本条例的规定缴纳耕地占用税。纳税人在批准临时占用耕地的期限内恢复所占用耕地原状的，全额退还已经缴纳的耕地占用税。

第十四条　占用林地、牧草地、农田水利用地、养殖水面以及渔业水域滩涂等其他农用地建房或者从事非农业建设的，比照本条例的规定征收耕地占用税。

建设直接为农业生产服务的生产设施占用前款规定的农用地的，不征收耕地占用税。

第十五条　耕地占用税的征收管理，依照《中华人民共和国税收征收管理法》和本条例有关规定执行。

第十六条　本条例自2008年1月1日起施行。1987年4月1日国务院发布的《中华人民共和国耕地占用税暂行条例》同时废止。

关于促进节约集约用地的通知

国发〔2008〕3号

（国务院2008年1月3日发布）

各省、自治区、直辖市人民政府，国务院各部委、各直属机构：

我国人多地少，耕地资源稀缺，当前又正处于工业化、城镇化快速发展时期，建设用地供需矛盾十分突出。切实保护耕地，大力促进节约集约用地，走出一条建设占地少、利用效率高的符合我国国情的土地利用新路子，是关系民族生存根基和国家长远利益的大计，是全面贯彻落实科学发展观的具体要求，是我国必须长期坚持的一条根本方针。现就有关问题通知如下：

一、按照节约集约用地原则，审查调整各类相关规划和用地标准

（一）强化土地利用总体规划的整体控制作用。各类与土地利用相关的规划要与土地利用总体规划相衔接，所确定的建设用地规模必须符合土地利用总体规划的安排，年度用地安排也必须控制在土地利用年度计划之内。不符合土地利用总体规划和年度计划安排的，必须及时调整和修改，核减用地规模。

（二）切实加强重大基础设施和基础产业的科学规划。要按照合理布局、经济可行、控制时序的原则，统筹协调各类交通、能源、水利等基础设施和基础产业建设规划，避免盲目投资、过度超前和低水平重复建设浪费土地资源。

（三）从严控制城市用地规模。城市规划要按照循序渐进、节约土地、集约发展、合理布局的原则，科学确定城市定位、功能目标和发展规模，增强城市综合承载能力。要按照节约集约用地的要求，加快城市规划相关技术标准的制定和修订。尽快出台新修订的人均用地、用地结构等城市规划控制标准，合理确定各项建设建筑密度、容积率、绿地率，严格按国家标准进行各项市政基础设施和生态绿化建设。严禁规划建设脱离实际需要的宽马路、大广场和绿化带。

（四）严格土地使用标准。要健全各类建设用地标准体系，抓紧编制公共设施和公益事业建设用地标准。要按照节约集约用地的原则，在满足功能和安全要求的前提下，重新审改现有各类工程项目建设用地标准。凡与土地使用标准不一致的建设标准和设计规范，要及时修订。要采取先进节地技术、降低路基高度、提高桥隧比例等措施，降低公路、铁路等基础设施工程用地和取弃土用地标准。建设项目设计、施工和建设用地审批必须严格执行用地标准，对超标准用地的，要核减用地面积。今后，各地区、各部门不得开展涉及用地标准并有悖于节约集约用地原则的达标评比活动，已经部署开展的相关活动要坚决停下来。

二、充分利用现有建设用地，大力提高建设用地利用效率

（五）开展建设用地普查评价。各地要在第二次土地调查的基础上，认真组织开展建设用地普查评价，对现有建设用地的开发利用和投入产出情况做出评估，并按照法律法规和政策规定，处理好建设用地开发利用中存在的问题。今后各项建设要优先开发利用空闲、废弃、闲置和低效利用的土地，努力提高建设用地利用效率。

（六）严格执行闲置土地处置政策。土地闲置满两年、依法应当无偿收回的，坚决无偿收回，重新安排使用；不符合法定收回条件的，也应采取改变用途、等价置换、安排临时使用、纳入政府储备等途径及时处置、充分利用。土地闲置满一年不满两年的，按出让或划拨土地价款的20%征收土地闲置费。对闲置土地特别是闲置房地产用地要征缴增值地价，国土资源部要会同有关部门抓紧研究制订具体办法。2008年6月底前，各省、自治区、直辖市人民政府要将闲置土地清理处置情况向国务院做出专题报告。

（七）积极引导使用未利用地和废弃地。国土资源部门要对适宜开发的未利用地做出规划，引导和鼓励将适宜建设的未利用地开发成建设用地。积极复垦利用废弃地，对因单位撤销、迁移等原因停止使用，以及经核准报废的公路、铁路、机场、矿场等使用的原划拨土地，应依法及时收回，重新安排使用；除可以继续划拨使用的以外，经依法批准由原土地使用者自行开发的，按市场价补缴土地价款。今后，要严格落实被损毁土地的复垦责任，在批准建设用地或发放采矿权许可证时，责任单位应依法及时足额缴纳土地复垦费。

（八）鼓励开发利用地上地下空间。对现有工业用地，在符合规划、不改变用途的前提下，提高土地利用率和增加容积率的，不再增收土地价款；对新增工业用地，要进一步提高工业用地控制指标，厂房建筑面积高于容积率控制指标的部分，不再增收土地价款。财政、税务部门要严格落实和完善鼓励节约集约用地的税收政策。国土资源部要会同有关部门，依照《中华人民共和国物权法》的有关规定，抓紧研究制订土地空间权利设定和登记的具体办法。

（九）鼓励开发区提高土地利用效率。国土资源部要研究建立土地利用状况、用地效益和土地管理绩效等评价指标体系，加快开发区土地节约集约利用评估工作。凡土地利用评估达到要求并通过国家审核公告的开发区，确需扩区的，可以申请整合依法依规设立的开发区，或者利用符合规划的现有建设用地扩区。对符合“布局集中、产业集聚、用地集约”要求的国家级开发区，优先安排建设用地指标。

三、充分发挥市场配置土地资源基础性作用，健全节约集约用地长效机制

（十）深入推进土地有偿使用制度改革。国土资源部要严格限定划拨用地范围，及时调整划拨用地目录。今后除军事、社会保障性住房和特殊用地等可以继续以划拨方式取得土地外，对国家机关办公和交通、能源、水利等基础设施（产业）、城市基础设施以及各类社会事业用地要积极探索实行有偿使用，对其中的经营性用地先行实行有偿使用。其他建设用地应严格实行市场配置，有偿使用。要加强建设用地税收征管，抓紧研究各类建设用地的财税政策。

（十一）完善建设用地储备制度。储备建设用地必须符合规划、计划，并将现有未利用的建设用地优先纳入储备。储备土地出让前，应当处理好土地的产权、安置补偿等法律经济关系，完成必要的前期开发，缩短开发周期，防止形成新的闲置土地。土地前期开发要引入市场机制，按照有关规定，通过公开招标方式选择实施单位。经过前期开发的土地，依法由市、县人民政府国土资源部门统一组织出让。

（十二）合理确定出让土地的宗地规模。土地出让前要制订控制性详细规划和土地供应方案，明确容积率、绿地率和建筑密度等规划条件。规划条件一经确定，不得擅自调整。合理确定出让土地的宗地规模，督促及时开发利用，形成有效供给，确保节约集约利用每宗土地。未按合同约定缴清全部土地价款的，不得发放土地证书，也不得按土地价款缴纳比例分割发放土地证书。

（十三）严格落实工业和经营性用地招标拍卖挂牌出让制度。工业用地和商业、旅游、娱乐、商品住宅等经营性用地（包括配套的办公、科研、培训等用地），以及同一宗土地有两个以上意向用地者的，都必须实行招标拍卖挂牌等方式公开出让。国土资源部门要会同发展改革、城市规划、建设、水利、环保等部门制订工业用地招标拍卖挂牌出让计划，拟定出让地块的产业类型、项目建议、规划条件、环保要求等内容，作为工业用地出让的前置条件。工业和经营性用地出让必须以招标拍卖挂牌方式确定土地使用者和土地价格。严禁用地者与农村集体经济组织或个人签订协议圈占土地，通过补办用地手续规避招标拍卖挂牌出让。

（十四）强化用地合同管理。土地出让合同和划拨决定书要严格约定建设项目投资额、开竣工时间、规划条件、价款、违约责任等内容。对非经营性用地改变为经营性用地的，应当约定或明确政府可以收回土地使用权，重新依法出让。

（十五）优化住宅用地结构。合理安排住宅用地，继续停止别墅类房地产开发项目的土地供应。供应住宅用地要将最低容积率限制、单位土地面积的住房建设套数和住宅建设套型等规划条件写入土地出让合同或划拨决定书，确保不低于70%的住宅用地用于廉租房、经济适用房、限价房和90平方米以下中小套型普通商品房的建设，防止大套型商品房多占土地。

四、强化农村土地管理，稳步推进农村集体建设用地节约集约利用

（十六）高度重视农村集体建设用地的规划管理。要按照统筹城乡发展、节约集约用地的原则，指导、督促编制好乡（镇）土地利用总体规划和镇规划、乡规划、村庄规划，划定村镇发展和撤并复垦范围。利用农民集体所有土地进行非农建设，必须符合规划，纳入年度计划，并依法审批。严格禁止擅自将农用地转为建设用地，严格禁止“以租代征”将农用地转为非农业用地。

（十七）鼓励提高农村建设用地的利用效率。要在坚持尊重农民意愿、保障农民权益的原则下，依法盘活利用农村集体建设用地。按规划稳妥开展农村集体建设用地整理，改善农民生产生活条件。农民住宅建设要符合镇规划、乡规划和村庄规划，住宅建设用地要先行安排利用村内空闲地、闲置宅基地。对村民自愿腾退宅基地或符合宅基地申请条件购买空闲住宅的，当地政府可给予奖励或补助。

（十八）严格执行农村一户一宅政策。各地要结合本地实际完善人均住宅面积等相关标准，控制农民超用地标准建房，逐步清理历史遗留的一户多宅问题，坚决防止产生超面积占用宅基地和新的一户多宅现象。

五、加强监督检查，全面落实节约集约用地责任

（十九）建立健全土地市场动态监测制度。要对土地出让合同、划拨决定书的执行实施全程监管，及时向社会公开供地计划、结果及实际开发利用情况等动态信息。国土资源部门要对土地供应和开发利用情况进行定期评价分析，研究完善加强土地调控、促进节约集约用地的政策措施。

（二十）完善建设项目竣工验收制度。要将建设项目依法用地和履行土地出让合同、划拨决定书的情况，作为建设项目竣工验收的一项内容。没有国土资源部门的检查核验意见，或者检查核验不合格的，不得通过竣工验收。

（二十一）加强各类土地变化状况的监测。运用遥感等现代技术手段，做好年度土地变更调查，建立土地利用现状数据库，全面掌握各类土地变化状况。国家每年选择若干个省级行政区，进行全行政区域的土地利用状况监测。重点监测各地新增建设用地、耕地减少和违法用地等情况，监测结果要向社会公开。

（二十二）加强对节约集约用地工作的监管。国土资源部要会同监察部等有关部门持续开展用地情况的执法检查，重点查处严重破坏、浪费、闲置土地资源的违法违规案件，依法依纪追究有关人员的责任。要将企业违法用地、闲置土地等信息纳入有关部门信用信息基础数据库。金融机构对房地产项目超过土地出让合同约定的动工开发日期满一年，完成土地开发面积不足1/3或投资不足1/4的企业，应审慎贷款和核准融资，从严控制展期贷款或滚动授信；对违法用地项目不得提供贷款和上市融资，违规提供贷款和核准融资的，要追究相关责任人的责任。

（二十三）建立节约集约用地考核制度。制定单位GDP和固定资产投资规模增长的新增建设用地消耗考核办法。实行上一级人民政府对下一级人民政府分级考核，考核结果由国土资源部门定期公布，作为下达土地利用年度计划的依据。

各地区、各部门要充分认识节约集约用地的重要性和紧迫性，增强节约集约用地的责任感，切实转变用地观念，转变经济发展方式，调整优化经济结构，将节约集约用地的要求落实在政府决策中，落实到各项建设中，科学规划用地，着力内涵挖潜，以节约集约用地的实际行动全面落实科学发展观，实现经济社会的可持续发展。

中华人民共和国土地管理法实施条例

国务院令第 256 号

（1998 年 12 月 27 日发布，自 1999 年 1 月 1 日起施行，根据 2011 年 1 月 8 日《国务院关于废止和修改部分行政法规的决定》修订）

第一章　总　　则

第一条　根据《中华人民共和国土地管理法》（以下简称《土地管理法》），制定本条例。

第二章　土地的所有权和使用权

第二条　下列土地属于全民所有即国家所有：

（一）城市市区的土地；

（二）农村和城市郊区中已经依法没收、征收、征购为国有的土地；

（三）国家依法征收的土地；

（四）依法不属于集体所有的林地、草地、荒地、滩涂及其他土地；

（五）农村集体经济组织全部成员转为城镇居民的，原属于其成员集体所有的土地；

（六）因国家组织移民、自然灾害等原因，农民成建制地集体迁移后不再使用的原属于迁移农民集体所有的土地。

第三条　国家依法实行土地登记发证制度。依法登记的土地所有权和土地使用权受法律保护，任何单位和个人不得侵犯。

土地登记内容和土地权属证书式样由国务院土地行政主管部门统一规定。

土地登记资料可以公开查询。

确认林地、草原的所有权或者使用权，确认水面、滩涂的养殖使用权，分别依照《森林法》、《草原法》和《渔业法》的有关规定办理。

第四条　农民集体所有的土地，由土地所有者向土地所在地的县级人民政府土地行政主管部门提出土地登记申请，由县级人民政府登记造册，核发集体土地所有权证书，确认所有权。

农民集体所有的土地依法用于非农业建设的，由土地使用者向土地所在地的县级人民政府土地行政主管部门提出土地登记申请，由县级人民政府登记造册，核发集体土地使用权证书，确认建设用地使用权。

设区的市人民政府可以对市辖区内农民集体所有的土地实行统一登记。

第五条　单位和个人依法使用的国有土地，由土地使用者向土地所在地的县级以上人民政府土地行政主管部门提出土地登记申请，由县级以上人民政府登记造册，核发国有土地使用权证书，确认使用权。其中，中央国家机关使用的国有土地的登记发证，由国务院土地行政主管部门负责，具体登记发证办法由国务院土地行政主管部门会同国务院机关事务管理局等有关部门制定。

未确定使用权的国有土地，由县级以上人民政府登记造册，负责保护管理。

第六条　依法改变土地所有权、使用权的，因依法转让地上建筑物、构筑物等附着物导致土地使用权转移的，必须向土地所在地的县级以上人民政府土地行政主管部门提出土地变更登记申请，由原土地登记机关依法进行土地所有权、使用权变更登记。土地所有权、使用权的变更，自变更登记之日起生效。

依法改变土地用途的，必须持批准文件，向土地所在地的县级以上人民政府土地行政主管部门提出土地变更登记申请，由原土地登记机关依法进行变更登记。

第七条　依照《土地管理法》的有关规定，收回用地单位的土地使用权的，由原土地登记机关注销土地登记。

土地使用权有偿使用合同约定的使用期限届满，土地使用者未申请续期或者虽申请续期未获批准的，由原土地登记机关注销土地登记。

第三章　土地利用总体规划

第八条　全国土地利用总体规划，由国务院土地行政主管部门会同国务院有关部门编制，报国务院批准。

省、自治区、直辖市的土地利用总体规划，由省、自治区、直辖市人民政府组织本级土地行政主管部门和其他有关部门编制，报国务院批准。

省、自治区人民政府所在地的市、人口在100万以上的城市以及国务院指定的城市的土地利用总体规划，由各该市人民政府组织本级土地行政主管部门和其他有关部门编制，经省、自治区人民政府审查同意后，报国务院批准。

本条第一款、第二款、第三款规定以外的土地利用总体规划，由有关人民政府组织本级土地行政主管部门和其他有关部门编制，逐级上报省、自治区、直辖市人民政府批准；其中，乡（镇）土地利用总体规划，由乡（镇）人民政府编制，逐级上报省、自治区、直辖市人民政府或者省、自治区、直辖市人民政府授权的设区的市、自治州人民政府批准。

第九条　土地利用总体规划的规划期限一般为15年。

第十条　依照《土地管理法》规定，土地利用总体规划应当将土地划分为农用地、建设用地和未利用地。

县级和乡（镇）土地利用总体规划应当根据需要，划定基本农田保护区、土地开垦区、建设用地区和禁止开垦区等；其中，乡（镇）土地利用总体规划还应当根据土地使用条件，确定每一块土地的用途。

土地分类和划定土地利用区的具体办法，由国务院土地行政主管部门会同国务院有关部门制定。

第十一条　乡（镇）土地利用总体规划经依法批准后，乡（镇）人民政府应当在本行政区域内予以公告。

公告应当包括下列内容：

（一）规划目标；

（二）规划期限；

（三）规划范围；

（四）地块用途；

（五）批准机关和批准日期。

第十二条 依照《土地管理法》第二十六条第二款、第三款规定修改土地利用总体规划的，由原编制机关根据国务院或者省、自治区、直辖市人民政府的批准文件修改。修改后的土地利用总体规划应当报原批准机关批准。

上一级土地利用总体规划修改后，涉及修改下一级土地利用总体规划的，由上一级人民政府通知下一级人民政府作出相应修改，并报原批准机关备案。

第十三条 各级人民政府应当加强土地利用年度计划管理，实行建设用地总量控制。土地利用年度计划一经批准下达，必须严格执行。

土地利用年度计划应当包括下列内容：

（一）农用地转用计划指标；

（二）耕地保有量计划指标；

（三）土地开发整理计划指标。

第十四条 县级以上人民政府土地行政主管部门应当会同同级有关部门进行土地调查。

土地调查应当包括下列内容：

（一）土地权属；

（二）土地利用现状；

（三）土地条件。

地方土地利用现状调查结果，经本级人民政府审核，报上一级人民政府批准后，应当向社会公布；全国土地利用现状调查结果，报国务院批准后，应当向社会公布。土地调查规程，由国务院土地行政主管部门会同国务院有关部门制定。

第十五条 国务院土地行政主管部门会同国务院有关部门制定土地等级评定标准。

县级以上人民政府土地行政主管部门应当会同同级有关部门根据土地等级评定标准，对土地等级进行评定。地方土地等级评定结果，经本级人民政府审核，报上一级人民政府土地行政主管部门批准后，应当向社会公布。

根据国民经济和社会发展状况，土地等级每 6 年调整 1 次。

第四章 耕地保护

第十六条 在土地利用总体规划确定的城市和村庄、集镇建设用地范围内，为实施城市规划和村庄、集镇规划占用耕地，以及在土地利用总体规划确定的城市建设用地范围外的能源、交通、水利、矿山、军事设施等建设项目占用耕地的，分别由市、县人民政府、农村集体经济组织和建设单位依照《土地管理法》第三十一条的规定负责开垦耕地；没有条件开垦或者开垦的耕地不符合要求的，应当按照省、自治区、直辖市的规定缴纳耕地开垦费。

第十七条 禁止单位和个人在土地利用总体规划确定的禁止开垦区内从事土地开发

活动。

在土地利用总体规划确定的土地开垦区内，开发未确定土地使用权的国有荒山、荒地、荒滩从事种植业、林业、畜牧业、渔业生产的，应当向土地所在地的县级以上人民政府土地行政主管部门提出申请，报有批准权的人民政府批准。

一次性开发未确定土地使用权的国有荒山、荒地、荒滩600公顷以下的，按照省、自治区、直辖市规定的权限，由县级以上地方人民政府批准；开发600公顷以上的，报国务院批准。

开发未确定土地使用权的国有荒山、荒地、荒滩从事种植业、林业、畜牧业或者渔业生产的，经县级以上人民政府依法批准，可以确定给开发单位或者个人长期使用，使用期限最长不得超过50年。

第十八条　县、乡（镇）人民政府应当按照土地利用总体规划，组织农村集体经济组织制定土地整理方案，并组织实施。

地方各级人民政府应当采取措施，按照土地利用总体规划推进土地整理。土地整理新增耕地面积的60%可以用作折抵建设占用耕地的补偿指标。

土地整理所需费用，按照谁受益谁负担的原则，由农村集体经济组织和土地使用者共同承担。

第五章　建　设　用　地

第十九条　建设占用土地，涉及农用地转为建设用地的，应当符合土地利用总体规划和土地利用年度计划中确定的农用地转用指标；城市和村庄、集镇建设占用土地，涉及农用地转用的，还应当符合城市规划和村庄、集镇规划。不符合规定的，不得批准农用地转为建设用地。

第二十条　在土地利用总体规划确定的城市建设用地范围内，为实施城市规划占用土地的，按照下列规定办理：

（一）市、县人民政府按照土地利用年度计划拟订农用地转用方案、补充耕地方案、征收土地方案，分批次逐级上报有批准权的人民政府。

（二）有批准权的人民政府土地行政主管部门对农用地转用方案、补充耕地方案、征收土地方案进行审查，提出审查意见，报有批准权的人民政府批准；其中，补充耕地方案由批准农用地转用方案的人民政府在批准农用地转用方案时一并批准。

（三）农用地转用方案、补充耕地方案、征收土地方案经批准后，由市、县人民政府组织实施，按具体建设项目分别供地。

在土地利用总体规划确定的村庄、集镇建设用地范围内，为实施村庄、集镇规划占用土地的，由市、县人民政府拟订农用地转用方案、补充耕地方案，依照前款规定的程序办理。

第二十一条　具体建设项目需要使用土地的，建设单位应当根据建设项目的总体设计一次申请，办理建设用地审批手续；分期建设的项目，可以根据可行性研究报告确定的方案分期申请建设用地，分期办理建设用地有关审批手续。

第二十二条　具体建设项目需要占用土地利用总体规划确定的城市建设用地范围内的

国有建设用地的，按照下列规定办理：

（一）建设项目可行性研究论证时，由土地行政主管部门对建设项目用地有关事项进行审查，提出建设项目用地预审报告；可行性研究报告报批时，必须附具土地行政主管部门出具的建设项目用地预审报告。

（二）建设单位持建设项目的有关批准文件，向市、县人民政府土地行政主管部门提出建设用地申请，由市、县人民政府土地行政主管部门审查，拟订供地方案，报市、县人民政府批准；需要上级人民政府批准的，应当报上级人民政府批准。

（三）供地方案经批准后，由市、县人民政府向建设单位颁发建设用地批准书。有偿使用国有土地的，由市、县人民政府土地行政主管部门与土地使用者签订国有土地有偿使用合同；划拨使用国有土地的，由市、县人民政府土地行政主管部门向土地使用者核发国有土地划拨决定书。

（四）土地使用者应当依法申请土地登记。

通过招标、拍卖方式提供国有建设用地使用权的，由市、县人民政府土地行政主管部门会同有关部门拟订方案，报市、县人民政府批准后，由市、县人民政府土地行政主管部门组织实施，并与土地使用者签订土地有偿使用合同。土地使用者应当依法申请土地登记。

第二十三条 具体建设项目需要使用土地的，必须依法申请使用土地利用总体规划确定的城市建设用地范围内的国有建设用地。能源、交通、水利、矿山、军事设施等建设项目确需使用土地利用总体规划确定的城市建设用地范围外的土地，涉及农用地的，按照下列规定办理：

（一）建设项目可行性研究论证时，由土地行政主管部门对建设项目用地有关事项进行审查，提出建设项目用地预审报告；可行性研究报告报批时，必须附具土地行政主管部门出具的建设项目用地预审报告。

（二）建设单位持建设项目的有关批准文件，向市、县人民政府土地行政主管部门提出建设用地申请，由市、县人民政府土地行政主管部门审查，拟订农用地转用方案、补充耕地方案、征收土地方案和供地方案（涉及国有农用地的，不拟订征收土地方案），经市、县人民政府审核同意后，逐级上报有批准权的人民政府批准；其中，补充耕地方案由批准农用地转用方案的人民政府在批准农用地转用方案时一并批准；供地方案由批准征收土地的人民政府在批准征收土地方案时一并批准（涉及国有农用地的，供地方案由批准农用地转用的人民政府在批准农用地转用方案时一并批准）。

（三）农用地转用方案、补充耕地方案、征收土地方案和供地方案经批准后，由市、县人民政府组织实施，向建设单位颁发建设用地批准书。有偿使用国有土地的，由市、县人民政府土地行政主管部门与土地使用者签订国有土地有偿使用合同；划拨使用国有土地的，由市、县人民政府土地行政主管部门向土地使用者核发国有土地划拨决定书。

（四）土地使用者应当依法申请土地登记。

建设项目确需使用土地利用总体规划确定的城市建设用地范围外的土地，涉及农民集体所有的未利用地的，只报批征收土地方案和供地方案。

第二十四条 具体建设项目需要占用土地利用总体规划确定的国有未利用地的，按照省、自治区、直辖市的规定办理；但是，国家重点建设项目、军事设施和跨省、自治区、直辖市行政区域的建设项目以及国务院规定的其他建设项目用地，应当报国务院批准。

第二十五条　征收土地方案经依法批准后，由被征收土地所在地的市、县人民政府组织实施，并将批准征地机关、批准文号、征收土地的用途、范围、面积以及征地补偿标准、农业人员安置办法和办理征地补偿的期限等，在被征收土地所在地的乡（镇）、村予以公告。

被征收土地的所有权人、使用权人应当在公告规定的期限内，持土地权属证书到公告指定的人民政府土地行政主管部门办理征地补偿登记。

市、县人民政府土地行政主管部门根据经批准的征收土地方案，会同有关部门拟订征地补偿、安置方案，在被征收土地所在地的乡（镇）、村予以公告，听取被征收土地的农村集体经济组织和农民的意见。征地补偿、安置方案报市、县人民政府批准后，由市、县人民政府土地行政主管部门组织实施。对补偿标准有争议的，由县级以上地方人民政府协调；协调不成的，由批准征收土地的人民政府裁决。征地补偿、安置争议不影响征收土地方案的实施。

征收土地的各项费用应当自征地补偿、安置方案批准之日起 3 个月内全额支付。

第二十六条　土地补偿费归农村集体经济组织所有；地上附着物及青苗补偿费归地上附着物及青苗的所有者所有。

征收土地的安置补助费必须专款专用，不得挪作他用。需要安置的人员由农村集体经济组织安置的，安置补助费支付给农村集体经济组织，由农村集体经济组织管理和使用；由其他单位安置的，安置补助费支付给安置单位；不需要统一安置的，安置补助费发放给被安置人员个人或者征得被安置人员同意后用于支付被安置人员的保险费用。

市、县和乡（镇）人民政府应当加强对安置补助费使用情况的监督。

第二十七条　抢险救灾等急需使用土地的，可以先行使用土地。其中，属于临时用地的，灾后应当恢复原状并交还原土地使用者使用，不再办理用地审批手续；属于永久性建设用地的，建设单位应当在灾情结束后 6 个月内申请补办建设用地审批手续。

第二十八条　建设项目施工和地质勘查需要临时占用耕地的，土地使用者应当自临时用地期满之日起 1 年内恢复种植条件。

第二十九条　国有土地有偿使用的方式包括：

（一）国有土地使用权出让；

（二）国有土地租赁；

（三）国有土地使用权作价出资或者入股。

第三十条　《土地管理法》第五十五条规定的新增建设用地的土地有偿使用费，是指国家在新增建设用地中应取得的平均土地纯收益。

第六章　监　督　检　查

第三十一条　土地管理监督检查人员应当经过培训，经考核合格后，方可从事土地管理监督检查工作。

第三十二条 土地行政主管部门履行监督检查职责，除采取《土地管理法》第六十七条规定的措施外，还可以采取下列措施：

（一）询问违法案件的当事人、嫌疑人和证人；

（二）进入被检查单位或者个人非法占用的土地现场进行拍照、摄像；

（三）责令当事人停止正在进行的土地违法行为；

（四）对涉嫌土地违法的单位或者个人，停止办理有关土地审批、登记手续；

（五）责令违法嫌疑人在调查期间不得变卖、转移与案件有关的财物。

第三十三条 依照《土地管理法》第七十二条规定给予行政处分的，由责令作出行政处罚决定或者直接给予行政处罚决定的上级人民政府土地行政主管部门作出。对于警告、记过、记大过的行政处分决定，上级土地行政主管部门可以直接作出；对于降级、撤职、开除的行政处分决定，上级土地行政主管部门应当按照国家有关人事管理权限和处理程序的规定，向有关机关提出行政处分建议，由有关机关依法处理。

第七章　法　律　责　任

第三十四条 违反本条例第十七条的规定，在土地利用总体规划确定的禁止开垦区内进行开垦的，由县级以上人民政府土地行政主管部门责令限期改正；逾期不改正的，依照《土地管理法》第七十六条的规定处罚。

第三十五条 在临时使用的土地上修建永久性建筑物、构筑物的，由县级以上人民政府土地行政主管部门责令限期拆除；逾期不拆除的，由作出处罚决定的机关依法申请人民法院强制执行。

第三十六条 对在土地利用总体规划制定前已建的不符合土地利用总体规划确定的用途的建筑物、构筑物重建、扩建的，由县级以上人民政府土地行政主管部门责令限期拆除；逾期不拆除的，由作出处罚决定的机关依法申请人民法院强制执行。

第三十七条 阻碍土地行政主管部门的工作人员依法执行职务的，依法给予治安管理处罚或者追究刑事责任。

第三十八条 依照《土地管理法》第七十三条的规定处以罚款的，罚款额为非法所得的50％以下。

第三十九条 依照《土地管理法》第八十一条的规定处以罚款的，罚款额为非法所得的5％以上20％以下。

第四十条 依照《土地管理法》第七十四条的规定处以罚款的，罚款额为耕地开垦费的2倍以下。

第四十一条 依照《土地管理法》第七十五条的规定处以罚款的，罚款额为土地复垦费的2倍以下。

第四十二条 依照《土地管理法》第七十六条的规定处以罚款的，罚款额为非法占用土地每平方米30元以下。

第四十三条 依照《土地管理法》第八十条的规定处以罚款的，罚款额为非法占用土地每平方米10元以上30元以下。

第四十四条 违反本条例第二十八条的规定，逾期不恢复种植条件的，由县级以上人民政府土地行政主管部门责令限期改正，可以处耕地复垦费 2 倍以下的罚款。

第四十五条　违反土地管理法律、法规规定，阻挠国家建设征收土地的，由县级以上人民政府土地行政主管部门责令交出土地；拒不交出土地的，申请人民法院强制执行。

第八章　附　　则

第四十六条　本条例自 1999 年 1 月 1 日起施行。1991 年 1 月 4 日国务院发布的《中华人民共和国土地管理法实施条例》同时废止。

土地复垦条例

国务院令第592号

（2011年3月5日公布，自2011年3月5日起施行）

第一章　总　　则

第一条　为了落实十分珍惜、合理利用土地和切实保护耕地的基本国策，规范土地复垦活动，加强土地复垦管理，提高土地利用的社会效益、经济效益和生态效益，根据《中华人民共和国土地管理法》，制定本条例。

第二条　本条例所称土地复垦，是指对生产建设活动和自然灾害损毁的土地，采取整治措施，使其达到可供利用状态的活动。

第三条　生产建设活动损毁的土地，按照“谁损毁，谁复垦”的原则，由生产建设单位或者个人（以下称土地复垦义务人）负责复垦。但是，由于历史原因无法确定土地复垦义务人的生产建设活动损毁的土地（以下称历史遗留损毁土地），由县级以上人民政府负责组织复垦。

自然灾害损毁的土地，由县级以上人民政府负责组织复垦。

第四条　生产建设活动应当节约集约利用土地，不占或者少占耕地；对依法占用的土地应当采取有效措施，减少土地损毁面积，降低土地损毁程度。

土地复垦应当坚持科学规划、因地制宜、综合治理、经济可行、合理利用的原则。复垦的土地应当优先用于农业。

第五条　国务院国土资源主管部门负责全国土地复垦的监督管理工作。县级以上地方人民政府国土资源主管部门负责本行政区域土地复垦的监督管理工作。

县级以上人民政府其他有关部门依照本条例的规定和各自的职责做好土地复垦有关工作。

第六条　编制土地复垦方案、实施土地复垦工程、进行土地复垦验收等活动，应当遵守土地复垦国家标准；没有国家标准的，应当遵守土地复垦行业标准。

制定土地复垦国家标准和行业标准，应当根据土地损毁的类型、程度、自然地理条件和复垦的可行性等因素，分类确定不同类型损毁土地的复垦方式、目标和要求等。

第七条　县级以上地方人民政府国土资源主管部门应当建立土地复垦监测制度，及时掌握本行政区域土地资源损毁和土地复垦效果等情况。

国务院国土资源主管部门和省、自治区、直辖市人民政府国土资源主管部门应当建立健全土地复垦信息管理系统，收集、汇总和发布土地复垦数据信息。

第八条　县级以上人民政府国土资源主管部门应当依据职责加强对土地复垦情况的监督检查。被检查的单位或者个人应当如实反映情况，提供必要的资料。

任何单位和个人不得扰乱、阻挠土地复垦工作，破坏土地复垦工程、设施和设备。

第九条　国家鼓励和支持土地复垦科学研究和技术创新，推广先进的土地复垦技术。对在土地复垦工作中作出突出贡献的单位和个人，由县级以上人民政府给予表彰。

第二章　生产建设活动损毁土地的复垦

第十条　下列损毁土地由土地复垦义务人负责复垦：

（一）露天采矿、烧制砖瓦、挖沙取土等地表挖掘所损毁的土地；

（二）地下采矿等造成地表塌陷的土地；

（三）堆放采矿剥离物、废石、矿渣、粉煤灰等固体废弃物压占的土地；

（四）能源、交通、水利等基础设施建设和其他生产建设活动临时占用所损毁的土地。

第十一条　土地复垦义务人应当按照土地复垦标准和国务院国土资源主管部门的规定编制土地复垦方案。

第十二条　土地复垦方案应当包括下列内容：

（一）项目概况和项目区土地利用状况；

（二）损毁土地的分析预测和土地复垦的可行性评价；

（三）土地复垦的目标任务；

（四）土地复垦应当达到的质量要求和采取的措施；

（五）土地复垦工程和投资估（概）算；

（六）土地复垦费用的安排；

（七）土地复垦工作计划与进度安排；

（八）国务院国土资源主管部门规定的其他内容。

第十三条　土地复垦义务人应当在办理建设用地申请或者采矿权申请手续时，随有关报批材料报送土地复垦方案。

土地复垦义务人未编制土地复垦方案或者土地复垦方案不符合要求的，有批准权的人民政府不得批准建设用地，有批准权的国土资源主管部门不得颁发采矿许可证。

本条例施行前已经办理建设用地手续或者领取采矿许可证，本条例施行后继续从事生产建设活动造成土地损毁的，土地复垦义务人应当按照国务院国土资源主管部门的规定补充编制土地复垦方案。

第十四条　土地复垦义务人应当按照土地复垦方案开展土地复垦工作。矿山企业还应当对土地损毁情况进行动态监测和评价。

生产建设周期长、需要分阶段实施复垦的，土地复垦义务人应当对土地复垦工作与生产建设活动统一规划、统筹实施，根据生产建设进度确定各阶段土地复垦的目标任务、工程规划设计、费用安排、工程实施进度和完成期限等。

第十五条　土地复垦义务人应当将土地复垦费用列入生产成本或者建设项目总投资。

第十六条　土地复垦义务人应当建立土地复垦质量控制制度，遵守土地复垦标准和环境保护标准，保护土壤质量与生态环境，避免污染土壤和地下水。

土地复垦义务人应当首先对拟损毁的耕地、林地、牧草地进行表土剥离，剥离的表土用于被损毁土地的复垦。

禁止将重金属污染物或者其他有毒有害物质用作回填或者充填材料。受重金属污染物或者其他有毒有害物质污染的土地复垦后，达不到国家有关标准的，不得用于种植食用农作物。

第十七条 土地复垦义务人应当于每年12月31日前向县级以上地方人民政府国土资源主管部门报告当年的土地损毁情况、土地复垦费用使用情况以及土地复垦工程实施情况。

县级以上地方人民政府国土资源主管部门应当加强对土地复垦义务人使用土地复垦费用和实施土地复垦工程的监督。

第十八条 土地复垦义务人不复垦，或者复垦验收中经整改仍不合格的，应当缴纳土地复垦费，由有关国土资源主管部门代为组织复垦。

确定土地复垦费的数额，应当综合考虑损毁前的土地类型、实际损毁面积、损毁程度、复垦标准、复垦用途和完成复垦任务所需的工程量等因素。土地复垦费的具体征收使用管理办法，由国务院财政、价格主管部门商国务院有关部门制定。

土地复垦义务人缴纳的土地复垦费专项用于土地复垦。任何单位和个人不得截留、挤占、挪用。

第十九条 土地复垦义务人对在生产建设活动中损毁的由其他单位或者个人使用的国有土地或者农民集体所有的土地，除负责复垦外，还应当向遭受损失的单位或者个人支付损失补偿费。

损失补偿费由土地复垦义务人与遭受损失的单位或者个人按照造成的实际损失协商确定；协商不成的，可以向土地所在地人民政府国土资源主管部门申请调解或者依法向人民法院提起民事诉讼。

第二十条 土地复垦义务人不依法履行土地复垦义务的，在申请新的建设用地时，有批准权的人民政府不得批准；在申请新的采矿许可证或者申请采矿许可证延续、变更、注销时，有批准权的国土资源主管部门不得批准。

第三章　历史遗留损毁土地和自然灾害损毁土地的复垦

第二十一条 县级以上人民政府国土资源主管部门应当对历史遗留损毁土地和自然灾害损毁土地进行调查评价。

第二十二条 县级以上人民政府国土资源主管部门应当在调查评价的基础上，根据土地利用总体规划编制土地复垦专项规划，确定复垦的重点区域以及复垦的目标任务和要求，报本级人民政府批准后组织实施。

第二十三条 对历史遗留损毁土地和自然灾害损毁土地，县级以上人民政府应当投入资金进行复垦，或者按照“谁投资，谁受益”的原则，吸引社会投资进行复垦。土地权利人明确的，可以采取扶持、优惠措施，鼓励土地权利人自行复垦。

第二十四条 国家对历史遗留损毁土地和自然灾害损毁土地的复垦按项目实施管理。

县级以上人民政府国土资源主管部门应当根据土地复垦专项规划和年度土地复垦资金安排情况确定年度复垦项目。

第二十五条 政府投资进行复垦的，负责组织实施土地复垦项目的国土资源主管部门应当组织编制土地复垦项目设计书，明确复垦项目的位置、面积、目标任务、工程规划设计、实施进度及完成期限等。

土地权利人自行复垦或者社会投资进行复垦的，土地权利人或者投资单位、个人应当组织编制土地复垦项目设计书，并报负责组织实施土地复垦项目的国土资源主管部门审查同意后实施。

第二十六条　政府投资进行复垦的，有关国土资源主管部门应当依照招标投标法律法规的规定，通过公开招标的方式确定土地复垦项目的施工单位。

土地权利人自行复垦或者社会投资进行复垦的，土地复垦项目的施工单位由土地权利人或者投资单位、个人依法自行确定。

第二十七条　土地复垦项目的施工单位应当按照土地复垦项目设计书进行复垦。

负责组织实施土地复垦项目的国土资源主管部门应当健全项目管理制度，加强项目实施中的指导、管理和监督。

第四章　土地复垦验收

第二十八条　土地复垦义务人按照土地复垦方案的要求完成土地复垦任务后，应当按照国务院国土资源主管部门的规定向所在地县级以上地方人民政府国土资源主管部门申请验收，接到申请的国土资源主管部门应当会同同级农业、林业、环境保护等有关部门进行验收。

进行土地复垦验收，应当邀请有关专家进行现场踏勘，查验复垦后的土地是否符合土地复垦标准以及土地复垦方案的要求，核实复垦后的土地类型、面积和质量等情况，并将初步验收结果公告，听取相关权利人的意见。相关权利人对土地复垦完成情况提出异议的，国土资源主管部门应当会同有关部门进一步核查，并将核查情况向相关权利人反馈；情况属实的，应当向土地复垦义务人提出整改意见。

第二十九条　负责组织验收的国土资源主管部门应当会同有关部门在接到土地复垦验收申请之日起60个工作日内完成验收，经验收合格的，向土地复垦义务人出具验收合格确认书；经验收不合格的，向土地复垦义务人出具书面整改意见，列明需要整改的事项，由土地复垦义务人整改完成后重新申请验收。

第三十条　政府投资的土地复垦项目竣工后，负责组织实施土地复垦项目的国土资源主管部门应当依照本条例第二十八条第二款的规定进行初步验收。初步验收完成后，负责组织实施土地复垦项目的国土资源主管部门应当按照国务院国土资源主管部门的规定向上级人民政府国土资源主管部门申请最终验收。上级人民政府国土资源主管部门应当会同有关部门及时组织验收。

土地权利人自行复垦或者社会投资进行复垦的土地复垦项目竣工后，由负责组织实施土地复垦项目的国土资源主管部门会同有关部门进行验收。

第三十一条　复垦为农用地的，负责组织验收的国土资源主管部门应当会同有关部门在验收合格后的5年内对土地复垦效果进行跟踪评价，并提出改善土地质量的建议和措施。

第五章　土地复垦激励措施

第三十二条　土地复垦义务人在规定的期限内将生产建设活动损毁的耕地、林地、牧草地等农用地复垦恢复原状的，依照国家有关税收法律法规的规定退还已经缴纳的耕地占用税。

第三十三条 社会投资复垦的历史遗留损毁土地或者自然灾害损毁土地，属于无使用权人的国有土地的，经县级以上人民政府依法批准，可以确定给投资单位或者个人长期从事种植业、林业、畜牧业或者渔业生产。

社会投资复垦的历史遗留损毁土地或者自然灾害损毁土地，属于农民集体所有土地或者有使用权人的国有土地的，有关国土资源主管部门应当组织投资单位或者个人与土地权利人签订土地复垦协议，明确复垦的目标任务以及复垦后的土地使用和收益分配。

第三十四条 历史遗留损毁和自然灾害损毁的国有土地的使用权人，以及历史遗留损毁和自然灾害损毁的农民集体所有土地的所有权人、使用权人，自行将损毁土地复垦为耕地的，由县级以上地方人民政府给予补贴。

第三十五条 县级以上地方人民政府将历史遗留损毁和自然灾害损毁的建设用地复垦为耕地的，按照国家有关规定可以作为本省、自治区、直辖市内进行非农建设占用耕地时的补充耕地指标。

第六章 法 律 责 任

第三十六条 负有土地复垦监督管理职责的部门及其工作人员有下列行为之一的，对直接负责的主管人员和其他直接责任人员，依法给予处分；直接负责的主管人员和其他直接责任人员构成犯罪的，依法追究刑事责任：

（一）违反本条例规定批准建设用地或者批准采矿许可证及采矿许可证的延续、变更、注销的；

（二）截留、挤占、挪用土地复垦费的；

（三）在土地复垦验收中弄虚作假的；

（四）不依法履行监督管理职责或者对发现的违反本条例的行为不依法查处的；

（五）在审查土地复垦方案、实施土地复垦项目、组织土地复垦验收以及实施监督检查过程中，索取、收受他人财物或者谋取其他利益的；

（六）其他徇私舞弊、滥用职权、玩忽职守行为。

第三十七条 本条例施行前已经办理建设用地手续或者领取采矿许可证，本条例施行后继续从事生产建设活动造成土地损毁的土地复垦义务人未按照规定补充编制土地复垦方案的，由县级以上地方人民政府国土资源主管部门责令限期改正；逾期不改正的，处10万元以上20万元以下的罚款。

第三十八条 土地复垦义务人未按照规定将土地复垦费用列入生产成本或者建设项目总投资的，由县级以上地方人民政府国土资源主管部门责令限期改正；逾期不改正的，处10万元以上50万元以下的罚款。

第三十九条 土地复垦义务人未按照规定对拟损毁的耕地、林地、牧草地进行表土剥离，由县级以上地方人民政府国土资源主管部门责令限期改正；逾期不改正的，按照应当进行表土剥离的土地面积处每公顷1万元的罚款。

第四十条 土地复垦义务人将重金属污染物或者其他有毒有害物质用作回填或者充填

材料的，由县级以上地方人民政府环境保护主管部门责令停止违法行为，限期采取治理措施，消除污染，处10万元以上50万元以下的罚款；逾期不采取治理措施的，环境保护主管部门可以指定有治理能力的单位代为治理，所需费用由违法者承担。

第四十一条　土地复垦义务人未按照规定报告土地损毁情况、土地复垦费用使用情况或者土地复垦工程实施情况的，由县级以上地方人民政府国土资源主管部门责令限期改正；逾期不改正的，处2万元以上5万元以下的罚款。

第四十二条　土地复垦义务人依照本条例规定应当缴纳土地复垦费而不缴纳的，由县级以上地方人民政府国土资源主管部门责令限期缴纳；逾期不缴纳的，处应缴纳土地复垦费1倍以上2倍以下的罚款，土地复垦义务人为矿山企业的，由颁发采矿许可证的机关吊销采矿许可证。

第四十三条　土地复垦义务人拒绝、阻碍国土资源主管部门监督检查，或者在接受监督检查时弄虚作假的，由国土资源主管部门责令改正，处2万元以上5万元以下的罚款；有关责任人员构成违反治安管理行为的，由公安机关依法予以治安管理处罚；有关责任人员构成犯罪的，依法追究刑事责任。

破坏土地复垦工程、设施和设备，构成违反治安管理行为的，由公安机关依法予以治安管理处罚；构成犯罪的，依法追究刑事责任。

第七章　附　　则

第四十四条　本条例自公布之日起施行。1988年11月8日国务院发布的《土地复垦规定》同时废止。

三、房　屋　拆　迁

关于认真做好城镇房屋拆迁工作维护社会稳定的紧急通知

国办发明电〔2003〕42号

（国务院办公厅2003年9月19日发布）

各省、自治区、直辖市人民政府，国务院各部委、各直属机构：

近几年来，随着我国各地城镇建设的快速发展，城镇房屋拆迁工作量不断扩大，房屋拆迁中遇到的矛盾不断增加。由于各地有关部门做了大量艰苦细致的工作，促进拆迁合法在序进行，有力推动了城镇面貌的改善，创造了经济和社会发展的重要条件。但是今年以来，由于一些单位拆迁补偿不到位、拆迁安置不落实，工作方法不当，造成因城镇房屋拆迁引起的纠纷和集体上访有增加趋势，甚至引发恶性事件，影响正常的生产生活秩序和社会稳定。国务院领导同志对此高度重视，多次作出重要批示，要求有关地方和部门提高认识，关心群众利益，坚持依法行政，认真做好城镇房屋拆迁工作，维护社会稳定。为进一步做好城镇房屋拆迁工作，经国务院同意，现将有关事项紧急通知如下：

一、充分认识加强城镇房屋拆迁管理工作的重要性

加强城镇房屋拆迁管理是加快城镇化进程，促进国民经济和社会发展，提高群众生活质量重要的基础性工作，体现了人民群众的根本利益和长远利益。城镇建设中的房屋拆迁工作政策性强，影响面大，做好这项工作，不仅关系到经济和社会的发展，也关系到社会稳定的大局。各级政府和部门要正确处理城市建设发展与保护群众具体利益之间的关系，克服重建设进度，轻拆迁管理的做法，把做好拆迁管理工作摆上重要议事日程，通过加强管理，依法行政，做到群众合法权益能够得到有效保护，拆迁工作能够有序进行；既保证发展的需要，又能够防止引发社会群体性事件，维护社会稳定。

二、加强房屋拆迁管理，切实保护群众合法权益

各地要加强对拆迁单位和拆迁评估单位的管理，严格按照房地产市场评估价格确定拆迁补偿金额，并实行相应的监督管理制度。要严把审批关，对没有拆迁计划与拆迁安置方案，或违反城市规划的拆迁项目，不得发放拆迁许可证；拆迁资金以及被拆迁人安置不落实的坚决不准实施拆迁，确保被拆迁人的合法权益。在城镇房屋拆迁工作中要特别重视妥善处理好“双困”家庭的拆迁安置工作。要结合房地产市场专项整治，对违法违规拆迁、擅自降低补偿安置标准、不及时解决被拆迁人合理要求的拆迁单位，加大处罚力度，采取不批准新的拆迁项目、停业整顿、依法吊销拆迁单位资格证书等措施严肃处理；对不依法行政，不认真解决拆迁投诉的管理部门，要批评教育，责成整改，情节严重的要追究责任。

要认真贯彻《国务院关于促进房地产市场持续健康发展的通知》（国发〔2003〕18号），通过增加低价位普通商品住房供应、加强经济适用住房建设和管理、健全廉租住房制度等措施，完善住房供应体系，保证符合条件的拆迁居民能够进住到不同档次、不同类型的住房。

三、坚持依法行政原则，改进工作方法

各地要认真贯彻《中华人民共和国城市规划法》和《城市房屋拆迁管理条例》，严格依法规范拆迁行为。对于依据规划、依据法定程序审批的建设项目，被拆迁人如有不同意见，要认真耐心地做好说服工作，对不能达成拆迁补偿安置协议的，要经依法裁决后才能实施强制拆迁。对不能达成协议且涉及面广的拆迁项目，要严格限制采取强制性拆迁措施，防止矛盾激化；确需强制执行的，必须严格执行法律程序，做好预案。对在合法拆迁工作中无理取闹的，要耐心细致地做好思想工作，努力化解矛盾；对极少数借拆迁之机，无理阻挠，甚至串联闹事，严重影响社会秩序的，要依法及时进行处理。

各地要充分发挥城市规划的调控和指导作用，严格依据经批准的城市规划审批建设工程项目。对涉及拆迁的，在规划审批前应以适当形式予以公示，充分听取被拆迁人等利害关系人的意见。建设工程规划方案一经批准，建设单位不得擅自变更；确需变更的，必须经过规划部门审批；城市规划行政部门在批准其变更前，应重新进行公示。

四、完善相关政策措施，妥善解决遗留问题

各地要本着实事求是的原则，采取积极有效的措施，切实解决城市房屋拆迁中久拖不决的遗留问题。对拆迁范围内产权性质为住宅，但已依法取得营业执照经营性用房的补偿，各地可根据其经营情况、经营年限及纳税等实际情况给予适当补偿。对拆迁范围内由于历史原因造成的手续不全房屋，应依据现行有关法律法规补办手续。对政策不明确但确属合理要求的，要抓紧制订相应的政策，限期处理解决；一时难以解决的，要耐心细致地做好解释工作，并积极创造条件，争取早日解决。对因房地产开发企业没有能力完成建设项目导致拆迁补偿资金不落实、安置用房不到位的问题，地方政府要采取有效措施，督促开发企业抓紧落实；或先行解决拆迁补偿安置问题，再根据法律法规和拆迁合同约定，追究开发企业的责任。

五、加强组织领导和督促检查工作

各级政府要切实加强组织领导，认真做好城镇房屋拆迁管理工作。近期各地政府要根据通知精神，针对当前拆迁工作中存在的问题进行专题研究。特别是拆迁问题上访较多的地区，要制定相关措施，切实维护社会稳定。由于工作原因造成大量群体性上访的，要追究有关领导和直接责任人的责任。

电视、广播、报刊、网络等媒体要从维护社会稳定的大局出发，坚持正确的舆论导向，向广大人民群众正百宣传我国城市建设的成果和城镇房屋拆迁工作情况，防止渲染、炒作拆迁工作中出现的一些失误和问题，激化矛盾。

国务院有关部门要按照职责分工，对各地城镇房屋拆迁管理工作予以指导和监督。建设部要会同有关部门派出督查组，对拆迁问题突出、影响社会稳定的地区进行监督检查，督促整改。

关于控制城镇房屋拆迁规模严格拆迁管理的通知

国办发〔2004〕46号

（国务院办公厅2004年6月6日发布）

各省、自治区、直辖市人民政府，国务院各部委、各直属机构：

加强城镇房屋拆迁管理工作，关系到中央宏观调控政策的有效贯彻落实，关系到城镇居民的切身利益和社会稳定。当前，我国城市建设事业取得较快发展，但在城镇房屋拆迁中也存在一些突出问题：一些地方政府没有树立正确的政绩观，盲目扩大拆迁规模；有的城市拆迁补偿和安置措施不落实，人为降低补偿安置标准；有的甚至滥用行政权力，违法违规强制拆迁。这些现象不仅严重侵害城镇居民的合法权益，引发群众大量上访，影响社会稳定，也造成一些地区和行业过度投资。为贯彻落实党中央、国务院关于加强和改善宏观调控的决策，促进城镇建设健康发展和社会稳定，经国务院同意，现就进一步加强城镇房屋拆迁工作等有关问题通知如下：

一、端正城镇房屋拆迁指导思想，维护群众合法权益。全面贯彻“三个代表”重要思想，用科学的发展观和正确的政绩观指导城镇建设和房屋拆迁工作。严格依照城市总体规划和建设规划，制止和纠正城镇建设和房屋拆迁中存在的急功近利、盲目攀比的大拆大建行为。认真落实中央宏观调控政策措施，根据各地的经济发展水平、社会承受能力和居民的收入状况，合理确定拆迁规模和建设规模；进一步完善法律法规，规范拆迁行为；落实管理责任，加强监督检查；严格依法行政，加大对违法违规案件的查处力度；坚决纠正城镇房屋拆迁中侵害人民群众利益的各种行为，维护城镇居民和农民的合法权益，正确引导群众支持依法进行的拆迁工作，保持社会稳定。

二、严格制订拆迁计划，合理控制拆迁规模。城镇房屋拆迁规划和计划必须符合城市总体规划、控制性详细规划和建设规划，以及历史文化名城和街区保护规划。市、县人民政府要从本地区经济社会发展的实际出发，编制房屋拆迁中长期规划和年度计划，由省级建设行政主管部门会同发展改革（计划）部门审批下达后，由市、县人民政府报同级人大常委会和上一级人民政府备案。各地要严格控制土地征用规模，切实保护城镇居民和农民的合法权益，坚决纠正城镇房屋拆迁中侵害居民利益和土地征用中侵害农民利益的行为。要严格控制房屋拆迁面积，确保今年全国房屋拆迁总量比去年有明显减少，由建设部会同有关部门采取措施落实。凡拆迁矛盾和纠纷比较集中的地区，除保证能源、交通、水利、城市重大公共设施等重点建设项目，以及重大社会发展项目、危房改造、经济适用房和廉租房项目之外，一律停止拆迁，集中力量解决拆迁遗留问题。地方政府不得违反法定程序和法律规定，以政府会议纪要或文件代替法规确定的拆迁许可要件及规划变更，擅自扩大拆迁规模。

三、严格拆迁程序，确保拆迁公开、公正、公平。要积极推进拆迁管理规范化，所有拆迁项目都必须按照《城市房屋拆迁管理条例》（国务院令第305号）和《城市房屋拆迁估价指导意见》（建住房〔2003〕234 号）等规定的权限和程序履行职责，严格执行申请房屋拆迁许可、公示、评估、订立协议等程序；对达不成协议的，必须按照《城市房屋拆迁行政裁决工作规程》（建住房〔2003〕252 号）的规定严格执行听证、行政裁决、证据保全等程序。特别要执行拆迁估价结果公示制度，依照有关规定实施行政裁决听证和行政强制拆迁听证制度，确保拆迁公开、公正、公平。政府投资建设的工程也要严格按照规定的程序进行。

四、加强对拆迁单位和人员的管理，规范拆迁行为。加强对拆迁单位的资格管理，严格市场准入。所有拆迁项目工程，要通过招投标或委托的方式交由具有相应资质的施工单位拆除。进一步规范拆迁委托行为，禁止采取拆迁费用“大包干”的方式进行拆迁。房屋价格评估机构要按照有关规定和被搬迁房屋的区位、用途、建筑面积等，合理确定市场评估价格。拆迁人及相关单位要严格执行有关法律法规和规定，严禁野蛮拆迁、违规拆迁，严禁采取停水、停电、停气、停暖、阻断交通等手段，强迫被拆迁居民搬迁。地方各级人民政府和有关部门要加强对拆迁人员的法制教育和培训，不断增强其遵纪守法意识，提高业务素质。

五、严格依法行政，正确履行职责。地方各级人民政府要进一步转变职能，做到政事、政企分开、凡政府有关部门所属的拆迁公司，必须与部门全部脱钩。政府部门要从过去直接组织房屋拆迁中解脱出来，严格依法行政，实行“拆管分离”，实现拆迁管理方式从注重依靠行政手段向注重依靠法律手段的根本性转变。房屋拆迁管理部门要认真执行拆迁许可审批程序，严禁将拆迁许可审批权下放。严格拆迁许可证的发放，对违反城市规划及控制性详细规划，没有拆迁计划、建设项目批准文件、建设用地规划许可证、国有土地使用权批准文件，以及拆迁补偿资金、拆迁安置方案不落实的项目，不得发放拆迁许可证。严禁未经拆迁安置补偿，收回原土地使用权而直接供应土地，并发放建设用地批准文件。政府行政机关不得干预或强行确定拆迁补偿标准，以及直接参与和干预应由拆迁人承担的拆迁活动。要依法正确履行强制拆迁的权力。

六、加强拆迁补偿资金监管，落实拆迁安置。合理的拆迁补偿安置是维护被拆迁人合法权益、做好拆迁工作的重要基础。拆迁单位既要充分尊重被拆迁人在选择产权交换、货币补偿、租赁房屋等方面的意愿，也不得迁就少数被拆迁人的无理要求。所有拆迁，无论是公益性项目还是经营性项目、招商引资项目，拆迁补偿资金必须按时到位，设立专门账户，专款专用，并足额补偿给被拆迁人；不得以项目未来收益、机构资金承诺或其他不落实的资金作为拆迁资金来源。各地要按照已确定的合理拆迁规模，提供质量合格、价格合理、户型合适的拆迁安置房和周转房。把拆迁中涉及的困难家庭纳入城镇住房保障的总体安排中，确保其基本居住需要。

七、切实做好拆迁信访工作，维护社会稳定。做好拆迁信访工作是接受群众监督、维护被拆迁人合法权益的重要方式。各地区要建立拆迁信访工作责任制，尤其要建立和完善初信初访责任制以及拆迁纠纷矛盾排查调处机制，及时解决群众反映的问题和合理要求，积极化解拆迁纠纷和矛盾。拆迁上访较多的地区，要对拆迁上访问题进行全面梳理，对投诉的重点问题、普遍性问题要认真摸底。地方人民政府主要领导要亲自组织研究，及时采取针对性措施，制订具体的解决方案，落实责任单位和责任人，限期解决。区别不同情况，采取有效措施，妥善解决拆迁历史遗留问题。同时，对被拆迁人的一些不合理要求，不要作不符合规定的许愿和乱开“口子”，防止造成“以闹取胜”的不良影响。要做好集体上访的疏导工作，防止群体性事件发生并做好处理预案。对少数要价过高，无理取闹的，要坚持原则，不能迁就；对少数公开聚众闹事或上街堵塞交通、冲击政府机关的被拆迁人，要依法及时进行严肃处理。

八、加强监督检查，严肃处理违法违规行为。各级监察、建设等有关部门要加强协调和配合，加大对城镇房屋拆迁中违法违规案件的查处力度。对各级人民政府及有关行政主管部门违反城市规划以及审批程序、盲目扩大拆迁规模以及滥用职权强制拆迁的现象坚决予以查处。对在拆迁中连续发生严重损害群众利益导致恶性事件的部门和地区，要追究领导者和直接责任人的责任。对不按规定程序进行拆迁的，要及时予以纠正，并追究有关责任单位的领导责任。对滥用强制手段，造成严重后果的，要依法给予行政纪律处分，构成犯罪的，要依法追究刑事责任。对违法违规的拆迁单位和评估机构，要依法严厉查处。对故意拖欠、挤占、挪用拆迁补偿资金等违法违规行为，要严肃追究当事人和直接领导人的责任。对野蛮拆迁，严重侵犯居民利益的行为，要坚决制止，情节严重的，要取消其相应资格，依法严肃处理。

九、完善法律法规，健全政策措施。要把城镇房屋拆迁工作纳入法制化和规范化的轨道，继续完善有关政策法规。针对《城市房屋拆迁管理条例》实施中存在的问题，各地区要进一步制定和完善有关房屋拆迁的政策。有关部门要配合最高人民法院尽快出台有关房屋拆迁的司法解释，规范房屋拆迁行政裁决、强制执行程序和有关问题；各地区要依据国家有关拆迁工作的法律法规，制定和完善地方性法规、规章和文件，对与《城市房屋拆迁管理条例》不符的，要迅速组织修订；对政策不明确，但确属合理要求的，要抓紧制定相应的政策措施，限期处理解决。

十、坚持正确舆论导向，发挥媒体监督作用。电视、广播、报刊、网络等媒体要从社会稳定的大局出发，对各地合理推进城市建设，落实房屋拆迁政策以及规范拆迁管理、维护群众合法权益的好经验、好做法，要加大宣传力度，使群众全面了解拆迁政策，改善依法拆迁的社会环境，增强群众依法维权的意识。同时，对严重损害群众利益的典型案件，要继续曝光。要坚持正确的舆论导向，支持依法进行的城市拆迁工作，注意宣传方式，防止诱发和激化矛盾。

十一、加强组织领导，落实工作责任。各地区、各部门要把控制城镇房屋拆迁规模，严格拆迁管理作为落实中央宏观调控政策的重要措施和确保社会稳定的一项重要内容，列入今年政府工作的重要任务，明确政府分管负责同志的责任，加强领导，采取有效措施，做好相关工作。有关部门要加强协调和配合，建立健全拆迁工作部际协调机制，指导全国工作，并建立健全对重点地区、重点项目、重点案例的督查和通报制度，总结推广好的经验和做法。各省级人民政府要加强对本行政区域拆迁工作的管理和监督，切实加强对拆迁规模的总量调控，防止和纠正大拆大建；要依照《中华人民共和国行政许可法》，规范市、县拆迁管理部门及职责。各市、县人民政府要对城镇建设和拆迁工作负总责，严格依法行政，量力而行，从坚决贯彻宏观调控政策措施和维护人民群众利益的高度做好城镇房屋拆迁工作。

各省、自治区、直辖市人民政府要在 2004 年 10 月底以前将落实本通知情况报国务院，同时抄送建设部。

关于进一步严格征地拆迁管理工作切实维护群众合法权益的紧急通知

国办发明电〔2010〕15 号

（国务院办公厅 2010 年 5 月 15 日公布）

各省、自治区、直辖市人民政府、国务院各部委、各直属机构：

近期，一些地区在农村征地和房屋拆迁（以下简称“征地拆迁”）中，相继发生多起致人死伤事件，群众反映强烈，社会影响十分恶劣。国务院领导同志高度重视，批示要求做好有关工作。为保护群众的合法权益，维护正常的经济秩序，严厉打击犯罪行为，进一步加强征地拆迁管理，经国务院同意，现将有关事项紧急通知如下：

一、充分认识做好征地拆迁管理工作的重要意义

征地拆迁关系人民群众的切身利益，党中央、国务院对此高度重视，明确要求坚决制止乱占滥用耕地，严格城镇房屋拆迁管理，坚决纠正侵害人民群众利益的问题，切实维护社会稳定。进一步加强征地拆迁管理，妥善处理城市发展和征地拆迁的关系，是贯彻落实科学发展观，维护群众合法权益，构建社会主义和谐社会，促进经济社会可持续发展的一项重要工作。各地区、各部门一定要充分认识做好这项工作的极端重要性，树立全面、协调、可持续的科学发展观和正确的政绩观，端正城乡建设的指导思想，严格执行国家关于征地拆迁的法律法规和政策规定，严格履行有关程序，坚决制止和纠正违法违规强制征地拆迁行为。要改进工作作风，完善工作机制，下大力气化解征地拆迁中的矛盾纠纷，妥善解决群众的实际困难，维护正常的生产生活秩序和社会和谐稳定。

二、严格执行农村征地程序，做好征地补偿工作

征收集体土地，必须在政府的统一组织和领导下依法规范有序开展。征地前要及时进行公告，征求群众意见；对于群众提出的合理要求，必须妥善予以解决，不得强行实施征地。要严格执行省、自治区、直辖市人民政府公布实施的征地补偿标准。尚未按照有关规定公布实施新的征地补偿标准的省、自治区、直辖市，必须于 2010 年 6 月底前公布实施；已经公布实施但标准偏低的，必须尽快调整提高。要加强对征地实施过程的监管，确保征地补偿费用及时足额支付到位，防止出现拖欠、截留、挪用等问题。征地涉及拆迁农民住房的，必须先安置后拆迁，妥善解决好被征地农户的居住问题，切实做到被征地拆迁农民原有生活水平不降低，长远生计有保障。重大工程项目建设涉及征地拆迁的，要带头严格执行规定程序和补偿标准。

三、控制城镇房屋拆迁规模，依法依规拆迁

城镇房屋拆迁，必须严格依法规范进行，必须充分尊重被拆迁人选择产权调换、货币补偿等方面的意愿。立项前要组织专家论证，广泛征求社会各界特别是被拆迁人的意见，并进行社会稳定风险评估。要控制拆迁规模，对于没有经过社会稳定风险评估或群众意见较大的项目，一律不得颁发房屋拆迁许可证。要严格控制行政强制拆迁的数量，实施行政强制拆迁要严格执行相关程序，并报请上一级人民政府备案。程序不合法、补偿不到位、被拆迁人居住条件未得到保障以及未制定应急预案的，一律不得实施强制拆迁。

四、强化监督管理，依法查处违法违规行为

各地要立即对所有征地拆迁项目组织开展一次全面排查清理，重点检查征地程序是否合法、拆迁行为是否规范，补偿安置是否合理、保障政策是否落实等情况，限期整改排查清理中发现的各种问题。对采取停水、停电、阻断交通等野蛮手段逼迫搬迁，以及采取“株连式拆迁”和“突击拆迁”等方式违法强制拆迁的，要严格追究有关责任单位和责任人的责任。因暴力拆迁和征地造成人员伤亡或严重财产损失的，公安机关要加大办案力度，尽快查清事实，依法严厉惩处犯罪分子。对因工作不力引发征地拆迁恶性事件、大规模群体性上访事件，以及存在官商勾结、权钱交易的，要追究有关领导和直接责任人的责任，构成犯罪的，要依法严厉追究刑事责任。对随意动用公安民警参与强制征地拆迁造成严重后果的，要严肃追究有关党政领导的责任。

五、健全工作机制，及时化解矛盾纠纷

各地区、各有关部门要严格按照信访评估到位、审批程序到位、政策公开到位、补偿安置到位的要求，建立健全征地拆迁信息沟通与协作机制，及时掌握和化解苗头性、倾向性问题，防止矛盾积累激化。要健全征地拆迁信访工作责任制，加快建立上下贯通的信访信息系统，积极探索征地拆迁矛盾纠纷排查调处机制，采取各种有效方式做好群众思想工作，防止简单粗暴压制群众，避免因征地拆迁问题引发新的上访事件。地方各级人民政府和有关部门要深入到问题较多的地方去接访、下访，主动倾听群众诉求，把问题解决在初始阶段。各地要加强形势分析与研判，一旦发生恶性事件，要及时启动应急预案，做好稳控工作，防止事态扩大。要加强和改进宣传工作，充分发挥舆论监督和引导的重要作用。

六、加强协调配合，强化工作责任

各地区、各有关部门要把做好征地拆迁管理工作作为落实中央宏观调控政策和维护社会和谐稳定的重要自容，列入近期工作的重要议事日程。省、自治区、直辖市人民政府要加强对征地拆迁工作的管理和监督，切实加强对征地拆迁规模的总量调控，防止和纠正大拆大建。市、县人民政府对征地拆迁管理工作负总责，要明确政府分管负责人的责任，对出现群体性事件的，市、县人民政府主要负责人要亲临现场做好相关工作。有关部门要加强协作，密切配合，加强对各地征地拆迁工作的指导监督，联合查处典型案例，研究完善相关政策措施，及时向国务院报告重要情况。

各省、自治区、直辖市人民政府要在 2010 年 8 月底前将落实本通知情况报国务院，同时抄送住房城乡建设部和国土资源部。

国有土地上房屋征收与补偿条例

国务院令第590号

（2011年1月21日公布，自2011年1月21日起施行）

第一章 总 则

第一条 为了规范国有土地上房屋征收与补偿活动，维护公共利益，保障被征收房屋所有权人的合法权益，制定本条例。

第二条 为了公共利益的需要，征收国有土地上单位、个人的房屋，应当对被征收房屋所有权人（以下称被征收人）给予公平补偿。

第三条 房屋征收与补偿应当遵循决策民主、程序正当、结果公开的原则。

第四条 市、县级人民政府负责本行政区域的房屋征收与补偿工作。

市、县级人民政府确定的房屋征收部门（以下称房屋征收部门）组织实施本行政区域的房屋征收与补偿工作。

市、县级人民政府有关部门应当依照本条例的规定和本级人民政府规定的职责分工，互相配合，保障房屋征收与补偿工作的顺利进行。

第五条 房屋征收部门可以委托房屋征收实施单位，承担房屋征收与补偿的具体工作。房屋征收实施单位不得以营利为目的。

房屋征收部门对房屋征收实施单位在委托范围内实施的房屋征收与补偿行为负责监督，并对其行为后果承担法律责任。

第六条 上级人民政府应当加强对下级人民政府房屋征收与补偿工作的监督。

国务院住房城乡建设主管部门和省、自治区、直辖市人民政府住房城乡建设主管部门应当会同同级财政、国土资源、发展改革等有关部门，加强对房屋征收与补偿实施工作的指导。

第七条 任何组织和个人对违反本条例规定的行为，都有权向有关人民政府、房屋征收部门和其他有关部门举报。接到举报的有关人民政府、房屋征收部门和其他有关部门对举报应当及时核实、处理。

监察机关应当加强对参与房屋征收与补偿工作的政府和有关部门或者单位及其工作人员的监察。

第二章 征 收 决 定

第八条 为了保障国家安全、促进国民经济和社会发展等公共利益的需要，有下列情形之一，确需征收房屋的，由市、县级人民政府作出房屋征收决定：

（一）国防和外交的需要；

（二）由政府组织实施的能源、交通、水利等基础设施建设的需要；

（三）由政府组织实施的科技、教育、文化、卫生、体育、环境和资源保护、防灾减灾、文物保护、社会福利、市政公用等公共事业的需要；

（四）由政府组织实施的保障性安居工程建设的需要；

（五）由政府依照城乡规划法有关规定组织实施的对危房集中、基础设施落后等地段进行旧城区改建的需要；

（六）法律、行政法规规定的其他公共利益的需要。

第九条　依照本条例第八条规定，确需征收房屋的各项建设活动，应当符合国民经济和社会发展规划、土地利用总体规划、城乡规划和专项规划。保障性安居工程建设、旧城区改建，应当纳入市、县级国民经济和社会发展年度计划。

制定国民经济和社会发展规划、土地利用总体规划、城乡规划和专项规划，应当广泛征求社会公众意见，经过科学论证。

第十条　房屋征收部门拟定征收补偿方案，报市、县级人民政府。

市、县级人民政府应当组织有关部门对征收补偿方案进行论证并予以公布，征求公众意见。征求意见期限不得少于30日。

第十一条　市、县级人民政府应当将征求意见情况和根据公众意见修改的情况及时公布。

因旧城区改建需要征收房屋，多数被征收人认为征收补偿方案不符合本条例规定的，市、县级人民政府应当组织由被征收人和公众代表参加的听证会，并根据听证会情况修改方案。

第十二条　市、县级人民政府作出房屋征收决定前，应当按照有关规定进行社会稳定风险评估；房屋征收决定涉及被征收人数量较多的，应当经政府常务会议讨论决定。

作出房屋征收决定前，征收补偿费用应当足额到位、专户存储、专款专用。

第十三条　市、县级人民政府作出房屋征收决定后应当及时公告。公告应当载明征收补偿方案和行政复议、行政诉讼权利等事项。

市、县级人民政府及房屋征收部门应当做好房屋征收与补偿的宣传、解释工作。

房屋被依法征收的，国有土地使用权同时收回。

第十四条　被征收人对市、县级人民政府作出的房屋征收决定不服的，可以依法申请行政复议，也可以依法提起行政诉讼。

第十五条　房屋征收部门应当对房屋征收范围内房屋的权属、区位、用途、建筑面积等情况组织调查登记，被征收人应当予以配合。调查结果应当在房屋征收范围内向被征收人公布。

第十六条　房屋征收范围确定后，不得在房屋征收范围内实施新建、扩建、改建房屋和改变房屋用途等不当增加补偿费用的行为；违反规定实施的，不予补偿。

房屋征收部门应当将前款所列事项书面通知有关部门暂停办理相关手续。暂停办理相关手续的书面通知应当载明暂停期限。暂停期限最长不得超过1年。

第三章　补　　偿

第十七条　作出房屋征收决定的市、县级人民政府对被征收人给予的补偿包括：

（一）被征收房屋价值的补偿；

（二）因征收房屋造成的搬迁、临时安置的补偿；

（三）因征收房屋造成的停产停业损失的补偿。

市、县级人民政府应当制定补助和奖励办法，对被征收人给予补助和奖励。

第十八条 征收个人住宅，被征收人符合住房保障条件的，作出房屋征收决定的市、县级人民政府应当优先给予住房保障。具体办法由省、自治区、直辖市制定。

第十九条 对被征收房屋价值的补偿，不得低于房屋征收决定公告之日被征收房屋类似房地产的市场价格。被征收房屋的价值，由具有相应资质的房地产价格评估机构按照房屋征收评估办法评估确定。

对评估确定的被征收房屋价值有异议的，可以向房地产价格评估机构申请复核评估。对复核结果有异议的，可以向房地产价格评估专家委员会申请鉴定。

房屋征收评估办法由国务院住房城乡建设主管部门制定，制定过程中，应当向社会公开征求意见。

第二十条 房地产价格评估机构由被征收人协商选定；协商不成的，通过多数决定、随机选定等方式确定，具体办法由省、自治区、直辖市制定。

房地产价格评估机构应当独立、客观、公正地开展房屋征收评估工作，任何单位和个人不得干预。

第二十一条 被征收人可以选择货币补偿，也可以选择房屋产权调换。

被征收人选择房屋产权调换的，市、县级人民政府应当提供用于产权调换的房屋，并与被征收人计算、结清被征收房屋价值与用于产权调换房屋价值的差价。

因旧城区改建征收个人住宅，被征收人选择在改建地段进行房屋产权调换的，作出房屋征收决定的市、县级人民政府应当提供改建地段或者就近地段的房屋。

第二十二条 因征收房屋造成搬迁的，房屋征收部门应当向被征收人支付搬迁费；选择房屋产权调换的，产权调换房屋交付前，房屋征收部门应当向被征收人支付临时安置费或者提供周转用房。

第二十三条 对因征收房屋造成停产停业损失的补偿，根据房屋被征收前的效益、停产停业期限等因素确定。具体办法由省、自治区、直辖市制定。

第二十四条 市、县级人民政府及其有关部门应当依法加强对建设活动的监督管理，对违反城乡规划进行建设的，依法予以处理。

市、县级人民政府作出房屋征收决定前，应当组织有关部门依法对征收范围内未经登记的建筑进行调查、认定和处理。对认定为合法建筑和未超过批准期限的临时建筑的，应当给予补偿；对认定为违法建筑和超过批准期限的临时建筑的，不予补偿。

第二十五条 房屋征收部门与被征收人依照本条例的规定，就补偿方式、补偿金额和支付期限、用于产权调换房屋的地点和面积、搬迁费、临时安置费或者周转用房、停产停业损失、搬迁期限、过渡方式和过渡期限等事项，订立补偿协议。

补偿协议订立后，一方当事人不履行补偿协议约定的义务的，另一方当事人可以依法提起诉讼。

第二十六条 房屋征收部门与被征收人在征收补偿方案确定的签约期限内达不成补偿

协议，或者被征收房屋所有权人不明确的，由房屋征收部门报请作出房屋征收决定的市、县级人民政府依照本条例的规定，按照征收补偿方案作出补偿决定，并在房屋征收范围内予以公告。

补偿决定应当公平，包括本条例第二十五条第一款规定的有关补偿协议的事项。

被征收人对补偿决定不服的，可以依法申请行政复议，也可以依法提起行政诉讼。

第二十七条　实施房屋征收应当先补偿、后搬迁。

作出房屋征收决定的市、县级人民政府对被征收人给予补偿后，被征收人应当在补偿协议约定或者补偿决定确定的搬迁期限内完成搬迁。

任何单位和个人不得采取暴力、威胁或者违反规定中断供水、供热、供气、供电和道路通行等非法方式迫使被征收人搬迁。禁止建设单位参与搬迁活动。

第二十八条　被征收人在法定期限内不申请行政复议或者不提起行政诉讼，在补偿决定规定的期限内又不搬迁的，由作出房屋征收决定的市、县级人民政府依法申请人民法院强制执行。

强制执行申请书应当附具补偿金额和专户存储账号、产权调换房屋和周转用房的地点和面积等材料。

第二十九条　房屋征收部门应当依法建立房屋征收补偿档案，并将分户补偿情况在房屋征收范围内向被征收人公布。

审计机关应当加强对征收补偿费用管理和使用情况的监督，并公布审计结果。

第四章　法　律　责　任

第三十条　市、县级人民政府及房屋征收部门的工作人员在房屋征收与补偿工作中不履行本条例规定的职责，或者滥用职权、玩忽职守、徇私舞弊的，由上级人民政府或者本级人民政府责令改正，通报批评；造成损失的，依法承担赔偿责任；对直接负责的主管人员和其他直接责任人员，依法给予处分；构成犯罪的，依法追究刑事责任。

第三十一条　采取暴力、威胁或者违反规定中断供水、供热、供气、供电和道路通行等非法方式迫使被征收人搬迁，造成损失的，依法承担赔偿责任；对直接负责的主管人员和其他直接责任人员，构成犯罪的，依法追究刑事责任；尚不构成犯罪的，依法给予处分；构成违反治安管理行为的，依法给予治安管理处罚。

第三十二条　采取暴力、威胁等方法阻碍依法进行的房屋征收与补偿工作，构成犯罪的，依法追究刑事责任；构成违反治安管理行为的，依法给予治安管理处罚。

第三十三条　贪污、挪用、私分、截留、拖欠征收补偿费用的，责令改正，追回有关款项，限期退还违法所得，对有关责任单位通报批评、给予警告；造成损失的，依法承担赔偿责任；对直接负责的主管人员和其他直接责任人员，构成犯罪的，依法追究刑事责任；尚不构成犯罪的，依法给予处分。

第三十四条　房地产价格评估机构或者房地产估价师出具虚假或者有重大差错的评估报告的，由发证机关责令限期改正，给予警告，对房地产价格评估机构并处 5 万元以上 20 万元以下罚款，对房地产估价师并处 1 万元以上 3 万元以下罚款，并记入信用档案；情节严重的，吊销资质证书、注册证书；造成损失的，依法承担赔偿责任；构成犯罪的，依法追究刑事责任。

第五章　附　　则

第三十五条　本条例自公布之日起施行。2001 年 6 月 13 日国务院公布的《城市房屋拆迁管理条例》同时废止。本条例施行前已依法取得房屋拆迁许可证的项目，继续沿用原有的规定办理，但政府不得责成有关部门强制拆迁。

四、征占林地及伐移

中华人民共和国森林法实施条例

国务院令第 278 号

（2000 年 1 月 29 日发布，自 2000 年 1 月 29 日起施行，2011 年 1 月 8 日修订）

第一章　总　　则

第一条　根据《中华人民共和国森林法》（以下简称森林法），制定本条例。

第二条　森林资源，包括森林、林木、林地以及依托森林、林木、林地生存的野生动物、植物和微生物。

森林，包括乔木林和竹林。

林木，包括树木和竹子。

林地，包括郁闭度 0.2 以上的乔木林地以及竹林地、灌木林地、疏林地、采伐迹地、火烧迹地、未成林造林地、苗圃地和县级以上人民政府规划的宜林地。

第三条　国家依法实行森林、林木和林地登记发证制度。依法登记的森林、林木和林地的所有权、使用权受法律保护，任何单位和个人不得侵犯。

森林、林木和林地的权属证书式样由国务院林业主管部门规定。

第四条　依法使用的国家所有的森林、林木和林地，按照下列规定登记：

（一）使用国务院确定的国家所有的重点林区（以下简称重点林区）的森林、林木和林地的单位，应当向国务院林业主管部门提出登记申请，由国务院林业主管部门登记造册，核发证书，确认森林、林木和林地使用权以及由使用者所有的林木所有权；

（二）使用国家所有的跨行政区域的森林、林木和林地的单位和个人，应当向共同的上一级人民政府林业主管部门提出登记申请，由该人民政府登记造册，核发证书，确认森林、林木和林地使用权以及由使用者所有的林木所有权；

（三）使用国家所有的其他森林、林木和林地的单位和个人，应当向县级以上地方人民政府林业主管部门提出登记申请，由县级以上地方人民政府登记造册，核发证书，确认森林、林木和林地使用权以及由使用者所有的林木所有权。

未确定使用权的国家所有的森林、林木和林地，由县级以上人民政府登记造册，负责保护管理。

第五条　集体所有的森林、林木和林地，由所有者向所在地的县级人民政府林业主管部门提出登记申请，由该县级人民政府登记造册，核发证书，确认所有权。

单位和个人所有的林木，由所有者向所在地的县级人民政府林业主管部门提出登记申请，由该县级人民政府登记造册，核发证书，确认林木所有权。

使用集体所有的森林、林木和林地的单位和个人，应当向所在地的县级人民政府林业主管部门提出登记申请，由该县级人民政府登记造册，核发证书，确认森林、林木和林地使用权。

第六条 改变森林、林木和林地所有权、使用权的，应当依法办理变更登记手续。

第七条 县级以上人民政府林业主管部门应当建立森林、林木和林地权属管理档案。

第八条 国家重点防护林和特种用途林，由国务院林业主管部门提出意见，报国务院批准公布；地方重点防护林和特种用途林，由省、自治区、直辖市人民政府林业主管部门提出意见，报本级人民政府批准公布；其他防护林、用材林、特种用途林以及经济林、薪炭林，由县级人民政府林业主管部门根据国家关于林种划分的规定和本级人民政府的部署组织划定，报本级人民政府批准公布。

省、自治区、直辖市行政区域内的重点防护林和特种用途林的面积，不得少于本行政区域森林总面积的30％。

经批准公布的林种改变为其他林种的，应当报原批准公布机关批准。

第九条 依照森林法第八条第一款第（五）项规定提取的资金，必须专门用于营造坑木、造纸等用材林，不得挪作他用。审计机关和林业主管部门应当加强监督。

第十条 国务院林业主管部门向重点林区派驻的森林资源监督机构，应当加强对重点林区内森林资源保护管理的监督检查。

第二章　森林经营管理

第十一条 国务院林业主管部门应当定期监测全国森林资源消长和森林生态环境变化的情况。

重点林区森林资源调查、建立档案和编制森林经营方案等项工作，由国务院林业主管部门组织实施；其他森林资源调查、建立档案和编制森林经营方案等项工作，由县级以上地方人民政府林业主管部门组织实施。

第十二条 制定林业长远规划，应当遵循下列原则：

（一）保护生态环境和促进经济的可持续发展；

（二）以现有的森林资源为基础；

（三）与土地利用总体规划、水土保持规划、城市规划、村庄和集镇规划相协调。

第十三条 林业长远规划应当包括下列内容：

（一）林业发展目标；

（二）林种比例；

（三）林地保护利用规划；

（四）植树造林规划。

第十四条 全国林业长远规划由国务院林业主管部门会同其他有关部门编制，报国务院批准后施行。

地方各级林业长远规划由县级以上地方人民政府林业主管部门会同其他有关部门编制，报本级人民政府批准后施行。

下级林业长远规划应当根据上一级林业长远规划编制。

林业长远规划的调整、修改，应当报经原批准机关批准。

第十五条　国家依法保护森林、林木和林地经营者的合法权益。任何单位和个人不得侵占经营者依法所有的林木和使用的林地。

用材林、经济林和薪炭林的经营者，依法享有经营权、收益权和其他合法权益。

防护林和特种用途林的经营者，有获得森林生态效益补偿的权利。

第十六条　勘查、开采矿藏和修建道路、水利、电力、通信等工程，需要占用或者征收、征用林地的，必须遵守下列规定：

（一）用地单位应当向县级以上人民政府林业主管部门提出用地申请，经审核同意后，按照国家规定的标准预交森林植被恢复费，领取使用林地审核同意书。用地单位凭使用林地审核同意书依法办理建设用地审批手续。占用或者征收、征用林地未经林业主管部门审核同意的，土地行政主管部门不得受理建设用地申请。

（二）占用或者征收、征用防护林林地或者特种用途林林地面积 10 公顷以上的，用材林、经济林、薪炭林林地及其采伐迹地面积 35 公顷以上的，其他林地面积 70 公顷以上的，由国务院林业主管部门审核；占用或者征用、征用林地面积低于上述规定数量的，由省、自治区、直辖市人民政府林业主管部门审核。占用或者征收、征用重点林区的林地的，由国务院林业主管部门审核。

（三）用地单位需要采伐已经批准占用或者征收、征用的林地上的林木时，应当向林地所在地的县级以上地方人民政府林业主管部门或者国务院林业主管部门申请林木采伐许可证。

（四）占用或者征收、征用林地未被批准的，有关林业主管部门应当自接到不予批准通知之日起 7 日内将收取的森林植被恢复费如数退还。

第十七条　需要临时占用林地的，应当经县级以上人民政府林业主管部门批准。

临时占用林地的期限不得超过两年，并不得在临时占用的林地上修筑永久性建筑物；占用期满后，用地单位必须恢复林业生产条件。

第十八条　森林经营单位在所经营的林地范围内修筑直接为林业生产服务的工程设施，需要占用林地的，由县级以上人民政府林业主管部门批准；修筑其他工程设施，需要将林地转为非林业建设用地的，必须依法办理建设用地审批手续。

前款所称直接为林业生产服务的工程设施是指：

（一）培育、生产种子、苗木的设施；

（二）贮存种子、苗木、木材的设施；

（三）集材道、运材道；

（四）林业科研、试验、示范基地；

（五）野生动植物保护、护林、森林病虫害防治、森林防火、木材检疫的设施；

（六）供水、供电、供热、供气、通信基础设施。

第三章 森林保护

第十九条 县级以上人民政府林业主管部门应当根据森林病虫害测报中心和测报点对测报对象的调查和监测情况，定期发布长期、中期、短期森林病虫害预报，并及时提出防治方案。

森林经营者应当选用良种，营造混交林，实行科学育林，提高防御森林病虫害的能力。

发生森林病虫害时，有关部门、森林经营者应当采取综合防治措施，及时进行除治。

发生严重森林病虫害时，当地人民政府应当采取紧急除治措施，防止蔓延，消除隐患。

第二十条 国务院林业主管部门负责确定全国林木种苗检疫对象。省、自治区、直辖市人民政府林业主管部门根据本地区的需要，可以确定本省、自治区、直辖市的林木种苗补充检疫对象，报国务院林业主管部门备案。

第二十一条 禁止毁林开垦、毁林采种和违反操作技术规程采脂、挖笋、掘根、剥树皮及过度修枝的毁林行为。

第二十二条 25 度以上的坡地应当用于植树、种草。25 度以上的坡耕地应当按照当地人民政府制定的规划，逐步退耕，植树和种草。

第二十三条 发生森林火灾时，当地人民政府必须立即组织军民扑救；有关部门应当积极做好扑救火灾物资的供应、运输和通信、医疗等工作。

第四章 植树造林

第二十四条 森林法所称森林覆盖率，是指以行政区域为单位森林面积与土地面积的百分比。森林面积，包括郁闭度 0.2 以上的乔木林地面积和竹林地面积、国家特别规定的灌木林地面积、农田林网以及村旁、路旁、水旁、宅旁林木的覆盖面积。

县级以上地方人民政府应当按照国务院确定的森林覆盖率奋斗目标，确定本行政区域森林覆盖率的奋斗目标，并组织实施。

第二十五条 植树造林应当遵守造林技术规程，实行科学造林，提高林木的成活率。

县级人民政府对本行政区域内当年造林的情况应当组织检查验收，除国家特别规定的干旱、半干旱地区外，成活率不足 85%的，不得计入年度造林完成面积。

第二十六条 国家对造林绿化实行部门和单位负责制。

铁路公路两旁、江河两岸、湖泊水库周围，各有关主管单位是造林绿化的责任单位。工矿区，机关、学校用地，部队营区以及农场、牧场、渔场经营地区，各该单位是造林绿化的责任单位。

责任单位的造林绿化任务，由所在地的县级人民政府下达责任通知书，予以确认。

第二十七条 国家保护承包造林者依法享有的林木所有权和其他合法权益。未经发包方和承包方协商一致，不得随意变更或者解除承包造林合同。

第五章　森　林　采　伐

第二十八条　国家所有的森林和林木以国有林业企业事业单位、农场、厂矿为单位，集体所有的森林和林木、个人所有的林木以县为单位，制定年森林采伐限额，由省、自治区、直辖市人民政府林业主管部门汇总、平衡，经本级人民政府审核后，报国务院批准；其中，重点林区的年森林采伐限额，由国务院林业主管部门审核后，报国务院批准。

国务院批准的年森林采伐限额，每5年核定一次。

第二十九条　采伐森林、林木作为商品销售的，必须纳入国家年度木材生产计划；但是，农村居民采伐自留山上个人所有的薪炭林和自留地、房前屋后个人所有的零星林木除外。

第三十条　申请林木采伐许可证，除应当提交申请采伐林木的所有权证书或者使用权证书外，还应当按照下列规定提交其他有关证明文件：

（一）国有林业企业事业单位还应当提交采伐区调查设计文件和上年度采伐更新验收证明；

（二）其他单位还应当提交包括采伐林木的目的、地点、林种、林况、面积、蓄积量、方式和更新措施等内容的文件；

（三）个人还应当提交包括采伐林木的地点、面积、树种、株数、蓄积量、更新时间等内容的文件。

因扑救森林火灾、防洪抢险等紧急情况需要采伐林木的，组织抢险的单位或者部门应当自紧急情况结束之日起30日内，将采伐林木的情况报告当地县级以上人民政府林业主管部门。

第三十一条　有下列情形之一的，不得核发林木采伐许可证：

（一）防护林和特种用途林进行非抚育或者非更新性质的采伐的，或者采伐封山育林期、封山育林区内的林木的；

（二）上年度采伐后未完成更新造林任务的；

（三）上年度发生重大滥伐案件、森林火灾或者大面积严重森林病虫害，未采取预防和改进措施的。

林木采伐许可证的式样由国务院林业主管部门规定，由省、自治区、直辖市人民政府林业主管部门印制。

第三十二条　除森林法已有明确规定的外，林木采伐许可证按照下列规定权限核发：

（一）县属国有林场，由所在地的县级人民政府林业主管部门核发；

（二）省、自治区、直辖市和设区的市、自治州所属的国有林业企业事业单位、其他国有企业事业单位，由所在地的省、自治区、直辖市人民政府林业主管部门核发；

（三）重点林区的国有林业企业事业单位，由国务院林业主管部门核发。

第三十三条　利用外资营造的用材林达到一定规模需要采伐的，应当在国务院批准的年森林采伐限额内，由省、自治区、直辖市人民政府林业主管部门批准，实行采伐限额单列。

第三十四条　在林区经营（含加工）木材，必须经县级以上人民政府林业主管部门批准。

木材收购单位和个人不得收购没有林木采伐许可证或者其他合法来源证明的木材。

前款所称木材，是指原木、锯材、竹材、木片和省、自治区、直辖市规定的其他木材。

第三十五条 从林区运出非国家统一调拨的木材，必须持有县级以上人民政府林业主管部门核发的木材运输证。

重点林区的木材运输证，由国务院林业主管部门核发；其他木材运输证，由县级以上地方人民政府林业主管部门核发。

木材运输证自木材起运点到终点全程有效，必须随货同行。没有木材运输证的，承运单位和个人不得承运。

木材运输证的式样由国务院林业主管部门规定。

第三十六条 申请木材运输证，应当提交下列证明文件：

（一）林木采伐许可证或者其他合法来源证明；

（二）检疫证明；

（三）省、自治区、直辖市人民政府林业主管部门规定的其他文件。

符合前款条件的，受理木材运输证申请的县级以上人民政府林业主管部门应当自接到申请之日起 3 日内发给木材运输证。

依法发放的木材运输证所准运的木材运输总量，不得超过当地年度木材生产计划规定可以运出销售的木材总量。

第三十七条 经省、自治区、直辖市人民政府批准在林区设立的木材检查站，负责检查木材运输；无证运输木材的，木材检查站应当予以制止，可以暂扣无证运输的木材，并立即报请县级以上人民政府林业主管部门依法处理。

第六章 法 律 责 任

第三十八条 盗伐森林或者其他林木，以立木材积计算不足 0.5 立方米或者幼树不足 20 株的，由县级以上人民政府林业主管部门责令补种盗伐株数 10 倍的树木，没收盗伐的林木或者变卖所得，并处盗伐林木价值 3 倍至 5 倍的罚款。

盗伐森林或者其他林木，以立木材积计算 0.5 立方米以上或者幼树 20 株以上的，由县级以上人民政府林业主管部门责令补种盗伐株数 10 倍的树木，没收盗伐的林木或者变卖所得，并处盗伐林木价值 5 倍至 10 倍的罚款。

第三十九条 滥伐森林或者其他林木，以立木材积计算不足 2 立方米或者幼树不足 50 株的，由县级以上人民政府林业主管部门责令补种滥伐株数 5 倍的树木，并处滥伐林木价值 2 倍至 3 倍的罚款。

滥伐森林或者其他林木，以立木材积计算 2 立方米以上或者幼树 50 株以上的，由县级以上人民政府林业主管部门责令补种滥伐株数 5 倍的树木，并处滥伐林木价值 3 倍至 5 倍的罚款。

超过木材生产计划采伐森林或者其他林木的，依照前两款规定处罚。

第四十条 违反本条例规定，未经批准，擅自在林区经营（含加工）木材的，由县级以上人民政府林业主管部门没收非法经营的木材和违法所得，并处违法所得 2 倍以下的罚款。

第四十一条　违反本条例规定，毁林采种或者违反操作技术规程采脂、挖笋、掘根、剥树皮及过度修枝，致使森林、林木受到毁坏的，依法赔偿损失，由县级以上人民政府林业主管部门责令停止违法行为，补种毁坏株数 1 倍至 3 倍的树木，可以处毁坏林木价值 1 倍至 5 倍的罚款；拒不补种树木或者补种不符合国家有关规定的，由县级以上人民政府林业主管部门组织代为补种，所需费用由违法者支付。

违反森林法和本条例规定，擅自开垦林地，致使森林、林木受到毁坏的，依照森林法第四十四条的规定予以处罚；对森林、林木未造成毁坏或者被开垦的林地上没有森林、林木的，由县级以上人民政府林业主管部门责令停止违法行为，限期恢复原状，可以处非法开垦林地每平方米 10 元以下的罚款。

第四十二条　有下列情形之一的，由县级以上人民政府林业主管部门责令限期完成造林任务；逾期未完成的，可以处应完成而未完成造林任务所需费用 2 倍以下的罚款；对直接负责的主管人员和其他直接责任人员，依法给予行政处分：

（一）连续两年未完成更新造林任务的；

（二）当年更新造林面积未达到应更新造林面积 50％的；

（三）除国家特别规定的干旱、半干旱地区外，更新造林当年成活率未达到 85％的；

（四）植树造林责任单位未按照所在地县级人民政府的要求按时完成造林任务的。

第四十三条　未经县级以上人民政府林业主管部门审核同意，擅自改变林地用途的，由县级以上人民政府林业主管部门责令限期恢复原状，并处非法改变用途林地每平方米 10 元至 30 元的罚款。

临时占用林地，逾期不归还的，依照前款规定处罚。

第四十四条　无木材运输证运输木材的，由县级以上人民政府林业主管部门没收非法运输的木材，对货主可以并处非法运输木材价款 30％以下的罚款。

运输的木材数量超出木材运输证所准运的运输数量的，由县级以上人民政府林业主管部门没收超出部分的木材；运输的木材树种、材种、规格与木材运输证规定不符又无正当理由的，没收其不相符部分的木材。

使用伪造、涂改的木材运输证运输木材的，由县级以上人民政府林业主管部门没收非法运输的木材，并处没收木材价款 10％至 50％的罚款。

承运无木材运输证的木材的，由县级以上人民政府林业主管部门没收运费，并处运费 1 倍至 3 倍的罚款。

第四十五条　擅自移动或者毁坏林业服务标志的，由县级以上人民政府林业主管部门责令限期恢复原状；逾期不恢复原状的，由县级以上人民政府林业主管部门代为恢复，所需费用由违法者支付。

第四十六条　违反本条例规定，未经批准，擅自将防护林和特种用途林改变为其他林种的，由县级以上人民政府林业主管部门收回经营者所获取的森林生态效益补偿，并处所获取森林生态效益补偿 3 倍以下的罚款。

第七章　附　　则

第四十七条　本条例中县级以上地方人民政府林业主管部门职责权限的划分，由国务院林业主管部门具体规定。

第四十八条　本条例自发布之日起施行。1986 年 4 月 28 日国务院批准、1986 年 5 月 10 日林业部发布的《中华人民共和国森林法实施细则》同时废止。

五、文　物　保　护

中华人民共和国文物保护法实施条例

国务院令第377号

（2003年5月18日公布，自2003年7月1日起施行）

第一章　总　　则

第一条　根据《中华人民共和国文物保护法》（以下简称文物保护法），制定本实施条例。

第二条　国家重点文物保护专项补助经费和地方文物保护专项经费，由县级以上人民政府文物行政主管部门、投资主管部门、财政部门按照国家有关规定共同实施管理。任何单位或者个人不得侵占、挪用。

第三条　国有的博物馆、纪念馆、文物保护单位等的事业性收入，应当用于下列用途：

（一）文物的保管、陈列、修复、征集；

（二）国有的博物馆、纪念馆、文物保护单位的修缮和建设；

（三）文物的安全防范；

（四）考古调查、勘探、发掘；

（五）文物保护的科学研究、宣传教育。

第四条　文物行政主管部门和教育、科技、新闻出版、广播电视行政主管部门，应当做好文物保护的宣传教育工作。

第五条　国务院文物行政主管部门和省、自治区、直辖市人民政府文物行政主管部门，应当制定文物保护的科学技术研究规划，采取有效措施，促进文物保护科技成果的推广和应用，提高文物保护的科学技术水平。

第六条　有文物保护法第十二条所列事迹之一的单位或者个人，由人民政府及其文物行政主管部门、有关部门给予精神鼓励或者物质奖励。

第二章　不可移动文物

第七条　历史文化名城，由国务院建设行政主管部门会同国务院文物行政主管部门报国务院核定公布。

历史文化街区、村镇，由省、自治区、直辖市人民政府城乡规划行政主管部门会同文物行政主管部门报本级人民政府核定公布。

县级以上地方人民政府组织编制的历史文化名城和历史文化街区、村镇的保护规划，应当符合文物保护的要求。

第八条 全国重点文物保护单位和省级文物保护单位自核定公布之日起1年内，由省、自治区、直辖市人民政府划定必要的保护范围，作出标志说明，建立记录档案，设置专门机构或者指定专人负责管理。

设区的市、自治州级和县级文物保护单位自核定公布之日起1年内，由核定公布该文物保护单位的人民政府划定保护范围，作出标志说明，建立记录档案，设置专门机构或者指定专人负责管理。

第九条 文物保护单位的保护范围，是指对文物保护单位本体及周围一定范围实施重点保护的区域。

文物保护单位的保护范围，应当根据文物保护单位的类别、规模、内容以及周围环境的历史和现实情况合理划定，并在文物保护单位本体之外保持一定的安全距离，确保文物保护单位的真实性和完整性。

第十条 文物保护单位的标志说明，应当包括文物保护单位的级别、名称、公布机关、公布日期、立标机关、立标日期等内容。民族自治地区的文物保护单位的标志说明，应当同时用规范汉字和当地通用的少数民族文字书写。

第十一条 文物保护单位的记录档案，应当包括文物保护单位本体记录等科学技术资料和有关文献记载、行政管理等内容。

文物保护单位的记录档案，应当充分利用文字、音像制品、图画、拓片、摹本、电子文本等形式，有效表现其所载内容。

第十二条 古文化遗址、古墓葬、石窟寺和属于国家所有的纪念建筑物、古建筑，被核定公布为文物保护单位的，由县级以上地方人民政府设置专门机构或者指定机构负责管理。其他文物保护单位，由县级以上地方人民政府设置专门机构或者指定机构、专人负责管理；指定专人负责管理的，可以采取聘请文物保护员的形式。

文物保护单位有使用单位的，使用单位应当设立群众性文物保护组织；没有使用单位的，文物保护单位所在地的村民委员会或者居民委员会可以设立群众性文物保护组织。文物行政主管部门应当对群众性文物保护组织的活动给予指导和支持。

负责管理文物保护单位的机构，应当建立健全规章制度，采取安全防范措施；其安全保卫人员，可以依法配备防卫器械。

第十三条 文物保护单位的建设控制地带，是指在文物保护单位的保护范围外，为保护文物保护单位的安全、环境、历史风貌对建设项目加以限制的区域。

文物保护单位的建设控制地带，应当根据文物保护单位的类别、规模、内容以及周围环境的历史和现实情况合理划定。

第十四条 全国重点文物保护单位的建设控制地带，经省、自治区、直辖市人民政府批准，由省、自治区、直辖市人民政府的文物行政主管部门会同城乡规划行政主管部门划定并公布。

省级、设区的市、自治州级和县级文物保护单位的建设控制地带，经省、自治区、直辖市人民政府批准，由核定公布该文物保护单位的人民政府的文物行政主管部门会同城乡规划行政主管部门划定并公布。

第十五条　承担文物保护单位的修缮、迁移、重建工程的单位，应当同时取得文物行政主管部门发给的相应等级的文物保护工程资质证书和建设行政主管部门发给的相应等级的资质证书。其中，不涉及建筑活动的文物保护单位的修缮、迁移、重建，应当由取得文物行政主管部门发给的相应等级的文物保护工程资质证书的单位承担。

第十六条　申领文物保护工程资质证书，应当具备下列条件：

（一）有取得文物博物专业技术职务的人员；

（二）有从事文物保护工程所需的技术设备；

（三）法律、行政法规规定的其他条件。

第十七条　申领文物保护工程资质证书，应当向省、自治区、直辖市人民政府文物行政主管部门或者国务院文物行政主管部门提出申请。省、自治区、直辖市人民政府文物行政主管部门或者国务院文物行政主管部门应当自收到申请之日起30个工作日内作出批准或者不批准的决定。决定批准的，发给相应等级的文物保护工程资质证书；决定不批准的，应当书面通知当事人并说明理由。文物保护工程资质等级的分级标准和审批办法，由国务院文物行政主管部门制定。

第十八条　文物行政主管部门在审批文物保护单位的修缮计划和工程设计方案前，应当征求上一级人民政府文物行政主管部门的意见。

第十九条　危害全国重点文物保护单位安全或者破坏其历史风貌的建筑物、构筑物，由省、自治区、直辖市人民政府负责调查处理。

危害省级、设区的市、自治州级、县级文物保护单位安全或者破坏其历史风貌的建筑物、构筑物，由核定公布该文物保护单位的人民政府负责调查处理。

危害尚未核定公布为文物保护单位的不可移动文物安全的建筑物、构筑物，由县级人民政府负责调查处理。

第三章　考　古　发　掘

第二十条　申请从事考古发掘的单位，取得考古发掘资质证书，应当具备下列条件：

（一）有4名以上取得考古发掘领队资格的人员；

（二）有取得文物博物专业技术职务的人员；

（三）有从事文物安全保卫的专业人员；

（四）有从事考古发掘所需的技术设备；

（五）有保障文物安全的设施和场所；

（六）法律、行政法规规定的其他条件。

第二十一条　申领考古发掘资质证书，应当向国务院文物行政主管部门提出申请。国务院文物行政主管部门应当自收到申请之日起30个工作日内作出批准或者不批准的决定。决定批准的，发给考古发掘资质证书；决定不批准的，应当书面通知当事人并说明理由。

第二十二条　考古发掘项目实行领队负责制度。担任领队的人员，应当取得国务院文物行政主管部门按照国家有关规定发给的考古发掘领队资格证书。

第二十三条 配合建设工程进行的考古调查、勘探、发掘，由省、自治区、直辖市人民政府文物行政主管部门组织实施。跨省、自治区、直辖市的建设工程范围内的考古调查、勘探、发掘，由建设工程所在地的有关省、自治区、直辖市人民政府文物行政主管部门联合组织实施；其中，特别重要的建设工程范围内的考古调查、勘探、发掘，由国务院文物行政主管部门组织实施。

建设单位对配合建设工程进行的考古调查、勘探、发掘，应当予以协助，不得妨碍考古调查、勘探、发掘。

第二十四条 国务院文物行政主管部门应当自收到文物保护法第三十条第一款规定的发掘计划之日起30个工作日内作出批准或者不批准决定。决定批准的，发给批准文件；决定不批准的，应当书面通知当事人并说明理由。

文物保护法第三十条第二款规定的抢救性发掘，省、自治区、直辖市人民政府文物行政主管部门应当自开工之日起10个工作日内向国务院文物行政主管部门补办审批手续。

第二十五条 考古调查、勘探、发掘所需经费的范围和标准，按照国家有关规定执行。

第二十六条 从事考古发掘的单位应当在考古发掘完成之日起30个工作日内向省、自治区、直辖市人民政府文物行政主管部门和国务院文物行政主管部门提交结项报告，并于提交结项报告之日起3年内向省、自治区、直辖市人民政府文物行政主管部门和国务院文物行政主管部门提交考古发掘报告。

第二十七条 从事考古发掘的单位提交考古发掘报告后，经省、自治区、直辖市人民政府文物行政主管部门或者国务院文物行政主管部门依据各自职权批准，可以保留少量出土文物作为科研标本，并应当于提交发掘报告之日起6个月内将其他出土文物移交给由省、自治区、直辖市人民政府文物行政主管部门或者国务院文物行政主管部门指定的国有的博物馆、图书馆或者其他国有文物收藏单位收藏。

第四章 馆藏文物

第二十八条 文物收藏单位应当建立馆藏文物的接收、鉴定、登记、编目和档案制度，库房管理制度，出入库、注销和统计制度，保养、修复和复制制度。

第二十九条 县级人民政府文物行政主管部门应当将本行政区域内的馆藏文物档案，按照行政隶属关系报设区的市、自治州级人民政府文物行政主管部门或者省、自治区、直辖市人民政府文物行政主管部门备案；设区的市、自治州级人民政府文物行政主管部门应当将本行政区域内的馆藏文物档案，报省、自治区、直辖市人民政府文物行政主管部门备案；省、自治区、直辖市人民政府文物行政主管部门应当将本行政区域内的一级文物藏品档案，报国务院文物行政主管部门备案。

第三十条 文物收藏单位之间借用馆藏文物，借用人应当对借用的馆藏文物采取必要的保护措施，确保文物的安全。

借用的馆藏文物的灭失、损坏风险，除当事人另有约定外，由借用该馆藏文物的文物收藏单位承担。

第三十一条　国有文物收藏单位未依照文物保护法第三十六条的规定建立馆藏文物档案并将馆藏文物档案报主管的文物行政主管部门备案的，不得交换、借用馆藏文物。

第三十二条　修复、复制、拓印馆藏二级文物和馆藏三级文物的，应当报省、自治区、直辖市人民政府文物行政主管部门批准；修复、复制、拓印馆藏一级文物的，应当经省、自治区、直辖市人民政府文物行政主管部门审核后报国务院文物行政主管部门批准。

第三十三条　从事馆藏文物修复、复制、拓印的单位，应当具备下列条件：

（一）有取得中级以上文物博物专业技术职务的人员；

（二）有从事馆藏文物修复、复制、拓印所需的场所和技术设备；

（三）法律、行政法规规定的其他条件。

第三十四条　从事馆藏文物修复、复制、拓印，应当向省、自治区、直辖市人民政府文物行政主管部门提出申请。省、自治区、直辖市人民政府文物行政主管部门应当自收到申请之日起 30 个工作日内作出批准或者不批准的决定。决定批准的，发给相应等级的资质证书；决定不批准的，应当书面通知当事人并说明理由。

第三十五条　为制作出版物、音像制品等拍摄馆藏二级文物和馆藏三级文物的，应当报省、自治区、直辖市人民政府文物行政主管部门批准；拍摄馆藏一级文物的，应当经省、自治区、直辖市人民政府文物行政主管部门审核后报国务院文物行政主管部门批准。

第三十六条　馆藏文物被盗、被抢或者丢失的，文物收藏单位应当立即向公安机关报案，并同时向主管的文物行政主管部门报告；主管的文物行政主管部门应当在接到文物收藏单位的报告后 24 小时内，将有关情况报告国务院文物行政主管部门。

第三十七条　国家机关和国有的企业、事业组织等收藏、保管国有文物的，应当履行下列义务：

（一）建立文物藏品档案制度，并将文物藏品档案报所在地省、自治区、直辖市人民政府文物行政主管部门备案；

（二）建立、健全文物藏品的保养、修复等管理制度，确保文物安全；

（三）文物藏品被盗、被抢或者丢失的，应当立即向公安机关报案，并同时向所在地省、自治区、直辖市人民政府文物行政主管部门报告。

第五章　民间收藏文物

第三十八条　文物收藏单位以外的公民、法人和其他组织，可以依法收藏文物，其依法收藏的文物的所有权受法律保护。

公民、法人和其他组织依法收藏文物的，可以要求文物行政主管部门对其收藏的文物提供鉴定、修复、保管等方面的咨询。

第三十九条　设立文物商店，应当具备下列条件：

（一）有 200 万元人民币以上的注册资本；

（二）有 5 名以上取得中级以上文物博物专业技术职务的人员；

（三）有保管文物的场所、设施和技术条件；

（四）法律、行政法规规定的其他条件。

第四十条　设立文物商店，应当依照国务院文物行政主管部门的规定向省、自治区、直辖市以上人民政府文物行政主管部门提出申请。省、自治区、直辖市以上人民政府文物行政主管部门应当自收到申请之日起30个工作日内作出批准或者不批准的决定。决定批准的，发给批准文件；决定不批准的，应当书面通知当事人并说明理由。

第四十一条 依法设立的拍卖企业，从事文物拍卖经营活动的，应当有5名以上取得高级文物博物专业技术职务的文物拍卖专业人员，并取得国务院文物行政主管部门发给的文物拍卖许可证。

第四十二条 依法设立的拍卖企业申领文物拍卖许可证，应当向国务院文物行政主管部门提出申请。国务院文物行政主管部门应当自收到申请之日起30个工作日内作出批准或者不批准的决定。决定批准的，发给文物拍卖许可证；决定不批准的，应当书面通知当事人并说明理由。

第四十三条 文物商店购买、销售文物，经营文物拍卖的拍卖企业拍卖文物，应当记录文物的名称、图录、来源、文物的出卖人、委托人和买受人的姓名或者名称、住所、有效身份证件号码或者有效证照号码以及成交价格，并报核准其销售、拍卖文物的文物行政主管部门备案。接受备案的文物行政主管部门应当依法为其保密，并将该记录保存75年。

文物行政主管部门应当加强对文物商店和经营文物拍卖的拍卖企业的监督检查。

第六章　文物出境进境

第四十四条 国务院文物行政主管部门指定的文物进出境审核机构，应当有5名以上专职文物进出境责任鉴定员。专职文物进出境责任鉴定员应当取得中级以上文物博物专业技术职务并经国务院文物行政主管部门考核合格。

第四十五条 运送、邮寄、携带文物出境，应当在文物出境前依法报文物进出境审核机构审核。文物进出境审核机构应当自收到申请之日起15个工作日内作出是否允许出境的决定。

文物进出境审核机构审核文物，应当有3名以上文物博物专业技术人员参加；其中，应当有2名以上文物进出境责任鉴定员。

文物出境审核意见，由文物进出境责任鉴定员共同签署；对经审核，文物进出境责任鉴定员一致同意允许出境的文物，文物进出境审核机构方可作出允许出境的决定。

文物出境审核标准，由国务院文物行政主管部门制定。

第四十六条 文物进出境审核机构应当对所审核进出境文物的名称、质地、尺寸、级别，当事人的姓名或者名称、住所、有效身份证件号码或者有效证照号码，以及进出境口岸、文物去向和审核日期等内容进行登记。

第四十七条 经审核允许出境的文物，由国务院文物行政主管部门发给文物出境许可证，并由文物进出境审核机构标明文物出境标识。经审核允许出境的文物，应当从国务院文物行政主管部门指定的口岸出境。海关查验文物出境标识后，凭文物出境许可证放行。

经审核不允许出境的文物，由文物进出境审核机构发还当事人。

第四十八条 文物出境展览的承办单位，应当在举办展览前6个月向国务院文物行政主管部门提出申请。国务院文物行政主管部门应当自收到申请之日起30个工作日内作出批准或者不批准的决定。决定批准的，发给批准文件；决定不批准的，应当书面通知当事人并说明理由。

一级文物展品超过 120 件（套）的，或者一级文物展品超过展品总数的 20%的，应当报国务院批准。

第四十九条　一级文物中的孤品和易损品，禁止出境展览。禁止出境展览文物的目录，由国务院文物行政主管部门定期公布。

未曾在国内正式展出的文物，不得出境展览。

第五十条　文物出境展览的期限不得超过 1 年。因特殊需要，经原审批机关批准可以延期；但是，延期最长不得超过 1 年。

第五十一条　文物出境展览期间，出现可能危及展览文物安全情形的，原审批机关可以决定中止或者撤销展览。

第五十二条　临时进境的文物，经海关将文物加封后，交由当事人报文物进出境审核机构审核、登记。文物进出境审核机构查验海关封志完好无损后，对每件临时进境文物标明文物临时进境标识，并登记拍照。

临时进境文物复出境时，应当由原审核、登记的文物进出境审核机构核对入境登记拍照记录，查验文物临时进境标识无误后标明文物出境标识，并由国务院文物行政主管部门发给文物出境许可证。

未履行本条第一款规定的手续临时进境的文物复出境的，依照本章关于文物出境的规定办理。

第五十三条　任何单位或者个人不得擅自剥除、更换、挪用或者损毁文物出境标识、文物临时进境标识。

第七章　法　律　责　任

第五十四条　公安机关、工商行政管理、文物、海关、城乡规划、建设等有关部门及其工作人员，违反本条例规定，滥用审批权限、不履行职责或者发现违法行为不予查处的，对负有责任的主管人员和其他直接责任人员依法给予行政处分；构成犯罪的，依法追究刑事责任。

第五十五条　违反本条例规定，未取得相应等级的文物保护工程资质证书，擅自承担文物保护单位的修缮、迁移、重建工程的，由文物行政主管部门责令限期改正；逾期不改正，或者造成严重后果的，处 5 万元以上 50 万元以下的罚款；构成犯罪的，依法追究刑事责任。

违反本条例规定，未取得建设行政主管部门发给的相应等级的资质证书，擅自承担含有建筑活动的文物保护单位的修缮、迁移、重建工程的，由建设行政主管部门依照有关法律、行政法规的规定予以处罚。

第五十六条　违反本条例规定，未取得资质证书，擅自从事馆藏文物的修复、复制、拓印活动的，由文物行政主管部门责令停止违法活动；没收违法所得和从事违法活动的专用工具、设备；造成严重后果的，并处 1 万元以上 10 万元以下的罚款；构成犯罪的，依法追究刑事责任。

第五十七条　文物保护法第六十六条第二款规定的罚款，数额为 200 元以下。

第五十八条 违反本条例规定，未经批准擅自修复、复制、拓印、拍摄馆藏珍贵文物的，由文物行政主管部门给予警告；造成严重后果的，处2000元以上2万元以下的罚款；对负有责任的主管人员和其他直接责任人员依法给予行政处分。

第五十九条 考古发掘单位违反本条例规定，未在规定期限内提交结项报告或者考古发掘报告的，由省、自治区、直辖市人民政府文物行政主管部门或者国务院文物行政主管部门责令限期改正；逾期不改正的，对负有责任的主管人员和其他直接责任人员依法给予行政处分。

第六十条 考古发掘单位违反本条例规定，未在规定期限内移交文物的，由省、自治区、直辖市人民政府文物行政主管部门或者国务院文物行政主管部门责令限期改正；逾期不改正，或者造成严重后果的，对负有责任的主管人员和其他直接责任人员依法给予行政处分。

第六十一条 违反本条例规定，文物出境展览超过展览期限的，由国务院文物行政主管部门责令限期改正；对负有责任的主管人员和其他直接责任人员依法给予行政处分。

第六十二条 依照文物保护法第六十六条、第七十三条的规定，单位被处以吊销许可证行政处罚的，应当依法到工商行政管理部门办理变更登记或者注销登记；逾期未办理的，由工商行政管理部门吊销营业执照。

第六十三条 违反本条例规定，改变国有的博物馆、纪念馆、文物保护单位等的事业性收入的用途的，对负有责任的主管人员和其他直接责任人员依法给予行政处分；构成犯罪的，依法追究刑事责任。

第八章 附 则

第六十四条 本条例自2003年7月1日起施行。

六、工　程　管　理

（一）资金管理

中华人民共和国预算法实施条例

国务院令第 186 号

（1995 年 11 月 22 日发布，自 1995 年 11 月 22 日起施行）

第一章　总　　则

第一条　根据《中华人民共和国预算法》（以下简称预算法），制定本条例。

第二条　县级以上地方政府的派出机关，根据本级政府授权进行预算管理活动，但是不作为一级预算。

第三条　预算法第四条第一款所称“中央各部门”，是指与财政部直接发生预算缴款、拨款关系的国家机关、军队、政党组织和社会团体；所称“直属单位”，是指与财政部直接发生预算缴款、拨款关系的企业和事业单位。

第四条　预算法第五条第三款所称“本级各部门”，是指与本级政府财政部门直接发生预算缴款、拨款关系的地方国家机关、政党组织和社会团体；所称“直属单位”，是指与本级政府财政部门直接发生预算缴款、拨款关系的企业和事业单位。

第五条　各部门预算由本部门所属各单位预算组成。本部门机关经费预算，应当纳入本部门预算。

第六条　预算法第八条所称“中央和地方分税制”，是指在划分中央与地方事权的基础上，确定中央与地方财政支出范围，并按税种划分中央与地方预算收入的财政管理体制。

分税制财政管理体制的具体内容和实施办法，按照国务院的有关规定执行。

第七条　县级以上地方各级政府应当根据中央和地方分税制的原则和上级政府的有关规定，确定本级政府对下级政府的财政管理体制。

第八条　预算收入和预算支出以人民币元为计算单位。预算收支以外国货币收纳和支付的，按照中国人民银行公布的当日人民币基准汇价折算。

第二章 预 算 收 支 范 围

第九条 预算法第十九条第二款所称“依照规定应当上缴的国有资产收益”，是指各部门和各单位占有、使用和依法处分境内外国有资产产生的收益，按照国家有关规定应当上缴预算的部分。

预算法第十九条第二款所称“专项收入”，是指根据特定需要由国务院批准或者经国务院授权由财政部批准，设置、征集和纳入预算管理、有专项用途的收入。

第十条 预算法第十九条第三款所称“经济建设支出”，包括用于经济建设的基本建设投资支出，支持企业的挖潜改造支出，拨付的企业流动资金支出，拨付的生产性贷款贴息支出，专项建设基金支出，支持农业生产支出以及其他经济建设支出。

预算法第十九条第三款所称“事业发展支出”，是指用于教育、科学、文化、卫生、体育、工业、交通、商业、农业、林业、环境保护、水利、气象等方面事业的支出，具体包括公益性基本建设支出、设备购置支出、人员费用支出、业务费用支出以及其他事业发展支出。

第十一条 预算法第二十条第一款所称“中央预算收入”，是指按照分税制财政管理体制，纳入中央预算、地方不参与分享的收入，包括中央本级收入和地方按照规定向中央上解的收入。

预算法第二十条第一款所称“地方预算收入”，是指按照分税制财政管理体制，纳入地方预算、中央不参与分享的收入，包括地方本级收入和中央按照规定返还或者补助地方的收入。

预算法第二十条第一款所称“中央和地方预算共享收入”，是指按照分税制财政管理体制，中央预算和地方预算对同一税种的收入，按照一定划分标准或者比例分享的收入。

第十二条 预算法第二十条第二款所称“中央预算支出”，是指按照分税制财政管理体制，由中央财政承担并列入中央预算的支出，包括中央本级支出和中央返还或者补助地方的支出。

预算法第二十条第二款所称“地方预算支出”，是指按照分税制财政管理体制，由地方财政承担并列入地方预算的支出，包括地方本级支出和地方按照规定上解中央的支出。

第十三条 地方各级预算上下级之间有关收入和支出项目的划分以及上解、返还或者补助的具体办法，由上级地方政府确定，并报本级人民代表大会常务委员会备案。

第十四条 经国务院批准设立的专用基金应当实行预算管理；尚未纳入预算管理的，应当逐步纳入预算管理。

第三章 预 算 编 制

第十五条 预算法第二十四条所称“预算草案”，是指各级政府、各部门、各单位编制的未经法定程序审查和批准的预算收支计划。

第十六条 各级政府编制年度预算草案的依据：

（一）法律、法规；

（二）国民经济和社会发展计划、财政中长期计划以及有关的财政经济政策；

（三）本级政府的预算管理职权和财政管理体制确定的预算收支范围；

（四）上一年度预算执行情况和本年度预算收支变化因素；

（五）上级政府对编制本年度预算草案的指示和要求。

第十七条　各部门、各单位编制年度预算草案的依据：

（一）法律、法规；

（二）本级政府的指示和要求以及本级政府财政部门的部署；

（三）本部门、本单位的职责、任务和事业发展计划；

（四）本部门、本单位的定员定额标准；

（五）本部门、本单位上一年度预算执行情况和本年度预算收支变化因素。

第十八条　中央预算的编制内容：

（一）本级预算收入和支出；

（二）上一年度结余用于本年度安排的支出；

（三）返还或者补助地方的支出；

（四）地方上解的收入。

中央财政本年度举借的国内外债务和还本付息数额应当在本级预算中单独列示。

第十九条　地方各级政府预算的编制内容：

（一）本级预算收入和支出；

（二）上一年度结余用于本年度安排的支出；

（三）上级返还或者补助的收入；

（四）返还或者补助下级的支出；

（五）上解上级的支出；

（六）下级上解的收入。

第二十条　各级政府预算按照复式预算编制，分为政府公共预算、国有资产经营预算、社会保障预算和其他预算。

复式预算的编制办法和实施步骤，由国务院另行规定。

第二十一条　各级政府预算中，预备费设置的比例由本级政府在预算法第三十二条规定的幅度内确定。

第二十二条　预算法第三十三条所称“预算周转金”，是指各级政府为调剂预算年度内季节性收支差额，保证及时用款而设置的周转资金。各级政府预算周转金从本级政府预算的结余中设置和补充，其额度应当逐步达到本级政府预算支出总额的4％。

第二十三条　各级政府预算的上年度专项结余，应当用于上年度结转项目的支出；上年度净结余，应当用于补充预算周转金和下年度需要安排的预算支出。

第二十四条　国务院于每年11月10日前向省、自治区、直辖市政府和中央各部门下达编制下一年度预算草案的指示，提出编制预算草案的原则和要求。

财政部根据国务院编制下一年度预算草案的指示，部署编制预算草案的具体事项，规定预算收支科目、报表格式、编报方法，并安排财政收支计划。

第二十五条　中央各部门应当根据国务院的指示和财政部的部署，结合本部门的具体情况，提出编制本部门预算草案的要求，具体布置所属各单位编制预算草案。

中央各部门负责本部门所属各单位预算草案的审核，并汇总编制本部门的预算草案，于每年12月10日前报财政部审核。

第二十六条 省、自治区、直辖市政府根据国务院的指示和财政部的部署，结合本地区的具体情况，提出本行政区域编制预算草案的要求。

第二十七条 县级以上地方各级政府财政部门审核本级各部门的预算草案，编制本级政府预算草案，汇编本级总预算草案，经本级政府审定后，按照规定期限报上一级政府。

省、自治区、直辖市政府财政部门汇总的本级总预算草案，应当于下一年1月10日前报财政部。

第二十八条 财政部审核中央各部门的预算草案，编制中央预算草案；汇总地方预算草案，汇编中央和地方预算草案。

第二十九条 县级以上各级政府财政部门审核本级各部门的预算草案时，发现不符合编制预算要求的，应当予以纠正；汇编本级总预算时，发现下级政府预算草案不符合国务院和本级政府编制预算要求的，应当及时向本级政府报告，由本级政府予以纠正。

第三十条 中央预算草案经全国人民代表大会批准后，为当年中央预算。财政部应当自全国人民代表大会批准中央预算之日起30日内，批复中央各部门预算。中央各部门应当自财政部批复本部门预算之日起15日内，批复所属各单位预算。

第三十一条 地方各级政府预算草案经本级人民代表大会批准后，为当年本级政府预算。县级以上地方各级政府财政部门应当自本级人民代表大会批准本级政府预算之日起30日内，批复本级各部门预算。地方各部门应当自本级财政部门批复本部门预算之日起15日内，批复所属各单位预算。

第三十二条 依照本条例第三十条、第三十一条规定批复的预算，为当年部门预算、单位预算。

第四章 预 算 执 行

第三十三条 政府财政部门负责预算执行的具体工作，主要任务是：

（一）研究落实财政税收政策的措施，支持经济和社会的健康发展；

（二）制定组织预算收入和管理预算支出的制度和办法；

（三）督促各预算收入征收部门、各预算缴款单位完成预算收入任务；

（四）根据年度支出预算和季度用款计划，合理调度、拨付预算资金，监督检查各部门、各单位管好用好预算资金，节减开支，提高效率；

（五）指导和监督各部门、各单位建立健全财务制度和会计核算体系，按照规定使用预算资金；

（六）编报、汇总分期的预算收支执行数字，分析预算收支执行情况，定期向本级政府和上一级政府财政部门报告预算执行情况，并提出增收节支的建议；

（七）协调预算收入征收部门、国库和其他有关部门的业务工作。

第三十四条 预算法第四十四条所称“上一年同期的预算支出数额”，是指上一年度同期预算安排用于各部门、各单位正常运转的人员经费、业务经费等必需的支出数额。

第三十五条 各级财政、税务、海关等预算收入征收部门，必须依照有关法律、行政法规和财政部的有关规定，积极组织预算收入，按照财政管理体制的规定及时将预算收入缴入中央国库和地方国库；未经财政部批准，不得将预算收入存入在国库外设立的过渡性账户。

各项预算收入的减征、免征或者缓征，必须按照有关法律、行政法规和财政部的有关规定办理。任何单位和个人不得擅自决定减征、免征、缓征应征的预算收入。

第三十六条　一切有预算收入上缴任务的部门和单位，必须依照有关法律、行政法规和财政部的有关规定，将应当上缴的预算收入，按照规定的预算级次、预算科目、缴库方式和期限缴入国库，不得截留、占用、挪用或者拖欠。

第三十七条　政府财政部门应当加强对预算拨款的管理，并遵循下列原则：

（一）按照预算拨款，即按照批准的年度预算和用款计划拨款，不得办理无预算、无用款计划、超预算、超计划的拨款，不得擅自改变支出用途；

（二）按照规定的预算级次和程序拨款，即根据用款单位的申请，按照用款单位的预算级次和审定的用款计划，按期核拨，不得越级办理预算拨款；

（三）按照进度拨款，即根据各用款单位的实际用款进度和国库库款情况拨付资金。

第三十八条　各级政府、各部门、各单位应当加强对预算支出的管理，严格执行预算和财政制度，不得擅自扩大支出范围、提高开支标准；严格按照预算规定的支出用途使用资金；建立健全财务制度和会计核算体系，按照标准考核、监督，提高资金使用效益。

第三十九条　财政部负责制定与预算执行有关的财务会计制度。各部门、各单位应当按照政府财政部门的要求，加强对预算收入和预算支出的管理核算。

第四十条　国库是办理预算收入的收纳、划分、留解和库款支拨的专门机构。国库分为中央国库和地方国库。

中央国库业务由中国人民银行经理。未设中国人民银行分支机构的地区，由中国人民银行商财政部后，委托有关银行办理。

地方国库业务由中国人民银行分支机构经理。未设中国人民银行分支机构的地区，由上级中国人民银行分支机构商有关的地方政府财政部门后，委托有关银行办理。

具备条件的乡、民族乡、镇，应当设立国库。具体条件和标准由省、自治区、直辖市政府财政部门确定。

第四十一条　中央国库业务应当接受财政部的指导和监督，对中央财政负责。

地方国库业务应当接受本级政府财政部门的指导和监督，对地方财政负责。

省、自治区、直辖市制定的地方国库业务规程应当报财政部和中国人民银行备案。

第四十二条　各级国库应当依照有关法律、行政法规和财政部、中国人民银行的有关规定，加强对国库业务的管理，及时准确地办理预算收入的收纳、划分、留解和预算支出的拨付。

各级国库和有关银行必须遵守国家有关预算收入缴库的规定，不得延解、占压应当缴入国库的预算收入和国库库款。

第四十三条　各级国库必须凭本级政府财政部门签发的拨款凭证于当日办理库款拨付，并将款项及时转入用款单位的存款账户。

各级国库和有关银行不得占压财政部门拨付的预算资金。

第四十四条 预算法第四十八条第四款所称“以其他方式支配已入国库的库款”，是指部门、单位和个人未经本级政府财政部门同意，调拨、周转、冻结、扣拨、退付已入国库的库款。

第四十五条 中央预算收入、中央和地方预算共享收入退库的办法，由财政部制定。地方预算收入退库的办法，由省、自治区、直辖市政府财政部门制定。

各级预算收入退库的审批权属于本级政府财政部门。中央预算收入、中央和地方预算共享收入的退库，由财政部或者财政部授权的机构批准。地方预算收入的退库，由地方政府财政部门或者其授权的机构批准。具体退库程序按照财政部的有关规定办理。

办理预算收入退库，应当直接退给申请单位或者申请个人，按照国家规定用途使用。任何部门、单位和个人不得截留、挪用退库款项。

第四十六条 各级政府应当加强对本级国库的管理和监督，各级政府财政部门负责协调本级预算收入征收部门与国库的业务工作。

第四十七条 各级政府依据法定权限作出的决定和规定的行政措施，凡涉及财政减收增支的，应当在预算批准的前提出并在预算中作出相应安排。在预算执行中一般不制定新的减收增支政策和措施；确需制定的，应当采取相应的增收节支措施。

第四十八条 国务院各部门制定的规章，凡涉及减免应缴预算收入，设立和改变收费项目，罚没财物处理，企业成本、费用开支标准和范围，国有资产处置、收益分配，会计核算以及行政事业经费开支标准的，必须符合国家统一的规定。

第四十九条 地方政府依据法定权限制定的规章和规定的行政措施，不得涉及减免中央预算收入、中央和地方预算共享收入，不得影响中央预算收入、中央和地方预算共享收入的征收；违反规定的，有关预算收入征收部门有权拒绝执行，并应当向上级预算收入征收部门和财政部报告。

第五十条 各级政府应当加强对预算工作的领导，定期听取财政部门有关预算执行情况的汇报，研究解决预算执行中出现的问题。

第五十一条 政府财政部门有权对本级各部门及其所属各单位的预算执行进行监督检查，对各部门预算收支的情况和效果进行考核。

政府财政部门有权对本级各预算收入征收部门征收预算收入的情况进行监督检查，对擅自减征、免征、缓征及退还预算收入的，责令改正。

第五十二条 政府财政部门应当每月向本级政府报告预算执行情况，具体报告内容和方式由本级政府规定。

第五十三条 省、自治区、直辖市政府财政部门应当按照下列期限和方式向财政部报告本行政区域预算执行情况：

（一）预算收支旬报，按照财政部规定的内容编制，于每旬终了后 3 日内报送财政部；

（二）预算收支月报，按照财政部规定的内容编制，于每月终了后 5 日内报送财政部；

（三）每月预算收支执行情况文字说明材料，于每月终了后 10 日内报送财政部；每季预算收支执行情况的全面分析材料于季度终了后 15 日内报送财政部；

（四）年报即年度决算的编制事项，依照预算法和本条例的有关规定执行。

设区的市、自治州政府和县级政府的财政部门和乡、民族乡、镇政府向上一级政府财政部门编报预算收支执行情况的内容和报送期限，由上一级政府财政部门规定。

第五十四条　各级财政、税务、海关等预算收入征收部门应当每月按照财政部门规定的期限和要求，向财政部门和上级主管部门报送有关预算收入计划执行情况，并附说明材料。

第五十五条　中央国库与地方国库应当按照有关规定向财政部门编报预算收入入库、解库及库款拨付情况的日报、旬报、月报和年报。

第五十六条　政府财政部门、预算收入征收部门和国库应当建立健全相互之间的预算收入对账制度，在预算执行中按月、按年核对预算收入的收纳及库款拨付情况，保证预算收入的征收入库和库存金额准确无误。

第五十七条　各部门依照有关法律、行政法规和国家有关规定，对所属各单位的预算执行情况，进行监督检查。

第五十八条　各部门应当按照本级政府财政部门规定的期限，向本级政府财政部门报送本部门有关预算收支、企业缴款完成情况等报表和文字说明材料。

第五十九条　政府财政部门对要求追加预算支出、减少预算收入的事项应当严格审核；对需要动用预备费的，必须经本级政府批准。

第五章　预　算　调　整

第六十条　预算调整方案由政府财政部门负责具体编制。预算调整方案应当列明调整的原因、项目、数额、措施及有关说明，经本级政府审定后，提请本级人民代表大会常务委员会审查和批准。

第六十一条　接受上级返还或者补助的地方政府，应当按照上级政府规定的用途使用款项，不得擅自改变用途。

政府有关部门以本级预算安排的资金拨付给下级政府有关部门的专款，必须经本级政府财政部门同意并办理预算划转手续。

第六十二条　各部门、各单位的预算支出，必须按照本级政府财政部门批复的预算科目和数额执行，不得挪用；确需作出调整的，必须经本级政府财政部门同意。

第六十三条　年度预算确定后，企业、事业单位改变隶属关系，引起预算级次和关系变化的，应当在改变财务关系的同时，相应办理预算划转。

第六章　决　　算

第六十四条　预算法第五十九条所称“决算草案”，是指各级政府、各部门、各单位编制的未经法定程序审查和批准的预算收支的年度执行结果。

第六十五条　财政部应当在每年第四季度部署编制决算草案的原则、要求、方法和报送期限，制发中央各部门决算、地方决算及其他有关决算的报表格式。

县级以上地方政府财政部门根据财政部的部署，部署编制本级政府各部门和下级政府决算草案的原则、要求、方法和报送期限，制发本级政府各部门决算、下级政府决算及其他有关决算的报表格式。

第六十六条　地方政府财政部门根据上级政府财政部门的部署，制定本行政区域决算草案和本级各部门决算草案的具体编制办法。

各部门根据本级政府财政部门的部署，制定所属各单位决算草案的具体编制办法。

第六十七条 政府财政部门、各部门、各单位在每一预算年度终了时，应当清理核实全年预算收入、支出数字和往来款项，做好决算数字的对账工作。不得把本年度的收入和支出转为下年度的收入和支出，不得把下年度的收入和支出列为本年度的收入和支出；不得把预算内收入和支出转为预算之外，不得随意把预算外收入和支出转为预算之内。

决算各项数字应当以经核实的基层单位汇总的会计数字为准，不得以估计数字替代，不得弄虚作假。

第六十八条 各单位应当按照主管部门的布置，认真编制本单位决算草案，在规定期限内上报。

各部门在审核汇总所属各单位决算草案基础上，连同本部门自身的决算收入和支出数字，汇编成本部门决算草案并附决算草案详细说明，经部门行政领导签章后，在规定期限内报本级政府财政部门审核。

第六十九条 各级预算收入征收部门应当按照财政部门的要求，及时编报收入年报及有关资料。

第七十条 财政部应当根据中央各部门决算草案汇总编制中央决算草案，报国务院审定后，由国务院提请全国人民代表大会常务委员会审查和批准。

县级以上地方各级政府财政部门根据本级各部门决算草案汇总编制本级决算草案，报本级政府审定后，由本级政府提请本级人民代表大会常务委员会审查和批准。

乡、民族乡、镇政府根据财政部门提供的年度预算收入和支出的执行结果，编制本级决算草案，提请本级人民代表大会审查和批准。

第七十一条 对于年度预算执行中上下级财政之间按照规定需要清算的事项，应当在决算时办理结算。

第七十二条 县级以上各级政府决算草案经本级人民代表大会常务委员会批准后，本级政府财政部门应当自批准之日起20日内向本级各部门批复决算。各部门应当自本级政府财政部门批复本部门决算之日起15日内向所属各单位批复决算。

第七十三条 县级以上地方各级政府应当自本级人民代表大会常务委员会批准本级政府决算之日起30日内，将本级政府决算及下一级政府上报备案的决算汇总，报上一级政府备案。

第七章 监　　督

第七十四条 县级以上各级政府应当接受本级人民代表大会及其常务委员会对预算执行情况和决算的监督，乡级人民政府应当接受本级人民代表大会对预算执行情况和决算的监督；按照本级人民代表大会或其常务委员会的要求，报告预算执行情况；认真研究处理本级人民代表大会代表或者常务委员会组成人员有关改进预算管理的建议、批评和意见，并及时答复。

第七十五条 各级政府应当加强对下级政府预算执行的监督，对下级政府在预算执行中违反法律、行政法规和国家方针政策的行为，依法予以制止和纠正；对本级预算执行中出现的问题，及时采取处理措施。

下级政府应当接受上级政府对预算执行的监督；根据上级政府的要求，及时提供资料，如实反映情况，不得隐瞒、虚报；严格执行上级政府作出的有关决定，并将执行结果及时上报。

第七十六条　各部门及其所属各单位应当接受本级财政部门有关预算的监督检查；按照本级财政部门的要求，如实提供有关预算资料；执行本级财政部门提出的检查意见。

第七十七条　各级审计机关应当依照《中华人民共和国审计法》以及有关法律、行政法规的规定，对本级预算执行情况，对本级各部门和下级政府预算的执行情况和决算，进行审计监督。

第八章　附　　则

第七十八条　预算法第七十四条所称“擅自动用国库库款或者擅自以其他方式支配已入国库的库款”，是指：

（一）预算收入征收部门不经政府财政部门或者政府财政部门授权的机构同意退库的；

（二）预算收入征收部门将所收税款和其他预算收入存入在国库之外设立的过渡性账户、经费账户和其他账户的；

（三）经理国库业务的银行未经有关政府财政部门同意，动用国库库款或者办理退库的；

（四）经理国库业务的银行违反规定将国库库款挪作他用的；

（五）不及时收纳、留解预算收入，或者延解、占压国库库款的；

（六）不及时将预算拨款划入用款单位账户，占压政府财政部门拨付的预算资金的。

第七十九条　本条例自发布之日起施行。

关于印发《南水北调工程基金筹集和使用管理办法》的通知

国办发〔2004〕86号

（国务院办公厅2004年12月2日印发）

北京市、天津市、河北省、江苏省、山东省、河南省人民政府，国务院有关部门：

《南水北调工程基金筹集和使用管理办法》已经国务院同意，现印发给你们，请认真贯彻执行。

建设南水北调工程，是党中央、国务院作出的重大战略决策，对于缓解我国北方水资源紧张状况，保持经济社会可持续发展，促进全面建设小康社会和实现现代化，具有重大意义。南水北调工程基金是保证南水北调工程顺利实施的重要资金来源。有关地方人民政府要高度重视基金筹集工作，切实采取有效措施，确保基金足额征收。国务院有关部门要切实加强基金收入的管理，确保专款专用。

附件

南水北调工程基金筹集和使用管理办法

第一条 为筹集南水北调工程建设资金，规范南水北调工程基金筹集和使用管理，确保南水北调工程建设顺利实施，根据国家有关规定，制定本办法。

第二条 南水北调工程基金在南水北调工程受水区的北京市、天津市、河北省、江苏省、山东省、河南省（以下简称6省市）范围内筹集。6省市所筹集的基金数量，按其承诺的用水量及南水北调主体工程投资规模和结构等因素确定如下：北京市54.3亿元、天津市43.8亿元、河北省76.1亿元、河南省26亿元、山东省72.8亿元、江苏省37亿元。

第三条 南水北调工程基金通过提高水资源费征收标准增加的收入筹集，还可将现行水资源费部分收入等划入南水北调工程基金。

水资源费征收标准提高的具体幅度和从现行水资源费收入中划入南水北调工程基金的比例，由6省市人民政府根据本地区分摊的南水北调工程基金额度、工程计划进度、水价调整空间以及社会承受能力等因素确定。要充分考虑低收入阶层对提高水价的承受能力，采取有效措施，保障其生活的稳定。

为限制过度开采地下水、确保水资源的合理利用，水资源费的征收标准要按照地下水高于地表水、自备水高于城市公共供水的原则确定。

第四条 南水北调工程基金由县级以上水行政主管等部门征收。

第五条 凡直接从江河、湖泊或地下取用水资源的单位（包括中央直属水电厂和火电厂）和个人，均应按照本办法的规定缴纳南水北调工程基金。对中央直属电厂用水征收水资源费的具体办法，由发展改革委商财政部、水利部、电监会及6省市人民政府另行制定。

对农村中的农民生活用水和农业生产用水暂不征收南水北调工程基金。

第六条　南水北调工程基金的征收期限根据主体工程建设和偿还部分银行贷款本息所需资金情况确定。主体工程建设所需基金在工程建设期内筹集，偿还部分银行贷款本息所需基金在工程建设期满后筹集。工程建设期满后的基金征收期限和偿还部分贷款本息所需基金规模，由南水北调办会同6省市人民政府在主体工程建成时提出意见，经发展改革委、财政部、水利部审核后报国务院确定。

第七条　有关南水北调工程基金免税的政策，由财政部会同税务总局另行制定。

第八条　县级以上水行政主管等部门收取水资源费后，应在取得收入的当日，将其中的南水北调工程基金全额就地缴入中央国库，纳入中央财政预算管理。

第九条　县级以上水行政主管等部门使用“一般缴款书”办理缴库手续。在填写缴款书时，“财政机关”栏填写“财政部”，“预算级次”栏填写“中央级”，“预算科目”栏填写基金预算收入科目第8410款“南水北调工程基金收入”。

第十条　6省市人民政府要确保南水北调工程基金及时足额上缴中央国库。

第十一条　南水北调工程基金属于政府性基金，实行专款专用，年终结余结转下年度安排使用。

南水北调工程基金专项用于南水北调主体工程建设。南水北调工程建设期满后，南水北调工程基金用于偿还南水北调主体工程部分银行贷款本息。

第十二条　南水北调工程基金全部作为地方资本金使用，6省市在南水北调工程项目中所占股份，根据各自筹集上缴中央国库的基金数额确定。

第十三条　南水北调工程基金的使用，由南水北调工程项目法人根据批准的工程设计文件、投资来源和工程建设进度提出年度投资建议计划，报南水北调办审查，并由南水北调办报发展改革委审核后，纳入国家固定资产投资计划。财政部根据批准的年度投资计划和南水北调工程基金收入预算安排资金，并按有关规定办理拨款和监督管理。

第十四条　南水北调工程基金支出，填列基金预算支出科目第8410款“南水北调工程基金支出”。

第十五条　每年年终，南水北调工程项目法人应按照财政部的规定编制南水北调工程财务收支年度决算，经南水北调办审核后报财政部。在南水北调工程财务收支决算报表中，应对南水北调工程基金收支情况单独予以反映。

第十六条　南水北调工程基金缴款单位和个人应严格按照本办法的规定及时足额缴纳南水北调工程基金。

县级以上水行政主管等部门应严格按照本办法和省级人民政府规定的征收范围、征收对象和征收标准，征收南水北调工程基金并及时足额缴入中央国库，不得多收、少收、免收、缓收，或者隐瞒、截留、坐收坐支南水北调工程基金。

南水北调工程项目法人要按照规定用途使用南水北调工程基金，确保资金专款专用，严禁挪作他用。

第十七条　各级财政、价格、审计、监察部门要加强对南水北调工程基金征收、使用和管理的监督检查。对违反有关法律、行政法规规定的单位和个人，要给予处罚或行政处分。

第十八条 6省市在确保及时、足额上缴南水北调工程基金的基础上，可根据本地区南水北调配套工程建设投资、社会承受能力、水价调整空间等情况，通过提高水资源费征收标准筹集南水北调配套工程建设所需部分资金。所筹资金应与南水北调工程基金分开核算、专款专用。具体办法由6省市人民政府制定。

第十九条 6省市人民政府根据本办法制定具体实施办法，并报发展改革委、财政部、水利部、建设部、南水北调办备案。

第二十条 本办法由发展改革委、财政部商有关部门负责解释。

第二十一条 本办法自2005年1月1日起执行。

（二）政府采购

工程建设项目招标范围和规模标准规定

国家发展计划委员会令第3号

（2000年5月1日发布，自2000年5月1日起施行）

第一条　为了确定必须进行招标的工程建设项目的具体范围和规模标准，规范招标投标活动，根据《中华人民共和国招标投标法》第三条的规定，制定本规定。

第二条　关系社会公共利益、公众安全的基础设施项目的范围包括：

（一）煤炭、石油、天然气、电力、新能源等能源项目；

（二）铁路、公路、管道、水运、航空以及其他交通运输业等交通运输项目；

（三）邮政、电信枢纽、通信、信息网络等邮电通信项目；

（四）防洪、灌溉、排涝、引（供）水、滩涂治理、水土保持、水利枢纽等水利项目；

（五）道路、桥梁、地铁和轻轨交通、污水排放及处理、垃圾处理、地下管道、公共停车场等城市设施项目；

（六）生态环境保护项目；

（七）其他基础设施项目。

第三条　关系社会公共利益、公众安全的公用事业项目的范围包括：

（一）供水、供电、供气、供热等市政工程项目；

（二）科技、教育、文化等项目；

（三）体育、旅游等项目；

（四）卫生、社会福利等项目；

（五）商品住宅，包括经济适用住房；

（六）其他公用事业项目。

第四条　使用国有资金投资项目的范围包括：

（一）使用各级财政预算资金的项目；

（二）使用纳入财政管理的各种政府性专项建设基金的项目；

（三）使用国有企业事业单位自有资金，并且国有资产投资者实际拥有控制权的项目。

第五条　国家融资项目的范围包括：

（一）使用国家发行债券所筹资金的项目；

（二）使用国家对外借款或者担保所筹资金的项目；

（三）使用国家政策性贷款的项目；

（四）国家授权投资主体融资的项目；

（五）国家特许的融资项目。

第六条　使用国际组织或者外国政府资金的项目的范围包括：

（一）使用世界银行、亚洲开发银行等国际组织贷款资金的项目；

（二）使用外国政府及其机构贷款资金的项目；

（三）使用国际组织或者外国政府援助资金的项目。

第七条 本规定第二条至第六条规定范围内的各类工程建设项目，包括项目的勘察、设计、施工、监理以及与工程建设有关的重要设备、材料等的采购，达到下列标准之一的，必须进行招标：

（一）施工单项合同估算价在200万元人民币以上的；

（二）重要设备、材料等货物的采购，单项合同估算价在100万元人民币以上的；

（三）勘察、设计、监理等服务的采购，单项合同估算价在50万元人民币以上的；

（四）单项合同估算价低于第（一）、（二）、（三）项规定的标准，但项目总投资额在3000万元人民币以上的。

第八条 建设项目的勘察、设计，采用特定专利或者专有技术的，或者其建筑艺术造型有特殊要求的，经项目主管部门批准，可以不进行招标。

第九条 依法必须进行招标的项目，全部使用国有资金投资或者国有资金投资占控股或者主导地位的，应当公开招标。

招标投标活动不受地区、部门的限制，不得对潜在投标人实行歧视待遇。

第十条 省、自治区、直辖市人民政府根据实际情况，可以规定本地区必须进行招标的具体范围和规模标准，但不得缩小本规定确定的必须进行招标的范围。

第十一条 国家发展计划委员会可以根据实际需要，会同国务院有关部门对本规定确定的必须进行招标的具体范围和规模标准进行部分调整。

第十二条 本规定自发布之日起施行。

国务院办公厅印发《关于国务院有关部门实施招标投标活动行政监督的职责分工意见》的通知

国办发〔2000〕34号

（国务院办公厅　2000年5月3日印发）

各省、自治区、直辖市人民政府，国务院各部委、各直属机构：

中央机构编制委员会办公室《关于国务院有关部门实施招标投标活动行政监督的职责分工的意见》已经国务院同意，现印发给你们，请遵照执行。

附件

关于国务院有关部门实施招标投标活动行政监督的职责分工的意见

根据《中华人民共和国招标投标法》（以下简称《招标投标法》）和国务院有关部门“三定”规定，现就国务院有关部门实施招标投标（以下简称招投标）活动行政监督的职责分工，提出如下意见：

一、国家发展计划委员会指导和协调全国招投标工作，会同有关行政主管部门拟定《招标投标法》配套法规、综合性政策和必须进行招标的项目的具体范围、规模标准以及不适宜进行招标的项目，报国务院批准；指定发布招标公告的报刊、信息网络或其他媒介。有关行政主管部门根据《招标投标法》和国家有关法规、政策，可联合或分别制定具体实施办法。

二、项目审批部门在审批必须进行招标的项目可行性研究报告时，核准项目的招标方式（委托招标或自行招标）以及国家出资项目的招标范围（发包初步方案）。项目审批后，及时向有关行政主管部门通报所确定的招标方式和范围等情况。

三、对于招投标过程（包括招标、投标、开标、评标、中标）中泄露保密资料、泄露标底、串通招标、串通投标、歧视排斥投标等违法活动的监督执法，按现行的职责分工，分别由有关行政主管部门负责并受理投标人和其他利害关系人的投诉。按照这一原则，工业（含内贸）、水利、交通、铁道、民航、信息产业等行业和产业项目的招投标活动的监督执法，分别由经贸、水利、交通、铁道、民航、信息产业等行政主管部门负责；各类房屋建筑及其附属设施的建造和与其配套的线路、管道、设备的安装项目和市政工程项目的招投标活动的监督执法，由建设行政主管部门负责；进口机电设备采购项目的招投标活动的监督执法，由外经贸行政主管部门负责。有关行政主管部门须将监督过程中发现的问题，及时通知项目审批部门，项目审批部门根据情况依法暂停项目执行或者暂停资金拨付。

四、从事各类工程建设项目招标代理业务的招标代理机构的资格，由建设行政主管部门认定；从事与工程建设有关的进口机电设备采购招标代理业务的招标代理机构的资格，由外经贸行政主管部门认定；从事其他招标代理业务的招标代理机构的资格，按现行职责分工，分别由有关行政主管部门认定。

五、国家发展计划委员会负责组织国家重大建设项目稽察特派员，对国家重大建设项目建设过程中的工程招投标进行监督检查。

各有关部门要严格依照上述职责分工，各司其职，密切配合，共同做好招投标的监督管理工作。各省、自治区、直辖市人民政府可根据《招标投标法》的规定，从本地实际出发，制定招投标管理办法。

关于进一步规范招投标活动的若干意见

国办发〔2004〕56号

（国务院办公厅2004年7月12日发布）

各省、自治区、直辖市人民政府，国务院各部委、各直属机构：

2000年1月《中华人民共和国招标投标法》（以下简称《招标投标法》）实施以来，我国招投标市场发展总体是好的，招投标活动日趋普及，招投标领域不断扩大，已经成为经济生活的重要内容。但是，招投标活动中仍然存在一些不容忽视的问题，妨碍了《招标投标法》的实施，扰乱了市场经济秩序，滋生了腐败现象。为深入贯彻党的十六届三中全会精神，整顿和规范市场经济秩序，创造公开、公平、公正的市场经济环境，推动反腐败工作的深入开展，必须加强和改进招投标行政监督，进一步规范招投标活动。经国务院同意，现就有关工作提出以下意见：

一、充分认识进一步规范招投标活动的重要意义

进一步规范招投标活动，是完善社会主义市场经济体制的重要措施。当前，招投标活动中存在着严重问题，一些部门和地方违反《招标投标法》，实行行业垄断、地区封锁；少数项目业主逃避招标、虚假招标，不按照法定程序开标、评标和定标；有的投标人串通投标，以弄虚作假和其他不正当手段骗取中标，在中标后擅自转包和违法分包；有关行政监督部门对违法行为查处不力；工程建设招投标活动中存在行贿受贿、贪污腐败现象，一些政府部门和领导干部直接介入或非法干预招投标活动。这些问题需要通过健全制度、完善机制、强化监督、规范行为来切实加以解决。进一步规范招投标活动，是维护公平竞争的市场经济秩序，促进全国统一市场形成的内在要求。规范的招投标活动有利于鼓励竞争，打破地区封锁和行业保护，促进生产要素在不同地区、部门、企业之间自由流动和组合，为招标人选择符合要求的供货商、承包商和服务商提供机会。

进一步规范招投标活动，是深化投资体制改革，提高国有资产使用效益的有效手段。在政府投资领域引入竞争机制，严格执行招投标制度。有助于提高投资决策的科学化和民主化水平，促使企业增强市场意识，改善经营管理，这对于保障国有资金有效使用，提高投资效益具有重要意义。

进一步规范招投标活动，是加强工程质量管理，预防和遏制腐败的重要环节。工程质量是百年大计，直接关系建设项目的成败和广大人民群众的生命、财产安全。我国这些年来发生的重大工程质量事故和重大腐败案件，大多碰与招投标制度执行不力，搞内幕交易、虚假招标有关。认真贯彻《招标投标法》，严格规范招投标程序，将招投标活动的各个环节置于公开透明的环境，能够有效地约束招投标当事人的行为，从源头上预防和治理腐败，保证项目建设质量。

二、打破行业垄断和地区封锁，促进全国市场统一

招投标制度必须保持统一和协调。各地区、各部门要加快招投标规章和规范性文件的清理工作，修改或废止与《招标投标法》和《行政许可法》相抵触的规定和要求，并向社会公布。坚决纠正行业垄断和地区封锁行为，不得制定限制性条件阻碍或者排斥其他地区、其他系统投标人进入本地区、本系统市场；取消非法的投标许可、资质验证、注册登记等手续；禁止以获得本地区、本系统奖项等歧视性要求作为评标加分条件或者中标条件；不得要挟、暗示投标人在中标后分包部分工程给本地区、本系统的承包商、供货商。鼓励推行合理低价中标和无标底招标。

三、实行公告制度，提高招投标活动透明度

为保证投标人及时、便捷地获取招标信息，依法必须招标的工程建设项目的招标公告，必须严格按照《招标投标法》规定在国家或省、自治区、直辖市人民政府指定的媒介发布，在招标人自愿的前提下，可以同时在其他媒介发布。任何单位和个人不得违法指定或者限制招标公告的发布地点和发布范围。除国家另有规定外，在指定媒介发布依法必须招标项目的招标公告，不得收取费用。对非法干预招标公告发布活动的，依法追究领导和直接责任人责任。

加快招投标信息公开的步伐，提高政府监管和公共服务能力。要公布招标事项核准、招标公告、中标候选人、中标结果、招标代理机构代理活动等信息，及时公告对违规招投标行为的处理结果、招投标活动当事人不良行为记录等相关信息，以利于社会监督。

四、完善专家评审制度，提高评标活动公正性

加强对评标专家和评标活动的管理和监督，保证招投标活动的客观公正。为切实保证评标专家独立、公正地履行职责，要逐步对现有分散的部门专家库进行整合，吸纳一定比例的跨部门、跨地区的专家组建评标专家库，专家的抽取和管理按照《招标投标法》执行。

建立健全评标专家管理制度，严格评标专家资格认定，加强对评标专家的培训、考核、评价和档案管理，根据实际需要和专家考核情况及时对评标专家进行更换或者补充，实行评标专家的动态管理。严格执行回避制度，项目主管部门和行政监督部门的工作人员，不得作为专家和评标委员会成员参与评标。严明评标纪律，对评标专家在评标活动中的违法违规行为，要严肃查处，视情节依法给予警告、没收收受的财物、罚款等处罚；情节严重的，取消其评标委员会成员资格，并不得参加任何依法必须进行招标项目的评标；同时建议主管单位给予相应的政纪处分，构成犯罪的，要依法追究刑事责任。

五、规范代理行为，建立招投标行业自律机制

依法整顿和规范招标代理活动。招标代理机构必须与行政主观部门脱钩，并不得存在任何隶属关系或者其他利益关系。凡违反《招标投标法》和《行政许可法》规定设立和认定招标代理机构资格的行为，一律无效。建立健全招标代理市场准入和退出制度。招标代理机构应当依法经营，平等竞争，对严重违法违规的招标代理机构，要取消招标代理资格。招标代理机构可以依法跨区域开展业务，任何地方和部门均不得以登记备案等方式变相加以限制。

建立和完善招投标行业自律机制，推动组建跨行业、跨地区的招标投标协会。由协会制定行业技术规范和行为准则，通过行业自律，维护招投标活动的秩序。

六、积极引入竞争，进一步拓宽招投标领域

按照深化投资体制改革的要求，逐步探索通过招投标引入竞争机制，改进项目的建设和管理。对经营性的、有合理回报和一定投资回收能力的公益事业、公共基础设施项目建设，以及具有垄断性的项目，可逐步推行项目法人招标制。进一步探索采用招标等竞争性方式选择工程咨询、招标代理等投资服务中介机构的办法。对政府投资的公益项目，可以通过招标选择项目管理单位对项目建设进行专业化管理。大力推行和规范政府采购、科研课题、特许经营权、土地使用权出让、药品采购、物业管理等领域的招投标活动。

七、依法实施管理，完善招投标行政监督机制

有关行政监督部门应当严格按照《招标投标法》和国务院规定的职责分工，各司其职，密切配合，加强管理，改进招投标行政监督工作。

发展改革委要加强对招投标工作的指导和协调，加强对重大建设项目建设过程中工程招投标的监督检查和工业项目招投标活动的监督执法。水利、交通、铁道、民航、信息产业、建设、商务部门，应当依照有关法律、法规．加强对相关领域招投标过程中泄露保密资料、泄露标底、串通招标、串通投标、歧视和排斥投标等违法活动的监督执法。加大对转包、违法分包行为的查处力度，对将中标项目全部转让、分别转让，或者违法将中标项目的部分主体、关键性工作层层分包，以及挂靠有资质或高资质单位并以其名义投标，或者从其他单位租借资质证书等行力，有关行政监督部门必须依法给予罚款、没收违法所得、责令停业整顿等处罚，情节严重的，由工商行政管理机关吊销其营业执照。同时，对接受转包、违法分包的单位，要及时清有关行政监督部门不得违反法律法规设立审批、核准、登记等涉及招投标的行政许可事项；已经设定的一律予以取消。加快职能转变，改变重事前审批、轻事后监管的倾向，加强对招投标全过程的监督执法。项月审批部门对不依照核准事项进行招标的行为，要及时依法实施处罚。建立和完善公正、高效的招投标投诉处理机制，及时受理投诉并查处违法行为。任何政府部门和个人，特别是各级领导干部，不得以权谋私，采取暗示、授意、打招呼、递条子、指定、强令等方式，干预和插手具体的招投标活动。各级行政监察部门要加强对招投标执法活动的监督，严厉查处招投标活动中的腐败和不正之风。地方各级人民政府应当依据《行政许可法》的要求，规范招投标行政监督部门的工作，加强招投标监督管理队伍建设，提高依法行政水平。

各省、自治区、直辖市人民政府和国务院各有关部门要加强对招投标工作的领导，及时总结经验，不断完善政策，协调、处理好招投标工作中的新矛盾、新问题。

关于进一步加强政府采购管理工作的意见

国办发〔2009〕35号

（国务院办公厅2009年4月10日发布）

各省、自治区、直辖市人民政府，国务院各部委、各直属机构：

近年来，各地区、各部门认真贯彻落实《中华人民共和国政府采购法》（以下简称《政府采购法》），不断加强制度建设、规范采购行为，政府采购在提高资金使用效益，维护国家和社会公益，以及防范腐败、支持节能环保和促进自主创新等方面取得了显著成效。但是，个别单位规避政府采购，操作执行环节不规范，运行机制不完善，监督处罚不到位，部分政府采购效率低价格高等问题仍然比较突出，一些违反法纪、贪污腐败的现象时有发生，造成财政资金损失浪费。为切实解决这些问题，全面深化政府采购制度改革，经国务院同意，现就进一步加强政府采购管理工作提出以下意见：

一、坚持应采尽采，进一步强化和实现依法采购

财政部门要依据政府采购需要和集中采购机构能力，研究完善政府集中采购目录和产品分类。各地区、各部门要加大推进政府采购工作的力度，扩大政府采购管理实施范围，对列入政府采购的项目应全部依法实施政府采购。尤其是要加强对部门和单位使用纳入财政管理的其他资金或使用以财政性资金作为还款来源的借（贷）款进行采购的管理；要加强工程项目的政府采购管理，政府采购工程项目除招标投标外均按《政府采购法》规定执行。

各部门、各单位要认真执行政府采购法律制度规定的工作程序和操作标准，合理确定采购需求，及时签订合同、履约验收和支付资金，不得以任何方式干预和影响采购活动。属政府集中采购目录项目要委托集中采购机构实施；达到公开招标限额标准的采购项目，未经财政部门批准不得采取其他采购方式，并严格按规定向社会公开发布采购信息，实现采购活动的公开透明。

二、坚持管采分离，进一步完善监管和运行机制

加强政府采购监督管理与操作执行相分离的体制建设，进一步完善财政部门监督管理和集中采购机构独立操作运行的机制。

财政部门要严格采购文件编制、信息公告、采购评审、采购合同格式和产品验收等环节的具体标准和程序要求；要建立统一的专家库、供应商产品信息库，逐步实现动态管理和加强违规行为的处罚；要会同国家保密部门制定保密项目采购的具体标准、范围和工作要求，防止借采购项目保密而逃避或简化政府采购的行为。

集中采购机构要严格按照《政府采购法》规定组织采购活动，规范集中采购操作行为，增强集中采购目录执行的严肃性、科学性和有效性。在组织实施中不得违反国家规定收取采购代理费用和其他费用，也不得将采购单位委托的集中采购项目再委托给社会代理机构组织实施采购。要建立健全内部监督管理制度，实现采购活动不同环节之间权责明确、岗位分离。要重视和加强专业化建设，优化集中采购实施方式和内部操作程序，实现采购价格低于市场平均价格、采购效率更高、采购质量优良和服务良好。

在集中采购业务代理活动中要适当引入竞争机制，打破现有集中采购机构完全按行政隶属关系接受委托业务的格局，允许采购单位在所在区域内择优选择集中采购机构，实现集中采购活动的良性竞争。

三、坚持预算约束，进一步提高政府采购效率和质量

各部门、各单位要按照《政府采购法》的规定和财政部门预算管理的要求，将政府采购项目全部编入部门预算，做好政府采购预算和采购计划编报的相互衔接工作，确保采购计划严格按政府采购预算的项目和数额执行。

要采取有效措施，加强监管部门、采购单位和采购代理机构间的相互衔接，通过改进管理水平和操作执行质量，不断提高采购效率。财政部门要改进管理方式，提高审批效率，整合优化采购环节，制定标准化工作程序，建立各种采购方式下的政府采购价格监测机制和采购结果社会公开披露制度，实现对采购活动及采购结果的有效监控。集中采购机构要提高业务技能和专业化操作水平，通过优化采购组织形式，科学制定价格参数和评价标准，完善评审程序，缩短采购操作时间，建立政府采购价格与市场价格的联动机制，实现采购价格和采购质量最优。

四、坚持政策功能，进一步服务好经济和社会发展大局

政府采购应当有助于实现国家的经济和社会发展政策目标。强化政府采购的政策功能作用，是建立科学政府采购制度的客观要求。各地区、各部门要从政府采购政策功能上支持国家宏观调控，贯彻好扩大内需、调整结构等经济政策，认真落实节能环保、自主创新、进口产品审核等政府采购政策；进一步扩大政府采购政策功能范围，积极研究支持促进中小企业发展等政府采购政策。加大强制采购节能产品和优先购买环保产品的力度，凡采购产品涉及节能环保和自主创新产品的，必须执行财政部会同有关部门发布的节能环保和自主创新产品政府采购清单（目录）。要严格审核进口产品的采购，凡国内产品能够满足需求的都要采购国内产品。财政部门要加强政策实施的监督，跟踪政策实施情况，建立采购效果评价体系，保证政策规定落到实处。

五、坚持依法处罚，进一步严肃法律制度约束

各级财政、监察、审计、预防腐败部门要加强对政府采购的监督管理，严格执法检查，对违法违规行为要依法追究责任并以适当方式向社会公布，对情节严重的要依法予以处罚。

要通过动态监控体系及时发现、纠正和处理采购单位逃避政府采购和其他违反政府采购制度规定的行为，追究相关单位及人员的责任。要完善评审专家责任处罚办法，对评审专家违反政府采购制度规定、评审程序和评审标准，以及在评审工作中敷衍塞责或故意影响评标结果等行为，要严肃处理。要加快供应商诚信体系建设，对供应商围标、串标和欺诈等行为依法予以处罚并向社会公布。要加快建立对采购单位、评审专家、供应商、集中采购机构和社会代理机构的考核评价制度和不良行为公告制度，引入公开评议和社会监督机制。严格对集中采购机构的考核，考核结果要向同级人民政府报告。加强对集中采购机构整改情况的跟踪监管，对集中采购机构的违法违规行为，要严格按照法律规定予以处理。

六、坚持体系建设，进一步推进电子化政府采购

加强政府采购信息化建设，是深化政府采购制度改革的重要内容，也是实现政府采购科学化、精细化管理的手段。各地区要积极推进政府采购信息化建设，利用现代电子信息技术，实现政府采购管理和操作执行各个环节的协调联动。财政部门要切实加强对政府采购信息化建设工作的统一领导和组织，科学制订电子化政府采购体系发展建设规划，以管理功能完善、交易公开透明、操作规范统一、网络安全可靠为目标，建设全国统一的电子化政府采购管理交易平台，逐步实现政府采购业务交易信息共享和全流程电子化操作。要抓好信息系统推广运行的组织工作，制定由点到面、协调推进的实施计划。

七、坚持考核培训，进一步加强政府采购队伍建设

各地区、各部门要继续加强政府采购从业人员的职业教育、法制教育和技能培训，增强政府采购从业人员依法行政和依法采购的观念，建立系统的教育培训制度。财政部要会同有关部门研究建立政府采购从业人员执业资格制度，对采购单位、集中采购机构、社会代理机构和评审专家等从业人员实行持证上岗和执业考核，推动政府采购从业人员职业化的进程。集中采购机构要建立内部岗位标准和考核办法，形成优胜劣汰的良性机制，不断提高集中采购机构专业化操作水平。

各地区、各部门要全面把握新时期、新形势下完善政府采购制度的新要求，进一步提高对深化政府采购制度改革重要性的认识，切实加大推进政府采购管理工作的力度，加强对政府采购工作的组织领导，着力协调和解决政府采购管理中存在的突出问题，推进政府采购工作健康发展。

中华人民共和国招标投标法实施条例

国务院令第 613 号

（2011 年 12 月 20 日公布，自 2012 年 2 月 1 日起施行）

第一章 总 则

第一条 为了规范招标投标活动，根据《中华人民共和国招标投标法》（以下简称招标投标法），制定本条例。

第二条 招标投标法第三条所称工程建设项目，是指工程以及与工程建设有关的货物、服务。

前款所称工程，是指建设工程，包括建筑物和构筑物的新建、改建、扩建及其相关的装修、拆除、修缮等；所称与工程建设有关的货物，是指构成工程不可分割的组成部分，且为实现工程基本功能所必需的设备、材料等；所称与工程建设有关的服务，是指为完成工程所需的勘察、设计、监理等服务。

第三条 依法必须进行招标的工程建设项目的具体范围和规模标准，由国务院发展改革部门会同国务院有关部门制订，报国务院批准后公布施行。

第四条 国务院发展改革部门指导和协调全国招标投标工作，对国家重大建设项目的工程招标投标活动实施监督检查。国务院工业和信息化、住房城乡建设、交通运输、铁道、水利、商务等部门，按照规定的职责分工对有关招标投标活动实施监督。

县级以上地方人民政府发展改革部门指导和协调本行政区域的招标投标工作。县级以上地方人民政府有关部门按照规定的职责分工，对招标投标活动实施监督，依法查处招标投标活动中的违法行为。县级以上地方人民政府对其所属部门有关招标投标活动的监督职责分工另有规定的，从其规定。

财政部门依法对实行招标投标的政府采购工程建设项目的预算执行情况和政府采购政策执行情况实施监督。

监察机关依法对与招标投标活动有关的监察对象实施监察。

第五条 设区的市级以上地方人民政府可以根据实际需要，建立统一规范的招标投标交易场所，为招标投标活动提供服务。招标投标交易场所不得与行政监督部门存在隶属关系，不得以营利为目的。

国家鼓励利用信息网络进行电子招标投标。

第六条 禁止国家工作人员以任何方式非法干涉招标投标活动。

第二章 招 标

第七条 按照国家有关规定需要履行项目审批、核准手续的依法必须进行招标的项目，其招标范围、招标方式、招标组织形式应当报项目审批、核准部门审批、核准。项目审批、核准部门应当及时将审批、核准确定的招标范围、招标方式、招标组织形式通报有关行政监督部门。

第八条 国有资金占控股或者主导地位的依法必须进行招标的项目，应当公开招标；但有下列情形之一的，可以邀请招标：

（一）技术复杂、有特殊要求或者受自然环境限制，只有少量潜在投标人可供选择；

（二）采用公开招标方式的费用占项目合同金额的比例过大。

有前款第二项所列情形，属于本条例第七条规定的项目，由项目审批、核准部门在审批、核准项目时作出认定；其他项目由招标人申请有关行政监督部门作出认定。

第九条 除招标投标法第六十六条规定的可以不进行招标的特殊情况外，有下列情形之一的，可以不进行招标：

（一）需要采用不可替代的专利或者专有技术；

（二）采购人依法能够自行建设、生产或者提供；

（三）已通过招标方式选定的特许经营项目投资人依法能够自行建设、生产或者提供；

（四）需要向原中标人采购工程、货物或者服务，否则将影响施工或者功能配套要求；

（五）国家规定的其他特殊情形。

招标人为适用前款规定弄虚作假的，属于招标投标法第四条规定的规避招标。

第十条 招标投标法第十二条第二款规定的招标人具有编制招标文件和组织评标能力，是指招标人具有与招标项目规模和复杂程度相适应的技术、经济等方面的专业人员。

第十一条 招标代理机构的资格依照法律和国务院的规定由有关部门认定。

国务院住房城乡建设、商务、发展改革、工业和信息化等部门，按照规定的职责分工对招标代理机构依法实施监督管理。

第十二条 招标代理机构应当拥有一定数量的取得招标职业资格的专业人员。取得招标职业资格的具体办法由国务院人力资源社会保障部门会同国务院发展改革部门制定。

第十三条 招标代理机构在其资格许可和招标人委托的范围内开展招标代理业务，任何单位和个人不得非法干涉。

招标代理机构代理招标业务，应当遵守招标投标法和本条例关于招标人的规定。招标代理机构不得在所代理的招标项目中投标或者代理投标，也不得为所代理的招标项目的投标人提供咨询。

招标代理机构不得涂改、出租、出借、转让资格证书。

第十四条 招标人应当与被委托的招标代理机构签订书面委托合同，合同约定的收费标准应当符合国家有关规定。

第十五条 公开招标的项目，应当依照招标投标法和本条例的规定发布招标公告、编制招标文件。

招标人采用资格预审办法对潜在投标人进行资格审查的，应当发布资格预审公告、编制资格预审文件。

依法必须进行招标的项目的资格预审公告和招标公告，应当在国务院发展改革部门依法指定的媒介发布。在不同媒介发布的同一招标项目的资格预审公告或者招标公告的内容应当一致。指定媒介发布依法必须进行招标的项目的境内资格预审公告、招标公告，不得收取费用。

编制依法必须进行招标的项目的资格预审文件和招标文件，应当使用国务院发展改革部门会同有关行政监督部门制定的标准文本。

第十六条　招标人应当按照资格预审公告、招标公告或者投标邀请书规定的时间、地点发售资格预审文件或者招标文件。资格预审文件或者招标文件的发售期不得少于5日。

招标人发售资格预审文件、招标文件收取的费用应当限于补偿印刷、邮寄的成本支出，不得以营利为目的。

第十七条　招标人应当合理确定提交资格预审申请文件的时间。依法必须进行招标的项目提交资格预审申请文件的时间，自资格预审文件停止发售之日起不得少于5日。

第十八条　资格预审应当按照资格预审文件载明的标准和方法进行。

国有资金占控股或者主导地位的依法必须进行招标的项目，招标人应当组建资格审查委员会审查资格预审申请文件。资格审查委员会及其成员应当遵守招标投标法和本条例有关评标委员会及其成员的规定。

第十九条　资格预审结束后，招标人应当及时向资格预审申请人发出资格预审结果通知书。未通过资格预审的申请人不具有投标资格。

通过资格预审的申请人少于3个的，应当重新招标。

第二十条　招标人采用资格后审办法对投标人进行资格审查的，应当在开标后由评标委员会按照招标文件规定的标准和方法对投标人的资格进行审查。

第二十一条　招标人可以对已发出的资格预审文件或者招标文件进行必要的澄清或者修改。澄清或者修改的内容可能影响资格预审申请文件或者投标文件编制的，招标人应当在提交资格预审申请文件截止时间至少3日前，或者投标截止时间至少15日前，以书面形式通知所有获取资格预审文件或者招标文件的潜在投标人；不足3日或者15日的，招标人应当顺延提交资格预审申请文件或者投标文件的截止时间。

第二十二条　潜在投标人或者其他利害关系人对资格预审文件有异议的，应当在提交资格预审申请文件截止时间2日前提出；对招标文件有异议的，应当在投标截止时间10日前提出。招标人应当自收到异议之日起3日内作出答复；作出答复前，应当暂停招标投标活动。

第二十三条　招标人编制的资格预审文件、招标文件的内容违反法律、行政法规的强制性规定，违反公开、公平、公正和诚实信用原则，影响资格预审结果或者潜在投标人投标的，依法必须进行招标的项目的招标人应当在修改资格预审文件或者招标文件后重新招标。

第二十四条　招标人对招标项目划分标段的，应当遵守招标投标法的有关规定，不得利用划分标段限制或者排斥潜在投标人。依法必须进行招标的项目的招标人不得利用划分标段规避招标。

第二十五条　招标人应当在招标文件中载明投标有效期。投标有效期从提交投标文件的截止之日起算。

第二十六条　招标人在招标文件中要求投标人提交投标保证金的，投标保证金不得超过招标项目估算价的2%。投标保证金有效期应当与投标有效期一致。

依法必须进行招标的项目的境内投标单位，以现金或者支票形式提交的投标保证金应当从其基本账户转出。

招标人不得挪用投标保证金。

第二十七条 招标人可以自行决定是否编制标底。一个招标项目只能有一个标底。标底必须保密。

接受委托编制标底的中介机构不得参加受托编制标底项目的投标，也不得为该项目的投标人编制投标文件或者提供咨询。

招标人设有最高投标限价的，应当在招标文件中明确最高投标限价或者最高投标限价的计算方法。招标人不得规定最低投标限价。

第二十八条 招标人不得组织单个或者部分潜在投标人踏勘项目现场。

第二十九条 招标人可以依法对工程以及与工程建设有关的货物、服务全部或者部分实行总承包招标。以暂估价形式包括在总承包范围内的工程、货物、服务属于依法必须进行招标的项目范围且达到国家规定规模标准的，应当依法进行招标。

前款所称暂估价，是指总承包招标时不能确定价格而由招标人在招标文件中暂时估定的工程、货物、服务的金额。

第三十条 对技术复杂或者无法精确拟定技术规格的项目，招标人可以分两阶段进行招标。

第一阶段，投标人按照招标公告或者投标邀请书的要求提交不带报价的技术建议，招标人根据投标人提交的技术建议确定技术标准和要求，编制招标文件。

第二阶段，招标人向在第一阶段提交技术建议的投标人提供招标文件，投标人按照招标文件的要求提交包括最终技术方案和投标报价的投标文件。

招标人要求投标人提交投标保证金的，应当在第二阶段提出。

第三十一条 招标人终止招标的，应当及时发布公告，或者以书面形式通知被邀请的或者已经获取资格预审文件、招标文件的潜在投标人。已经发售资格预审文件、招标文件或者已经收取投标保证金的，招标人应当及时退还所收取的资格预审文件、招标文件的费用，以及所收取的投标保证金及银行同期存款利息。

第三十二条 招标人不得以不合理的条件限制、排斥潜在投标人或者投标人。

招标人有下列行为之一的，属于以不合理条件限制、排斥潜在投标人或者投标人：

（一）就同一招标项目向潜在投标人或者投标人提供有差别的项目信息；

（二）设定的资格、技术、商务条件与招标项目的具体特点和实际需要不相适应或者与合同履行无关；

（三）依法必须进行招标的项目以特定行政区域或者特定行业的业绩、奖项作为加分条件或者中标条件；

（四）对潜在投标人或者投标人采取不同的资格审查或者评标标准；

（五）限定或者指定特定的专利、商标、品牌、原产地或者供应商；

（六）依法必须进行招标的项目非法限定潜在投标人或者投标人的所有制形式或者组织形式；

（七）以其他不合理条件限制、排斥潜在投标人或者投标人。

第三章　投　　标

第三十三条　投标人参加依法必须进行招标的项目的投标，不受地区或者部门的限制，任何单位和个人不得非法干涉。

第三十四条　与招标人存在利害关系可能影响招标公正性的法人、其他组织或者个人，不得参加投标。

单位负责人为同一人或者存在控股、管理关系的不同单位，不得参加同一标段投标或者未划分标段的同一招标项目投标。

违反前两款规定的，相关投标均无效。

第三十五条　投标人撤回已提交的投标文件，应当在投标截止时间前书面通知招标人。招标人已收取投标保证金的，应当自收到投标人书面撤回通知之日起5日内退还。

投标截止后投标人撤销投标文件的，招标人可以不退还投标保证金。

第三十六条　未通过资格预审的申请人提交的投标文件，以及逾期送达或者不按照招标文件要求密封的投标文件，招标人应当拒收。

招标人应当如实记载投标文件的送达时间和密封情况，并存档备查。

第三十七条　招标人应当在资格预审公告、招标公告或者投标邀请书中载明是否接受联合体投标。

招标人接受联合体投标并进行资格预审的，联合体应当在提交资格预审申请文件前组成。资格预审后联合体增减、更换成员的，其投标无效。

联合体各方在同一招标项目中以自己名义单独投标或者参加其他联合体投标的，相关投标均无效。

第三十八条　投标人发生合并、分立、破产等重大变化的，应当及时书面告知招标人。投标人不再具备资格预审文件、招标文件规定的资格条件或者其投标影响招标公正性的，其投标无效。

第三十九条　禁止投标人相互串通投标。

有下列情形之一的，属于投标人相互串通投标：

（一）投标人之间协商投标报价等投标文件的实质性内容；

（二）投标人之间约定中标人；

（三）投标人之间约定部分投标人放弃投标或者中标；

（四）属于同一集团、协会、商会等组织成员的投标人按照该组织要求协同投标；

（五）投标人之间为谋取中标或者排斥特定投标人而采取的其他联合行动。

第四十条　有下列情形之一的，视为投标人相互串通投标：

（一）不同投标人的投标文件由同一单位或者个人编制；

（二）不同投标人委托同一单位或者个人办理投标事宜；

（三）不同投标人的投标文件载明的项目管理成员为同一人；

（四）不同投标人的投标文件异常一致或者投标报价呈规律性差异；

（五）不同投标人的投标文件相互混装；

（六）不同投标人的投标保证金从同一单位或者个人的账户转出。

第四十一条 禁止招标人与投标人串通投标。

有下列情形之一的，属于招标人与投标人串通投标：

（一）招标人在开标前开启投标文件并将有关信息泄露给其他投标人；

（二）招标人直接或者间接向投标人泄露标底、评标委员会成员等信息；

（三）招标人明示或者暗示投标人压低或者抬高投标报价；

（四）招标人授意投标人撤换、修改投标文件；

（五）招标人明示或者暗示投标人为特定投标人中标提供方便；

（六）招标人与投标人为谋求特定投标人中标而采取的其他串通行为。

第四十二条 使用通过受让或者租借等方式获取的资格、资质证书投标的，属于招标投标法第三十三条规定的以他人名义投标。

投标人有下列情形之一的，属于招标投标法第三十三条规定的以其他方式弄虚作假的行为：

（一）使用伪造、变造的许可证件；

（二）提供虚假的财务状况或者业绩；

（三）提供虚假的项目负责人或者主要技术人员简历、劳动关系证明；

（四）提供虚假的信用状况；

（五）其他弄虚作假的行为。

第四十三条 提交资格预审申请文件的申请人应当遵守招标投标法和本条例有关投标人的规定。

第四章 开标、评标和中标

第四十四条 招标人应当按照招标文件规定的时间、地点开标。

投标人少于3个的，不得开标；招标人应当重新招标。

投标人对开标有异议的，应当在开标现场提出，招标人应当当场作出答复，并制作记录。

第四十五条 国家实行统一的评标专家专业分类标准和管理办法。具体标准和办法由国务院发展改革部门会同国务院有关部门制定。

省级人民政府和国务院有关部门应当组建综合评标专家库。

第四十六条 除招标投标法第三十七条第三款规定的特殊招标项目外，依法必须进行招标的项目，其评标委员会的专家成员应当从评标专家库内相关专业的专家名单中以随机抽取方式确定。任何单位和个人不得以明示、暗示等任何方式指定或者变相指定参加评标委员会的专家成员。

依法必须进行招标的项目的招标人非因招标投标法和本条例规定的事由，不得更换依法确定的评标委员会成员。更换评标委员会的专家成员应当依照前款规定进行。

评标委员会成员与投标人有利害关系的，应当主动回避。

有关行政监督部门应当按照规定的职责分工，对评标委员会成员的确定方式、评标专家的抽取和评标活动进行监督。行政监督部门的工作人员不得担任本部门负责监督项目的评标委员会成员。

第四十七条　招标投标法第三十七条第三款所称特殊招标项目，是指技术复杂、专业性强或者国家有特殊要求，采取随机抽取方式确定的专家难以保证胜任评标工作的项目。

第四十八条　招标人应当向评标委员会提供评标所必需的信息，但不得明示或者暗示其倾向或者排斥特定投标人。

招标人应当根据项目规模和技术复杂程度等因素合理确定评标时间。超过 1/3 的评标委员会成员认为评标时间不够的，招标人应当适当延长。

评标过程中，评标委员会成员有回避事由、擅离职守或者因健康等原因不能继续评标的，应当及时更换。被更换的评标委员会成员作出的评审结论无效，由更换后的评标委员会成员重新进行评审。

第四十九条　评标委员会成员应当依照招标投标法和本条例的规定，按照招标文件规定的评标标准和方法，客观、公正地对投标文件提出评审意见。招标文件没有规定的评标标准和方法不得作为评标的依据。

评标委员会成员不得私下接触投标人，不得收受投标人给予的财物或者其他好处，不得向招标人征询确定中标人的意向，不得接受任何单位或者个人明示或者暗示提出的倾向或者排斥特定投标人的要求，不得有其他不客观、不公正履行职务的行为。

第五十条　招标项目设有标底的，招标人应当在开标时公布。标底只能作为评标的参考，不得以投标报价是否接近标底作为中标条件，也不得以投标报价超过标底上下浮动范围作为否决投标的条件。

第五十一条　有下列情形之一的，评标委员会应当否决其投标：

（一）投标文件未经投标单位盖章和单位负责人签字；

（二）投标联合体没有提交共同投标协议；

（三）投标人不符合国家或者招标文件规定的资格条件；

（四）同一投标人提交两个以上不同的投标文件或者投标报价，但招标文件要求提交备选投标的除外；

（五）投标报价低于成本或者高于招标文件设定的最高投标限价；

（六）投标文件没有对招标文件的实质性要求和条件作出响应；

（七）投标人有串通投标、弄虚作假、行贿等违法行为。

第五十二条　投标文件中有含义不明确的内容、明显文字或者计算错误，评标委员会认为需要投标人作出必要澄清、说明的，应当书面通知该投标人。投标人的澄清、说明应当采用书面形式，并不得超出投标文件的范围或者改变投标文件的实质性内容。

评标委员会不得暗示或者诱导投标人作出澄清、说明，不得接受投标人主动提出的澄清、说明。

第五十三条　评标完成后，评标委员会应当向招标人提交书面评标报告和中标候选人名单。中标候选人应当不超过 3 个，并标明排序。

评标报告应当由评标委员会全体成员签字。对评标结果有不同意见的评标委员会成员应当以书面形式说明其不同意见和理由，评标报告应当注明该不同意见。评标委员会成员拒绝在评标报告上签字又不书面说明其不同意见和理由的，视为同意评标结果。

第五十四条　依法必须进行招标的项目，招标人应当自收到评标报告之日起 3 日内公示中标候选人，公示期不得少于3日。

投标人或者其他利害关系人对依法必须进行招标的项目的评标结果有异议的，应当在中标候选人公示期间提出。招标人应当自收到异议之日起3日内作出答复；作出答复前，应当暂停招标投标活动。

第五十五条 国有资金占控股或者主导地位的依法必须进行招标的项目，招标人应当确定排名第一的中标候选人为中标人。排名第一的中标候选人放弃中标、因不可抗力不能履行合同、不按照招标文件要求提交履约保证金，或者被查实存在影响中标结果的违法行为等情形，不符合中标条件的，招标人可以按照评标委员会提出的中标候选人名单排序依次确定其他中标候选人为中标人，也可以重新招标。

第五十六条 中标候选人的经营、财务状况发生较大变化或者存在违法行为，招标人认为可能影响其履约能力的，应当在发出中标通知书前由原评标委员会按照招标文件规定的标准和方法审查确认。

第五十七条 招标人和中标人应当依照招标投标法和本条例的规定签订书面合同，合同的标的、价款、质量、履行期限等主要条款应当与招标文件和中标人的投标文件的内容一致。招标人和中标人不得再行订立背离合同实质性内容的其他协议。

招标人最迟应当在书面合同签订后5日内向中标人和未中标的投标人退还投标保证金及银行同期存款利息。

第五十八条 招标文件要求中标人提交履约保证金的，中标人应当按照招标文件的要求提交。履约保证金不得超过中标合同金额的10%。

第五十九条 中标人应当按照合同约定履行义务，完成中标项目。中标人不得向他人转让中标项目，也不得将中标项目肢解后分别向他人转让。

中标人按照合同约定或者经招标人同意，可以将中标项目的部分非主体、非关键性工作分包给他人完成。接受分包的人应当具备相应的资格条件，并不得再次分包。

中标人应当就分包项目向招标人负责，接受分包的人就分包项目承担连带责任。

第五章 投诉与处理

第六十条 投标人或者其他利害关系人认为招标投标活动不符合法律、行政法规规定的，可以自知道或者应当知道之日起10日内向有关行政监督部门投诉。投诉应当有明确的请求和必要的证明材料。

就本条例第二十二条、第四十四条、第五十四条规定事项投诉的，应当先向招标人提出异议，异议答复期间不计算在前款规定的期限内。

第六十一条 投诉人就同一事项向两个以上有权受理的行政监督部门投诉的，由最先收到投诉的行政监督部门负责处理。

行政监督部门应当自收到投诉之日起3个工作日内决定是否受理投诉，并自受理投诉之日起30个工作日内作出书面处理决定；需要检验、检测、鉴定、专家评审的，所需时间不计算在内。

投诉人捏造事实、伪造材料或者以非法手段取得证明材料进行投诉的，行政监督部门应当予以驳回。

第六十二条　行政监督部门处理投诉，有权查阅、复制有关文件、资料，调查有关情况，相关单位和人员应当予以配合。必要时，行政监督部门可以责令暂停招标投标活动。

行政监督部门的工作人员对监督检查过程中知悉的国家秘密、商业秘密，应当依法予以保密。

第六章　法　律　责　任

第六十三条　招标人有下列限制或者排斥潜在投标人行为之一的，由有关行政监督部门依照招标投标法第五十一条的规定处罚：

（一）依法应当公开招标的项目不按照规定在指定媒介发布资格预审公告或者招标公告；

（二）在不同媒介发布的同一招标项目的资格预审公告或者招标公告的内容不一致，影响潜在投标人申请资格预审或者投标。

依法必须进行招标的项目的招标人不按照规定发布资格预审公告或者招标公告，构成规避招标的，依照招标投标法第四十九条的规定处罚。

第六十四条　招标人有下列情形之一的，由有关行政监督部门责令改正，可以处10万元以下的罚款：

（一）依法应当公开招标而采用邀请招标；

（二）招标文件、资格预审文件的发售、澄清、修改的时限，或者确定的提交资格预审申请文件、投标文件的时限不符合招标投标法和本条例规定；

（三）接受未通过资格预审的单位或者个人参加投标；

（四）接受应当拒收的投标文件。

招标人有前款第一项、第三项、第四项所列行为之一的，对单位直接负责的主管人员和其他直接责任人员依法给予处分。

第六十五条　招标代理机构在所代理的招标项目中投标、代理投标或者向该项目投标人提供咨询的，接受委托编制标底的中介机构参加受托编制标底项目的投标或者为该项目的投标人编制投标文件、提供咨询的，依照招标投标法第五十条的规定追究法律责任。

第六十六条　招标人超过本条例规定的比例收取投标保证金、履约保证金或者不按照规定退还投标保证金及银行同期存款利息的，由有关行政监督部门责令改正，可以处5万元以下的罚款；给他人造成损失的，依法承担赔偿责任。

第六十七条　投标人相互串通投标或者与招标人串通投标的，投标人向招标人或者评标委员会成员行贿谋取中标的，中标无效；构成犯罪的，依法追究刑事责任；尚不构成犯罪的，依照招标投标法第五十三条的规定处罚。投标人未中标的，对单位的罚款金额按照招标项目合同金额依照招标投标法规定的比例计算。

投标人有下列行为之一的，属于招标投标法第五十三条规定的情节严重行为，由有关行政监督部门取消其1年至2年内参加依法必须进行招标的项目的投标资格：

（一）以行贿谋取中标；

（二）3年内2次以上串通投标；

（三）串通投标行为损害招标人、其他投标人或者国家、集体、公民的合法利益，造成直接经济损失 30 万元以上；

（四）其他串通投标情节严重的行为。

投标人自本条第二款规定的处罚执行期限届满之日起 3 年内又有该款所列违法行为之一的，或者串通投标、以行贿谋取中标情节特别严重的，由工商行政管理机关吊销营业执照。

法律、行政法规对串通投标报价行为的处罚另有规定的，从其规定。

第六十八条 投标人以他人名义投标或者以其他方式弄虚作假骗取中标的，中标无效；构成犯罪的，依法追究刑事责任；尚不构成犯罪的，依照招标投标法第五十四条的规定处罚。依法必须进行招标的项目的投标人未中标的，对单位的罚款金额按照招标项目合同金额依照招标投标法规定的比例计算。

投标人有下列行为之一的，属于招标投标法第五十四条规定的情节严重行为，由有关行政监督部门取消其 1 年至 3 年内参加依法必须进行招标的项目的投标资格：

（一）伪造、变造资格、资质证书或者其他许可证件骗取中标；

（二）3 年内 2 次以上使用他人名义投标；

（三）弄虚作假骗取中标给招标人造成直接经济损失 30 万元以上；

（四）其他弄虚作假骗取中标情节严重的行为。

投标人自本条第二款规定的处罚执行期限届满之日起 3 年内又有该款所列违法行为之一的，或者弄虚作假骗取中标情节特别严重的，由工商行政管理机关吊销营业执照。

第六十九条 出让或者出租资格、资质证书供他人投标的，依照法律、行政法规的规定给予行政处罚；构成犯罪的，依法追究刑事责任。

第七十条 依法必须进行招标的项目的招标人不按照规定组建评标委员会，或者确定、更换评标委员会成员违反招标投标法和本条例规定的，由有关行政监督部门责令改正，可以处 10 万元以下的罚款，对单位直接负责的主管人员和其他直接责任人员依法给予处分；违法确定或者更换的评标委员会成员作出的评审结论无效，依法重新进行评审。

国家工作人员以任何方式非法干涉选取评标委员会成员的，依照本条例第八十一条的规定追究法律责任。

第七十一条 评标委员会成员有下列行为之一的，由有关行政监督部门责令改正；情节严重的，禁止其在一定期限内参加依法必须进行招标的项目的评标；情节特别严重的，取消其担任评标委员会成员的资格：

（一）应当回避而不回避；

（二）擅离职守；

（三）不按照招标文件规定的评标标准和方法评标；

（四）私下接触投标人；

（五）向招标人征询确定中标人的意向或者接受任何单位或者个人明示或者暗示提出的倾向或者排斥特定投标人的要求；

（六）对依法应当否决的投标不提出否决意见；

（七）暗示或者诱导投标人作出澄清、说明或者接受投标人主动提出的澄清、说明；

（八）其他不客观、不公正履行职务的行为。

第七十二条 评标委员会成员收受投标人的财物或者其他好处的，没收收受的财物，处3000元以上5万元以下的罚款，取消担任评标委员会成员的资格，不得再参加依法必须进行招标的项目的评标；构成犯罪的，依法追究刑事责任。

第七十三条 依法必须进行招标的项目的招标人有下列情形之一的，由有关行政监督部门责令改正，可以处中标项目金额10‰以下的罚款；给他人造成损失的，依法承担赔偿责任；对单位直接负责的主管人员和其他直接责任人员依法给予处分：

（一）无正当理由不发出中标通知书；

（二）不按照规定确定中标人；

（三）中标通知书发出后无正当理由改变中标结果；

（四）无正当理由不与中标人订立合同；

（五）在订立合同时向中标人提出附加条件。

第七十四条 中标人无正当理由不与招标人订立合同，在签订合同时向招标人提出附加条件，或者不按照招标文件要求提交履约保证金的，取消其中标资格，投标保证金不予退还。对依法必须进行招标的项目的中标人，由有关行政监督部门责令改正，可以处中标项目金额10‰以下的罚款。

第七十五条 招标人和中标人不按照招标文件和中标人的投标文件订立合同，合同的主要条款与招标文件、中标人的投标文件的内容不一致，或者招标人、中标人订立背离合同实质性内容的协议的，由有关行政监督部门责令改正，可以处中标项目金额5‰以上10‰以下的罚款。

第七十六条 中标人将中标项目转让给他人的，将中标项目肢解后分别转让给他人的，违反招标投标法和本条例规定将中标项目的部分主体、关键性工作分包给他人的，或者分包人再次分包的，转让、分包无效，处转让、分包项目金额5‰以上10‰以下的罚款；有违法所得的，并处没收违法所得；可以责令停业整顿；情节严重的，由工商行政管理机关吊销营业执照。

第七十七条 投标人或者其他利害关系人捏造事实、伪造材料或者以非法手段取得证明材料进行投诉，给他人造成损失的，依法承担赔偿责任。

招标人不按照规定对异议作出答复，继续进行招标投标活动的，由有关行政监督部门责令改正，拒不改正或者不能改正并影响中标结果的，依照本条例第八十二条的规定处理。

第七十八条 取得招标职业资格的专业人员违反国家有关规定办理招标业务的，责令改正，给予警告；情节严重的，暂停一定期限内从事招标业务；情节特别严重的，取消招标职业资格。

第七十九条 国家建立招标投标信用制度。有关行政监督部门应当依法公告对招标人、招标代理机构、投标人、评标委员会成员等当事人违法行为的行政处理决定。

第八十条 项目审批、核准部门不依法审批、核准项目招标范围、招标方式、招标组织形式的，对单位直接负责的主管人员和其他直接责任人员依法给予处分。

有关行政监督部门不依法履行职责，对违反招标投标法和本条例规定的行为不依法查处，或者不按照规定处理投诉、不依法公告对招标投标当事人违法行为的行政处理决定的，对直接负责的主管人员和其他直接责任人员依法给予处分。

项目审批、核准部门和有关行政监督部门的工作人员徇私舞弊、滥用职权、玩忽职守，构成犯罪的，依法追究刑事责任。

第八十一条 国家工作人员利用职务便利，以直接或者间接、明示或者暗示等任何方式非法干涉招标投标活动，有下列情形之一的，依法给予记过或者记大过处分；情节严重的，依法给予降级或者撤职处分；情节特别严重的，依法给予开除处分；构成犯罪的，依法追究刑事责任：

（一）要求对依法必须进行招标的项目不招标，或者要求对依法应当公开招标的项目不公开招标；

（二）要求评标委员会成员或者招标人以其指定的投标人作为中标候选人或者中标人，或者以其他方式非法干涉评标活动，影响中标结果；

（三）以其他方式非法干涉招标投标活动。

第八十二条 依法必须进行招标的项目的招标投标活动违反招标投标法和本条例的规定，对中标结果造成实质性影响，且不能采取补救措施予以纠正的，招标、投标、中标无效，应当依法重新招标或者评标。

第七章 附 则

第八十三条 招标投标协会按照依法制定的章程开展活动，加强行业自律和服务。

第八十四条 政府采购的法律、行政法规对政府采购货物、服务的招标投标另有规定的，从其规定。

第八十五条 本条例自2012年2月1日起施行。

（三）建设管理

建设工程质量管理条例

国务院令第279号

（2000年1月30日发布，自2000年1月30日起施行）

第一章　总　　则

第一条　为了加强对建设工程质量的管理，保证建设工程质量，保护人民生命和财产安全，根据《中华人民共和国建筑法》，制定本条例。

第二条　凡在中华人民共和国境内从事建设工程的新建、扩建、改建等有关活动及实施对建设工程质量监督管理的，必须遵守本条例。

本条例所称建设工程，是指土木工程、建筑工程、线路管道和设备安装工程及装修工程。

第三条　建设单位、勘察单位、设计单位、施工单位、工程监理单位依法对建设工程质量负责。

第四条　县级以上人民政府建设行政主管部门和其他有关部门应当加强对建设工程质量的监督管理。

第五条　从事建设工程活动，必须严格执行基本建设程序，坚持先勘察、后设计、再施工的原则。

县级以上人民政府及其有关部门不得超越权限审批建设项目或者擅自简化基本建设程序。

第六条　国家鼓励采用先进的科学技术和管理方法，提高建设工程质量。

第二章　建设单位的质量责任和义务

第七条　建设单位应当将工程发包给具有相应资质等级的单位。

建设单位不得将建设工程肢解发包。

第八条　建设单位应当依法对工程建设项目的勘察、设计、施工、监理以及与工程建设有关的重要设备、材料等的采购进行招标。

第九条　建设单位必须向有关的勘察、设计、施工、工程监理等单位提供与建设工程有关的原始资料。

原始资料必须真实、准确、齐全。

第十条　建设工程发包单位不得迫使承包方以低于成本的价格竞标，不得任意压缩合理工期。

建设单位不得明示或者暗示设计单位或者施工单位违反工程建设强制性标准，降低建设工程质量。

第十一条 建设单位应当将施工图设计文件报县级以上人民政府建设行政主管部门或者其他有关部门审查。施工图设计文件审查的具体办法，由国务院建设行政主管部门会同国务院其他有关部门制定。

施工图设计文件未经审查批准的，不得使用。

第十二条 实行监理的建设工程，建设单位应当委托具有相应资质等级的工程监理单位进行监理，也可以委托具有工程监理相应资质等级并与被监理工程的施工承包单位没有隶属关系或者其他利害关系的该工程的设计单位进行监理。

下列建设工程必须实行监理：

（一）国家重点建设工程；

（二）大中型公用事业工程；

（三）成片开发建设的住宅小区工程；

（四）利用外国政府或者国际组织贷款、援助资金的工程；

（五）国家规定必须实行监理的其他工程。

第十三条 建设单位在领取施工许可证或者开工报告前，应当按照国家有关规定办理工程质量监督手续。

第十四条 按照合同约定，由建设单位采购建筑材料、建筑构配件和设备的，建设单位应当保证建筑材料、建筑构配件和设备符合设计文件和合同要求。

建设单位不得明示或者暗示施工单位使用不合格的建筑材料、建筑构配件和设备。

第十五条 涉及建筑主体和承重结构变动的装修工程，建设单位应当在施工前委托原设计单位或者具有相应资质等级的设计单位提出设计方案；没有设计方案的，不得施工。

房屋建筑使用者在装修过程中，不得擅自变动房屋建筑主体和承重结构。

第十六条 建设单位收到建设工程竣工报告后，应当组织设计、施工、工程监理等有关单位进行竣工验收。

建设工程竣工验收应当具备下列条件：

（一）完成建设工程设计和合同约定的各项内容；

（二）有完整的技术档案和施工管理资料；

（三）有工程使用的主要建筑材料、建筑构配件和设备的进场试验报告；

（四）有勘察、设计、施工、工程监理等单位分别签署的质量合格文件；

（五）有施工单位签署的工程保修书。

建设工程经验收合格的，方可交付使用。

第十七条 建设单位应当严格按照国家有关档案管理的规定，及时收集、整理建设项目各环节的文件资料，建立、健全建设项目档案，并在建设工程竣工验收后，及时向建设行政主管部门或者其他有关部门移交建设项目档案。

第三章 勘察、设计单位的质量责任和义务

第十八条 从事建设工程勘察、设计的单位应当依法取得相应等级的资质证书，并在其资质等级许可的范围内承揽工程。

禁止勘察、设计单位超越其资质等级许可的范围或者以其他勘察、设计单位的名义承揽工程。禁止勘察、设计单位允许其他单位或者个人以本单位的名义承揽工程。

勘察、设计单位不得转包或者违法分包所承揽的工程。

第十九条　勘察、设计单位必须按照工程建设强制性标准进行勘察、设计，并对其勘察、设计的质量负责。

注册建筑师、注册结构工程师等注册执业人员应当在设计文件上签字，对设计文件负责。

第二十条　勘察单位提供的地质、测量、水文等勘察成果必须真实、准确。

第二十一条　设计单位应当根据勘察成果文件进行建设工程设计。

设计文件应当符合国家规定的设计深度要求，注明工程合理使用年限。

第二十二条　设计单位在设计文件中选用的建筑材料、建筑构配件和设备，应当注明规格、型号、性能等技术指标，其质量要求必须符合国家规定的标准。

除有特殊要求的建筑材料、专用设备、工艺生产线等外，设计单位不得指定生产厂、供应商。

第二十三条　设计单位应当就审查合格的施工图设计文件向施工单位作出详细说明。

第二十四条　设计单位应当参与建设工程质量事故分析，并对因设计造成的质量事故，提出相应的技术处理方案。

第四章　施工单位的质量责任和义务

第二十五条　施工单位应当依法取得相应等级的资质证书，并在其资质等级许可的范围内承揽工程。

禁止施工单位超越本单位资质等级许可的业务范围或者以其他施工单位的名义承揽工程。禁止施工单位允许其他单位或者个人以本单位的名义承揽工程。

施工单位不得转包或者违法分包工程。

第二十六条　施工单位对建设工程的施工质量负责。

施工单位应当建立质量责任制，确定工程项目的项目经理、技术负责人和施工管理负责人。

建设工程实行总承包的，总承包单位应当对全部建设工程质量负责；建设工程勘察、设计、施工、设备采购的一项或者多项实行总承包的，总承包单位应当对其承包的建设工程或者采购的设备的质量负责。

第二十七条　总承包单位依法将建设工程分包给其他单位的，分包单位应当按照分包合同的约定对其分包工程的质量向总承包单位负责，总承包单位与分包单位对分包工程的质量承担连带责任。

第二十八条　施工单位必须按照工程设计图纸和施工技术标准施工，不得擅自修改工程设计，不得偷工减料。

施工单位在施工过程中发现设计文件和图纸有差错的，应当及时提出意见和建议。

第二十九条　施工单位必须按照工程设计要求、施工技术标准和合同约定，对建筑材料、建筑构配件、设备和商品混凝土进行检验，检验应当有书面记录和专人签字；未经检验或者检验不合格的，不得使用。

第三十条 施工单位必须建立、健全施工质量的检验制度，严格工序管理，作好隐蔽工程的质量检查和记录。隐蔽工程在隐蔽前，施工单位应当通知建设单位和建设工程质量监督机构。

第三十一条 施工人员对涉及结构安全的试块、试件以及有关材料，应当在建设单位或者工程监理单位监督下现场取样，并送具有相应资质等级的质量检测单位进行检测。

第三十二条 施工单位对施工中出现质量问题的建设工程或者竣工验收不合格的建设工程，应当负责返修。

第三十三条 施工单位应当建立、健全教育培训制度，加强对职工的教育培训；未经教育培训或者考核不合格的人员，不得上岗作业。

第五章　工程监理单位的质量责任和义务

第三十四条 工程监理单位应当依法取得相应等级的资质证书，并在其资质等级许可的范围内承担工程监理业务。

禁止工程监理单位超越本单位资质等级许可的范围或者以其他工程监理单位的名义承担工程监理业务。禁止工程监理单位允许其他单位或者个人以本单位的名义承担工程监理业务。

工程监理单位不得转让工程监理业务。

第三十五条 工程监理单位与被监理工程的施工承包单位以及建筑材料、建筑构配件和设备供应单位有隶属关系或者其他利害关系的，不得承担该项建设工程的监理业务。

第三十六条 工程监理单位应当依照法律、法规以及有关技术标准、设计文件和建设工程承包合同，代表建设单位对施工质量实施监理，并对施工质量承担监理责任。

第三十七条 工程监理单位应当选派具备相应资格的总监理工程师和监理工程师进驻施工现场。

未经监理工程师签字，建筑材料、建筑构配件和设备不得在工程上使用或者安装，施工单位不得进行下一道工序的施工。未经总监理工程师签字，建设单位不拨付工程款，不进行竣工验收。

第三十八条 监理工程师应当按照工程监理规范的要求，采取旁站、巡视和平行检验等形式，对建设工程实施监理。

第六章　建设工程质量保修

第三十九条 建设工程实行质量保修制度。

建设工程承包单位在向建设单位提交工程竣工验收报告时，应当向建设单位出具质量保修书。质量保修书中应当明确建设工程的保修范围、保修期限和保修责任等。

第四十条 在正常使用条件下，建设工程的最低保修期限为：

（一）基础设施工程、房屋建筑的地基基础工程和主体结构工程，为设计文件规定的该工程的合理使用年限；

（二）屋面防水工程、有防水要求的卫生间、房间和外墙面的防渗漏，为5年；

（三）供热与供冷系统，为 2 个采暖期、供冷期；

（四）电气管线、给排水管道、设备安装和装修工程，为 2 年。

其他项目的保修期限由发包方与承包方约定。

建设工程的保修期，自竣工验收合格之日起计算。

第四十一条　建设工程在保修范围和保修期限内发生质量问题的，施工单位应当履行保修义务，并对造成的损失承担赔偿责任。

第四十二条　建设工程在超过合理使用年限后需要继续使用的，产权所有人应当委托具有相应资质等级的勘察、设计单位鉴定，并根据鉴定结果采取加固、维修等措施，重新界定使用期。

第七章　监　督　管　理

第四十三条　国家实行建设工程质量监督管理制度。

国务院建设行政主管部门对全国的建设工程质量实施统一监督管理。国务院铁路、交通、水利等有关部门按照国务院规定的职责分工，负责对全国的有关专业建设工程质量的监督管理。

县级以上地方人民政府建设行政主管部门对本行政区域内的建设工程质量实施监督管理。县级以上地方人民政府交通、水利等有关部门在各自的职责范围内，负责对本行政区域内的专业建设工程质量的监督管理。

第四十四条　国务院建设行政主管部门和国务院铁路、交通、水利等有关部门应当加强对有关建设工程质量的法律、法规和强制性标准执行情况的监督检查。

第四十五条　国务院发展计划部门按照国务院规定的职责，组织稽察特派员，对国家出资的重大建设项目实施监督检查。

国务院经济贸易主管部门按照国务院规定的职责，对国家重大技术改造项目实施监督检查。

第四十六条　建设工程质量监督管理，可以由建设行政主管部门或者其他有关部门委托的建设工程质量监督机构具体实施。

从事房屋建筑工程和市政基础设施工程质量监督的机构，必须按照国家有关规定经国务院建设行政主管部门或者省、自治区、直辖市人民政府建设行政主管部门考核；从事专业建设工程质量监督的机构，必须按照国家有关规定经国务院有关部门或者省、自治区、直辖市人民政府有关部门考核。经考核合格后，方可实施质量监督。

第四十七条　县级以上地方人民政府建设行政主管部门和其他有关部门应当加强对有关建设工程质量的法律、法规和强制性标准执行情况的监督检查。

第四十八条　县级以上人民政府建设行政主管部门和其他有关部门履行监督检查职责时，有权采取下列措施：

（一）要求被检查的单位提供有关工程质量的文件和资料；

（二）进入被检查单位的施工现场进行检查；

（三）发现有影响工程质量的问题时，责令改正。

第四十九条　建设单位应当自建设工程竣工验收合格之日起 15 日内，将建设工程竣工验收报告和规划、公安消防、环保等部门出具的认可文件或者准许使用文件报建设行政主管部门或者其他有关部门备案。

建设行政主管部门或者其他有关部门发现建设单位在竣工验收过程中有违反国家有关建设工程质量管理规定行为的，责令停止使用，重新组织竣工验收。

第五十条 有关单位和个人对县级以上人民政府建设行政主管部门和其他有关部门进行的监督检查应当支持与配合，不得拒绝或者阻碍建设工程质量监督检查人员依法执行职务。

第五十一条 供水、供电、供气、公安消防等部门或者单位不得明示或者暗示建设单位、施工单位购买其指定的生产供应单位的建筑材料、建筑构配件和设备。

第五十二条 建设工程发生质量事故，有关单位应当在24小时内向当地建设行政主管部门和其他有关部门报告。对重大质量事故，事故发生地的建设行政主管部门和其他有关部门应当按照事故类别和等级向当地人民政府和上级建设行政主管部门和其他有关部门报告。

特别重大质量事故的调查程序按照国务院有关规定办理。

第五十三条 任何单位和个人对建设工程的质量事故、质量缺陷都有权检举、控告、投诉。

第八章 罚 则

第五十四条 违反本条例规定，建设单位将建设工程发包给不具有相应资质等级的勘察、设计、施工单位或者委托给不具有相应资质等级的工程监理单位的，责令改正，处50万元以上100万元以下的罚款。

第五十五条 违反本条例规定，建设单位将建设工程肢解发包的，责令改正，处工程合同价款0.5%以上1%以下的罚款；对全部或者部分使用国有资金的项目，并可以暂停项目执行或者暂停资金拨付。

第五十六条 违反本条例规定，建设单位有下列行为之一的，责令改正，处20万元以上50万元以下的罚款：

（一）迫使承包方以低于成本的价格竞标的；

（二）任意压缩合理工期的；

（三）明示或者暗示设计单位或者施工单位违反工程建设强制性标准，降低工程质量的；

（四）施工图设计文件未经审查或者审查不合格，擅自施工的；

（五）建设项目必须实行工程监理而未实行工程监理的；

（六）未按照国家规定办理工程质量监督手续的；

（七）明示或者暗示施工单位使用不合格的建筑材料、建筑构配件和设备的；

（八）未按照国家规定将竣工验收报告、有关认可文件或者准许使用文件报送备案的。

第五十七条 违反本条例规定，建设单位未取得施工许可证或者开工报告未经批准，擅自施工的，责令停止施工，限期改正，处工程合同价款1%以上2%以下的罚款。

第五十八条 违反本条例规定，建设单位有下列行为之一的，责令改正，处工程合同价款2%以上4%以下的罚款；造成损失的，依法承担赔偿责任：

（一）未组织竣工验收，擅自交付使用的；

（二）验收不合格，擅自交付使用的；

（三）对不合格的建设工程按照合格工程验收的。

第五十九条　违反本条例规定，建设工程竣工验收后，建设单位未向建设行政主管部门或者其他有关部门移交建设项目档案的，责令改正，处1万元以上10万元以下的罚款。

第六十条　违反本条例规定，勘察、设计、施工、工程监理单位超越本单位资质等级承揽工程的，责令停止违法行为，对勘察、设计单位或者工程监理单位处合同约定的勘察费、设计费或者监理酬金1倍以上2倍以下的罚款；对施工单位处工程合同价款2%以上4%以下的罚款，可以责令停业整顿，降低资质等级；情节严重的，吊销资质证书；有违法所得的，予以没收。

未取得资质证书承揽工程的，予以取缔，依照前款规定处以罚款；有违法所得的，予以没收。

以欺骗手段取得资质证书承揽工程的，吊销资质证书，依照本条第一款规定处以罚款；有违法所得的，予以没收。

第六十一条　违反本条例规定，勘察、设计、施工、工程监理单位允许其他单位或者个人以本单位名义承揽工程的，责令改正，没收违法所得，对勘察、设计单位和工程监理单位处合同约定的勘察费、设计费和监理酬金1倍以上2倍以下的罚款；对施工单位处工程合同价款2%以上4%以下的罚款；可以责令停业整顿，降低资质等级；情节严重的，吊销资质证书。

第六十二条　违反本条例规定，承包单位将承包的工程转包或者违法分包的，责令改正，没收违法所得，对勘察、设计单位处合同约定的勘察费、设计费25%以上50%以下的罚款；对施工单位处工程合同价款0.5%以上1%以下的罚款；可以责令停业整顿，降低资质等级；情节严重的，吊销资质证书。

工程监理单位转让工程监理业务的，责令改正，没收违法所得，处合同约定的监理酬金25%以上50%以下的罚款；可以责令停业整顿，降低资质等级；情节严重的，吊销资质证书。

第六十三条　违反本条例规定，有下列行为之一的，责令改正，处10万元以上30万元以下的罚款：

（一）勘察单位未按照工程建设强制性标准进行勘察的；

（二）设计单位未根据勘察成果文件进行工程设计的；

（三）设计单位指定建筑材料、建筑构配件的生产厂、供应商的；

（四）设计单位未按照工程建设强制性标准进行设计的。

有前款所列行为，造成工程质量事故的，责令停业整顿，降低资质等级；情节严重的，吊销资质证书；造成损失的，依法承担赔偿责任。

第六十四条　违反本条例规定，施工单位在施工中偷工减料的，使用不合格的建筑材料、建筑构配件和设备的，或者有不按照工程设计图纸或者施工技术标准施工的其他行为的，责令改正，处工程合同价款2%以上4%以下的罚款；造成建设工程质量不符合规定的质量标准的，负责返工、修理，并赔偿因此造成的损失；情节严重的，责令停业整顿，降低资质等级或者吊销资质证书。

第六十五条 违反本条例规定，施工单位未对建筑材料、建筑构配件、设备和商品混凝土进行检验，或者未对涉及结构安全的试块、试件以及有关材料取样检测的，责令改正，处10万元以上20万元以下的罚款；情节严重的，责令停业整顿，降低资质等级或者吊销资质证书；造成损失的，依法承担赔偿责任。

第六十六条 违反本条例规定，施工单位不履行保修义务或者拖延履行保修义务的，责令改正，处10万元以上20万元以下的罚款，并对在保修期内因质量缺陷造成的损失承担赔偿责任。

第六十七条 工程监理单位有下列行为之一的，责令改正，处50万元以上100万元以下的罚款，降低资质等级或者吊销资质证书；有违法所得的，予以没收；造成损失的，承担连带赔偿责任：

（一）与建设单位或者施工单位串通，弄虚作假、降低工程质量的；

（二）将不合格的建设工程、建筑材料、建筑构配件和设备按照合格签字的。

第六十八条 违反本条例规定，工程监理单位与被监理工程的施工承包单位以及建筑材料、建筑构配件和设备供应单位有隶属关系或者其他利害关系承担该项建设工程的监理业务的，责令改正，处5万元以上10万元以下的罚款，降低资质等级或者吊销资质证书；有违法所得的，予以没收。

第六十九条 违反本条例规定，涉及建筑主体或者承重结构变动的装修工程，没有设计方案擅自施工的，责令改正，处50万元以上100万元以下的罚款；房屋建筑使用者在装修过程中擅自变动房屋建筑主体和承重结构的，责令改正，处5万元以上10万元以下的罚款。

有前款所列行为，造成损失的，依法承担赔偿责任。

第七十条 发生重大工程质量事故隐瞒不报、谎报或者拖延报告期限的，对直接负责的主管人员和其他责任人员依法给予行政处分。

第七十一条 违反本条例规定，供水、供电、供气、公安消防等部门或者单位明示或者暗示建设单位或者施工单位购买其指定的生产供应单位的建筑材料、建筑构配件和设备的，责令改正。

第七十二条 违反本条例规定，注册建筑师、注册结构工程师、监理工程师等注册执业人员因过错造成质量事故的，责令停止执业1年；造成重大质量事故的，吊销执业资格证书，5年以内不予注册；情节特别恶劣的，终身不予注册。

第七十三条 依照本条例规定，给予单位罚款处罚的，对单位直接负责的主管人员和其他直接责任人员处单位罚款数额5%以上10%以下的罚款。

第七十四条 建设单位、设计单位、施工单位、工程监理单位违反国家规定，降低工程质量标准，造成重大安全事故，构成犯罪的，对直接责任人员依法追究刑事责任。

第七十五条 本条例规定的责令停业整顿，降低资质等级和吊销资质证书的行政处罚，由颁发资质证书的机关决定；其他行政处罚，由建设行政主管部门或者其他有关部门依照法定职权决定。

依照本条例规定被吊销资质证书的，由工商行政管理部门吊销其营业执照。

第七十六条　国家机关工作人员在建设工程质量监督管理工作中玩忽职守、滥用职权、徇私舞弊，构成犯罪的，依法追究刑事责任；尚不构成犯罪的，依法给予行政处分。

第七十七条　建设、勘察、设计、施工、工程监理单位的工作人员因调动工作、退休等原因离开该单位后，被发现在该单位工作期间违反国家有关建设工程质量管理规定，造成重大工程质量事故的，仍应当依法追究法律责任。

第九章　附　　则

第七十八条　本条例所称肢解发包，是指建设单位将应当由一个承包单位完成的建设工程分解成若干部分发包给不同的承包单位的行为。

本条例所称违法分包，是指下列行为：

（一）总承包单位将建设工程分包给不具备相应资质条件的单位的；

（二）建设工程总承包合同中未有约定，又未经建设单位认可，承包单位将其承包的部分建设工程交由其他单位完成的；

（三）施工总承包单位将建设工程主体结构的施工分包给其他单位的；

（四）分包单位将其承包的建设工程再分包的。

本条例所称转包，是指承包单位承包建设工程后，不履行合同约定的责任和义务，将其承包的全部建设工程转给他人或者将其承包的全部建设工程肢解以后以分包的名义分别转给其他单位承包的行为。

第七十九条　本条例规定的罚款和没收的违法所得，必须全部上缴国库。

第八十条　抢险救灾及其他临时性房屋建筑和农民自建低层住宅的建设活动，不适用本条例。

第八十一条　军事建设工程的管理，按照中央军事委员会的有关规定执行。

第八十二条　本条例自发布之日起施行。

建设工程勘察设计管理条例

国务院令第293号

（2000年9月25日公布，自2000年9月25日起施行）

第一章 总 则

第一条 为了加强对建设工程勘察、设计活动的管理，保证建设工程勘察、设计质量，保护人民生命和财产安全，制定本条例。

第二条 从事建设工程勘察、设计活动，必须遵守本条例。

本条例所称建设工程勘察，是指根据建设工程的要求，查明、分析、评价建设场地的地质地理环境特征和岩土工程条件，编制建设工程勘察文件的活动。

本条例所称建设工程设计，是指根据建设工程的要求，对建设工程所需的技术、经济、资源、环境等条件进行综合分析、论证，编制建设工程设计文件的活动。

第三条 建设工程勘察、设计应当与社会、经济发展水平相适应，做到经济效益、社会效益和环境效益相统一。

第四条 从事建设工程勘察、设计活动，应当坚持先勘察、后设计、再施工的原则。

第五条 县级以上人民政府建设行政主管部门和交通、水利等有关部门应当依照本条例的规定，加强对建设工程勘察、设计活动的监督管理。

建设工程勘察、设计单位必须依法进行建设工程勘察、设计，严格执行工程建设强制性标准，并对建设工程勘察、设计的质量负责。

第六条 国家鼓励在建设工程勘察、设计活动中采用先进技术、先进工艺、先进设备、新型材料和现代管理方法。

第二章 资质资格管理

第七条 国家对从事建设工程勘察、设计活动的单位，实行资质管理制度。具体办法由国务院建设行政主管部门商国务院有关部门制定。

第八条 建设工程勘察、设计单位应当在其资质等级许可的范围内承揽建设工程勘察、设计业务。

禁止建设工程勘察、设计单位超越其资质等级许可的范围或者以其他建设工程勘察、设计单位的名义承揽建设工程勘察、设计业务。禁止建设工程勘察、设计单位允许其他单位或者个人以本单位的名义承揽建设工程勘察、设计业务。

第九条 国家对从事建设工程勘察、设计活动的专业技术人员，实行执业资格注册管理制度。

未经注册的建设工程勘察、设计人员，不得以注册执业人员的名义从事建设工程勘察、设计活动。

第十条　建设工程勘察、设计注册执业人员和其他专业技术人员只能受聘于一个建设工程勘察、设计单位；未受聘于建设工程勘察、设计单位的，不得从事建设工程的勘察、设计活动。

第十一条　建设工程勘察、设计单位资质证书和执业人员注册证书，由国务院建设行政主管部门统一制作。

第三章　建设工程勘察设计发包与承包

第十二条　建设工程勘察、设计发包依法实行招标发包或者直接发包。

第十三条　建设工程勘察、设计应当依照《中华人民共和国招标投标法》的规定，实行招标发包。

第十四条　建设工程勘察、设计方案评标，应当以投标人的业绩、信誉和勘察、设计人员的能力以及勘察、设计方案的优劣为依据，进行综合评定。

第十五条　建设工程勘察、设计的招标人应当在评标委员会推荐的候选方案中确定中标方案。但是，建设工程勘察、设计的招标人认为评标委员会推荐的候选方案不能最大限度满足招标文件规定的要求的，应当依法重新招标。

第十六条　下列建设工程的勘察、设计，经有关主管部门批准，可以直接发包：

（一）采用特定的专利或者专有技术的；

（二）建筑艺术造型有特殊要求的；

（三）国务院规定的其他建设工程的勘察、设计。

第十七条　发包方不得将建设工程勘察、设计业务发包给不具有相应勘察、设计资质等级的建设工程勘察、设计单位。

第十八条　发包方可以将整个建设工程的勘察、设计发包给一个勘察、设计单位；也可以将建设工程的勘察、设计分别发包给几个勘察、设计单位。

第十九条　除建设工程主体部分的勘察、设计外，经发包方书面同意，承包方可以将建设工程其他部分的勘察、设计再分包给其他具有相应资质等级的建设工程勘察、设计单位。

第二十条　建设工程勘察、设计单位不得将所承揽的建设工程勘察、设计转包。

第二十一条　承包方必须在建设工程勘察、设计资质证书规定的资质等级和业务范围内承揽建设工程的勘察、设计业务。

第二十二条　建设工程勘察、设计的发包方与承包方，应当执行国家规定的建设工程勘察、设计程序。

第二十三条　建设工程勘察、设计的发包方与承包方应当签订建设工程勘察、设计合同。

第二十四条　建设工程勘察、设计发包方与承包方应当执行国家有关建设工程勘察费、设计费的管理规定。

第四章　建设工程勘察设计文件的编制与实施

第二十五条　编制建设工程勘察、设计文件，应当以下列规定为依据：

（一）项目批准文件；

（二）城市规划；

（三）工程建设强制性标准；

（四）国家规定的建设工程勘察、设计深度要求。

铁路、交通、水利等专业建设工程，还应当以专业规划的要求为依据。

第二十六条 编制建设工程勘察文件，应当真实、准确，满足建设工程规划、选址、设计、岩土治理和施工的需要。

编制方案设计文件，应当满足编制初步设计文件和控制概算的需要。

编制初步设计文件，应当满足编制施工招标文件、主要设备材料订货和编制施工图设计文件的需要。

编制施工图设计文件，应当满足设备材料采购、非标准设备制作和施工的需要，并注明建设工程合理使用年限。

第二十七条 设计文件中选用的材料、构配件、设备，应当注明其规格、型号、性能等技术指标，其质量要求必须符合国家规定的标准。

除有特殊要求的建筑材料、专用设备和工艺生产线等外，设计单位不得指定生产厂、供应商。

第二十八条 建设单位、施工单位、监理单位不得修改建设工程勘察、设计文件；确需修改建设工程勘察、设计文件的，应当由原建设工程勘察、设计单位修改。经原建设工程勘察、设计单位书面同意，建设单位也可以委托其他具有相应资质的建设工程勘察、设计单位修改。修改单位对修改的勘察、设计文件承担相应责任。

施工单位、监理单位发现建设工程勘察、设计文件不符合工程建设强制性标准、合同约定的质量要求的，应当报告建设单位，建设单位有权要求建设工程勘察、设计单位对建设工程勘察、设计文件进行补充、修改。

建设工程勘察、设计文件内容需要作重大修改的，建设单位应当报经原审批机关批准后，方可修改。

第二十九条 建设工程勘察、设计文件中规定采用的新技术、新材料，可能影响建设工程质量和安全，又没有国家技术标准的，应当由国家认可的检测机构进行试验、论证，出具检测报告，并经国务院有关部门或者省、自治区、直辖市人民政府有关部门组织的建设工程技术专家委员会审定后，方可使用。

第三十条 建设工程勘察、设计单位应当在建设工程施工前，向施工单位和监理单位说明建设工程勘察、设计意图，解释建设工程勘察、设计文件。

建设工程勘察、设计单位应当及时解决施工中出现的勘察、设计问题。

第五章 监 督 管 理

第三十一条 国务院建设行政主管部门对全国的建设工程勘察、设计活动实施统一监督管理。国务院铁路、交通、水利等有关部门按照国务院规定的职责分工，负责对全国的有关专业建设工程勘察、设计活动的监督管理。

县级以上地方人民政府建设行政主管部门对本行政区域内的建设工程勘察、设计活动实施监督管理。县级以上地方人民政府交通、水利等有关部门在各自的职责范围内，负责对本行政区域内的有关专业建设工程勘察、设计活动的监督管理。

第三十二条　建设工程勘察、设计单位在建设工程勘察、设计资质证书规定的业务范围内跨部门、跨地区承揽勘察、设计业务的，有关地方人民政府及其所属部门不得设置障碍，不得违反国家规定收取任何费用。

第三十三条　县级以上人民政府建设行政主管部门或者交通、水利等有关部门应当对施工图设计文件中涉及公共利益、公众安全、工程建设强制性标准的内容进行审查。

施工图设计文件未经审查批准的，不得使用。

第三十四条　任何单位和个人对建设工程勘察、设计活动中的违法行为都有权检举、控告、投诉。

第六章　罚　　则

第三十五条　违反本条例第八条规定的，责令停止违法行为，处合同约定的勘察费、设计费1倍以上2倍以下的罚款，有违法所得的，予以没收；可以责令停业整顿，降低资质等级；情节严重的，吊销资质证书。

未取得资质证书承揽工程的，予以取缔，依照前款规定处以罚款；有违法所得的，予以没收。

以欺骗手段取得资质证书承揽工程的，吊销资质证书，依照本条第一款规定处以罚款；有违法所得的，予以没收。

第三十六条　违反本条例规定，未经注册，擅自以注册建设工程勘察、设计人员的名义从事建设工程勘察、设计活动的，责令停止违法行为，没收违法所得，处违法所得2倍以上5倍以下罚款；给他人造成损失的，依法承担赔偿责任。

第三十七条　违反本条例规定，建设工程勘察、设计注册执业人员和其他专业技术人员未受聘于一个建设工程勘察、设计单位或者同时受聘于两个以上建设工程勘察、设计单位，从事建设工程勘察、设计活动的，责令停止违法行为，没收违法所得，处违法所得2倍以上5倍以下的罚款；情节严重的，可以责令停止执行业务或者吊销资格证书；给他人造成损失的，依法承担赔偿责任。

第三十八条　违反本条例规定，发包方将建设工程勘察、设计业务发包给不具有相应资质等级的建设工程勘察、设计单位的，责令改正，处50万元以上100万元以下的罚款。

第三十九条　违反本条例规定，建设工程勘察、设计单位将所承揽的建设工程勘察、设计转包的，责令改正，没收违法所得，处合同约定的勘察费、设计费25%以上50%以下的罚款，可以责令停业整顿，降低资质等级；情节严重的，吊销资质证书。

第四十条　违反本条例规定，有下列行为之一的，依照《建设工程质量管理条例》第六十三条的规定给予处罚：

（一）勘察单位未按照工程建设强制性标准进行勘察的；

（二）设计单位未根据勘察成果文件进行工程设计的；

（三）设计单位指定建筑材料、建筑构配件的生产厂、供应商的；

（四）设计单位未按照工程建设强制性标准进行设计的。

第四十一条 本条例规定的责令停业整顿、降低资质等级和吊销资质证书、资格证书的行政处罚，由颁发资质证书、资格证书的机关决定；其他行政处罚，由建设行政主管部门或者其他有关部门依据法定职权范围决定。

依照本条例规定被吊销资质证书的，由工商行政管理部门吊销其营业执照。

第四十二条 国家机关工作人员在建设工程勘察、设计活动的监督管理工作中玩忽职守、滥用职权、徇私舞弊，构成犯罪的，依法追究刑事责任；尚不构成犯罪的，依法给予行政处分。

第七章 附　　则

第四十三条 抢险救灾及其他临时性建筑和农民自建两层以下住宅的勘察、设计活动，不适用本条例。

第四十四条 军事建设工程勘察、设计的管理，按照中央军事委员会的有关规定执行。

第四十五条 本条例自公布之日起施行。

关于印发《关于开展工程建设领域突出问题专项治理工作的意见》的通知

中办发〔2009〕27 号

（中共中央办公厅、国务院办公厅 2009 年 7 月 9 日印发）

各省、自治区、直辖市党委和人民政府，中央和国家机关各部委，解放军各总部、各大单位，各人民团体：

《关于开展工程建设领域突出问题专项治理工作的意见》已经党中央、国务院同意，现印发给你们，请结合实际认真贯彻执行。

附件

关于开展工程建设领域突出问题专项治理工作的意见

为认真贯彻落实《中共中央关于印发〈建立健全惩治和预防腐败体系 2008－2012 年工作规划〉的通知》（中发〔2008〕9 号）的有关要求，规范工程建设领域市场交易行为和领导干部从政行为，维护社会主义市场经济秩序，促进反腐倡廉建设，现就开展工程建设领域突出问题专项治理工作提出如下意见。

一、治理工作的重要性和紧迫性

近年来，各地区各部门采取有效措施，认真治理工程建设领域中存在的问题，工程建设市场不断健全，监管体制日益完善，钱权交易、商业贿赂等腐败现象滋生蔓延的势头得到了一定程度的遏制。但是，必须清醒地看到，我国工程建设领域依然存在许多突出问题。一是一些领导干部利用职权插手干预工程建设，索贿受贿；二是一些部门违法违规决策上马项目和审批规划，违法违规审批和出让土地，擅自改变土地用途、提高建筑容积率；三是一些招标人和投标人规避招标、虚假招标，围标串标，转包和违法分包；四是一些招标代理机构违规操作，有的专家评标不公正；五是一些单位在工程建设过程中违规征地拆迁、损害群众利益、破坏生态环境、质量和安全责任不落实；六是一些地方违背科学决策、民主决策的原则，乱上项目，存在劳民伤财的“形象工程”、脱离实际的“政绩工程”和威胁人民生命财产安全的“豆腐渣”工程。上述这些问题严重损害公共利益，影响党群干群关系，破坏社会主义市场经济秩序，妨碍科学发展和社会和谐稳定，人民群众反映强烈。为此，中央决定，用 2 年左右的时间，集中开展工程建设领域突出问题专项治理工作。

各地区各部门要充分认识开展工程建设领域突出问题专项治理工作的重要性和紧迫性，切实采取措施，加大治理力度，维护公平竞争的市场原则，推动以完善惩治和预防腐败体系为重点的反腐倡廉建设深入开展，促进工程建设项目高效、安全、廉洁运行，保证中央关于扩大内需促进经济平稳较快发展政策措施的贯彻落实，维护人民群众的根本利益，促进科学发展，保持社会和谐稳定。

二、治理工作的总体要求、主要任务和阶段性目标

（一）总体要求

高举中国特色社会主义伟大旗帜，以邓小平理论和“三个代表”重要思想为指导，深入贯彻落实科学发展观，全面贯彻落实党的十七大精神，紧紧围绕扩大内需、加快发展方式转变和结构调整、深化重点领域和关键环节改革、改善民生、促进和谐等任务，以政府投资和使用国有资金的项目为重点，以改革创新、科学务实的精神，坚持围绕中心、统筹协调，标本兼治、惩防并举，坚持集中治理与加强日常监管相结合，着力解决工程建设领域存在的突出问题，切实维护人民群众的根本利益，为经济社会又好又快发展提供坚强保证。

（二）主要任务

进一步规范招标投标活动，促进招标投标市场健康发展；进一步落实经营性土地使用权和矿业权招标拍卖挂牌出让制度，规范市场交易行为；进一步推进决策和规划管理工作公开透明，确保规划和项目审批依法实施；进一步加强监督管理，确保行政行为、市场行为更加规范；进一步深化有关体制机制制度改革，建立规范的工程建设市场体系；进一步落实工程建设质量和安全责任制，确保建设安全。

（三）阶段性目标

工程建设领域市场交易活动依法透明运行，统一规范的工程建设有形市场建立健全，互联互通的诚信体系初步建立，法律法规制度比较完善，相关改革不断深化，工程建设健康有序发展的长效机制基本形成，领导干部违法违规插手干预工程建设的行为受到严肃查处，腐败现象易发多发的势头得到进一步遏制。

三、治理工作的重点和主要措施

（一）认真进行排查，找准突出问题

深入开展自查。各地区各有关部门要对照有关法律法规和政策规定，认真查找项目决策、城乡规划审批、项目核准、土地审批和出让、环境评价、勘察设计和工程招标投标、征地拆迁、物资采购、资金拨付和使用、施工监理、工程质量、工程建设实施等重点部位和关键环节存在的突出问题。要紧密结合实际，认真开展自查，摸清存在问题的底数，掌握涉及问题单位和人员的基本情况。

深刻分析原因。针对发现的问题和隐患，从主观认识、法规制度、权力制约、行政监管、市场环境等方面，分析产生的根源，查找存在的漏洞和薄弱环节，提出改进的措施和办法，明确治理工作的目标和责任要求，增强治理工作的科学性、预见性和实效性。

严肃自查纪律。对不认真自查的地方和部门，要加强督导；对拒不自查、掩盖问题或弄虚作假的，要严肃处理。对自查出的违纪问题，要根据情节轻重、影响大小等作出处理。对虽有问题但能主动认识和纠正的，可以按照有关规定从轻、减轻或免予处分。各地区各部门要将自查情况书面报告中央治理工程建设领域突出问题工作领导小组。领导小组适时对自查情况进行重点检查。

（二）加大监管力度，增强监管效果

突出监管重点。着重加强项目建设程序的监管，严格执行投资项目审批、核准、备案管理程序，规范项目决策，科学确定项目规模、工程造价和标准，认真落实开工报告制度、施工许可证制度和安全生产许可证制度，确保工程项目审批和建设依法合规、公开透明运行。着重加强对招标投标活动的监管，规范招标方式确定、招标文件编制、资格审查、标段划分、评标定标、招标代理等行为，改进和完善评标办法，确保招标投标活动公开、公平、公正。着重加强土地、矿产供应及开发利用情况的监管，完善土地及矿业权审批、供应、使用等管理的综合监管平台。着重加强控制性详细规划制定和实施监管，严格控制性详细规划的制定和修改程序。着重加强项目建设实施过程监管，严格依法征地拆迁，坚持合理工期、合理标价、合理标段，严格合同订立和履约，规范设计变更，科学组织施工，加强资金管理，控制建设成本，禁止转包和违法分包。着重加强工程质量与安全监管，落实工程质量和安全生产领导责任制，进一步完善质量与安全管理法规制度，明确质量标准，细化安全措施，强化施工监理，防止重、特大质量与安全事故的发生。

落实监管职责。各级政府要加强对工程建设项目全过程的监管，认真履行对政府投资项目的立项审批、项目管理、资金使用和实施效果等方面的职责。发展改革、工业和信息化、财政、国土资源、环境保护、住房城乡建设、安全监管等有关部门要依照有关法律法规，认真履行对项目决策、资金安排和管理、土地及矿业权审批和出让、节能评估审查、环境影响评价、城乡规划审批、安全生产等环节的行政管理职责。发展改革、工业和信息化、住房城乡建设、交通运输、铁道、水利、电监等部门要按照职责分工，重点做好对工程建设项目的监管。财政、审计部门要重点做好对政府投资项目资金和国有企业投资项目资金的监管，确保资金规范、高效、安全、廉洁使用。对因监管不力、行政不作为和乱作为以及行政过失等失职渎职行为造成重大损失的，要严肃追究责任单位领导和有关人员的责任。

创新监管方式。充分发挥招标投标部际联席会议机制作用，健全招标投标行政监督机制。建立健全相关制度，加强对招标投标从业机构和人员的规范管理。加大工程建设项目行政执法力度。组织实施对政府重大投资项目的跟踪审计。积极推进项目标准化、精细化、规范化和扁平化管理。发挥工程监理机构的专业监督作用，加强工程建设质量和安全生产的过程监管。推行管理骨干基本固定、劳务用工相对灵活、职责明确、高效运作的劳务管理模式。充分发挥新闻媒体的作用，加强对工程建设领域的舆论监督和社会监督。

（三）深化体制改革，创新机制制度

加快改革步伐。加强重大项目决策管理，推行专家评议和论证制度、公示和责任追究制度。发布招标投标法实施条例，抓紧研究起草政府投资条例、建筑市场管理条例。继续做好《标准施工招标资格预审文件》、《标准施工招标文件》贯彻实施工作，加快编制完成行业标准文件，实现招标投标规则统一。不断深化国库集中支付制度改革，加强工程项目政府采购管理。科学编制、严格实施土地利用总体规划，严格土地用途管制，严格土地使用权、矿业权出让审批管理。制定控制性详细规划编制审批管理办法，规范自由裁量权行使。严格执行国家有关法律法规，提高法律法规的执行力和落实度。

加强市场建设。按照政府建立、规范管理、公共服务、公平交易的原则，坚持政事分开、政企分开，打破地区封锁和行业垄断，整合和利用好各类有形建筑和建设市场资源，建立健全统一规范的工程建设有形市场，为工程交易提供场所，为交易各方提供服务，为信息发布提供平台，为政府监管提供条件。按规定必须招标的工程建设项目要实行统一进场、集中交易、行业监管、行政监察。建立健全统一规范的土地、矿业权等要素市场，大力推进土地市场、矿业权市场建设，探索显化土地使用权和矿业权转让市场的有效形式，规范土地使用权和矿业权市场交易行为。充分利用网络技术等现代科技手段，积极推行电子化招标投标。加强评标专家库管理，提高专家的职业道德水平。制定全国统一的评标专家分类标准和专家管理办法。加强中介组织管理，严格土地使用权、矿业权价格评估的监管，规范招标代理行为。

健全诚信体系。完善工程建设领域信誉评价、项目考核、合同履约、黑名单等市场信用记录，整合有关部门和行业信用信息资源，建立综合性数据库。充分利用各种信息平台，逐步形成全国互联互通的工程建设领域诚信体系，实现全行业诚信信息共建共享，并将相关信用信息纳入全国统一的企业和个人征信系统。建立健全失信惩戒制度和守信激励制度，严格市场准入。

（四）加大办案力度，坚决惩治腐败

严肃查处违纪违法案件。要坚决查办工程建设领域的腐败案件，发现一起，查处一起，决不姑息。重点查办国家工作人员特别是领导干部利用职权插手干预城乡规划审批、招标投标、土地审批和出让以谋取私利甚至索贿受贿的大案要案。严厉查处违法违规审批立项，规避和虚假招标，非法批地，低价出让土地，擅自变更规划和设计、改变土地用途和提高容积率，严重侵害群众利益等违纪违法案件。坚决查处在工程项目规划、立项审批中因违反决策程序或决策失误而造成重大损失或恶劣影响的案件。依法查处生产安全责任事故，严肃追究有关领导人的责任。既要坚决惩处受贿行为，又要严厉惩处行贿行为。坚决杜绝瞒案不报、压案不查的行为。

积极拓宽案源渠道。充分发挥各级纪检监察、司法、审计等机关和部门信访举报系统的作用，形成有效的举报投诉网络，健全举报投诉处理机制。注重在审计、财政监察、项目稽察、执法监察、专项检查、案件调查和新闻媒体报道中发现案件线索，深挖工程质量问题和安全事故背后的腐败问题。

健全办案协调机制。各级纪检监察机关、司法机关、审计部门和金融机构等要加强协作配合，完善情况通报、案件线索移送、案件协查、信息共享机制，形成查办案件的合力。对涉嫌犯罪案件，要及时移送司法机关依法查处。充分发挥查办案件的治本功能，深入剖析大案要案，严肃开展警示教育，认真查找体制机制制度方面存在的缺陷和漏洞，做到查处一起案件，教育一批干部，完善一套制度。

四、加强对治理工作的组织领导

成立中央治理工程建设领域突出问题工作领导小组，由中央纪委牵头，最高人民检察院、国家发展改革委、工业和信息化部、公安部、监察部、财政部、国土资源部、环境保护部、住房城乡建设部、交通运输部、铁道部、水利部、中国人民银行、审计署、国务院国资委、工商总局、安全监管总局、国务院法制办、电监会等为成员单位。领导小组下设办公室，承担日常工作。各地区各有关部门要切实加强领导，把治理工作作为一项重要任务列入工作日程，认真完成职责范围内的任务。各职能部门主要领导同志负总责，确定一名领导同志具体负责，落实责任分工。各级纪检监察机关要加强组织协调，会同有关部门作出总体部署，搞好任务分解，推动工作落实。各有关部门要及时沟通情况，加强协作配合，形成工作合力。

各地区各有关部门要结合实际，制定贯彻落实本意见的具体方案，确定治理重点，明确目标任务、工作进度、方式方法和时间要求。要深入排查问题、认真进行整改，完善体制机制制度，分阶段、有步骤地落实好专项治理工作的各项任务。中央治理工程建设领域突出问题工作领导小组适时组织对各地区各有关部门工作进展情况进行抽查。

各地区各有关部门要将专项治理工作与深入学习实践科学发展观活动相结合，着力解决影响和制约科学发展的突出问题以及党员干部党性党风党纪方面群众反映强烈的突出问题。要将专项治理工作与治理商业贿赂工作相结合，依法查处工程建设领域的商业贿赂案件，进一步规范市场秩序，维护公平竞争。要将专项治理工作与推进政务公开相结合，利用政府门户网站建立工程建设项目信息平台，向社会公示项目建设相关信息，明确审批流程，及时公布审批结果，实行行政审批电子监察。要将专项治理工作与纠正损害群众利益的不正之风相结合，大力加强部门和行业作风建设，着力解决工程建设领域侵害群众利益的突出问题。

各地区各有关部门要加强监督检查，开展分类指导，督促工作落实。要加强调查研究，注意解决苗头性、倾向性问题，总结经验，推动工作。对组织领导不到位、方法措施不得力、治理效果不明显的地方、部门和单位要提出整改要求，重点督查，限期整改，确保治理工作达到预期目标。

工程建设领域突出问题专项治理工作实施方案

中治工发〔2009〕2号

（中央治理工程建设领域突出问题工作领导小组　2009年9月发布）

为贯彻落实中共中央办公厅、国务院办公厅《关于开展工程建设领域突出问题专项治理工作的意见》，有计划、有步骤地完成好部署的各项任务，制定本实施方案。

一、工作要求

以政府投资和使用国有资金项目特别是扩大内需项目为重点，用2年左右的时间，对2008年以来规模以上的投资项目进行全面排查。坚持围绕中心、服务大局，突出重点、抓住关键，标本兼治、惩防并举，统筹兼顾、系统治理，着力解决工程建设领域存在的突出问题，严肃查处违法违纪案件，推进体制机制制度创新，建立规范的工程建设市场体系，规范市场行为和行政行为，维护人民群众的根本利益，促进经济社会又好又快发展。

二、任务分解、主要措施和责任单位

专项治理的任务分解为8个方面34项，目标要求、主要措施和责任单位（列在首位的为牵头单位）如下。

（一）规范工程建设项目决策行为

目标要求：着重解决未批先建、违规审批以及决策失误造成重大损失等突出问题，促进项目规划和审批公开透明、依法实施。

主要措施：

1. 加强项目建设程序的监管。严格执行投资项目审批、核准、备案管理程序，规范项目决策，科学合理确定项目建设规模、工程造价和标准，认真落实施工许可证制度、开工报告制度。

2. 加强节能评估审查，规范和严格执行环境影响评价制度，强化对环境影响评价审批的监管。

3. 健全重大项目决策制度。研究起草政府投资条例，推行专家评议和论证制度、公示和责任追究制度。

4. 向社会公示建设项目信息，明确审批流程，及时公布审批结果。

责任单位：发展改革委、环境保护部、住房城乡建设部、工业和信息化部、交通运输部、铁道部、水利部、商务部、电监会、国土资源部、财政部。

（二）规范招标投标活动

目标要求：着重解决规避招标、虚假招标、围标串标、评标不公等突出问题，促进招标投标活动的公开、公平、公正。

主要措施：

1. 依据《招标投标法》，以政府投资项目为重点，严格核准招标范围、招标方式和招标组织形式，确保依法应该公开招标的项目实行公开招标。贯彻落实发展改革委等9部门印发的《关于贯彻落实扩大内需促进经济增长决策部署进一步加强工程建设招标投标监管工作的意见》（发改法规〔2009〕1361号）。

2. 尽快完成招标投标法实施条例发布的准备工作，抓紧研究起草建筑市场管理条例。继续做好《标准施工招标资格预审文件》、《标准施工招标文件》贯彻实施工作，加快编制完成行业标准文件。改革和完善评标办法，积极推行异地远程评标和电子化招标投标。

3. 加强对工程建设项目勘察、设计的管理，规范设计变更。

4. 加强对招标投标从业机构和人员的规范管理。加强中介组织管理，规范招标代理行为。加强评标专家库管理，制定全国统一的评标专家分类标准和专家管理办法。

5. 整合利用好各类有形建筑和建设市场资源，逐步建立统一规范的工程建设有形市场。

6. 发挥招标投标部际联席会议机制作用，健全招标投标行政监督机制和举报投诉处理机制，严格落实招标投标违法行为记录公告制度。

责任单位：发展改革委、住房城乡建设部、工业和信息化部、交通运输部、铁道部、水利部、商务部、财政部、监察部、国资委、工商总局、法制办。

（三）规范土地使用权、矿业权审批和出让行为

目标要求：着重解决非法批地、低价出让土地、擅自改变土地用途、违规征地拆迁，以及违法违规审批和出让探矿权、采矿权等问题，建立健全统一规范的土地、矿业权等要素市场和综合监管平台。

主要措施：

1. 认真贯彻《国务院关于促进节约集约用地的通知》（国发〔2008〕3号），完善经营性用地和工业用地招标拍卖挂牌出让制度，严格限定协议出让范围，加强国有土地使用权出让合同监管，积极推进工业用地预申请制度。

2. 科学编制、严格实施土地利用总体规划、矿产资源规划，严格土地用途管制，科学设置矿业权。

3. 严格土地使用权、矿业权出让审批和价格评估的监管。加强对征地审批和批后实施的监管，维护被征地农民合法权益。

4. 建立健全统一规范的土地、矿业权等要素市场，建立和完善土地审批、供应、使用等管理和矿业权管理的综合监管平台。

责任单位：国土资源部、住房城乡建设部、监察部、财政部、审计署、环境保护部。

（四）规范城乡规划管理工作

目标要求：着重解决违反法定权限和程序擅自改变城乡规划、改变土地用途以及在房地产开发中违规调整容积率等突出问题，维护城乡规划的严肃性，维护群众权益。

主要措施：

1. 严格实施《城乡规划法》，加强对城乡规划编制、修改、审批、实施的监督检查。依法批准的城乡规划，未经法定程序不得修改。

2. 制定、完善控制性详细规划编制、修改管理办法，严格控制性详细规划的编制、修改、审批程序。

3. 按照住房城乡建设部、监察部《关于对房地产开发中违规变更规划、调整容积率

问题开展专项治理的通知》（建规〔2009〕53 号）要求，对地方政府及其部门制定的城乡规划管理方面的规范性文件以及 2007 年 1 月 1 日至 2009 年 3 月 31 日领取规划许可的房地产项目进行清理检查，严格容积率指标调整程序。

4. 推进规划编制、修改、审批公开和征求公众意见等工作，提高规划管理工作的公众参与度。

5. 加强对规划环境影响评价制度执行情况和规划实施管理的监督检查，加大规划行政执法力度。

责任单位：住房城乡建设部、国土资源部、环境保护部、监察部。

（五）加强工程建设实施和工程质量的管理

目标要求：着重解决工程建设项目标后监管薄弱、转包和违法分包、不认真履行施工监理责任、建设质量低劣、污染环境和破坏生态、安全生产责任不落实等突出问题，保证工程建设质量，使重特大生产安全事故的发生明显减少。

主要措施：

1. 加强工程建设质量的过程监管。推行管理骨干基本固定、职责明确、规范运作的劳务管理模式。积极推进项目标准化、精细化、规范化和扁平化管理。

2. 加强对工程监理机构的管理，制定完善监理机构及其工作人员行为规范和法定职责，促使工程监理机构切实发挥独立专业监督作用。

3. 严格合同订立和履约，禁止转包和违法分包。

4. 完善质量管理法规制度，明确质量标准和管理目标，加强工程质量监督检查，强化企业质量主体责任，落实工程质量各方领导责任制。严格执行环境保护“三同时”制度，规范试生产管理。

责任单位：住房城乡建设部、发展改革委、环境保护部、工业和信息化部、交通运输部、铁道部、水利部、国资委、电监会。

5. 完善安全管理法规制度，落实安全生产领导责任制，严格执行安全生产许可证制度，细化安全措施，防范重特大生产安全事故的发生。查处生产安全责任事故，深挖工程质量安全事故背后的腐败问题，严肃追究有关单位和人员的责任。

责任单位：安全监管总局、住房城乡建设部、监察部、公安部、最高人民检察院。

（六）加强物资采购和资金安排使用的管理

目标要求：着重解决工程建设项目物资采购监管薄弱、资金管理使用混乱以及工程严重超概算等突出问题，规范物资采购活动，促进工程建设资金规范、高效、安全、廉洁使用。

主要措施：

1. 严格按照《招标投标法》和《政府采购法》的有关规定，加强对工程建设重要设备、材料采购的监管。

2. 加强工程建设项目资金监管，深化国库集中支付制度改革，严格概、预算管理，控制建设成本，确保财政拨款和银行贷款等项目建设资金的安全。

3. 对政府重大投资项目和严重超概算项目进行跟踪审计。

责任单位：财政部、发展改革委、国资委、人民银行、审计署、商务部。

（七）推进建设项目信息公开和诚信体系建设

目标要求：着重解决工程建设信息公开不规范不透明、市场准入和退出机制不健全以及工程建设领域信用缺失等突出问题，积极推进工程项目建设公开透明，逐步建立互联互通的工程建设领域诚信体系。

主要措施：

1. 认真贯彻《政府信息公开条例》，项目主管部门公开工程建设项目审批、核准和监管信息；建设单位提供工程建设项目招标信息、招标过程、施工工程管理、合同履约情况、质量检查和竣工验收结果等情况。拓宽信息公开渠道，以政府门户网站为主要平台，及时公布工程建设项目信息，逐步形成工程建设项目信息的共建共享。

2. 完善工程建设领域信誉评价、项目考核、合同履约、黑名单等市场信用记录，整合有关部门和行业信用信息资源，建立健全全国统一的企业和个人征信、信用系统。建立健全失信惩戒制度和守信激励制度。

3. 发挥新闻媒体的作用，加强对专项治理工作的宣传报道，强化对工程建设领域的舆论监督和社会监督。

责任单位：工业和信息化部、工商总局、住房城乡建设部、人民银行、最高人民检察院、中宣部、监察部、法制办、发展改革委、交通运输部、铁道部、水利部、商务部。

（八）加大查办案件力度

目标要求：着重解决国家机关工作人员特别是领导干部利用职权违规干预招标投标、城乡规划审批、土地和矿业权审批出让以谋取私利等官商勾结、权钱交易的突出问题，坚决遏制工程建设领域腐败现象易发多发的势头。

主要措施：

1. 拓宽案源渠道。公布专项治理举报电话和举报网站，认真受理群众举报和投诉；注重在项目稽查、财政监督、项目审计、执法监察和媒体报道中发现案件线索。

2. 集中查处和通报一批工程建设领域典型案件。对发现的重大典型案件快查快结，严肃处理。既要坚决惩处受贿行为，又要严厉惩处行贿行为。涉嫌犯罪的，要及时移送司法机关依法处理。

3. 健全协调机制。纪检监察、检察、公安、审计等执法执纪机关要完善情况通报、案件线索移送、案件协查、信息共享机制，形成查办案件的合力。

4. 发挥查办案件的治本功能。剖析大案要案，开展警示教育；查找体制机制制度存在的缺陷和漏洞，提出加强管理的措施。

责任单位：中央纪委、最高人民检察院、监察部、公安部、审计署、中宣部。

三、工作步骤

（一）广泛动员部署

1. 成立领导小组和办事机构。中央成立治理工程建设领域突出问题工作领导小组（以下简称中央专项治理工作领导小组），下设办公室。办公室设在中央纪委，承担日常工作。中央和国家机关有关部门确定一位负责同志参加领导小组工作，并明确一位司局级干部担任联络员。各地区成立相应机构，负责专项治理工作的组织实施。

2. 制定工作方案。中央专项治理工作领导小组制定实施方案，明确任务分工和工作要求。中央有关职能部门按照所承担的工作任务研究提出牵头负责工作的业务指导意见，明确治理工作遵循的法律法规、政策界限和相关要求。各地区要结合实际，研究制定本地区的具体方案，明确目标任务、工作进度和时间要求。中央和国家机关有关部门、各省（自治区、直辖市）工作方案于2009年9月中旬前报中央专项治理工作领导小组。

（二）深入排查问题

1. 开展自查。各地区各有关部门按照统一部署，重点对2008年以来政府投资项目和使用国有资金项目特别是扩大内需项目进行自查，找出存在的突出问题，分析原因，提出治理对策。有关情况于2010年3月底前书面报告中央专项治理工作领导小组。

2. 重点督查。各地区各部门选择重点项目、重点环节组织督查。中央专项治理工作领导小组适时组织抽查。

（三）认真进行整改

1. 及时纠正问题。针对排查中发现的问题，制定和完善整改措施，落实整改责任，及时进行纠正，确保政府投资和使用国有资金项目特别是扩大内需项目优质、高效、安全、廉洁。

2. 落实监管责任。各级政府对工程建设领域专项治理工作负总责。各有关部门依照有关法律法规和职责分工，落实对工程建设项目各环节的监管责任。推行行政审批电子监察，建立综合监管平台，健全各部门有效联动、密切监控的监督机制。加大行政执法力度，查处工程建设各个环节的违法行为。查处因监管不力、行政不作为和乱作为造成重大损失的行为。

3. 推广典型经验。注意发现各地区各部门在专项治理工作中创造的有效做法和成功经验，及时总结并予以推广，典型引导，以点带面，推动专项治理工作深入开展。

4. 完善法规制度。全面清理工程建设领域的法规制度，分类作出处理，不适应的予以废止，不够完善的及时修订，需要新出台的抓紧研究制定。加强对重点部位和关键环节的制度建设，坚持实体性制度与程序性制度并重，注重制度之间的配套衔接，增强制度的针对性、系统性和有效性，最大限度地减少滋生腐败的机会。

（四）巩固治理成果

适时对专项治理工作任务的落实情况进行检查，对搞形式、走过场，达不到目标要求的，要责令“补课”；切实做到不留死角，不打折扣。

及时把专项治理工作中的有效措施和经验转化为法规制度，进一步提出需要完善的法规制度和加强日常监管的工作措施，建立健全长效机制。各地区各部门要形成专项治理的总结报告，于2011年年底报中央专项治理工作领导小组。中央专项治理工作领导小组将对专项治理工作进行全面总结，向中央报告。

四、保证措施

（一）加强组织领导。按照党委统一领导、党政齐抓共管、部门各负其责的要求，建立健全责任机制，落实任务分工。党委、政府主要领导要亲自抓，分管领导要具体抓。有关职能部门特别是牵头单位要切实负起责任，抓好职责范围内的专项治理工作。纪检监察机关要搞好组织协调和督促检查。各部门要密切配合，相互支持，齐抓共管，形成合力。

（二）加强统筹协调。把排查问题、进行整改、加强监管、完善制度有机衔接起来，协调推进。要把专项治理工作与深入学习实践科学发展观活动、与扩大内需促进经济增长政策措施落实情况监督检查、与加强日常监管结合起来，努力取得既解决当前突出问题又促进工作长远发展的综合效果。

（三）加强督促检查。深入基层，深入现场，加强对重点项目、重点部位、关键环节的检查，掌握工作进度，督促工作落实。对治理工作迟缓的地区和部门，要重点督查，促其整改；对拒不自查、掩盖问题或弄虚作假的要实施严格的责任追究。

（四）加强政策指导。组织力量深入开展调查研究，明确政策界限，实施分类指导，解决难点问题。要拓宽视野，创新思路，把握专项治理工作的特点和规律，更加有效地推动工作。各地区、各部门在专项治理工作中遇到的重大问题要及时向上级领导小组请示、报告。

七、其　他

关于投资体制改革的决定

国发〔2004〕20号

（国务院2004年7月16日发布）

各省、自治区、直辖市人民政府，国务院各部委、各直属机构：

改革开放以来，国家对原有的投资体制进行了一系列改革，打破了传统计划经济体制下高度集中的投资管理模式，初步形成了投资主体多元化、资金来源多渠道、投资方式多样化、项目建设市场化的新格局。但是，现行的投资体制还存在不少问题，特别是企业的投资决策权没有完全落实，市场配置资源的基础性作用尚未得到充分发挥，政府投资决策的科学化、民主化水平需要进一步提高，投资宏观调控和监管的有效性需要增强。为此，国务院决定进一步深化投资体制改革。

一、深化投资体制改革的指导思想和目标

（一）深化投资体制改革的指导思想是：按照完善社会主义市场经济体制的要求，在国家宏观调控下充分发挥市场配置资源的基础性作用，确立企业在投资活动中的主体地位，规范政府投资行为，保护投资者的合法权益，营造有利于各类投资主体公平、有序竞争的市场环境，促进生产要素的合理流动和有效配置，优化投资结构，提高投资效益，推动经济协调发展和社会全面进步。

（二）深化投资体制改革的目标是：改革政府对企业投资的管理制度，按照“谁投资、谁决策、谁收益、谁承担风险”的原则，落实企业投资自主权；合理界定政府投资职能，提高投资决策的科学化、民主化水平，建立投资决策责任追究制度；进一步拓宽项目融资渠道，发展多种融资方式；培育规范的投资中介服务组织，加强行业自律，促进公平竞争；健全投资宏观调控体系，改进调控方式，完善调控手段；加快投资领域的立法进程；加强投资监管，维护规范的投资和建设市场秩序。通过深化改革和扩大开放，最终建立起市场引导投资、企业自主决策、银行独立审贷、融资方式多样、中介服务规范、宏观调控有效的新型投资体制。

二、转变政府管理职能，确立企业的投资主体地位

（一）改革项目审批制度，落实企业投资自主权。彻底改革现行不分投资主体、不分资金来源、不分项目性质，一律按投资规模大小分别由各级政府及有关部门审批的企业投资管理办法。对于企业不使用政府投资建设的项目，一律不再实行审批制，区别不同情况实行核准制和备案制。其中，政府仅对重大项目和限制类项目从维护社会公共利益角度进行核准，其他项目无论规模大小，均改为备案制，项目的市场前景、经济效益、资金来源和产品技术方案等均由企业自主决策、自担风险，并依法办理环境保护、土地使用、资源利用、安全生产、城市规划等许可手续和减免税确认手续。对于企业使用政府补助、转贷、贴息投资建设的项目，政府只审批资金申请报告。各地区、各部门要相应改进管理办法，规范管理行为，不得以任何名义截留下放给企业的投资决策权利。

（二）规范政府核准制。要严格限定实行政府核准制的范围，并根据变化的情况适时调整。《政府核准的投资项目目录》（以下简称《目录》）由国务院投资主管部门会同有关部门研究提出，报国务院批准后实施。未经国务院批准，各地区、各部门不得擅自增减《目录》规定的范围。

企业投资建设实行核准制的项目，仅需向政府提交项目申请报告，不再经过批准项目建议书、可行性研究报告和开工报告的程序。政府对企业提交的项目申请报告，主要从维护经济安全、合理开发利用资源、保护生态环境、优化重大布局、保障公共利益、防止出现垄断等方面进行核准。对于外商投资项目，政府还要从市场准入、资本项目管理等方面进行核准。政府有关部门要制定严格规范的核准制度，明确核准的范围、内容、申报程序和办理时限，并向社会公布，提高办事效率，增强透明度。

（三）健全备案制。对于《目录》以外的企业投资项目，实行备案制，除国家另有规定外，由企业按照属地原则向地方政府投资主管部门备案。备案制的具体实施办法由省级人民政府自行制定。国务院投资主管部门要对备案工作加强指导和监督，防止以备案的名义变相审批。

（四）扩大大型企业集团的投资决策权。基本建立现代企业制度的特大型企业集团，投资建设《目录》内的项目，可以按项目单独申报核准，也可编制中长期发展建设规划，规划经国务院或国务院投资主管部门批准后，规划中属于《目录》内的项目不再另行申报核准，只需办理备案手续。企业集团要及时向国务院有关部门报告规划执行和项目建设情况。

（五）鼓励社会投资。放宽社会资本的投资领域，允许社会资本进入法律法规未禁入的基础设施、公用事业及其他行业和领域。逐步理顺公共产品价格，通过注入资本金、贷款贴息、税收优惠等措施，鼓励和引导社会资本以独资、合资、合作、联营、项目融资等方式，参与经营性的公益事业、基础设施项目建设。对于涉及国家垄断资源开发利用、需要统一规划布局的项目，政府在确定建设规划后，可向社会公开招标选定项目业主。鼓励和支持有条件的各种所有制企业进行境外投资。

（六）进一步拓宽企业投资项目的融资渠道。允许各类企业以股权融资方式筹集投资资金，逐步建立起多种募集方式相互补充的多层次资本市场。经国务院投资主管部门和证券监管机构批准，选择一些收益稳定的基础设施项目进行试点，通过公开发行股票、可转换债券等方式筹集建设资金。在严格防范风险的前提下，改革企业债券发行管理制度，扩大企业债券发行规模，增加企业债券品种。按照市场化原则改进和完善银行的固定资产贷款审批和相应的风险管理制度，运用银团贷款、融资租赁、项目融资、财务顾问等多种业务方式，支持项目建设。允许各种所有制企业按照有关规定申请使用国外贷款。制定相关法规，组织建立中小企业融资和信用担保体系，鼓励银行和各类合格担保机构对项目融资的担保方式进行研究创新，采取多种形式增强担保机构资本实力，推动设立中小企业投资公司，建立和完善创业投资机制。规范发展各类投资基金。鼓励和促进保险资金间接投资基础设施和重点建设工程项目。

（七）规范企业投资行为。各类企业都应严格遵守国土资源、环境保护、安全生产、城市规划等法律法规，严格执行产业政策和行业准入标准，不得投资建设国家禁止发展的项目；应诚信守法，维护公共利益，确保工程质量，提高投资效益。国有和国有控股企业应按照国有资产管理体制改革和现代企业制度的要求，建立和完善国有资产出资人制度、投资风险约束机制、科学民主的投资决策制度和重大投资责任追究制度。严格执行投资项目的法人责任制、资本金制、招标投标制、工程监理制和合同管理制。

三、完善政府投资体制，规范政府投资行为

（一）合理界定政府投资范围。政府投资主要用于关系国家安全和市场不能有效配置资源的经济和社会领域，包括加强公益性和公共基础设施建设，保护和改善生态环境，促进欠发达地区的经济和社会发展，推进科技进步和高新技术产业化。能够由社会投资建设的项目，尽可能利用社会资金建设。合理划分中央政府与地方政府的投资事权。中央政府投资除本级政权等建设外，主要安排跨地区、跨流域以及对经济和社会发展全局有重大影响的项目。

（二）健全政府投资项目决策机制。进一步完善和坚持科学的决策规则和程序，提高政府投资项目决策的科学化、民主化水平；政府投资项目一般都要经过符合资质要求的咨询中介机构的评估论证，咨询评估要引入竞争机制，并制定合理的竞争规则；特别重大的项目还应实行专家评议制度；逐步实行政府投资项目公示制度，广泛听取各方面的意见和建议。

（三）规范政府投资资金管理。编制政府投资的中长期规划和年度计划，统筹安排、合理使用各类政府投资资金，包括预算内投资、各类专项建设基金、统借国外贷款等。政府投资资金按项目安排，根据资金来源、项目性质和调控需要，可分别采取直接投资、资本金注入、投资补助、转贷和贷款贴息等方式。以资本金注入方式投入的，要确定出资人代表。要针对不同的资金类型和资金运用方式，确定相应的管理办法，逐步实现政府投资的决策程序和资金管理的科学化、制度化和规范化。

（四）简化和规范政府投资项目审批程序，合理划分审批权限。按照项目性质、资金来源和事权划分，合理确定中央政府与地方政府之间、国务院投资主管部门与有关部门之间的项目审批权限。对于政府投资项目，采用直接投资和资本金注入方式的，从投资决策角度只审批项目建议书和可行性研究报告，除特殊情况外不再审批开工报告，同时应严格政府投资项目的初步设计、概算审批工作；采用投资补助、转贷和贷款贴息方式的，只审批资金申请报告。具体的权限划分和审批程序由国务院投资主管部门会同有关方面研究制定，报国务院批准后颁布实施。

（五）加强政府投资项目管理，改进建设实施方式。规范政府投资项目的建设标准，并根据情况变化及时修订完善。按项目建设进度下达投资资金计划。加强政府投资项目的中介服务管理，对咨询评估、招标代理等中介机构实行资质管理，提高中介服务质量。对非经营性政府投资项目加快推行“代建制”，即通过招标等方式，选择专业化的项目管理单位负责建设实施，严格控制项目投资、质量和工期，竣工验收后移交给使用单位。增强投资风险意识，建立和完善政府投资项目的风险管理机制。

（六）引入市场机制，充分发挥政府投资的效益。各级政府要创造条件，利用特许经营、投资补助等多种方式，吸引社会资本参与有合理回报和一定投资回收能力的公益事业和公共基础设施项目建设。对于具有垄断性的项目，试行特许经营，通过业主招标制度，开展公平竞争，保护公众利益。已经建成的政府投资项目，具备条件的经过批准可以依法转让产权或经营权，以回收的资金滚动投资于社会公益等各类基础设施建设。

四、加强和改善投资的宏观调控

（一）完善投资宏观调控体系。国家发展和改革委员会要在国务院领导下会同有关部门，按照职责分工，密切配合、相互协作、有效运转、依法监督，调控全社会的投资活动，保持合理投资规模，优化投资结构，提高投资效益，促进国民经济持续快速协调健康发展和社会全面进步。

（二）改进投资宏观调控方式。综合运用经济的、法律的和必要的行政手段，对全社会投资进行以间接调控方式为主的有效调控。国务院有关部门要依据国民经济和社会发展中长期规划，编制教育、科技、卫生、交通、能源、农业、林业、水利、生态建设、环境保护、战略资源开发等重要领域的发展建设规划，包括必要的专项发展建设规划，明确发展的指导思想、战略目标、总体布局和主要建设项目等。按照规定程序批准的发展建设规划是投资决策的重要依据。各级政府及其有关部门要努力提高政府投资效益，引导社会投资。制定并适时调整国家固定资产投资指导目录、外商投资产业指导目录，明确国家鼓励、限制和禁止投资的项目。建立投资信息发布制度，及时发布政府对投资的调控目标、主要调控政策、重点行业投资状况和发展趋势等信息，引导全社会投资活动。建立科学的行业准入制度，规范重点行业的环保标准、安全标准、能耗水耗标准和产品技术、质量标准，防止低水平重复建设。

（三）协调投资宏观调控手段。根据国民经济和社会发展要求以及宏观调控需要，合理确定政府投资规模，保持国家对全社会投资的积极引导和有效调控。灵活运用投资补助、贴息、价格、利率、税收等多种手段，引导社会投资，优化投资的产业结构和地区结构。适时制定和调整信贷政策，引导中长期贷款的总量和投向。严格和规范土地使用制度，充分发挥土地供应对社会投资的调控和引导作用。

（四）加强和改进投资信息、统计工作。加强投资统计工作，改革和完善投资统计制度，进一步及时、准确、全面地反映全社会固定资产存量和投资的运行态势，并建立各类信息共享机制，为投资宏观调控提供科学依据。建立投资风险预警和防范体系，加强对宏观经济和投资运行的监测分析。

五、加强和改进投资的监督管理

（一）建立和完善政府投资监管体系。建立政府投资责任追究制度，工程咨询、投资项目决策、设计、施工、监理等部门和单位，都应有相应的责任约束，对不遵守法律法规给国家造成重大损失的，要依法追究有关责任人的行政和法律责任。完善政府投资制衡机制，投资主管部门、财政主管部门以及有关部门，要依据职能分工，对政府投资的管理进行相互监督。审计机关要依法全面履行职责，进一步加强对政府投资项目的审计监督，提高政府投资管理水平和投资效益。完善重大项目稽察制度，建立政府投资项目后评价制度，对政府投资项目进行全过程监管。建立政府投资项目的社会监督机制，鼓励公众和新闻媒体对政府投资项目进行监督。

（二）建立健全协同配合的企业投资监管体系。国土资源、环境保护、城市规划、质量监督、银行监管、证券监管、外汇管理、工商管理、安全生产监管等部门，要依法加强对企业投资活动的监管，凡不符合法律法规和国家政策规定的，不得办理相关许可手续。在建设过程中不遵守有关法律法规的，有关部门要责令其及时改正，并依法严肃处理。各级政府投资主管部门要加强对企业投资项目的事中和事后监督检查，对于不符合产业政策和行业准入标准的项目，以及不按规定履行相应核准或许可手续而擅自开工建设的项目，要责令其停止建设，并依法追究有关企业和人员的责任。审计机关依法对国有企业的投资进行审计监督，促进国有资产保值增值。建立企业投资诚信制度，对于在项目申报和建设过程中提供虚假信息、违反法律法规的，要予以惩处，并公开披露，在一定时间内限制其投资建设活动。

（三）加强对投资中介服务机构的监管。各类投资中介服务机构均须与政府部门脱钩，坚持诚信原则，加强自我约束，为投资者提供高质量、多样化的中介服务。鼓励各种投资中介服务机构采取合伙制、股份制等多种形式改组改造。健全和完善投资中介服务机构的行业协会，确立法律规范、政府监督、行业自律的行业管理体制。打破地区封锁和行业垄断，建立公开、公平、公正的投资中介服务市场，强化投资中介服务机构的法律责任。

（四）完善法律法规，依法监督管理。建立健全与投资有关的法律法规，依法保护投资者的合法权益，维护投资主体公平、有序竞争，投资要素合理流动、市场发挥配置资源的基础性作用的市场环境，规范各类投资主体的投资行为和政府的投资管理活动。认真贯彻实施有关法律法规，严格财经纪律，堵塞管理漏洞，降低建设成本，提高投资效益。加强执法检查，培育和维护规范的建设市场秩序。

附件：政府核准的投资项目目录（2004 年本，略）

中华人民共和国信访条例

国务院令第 431 号

（2005 年 1 月 10 日公布，自 2005 年 5 月 1 日起施行）

第一章　总　　则

第一条　为了保持各级人民政府同人民群众的密切联系，保护信访人的合法权益，维护信访秩序，制定本条例。

第二条　本条例所称信访，是指公民、法人或者其他组织采用书信、电子邮件、传真、电话、走访等形式，向各级人民政府、县级以上人民政府工作部门反映情况，提出建议、意见或者投诉请求，依法由有关行政机关处理的活动。

采用前款规定的形式，反映情况，提出建议、意见或者投诉请求的公民、法人或者其他组织，称信访人。

第三条　各级人民政府、县级以上人民政府工作部门应当做好信访工作，认真处理来信、接待来访，倾听人民群众的意见、建议和要求，接受人民群众的监督，努力为人民群众服务。

各级人民政府、县级以上人民政府工作部门应当畅通信访渠道，为信访人采用本条例规定的形式反映情况，提出建议、意见或者投诉请求提供便利条件。

任何组织和个人不得打击报复信访人。

第四条　信访工作应当在各级人民政府领导下，坚持属地管理、分级负责，谁主管、谁负责，依法、及时、就地解决问题与疏导教育相结合的原则。

第五条　各级人民政府、县级以上人民政府工作部门应当科学、民主决策，依法履行职责，从源头上预防导致信访事项的矛盾和纠纷。

县级以上人民政府应当建立统一领导、部门协调，统筹兼顾、标本兼治，各负其责、齐抓共管的信访工作格局，通过联席会议、建立排查调处机制、建立信访督查工作制度等方式，及时化解矛盾和纠纷。

各级人民政府、县级以上人民政府各工作部门的负责人应当阅批重要来信、接待重要来访、听取信访工作汇报，研究解决信访工作中的突出问题。

第六条　县级以上人民政府应当设立信访工作机构；县级以上人民政府工作部门及乡、镇人民政府应当按照有利工作、方便信访人的原则，确定负责信访工作的机构（以下简称信访工作机构）或者人员，具体负责信访工作。

县级以上人民政府信访工作机构是本级人民政府负责信访工作的行政机构，履行下列职责：

（一）受理、交办、转送信访人提出的信访事项；

（二）承办上级和本级人民政府交由处理的信访事项；

（三）协调处理重要信访事项；

（四）督促检查信访事项的处理；

（五）研究、分析信访情况，开展调查研究，及时向本级人民政府提出完善政策和改进工作的建议；

（六）对本级人民政府其他工作部门和下级人民政府信访工作机构的信访工作进行指导。

第七条 各级人民政府应当建立健全信访工作责任制，对信访工作中的失职、渎职行为，严格依照有关法律、行政法规和本条例的规定，追究有关责任人员的责任，并在一定范围内予以通报。

各级人民政府应当将信访工作绩效纳入公务员考核体系。

第八条 信访人反映的情况，提出的建议、意见，对国民经济和社会发展或者对改进国家机关工作以及保护社会公共利益有贡献的，由有关行政机关或者单位给予奖励。

对在信访工作中做出优异成绩的单位或者个人，由有关行政机关给予奖励。

第二章 信访渠道

第九条 各级人民政府、县级以上人民政府工作部门应当向社会公布信访工作机构的通信地址、电子信箱、投诉电话、信访接待的时间和地点、查询信访事项处理进展及结果的方式等相关事项。

各级人民政府、县级以上人民政府工作部门应当在其信访接待场所或者网站公布与信访工作有关的法律、法规、规章，信访事项的处理程序，以及其他为信访人提供便利的相关事项。

第十条 设区的市级、县级人民政府及其工作部门，乡、镇人民政府应当建立行政机关负责人信访接待日制度，由行政机关负责人协调处理信访事项。信访人可以在公布的接待日和接待地点向有关行政机关负责人当面反映信访事项。

县级以上人民政府及其工作部门负责人或者其指定的人员，可以就信访人反映突出的问题到信访人居住地与信访人面谈沟通。

第十一条 国家信访工作机构充分利用现有政务信息网络资源，建立全国信访信息系统，为信访人在当地提出信访事项、查询信访事项办理情况提供便利。

县级以上地方人民政府应当充分利用现有政务信息网络资源，建立或者确定本行政区域的信访信息系统，并与上级人民政府、政府有关部门、下级人民政府的信访信息系统实现互联互通。

第十二条 县级以上各级人民政府的信访工作机构或者有关工作部门应当及时将信访人的投诉请求输入信访信息系统，信访人可以持行政机关出具的投诉请求受理凭证到当地人民政府的信访工作机构或者有关工作部门的接待场所查询其所提出的投诉请求的办理情况。具体实施办法和步骤由省、自治区、直辖市人民政府规定。

第十三条 设区的市、县两级人民政府可以根据信访工作的实际需要，建立政府主导、社会参与、有利于迅速解决纠纷的工作机制。

信访工作机构应当组织相关社会团体、法律援助机构、相关专业人员、社会志愿者等共同参与，运用咨询、教育、协商、调解、听证等方法，依法、及时、合理处理信访人的投诉请求。

第三章　信访事项的提出

第十四条　信访人对下列组织、人员的职务行为反映情况，提出建议、意见，或者不服下列组织、人员的职务行为，可以向有关行政机关提出信访事项：

（一）行政机关及其工作人员；

（二）法律、法规授权的具有管理公共事务职能的组织及其工作人员；

（三）提供公共服务的企业、事业单位及其工作人员；

（四）社会团体或者其他企业、事业单位中由国家行政机关任命、派出的人员；

（五）村民委员会、居民委员会及其成员。

对依法应当通过诉讼、仲裁、行政复议等法定途径解决的投诉请求，信访人应当依照有关法律、行政法规规定的程序向有关机关提出。

第十五条　信访人对各级人民代表大会以及县级以上各级人民代表大会常务委员会、人民法院、人民检察院职权范围内的信访事项，应当分别向有关的人民代表大会及其常务委员会、人民法院、人民检察院提出，并遵守本条例第十六条、第十七条、第十八条、第十九条、第二十条的规定。

第十六条　信访人采用走访形式提出信访事项，应当向依法有权处理的本级或者上一级机关提出；信访事项已经受理或者正在办理的，信访人在规定期限内向受理、办理机关的上级机关再提出同一信访事项的，该上级机关不予受理。

第十七条　信访人提出信访事项，一般应当采用书信、电子邮件、传真等书面形式；信访人提出投诉请求的，还应当载明信访人的姓名（名称）、住址和请求、事实、理由。

有关机关对采用口头形式提出的投诉请求，应当记录信访人的姓名（名称）、住址和请求、事实、理由。

第十八条　信访人采用走访形式提出信访事项的，应当到有关机关设立或者指定的接待场所提出。

多人采用走访形式提出共同的信访事项的，应当推选代表，代表人数不得超过5人。

第十九条　信访人提出信访事项，应当客观真实，对其所提供材料内容的真实性负责，不得捏造、歪曲事实，不得诬告、陷害他人。

第二十条　信访人在信访过程中应当遵守法律、法规，不得损害国家、社会、集体的利益和其他公民的合法权利，自觉维护社会公共秩序和信访秩序，不得有下列行为：

（一）在国家机关办公场所周围、公共场所非法聚集，围堵、冲击国家机关，拦截公务车辆，或者堵塞、阻断交通的；

（二）携带危险物品、管制器具的；

（三）侮辱、殴打、威胁国家机关工作人员，或者非法限制他人人身自由的；

（四）在信访接待场所滞留、滋事，或者将生活不能自理的人弃留在信访接待场所的；

（五）煽动、串联、胁迫、以财物诱使、幕后操纵他人信访或者以信访为名借机敛财的；

（六）扰乱公共秩序、妨害国家和公共安全的其他行为。

第四章　信访事项的受理

第二十一条　县级以上人民政府信访工作机构收到信访事项，应当予以登记，并区分情况，在15日内分别按下列方式处理：

（一）对本条例第十五条规定的信访事项，应当告知信访人分别向有关的人民代表大会及其常务委员会、人民法院、人民检察院提出。对已经或者依法应当通过诉讼、仲裁、行政复议等法定途径解决的，不予受理，但应当告知信访人依照有关法律、行政法规规定程序向有关机关提出。

（二）对依照法定职责属于本级人民政府或者其工作部门处理决定的信访事项，应当转送有权处理的行政机关；情况重大、紧急的，应当及时提出建议，报请本级人民政府决定。

（三）信访事项涉及下级行政机关或者其工作人员的，按照"属地管理、分级负责，谁主管、谁负责"的原则，直接转送有权处理的行政机关，并抄送下一级人民政府信访工作机构。

县级以上人民政府信访工作机构要定期向下一级人民政府信访工作机构通报转送情况，下级人民政府信访工作机构要定期向上一级人民政府信访工作机构报告转送信访事项的办理情况。

（四）对转送信访事项中的重要情况需要反馈办理结果的，可以直接交由有权处理的行政机关办理，要求其在指定办理期限内反馈结果，提交办结报告。

按照前款第（二）项至第（四）项规定，有关行政机关应当自收到转送、交办的信访事项之日起15日内决定是否受理并书面告知信访人，并按要求通报信访工作机构。

第二十二条　信访人按照本条例规定直接向各级人民政府信访工作机构以外的行政机关提出的信访事项，有关行政机关应当予以登记；对符合本条例第十四条第一款规定并属于本机关法定职权范围的信访事项，应当受理，不得推诿、敷衍、拖延；对不属于本机关职权范围的信访事项，应当告知信访人向有权的机关提出。

有关行政机关收到信访事项后，能够当场答复是否受理的，应当当场书面答复；不能当场答复的，应当自收到信访事项之日起15日内书面告知信访人。但是，信访人的姓名(名称)、住址不清的除外。

有关行政机关应当相互通报信访事项的受理情况。

第二十三条　行政机关及其工作人员不得将信访人的检举、揭发材料及有关情况透露或者转给被检举、揭发的人员或者单位。

第二十四条　涉及两个或者两个以上行政机关的信访事项，由所涉及的行政机关协商受理；受理有争议的，由其共同的上一级行政机关决定受理机关。

第二十五条　应当对信访事项作出处理的行政机关分立、合并、撤销的，由继续行使其职权的行政机关受理；职责不清的，由本级人民政府或者其指定的机关受理。

第二十六条　公民、法人或者其他组织发现可能造成社会影响的重大、紧急信访事项和信访信息时，可以就近向有关行政机关报告。地方各级人民政府接到报告后，应当立即报告上一级人民政府；必要时，通报有关主管部门。县级以上地方人民政府有关部门接到报告后，应当立即报告本级人民政府和上一级主管部门；必要时，通报有关主管部门。国务院有关部门接到报告后，应当立即报告国务院；必要时，通报有关主管部门。

行政机关对重大、紧急信访事项和信访信息不得隐瞒、谎报、缓报，或者授意他人隐瞒、谎报、缓报。

第二十七条　对于可能造成社会影响的重大、紧急信访事项和信访信息，有关行政机关应当在职责范围内依法及时采取措施，防止不良影响的产生、扩大。

第五章　信访事项的办理和督办

第二十八条　行政机关及其工作人员办理信访事项，应当恪尽职守、秉公办事，查明事实、分清责任，宣传法制、教育疏导，及时妥善处理，不得推诿、敷衍、拖延。

第二十九条　信访人反映的情况，提出的建议、意见，有利于行政机关改进工作、促进国民经济和社会发展的，有关行政机关应当认真研究论证并积极采纳。

第三十条　行政机关工作人员与信访事项或者信访人有直接利害关系的，应当回避。

第三十一条　对信访事项有权处理的行政机关办理信访事项，应当听取信访人陈述事实和理由；必要时可以要求信访人、有关组织和人员说明情况；需要进一步核实有关情况的，可以向其他组织和人员调查。

对重大、复杂、疑难的信访事项，可以举行听证。听证应当公开举行，通过质询、辩论、评议、合议等方式，查明事实，分清责任。听证范围、主持人、参加人、程序等由省、自治区、直辖市人民政府规定。

第三十二条　对信访事项有权处理的行政机关经调查核实，应当依照有关法律、法规、规章及其他有关规定，分别作出以下处理，并书面答复信访人：

（一）请求事实清楚，符合法律、法规、规章或者其他有关规定的，予以支持；

（二）请求事由合理但缺乏法律依据的，应当对信访人做好解释工作；

（三）请求缺乏事实根据或者不符合法律、法规、规章或者其他有关规定的，不予支持。

有权处理的行政机关依照前款第（一）项规定作出支持信访请求意见的，应当督促有关机关或者单位执行。

第三十三条　信访事项应当自受理之日起60日内办结；情况复杂的，经本行政机关负责人批准，可以适当延长办理期限，但延长期限不得超过30日，并告知信访人延期理由。法律、行政法规另有规定的，从其规定。

第三十四条　信访人对行政机关作出的信访事项处理意见不服的，可以自收到书面答复之日起30日内请求原办理行政机关的上一级行政机关复查。收到复查请求的行政机关应当自收到复查请求之日起30日内提出复查意见，并予以书面答复。

第三十五条　信访人对复查意见不服的，可以自收到书面答复之日起30日内向复查机关的上一级行政机关请求复核。收到复核请求的行政机关应当自收到复核请求之日起30日内提出复核意见。

复核机关可以按照本条例第三十一条第二款的规定举行听证，经过听证的复核意见可以依法向社会公示。听证所需时间不计算在前款规定的期限内。

信访人对复核意见不服，仍然以同一事实和理由提出投诉请求的，各级人民政府信访工作机构和其他行政机关不再受理。

第三十六条 县级以上人民政府信访工作机构发现有关行政机关有下列情形之一的，应当及时督办，并提出改进建议：

（一）无正当理由未按规定的办理期限办结信访事项的；

（二）未按规定反馈信访事项办理结果的；

（三）未按规定程序办理信访事项的；

（四）办理信访事项推诿、敷衍、拖延的；

（五）不执行信访处理意见的；

（六）其他需要督办的情形。

收到改进建议的行政机关应当在30日内书面反馈情况；未采纳改进建议的，应当说明理由。

第三十七条 县级以上人民政府信访工作机构对于信访人反映的有关政策性问题，应当及时向本级人民政府报告，并提出完善政策、解决问题的建议。

第三十八条 县级以上人民政府信访工作机构对在信访工作中推诿、敷衍、拖延、弄虚作假造成严重后果的行政机关工作人员，可以向有关行政机关提出给予行政处分的建议。

第三十九条 县级以上人民政府信访工作机构应当就以下事项向本级人民政府定期提交信访情况分析报告：

（一）受理信访事项的数据统计、信访事项涉及领域以及被投诉较多的机关；

（二）转送、督办情况以及各部门采纳改进建议的情况；

（三）提出的政策性建议及其被采纳情况。

第六章 法 律 责 任

第四十条 因下列情形之一导致信访事项发生，造成严重后果的，对直接负责的主管人员和其他直接责任人员，依照有关法律、行政法规的规定给予行政处分；构成犯罪的，依法追究刑事责任：

（一）超越或者滥用职权，侵害信访人合法权益的；

（二）行政机关应当作为而不作为，侵害信访人合法权益的；

（三）适用法律、法规错误或者违反法定程序，侵害信访人合法权益的；

（四）拒不执行有权处理的行政机关作出的支持信访请求意见的。

第四十一条 县级以上人民政府信访工作机构对收到的信访事项应当登记、转送、交办而未按规定登记、转送、交办，或者应当履行督办职责而未履行的，由其上级行政机关责令改正；造成严重后果的，对直接负责的主管人员和其他直接责任人员依法给予行政处分。

第四十二条 负有受理信访事项职责的行政机关在受理信访事项过程中违反本条例的规定，有下列情形之一的，由其上级行政机关责令改正；造成严重后果的，对直接负责的主管人员和其他直接责任人员依法给予行政处分：

（一）对收到的信访事项不按规定登记的；

（二）对属于其法定职权范围的信访事项不予受理的；

（三）行政机关未在规定期限内书面告知信访人是否受理信访事项的。

第四十三条　对信访事项有权处理的行政机关在办理信访事项过程中，有下列行为之一的，由其上级行政机关责令改正；造成严重后果的，对直接负责的主管人员和其他直接责任人员依法给予行政处分：

（一）推诿、敷衍、拖延信访事项办理或者未在法定期限内办结信访事项的；

（二）对事实清楚，符合法律、法规、规章或者其他有关规定的投诉请求未予支持的。

第四十四条　行政机关工作人员违反本条例规定，将信访人的检举、揭发材料或者有关情况透露、转给被检举、揭发的人员或者单位的，依法给予行政处分。

行政机关工作人员在处理信访事项过程中，作风粗暴，激化矛盾并造成严重后果的，依法给予行政处分。

第四十五条　行政机关及其工作人员违反本条例第二十六条规定，对可能造成社会影响的重大、紧急信访事项和信访信息，隐瞒、谎报、缓报，或者授意他人隐瞒、谎报、缓报，造成严重后果的，对直接负责的主管人员和其他直接责任人员依法给予行政处分；构成犯罪的，依法追究刑事责任。

第四十六条　打击报复信访人，构成犯罪的，依法追究刑事责任；尚不构成犯罪的，依法给予行政处分或者纪律处分。

第四十七条　违反本条例第十八条、第二十条规定的，有关国家机关工作人员应当对信访人进行劝阻、批评或者教育。

经劝阻、批评和教育无效的，由公安机关予以警告、训诫或者制止；违反集会游行示威的法律、行政法规，或者构成违反治安管理行为的，由公安机关依法采取必要的现场处置措施、给予治安管理处罚；构成犯罪的，依法追究刑事责任。

第四十八条　信访人捏造歪曲事实、诬告陷害他人，构成犯罪的，依法追究刑事责任；尚不构成犯罪的，由公安机关依法给予治安管理处罚。

第七章　附　　则

第四十九条　社会团体、企业事业单位的信访工作参照本条例执行。

第五十条　对外国人、无国籍人、外国组织信访事项的处理，参照本条例执行。

第五十一条　本条例自 2005 年 5 月 1 日起施行。1995 年 10 月 28 日国务院发布的《信访条例》同时废止。

中华人民共和国行政复议法实施条例

国务院令第499号

（2007年5月29日公布，自2007年8月1日起施行）

第一章　总　　则

第一条　为了进一步发挥行政复议制度在解决行政争议、建设法治政府、构建社会主义和谐社会中的作用，根据《中华人民共和国行政复议法》（以下简称行政复议法），制定本条例。

第二条　各级行政复议机关应当认真履行行政复议职责，领导并支持本机关负责法制工作的机构（以下简称行政复议机构）依法办理行政复议事项，并依照有关规定配备、充实、调剂专职行政复议人员，保证行政复议机构的办案能力与工作任务相适应。

第三条　行政复议机构除应当依照行政复议法第三条的规定履行职责外，还应当履行下列职责：

（一）依照行政复议法第十八条的规定转送有关行政复议申请；

（二）办理行政复议法第二十九条规定的行政赔偿等事项；

（三）按照职责权限，督促行政复议申请的受理和行政复议决定的履行；

（四）办理行政复议、行政应诉案件统计和重大行政复议决定备案事项；

（五）办理或者组织办理未经行政复议直接提起行政诉讼的行政应诉事项；

（六）研究行政复议工作中发现的问题，及时向有关机关提出改进建议，重大问题及时向行政复议机关报告。

第四条　专职行政复议人员应当具备与履行行政复议职责相适应的品行、专业知识和业务能力，并取得相应资格。具体办法由国务院法制机构会同国务院有关部门规定。

第二章　行政复议申请

第一节　申　请　人

第五条　依照行政复议法和本条例的规定申请行政复议的公民、法人或者其他组织为申请人。

第六条　合伙企业申请行政复议的，应当以核准登记的企业为申请人，由执行合伙事务的合伙人代表该企业参加行政复议；其他合伙组织申请行政复议的，由合伙人共同申请行政复议。

前款规定以外的不具备法人资格的其他组织申请行政复议的，由该组织的主要负责人代表该组织参加行政复议；没有主要负责人的，由共同推选的其他成员代表该组织参加行政复议。

第七条　股份制企业的股东大会、股东代表大会、董事会认为行政机关作出的具体行政行为侵犯企业合法权益的，可以以企业的名义申请行政复议。

第八条　同一行政复议案件申请人超过5人的，推选1至5名代表参加行政复议。

第九条　行政复议期间，行政复议机构认为申请人以外的公民、法人或者其他组织与被审查的具体行政行为有利害关系的，可以通知其作为第三人参加行政复议。

行政复议期间，申请人以外的公民、法人或者其他组织与被审查的具体行政行为有利害关系的，可以向行政复议机构申请作为第三人参加行政复议。

第三人不参加行政复议，不影响行政复议案件的审理。

第十条　申请人、第三人可以委托1至2名代理人参加行政复议。申请人、第三人委托代理人的，应当向行政复议机构提交授权委托书。授权委托书应当载明委托事项、权限和期限。公民在特殊情况下无法书面委托的，可以口头委托。口头委托的，行政复议机构应当核实并记录在卷。申请人、第三人解除或者变更委托的，应当书面报告行政复议机构。

第二节　被　申　请　人

第十一条　公民、法人或者其他组织对行政机关的具体行政行为不服，依照行政复议法和本条例的规定申请行政复议的，作出该具体行政行为的行政机关为被申请人。

第十二条　行政机关与法律、法规授权的组织以共同的名义作出具体行政行为的，行政机关和法律、法规授权的组织为共同被申请人。

行政机关与其他组织以共同名义作出具体行政行为的，行政机关为被申请人。

第十三条　下级行政机关依照法律、法规、规章规定，经上级行政机关批准作出具体行政行为的，批准机关为被申请人。

第十四条　行政机关设立的派出机构、内设机构或者其他组织，未经法律、法规授权，对外以自己名义作出具体行政行为的，该行政机关为被申请人。

第三节　行政复议申请期限

第十五条　行政复议法第九条第一款规定的行政复议申请期限的计算，依照下列规定办理：

（一）当场作出具体行政行为的，自具体行政行为作出之日起计算；

（二）载明具体行政行为的法律文书直接送达的，自受送达人签收之日起计算；

（三）载明具体行政行为的法律文书邮寄送达的，自受送达人在邮件签收单上签收之日起计算；没有邮件签收单的，自受送达人在送达回执上签名之日起计算；

（四）具体行政行为依法通过公告形式告知受送达人的，自公告规定的期限届满之日起计算；

（五）行政机关作出具体行政行为时未告知公民、法人或者其他组织，事后补充告知的，自该公民、法人或者其他组织收到行政机关补充告知的通知之日起计算；

（六）被申请人能够证明公民、法人或者其他组织知道具体行政行为的，自证据材料证明其知道具体行政行为之日起计算。

行政机关作出具体行政行为，依法应当向有关公民、法人或者其他组织送达法律文书而未送达的，视为该公民、法人或者其他组织不知道该具体行政行为。

第十六条　公民、法人或者其他组织依照行政复议法第六条第（八）项、第（九）

项、第（十）项的规定申请行政机关履行法定职责，行政机关未履行的，行政复议申请期限依照下列规定计算：

（一）有履行期限规定的，自履行期限届满之日起计算；

（二）没有履行期限规定的，自行政机关收到申请满60日起计算。

公民、法人或者其他组织在紧急情况下请求行政机关履行保护人身权、财产权的法定职责，行政机关不履行的，行政复议申请期限不受前款规定的限制。

第十七条 行政机关作出的具体行政行为对公民、法人或者其他组织的权利、义务可能产生不利影响的，应当告知其申请行政复议的权利、行政复议机关和行政复议申请期限。

第四节 行政复议申请的提出

第十八条 申请人书面申请行政复议的，可以采取当面递交、邮寄或者传真等方式提出行政复议申请。

有条件的行政复议机构可以接受以电子邮件形式提出的行政复议申请。

第十九条 申请人书面申请行政复议的，应当在行政复议申请书中载明下列事项：

（一）申请人的基本情况，包括：公民的姓名、性别、年龄、身份证号码、工作单位、住所、邮政编码；法人或者其他组织的名称、住所、邮政编码和法定代表人或者主要负责人的姓名、职务；

（二）被申请人的名称；

（三）行政复议请求、申请行政复议的主要事实和理由；

（四）申请人的签名或者盖章；

（五）申请行政复议的日期。

第二十条 申请人口头申请行政复议的，行政复议机构应当依照本条例第十九条规定的事项，当场制作行政复议申请笔录交申请人核对或者向申请人宣读，并由申请人签字确认。

第二十一条 有下列情形之一的，申请人应当提供证明材料：

（一）认为被申请人不履行法定职责的，提供曾经要求被申请人履行法定职责而被申请人未履行的证明材料；

（二）申请行政复议时一并提出行政赔偿请求的，提供受具体行政行为侵害而造成损害的证明材料；

（三）法律、法规规定需要申请人提供证据材料的其他情形。

第二十二条 申请人提出行政复议申请时错列被申请人的，行政复议机构应当告知申请人变更被申请人。

第二十三条 申请人对两个以上国务院部门共同作出的具体行政行为不服的，依照行政复议法第十四条的规定，可以向其中任何一个国务院部门提出行政复议申请，由作出具体行政行为的国务院部门共同作出行政复议决定。

第二十四条 申请人对经国务院批准实行省以下垂直领导的部门作出的具体行政行为不服的，可以选择向该部门的本级人民政府或者上一级主管部门申请行政复议；省、自治区、直辖市另有规定的，依照省、自治区、直辖市的规定办理。

第二十五条　申请人依照行政复议法第三十条第二款的规定申请行政复议的，应当向省、自治区、直辖市人民政府提出行政复议申请。

第二十六条　依照行政复议法第七条的规定，申请人认为具体行政行为所依据的规定不合法的，可以在对具体行政行为申请行政复议的同时一并提出对该规定的审查申请；申请人在对具体行政行为提出行政复议申请时尚不知道该具体行政行为所依据的规定的，可以在行政复议机关作出行政复议决定前向行政复议机关提出对该规定的审查申请。

第三章　行政复议受理

第二十七条　公民、法人或者其他组织认为行政机关的具体行政行为侵犯其合法权益提出行政复议申请，除不符合行政复议法和本条例规定的申请条件的，行政复议机关必须受理。

第二十八条　行政复议申请符合下列规定的，应当予以受理：

（一）有明确的申请人和符合规定的被申请人；

（二）申请人与具体行政行为有利害关系；

（三）有具体的行政复议请求和理由；

（四）在法定申请期限内提出；

（五）属于行政复议法规定的行政复议范围；

（六）属于收到行政复议申请的行政复议机构的职责范围；

（七）其他行政复议机关尚未受理同一行政复议申请，人民法院尚未受理同一主体就同一事实提起的行政诉讼。

第二十九条　行政复议申请材料不齐全或者表述不清楚的，行政复议机构可以自收到该行政复议申请之日起 5 日内书面通知申请人补正。补正通知应当载明需要补正的事项和合理的补正期限。无正当理由逾期不补正的，视为申请人放弃行政复议申请。补正申请材料所用时间不计入行政复议审理期限。

第三十条　申请人就同一事项向两个或者两个以上有权受理的行政机关申请行政复议的，由最先收到行政复议申请的行政机关受理；同时收到行政复议申请的，由收到行政复议申请的行政机关在 10 日内协商确定；协商不成的，由其共同上一级行政机关在 10 日内指定受理机关。协商确定或者指定受理机关所用时间不计入行政复议审理期限。

第三十一条　依照行政复议法第二十条的规定，上级行政机关认为行政复议机关不予受理行政复议申请的理由不成立的，可以先行督促其受理；经督促仍不受理的，应当责令其限期受理，必要时也可以直接受理；认为行政复议申请不符合法定受理条件的，应当告知申请人。

第四章　行政复议决定

第三十二条　行政复议机构审理行政复议案件，应当由 2 名以上行政复议人员参加。

第三十三条　行政复议机构认为必要时，可以实地调查核实证据；对重大、复杂的案件，申请人提出要求或者行政复议机构认为必要时，可以采取听证的方式审理。

第三十四条　行政复议人员向有关组织和人员调查取证时，可以查阅、复制、调取有关文件和资料，向有关人员进行询问。

调查取证时，行政复议人员不得少于2人，并应当向当事人或者有关人员出示证件。被调查单位和人员应当配合行政复议人员的工作，不得拒绝或者阻挠。

需要现场勘验的，现场勘验所用时间不计入行政复议审理期限。

第三十五条 行政复议机关应当为申请人、第三人查阅有关材料提供必要条件。

第三十六条 依照行政复议法第十四条的规定申请原级行政复议的案件，由原承办具体行政行为有关事项的部门或者机构提出书面答复，并提交作出具体行政行为的证据、依据和其他有关材料。

第三十七条 行政复议期间涉及专门事项需要鉴定的，当事人可以自行委托鉴定机构进行鉴定，也可以申请行政复议机构委托鉴定机构进行鉴定。鉴定费用由当事人承担。鉴定所用时间不计入行政复议审理期限。

第三十八条 申请人在行政复议决定作出前自愿撤回行政复议申请的，经行政复议机构同意，可以撤回。

申请人撤回行政复议申请的，不得再以同一事实和理由提出行政复议申请。但是，申请人能够证明撤回行政复议申请违背其真实意思表示的除外。

第三十九条 行政复议期间被申请人改变原具体行政行为的，不影响行政复议案件的审理。但是，申请人依法撤回行政复议申请的除外。

第四十条 公民、法人或者其他组织对行政机关行使法律、法规规定的自由裁量权作出的具体行政行为不服申请行政复议，申请人与被申请人在行政复议决定作出前自愿达成和解的，应当向行政复议机构提交书面和解协议；和解内容不损害社会公共利益和他人合法权益的，行政复议机构应当准许。

第四十一条 行政复议期间有下列情形之一，影响行政复议案件审理的，行政复议中止：

（一）作为申请人的自然人死亡，其近亲属尚未确定是否参加行政复议的；

（二）作为申请人的自然人丧失参加行政复议的能力，尚未确定法定代理人参加行政复议的；

（三）作为申请人的法人或者其他组织终止，尚未确定权利义务承受人的；

（四）作为申请人的自然人下落不明或者被宣告失踪的；

（五）申请人、被申请人因不可抗力，不能参加行政复议的；

（六）案件涉及法律适用问题，需要有权机关作出解释或者确认的；

（七）案件审理需要以其他案件的审理结果为依据，而其他案件尚未审结的；

（八）其他需要中止行政复议的情形。

行政复议中止的原因消除后，应当及时恢复行政复议案件的审理。

行政复议机构中止、恢复行政复议案件的审理，应当告知有关当事人。

第四十二条 行政复议期间有下列情形之一的，行政复议终止：

（一）申请人要求撤回行政复议申请，行政复议机构准予撤回的；

（二）作为申请人的自然人死亡，没有近亲属或者其近亲属放弃行政复议权利的；

（三）作为申请人的法人或者其他组织终止，其权利义务的承受人放弃行政复议权利的；

（四）申请人与被申请人依照本条例第四十条的规定，经行政复议机构准许达成和解的；

（五）申请人对行政拘留或者限制人身自由的行政强制措施不服申请行政复议后，因申请人同一违法行为涉嫌犯罪，该行政拘留或者限制人身自由的行政强制措施变更为刑事拘留的。

依照本条例第四十一条第一款第（一）项、第（二）项、第（三）项规定中止行政复议，满60日行政复议中止的原因仍未消除的，行政复议终止。

第四十三条　依照行政复议法第二十八条第一款第（一）项规定，具体行政行为认定事实清楚，证据确凿，适用依据正确，程序合法，内容适当的，行政复议机关应当决定维持。

第四十四条　依照行政复议法第二十八条第一款第（二）项规定，被申请人不履行法定职责的，行政复议机关应当决定其在一定期限内履行法定职责。

第四十五条　具体行政行为有行政复议法第二十八条第一款第（三）项规定情形之一的，行政复议机关应当决定撤销、变更该具体行政行为或者确认该具体行政行为违法；决定撤销该具体行政行为或者确认该具体行政行为违法的，可以责令被申请人在一定期限内重新作出具体行政行为。

第四十六条　被申请人未依照行政复议法第二十三条的规定提出书面答复、提交当初作出具体行政行为的证据、依据和其他有关材料的，视为该具体行政行为没有证据、依据，行政复议机关应当决定撤销该具体行政行为。

第四十七条　具体行政行为有下列情形之一，行政复议机关可以决定变更：

（一）认定事实清楚，证据确凿，程序合法，但是明显不当或者适用依据错误的；

（二）认定事实不清，证据不足，但是经行政复议机关审理查明事实清楚，证据确凿的。

第四十八条　有下列情形之一的，行政复议机关应当决定驳回行政复议申请：

（一）申请人认为行政机关不履行法定职责申请行政复议，行政复议机关受理后发现该行政机关没有相应法定职责或者在受理前已经履行法定职责的；

（二）受理行政复议申请后，发现该行政复议申请不符合行政复议法和本条例规定的受理条件的。

上级行政机关认为行政复议机关驳回行政复议申请的理由不成立的，应当责令其恢复审理。

第四十九条　行政复议机关依照行政复议法第二十八条的规定责令被申请人重新作出具体行政行为的，被申请人应当在法律、法规、规章规定的期限内重新作出具体行政行为；法律、法规、规章未规定期限的，重新作出具体行政行为的期限为60日。

公民、法人或者其他组织对被申请人重新作出的具体行政行为不服，可以依法申请行政复议或者提起行政诉讼。

第五十条　有下列情形之一的，行政复议机关可以按照自愿、合法的原则进行调解：

（一）公民、法人或者其他组织对行政机关行使法律、法规规定的自由裁量权作出的具体行政行为不服申请行政复议的；

（二）当事人之间的行政赔偿或者行政补偿纠纷。

当事人经调解达成协议的，行政复议机关应当制作行政复议调解书。调解书应当载明行政复议请求、事实、理由和调解结果，并加盖行政复议机关印章。行政复议调解书经双方当事人签字，即具有法律效力。

调解未达成协议或者调解书生效前一方反悔的，行政复议机关应当及时作出行政复议决定。

第五十一条 行政复议机关在申请人的行政复议请求范围内，不得作出对申请人更为不利的行政复议决定。

第五十二条 第三人逾期不起诉又不履行行政复议决定的，依照行政复议法第三十三条的规定处理。

第五章 行政复议指导和监督

第五十三条 行政复议机关应当加强对行政复议工作的领导。

行政复议机构在本级行政复议机关的领导下，按照职责权限对行政复议工作进行督促、指导。

第五十四条 县级以上各级人民政府应当加强对所属工作部门和下级人民政府履行行政复议职责的监督。

行政复议机关应当加强对其行政复议机构履行行政复议职责的监督。

第五十五条 县级以上地方各级人民政府应当建立健全行政复议工作责任制，将行政复议工作纳入本级政府目标责任制。

第五十六条 县级以上地方各级人民政府应当按照职责权限，通过定期组织检查、抽查等方式，对所属工作部门和下级人民政府行政复议工作进行检查，并及时向有关方面反馈检查结果。

第五十七条 行政复议期间行政复议机关发现被申请人或者其他下级行政机关的相关行政行为违法或者需要做好善后工作的，可以制作行政复议意见书。有关机关应当自收到行政复议意见书之日起60日内将纠正相关行政违法行为或者做好善后工作的情况通报行政复议机构。

行政复议期间行政复议机构发现法律、法规、规章实施中带有普遍性的问题，可以制作行政复议建议书，向有关机关提出完善制度和改进行政执法的建议。

第五十八条 县级以上各级人民政府行政复议机构应当定期向本级人民政府提交行政复议工作状况分析报告。

第五十九条 下级行政复议机关应当及时将重大行政复议决定报上级行政复议机关备案。

第六十条 各级行政复议机构应当定期组织对行政复议人员进行业务培训，提高行政复议人员的专业素质。

第六十一条 各级行政复议机关应当定期总结行政复议工作，对在行政复议工作中做出显著成绩的单位和个人，依照有关规定给予表彰和奖励。

第六章　法　律　责　任

第六十二条　被申请人在规定期限内未按照行政复议决定的要求重新作出具体行政行为，或者违反规定重新作出具体行政行为的，依照行政复议法第三十七条的规定追究法律责任。

第六十三条　拒绝或者阻挠行政复议人员调查取证、查阅、复制、调取有关文件和资料的，对有关责任人员依法给予处分或者治安处罚；构成犯罪的，依法追究刑事责任。

第六十四条　行政复议机关或者行政复议机构不履行行政复议法和本条例规定的行政复议职责，经有权监督的行政机关督促仍不改正的，对直接负责的主管人员和其他直接责任人员依法给予警告、记过、记大过的处分；造成严重后果的，依法给予降级、撤职、开除的处分。

第六十五条　行政机关及其工作人员违反行政复议法和本条例规定的，行政复议机构可以向人事、监察部门提出对有关责任人员的处分建议，也可以将有关人员违法的事实材料直接转送人事、监察部门处理；接受转送的人事、监察部门应当依法处理，并将处理结果通报转送的行政复议机构。

第七章　附　　则

第六十六条　本条例自 2007 年 8 月 1 日起施行。

关于贯彻实施《中华人民共和国行政强制法》的通知

国发〔2011〕25号

（国务院2011年8月14日发布）

各省、自治区、直辖市人民政府，国务院各部委、各直属机构：

《中华人民共和国行政强制法》（以下简称行政强制法）已于2011年6月30日经十一届全国人大常委会第二十一次会议通过，将于2012年1月1日起施行。这是建设社会主义法治国家和法治政府的一件大事。为做好行政强制法的实施工作，现就有关问题通知如下：

一、充分认识行政强制法施行的重要意义

行政强制法是继行政处罚法、行政复议法、行政许可法等之后又一部规范政府共同行为的重要法律，与行政机关关系重大。它的公布施行，对保障和监督行政机关严格依法履行职责，提高行政管理效率，维护公共利益和社会秩序，保护公民、法人和其他组织的合法权益具有重要意义。地方各级人民政府、国务院各部门要从深入贯彻落实科学发展观，加快建设社会主义法治国家和法治政府，构建社会主义和谐社会的高度，充分认识行政强制法施行的重要意义，采取有效措施，作出具体部署，狠抓贯彻落实，扎实做好行政强制法的贯彻实施工作。

二、加强对行政强制法的学习、宣传和培训

在总结多年来我国行政强制实践的基础上，行政强制法确立了行政强制的基本原则，规定了行政强制的种类和方式、行政强制设定、行政强制措施实施程序、行政机关强制执行程序、申请人民法院强制执行、实施行政强制的法律责任等重要制度。这些原则和制度，对行政强制作了系统规范和全面调整。各级行政机关工作人员特别是领导干部，要带头认真学习行政强制法，深刻领会行政强制法的精神，充分认识施行行政强制法对政府管理将产生的影响，准确把握行政强制法对行政执法提出的新任务、新要求。要抓紧组织行政执法人员开展行政强制法培训，使他们全面掌握行政强制法的各项规定，并在行政执法中自觉贯彻执行。要充分利用各种宣传舆论工具，采取多种形式，向人民群众广泛宣传行政强制法，让人民群众了解这部法律，监督这部法律的实施，依照这部法律维护自身的合法权益。

三、认真做好有关行政强制规定的清理工作

根据行政强制法的规定，现行有关行政强制的规定与行政强制法不一致的，都要修改或者废止。国务院各部门要抓紧对自己负责执行的行政法规中有关行政强制的规定进行梳理，对需要修改或者废止的提出处理意见，于2011年9月底前送国务院法制办。各地区、各部门要抓紧组织力量，对规章和规范性文件开展一次专项清理。规章、规范性文件存在设定行政强制措施或者行政强制执行，对法律、法规规定的行政强制措施的对象、条件、种类作扩大规定，与行政强制法规定的行政强制措施实施程序或者行政强制执行程序不一致等情形的，要及时予以修改或者废止；确需保留的，要依法及时上升为法律、法规。规章和规范性文件的清理工作要在 2012 年 1 月 1 日前全部完成，并向社会公布清理结果。凡与行政强制法不一致的有关行政强制的规定，自行政强制法实施之日起一律停止执行。

四、依法规范行政强制实施主体

根据行政强制法的规定，行政强制措施由法律、法规规定的行政机关实施，不得委托；行政强制执行由具有行政强制执行权的行政机关实施或者由行政机关申请人民法院实施；法律、行政法规授权的具有管理公共事务职能的组织可以在法定授权范围内以自己的名义实施行政强制。各地区、各部门要抓紧依据行政强制法开展行政强制实施主体清理工作，行政机关没有法定依据实施行政强制、行政机关内设机构以自己名义实施行政强制措施、非行政机关未经法律或者行政法规授权行使行政强制权的，都要予以纠正。

行政强制法规定，行使相对集中行政处罚权的行政机关，可以实施法律、法规规定的与行政处罚权有关的行政强制措施。行政强制措施依法由行使相对集中行政处罚权的行政机关行使后，原有关行政机关不得再实施这些行政强制措施，防止出现不同行政机关重复实施行政强制的现象。

根据行政强制法的规定，行政强制措施应当由行政机关具备资格的行政执法人员实施，其他人员不得实施。各地区、各部门要加强对行政执法人员的资格管理，把具备资格的人员配备在实施行政强制权的执法岗位上；对不具备资格的人员，要坚决调离执法岗位。要对行政执法人员开展严格规范公正文明执法教育，引导他们树立正确的执法理念，对采用教育、劝导等非强制手段可以达到行政管理目的的，不得实施行政强制。

五、严格遵守行政强制程序

行政强制法既规定了行政强制措施、行政机关强制执行以及行政机关申请人民法院强制执行的一般程序，又对查封、扣押和冻结等行政强制措施以及加处罚款和滞纳金、代履行等行政强制执行的程序作了专门规定。各地区、各部门都要严格遵守这些程序规定，大力强化程序意识，并结合实际，建立健全有关配套制度，保证把行政强制法的各项程序规定落到实处。

对行政决定的强制执行，现行体制是行政机关申请人民法院强制执行，或者依法强制执行。行政强制法规定，行政强制执行只能由法律设定，法律没有规定行政机关自己强制执行的，作出行政决定的行政机关应当申请人民法院强制执行。同时，从行政管理实际需要出发，行政强制法直接规定了行政机关可以自己执行的情况。各级行政机关要准确把握行政强制法对行政强制执行体制问题的立法精神，严格执行有关规定，正确运用行政强制法赋予的行政强制执行权，既要有效维护公共利益和社会秩序，又要切实保护公民、法人和其他组织的合法权益。

六、强化对实施行政强制的监督

行政强制法加强了对行政机关实施行政强制的监督，对行政机关及其工作人员违法实施行政强制应当承担的法律责任作了明确规定。各地区、各部门要采取有力措施，确保这些规定得到执行。要将有关行政强制的规定作为法规规章备案审查的重点，加大审查力度，对违法设定或者规定行政强制的，要坚决予以纠正。要完善当事人对行政机关实施行政强制进行陈述申辩的制度，尊重并保障当事人申请行政复议、提起行政诉讼、要求损害赔偿的权利。要健全行政强制执行的补救制度，对据以执行的行政决定被撤销、变更，或者执行错误的，行政机关应当恢复原状或者退还财物，或者依法给予赔偿。县级以上地方人民政府要建立重大行政强制决定的备案制度，切实加强对实施行政强制的监督检查，发现违法实施行政强制的，坚决予以纠正；应当追究法律责任的，依法追究有关责任人员的法律责任。

七、以贯彻实施行政强制法为契机，加快建设法治政府

各地区、各部门要把贯彻实施行政强制法，规范行政强制行为作为当前和今后一个时期全面推进依法行政，加快建设法治政府的一个重要抓手，把严格执行行政强制法与贯彻实施《全面推进依法行政实施纲要》、《国务院关于加强市县政府依法行政的决定》（国发〔2008〕17号）、《国务院关于加强法治政府建设的意见》（国发〔2010〕33号）结合起来，统筹考虑、统一安排。要以贯彻实施行政强制法为契机，进一步加强和改进政府立法，规范行政执法，加强执法监督，切实提高行政机关及其工作人员依法行政的能力和水平，扎扎实实地推进法治政府建设。

贯彻实施行政强制法，需要清理行政强制的规定，建立健全配套制度，强化对行政强制行为的监督，专业性强，任务重。各地区、各部门要充分发挥政府法制机构的作用，政府法制机构也要不断加强自身建设，切实担负起作为政府和政府部门领导参谋、助手的职责。

各地区、各部门接到本通知后，要结合本地区、本部门的实际情况，认真研究、落实。对行政强制法实施中的有关重要情况和问题，请及时报告国务院。

第三部分

地方性法规

一、水 利 工 程

北京市实施《中华人民共和国水法》办法

北京市人民代表大会常务委员会公告第 18 号

（2004 年 5 月 27 日公告，自 2004 年 10 月 1 日起施行）

第一章　总　　则

第一条　为了实施《中华人民共和国水法》（以下简称《水法》），结合本市实际情况，制定本办法。

第二条　在本市行政区域内开发、利用、节约、保护、管理水资源，应当遵守《水法》和本办法。

第三条　根据节约水资源、促进首都发展的要求，城市总体规划、国民经济和社会发展计划应当与水资源条件相适应，实现经济、社会、人口、资源、环境的协调、可持续发展。

第四条　本市严格保护水资源，实行城乡全面规划、统一管理，地表水、地下水和再生水统一调度，优化水资源配置；坚持开源、节流、保护并重，厉行节约用水，建设节水型社会。

第五条　各级人民政府应当将水资源开发、利用、节约、保护和管理工作纳入国民经济和社会发展计划，增加资金投入，建立长期稳定的投入机制。

第六条　市人民政府水行政主管部门（以下简称市水行政主管部门）负责本市行政区域内水资源的统一管理和监督工作。

区、县人民政府水行政主管部门（以下简称区、县水行政主管部门）按照规定的权限负责本行政区域内水资源的统一管理和监督工作。

市和区、县人民政府有关部门按照职责分工，负责本行政区域内水资源开发、利用、节约和保护的有关工作。

第七条　充分发挥市场对水资源配置和水价形成的基础性作用，促进节约用水，提高水资源利用效率。

第八条　鼓励和支持开发、利用、节约、保护、管理水资源的先进科学技术的研究、推广和应用。

在开发、利用、节约、保护、管理水资源等方面成绩显著的单位和个人，由市和区、县人民政府给予奖励。

第二章 水资源规划

第九条 市水行政主管部门应当会同有关部门和区、县人民政府依据国家的流域综合规划编制本市区域综合规划，报市人民政府或者其授权的部门批准，并报国务院水行政主管部门备案。

区、县的区域综合规划，由各区、县水行政主管部门会同有关部门依据本市区域综合规划编制，报同级人民政府或者其授权的部门批准，并报市水行政主管部门备案。

市水行政主管部门对备案的区、县区域综合规划进行审查，不符合全市区域综合规划的，报市人民政府纠正。

第十条 水资源保护、供水、排水、节约用水、污水处理、再生水利用、雨水利用、灌溉等专业规划由市和区、县水行政主管部门编制，征求有关部门意见后，报同级人民政府批准。

渔业、防沙治沙等其他专业规划由有关主管部门编制，征求水行政主管部门和其他相关部门意见后，报同级人民政府批准。

第十一条 经批准的规划应当向社会公开。

水资源开发、利用、节约、保护以及城镇建设、经济开发区建设和其他重大建设项目的开发建设，必须符合流域综合规划和区域综合规划。

第十二条 建设水工程，必须符合流域综合规划。

在永定河、潮白河、北运河（含温榆河）和拒马河等跨省、市河流上建设水工程的，工程可行性研究报告报请批准前，应当经市水行政主管部门审核，报海河流域管理机构审查并签署意见，海河流域管理机构另有规定的除外；在跨区、县的河流上建设水工程的，工程可行性研究报告报请批准前，应当报市水行政主管部门审查并签署意见；在其他河流上建设水工程的，程可行性研究报告报请批准前，应当报区、县水行政主管部门审查并签署意见。

第三章 水资源开发利用

第十三条 本市应当合理开发、利用地表水和地下水，充分利用雨水和再生水，优先保障城乡居民生活用水，统筹兼顾生态环境、工业、农业用水。

第十四条 市和区、县人民政府应当采取有效措施，对建设耗水量大的工业、农业和服务业项目加以限制。限制的项目名录由市人民政府公布。

第十五条 严格控制开采地下水。

地下水开发、利用应当遵循总量控制、分层取水、采补平衡的原则，防止超量开采造成地面沉降、塌陷等地质环境灾害。

第十六条 市水行政主管部门应当会同有关部门按照区域或者自然地质单元，定期进行地下水分区评价，划分严重超采区、超采区和未超采区，报市人民政府批准后公布。

第十七条 开凿机井应当经水行政主管部门批准。

凿井工程竣工后，机井使用单位应当将凿井工程的有关技术资料报水行政主管部门备案。

第十八条　下列地区禁止开凿机井：

（一）地下水严重超采区；

（二）集中供水管网覆盖范围地区。

第十九条　下列地区严格限制开凿机井：

（一）地下水超采区；

（二）水厂核心区以外的水源保护区；

（三）水工程保护区；

（四）风景旅游区、文物保护区。

第二十条　严格限制开采基岩水。确需开采基岩水的，应当经市水行政主管部门批准，并实行限量开采。

第二十一条　开采矿泉水、地热水实行特许经营。矿泉水、地热水的开采应当依照法律、法规规定，实行限量开采。

第二十二条　鼓励、支持单位和个人因地制宜，采取雨水收集、入渗、储存等措施开发、利用雨水资源。

新建、改建、扩建建设项目，应当符合雨水收集利用设施的设计标准和规范。

第二十三条　规划市区，卫星城和郊区区、县人民政府所在地的城镇地区应当规划设污水集中处理设施和再生水输配水管线。

再生水输配水管线覆盖范围外的地区新建、改建、扩建的建设项目，可回收水量较大的，应当建设再生水利用设施，与建设工程同时设计、同时施工、同时投入使用。具体办法由市人民政府制定。

第二十四条　鼓励投资建设污水集中处理设施、再生水输配水管线和再生水利用设施。

单位和个人投资建设污水集中处理设施、再生水输配水管线和再生水利用设施的，享受有关优惠政策。

第二十五条　本办法第二十三条第二款规定应当建设再生水利用设施的，使用单位应当加强维护管理、正常使用。发生故障的，应当及时组织排除故障；确需停止使用的，应当及时报告水行政主管部门。

第二十六条　鼓励使用再生水；使用再生水的，享受优惠价格。

第二十七条　本市加强人工影响天气的科学研究和技术应用工作，运用科学技术措施对局部大气进行人工影响，增加水资源量。

第四章　水资源和水域的保护

第二十八条　各级人民政府应当采取有效措施，保护植被和湿地，建设生态公益林，防治水土流失和水体污染，涵养和保护水资源。

第二十九条　河流、湖泊、水库、渠道的水体实行分类管理。

跨省、市的河流、湖泊、水库、渠道的水功能区划，按照国家规定执行。市管水库和跨区、县的河流、湖泊、水库、渠道的水功能区划，由市水行政主管部门会同市环境保护行政主管部门、其他有关部门和有关区、县人民政府编制，报市人民政府批准，并报国务院水行政主管部门和环境保护行政主管部门备案。

前款规定以外的其他河流、湖泊、水库、渠道的水功能区划，由区、县水行政主管部门会同同级环境保护行政主管部门和其他有关部门拟定，报区、县人民政府批准，并报市水行政主管部门和市环境保护行政主管部门备案。

第三十条 各级人民政府应当按照有关法律、法规的规定，采取有效措施，加强对密云水库、怀柔水库、官厅水库及其上游、京密引水渠和其他饮用水水源地的保护管理，保证饮用水安全。

第三十一条 禁止在饮用水水源保护区内设置排污口。

向本确定的风景观赏功能河道、排水功能河道排水的，水质必须达到国家规定的排放标准。

第三十二条 水行政主管部门应当按照水功能区对水质的要求和水体的自然净化能力，核定水域的纳污能力，向同级环境保护行政主管部门提出该水域的限制排污总量意见。

第三十三条 水行政主管部门应当做好河流、湖泊、水库、渠道的水量水质监测，发现重点污染物排放总量超过控制指标或者水功能区水质未达到水域使用功能对水质的要求的，应当及时报请有关人民政府采取治理措施，并向同级环境保护行政主管部门通报。

水量水质监测结果应当按照有关规定向社会公开。

第三十四条 各级人民政府应当按照北京城市总体规划，建设市政基础设施，完善排水设施和污水处理设施，实现雨水、污水分流。

第三十五条 在河流、湖泊新建、改建或者扩大排污口的，应当经有管理权限的水行政主管部门或者其授权的水工程管理机构审查同意，由环境保护行政主管部门负责对建设项目的环境影响报告书进行审批。

已经实现截污的原有入河排污口，排污单位应当在规定的期限内封堵。

第五章　水资源配置

第三十六条 市发展与改革行政主管部门和市水行政主管部门负责全市水资源的宏观调配。

市和区、县的水中长期供求规划由水行政主管部门依照《水法》的规定制订。

第三十七条 水行政主管部门制订本行政区域的年度水量分配方案、调度计划以及水资源紧缺情况下的水量调度预案，报同级人民政府批准后执行。

第三十八条 市发展与改革行政主管部门会同市水行政主管部门，根据用水定额、经济技术条件以及水量分配方案确定的可供本行政区域使用的水量，制订年度用水计划，对全市的年度用水实行总量控制。

第三十九条 区、县水行政主管部门根据年度用水计划和有关行业用水定额，核定本行政区域内用水单位的年度用水指标。

特大用水单位和有特殊需要的用水单位的年度用水指标，由市水行政主管部门核定。

第四十条 直接从河流、湖泊或者地下取用水资源的单位和个人，应当依法向水行政主管部门申请领取水许可证，缴纳水资源费，取得取水权。法律、行政法规另有规定的，从其规定。

新建、改建、扩建建设项目的建设单位申请取水许可前，应当进行水资源论证。

第四十一条 取水应当计量，按量收取水资源费。

直接取用地表水或者地下水的用水单位，应当在取水口安装经质量监督检验行政主管部门检验合格的计量设施。无计量设施的，水行政主管部门应当责令限期安装，并自取水之日起，按照工程设计取水能力或者取水设备额定流量全时程运行计算取水量。

第四十二条 水资源费由水行政主管部门统一征收，上缴财政，用于水资源的开发、利用、节约、保护及相关科学技术的研究。

第六章 节 约 用 水

第四十三条 各级人民政府应当建立健全节约用水责任制，开展节约用水宣传教育，推行节约用水措施，推广节水新技术、新工艺，培育和发展节水产业，发展节水型工业、农业和服务业。

第四十四条 水行政主管部门负责本行政区域内的节约用水管理工作。未设置水行政主管部门的区，应当有专门机构负责本行政区域内的节约用水管理工作。

市和区、县人民政府有关部门应当做好本部门、本行业节约用水的工作。

乡、镇人民政府和街道办事处应当做好本辖区内节约用水的工作。

第四十五条 单位和个人有节约用水义务。

用水单位应当加强用水管理，建立健全节约用水责任制；加强对单位人员节约用水的宣传；落实节约用水措施，使用符合节约用水要求的工艺、设备、器具。

居民应当增强节约用水意识、使用节水型器具，提高水的利用效率。

第四十六条 用水实行总量控制和定额管理相结合的制度。

市人民政府有关行业主管部门制订本行业的用水定额，报市水行政主管部门和市质量监督检验行政主管部门审核同意后，由市人民政府公布。

第四十七条 新建、改建、扩建建设项目，应当制订节约用水措施方案，配套建设节水设施。节水设施应当与主体工程同时设计、同时施工、同时投入使用。

发展与改革行政主管部门、规划行政主管部门在审批建设项目建议书或者可行性研究报告和建设项目设计方案时，应当就节水设施方案征求同级水行政主管部门的意见。节水设施竣工后，建设单位应当向水行政主管部门申报验收；验收不合格的，建设项目不得投入使用，水行政主管部门不予核定用水指标，供水单位不予供水。

第四十八条 已建成的建设项目，用水设施、设备及器具不符合节约用水要求的，应当进行技术改造。

第四十九条 各级人民政府应当引导农业生产者合理调整作物种植结构，采用先进的节水技术和节水灌溉方式，提高农业用水效率。

第五十条 工业用水应当采取节约用水措施，提高水的重复利用率，降低用水单耗。生产用水超过用水定额的，不予增加用水指标。

第五十一条 服务业用水单位应当制订并落实节约用水措施，耗水量大的，应当按照规定安装并使用循环用水设施。

再生水输配水管线覆盖地区内的洗车企业，应当使用再生水。

第五十二条 园林绿化、环境卫生用水应当采用节水技术，充分利用再生水，收集利用雨水。

第五十三条 供水企业和自建供水设施的单位应当加强对供水设施的检修与维护，降低管网漏失率。供水设施出现故障后，相关单位应当及时抢修。

第五十四条 工程施工、园林绿化、环境卫生等需要临时用水的，应当向水行政主管部门申请临时用水指标；在再生水输配水管线覆盖范围内的，应当使用再生水。

第五十五条 用水应当计量，不得实行包费制。

用水实行分类计量收费和超定额累进加价制度。

第七章 法律责任

第五十六条 水行政主管部门或者其他有关部门以及水工程管理单位及其工作人员，有下列情形之一，构成犯罪的，对负有责任的主管人员和其他责任人员依法追究刑事责任；尚不够刑事处罚的，依法给予行政处分：

（一）对不符合法定条件的单位或者个人核发许可证、签署审查同意意见的；

（二）不按照水量分配方案分配水量或者不服从水量统一调度的；

（三）不按照国家有关规定收取水资源费的；

（四）不按规定核定用水指标，滥用职权的；

（五）不履行监督职责，或者发现违法行为不予查处，造成严重后果的；

（六）其他徇私舞弊、玩忽职守、滥用职权的行为。

第五十七条 违反本办法第十七条规定，未经批准开凿机井的，或者未依照批准的取水许可规定条件取水的，由水行政主管部门责令停止违法行为，限期补办手续，并处2万元以上6万元以下的罚款；逾期不补办手续的，责令封井。

第五十八条 违反本办法第十八条规定，在禁止开凿机井的地区开凿机井的，由水行政主管部门责令停止违法行为，限期封井，并处7万元以上10万元以下的罚款。

第五十九条 违反本办法第十九条规定，未经批准在严格限制开凿机井的地区开凿机井的，或者未依照批准的取水许可规定条件取水的，由水行政主管部门责令停止违法行为，限期封井，并处5万元以上8万元以下的罚款。

第六十条 违反本办法第二十条规定，未经批准开采基岩水的，或者未依照批准的取水许可规定条件取水的，由水行政主管部门责令停止违法行为，并处6万元以上10万元以下的罚款。

第六十一条 违反本办法第二十三条第二款、第四十七条第一款规定，建设项目未建设再生水利用设施、节水设施的，或者设施没有达到规定要求的，由水行政主管部门责令停止违法行为，限期改正，并处5万元以上10万元以下的罚款；逾期未改的，不予核定用水指标；已建成的设施不正常使用的，核减相应的用水指标。

第六十二条 违反本办法第三十一条第一款规定，在饮用水水源保护区内设置排污口的，由市或者区、县人民政府责令限期拆除、恢复原状；逾期不拆除、不恢复原状的，强行拆除、恢复原状，并处5万元以上10万元以下的罚款。

第六十三条　违反本办法第三十五条第一款规定，未经批准在河流、湖泊新建、改建或者扩大排污口的，由水行政主管部门责令停止违法行为，限期恢复原状，并处5万元以上10万元以下的罚款；违反第二款规定，未在规定的期限内封堵排污口的，由水行政主管部门处5万元以上10万元以下的罚款。

第六十四条　违反本办法第四十五条第二款规定，用水单位浪费用水的，由水行政主管部门或者其他有关部门责令限期改正；逾期不改的，水行政主管部门可以核减相应的用水指标。

第六十五条　违反本办法第五十一条规定，耗水量大的用水单位未安装、使用循环用水设施或者洗车企业未按规定使用再生水的，由水行政主管部门责令限期改正，并处1万元的罚款；逾期未改的，责令供水单位停止供水。

第六十六条　违反本办法第五十四条规定，未取得临时用水指标用水的，责令停止违法行为，限期补办手续，并处5万元以下的罚款。

第六十七条　违反本办法第五十五条规定，用水实行包费制的，由水行政主管部门责令责任单位改正，并按照每包费一户200元以上500元以下的标准处以罚款。

第六十八条　根据国家相对集中行政处罚权的规定，市人民政府决定由城市管理监察组织行使行政处罚权的，由城市管理监察组织处罚。

第八章　附　　则

第六十九条　本办法自2004年10月1日起施行。1991年9月14日北京市第九届人民代表大会常务委员会第二十九次会议通过的《北京市城市节约用水条例》、1991年11月9日北京市第九届人民代表大会常务委员会第三十次会议通过的《北京市水资源管理条例》、1992年5月29日北京市人民政府第12号令发布的《〈北京市水资源管理条例〉罚款处罚办法》、1992年10月20日北京市人民政府第15号令发布的《北京市农村节约用水管理规定》同时废止。

北京市水利工程保护管理条例

（1986年4月30日北京市第八届人民代表大会常务委员会第二十二次会议通过，根据1997年4月15日北京市第十届人民代表大会常务委员会第三十六次会议《关于修改〈北京市水利工程保护管理条例〉的决定》第一次修正，根据2010年12月23日北京市第十三届人民代表大会常务委员会第二十二次会议《关于修改部分地方性法规的决定》第二次修正）

第一章　总　　则

第一条　为加强水利工程的保护和管理，充分发挥工程效益，促进工农业生产发展，保障城乡人民生活用水，确保首都防洪安全，特制定本条例。

第二条　本市行政区域内的水利工程，包括河道、湖泊、防洪排涝工程，水库、蓄水、引水、提水工程，农田排灌、农村人畜饮水工程，水行政主管部门管理的水力发电工程以及附属于上述工程的土地、山场和设施，均按本条例管理。

第三条　市和区、县水行政主管部门是市和区、县人民政府管理水利工程的主管机关。

市水行政主管部门主管全市水利工程管理工作。区、县水行政主管部门主管本区、县管辖的水利工程管理工作。乡（镇）人民政府设水利助理员，负责本乡（镇）管辖的水利工程管理工作。

第四条　各级人民政府应制定水利建设、管理的规划和年度计划，用于水利工程建设和管理的资金，应占市和区、县、乡（镇）财政年度预算的适当比例。

实行计划供水，有偿供水。水费收入用于水利工程的保护管理、更新改造，不得挪作他用。

城市维护费和征收的排污费，应分别有适当数量和比例用于承担城市排水河道、沟渠的维护、管理。

集体经济组织管理的小型农田水利工程维护、更新、兴建所需资金，由受益的集体经济组织自筹。经济困难的，市和区、县、乡（镇）人民政府可给予适当补助。

第五条　集体经济组织管理的水利工程应当加强统一管理，建立、完善管理责任制。未经区、县水行政主管部门批准不得擅自拆毁、变卖或分给个人。

第六条　一切单位和个人都有保护水利工程设施的责任和参加防洪抢险的义务，并有权制止和检举损害水利工程的行为。

第二章　工程保护与管理

第七条　市和区、县管理的水利工程和跨越区、县、乡（镇）的水利工程，分别由市和区、县水行政主管部门负责建立、健全管理机构。园林、市政工程管理部门和国营农场（林场、牧场）负责建立和健全所属水利工程的管理组织。乡（镇）设水利管理服务站。村集体经济组织管理的蓄水、引水和机井、扬水站、排灌渠道等水利工程，必须建立、健全管理组织或确定管理人员。

水利工程管理机构、组织和管理人员的基本职责是：依照国家有关法律、法规和本条例，加强工程保护，预防和制止偷盗、损毁、哄抢等破坏水利工程设施的行为，并及时上报主管部门查处；维护、保养工程设施，确保工程完好；合理用水、节约用水，执行供水计划和防洪调度命令；建立各项管理制度，提高管理水平，充分发挥水利工程综合效益。

第八条 市和区、县管理的水库、引水渠和其他水利工程及附属的土地、山场属于各该工程的管理范围；两堤之间的河道及护堤地和无堤河道的设计行洪范围为河道的管理范围；排灌渠道及护渠地为渠道的管理范围。

市和区、县管理的河道、渠道管理范围，由市和区、县水行政主管部门提出方案，报同级人民政府批准。集体经济组织管理的水利工程，包括机井、扬水站、渠道等小型农田水利工程的管理范围，按管理权限，分别由乡（镇）人民政府和集体经济组织划定。跨乡工程由区、县水行政主管部门划定。

水利工程管理范围与公路等其他工程管理范围重叠交叉时，由双方协商解决，达不成协议的，按管辖权限报人民政府决定。

各类水利工程的管理范围，应标图立界，由水利工程管理单位管理。

第九条 在水利工程的管理范围内，禁止下列行为：

（一）毁损水利工程、水工水文观测设施及通信、照明、交通等附属设备；

（二）擅自建筑房屋和在河道及引水、排水渠内筑坝，在库区内填库造地；

（三）倾倒垃圾、渣土、工矿废弃物，修造坟墓和其他构筑物，堆放物料，围河养殖，挤占河道、沟渠；

（四）擅自爆破、采石、挖沙、取土、打井、采伐林木；

（五）在坝顶、水闸交通桥行驶履带车辆、超重车辆；

（六）非管理人员开关、启闭水利设备；

（七）在堤防上及大型渠道内垦植、放牧；

（八）在河道内修建套堤、高渠、高路。

第十条 在重要河道、引水渠、排灌渠道管理范围的周围，市和区、县水行政主管部门根据保护水利工程的需要，可以提出水利工程保护范围，报同级人民政府批准。在保护范围内，不得从事挖沙取土、修建鱼池、擅自建房和爆破等危害水利工程的活动。违反的，除批评制止外，责令恢复原状。

第十一条 确有必要在水利工程管理范围和保护范围内进行建设的，应当按照保护水利工程安全的要求提出设计，根据水利工程管理权限分别报经市和区、县水行政主管部门审核同意，依照《北京市城乡规划条例》的规定报批。

工程建设单位应按照批准的设计施工，按期竣工。不按设计施工或不能按期竣工，影响蓄水、供水、排水和行洪的，水利工程管理机构可以责令建设单位停止施工、拆除或者采取其他保护措施。

建设施工如确需阻断或损坏排灌沟渠、涵闸、管道、堤坝、桥梁等工程的，建设单位应当事先报水行政主管部门批准，采取临时措施，保证原水利工程的效能，并在限期内修复或修建相应的工程设施。

第十二条 在同一个排灌系统内，未经上下游双方协商和上级水行政主管部门批准，不准阻断、扩大或缩小原有排灌沟渠。

第十三条 扩建、改建和新建水利工程，必须服从水利工程管理的统一规划，按管理权限报市和区、县水行政主管部门批准或经市和区、县水行政主管部门审核，依照国家有关规定报上级主管机关批准。

需要废除的水利工程，应当报原批准建设的机关核准，原有设备和物资必须妥善保管，可以由市和区、县水行政主管部门和乡（镇）人民政府有偿调剂使用。

第十四条 由水行政主管部门供水的用水户必须按规定缴纳水费。逾期不缴纳的，加收滞纳金。经催缴仍不缴纳的，由市和区、县水行政主管部门申请人民法院强制执行。

水费的核定、计收和管理办法，由市人民政府制定。

第三章 防洪与清障

第十五条 河道、水库按国家规定的防洪标准设防。

永定河、潮白河、北运河、温榆河按50年一遇行洪标准清除行洪障碍物，清障范围由市水行政主管部门提出，报市人民政府批准。永定河卢沟桥以上分洪道和其他中、小河道的行洪清障标准及范围，由市和区、县水行政主管部门提出，报同级人民政府批准。

凡应当清除的行洪障碍物，本着“谁设障，谁清除”的原则，由市和区、县水行政主管部门向设障单位发出清障通知书，限期清除。设障单位有异议时，应当在接到清障通知书10日内向市和区、县人民政府提出，由市和区、县人民政府决定。逾期不清除行洪障碍物的，由市和区、县水行政主管部门申请人民法院强制执行。清除费用由设障单位或个人负担。

第十六条 不符合防洪设防标准严重壅水的桥梁、引路和其他跨河工程设施，该工程管理部门应当根据水行政主管部门的要求，在限期内改建、扩建。

第十七条 河道内不得种植树木，经市和区、县水行政主管部门批准在滩地种植树木除外。现有影响行洪和水文测验的树木，应当限期清除。

第十八条 在河道内开采沙石，按照市人民政府的规定执行。

第十九条 大、中型河道堤顶，除防汛、公安、消防、救护等特许车辆外，禁止其他机动车、兽力车通行。市和区、县水行政主管部门和交通部门确定的堤路结合地段不在此限。

汛期交通应当服从市和区、县防汛抗旱指挥部的统一指挥。

第二十条 防洪工作应统一指挥、统一调度，分级、分段负责。任何单位和个人必须执行防洪调度命令。

永定河、北运河、温榆河、潮白河、城市河湖及大、中型水库防洪调度命令，根据国务院有关规定由市防汛抗旱指挥部下达，其他河道和水库的防洪调度命令由区、县防汛抗旱指挥部下达。

第四章 奖励与惩罚

第二十一条 对认真贯彻执行本条例、积极参加防洪抢险，保护管理水利工程设施成绩显著的单位和个人，由各级人民政府或市和区、县水行政主管部门给予奖励。

第二十二条 有下列行为之一的单位或个人，给予处罚：

（一）违反本条例第九条第一项，情节显著轻微的，除令其负责修复或照价赔偿外，并处以损失金额1倍以下的罚款。

（二）违反本条例第九条第二项、第八项规定的，应当限期清除。本条例施行后，在河道和引水、排水渠管理范围内进行违章建筑的，除限期清除外，按违章建筑工程总面积每平方米处5元至50元的罚款或按违章建设工程总造价处1%至5%的罚款，并对违章单位的主管负责人、直接责任人处100元至本人6个月收入的罚款。

（三）违反本条例第九条第三项的，除恢复原状外，对倾倒垃圾、渣土、工矿废弃物的，每倾倒1吨罚款1000元，对直接责任人罚款200元，并在限期内清运干净。逾期未清运干净的，每超过1天每吨加罚50元。

（四）违反本条例第九条第四项规定的，除责令纠正违法行为、赔偿损失、采取补救措施外，并处以罚款。擅自爆破、打井的，处工程造价1倍的罚款；擅自采石、挖沙、取土的，处价值1倍的罚款；擅自采伐林木的，按本市林木资源保护管理法规处理。

（五）违反本条例第九条第五、六、七项和第十九条的，根据情节，给予批评教育，并可处200元以下罚款。在堤坝及大型渠道垦植的，还应令其恢复地貌。

（六）偷盗水利工程设施，数额很小、情节显著轻微的，追回赃物或照价赔偿。违反治安管理的，依照《中华人民共和国治安管理处罚法》处理。

毁坏、盗窃或以其他方法破坏水利工程设施及附属设备构成犯罪的，依法追究刑事责任。

第二十三条 根据第二十二条处以罚款的，行政处罚决定按照水利工程管理权限，分别由市和区、县水行政、园林绿化、市政工程主管机关作出。当事人对罚款决定不服的，可以依法申请行政复议或者提起行政诉讼。逾期不申请复议、不起诉又不履行的，由作出决定的机关申请人民法院强制执行。

第二十四条 对拒不执行防洪调度命令，尚未造成后果的，应当追究责任人员的行政责任；构成犯罪的，依法追究刑事责任。

第二十五条 在水利工程管理工作中，滥用职权、徇私舞弊、玩忽职守的，视情节和后果，追究责任人员的行政责任或刑事责任。

第二十六条 拒绝、阻碍水利工程管理人员依法执行职务，未使用暴力、威胁方法的，依照《中华人民和国治安管理处罚法》处理；构成犯罪的，依法追究刑事责任。

第五章 附 则

第二十七条 本条例的具体应用问题，由北京市水行政主管部门解释。

第二十八条 本条例自1986年6月1日起施行。《北京市水利工程管理办法》和《北京市革命委员会关于保护水利工程的布告》同时废止。

二、土 地 征 占

北京市实施《中华人民共和国土地管理法》办法

北京市人民代表大会常务委员会公告第19号

（1991年3月19日发布，自1991年6月1日起施行）

第一章 总 则

第一条 为实施《中华人民共和国土地管理法》和《中华人民共和国土地管理法实施条例》，结合本市实际情况，制定本办法。

第二条 本市各级人民政府应当维护土地的社会主义公有制，贯彻执行十分珍惜和合理利用每寸土地、切实保护耕地的基本国策，加强管理，全面规划，保护和开发土地资源，制止乱占耕地和滥用土地的行为。

第三条 市土地管理局主管全市土地的统一管理工作，负责拟定政策和规章草案，管理土地资源，拟定土地利用规划、计划和土地后备资源开发规划，审核征用土地的范围、数量，实施土地监察等。市房地产管理局按照本市土地管理的统一规定和要求，对已经开发使用的城镇建设用地进行管理。

区、县土地管理局主管本区、县土地的统一管理工作，区、县房地产管理局对本区、县已经开发使用的城镇建设用地进行管理。

乡（镇）人民政府负责本行政区域内的土地管理工作，根据需要配备专职或者兼职土地管理人员。

第四条 对保护和开发土地资源、合理利用土地以及进行有关的科学研究成绩显著的单位和个人，由市、区、县人民政府给予表彰和奖励。

第二章 土地的所有权和使用权

第五条 土地所有权和使用权的确定，依照《中华人民共和国土地管理法》的规定执行。

土地的所有权和使用权受法律保护，任何单位和个人不得侵犯。

禁止侵占、买卖或者以其他形式非法转让土地。

第六条 国有土地和集体所有的土地的使用权可以依法转让，具体办法由市人民政府根据国务院有关规定制定。

国有土地依法实行有偿使用，具体办法由市人民政府根据国务院的有关规定制定。

第七条　国有土地依法确定给单位或者个人使用的，由市或者区、县人民政府登记造册，核发国有土地使用证，确认使用权。

集体所有的土地，由区、县人民政府登记造册，核发集体土地所有证，确认所有权。

乡（镇）村企业、公共设施、公益事业以及农民住宅等非农业建设，使用集体所有的土地，由区、县人民政府核发使用证书。

第八条　依法改变土地的所有权、使用权，或者因依法买卖、转让地上建筑物、附着物等而使土地使用权转移的，必须向本办法第三条规定的管理机关申请土地所有权、使用权变更登记，由区、县以上地方人民政府更换证书。

第九条　承包国有土地、集体所有土地从事农、林、牧、渔业生产的单位和个人，应当按照承包合同的规定合理利用和保护土地。

土地的承包经营权受法律保护。

第十条　土地的所有权和使用权争议，由当事人协商解决，协商不成的，由人民政府处理。

全民所有制单位之间、集体所有制单位之间、全民所有制单位和集体所有制单位之间的土地所有权或者使用权争议，由土地所在的区、县人民政府处理；跨区、县的，由市人民政府处理。

个人之间、个人与全民所有制单位和集体所有制单位之间的土地使用权争议，由土地所在的乡（镇）人民政府或者区、县人民政府处理；跨乡（镇）的，由区、县人民政府处理。

当事人对处理决定不服的，可以在接到处理决定通知之日起 30 日内向人民法院起诉。

在土地所有权和使用权争议解决之前，任何一方不得改变土地现状，不得破坏土地上的附着物。

第三章　土地的利用和保护

第十一条　根据国家土地调查制度，市土地管理局会同有关部门制定本市土地调查计划，报市人民政府批准后实施。

土地的调查、统计、监测、分等定级、登记和建立地籍档案等地籍管理工作，由市、区、县土地管理局负责；已经开发使用的城镇建设用地的地籍管理事项，由房地产管理局办理。

第十二条　市、区、县土地管理局应当会同有关部门按照《北京城市建设总体规划方案》编制土地利用总体规划，经同级计划主管部门综合平衡后，由同级人民政府审查同意，报上一级人民政府批准执行。

乡（镇）的土地利用总体规划，由乡（镇）人民政府编制，报区、县人民政府批准执行。

经批准的土地利用总体规划的修改，须经原批准关批准。

第十三条　各类非农业建设用地实行计划管理。市土地管理局应当按照国家计划编制本市计划控制指标，报市人民政府批准执行。计划控制指标不得突破。

第十四条 本市各级人民政府对菜地、粮食生产基地和名、特、优农产品生产基地予以重点保护。除因特殊情况经市人民政府批准外，不得占用。

第十五条 禁止向耕地倾倒垃圾、渣土等废弃物；禁止在耕地修建坟墓和擅自采矿、采石、挖砂、取土等破坏土地资源的行为。

第十六条 严格控制占用耕地、林地新建砖瓦窑厂。现有的砖瓦窑厂未经批准不得扩大原批准的用地范围。

烧窑、挖砂、采石、采矿等使用后能够复垦的土地，使用者必须负责复垦，恢复利用。

第十七条 严格控制占用耕地种果树、建鱼塘。确需占用耕地，不足20亩的，经区、县农业主管部门同意，报区、县土地管理局批准；20亩以上的，经市农业主管部门同意，报市土地管理局批准。

第十八条 使用国有土地，有下列情形之一的，由本办法第三条规定的管理机关报同级人民政府批准，收回土地使用权，注销土地使用证：

（一）用地单位已经撤销或者迁移的；

（二）未经原批准机关同意，连续两年未使用的；

（三）不按批准的用途使用的；

（四）公路、铁路、机场、矿场经核准报废的。

收回土地使用权的，应当通知城市规划管理机关。

非农业建设使用的集体所有的土地，不再使用或者连续两年未使用的，由农村集体经济组织收回。

第十九条 经批准征用的耕地和农村其他有收益的土地，建设单位征用后一年以上无正当理由仍未进行建设造成土地荒芜的，由区、县土地管理局按照同类土地年产值的5倍征收土地荒芜费。

第二十条 鼓励全民所有制单位、集体所有制单位开发荒山、荒地、荒滩，从事农、林、牧、渔、副业生产。开荒应当注意保护生态环境，防止水土流失。

开发国有荒山、荒地、荒滩，不足100亩的，报区、县土地管理局批准；100亩以上的，经市土地管理局审核，市人民政府批准。

农村集体或者个人开发集体所有的荒山、荒地、荒滩从事农、林、牧、渔业生产，由开发者与农村集体经济组织签订开发承包合同，并报区、县土地管理局备案。

第四章 国家建设用地

第二十一条 国家进行经济、文化、国防建设以及兴办社会公共事业，应当节约用地，合理用地。需要征用集体所有的土地或者使用国有土地，以及城市集体所有制单位进行建设需要使用土地的，按照本章规定办理。

第二十二条 国家建设需要征用集体所有的土地或者使用国有土地的，建设项目设计任务书报批时，必须附具土地管理局的意见。

第二十三条 国家建设征用集体所有的土地，按下列程序办理：

（一）建设单位持经批准的设计任务书或者初步设计、年度基本建设计划等有关文件和城市规划管理机关核发的建设用地规划许可证，按照审批权限向市或者区、县土地管理局申请建设用地；

（二）征用土地的申请依照法定批准权限，经市或者区、县人民政府批准，核发建设用地批准书，由土地管理局根据建设进度一次或者分期划拨建设用地；

（三）建设项目竣工，由城市规划管理机关会同土地管理局、房地产管理局核查实际用地后，依照本办法的规定，核定国有土地使用证。

第二十四条 国家建设征用集体所有的土地的审批权限：

（一）征用耕地 1000 亩以上，其他土地 2000 亩以上的，由市人民政府审核后报国务院批准；

（二）征用耕地不足 1000 亩、其他土地 10 亩以上不足 2000 亩的，由市人民政府批准；

（三）征用其他土地不足 10 亩的，由区、县人民政府批准，报市土地管理局备案。

第二十五条 工程项目施工，确需另行增加临时使用农村土地的，建设单位应当先向城市规划管理机关提出定点申请，经审查同意后，向土地管理局提出临时用地数量和期限的申请，经批准后，同农村集体经济组织签订临时用地协议，并按该土地前三年平均年产值逐年给予补偿。在临时使用的土地上不得修建永久性建筑物。使用期满，建设单位应当恢复土地的生产条件，及时归还。

架设地线路、铺设地下管线、建设其他地下工程、进行地质勘探等，需要临时使用土地的，按照前款规定办理。

第二十六条 征用集体所有的土地，用地单位应当按照下列规定向被征地单位支付土地补偿费：

（一）征用耕地、菜地、鱼塘、藕塘、果园、苗圃地，按该土地被征用前三年平均年产值 6 倍的标准补偿；

（二）征用苇塘、林地、砂石地等有收益的土地，按该土地被征用前三年平均年产值 5 倍的标准补偿；

（三）征用宅基地、积肥场、场院地，按相连有收益土地前三年平均年产值 5 倍的标准补偿。

被征用土地上的附着物和青苗的补偿标准，按照市人民政府的规定执行。

征用菜地和市人民政府划定的基本粮田的，应当按照本市有关规定缴纳新菜地或者基本粮田开发建设基金。

第二十七条 征用集体所有的土地，用地单位应当按照需要安置的农业人口数，向被征地单位支付安置补助费。每一个需要安置的农业人口的安置补助费标准，为被征用土地征用前三年平均每亩年产值的 3 倍。但每亩被征用土地的安置补助费，最高不得超过被征用前三年平均年产值的 10 倍。

第二十八条 依照本办法第二十六条、第二十七条规定支付的土地补偿费和安置补助费，尚不能使需要安置的农民保持原有生活水平的，经市人民政府批准，可以增加安置补助费。但土地补偿费和安置补助费的总和不得超过土地被征用前三年平均年产值的 20 倍。

第二十九条 因国家建设征用土地造成的多余劳动力，在市、区、县人民政府领导下，由同级土地管理局组织被征地单位、用地单位和有关单位，通过发展农副业生产和举办乡（镇）村企业等途径，加以安置；安置不完的，可以安排符合条件的人员到用地单位或者其他集体所有制单位、全民所有制单位就业，并将相应的安置补助费转拨给吸收劳动力的单位。

被征地单位的土地被全部征用的，经市人民政府审查批准，原有的农业户口可以转为非农业户口。原有的集体所有的财产和所得的补偿费、安置补助费由区、县人民政府与有关乡（镇）村商定处理，用于组织生产和不能就业人员的生活补助，不得私分。

公安、劳动、粮食、民政等有关部门，应当按照各自的职，做好转户和劳动力的就业安置工作。

第三十条 用地单位按照本办法规定向被征用土地单位支付的各项补偿费、补助费，经区、县土地管理局评定，报市土地管理局核准后，由银行监督拨款。

被征地单位不得在本办法规定的补偿费、补助费以外向用地单位提出其他附加条件。

第三十一条 国家建设使用国有荒山、荒地以及其他单位使用的国有土地的，向本办法第三条规定的管理机关提出申请，按照国家建设征用土地的程序和批准权限经批准后划拨。

第三十二条 全民所有制企业、城市集体所有制企业同农村集体经济组织共同投资兴办的联营企业，需要使用集体所有的土地的，按照本办法第二十三条、第二十四条的规定办理。经批准使用的土地，可以按照国家建设征用土地的规定征用，也可以由农村集体经济组织按照协议将土地的使用权作为联营条件。

第五章 乡（镇）村建设用地

第三十三条 乡（镇）村各项建设用地，应当执行经批准的乡（镇）村建设规划，取得城市规划管理机关核发的建设用地规划许可证后，按照本章规定办理。

第三十四条 乡（镇）村企业、公共设施、公益事业建设用地的办理程序：

（一）建设单位持区、县人民政府批准的设计任务书或者其他批准文件，向区、县土地管理局提出申请；

（二）区、县土地管理局按照审批权限报同级人民政府或者市人民政府批准，核发建设用地批准书后划拨土地；

（三）建设项目竣工，由城市规划管理机关会同土地管理局核查实际用地，办理土地登记手续。

第三十五条 乡（镇）村企业、公共设施、公益事业建设用地，占用耕地不足 2 亩，其他土地不足 10 亩的，由区、县人民政府批准，报市土地管理局备案，超过此限由市人民政府批准。

第三十六条 乡（镇）企业建设使用村农民集体所有土地的，应当按照被占用土地前三年平均年产值的 3 倍至 5 倍给予补偿。

乡（镇）公共设施、公益事业建设占用村农民集体所有土地的，可以按照被占用土地前三年平均年产值的 2 倍给予补偿。

占用菜地和基本粮田的，应当缴纳新菜地或者基本田开发建设基金。

第三十七条　乡（镇）村企业、公共设施、公益事业建设需要临时占用土地的，由建设单位持与被占用土地单位签订的补偿协议书，报区、县土地管理局批准。

在临时用地上不得修建永久性建筑物，使用期满应当恢复生产条件，及时归还。

第三十八条　农村专业户从事生产经营活动需要建设用地的，应当充分利用宅基地。生产规模较大确需使用集体土地的，由本人提出用地申请，经所在的村民代表会或者农村集体经济组织同意，按照本办法第三十四条、第三十五条、第三十六条的规定办理。

被批准使用土地的农村专业户，应当与农村集体经济组织或者村民委员会签订土地使用期限、土地补偿及地上附着物的处理等协议。

第三十九条　农村村民新建住宅，应当在原宅基地内安排，原宅基地无法安排的，应当充分利用村内空闲地或者其他土地，严格控制占用耕地。

农村村民的子女达到法定结婚年龄，无房分居，现有宅基地又无法扩建的，方可申请宅基地。

第四十条　农村村民宅基地的标准，近郊区以及远郊区人多地少的地区，每户不得超过 0.25 亩，其他地区每户不得超过 0.3 亩。具体标准由区、县人民政府规定。

原有宅基地超过规定标准的，超过部分按照乡（镇）村建设规划逐步调整。

第四十一条　农村村民建设住宅使用耕地的，必须经村民代表会或者村民大会讨论通过，由乡（镇）人民政府审核，区、县土地管理局复核，报区、县人民政府批准；使用其他土地的，由乡（镇）人民政府批准，并报所在区、县土地管理局备案。

出卖、出租住房后再申请宅基地的，不予批准。

第四十二条　禁止利用集体所有的土地进行土地和商品房屋的开发经营活动。

第六章　法　律　责　任

第四十三条　占用耕地修建坟墓、倾倒废弃物或者擅自挖砂、取土、采石、采矿等破坏土地资源的，限期恢复地貌，并处以罚款。

第四十四条　未经批准占用耕地、林地新建砖瓦窑厂或者擅自扩大原批准的砖瓦窑厂用地范围的，责令停产，限期恢复非法占用土地的原貌，并处以罚款。

第四十五条　未经批准占用耕地种果树、建鱼塘的，限期恢复地貌，并可处以罚款。

第四十六条　全民所有制单位、城市集体所有制单位和乡（镇）村企业，未经批准或者采取欺骗手段骗取批准，非法占用土地的，责令退还非法占用的土地，限期拆除或者没收在非法占用的土地上新建的建筑物和其他设施，并处以罚款。对非法占地单位的主管人员由其所在单位或者上级机关给予行政处分。

第四十七条　农村村民、城镇居民未经批准或者采取欺骗手段骗取批准，非法占用土地建住宅的，责令退还非法占用的土地，限期拆除或者没收在非法占用的土地上新建的房屋。

国家工作人员利用职权非法占用土地建住宅的，除按前款处罚外，并由其所在单位或者上级机关给予行政处分。

第四十八条　未经批准或者采取欺骗手段骗取批准，非法占用土地从事其他建设的，限期拆除或者没收在非法占用的土地上新建的建筑物和其他设施，责令退还非法占用的土地。

第四十九条 无权审批或者越权审批占用土地的，批准文件无效。对非法批准占用土地的单位主管人员或者个人由其所在单位或者上级机关给予行政处分；收受贿赂构成犯罪的，依法追究刑事责任。非法批准占用的土地，按照非法占用土地处理。

第五十条 买卖或者以其他形式非法转让土地的，没收非法所得，限期拆除或者没收在买卖或者以其他形式非法转让的土地上新建的建筑物和其他设施，并可对当事人处以罚款。对主管人员由其所在单位或者上级机关给予行政处分。

第五十一条 上级机关或者其他单位非法占用被征地单位的补偿费和安置补助费的，责令退赔，并可处以罚款。对主管人员由其所在单位或者上级机关给予行政处分；个人非法占用的以贪污论处。

第五十二条 使用期满拒不交回临时用地的，由土地管理局责令交还土地，并处以罚款。

第五十三条 本章规定的罚款，数额由市人民政府规定。

第五十四条 本办法规定的行政处罚，由本办法第三条规定的管理机关决定。对农村村民非法占用土地建住宅的行政处罚，可以由乡（镇）人民政府决定。当事人对行政罚决定不服的，可以在接到处罚决定通知书之日起15日内向作出决定机关的上一级机关申请复议。复议机关应当在收到复议申请书之日起两个月内作出复议决定。当事人对复议决定不服的，可以在接到复议决定书之日起15日内向人民法院起诉。当事人也可以直接向人民法院起诉。逾期不申请复议、不起诉又不履行的，由作出决定的机关申请人民法院强制执行。

依法受到限期拆除新建筑物和其他设施的处罚的单位和个人，在施工程，必须立即停止施工。对继续施工的，作出处罚决定的机关有权对继续施工的设备、建筑材料予以查封。

第五十五条 侵犯土地的所有权或者使用权的，由本办法第三条规定的管理机关责令停止侵犯，赔偿损失。当事人对处理决定不服的，可以在接到处理决定通知之日起30日内向人民法院起诉。被侵权人也可以直接向人民法院起诉；侵权人在法定期限内不起诉又不履行的，被侵权人可以申请人民法院强制执行。

第五十六条 在变更土地的所有权、使用权和解决土地所有权、使用权争议的过程中，行贿、受贿、敲诈勒索、贪污、盗窃国家和集体的财物，或者煽动群众闹事、阻挠国家建设的，给予行政处分或者依法给予行政处罚；构成犯罪的，依法追究刑事责任。

第五十七条 拒绝、阻碍土地管理工作人员依法执行职务的，依照《中华人民共和国治安管理处罚条例》处罚；构成犯罪的，依法追究刑事责任。

第七章 附 则

第五十八条 中外合资经营企业、中外合作经营企业、外资企业使用土地的管理办法，另行规定。

第五十九条　本办法具体应用中的问题，由市土地管理局负责解释。

第六十条　本办法自1991年6月1日起施行。1984年12月3日市八届人民代表大会常务委员会公布的《北京市农村建房用地管理暂行办法》同时废止。本市过去有关土地管理的规定，凡与本办法抵触的，均按照本办法执行。

北京市基本农田保护条例

北京市人民代表大会常务委员会公告第17号

（1994年5月21日发布，自1994年5月21日起施行）

第一章 总 则

第一条 为切实保护耕地资源，对基本农田实行特殊保护，保障农业持续稳定发展，根据《中华人民共和国土地管理法》和《中华人民共和国农业法》结合本市实际情况，制定本条例。

第二条 本条例所称基本农田是指依据国民经济和社会发展以及规划人口增长的需求，依法划定、特殊保护、长期稳定的耕地。

本条例所称耕地是指种植粮食、油料、蔬菜、饲料以及其他农作物的土地。

第三条 本条例适用于本市行政区域内基本农田的划定、保护、建设和监督管理。

第四条 一切单位和个人都有保护基本农田的义务；对侵占、破坏基本农田的行为有检举、控告的权利。

第五条 市和区、县人民政府应当加强对基本农田保护工作的领导。

市和区、县土地行政主管部门和农业行政主管部门，按照本条例规定的职责，负责本行政区域内基本农田保护的监督管理。

乡、镇人民政府负责本行政区域内基本农田的保护管理。

第二章 基本农田的划定

第六条 确定基本农田面积，必须从实际出发，对本市国民经济和社会发展以及人口增长对耕地的需求进行科学预测。

第七条 基本农田划定方案应当根据国务院批准的北京城市总体规划制定，并与区、县域规划、村镇规划相协调。

第八条 市人民政府对基本农田面积实行指标控制。全市基本农田划定方案由市土地、农业行政主管部门制定，报市人民政府批准。

区、县人民政府根据全市基本农田划定方案，结合当地实际情况，制定具体方案，报市人民政府批准后组织实施。

任何单位和个人不得擅自改变基本农田划定方案。确需改变的，必须报经原批准机关批准。

第九条 下列耕地应当划入基本农田：

（一）国务院主管部门和市人民政府批准确定的粮、油生产基地；

（二）市人民政府批准确定的蔬菜生产基地；

（三）市人民政府批准建立的种子生产基地；

（四）本行政区域内高产、稳产、优质农田；

（五）名、特、优、新农产品生产基地；

（六）农业教学、科研试验基地；

（七）市和区、县人民政府认为需要划定的其他耕地。

第十条　基本农田的划定，由乡、镇人民政府负责。划定的基本农田面积不得低于上级人民政府下达的指标，并应当绘图、登记、造册，建立档案。

划定的基本农田，由区、县人民政府批准，并予以公布。

第三章　基本农田的保护和管理

第十一条　区、县和乡、镇人民政府要把基本农田的保护工作列入政府目标管理责任制，由上级人民政府监督检查。

土地、农业行政主管部门应当按照各自的职责，对基本农田每年进行一次普查。被检查单位和个人应当如实提供有关情况和资料。

第十二条　农村集体经济组织可以根据市场的需求，调整种植结构。但禁止在基本农田内挖鱼塘、种果树；禁止挖沙、取土、烧砖、建坟、采石、采矿、建房等非种植业建设和生产经营活动；禁止倾倒垃圾、渣土等废弃物和排放未经处理的废水。

第十三条　严格控制征用、占用基本农田。除国务院和市人民政府批准的国家重点工程外，其他建设项目禁止征用、占用基本农田。确需征用、占用的，由农业行政主管部门签署意见后，按照《北京市实施〈中华人民共和国土地管理办法〉办法》规定的审批权限和程序办理。

第十四条　严禁无权批准征用、占用土地的单位和个人批准征用、占用基本农田；严禁超越批准权限批准征用、占用基本农田。非法批准的文件无效，所占用的土地按非法占地处理。

第十五条　征用、占用基本农田的单位，必须依法支付征地费。其中土地补偿费和安置补助费按《北京市实施〈中华人民共和国土地管理法〉办法》规定的上限计算。地上附着物和青苗补偿标准，按照市人民政府的规定执行。

第十六条　征用、占用基本农田的单位，除依法缴纳耕地占用税外，还应当缴纳基本农田开发建设基金，用于本农田的建设和开发。

基本农田开发建设基金的征收标准和办法，由市人民政府制定。

第十七条　征用、占用基本农田，实行“占一亩、补一亩”的原则。补建的基本农田，由农业集体经济组织负责建设，费用从基本农田开发建设基金中给予补助。

补建的基本农田，由土地、农业行政主管部门验收合格后，纳入基本农田管理。

第十八条　严禁荒芜基本农田。对荒芜基本农田的，由农村集体经济组织责令限期改正。凡弃耕一年以上的，征收土地荒芜费。征收标准和办法由市人民政府制定。

第十九条　乡、镇人民政府和区、县土地行政主管部门应当加强对基本农田的监督管理，及时查处违法占用和破坏基本农田的案件，并向上一级人民政府和上一级土地行政主管部门报告。

第四章　基本农田的建设

第二十条　本市各级人民政府应当制定基本农田建设规划，组织农村集体经济组织进行农田水利、田间道路和农田防护林建设，减少风沙危害，防止水土流失，改良土壤，提高地力，把基本农田建设成为旱涝保收的高产、稳产农田。

第二十一条　基本农田应当按照土地分级标准分等定级，并实行地力补偿制度。

鼓励基本农田经营者增施有机肥，培肥地力。在承包期间，地力升级的，由集体经济组织给予奖励；地力降级的，由经营者予以赔偿。

基本农田分等定级标准，由市农业行政主管部门制定。

第二十二条　市和区、县农业行政主管部门，应当建立基本农田肥力监测网点，定期向同级人民政府提交基本农田地力状况和地力保护措施的报告，并为基本农田经营者提供指导服务。

第二十三条　市和区、县农业行政主管部门，应当会同同级环境保护部门对基本农田环境质量进行监测与评价，并定期向同级人民政府提交基本农田环境质量与发展趋势的报告。

第五章　法　律　责　任

第二十四条　违反本条例规定非法占用、破坏基本农田的，按《中华人民共和国土地管理法》和《北京市实施〈中华人民共和国土地管理法〉办法》的规定，由土地行政主管部门责令退还非法占用的土地，限期拆在非法占用的土地上新建的建筑物和其他设施，恢复地貌并处以罚款。

第二十五条　对违反本条例规定非法批准占用基本农田的直接责任人，由其所在机关或者上级机关给予行政处分；构成犯罪的，依法追究刑事责任。

第二十六条　土地、农业行政主管部门工作人员不认真履行职责，玩忽职守，徇私舞弊的，由所在机关或者上级机关给予行政处分；构成犯罪的，依法追究刑事责任。

第二十七条　违反本条例规定，排放污染物质，致使基本农田遭受污染并造成实际经济损失的，依照《中华人民共和国环境保护法》的规定处理。

第六章　附　　则

第二十八条　本条例未作规定的事项及基本农田以外耕地的保护管理，按照《中华人民共和国土地管理法》和《北京市实施〈中华人民共和国土地管理法〉办法》执行。

第二十九条　本条例具体应用中的问题，由市土地行政主管部门会同市农业行政主管部门解释。

第三十条　本条例自公布之日起施行。

三、房　屋　拆　迁

北京市城乡规划条例

北京市人民代表大会常务委员会公告第4号

（2009年5月22日发布，自2009年10月1日起施行）

第一章　总　　则

第一条　为了做好本市城乡规划工作，协调城乡空间布局，改善人居和发展环境，促进经济、社会、人口、资源、环境全面协调可持续发展，根据《中华人民共和国城乡规划法》，结合本市实际情况，制定本条例。

第二条　本市行政区域全部为规划区。

本条例适用于本市城乡规划的制定、实施、修改、监督检查和相关城乡建设活动。

本市城乡规划包括城市总体规划，中心城和新城、乡和镇的总体规划和详细规划，村庄规划，特定地区规划和专项规划。

第三条　北京是国家的首都，是全国的政治中心、文化中心，是世界著名古都和现代国际城市。

北京城乡规划和建设应当依据城市性质，体现为中央党、政、军领导机关的工作服务，为国家的国际交往服务，为科技和教育发展服务，为改善人民群众生活服务的要求。

第四条　本市城乡规划和建设应当贯彻科学发展观，体现"人文北京、科技北京、绿色北京"的理念；坚持以人为本，创造人居和发展的良好条件，妥善处理和协调各种利益关系，维护人民群众的根本利益；统筹城乡发展，推进城乡经济社会发展一体化，统筹区域发展，推动区域协调发展，统筹经济与社会发展，合理规划产业与社会事业发展的空间布局，统筹人与自然和谐发展，协调人口、资源和环境的规划配置，统筹国内发展和对外开放的要求，提高城市现代化、国际化水平。

第五条　本市城乡规划应当与国民经济和社会发展规划、土地利用规划相互衔接、协调一致。

本市城乡规划和建设应当根据经济社会发展实际，充分考虑资源与环境承载能力，合理确定城市的发展规模，完善城市功能，优化产业结构，节约利用土地，改善生态环境，提高资源利用效率，推进城乡基础设施、公共服务设施和公共安全设施以及防灾减灾体系建设。

第六条 本市城乡规划和建设应当尊重城市历史和城市文化，保护历史文化遗产和传统风貌。

本市城乡规划和建设涉及历史文化名城保护的，应当遵守法律和《历史文化名城名镇名村保护条例》、《北京历史文化名城保护条例》等法规的规定。

第七条 城乡规划工作是各级人民政府的重要职责。市人民政府领导本市的城乡规划工作。区、县人民政府按照规定权限负责本行政区域内的城乡规划工作。乡镇人民政府按照规定权限负责本行政区域内的相关城乡规划工作。街道办事处在区、县人民政府的领导下配合规划行政主管部门做好城乡规划管理的有关工作。

市规划行政主管部门负责本市城乡规划管理工作。市规划行政主管部门的派出机构按照规定职责承担有关城乡规划管理工作。

市和区、县人民政府有关部门应当按照各自职责做好相关的城乡规划工作。

本市规划建设中的重大事项，国家规定需要报首都规划建设委员会的，按照规定执行。

第八条 本市应当创新管理模式，通过调控引导、行政许可、公共服务、联动监管等多种方式，提高规划制定、实施和监督管理的效能。

本市鼓励开展城乡规划科学研究，推广先进技术，增强城乡规划的科学性。

第九条 本市应当加强自然资源和地理空间数据库的建设，促进各有关行政主管部门之间的信息共享，保障城乡规划的科学制定、有效实施。

第十条 经依法批准的城乡规划，是城乡建设和规划管理的依据。各项建设活动应当符合经依法批准的城乡规划。

第十一条 任何单位和个人都应当遵守经依法批准并公布的城乡规划，服从规划管理。

任何单位和个人都有权对城乡规划的制定、实施、修改和监督检查提出意见和建议，就涉及其利害关系的建设活动是否符合规划要求向规划行政主管部门查询。规划行政主管部门应当健全制度，畅通渠道，认真研究相关意见和建议；对于规划查询，应当按照政府信息公开有关规定提供相关信息。

任何单位和个人都有权向规划行政主管部门、市人民政府确定的有关执法部门或者机构、乡镇人民政府或者其他有关部门举报或者控告违反城乡规划的行为。规划行政主管部门和其他有关部门应当及时受理并组织核查、处理。

第二章 城乡规划的制定

第十二条 制定城乡规划应当科学预测城乡发展，正确处理近期建设和远景发展、局部利益和整体利益、经济发展和生态环境保护的关系，实现城乡统一规划、区域协调发展。

第十三条 本市应当有计划地组织编制城乡规划。

各类城乡规划应当在上层次城乡规划的基础上编制。在城市总体规划的基础上编制中心城和新城的规划；在中心城和新城规划的基础上编制乡和镇的规划；在乡和镇规划的基础上编制村庄规划；在相关城乡规划的基础上，根据需要编制特定地区的规划和专项规划，补充、深化有关内容，与控制性详细规划相衔接。

中心城和新城、乡和镇应当编制总体规划和控制性详细规划。在控制性详细规划的基础上，可以根据规划实施的需要编制修建性详细规划。

第十四条　编制城乡规划应当遵守法律、法规、规章以及国家和本市的技术标准和规范，坚持政府组织、专家领衔、部门合作、公众参与、科学决策。

城乡规划中涉及资源与环境保护、区域统筹与城乡统筹、城市发展目标与空间布局、历史文化遗产保护等重大专题的，应当组织相关领域的专家进行研究。

规划的组织编制机关应当依法征求专家和公众的意见，可以采取论证会、听证会、座谈会、公示等多种形式，并在报送审批的材料中附意见采纳情况及理由。

城乡规划在报送审批前，组织编制机关应当依法将城乡规划草案予以公告，公告的时间不得少于30日。

相关部门和单位应当积极配合城乡规划的编制工作，按照规定提交相关材料，说明现状情况和发展需求。

第十五条　城乡规划按照以下规定组织编制：

（一）城市总体规划由市人民政府组织编制；

（二）中心城、新城总体规划和控制性详细规划由市规划行政主管部门会同相关区、县人民政府组织编制；

（三）乡、镇总体规划和控制性详细规划由所在区、县人民政府组织编制，乡、镇人民政府按照区、县人民政府的要求负责具体工作；

（四）村庄规划由所在乡、镇人民政府组织编制；

（五）特定地区规划由所在区、县人民政府或者市规划行政主管部门组织编制；

（六）专项规划由相关行政主管部门或者市规划行政主管部门组织编制。

第十六条　城市总体规划在报送审批前应当先经市人民代表大会常务委员会审议，新城总体规划在报送审批前应当先经区、县人民代表大会常务委员会审议，乡、镇总体规划在报送审批前应当先经乡、镇人民代表大会审议。常务委员会组成人员或者代表的审议意见交由本级人民政府研究处理。

规划的组织编制机关报送审批总体规划，应当将审议意见和根据审议意见修改规划的情况随相关城乡规划一并报送。

村庄规划在报送审批前应当依法经村民会议或者村民代表会议讨论同意。

第十七条　城乡规划按照以下规定进行审批和备案：

（一）城市总体规划报国务院审批；

（二）中心城总体规划和控制性详细规划报市人民政府审批；经审批后，报市人民代表大会常务委员会备案；

（三）新城总体规划和控制性详细规划报市人民政府审批；新城控制性详细规划经审批后报市人民代表大会常务委员会备案；

（四）乡、镇总体规划和控制性详细规划，市人民政府确定须报市人民政府审批的，由区、县人民政府报市规划行政主管部门审查后报市人民政府审批；其他乡、镇总体规划和控制性详细规划由区、县人民政府报市规划行政主管部门审批。乡、镇控制性详细规划经审批后报区、县人民代表大会常务委员会备案；

（五）村庄规划经市规划行政主管部门派出机构组织审查后，报区、县人民政府审批；

（六）特定地区规划，由市规划行政主管部门组织编制的，报市人民政府审批；由所在区、县人民政府组织编制的，重点的特定地区规划经市规划行政主管部门组织审查后报市人民政府审批，一般的特定地区规划由市规划行政主管部门审批；

（七）专项规划由市规划行政主管部门组织编制的，报市人民政府审批；由相关行政主管部门组织编制的，经市规划行政主管部门组织审查后报市人民政府审批。

第十八条 经依法批准的城乡规划应当向社会公布，法律、行政法规规定不得公开的除外。

第十九条 本市应当对城乡规划进行动态评估，按照规定程序和标准补充、完善相关内容，维护城乡规划的科学性。

第三章 城乡规划的实施

第二十条 市人民政府应当根据本市经济社会发展水平，制定近期建设规划，有计划、分步骤地组织实施城乡规划，引导城市健康有序地发展。

近期建设规划应当以城市总体规划、国民经济和社会发展规划、土地利用总体规划为依据，结合城乡发展的实际情况，确定近期控制、引导城市发展的原则、措施以及实施城市总体规划的发展重点和建设时序。

第二十一条 市规划行政主管部门应当依据近期建设规划组织编制规划年度实施计划，报市人民政府批准。

规划年度实施计划应当与年度投资计划和年度土地供应计划相衔接，明确规划年度实施的主要内容，统筹安排重点城乡基础设施、公共服务设施、公共安全设施和中低收入居民住房的建设。

第二十二条 区、县人民政府或者市规划行政主管部门可以依据控制性详细规划组织编制重点地区的修建性详细规划和城市设计导则，指导建设。区、县人民政府组织编制的，应当由市规划行政主管部门进行审查；市规划行政主管部门组织编制的，应当报市人民政府进行审查。

第二十三条 本市依法实行规划许可制度，各项建设用地和建设工程应当符合城乡规划，依法取得规划许可。

规划许可证件包括选址意见书，建设用地规划许可证、建设工程规划许可证、乡村建设规划许可证和相应的临时规划许可证。

城镇建设项目应当按照建设工程规划许可证或者临时建设工程规划许可证的许可内容进行建设；农村建设项目应当按照乡村建设规划许可证或者临时乡村建设规划许可证的许可内容进行建设。

第二十四条 依法拥有土地使用权的单位或者个人，可以持土地使用证或者相关权属证明文件向规划行政主管部门了解规划条件。现状用地性质与土地使用证或者相关权属证明文件登记的用途以及规划用地性质相符的，可以按照自有用地申请建设。

依法拥有土地使用权但不符合第一款规定情形，申请进行建设的，应当按照城乡规划、土地管理和建设主体资质管理的有关规定办理。

第二十五条 规划条件应当依据控制性详细规划或者村庄规划提出，并且符合法律、法规、规章的规定和规划管理有关技术规定。

第二十六条 城镇居住建设项目的规划条件应当明确同步建设的基础设施、公共服务设施及其具体建设时序，并作为国有土地使用权出让合同的内容或者划拨土地的依据。

城镇居住建设项目的建设单位应当按照国有土地使用权出让合同或者划拨文件的规定同步建设基础设施、公共服务设施。

第二十七条 建设单位根据规划条件委托编制用地权属范围内的修建性详细规划或者建设工程设计方案后，可以申请规划审查。规划行政主管部门应当依申请提供规划技术审查意见以及规划信息咨询等技术服务。

第二十八条 重大城乡基础设施的建设单位应当在建设工程设计方案的基础上组织编制建设工程扩大初步设计方案。

市规划行政主管部门和市发展改革行政主管部门应当组织有关部门对重大城乡基础设施建设工程的扩大初步设计方案进行审查。

第二十九条 设计单位应当按照规定的资质等级和业务范围承担设计任务。

建设工程设计方案应当依据法律、法规、规章、规划条件、国家和本市的设计规范和标准进行编制。建设工程施工图应当符合建设工程规划许可证或者乡村建设规划许可证的批准内容。

第三十条 建设工程沿道路、铁路、轨道交通、河道、绿化带等公共用地安排建设的，建设单位应当按照本市有关规定代征上述公共用地。

第三十一条 本市土地储备机构在实施土地储备前，应当向规划行政主管部门了解相关用地的规划条件。规划行政主管部门应当提出书面规划条件，作为实施土地储备授权批准文件的组成部分。

承担土地储备任务的单位应当持土地储备授权批准文件向规划行政主管部门申请相关规划许可。

第三十二条 按照国家规定需要有关部门批准或者核准的建设项目，以划拨方式提供国有土地使用权的，建设单位在报送有关部门批准或者核准前，应当持以下材料向规划行政主管部门申请核发选址意见书：

（一）包含项目性质、建设规模、选址意向等情况说明的选址申请书；

（二）证明该建设项目属于需要有关部门批准或者核准、以划拨方式取得国有土地使用权的相关文件；

（三）有关部门同意申请单位作为项目建设主体的批准文件；

（四）标绘有拟建项目用地范围的规定比例尺地形图；

（五）法律、法规、规章规定的其他材料。

前款规定以外的建设项目不需要申请选址意见书。

第三十三条 建设项目选址应当节约、集约利用土地，合理、集中布局。因安全、保密、环保、卫生等原因需要与其他建设工程保持一定距离的，可以进行独立选址。

在规划城镇建设用地范围内进行选址应当符合国有土地供应的相关规定。

城乡基础设施和公共安全设施因节约土地、功能需要等原因，可以结合规划道路、河道、绿化等公共用地进行安排。

城乡公共服务设施确需结合规划道路、河道、绿化等公共用地进行安排的，规划行政主管部门应当报市人民政府批准。

第三十四条 建设单位应当在取得选址意见书后2年内取得建设用地规划许可证；期满需要延续的，应当在期限届满30日前向规划行政主管部门提出申请，经批准可以延续1次，期限不得超过2年。未获得延续批准或者在规定的期限内未取得建设用地规划许可证的，选址意见书失效。

第三十五条 以划拨方式提供国有土地使用权的建设项目，建设单位申请建设用地规划许可证时应当提交以下材料：

（一）选址意见书；

（二）建设项目批准、核准、备案文件；

（三）测绘单位按照规划要求确定的建设用地范围成果和依成果绘制的规定比例尺地形图；

（四）法律、法规、规章规定的其他材料。

第三十六条 以出让方式提供国有土地使用权的，规划行政主管部门应当在出让前，依据控制性详细规划提出规划条件。规划条件应当作为国有土地使用权出让合同的组成部分。

第三十七条 以出让方式提供国有土地使用权的建设项目，建设单位申请建设用地规划许可证时应当提供以下材料：

（一）建设项目批准、核准或者备案文件；

（二）国有土地使用权出让合同；

（三）测绘单位按照规划要求确定的建设用地范围成果，和依成果绘制的规定比例尺地形图；

（四）法律、法规、规章规定的其他材料。

第三十八条 建设单位应当在取得建设用地规划许可证后2年内取得土地行政主管部门批准用地文件；需要延续的，应当在期限届满30日前向规划行政主管部门提出申请，经批准可以延续1次，期限不得超过2年。未获得延续批准或者在规定的期限内未取得批准用地文件的，建设用地规划许可证失效。

第三十九条 建设单位进行城镇建设工程建设的，应当持以下材料向规划行政主管部门申请建设工程规划许可证：

（一）使用土地的有关证明文件；

（二）建设项目批准、核准、备案文件或者相关文件；

（三）建设工程设计方案等材料，重大城乡基础设施项目应当提交经过审查的建设工程扩大初步设计方案，需要建设单位编制修建性详细规划的建设项目，还应当提交修建性详细规划；

（四）法律、法规、规章规定的其他材料。

城镇居民个人申请进行建设的，按照本市有关规定执行。

第四十条　建设单位应当在取得建设工程规划许可证后2年内取得建筑工程施工许可证；期满需要延续的，应当在期限届满30日前向规划行政主管部门提出申请，经批准可以延续1次，期限不得超过2年。未获得延续批准或者在规定的期限内未取得建筑工程施工许可证的，建设工程规划许可证失效。

第四十一条　在规划农村地区，建设单位或者个人进行乡镇企业、乡村公共设施、公益事业建设和村民集中住宅建设的，应当向乡镇人民政府提出申请，由乡镇人民政府报规划行政主管部门核发乡村建设规划许可证。

在规划农村地区，村民使用原有宅基地进行村民住宅建设，可以实行规划许可管理，规划许可管理应当依据村庄规划进行，管理应当与服务相结合，并发挥村民委员会的作用，具体办法由市人民政府制定。

进行乡镇企业、乡村公共设施、公益事业建设和村民住宅建设的，不得占用农用地；确需占用农用地的，应当依照《中华人民共和国土地管理法》有关规定办理农用地转用审批手续后，由规划行政主管部门核发乡村建设规划许可证。

建设单位或者个人在取得乡村建设规划许可证后，方可办理用地审批手续。

第四十二条　在规划村庄以外的现状村庄，在规划实施前确需进行建设的，由规划行政主管部门根据城市发展进程和规划实施的需要核发临时乡村建设规划许可证。

第四十三条　城镇建设项目因施工或者建设城乡基础设施、公共服务设施和公共安全设施需要临时占用土地或者建设临时工程的，建设单位应当向规划行政主管部门申请临时建设用地规划许可证或者临时建设工程规划许可证。

临时建设用地规划许可证和临时建设工程规划许可证的有效期不超过2年，期满需要延续的，经批准期限不得超过1年。

因城乡建设需要或者临时使用期届满的，建设单位应当无条件拆除临时建设工程及设施。为建设主体工程申请的临时建设工程，应当在主体工程申请规划核验之前拆除。

第四十四条　规划行政主管部门应当对建设工程是否符合规划许可内容进行核验。

未经规划核验或者经规划核验不符合规划许可内容的，建设单位不得组织竣工验收，产权登记机关不予办理产权登记手续；涉及违法建设的，按照法律和本条例有关规定处理。

第四十五条　建设工程竣工验收后6个月内，建设单位应当依法向城市建设档案馆移交齐全、准确的建设工程竣工档案，竣工档案中应当附有测绘单位的测量报告。

第四十六条　规划行政主管部门核发规划许可证依据的建设项目批准文件被撤销、撤回、吊销或者土地使用权被收回的，规划行政主管部门应当注销相应的规划许可证。

第四十七条　房屋权属证件记载的用途应当符合建设工程规划许可证或者乡村建设规划许可证确定的使用性质；有关行政主管部门核发的与房屋用途相关的行政许可证件应当与房屋权属证件记载的用途一致。

需要改变房屋使用性质的，应当到原行政主管部门依法办理相关手续。

第四十八条　有关机构在依法处置房屋、土地权益前应当向规划行政主管部门了解有关规划情况，规划行政主管部门应当予以配合。

第四章　城乡规划的修改

第四十九条　经依法批准的城乡规划不得擅自修改。

城市总体规划和中心城、新城、乡和镇总体规划确需修改的，应当依照法定程序和权限进行；特定地区规划、专项规划、村庄规划确需修改的，应当按照原审批程序报批。

第五十条　城市总体规划的组织编制机关，应当组织有关部门和专家每五年对总体规划的实施情况进行评估，采取论证会、听证会或者其他方式征求公众意见，形成评估报告，并将评估报告及征求意见情况报送本级人民代表大会常务委员会和原审批机关。

第五十一条　修改控制性详细规划的，组织编制机关应当对修改的必要性进行论证，征求规划地段内利害关系人的意见，并向原审批机关提出专题报告。原审批机关同意修改的，组织编制机关方可修改并依照法定程序报原审批机关审批。控制性详细规划修改涉及总体规划强制性内容的，应当先修改总体规划。

第五十二条　在选址意见书、建设用地规划许可证、建设工程规划许可证或者乡村建设规划许可证发放后，因依法修改城乡规划给被许可人合法权益造成损失的，应当依法给予补偿。

经依法审定的修建性详细规划、建设工程设计方案的总平面图不得随意修改；确需修改的，城乡规划主管部门应当听取利害关系人的意见；因修改给利害关系人合法权益造成损失的，应当依法给予补偿。

第五十三条　控制性详细规划、修建性详细规划、建设工程设计方案的总平面图在修改过程中，依照法律规定需要征求利害关系人意见的，可以采取听证会、论证会、座谈会、公示等多种方式。

第五十四条　本市各类城乡规划经过修改后应当重新向社会公布。

第五章　监　督　检　查

第五十五条　本市各级人民政府应当向本级人民代表大会常务委员会或者乡镇人民代表大会报告城乡规划的实施情况，并接受监督。

第五十六条　本市建立规划监督、行政执法、行政监察的联动机制和查处违法建设的信息共享机制，加强对城乡规划工作的监督检查和对违法建设的查处。

市人民政府应当明确区县人民政府和市人民政府相关部门在规划监督检查中的具体任务和目标，加强对城乡规划监督检查工作的统筹协调。

第五十七条　本市建立控制违法建设责任制和考核评价制度。区县人民政府和乡镇人民政府负责本行政区域内控制违法建设工作。上级人民政府应当加强对下级人民政府控制违法建设落实情况的监督检查和考核评价。

第五十八条　市规划行政主管部门应当制定和完善本市城乡规划编制和管理工作的有关标准、程序和要求，并加强对乡镇人民政府规划编制和管理工作的业务指导。

第五十九条　规划行政主管部门应当加强对规划编制单位、设计单位与城乡规划相关活动的监督检查。

规划行政主管部门应当对建设工程进行监督检查。

被监督检查单位和人员应当积极配合，如实报告相关情况，提供必要资料，不得妨碍和阻挠依法进行的监督检查活动。

第六十条　建设单位应当在施工现场对外公示建设工程规划许可证及附件、附图，方便公众查阅，接受社会监督。法律、行政法规规定不得公开的除外。

第六十一条　街道办事处对本辖区内违法建设的行为，应当予以制止，并配合规划行政主管部门、市人民政府确定的有关执法部门或者机构等予以处理。

居民委员会、村民委员会、物业服务企业发现本区域内违法建设行为的，有权予以制止，并及时向规划行政主管部门、市人民政府确定的有关执法部门或者机构、乡镇人民政府报告。

第六十二条　规划行政主管部门、市人民政府确定的有关执法部门或者机构、乡镇人民政府或者其他有关部门应当公布举报电话，对接到有关违法建设的举报，应当及时、完整地进行记录并妥善保存。举报事项属于本部门职责范围的，应当及时受理，并依法进行核实、处理、答复；不属于本部门职责范围的，应当转交有权处理的部门，并告知举报人。

第六章　法律责任

第六十三条　对违反本条例规定的行为，法律、法规已有规定的，依照相关规定处理。

第六十四条　本市各级人民政府和规划及其他相关行政主管部门有下列行为之一的，由上级行政机关或者监察机关依法责令改正、通报批评，对直接负责的主管人员和其他直接责任人员依法给予处分：

（一）依法应当编制城乡规划而未组织编制，或者未按法定程序编制、审批、修改城乡规划的；

（二）超越职权或者对不符合法定条件的申请人核发选址意见书、建设用地规划许可证、临时建设用地规划许可证、建设工程规划许可证、临时建设工程规划许可证、乡村建设规划许可证、临时乡村建设规划许可证的；

（三）对符合法定条件的申请人未在法定期限内核发选址意见书、建设用地规划许可证、临时建设用地规划许可证、建设工程规划许可证、临时建设工程规划许可证、乡村建设规划许可证、临时乡村建设规划许可证的；

（四）对未依法取得选址意见书的建设项目核发建设项目批准文件的；

（五）未依法在国有土地使用权出让合同中确定规划条件或者改变国有土地使用权出让合同中依法确定的规划条件的；

（六）同意修改修建性详细规划、建设工程设计方案的总平面图前未依法听取利害关系人的意见的；

（七）发现未依法取得规划许可或者违反规划许可的规定进行建设的行为，而不予查处或者接到举报后不依法处理的。

第六十五条　本章规定由规划行政主管部门负责处理的违法行为，市人民政府确定由有关执法部门或者机构处理的，按照市人民政府的规定执行。

第六十六条 城镇建设工程未取得建设工程规划许可证或者未按照建设工程规划许可证许可内容进行建设的，由规划行政主管部门责令停止建设；尚可采取改正措施消除对规划实施的影响的，限期改正，处该建设工程总造价5%以上10%以下的罚款；无法采取改正措施消除影响的，限期拆除，不能拆除的，没收实物或者违法收入，可以并处该建设工程总造价10%以下的罚款。

规划行政主管部门作出责令停止建设或者限期拆除的决定后，当事人不停止建设或者逾期不拆除的，市或者区、县人民政府可以责成有关部门采取查封施工现场、强制拆除等措施。

规划行政主管部门对无法确定该建设工程的建设单位或者所有人、管理人的，可以通过在公共媒体或者该建设工程所在地发布公告的形式督促建设单位或者其所有权人、管理人依法接受处理，公告期间不得少于15日。公告期间届满，仍无法确定建设单位、所有人、管理人或者其拒不接受处理的，报经市或者区、县人民政府批准后强制拆除或者没收。

第六十七条 城镇临时建设工程未取得临时建设工程规划许可证或者未按照临时建设工程规划许可证许可内容进行建设或者逾期未拆除的，由规划行政主管部门责令限期拆除，可以并处该建设工程总造价一倍以下的罚款。

第六十八条 按照本条例规定应当取得乡村建设规划许可证、临时乡村建设规划许可证而未依法取得或者未按照乡村建设规划许可证、临时乡村建设规划许可证的规定进行建设的，以及农民使用原有宅基地进行村民住宅建设，违反规划许可管理的，由乡、镇人民政府责令停止建设、限期改正；逾期不改正的，依照城乡规划法和市人民政府有关规定进行处理。

第六十九条 城镇居住建设项目的建设单位未按照时序建设基础设施、公共服务设施的，规划行政主管部门可以对竣工的建设工程不予规划核验，并可以对该建设项目的其他工程暂停核发建设工程规划许可证。

第七十条 设计单位为没有取得建设工程规划许可证、乡村建设规划许可证、临时乡村建设规划许可证的建设工程提供施工图纸，或者不按照建设工程规划许可证、乡村建设规划许可证、临时乡村建设规划许可证提供施工图纸的，由规划行政主管部门给予警告，没收违法所得；情节严重的，可以责令停业整顿、降低资质等级，并处10万元以上30万元以下罚款，对直接责任人员给予警告，并处5000元以上5万元以下罚款，对于注册建筑师和其他专业技术人员可以吊销资格证书，5年内不予注册。

第七十一条 城镇建设项目的建设单位或者个人未按照规定在施工现场对外公示建设工程规划许可证及附件、附图的，由市人民政府确定的有关执法部门或者机构责令限期改正，可以并处5000元以上1万元以下罚款。

第七十二条 建设单位或者个人进行建设对公民、法人和其他组织的合法权益造成损害的，应当依法承担相应的民事责任。

第七章 附　　则

第七十三条 本条例所称的各项建设工程，指新建、改建、扩建、翻建各类建筑物、构筑物以及城乡市政和交通工程。

重要大街、历史文化街区、市人民政府规定的特定地区的现有建筑物外部装修参照建设工程办理。

第七十四条　本条例自 2009 年 10 月 1 日起施行。1992 年 7 月 24 日北京市第九届人民代表大会常务委员会第三十五次会议通过的《北京市城市规划条例》同时废止。

四、征占林地及伐移

北京市古树名木保护管理条例

北京市人民代表大会常务委员会公告第 2 号

（1998 年 6 月 5 日公布，自 1998 年 8 月 1 日起施行）

第一条 为了加强古树名木的保护管理，维护古都风貌，根据本市实际情况，制定本条例。

第二条 本条例所称古树，是指树龄在百年以上的树木，凡树龄在三百年以上的树木为一级古树；其余的为二级古树。本条例所称名木，是指珍贵、稀有的树木和具有历史价值、纪念意义的树木。

本市古树名木由市园林、林业行政主管部门确认和公布。

第三条 市和区、县园林、林业行政主管部门（以下简称古树名木行政主管部门）按照人民政府规定的职责，负责本行政区域内古树名木的保护管理工作。

第四条 本市鼓励单位和个人资助古树名木的管护。

第五条 古树名木行政主管部门应当对管护古树名木成绩显著的单位或者个人给予表彰和奖励。

第六条 任何单位和个人都有保护古树名木及其附属设施的义务，对损伤、破坏古树名木的行为，有权劝阻、检举和控告。

第七条 古树名木行政主管部门应当加强对古树名木保护的科学研究，推广应用科学研究成果，普及保护知识，提高保护和管理水平。

第八条 古树名木行政主管部门应当对本行政区域内的古树名木进行调查登记、鉴定分级、建立档案、设立标志。制定保护措施、确定管护责任者。

古树名木行政主管部门应当定期对古树名木生长和管护情况进行检查；对长势濒危的古树名木提出抢救措施，并监督实施。

第九条 国家所有和集体所有的古树名木的管护责任，按下列规定承担：

（一）生长在机关、团体、部队、企业、事业单位或者公园、风景名胜区和坛庙寺院用地范围内的古树名木，由所在单位管护；

（二）生长在铁路、公路、水库和河道用地管理范围内的古树名木，分别由铁路、公路和水利部门管护；

（三）生长在城市道路、街巷、绿地的古树名木，由园林管理单位管护；

（四）生长在居住小区内或者城镇居民院内的古树名木，由物业管理部门或者街道办事处指定专人管护；

（五）生长在农村集体所有土地上的古树名木，由村经济合作社管护或者由乡镇人民政府指定专人管护。个人所有的古树名木，由个人管护。变更古树名木管护责任单位或者个人，应当到古树名木行政主管部门办理管护责任转移手续。

第十条　古树名木管护费用由管护责任单位或者个人负担；抢救、复壮费用，管护责任单位或者个人负担确有困难的，由古树名木行政主管部门给予补贴。

第十一条　古树名木的管护责任单位或者个人，应当按照技术规范养护管理，保障古树名木正常生长。

古树名木受害或者长势衰弱，管护责任单位或者个人应当及时报告古树名木行政主管部门，并按照古树名木行政主管部门的要求进行治理、复壮。

古树名木死亡，应当报经市古树名木行政主管部门确认，查明原因、责任，方可处理。

第十二条　禁止下列损害古树名木的行为：

（一）刻划钉钉、缠绕绳索、攀树折枝、剥损树皮；

（二）借用树干做支撑物；

（三）擅自采摘果实；

（四）在树冠外缘三米内挖坑取土、动用明火、排放烟气、倾倒污水污物、堆放危害树木生长的物料、修建建筑物或者构筑物；

（五）擅自移植；

（六）砍伐；

（七）其他损害行为。

第十三条　对影响和危害古树名木生长的生产、生活设施，由古树名木行政主管部门责令有关单位或者个人限期采取措施，消除影响和危害。

第十四条　制定城乡建设详细规划，应当在古树群周围划出一定的建设控制地带，保护古树群的生长环境和风貌。

第十五条　建设项目涉及古树名木的，在规划、设计和施工、安装中，应当采取避让保护措施。避让保护措施由建设单位报古树名木行政主管部门批准，未经批准，不得施工。

因特殊情况确需迁移古树名木的，应当经市古树名木行政主管部门审核，报市人民政府批准后，办理移植许可证，按照古树名木移植的有关规定组织施工，移植所需费用，由建设单位承担。

第十六条　古树名木保护措施与其他文物保护单位的保护措施相关时，由古树名木行政主管部门和文物行政主管部门共同制定保护措施。

第十七条　违反本条例第八条规定，损坏古树名木标志和其他附属设施的，由古树名木行政主管部门责令恢复原貌，赔偿损失，并可处以损失额1倍以下的罚款。

第十八条　违反本条例第十一条第一款、第二款规定，不按技术规范养护管理或者不按要求治理、复壮的，由古树名木行政主管部门责令改正；造成古树名木损伤的，每株可以处500元至2000元的罚款；造成死亡的，每株可以处1万元至5万元的罚款。

违反本条例第十一条第三款规定，未经确认擅自处理死亡古树名木的，每株处以2000元至1万元的罚款。

第十九条 违反本条例第十二条第（一）项、第（二）项、第（三）项、第（四）项规定，损害古树名木的，由古树名木行政主管部门责令改正，并处以罚款：

（一）对古树名木损害较轻的，每株处以200元至1000元的罚款；

（二）损害枝干或者根系的，处以损失额1倍至2倍的罚款；

（三）造成死亡的，处以损失额2倍至3倍的罚款。

第二十条 违反本条例第十二条第（六）项规定，砍伐古树名木的，由古树名木行政主管部门处以损失额3倍至5倍的罚款。

第二十一条 违反本条例第十五条第一款规定，未采取避让保护措施的，避让保护措施未经批准或者不按批准的避让保护措施施工的，古树名木行政主管部门有权责令停止施工，造成古树名木损害的，依照本条例有关规定处理。

第二十二条 违反本条例第十二条第（五）项和第十五条第二款规定，擅自移植古树名木的，由古树名木行政主管部门处以损失额1倍至2倍的罚款；造成死亡的，处以损失额2倍至3倍的罚款。原古树名木保护范围不得擅自作为建设用地。

第二十三条 违反本条例规定，损害古树名木的，应当向所有者赔偿损失。古树名木损失鉴定办法由市古树名木行政主管部门制定。

第二十四条 砍伐、毁坏古树名木，构成犯罪的，依法追究刑事责任。

第二十五条 古树名木行政主管部门的工作人员在古树名木的保护管理工作中，滥用职权，玩忽职守，徇私弊的，由其所在单位或者上缴主管机关给予行政处分；情节严重，构成犯罪的，依法追究刑事责任。

第二十六条 本条例具体应用中的问题，由市古树名木行政主管部门负责解释。

第二十七条 本条例自1998年8月1日起施行，1986年5月14日市政府发布的《北京市古树名木保护管理暂行办法》同时废止。

北京市森林资源保护管理条例

（1999 年 9 月 16 日北京市第十一届人民代表大会常务委员会第十三次会议通过，根据 2010 年 12 月 23 日北京市第十三届人民代表大会常务委员会第二十二次会议《关于修改部分地方性法规的决定》修正）

第一章　总　　则

第一条　为了保护、管理和合理利用森林资源，巩固绿化成果，改善生态环境，根据《中华人民共和国森林法》，结合本市实际情况，制定本条例。

第二条　本条例适用于本市行政区域内森林、林木、林地等森林资源的保护管理。

绿化的规划、建设、保护、监督和管理，依照《北京市绿化条例》执行。

第三条　市和区、县林业行政主管部门主管本行政区域内森林资源保护管理工作。乡、镇林业工作站在乡、镇人民政府的领导下，负责本乡、镇的森林资源保护管理工作。

乡、镇林业工作站受区、县林业行政主管部门的业务指导。

第四条　森林资源所有者和使用者的合法权益受法律保护，任何单位和个人不得侵犯。

第五条　本市根据国家规定，建立林业基金和森林生态效益补偿基金。

第六条　森林资源实行分类经营，森林和林木划分为生态公益林和商品林。

生态公益林包括防护林和特种用途林；商品林包括经济林、用材林和薪炭林。生态公益林范围的划定由区、县林业行政主管部门提出方案，经市林业行政主管部门审核，报市人民政府批准。

生态公益林建设纳入本市国家基本建设项目计划；人民政府对营造商品林给予扶持。

第七条　市和区、县林业行政主管部门每五年进行一次森林资源清查，掌握森林资源消长情况，建立森林资源档案。

第八条　本市森林公安机关负责保护辖区内的森林资源，依法行使行政处罚权。

第九条　村民委员会或者农村集体经济组织以及国有林场、铁路、公路、水利、矿务、园林等有林单位应当建立护林组织，划定护林责任区，订立护林公约，配备护林员。

第十条　任何单位和个人不得破坏森林资源，对破坏森林资源的行为有权进行劝阻、检举和控告。

第十一条　本市各级人民政府对在森林资源保护管理工作中做出突出贡献的单位或者个人，给予表彰或者奖励。

第二章　权 属 管 理

第十二条　森林、林木，按照下列规定确定权属：

（一）国家所有的土地上自然生长的森林、林木，所有权属于国家，经营单位按规定支配林木收益；

（二）国有企业事业单位、机关、团体、部队营造的林木，由营造单位经营，并按照国家规定支配林木收益；

（三）法律、法规规定属于集体所有的森林、林木和集体所有制单位营造的森林、林木，归该单位所有；

（四）单位与单位、单位与个人、个人与个人合作营造的森林、林木，归合作各方共有；

（五）在国家所有的土地上义务栽植的林木，归国家所有；在集体所有的土地上义务栽植的林木，归该集体所有；

（六）承包林地、租赁荒山、荒滩栽植的林木，归承包方、承租方所有，合同另有约定的，按合同规定确定林木所有权；

（七）私营企业事业单位在其合法使用的土地上营造的林木，归该单位所有；

（八）农村居民在房前屋后、自留地、自留山上栽植的林木，归该农村居民所有。

林地所有权和使用权依照有关法律、法规确定。

第十三条 国家所有和集体所有的森林、林木、林地，个人所有的林木和使用的林地，由区、县人民政府登记造册，发放证书，确认所有权或者使用权。

市人民政府可以授权市林业行政主管部门对跨区、县的国有林场经营的森林、林木和林地登记造册，发放证书，并通知有关区、县人民政府。

第十四条 林木、林地所有权和使用权发生争议，依照《中华人民共和国森林法》和有关法律、法规的规定处理。在林木、林地权属争议解决以前，任何一方不得砍伐有争议的林木。

第十五条 用材林、经济林、薪炭林以及用材林、经济林、薪炭林的林地、火烧迹地、采伐迹地的林地使用权，可以依法转包、转让、互换、作价入股或者作为合资、合作造林、经营林木的出资、合作条件，但不得将林地改为非林地。

森林、林木、林地使用权流转，双方当事人应当持林权证书、森林资源资产评估文件、合同文本等有关资料到市或者区、县林业行政主管部门办理权属变更登记。

第十六条 利用森林资源开发旅游项目的，应当持林权证书、开发规划、保护森林资源方案及其评估意见和其他有关文件，向市或者区、县林业行政主管部门提出申请，经批准后，方可办理其他手续。

第十七条 本市对林地用途实行管制，严格限制将林地改为非林地。

建设工程和勘查、采矿征收、征用或者占用林地的，须经市林业行政主管部门审核同意，核定林木和地上物补偿费，依照土地管理法律、法规办理征收、征用或者占用手续。

征收、征用或者占用林地，用地单位应当按照规定缴纳森林植被恢复费，专款用于植树造林、森林植被恢复和森林资源管护。

第十八条 未经市林业行政主管部门审核同意并报市人民政府批准，任何单位或者个人不得改变国有林业企业事业单位林木、林地的权属和用途。

第三章　森　林　防　火

第十九条　本市实行森林防火责任制。

各级人民政府应当加强森林防火工作，根据实际需要组织有关部门和当地驻军，设立森林防火指挥部，负责本辖区森林防火工作。

第二十条　林地划分为三级防火区：

一级防火区是指自然保护区、风景游览区、特种用途林地和千亩以上的有林地。

二级防火区是指一级防火区以外的成片有林地。

三级防火区是指护路林、护岸林、宜林地和农田林网。

第二十一条　有林单位应当建设森林防火设施，建立防火组织；一级、二级防火区所在区、县人民政府应当建立森林扑火队。

第二十二条　每年 11 月 1 日至次年 5 月 31 日为本市森林防火期。

森林防火期内，按下列规定实行用火管制：

（一）一级防火区禁止擅自野外用火，并对居民生活用火加强管理；

（二）二级、三级防火区禁止烧荒、点篝火、烧香烧纸、野外烧烤；

（三）在山区林地作业和通行的机动车辆，必须严防漏火、喷火；严禁司乘人员丢弃火种。

因特殊需要在一级防火区生产性用火的，须经区、县人民政府或者区、县森林防火指挥部批准，核发用火许可证。在一级、二级防火区组织大型群众活动的，应当制定防火措施，并报市或者区、县森林防火指挥部批准。

第二十三条　在森林防火期内，根据高温、干旱、大风等天气预报，由市森林防火指挥部确定并公布本市森林高火险期。

在森林高火险期内，各级森林防火区禁止一切野外用火，禁止携带火种进入森林和林地。

第二十四条　任何单位或者个人发现森林火情，应当及时向当地人民政府或者森林防火指挥部报告。当地人民政府或者森林防火指挥部必须立即组织扑救，并迅速逐级上报市森林防火指挥部。

第二十五条　森林公安机关应当加强森林防火工作检查，对有森林火灾隐患的单位，责令限期改正、消除隐患。

第二十六条　森林防火经费纳入各级人民政府的财政预算。

第四章　森 林 病 虫 害 防 治

第二十七条　本市各级林业行政主管部门应当组织建立无检疫对象的林木种苗繁育基地和母树林基地；依法实行产地和调运检疫，防止检疫对象传播；对新传入的危险性病虫害采取封锁和扑灭措施。

营林单位育苗或者造林，不得使用带有危险性病、虫的林木种苗。

第二十八条　森林病虫害防治机构应当加强森林病虫害的预测预报，发布森林病虫害趋势预报，提出防治方案。

第二十九条 森林病虫害防治，按照“谁经营、谁防治”的原则，由营林单位或者个人负责。

发生暴发性或者危险性的森林病虫害时，当地人民政府应当根据实际需要，组织有关部门建立森林病虫害防治临时指挥机构，采取紧急除治措施。

第三十条 生态公益林病虫害防治费用纳入市和区、县财政预算，商品林病虫害防治费用由营林单位或者个人负担。

发生大面积暴发性和危险性的森林病虫害，由市或者区、县人民政府和营林单位或者个人共同负担防治费用。

第五章　森　林　采　伐

第三十一条 禁止采伐具有特殊保护价值的天然林，其他森林、林木采伐应当严格控制，实行限额管理。

市和区、县林业行政主管部门必须在采伐限额内核发采伐许可证，不得超限额审批。

采伐单位或者个人必须按采伐许可证规定的数量、地点、树种进行采伐，不得超采。

第三十二条 采伐林木必须申请林木采伐许可证；农村居民采伐自留地、房前屋后个人所有的零星林木以及采伐薪炭林除外。

市林业、公路、铁路、水利、矿务等部门和部队采伐林木，由市林业行政主管部门核发林木采伐许可证；其他机关及企业事业单位、团体、组织或者个人采伐林木，由所在区、县林业行政主管部门核发林木采伐许可证。

采伐林木的审批权限由市人民政府规定。

林木采伐许可证由市林业行政主管部门统一印制。

第三十三条 每年10月15日至次年3月31日为本市林木采伐期。采伐森林和林木必须遵守下列规定：

（一）成熟的用材林应当根据不同情况，分别采取择伐、皆伐和渐伐方式，皆伐应当严格控制，并在采伐的当年或者次年内完成更新造林；

（二）防护林和特种用途林中的国防林、母树林、环境保护林、风景林、实验林，只准进行抚育和更新性质的采伐；

（三）特种用途林中的名胜古迹和革命纪念地的林木、自然保护区的森林，禁止采伐。

在非采伐期内，因特殊情况需要采伐林木，须经市林业行政主管部门批准，法律、法规另有规定的除外。

第三十四条 国有林场申请林木采伐许可证时，必须持林权证书并提交伐区调查设计文件和国家规定的其他文件。其他单位申请林木采伐许可证时，必须持林权证书并提交具有采伐目的、地点、林种、树种、林龄、株数（或者面积）、蓄积、方式、更新抚育措施等内容的文件和国家规定的其他文件。

第三十五条 采伐林木的单位或者个人，必须按照国家有关规定缴纳育林费。

第三十六条 因特殊情况需要移植林木的，应当经市或者区、县林业行政主管部门批准，并按照有关技术规范施工。

第三十七条 根据国家规定设立的木材检查站，应当加强木材运输检查和森林植物检疫检查。

第三十八条 禁止毁林开垦和毁林采石、挖砂、取土、筑坟、堆物堆料及其他毁林行为。

禁止在幼林地、特种用途林地和封山育林区内砍柴、放牧。

第六章 法律责任

第三十九条 盗伐森林或者其他林木的，依法赔偿损失；由市或者区、县林业行政主管部门责令补种盗伐株数10倍的树木，没收盗伐的林木或者变卖所得，并处盗伐林木价值3倍以上10倍以下的罚款。

滥伐森林或者其他林木，由市或者区、县林业行政主管部门责令补种滥伐株数5倍的树木，并处滥伐林木价值2倍以上5倍以下的罚款。

盗伐、滥伐森林或者其他林木，构成犯罪的，依法追究刑事责任。

第四十条 违反本条例第十五条、第十七条规定，擅自将林地改为非林地的，由市或者区、县林业行政主管部门责令停止违法行为；未经批准将林地改为建设用地的，由土地行政主管部门按照有关法律、法规的规定处理。

第四十一条 违反本条例第十六条规定，未经市或者区、县林业行政主管部门批准，擅自利用森林资源开发旅游项目造成林木损害的，由市或者区、县林业行政主管部门责令停止经营，没收违法所得，可以并处5000元至5万元的罚款。

第四十二条 违反本条例第二十二条、第二十三条用火规定的，按照《森林防火条例》有关规定处罚。

第四十三条 违反本条例第二十五条规定，未在规定期限内消除森林火灾隐患的，由市或者区、县林业行政主管部门对单位处以500元以上2000元以下的罚款，对责任人可以处500元以下的罚款。

第四十四条 违反本条例第二十七条、第二十九条规定的，按照《森林病虫害防治条例》有关规定处罚。

第四十五条 违反本条例第三十一条规定，超过批准的年采伐限额发放林木采伐许可证、越权发放林木采伐许可证的，由上一级林业行政主管部门责令纠正，对直接负责的主管人员和其他直接责任人员依法给予行政处分；构成犯罪的，依法追究刑事责任。

第四十六条 违反本条例第三十三条第一款规定，采伐林木的单位或者个人没有按照规定完成更新造林任务的，发放林木采伐许可证的部门有权不再核发林木采伐许可证，直到其完成更新造林为止；情节严重的，可以由市或者区、县林业行政主管部门处以3万元以下的罚款，对直接责任人员由所在单位或者上级主管机关给予行政处分。

第四十七条 违反本条例第三十六条规定，未经批准移植林木的，由市或者区、县林业行政主管部门责令补种；情节严重的，按照滥伐林木的有关规定处理。

第四十八条 违反本条例第三十八条第一款规定，毁林开垦或者毁林采石、挖砂、取土、筑坟、堆物堆料及其他毁林行为，致使森林、林木受到毁坏的，依法赔偿损失；由市或者区、县林业行政主管部门责令停止违法行为，补种毁坏株数1倍以上3倍以下的树木，可以处毁坏林木价值1倍以上5倍以下的罚款。

违反本条例第三十八条第二款规定，在幼林地、特种用途林地和封山育林区内砍柴、放牧，致使森林、林木受到毁坏的，依法赔偿损失；由市或者区、县林业行政主管部门责令停止违法行为，补种毁坏株数1倍以上3倍以下的树木。

第四十九条 从事森林资源保护、林业监督管理工作的林业主管部门的工作人员和其他国家机关的有关工作人员滥用职权、玩忽职守、徇私舞弊，构成犯罪的，依法追究刑事责任；尚不构成犯罪的，依法给予行政处分。

第五十条 森林资源的损失鉴定，由市林业行政主管部门认定的专业机构承担。鉴定标准，由市林业行政主管部门制定。

第七章 附 则

第五十一条 本条例自1999年11月1日起施行。

1985年8月3日市第八届人大常委会第二十二次会议通过、1997年10月15日市第十届人大常委会第四十次会议修正的《北京市农村林木资源保护管理条例》同时废止。

五、文 物 保 护

北京市实施《中华人民共和国文物保护法》办法

北京市人民代表大会常务委员会公告第26号

（2004年9月10日发布，自2004年10月1日起施行）

第一条 为了加强对文物的保护，根据《中华人民共和国文物保护法》等有关法律、法规，结合本市实际，制定本办法。

第二条 本市行政区域内的文物保护工作适用本办法。

第三条 市和区、县人民政府负责本行政区域内的文物保护工作。

市和区、县人民政府文物行政部门对本行政区域内的文物保护实施监督管理。

规划、建设、园林、国土资源、工商、公安、发展改革、旅游、宗教等有关行政管理部门应当在各自的职责范围内依法做好文物保护工作。

第四条 市和区、县人民政府应当将文物保护事业纳入本级国民经济和社会发展规划，所需经费列入本级财政预算。本市用于文物保护的财政拨款随着财政收入增长而增加。

市和区、县人民政府应当根据本行政区域内文物保护工作的实际需要，设立文物保护专项经费，用于文物保护。

本市鼓励自然人、法人和其他组织对文物保护事业进行捐赠。市文物保护基金会、文物保护单位及其他受赠人接受的捐赠，专门用于文物保护，任何单位和个人不得侵占、挪用。

第五条 本市鼓励和支持文物保护的科学技术研究。

市文物行政部门应当制定文物保护的科学技术研究规划，促进文物保护科技成果的推广和应用，提高文物保护的科学技术水平。

市和区、县文物行政部门负责组织文物和博物馆专业人才的培训工作。

第六条 本市建立文物普查制度。市人民政府定期组织开展文物普查工作，区、县人民政府负责定期对本行政区域内的不可移动文物进行普查登记，并向市文物行政部门备案。

第七条 区、县人民政府应当对本行政区域内未核定为文物保护单位的不可移动文物建立档案；定期对其历史、艺术、科学价值进行鉴定，根据鉴定结果，对核定为区、县级文物保护单位的，每三年公布一次。

第八条 市文物行政部门负责组织制定市级以上文物保护单位的具体保护措施，并公告施行。

区、县文物行政部门负责组织制定区、县级文物保护单位和未核定为文物保护单位的不可移动文物的具体保护措施，并公告施行。

保护措施包括不可移动文物的修缮、安全、利用、环境整治等内容。

第九条 不可移动文物的管理人、使用人，应当制定文物的保养、修缮计划以及自然灾害和突发事件的预防、处置方案；并根据不可移动文物的级别，市级以上文物保护单位的，报市文物行政部门备案，区、县级文物保护单位和未核定为文物保护单位的不可移动文物的，报区、县文物行政部门备案。未制定保护计划、方案或者未将保护计划、方案备案的，由文物行政部门责令改正。

第十条 文物保护单位核定公布后，应当依法划定保护范围和建设控制地带。地处两个以上行政区域的区、县级文物保护单位，其保护范围和建设控制地带的划定工作，由相关的区、县人民政府共同负责；对保护范围和建设控制地带的划定有争议的，由市人民政府指定的区、县人民政府负责。

第十一条 两个以上文物保护单位的保护范围、建设控制地带相互重合的，规划行政部门审批该区域内的建设工程项目时，应当按照其中较为严格的建设控制标准执行。

第十二条 建设工程选址，应当尽可能避开不可移动文物。因特殊情况不能避开的，对文物保护单位应当尽可能实施原址保护；无法实施原址保护，必须迁移异地保护或者拆除的，建设单位应当报市文物行政部门，由市人民政府批准；迁移全国重点文物保护单位的，由市人民政府报国务院批准。

未核定为文物保护单位的不可移动文物迁移、拆除的，建设单位应当报区、县文物行政部门，由区、县人民政府批准。区、县人民政府批准前应当征得市文物行政部门同意。

第十三条 修缮不可移动文物，应当按照批准的修缮方案施工。修缮方案变更的，不可移动文物的管理人、使用人应当报原批准的文物行政部门重新批准。

对文物建筑进行装修，应当符合文物建筑装修标准，不得对文物建筑造成破坏。文物建筑装修标准市文物行政部门制定。

第十四条 文物建筑的管理人、使用人应当按照规定加强火源、电源的管理，配备必要的灭火设备。在重点要害部位根据实际需要，安装自动报警、灭火、避雷等设施。安装、使用设施不得对文物建筑造成破坏。

遇有危及文物安全的重大险情，文物建筑的管理人、使用人应当及时采取措施，并向建筑物所在地的区、县文物行政部门报告。

第十五条 核定为文物保护单位的国有纪念建筑物、古建筑向社会开放的，其管理人、使用人应当保证建筑物的正常开放。市或者区、县文物行政部门发现管理人、使用人的行为造成建筑物有碍开放的，可以责令管理人、使用人进行整治。

第十六条 本市严格控制利用文物保护单位拍摄电影、电视以及举办展销和其他大型活动。确需利用文物保护单位拍摄电影、电视或者举办大型活动的，拍摄单位或者举办者应当征得文物管理人、使用人同意，并提出拍摄或者活动计划。拍摄电影、电视，利用全国重点文物保护单位的，报国务院文物行政部门审批；利用市级或者区、县级文物保护单位的，报市文物行政部门审批。举办展销和其他大型活动，利用全国重点文物保护单位或者市级文物保护单位的，报市文物行政部门审批；利用区、县级文物保护单位的，报区、县文物行政部门审批。更改拍摄或者活动计划的，应当报原批准的文物行政部门重新批准。

拍摄单位和举办者应当制定文物保护预案，落实保护措施。文物行政部门应当对拍摄单位和举办者的活动进行监督。

利用文物保护单位拍摄电影、电视以及举办展销和其他大型活动，文物保护单位所得收益应当用于文物保护。

第十七条 核定为文物保护单位的国有纪念建筑物或者古建筑，除建立博物馆、保管所或者辟为参观游览场所以外，如果必须作其他用途的，应当依法经过审批；并且不得改变文物原状、不得危害文物安全。

第十八条 市文物行政部门应当会同市规划行政部门，根据史料、普查资料等对本市行政区域内有可能集中埋藏文物的地区划定地下文物埋藏区，报市人民政府核定并公布。

第十九条 在地下文物埋藏区进行建设工程的，建设单位应当在施工前报请市文物行政部门组织考古调查、勘探。

在旧城区进行建用地一万平方米以上建设工程的，建设单位应当在施工前报请市文物行政部门组织在工程范围内有可能埋藏文物的地方进行考古调查、勘探。

市文物行政部门应当自收到申请之日起五日内组织考古调查、勘探。考古调查、勘探中发现文物的，由市文物行政部门根据文物保护的要求会同建设单位共同商定保护措施。在发现重要文物的区域，市文物行政部门可以会同市规划行政部门划定临时禁止建设区。

第二十条 博物馆、图书馆和其他文物收藏单位对收藏的文物，应当按照国家有关规定区分等级，设置藏品档案。藏品档案应当报与批准其设立的行政部门级别相应的文物行政部门备案。馆藏文物等级区分不准确、文物藏品档案不完整的，文物行政部门责令其改正。

第二十一条 博物馆、图书馆和其他文物收藏单位应当对馆藏文物科学分类，妥善保管。馆藏文物应当设立专库保管，馆藏一级文物应当单独设立专库或者专柜保管。无条件设立专库或者专柜保管国有馆藏珍贵文物的，市文物行政部门指定有保管条件的单位代为保管。

第二十二条 博物馆、图书馆和其他文物收藏单位应当建立馆藏文物核查制度，对馆藏文物定期进行检查。

第二十三条 已经建立完整藏品档案的国有博物馆、图书馆和其他文物收藏单位，申请交换馆藏二级以下文物的，交换双方应当向市文物行政部门提出书面申请，申请内容包括交换馆藏文物的名称、价值，交换的原因、用途、补偿方式，交换单位的背景资料、协议书副本。经市文物行政部门批准后方可交换。

馆藏文物交换双方应当对文物交换情况予以记录，对藏品档案作相应变更。

第二十四条 交换馆藏文物不得破坏原有馆藏文物正常序列，不得破坏已经形成的展览体系。

第二十五条 非国有文物收藏单位和其他单位举办展览借用国有馆藏二级以下文物

的，出借方应当向市或者区、县文物行政部门提出书面申请，申请内容包括出借馆藏文物的名称、价值，借用的原因、用途，借用单位的背景资料、协议书副本。经文物行政部门批准后方可出借。

第二十六条　修复、复制、拓印以及为制作出版物、音像制品等拍摄馆藏珍贵文物的，文物收藏单位应当报市文物行政部门依法审核或者批准。

第二十七条　文物商店不得剥除、更换、挪用、损毁或者伪造市文物行政部门粘贴在允许销售的文物上的标识。

第二十八条　文物商店应当对购买、销售的文物做出记录，并于购买、销售之日起三个月内向市文物行政部门备案。

文物拍卖企业应当对拍卖的文物做出记录，并将由市文物行政部门核准拍卖的文物记录于拍卖结束之日起三个月内向市文物行政部门备案。

第二十九条　有下列行为之一的，由市或者区、县文物行政部门责令改正，造成严重后果的，处五万元以上五十万元以下的罚款：

（一）违反本办法第十三条第一款规定，擅自变更修缮方案修缮不可移动文物，明显改变文物原状的；

（二）违反本办法第十三条第二款规定，对文物建筑进行装修，不符合文物建筑装修标准，对文物建筑造成破坏的；

（三）违反本办法第十四条第一款规定，安装、使用自动报警、灭火、避雷等设施对文物建筑造成破坏的；

（四）违反本办法第十四条第二款规定，遇有危及文物安全的重大险情，未及时采取措施或者未向文物行政部门报告的。

第三十条　违反本办法第十六条的规定，拍摄单位擅自拍摄或者更改拍摄计划，由市文物行政部门责令改正，收缴非法录制品，并处五万元以上十万元以下的罚款。

举办者擅自举办活动或者更改活动计划，由原批准的文物行政部门责令改正，没收违法所得，并处十万元以上二十万元以下的罚款。

第三十一条　违反本办法第二十七条的规定，文物商店剥除、更换、挪用、损毁或者伪造市文物行政部门粘贴在允许销售的文物上的标识，由市文物行政部门责令改正，并处五千元以上五万元以下的罚款。

第三十二条　本办法自 2004 年 10 月 1 日起施行。

一九八七年六月二十三日市第八届人民代表大会常务委员会第三十七次会议通过、一九九七年十月十六日市第十届人民代表大会常务委员会第四十次会议修改的《北京市文物保护管理条例》以及一九九三年五月四日市人民政府批准、一九九三年十月二十三日市文物事业管理局发布、一九九七年十二月三十一日市政府第十二号令修改的《北京市馆藏文物管理规定》同时废止。

北京历史文化名城保护条例

北京市人民代表大会常务委员会公告第 32 号

（2005 年 3 月 25 日公布，自 2005 年 5 月 1 日起施行）

第一章 总 则

第一条 为了加强对北京历史文化名城的保护，根据国家城乡规划、文物保护等有关法律、法规，结合本市实际情况，制定本条例。

第二条 北京历史文化名城的保护，适用本条例。其中文物、古树名木的保护，法律、法规已有规定的，依照有关法律、法规的规定执行。

第三条 北京历史文化名城保护工作，应当坚持统筹规划、统一管理、保护为主、合理利用的原则。

第四条 市人民政府统一领导北京历史文化名城的保护工作。

区、县人民政府负责本辖区内有关北京历史文化名城保护的具体工作。

市规划行政主管部门负责北京历史文化名城保护的规划管理工作。

市文物行政主管部门应当按照本条例规定的职责，负责具有保护价值的建筑的保护工作，参与北京历史文化名城保护规划的编制、保护措施的制定、历史文化街区的认定等工作。

发展改革、财政、建设、国土资源、水务、市政管理、园林、旅游、宗教事务和区县文物等行政主管部门，应当按照各自职责，负责北京历史文化名城保护的相关工作。

第五条 本市应当统筹协调国民经济和社会发展与北京历史文化名城保护工作，将北京历史文化名城保护纳入国民经济和社会发展规划和年度计划。

第六条 市和区、县人民政府应当在本级财政预算中安排北京历史文化名城保护资金，并将其纳入政府投资管理程序执行。

第七条 本市鼓励单位和个人以捐赠、资助、提供技术服务或者提出建议等方式参与北京历史文化名城的保护工作。

本市支持与北京历史文化名城保护相关的科学研究、技术创新和专业人才的培养。

第八条 任何单位和个人都有保护北京历史文化名城的义务，并有权对保护规划的制定和实施提出建议，对破坏北京历史文化名城的行为进行劝阻、检举和控告。

第九条 对保护北京历史文化名城做出突出贡献的单位和个人，市和区、县人民政府或者有关行政主管部门应当予以表彰和奖励。

第二章 保 护 内 容

第十条 北京历史文化名城的保护内容包括：旧城的整体保护、历史文化街区的保护、文物保护单位的保护、具有保护价值的建筑的保护。

第十一条 旧城，是指明清时期北京城护城河及其遗址以内（含护城河及其遗址）的区域。

旧城的保护内容包括：历史河湖水系、传统中轴线、皇城、旧城“凸”字形城郭、传统街巷胡同格局、建筑高度、城市景观线、街道对景、建筑色彩、古树名木等。

旧城保护应当坚持整体保护的原则，针对不同区域采取不同的方式进行保护。

第十二条 皇城保护应当完整、真实地保持以紫禁城为核心，以皇家宫殿、衙署、坛庙建筑群、皇家园林为主体，以四合院为衬托的历史风貌、规划布局和建筑风格。

第十三条 对具有特定历史时期传统风貌或者民族地方特色的街区、建筑群、村镇等，应当认定为历史文化街区。

历史文化街区的范围应当包括核心保护区和建设控制区。建设控制区的划定应当符合核心保护区的风貌保护和视觉景观的要求。

第十四条 对尚未列为不可移动文物、反映一定时代特征、具有保护价值、承载真实和相对完整历史信息的四合院和其他建筑，应当认定为具有保护价值的建筑。具体认定标准和程序，由市人民政府制定并公布。

第十五条 历史文化街区的名单及其核心保护区和建设控制区的范围，由市规划行政主管部门会同市文物行政主管部门提出，报市人民政府批准并公布。

具有保护价值的建筑、城市景观线、对景建筑的名单，由市文物行政主管部门会同市规划行政主管部门提出，报市人民政府批准并公布。

历史河湖水系的名单，由市水行政主管部门会同市文物行政主管部门提出，报市人民政府批准并公布。

第三章 保 护 规 划

第十六条 市人民政府应当根据北京历史文化名城保护工作的要求，组织编制北京历史文化名城保护规划，并将其纳入北京城市总体规划。

市规划行政主管部门应当根据北京历史文化名城保护规划及市人民政府公布的名单和保护范围，组织编制城市地理环境、城市中轴线、旧城、皇城、历史文化街区等专项保护规划和旧城、历史文化街区修建性详细规划，报市人民政府批准并公布。

编制北京历史文化名城保护规划、专项保护规划、修建性详细规划（以下统称保护规划），应当广泛征求社会公众意见，并组织专家论证。

保护规划应当按照统一的标准和要求编制。

本市其他各类城市专项规划和详细规划应当符合保护规划。

第十七条 北京历史文化名城保护规划的内容应当包括：保护的总体目标、保护内容、保护范围、保护标准、保护规划的实施保障措施等。

专项保护规划和修建性详细规划的内容应当包括：保护范围，保护原则，需要保护的建筑物、构筑物和其他设施，保持传统风貌的建筑高度、体量、色彩等控制指标，土地使用功能，人口密度，市政基础设施的改善，不同建筑的分类保护和整治措施，保证保护规划实施的具体措施以及其他应当纳入专项保护规划和修建性详细规划的内容。

第十八条 保护规划经依法批准公布后，不得违法调整；确因公共利益需要调整的，应当广泛征求社会公众意见，并组织专家论证后，报原批准机关批准并公布。

第四章　保　护　措　施

第十九条　建设单位在保护规划范围内进行建设，应当符合修建性详细规划的要求，依法取得市规划行政主管部门的批准。设计单位应当按照保护规划中规定的设计要求进行设计。

第二十条　在保护规划范围内不得有下列行为：

（一）违反保护规划进行拆除或者建设；

（二）改变保护规划确定的土地使用功能；

（三）突破建筑高度、容积率等控制指标，违反建筑体量、色彩等要求；

（四）破坏历史文化街区内保护规划确定的院落布局和胡同肌理；

（五）其他不符合保护规划的行为。

第二十一条　市和有关区人民政府应当根据保护规划的要求，制定调整旧城城市功能和疏解旧城居住人口的政策和措施，降低旧城人口密度，逐步改善旧城居民的居住条件。

第二十二条　市人民政府应当按照保护规划的要求，调整旧城路网规划，统筹兼顾交通出行、市政设施、城市景观和生态环境等各项功能的需要。

第二十三条　本市鼓励采用新材料、新技术，按照保护要求和技术规范，统筹改善旧城和历史文化街区内的道路交通、消防设施和市政基础设施条件。

第二十四条　市规划行政主管部门对旧城内的建设项目进行审批时，应当就建设项目用地范围内现存建筑是否具有保护价值，征求市文物行政主管部门和专家的意见。

第二十五条　市规划行政主管部门对历史文化街区内的建设项目、历史文化街区外具有保护价值的建筑的保护范围内的建设项目和旧城内历史文化街区外重点道路及其两侧的建设项目进行规划审批时，应当对建设项目进行有关北京历史文化名城风貌影响的评估。未经评估，或者未通过评估的，市规划行政主管部门不得批准。

重点道路的具体范围由市人民政府划定并公布。

第二十六条　对历史文化街区内的建筑，应当按照下列规定进行分类保护和整治：

（一）不可移动文物依照文物保护法律、法规的规定进行保护；

（二）具有保护价值的建筑按照本条例的有关规定进行保护；

（三）其他建筑应当按照历史文化街区保护规划的要求进行整治。

历史文化街区内建筑的具体分类标准、保护和整治的具体要求由市人民政府制定并公布。

第二十七条　市规划行政主管部门应当将历史文化街区内各类建筑和历史文化街区外具有保护价值的建筑的基本情况向社会公布。

第二十八条　区、县人民政府应当对历史文化街区和具有保护价值的建筑，自市人民政府公布之日起30日内设置保护标志。保护标志的设置标准由市人民政府统一确定。

任何单位和个人不得损毁或者非法移动、拆除保护标志。

第二十九条　历史文化街区内的消防设施、通道应当按照有关的消防技术标准和规范设置。因保护的需要无法达到规定的标准和规范的，公安消防机构和市规划行政主管部门应当协商制定相应的防火安全措施。

第三十条 在城市景观线和街道对景观保护规划范围内进行建设，应当符合视觉景观的要求，禁止建设对景观保护有影响的建筑。

对景建筑周围建筑的高度、体量、造型和色彩，应当与对景建筑相协调。

第三十一条 具有保护价值的建筑不得违法拆除、改建、扩建。

建设工程选址，应当避开具有保护价值的建筑；确因公共利益需要不能避开的，应当对具有保护价值的建筑采取迁移异地保护等保护措施。

迁移异地保护的，建设单位应当提供迁移的可行性论证报告、迁移新址的资料以及其他资料，市规划行政主管部门会同市文物行政主管部门进行审查后，报市人民政府批准。

第三十二条 城市建设中发现具有保护价值而尚未确定为具有保护价值的建筑的，任何单位和个人都可以向市文物行政主管部门或者市规划行政主管部门提出保护建议。市文物行政主管部门会同市规划行政主管部门应当按照本条例第十四条规定的标准和程序进行初步确认，经初步确认具有保护价值的，应当采取临时保护措施，并按照本条例第十五条的规定向市人民政府报告。

第三十三条 具有保护价值的建筑的所有人、管理人、使用人，应当按照有关保护规划的要求和保护修缮标准履行管理、维护、修缮的义务。保护修缮标准由市规划行政主管部门会同市建设、市文物行政主管部门制定。

所有人和管理人、使用人对维护、修缮义务有约定的，从其约定。

对于所有人和管理人、使用人确不具备管理、维护、修缮能力的具有保护价值的建筑，市人民政府应当采取措施进行保护。

第三十四条 任何单位和个人不得违法更改具有保护价值的建筑、传统街巷胡同、区域等的历史名称。确因特殊情况需要更名的，地名行政主管部门在审批时应当征求市文物行政主管部门的意见。

第五章　法　律　责　任

第三十五条 依法负有保护北京历史文化名城职责的国家机关及其工作人员，违反本条例规定，有下列情形之一的，由其上级行政机关或者监察机关依法追究直接负责的主管人员和其他直接责任人员的行政责任；构成犯罪的，依法追究刑事责任：

（一）违法调整保护规划的；

（二）违法调整历史文化街区范围的；

（三）违反本条例第二十条、第三十条的规定进行审批的；

（四）不按照本条例的规定和保护规划的要求履行审批和其他保护职责的；

（五）其他滥用职权、徇私枉法、玩忽职守的。

第三十六条 对违反本条例第十九条规定，未经规划行政主管部门批准进行建设的，由城市管理综合执法组织依法处理；未按照规划批准的要求进行建设的，由市规划行政主管部门依法处理。

第三十七条 对违反本条例第二十八条第二款规定，损毁或者非法移动、拆除保护标志的，由城市管理综合执法组织责令改正，可以并处200元以上500元以下的罚款。

第三十八条 对违反本条例第三十一条第一款的规定，违法拆除、改建、扩建具有保护价值的建筑的，由市规划行政主管部门责令恢复原状，并处 10 万元以上 20 万元以下的罚款。

第三十九条 对违反本条例第三十三条规定，未按照有关保护规划的要求和风貌修缮标准履行管理、维护、修缮义务的，由市规划行政主管部门责令改正，可以并处 10 万元以上 20 万元以下的罚款。

第四十条 对违反本条例的行为，法律、法规已经规定法律责任的，依照其规定追究法律责任。

第六章 附 则

第四十一条 本条例自 2005 年 5 月 1 日起施行。

六、工　程　管　理

（一）资金管理

北京市预算监督条例修正案

北京市人民代表大会常务委员会公告第56号

（2007年3月30日发布，自2007年3月30日起施行）

一、增加一项作为第十七条第五项：“（五）部门预算制度建立和执行情况；”

二、第二十三条修改为：“预算执行中应当严格控制不同预算科目之间的资金调剂，市级各预算单位的预算支出应当按照预算科目执行；确需作出调剂的，必须经市财政部门同意。市级预算安排的农业、教育、科技、文化、卫生和社会保障等重点支出的调减，必须经市人大常委会审查和批准。”

三、第二十七条第一款修改为：“市人民政府编制的市级决算草案应当如实反映预算执行的结果，根据市人民代表大会批准的预算所列科目编制，按照预算数、变更数以及实际执行数分别列出，并作出说明。”

四、增加一项作为第二十八条第九项：“（九）中央财政补助资金的安排和使用情况。”

五、第三十一条修改为：“市人大常委会审查和批准市级决算时，应当听取并审议市人民政府关于决算草案的报告和审计工作报告；根据审议情况对市级决算作出决议，必要时，也可以对审计工作报告作出决议。市人大常委会对审计工作报告作出决议的，市人民政府应当在决议规定的期限内，将执行决议的情况向市人大常委会报告。”

本修正案自公布之日起施行。

附件

北京市预算监督条例

（1996 年 12 月 5 日北京市第十届人民代表大会常务委员会第三十三次会议通过，2002 年 3 月 29 日北京市第十一届人民代表大会常务委员会第三十三次会议第一次修订，根据 2003 年 4 月 18 日北京市第十二届人民代表大会常务委员会第二次会议通过的《北京市预算监督条例修正案》第二次修正，根据 2007 年 3 月 30 日北京市第十二届人民代表大会常务委员会第三十五次会议通过的《北京市预算监督条例修正案》第三次修正）

第一章　总　　则

第一条　为了加强对预算的监督，规范预算行为，根据《中华人民共和国预算法》（以下简称预算法）和有关法律、行政法规，结合本市实际情况，制定本条例。

第二条　本条例适用于市级预算、市级决算和市级预算变更的审查和批准，市总预算和市级预算执行情况的监督。

第三条　市人民代表大会审查市总预算草案及市总预算执行情况的报告；批准市级预算和市级预算执行情况的报告；改变或者撤销市人民代表大会常务委员会（以下简称市人大常委会）关于预算、决算的不适当的决议；撤销市人民政府关于预算、决算的不适当的决定和命令。

经市人民代表大会批准的市级预算，非经法定程序，不得改变。

第四条　市人大常委会监督市总预算和市级预算的执行；审查和批准市级预算的变更；审查和批准市级决算；撤销市人民政府和下一级人民代表大会及其常务委员会关于预算、决算的不适当的决定、命令和决议。

第五条　市人民代表大会财政经济委员会（以下简称财经委员会）在市人民代表大会及其常委会的领导下，承担审查预算草案、决算草案、预算调整方案和监督预算执行的有关工作。

财经委员会履行前款规定的职责时，可以邀请有关专家参加。

第六条　市人民代表大会代表或者市人大常委会组成人员依照法律规定程序，就预算、决算中的有关问题提出询问或者质询，市人民政府或者有关部门必须研究处理并及时给予答复。

第七条　市人民政府应当贯彻预算法和有关法律、法规；执行市人民代表大会通过的预算和关于预算的决议；做到先有预算，后有支出，严格按照预算支出；建立健全监督制约机制，加强对预算的监督管理。

市财政部门和市审计部门按照各自的职责依法对市级各部门进行财政监督和审计

监督。

第八条 鼓励、支持和保护公民、法人或者其他组织对违反预算法律、法规的行为进行社会监督和舆论监督。

公民、法人或者其他组织有权向有关国家机关检举、揭发违反预算法律、法规的行为，任何组织和个人不得打击报复。有关国家机关应当为检举、揭发者保密。

第二章 预算草案主要内容的初步审查

第九条 市级各预算单位应当按照预算法和有关法律、法规的规定，在市人民政府规定的时间内完成部门预算的编制工作。部门预算应当综合预算内、外资金，编列到目。

第十条 在市人民代表大会会议举行的一个半月前，财经委员会依照本条例的规定对市财政部门提交的市级预算草案主要内容进行初步审查。

市人民代表大会及其常委会有关机构负责人列席初步审查会议，参与市级预算草案主要内容的审查工作。

市财政部门负责人应当到会对市级预算草案主要内容进行说明，并回答询问。

第十一条 财经委员会对市级预算草案主要内容进行初步审查，可以要求市人民政府发展计划、税务、统计等相关部门汇报情况并提供相应材料。

财经委员会可以听取市级预算单位的部门预算编制情况汇报。

第十二条 市财政、发展计划、税务等部门应当在召开初步审查会议 7 日前，向财经委员会提供下列材料：

（一）国务院、财政部关于编制预算的要求；

（二）上一年度预算执行情况和本年度预算安排的说明；

（三）科目列到类、重要的列到款的预算表，政府性基金预算表；

（四）市级预算单位的部门预算草案；

（五）本年度税收计划；

（六）市级预算单位预算外资金收支安排情况；

（七）农业、教育、科技、社会保障支出安排情况；

（八）政府采购计划和市对区、县的转移支付方案；

（九）市财政资金安排的主要建设项目；

（十）初步审查需要的其他材料。

第十三条 财经委员会对市级预算草案主要内容进行如下审查：

（一）贯彻预算法和有关法律、法规以及有关的财政经济政策的情况；

（二）依据国民经济和社会发展计划以及贯彻量入为出、收支平衡、结构合理原则的情况；

（三）预算收入的安排与国内生产总值增长相适应的情况；

（四）农业、教育、科技支出安排的情况；

（五）文化、卫生、社会保障等政府公共支出和基本建设支出的安排情况；

（六）群众关心的重要问题在预算中的收支安排情况；

（七）预备费设置情况；

（八）为实现预算拟采取的措施；

（九）其他重要问题。

第十四条　在财经委员会对市级预算草案主要内容初步审查会议后15日内，市财政部门应当将采纳审查意见的情况书面向财经委员会报告。

财经委员会将初步审查结果向市人大常委会主任会议（以下简称主任会议）报告。

第三章　预算执行情况的监督

第十五条　经市人民代表大会批准的市级预算由市人民政府组织执行，具体工作由市财政部门负责。

新预算年度开始后，在市人民代表大会批准预算前，市人民政府可以先按照上一年度同期的预算支出数额安排支出，批准预算后，按照批准的预算执行。

第十六条　市人民代表大会批准市级预算后，市财政部门应当自批准之日起30日内批复市级预算单位的部门预算。市级预算单位应当自市财政部门批复本单位预算之日起15日内，批复所属各单位预算。

市财政部门应当及时将部门预算的批复情况向财经委员会报告。

市人民政府应当及时将市级预算以及各区、县人民政府报送备案的预算汇总，报市人大常委会备案。

第十七条　市人大常委会对市级预算执行情况监督的主要内容：

（一）执行市人民代表大会批准的预算决议情况；

（二）为实现预算采取的各项措施落实情况；

（三）按照批准的年度预算向市级预算单位批复预算的情况；

（四）预算收入和支出的管理情况；

（五）部门预算制度建立和执行情况；

（六）法律、法规规定的有关项目预算执行情况；

（七）项目资金使用情况；

（八）预备费的使用情况；

（九）预算外资金收支管理情况；

（十）市级预算执行中的其他重要问题。

第十八条　市人民政府应当在每年第三季度向市人大常委会报告上半年预算执行情况。

市财政部门应当在每季度终了后，向财经委员会报告预算执行情况，并按月提供预算收支报表等有关资料。财经委员会将预算执行中的重大问题及时报告主任会议。

财经委员会可以要求有关部门汇报部门预算和政府采购预算的执行情况。

第十九条　财经委员会或者市人民代表大会及其常委会有关机构根据主任会议的决定，对预算执行中的重大问题进行调查，可以组织听证会，查阅会计账目等有关资料，并向主任会议报告调查结果。经主任会议决定，可以将调查结果提请市人大常委会审议。市人大常委会可以根据调查结果作出相应决议。

本市各级人民政府有关部门、单位和个人应当积极协助、配合调查，如实反映情况，提供调查所需要的材料。

第二十条 市人民政府审计部门应当依法对市级预算执行和其他财政收支情况进行审计。市人民政府应当向市人大常委会提出审计部门对预算执行和其他财政收支的审计工作报告。

市人民政府应当责成市审计部门将日常审计发现的预算执行中的重要问题，及时向财经委员会通报。

第二十一条 在预算执行过程中，主任会议认为必要时，可以要求市人民政府责成市审计部门进行专项审计并报告审计结果。经主任会议决定，可以将专项审计结果提请市人大常委会审议。

第四章 预算变更的审查和批准

第二十二条 市级预算超收收入应当优先用于农业、教育、科技、社会保障等重点项目和其他必要的支出。在市级预算执行过程中，需要动用超收收入追加支出时，市人民政府应当编制预计超收收入使用方案，由市财政部门将编制预计超收收入使用方案的有关情况及时向财经委员会通报。市人民政府应当将预计超收收入使用方案报市人大常委会备案，并向市人民代表大会报告超收收入安排使用情况。

第二十三条 预算执行中应当严格控制不同预算科目之间的资金调剂，市级各预算单位的预算支出应当按照预算科目执行；确需作出调剂的，必须经市财政部门同意。市级预算安排的农业、教育、科技、文化、卫生和社会保障等重点支出的调减，必须经市人大常委会审查和批准。

第二十四条 市人民代表大会批准的市级预算在执行中，因特殊情况需要增加支出或者减少收入，使原批准的收支平衡的预算的总支出超过总收入，市人民政府必须依法编制预算调整方案，提请市人大常委会审查和批准。

第二十五条 在市人大常委会举行会议审查批准市级预算调整方案的一个月前，市财政部门应当将市级预算调整的初步方案提交财经委员会初步审查。

第五章 决算的审查和批准

第二十六条 预算年度终了后，市人民政府应当及时编制市级决算草案，于7月底前提请市人大常委会审查和批准。

市人民政府应当在市人大常委会举行会议10日前，向常委会提交市级决算草案、决算的报告和市级预算执行和其他财政收支的审计工作报告。

第二十七条 市人民政府编制的市级决算草案应当如实反映预算执行的结果，根据市人民代表大会批准的预算所列科目编制，按照预算数、变更数以及实际执行数分别列出，并作出说明。

市审计部门应当建立健全部门决算的审签制度。

第二十八条 对市级决算草案，主要审查以下内容：

（一）遵守预算法和有关法律、法规情况；

（二）预算年度收支完成情况；

（三）重点支出完成情况；

（四）政府采购和转移支付完成情况；

（五）预备费使用情况；

（六）预算超收使用情况；

（七）预算结余、结转情况；

（八）预算外资金收支完成情况；

（九）中央财政补助资金的安排和使用情况。

第二十九条　市人民政府应当责成市财政部门、审计部门和税务部门在市人大常委会审查和批准市级决算20日前，将决算草案、审计工作报告和税收完成情况报告提交财经委员会。

财经委员会听取决算报告、审计工作报告和税收完成情况报告，对决算草案进行初步审查。市财政部门、审计部门和税务部门的主要负责人应当到会对决算草案、审计工作报告和税收完成情况报告的主要内容进行说明，并回答询问。

财经委员会可以就决算草案中的有关问题听取有关部门的情况汇报。

第三十条　在市人大常委会审查和批准市级决算时，财经委员会应当向市人大常委会做决算草案的初步审查报告，供审议参考。

第三十一条　市人大常委会审查和批准市级决算时，应当听取并审议市人民政府关于决算草案的报告和审计工作报告；根据审议情况对市级决算作出决议，必要时，也可以对审计工作报告作出决议。市人大常委会对审计工作报告作出决议的，市人民政府应当在决议规定的期限内，将执行决议的情况向市人大常委会报告。

第三十二条　审计工作报告应当如实反映对预算执行和其他财政收支的审计工作情况，内容应当包括对预算执行和其他财政收支的审计评价，预算执行和其他财政收支中存在的问题及审计部门的处理情况，以及对改进财政工作和部门财务工作的意见和建议。

市审计部门对市级预算执行情况和其他财政收支审计出的问题应当及时纠正、依法处理。

市人民政府应当在当年年底前将审计出的问题的处理结果书面报送市人大常委会。

第三十三条　市财政部门应当自市级决算批准之日起20日内，批复市级各预算单位的部门决算，并及时将部门决算的批复情况向财经委员会报告。

市人民政府应当自市级决算批准之日起30日内，将市级决算及各区、县人民政府上报备案的决算汇总，报市人大常委会备案。

第六章　法　律　责　任

第三十四条　对违反预算法律、行政法规和本条例规定的，依照预算法和国务院有关规定，追究有关部门和政府领导人的责任，依据情节轻重给予行政处分，直至撤销其职务；构成犯罪的，依法追究刑事责任。

第三十五条　对检举、揭发违反预算法律、法规行为的人进行打击报复，构成犯罪的，依法追究刑事责任；尚未构成犯罪的，由有关部门给予行政处分。

第七章　附　　则

第三十六条　本市各区、县人民代表大会及其常务委员会对区、县级预算的监督，参照本条例施行。

第三十七条　本条例自2002年7月1日起施行。

（二）政府采购

北京市招标投标条例

北京市人民代表大会常务委员会公告第63号

（2002年9月6日北京市第十一届人民代表大会常务委员会第三十六次会议通过，
根据2010年12月23日北京市第十三届人民代表大会常务委员会
第二十二次会议《关于修改部分地方性法规的决定》修正）

第一章　总　　则

第一条　为了规范招标投标活动，保护国家利益、社会公共利益和招标投标活动当事人的合法权益，根据《中华人民共和国招标投标法》（以下简称《招标投标法》）和其他有关法律、法规的规定，结合本市实际情况，制定本条例。

第二条　本市的工程建设、货物和服务采购以及其他项目的招标投标活动，适用本条例。

第三条　招标投标活动遵循公开、公平、公正和诚实信用的原则。

第四条　下列工程建设项目包括项目的勘察、设计、施工、监理以及与工程建设有关的重要设备、材料等的采购，符合市人民政府按照国家规定制定的招标范围和规模标准的，必须进行招标：

（一）基础设施和公用事业等关系社会公共利益、公众安全的项目；

（二）全部或者部分使用国有资金投资或者政府融资的项目；

（三）使用国际组织或者外国政府贷款、援助资金的项目。

法律、法规或者市人民政府对必须进行招标的货物和服务采购以及其他项目有规定的，依照其规定。

第五条　任何单位和个人不得将依法必须进行招标的项目化整为零或者以其他任何方式规避招标。

第六条　市和区、县人民政府及其所属部门不得对招标投标活动实行地区封锁和部门限制。

第七条　市发展改革部门指导和协调全市招标投标工作，会同有关行政主管部门拟定有关招标投标规定，报市人民政府批准后实施。

市和区、县人民政府有关行政主管部门按照各自职责对招标投标活动实施监督。

有关行政主管部门对招标投标活动实施监督的具体职权划分，由市人民政府规定。

第二章　招 标 和 投 标

第八条　招标项目依照国家有关规定需要履行项目审批手续的，应当先履行审批手续，取得批准。

依法必须进行招标的项目，需要履行项目审批手续的，招标人应当同时将招标范围和方式等有关招标的内容报送项目审批部门核准。项目审批后，审批部门应当在5个工作日内向有关行政主管部门通报所确定的招标范围和方式等情况。

招标人对经核准的招标范围和方式等作出改变的，应当到原项目审批部门重新办理核准手续。

第九条 招标人应当有进行招标项目的相应资金或者资金来源已经落实，并应当在招标文件中如实载明，但是选择投资主体、经营主体等不需要落实资金来源的招标项目除外。

第十条 招标分为公开招标和邀请招标。

第十一条 依法必须进行招标的项目中，全部使用国有资金投资或者国有资金投资占控股或者主导地位的，以及国务院发展改革部门确定的国家重点项目和市人民政府确定的地方重点项目，应当依法公开招标。其中有下列情形之一的，经批准，可以邀请招标：

（一）技术复杂或者有特殊要求，只有少数潜在投标人可供选择的；

（二）受资源和环境条件限制，只有少数潜在投标人可供选择的；

（三）其他不适宜公开招标的。

有前款规定情形之一，招标人拟邀请招标的，应当经项目审批部门批准；其中国务院发展改革部门确定的国家重点项目和市人民政府确定的地方重点项目，应当经国务院发展改革部门或者市人民政府批准。

第十二条 招标人可以委托招标代理机构办理招标事宜或者依法自行办理招标事宜。

依法必须进行招标的项目，招标人自行办理招标事宜的，应当具有编制招标文件和组织评标的能力，并应当向有关行政监督部门备案。

第十三条 招标代理机构的资格认定按照国家有关规定执行。本市有关行政主管部门应当将通过资格认定的招标代理机构名单向社会公布。

招标代理机构与行政机关和其他国家机关不得存在任何隶属关系或者其他利益关系。

第十四条 招标代理机构应当在招标人委托的范围内办理招标事宜，并遵守《招标投标法》和本条例关于招标人的规定。未经招标人同意，招标代理机构不得转让代理业务。

招标代理机构不得为投标人提供其所代理的招标项目的咨询服务。

第十五条 招标人公开招标的，应当发布招标公告。

依法必须进行招标项目的招标公告，应当按照国家有关规定在国家或者本市指定的报刊、信息网络或者其他媒介发布。

第十六条 招标人对投标人进行资格预审的，应当根据招标项目的性质、特点和要求，编制资格预审的条件和方法，并在招标公告或者资格预审公告中载明。

招标人拟限制投标人数量的，应当在招标公告或者资格预审公告中载明预审后投标人的数量，并按照招标公告或者资格预审公告中载明的资格预审的条件和方法选择投标人。招标公告或者资格预审公告中没有载明预审后投标人数量的，招标人不得限制达到资格预审标准的投标人进行投标。

第十七条 招标人应当根据招标项目的特点和需要编制招标文件。招标文件一般由下列部分组成：

（一）投标人须知：包括评标方法和标准、编制投标文件的要求、投标方式、投标截止时间、开标地点和投标有效期；

（二）合同主要条款及协议书格式；

（三）要求投标人提供的资格和资信证明、投标函及附件、履约担保证件、授权委托书的格式和说明；

（四）投标价格要求及其计算方法；

（五）技术条款：包括招标项目范围、性质、规模、数量、标准和主要技术要求及交货或者提供服务时间；

（六）图纸或者其他应当提供的资料；

（七）其他应当说明的问题。

国际招标的项目，招标文件可以规定投标文件使用多种语言文字。投标文件不同文本之间有歧义的，应当以中文文本为准。

第十八条　政府投资和政府融资项目的招标人，应当严格按照批准的初步设计方案和投资总额编制招标文件。

第十九条　招标项目设置标底的，标底应当保密；在开标前，任何单位和个人不得以任何形式审查标底。

政府投资和政府融资的项目一般不设置标底。

第二十条　招标人不得以获得本地区、本行业奖项作为投标条件或者以不合理的地域、行业、所有制等条件限制、排斥潜在投标人投标；不得强制投标人组成联合体共同投标；不得向他人透露可能影响公平竞争的有关招标投标的情况。

第二十一条　投标人在投标截止时间之前撤回投标的，应当书面通知招标人。招标人接到通知后，收取投标保证金的，应当返还其投标保证金。

第二十二条　投标截止时间届满时，投标人少于 3 个的，招标人应当依法重新招标。

第二十三条　投标人不得相互约定抬高或者压低投标报价；不得与招标人串通投标；不得以向招标人或者评标委员会成员行贿的手段谋取中标；不得以他人名义投标或者以投标报价低于成本价等方式弄虚作假，骗取中标。

第三章　开标、评标和中标

第二十四条　开标应当在招标文件确定的提交投标文件截止时间的同一时间公开进行；开标地点应当为招标文件中预先确定的地点。

第二十五条　评标活动应当遵循公平、公正、科学和择优的原则依法进行。任何单位和个人不得非法干预、影响评标过程及结果。

第二十六条　评标由招标人依法组建的评标委员会负责。

依法必须进行招标项目的评标委员会，由招标人的代表和有关技术、经济等方面的专家组成，成员人数为 5 人以上单数，其中技术、经济等方面的专家不得少于成员总数的 2/3。

前款专家应当由招标人从国务院有关部门或者市人民政府有关部门提供的评标专家名册或者招标代理机构的专家库内的相关专业的专家名单中采取随机抽取方式确定；技术特别复杂、专业性要求特别高或者国家有特殊要求的招标项目，采取随机抽取方式确定的专家难以胜任的，可以由招标人直接确定。

评标委员会成员的名单在中标结果确定前应当保密。

本市逐步建立全市统一的评标专家名册。

第二十七条 评标委员会设负责人的，评标委员会负责人由评标委员会成员推举产生或者由招标人直接确定。评标委员会负责人与评标委员会其他成员有同等的表决权。

第二十八条 有下列情形之一的，不得担任相关项目的评标委员会成员：

（一）投标人或者投标人的主要负责人的近亲属；

（二）与投标人有利害关系的；

（三）与投标人有其他关系，可能影响公正评审的。

评标委员会成员有前款规定情形之一的，应当主动提出回避。

招标人发现评标委员会成员有本条第一款规定情形之一的，应当予以更换。

第二十九条 评标可以采用经评审的最低投标价法或者综合评估法以及法律、法规允许的其他评标方法。

采用招标方式确定基础设施和公用事业项目的投资主体、经营主体以及政府投资和政府融资项目的项目法人的，应当采用综合评估法评标。

第三十条 评标委员会应当按照招标文件确定的评标标准和方法，对投标文件进行评审和比较。招标项目设置标底的，标底作为评标参考。评标委员会完成评标后，应当向招标人提出书面评标报告，并推荐1至3名合格的中标候选人。

招标人根据评标委员会提出的书面评标报告和推荐的中标候选人确定中标人。招标人也可以授权评标委员会直接确定中标人。

评标委员会不得改变招标文件确定的评标标准和方法。

第三十一条 中标人的投标应当符合下列条件之一：

（一）能够最大限度地满足招标文件中规定的各项综合评价标准；

（二）能够满足招标文件的实质性要求，并且经评审的投标价格最低；但是投标价格低于成本的除外。

第三十二条 在评标过程中，有下列情形之一的，评标委员会可以认定为废标：

（一）投标人的报价明显低于其他投标报价或者在设有标底时明显低于标底，投标人不能合理说明或者不能提供相关证明材料证明其投标报价不低于其成本的；

（二）投标文件未能在实质上响应招标文件提出的所有实质性要求和条件的；

（三）符合招标文件规定的其他废标条件的。

投标人以他人的名义投标、串通投标、以行贿手段谋取中标或者以其他弄虚作假方式投标的，应当作废标处理。

第三十三条 投标人资格条件不符合国家有关规定和招标文件要求的，或者不按照要求对投标文件进行澄清和说明的，评标委员会可以否决其投标。

第三十四条 评标委员会根据本条例第三十二条、第三十三条规定否决不合格投标或者认定为废标后，有效投标不足3个的，可以否决全部投标。

依法必须进行招标的项目所有投标被否决的，招标人应当依法重新招标。

第三十五条 依法必须进行招标的项目，招标人应当自确定中标人之日起15日内，向有关行政监督部门提交招标投标情况的书面报告。

提交书面报告时，应当同时附送下列文件或者文件的复制件：

（一）招标文件；

（二）招标公告及发布媒介或者投标邀请书；

（三）实行资格预审的，资格预审文件和资格预审结果；

（四）评标委员会成员和评标报告；

（五）中标结果及中标人的投标文件。

第三十六条 中标人确定后，招标人应当向中标人发出中标通知书，同时将中标结果书面通知所有未中标的投标人。中标通知书对招标人和中标人具有法律效力。

政府投资和政府融资项目的中标结果应当向社会公告。

第三十七条 招标人和中标人应当在规定时间内，按照招标文件和中标人的投标文件订立书面合同，不得再行订立背离合同实质性内容的其他协议。

政府投资和政府融资的项目签订合同后，招标人应当向有关行政监督部门备案。

第三十八条 招标人收取投标保证金的，在与中标人签订合同后5个工作日内，应当向中标人和未中标的投标人退还投标保证金。

第三十九条 中标人应当按照合同约定履行义务，完成中标项目。中标人不得向他人转让中标项目，也不得将中标项目肢解后转让。

中标人按照合同约定或者经招标人同意，可以将中标项目的部分非主体、非关键性工作分包给他人完成。接受分包的人应当具备相应的资格条件，并不得再次分包。

中标人应当就分包项目向招标人负责，接受分包的人就分包项目承担连带责任。

第四章 监 督

第四十条 市和区、县人民政府有关行政监督部门应当加强对招标投标活动的监督检查，市发展改革部门应当加强对政府投资和政府融资项目招标投标活动的监督，协调有关监督检查工作。

第四十一条 行政监督部门应当依法履行监督职责，不得任意增加招标投标审批事项，不得非法干涉或者侵犯招标人选择招标代理机构、编制招标文件、组织投标资格审查、确定开标的时间和地点、组织评标、确定中标人等事项的自主权。

第四十二条 有关行政监督部门可以采取执法专项检查、重点抽查、成立调查组进行专项调查等方式对招标投标活动监督检查，依法查处违法行为。

有关行政监督部门进行执法监督检查时，有权调取和查阅有关文件，调查、核实有关情况。

第四十三条 本市对地方重点项目的招标投标活动进行专项稽察。专项稽察包括以下内容：

（一）招标投标当事人和行政监督部门有关招标投标的行为是否符合法律、法规规定的权限和程序；

（二）对招标投标的有关文件、资料的合法性、真实性进行核实；

（三）对资格预审、开标、评标、定标过程是否合法和符合招标文件、资格审查文件规定进行调查核实；

（四）招标投标结果的执行情况；

（五）其他需要专项稽察的内容。

第四十四条 任何单位和个人认为招标投标活动违反《招标投标法》和本条例规定的，可以向有关行政监督部门举报。有关行政监督部门应当及时调查处理，将处理情况告知举报人，并为举报人保密。

投标人和其他利害关系人认为招标投标活动违反《招标投标法》和本条例规定的，有权向有关行政监督部门投诉。有关行政监督部门应当在收到投诉后10个工作日内，作出是否受理的决定；决定受理的，应当及时调查处理，并将处理情况告知投诉人。投诉人对有关行政监督部门逾期未作出受理决定或者对投诉处理决定不服的，可以依法申请行政复议或者提起行政诉讼。

第四十五条 本市建立招标投标活动违法行为记录系统，记载招标人、招标代理机构、投标人、评标委员会成员等招标投标活动当事人的违法行为及处理结果。

单位和个人有权查询违法行为处理结果记录。

第五章 法 律 责 任

第四十六条 违反本条例的行为，法律、行政法规有规定的，依照其规定追究法律责任；没有法律、行政法规规定的，适用本条例规定。

第四十七条 本章规定的行政处罚，由市人民政府规定的有关行政监督部门决定。

第四十八条 招标人违反本条例第十一条规定，应当公开招标的项目未经批准擅自邀请招标的，由项目审批部门责令限期改正，可以处1万元以上5万元以下罚款；有关部门可以对单位直接负责的主管人员和其他责任人员依法给予行政处分；其中使用政府投资的项目，可以暂停项目执行或者暂停资金拨付。

第四十九条 招标人违反本条例第十五条第一款规定，对依法必须进行招标的项目，应当发布招标公告而不发布的，由有关行政监督部门责令限期改正，可以处项目合同金额5‰以上10‰以下罚款；违反本条例第十五条第二款规定，对依法必须进行招标的项目不在指定媒介发布招标公告的，或者违反本条例第二十条规定，在招标公告中以不合理的条件限制或者排斥潜在投标人的，由有关行政监督部门责令限期改正，可以处1万元以上5万元以下罚款。

第五十条 违反本条例第二十三条规定，政府投资和政府融资项目的投标人以投标报价低于成本价的方式骗取中标，导致合同不能全部履行的，取消其3年至5年参加政府投资和政府融资项目的投标资格并予以公告。

第五十一条 违反本条例第四十一条、第四十四条规定，有关行政监督部门擅自增加审批事项和非法干涉或者侵犯招标人自主权的，对于举报或者投诉不及时处理，或者不为举报人保密的，由有关部门对单位直接负责的主管人员和其他直接责任人员依法给予警告、记过、记大过的处分；情节较重的，依法给予降级、撤职、开除的处分。

行政监督部门的工作人员利用职权，非法干涉或者侵犯招标人自主权的，依照前款规定追究责任。

第六章 附 则

第五十二条 本条例自2002年11月1日起施行。

（三）档案管理

关于修改《北京市实施〈中华人民共和国档案法〉办法》的决定

北京市人民代表大会常务委员会公告第45号

（2001年8月3日发布，自2001年8月3日起施行）

北京市第十一届人民代表大会常务委员会第二十八次会议，审议了市人民政府关于提请审议《北京市实施〈中华人民共和国档案法〉办法》修正案（草案）的议案，决定对《北京市实施〈中华人民共和国档案法〉办法》作如下修改：

一、第四条第一款“根据档案事业发展的需要完善各类档案机构，”后增加“确定必要的人员编制”。

二、第七条第一款、第二款“监督和指导”后增加“组织档案行政执法检查，依法查处档案违法行为。”

三、第八条第三款中的“负责管理本单位的档案”修改为：“负责管理并且按照规定向综合档案馆和专门档案馆移交本单位的档案。”

四、第十条“取得市档案行政管理部门颁发的岗位资格证书”后增加“并依法接受档案专业继续教育”。

五、删除第十一条。

六、第十八条改为第十七条，第一款增加一项作为第（四）项：“（四）重大活动的组织机构应当做好档案管理工作，对活动中形成的档案及时整理、归档，在活动结束后6个月内将档案移交相应的综合档案馆。”

七、第二十三条、第二十四条、第三十条、第三十五条分别改为第二十二条、第二十三条、第二十九条、第三十四条，并将各条中“个人所有的”修改为“个人所有的以及其他不属于国家所有的”。

八、第三十一条改为第三十条，增加一款作为第二款：“综合档案馆和专门档案馆应当发挥爱国主义教育基地的作用，利用馆藏档案资源，面向社会开展各种形式的爱国主义、革命传统教育和国情、市情、区情、县情教育。”

九、第三十六条改为第三十五条，修改为：“有本办法第三十四条第（一）项、第（二）项、第（三）项行为的，由市或者区、县档案行政管理部门给予警告，根据有关档案的价值和数量，对责任单位可以并处1万元以上10万元以下罚款，对直接负责的主管人员或者其他直接责任人员可以并处500元以上5000元以下罚款；造成档案损失的，由市或者区、县档案行政管理部门、有关主管部门根据损失档案的价值，责令赔偿损失。”

十、第三十七条改为第三十六条，修改为：“企业事业组织或者个人有本办法第三十四条第（四）项、第（五）项行为的，由市或者区、县档案行政管理部门给予警告，根据有关档案的价值和数量，对责任单位可以并处1万元以上10万元以下罚款，对直接负责的主管人员或者其他直接责任人员可以并处500元以上5000元以下罚款；有违法所得的，没收违法所得；并可以依照本办法第二十二条的规定征购所出卖或者赠送的档案。”

此外，根据本决定对部分条文的顺序作相应的调整。

本决定自公布之日起施行。

《北京市实施〈中华人民共和国档案法〉办法》根据本决定作相应的修正，重新公布。

附件

北京市实施《中华人民共和国档案法》办法

（1997年10月16日北京市第十届人民代表大会常务委员会第四十次会议通过，根据2001年8月3日北京市第十一届人民代表大会常务委员会第二十八次会议《关于修改〈北京市实施中华人民共和国档案法办法〉的决定》修正）

第一章 总 则

第一条 为了实施《中华人民共和国档案法》，结合本市实际情况，制定本办法。

第二条 本市的国家机关、社会团体、企业、事业单位和档案工作由本市管理的其他单位（以下简称单位）以及公民，应当遵守本办法。

第三条 本办法所称档案，是指过去和现在的国家机构、社会组织以及个人从事政治、军事、经济、科学、技术、文化、宗教等活动直接形成的对国家和社会有保存价值的各种文字、图表、声像等不同形式的历史记录。

第四条 本市各级人民政府应当加强对档案工作的领导，把档案事业的建设列入国民经济和社会发展计划，重视档案宣传教育，根据档案事业发展的需要完善各类档案机构，确定必要的人员编制，保障档案事业经费并将其列入财政预算，逐年增加对档案事业的投入。

计划、财政、机构编制、人事等有关行政部门，应当按照各自的职责，配合档案行政管理部门做好档案工作。

第五条 各单位应当加强对本单位档案工作的领导，根据需要设置档案机构或者配备档案工作人员，提供必要条件，保障档案工作的正常开展。

各单位应当保持档案工作人员的相对稳定，重视档案工作人员的教育和培训。

第六条 本市档案工作实行统一领导、分级管理的原则，维护档案完整与安全，便于社会各方面的利用。

第二章 档案机构及其职责

第七条 市档案行政管理部门主管本市档案事业，依法对本市的档案事业实行统筹规划，组织协调，统一制度，监督和指导。组织档案行政执法检查，依法查处档案违法行为。

区、县档案行政管理部门主管本区、县的档案事业，依法对档案工作实行监督和指导。组织档案行政执法检查，依法查处档案违法行为。

乡、民族乡、镇人民政府和城市街道办事处的档案机构或者档案工作人员负责管理本机关的档案，并对所属单位以及所辖的村民委员会和居民委员会的档案工作实行监督和指导。

第八条 综合档案馆是按行政区域设置的，收集和永久保管多种门类的档案和有关资料，并向社会提供利用的机构。

专门档案馆是按专业设置的，收集和永久保管特定领域或者特殊载体的档案，并向社会提供利用的机构。

单位档案机构是各单位设置的档案馆、档案室、档案处、档案科，负责管理并且按照规定向综合档案馆和专门档案馆移交本单位的档案，指导文书部门和业务部门文件材料的收集、立卷和归档工作，并对所属单位的档案工作实行监督和指导。

第九条 综合档案馆的设立、变更和撤销，由同级人民政府批准；专门档案馆的设立、变更和撤销，经市档案行政管理部门审核后，由市人民政府批准；单位档案机构的设立、变更和撤销，应当分别向市或者区、县档案行政管理部门申报登记。

第十条 档案工作人员应当忠于职守，遵纪守法，热情服务，具备专业知识，取得市档案行政管理部门颁发的岗位资格证书，并依法接受档案专业继续教育。

第三章 档案的管理

第十一条 国家和本市档案行政管理部门规定应当归档的文件材料，由文书部门或者业务部门收集齐全并整理立卷，在规定时间内移交本单位档案机构或者档案工作人员集中管理。任何单位和个人不得拒绝归档或者据为己有。

国家和本市规定不得归档的材料，禁止擅自归档。

第十二条 反映本行政区域重大的政治、经济、科学、技术、文化、宗教等活动，对国家和社会具有保存价值的或者应当保密的档案，应当重点收集和管理。

重点收集和管理的档案的具体范围，由市或者区、县档案行政管理部门确定，并通知有关单位或者个人。

第十三条 有下列情况之一的，有关部门应当及时通知市或者区、县档案行政管理部门，其档案工作应当接受档案行政管理部门的监督和指导：

（一）行政区划的变动；

（二）由市或者区、县人民政府批准设立的单位的设立、变更和撤销；

（三）列入市或者区、县的重点建设工程、重大科学技术研究和技术改造项目以及普查项目等立项；

（四）举办或者承办的重大活动。

第十四条 市或者区、县的重点建设工程、技术改造、科学技术研究和重要设备更新等项目进行竣工验收、鉴定时，由同级档案行政管理部门会同项目主管部门的档案机构对项目档案进行验收。

单位的重要建设工程、技术改造、科学技术研究和重要设备更新等项目，由本单位的档案机构对文件材料的管理进行监督和指导，并对项目档案进行验收。

第十五条　在本市城市规划区域内进行基本建设的单位，应当于建设工程竣工验收后的规定时间内，按照规定向有关专门档案馆和有关主管部门报送工程竣工档案。

第十六条　综合档案馆收集档案的范围，由市档案行政管理部门确定后实施。

专门档案馆收集档案的范围，由市有关主管部门制订，经市档案行政管理部门审核批准后实施。

第十七条　各单位应当按照下列规定向有关档案馆移交档案：

（一）列入市综合档案馆收集范围的档案，自形成之日起满 20 年，向市综合档案馆移交；

（二）列入区、县综合档案馆收集范围的档案，自形成之日起满 10 年，向区、县综合档案馆移交；

（三）列入专门档案馆收集范围的档案，按照国家和本市有关专门档案接收年限的规定，向专门档案馆移交；

（四）重大活动的组织机构应当做好档案管理工作，对活动中形成的档案及时整理、归档，并在活动结束后 6 个月内将档案移交相应的综合档案馆。

因特殊情况需要变更档案移交期限的，应当经同级档案行政管理部门批准。

对向档案馆移交档案的范围和技术要求有异议的，由同级档案行政管理部门进行裁决，裁决结果书面通知当事人。

第十八条　综合档案馆、专门档案馆和单位档案机构应当建立健全档案管理制度，配置适宜保管、开发利用档案的专门库房和设施，采用先进技术，按照国家有关规定接收、整理、保管档案，加强对档案库房有害物质的防治，及时消除不安全因素，确保档案的完整与安全。

第十九条　市有关主管部门制订的本专业档案管理的业务标准和技术规范，应当经市档案行政管理门审核批准后实施。

第二十条　综合档案馆、专门档案馆和单位档案机构应当定期对档案进行鉴定，对失去保存价值的档案列出销毁清册，按照国家有关规定予以销毁。禁止擅自销毁档案。

第二十一条　禁止出卖属于国家所有的档案。

国有企业和事业单位资产转让时，按照国家有关规定转让档案。

档案复制件的交换、转让和出卖，按照国家规定办理。

第二十二条　集体所有的和个人所有的以及其他不属于国家所有的对国家和社会具有保存价值的或者应当保密的档案，档案所有者可以向综合档案馆或者专门档案馆寄存、捐赠或者出卖。寄存在档案馆的档案，其所有权属于寄存者。

前款所列档案，因保管条件恶劣或者其他原因可能导致档案损毁和不安全的，经市或者区、县档案行政管理部门批准，可以由综合档案馆和专门档案馆代为保管，必要时可以收购或者征购。

第二十三条　向综合档案馆和专门档案馆以外的任何单位和个人出卖集体所有、个人所有的以及其他不属于国家所有的对国家和社会具有保存价值或者应当保密的档案及其复制件的，应当按照有关规定由市或者区、县档案行政管理部门审查批准。严禁倒卖牟利，严禁卖给或者赠送给外国人。

第二十四条 单位需要携带、运输、邮寄档案及其复制件出境的，应当经市有关主管部门同意并报市档案行政管理部门批准，海关凭批准文件放行。

个人需要携带、运输、邮寄对国家和社会具有保存价值或者应当保密的档案及其复制件出境的，应当在30日前向市档案行政管理部门申报，市档案行政管理部门自受理之日起7日内作出审批决定，海关凭批准文件放行。

第四章 档案的利用与公布

第二十五条 综合档案馆和专门档案馆应当按照国家有关规定向社会开放档案，定期公布开放档案的目录。

第二十六条 综合档案馆、专门档案馆和单位档案机构，应当为档案的利用创造条件，简化手续，提供方便。

第二十七条 单位和公民持有介绍信或者身份证、工作证等合法证明，可以利用综合档案馆和专门档案馆开放的档案。利用综合档案馆和专门档案馆未开放的档案和单位档案机构保管档案，须经档案保管单位同意。

外国组织和个人需要利用开放档案的，须经我国有关主管部门介绍以及其前往的档案馆的同意。

载有档案保管单位法定代表人的签名或者印章标记的档案复制件，具有与档案原件同等的效力。

第二十八条 向档案馆移交、捐赠、寄存档案的单位和个人，对其档案享有优先利用权，并可对其档案中不宜向社会开放的部分提出限制利用的意见，档案馆应当维护他们的合法权益。

第二十九条 属于综合档案馆和专门档案馆保管的档案，由本档案馆或者国家授权的有关机关公布；未经档案馆或者有关机关同意，任何组织和个人无权公布。

集体所有的和个人所有的以及其他不属于国家所有的档案，档案的所有者有权公布，但必须遵守国家的有关规定，不得损害国家安全和利益，不得侵犯他人的合法权益。

第三十条 综合档案馆、专门档案馆和单位档案机构应当加强档案的研究，编辑出版档案史料，举办档案展览等项活动，充分发挥档案的社会效益。

综合档案馆和专门档案馆应当发挥爱国主义教育基地的作用，利用馆藏档案资源，面向社会开展各种形式的爱国主义、革命传统教育和国情、市情、区情、县情教育。

第三十一条 市综合档案馆应当建立全市性的档案资料目录中心，为利用者提供检索服务。专门档案馆和区、县综合档案馆以及单位档案机构按照有关规定向市综合档案馆报送档案资料目录。

本市逐步建立综合档案馆、专门档案馆和单位档案机构相互联通、信息共享的档案信息网络。

第三十二条 单位或者个人可以无偿利用其移交、捐赠、寄存在档案馆的档案；利用其他档案的，应当按照国家和本市的有关规定缴纳费用。

第五章　奖 励 与 处 罚

第三十三条　市和区、县人民政府，有关主管部门和企业事业单位对有下列情形之一的档案机构、档案工作人员和其他组织与个人予以奖励：

（一）在档案的收集、整理、保护和提供利用等方面成绩突出的；

（二）在档案学研究中做出重要贡献的；

（三）将重要或者珍贵的档案捐献给国家的；

（四）举报、制止档案违法行为，查处档案违法案件表现突出的；

（五）热心资助档案事业事迹突出的；

（六）在其他方面对档案事业做出突出贡献的。

第三十四条　有下列行为之一的，由市或者区、县档案行政管理部门、有关主管部门对直接负责的主管人员或者其他直接责任人员依法给予行政处分；构成犯罪的，依法追究刑事责任：

（一）损毁、丢失属于国家所有的档案的；

（二）擅自提供、抄录、公布、销毁属于国家所有的档案的；

（三）涂改、伪造档案的；

（四）擅自出卖或者转让国家所有的档案及集体所有、个人所有的以及其他不属于国家所有的对国家和社会具有保存价值或者应当保密的档案的；

（五）倒卖档案牟利或者将档案卖给、赠送给外国人的；

（六）不按规定归档或者不按期移交档案的；

（七）明知所保存的档案面临危险而不采取措施，造成档案损失的；

（八）档案工作人员玩忽职守，造成档案损失的。

第三十五条　有本办法第三十四条第（一）项、第（二）项、第（三）项行为的，由市或者区、县档案行政管理部门给予警告，根据有关档案的价值和数量，对责任单位可以并处1万元以上10万元以下罚款，对直接负责的主管人员或者其他直接责任人员可以并处500元以上5000元以下罚款；造成档案损失的，由市或者区、县档案行政管理部门、有关主管部门根据损失档案的价值，责令赔偿损失。

第三十六条　企业事业组织或者个人有本办法第三十四条第（四）项、第（五）项行为的，由市或者区、县档案行政管理部门给予警告，根据有关档案的价值和数量，对责任单位可以并处1万元以上10万元以下罚款，对直接负责的主管人员或者其他直接责任人员可以并处500元以上5000元以下罚款；有违法所得的，没收违法所得；并可以依照本办法第二十二条的规定征购所出卖或者赠送的档案。

第三十七条　有违反本办法其他行为的，由市或者区、县档案行政管理部门责令限期改正，并提请其上级主管部门对直接负责的主管人员或者其他直接责任人员依法给予行政处分。

第三十八条　携带、运输、邮寄禁止出境的档案、档案复制件出境的，由海关按照有关法律法规没收其档案、档案复制件，可以并处罚款；构成犯罪的，依法追究刑事责任。

海关没收的档案、档案复制件，应当移交市档案行政管理部门处理。

第六章　附　　则

第三十九条　本办法具体应用中的问题，由市档案行政管理部门负责解释。

第四十条　本办法自1998年1月1日起施行。

七、其　　他

北京市测绘条例

北京市人民代表大会常务委员会公告第 13 号

（2003 年 10 月 17 日公布，自 2003 年 12 月 1 日起施行）

第一章　总　　则

第一条　为了加强测绘管理，促进测绘事业发展，保障测绘事业为经济建设、城市建设和社会发展服务，根据《中华人民共和国测绘法》和有关法律、法规，结合本市实际情况，制定本条例。

第二条　在本市行政区域内从事测绘活动，应当遵守《中华人民共和国测绘法》和本条例。

本条例所称测绘，是指对自然地理要素或者地表人工设施的形状、大小、空间位置及其属性进行测定、采集、表述以及对获取的数据、信息、成果进行处理和提供的活动。

第三条　测绘事业是经济建设、城市建设、社会发展的基础性事业。市和区、县人民政府应当加强对测绘工作的领导。

第四条　市规划行政主管部门主管本市测绘工作（以下统称市测绘行政主管部门），负责本市行政区域内测绘工作的统一监督和管理。市规划行政主管部门各分局（以下简称各分局）负责所辖区域内测绘工作的监督管理。

市和区、县人民政府其他有关部门按照本级人民政府规定的职责分工，负责本部门有关的测绘工作。

第五条　在本市从事测绘活动，应当使用国家规定的测绘基准，执行国家和本市规定的测绘技术规范和标准。

第六条　本市鼓励测绘科学技术的创新和进步，采用先进的技术和设备，提高测绘水平。

对在测绘科学技术进步中做出重要贡献的单位和个人，按照国家和本市的有关规定给予奖励。

第七条　外国的组织或者个人在本市从事测绘活动的，依照《中华人民共和国测绘法》规定执行。

第二章　测绘系统和标准

第八条　在本市从事测绘活动，应当采用经国务院测绘行政主管部门批准的、与国家坐标系统相联系的本市相对独立的平面坐标系统（以下统称本市统一的平面坐标系统）。

因特殊需要，另行建立相对独立的平面坐标系统的，应当经市测绘行政主管部门批准；不采用本市统一的平面坐标系统的，应当经市测绘行政主管部门同意。

第九条　本市应当不断更新和完善测绘系统。

市测绘行政主管部门审核本市测绘系统的数据等级和精度，并与有关部门会商后发布使用。

第十条　市测绘行政主管部门负责本市基础地理信息数据的采集、处理、发布和提供的管理工作。

建立地理信息系统及相关数据库，必须采用国家和本市基础地理信息数据。

第十一条　根据测绘事业发展要求，本市可以依法补充制定地方测绘技术规范和标准。

第十二条　测制本市地形图，应当执行国家和本市地形图基本比例尺系列和分幅标准。本市地形图基本比例尺系列为：1∶500、1∶2000、1∶10000；分幅标准为40cm×50cm。

第三章　基　础　测　绘

第十三条　本市基础测绘是公益性事业，主要包括：

（一）建立、更新和维护本市统一的平面坐标系统，维护高程控制网；

（二）测制和更新基本比例尺地形图、影像图和数字化产品；

（三）进行基础航空摄影和获取基础地理信息的遥感资料；

（四）获取基础地理信息数据，建立、更新和维护基础地理信息系统。

需要在本市行政区域内进行前款第（三）项航空摄影及遥感测绘的，由市测绘行政主管部门根据需求统一汇总报经市人民政府同意后，按照规定报国家有关主管部门批准。

有关单位应当定期向市测绘行政主管部门汇交航空摄影资料副本。市测绘行政主管部门可以按照规定同其他有关部门相互通报航空摄影资料目录，充分利用已有的航空摄影资料，避免重复航空摄影。

第十四条　市测绘行政主管部门会同市人民政府其他有关部门组织编制全市基础测绘规划，报市人民政府批准，并报国务院测绘行政主管部门备案后组织实施。

市和区、县人民政府应当将基础测绘纳入本级国民经济和社会发展年度计划及财政预算。

市人民政府发展计划主管部门会同市测绘行政主管部门，根据本市基础测绘规划，编制本行政区域内的基础测绘年度计划，按照规定上报备案。

第十五条　区、县人民政府根据本区、县经济和社会发展，需要测制地形图的，应当编制测绘计划并组织实施。

区、县人民政府应当将本区、县测绘计划纳入本级国民经济和社会发展年度计划及财政预算。

第十六条 本市建立基础测绘成果更新制度。

本市的平面坐标控制网和高程控制网应当按照规定定期维护更新。

市测绘行政主管部门应当根据本市实际情况确定基本比例尺地形图更新周期。1∶500地形图至少每2年更新一次；1∶2000地形图至少每3年更新一次；1∶10000地形图，平原地区至少每4年、山区至少每8年更新一次。

对经济建设、社会发展和城市规划建设及重大工程急需的基础测绘成果应当及时更新。

第四章 其他测绘

第十七条 规划测绘应当按照市规划行政主管部门依据本市城市总体规划、详细规划和专业规划提出的规划条件进行。

规划测绘包括规划道路定线测绘、建设用地界址点和界址线测绘、市政规划测量、规划绿地测量、规划监督测量等。

第十八条 市人民政府应当加强城市地下管线普查、整测等基础性测绘工作的统一领导，保障城市地下管线数据库的完整性和现势性。

市测绘行政主管部门应当制定城市地下管线普查、整测工作规划和实施计划，报市人民政府批准后组织实施。所需经费应当列入国民经济和社会发展年度计划及财政预算。

市人民政府有关部门在各自的职责范围内，协助市测绘行政主管部门做好地下管线的普查、整测工作。

第十九条 建设单位敷设和更新城市地下管线必须及时进行竣工测量。建设单位未按规定进行竣工测量的，有关主管部门不予办理工程竣工验收认可和备案手续。

第二十条 各类废弃或者因变更而局部废用的地下管线，产权单位或者管理使用单位应当在6个月内向市测绘行政主管部门申报注销。市测绘行政主管部门应当依据地下管线竣工资料和报废资料，及时更新城市地下管线数据库。

第二十一条 本市各级行政区域界线测绘，由市测绘行政主管部门按照国家和本市的有关规定进行。

第二十二条 本市地籍测绘规划由市测绘行政主管部门会同市国土房屋行政主管部门编制，并由市测绘行政主管部按照地籍测绘规划，组织管理地籍测绘。

第二十三条 测量土地、建筑物、构筑物和地面其他附着物的权属界址线，应当按照市和区、县人民政府确定的权属界限的界址点、界址线或者提供的有关登记资料和附图进行。权属界址线发生变化时，有关当事人应当及时进行变更测绘。

第二十四条 本市建设领域的工程测量，与房屋产权、产籍相关的房屋面积的测量，水利、能源、交通、通信、资源开发和其他领域的工程测量，应当按照国家和本市有关测量技术规范进行。

第五章 测绘资质资格

第二十五条 在本市行政区域内从事测绘活动的单位，必须依法取得相应等级的测绘资质证书，并按照资质证书规定的业务范围和作业限额从事测绘活动。

申报甲级测绘资质的，由市测绘行政主管部门初审，报国家测绘行政主管部门核发资质证书；申报乙级、丙级、丁级测绘资质的，由市测绘行政主管部门依法审查核发资质证书。

市测绘行政主管部门建立测绘单位信用信息公开制度。对在本市承接测绘任务的测绘单位资质、业绩、测绘成果质量情况等信息向社会公布。

第二十六条 在本市从事测绘活动的专业技术人员应当具备国家规定的相应执业资格条件。

测绘人员进行测绘活动时，应当持有国家统一制作的测绘作业证件。市测绘行政主管部门负责本市测绘作业证件的审核、发放和监督管理。

测绘单位需要进入机关、团体、企业事业单位进行测绘活动的，应当提前5日书面告知有关单位。有关单位和个人应当协助和配合测绘人员依法进行测绘活动。

第二十七条 测绘单位不得超越其资质等级许可的范围从事测绘活动或者以其他测绘单位的名义从事测绘活动，并不得允许其他单位以本单位的名义从事测绘活动。

第二十八条 依据国家规定，测绘项目实行招标投标的，按照招标投标的有关法律法规的规定执行；测绘项目实行承发包的，测绘项目的发包单位不得向不具有相应资质等级的单位发包或者迫使测绘单位以低于测绘成本承包。测绘项目承包单位必须以自己的设备、技术和人员完成所承包项目的主要部分，依法将测绘项目分包给其他单位的，除总承包合同中约定的分包外，必须经发包单位认可；分包单位不得再次分包测绘单位不得将承包的测绘项目转包。

第六章　测　绘　成　果

第二十九条 在本市行政区域内完成的测绘项目，测绘项目出资人或者承担各级财政投资的测绘项目的单位，应当限期向市测绘行政主管部门汇交测绘成果资料。属于基础测绘项目的，应当汇交测绘成果副本；属于非基础测绘项目的，除第二款规定的以外，应当汇交规定的测绘成果目录。市测绘行政主管部门接收测绘成果资料应当出具测绘成果汇交凭证。

城市地下管线、地铁、人防等地下隐蔽工程的建设单位应当在工程竣工验收后6个月内，向市测绘行政主管部门汇交测绘成果副本。

市测绘行政主管部门应当定期编制测绘成果目录，并向社会公布。

第三十条 测绘成果的保管单位，应当采取措施保障测绘成果的完整和安全，并按照国家和本市有关规定向社会公开和提供使用。

测绘成果属于国家秘密的，其密级的确定、变更、解密及其使用、保管，依照保密法律法规的有关规定执行。需要对外提供的，应当经市测绘行政主管部门审核后，按照国家有关规定办理。

第三十一条 基础测绘成果和使用财政资金完成的其他测绘成果，用于政府决策和社会公益性事业的，应当无偿提供。

前款规定之外的，测绘成果依法实行有偿使用制度。政府及其有关部门和军队因防灾、减灾、国防建设等公共利益需要使用测绘成果的，可以无偿使用。

第三十二条　使用财政资金的测绘项目，批准立项前有关部门应当征求市测绘行政主管部门的意见，有适宜测绘成果的，应当充分利用已有的测绘成果，避免重复测绘。

第三十三条　使用测绘成果，应当征得该测绘成果所有权人的同意，未经同意不得擅自复制、使用、转让或者转借。复制、使用、转让或者转借保密的测绘成果，必须按照原密级管理。

第三十四条　测绘单位应当建立健全测绘成果的质量保证体系，对测绘成果质量负责。测绘成果质量不合格的，不得交付使用。

市测绘行政主管部门对测绘成果实行质量监督。

第七章　测量标志保护

第三十五条　测量标志受国家保护，禁止下列有损测量标志安全和使测量标志失去使用效能的行：

（一）损毁或者擅自移动地下或者地上的永久性测量标志以及使用中的临时性测量标志的；

（二）在测量标志占地范围内烧荒、耕作、取土、挖沙或者侵占永久性测量标志用地的；

（三）在距永久性测量标志50米范围内采石、爆破、射击、架设高压电线的；

（四）在测量标志的占地范围内，建设影响测量标志使用效能的建筑物的；

（五）在测量标志上架设通讯设施、设置观望台、搭帐篷、拴牲畜或者设置其他有可能损毁测量标志的附着物的；

（六）擅自拆除设有测量标志的建筑物或者拆除建筑物上的测量标志的；

（七）其他有损测量标志安全和使用效能的。

第三十六条　设置永久性测量标志，需要依法使用土地或者在建筑物上建设永久性测量标志的，有关单位或者个人不得干扰和阻挠。

第三十七条　建设工程项目的规划、建设应当避开永久性测量标志；确实无法避开，需要拆迁永久性测量标志或者使永久性测量标志失去效能的，在办理规划审批手续时，应当一并办理测量标志的迁建手续。涉及军用控制点的，应当征得军队测绘行政主管部门同意。所需迁建费用由工程建设单位承担。

第三十八条　永久性测量标志的建设单位应当对永久性测量标志设立明显标记，委托当地有关单位指派专人负责保管，与其签订《测量标志委托保管书》，并在测量标志所在地的乡、镇人民政府或者街道办事处造册登记。乡、镇人民政府和街道办事处应当做好所辖区域内的测量标志保护管理工作。

第三十九条　市测绘行政主管部门应当建立健全本市的永久性测量标志档案，对全市的测量标志实行定期巡查和维护。永久性测量标志的维护管理费用，财政部门应当予以保障。公安机关应当配合测绘部门共同做好测量标志保护工作。

本市对在保护永久性测量标志中做出显著成绩的单位和个人给予奖励。

第八章 地 图 管 理

第四十条 本市各级人民政府应当加强对编制、印刷、出版、发行、展示、登载地图的管理，保证地图及其产品的质量，维护国家主权、安全和利益。

各级人民政府应当加强对国家版图识的宣传教育，增强公民的国家版图意识。

第四十一条 编制本市各种地图的，必须符合下列要求：

（一）取得相应的测绘资质资格，并在确定的范围内编制地图；

（二）使用本市行政区域界线基础地理底图，作为基础底图；

（三）正确反映各要素的地理位置、形态、名称及相互关系；

（四）具备符合地图上使用目的的有关数据和专业内容。

第四十二条 出版、印刷或者展示未出版的本市各种地图的，应当按照规定送审试制样图一式二份。市测绘行政主管部门应当自收到试制样图之日起 30 日内完成审核。

地图印刷完成后 30 日内，编制单位应当将样本一式二份送市测绘行政主管部门存档。

电子地图应当提供光（软）盘及与光（软）盘内容所表现的主要地理要素相同的存储介质和纸质地图。

有专业内容的地图应当提供有关专业主管部门就专业内容出具的审核意见。

编制地图单位所使用的地理底图，涉及他人著作权的，应当在报送审核时，提供著作权人同意使用的书面证明。

第四十三条 公开展示、悬挂、刊登、播映标有国界线和行政区域界线的各类地图和示意图，应当按照规定的标准样图编制。

第四十四条 公开出版的地图必须标明地图审图号。经审定的地图内容、形式发生变化时，应当重新履行申报手续，市测绘行政主管部门重新编发审图号。

保密地图和内部地图不得以任何形式公开出版、发行、销售或者展示。

第四十五条 地图编制、展示单位不得在普通地图、内部地图上刊登广告。在专题地图上刊登广告的，刊登广告的面积不得超过地图图幅面积的 30%，位置不得压盖地图内容。

第九章 法 律 责 任

第四十六条 违反本条例的行为，法律法规已有规定的，依照其规定追究法律责任。

第四十七条 违反本条例规定，有下列行为之一的，给予警告，责令改正，可以并处 10 万元以下的罚款；对负有直接责任的主管人员和其他直接责任人员，依法给予行政处分：

（一）违反第八条规定未经批准，擅自建立相对独立的平面坐标系统的；

（二）违反第十条规定，建立地理信息系统，不采用国家和本市标准的基础地理信息数据的。

第四十八条 违反本条例第二十九条第二款规定，建设单位未按时汇交测绘成果副本，致使其他施工单位因无法查阅有关测绘成果资料造成施工破坏地下管线、设施等隐蔽工程的，建设单位应当依法承担相应责任。

第四十九条　有本条例第三十五条禁止的行为之一的，给予警告，责令改正，可以并处 5 万元以下的罚款；造成损失的，依法承担赔偿责任；构成犯罪的，依法追究刑事责任。

第五十条　违反本条例第四十一条、第四十四条第二款规定，编制、印刷、出版、发行、展示、登载的地图发生错绘、漏绘、泄密的，责令停止违法行为，没收全部地图产品及违法所得，并处 1 万元以上 10 万元以下罚款；对主要负责人和直接责任人给予行政处分；危害国家主权或者安全，损害国家利益，构成犯罪的，依法追究刑事责任。

第五十一条　违反本条例第四十三条规定，公开展示、悬挂、刊登、播映标有国界线和行政区域界线的各类地图和示意图，未按规定的标准样图编制的，责令停止违法活动，没收全部地图产品及违法所得。对有关地图出版社处以 1000 元以上 10000 元以下的罚款；情节严重的，由出版行政主管部门注销其地图出版资格。

第五十二条　《中华人民共和国测绘法》和本条例规定的行政处罚，除降低资质等级、暂扣测绘资质证书、吊销测绘资质证书的以外，由市测绘行政主管部门或者各分局实施。

《中华人民共和国测绘法》和本条例规定的降低资质等级、暂扣测绘资质证书、吊销测绘资质证书的行政处罚，属于本市核发的测绘资质证书的，由市测绘行政主管部门实施；属于国家测绘行政主管部门核发的甲级测绘资质证书的，由市测绘行政主管部门报告国家测绘行政主管部门依法处理；属于外地核发的乙级、丙级、丁级测绘资质证书的，由市测绘行政主管部门提请其发证机关依法处理。

第五十三条　违反本条例第二十六条第三款规定，阻挠测绘行政主管部门工作人员依法执行公务和测绘人员依法进行测绘，构成犯罪的，依法追究刑事责任；尚不够刑事处罚的，由公安机关依照《中华人民共和国治安管理处罚条例》的规定予以处罚。

第五十四条　违反本条例规定，测绘行政主管部门工作人员利用职务上的便利收受他人财物、其他好处或者玩忽职守，对不符合法定条件的单位核发测绘资质证书，不依法履行监督管理职责，或者发现违法行为不予查处，造成严重后果，构成犯罪的，依法追究刑事责任；尚不够刑事处罚的，对负有直接责任的主管人员和其他直接责任人员，由上级部门依法给予行政处分。

第十章　附　　则

第五十五条　本条例自 2003 年 12 月 1 日起施行。1995 年 12 月 21 日市第十届人民代表大会常务委员会第二十三次会议通过、根据 1997 年 4 月 16 日市第十届人民代表大会常务委员会第三十六次会议《关于修改〈北京市实施中华人民共和国测绘法办法〉的决定》修正的《北京市实施〈中华人民共和国测绘法〉办法》，1989 年 12 月 13 日市人民政府第 38 号令发布、根据 1997 年 12 月 31 日市人民政府第 12 号令修改的《北京市测绘成果管理实施办法》，1996 年 6 月 10 日市人民政府批准、1996 年 6 月 20 日市规划局发布的《北京市测绘任务登记管理办法》同时废止。

北京市信访条例

北京市人民代表大会常务委员会公告第47号

（2006年9月15日公布，自2007年1月1日起施行）

第一章　总　　则

第一条　为了保持国家机关同人民群众的密切联系，保护信访人的合法权益，规范信访工作和信访行为，保障信访活动依法有序进行，促进社会主义和谐社会建设，根据《中华人民共和国宪法》、《信访条例》和其他有关法律、行政法规，结合本市实际情况，制定本条例。

第二条　本条例所称信访，是指公民、法人或者其他组织采用书信、电子邮件、传真、电话、走访等形式，向本市国家机关反映情况，提出建议、意见或者投诉请求，依法由有关国家机关处理的活动。

本条例所称信访人，是指采用前款规定的形式，反映情况，提出建议、意见或者投诉请求的公民、法人或者其他组织。

本条例所称信访请求，是指信访人向本市国家机关反映的情况，提出的建议、意见或者投诉请求。

本条例所称信访事项，是指本市国家机关依法受理的信访请求。

本条例所称国家机关，是指本市各级人民代表大会及其常务委员会、人民政府及其工作部门、人民法院和人民检察院。

第三条　本条例适用于本市国家机关的信访工作和信访人的信访活动。

国家机关处理信访请求，法律、行政法规另有规定的，依照法律、行政法规的规定执行。

第四条　国家机关应当加强信访工作，畅通信访渠道，认真处理来信、接待来访，倾听人民群众的意见、建议和要求，接受人民群众的监督，保障信访工作依法有序进行。

第五条　本市信访工作应当遵循下列原则：

（一）属地管理、分级负责，谁主管、谁负责；

（二）依法、及时、就地解决问题与疏导教育相结合；

（三）有关的国家机关、基层组织、社会团体、企业事业单位相互配合；

（四）方便信访人。

第六条　国家机关信访工作实行领导责任制。

国家机关主要负责人对信访工作负总责，主管负责人负主管责任，其他负责人按照工作分工负分管责任。

第七条　国家机关应当将通过信访渠道收集的信息纳入决策评价体系，科学、民主决策，依法履行职责，从源头上预防、化解导致信访事项的社会矛盾和纠纷。

国家机关应当建立健全社会利益协调机制，综合运用法律、行政、经济、政策等手段和教育、协调、调解等方法，依法、及时、合理地处理群众反映的问题。

第八条　国家机关应当建立、健全信访工作责任制，将信访工作纳入机关绩效评价指标体系。

第九条　本市建立矛盾纠纷排查调处制度，对排查出的可能影响社会稳定的重大社会矛盾和纠纷，采取疏导、协调、交办、督办、工作建议等方式予以化解。

国家机关发现重大、紧急信访信息时，应当按照有关规定及时上报，并在职责范围内依法及时采取措施。

第十条　本市建立信访工作联席会议制度，通过会商、协调、督查等方式，研究处理重大、复杂、疑难信访事项。

第十一条　国家机关应当建立和完善人民建议征集制度。信访人提出的建议对国民经济和社会发展或者对改进工作以及保护社会公共利益有贡献的，由有关国家机关给予奖励和表彰。

第十二条　本市社会团体、企业事业单位的主要负责人对本单位信访工作负总责。

本市社会团体、企业事业单位应当兼顾单位利益、职工利益和社会公共利益，主动排查、妥善处理本单位导致信访事项的矛盾和纠纷，积极协助国家机关做好涉及本单信访工作，共同维护社会稳定。

第十三条　国家机关可以聘请律师、心理咨询师、相关领域专家、社会志愿者，为信访人和国家机关提供法律和其他专业知识的咨询服务。

司法行政部门应当根据信访工作需要，组织律师采取多种形式为信访人提供法律咨询服务。

第十四条　本市信访工作所需经费，列入各级财政预算。

第二章　信访人的权利和义务

第十五条　信访人依法信访受法律保护，任何组织和个人不得压制、打击报复。

第十六条　信访人在信访活动中依法享有下列权利：

（一）了解信访工作制度和信访事项的处理程序；

（二）要求信访工作人员提供与其信访请求有关的咨询服务；

（三）对有直接利害关系的信访工作人员提出回避请求；

（四）向办理机关查询其信访事项的办理情况；

（五）要求对姓名以及涉及个人隐私的事项予以保密；

（六）法律、法规、规章规定的其他权利。

第十七条　信访人在信访活动中应当依法履行下列义务：

（一）遵守法律、法规，尊重社会公德，自觉维护社会公共秩序和信访秩序，不得损害国家、社会、集体的利益和其他公民的合法权利；

（二）提出的信访请求客观真实，不得歪曲、捏造事实，不得诬告、陷害他人；

（三）依照法律、法规规定的方式和程序进行信访活动；

（四）履行符合法律、法规、规章、政策的处理决定；

（五）法律、法规规定的其他义务。

第三章　信访工作机构和信访工作人员

第十八条　各级人民代表大会常务委员会应当设立信访工作机构，配备专职工作人员。

各级人民政府及街道办事处应当设立信访工作机构，配备专职信访工作人员；各级人民政府工作部门应当根据需要设立或者确定负责信访工作的机构，配备相应的专、兼职工作人员。

各级人民法院、人民检察院应当根据需要设立或确负责信访工作的机构，配备相应的工作人员。

第十九条　信访工作机构履行下列职责：

（一）处理信访请求；

（二）办理信访事项；

（三）协调、督促检查信访请求的处理和信访事项办理意见的落实，提出改进工作、追究责任的建议；

（四）提供与信访人提出的信访请求有关的咨询服务；

（五）研究、分析信访情况，开展调查研究，及时向有关国家机关提出完善政策和改进工作的建议；

（六）指导、督促、检查下级国家机关的信访工作，总结交流信访工作经验；

（七）宣传有关法律、法规、政策，引导信访人依法信访；

（八）其他依法应当履行的职责。

第二十条　信访工作机构应当在信访接待场所、本机关网站或者通过其他方式向社会公布下列事项：

（一）信访工作机构的通信地址、电子信箱、受理电话、接待场所、来访接待时间；

（二）本机关信访事项受理范围；

（三）与信访工作有关的法律、法规、规章、工作规范以及信访事项的处理程序；

（四）查询信访事项办理情况的方式；

（五）实行负责人信访接待日的机关，公开接待日的安排；

（六）其它方便信访人的事项。

信访人要求对公示内容予以说明、解释的，信访工作机构应当予以说明、解释。

第二十一条　信访工作机构应当通过互联互通的信访信息系统，实现国家机关信访工作机构之间信访信息资源共享。

第二十二条　信访工作人员在信访工作中，应当遵守下列规定：

（一）文明接待，尊重信访人，不得刁难和歧视信访人。对依法不予受理的信访请求，应当告知信访人并做好解释、疏导工作；

（二）按照信访工作的处理程序，依法及时处理信访事项，不得置之不理、敷衍塞责、推诿拖延。对不属于本机关受理的信访请求，应当告知信访人向有权处理的国家机关提出；

（三）坚持原，秉办事，不得徇私舞弊、收受贿赂、接受信访人请客送礼；

（四）遵守保密制度，不得泄露控告人、检举人的姓名及控告、检举的内容，不得泄露、扩散信访人要求保密及可能对信访人权益造成损害的内容；

（五）对信访人有关信访事项办理情况的查询，除涉及国家秘密、商业秘密、个人隐私的事项外，应当如实答复，不得拒绝；

（六）与信访人或者信访事项有直接利害关系的，应当回避；

（七）按照档案管理的规定，建立并妥善保管信访档案，不得丢失、篡改、隐匿或者擅自销毁。

第四章 信访请求的提出

第二十三条 信访人提出信访请求，应当向依法有权处理的国家机关提出。

对依法应当通过诉讼、仲裁、行政复议等法定途径解决的信访请求，信访人应当依照法定程序提出。

第二十四条 信访人提出信访请求，一般应当采用书信、电子邮件等书面形式；提出投诉请求的，应当提供真实姓名（名称）、住址、联系方式和基本事实、理由、明确的请求。

信访人采用口头形式提出信访请求的，有关国家机关应当如实记录。

国家机关为方便、规范信访人提出信访请求，可以向信访人提供格式化文本。

第二十五条 信访人采用走访形式提出信访请求的，应当在公布的接待时间到依法有权处理的本级或者上级机关设立或者指定的信访接待场所提出。

多人采用走访形式提出共同信访请求的，应当推举代表，代表人数不得超过 5 人。代表应当如实向其他信访人转达处理或者答复意见。

第二十六条 信访人要求采用书面形式告知、答复的，应当采用书信、传真、电子邮件或者走访形式提出信访请求。

第二十七条 信访人可以委托代理人提出信访请求。代理人向有关国家机关提出信访请求时，应当出示授权委托书，在授权范围内行使代理权。

委托人明确表示不再提出信访请求，代理人继续提出的，有关国家机关不再受理。

第二十八条 无民事行为能力人或者限制民事行为能力人的信访请求，由其监护人代为提出。

因身体碍不能正常表述本人意愿者提出信访请求的，应当委托他人代为提出。

传染病患者、疑似传染病患者需要以走访形式提出信访请求的，应当委托他人代为提出。

第五章 人民代表大会及其常务委员会信访事项的受理和办理

第二十九条 信访人可以就下列事项向本市各级人民代表大会及其常务委员会提出信访请求：

（一）对本级人民代表大会及其常务委员会颁布的地方性法规，通过的决议、决定的意见和建议；

（二）对本级人民政府的决定、制定的规范性文件的意见和建议；

（三）对本级人民政府、人民法院、人民检察院工作的意见和建议；

（四）对本级人民代表大会及其常务委员会选举、决定任命、批准任命的国家机关工作人员违法失职行为的申诉、控告或者检举；

（五）对本级人民代表大会代表、人民代表大会常务委员会组成人员以及人民代表大会常务委员会机关工作人员的建议、批评、意见和违法失职行为的申诉、控告或者检举；

（六）对下一级人民代表大会及其常务委员会不适当的决议、决定的意见和建议；

（七）依法应当由人民代表大会及其常务委员会受理的其他信访请求。

第三十条 本市各级人民代表大会及其常务委员会对人民政府、人民法院、人民检察院职责范围内的信访事项不包办代替、不直接处理。

第三十一条 市和区、县人民代表大会常务委员会信访工作机构收到信访请求，应当予以登记，在15日内分别按下列方式处理：

（一）属于本级人民代表大会及其常务委员会信访事项受理范围内的信访请求，转送常务委员会有关工作机构办理，并答复信访人；

（二）属于本级或者下级人民政府及其工作部门、人民法院、人民检察院职责范围内的信访请求，转送相关国家机关处理，可以要求反馈处理结果，由办理机关答复信访人。

第三十二条 下列信访请求不予受理：

（一）对依照法律程序正在审理之中的案件提出的信访请求；

（二）经过行政机关复核，信访人仍然以同一事实和理由提出的信访请求；

（三）其他依照法律规定不予受理的信访请求。

第六章 人民政府及其工作部门信访事项的受理和办理

第一节 受理和办理

第三十三条 信访人对下列组织、人员的职务行为可以向有关行政机关提出信访请求：

（一）行政机关及其工作人员；

（二）法律、法规授权的具有管理公共事务职能的组织及其工作人员；

（三）提供公共服务的企业事业单位及其工作人员；

（四）社会团体或者其他企业事业单位中由国家行政机关任命、派出的人员；

（五）村民委员会、居民委员会及其成员。

第三十四条 人民政府信访工作机构收到信访请求，应当予以登记，在15日内分别按下列方式处理：

（一）依照法定职责属于本级人民政府或者其工作部门处理的信访请求，应当转送有权处理的行政机关；情况重大、紧急的，应当及时提出建议，报请本级人民政府决定；

（二）依照法定职责属于下级行政机关处理的信访请求，区分情况，转送下一级人民政府信访工作机构，或者直接转送有权处理的机关并抄送下一级人民政府信访工作机构；

（三）对转送中的重要情况需要反馈结果的，可以直接交有权处理的行政机关，并要求其在指定期限内反馈结果。

县级以上人民政府信访工作机构应当定期向下一级人民政府信访工作机构通报转送、交办情况，下级人民政府信访工作机构应当定期向上一级人民政府信访工作机构报告转送、交办信访请求的受理或者办理情况。

第三十五条 人民政府信访工作机构以外的政府工作部门收到信访请求，应当登记，并自收到信访请求之日起15日内分别按下列方式处理：

（一）信访人直接向其提出的信访请求，按照本部门法定职责范围和本条例第二十三条第二款规定作出受理或者不予受理的决定，并书面告知信访人；属于下级工作部门职责范围内的，转送下级工作部门，同时告知信访人；

（二）上级工作部门转送、交办的信访请求，属于本部门定职责范围，应当受理，并书面告知信访人，按要求报告上级工作部门；不属于本部门职责范围内的，应当自收到该信访请求之日起5个工作日内向转送、交办工作部门提出异议，并交还相关材料。

第三十六条 人民政府信访工作机构对本级政府工作部门或者下级人民政府，上级政府工作部门对下级政府工作部门应当受理的信访请求而未受理的，可以要求其受理，在指定时限内办结，并报告办理结果。

第三十七条 有下列情形之一的，信访人向受理、办理机关的上级机关再提出同一信访请求的，该上级机关不予受理：

（一）信访请求正在审查期间的；

（二）信访事项已经受理或者正在办理的；

（三）信访事项的办理、复查意见作出后，信访人无正当理由未在规定期限内提出复查、复核申请的。

第三十八条 信访事项涉及两个以上工作部门的，由相关工作部门依照各自职责分别受理；需要共同受理的，出现争议时，应当上报其共同的上一级行政机关决定主办机关。

第三十九条 人民政府工作部门受理信访事项后，认为涉及本级人民政府其他工作部门法定职责需要协调的，可以请求本级人民政府信访工作机构协调。协调后仍然不能达成一致意见的，信访工作机构可以向本级人民政府报告，按决定办理。

第四十条 人民政府及其工作部门决定受理的信访事项，应当自受理之日起60日内办结；情况复杂的，经本机关负责人批准，可以适当延长办理期限，但延长期限不得超过30日，并告知信访人延期理由。法律、行政法规另有规定的，从其规定。

第四十一条 人民政府及其工作部门对于重大、复杂、疑难的信访事项，可以依照规定程序举行听证。

第四十二条 人民政府及其工作部门受理信访事项后，应当依据相关的法律、法规、规章及其他有关规定，分别作出以下处理，并书面答复信访人：

（一）请求事实清楚，符合或者部分符合法律、法规、规章或者其他有关规定的，予以支持或者部分支持；

（二）请求缺乏事实根据或者不符合法律、法规、规章或者其他有关规定的，不予支持；

（三）请求事由缺乏法律依据无法解决的，告信访人，并做解释工作。

人民政府及其工作部门依照前款第（一）项规定作出支持或者部分支持信访请求意见的，应当督促有关机关或者单位执行。

第四十三条 信访事项答复意见应当包括下列事项：

（一）信访人的投诉请求；

（二）对基本事实的认定；

（三）依据的法律、法规、规章及其他有关规定；

（四）对信访事项的处理意见；

（五）信访人不服答复意见寻求救济的法定途径和期限。

第四十四条 人民政府及其工作部门对于以下情形，分别按照下列方式处理：

（一）信访事项涉及多个有权处理机关办理的，由主办机关集中相关办理意见，答复信访人；

（二）多人提出共同信访事项的，可以对代表告知、答复；

（三）与信访请求有关的咨询，以及建议、意见类信访事项，可以口头告知、答复；

（四）因信访人的姓名（名称）、住址、联系方式不清、不实等原因无法告知、答复的，不予告知、答复。

第四十五条 人民政府及其工作部门自收到信访请求之日起15日内已经办结的信访事项，经信访人同意，可以口头告知、答复。

第四十六条 人民政府及其工作部门对交办的信访事项应当在指定的期限内将办理结果报送至交办机关；不能按期办结的，应当说明原因并报告阶段性工作情况。法律、法规另有规定的，从其规定。

第二节　复查、复核和督办

第四十七条 信访人对人民政府及其工作部门作出的信访事项办理意见不服的，可以自收到办理意见之日起30日内请求原办理机关的上一级行政机关复查；对复查意见不服的，可以自收到复查意见之日起30日内请求复查机关的上一级行政机关复核。

信访人的复查、复核申请应当针对答复意见，以书面形式提出，并附办理意见；提出复核申请的，还应当附复查意见。

第四十八条 乡、镇人民政府和街道办事处是信访事项办理机关的，区、县人民政府是复查机关；区、县人民政府是办理、复查机关的，市人民政府是复查、核机关；区、县民政府工作部门是办理机关的，上一级工作部门或者本级人民政府是复查机关；市人民政府工作部门是办理、复查机关的，市人民政府是复查、复核机关。

对实行垂直领导的行政机关的办理意见、复查意见不服的，向上一级主管部门申请复查、复核。

第四十九条 市和区、县人民政府应当成立由本级人民政府分管领导负责，相关工作部门负责人参加的复查、复核委员会，负责本级人民政府的复查、复核工作。复查、复核委员会确定办事机构，负责日常工作。

市人民政府工作部门可以成立复查、复核委员会，负责本部门的复查、复核工作。

第五十条 复查、复核机关经审查决定受理复查、复核申请的，应当书面告知信访人，自收到申请之日起30日内，按照下列方式作出复查、复核意见，并书面答复：

（一）办理、复查意见认定事实清楚，适用依据正确的，予以维持；

（二）办理、复查意见认定事实不清，适用依据错误，或者违反法定程序的，区分情况，予以撤销、变更或者责令办理、复查机关限期重新作出答复意见。

办理、复查机关由于认定事实不清、适用依据错误，被责令重新作出答复意见的，不得作出与原意见相同或者基本相同的答复意见。

复查、复核机关经审查决定不予受理的复查、复核申请，应当书面告知信访人理由。

复杂、疑难的信访事项在法定期限内无法作出复查、复核意见的，经本级复查、复核委员会批准，可以延长期限，但延长期限不得超过30日，并告知信访人延期理由。

第五十一条 信访人对复核意见不服，仍然以同一事实和理由提出信访请求的，人民政府信访工作机构和相关工作部门不再受理。

第五十二条 市和区、县人民政府信访工作机构发现下级人民政府及其工作部门有下列情形之一的，应当及时督办，并提出改进建议：

（一）无正当理由未按规定的办理期限办结信访事项的；

（二）未按规定反馈信访事项办理结果的；

（三）未按规定程序办理信访事项的；

（四）办理信访事项推诿、敷衍、拖延的；

（五）不执行信访答复意见的；

（六）答复意见认定事实不清、依据或者程序存在明显错误的；

（七）虚报办理结果或者办理结果不落实的；

（八）其他需要督办的情形。

收到改进建议的行政机关应当在指定时限内书面反馈情况，未采纳建议的，应当在3个工作日内说明理由。

第五十三条 市和区、县人民政府信访工作机构和政府工作部门应当针对信访人在一定时期内反映的热点、难点问题开展调查研究工作，向本级人民政府及其工作部门或者通过本级向上级人民政府及其工作部门提出完善政策或者改进工作的建议。

第七章 人民法院、人民检察院信访事项的受理和办理

第五十四条 信访人可以就下列事项向本市各级人民法院提出信访请求：

（一）对人民法院工作的建议、批评和意见；

（二）对人民法院工作人员的违法失职行为的举报、控告或者申诉；

（三）依法应当由人民法院受理的其他信访请求。

第五十五条 信访人可以就下列事项向本市各级人民检察院提出信访请求：

（一）对人民检察院工作的建议、批评和意见；

（二）对人民检察院工作人员的违法失职行为的举报、控告或者申诉；

（三）依法应当由人民检察院受理的其他信访请求。

第五十六条 人民法院、人民检察院对信访人提出的属于其职责范围内的信访请求，应当予以登记，依照法律或者相关规定处理，告知、答复信访人。

第八章　信　访　秩　序

第五十七条　信访活动应当依法、有序进行，国家机关及其工作人员、信访人应当共同维护信访秩序。

社会团体、企业事业单位和基层组织应当协助国家机关维护信访秩序。

第五十八条　信访人应当遵守法律、法规和有关规定，不得有下列行为：

（一）在非信访接待场所采用走访形式提出信访请求的；

（二）在国家机关办公场所及其周边、公共场所非法聚集滋事，围堵、冲击国家机关，拦截公务车辆，堵塞、阻断交通，或者以自杀、自伤、自残相威胁的；

（三）扰乱机关、团体、企业事业单位正常工作、生产、经营秩序的；

（四）携带危险物品、管制器具的；

（五）侮辱、殴打、威胁履行信访工作职责的人员，或者非法限制他人人身自由的；

（六）阻碍国家机关工作人员依法执行职务的；

（七）歪曲、捏造事实，散布谣言或者以其他方法故意扰乱公共秩序的；

（八）煽动、串联、胁迫、以财物诱使、幕后操纵他人信访或者以信访为名借机敛财的；

（九）在信访接待场所滞留，或者将无民事行为能力人、限制民事行为能力人、生活不能自理的人弃留在信访接待场所的；

（十）其他扰乱公共秩序、妨害国家和公共安全的行为。

第五十九条　信访工作机构对滞留的无民事行为能力人、限制民事行为能力人、生活不能自理的人，应当通知其监护人或者有关单位将其带回。

信访工作机构对来访的传染病患者、疑似传染病患者，应当通知属地卫生部门依据相关法律、法规处理。

第六十条　信访人严重扰乱公共秩序、妨害公共安全的，公安机关应当依法、及时采取必要的现场处置措施。事件引发地政府有关部门及相关责任单位应当及时到场，教育、疏导、劝返信访人。事件发生地政府应当积极配合。

第九章　法　律　责　任

第六十一条　国家机关及其工作人员侵害公民、法人或者其他组织的合法权益，导致信访事项发生，造成严重后果，构成犯罪的，对直接负责的主管人员和其他直接责任人员依法追究刑事责任；尚不构成犯罪的，依法给予行政处分。

第六十二条　国家机关在信访工作中违反本条例规定的，由有权处理的国家机关责令改正；造成严重后果，构成犯罪的，对直接负责的主管人员和其他直接责任人员依法追究刑事责任；尚不构成犯罪的，依法给予行政处分。

第六十三条　国家机关信访工作人员违反本条例第二十二条规定的，由所在单位批评教育；情节严重，构成犯罪的，依法追究刑事责任；尚不构成犯罪的，依法给予行政处分。

第六十四条　国家机关违反本条例第五十二条规定，经督办拒不纠正的，由有关国家机关予以通报批评；造成严重后果的，追究其相关责任。

第六十五条　国家机关及其工作人员对可能造成社会影响的重大、紧急信访事项和信访信息，隐瞒、谎报、缓报，或者授意他人隐瞒、谎报、缓报，造成严重后果，构成犯罪的，对直接负责的主管人员和其他直接责任人员依法追究刑事责任；尚不构成犯罪的，依法给予行政处分。

第六十六条　压制、打击报复信访人，构成犯罪的，依法追究刑事责任；尚不构成犯罪的，依法给予行政处分。

第六十七条　信访人违反本条例第十七条、第二十五条、第五十八条规定的，由有关国家机关工作人员劝阻、批评或者教育。

经劝阻、批评或者教育无效的，由公安机关予以警告、训诫或者制止；违反集会游行示威或者治安管理法律、行政法规的，由公安机关依法采取必要的现场处置措施，给予治安管理处罚；构成犯罪的，依法追究刑事责任。

第十章　附　　则

第六十八条　本市国有资产监督管理部门监管的企业事业单位的信访工作，由本市国有资产监督管理部门参照本条例制定具体办法。

第六十九条　外国人、无国籍人、外国组织提出的信访请求的处理，参照本条例执行。

第七十条　本条例自 2007 年 1 月 1 日起施行。

第四部分

部门规章及规范性文件

一、南水北调工程

关于印发《南水北调工程建设管理的若干意见》的通知

国调委发〔2004〕5号

（国务院南水北调工程建设委员会2004年9月30日印发）

各有关单位：

经国务院领导同志同意，现将《南水北调工程建设管理的若干意见》印发给你们，请认真贯彻执行。

附件

南水北调工程建设管理的若干意见

南水北调工程是缓解我国北方地区水资源短缺，实现水资源合理配置，保障经济社会可持续发展，全面建设小康社会的重大战略性基础设施。为规范南水北调工程的建设管理，确保工程质量、安全、进度和投资效益，现提出以下意见。

一、建设管理体制

（一）国务院南水北调工程建设委员会是南水北调工程建设的高层次决策机构，其任务是决定南水北调工程建设的重大方针、政策、措施和其他重大问题。

（二）国务院南水北调工程建设委员会办公室（以下简称南水北调办）是国务院南水北调工程建设委员会的办事机构，其主要职能为：研究提出南水北调工程建设的有关政策和管理办法，起草有关法律法规草案；协调南水北调工程建设的有关重大问题；负责南水北调主体工程建设的行政管理；负责主体工程投资总量的监控和年度投资计划的实施；协调、落实和监督主体工程建设资金的筹措、管理和使用；协调、指导和监督、检查南水北调工程建设工作，负责主体工程建设质量监督管理；负责南水北调主体工程的监督检查和经常性稽察等工作；具体承办南水北调主体工程阶段性验收、单项（单位）工程验收的组织协调工作及竣工验收的准备工作。

（三）南水北调工程沿线有关省、自治区、直辖市的南水北调工程建设领导机构及其办事机构的主要任务为：贯彻落实国家有关南水北调工程建设的法律、法规、政策、措施和决定；负责组织或协调征地拆迁、移民安置；参与协调省、自治区、直辖市有关部门实施节水治污及生态环境保护工作，检查监督治污工程建设；负责南水北调地方配套工程建设的组织协调，提出配套工程建设管理办法。

（四）南水北调工程项目法人是工程建设和运营的责任主体。在建设期间，主体工程的项目法人对主体工程的质量、安全、进度、筹资和资金使用负总责。其主要任务为：依据国家有关南水北调工程建设的法律、法规、政策、措施和决定，负责组织编制单项工程初步设计，负责落实主体工程建设计划和资金，对主体工程质量、安全、进度和资金等进行管理，为工程建成后的运行管理提供条件，协调工程建设的外部关系。

（五）承担南水北调工程项目管理、勘测（包括勘察和测绘）设计、监理、施工等建设业务的单位，应按照国家有关法律法规，通过招标方式择优选用，实行合同管理。

二、建设程序及要求

（六）南水北调工程建设程序分为：总体规划、项目建议书、可行性研究报告、初步设计、施工准备、建设实施、生产准备、竣工验收、后评价九个阶段。南水北调工程建设要严格执行建设程序。

（七）南水北调工程的设计按审批权限批准后，不得随意修改、变更。如需进行重要修改、变更，应按管理权限报批。

三、市场准入管理

（八）实行建设市场准入管理制度。凡从事南水北调工程项目管理、勘测设计、招标代理、监理、施工、设备材料供应等活动的单位，必须具备建设市场准入条件。

（九）项目管理、勘测设计、招标代理、监理、施工、设备材料供应等单位，应依据核定的经营范围和资质（资格）参加南水北调工程建设活动。

（十）承担南水北调单项工程建设管理的项目管理单位必须具备独立法人资格；相应的资格和能力条件、建设管理经历（业绩）必须符合南水北调办的有关规定。

（十一）承担南水北调主体工程勘测设计的单位，必须具有所承担工程要求的工程勘察资质证书、测绘资质证书、水利行业工程设计资质证书和相应的水利水电工程勘测设计经历（业绩）。

（十二）承担南水北调主体工程招标代理的单位，必须依法取得甲级工程招标代理资格证书和相应的水利水电工程招标代理经历（业绩）。

（十三）承担南水北调主体工程建设监理的单位，必须具有建设工程监理甲级资质证书和相应的水利（水电）工程建设监理经历（业绩）。

（十四）承担南水北调主体工程一级建筑物施工的单位，必须具有水利水电工程施工总承包一级以上资质证书和相应的水利水电工程施工经历（业绩）；承担渠道及二级以下（含二级）建筑物施工的单位，必须具有水利水电工程施工总承包二级以上或水利水电工程施工专业一级资质证书及相应的水利水电工程施工经历（业绩）。承担南水北调工程施工的单位，应具备安全生产许可证。

（十五）承担南水北调工程设备材料供应的单位，必须具备相应的资格和水利水电工程设备材料供应的经历（业绩）。

（十六）承担南水北调工程建设其他中介服务的单位，必须具备与所承担工程规模和复杂程度相适应的资格、能力和经历（经验）。

（十七）南水北调工程建设市场准入实行动态管理。南水北调办对从事南水北调主体工程建设的项目管理、勘测设计、招标代理、监理、施工、设备材料供应等单位建立行为档案，进行监督检查，并公告检查结果。

四、项目法人

（十八）南水北调主体工程项目法人须严格按照国务院南水北调工程建设委员会批准的组建方案组建。

（十九）项目法人必须做到组织机构健全，人员结构（应配备满足工程建设需要的技术、经济、财务、招标、管理等方面的人员）合理，规章制度完善。

（二十）南水北调主体工程建设采用项目法人直接管理、代建制、委托制相结合的管理模式。实行代建制和委托制的，项目法人委托项目管理单位，对一个或若干单项工程的建设进行全过程或若干阶段的专业化管理。项目管理单位在单项工程建设管理中的职责范围、工作内容、权限等，由项目法人与项目管理单位在合同中约定。南水北调主体工程建设项目代建和委托管理办法由南水北调办另行制定。

五、招标投标管理

（二十一）南水北调办负责南水北调主体工程项目招标投标活动的行政监督管理，应依法对招标投标活动实施全过程监督管理，对重大项目的招标、投标、开标、评标、中标过程进行监督检查。

（二十二）南水北调主体工程招标一般应采用公开招标方式，采用邀请招标或者其他方式的项目必须按照有关规定报经南水北调办批准，并向发展改革委、财政部等有关部门备案。

（二十三）项目法人或其委托的项目管理单位要严格核验招标代理、勘测设计、监理、施工、设备材料供应等单位的资质（资格），不得让无资质（资格）或资质（资格）等级不够的单位参与招标投标活动。

（二十四）南水北调主体工程招标分标方案，必须在招标公告发布前 20 天报经南水北调办核准。主体工程建设项目的招标公告和中标结果，必须通过国家指定的媒介和南水北调办网站以及中国政府采购网发布。

（二十五）开标、评标与中标应遵循公开、公平、公正和诚信的原则。主体工程评标结束，项目法人应自确定中标人之日起 15 日内，向南水北调办提交招标投标情况的书面报告。

（二十六）南水北调工程项目招标投标活动不受地区或者部门的限制。任何单位和个人不得违法限制或者排斥本地区、本系统以外的法人或者其他单位参加投标，不得以任何方式干涉招标投标活动。

六、合同管理

（二十七）南水北调工程建设合同的订立应采用规范性合同范本。南水北调办依法对南水北调主体工程项目合同执行情况实施监督管理。

（二十八）对南水北调主体工程建设项目合同额较大的项目（具体金额划分标准另行制订），项目法人或其委托的项目管理单位在合同谈判前应组织有关法律、合同、经济、技术等方面专家，对合同条件严格审查。对特别重要和金额巨大的项目，南水北调办在合同签订过程中派员监督。南水北调主体工程建设项目合同执行中出现争议，应首先通过协调解决。协调无效的，合同当事人可以书面形式提请南水北调工程合同争议调解委员会解决，也可以直接提出仲裁或提请法院裁决。合同争议调解的程序、范围、机构以及合同的仲裁范围、仲裁机构应在签订合同时确定。合同争议协调期间，承包方不得以任何方式中止所承担的工程建设业务活动。

（二十九）南水北调工程合同争议调解委员会由南水北调办负责组织建立。南水北调主体工程合同争议调解管理办法，由南水北调办另行制定。

七、建设监理管理

（三十）项目法人或其委托的项目管理单位应按照国家有关规定，与监理单位签订书面监理合同，保证监理单位责任和权利的统一，充分发挥监理单位的作用。

（三十一）监理单位中标后，应按照合同约定和所承担的监理任务，选派有资格的监理人员组成派驻施工现场的项目监理机构。监理工作实行总监理工程师负责制。总监理工程师的经验、技能、工作水平应满足工程建设监理工作的需要。监理人员要依法履行职责，切实控制好工程建设的质量、安全、进度和投资，协调好有关各方的关系，对工程的关键工序和关键部位采取旁站监理。

八、施工管理

（三十二）承担南水北调工程施工的单位对工程施工质量和安全负责。要建立健全质量保证体系，制定质量保证措施，落实质量责任制。要强化安全生产管理，建立安全生产责任制，落实安全生产责任。

（三十三）凡进入南水北调工程施工现场的建筑材料和工程设备必须进行质量检验，未经检验或经检验不合格的不得在工程中使用。

（三十四）南水北调主体工程建设中采用的新技术、新材料、新工艺，严格按照国家标准和行业标准执行；没有国家标准和行业标准的，应按照南水北调办的要求由有关检测机构进行试验论证，出具检测报告，并经专家审定后方可使用。

（三十五）施工单位应按照有关法律法规要求与雇用人员签订劳动合同，依法为施工作业人员办理意外伤害保险，及时支付工资或劳务报酬。对恶意拖欠雇员工资或劳务报酬的施工单位，南水北调办将记录其不良行为；情节严重的，取消其参加南水北调主体工程建设的资格。

（三十六）施工单位要严格遵守国家有关工程建设项目施工的规定，严禁转包和违法分包。

（三十七）承担南水北调主体工程施工的建造师（项目经理，下同）及技术负责人必须是投标书中填报并经招标人审查确认的人员。建造师必须具备一级建造师资格和 3 年以上从事大型或中型水利水电工程施工的经历。

（三十八）签订南水北调工程建设项目施工承包合同时，必须对工程施工安全、现场生态环境保护、文物保护和文明施工等事项作出明确约定。

（三十九）承担南水北调工程项目的施工单位应严格执行国家颁布的技术标准和档案资料管理规定，并应按照有关规定配备专职安全生产管理人员、现场检测人员、档案管理人员和相应设备。

九、质量管理

（四十）南水北调工程质量监督工作，采用统一集中管理、分项目实施的质量监督管理体制。南水北调办依法对主体工程质量实施监督管理。项目法人、项目管理、勘测设计、监理、施工等单位依照法律法规承担工程质量责任。

（四十一）南水北调工程质量监督采用巡回抽查和派驻项目站现场监督相结合的工作方式，南水北调办在重要单项工程设立质量监督项目站。

（四十二）工程质量检测（检验）是南水北调工程质量检查、验收和质量监督的重要手段。南水北调主体工程质量检测（检验），由南水北调办委托的工程质量检测单位进行。

（四十三）南水北调工程实行质量缺陷备案制度。南水北调工程建设中发现的质量缺陷必须及时进行处理。对因特殊原因，造成工程个别部位或局部达不到规范和设计要求（不影响使用），且未能及时进行处理的工程质量缺陷问题，必须进行工程质量缺陷备案。工程项目竣工验收时，项目法人必须向验收委员会汇报并提交历次质量缺陷的备案资料。

（四十四）南水北调主体工程实行质量事故报告、调查和处理制度。按照直接经济损失的大小，检查处理事故对工期影响时间的长短和对工程正常使用的影响，分为一般质量事故、较大质量事故、重大质量事故、特大质量事故。质量事故判别标准、报告、调查和处理办法由南水北调办另行制定。

十、安全生产管理

（四十五）南水北调办依法对主体工程安全生产实施监督管理。项目法人是安全生产的责任主体，其主要负责人是安全生产的第一责任人。项目法人、项目管理、勘测设计、施工、监理单位及其他与建设工程安全生产有关的单位，必须遵守安全生产法律法规的规定；要建立安全生产责任制，制定切实可行的安全生产规章制度和保证安全生产的方案、措施。

（四十六）施工单位发生生产安全事故，应按照国家有关伤亡事故报告和调查处理的规定，及时、如实地向项目法人报告；特种设备发生事故的，还应同时向特种设备安全监督管理部门报告。实行施工总承包的，由总承包单位负责报告。

十一、信息与进度管理

（四十七）南水北调主体工程建设实行信息报告制度。项目法人应设立专门的信息管理机构，配备专兼职的信息员，定期汇总工程设计、建设信息，分别按照月、季、年编制工程建设信息报告，报南水北调办。

（四十八）南水北调主体工程建设进度计划由项目法人按照可行性研究报告及初步设计组织编制，报南水北调办批准后执行。

十二、投资计划与资金管理

（四十九）南水北调主体工程投资计划管理，实行“静态控制、动态管理”的原则。

（五十）南水北调主体工程的年度投资计划（含征地移民投资计划）由项目法人根据工程总体建设进度要求编制，经南水北调办审查、汇总平衡后，报发展改革委审核并纳入国家固定资产投资计划。

（五十一）南水北调主体工程年度投资计划由发展改革委下达南水北调办，南水北调办据此组织编制分解细化的投资计划下达到项目法人，同时抄发展改革委备案；项目法人依据南水北调办下达的投资计划，结合工程建设实际进展和有关合同，组织投资计划的实施。

（五十二）项目法人或其委托的项目管理单位必须严格按照下达的计划和批复的初步设计组织建设，不得擅自扩大建设规模，增加建设内容，提高建设标准，增加概算投资，严禁建设计划外项目和越权调整计划。因各种原因不能按计划执行而需要作出调整的项目，由项目法人提出调整意见，按程序报批。

（五十三）项目法人应建立健全投资控制的约束和激励机制，提高资金使用效益。要严格计划管理，制订相应的检查监督制度，加强对投资计划执行情况的监管，不得以任何名义滞留、克扣和挪用建设资金。

（五十四）项目法人应根据年度建设计划编报建设项目预算，并按照财政部批准的年度基本建设支出预算，管理和使用南水北调工程建设资金。预算经过批准后应严格执行，严禁擅自调整预算。确需调整的，由项目法人提出调整意见，按程序报批。

（五十五）南水北调工程建设资金应在国家统一规定的银行账户专账核算，专款专用，严禁挤占和挪用工程建设资金。建设资金（财政拨款部分）应按照财政国库管理制度改革方案的总体要求逐步实现规范化管理，原则上应直接支付到商品和劳务供应者。具体实施操作程序，由财政部会同南水北调办按国库集中支付有关管理办法另行制定。

（五十六）南水北调工程基金管理按照《南水北调工程基金筹集和使用管理办法》执行。

（五十七）南水北调工程贷款由项目法人作为承贷主体，按照工程建设需要及有关规定，与银行签订贷款协议，并履行还本付息义务。贷款协议报南水北调办备案。

（五十八）项目法人应按规定设置独立的财务机构负责建设资金的财务管理和会计核算工作，建立健全内部财务管理制度，并依法设置会计账簿、处理会计业务和编制会计报表，正确核算工程成本，合理分摊费用。及时、准确、完整地反映工程建设资金的使用情况，如实提供会计信息资料，并接受审计、财政等部门的监督检查。

（五十九）项目法人应根据项目建设进度，组织专门人员，及时编制单项工程竣工决算和竣工财务总决算。工程建设全过程应按照工程竣工决算要求归集工程建设成本，为编制竣工决算做好准备。

（六十）南水北调主体工程投资计划及资金管理的具体办法，由南水北调办会同有关部门另行制定。

十三、工程稽察

（六十一）南水北调主体工程经常性稽察由南水北调办负责。其主要任务是：制定南水北调工程稽察的有关规定；确定南水北调工程稽察的工作计划，组织项目稽察；负责向国务院南水北调工程建设委员会提交南水北调工程年度稽察报告。

（六十二）南水北调工程稽察工作实行稽察组长负责制。稽察人员必须按照国家有关法律、法规、规章和技术标准等开展工作。稽察人员不得参与或干预被稽察项目的正常建设活动。

十四、工程验收

（六十三）南水北调工程建设要严格执行验收制度，具体验收规程（办法）由南水北调办会同有关部门另行制定。未经验收或验收不合格的工程不得进行后续工程施工和交付使用。

（六十四）南水北调工程在投入使用或竣工验收前，验收主持单位应要求项目法人对重点隐蔽工程、关键部位、重要设备材料等进行检测（检验）。

（六十五）南水北调工程竣工验收前，应对环境保护设施、水土保持项目、征地拆迁及移民安置、工程档案等内容进行专项验收，并完成竣工财务总决算及审计工作。

十五、其他

（六十六）南水北调配套工程的建设管理办法由有关省（直辖市）人民政府制定并报国务院南水北调工程建设委员会备案。

（六十七）本意见由南水北调办商有关部门负责解释。

关于印发《南水北调工程评标专家和评标专家库管理办法》的通知

国调办建管〔2004〕72号

（国务院南水北调工程建设委员会办公室2004年11月22日印发）

各项目法人，各有关省（直辖市）南水北调办事机构：

《南水北调工程评标专家和评标专家库管理办法》已经国务院南水北调工程建设委员会办公室主任办公会讨论通过，现予印发，自印发之日起施行。

附件

南水北调工程评标专家和评标专家库管理办法

第一章　总　　则

第一条　为加强对南水北调工程评标专家的管理，规范评标活动，维护招标投标当事人的合法权益，根据《中华人民共和国招标投标法》、《南水北调工程建设管理的若干意见》及国家有关规定，结合南水北调工程建设的实际，制定本办法。

第二条　本办法所称评标专家，是指按照本规定第八条的程序进入南水北调工程评标专家库的人员。

第三条　南水北调工程评标专家库由国务院南水北调工程建设委员会办公室（以下简称国务院南水北调办）组建。

国务院南水北调办负责评标专家评标活动的监督管理，建立专家工作情况反馈和动态管理机制。

第四条　评标专家应当熟悉并掌握国家招标投标法律法规和南水北调工程建设管理规章制度，不断提高自身素质，提高评标工作质量和水平。

第五条　南水北调主体工程的评标专家，应当按规定程序从国务院南水北调办组建的南水北调工程评标专家库中抽取；评标专家库中的评标专家不能满足评标需要的，经报国务院南水北调办批准，招标人可另选评标专家。

第二章　入库评标专家的条件及评标专家的产生

第六条　进入南水北调工程评标专家库的评标专家应当具备以下条件：

（一）在水利水电专业等领域工作8年以上，具有工程技术（含工程经济）系列高级职称，或具有同等专业水平；

（二）熟悉工程建设有关法律、法规、规章、技术标准和工程评标业务，能够胜任评标工作；

（三）坚持原则、秉公办事、作风正派、廉洁自律，热心为评标工作服务；

（四）身体健康，年龄在35周岁以上65周岁以下；

（五）同意履行评标专家义务，遵守纪律，服从管理；

（六）中国科学院和中国工程院院士、特殊专业人员和本行业内的知名专家不受本条第（四）款的年龄限制。

第七条　南水北调工程评标专家库的专家分为建设管理、水文、规划、勘测、水工建筑、工程地质及基础处理、机电设备制造及安装、金属结构制造及安装、工程造价（经济）、工民建、通信、自动化、物资管理、水土保持、环保、移民和其它等17个专业。

评标专家由单位推荐和个人申请两种方式产生，采取单位推荐方式的，应事先征得被推荐人的同意；采取个人申请方式的，应附单位证明材料。中国科学院和中国工程院院士、国内外特殊专业人员和行业知名专家可以直接向国务院南水北调办申请。

第八条　进入南水北调工程评标专家库的评标专家按下列程序确定：

（一）单位推荐或本人自荐；

（二）国务院南水北调办进行资格审查；

（三）对审查合格的评标专家组织培训，录入评标专家库。

第九条　国家公务员不得进入评标专家库。

第三章　评标专家的权利和义务

第十条　评标专家享有下列权利：

（一）参加评标时，享有如下权利：

1. 查阅与评标工程有关的招标文件、投标文件等资料；

2. 就投标文件中的疑问要求投标人解答或者澄清；

3. 根据招标文件规定的评标程序、评标标准和评标方法，按分工独立进行评标，提出评审意见，推荐中标候选人；

（二）对评标专家管理提出意见和建议；

（三）接受参加评标活动的劳务报酬；

（四）法律、法规赋予的其他权利。

第十一条　评标专家应当履行下列义务：

（一）根据评标专家库抽取结果产生的评标专家，在接到通知后应准时参加评标活动；

（二）有本办法第十三条规定情形的，应主动申请回避；

（三）遵守评标纪律，对有关招标、投标、评标的情况严格保密；

（四）认真履行职责、遵守职业道德和廉洁规定，客观公正地进行评标；

（五）评标专家独立地开展评标工作，承担个人责任，不遵从招标人的授意，不受任何单位和个人的制约、影响；

（六）不得收受投标人的任何礼品、礼金、有价证券或参加投标人组织的宴请、娱乐等可能影响招标投标公正性的活动；

（七）及时向国务院南水北调办反映或举报评标过程中出现的违法违规行为或不正常

现象；

（八）参加国务院南水北调办组织的有关培训；

（九）接受国务院南水北调办的监督与管理。

第四章　评标专家的抽取及回避

第十二条　评标专家的抽取应当按照评标委员会的组建要求，在国务院南水北调办的监督下，由招标人通过评标专家库计算机管理系统随机抽取。按照1∶1的比例抽取正选和备选评标专家，由抽取人员和监督人员共同签字确认。

抽取评标专家后，招标人应当立即通知评标专家评标的具体时间和地点。正选评标专家因故不能出席的，由备选评标专家按顺序、专业替补。

评标专家正式评标前，招标人应当核验其身份。

评标专家名单在中标结果确定前应当严格保密。

第十三条　评标专家评标实行回避制度。具有下列情形之一的，评标专家应当回避：

（一）与投标人有直接或间接经济利益关系；

（二）可能影响评标公正性的其他情形。

第五章　评标专家动态管理

第十四条　国务院南水北调办建立评标专家个人评标工作档案，详细记录评标专家的个人简历、年检情况、评标次数、迟到和未出席评标活动次数及原因、培训及考核情况、业务能力和评标表现、被投诉次数和原因及调查处理结果等，作为评标专家动态管理的依据。

评标专家个人工作情况发生变化，应及时通知国务院南水北调办。

第十五条　评标专家有下列情形之一的，一年内不得参加南水北调主体工程的评标活动：

（一）不参加国务院南水北调办组织的培训，或培训成绩不合格的；

（二）被抽取为项目评标专家后，一年中无故缺席评标1次，或因各种原因3次未能参加评标工作的；

（三）不认真履行评标专家义务的。

第十六条　评标专家有下列情形之一且造成严重后果的，取消其评标专家资格：

（一）收受招标人、投标人、其他利害关系人的财物或者其他好处，在评标活动中徇私舞弊、弄虚作假、泄露秘密或者出现其他严重违法违规行为的；

（二）不遵守评标回避制度、评标期间私自使用通讯工具、私自接触投标人、擅离职守的；

（三）不按有关法律、法规和招标文件的规定评标的；

（四）对评标过程中发现的违法违规行为或不正常现象知情不报的；

（五）有其他违反评标纪律行为的。

第十七条　评标专家被取消资格的，由国务院南水北调办从评标专家库除名。

第十八条　评标专家违反法律法规的，依法承担有关责任。

第十九条　评标专家因故要求退出南水北调工程评标专家库的，须向国务院南水北调办提出申请。

第六章　附　　则

第二十条　本办法由国务院南水北调办负责解释。

第二十一条　本办法自印发之日起施行。

关于印发《南水北调工程代建项目管理办法（试行)》的通知

国调办建管〔2004〕78号

（国务院南水北调工程建设委员会办公室2004年11月24日印发）

各南水北调工程项目法人，各有关省（直辖市）南水北调办事机构：

《南水北调工程代建项目管理办法（试行)》已经国务院南水北调工程建设委员会办公室主任办公会讨论通过，现予印发，自印发之日起施行。

附件

南水北调工程代建项目管理办法（试行）

第一条 为加强对实行代建制管理的南水北调工程项目的建设管理，规范项目建设管理行为，确保工程质量、安全、进度和投资效益，根据《南水北调工程建设管理的若干意见》和国家有关规定，结合南水北调工程的特点，制定本办法。

第二条 本办法所称代建制，是指在南水北调主体工程建设中，南水北调工程项目法人（以下简称项目法人）通过招标方式择优选择具备项目建设管理能力，具有独立法人资格的项目建设管理机构或具有独立签订合同权利的其他组织（即项目管理单位)，承担南水北调工程中一个或若干个单项、设计单元、单位工程项目全过程或其中部分阶段建设管理活动的建设管理模式。

南水北调工程涉及省（市）边界等特殊项目需要实行代建制的，经国务院南水北调工程建设委员会办公室（以下简称国务院南水北调办）同意，项目法人可以通过直接指定的方式选定项目管理单位。

第三条 本办法适用于南水北调主体工程项目建设，配套工程项目的建设可参照执行。

第四条 项目管理单位依据国家有关规定以及与项目法人签署的委托合同，独立进行项目建设管理并承担相应责任，同时接受依法进行的行政监督及合同约定范围内项目法人的检查。

第五条 项目法人通过招标方式择优选择南水北调工程项目勘察设计单位和监理单位，其勘察设计合同和监理合同可由项目法人委托项目管理单位管理。

项目管理单位通过招标方式择优选择南水北调工程项目施工单位以及重要设备供应单位。招标文件以及中标候选人需报项目法人备案。

第六条 项目法人在招标选择项目管理单位时，按本办法规定的基本条件在招标文件中明确资格条件要求，并对有投标意向的项目管理单位进行资格条件审查。

项目法人应及时将通过资格条件审查的项目管理单位名单报国务院南水北调办备案。

第七条　本办法所称资格条件审查，是指项目法人对项目管理单位的人员素质及构成、技术装备配置和管理经验等综合项目管理能力进行审查确认。

只有通过南水北调工程项目管理资格条件审查的项目管理单位，才可以承担相应工程项目的建设管理。

第八条　项目管理单位按基本条件分为甲类项目管理单位和乙类项目管理单位，其中甲类项目管理单位可以承担南水北调工程各类工程项目的建设管理，乙类项目管理单位可以承担南水北调工程投资规模在建安工作量8000万元以下的渠（堤）、河道等技术要求一般的工程项目的建设管理。

第九条　甲类项目管理单位必须具备以下基本条件：

（一）具有独立法人资格或具有独立签订合同权利的其他组织，一般应从事过类似大型工程项目的建设管理；

（二）派驻项目现场的负责人应当主持过或参与主持过大型工程项目建设管理，经过专项培训；

（三）项目现场的技术负责人应当具有高级专业技术职称，主持过或参与主持过大中型水利工程项目建设技术管理，经过专项培训；

（四）在技术、经济、财务、招标、合同、档案管理等方面有完善的管理制度，能够满足工程项目建设管理的需要；

（五）组织机构完善，人员结构合理，能够满足南水北调工程各类项目建设管理的需要；

（六）在册建设管理人员不少于50人，其中具有高级专业技术职称或相应执业资格的人员不少于总人数的30%，具有中级专业技术职称或相应执业资格的人员不少于总人数的30%，具有各类专业技术职称或相应执业资格的人员不少于总人数的70%；

（七）工作场所固定，技术装备齐备，能满足工程建设管理的需要；

（八）注册资金800万元人民币以上；

（九）净资产1000万元人民币以上；

（十）具有承担与代建项目建设管理相应责任的能力。

第十条　乙类项目管理单位必须具备以下基本条件：

（一）具有独立法人资格或具有独立签订合同权利的其他组织，一般应从事过类似中小型工程项目的建设管理；

（二）派驻项目现场的负责人应当主持过或参与主持过中小型工程项目建设管理，经过专项培训；

（三）项目现场的技术负责人应当具有高级专业技术职称，主持过或参与主持过中小型水利工程项目建设技术管理，经过专项培训；

（四）在技术、经济、财务、招标、合同、档案管理等方面有较完善的管理制度，能够满足工程项目建设管理的需要；

（五）组织机构完善，人员结构合理，能够满足渠（堤）、河道以及中小型水利工程项目建设管理的需要；

（六）在册建设管理人员不少于30人，其中具有高级专业技术职称或相应执业资格的人员不少于总人数的20%，具有中级专业技术职称或相应执业资格的人员不少于总人数的30%，具有各类专业技术职称或相应执业资格的人员不少于总人数的70%；

（七）工作场所固定，技术装备齐备，能满足工程建设管理的需要；

（八）注册资金400万元人民币以上；

（九）净资产500万元人民币以上；

（十）具有承担与代建项目建设管理相应责任的能力。

第十一条 项目法人与项目管理单位、项目管理单位与监理单位的有关职责划分应当遵循有利于工程项目建设管理，提高管理效率和责权利统一的原则。

第十二条 项目管理单位在合同约定范围内就工程项目建设的质量、安全、进度和投资效益对项目法人负责，并在工程设计使用年限内负质量责任。项目管理单位的具体职责范围、工作内容、权限及奖惩等，由项目法人与项目管理单位在项目建设管理委托合同中约定。

项目法人应当为项目管理单位实施项目管理创造良好的条件。

第十三条 项目管理单位应当为所承担管理的工程项目派出驻工地代表处。工地代表处的机构设置和人员配置应满足工程项目现场管理的需要。项目管理单位派驻现场的人员应与投标承诺的人员结构、数量、资格相一致，派驻人员的调整需经项目法人同意。

第十四条 项目工程款的核定程序为监理单位审核，经项目管理单位复核后报项目法人审定。

第十五条 项目工程款的支付流程为项目法人拨款到项目管理单位，由项目管理单位依据合同支付给施工承包单位。

第十六条 项目法人与项目管理单位签订的有关项目建设管理委托合同（协议、责任书）应当体现奖优罚劣的原则。项目法人对在南水北调工程建设中做出突出成绩的项目管理单位及有关人员进行奖励，对违反委托合同（协议、责任书）或由于管理不善给工程造成影响及损失的，根据合同进行惩罚。

第十七条 国务院南水北调办对违反国家有关法律、法规和规章制度以及由于工作失误造成后果的项目管理单位及有关人员给予警告公示，造成严重后果的，清除出南水北调工程建设市场。

第十八条 在工程项目建设管理中，项目管理单位和有关人员因人为失误给工程建设造成重大负面影响和损失以及严重违反国家有关法律、法规和规章的，依据有关规定给予处罚；构成犯罪的，依法追究法律责任。

第十九条 本办法由国务院南水北调办负责解释。

第二十条 本办法自印发之日起施行。

关于印发《南水北调工程委托项目管理办法（试行）》的通知

国调办建管〔2004〕79号

（国务院南水北调工程建设委员会办公室2004年11月25日印发）

各南水北调工程项目法人，各有关省（直辖市）南水北调办事机构：

《南水北调工程委托项目管理办法（试行）》已经国务院南水北调工程建设委员会办公室主任办公会讨论通过，现予印发，自印发之日起施行。

附件

南水北调工程委托项目管理办法（试行）

第一条　为加强对委托地方负责建设管理的南水北调工程项目（以下简称委托项目）的建设管理，明确建设管理责任，规范建设管理行为，确保工程质量、安全、进度和投资效益，根据国务院南水北调工程建设委员会关于《南水北调工程建设管理的若干意见》和国家有关规定，结合南水北调工程的特点，制定本办法。

第二条　本办法所称南水北调工程委托项目建设管理是指经国务院南水北调工程建设委员会办公室（以下简称国务院南水北调办）核准，南水北调工程项目法人（以下简称项目法人）将南水北调部分工程项目的建设管理工作直接委托项目所在地（有关省、直辖市）项目建设管理单位负责。

负责委托项目建设管理的项目建设管理单位由项目所在地省（直辖市）南水北调办事机构指定或组建。

委托项目的征地移民、文物保护工作，按照有关规定办理。

第三条　本办法适用于南水北调中线干线工程委托项目建设管理，其他工程项目的建设可参照执行。

第四条　项目法人与项目建设管理单位应当通过签订建设管理委托合同明确双方的职责。双方职责划分应当遵循有利于工程项目建设管理，提高管理效率和责权利统一的原则。

第五条　项目建设管理单位受项目法人的委托，承担委托项目在初步设计批复后建设实施阶段全过程（初步设计批复后至项目竣工验收）的建设管理。项目建设管理单位依据国家有关规定以及签订的委托合同，独立进行委托项目的建设管理并承担相应责任，同时接受依法进行的行政监督。

第六条　项目法人按国家有关规定通过招标方式择优选择勘察设计单位，在委托项目的建设实施阶段，项目法人原则上应将所签订的勘察设计合同委托项目建设管理单位负责管理，并在相关合同中明确；项目建设管理单位负责项目建设监理、施工、重要设备供应等单位的招标工作，并与中标单位签订合同。

第七条 委托项目实施过程中，设计单元工程项目内投资直接费与间接费之间的费用需要调整时，由项目建设管理单位提出申请，项目法人审查后报国务院南水北调办批准。设计单元工程内单位工程之间的投资需要调整时，由项目建设管理单位提出申请，经项目法人审核并报国务院南水北调办批准后实施。在不突破批准概算投资的情况下，单位工程项目内的投资直接费之间的调整由项目建设管理单位提出申请，项目法人核准后实施，并报国务院南水北调办备案。

委托项目单位工程的划分应当与批准设计单元工程的初步设计一致。

第八条 委托项目设计变更按现行有关规定办理。有关规定中明确的项目法人关于设计变更的处理权限，项目法人原则上应委托项目建设管理单位行使，但设计变更处理情况需报项目法人备案。

工程项目预备费的使用按照南水北调工程建设投资计划管理的有关办法执行。项目建设管理单位需动用基本预备费，一次使用预备费在200万元以下，且累计不超过委托项目基本预备费总额的50%，由项目建设管理单位自行决定并报项目法人备案；一次使用预备费在200万元以上（含200万元），或累计超过委托项目基本预备费总额的50%，由项目建设管理单位提出申请，经项目法人核定后报国务院南水北调办审批后使用。

第九条 国务院南水北调办依法对委托项目的建设以及项目法人和项目建设管理单位的建设管理行为进行监督管理。

有关省（直辖市）南水北调办事机构根据国务院南水北调办的委托，对委托项目的建设活动行使部分行政监管职责。

第十条 项目法人作为委托项目责任主体对工程项目的质量、安全、进度、投资负最终管理责任。

第十一条 项目法人根据南水北调工程建设的实际，商有关省（直辖市）南水北调办事机构提出需委托管理的工程项目，报国务院南水北调办核准后实施。

第十二条 项目法人与项目建设管理单位签订建设管理委托合同并报国务院南水北调办备案，同时抄送项目所在地省（直辖市）南水北调办事机构。

第十三条 项目法人依据国家有关规定以及建设管理委托合同，对项目建设管理单位的机构设置以及人员配备进行检查，对委托项目进行监督管理。

第十四条 项目法人应当及时申请、筹措工程建设资金，根据工程建设进度要求和年度投资计划拨付委托项目的建设资金，满足工程建设的需要。

第十五条 项目法人应当承担其他应由项目法人承担的有关项目建设的协调工作。

第十六条 项目法人应按南水北调工程的有关验收办法组织或参加工程验收（按合同约定）。对于具备移交条件的委托项目，应当按照国家有关移交验收标准进行检查，符合标准的应及时接收。

第十七条 项目建设管理单位是委托项目实施阶段的建设管理责任主体，依据国家有关规定和建设管理委托合同对项目法人负责，对委托项目的质量、进度、投资及安全负直接责任。

第十八条 项目建设管理单位的基本要求：

（一）法人或具有独立签订合同权利的其他组织；

（二）派驻项目现场的负责人应当主持过或参与主持过大中型水利工程项目的建设管理并经过相关专项培训；

（三）派驻项目现场的技术负责人应当具有高级专业技术职称及相应的执业资格，从事过大中型水利工程项目建设技术管理并经过相关专项培训；

（四）技术、经济、财务、招标、合同、档案管理等方面有完善的管理制度，能满足委托项目建设管理的需要；

（五）组织机构完善，人员结构合理，具有各类专业技术职称的人员不少于总人数的70%，能够满足委托项目建设管理的需要；

（六）拥有适当的机构支持，以及办公场所；

（七）具有承担与委托项目建设管理相应责任的能力。

第十九条 项目建设管理单位应当在委托项目现场进行建设管理或者派出现场管理机构进行现场建设管理。现场管理机构的设置和人员配备应当满足委托合同及项目现场管理的需要。

第二十条 项目建设管理单位原则上应按国家批准的委托项目概算投资对委托项目进行投资控制。其中，概算投资中建设单位管理费的5%～8%留项目法人支配，其余由项目建设管理单位掌握按规定使用。工程建设概算投资节余按有关规定办理。

第二十一条 项目建设管理单位在委托项目的建设管理中应当实行招标投标制、建设监理制和合同管理制。

第二十二条 项目建设管理单位组织监理、施工、重要设备供应等单位招标时，委托项目的招标分标方案报项目法人并经国务院南水北调办核准。招标工作计划和招标结果报项目法人备案，并同时抄报有关省（直辖市）南水北调办事机构。

第二十三条 项目建设管理单位通过招标选择的施工、监理、重要设备供应单位应当与项目建设管理单位之间不存在直接或间接的经济利益关系，并不得同隶属于共同的上级机构或部门。

第二十四条 项目建设管理单位应当将签订的施工、监理、重要设备供应合同报项目法人备案。国家有相关合同示范文本的，项目建设管理单位应当采用示范文本。

第二十五条 项目建设管理单位应当按时编报国家要求项目法人编报的有关委托项目建设的投资计划、建设信息报表、统计报表等。有关委托项目建设进度、工程质量和合同价款结算动态应当及时报项目法人。

第二十六条 项目建设管理单位应当及时组织委托项目的质量评定和工程验收。对于具备移交条件的委托项目，应当及时移交项目法人运行管理。

第二十七条 委托项目验收要严格按照国务院南水北调办关于工程验收的有关规定进行。项目建设管理单位负责完成委托项目的竣工报告、竣工决算的编制并完成竣工决算审计。工程建设过程中有关文字（图片、录音、录像）等纪录，以及有关资料的编写、收集、整理、归档应当符合国家有关规定。需要移交的工程建设档案应当及时移交项目法人等有关单位归档。

第二十八条 在委托项目建设管理中，项目法人、项目建设管理单位以及有关人员因人为失误给工程建设造成重大负面影响和损失以及严重违反国家有关法律、法规和规章的，依法给予处罚；构成犯罪的，依法追究法律责任。未按照委托合同约定实现项目质量、安全、进度和投资控制目标的，违约责任方应当承担违约责任。

第二十九条 本办法由国务院南水北调办负责解释。

第三十条 本办法自印发之日起施行。

关于印发《南水北调工程征地移民资金会计核算办法》的通知

财会〔2005〕19号

（财政部2005年11月11日印发）

为了规范南水北调工程征地补偿和移民安置资金的会计核算，加强征地移民资金的管理，根据《中华人民共和国会计法》、《南水北调工程建设管理的若干意见》、《南水北调工程建设征地补偿和移民安置暂行办法》及其他有关法规，我部制定了《南水北调工程征地移民资金会计核算办法》，现印发给你们，于2006年1月1日起执行。执行中有何问题，请及时函告我部。

附件

南水北调工程征地移民资金会计核算办法

第一章　总　　则

第一条　为规范南水北调工程征地补偿和移民安置资金（以下简称征地移民资金）的会计核算，全面反映和监督征地移民资金的使用情况，加强征地移民资金的管理，根据《中华人民共和国会计法》、《南水北调工程建设管理的若干意见》、《南水北调工程建设征地补偿和移民安置暂行办法》及其他有关法规，制定本办法。

第二条　本办法适用于管理和使用征地移民资金的各级征地移民管理机构。

第三条　各级征地移民管理机构应当设置专门的会计机构或专职会计人员，对征地移民资金实行独立核算。

第四条　征地移民资金的拨付和使用必须遵循专款专用的原则，严禁挤占、截留、挪用。

第五条　各级征地移民管理机构必须加强会计监督，并且接受国家有关部门的监督检查。

第二章　会计核算一般原则

第六条　征地移民资金的会计核算应正确划分会计期间，会计期间分为年度、季度和月份。会计年度自公历1月1日起至12月31日止。会计期末，各级征地移民管理机构应根据本办法的规定编制征地移民资金会计报表。年度终了时，应根据有关规定向有关部门报送会计报表。

第七条　征地移民资金的会计核算应当真实可靠、全面完整、相关可比、清晰明了、编报及时，以便监督考核征地移民资金的使用情况。

第八条 征地移民资金的会计核算必须以合法的会计凭证为依据，记录和反映各项收支活动。

第九条 征地移民资金的会计核算应当保证会计指标口径一致，会计处理方法前后各期一致，不得随意变更。

第三章 会计机构和会计人员

第十条 各级征地移民管理机构应当根据需要设置会计机构，不具备单独设置会计机构条件的，应当在有关机构中配备专职会计人员。

从事会计工作的人员，必须取得会计从业资格证书。

会计机构负责人的任免，应当符合《中华人民共和国会计法》的有关规定。

第十一条 各级征地移民管理机构应当根据需要设置会计工作岗位。

会计工作岗位的设立，可以一人一岗、一人多岗或一岗多人，但必须做到钱账分管。出纳人员不得兼任稽核、会计档案保管和收入、支出、费用、债权、债务账目的登记工作。

第十二条 会计人员在会计工作中应当遵守职业道德，严守工作纪律，提高工作质量。

第四章 内部控制制度

第十三条 各级征地移民管理机构应当根据本单位的具体情况，建立完善的内部控制制度，使各部门之间、会计机构各岗位之间形成制约关系。

第十四条 各级征地移民管理机构应当实行岗位责任制，明确会计人员的分工、职权范围、工作标准和考核办法。

第十五条 各级征地移民管理机构应当建立内部审计制度，对本单位的会计凭证、会计账簿和会计报表的合法性、真实性、准确性进行审计监督。

第十六条 各级征地移民管理机构应当建立账务处理程序制度，使本单位的账务组织、凭证传递和会计核算形式科学合理，有利于相互制约，保证会计工作有序进行。

第十七条 各级征地移民管理机构应当对征地移民资金的拨付、日常财务收支、往来款项等重要经济业务建立审批制度，明确审批程序和有关人员的审批权限，并认真贯彻执行。

第五章 会计科目

第十八条 各级征地移民管理机构应根据本办法的规定设置和使用会计科目、编制会计凭证、登记账簿，对征地移民资金进行会计核算。

第十九条 在不违反本办法的前提下，各级征地移民管理机构可以根据核算和管理工作内容自行设置三级明细科目，必要时可建立辅助账。

第二十条 征地移民管理机构在填制会计凭证、登记账簿时，应填列会计科目的名称，或者同时填列会计科目的名称和编号，不能只填科目编号，不填科目名称。

第二十一条　会计科目名称和编号

序号	编号	资　金　占　用　类	
		总账科目	明细科目
1	101	拨出征地移民资金	
2	111	征地移民资金支出	
	11101		农村移民安置支出
	11102		城集镇迁建支出
	11103		工业企业迁建支出
	11104		专业项目复建支出
	11105		防护工程支出
	11106		库底清理支出
	11107		地质灾害监测防治支出
	11108		税费支出
	11109		其他费用支出
3	112	待摊支出	
	11201		勘测规划设计科研费
	11202		实施管理费
	11203		实施机构开办费
	11204		技术培训费
	11205		监理监测评估费
	11206		项目技术经济评估审查费
	11207		咨询服务费
	11208		其他
4	121	已完工移民项目	
5	131	现 金	
6	132	银行存款	
7	141	应收款	
8	151	固定资产	
9	201	拨入征地移民资金	
10	205	其他收入	
11	241	应付款	
12	251	固定基金	

第二十二条 会计科目使用说明

第101号科目 拨出征地移民资金

1. 本科目核算上级征地移民管理机构向下级征地移民管理机构拨付的征地移民资金。

2. 按规定拨出征地移民资金时，借记本科目，贷记“银行存款”科目。

3. 本科目期末借方余额反映上级征地移民管理机构累计拨付给下级征地移民管理机构的征地移民资金。

4. 本科目应按接收拨款单位和设计单元工程设置明细账。

第111号科目 征地移民资金支出

1. 本科目核算各级征地移民管理机构执行征地补偿和移民安置投资概算时发生的支出，包括农村移民安置、城集镇迁建、工业企业迁建、专业项目复建、防护工程建设、库底清理、地质灾害监测防治、税费缴纳及其他费用方面的支出。

2. 本科目应设置下列明细科目：

(1) 农村移民安置支出：核算各级征地移民管理机构按南水北调工程移民投资概算实施农村移民安置的各项支出。本明细科目应设置以下三级明细科目：征用土地补偿费和安置补助费、房屋及附属建筑物补偿费、农副业设施补偿费、小型水利水电设施补偿费、学校及医疗网点调整补助费、基础设施补偿费、搬迁运输费、过渡期生活补助费、移民双瓮厕所及沼气池补助费、移民渔船及渔具补助费、外迁移民专业项目增容费、其他补偿费（含零星果木及林木补偿费、坟墓迁移费、建房困难补助费、临时搬迁道路补助费及其他）。本明细科目应按照农村移民安置的概算项目分别就地安置和外迁安置进行明细核算。

(2) 城集镇迁建支出：核算各级征地移民管理机构按南水北调工程移民投资概算实施城集镇迁建的各项支出。本明细科目应设置以下三级明细科目：新址征地费、基础设施补偿费（含场地平整、室外工程、道路广场、市政公用设施恢复、其他等）、对外连接设施补偿费、居民迁移补偿费、建成区农户迁移补偿费、农村移民进镇迁移补偿费、单位迁建补偿费（含镇内单位和镇外单位）、旧城功能恢复费、其他补偿费。本明细科目应按照城集镇迁建的概算项目进行明细核算。

(3) 工业企业迁建支出：核算各级征地移民管理机构按南水北调工程移民投资概算实施工业企业迁建的各项支出。本明细科目应设置以下三级明细科目：新址征地费、基础设施补偿费、搬迁运输费、房屋及附属建筑物补偿费、设施及设备补偿费、流动资产搬迁费、停产损失费、其他。本明细科目应按照工业企业迁建的概算项目进行明细核算。

(4) 专业项目复建支出：核算各级征地移民管理机构按南水北调工程移民投资概算实施专业项目恢复改建的各项支出。本明细科目应设置以下三级明细科目：交通设施恢复改建费（等级公路和桥梁）、渡口及码头改建费、输变电设施恢复改建费、电信设施恢复改建费、广播电视设施恢复改建费、水利水电设施恢复改建费、文物古迹保护费、库周交通恢复费、其他项目补偿费（含输水管道、水文和水位站、库周水准测绘控制网点、国防光缆及其他）。本明细科目应按照专业项目恢复改建的概算项目进行明细核算。

（5）防护工程支出：核算各级征地移民管理机构按南水北调工程移民投资概算实施防护工程建设的各项支出。

（6）库底清理支出：核算各级征地移民管理机构按南水北调工程移民投资概算实施库底清理的各项支出。

（7）地质灾害监测防治支出：核算各级征地移民管理机构按南水北调工程移民投资概算实施地质灾害监测防治的各项支出。

（8）税费支出：核算各级征地移民管理机构实施南水北调工程移民投资计划支付的各项税费支出。本明细科目应设置以下三级明细科目：耕地占用税、耕地开垦费、森林植被恢复费、新菜地开发建设基金等。本明细科目应按照缴纳税费项目进行明细核算。

（9）其他费用支出：核算分摊到设计单元工程的其他费用支出。

3. 实际发生各项征地补偿和移民安置支出时，借记本科目，贷记“银行存款”科目。

期末，摊入待摊支出时，借记本科目（其他费用支出——××设计单元工程），贷记“待摊支出”科目。

移民工程完工时，累计征地移民资金支出应转入已完工移民项目的实际成本，借记“已完工移民项目”科目，贷记本科目。

4. 本科目期末借方余额反映各级征地移民管理机构累计用于未完工移民项目的征地移民资金支出数。

5. 本科目应按设计单元工程设置明细账。

第112号科目　待　摊　支　出

1. 本科目核算各级征地移民管理机构按南水北调工程移民投资概算发生的应分摊计入移民项目的各项支出。

2. 本科目应设置下列明细科目：

（1）勘测规划设计科研费：核算各级征地移民管理机构按南水北调工程移民投资概算为初步设计和技施设计阶段征地移民设计工作所发生的勘测、规划、设计及科研费用。

（2）实施管理费：核算各级征地移民管理机构按南水北调工程移民投资概算所发生的工资、办公、差旅等经常性管理费用。

（3）实施机构开办费：核算各级征地移民管理机构按南水北调工程移民投资概算为其启动和运作所发生的配置办公用房、车辆和设备购置及其他开办费用。

（4）技术培训费：核算各级征地移民管理机构按南水北调工程移民投资概算为提高农村移民生产技能、文化素质和移民干部管理水平所发生的费用。

（5）监理监测评估费：核算各级征地移民管理机构按南水北调工程移民投资概算所发生的监理费和监测评估费。

（6）项目技术经济评估审查费：核算各级征地移民管理机构按南水北调工程移民投资概算所发生的项目技术经济评估审查费。

（7）咨询服务费：核算各级征地移民管理机构按南水北调工程移民投资概算所发生的咨询服务费。

（8）其他：核算各级征地移民管理机构按南水北调工程移民投资概算所发生的其他待摊支出。

3. 实际发生上述各项支出时，借记本科目，贷记“银行存款”等科目。

期末，所有待摊支出应按照合理、系统的方法摊入相关的设计单元项目，借记“征地移民资金支出——其他费用支出（××设计单元工程）”科目，贷记本科目。

4. 本科目期末结转后无余额。

第121号科目　已完工移民项目

1. 本科目核算已完工的各项设计单元工程的实际成本。

2. 移民项目完工时，累计征地移民资金支出应转入已完工移民项目的实际成本，借记本科目，贷记“征地移民资金支出”科目。

3. 本科目期末借方余额反映已完工移民项目的累计成本。

4. 本科目应按设计单元工程设置明细账。

第131号科目　现　　金

1. 本科目核算各级征地移民管理机构的库存现金。征地移民管理机构要严格按照国家有关现金管理的规定收支现金。

2. 从银行提取现金时，借记本科目，贷记“银行存款”科目。收到其他单位交来现金时，借记本科目，贷记“应收款”等科目。

支出现金时，借记“征地移民资金支出”、“待摊支出”等科目，贷记本科目。

3. 本科目应设置“现金日记账”，由出纳人员根据收、付款凭证，按照业务发生顺序，逐笔登记，每日终了，应计算当日的现金收入合计数、现金支出合计数和结余数，并将结余数与实际库存数进行核对，做到账款相符。

4. 本科目期末借方余额反映库存现金数额。

第132号科目　银　行　存　款

1. 本科目核算各级征地移民管理机构按照规定存入银行的款项。

2. 省级以下征地移民管理机构收到上级征地移民管理机构拨入的征地移民资金、省（市）级征地移民管理机构收到项目法人按合同支付的征地移民资金时，借记本科目，贷记“拨入征地移民资金”科目。实现的银行存款利息收入，借记本科目，贷记“其他收入”科目。

上级征地移民管理机构按计划向下级征地移民管理机构拨出征地移民资金时，借记“拨出征地移民资金”科目，贷记本科目。

从银行提取现金时，借记“现金”科目，贷记本科目。

支用银行存款时，借记“征地移民资金支出”、“待摊支出”等科目，贷记本科目。

3. 各级征地移民管理机构应设置“银行存款日记账”，由出纳人员根据收付款凭证，按照业务发生的顺序逐笔登记，并结出账面余额。“银行存款日记账”应定期与“银行对账单”核对，至少每月核对一次。月份终了，征地移民管理机构账面结余与银行对账单余额之间如有差额，必须逐笔查明原因进行处理，并应按月编制“银行存款余额调节表”，调节相符。

4. 各级征地移民管理机构应指定专人签发银行支票，不得签发空头支票和远期支票，不准出租、出借支票或将支票转让给别的单位或个人使用，不准将支票交给收款单位代为签发。

5. 本科目期末借方余额反映征地移民管理机构实际存在银行的款项。

第141号科目　应　收　款

1. 本科目核算各级征地移民管理机构发生的各种应收及暂付款项，包括应收取的各种赔款、罚金、保证金以及其他有关各种应收、暂付款项。

2. 发生各种应收、暂付款项时，借记本科目，贷记有关科目。

收回应收、暂付款项时，借记有关科目，贷记本科目。

3. 本科目期末借方余额反映征地移民管理机构应收未收或暂付款项的余额。

4. 本科目应按单位和个人设置明细账，进行明细核算。

第151号科目　固　定　资　产

1. 本科目核算各级征地移民管理机构在实施管理过程中使用征地移民资金购买的固定资产。

2. 购买固定资产时，按照实际支付的全部价款，借记“待摊支出——实施机构开办费”科目，贷记“银行存款”科目；同时，借记本科目，贷记“固定基金”科目。

3. 各级征地移民管理机构应按照行政事业单位有关规定对固定资产进行管理，保证账实、账账相符。

4. 本科目期末借方余额反映征地移民管理机构固定资产的实际成本。

第201号科目　拨入征地移民资金

1. 本科目核算征地移民管理机构收到上级征地移民管理机构拨入的、或项目法人支付的征地移民资金。

2. 省级以下征地移民管理机构收到上级征地移民管理机构拨入的征地移民资金、省（市）级征地移民管理机构收到项目法人按合同支付的征地移民资金时，借记“银行存款”科目，贷记本科目。

3. 本科目期末贷方余额反映由上级管理机构（或项目法人）累计拨入的征地移民资金。

第205号科目　其　他　收　入

1. 本科目核算各级征地移民管理机构在征地补偿和移民安置实施过程中实现的利息收入等。

2. 取得利息等其他收入时，借记“银行存款”、“现金”科目，贷记本科目。

3. 本科目期末贷方余额反映实际收到的其他收入金额。

4. 本科目应按收入种类设置明细账，进行明细核算。

第241号科目　应　付　款

1. 本科目核算各级征地移民管理机构应付、暂收其他单位和个人的款项。

2. 发生应付或暂收款项时，借记有关科目，贷记本科目。

偿还应付款项或结算暂收款项时，借记本科目，贷记有关科目。

3. 本科目期末贷方余额反映征地移民管理机构应付未付或暂收款项的余额。

4. 本科目应按单位或个人设置明细账，进行明细核算。

第251号科目　固　定　基　金

1. 本科目核算各级征地移民管理机构在实施管理过程用于购买固定资产的资金。

2. 购买固定资产时，按照实际支付的全部价款，借记“待摊支出——实施机构开办费”科目，贷记“银行存款”科目；同时，借记“固定资产”科目，贷记本科目。

3. 本科目期末贷方余额反映征地移民管理形成的固定基金累计数。

第六章　会　计　报　表

第二十三条　各级征地移民管理机构应当按照本办法的规定，编制和对外提供征地移民资金会计报表。

第二十四条　各级征地移民管理机构报出的会计报表应依次编定页数，加具封面，装订成册，加盖公章。封面上应注明：征地移民管理机构名称、地址、报表所属年度、月份、送出日期等，并由单位负责人、会计机构负责人签名并盖章。

第二十五条　会计报表种类

报表编号	会计报表名称	编报期
南移会 01 表	资金平衡表	月报、季报、年报
南移会 02 表	征地移民资金支出总表	季报、年报
南移会 02－1 表	农村移民安置支出明细表	年报
南移会 02－2 表	城集镇迁建支出明细表	年报
南移会 02－3 表	工业企业迁建支出明细表	年报
南移会 02－4 表	专业项目复建支出明细表	年报
南移会 03 表	待摊支出明细表	年报

第二十六条　会计报表格式

资 金 平 衡 表

南移会 01 表

编制单位：　　　　年　月　日　　　　单位：元

资金占用	行次	年初数	期末数	资金来源	行次	年初数	期末数
一、拨出征地移民资金	1			一、拨入征地移民资金	18		
二、征地移民资金支出	2			二、其他收入	19		
1. 农村移民安置支出	3			三、应付款	20		
2. 城集镇迁建支出	4			四、固定基金	21		
3. 工业企业迁建支出	5				22		
4. 专业项目复建支出	6				23		
5. 防护工程支出	7				24		
6. 库底清理支出	8				25		
7. 地质灾害监测防治支出	9				26		
8. 税费支出	10				27		
9. 其他费用支出	11				28		
三、已完工移民项目	12				29		
四、现 金	13				30		
五、银行存款	14				31		
六、应收款	15				32		
七、固定资产	16				33		
资金占用总计	17			资金来源总计	34		

单位负责人：　　　　会计机构负责人：　　　　制表人：

征地移民资金支出总表

南移会 02 表

编制单位：　　　　　　年　月　　　　　　单位：元

项　　目	行次	概算投资	计划数		支出数	
			累计	本年	累计	本年
		1	2	3	4	5
1. 农村移民安置支出	1					
2. 城集镇迁建支出	2					
3. 工矿企业迁建支出	3					
4. 专业项目复建支出	4					
5. 防护工程支出	5					
6. 库底清理支出	6					
7. 地质灾害监测防治支出	7					
8. 税费支出	8					
（1）耕地占用税	9					
（2）耕地开垦费	10					
（3）森林植被恢复费	11					
（4）新菜地开发建设基金	12					
9. 其他费用支出	13					
总　计	14					

单位负责人：　　　　　　会计机构负责人：　　　　　　制表人：

农村移民安置支出明细表

南移会 02－1 表

编制单位：　　　　　　年　　　　　　单位：元

项　　目	行次	概算投资	计划数		支出数			
			累计	本年	累计		本年	
					合计	其中：个人	合计	其中：个人
		1	2	3	4	5	6	7
1. 征用土地补偿费和安置补助费	1							
2. 房屋及附属建筑物补偿费	2							
3. 农副业设施补偿费	3							
4. 小型水利水电设施补偿费	4							
5. 学校及医疗网点调整补助费	5							
6. 基础设施补偿费	6							
7. 搬迁运输费	7							
8. 过渡期生活补助费	8							
9. 移民双瓮厕所及沼气池补助费	9							
10. 移民渔船及渔具补助费	10							

续表

项　目	行次	概算投资	计划数		支出数			
			累计	本年	累计		本年	
					合计	其中：个人	合计	其中：个人
		1	2	3	4	5	6	7
11. 外迁移民专业项目增容费	11							
12. 其他补偿费	12							
（1）零星果木及林木补偿费	13							
（2）坟墓迁移费	14							
（3）建房困难补助费	15							
（4）临时搬迁道路补助费	16							
（5）其 他	17							
总 计	18							

单位负责人：　　　　会计机构负责人：　　　　制表人：

城集镇迁建支出明细表

南移会 02—2 表

编制单位：　　　　年　　　　单位：元

项　目	行次	概算投资	计划数		支出数	
			累计	本年	累计	本年
		1	2	3	4	5
1. 新址征地费	1					
2. 基础设施补偿费	2					
（1）场地平整	3					
（2）室外工程	4					
（3）道路广场	5					
（4）市政公用设施恢复	6					
（5）其他	7					
3. 对外连接设施补偿费	8					
4. 居民迁移补偿费	9					
5. 建成区农户迁移补偿费	10					
6. 农村移民进镇迁移补偿费	11					
7. 单位迁建补偿费	12					
（1）镇内单位	13					
（2）镇外单位	14					
8. 旧城功能恢复费	15					
9. 其他补偿费	16					
总 计	17					

单位负责人：　　　　会计机构负责人：　　　　制表人：

工业企业迁建支出明细表

南移会 02—3 表

编制单位： 年 单位：元

项　　目	行次	概算投资	计划数		支出数	
			累计	本年	累计	本年
		1	2	3	4	5
1. 新址征地费	1					
2. 基础设施补偿费	2					
3. 搬迁运输费	3					
4. 房屋及附属建筑物补偿费	4					
5. 设施及设备补偿费	5					
6. 流动资产搬迁费	6					
7. 停产损失费	7					
8. 其 他	8					
总 计	9					

单位负责人： 会计机构负责人： 制表人：

专业项目复建支出明细表

南移会 02—4 表

编制单位： 年 单位：元

项　　目	行次	概算投资	计划数		支出数	
			累计	本年	累计	本年
		1	2	3	4	5
1. 交通设施恢复改建费	1					
（1） 等级公路	2					
（2） 桥 梁	3					
2. 渡口及码头改建费	4					
3. 输变电设施恢复改建费	5					
4. 电信设施恢复改建费	6					
5. 广播电视设施恢复改建费	7					
6. 水利水电设施恢复改建费	8					
7. 文物古迹保护费	9					
8. 库周交通恢复费	10					
9. 其他项目补偿费	11					
（1） 输水管道	12					
（2） 水文和水位站	13					
（3） 库周水准测绘控制网点	14					
（4） 国防光缆	15					
（5） 其 他	16					
总 计	17					

单位负责人： 会计机构负责人： 制表人：

待摊支出明细表

南移会 03 表

编制单位： 年 单位：元

项目	行次	概算投资	计划数		支出数	
			累计	本年	累计	本年
		1	2	3	4	5
1. 勘测规划设计科研费	1					
（1）勘测规划费	2					
（2）设计费	3					
（3）科研费	4					
2. 实施管理费	5					
（1）人员经费	6					
（2）办公经费	7					
（3）差旅费	8					
（4）其他	9					
3. 实施机构开办费	10					
4. 技术培训费	11					
5. 监理监测评估费	12					
（1）监理费	13					
（2）监测评估费	14					
6. 项目技术经济评估审查费	15					
7. 咨询服务费	16					
8. 其他	17					
总计	18					

单位负责人： 会计机构负责人： 制表人：

第二十七条 会计报表编制说明

资金平衡表（南移会 01 表）

1. 本表反映各级征地移民管理机构期末全部资金来源和资金占用情况。编制本表是为了综合反映征地移民资金来源和资金占用的增减变动情况及其相互对应关系；考核、分析征地移民资金的拨入及使用情况。

2. 本表“年初数”栏的数字，根据上年末本表“期末数”栏的数字填列。

3. 本表资金占用方各项目的内容及“期末数”栏的填列方法：

（1）“拨出征地移民资金”项目（1 行），反映征地移民管理机构累计拨付下级征地移民管理机构的征地移民资金，含包干内征地移民资金和包干外其他资金，根据“拨出征地移民资金”科目的期末余额填列。

（2）“征地移民资金支出”（2 行），反映征地移民管理机构累计用于未完工移民项目的各项征地移民资金支出数，根据“征地移民资金支出”科目的期末余额填列。其中：

“农村移民安置支出”（3 行），反映征地移民管理机构累计支出的用于农村移民安置的款项，根据“农村移民安置支出”明细科目的期末余额填列。

“城集镇迁建支出”（4行），反映征地移民管理机构累计支出的用于城集镇迁建的款项，根据“城集镇迁建支出”明细科目的期末余额填列。

“工业企业迁建支出”（5行），反映征地移民管理机构累计支出的用于工业企业迁建的款项，根据“工业企业迁建支出”明细科目的期末余额填列。

“专业项目复建支出”（6行），反映征地移民管理机构累计支出的用于专业项目恢复和改建的款项，根据“专业项目复建支出”明细科目的期末余额填列。

“防护工程支出”（7行），反映征地移民管理机构累计支出的用于防护工程的款项，根据“防护工程支出”明细科目的期末余额填列。

“库底清理支出”（8行），反映征地移民管理机构累计支出的用于库底清理的款项，根据“库底清理支出”明细科目的期末余额填列。

“地质灾害监测防治支出”（9行），反映征地移民管理机构累计支出的用于地质灾害监测防治的款项，根据“地质灾害监测防治支出”明细科目的期末余额填列。

“税费支出”（10行），反映征地移民管理机构累计支出的耕地占用税、耕地开垦费、森林植被恢复费和新菜地开发建设基金等税费，根据“税费支出”明细科目的期末余额填列。

“其他费用支出”（11行），反映征地移民管理机构累计支出的实施管理费等其他支出，根据“其他费用支出”明细科目的期末余额填列。

（3）“已完工移民项目”（12行），反映已完工的各项设计单元工程的实际成本，根据“已完工移民项目”科目的期末余额填列。

（4）“现金”（13行），反映征地移民管理机构期末库存现金余额，根据“现金”科目的期末余额填列。

（5）“银行存款”（14行），反映征地移民管理机构期末银行存款余额，根据“银行存款”科目的期末余额填列。

（6）“应收款”（15行），反映征地移民管理机构期末各项应收及暂付款项，根据“应收款”科目的期末余额填列。

（7）“固定资产”（16行），反映征地移民管理机构在实施管理过程中使用征地移民资金购买的固定资产，根据“固定资产”科目的期末余额填列。

4. 本表资金来源方各项目的内容及“期末数”的填列方法：

（1）“拨入征地移民资金”（18行），反映征地移民管理机构累计收到上级征地移民管理机构或项目法人拨入的征地移民资金，根据“拨入征地移民资金”科目的期末余额填列。

（2）“其他收入”（19行），反映征地移民管理机构累计发生的利息收入等，根据“其他收入”科目的期余额填列。

（3）“应付款”（20行），反映征地移民管理机构应付、暂收其他单位和个人的款项，根据“应付款”科目的期末余额填列。

（4）“固定基金”（21行），反映征地移民管理机构在实施管理过程用于购买固定资产的资金，根据“固定基金”科目的期末余额填列。

5. 本表各项目之间的关系如下：

（1）2行=3行至11行之和

（2）17行=1行+2行+12行+13行+14行+15行+16行

（3）34行=18行至21行之和

（4）17行=34行

征地移民资金支出总表（南移会02表）

1. 本表全面反映南水北调工程移民投资概算、累计计划数、本年计划数、累计支出数和本年支出数等情况。编制本表是为了检查年度投资计划执行情况，考核、分析南水北调工程移民工作的进展和完成情况，考核各项目的累计计划数、累计支出数与概算的匹配程度。

2. 本表“概算投资”栏（1栏）所属各项目，分别反映各类征地移民资金的投资概算数，根据国家核定的投资概算逐项填列。

3. 本表“计划数——累计”栏（2栏）所属各项目，分别反映累计各类征地移民资金的计划数，根据上级征地移民管理机构下达的累计计划数逐项填列。

4. 本表“计划数——本年”栏（3栏）所属各项目，分别反映当年各类征地移民资金的计划数，根据上级征地移民管理机构下达的本年计划数逐项填列。

5. 本表“支出数——累计”栏（4栏）所属各项目，分别反映征地移民管理机构累计拨出的各类征地移民资金，根据“征地移民资金支出”科目各明细科目的期末余额分析填列。

6. 本表“支出数——本年”栏（5栏）所属各项目，分别反映征地移民管理机构本年实际拨出的各类征地移民资金，根据“征地移民资金支出”科目各明细科目的本年借方发生额分析填列。

7. 本表各项目之间的关系如下：

（1）8行=9行至12行之和

（2）14行=1行+2行+3行+4行+5行+6行+7行+8行+13行

农村移民安置支出明细表（南移会02—1表）

1. 本表全面反映南水北调工程农村移民安置投资概算、累计计划数、本年计划数、累计支出数和本年支出数等情况。编制本表是为了检查农村移民安置年度投资计划执行情况，考核、分析南水北调工程农村移民安置的进展和完成情况，考核农村移民安置各项目的累计计划数、累计支出数与概算的匹配程度。

2. 本表“概算投资”栏（1栏）所属各项目，分别反映各类农村移民安置资金的投资概算数，根据国家核定的投资概算分别填列。

3. 本表“计划数——累计”栏（2栏）所属各项目，分别反映累计各类农村移民安置资金的计划数，根据上级征地移民管理机构下达的累计计划数逐项填列。

4. 本表“计划数——本年”栏（3栏）所属各项目，分别反映当年各类农村移民安置资金的计划数，根据上级征地移民管理机构下达的本年计划数逐项填列。

5. 本表“支出数——累计（合计）”栏（4栏）所属各项目，分别反映征地移民管理机构累计拨出的各类农村移民安置资金，根据“征地移民资金支出——农村移民安置支出”科目各明细科目的期末余额分析填列。

6. 本表“支出数——累计（其中：个人)”栏（5栏）所属各项目，分别反映征地移民管理机构累计拨出的各类农村移民安置资金中支付给农村移民个人的金额，根据“征地移民资金支出——农村移民安置支出”科目各明细科目的期末余额分析填列。

7. 本表“支出数——本年（合计)”栏（6栏）所属各项目，分别反映征地移民管理机构本年实际拨出的各类农村移民安置资金，根据“征地移民资金支出——农村移民安置支出”科目各明细科目的本年借方发生额分析填列。

8. 本表“支出数——本年（其中：个人)”栏（7栏）所属各项目，分别反映征地移民管理机构本年实际拨出的各类农村移民安置资金中支付给农村移民个人的金额，根据“征地移民资金支出——农村移民安置支出”科目各明细科目的本年借方发生额分析填列。

9. 本表各项目之间的关系如下：

（1）12行＝13行至17行之和

（2）18行＝1行至12行之和

城集镇迁建支出明细表（南移会02－2表）

1. 本表全面反映南水北调工程城集镇移民迁建投资概算、累计计划数、本年计划数、累计支出数和本年支出数等情况。编制本表是为了检查城集镇迁建年度投资计划执行情况，考核、分析南水北调工程城集镇迁建的进展和完成情况，考核城集镇迁建各项目的累计计划数、累计支出数与概算的匹配程度。

2. 本表“概算投资”栏（1栏）所属各项目，分别反映各类城集镇迁建资金的投资概算数，根据国家核定的投资概算逐项填列。

3. 本表“计划数——累计”栏（2栏）所属各项目，分别反映累计各类城集镇迁建资金的计划数，根据上级征地移民管理机构下达的累计计划数逐项填列。

4. 本表“计划数——本年”栏（3栏）所属各项目，分别反映当年各类城集镇迁建资金的计划数，根据上级征地移民管理机构下达的本年计划数逐项填列。

5. 本表“支出数——累计”栏（4栏）所属各项目，分别反映征地移民管理机构累计拨出的各类城集镇迁建资金，根据“征地移民资金支出——城集镇迁建支出”科目各明细科目的期末余额分析填列。

6. 本表“支出数——本年”栏（5栏）所属各项目，分别反映征地移民管理机构本年实际拨出的各类城集镇迁建资金，根据“征地移民资金支出——城集镇迁建支出”科目各明细科目的本年借方发生额分析填列。

7. 本表各项目之间的关系如下：

（1）2行＝3行至7行之和

（2）12行＝13行＋14行

（3）17＝1行＋2行＋8行＋9行＋10行＋11行＋12行＋15行＋16行

工业企业迁建支出明细表（南移会02－3表）

1. 本表全面反映南水北调工程工业企业迁建投资概算、累计计划数、本年计划数、累计支出数和本年支出数等情况。编制本表是为了检查工业企业迁建年度投资计划执行情况，考核、分析南水北调工程工业企业迁建的进展和完成情况，考核工业企业迁建各项目的累计计划数、累计支出数与概算的匹配程度。

2. 本表“概算投资”栏（1栏）所属各项目，分别反映各类工业企业迁建资金的投资概算数，根据国家核定的投资概算逐项填列。

3. 本表“计划数——累计”栏（2栏）所属各项目，分别反映累计各类工业企业迁建资金的计划数，根据上级征地移民管理机构下达的累计计划数逐项填列。

4. 本表“计划数——本年”栏（3栏）所属各项目，分别反映当年各类工业企业迁建资金的计划数，根据上级征地移民管理机构下达的本年计划数逐项填列。

5. 本表“支出数——累计”栏（4栏）所属各项目，分别反映征地移民管理机构累计拨出的各类工业企业迁建资金，根据“征地移民资金支出——工业企业迁建支出”科目各明细科目的期末余额分析填列。

6. 本表“支出数——本年”栏（5栏）所属各项目，分别反映征地移民管理机构本年实际拨出的各类工业企业迁建资金，根据“征地移民资金支出——工业企业迁建支出”科目各明细科目的本年借方发生额分析填列。

7. 本表各项目之间的关系如下：

9行＝1行至8行之和

专业项目复建支出明细表（南移会02－4表）

1. 本表全面反映南水北调工程专业项目复建投资概算、累计计划数、本年计划数、累计支出数和本年支出数等情况。编制本表是为了检查专业项目复建年度投资计划执行情况，考核、分析南水北调工程专业项目复建的进展和完成情况，考核专业项目复建各项目的累计计划数、累计支出数与概算的匹配程度。

2. 本表“概算投资”栏（1栏）所属各项目，分别反映各类专业项目复建资金的投资概算数，根据国家核定的投资概算逐项填列。

3. 本表“计划数——累计”栏（2栏）所属各项目，分别反映累计各类专业项目复建资金的计划数，根据上级征地移民管理机构下达的累计计划数逐项填列。

4. 本表“计划数——本年”栏（3栏）所属各项目，分别反映当年各类专业项目复建资金的计划数，根据上级征地移民管理机构下达的本年计划数逐项填列。

5. 本表“支出数——累计”栏（4栏）所属各项目，分别反映征地移民管理机构累计拨出的各类专业项目复建资金，根据“征地移民资金支出——专业项目复建支出”科目各明细科目的期末余额分析填列。

6. 本表“支出数——本年”栏（5栏）所属各项目，分别反映征地移民管理机构本年实际拨出的各类专业项目复建资金，根据“征地移民资金支出——专业项目复建支出”科目各明细科目的本年借方发生额分析填列。

7. 本表各项目之间的关系如下：

（1）1行＝2行＋3行

（2）11行＝12行至16行之和

（3）17行＝1行＋4行＋5行＋6行＋7行＋8行＋9行＋10行＋11行

待摊支出明细表（南移会03表）

1. 本表全面反映在南水北调工程移民工作过程中所发生的其他费用的投资概算、累计计划数、本年计划数、累计支出数和本年支出数等情况。编制本表是为了检查其他费用的年度投资计划执行情况和经费支出情况。

2. 本表“概算投资”栏（1栏）所属各项目，分别反映各类其他费用的投资概算数，根据国家核定的投资概算逐项填列。

3. 本表“计划数——累计”栏（2栏）所属各项目，分别反映累计各类其他费用的计划数，根据上级征地移民管理机构下达的累计计划数逐项填列。

4. 本表“计划数——本年”栏（3栏）所属各项目，分别反映当年各类其他费用的计划数，根据上级征地移民管理机构下达的本年计划数逐项填列。

5. 本表“支出数——累计”栏（4栏）所属各项目，分别反映征地移民管理机构累计拨出的各类其他费用，根据“待摊支出”科目各明细科目的累计借方发生额分析填列。

6. 本表“支出数——本年”栏（5栏）所属各项目，分别反映征地移民管理机构本年实际拨出的各类其他费用，根据“待摊支出”科目各明细科目的本年借方发生额分析填列。

7. 本表各项目之间的关系如下：

（1）1行＝2行至4行之和

（2）5行＝6行至9行之和

（3）12行＝13行＋14行

（4）18行＝1行＋5行＋10行＋11行＋12行＋15行＋16行＋17行

第七章　附　　则

第二十八条　本办法由中华人民共和国财政部负责解释，需要变更时，由财政部修订。

第二十九条　本办法自2006年1月1日起施行。

关于印发《南水北调工程建设征地补偿和移民安置暂行办法》的通知

国调委发〔2005〕1号

（国务院南水北调工程建设委员会2005年1月27日印发）

各有关单位：

经国务院同意，现将《南水北调工程建设征地补偿和移民安置暂行办法》印发给你们，请认真贯彻执行。

附件

南水北调工程建设征地补偿和移民安置暂行办法

第一章　总　则

第一条　为了规范南水北调主体工程（以下简称南水北调工程）建设征地补偿和移民安置工作，维护移民合法权益，保障工程建设顺利进行，依据《中华人民共和国土地管理法》等有关法律法规，制定本办法。

第二条　贯彻开发性移民方针，坚持以人为本，按照前期补偿、补助与后期扶持相结合的原则妥善安置移民，确保移民安置后生活水平不降低。

第三条　南水北调工程建设征地补偿和移民安置，应遵循公开、公平和公正的原则，接受社会监督。

第四条　南水北调工程建设征地补偿和移民安置工作，实行国务院南水北调工程建设委员会领导、省级人民政府负责、县为基础、项目法人参与的管理体制。有关地方各级人民政府应确定相应的主管部门（以下简称主管部门）承担本行政区域内南水北调工程建设征地补偿和移民安置工作。

第二章　移民安置规划

第五条　南水北调工程建设征地方案一旦确定，当地人民政府应发布通告，严格控制在工程征地范围内迁入人口、新增建设项目、新建住房、新栽树木等。项目法人应会同省级主管部门对工程占地、淹没影响和各种经济损失情况进行调查，经调查者和被调查者共同签字认可并公示后，由县级人民政府签署确认意见。项目法人还应商有关部门对工程征地范围内的占压矿产、地质灾害和文物等进行调查评估，提出专项报告。

第六条　在工程初步设计阶段，项目法人应会同省级主管部门编制征地补偿和移民安置规划，报国务院有关部门审批。

第七条　受工程占地和淹没影响的村集体经济组织，所余土地不能保证该组织恢复原有生产水平的，由地方人民政府负责协调和规划，就近调剂土地或开垦新的耕地；如就近难以调剂土地或者开垦新的耕地，应规划移民外迁安置。

第八条　受工程占地和淹没影响的城（集）镇、企事业单位和专项设施的迁建，应符合当地社会经济发展及城乡规划，并对新址进行水文地质和工程地质勘察、文物调查评估和保护。

第九条　对工程占地和淹没区的文物，要按照保护为主、抢救第一、合理利用、加强管理的方针，制定保护方案，并纳入移民安置规划。

第三章　征　地　补　偿

第十条　项目法人应在工程可行性研究报告报批之前申请用地预审，在工程开工或库区蓄水前3个月向有关市、县土地主管部门提出用地申请，经省级土地主管部门汇总后由省级人民政府报国务院批准。移民安置用地由主管部门按照移民安置进度，在移民搬迁前6个月向有关市、县土地主管部门提出用地申请，依法报有批准权的人民政府批准。

第十一条　工程建设临时用地，耕地占补平衡等按有关法律法规和政策规定执行。

第十二条　通过新开发土地或调剂土地安置被占地农户或农村移民，有关地方人民政府应将土地补偿费、安置补助费兑付给提供土地的村或者迁入村的集体经济组织，村集体经济组织应将上述费用的收支和分配情况向本组织成员公布，接受监督，确保其用于被占地农户或农村移民的生产和安置。其他经济组织提供安置用地的，根据有关法律法规和政策规定兑付。

第十三条　自愿以投亲靠友方式安置的农村移民，应向迁出地县级人民政府提出申请，并由迁入地县级人民政府出具接收和提供土地的证明，在三方共同签订协议后，迁出地县级人民政府将土地补偿费、安置补助费拨付给迁入地县级人民政府。

第十四条　移民个人财产补偿费和搬迁费，由迁出地县级人民政府兑付给移民。省级人民政府应统一印制分户补偿兑现卡，由县级人民政府填写并发给移民户，供移民户核对。

第十五条　城（集）镇、企事业单位和专项设施的迁建，应按照原规模、原标准或恢复原功能所需投资补偿。城（集）镇迁建补偿费支付给有关地方人民政府。企事业单位和专项设施迁建补偿费，根据签订的迁建协议支付给企业法人或主管单位。因扩大规模、提高标准增加的迁建费用，由有关地方人民政府或有关单位自行解决。

第四章　实　施　管　理

第十六条　国务院南水北调工程建设委员会办公室（以下简称国务院南水北调办）与有关省级人民政府签订征地补偿和移民安置责任书。根据安置责任书和移民安置规划，项目法人与省级主管部门签订征地补偿、移民安置投资和任务包干协议。

第十七条　省级主管部门依据移民安置规划，会同县级人民政府和项目法人编制移民安置实施方案，经省级人民政府批准后实施，同时报国务院南水北调办备案。

第十八条　实施阶段的农村移民安置设计，由省级主管部门采取招标方式确定设计单位。城（集）镇、企事业单位、专项设施迁建、库区防护工程的设计，由组织实施单位负责；文物保护方案的设计，按照有关法律法规确定责任单位。上述设计应严格控制在批准的初步设计范围内。

第十九条 根据国家确定的投资规模和项目法人提出的工程建设和移民任务，省级主管部门商项目法人组织编制征地补偿和移民安置计划，项目法人编制中央和军队所属的工业企业、专项设施迁建的计划，报国务院南水北调办核定。

第二十条 项目法人按照下达的征地补偿和移民安置计划，根据工作进度及时将资金拨付给省级主管部门、中央和军队所属工业企业和专项设施迁建的实施单位。征地补偿和移民安置资金必须专账管理、专款专用。

第二十一条 农村征地补偿和移民安置计划，由县级人民政府负责组织实施。农村移民安置点的道路、供水、供电、文教、卫生等基础设施的建设和宅基地布置，应按照批准的村镇规划，由乡（镇）、村组织实施。农村移民住房可根据规划由移民自主建造，不得强行规定建房标准。要按照移民安置规划将被占地农户和农村移民的生产用地落实到位，并签订土地承包合同。

第二十二条 城（集）镇、企事业单位、专项设施的迁建和库区防护工程的建设应严格履行基本建设管理规定，并根据计划安排及相应行业规程、规范组织实施。城（集）镇迁建由县级人民政府组织实施。地方所属的企事业单位或专项设施的迁建，由省级或省级以下主管部门与企业法人或主管单位签订迁建协议；中央和军队所属的工业企业或专项设施的迁建，由项目法人与企业法人或主管单位签订迁建协议。库区防护工程由项目法人负责实施。

第二十三条 省级主管部门与省级文物主管部门签订工作协议，按照协议组织实施文物保护方案。省级文物主管部门组织编制文物保护计划并纳入征地补偿和移民安置计划。在工程建设过程中新发现的文物，按照有关法律规定处理。

第二十四条 省级以下各级主管部门应及时统计计划执行情况，逐级定期报送给上一级主管部门。省级主管部门负责汇总统计资料并报国务院南水北调办，同时抄送项目法人。

第二十五条 项目法人和各级主管部门应按照国家有关规定建立健全征地补偿和移民安置档案，确保档案资料的完整、准确和安全。县级主管部门按照一户一卡建立移民户卡档案。企业法人或主管单位应将迁建的企事业单位或专项设施的设计、实施、验收等报告及时提交给与其签订迁建协议的项目法人或主管部门存档。省级文物主管部门应组织建立考古发掘和文物迁建档案，并将有关资料整理公布。

第二十六条 县级以上地方人民政府要采取切实措施，使被征地农民生活水平不因征地而降低。农村移民按照规划搬迁安置后，生产生活水平低于搬迁前水平的，应通过后期扶持，使其达到搬迁前水平。

第五章 监 督 管 理

第二十七条 国务院南水北调办负责征地补偿和移民安置的监督和稽察。有关地方各级人民政府应当加强对本行政区域内征地移民工作的管理。各级主管部门应当加强内部管理，定期向本级人民政府和上级主管部门报告工作。审计、监察和财政部门应当依照国家有关规定对征地补偿和移民安置资金的使用情况进行审计、监察和监督。

第二十八条　对征地移民的调查、补偿、安置、资金兑现等情况，应以村或居委会为单位及时张榜公示，接受群众监督。

第二十九条　项目法人会同省级主管部门通过招标方式确定中介机构，对移民安置及生产生活情况实施监理、监测。

第三十条　对征地补偿和移民安置过程中群众反映的问题，有关地方人民政府和单位要按照“谁组织实施，谁负责受理”的原则认真解决。

第三十一条　移民安置达到阶段性目标和移民安置工作完毕后，省级人民政府应当组织验收，国务院南水北调办组织总体验收。移民安置验收未通过的，不得进行主体工程竣工验收。

第三十二条　对征地补偿和移民安置中出现的问题，以及稽察、审计、监察、验收中发现的问题，责任单位必须及时整改。对违反有关法律法规的单位，要依法给予行政处罚；对直接负责的主管人员和其他直接责任人员，依法给予行政处分；构成犯罪的，依法追究刑事责任。

第六章　附　　则

第三十三条　《南水北调工程总体规划》范围内的汉江中下游有关工程建设的征地补偿和移民安置办法，由有关省级人民政府参照本办法制定。

第三十四条　本办法自发布之日起施行。

关于南水北调工程建设征地有关税费记列问题的通知

国调委发〔2005〕3号

（国务院南水北调工程建设委员会2005年4月4日发布）

国务院南水北调工程建设委员会各成员单位：

《国务院南水北调工程建设委员会第二次全体会议纪要》（国阅〔2004〕136号）决定“要按照国家有关规定，将森林植被恢复费、耕地开垦费、耕地占用税等费用编入工程概算”，为征地移民工作中税费计列确定了原则。经国务院领导同意，现将南水北调工程征地中有关税费问题进一步明确如下：

一、关于耕地开垦费问题。南水北调库区及干线工程耕地开垦费按国土资源部、国家经贸委、水利部联合发布的国土发〔2001〕355号文件的规定执行，即按各省、自治区、直辖市人民政府规定的耕地开垦费下限标准的70%收取，待《大中型水利水电工程建设征地补偿和移民安置条例》修订出台后，再进行调整。

二、关于森林植被恢复费问题。按照财政部与国家林业局发布的《森林植被恢复费征收、使用管理暂行办法》（财综〔2002〕73号）规定的标准计列。同时，南水北调主体工程沿线交费区渠道两侧绿化由地方负责，不列入概算。

三、关于新菜地开发建设基金问题。在南水北调东、中线干线工程建设项目概算中，按《土地管理法》规定，计列新菜地开发建设基金。

请有关部门和地方政府认真贯彻执行。

关于印发《南水北调工程质量监督管理办法》的通知

国调办建管〔2005〕33号

（国务院南水北调工程建设委员会办公室2005年5月13日印发）

有关省、直辖市南水北调办事机构，各项目法人单位：

现印发《南水北调工程质量监督管理办法》，自印发之日起施行。

附件

南水北调工程质量监督管理办法

第一章　总　　则

第一条　为加强南水北调工程质量监督管理，规范质量监督行为，保证工程质量，根据《建设工程质量管理条例》、《南水北调工程建设管理的若干意见》和国家有关规定，制定本办法。

第二条　本办法适用于南水北调主体工程的质量监督，配套工程可参照执行。

第三条　南水北调工程质量监督工作，采用统一集中管理、分项目实施的质量监督管理体制。国务院南水北调工程建设委员会办公室（以下简称“南水北调办”）依法对南水北调主体工程质量实施监督管理。

第四条　南水北调东线主体工程、中线干线工程委托项目和汉江中下游治理工程项目，其质量监督工作由南水北调办委托有关省（直辖市）南水北调办事机构负责实施。

第五条　南水北调工程建设项目法人、项目建设管理、勘测设计、监理、施工、设备供应等单位依照法律法规承担工程质量责任，并接受监督。

第二章　机构和人员

第六条　南水北调办在质量监督管理方面的主要职责为：贯彻执行国家和国务院南水北调工程建设委员会有关工程建设质量管理的方针政策和法律法规；负责对工程建设责任主体质量管理行为和有关质量监督实施机构质量监督责任落实情况进行监督检查；负责重要项目质量监督机构设立的批准和省（直辖市）质量监督站设立的核准；组织交流工程质量监督工作经验；组织发布南水北调工程质量监督信息。

第七条　南水北调办在南水北调主体工程所在省（直辖市）设立南水北调工程省（直辖市）质量监督站。

省（直辖市）质量监督站的主要任务为：贯彻执行国家和南水北调办有关工程建设质

量管理的方针政策和法律法规；负责委托项目的质量监督，具体实施东线工程和中线干线工程委托项目、汉江中下游治理工程的质量监督工作；设立项目站或组织巡回检查组并向南水北调办备案；定期向南水北调办汇总报送工程质量监督信息。

省（直辖市）质量监督站的具体组建和日常管理工作由南水北调办委托相关省（直辖市）南水北调办事机构负责。

第八条 南水北调办委托南水北调工程建设监管中心承担质量监督管理的有关具体工作。

南水北调工程建设监管中心质量监督工作的主要任务为：贯彻执行国家和南水北调办有关工程建设质量管理的方针政策和法律法规；受南水北调办委托具体实施丹江口大坝加高工程、中线干线工程中由项目法人直接管理和代建管理项目的质量监督；定期向南水北调办汇总报送工程质量监督信息；承办南水北调办委托的其他质量监督管理方面的具体工作。

第九条 从事南水北调工程质量监督的人员必须具备以下条件：

（一）坚持原则，责任心强，身体健康；

（二）取得工程师及以上专业技术职称，或具有大专以上学历并有五年以上从事水利水电工程建设、设计、施工、监理、咨询等工作的经历；

（三）熟悉水利工程建设管理工作；

（四）通过南水北调办考核合格，获得证书。

第十条 质量监督人员不得与其所从事质量监督工程项目的项目法人、项目建设管理、监理、设计、施工、设备制造等单位存在经济利益关系。

第十一条 省（直辖市）质量监督站、南水北调工程建设监管中心设立的项目站和组织的巡回抽查组及质量监督人员由南水北调办负责考核。

省（直辖市）质量监督站设立的项目站和组织的巡回抽查组及质量监督人员由省（直辖市）南水北调办事机构负责考核。

第三章 质 量 监 督

第十二条 南水北调工程开工前应办理质量监督手续。工程质量监督期为自办理质量监督手续始，到工程通过竣工验收止。

第十三条 委托南水北调工程建设监管中心组织实施质量监督的项目，由项目法人或其授权的项目建设管理单位在工程开工前到南水北调工程建设监管中心办理监督手续，并由南水北调工程建设监管中心报南水北调办备案；省（直辖市）质量监督站组织实施质量监督的项目，由项目法人或受其委托的项目建设管理单位在工程开工前到省（直辖市）质量监督站办理监督手续，并由省（直辖市）质量监督站报南水北调办备案。

项目法人或受其委托的项目建设管理单位办理质量监督手续时，需填报《南水北调工程质量监督申请书》（格式见附件1）（略），同时提交以下材料：

（一）工程项目建设有关审批文件（复印件）；

（二）项目法人或项目建设管理单位与监理、设计、施工等单位签订的合同（复印件）；

（三）项目建设管理、监理、设计、施工、设备供应等单位的基本情况和工程质量管理组织情况，相关人员执业资格证书等资料；

（四）必要的设计文件、施工设计图纸和监理规划或监理实施细则；

（五）其他需要的文件资料。

工程实施中与质量监督相关的有关文件、纪要、变更通知、图纸等应随时或根据要求及时提交质量监督机构。

项目开工后签订的监理、设计、施工合同，一般应在合同签订后10个工作日内将复印件提交质量监督机构。

第十四条　南水北调工程建设监管中心或省（直辖市）质量监督站收到《南水北调工程质量监督申请书》后10个工作日之内，经审核后，办理《南水北调工程质量监督书》（格式见附件2）（略）。

第十五条　南水北调工程建设监管中心或省（直辖市）质量监督站应结合工程项目实际，制订质量监督计划或质量监督实施细则，明确监督重点，并在质量监督手续办理完毕后20个工作日内印送项目法人或项目建设管理单位。项目法人或项目建设管理单位在收到质量监督实施细则后应及时书面通知工程参建各方。

第十六条　南水北调工程质量监督采用巡回抽查和派驻项目站现场监督相结合的工作方式进行，建安工程量超过5亿元人民币的工程建设项目，一般应派驻项目站。具体工作方式由南水北调工程建设监管中心或省（直辖市）质量监督站在办理质量监督手续时确定。

南水北调工程质量监督项目站是南水北调工程建设监管中心或省（直辖市）质量监督站在重要项目工程设立并派驻项目建设现场进行质量监督的派出机构。

南水北调工程质量监督巡回抽查组是由南水北调工程建设监管中心或省（直辖市）质量监督站进行质量监督巡回抽查时组成的工作组织。

第十七条　南水北调工程质量监督的主要依据：

（一）法律法规和国家关于南水北调工程建设管理的政策；

（二）工程建设标准强制性条文；

（三）经批准的工程设计文件；

（四）其他重要文件。

第十八条　南水北调工程项目质量监督的主要工作内容：

（一）制订质量监督年度计划；

（二）对工程项目划分进行确认；

（三）对责任主体和有关机构履行质量管理责任、建立质量保证体系及进行质量管理行为的监督检查；

（四）对工程实体质量的监督抽查；

（五）对施工技术资料、监理资料以及检测报告等有关工程质量文件和资料的监督检查；

（六）对工程施工质量验收情况的监督检查；

（七）按照工程建设标准强制性条文的要求，做好相关工作；

（八）提交工程质量监督报告；

（九）其他规定内容。

第十九条 工程质量监督报告是质量监督工作的成果。工程质量监督报告应根据质量监督情况，客观反映责任主体和有关机构履行质量责任的行为及检查到的工程实体质量的情况。工程质量监督报告由项目站或巡回抽查组编写，其负责人审定签字并加盖公章。工程竣工验收前，质量监督的有关工作信息应每季度汇总报告一次。

工程质量监督报告应包括以下内容：

（一）工程概况和监督工作概况；

（二）对责任主体和有关机构建立质量保证体系和质量管理行为及执行工程建设强制性标准的检查情况；

（三）工程实体质量监督抽查（包括监督检测）情况；

（四）工程质量技术档案和施工管理资料抽查情况；

（五）工程质量问题的整改和质量事故处理情况；

（六）各方质量责任主体及相关有资格的人员的不良记录内容；

（七）工程质量验收监督检查情况；

（八）按照工程建设标准强制性条文的要求开展工作情况；

（九）其他应当包含的内容。

第二十条 工程质量监督权限如下：

（一）对项目法人或项目建设管理单位、监理、设计、施工等责任主体的资质（资格）等级、经营范围进行核查，发现越级承包、转包或违法分包工程等不符合规定或合同要求的，责成项目法人或项目建设管理单位限期改正；

（二）质量监督人员持证进入施工现场执行质量监督。对工程有关部位进行检查，调阅项目法人或项目建设管理单位、监理和施工单位的质量检测成果、检查记录和监理日志、施工记录等相关资料；

（三）对违反技术规程、规范、质量标准或设计文件的，责成责任单位采取纠正措施；

（四）对使用未经检验或检验不合格的设备、材料及半成品或构配件等，责成责任单位采取纠正措施；

（五）报请有关部门或司法机关调查追究造成重大工程质量事故的单位和个人的相关责任。

第二十一条 工程质量监督检测是工程质量监督工程实体质量抽查的重要手段，由监督人员根据工程重要程度和现场质量情况进行随机抽查；质量监督机构也可委托经南水北调办同意的工程质量检测单位进行监督检测。

被检查、检测单位应按要求提供有关资料并配合工作。

第四章 工程质量监督费

第二十二条 南水北调工程建设质量监督费实行“统收统支、预算管理、总量控制”。南水北调工程建设质量监督费由南水北调办委托南水北调工程建设监管中心统一收支。

第二十三条 项目法人或项目建设管理单位应按国家相关规定及时缴纳南水北调工程

建设质量监督费。

项目法人或项目建设管理单位在办理监督手续时，应经质量监督机构同意确定质量监督费缴纳计划；在工程竣工验收前应缴清全部的工程质量监督费。

第二十四条　南水北调工程建设质量监督费的使用，由南水北调工程建设监管中心及各省（直辖市）质量监督站向南水北调办报送年度质量监督计划和年度经费预算，经南水北调办审核后，纳入南水北调办年度预算。具体支出使用由南水北调办根据工程建设实际和财政部批准的预算执行，相关事宜由南水北调工程建设监管中心负责。

第二十五条　南水北调工程建设质量监督费应用于工程质量监督工作经费开支，不得挪作它用。主要使用范围为：项目站和巡回抽查人员、交通等工作经费、质量监督检测、施工质量验收监督检查、质量监督培训和咨询、质量监督工作质量检查、验收协调等。

第五章　奖　　惩

第二十六条　项目法人或项目建设管理单位未按规定办理质量监督手续而擅自开工的，由南水北调办对责任单位通报批评，并责令限期改正。

第二十七条　对伪造质量数据、提供与事实不符结论或弄虚作假的，视情节轻重，由南水北调工程建设监管中心及省（直辖市）质量监督站提请南水北调办对责任单位和责任人按有关规定进行处罚，构成犯罪的由司法机关依法追究其刑事责任。

第二十八条　对在工程质量管理和质量监督工作中做出突出成绩的单位和个人，由南水北调办给予表彰和奖励。质量监督人员滥用职权、玩忽职守、徇私舞弊的，视情节轻重，依法给予行政处分，构成犯罪的由司法机关依法追究其刑事责任。

第六章　附　　则

第二十九条　本办法由南水北调办负责解释。

第三十条　本办法自发布之日起施行。

关于南水北调工程建设用地有关问题的通知

国土资发〔2005〕110号

（国土资源部、国务院南水北调工程建设委员会办公室2005年6月3日发布）

北京、天津、河北、山东、江苏、河南、湖北等省（市）国土资源厅（国土资源局、规划和国土资源局）、南水北调工程建设办事机构、移民局（办），南水北调工程各项目法人（筹备机构）：

建设南水北调工程是党中央、国务院根据我国经济社会发展的需要，为推动经济结构的战略性调整，解决我国北方地区水资源严重短缺问题，改善生态环境和工农业生产条件，提高人民生活水平做出的重大决策。工程建设规模大，涉及地域广，建设周期长，用地情况复杂。为进一步明确政策，保证工程建设依法、科学、集约、规范用地，根据《土地管理法》、《南水北调工程建设征地补偿和移民安置暂行办法》和国家有关规定，现将南水北调工程建设用地有关问题通知如下：

一、关于建设项目用地预审

针对南水北调工程前期工作的特殊性，南水北调工程东线、中线工程除已通过建设项目用地预审的单项工程外，可由国务南水北调工程建设委员会办公室（以下简称国务院南水北调办）会同有关部门组织各项目法人，以总体可行性研究报告为单位总整理用地预审材料，一次性向国土资源部申请用地预审。国务院批复的南水北调工程总体规划作为用地预审的依据。国土资源部出具的用地预审意见，作为批准总体可行性研究报告的必备材料。在总体可行性研究报告审批之前需要开工的单项工程，可分别按规定办理建设项目用地预审。

南水北调工程已列入《全国土地利用总体规划纲要》，具体建设项目由国务院及国务院有关部门批准、核准的，用地涉及家用地转用、占用耕地的，在项目法人报批用地时由国土资源部直接配给农用地转用计划指标。国务院南水北调办在每年第三季度末将下年度开工专案用地计划报国土资源部，同时抄送有关省级国土资源部门。

因工程选线（址）原因，确实无法避开占用部分基本农田的，要在开展土地资源调查的基础上，按有关规定补划相同数量的基本农田，保证当地基本农田面积不减少、质量不降低。市、县国土资源部门编制的土地利用总体规划调整方案随其他建设用地报批材料一同报批。

二、关于永久性用地申报

南水北调工程各单项工程建设用地可分别组织报批。各项目法人按照工程进度安排，在开工用地或蓄水前3个月分别向有关市、县国土资源部门提出用地申请，经省级国土资源部门审核，以省为单位一次性报国务院批准。

移民安置用地由各项目法人或移民部门按照移民规划进度安排，在移民搬迁前6个月向有关市、县国土资源部门提出用地申请，纳入城市或村庄、集镇建设用地，依法报有批准权一级人民政府批准。

三、关于建设用地报批材料

南水北调工程各单项工程可行性研究报告批复文件、初步设计批复文件、建设项目用地预审意见、压占矿产资源审核意见、地质灾害危险性评估、占用林地审核同意书等共性用地报批材料，由各项目法人直接提供给省级国土资源部门，由省级国土资源部门统一汇总并整理；工程建设所在地市、县国土资源部门负责拟订、编绘并整理用地呈报材料“一书四方案”、报批所需图件等基础性材料。

南水北调工程各单项工程建设用地报批材料减少为一套文字材料、一套图件材料，有关电子数据随建设用地报批材料一同报部。

四、关于控制工期的单体工程先行用地

南水北调工程部分控制工期的关键性单体工程，确需先行开工用地的，在工程初步设计批准后，由项目法人向省级国土资源部门提出先行用地申请，并同时抄送用地涉及的市、县国土资源部门。有关省级国土资源部门报国土资源部审查同意后，控制工期的单体工程可先行施工用地。有关省级国土资源部门要督促地方政府和建设单位在先行用地批准后3个月内将建设用地正式报批材料报国土资源部审查。

五、关于征地补偿安置

南水北调工程征地补偿费按照国务院南水北调工程建设委员会确定的标准计入工程总投资。有关省（市）人民政府应按照与国务院南水北调办签订的《南水北调主体工程建设征地补偿和移民安置责任书》要求，制定本省（市）具体的补偿兑付办法。按上述标准和办法执行尚不足以保证被征地农民生活水平不降低，长远生计有保障的，当地人民政府可以用国有土地有偿使用收入予以补贴。有关地方人民政府要加强对征地补偿费用分配使用的监督管理，维护被征地农民的合法权益。

工程建设涉及使用其他单位或者个人依法使用的固有农用地的，参照征地补偿费用标准给予补偿。使用其他单位或者个人依法使用的国有建设用地的，按用地实际情况经协商按有关规定办理。使用无明确使用单位的国有未利用地，可不予补偿。

六、关于耕地占补平衡

南水北调工程建设占用耕地，由各项目法人负责补充数量和质量相当的耕地；没有条件补充或补充的耕地不符合要求的，应按规定缴纳耕地开垦费。补充耕地的具体办法，按照国土资源部、原国家经贸委、水利部《关于水利水电工程建设用地有关问题的通知》（国土资发〔2001〕355号）有关规定执行。

有关地方国土资源部门要按照建设项目补充耕地与土地开发整理复垦项目挂钩的要求，按规定确定和实施土地开发整理复垦项目，切实完成耕地占补平衡任务。有关省级国土资源部门要对补充耕地的落实情况进行监督检查并组织验收，验收结果报国土资源部备查。

七、关于有关部门的工作配合

为保证南水北调工程依法、及时用地，决定成立“南水北调工程用地协调小组”，组成单位和人员名单见附件。用地涉及各省（市）相关部门也应成立相应的用地协调机构，加强组织领导和工作配合。

国土资源等部门开展工作所需经费应予以保证，可通过签订合同协议的形式明确责任、任务，协商落实。

关于印发《南水北调工程建设征地补偿和移民安置资金管理办法（试行)》的通知

国调办经财〔2005〕39号

（国务院南水北调工程建设委员会办公室2005年6月8日印发）

北京、天津、河北、江苏、山东、河南、湖北省（直辖市）南水北调工程征地移民主管部门，各项目法人：

为规范南水北调工程建设征地补偿和移民安置资金管理，提高资金使用效率，保障移民合法权益，确保南水北调工程建设顺利实施，我办制定了《南水北调工程建设征地补偿和移民安置资金管理办法（试行)》，现印发给你们，请认真贯彻执行。试行中有关情况和问题请及时反馈我办。

附件

南水北调工程建设征地补偿和移民安置资金管理办法（试行）

第一章 总　　则

第一条 为规范南水北调工程建设征地补偿和移民安置资金管理，提高资金使用效率，保障移民合法权益，确保南水北调工程建设顺利实施，根据《南水北调工程建设征地补偿和移民安置暂行办法》和相关财经法规，制定本办法。

第二条 本办法适用于南水北调主体工程建设征地补偿和移民安置（以下简称征地移民）资金的筹集、使用、管理和监督。

本办法所称征地移民资金包括直接费用、其他费用、预备费和有关税费。

第三条 征地移民资金是南水北调主体工程建设资金的组成部分，由南水北调主体工程项目法人（以下简称项目法人）统一负责筹集。

第四条 征地移民资金管理遵循责权统一、计划管理、专款专用、包干使用的原则。

第五条 依据国务院确定的“国务院南水北调工程建设委员会领导、省级人民政府负责、县为基础、项目法人参与”的南水北调工程征地移民管理体制，各级主管部门和各项目法人应各司其职、各负其责，加强征地移民资金管理。

各级主管部门是指由地方各级人民政府确定的负责本行政区域内南水北调工程征地移民工作的部门。

第二章 投资包干管理

第六条 征地移民资金实行与征地移民任务相对应的包干使用制度。征地移民资金包干数额按国家核定的初步设计概算确定。除国家已批准的因政策调整、不可抗力等因素引起的投资增加外，不得突破包干数额。

第七条　项目法人应与省级主管部门签订征地移民投资包干总协议或单项、设计单元工程征地移民投资包干协议。

征地移民中的中央和军队所属的工业企业或专项设施（以下简称非地方项目）的迁建，由项目法人与非地方项目迁建单位签订迁建投资包干协议。项目法人委托给省级主管部门实施的非地方项目，则由省级主管部门与非地方项目迁建单位签订迁建投资包干协议。非地方项目在征地移民投资包干协议中明确。

第八条　征地移民中的文物保护项目由省级主管部门与省（直辖市）文物主管部门签订文物保护投资包干协议。

第九条　征地移民投资包干协议中必须明确规定下列内容：

（一）征地移民任务的具体内容；

（二）征地移民工作的进度要求；

（三）征地移民资金包干额度和费用组成；

（四）征地移民资金拨（支）付方式；

（五）双方的责任、权利和义务。

第十条　直接费用由省级主管部门和项目迁建单位包干使用。

第十一条　其他费用按照“谁组织，谁负责”的原则，由省级主管部门、项目法人按各自职责和承担的工作量分块包干使用，具体划分比例在签订投资包干协议时确定。

省级主管部门、项目法人应根据征地移民投资包干协议确定的工作内容及地方国土资源等部门参与征地移民工作的职责和工作量合理安排有关费用。

第十二条　预备费按照征地移民任务（包括非地方项目迁建）分配额度，并考虑特殊因素作适当调整。

中线水源工程30%的预备费随年度征地移民投资计划匹配下达，需动用预备费，由省级主管部门审批，并经项目法人报国务院南水北调办备案；其余70%预备费的动用，省级主管部门应提出书面申请，由项目法人审核后报国务院南水北调办审批。

东线工程和中线干线工程50%的预备费随年度征地移民投资计划匹配下达，需动用预备费，由省级主管部门审批，并经项目法人报国务院南水北调办备案；其余50%预备费的动用，省级主管部门应提出书面申请，由项目法人审核后报国务院南水北调办审批。

由项目法人组织实施的非地方项目，其预备费随年度征地移民投资计划匹配下达的比例按本条第二、三款执行。需动用随年度投资计划匹配下达预备费的，由项目法人审批并报国务院南水北调办备案；需动用其余预备费的，由项目法人提出申请，报国务院南水北调办审批。

第十三条　有关税费由项目法人按已批准的征地移民投资概算中核定的金额支付给省级主管部门和非地方项目迁建单位，省级主管部门和非地方项目迁建单位按规定缴纳给有关部门或单位。

第三章　计　划　管　理

第十四条　年度征地移民投资计划依据经批准的初步设计阶段征地移民规划及投资概算、移民安置实施方案、南水北调工程项目开工及建设进度的要求进行编制，并纳入南水北调工程建设年度投资计划。

第十五条　年度征地移民投资计划的内容应包括农村征地补偿和移民安置、城（集）镇迁建、企事业单位和专项设施迁建、防护工程、库底清理和文物保护等的规模和投资。年度征地移民投资计划的报表编制格式和编报要求另行规定。

第十六条　省级主管部门商项目法人编制年度征地移民投资计划（包括受项目法人委托的非地方项目投资计划），项目法人组织编制非地方项目年度征地移民投资计划，并由项目法人汇总后一并报国务院南水北调办。

第十七条　根据国家发展和改革委员会下达的年度投资计划，国务院南水北调办将年度征地移民投资计划下达项目法人。

依据已签订的征地移民投资包干协议和征地移民工作进度，项目法人将年度征地移民投资计划分解到省级主管部门和非地方项目迁建单位。

第十八条　省级主管部门和非地方项目迁建单位依据分解的年度征地移民投资计划，结合工程建设进展情况和相关协议，组织计划的实施。

第十九条　各级主管部门、各项目法人、非地方项目迁建单位和相关单位应维护年度征地移民投资计划的严肃性，不得擅自调整。确需调整的，省级主管部门负责的项目由省级主管部门提出调整意见，非地方项目由项目实施单位提出调整意见，由项目法人按原程序报批。

第二十条　省级以下各级主管部门应及时统计计划执行情况，逐级定期报送给上一级主管部门。省级主管部门负责汇总统计资料并经项目法人报国务院南水北调办。

第四章　财　务　管　理

第二十一条　各级主管部门、各项目法人应按其职责负责征地移民资金的财务管理，设立专门的财务管理机构或配备会计人员，建立完善的财务内控制度，加强票据、印章管理，实行会计、出纳分设，严格资金收支程序，严肃财务纪律，严禁设立小金库。

第二十二条　项目法人应依据征地移民投资包干协议，按照批准下达的年度征地移民投资计划和征地移民工作进度，及时将资金支付给省级主管部门、非地方项目迁建单位。

省级主管部门按年度征地移民投资计划和征地移民工作进度，及时向下级主管部门拨付资金，并按规定及时向有关部门或单位缴纳有关税费。

第二十三条　各级主管部门、各项目法人应在一家国有或国家控股商业银行开设征地移民资金专用账户，专门用于征地移民资金的管理。

省级主管部门、各项目法人开设、变更、撤销银行账户应报国务院南水北调办备案，省级以下主管部门开设、变更、撤销银行账户应报省级主管部门备案。

第二十四条　各级主管部门、各项目法人应确保征地移民资金专项用于南水北调工程征地移民工作，任何部门、单位和个人不得截留、挤占、挪用征地移民资金。

各级主管部门、各项目法人应严格执行经批准的征地移民规划及移民安置实施方案，不得超标准、超规模使用征地移民资金。

第二十五条　各级主管部门、各项目法人应设置专门的会计账簿核算征地移民资金，执行统一的会计制度。

第二十六条　各级主管部门应按规定向上一级主管部门报送财务报告。项目法人对省级主管部门和非地方项目迁建单位的财务报告汇总后上报国务院南水北调办。

第二十七条　省级主管部门在单项、设计单元工程完工后，审核汇总并向项目法人报送该工程项目的征地移民资金财务决算报告，项目法人对省级主管部门和非地方项目迁建单位的财务决算报告汇总后上报国务院南水北调办。

第二十八条　各级主管部门、各项目法人的征地移民资金形成的银行存款利息收入，应用于征地移民工作，不得挪作他用。

第五章　监　督　管　理

第二十九条　各级主管部门应当加强内部审计和检查，定期向本级人民政府、上级主管部门报告征地移民资金使用情况。

省级主管部门、项目法人应对征地移民资金及时到位、使用和管理情况等进行监督检查。

第三十条　各级主管部门、项目法人及非地方项目迁建单位应接受国务院南水北调办对征地移民资金及时到位、使用和管理情况等的监督检查和稽察。

第三十一条　各级主管部门、项目法人及非地方项目迁建单位有义务接受审计、监察和财政部门依法对征地移民资金进行审计、监察和监督，并按要求及时提供有关资料。

第三十二条　对征地移民的调查、补偿、安置、资金兑付等情况，应以村或居委会为单位及时张榜公布，接受群众监督。

第三十三条　对监督检查、稽察、审计和监察中发现的问题，责任单位应及时整改。违反本办法规定，截留、挤占、挪用征地移民资金的单位，应依法给予行政处罚；对直接负责的主管领导和责任人，应依据相关法律、法规和规章追究其法律责任，构成犯罪的，应依法追究其刑事责任。

第六章　附　　则

第三十四条　省级主管部门应依据本办法制定征地移民资金管理办法实施细则，并报国务院南水北调办备案。

第三十五条　南水北调工程总体规划范围内的汉江中下游工程和治污工程征地移民资金管理，参照本办法执行。

南水北调配套工程的征地移民资金管理规定，由有关省（直辖市）自行制定。

第三十六条　本办法由国务院南水北调办负责解释。

第三十七条　本办法自 2005 年 7 月 1 日施行。

关于印发《南水北调工程建设征地补偿和移民安置监理暂行办法》及《南水北调工程建设移民安置监测评估暂行办法》的通知

国调办环移〔2005〕58号

（国务院南水北调工程建设委员会办公室2005年8月3日印发）

各有关单位：

现将《南水北调工程建设征地补偿和移民安置监理暂行办法》、《南水北调工程移民安置监测暂行办法》印发给你们，请遵照执行。

附件1

南水北调工程建设征地补偿和移民安置监理暂行办法

第一条 为了规范南水北调工程建设征地补偿和移民安置监理工作，有序实施移民安置规划，依据《南水北调工程建设征地补偿和移民安置暂行办法》制定本办法。

第二条 本办法适用于南水北调主体工程建设征地补偿和移民安置监理（以下简称监理）工作。

专项设施、基础设施建设、文物保护等监理执行相关行业规定。

第三条 国务院南水北调办负责监理工作的指导、监督。

项目法人会同省级主管部门编制监理招标文件，在工程初步设计批准后开展招标工作，确定监理单位。

省级主管部门和项目法人共同与中标监理单位签订监理合同。

省级主管部门负责监理工作的组织实施，市、县主管部门和实施单位配合开展工作。

中标监理单位按照监理合同进行监理，监理项目实行总监理工程师负责制。

第四条 监理单位必须具备以下条件：

（一）能独立承担民事责任的法人。

（二）与项目法人、省级主管部门、实施单位和项目设计单位无隶属关系。

（三）具有完成相应监理工作的经历和资源。

第五条 中标监理单位不得转让、分包监理业务。监理人员应保持相对稳定，监理人员的变更须报省级主管部门和项目法人备案。总监理工程师的变更，须经省级主管部门同意，报项目法人备案。

第六条 监理单位的职责如下：

（一）对补偿、拆迁和安置的进度、资金兑付、工作质量等进行检查。

（二）对征地补偿和移民安置规划设计方案的变更提出意见。

（三）对补偿、拆迁和安置的实施情况定期向省级主管部门报告，提交监理月报、半年报、年报；提交省级主管部门要求编制的监理专题报告；提交移民安置阶段性验收和竣工验收监理工作报告；提交监理工作结束时的总结报告，并将以上报告同时抄送项目法人。

第七条　监理工作程序如下：

（一）依照监理合同组建现场监理机构和配备监理人员，并在监理合同约定的时间将监理人员派驻到现场。

（二）依据移民安置规划或实施方案编制监理规划和细则。

（三）将监理人员的姓名和工作范围报送省级主管部门，由省级主管部门通知有关部门和实施单位。

（四）在开展现场监理工作前向有关部门和实施单位说明工作程序和工作方法。

（五）采取实地检查、现场调查、座谈等方法开展工作。

（六）在完成监理合同约定的全部工作后，退还全部设计文件和资料。

第八条　省级主管部门应及时向省政府报告监理单位提供的工作报告和情况，同时抄报国务院南水北调办。

项目法人亦应将资金支付使用等有关情况及时上报国务院南水北调办。

第九条　本办法由国务院南水北调办负责解释。

第十条　本办法自印发之日起施行。

附件2

南水北调工程建设移民安置监测评估暂行办法

第一条　为了规范监测评估南水北调工程建设移民安置工作的效果，准确掌握移民生产生活情况，依据《南水北调工程建设征地补偿和移民安置暂行办法》制定本办法。

第二条　本办法适用于南水北调主体工程农村移民生产生活情况的监测评估（以下简称监测）工作。

第三条　监测工作依据移民安置规划和实施方案组织开展。

第四条　监测范围为征地影响区与安置区。

第五条　国务院南水北调办负责监测工作的指导、监督。

项目法人会同省级主管部门编制监测招标文件，通过招标确定监测单位。

省级主管部门和项目法人共同与中标监测单位签订监测合同。

省级主管部门负责监测工作的组织实施，市、县主管部门和实施单位配合开展工作。

中标监测单位按照监测合同进行监测。

第六条　监测单位必须具备以下条件：

（一）与项目法人、省级主管部门、实施单位和项目设计单位无隶属关系。

（二）具有移民社会调查和移民监测工作的资源和能力。

（三）具有从事移民安置监测的实际经验。

第七条 监测单位应确定项目负责人对监测工作负总责。项目负责人应具有高级技术职称和政策分析、社会调查经验。

第八条 监测单位的主要职责如下：

（一）对农村移民搬迁前的生产生活情况进行基底调查，对安置后生产用地落实、生产生活恢复等进行监测，反映有关情况并履行保密义务。

（二）向省级主管部门提交监测报告。移民工作开始前，提交基底调查报告；移民工作开始后，每半年提交一次监测报告；移民工作结束时，提交总结评估报告。根据省级主管部门的需要或实施情况，进行专题调查并提交专题监测报告。以上报告同时抄送项目法人。

第九条 监测单位应运用资料分析、现场调查、抽样调查、跟踪调查等方法收集移民安置生产生活情况的信息，采用统计、分析等方法进行评估。

第十条 省级主管部门应及时检查监测工作，解决监测工作中的问题，各级主管部门和相关单位应积极配合监测工作。

第十一条 省级主管部门应将监测情况报告省政府，同时抄报国务院南水北调办。

第十二条 本办法由国务院南水北调办负责解释。

第十三条 本办法自印发之日起施行。

关于进一步规范南水北调工程招标投标活动的意见

国调办建管〔2005〕103号

（国务院南水北调工程建设委员会办公室2005年11月23日发布）

各项目法人、各有关省（直辖市）南水北调办事机构：

为全面贯彻落实《国务院办公厅关于进一步规范招标投标活动的若干意见》（国办发〔2004〕56号），现提出以下意见。

一、监督管理

（一）国务院南水北调工程建设委员会办公室（以下简称“南水北调办”）依法对南水北调主体工程项目招标投标活动实施监督管理，对重大项目的招标、投标、开标、评标、中标过程进行监督检查，组建并管理南水北调工程评标专家库，受理有关南水北调工程建设项目招标投标活动的投诉和举报，依法查处招标投标活动中的违法违规行为。

有关省（直辖市）南水北调办事机构根据南水北调办的委托，对委托范围内的项目招标投标活动进行监督管理并向南水北调办负责，接受南水北调办的指导和检查，对发现的重大事项应当及时报告。每半年向南水北调办报告一次行政监督管理情况。

（二）行政监督管理工作内容包括：接受并按规定核准（或受委托初步核准）招标人在招标前提交的分标方案；对招标投标活动进行监督；对招标投标活动中出现的严重违法违规行为提出处理意见和建议；接受招标人的招标投标情况书面总结报告。

（三）对开标和评标活动监督的工作方式主要为：检查招标投标有关文件，核查投标单位的资质等级和资信情况等；监督标底（或成本价）形成、招标、投标、开标、评标、中标等与招标投标有关的活动；向有关单位调查了解情况；现场查验，调查、核实招标结果执行情况；受理投诉和举报。

（四）行政监督人员在监督检查过程中不得非法干预或影响正常评标，不得作为评标委员会成员直接参与评标，不得泄漏应当保密的事项。

（五）招标人作为项目招标投标管理的责任主体，应当严格执行国家有关法律法规和南水北调工程建设关于招标投标的有关规定，建立健全内部管理和监督的体制、机制及制度，落实责任，精心组织，严格管理，规范招标活动，确保招标质量。

二、招标

（六）南水北调主体工程勘测设计、监理、施工、货物（包括重要设备、材料等，以下简称“货物”）等项目符合国家规定的范围和标准的，应当依法招标选择承包单位。推行项目代建管理模式的，应当按照南水北调办的有关规定招标选择项目管理单位。

勘测设计（勘察、测量、初步设计、技施设计）招标应当具备的条件：按照国家有关规定需要履行项目审批手续的，已履行审批手续，取得批准；勘测设计所需资金已有明确安排；所必需的勘测设计基础资料已经收集完成；勘测设计分标方案已经核准；法律法规规定的其他条件已经具备。

监理招标应当具备的条件：初步设计已经批准（或已通过技术审查且初步设计概算已经核定）；监理所需资金已有明确安排；监理分标方案已经核准；有招标所需的设计图纸及技术资料。监理工作一般应包括设计监理和施工监理，对工程设计和工程建设的质量、进度和投资等进行监督、控制管理，协调业主、设计单位、施工单位的关系。监理内容的具体要求可根据工程具体情况，由招标人在招标文件中明确。

施工招标应当具备的条件：初步设计已经批准；建设资金来源已落实或年度投资计划已经安排；满足招标要求的设计文件已经具备，施工图纸交付已有明确安排；施工分标方案已经核准；有关建设项目永久征地、临时用地和移民搬迁的实施、安置工作已有明确安排。

货物招标应当具备的条件：初步设计已经批准；货物技术经济指标已基本确定；货物分标方案已经核准；货物所需资金已有明确安排。

项目代建管理招标应当具备的条件：初步设计已经批准（或已通过技术审查且初步设计概算已经核定）；项目代建管理方案已经核准。

其他招标应当具备法律法规和国家关于南水北调工程建设有关规定要求的相应条件。

（七）南水北调主体工程项目招标工作的程序：向行政监督管理单位提交分标方案申请核准；编制招标文件；发布招标信息（招标公告或投标邀请书）；发售资格预审文件（实行资格预审的，下同）；按规定日期接受潜在投标人递交的资格预审文件；组织对潜在投标人资格预审文件进行审核；发售招标文件；组织购买招标文件的潜在投标人现场踏勘；接受投标人对招标文件有关问题要求澄清的函件，对问题进行澄清，并书面通知所有潜在投标人；组织成立评标委员会；在规定时间和地点，接受符合招标文件要求的投标文件；组织开标评标会；确定中标人；发中标通知书；向行政监督管理单位提交招标投标情况的书面总结报告；进行合同谈判，与中标人订立书面合同。

（八）南水北调主体工程项目分标方案必须在招标公告发布前20日报经南水北调办核准。分标方案主要应包括项目概况、标段划分原则、标段划分理由、分标情况（含标段内容、工期、相应概算等）、必要的图纸等内容。

（九）采用代理招标的，招标人一般宜采用竞争方式选择招标代理机构，并在委托合同中明确须遵守的南水北调工程招标投标有关规定。招标代理机构不得与被代理招标项目的投标人有隶属关系或者其他利益关系。

招标人拟自行招标的，须具有自行招标条件和能力，并按有关规定和管理权限经核准后才能办理自行招标事宜。

（十）南水北调主体工程项目的招标公告和中标结果，应当依照法律法规和《南水北调工程建设管理的若干意见》有关规定进行公告。

招标公告应当载明招标人及招标代理机构的名称和地址、招标项目的性质、内容、数量、实施地点和工期（供货、服务、时间）要求、对投标人的资格和经历（业绩）要求、开标时间和地点以及获取投标文件的办法等事项，但不得限制潜在投标人的数量。

招标人对招标公告内容的真实性、准确性和完整性负责。

招标人在南水北调办网站发布招标公告，应当在预定发布招标公告日期前3个工作日将招标公告及相关材料报南水北调办。相关材料应包括招标项目名称及概况、招标已具备的条件、招标计划安排、评标委员会组建方案、招标文件（含评标方法和标准）；代理机构名称及联系人、联系方式；发布公告的时间和其他必要内容。

（十一）对投标人的资格审查分为资格预审和资格后审，一般应采用资格预审方式，由招标人或受委托的招标代理机构负责实施，资格预审前应告知有关行政监督管理单位，并接受依法实施的行政监督。

招标人应当根据工程的性质和特点编制资格审查文件，资格审查文件应详述审查条件、方法和标准。资格审查应当以相同条件对所有潜在投标人进行审查，审查前不得以任何理由限制或者排斥潜在投标人，并提出资格审查报告，经审查人员签字确认。

（十二）招标人应当根据国家法律法规和南水北调工程建设的有关规定，结合项目特点和需要组织编制招标文件并负责审查。

招标文件应当载明详细的评标方法和标准，评标标准中的评价因素均应根据招标项目的特点进行科学、合理的量化。在评标时不得另行制定或修改、补充任何评标方法和标准。

招标文件应当规定实质性要求和条件，说明不满足其中任何一项实质性要求和条件的投标将被拒绝，并用醒目方式标明；没有标明的要求和条件在评标时不得作为实质性要求和条件。对标的物的技术、标准和质量有特殊要求的，招标文件中应当提出相应要求，并将其作为实质性要求和条件。

（十三）招标人对已发出的招标文件进行必要澄清或者修改的，应当在招标文件要求提交投标文件截止日期至少 15 日前，以书面形式通知到所有投标人。投标人对招标文件如有疑问，应当在投标截止时间 10 日前向招标人提出；招标人对投标人疑问进行回复的，应当在投标截止时间 5 日前以书面形式向所有投标人进行一致的解答。

招标人的澄清、修改或解答的内容为招标文件的组成部分。

（十四）南水北调主体工程项目招标鼓励推行无标底招标。

南水北调主体工程项目招标采用标底或成本价的，招标人应按照有利于工程建设和投资控制的原则，根据批准的设计、概算（估算），依据有关规定，结合市场供求状况，综合考虑工期、质量等方面的因素合理确定。标底或成本价编制过程和结果在开标前必须严格保密，在开标时予以公布。

（十五）招标公告在正式媒介发布至发售招标文件或资格预审文件的时间间隔不少于 5 日；招标文件或资格预审文件发售期限，最短不应当少于 5 个工作日。

招标文件应当按其制作成本确定售价，监理招标文件每套售价不超过 1000 元人民币，其它招标文件每套售价不超过 3000 元人民币。

（十六）招标文件中应当明确投标保证金金额，一般不超过合同估算价的 7‰，但勘测设计招标最高不应超过 10 万元人民币，其它招标最高不应超过 80 万元人民币，最低不应低于 3 万元人民币。

三、投标

（十七）招标人要按照国家有关规定和南水北调办的有关要求，认真核验招标代理、勘测设计、监理、施工、货物供应等单位的资质（资格）和经历（业绩），确保资质和业绩一致，不得让无资质（资格）或资质（资格）等级不够、无相应经历（业绩）的单位参与招标投标活动。

（十八）投标人应当按照招标文件的要求编制投标文件。投标文件应对招标文件提出的实质性要求和条件作出响应。拟在中标后将中标项目的部分非主体、非关键性工作进行分包的，应当在投标文件中载明。

（十九）投标人应当在投标截止时间前，将投标文件密封送达投标地点。招标人收到投标文件后，应当向投标人出具标明签收人和签收时间的凭证，在开标前任何单位和个人不得开启投标文件。

招标人对逾期送达的或者未送达投标地点的或者未按招标文件要求密封的投标文件不予接收。

（二十）投标人在投标截止时间前，可以按照招标文件的规定补充、修改、替代或者撤回已提交的投标文件，并书面通知招标人。

在提交投标文件截止时间后，投标人不得补充、修改、替代或者撤回其投标文件。投标人补充、修改、替代投标文件的，招标人不得接受。

（二十一）两个以上法人或者其他组织可以组成一个联合体，以一个投标人的身份共同投标。联合体各方签订共同投标协议后，不得再单独投标，也不得组成新的联合体或参加其他联合体在同一标段中投标。联合体投标的资质、责任等方面的管理按国家有关规定执行。

（二十二）禁止任何投标人串通投标或招标人与投标人串通投标的行为。

（二十三）提交投标文件的投标人少于 3 个的，招标人应当依法重新招标。重新招标后投标人仍少于 3 个的，经批准后可以不再进行招标，或者仅对合格投标人进行开标和评标。

评标委员会根据国家有关规定和招标文件否决不合格投标或者界定为废标后，有效投标不足 3 个的，由评标委员会决定是否继续进行评标或重新招标。决定重新招标的，招标人应当自决定之时起 2 日内将有关情况报南水北调办。

四、开标

（二十四）开标由招标人或其委托的招标代理机构主持，在招标文件确定的地点和提交投标文件截止时间的同一时间公开进行。开标时，由投标人代表检查投标文件的密封情况，也可以由招标人委托的公证机构检查并公证；经确认无误后，由工作人员当众拆封，宣读投标人名称、投标价格和投标文件的其他主要内容。

招标人或其委托的招标代理机构应与投标人确认投标文件的完整性。

开标过程应当记录，并由有关各方签字确认。

五、评标

（二十五）评标委员会由招标人组建，负责评标活动，向招标人推荐中标候选人或者根据招标人的授权直接确定中标人。

评标委员会的人数为 5 人以上单数，其中技术、经济等方面的专家不得少于成员总数的 2/3，并按照《南水北调工程评标专家和评标专家库管理办法》确定。

评标委员会设负责人的，评标委员会负责人由评标委员会成员推举产生或者由招标人确定。评标需要分组的，如评标委员会负责人是招标人代表，则招标人代表不再担任各组负责人。评标委员会负责人、各组负责人与评标委员会的其他成员有同等的表决权。

评标委员会成员不得与投标人有利害关系。所指利害关系包括：是投标人负责人的近亲属；在5年内与投标人曾有工作关系；或与投标人有其他社会关系或经济利益关系。评标专家的回避性检查在评标专家抽取时进行；招标人评标代表的回避性检查在开标前进行，招标人应向行政监督管理单位提供其评标代表近5年的简历。评标委员会成员发现需要回避时，应当主动回避。

南水北调工程评标专家库评标专家抽取程序为：招标人在抽取评标专家前确定抽取评标专家的人数、专业分布。开标前3至4日，招标人代表经单位介绍，提供已获取招标文件的潜在投标人名单，在南水北调工程评标专家库抽取评标专家。原则上同一单位、同一地区抽取的评标专家不超过1人（同一地区不同主管部门的单位除外），尽可能来自不同类型（性质）的单位（如建设管理、招标代理、设计、监理、施工等）。招标人按规定指定专家作为其代表进入评标委员会的，专家所在单位的入库评标专家不再抽取作为该项目的评标专家。

（二十六）评标委员会成员应在开标前集中，并在开标前开始进行不少于半天的评标培训。培训工作由南水北调办或各省市南水北调办事机构负责。培训内容应包括有关招标投标法律法规、所评标项目背景和概况、评标工作程序及赋分要求、评标工作纪律要求等。评标培训内容不得有妨碍评标公正性的任何倾向性意见或暗示。评标委员会成员应签署遵守评标工作纪律、承担评标工作相应职责、与投标人无利害关系的书面承诺。

招标人应当给予评标专家合理的劳务报酬，并负责评标专家参加评标工作时的交通、食宿等费用。

（二十七）评标委员会成员应当严格遵守评标纪律，认真细致全面地审阅投标文件，客观、公正、独立地开展评标工作，不受包括招标人在内的任何单位和个人的制约、影响，对所提出的评审意见承担责任。

评标委员会成员不得与任何投标人或者与招标结果有利害关系的人进行私下接触，不得收受投标人、中介人、其他利害关系人的财物或者其他好处。评标委员会成员和与评标活动有关的工作人员不得透露对投标文件的评审、中标候选人的推荐情况以及与评标有关的其他情况。

（二十八）评标委员会应当根据招标文件规定的评标方法和标准，对投标文件进行系统的评审和比较。招标文件中没有规定的方法和标准不得作为评标的依据。

评标委员会应当审查每一投标文件是否对招标文件提出的所有实质性要求和条件作出响应。未能在实质上响应的投标，应作废标处理。对投标人提交的经历（业绩）证明等材料，必要时应进行查证、核实。

评标委员会可以书面方式要求投标人对投标文件中含义不明确、对同类问题表述不一致或者有明显文字和计算错误的内容作必要的澄清、说明或补正，但不得向投标人提出带有暗示性或诱导性的问题，或向其明确投标文件中的遗漏和其它错误。投标人的澄清、说明或补正不能改变投标文件的实质性内容。

评标委员会推荐的中标候选人应当限定在1至3名，并标明排列顺序。

（二十九）评标委员会完成评标后，应当在评标会议结束前向招标人提出书面评标报告。

评标报告由评标委员会全体成员签字。对评标结论持有异议的评标委员可以书面方式阐述其不同意见和理由。评标委员会成员拒绝在评标报告上签字且不陈述其不同意见和理由的，视为同意评标结论。评标委员会应当对此作出书面说明并记录在案。

评标报告的内容应当包括：基本情况；评标委员会成员名单；开标记录；符合要求的投标一览表；废标情况说明（如有）；评标标准、方法；经评审的价格或者评分比较一览表；经评审的投标人排序；推荐的中标候选人名单与签订合同前要处理的事宜；澄清、说明、补正事项纪要。

（三十）评标过程记录应当纳入档案管理。

六、中标

（三十一）招标人应当在评标结束后的 1 个工作日内在中国南水北调网站公示评标结果（格式见附件 1）。

（三十二）招标人应按照国家有关规定确定中标人。中标人确定后，招标人应当向中标人发出中标通知书，并同时将中标结果通知所有未中标的投标人。中标通知书对招标人和中标人具有法律约束力。中标通知书发出后，招标人改变中标结果或者中标人放弃中标的，应当承担法律责任。

（三十三）招标人和中标人应当自中标通知书发出之日起30 日内，按照招标文件和中标人的投标文件订立书面合同。招标人与中标人不得再行订立背离招标实质性内容的其他协议。中标人应严格按照合同约定投入投标时承诺的人员和设备等资源参加南水北调工程建设。

招标人应当在签订合同后 5 个工作日内，向中标人和未中标的投标人退还投标保证金，并通知有关媒体发布中标信息。

（三十四）招标人应自确定中标人之日起 15 日内向南水北调办提交招标投标情况的书面报告，代建、委托项目招标人经项目法人向南水北调办报告，委托项目招标人和东线项目招标人同时向有关省（直辖市）南水北调办事机构报告。书面报告应当包括的内容有：招标范围；招标方式和发布招标公告的媒介；评标委员会的组成和评标报告；中标结果（中标信息表格式见附件 2）。

（三十五）合同中确定的建设规模、建设标准、建设内容应当严格控制在批准的初步设计及概算文件范围内；合同价格确需超出批准的初步设计及概算文件范围的，招标人应当在招标前或中标合同签订前，报南水北调办审查同意。

（三十六）招标人不得指定分包人。

中标人不得转包或违法分包，一经发现，可要求其改正；拒不改正的，可终止合同，并报请有关行政监督管理单位查处。

七、其他

（三十七）经批准需要进行国际招标的，按照国家有关规定执行。

（三十八）违反招标投标有关规定的，必须依照有关规定进行处理；违反法律的，依法追究法律责任。

关于进一步做好南水北调工程征地移民工作的通知

国调委发〔2006〕1号

（国务院南水北调工程建设委员会2006年2月20日发布）

北京市、天津市、河北省、江苏省、山东省、河南省、河北省人民政府：

南水北调工程开工建设以来，征地移民工作总体进展良好，保证了工程建设用地需要，维护了沿线社会稳定。但是，随着工程开工项目的增多，在征地移民工作中出现了一些新情况、新问题，部分地区或项目征地移民工作进展缓慢或操作不规范，给工程建设造成了不利影响。为了如期实现南水北调工程通水目标，经国务院批准，现就进一步做好征地移民工作有关问题通知如下：

一、认真落实“建委会领导、省级人民政府负责、县为基础、项目法人参与”的征地移民管理体制。南水北调工程沿线有关省（市）人民政府要以高度的政治责任感和使命感，切实负起责任，加强对征地移民工作的领导，按照《南水北调工程建设征地补偿和移民安置暂行办法》和《南水北调主体工程建设征地补偿和移民安置责任书》的要求，加大工作力度，提高工作效率，及时协调处理工程征地移民工作中出现的问题，重大问题应及时向建委会报告。

二、严格执行国家批准的南水北调工程征地补偿和移民安置概算。南水北调工程征地补偿和移民安置概算，是在充分考虑沿线有关地区的实际情况后确定的，各地应当遵照执行。征地补偿标准牵一发而动全局。要防止出现地区间补偿标准不平衡而产生攀比和形成不稳定因素。有关省（市）人民政府必须严格按照批准的概算做好征地补偿和移民安置工作。工程沿线经济发展水平较高的城市近郊区，如确需提高征地补偿标准，对其超出概算的部分，应根据建委会《关于南水北调工程建设中城市征地拆迁补偿有关问题的通知》（国调委发〔2005〕2号）要求，由地方从国有土地有偿使用收入中筹集资金予以解决。

三、切实安置好被征地农民和农村移民的生产生活。土地是农民最基本的生产资料和生活保障，为保证被征地农民和农村移民不因征地或搬迁而降低生活水平，要坚持以农业安置为主。有关地方人民政府要积极协调，调剂和开垦新的土地安置被征地农民和农村移民；对土地资源匮乏，农业安置确有困难的，应积极开辟就业渠道，并制定相应的扶持措施，予以妥善安置。

关于印发《南水北调工程验收管理规定》的通知

国调办建管〔2006〕13号

（国务院南水北调工程建设委员会办公室2006年3月28日印发）

各有关省（直辖市）南水北调办事机构，南水北调各项目法人：

根据《南水北调工程建设管理的若干意见》（国调委发〔2004〕5号），经我办主任专题办公会研究通过，并商国家发展和改革委员会同意，现将《南水北调工程验收管理规定》印发给你们，请认真遵照执行。

附件

南水北调工程验收管理规定

第一章 总 则

第一条 为加强南水北调工程验收管理，明确验收职责，规范验收行为，根据国家有关规定，结合南水北调工程建设的特点，制定本规定。

第二条 南水北调工程验收分为施工合同验收、设计单元工程完工验收、部分工程完工（通水）验收和南水北调东、中线一期主体工程竣工验收以及国家规定的有关专项验收。

第三条 本规定适用于南水北调东线、中线一期主体工程竣工验收前的各项验收工作。截污导流工程验收可参照执行。

南水北调东、中线一期主体工程竣工验收有关事宜国务院另行决定。

第四条 南水北调工程的建设项目具备验收条件时，应及时组织验收。未经验收或验收不合格的工程不得交付使用或进行后续工程施工。

第五条 验收工作的依据是国家有关法律、法规、规章和技术标准，主管部门有关文件，经批准的工程设计文件及相应的工程设计变更、修改文件，以及施工合同等。

第六条 验收工作由验收主持单位组织的验收委员会（或验收工作组，下同）负责。验收结论应经过2/3以上验收委员会成员同意。对于不同意见应有明确的记载并作为有关验收主要成果性文件的附件。

第七条 验收中发现的不影响验收结论的问题，其处理意见由验收委员会协商确定，必要时报请验收主持单位或其上级主管部门决定。

第八条 国务院南水北调工程建设委员会办公室（以下简称“南水北调办”）负责南水北调工程竣工验收前各项验收活动的组织协调和监督管理。

省、直辖市南水北调办事机构根据南水北调办的委托，承担相应监督管理工作。

第九条　项目法人（或委托和代建项目的建设管理单位，以下简称项目管理单位）在项目主体工程批准开工后，应及时制定验收工作方案和计划。

第二章　施工合同验收

第十条　施工合同验收是指项目法人（或项目管理单位）与施工单位依法订立的南水北调工程项目施工合同中约定的各种验收。

第十一条　施工合同验收包括分部工程验收、单位工程验收、合同项目完成验收。项目法人（或项目管理单位）可以根据工程建设的需要，适当增加阶段验收以及其他类型的验收并在合同中提出相应要求。

第十二条　施工合同验收由项目法人（或项目管理单位）主持，其中分部工程验收可由监理单位主持。项目建设管理委托或代建合同中应明确项目管理单位有关验收职责。

经南水北调办确定的特别重要工程项目的蓄水、通水、机组启动等阶段验收由南水北调办或其委托单位主持。

第十三条　施工合同验收工作由项目法人（或项目管理单位）、设计、监理、施工等有关单位代表组成的验收工作组负责，必要时可邀请工程参建单位以外的专家参加。

第十四条　施工合同验收的主要成果性文件分别是“分部工程验收签证书”、“机组启动验收鉴定书”、“单位工程验收鉴定书”以及“合同项目完成验收鉴定书”。阶段验收的主要成果性文件是“阶段验收鉴定书”。

第十五条　项目法人（或项目管理单位）主持的单位工程验收、阶段验收、合同项目完成验收，应自通过之日起 30 个工作日内，将验收鉴定书报送验收监督管理部门备案。分部工程验收签证报项目质量监督机构核备。

第三章　专项验收与安全评估

第十六条　专项验收是指按照国家有关规定，列入南水北调工程建设的专项工程以及有特殊内容要求的专门项目的验收。包括水土保持验收、环境保护验收、征地补偿和移民安置验收、工程档案验收以及国家规定的其他专项验收。

第十七条　专项验收按主管部门制定的有关验收办法执行。

专项验收根据情况，一般应在设计单元工程完工验收前完成。

项目法人、项目管理单位及相关参建单位应按照有关规定做好专项验收的有关准备和配合工作。

第十八条　专项验收通过的鉴定（或评价）等结论性文件，由项目法人在申请设计单元工程完工验收时，报送设计单元工程完工验收主持单位。

第十九条　水库工程蓄水以及重要工程项目完工验收前，项目法人应组织进行安全评估。

需进行安全评估的工程项目及范围由南水北调办另行确定。

第二十条　承担南水北调工程安全评估的机构应具有相应的资格、能力和经历。评估机构应按照有关规定和办法进行安全评估，向项目法人提交评估报告，并对评估结论负责。

第四章 设计单元工程完工验收

第二十一条 设计单元工程完工验收由南水北调办或其委托的单位主持。

设计单元工程的划分根据有关部门批准的初步设计确定。

第二十二条 设计单元工程完工验收应具备的主要条件有：

1. 建设资金已经全部到位；
2. 工程项目全部完成；
3. 施工合同验收完成；
4. 要求进行的水库工程蓄水或重要工程项目安全评估已经完成；
5. 有关专项验收已经完成；
6. 工程决算报告已经完成或概算执行情况报告已经做出；
7. 项目质量监督机构已经提交工程质量监督报告；
8. 需要在验收前提交和备查的文件资料已经准备就绪；
9. 国家规定的其他有关要求。

第二十三条 验收委员会原则上由验收主持单位、地方政府、有关行政主管部门、项目质量监督机构的代表、专项验收委员会（或工作组）代表以及技术、经济和管理等方面的专家组成。验收委员会主任委员由主持单位代表担任。

第二十四条 项目法人、项目管理单位、勘察、设计、施工、监理、运行管理等工程参建单位应做好验收的有关准备和配合工作，派代表出席验收会议，负责报告情况和解答验收委员会提出的问题。上述单位作为被验收单位在验收鉴定书上签字。

第二十五条 设计单元工程需要进行完工验收时，项目法人应向验收主持单位提交验收申请。验收主持单位应在收到验收申请后 30 个工作日内决定是否同意进行验收，并明确是否进行技术性初步验收的意见。

第二十六条 项目法人提交验收申请时，应同时提交以下资料：

1. 工程建设管理工作报告；
2. 专项验收鉴定（或评价）结论性文件；
3. 要求的重要工程项目安全评估报告；
4. 工程质量监督报告；
5. 工程决算报告或概算执行情况报告；
6. 需要的其他文件。

第二十七条 设计单元工程完工验收的主要成果性文件是“设计单元工程完工验收鉴定书”。通过完工验收的工程项目质量等级定为合格。

第二十八条 设计单元工程完工验收鉴定书自通过之日起 30 个工作日内，由验收主持单位负责行文发送有关单位。

第五章 部分工程完工（通水）验收

第二十九条 设计单元工程完工验收后，南水北调工程东线一期主体工程竣工验收或中线一期主体工程竣工验收前，局部工程需投入使用的，应进行部分工程完工（通水）验收。

部分工程完工（通水）验收由南水北调办或其委托的单位主持。验收范围及具体验收要求由南水北调办根据实际情况确定。

第六章　验　收　责　任

第三十条　项目法人、项目管理单位及其他各参建单位应对其提交的验收资料真实性、完整性负责，由于验收资料不真实、不完整等原因导致有关验收结论有误的，由资料提供单位承担直接责任。

第三十一条　验收委员会成员在验收工作中违反有关规定，情节较轻的，给予警告并责令改正；违反纪律、玩忽职守、徇私舞弊，情节较重的，依照规定给予或移交有关部门（单位）给予处分；后果严重、构成犯罪的，依法追究刑事责任。

第三十二条　项目法人（或项目管理单位）违反本规定，不及时组织验收或对不具备条件的工程组织施工合同验收时，由验收监督部门责令改正并按有关规定予以处罚。

第七章　工　程　移　交

第三十三条　工程移交包括施工单位向项目法人（或项目管理单位）移交以及项目管理单位向项目法人移交。移交的内容包括工程实体和其它固定资产以及应移交的工程建设档案。

通过合同验收的项目原则上应移交项目法人（或项目管理单位）管理并进入工程质量保修期，施工合同另有约定的除外。

实施委托或代建的项目，设计单元工程完工验收通过后，项目管理单位应将工程项目移交项目法人管理。

工程参建单位应完善工程移交手续。工程移交时，交接双方应有完整的文字记录并有双方代表签字。

第三十四条　有关责任单位应完成有关遗留问题的处理后进行工程移交。对不影响工程使用的遗留问题，经交接双方同意，可在工程移交后由有关责任单位继续完成遗留问题处理，直到满足设计要求。

有关专项验收或工程完工验收等验收成果性文件中对验收遗留问题以及处理责任单位应有明确的记载。

第三十五条　工程移交后，如发生由于设计、施工、材料及设备等方面原因造成的重大质量问题，应由项目法人（或项目管理单位）组织有关责任单位负责处理。

第三十六条　在工程竣工验收前，项目法人应落实已经通过设计单元工程完工验收工程项目的管理维护工作责任；具备运行条件的工程项目可以投入运行。

第八章　附　　则

第三十七条　验收过程中的有关程序及质量评定执行水利行业现行有关规定、技术标准以及南水北调办制定的补充规定和技术性文件。

第三十八条 南水北调工程征地补偿和移民安置、工程档案等专项验收办法由南水北调办另行制定。

第三十九条 本规定由南水北调办负责解释。根据施行情况，由南水北调办负责适时修订。

第四十条 本规定自 2006 年 5 月 1 日起施行。

关于印发《南水北调工程初步设计管理办法》的通知

国调办投计〔2006〕60号

（国务院南水北调工程建设委员会办公室2006年7月5日印发）

各项目法人单位：

为加强南水北调工程初步设计管理，规范初步设计组织编制和审批程序，确保初步设计成果质量和工作进度，依据《建设工程勘察设计管理条例》、《国务院南水北调工程建设委员会第二次全体会议纪要》、《研究南水北调工程建设有关问题的会议纪要》和《南水北调工程建设管理的若干意见》等规定，我办制订了《南水北调工程初步设计管理办法》，现印发给单位，请认真贯彻执行。

原随《关于下达2005年南水北调工程初步设计工作第一批投资计划的通知》（国调办投计〔2005〕41号）颁布试行的《南水北调工程初步设计工作投资计划管理暂行办法》停止执行。

附件

南水北调工程初步设计管理办法

第一章　总　　则

第一条　为加强南水北调工程初步设计管理，规范初步设计组织编制和审批程序，确保初步设计成果质量和工作进度，依据《建设工程勘察设计管理条例》、《国务院南水北调工程建设委员会第二次全体会议纪要》、国务院《研究南水北调工程建设有关问题的会议纪要》和《南水北调工程建设管理的若干意见》等有关规定，制定本办法。

第二条　初步设计是建设项目勘察设计的重要设计阶段，初步设计报告是指导项目建设的重要文件，经批准的初步设计报告是编制建设项目招标设计、施工图设计和投资控制的依据。

第三条　本办法适用于国务院南水北调办负责审批的南水北调东、中线一期主体工程（以下称南水北调工程）初步设计以及工程建设过程中发生的重大设计变更。

第四条　国务院南水北调办是初步设计工作的行政主管部门；项目法人是初步设计组织管理的责任单位。

第二章　初步设计组织、编制和申报

第五条　项目法人根据南水北调工程初步设计工作要求，编制初步设计工作组织方

案、招标分标方案报送国务院南水北调办。初步设计工作组织方案主要包括项目划分、工作进度和组织形式等。

第六条 项目法人负责组织制订南水北调工程初步设计有关技术规定，报国务院南水北调办审批。

第七条 项目法人应以设计单元工程为基本单位组织编制初步设计报告，报国务院南水北调办审批。

第八条 项目法人应按照国家有关法律法规，结合南水北调前期工作的实际，通过招标投标等方式择优选择南水北调工程初步设计承担单位，并将招标投标情况报国务院南水北调办。

第九条 承担南水北调工程勘察工作的单位，应具备综合类工程勘察甲级或专业类工程勘察甲级资质。

承担南水北调工程设计工作的单位，应具备水利行业设计甲级资质。承担专项工程设计工作的单位，应具备相应工程专项设计甲级资质。

第十条 初步设计报告应依据现行水利及其它有关行业的规范及国务院南水北调办批准的初步设计技术规定编制，其建设规模、建设标准和建设内容应符合国家批准的可行性研究总报告或单项工程可研报告。

第十一条 项目法人对初步设计报告组织初审，并征求省（市）南水北调办事机构等有关单位的意见。

第十二条 项目法人报送的初步设计成果应包括：

项目法人报审意见文件；

初步设计报告及附件、附图。

同时，请另附如下文件：

可行性研究报告审批意见；

环境影响评价报告书（表）批复；

水土保持方案报告书批复；

洪水影响评价报告批复；

建设用地预审意见；

相关行业及部门意见等文件。

第三章 初步设计审批

第十三条 国务院南水北调办可委托有资质的单位对项目法人报送的初步设计报告进行技术复核并提出技术复核意见。

第十四条 国务院南水北调办委托具有相应资质的咨询单位（以下称技术审查单位）对初步设计报告进行程序性审核。具备技术审查条件的项目，及时组织审查。不具备审查条件的项目，应提出需要补充、修改的内容及意见。

第十五条 技术审查单位应依据国家行政法规和相关规定，并结合技术复核意见，依据国家批准的南水北调工程可行性研究总报告或单项工程可研报告，对初步设计报告是否满足现行国家、行业规程规范要求，并从工程的安全可靠性、经济合理性和技术可行性等方面提出审查意见。

第十六条　技术审查单位要及时向国务院南水北调办提交包括初步设计技术审查意见在内的技术审查报告。对未通过技术审查的项目，要提出存在的问题及需要修改完善的意见。

项目法人要督促勘测设计单位按技术审查单位的意见，及时修改、补充和完善初步设计报告，重新履行报审程序，由技术审查单位进行复审。

第十七条　初步设计报告通过技术审查后，由国务院南水北调办将审定的工程初步设计概算报国家发展改革委核定。

国务院南水北调办根据技术审查报告和国家发展改革委核定的初步设计概算，批复初步设计报告。

第四章　设计变更管理

第十八条　项目法人应严格按照批复的初步设计报告组织工程建设，不得擅自改变工程建设规模、建设标准和建设内容。确需进行设计变更的，应根据有关规定，提出工程设计变更报告。

第十九条　设计变更分为重大设计变更和一般设计变更。重大设计变更是指初步设计批复后，工程任务和规模，工程等别及建筑物级别、设计标准，工程布置及建筑物结构、用途等方面发生变化，或工程设计变更引起总投资超出国家批准的设计单元工程初步设计概算投资。其他为一般设计变更。

第二十条　设计变更实行分级审批管理。重大设计变更由国务院南水北调办负责审批，一般设计变更由项目法人负责审批。

第二十一条　重大设计变更报告由项目法人进行初审，提出报审意见，报国务院南水北调办审批。重大设计变更报告包括设计变更缘由、技术方案、设计图纸、投资分析表等。

第二十二条　一般设计变更由项目法人结合工程建设特点和管理模式，按照分级负责的原则，明确相应管理权限和审批程序，制定相应管理办法。

第二十三条　初步设计批复后，工程建设实施过程中，由于设计深度和质量等原因造成设计变更，特别是发生重大设计漏项时，项目法人应制定相应措施，扣减初步设计承担单位的勘测设计费。

第五章　初步设计工作投资计划管理

第二十四条　初步设计工作投资是在项目开工建设前预先安排的工程勘测设计费中初步设计阶段的部分投资，主要用于开展初步设计阶段的勘测设计、必要的科学研究试验以及涉及全线的专项设计工作。在项目开工建设后，该部分投资计入相应工程建设完成投资。

第二十五条　项目法人申请初步设计工作投资需编制年度初步设计工作投资建议计划，应于本年度 8 月份前向国务院南水北调办报送下年度建议计划。

第二十六条　建议计划主要包括编制原则、项目说明、主要工作内容、实物工作量、工作进度安排、招投标情况、已安排投资、建议安排投资等内容，并附上年度投资计划执行情况报告。

第二十七条 国务院南水北调办根据工程建设总体进度要求，对各项目法人报送的建议计划审核汇总，向国家发展改革委申请初步设计工作投资。

第二十八条 国务院南水北调办根据国家下达的初步设计工作投资计划，分解下达至各项目法人。项目法人应严格执行下达的初步设计工作投资计划，不得擅自调整。如确需调整，须提出调整建议方案，报国务院南水北调办批准。

第二十九条 项目法人要加强项目管理，制定相应的投资管理工作细则。要严格执行国家有关规定，合理、有效地使用资金，专款专用，不得挪用、截留。

第三十条 初步设计工作投资计划执行情况实行年度报告制度。项目法人须于每年1月15日前编制上年度初步设计工作投资计划的完成情况报告，报国务院南水北调办。

第六章 监 督 检 查

第三十一条 国务院南水北调办负责对初步设计组织工作、技术审查及投资计划执行情况等进行监督和检查。

第三十二条 国务院南水北调办根据需要，组织有关咨询单位开展初步设计督查，以保证初步设计质量和进度满足工程建设需要。

第三十三条 项目法人应加强对初步设计质量、进度的监督和检查，必要时可组织有关咨询单位对初步设计技术方案进行咨询，督促初步设计承担单位按时提交初步设计工作成果。

第七章 附 则

第三十四条 项目法人根据本办法，制定相应的初步设计组织管理细则或办法，报国务院南水北调办备案。

第三十五条 本办法由国务院南水北调办负责解释。

第三十六条 本办法自公布之日起实施。

关于进一步加强南水北调工程质量管理的通知

国调办建管〔2007〕54号

（国务院南水北调工程建设委员会办公室2007年5月24日发布）

各省（直辖市）南水北调办事机构，南水北调工程各省（直辖市）质量监督站、重点项目质量监督站，各项目法人：

为进一步加强南水北调工程质量管理、确保工程质量，现就有关问题通知如下：

一、强化质量意识。百年大计，质量第一。项目法人（项目管理单位）、勘察设计、施工、监理等各参建单位以及有关政府监管机构要进一步提高对南水北调工程建设重要意义的认识，树立精品意识；要把保障工程质量放在各项工作的首位，尽快形成各方重视质量，人人关心质量，齐心协力抓好质量的环境氛围。

二、进一步明确质量管理责任。各参建单位要进一步完善和强化质量保证体系，健全和落实项目法人（项目管理单位）、勘察设计、施工、监理等多层次的质量责任制。项目法人（项目管理单位）要发挥责任主体作用，落实质量责任制和质量责任追究制，对工程质量负总责。勘察、设计单位对其勘察、设计成果的质量负责。监理单位要按照项目法人（项目管理单位）的委托，对工程质量、进度、投资负监督控制责任。施工单位对工程施工质量负直接责任。各参建单位法定代表人按各自职责对所承担的工程质量负领导责任和终身责任。

（一）加强项目管理。项目法人要进一步加强现场管理，明确现场管理机构和现场负责人的管理责任，建立健全责任制；要对照合同，督促承建单位严格落实合同承诺，依照合同配备技术人员、装备等资源，严格执行质量标准；要加强对工程招标投标、合同执行、分包、施工过程等环节的监督检查，严禁工程转包或违法分包；要不定期召开质量管理现场会，研究分析问题，交流经验，改进工作，营造建设一流工程的氛围；要认真抓好验收工作，把好工程质量验收关。项目法人（项目管理单位）要监督、指导做好单元工程、分部分项工程的验收，组织好施工合同（完工）的验收，严把工程质量关。

（二）加强监理管理。要加强对工程监理的管理，加大对监理合同履行情况的检查力度；要建立监理单位不良业绩档案，对存在不良业绩的监理单位和个人实行公告、通报，奖优罚劣；要注意监理合同的公平合理，对尚未招标的工程建设项目，要在招标阶段避免监理低价中标导致投入不足，影响监理作用发挥，对已签订监理合同的工程建设项目，要实事求是地执行合同；要充分授予监理单位和人员必要的权力，配备必要的监理手段，使其要负责、敢负责、能负责。工程监理单位和监理人员要按照法律法规和监理合同，认真履行监理职责。

（三）加强施工管理。要完善施工合同，加强施工现场质量管理，加大质量问题通报、公告和警示及处罚力度，对多次出现质量不合格的施工单位，要予以通报直至清出南水北调工程建设市场；要不断完善招标投标机制，严格把好资格审查关，高度重视施工业绩。

施工单位要严格按照强制性条文、设计图纸、技术标准进行施工，在施工组织设计中要有保证工程质量的措施，努力推广应用有利于提高工程质量的先进技术和施工手段，建立健全和落实现场质量自检体系。

三、进一步强化行政监管。要发挥南水北调工程质量政府监管体系优势，建立联合巡查机制，不定期开展质量巡查和专项抽查。现场质量监督机构要加强对有关工程建设质量的法律法规和技术标准执行情况的监督检查，加强对参建单位行为和工程实体质量的监督检查。对检查中发现的问题，有关单位要认真整改落实。要加大质量问题通报、警示和处罚力度，督促有关单位和人员严格自律；对于屡屡出现质量问题的企业和个人要依法严肃处理，对重复出现问题的要进行通报，对于问题严重的企业要坚决清出南水北调工程建设市场。

四、加强质量信息管理。项目法人（项目管理单位）、勘察设计、施工、监理等单位和有关政府监管机构要建立方便快捷的信息平台，确保信息报送及时、准确、全面；要建立质量月报制度和信息通报制度，定期印发质量管理信息，交流质量管理工作经验。

五、加强质量缺陷管理。项目法人（项目管理单位）要高度重视工程实体一般性质量缺陷问题，要组织参建单位和专家，结合实际，依靠科技进步，提出预防一般性质量缺陷发生、提高在建工程质量的具体措施。要加强对质量缺陷的管理，认真做好质量缺陷备案和处置工作。

六、加强科技支撑。项目法人（项目管理单位）要积极创造条件，开展专项施工技术、特定环境、特殊项目的科技攻关，在工程建设中推广应用新技术、新工艺、新材料、新设备，提高工程建设的技术水平，以技术创新和技术进步促进工程质量提高。

七、加强人员培训教育。项目法人（项目管理单位）要继续加强以质量管理为中心的项目经理和质量管理业务培训，推广应用国际国内最新项目管理的成果，提高参建人员素质。要加强项目管理单位负责人、施工单位项目经理和专职质量管理人员的质量管理能力，特别是要加强质量管理法规制度、技术标准的培训教育；要加强对从业人员特别是农民工的培训教育，传授施工技术、质量控制等知识，切实提高人员素质，确保工程质量。

关于印发《南水北调工程建设资金管理办法》的通知

国调办经财〔2008〕135号

（国务院南水北调工程建设委员会办公室2008年9月5日印发）

各项目法人：

为规范南水北调工程建设资金管理，切实管理、用好南水北调工程建设资金，提高投资收益，依据国家法律法规及财经制度，结合南水北调工作实际，制定了《南水北调工程建设资金管理办法》，现印发给你们，请遵照执行。

附件

南水北调工程建设资金管理办法

第一章　总　　则

第一条　为规范南水北调工程建设资金管理，切实管好、用好南水北调工程建设资金，提高投资效益，依据国家法律法规及财经制度，结合南水北调工程特点，制定本办法。

第二条　本办法适用南水北调主体工程是指由南水北调东线江苏水源有线责任公司、南水北调东线山东干线有线责任公司、南水北调中线水源有线责任公司、南水北调中线干线工程建设管理局负责建设管理的主体工程以及湖北省南水北调工程建设管理局负责建设管理的汉江中下游治理工程（上述单位统称项目法人）。南水北调主体工程中的东线治污工程和截污导流工程、中线丹江口库区及上游水污染防治和水土保持工程除外。

南水北调主体工程中的征地补偿和移民安置工程的资金管理按照国务院南水北调工程建设委员会办公室（以下简称国务院南水北调办）颁发的《南水北调工程建设征地补偿和移民安置资金管理办法（试行）》（国调办经财〔2005〕39号）执行。

第三条　工程建设资金管理的原则是：统筹安排，分级管理；制度健全，程序规范；专款专用，讲求效益；职责清晰，各负其责。

第四条　项目法人应严格执行有关法律法规和财经制度，对工程建设资金实行全过程管理，应符合以下基本要求：

（一）依法筹集、拨（支）付、使用资金；

（二）按工程概算和项目管理预算控制投资；

（三）执行投资计划和基本建设支出预算；

（四）依据合同按程序结算支付价款；

（五）依据基本建设财务会计制度核算工程成本；

（六）加强监督检查。

第五条 项目法人对资金的筹集和使用负总责，实行代建制和委托制建设管理单位对所负责建设管理工程的资金使用负责。

项目法人和建设管理单位要建立资金管理责任制度。

第六条 项目法人和建设管理单位应设置专门的财务管理机构，负责工程建设资金管理。

第二章 筹 资 管 理

第七条 工程建设资金通过中央预算内资金（含中央预算内专项资金，下同）、南水北调工程基金、银行贷款等多渠道筹集。项目法人应依据经批准的工程建设资金筹资方案筹集工程建设资金。

第八条 南水北调工程实行资本金制度，资本金由中央预算内资金和南水北调工程基金组成。项目法人应依据下达的年度投资计划和年度基本建设支出预算申请中央预算内资金和南水北调工程基金拨款，落实资本金。

第九条 项目法人应依据年度投资计划、工程建设进度及与银行（银团）签订的贷款合同，落实信贷资金。

第十条 项目法人应合理安排年度资金使用结构，提高资金使用效率。

第三章 投 资 控 制 管 理

第十一条 南水北调工程投资应依据《南水北调工程投资静态控制动态管理规定》进行控制管理。

第十二条 项目法人应以批准的初步设计概算确定的投资额作为投资控制的依据；依据《南水北调工程投资静态控制和动态管理规定》编制项目管理预算的，以批准的项目管理预算作为投资控制的依据。

实行代建制和委托制的设计单元工程，建设管理单位以委托合同约定的建设内容所对应的投资额作为投资控制依据。

第十三条 工程建设过程中发生的价差、建设期贷款利息、国家重大政策调整增减投资等实行动态管理。

第十四条 项目法人应按照批准的初步设计组织建设，不得擅自扩大建设规模、增加建设内容、提高建设标准，不得突破概算或项目管理预算。

第十五条 工程投资不得突破经批准的设计单元工程初步概算中的静态投资，确属重大设计变更且所增加的投资超出该设计单元工程静态投资部分，经批准纳入动态投资管理。

第十六条 项目法人和建设管理单位应加强项目建设管理费的管理和使用，项目建设管理费不得突破经批准的项目管理预算中的相应额度。

第十七条 设计单元工程发生的动态投资应在本设计单元工程动态投资和节余投资内

解决；不足部分经国务院南水北调办批准利用同一项目法人管辖的其他设计单元工程节余资金调剂解决。

第十八条　项目法人和建设管理单位应严格控制投资，支出节余或超支实行奖惩，投资控制奖惩按照财政部、国务院南水北调办制定的《南水北调工程投资控制奖惩办法》执行。

第四章　预　算　管　理

第十九条　工程建设资金中的中央预算内资金和南水北调工程基金纳入财政基本建设支出预算管理。

第二十条　项目法人应根据国务院南水北调办下达的年度投资计划，结合工程建设的有关情况，编制工程年度基本建设支出预算，报国务院南水北调办。

第二十一条　年度基本建设支出预算由项目法人组织实施。

项目法人应依据下达的年度基本建设支出预算，编制月、季度项目用款计划报国务院南水北调办。

第二十二条　经批准的年度基本建设支出预算应严格执行，不得随意调整。确需调整的，应按原申报程序报批。

第二十三条　实行委托制和代建制的建设管理单位应编制所负责建设管理工程的年度、季度资金使用计划报项目法人，纳入项目法人的用款计划。

第五章　合　同　管　理

第二十四条　南水北调工程建设管理实行合同管理制，工程建设管理过程中的对外经济事项均应纳入合同管理。

第二十五条　项目法人和建设管理单位应依据法律法规和国务院南水北调办有关合同管理规定，制定合同管理办法，规范合同的立项、谈判、签订、备案、履行、变更、争议调解、验收、存档及印章管理等行为。

合同应由法定代表人签署；委托他人签署合同的，必须由法定代表人书面授权。

合同立项和签订应实行内部会签制度。

合同专用章应由专人保管，并建立严格的用印制度。

第二十六条　合同应采用规范性合同范本。

确无可适用的规范性合同范本，可以制定专门的合同文本。金额较大的合同项目应组织有关法律、合同、经济、技术等方面专家严格审查合同条款。

第二十七条　项目法人应接受国务院南水北调办对项目合同执行情况的监督管理。项目法人签订特别重要和金额巨大的项目合同，应接受国务院南水北调办派员监督。

第二十八条　项目法人和建设管理单位应严格履行合同约定的责任和义务。

合同条件发生变化，应按程序变更合同或签订补充合同。

第二十九条　项目法人和建设管理单位应加强合同履行的过程控制和管理，建立合同管理台账和合同档案，做到合同管理台账明晰准确、合同档案完整。

第三十条　项目法人应加强对建设管理单位合同管理的指导、监督与检查。

第六章 支 付 管 理

第三十一条 项目法人应依据工程建设进度及资金支付需要，分次申请中央预算内资金和南水北调工程基金拨款。资金拨付申请应说明申请资金规模的理由，报告上次已拨付到位资金的使用、结余情况和本次申请资金的使用计划。

项目法人按建设管理委托合同约定和工程建设进度向实行代建制和委托制的建设管理单位支付建设资金。

第三十二条 项目法人和建设管理单位应依据相关法规和制度，制定工程建设资金支付管理办法，明确支付审核责任和程序等，规范工程建设资金支付行为。

第三十三条 项目法人和建设管理单位应依据合同约定支付合同价款。合同价款一律通过银行结算，不得用现金支付。

第三十四条 合同价款必须支付到合同约定的户名及账号。收款方变更户名、开户银行及账号，应出具盖有其法人公章、法定代表人签字的书面证明。

第三十五条 支付合同尾款前，应全面清理合同执行和验收情况，妥善处理遗留问题。

第七章 财 务 会 计

第三十六条 项目法人和建设管理单位应严格执行财政部颁发的《基本建设财务管理规定》和《国有建设单位会计制度》。项目法人应依据相关法律法规和规章制度，结合本单位管理特点制定内部财务管理和会计核算方面的制度。

第三十七条 项目法人和项目建设管理单位应依法设置会计账簿，实施会计监督，正确核算工程建设成本，合理分摊费用，按时编制会计报表，及时、准确、完整地反映工程建设资金的使用情况。

项目法人和建设管理单位法定代表人对本单位会计工作和会计资料的真实性、完整性负责。

第三十八条 项目法人和建设管理单位所有资金的收支应纳入财务部门统一核算和管理，严禁设立账外账、“小金库”。

第三十九条 项目法人和建设管理单位对建设资金实行专户存储、专户管理，在一家商业银行开设一个基本建设资金账户，用于建设资金的结算。不得多头开户。

项目法人开设、变更、撤销银行账户，应报国务院南水北调办备案。建设管理单位开设、变更、撤销银行账户应报项目法人备案。

第四十条 项目法人和建设管理单位应按照批准的工程初步设计概算（或项目管理预算）费用项目和标准控制支出，严格执行财政部规定的成本费用开支范围和标准。

第四十一条 项目法人对中央预算内资金和南水北调工程基金应分别以中央资本金和地方资本金单独反映。

第四十二条 项目法人和建设管理单位要正确核算建设成本，以设计单元工程为成本核算对象，归集建设成本。凡能分清成本核算对象的成本费用，直接计入相关设计单元工程成本；需由多个设计单元工程分摊的公共费用，年度终了时按各设计单元工程当年实际完成投资额进行预分摊，竣工财务决算时再按实际应分摊数进行调整。

第四十三条　项目法人和建设管理单位会计核算明细项目设置应与概算（或项目管理预算）、计划统计报表对应项目保持衔接。

第四十四条　各建设管理单位应按时向项目法人报送财务会计报告，项目法人审核汇总后报国务院南水北调办。报告内容完整，数字真实准确，严禁弄虚作假。

第四十五条　项目法人和建设管理单位应按财政部和国家档案局的有关会计档案管理办法，建立健全会计档案的立卷、归档、保管、调阅和销毁等管理制度，加强会计档案管理工作。

第八章　竣工（完工）财务决算

第四十六条　设计单元工程完工后，项目建设管理单位应在设计单元工程验收前编制完工财务决算；项目法人管辖的全部工程竣工后，项目法人应在东、中线一期工程竣工验收前编制竣工财务决算。

一个设计单元工程由两个及以上建设管理单位共同实施的，各项目建设管理单位应完成其所实施部分完工财务决算后，由项目法人指定建设管理单位汇编该设计单元工程完工财务决算。

第四十七条　项目法人和建设管理单位应从工程开工之日起，指定专人收集、整理和核对竣工财务决算资料。编制竣工（完工）财务决算前，应全面清理基本建设项目档案资料、盘点核实财产物资、清偿债权债务，做好账务处理，做到账账、账证、账实、账表相符。

第四十八条　项目法人和建设管理单位应落实竣工（完工）财务决算编制的组织和人员，明确财务会计、计划统计、工程技术、设备物资等部门的相应职责。设计、施工、监理等单位应及时提供有关资料，做好配合工作。

第四十九条　项目法人和建设管理单位的法定代表人对本单位编制的竣工（完工）财务决算的真实性、完整性负责。

第五十条　南水北调工程竣工（完工）财务决算的具体规定，由国务院南水北调办另行制定。

第九章　监督与检查

第五十一条　项目法人和建设管理单位要加强对资金的使用管理的内部监督与检查。认真检查国家有关法律法规、财经制度、内部控制制度和岗位责任制的执行情况，对监督检查发现的问题及时纠正。

第五十二条　项目法人和建设管理单位应建立重大事项报告制度。在工程建设过程中，发现下列资金管理的重大事项应及时向国务院南水北调办书面报告。

（一）重大金额索赔；

（二）资金使用管理中的重大违纪问题；

（三）其他涉及资金管理的重大事项。

第五十三条　项目法人和建设管理单位应主动接受外部监督与检查，积极配合国务院南水北调办和国家监督检查机构对建设资金使用情况的审计、稽察及专项检查，如实提供资料，实事求是说明情况和问题，按照监督与检查的意见及时整改，并将整改情况反馈给国务院南水北调办。

第十章 附　　则

第五十四条 本办法自发布之日起执行。

第五十五条 本办法由国务院南水北调办负责解释。

关于印发《南水北调干线工程征迁安置验收办法》的通知

国调办征地〔2010〕19号

（国务院南水北调工程建设委员会办公室2010年3月9日印发）

北京、天津、河北、江苏、山东、河南、湖北省（直辖市）南水北调办事机构，河南省移民办，南水北调干线各项目法人：

《南水北调干线工程征迁安置验收办法》已经国务院南水北调办公室主任专题办公会研究通过，现予印发，自印发之日起施行。

附件

南水北调干线工程征迁安置验收办法

第一条　为做好南水北调干线工程征迁安置验收工作，明确验收职责，规范验收行为，根据《大中型水利水电工程建设征地补偿和移民安置条例》、《南水北调工程建设征地补偿和移民安置暂行办法》和《南水北调工程验收管理规定》，制定本办法。

第二条　本办法适用于南水北调东、中线一期干线工程设计单元工程完工阶段的征迁安置验收工作。

东、中线一期主体工程竣工阶段的征迁安置验收有关事宜，待主体工程竣工验收事宜明确后，再行明确。

第三条　征迁安置验收一般应在设计单元工程完工验收前完成。

征迁安置验收工作应以设计单元为单位组织开展。多个设计单元工程一并实施征迁安置的，可按实施范围进行验收，但在时间安排上，应服从设计单元工程完工验收的总体要求，征迁安置财务决算应以设计单元为单位进行。

第四条　国务院南水北调办负责对设计单元工程完工阶段征迁安置验收的监督。

省级征迁安置主管部门（以下简称省级主管部门）负责本行政区域内南水北调工程征迁安置工作的验收，项目法人参与。

第五条　验收由省级主管部门主持，与地方政府、项目法人、有关单位（部门）的代表以及专家组成验收委员会。

第六条　征迁安置验收的依据是国家和省级人民政府的有关法规制度和规范性文件、征地补偿和移民安置责任书、批复的设计单元初步设计报告及变更报告、投资与任务包干协议、经省级人民政府批准的征迁安置实施方案等。

第七条　征迁安置验收应具备的条件是征迁安置补偿资金完成兑付，征用地手续办理完毕，征迁安置实施方案规定的任务完成，征迁安置财务决算完成，有关市、县完成自验收，征迁安置档案通过验收等。

征迁安置财务决算，按国务院南水北调办有关规定进行。

有关市、县自验收和档案验收办法，由省级主管部门规定。

第八条 省级主管部门在设计单元工程具备征迁安置验收条件时，应及时提出验收申请和工作大纲，商项目法人同意，报国务院南水北调办审核批准。

验收申请和工作大纲核准后，即可组织实施。

第九条 征迁安置验收的具体组织方式、程序、要求、方法和时间安排等内容，应在验收工作大纲中规定。

第十条 参与征迁安置实施的设计、监理、监测评估等单位应做好验收准备和配合工作，参加验收，并负责报告相关情况和解答验收委员会提出的问题。

第十一条 征迁安置验收前有关单位应根据要求及时提交以下材料：征迁安置实施管理工作报告（含征迁安置效果评价内容），市、县自验收报告，监理监测报告，档案验收报告，财务决算报告，验收需要的其他材料。

有关单位应对其提供材料的真实性、完整性负责。

第十二条 验收的成果性文件是征迁安置验收意见书。验收结论分为合格和不合格。验收结论应经过2/3以上的验收委员会成员同意。对于不同意见应有明确记载。

验收委员会对验收的结论负责。

第十三条 征迁安置验收意见书应包括以下内容：

（一）工程项目概况；

（二）征迁安置实施管理情况及评价，包括：农村补偿和安置、城（集）镇迁建、企事业单位迁建、专业项目迁建、征用地手续办理、监理监测、资金使用管理、档案管理等情况及相应评价；

（三）存在问题、整改要求及建议；

（四）验收结论性意见和验收委员会成员签字表。

第十四条 征迁安置验收中发现的问题，由验收委员会提出明确的处理意见建议，由省级主管部门负责协调解决。

第十五条 征迁安置验收通过之日起20个工作日内，省级主管部门应将验收意见书报国务院南水北调办备案，同时送项目法人。

第十六条 省际边界设计单元工程的征迁安置验收，由涉及区域的省级主管部门按照本办法有关规定分别组织。

第十七条 项目法人组织实施的项目验收，由项目法人比照本办法有关规定执行。

第十八条 文物保护项目按《南水北调东、中线一期工程文物保护管理办法》的规定，另行验收。

第十九条 省级主管部门应根据本办法，结合本地实际，制定实施细则，报国务院南水北调办备案。

第二十条 本办法由国务院南水北调办负责解释。

第二十一条 本办法自印发之日起施行。

关于印发《南水北调工程征地移民档案管理办法》的通知

国调办征地〔2010〕57号

（国务院南水北调工程建设委员会办公室、国家档案局2010年4月30日印发）

有关省（直辖市）南水北调征地移民主管部门、档案局，南水北调各项目法人：

为规范和加强南水北调征地移民档案管理，根据《中华人民共和国档案法》及有关规定，结合南水北调工程建设征地移民工作实际，制定《南水北调工程征地移民档案管理办法》，现印发给你们，请遵照执行。

附件

南水北调工程征地移民档案管理办法

第一条　为规范南水北调工程征地补偿和移民安置档案（以下简称征地移民档案）管理，维护征地移民档案的完整、准确、系统和安全，充分发挥征地移民档案的作用，根据《中华人民共和国档案法》、《重大建设项目档案验收办法》、《南水北调工程建设征地补偿和移民安置暂行办法》以及国家有关档案工作规范和标准，结合南水北调工程征地移民工作实际，制定本办法。

第二条　征地移民档案是指负责或参与南水北调工程征地移民工作的各有关单位在征地移民工作中所形成的有价值的文字、图表、声像、照片、电子文件、实物等不同形式与载体的历史记录。

征地移民档案工作是南水北调工程建设重要的基础性工作，是南水北调工程征地移民工作的重要组成部分。

第三条　本办法适用于南水北调工程建设征地移民档案管理工作。

第四条　在国家档案行政管理部门的监督、指导下，国务院南水北调工程建设委员会办公室（以下简称国务院南水北调办）负责征地移民档案管理工作的组织协调和监督指导。

省、市、县各级征地移民主管部门作为征地移民档案工作主管部门，负责对本行政区域内征地移民档案工作的统一领导和管理，业务上接受上级主管部门和同级档案行政管理部门的监督和指导。

各项目法人按照工作职责，做好各自征地移民档案管理工作。

设计、勘测定界、监理、监测评估单位负责做好相应的征地移民档案收集、整理、归档工作，并按规定向省级征地移民主管部门和项目法人移交。

第五条　征地移民档案的收集、整理、归档、验收、移交等应纳入负责或参与南水北调工程征地移民工作各单位的工作内容，明确负责部门和责任人，确保征地移民档案完整、准确、系统、安全。

任何部门、单位和个人均不得以任何借口拒绝归档或将档案据为己有。

第六条 从事征地移民工作的单位或部门，按照“谁产生，谁整理”的原则，将征地移民工作中形成的文件进行收集、整理，并及时做好移交工作。

第七条 省、市、县级征地移民主管部门产生或经办的文件由本单位整理归档。县级以下征地移民工作产生的文件，按有关要求归档整理后向县级征地移民主管部门移交，为便于工作可保留副本。

设计、勘测定界、监理、监测评估等参建单位产生的文件，由产生单位在征地移民档案验收前完成归档工作，并纳入验收范围。在征地移民档案通过验收后，设计、勘测定界、监理、监测评估等参建单位应按规定移交给省级征地移民主管部门和项目法人，交接各方应认真履行交接手续。

项目法人征地移民工作产生的文件，作为工程建设项目档案材料的组成部分进行归档。

第八条 征地移民档案采取定期归档，具体归档时间由各单位根据实际情况确定。归档文件材料须按要求进行系统整理，由负责人审查并签署意见。未归档或归档不符合要求的，不得进行征地移民档案验收。

第九条 干线工程征地拆迁档案归档范围及保管期限，参照《南水北调东中线第一期工程档案分类编号及保管期限对照表》（国调办综〔2009〕13 号），由干线工程沿线各省级征地移民主管部门结合实际，商同级档案行政管理部门确定。

丹江口库区征地移民档案归档范围及保管期限，由涉及到的省级征地移民主管部门结合实际，商同级档案行政管理部门确定。

第十条 征地移民档案收集、整理应符合以下要求：

（一）根据归档范围，将本单位或部门产生的各类文件材料收集齐全。

（二）按照国家有关标准与规范，分类整理，保持文件材料之间的有机联系和成套性，区别不同的保管期限，便于保管和利用。

文书档案按照《文书档案案卷格式》（GB/T 9705—2008）或《归档文件整理规范》（DA/T 22—2000）的规定整理、归档；征地移民项目档案按照《国家重大建设项目文件归档要求与档案整理规范》（DA/T 28—2002）和《水利工程建设项目档案管理规定》（水办〔2005〕480 号）的要求进行整理、归档；会计档案按照财政部、国家档案局颁发的《会计档案管理办法》（财会字〔1998〕32 号）进行整理、归档。征地移民工作过程中产生的录音、录像、照片、光盘、磁盘等特殊载体的档案材料，应标注事由、时间、地点、人物、作者等说明性内容，参照《照片档案管理规范》（GB/T 11821—2002）和《电子文件归档与管理规范》（GB/T 18894—2002）进行整理、归档。

（三）归档文件材料应做到字迹清楚、数据准确、签字手续完备，书写材料符合耐久性要求。

第十一条 丹江口库区移民的迁出县（市、区）和迁入县（市、区）、干线工程征迁涉及的县（市、区），必须按照归档范围要求，建立完整的征地移民档案。

县级征地移民档案中，分户、集体、城（集）镇迁建、工矿企业迁建、专项设施迁建或复建等材料应齐全完整。

外迁移民迁出前形成的档案资料由迁出县（市、区）征地移民主管部门负责收集并按户整理后，将复制件交迁入县（市、区）征地移民主管部门保管。

第十二条　各级征地移民主管部门和项目法人应建立健全征地移民档案收集、整理、保管、移交、鉴定销毁、利用、保密等各项规章制度，落实岗位责任制。

第十三条　保管征地移民档案应有符合档案保护要求的、满足档案工作需要的库房、设备，档案装具要符合国家有关标准和技术规范的要求。

第十四条　征地移民档案验收是南水北调工程征地补偿和移民安置专项验收的前提。

干线设计单元工程的征地拆迁档案验收，应在设计单元完工阶段征迁安置验收前完成；丹江口库区征地移民档案验收，应在库区移民初验前完成。

干线工程设计单元完工阶段征地拆迁档案、库区移民初验阶段的征地移民档案验收有关事宜，由省级征地移民主管部门商同级档案行政管理部门确定。

项目法人形成的征地移民档案，与工程建设项目档案一并验收。

主体工程竣工阶段征地移民档案验收事宜，待主体工程竣工验收事宜确定后，另行明确。

第十五条　省、市、县级征地移民主管部门应对在征地移民档案工作中做出突出成绩的部门或人员，给予表彰和奖励。

对于违反本办法的单位或个人，上级主管部门可采取通报批评等方式限期整改；对逾期未改，并负有直接责任的领导和具体负责人，上级主管部门可视具体情况予以处分。违反档案法律法规的，依法追究法律责任。

第十六条　南水北调东中线第一期工程主体工程竣工验收通过后，地方各级征地移民主管部门保管的档案，按照国家有关规定，移交同级地方国家综合档案馆。

征地移民档案移交时必须履行交接手续，确认账物相符后，双方经手人应在交接凭证上签字。

第十七条　文物保护项目形成的档案，按国家有关规定管理。

第十八条　省级征地移民主管部门与同级档案行政管理部门应根据本办法，结合工作实际，制定实施细则，与归档范围一并报国务院南水北调办备案。

第十九条　本办法由国务院南水北调办负责解释。

第二十条　本办法自印发之日起施行。

北京市南水北调工程
征地拆迁实务及法规汇编

法 规 汇 编 卷（下册）

北京市南水北调工程拆迁办公室 编

图书在版编目（CIP）数据

北京市南水北调工程征地拆迁实务及法规汇编. 法规汇编卷 / 北京市南水北调工程拆迁办公室编. -- 北京 : 中国水利水电出版社, 2013.4
ISBN 978-7-5170-0854-5

Ⅰ. ①北… Ⅱ. ①北… Ⅲ. ①南水北调－水利工程－土地征用－法规－汇编－北京市②南水北调－水利工程－房屋拆迁－法规－汇编－北京市 Ⅳ. ①D927.102.399②D927.102.181.9

中国版本图书馆CIP数据核字(2013)第091940号

责任编辑：李金玲

书　　名	**北京市南水北调工程征地拆迁实务及法规汇编·法规汇编卷**（下册）
作　　者	北京市南水北调工程拆迁办公室　编
出版发行	中国水利水电出版社 （北京市海淀区玉渊潭南路1号D座　100038） 网址：www.waterpub.com.cn E-mail：sales@waterpub.com.cn 电话：(010) 68367658（发行部）
经　　售	北京科水图书销售中心（零售） 电话：(010) 88383994、63202643、68545874 全国各地新华书店和相关出版物销售网点
排　　版	中国水利水电出版社微机排版中心
印　　刷	北京纪元彩艺印刷有限公司
规　　格	184mm×260mm　16开本　81.75印张（总）　1938千字（总）
版　　次	2013年4月第1版　2013年4月第1次印刷
印　　数	0001—1000册
总 定 价	**368.00**元（上、下册）

凡购买我社图书，如有缺页、倒页、脱页的，本社发行部负责调换

《北京市南水北调工程征地拆迁实务及法规汇编》编委会

目　　录

上　　册

第一部分　法　　律

第二部分　行政法规及法规性文件

第三部分　地方性法规

第四部分　部门规章及规范性文件

下　册

第五部分　地方政府规章及规范性文件（北京）

第六部分 其他规范性文件

二、水 利 工 程

水利工程建设项目管理暂行规定

水建〔1995〕128号

（水利部1995年4月21日发布）

第一章 总 则

第一条 为适应建立社会主义市场经济体制的需要，进一步加强水利工程建设的行业管理，使水利工程建设项目管理逐步走上法制化、规范化的道路，保证水利工程建设的工期、质量、安全和投资效益。根据国家有关政策法规，结合水利水电行业特点，制定本规定。

第二条 本管理规定适用于由国家投资、中央和地方合资、企事业单位独资、合资以及其它投资方式兴建的防洪、除涝、灌溉、发电、供水、围垦等大中型（包括新建、续建、改建、加固、修复）工程建设项目，小型水利工程建设项目可以参照执行。

第三条 水利工程建设项目管理实行统一管理、分级管理和目标管理。逐步建立水利部、流域机构和地方水行政主管部门以及建设项目法人分级、分层次管理的管理体系。

第四条 水利工程建设项目管理要严格按建设程序进行，实行全过程的管理、监督、服务。

第五条 水利工程建设要推行项目法人责任制、招标投标制和建设监理制。积极推行项目管理。

第二章 管理体制及职责

第六条 水利部是国务院水行政主管部门，对全国水利工程建设实行宏观管理。水利部建设司是水利部主管水利建设的综合管理部门，在水利工程建设项目管理方面，其主要管理职责是：

1. 贯彻执行国家的方针政策，研究制订水利工程建设的政策法规，并组织实施；
2. 对全国水利工程建设项目进行行业管理；
3. 组织和协调部属重点水利工程的建设；
4. 积极推行水利建设管理体制的改革，培育和完善水利建设市场；
5. 指导或参与省属重点大中型工程、中央参与投资的地方大中型工程建设的项目管理。

第七条 流域机构是水利部的派出机构，对其所在流域行使水行政主管部门的职责。负责本流域水利工程建设的行业管理：

1. 以水利部投资为主水利工程建设项目，除少数特别重大项目由水利部直接管理外，其余项目均由所在流域机构负责组织建设和管理。逐步实现按流域综合规划、组织建设、生产经营、滚动开发；

2. 流域机构按照国家投资政策，通过多渠道筹集资金，逐步建立流域水利建设投资主体，从而实现国家对流域水利建设项目的管理。

第八条 省（自治区、直辖市）水利（水电）厅（局）是本地区的水行政主管部门，负责本地区水利工程建设的行业管理。

1. 负责本地区以地方投资为主的大中型水利工程建设项目的组织建设和管理；

2. 支持本地区的国家和部属重点水利工程建设，积极为工程创造良好的建设环境。

第九条 水利工程项目法人对建设项目的立项、筹资、建设、生产经营、还本付息以及资产保值增值的全过程负责，并承担投资风险。代表项目法人对建设项目进行管理的建设单位是项目建设的直接组织和实施者。负责按项目的建设规模、投资总额、建设工期、工程质量，实行项目建设的全过程管理，对国家或投资各方负责。

第三章 建 设 程 序

第十条 水利是国民经济的基础设施和基础产业。水利工程建设要严格按建设程序进行。水利工程建设程序一般分为：项目建议书、可行性研究报告、初步设计、施工准备（包括招标设计）、建设实施、生产准备、竣工验收、后评价等阶段。

第十一条 建设前期根据国家总体规划以及流域综合规划，开展前期工作，包括提出项目建议书、可行性研究报告和初步设计（或扩大初步设计）。

第十二条 建设项目初步设计文件已批准，项目投资来源基本落实，可以进行主体工程招标设计和组织招标工作以及现场施工准备。

第十三条 项目法人或建设单位向主管部门提出主体工程开工申请报告，按审批权限。经批准后，方能正式开工。

主体工程开工，必须具备以下条件：

1. 前期工程各阶段文件已按规定批准，施工详图设计可以满足初期主体工程施工需要；

2. 建设项目已列入国家年度计划，年度建设资金已落实；

3. 主体工程招标已经决标，工程承包合同已经签订，并得到主管部门同意；

4. 现场施工准备和征地移民等建设外部条件能够满足主体工程开工需要。

第十四条 项目建设单位要按批准的建设文件，充分发挥管理的主导作用，协调设计、监理、施工以及地方等各方面的关系，实行目标管理。建设单位与设计、监理、工程承包单位是合同关系，各方面应严格履行合同。

1. 项目建设单位要建立严格的现场协调或调度制度。及时研究解决设计、施工的关键技术问题。从整体效益出发，认真履行合同，积极处理好工程建设各方的关系，为施工创造良好的外部条件。

2. 监理单位受项目建设单位委托，按合同规定在现场从事组织、管理、协调、监督工作。同时，监理单位要站在独立公正的立场上，协调建设单位与设计、施工等单位之间的关系。

3. 设计单位应按合同及时提供施工详图，并确保设计质量。按工程规模，派出设计代表组进驻施工现场解决施工中出现的设计问题。

施工详图经监理单位审核后交施工单位施工。设计单位对不涉及重大设计原则问题的合理意见应当采纳并修改设计。若有分歧意见，由建设单位决定。如涉及初步设计重大变更问题，应由原初步设计批准部门审定。

4. 施工企业要切实加强管理，认真履行鉴定的承包合同。在施工过程中，要将所编制的施工计划、技术措施及组织管理情况报项目建设单位。

第十五条　工程验收要严格按国家和水利部颁布的验收规程进行。

1. 工程阶段验收：

阶段验收是工程竣工验收的基础和重要内容，凡能独立发挥作用的单项工程均应进行阶段验收，如：截流（包括分期导流）、下闸蓄水、机组起动、通水等是重要的阶段验收。

2. 工程竣工验收：

（1）工程基本竣工时，项目建设单位应按验收规程要求组织监理、设计、施工等单位提出有关报告，并按规定将施工过程中的有关资料、文件、图纸造册归档。

（2）在正式竣工验收之前，应根据工程规模由主管部门或由主管部门委托项目建设单位组织初步验收，对初验查出的问题应在正式验收前解决。

（3）质量监督机构要对工程质量提出评价意见。

（4）根据初验情况和项目建设单位的申请验收报告，决定竣工验收有关事宜。

国家重点水利建设项目由国家计委会同水利部主持验收。

部属重点水利建设项目由水利部主持验收。部属其它水利建设项目由流域机构主持验收。水利部进行指导。

中央参与投资的地方重点水利建设项目由省（自治区、直辖市）政府会同水利部或流域机构主持验收。

地方水利建设项目由地方水利主管部门主持验收。其中，大型建设项目验收，水利部或流域机构派员参加；重要中型建设项目验收，流域机构派员参加。

第四章　实行“三项制度”改革

第十六条　对生产经营性的水利工程建设项目要积极推行项目法人责任制；其它类型的项目应积极创造条件，逐步实行项目法人责任制。

1. 工程建设现场的管理可由项目法人直接负责，也可由项目法人组建或委托一个组织具体负责。负责现场建设管理的机构履行建设单位职能。

2. 组建建设单位由项目主管部门或投资各方负责；

建设单位需具备下列条件：

（1）具有相对独立的组织形式。内部机构设置，人员配备能满足工程建设的需要；

（2）经济上独立核算或分级核算；

（3）主要行政和技术、经济负责人是专职人员，并保持相对稳定。

第十七条 凡符合本规定第二条要求的大中型水利建设项目都要实行招标投标制：

1. 水利建设项目施工招标投标工作按国家有关规定或国际采购导则进行，并根据工程的规模，投资方式以及工程特点，决定招标方式。

2. 主体工程施工招标应具备的必要条件：

（1）项目的初步设计已经批准，项目建设已列入计划，投资基本落实；

（2）项目建设单位已经组建，并具备应有的建设管理能力；

（3）招标文件已经编制完成，施工招标申请书已经批准；

（4）施工准备工作已满足主体工程开工的要求。

3. 水利建设项目招标工作，由项目建设单位具体组织实施。招标管理按第二章明确的分级管理原则和管理范围，划分如下：

（1）水利部负责招标工作的行业管理，直接参与或组织少数特别重大建设项目的招标工作，并做好国家有关部门的协调工作；

（2）其他国家和部属重点建设项目以及中央参与投资的地方水利建设项目的招标工作，由流域机构负责管理；

（3）地方大中型水利建设项目的招标工作，由地方水行政主管部门负责管理。

第十八条 水利工程建设，要全面推行建设监理制。

1. 水利部主管全国水利工程的建设监理工作。

2. 水利工程建设监理单位的选择，应采取招标投标的方式确定。

3. 要加强对建设监理单位的管理，监理工程师必须持证上岗，监理单位必须持证营业。

第十九条 水利施工企业要积极推行项目管理。项目管理是施工企业走向市场，深化内部改革，转换经营机制，提高管理水平的一种科学的管理方式。

1. 施工企业要按项目管理的原理和要求组织施工，在组织结构上，实行项目经理负责制；在经营管理上，建立以经济效益为目标的项目独立核算管理体制；在生产要素配置上，实行优化配置，动态管理；在施工管理上，实行目标管理。

2. 项目经理是项目实施过程中的最高组织者和责任者。项目经理必须按国家有关规定，经过专门培训，持证上岗。

第五章 其他管理制度

第二十条 水利建设项目要贯彻“百年大计，质量第一”的方针，建立健全质量管理体系。

1. 水利部水利工程质量监督总站及各级质量监督机构，要认真履行质量监督职责，项目建设各方（建设、监理、设计、施工）必须接受和尊重其监督，支持质量监督机构的工作；

2. 建设单位要建立健全施工质量检查体系，按国家和行业技术标准、设计合同文件，检查和控制工程施工质量；

3. 施工单位在施工中要推行全面质量管理，建立健全施工质量保证体系，严格执行国家行业技术标准和水利部施工质量管理规定、质量评定标准。

4. 发生施工质量事故，必须认真严肃处理。严重质量事故，应由建设单位（或监理单位）组织有关各方联合分析处理，并及时向主管部门报告。

第二十一条　水利工程建设必须贯彻"安全第一、预防为主"的方针。项目主管单位要加强检查、监督；项目建设单位要加强安全宣传和教育工作，督促参加工程建设的各有关单位搞好安全生产。所有的工程合同都要有安全管理条款，所有的工程计划都要有安全生产措施。

第二十二条　要加强水利工程建设的信息交流管理工作。

1. 积极利用和发挥中国水利学会水利建设管理专业委员会等学术团体作用，组织学术活动，开展调查研究，推动管理体制改革和科技进步，加强水利建设队伍联络和管理。

2. 建立水利工程建设情况报告。

（1）项目建设单位定期向主管部门报送工程项目的建设情况。其中：重点工程情况应在水利部月生产协调会5天前报告工程完成情况，包括完成实物工作量，关键进度、投资到位情况和存在的主要问题，月报和年报按有关统计报表规定及时报送，年报内容应增加建设管理情况总结。

（2）部属大中型水利工程建设情况，由项目建设单位定期向流域机构和水利部直接报告；地方大型水利工程建设情况，项目建设单位在报地方水行政主管部门的同时抄报水利部；各流域机构和水利（水电）厅（局）应将所属水利工程建设概况、工程进度和建设管理经验总结，于每年年终向水利部报告一次。

第六章　附　　则

第二十三条　本规定由水利部负责解释。

第二十四条　本规定自公布之日起试行。

水利工程质量监督管理规定

水建〔1997〕339号

（水利部1997年8月25日发布）

第一章 总 则

第一条 根据《质量振兴纲要（1996年—2010年）》和《中华人民共和国水法》，为加强水行政主管部门对水利工程质量的监督管理，保证工程质量，确保工程安全，发挥投资效益，制订本规定。

第二条 水行政主管部门主管水利工程质量监督工作。水利工程质量监督机构是水行政主管部门对水利工程质量进行监督管理的专职机构，对水利工程质量进行强制性的监督管理。

第三条 在我国境内新建、扩建、改建、加固各类水利水电工程和城镇供水、滩涂围垦等工程（以下简称水利工程）及其技术改造，包括配套与附属工程，均必须由水利工程质量监督机构负责质量监督。工程建设、监理、设计和施工单位在工程建设阶段，必须接受质量监督机构的监督。

第四条 工程质量监督的依据：

（一）国家有关的法律、法规。

（二）水利水电行业有关技术规程、规范，质量标准。

（三）经批准的设计文件等。

第五条 工程竣工验收前，必须经质量监督机构对工程质量进行等级核验。未经工程质量等级核验或者核验不合格的工程，不得交付使用。

工程在申报优秀设计、优秀施工、优质工程项目时，必须有相应质量监督机构签署的工程质量评定意见。

第二章 机构与人员

第六条 水利部主管全国水利工程质量监督工作，水利工程质量监督机构按总站、中心站、站三级设置。

（一）水利部设置全国水利工程质量监督总站，办事机构设在建设司。水利水电规划设计管理局设置水利工程设计质量监督分站，各流域机构设置流域水利工程质量监督分站作为总站的派出机构。

（二）各省、自治区、直辖市水利（水电）厅（局），新疆生产建设兵团水利局设置水利工程质量监督中心站。

（三）各地（市）水利（水电）局设置水利工程质量监督站。

各级质量监督机构隶属于同级水行政主管部门，业务上接受上一级质量监督机构的指导。

第七条 水利工程质量监督项目站（组），是相应质量监督机构的派出单位。

第八条 各级质量监督机构的站长一般应由同级水行政主管部门主管工程建设的领导兼任，有条件的可配备相应级别的专职副站长。各级质量监督机构的正副站长由其主管部门任命，并报上一级质量监督机构备案。

第九条 各级质量监督机构应配备一定数量的专职质量监督员。质量监督员的数量由同级水行政主管部门根据工作需要和专业配套的原则确定。

第十条 水利工程质量监督员必须具备以下条件：

（一）取得工程师职称，或具有大专以上学历并有五年以上从事水利水电工程设计、施工、监理、咨询或建设管理工作的经历。

（二）坚持原则，秉公办事，认真执法，责任心强。

（三）经过培训并通过考核取得《水利工程质量监督员证》。

第十一条 质量监督机构可聘任符合条件的工程技术人员作为工程项目的兼职质量监督员。为保证质量监督工作的公正性、权威性，凡从事该工程监理、设计、施工、设备制造的人员不得担任该工程的兼职质量监督员。

第十二条 各质量监督分站、中心站、地（市）站和质量监督员必须经上一级质量监督机构考核、认证，取得合格证书后，方可从事质量监督工作。质量监督机构资质每四年复核一次，质量监督员证有效期为四年。

第十三条 《水利工程质量监督机构合格证书》和《水利工程质量监督员证》由水利部统一印制。

第三章 机 构 职 责

第十四条 全国水利工程质量监督总站的主要职责：

（一）贯彻执行国家和水利部有关工程建设质量管理的方针、政策。

（二）制订水利工程质量监督、检测有关规定和办法，并监督实施。

（三）归口管理全国水利工程的质量监督工作，指导各分站、中心站的质量监督工作。

（四）对部直属重点工程组织实施质量监督。参加工程的阶段验收和竣工验收。

（五）监督有争议的重大工程质量事故的处理。

（六）掌握全国水利工程质量动态。组织交流全国水利工程质量监督工作经验，组织培训质量监督人员。开展全国水利工程质量检查活动。

第十五条 水利工程设计质量监督分站受总站委托承担的主要任务：

（一）归口管理全国水利工程的设计质量监督工作。

（二）负责设计全面质量管理工作。

（三）掌握全国水利工程的设计质量动态，定期向总站报告设计质量监督情况。

第十六条 各流域水利工程质量监督分站的主要职责：

（一）对本流域内下列工程项目实施质量监督：

1. 总站委托监督的部属水利工程。

2. 中央与地方合资项目，监督方式由分站和中心站协商确定。

3. 省（自治区、直辖市）界及国际边界河流上的水利工程。

（二）监督受监督水利工程质量事故的处理。

（三）参加受监督水利工程的阶段验收和竣工验收。

（四）掌握本流域内水利工程质量动态，及时上报质量监督工作中发现的重大问题，开展水利工程质量检查活动，组织交流本流域内的质量监督工作经验。

第十七条 各省、自治区、直辖市，新疆生产建设兵团水利工程质量监督中心站的职责：

（一）贯彻执行国家、水利部和省、自治区、直辖市有关工程建设质量管理的方针、政策。

（二）管理辖区内水利工程的质量监督工作；指导本省、自治区、直辖市的市（地）质量监督站工作。

（三）对辖区内除第十四条、第十六条规定以外的水利工程实施质量监督；协助配合由部总站和流域分站组织监督的水利工程的质量监督工作。

（四）参加受监督水利工程的阶段验收和竣工验收。

（五）监督受监督水利工程质量事故的处理。

（六）掌握辖区内水利工程质量动态和质量监督工作情况，定期向总站报告，同时抄送流域分站；组织培训质量监督人员，开展水利工程质量检查活动，组织交流质量监督工作经验。

第十八条 市（地）水利工程质量监督站的职责，由各中心站根据本规定制订。

第四章 质 量 监 督

第十九条 水利工程建设项目质量监督方式以抽查为主。大型水利工程应建立质量监督项目站，中、小型水利工程可根据需要建立质量监督项目站（组），或进行巡回监督。

第二十条 从工程开工前办理质量监督手续始，到工程竣工验收委员会同意工程交付使用止，为水利工程建设项目的质量监督期（含合同质量保修期）。

第二十一条 项目法人（或建设单位）应在工程开工前到相应的水利工程质量监督机构办理监督手续，签订《水利工程质量监督书》，并按规定缴纳质量监督费，同时提交以下材料：

（一）工程项目建设审批文件；

（二）项目法人（或建设单位）与监理、设计、施工单位签订的合同（或协议）副本；

（三）建设、监理、设计、施工等单位的基本情况和工程质量管理组织情况等资料。

第二十二条 质量监督机构根据受监督工程的规模、重要性等，制订质量监督计划，确定质量监督的组织形式。在工程施工中，根据本规定对工程项目实施质量监督。

第二十三条 工程质量监督的主要内容为：

（一）对监理、设计、施工和有关产品制作单位的资质进行复核。

（二）对建设、监理单位的质量检查体系和施工单位的质量保证体系以及设计单位现场服务等实施监督检查。

（三）对工程项目的单位工程、分部工程、单元工程的划分进行监督检查。

（四）监督检查技术规程、规范和质量标准的执行情况。

（五）检查施工单位和建设、监理单位对工程质量检验和质量评定情况。

（六）在工程竣工验收前，对工程质量进行等级核定，编制工程质量评定报告，并向工程竣工验收委员会提出工程质量等级的建议。

第二十四条　工程质量监督权限如下：

（一）对监理、设计、施工等单位的资质等级、经营范围进行核查，发现越级承包工程等不符合规定要求的，责成建设单位限期改正，并向水行政主管部门报告。

（二）质量监督人员需持《水利工程质量监督员证》进入施工现场执行质量监督。对工程有关部位进行检查，调阅建设、监理单位和施工单位的检测试验成果、检查记录和施工记录。

（三）对违反技术规程、规范、质量标准或设计文件的施工单位，通知建设、监理单位采取纠正措施。问题严重时，可向水行政主管部门提出整顿的建议。

（四）对使用未经检验或检验不合格的建筑材料、构配件及设备等，责成建设单位采取措施纠正。

（五）提请有关部门奖励先进质量管理单位及个人。

（六）提请有关部门或司法机关追究造成重大工程质量事故的单位和个人的行政、经济、刑事责任。

第五章　质　量　检　测

第二十五条　工程质量检测是工程质量监督和质量检查的重要手段。水利工程质量检测单位，必须取得省级以上计量认证合格证书，并经水利工程质量监督机构授权，方可从事水利工程质量检测工作，检测人员必须持证上岗。

第二十六条　质量监督机构根据工作需要，可委托水利工程质量检测单位承担以下主要任务：

（一）核查受监督工程参建单位的试验室装备、人员资质、试验方法及成果等。

（二）根据需要对工程质量进行抽样检测，提出检测报告。

（三）参与工程质量事故分析和研究处理方案。

（四）质量监督机构委托的其他任务。

第二十七条　质量检测单位所出具的检测鉴定报告必须实事求是，数据准确可靠，并对出具的数据和报告负法律责任。

第二十八条　工程质量检测实行有偿服务，检测费用由委托方支付。收费标准按有关规定确定。在处理工程质量争端时，发生的一切费用由责任方支付。

第六章　工程质量监督费

第二十九条　项目法人（或建设单位）应向质量监督机构缴纳工程质量监督费。工程质量监督费属事业性收费。工程质量监督收费，根据国家计委等部门的有关文件规定，收费标准按水利工程所在地域确定。原则上，大城市按受监工程建筑安装工作量的0.15%，中等城市按受监工程建设安装工作量的0.20%，小城市按受监工程建筑安装工作量的

0.25%收取。城区以外的水利工程可比照小城市的收费标准适当提高。

第三十条 工程质量监督费由工程建设单位负责缴纳。大中型工程在办理监督手续时，应确定缴纳计划，每年按年度投资计划，年初一次结清年度工程质量监督费。中小型水利工程在办理质量监督手续时交纳工程质量监督费的50%，余额由质量监督部门根据工程进度收缴。

水利工程在工程竣工验收前必须缴清全部的工程质量监督费。

第三十一条 质量监督费应用于质量监督工作的正常经费开支，不得挪作它用。其使用范围主要为：工程质量监督、检测开支以及必要的差旅费开支等。

第七章 奖 惩

第三十二条 项目法人（或建设单位）未按第二十一条规定要求办理质量监督手续的，水行政主管部门依据《中华人民共和国行政处罚法》对建设单位进行处罚，并责令限期改正或按有关规定处理。

第三十三条 质量检测单位伪造检测数据、检测结论的，视情节轻重，报上级水行政主管部门对责任单位和责任人按有关规定进行处罚，构成犯罪的由司法机关依法追究其刑事责任。

第三十四条 质量监督员滥用职权、玩忽职守、徇私舞弊的，由质量监督机构提交水行政主管部门视情节轻重，给予行政处分，构成犯罪的由司法机关依法追究其刑事责任。

第三十五条 对在工程质量管理和质量监督工作中做出突出成绩的单位和个人，由质量监督部门或报请水行政主管部门给予表彰和奖励。

第八章 附 则

第三十六条 各水利工程质量监督中心站可根据本规定制订实施细则，并报全国水利工程质量监督总站核备。

第三十七条 本规定由水利部负责解释。

第三十八条 本规定自发布之日起施行，原《水利基本建设工程质量监督暂行规定》同时废止。

水利工程质量管理规定

水利部令第 7 号

（1997 年 12 月 21 日发布，自 1997 年 12 月 21 日起施行）

第一章　总　　则

第一条　根据国务院《质量振兴纲要（1996 年—2010 年）》和有关规定，为了加强对水利工程的质量管理，保证工程质量，制定本规定。

第二条　凡在中华人民共和国境内从事水利工程建设活动的单位［包括项目法人（建设单位）、监理、设计、施工等单位］或个人，必须遵守本规定。

第三条　本规定所称水利工程是指由国家投资、中央和地方合资、地方投资以及其他投资方式兴建的防洪、除涝、灌溉、水力发电、供水、围垦等（包括配套与附属工程）各类水利工程。

第四条　本规定所称水利工程质量是指在国家和水利行业现行的有关法律、法规、技术标准和批准的设计文件及工程合同中，对兴建的水利工程的安全、适用、经济、美观等特性的综合要求。

第五条　水利部负责全国水利工程质量管理工作。

各流域机构受水利部的委托负责本流域由流域机构管辖的水利工程的质量管理工作，指导地方水行政主管部门的质量管理工作。

各省、自治区、直辖市水行政主管部门负责本行政区域内水利工程质量管理工作。

第六条　水利工程质量实行项目法人（建设单位）负责、监理单位控制、施工单位保证和政府监督相结合的质量管理体制。

水利工程质量由项目法人（建设单位）负全面责任。监理、施工、设计单位按照合同及有关规定对各自承担的工作负责。质量监督机构履行政府部门监督职能，不代替项目法人（建设单位）、监理、设计、施工单位的质量管理工作。水利工程建设各方均有责任和权利向有关部门和质量监督机构反映工程质量问题。

第七条　水利工程项目法人（建设单位）、监理、设计、施工等单位的负责人，对本单位的质量工作负领导责任。各单位在工程现场的项目负责人对本单位在工程现场的质量工作负直接领导责任。各单位的工程技术负责人对质量工作负技术责任。具体工作人员为直接责任人。

第八条　水利工程建设各单位要积极推行全面质量管理，采用先进的质量管理模式和管理手段，推广先进的科学技术和施工工艺，依靠科技进步和加强管理，努力创建优质工程，不断提高工程质量。

各级水行政主管部门要对提高工程质量做出贡献的单位和个人实行奖励。

第九条　水利工程建设各单位要加强质量法制教育，增强质量法制观念，把提高劳动者的素质作为提高质量的重要环节，加强对管理人员和职工的质量意识和质量管理知识的教育，建立和完善质量管理的激励机制，积极开展群众性质量管理和合理化建议活动。

第二章　工程质量监督管理

第十条　政府对水利工程的质量实行监督的制度。

水利工程按照分级管理的原则由相应水行政主管部门授权的质量监督机构实施质量监督。

第十一条　水利工程质量监督机构，必须按照水利部有关规定设立，经省级以上水行政主管部门资质审查合格，方可承担水利工程的质量监督工作。

各级水利工程质量监督机构，必须建立健全质量监督工作机制，完善监督手段，增强质量监督的权威性和有效性。

各级水利工程质量监督机构，要加强对贯彻执行国家和水利部有关质量法规、规范情况的检查，坚决查处有法不依、执法不严、违法不究以及滥用职权的行为。

第十二条　水利部水利工程质量监督机构负责对流域机构、省级水利工程质量监督机构和水利工程质量检测单位进行统一规划、管理和资质审查。

各省、自治区、直辖市设立的水利工程质量监督机构负责本行政区域内省级以下水利工程质量监督机构和水利工程质量检测单位统一规划管理和资质审查。

第十三条　水利工程质量监督机构负责监督设计、监理、施工单位在其资质等级允许范围内从事水利工程建设的质量工作；负责检查、督促建设、监理、设计、施工单位建立健全质量体系。

水利工程质量监督机构，按照国家和水利行业有关工程建设法规、技术标准和设计文件实施工程质量监督，对施工现场影响工程质量的行为进行监督检查。

第十四条　水利工程质量监督实施以抽查为主的监督方式，运用法律和行政手段，做好监督抽查后的处理工作。工程竣工验收时，质量监督机构应对工程质量等级进行核定。未经质量核定或核定不合格的工程，施工单位不得交验，工程主管部门不能验收，工程不得投入使用。

第十五条　根据需要，质量监督机构可委托经计量认证合格的检测单位，对水利工程有关部位以及所采用的建筑材料和工程设备进行抽样检测。

水利部水利工程质量监督机构认定的水利工程质量检测机构出具的数据是全国水利系统的最终检测。

各省级水利工程质量监督机构认定的水利工程质量检测机构所出具的检测数据是本行政区域内水利系统的最高检测。

第三章　项目法人（建设单位）质量管理

第十六条　项目法人（建设单位）应根据国家和水利部有关规定依法设立，主动接受水利工程质量监督机构对其质量体系的监督检查。

第十七条　项目法人（建设单位）应根据工程规模和工程特点，按照水利部有关规定，通过资质审查招标选择勘测设计、施工、监理单位并实行合同管理。在合同文件中，必须有工程质量条款，明确图纸、资料、工程、材料、设备等的质量标准及合同双方的质量责任。

第十八条　项目法人（建设单位）要加强工程质量管理，建立健全施工质量检查体系，根据工程特点建立质量管理机构和质量管理制度。

第十九条　项目法人（建设单位）在工程开工前，应按规定向水利工程质量监督机构办理工程质量监督手续。在工程施工过程中，应主动接受质量监督机构对工程质量的监督检查。

第二十条　项目法人（建设单位）应组织设计和施工单位进行设计交底；施工中应对工程质量进行检查，工程完工后，应及时组织有关单位进行工程质量验收、签证。

第四章　监理单位质量管理

第二十一条　监理单位必须持有水利部颁发的监理单位资格等级证书，依照核定的监理范围承担相应水利工程的监理任务。监理单位必须接受水利工程质量监督机构对其监理资格质量检查体系及质量监理工作的监督检查。

第二十二条　监理单位必须严格执行国家法律、水利行业法规、技术标准，严格履行监理合同。

第二十三条　监理单位应根据所承担的监理任务向水利工程施工现场派出相应的监理机构，人员配备必须满足项目要求。监理工程师上岗必须持有水利部颁发的监理工程师岗位证书，一般监理人员上岗要经过岗前培训。

第二十四条　监理单位应根据监理合同参与招标工作，从保证工程质量全面履行工程承建合同出发，签发施工图纸；审查施工单位的施工组织设计和技术措施；指导监督合同中有关质量标准、要求的实施；参加工程质量检查、工程质量事故调查处理和工程验收工作。

第五章　设计单位质量管理

第二十五条　设计单位必须按其资质等级及业务范围承担勘测设计任务，并应主动接受水利工程质量监督机构对其资质等级及质量体系的监督检查。

第二十六条　设计单位必须建立健全设计质量保证体系，加强设计过程质量控制，健全设计文件的审核、会签批准制度，做好设计文件的技术交底工作。

第二十七条　设计文件必须符合下列基本要求：

（一）设计文件应当符合国家、水利行业有关工程建设法规、工程勘测设计技术规程、标准和合同的要求。

（二）设计依据的基本资料应完整、准确、可靠，设计论证充分，计算成果可靠。

（三）设计文件的深度应满足相应设计阶段有关规定要求，设计质量必须满足工程质量、安全需要并符合设计规范的要求。

第二十八条　设计单位应按合同规定及时提供设计文件及施工图纸，在施工过程中要随时掌握施工现场情况，优化设计，解决有关设计问题。对大中型工程，设计单位应按合同规定在施工现场设立设计代表机构或派驻设计代表。

第二十九条 设计单位应按水利部有关规定在阶段验收、单位工程验收和竣工验收中，对施工质量是否满足设计要求提出评价意见。

第六章 施工单位质量管理

第三十条 施工单位必须按其资质等级和业务范围承揽工程施工任务，接受水利工程质量监督机构对其资质和质量保证体系的监督检查。

第三十一条 施工单位必须依据国家、水利行业有关工程建设法规、技术规程、技术标准的规定以及设计文件和施工合同的要求进行施工，并对其施工的工程质量负责。

第三十二条 施工单位不得将其承接的水利建设项目的主体工程进行转包。对工程的分包，分包单位必须具备相应资质等级，并对其分包工程的施工质量向总包单位负责，总包单位对全部工程质量向项目法人（建设单位）负责。工程分包必须经过项目法人（建设单位）的认可。

第三十三条 施工单位要推行全面质量管理，建立健全质量保证体系，制定和完善岗位质量规范、质量责任及考核办法，落实质量责任制。在施工过程中要加强质量检验工作，认真执行“三检制”，切实做好工程质量的全过程控制。

第三十四条 工程发生质量事故，施工单位必须按照有关规定向监理单位、项目法人（建设单位）及有关部门报告，并保护好现场，接受工程质量事故调查，认真进行事故处理。

第三十五条 竣工工程质量必须符合国家和水利行业现行的工程标准及设计文件要求，并应向项目法人（建设单位）提交完整的技术档案、试验成果及有关资料。

第七章 建筑材料、设备采购的质量管理和工程保修

第三十六条 建筑材料和工程设备的采购单位承担相应责任。凡进入施工现场的建筑材料和工程设备均应按有关规定进行检验。经检验不合格的产品不得用于工程。

第三十七条 建筑材料和工程设备的采购单位具有按合同自主采购的权利，其它单位或个人不得干预。

第三十八条 建筑材料或工程设备应当符合下列要求：

（一）有产品质量检验合格证明；

（二）有中文标明的产品名称、生产厂名和厂址；

（三）产品包装和商标式样符合国家有关规定和标准要求；

（四）工程设备应有产品详细的使用说明书，电气设备还应附有线路图；

（五）实施生产许可证或实行质量认证的产品，应当具有相应的许可证或认证证书。

第三十九条 水利工程保修期从工程移交证书写明的工程完工日起一般不少于一年。有特殊要求的工程，其保修期限在合同中规定。

工程质量出现永久性缺陷的，承担责任的期限不受以上保修期限制。

第四十条 水利工程在规定的保修期内，出现工程质量问题，一般由原施工单位承担保修，所需费用由责任方承担。

第八章　罚　　则

第四十一条　水利工程发生重大工程质量事故，应严肃处理。对责任单位予以通报批评、降低资质等级或收缴资质证书；对责任人给予行政纪律处分，构成犯罪的，移交司法机关进行处理。

第四十二条　因水利工程质量事故造成人身伤亡及财产损失的，责任单位应按有关规定，给予受损方经济赔偿。

第四十三条　项目法人（建设单位）有下列行为之一的，由其主管部门予以通报批评或其它纪律处理。

（一）未按规定选择相应资质等级的勘测设计、施工、监理单位的；

（二）未按规定办理工程质量监督手续的；

（三）未按规定及时进行已完工程验收就进行下一阶段施工和未经竣工或阶段验收，而将工程交付使用的；

（四）发生重大工程质量事故没有按有关规定及时向有关部门报告的。

第四十四条　勘测设计、施工、监理单位有下列行为之一的，根据情节轻重，予以通报批评、降低资质等级直至收缴资质证书，经济处理按合同规定办理，触犯法律的，按国家有关法律处理：

（一）无证或超越资质等级承接任务的；

（二）不接受水利工程质量监督机构监督的；

（三）设计文件不符合本规定第二十七条要求的；

（四）竣工交付使用的工程不符合本规定第三十五条要求的；

（五）未按规定实行质量保修的；

（六）使用未经检验或检验不合格的建筑材料和工程设备，或在工程施工中粗制滥造、偷工减料、伪造记录的；

（七）发生重大工程质量事故没有及时按有关规定向有关部门报告的；

（八）经水利工程质量监督机构核定工程质量等级为不合格或工程需加固或拆除的。

第四十五条　检测单位伪造检验数据或伪造检验结论的，根据情节轻重，予以通报批评、降低资质等级直至收缴资质证书。因伪造行为造成严重后果的，按国家有关规定处理。

第四十六条　对不认真履行水利工程质量监督职责的质量监督机构，由相应水行政主管部门或其上一级水利工程质量监督机构给予通报批评、撤换负责人或撤销授权并进行机构改组。

从事工程质量监督的工作人员执法不严，违法不究或者滥用职权、贪污受贿，由其所在单位或上级主管部门给予行政处分，构成犯罪的，依法追究刑事责任。

第九章　附　　则

第四十七条　本规定由水利部负责解释。

第四十八条　本规定自发布之日起施行。

关于印发《水利工程建设程序管理暂行规定》的通知

水建〔1998〕16号

（水利部1998年1月7日发布）

各流域机构，各省、自治区、直辖市水利（水电）厅（局），新疆生产建设兵团水利局，各有关单位：

为加强水利建设市场管理，进一步规范水利工程建设程序，我部制定了《水利工程建设程序管理暂行规定》。现将该规定印发给你们，请结合本地区、本单位实际情况，认真贯彻执行。

附件

水利工程建设程序管理暂行规定

第一条 为加强水利建设市场管理，进一步规范水利工程建设程序，推进项目法人责任制、建设监理制、招标投标制的实施，促进水利建设实现经济体制和经济增长方式的两个根本性转变，根据国家有关法律、法规，制定本规定。

第二条 水利工程建设程序，按《水利工程建设项目管理规定》(水利部水建〔1995〕128号）明确的建设程序执行，水利工程建设程序一般分为：项目建议书、可行性研究报告、初步设计、施工准备（包括招标设计）、建设实施、生产准备、竣工验收、后评价等阶段。

第三条 本暂行规定适用于由国家投资、中央和地方合资、企事业单位独资或合资以及其它投资方式兴建的防洪、除涝、灌溉、发电、供水、围垦等大中型（包括新建、续建、改建、加固、修复）工程建设项目。小型水利工程建设项目可以参照执行。利用外资项目的建设程序，同时还应执行有关外资项目管理的规定。

第四条 项目建议书阶段

1. 项目建议书应根据国民经济和社会发展长远规划、流域综合规划、区域综合规划、专业规划，按照国家产业政策和国家有关投资建设方针进行编制，是对拟进行建设项目的初步说明。

2. 项目建议书应按照《水利水电工程项目建议书编制暂行规定》（水利部水规计〔1996〕608号）编制。

3. 项目建议书编制一般由政府委托有相应资格的设计单位承担；并按国家现行规定权限向主管部门申报审批。项目建议书被批准后，由政府向社会公布，若有投资建设意向，应及时组建项目法人筹备机构，开展下一建设程序工作。

第五条 可行性研究报告阶段

1. 可行性研究应对项目进行方案比较，在技术上是否可行和经济上是否合理进行科学的分析和论证。经过批准的可行性研究报告，是项目决策和进行初步设计的依据。可行性研究报告，由项目法人（或筹备机构）组织编制。

2. 可行性研究报告应按照《水利水电工程可行性研究报告编制规程》（电力部、水利部电办〔1993〕112号）编制。

3. 可行性研究报告，按国家现行规定的审批权限报批。申报项目可行性研究报告，必须同时提出项目法人组建方案及运行机制、资金筹措方案、资金结构及回收资金的办法，并依照有关规定附具有管辖权的水行政主管部门或流域机构签署的规划同意书、对取水许可预申请的书面审查意见。审批部门要委托有项目相应资格的工程咨询机构对可行性报告进行评估，并综合行业归口主管部门、投资机构（公司）、项目法人（或项目法人筹备机构）等方面的意见进行审批。

4. 可行性研究报告经批准后，不得随意修改和变更，在主要内容上有重要变动，应经原批准机关复审同意。项目可行性报告批准后，应正式成立项目法人，并按项目法人责任制实行项目管理。

第六条　初步设计阶段

1. 初步设计是根据批准的可行性研究报告和必要而准确的设计资料，对设计对象进行通盘研究，阐明拟建工程在技术上的可行性和经济上的合理性，规定项目的各项基本技术参数，编制项目的总概算。初步设计任务应择优选择有项目相应资格的设计单位承担，依照有关初步设计编制规定进行编制。

2. 初步设计报告应按照《水利水电工程初步设计报告编制规程》（电力部、水利部电办〔1993〕113号）编制。

3. 初步设计文件报批前，一般须由项目法人委托有相应资格的工程咨询机构或组织行业各方面（包括管理、设计、施工、咨询等方面）的专家，对初步设计中的重大问题，进行咨询论证。设计单位根据咨询论证意见，对初步设计文件进行补充、修改、优化。初步设计由项目法人组织审查后，按国家现行规定权限向主管部门申报审批。

4. 设计单位必须严格保证设计质量，承担初步设计的合同责任。初步设计文件经批准后，主要内容不得随意修改、变更，并作为项目建设实施的技术文件基础。如有重要修改、变更，须经原审批机关复审同意。

第七条　施工准备阶段

1. 项目在主体工程开工之前，必须完成各项施工准备工作，其主要内容包括：

（1）施工现场的征地、拆迁；

（2）完成施工用水、电、通信、路和场地平整等工程；

（3）必须的生产、生活临时建筑工程；

（4）组织招标设计、咨询、设备和物资采购等服务；

（5）组织建设监理和主体工程招标投标，并择优选定建设监理单位和施工承包队伍。

2. 施工准备工作开始前，项目法人或其代理机构，须依照《水利工程建设项目管理规定（试行）》（水利部水建〔1995〕128号）中“管理体制和职责”明确的分级管理权限，向水行政主管部门办理报建手续，项目报建须交验工程建设项目的有关批准文件。工程项目进行项目报建登记后，方可组织施工准备工作。

3. 工程建设项目施工，除某些不适应招标的特殊工程项目外（须经水行政主管部门批准），均须实行招标投标。水利工程建设项目的招标投标，按《水利工程建设项目施工招标投标管理规定》（水利部水建〔1995〕130号）执行。

4. 水利工程项目必须满足如下条件，施工准备方可进行：

（1）初步设计已经批准；

（2）项目法人已经建立；

（3）项目已列入国家或地方水利建设投资计划，筹资方案已经确定；

（4）有关土地使用权已经批准；

（5）已办理报建手续。

第八条 建设实施阶段

1. 建设实施阶段是指主体工程的建设实施，项目法人按照批准的建设文件，组织工程建设，保证项目建设目标的实现；

2. 项目法人或其代理机构必须按审批权限，向主管部门提出主体工程开工申请报告，经批准后，主体工程方能正式开工。主体工程开工须具备《水利工程建设项目管理规定（试行）》（水利部水建〔1995〕128号）明确的条件，即：

（1）前期工程各阶段文件已按规定批准，施工详图设计可以满足初期主体工程施工需要；

（2）建设项目已列入国家或地方水利建设投资年度计划，年度建设资金已落实；

（3）主体工程招标已经决标，工程承包合同已经签订，并得到主管部门同意；

（4）现场施工准备和征地移民等建设外部条件能够满足主体工程开工需要。

3. 随着社会主义市场经济机制的建立，实行项目法人责任制，主体工程开工前还须具备以下条件：

（1）建设管理模式已经确定，投资主体与项目主体的管理关系已经理顺；

（2）项目建设所需全部投资来源已经明确，且投资结构合理；

（3）项目产品的销售，已有用户承诺，并确定了定价原则。

4. 项目法人要充分发挥建设管理的主导作用，为施工创造良好的建设条件。项目法人要充分授权工程监理，使之能独立负责项目的建设工期、质量、投资的控制和现场施工的组织协调。监理单位选择必须符合《水利工程建设监理规定》（水利部水建〔1996〕396号）的要求。

5. 要按照"政府监督、项目法人负责、社会监理、企业保证"的要求，建立健全质量管理体系，重要建设项目，须设立质量监督项目站，行使政府对项目建设的监督职能。

第九条 生产准备阶段

1. 生产准备是项目投产前所要进行的一项重要工作，是建设阶段转入生产经营的必要条件。项目法人应按照建管结合和项目法人责任制的要求，适时做好有关生产准备工作。

2. 生产准备应根据不同类型的工程要求确定，一般应包括如下主要内容：

（1）生产组织准备。建立生产经营的管理机构及相应管理制度；

（2）招收和培训人员。按照生产运营的要求，配备生产管理人员，并通过多种形式的培训，提高人员素质，使之能满足运营要求。生产管理人员要尽早介入工程的施工建设，参加设备的安装调试，熟悉情况，掌握好生产技术和工艺流程，为顺利衔接基本建设和生产经营阶段做好准备；

(3) 生产技术准备。主要包括技术资料的汇总、运行技术方案的制定、岗位操作规程制定和新技术准备；

(4) 生产的物资准备。主要是落实投产运营所需要的原材料、协作产品、工器具、备品备件和其他协作配合条件的准备；

(5) 正常的生活福利设施准备。

3. 及时具体落实产品销售合同协议的签订，提高生产经营效益，为偿还债务和资产的保值增值创造条件。

第十条　竣工验收

1. 竣工验收是工程完成建设目标的标志，是全面考核基本建设成果、检验设计和工程质量的重要步骤。竣工验收合格的项目即从基本建设转入生产或使用。

2. 当建设项目的建设内容全部完成，并经过单位工程验收（包括工程档案资料的验收），符合设计要求并按《水利基本建设项目（工程）档案资料管理暂行规定》（水利部水办〔1997〕275 号）的要求完成了档案资料的整理工作；完成竣工报告、竣工决算等必须文件的编制后，项目法人按《水利工程建设项目管理规定（试行）》（水利部水建〔1995〕128 号）规定，向验收主管部门，提出申请，根据国家和部颁验收规程，组织验收。

3. 竣工决算编制完成后，须由审计机关组织竣工审计，其审计报告作为竣工验收的基本资料。

4. 工程规模较大、技术较复杂的建设项目可先进行初步验收。不合格的工程不予验收；有遗留问题的项目，对遗留问题必须有具体处理意见，且有限期处理的明确要求并落实责任人。

第十一条　后评价

1. 建设项目竣工投产后，一般经过 1 至 2 年生产运营后，要进行一次系统的项目后评价，主要内容包括：影响评价——项目投产后对各方面的影响进行评价；经济效益评价——项目投资、国民经济效益、财务效益、技术进步和规模效益、可行性研究深度等进行评价；过程评价——对项目的立项、设计施工、建设管理、竣工投产、生产运营等全过程进行评价。

2. 项目后评价一般按三个层次组织实施，即项目法人的自我评价、项目行业的评价、计划部门（或主要投资方）的评价。

3. 建设项目后评价工作必须遵循客观、公正、科学的原则，做到分析合理、评价公正。通过建设项目的后评价以达到肯定成绩、总结经验、研究问题、吸取教训、提出建议、改进工作，不断提高项目决策水平和投资效果的目的。

第十二条　凡违反工程建设程序管理规定的，按照有关法律、法规、规章的规定，由项目行业主管部门，根据情节轻重，对责任者进行处理。

第十三条　本暂行规定是《水利工程建设项目管理规定（试行）》（水利部水建〔1995〕128 号）的补充。

第十四条　本暂行规定由水利部负责解释。

第十五条　本暂行规定自发布之日起试行。

水利工程建设项目招标投标管理规定

水利部令第14号

（2001年10月29日发布，自2002年1月1日起施行）

第一章 总 则

第一条 为加强水利工程建设项目招标投标工作的管理，规范招标投标活动，根据《中华人民共和国招标投标法》和国家有关规定，结合水利工程建设的特点，制定本规定。

第二条 本规定适用于水利工程建设项目的勘察设计、施工、监理以及与水利工程建设有关的重要设备、材料采购等的招标投标活动。

第三条 符合下列具体范围并达到规模标准之一的水利工程建设项目必须进行招标。

（一）具体范围

1. 关系社会公共利益、公共安全的防洪、排涝、灌溉、水力发电、引（供）水、滩涂治理、水土保持、水资源保护等水利工程建设项目；

2. 使用国有资金投资或者国家融资的水利工程建设项目；

3. 使用国际组织或者外国政府贷款、援助资金的水利工程建设项目。

（二）规模标准

1. 施工单项合同估算价在200万元人民币以上的；

2. 重要设备、材料等货物的采购，单项合同估算价在100万元人民币以上的；

3. 勘察设计、监理等服务的采购，单项合同估算价在50万元人民币以上的；

4. 项目总投资额在3000万元人民币以上，但分标单项合同估算价低于本项第1、第2、第3目规定的标准的项目原则上都必须招标。

第四条 招标投标活动应当遵循公开、公平、公正和诚实信用的原则。建设项目的招标工作由招标人负责，任何单位和个人不得以任何方式非法干涉招标投标活动。

第二章 行政监督与管理

第五条 水利部是全国水利工程建设项目招标投标活动的行政监督与管理部门，其主要职责是：

（一）负责组织、指导、监督全国水利行业贯彻执行国家有关招标投标的法律、法规、规章和政策；

（二）依据国家有关招标投标法律、法规和政策，制定水利工程建设项目招标投标的管理规定和办法；

（三）受理有关水利工程建设项目招标投标活动的投诉，依法查处招标投标活动中的违法违规行为；

（四）对水利工程建设项目招标代理活动进行监督；

（五）对水利工程建设项目评标专家资格进行监督与管理；

（六）负责国家重点水利项目和水利部所属流域管理机构（以下简称流域管理机构）主要负责人兼任项目法人代表的中央项目的招标投标活动的行政监督。

第六条　流域管理机构受水利部委托，对除第五条第六项规定以外的中央项目的招标投标活动进行行政监督。

第七条　省、自治区、直辖市人民政府水行政主管部门是本行政区域内地方水利工程建设项目招标投标活动的行政监督与管理部门，其主要职责是：

（一）贯彻执行有关招标投标的法律、法规、规章和政策；

（二）依照有关法律、法规和规章，制定地方水利工程建设项目招标投标的管理办法；

（三）受理管理权限范围内的水利工程建设项目招标投标活动的投诉，依法查处招标投标活动中的违法违规行为；

（四）对本行政区域内地方水利工程建设项目招标代理活动进行监督；

（五）组建并管理省级水利工程建设项目评标专家库；

（六）负责本行政区域内除第五条第六项规定以外的地方项目的招标投标活动的行政监督。

第八条　水行政主管部门依法对水利工程建设项目的招标投标活动进行行政监督，内容包括：

（一）接受招标人招标前提交备案的招标报告；

（二）可派员监督开标、评标、定标等活动。对发现的招标投标活动的违法违规行为，应当立即责令改正，必要时可做出包括暂停开标或评标以及宣布开标、评标结果无效的决定，对违法的中标结果予以否决；

（三）接受招标人提交备案的招标投标情况书面总结报告。

第三章　招　　标

第九条　招标分为公开招标和邀请招标。

第十条　依法必须招标的项目中，国家重点水利项目、地方重点水利项目及全部使用国有资金投资或者国有资金投资占控股或者主导地位的项目应当公开招标，但有下列情况之一的，按第十一条的规定经批准后可采用邀请招标：

（一）属于第三条第二项第 4 目规定的项目；

（二）项目技术复杂，有特殊要求或涉及专利权保护，受自然资源或环境限制，新技术或技术规格事先难以确定的项目；

（三）应急度汛项目；

（四）其它特殊项目。

第十一条　符合第十条规定，采用邀请招标的，招标前招标人必须履行下列批准手续：

（一）国家重点水利项目经水利部初审后，报国家发展计划委员会批准；其他中央项目报水利部或其委托的流域管理机构批准；

（二）地方重点水利项目经省、自治区、直辖市人民政府水行政主管部门会同同级发展计划行政主管部门审核后，报本级人民政府批准；其它地方项目报省、自治区、直辖市人民政府水行政主管部门批准。

第十二条 下列项目可不进行招标，但须经项目主管部门批准：

（一）涉及国家安全、国家秘密的项目；

（二）应急防汛、抗旱、抢险、救灾等项目；

（三）项目中经批准使用农民投工、投劳施工的部分（不包括该部分中勘察设计、监理和重要设备、材料采购）；

（四）不具备招标条件的公益性水利工程建设项目的项目建议书和可行性研究报告；

（五）采用特定专利技术或特有技术的；

（六）其它特殊项目。

第十三条 当招标人具备以下条件时，按有关规定和管理权限经核准可自行办理招标事宜：

（一）具有项目法人资格（或法人资格）；

（二）具有与招标项目规模和复杂程度相适应的工程技术、概预算、财务和工程管理等方面专业技术力量；

（三）具有编制招标文件和组织评标的能力；

（四）具有从事同类工程建设项目招标的经验；

（五）设有专门的招标机构或者拥有 3 名以上专职招标业务人员；

（六）熟悉和掌握招标投标法律、法规、规章。

第十四条 当招标人不具备第十三条的条件时，应当委托符合相应条件的招标代理机构办理招标事宜。

第十五条 招标人申请自行办理招标事宜时，应当报送以下书面材料：

（一）项目法人营业执照、法人证书或者项目法人组建文件；

（二）与招标项目相适应的专业技术力量情况；

（三）内设的招标机构或者专职招标业务人员的基本情况；

（四）拟使用的评标专家库情况；

（五）以往编制的同类工程建设项目招标文件和评标报告，以及招标业绩的证明材料；

（六）其它材料。

第十六条 水利工程建设项目招标应当具备以下条件：

（一）勘察设计招标应当具备的条件

1. 勘察设计项目已经确定；

2. 勘察设计所需资金已落实；

3. 必需的勘察设计基础资料已收集完成。

（二）监理招标应当具备的条件

1. 初步设计已经批准；

2. 监理所需资金已落实；

3. 项目已列入年度计划。

（三）施工招标应当具备的条件

1. 初步设计已经批准；

2. 建设资金来源已落实，年度投资计划已经安排；

3. 监理单位已确定；

4. 具有能满足招标要求的设计文件，已与设计单位签订适应施工进度要求的图纸交付合同或协议；

5. 有关建设项目永久征地、临时征地和移民搬迁的实施、安置工作已经落实或已有明确安排。

（四）重要设备、材料招标应当具备的条件

1. 初步设计已经批准；

2. 重要设备、材料技术经济指标已基本确定；

3. 设备、材料所需资金已落实。

第十七条　招标工作一般按下列程序进行：

（一）招标前，按项目管理权限向水行政主管部门提交招标报告备案。报告具体内容应当包括：招标已具备的条件、招标方式、分标方案、招标计划安排、投标人资质（资格）条件、评标方法、评标委员会组建方案以及开标、评标的工作具体安排等；

（二）编制招标文件；

（三）发布招标信息（招标公告或投标邀请书）；

（四）发售资格预审文件；

（五）按规定日期接受潜在投标人编制的资格预审文件；

（六）组织对潜在投标人资格预审文件进行审核；

（七）向资格预审合格的潜在投标人发售招标文件；

（八）组织购买招标文件的潜在投标人现场踏勘；

（九）接受投标人对招标文件有关问题要求澄清的函件，对问题进行澄清，并书面通知所有潜在投标人；

（十）组织成立评标委员会，并在中标结果确定前保密；

（十一）在规定时间和地点，接受符合招标文件要求的投标文件；

（十二）组织开标评标会；

（十三）在评标委员会推荐的中标候选人中，确定中标人；

（十四）向水行政主管部门提交招标投标情况的书面总结报告；

（十五）发中标通知书，并将中标结果通知所有投标人；

（十六）进行合同谈判，并与中标人订立书面合同。

第十八条　采用公开招标方式的项目，招标人应当在国家发展计划委员会指定的媒介发布招标公告，其中大型水利工程建设项目以及国家重点项目、中央项目、地方重点项目同时还应当在《中国水利报》发布招标公告，公告正式媒介发布至发售资格预审文件（或招标文件）的时间间隔一般不少于 10 日。招标人应当对招标公告的真实性负责。招标公告不得限制潜在投标人的数量。

采用邀请招标方式的，招标人应当向 3 个以上有投标资格的法人或其它组织发出投标邀请书。

投标人少于 3 个的，招标人应当依照本规定重新招标。

第十九条 招标人应当根据国家有关规定，结合项目特点和需要编制招标文件。

第二十条 招标人应当对投标人进行资格审查，并提出资格审查报告，经参审人员签字后存档备查。

第二十一条 在一个项目中，招标人应当以相同条件对所有潜在投标人的资格进行审查，不得以任何理由限制或者排斥部分潜在投标人。

第二十二条 招标人对已发出的招标文件进行必要澄清或者修改的，应当在招标文件要求提交投标文件截止日期至少 15 日前，以书面形式通知所有投标人。该澄清或者修改的内容为招标文件的组成部分。

第二十三条 依法必须进行招标的项目，自招标文件开始发出之日起至投标人提交投标文件截止之日止，最短不应当少于 20 日。

第二十四条 招标文件应当按其制作成本确定售价，一般可按 1000 元至 3000 元人民币标准控制。

第二十五条 招标文件中应当明确投标保证金金额，一般可按以下标准控制：

（一）合同估算价 10000 万元人民币以上，投标保证金金额不超过合同估算价的 5‰；

（二）合同估算价 3000 万元至 10000 万元人民币之间，投标保证金金额不超过合同估算价的 6‰；

（三）合同估算价 3000 万元人民币以下，投标保证金金额不超过合同估算价的 7‰，但最低不得少于 1 万元人民币。

第四章　投　　标

第二十六条 投标人必须具备水利工程建设项目所需的资质（资格）。

第二十七条 投标人应当按照招标文件的要求编写投标文件，并在招标文件规定的投标截止时间之前密封送达招标人。在投标截止时间之前，投标人可以撤回已递交的投标文件或进行更正和补充，但应当符合招标文件的要求。

第二十八条 投标人必须按招标文件规定投标，也可附加提出“替代方案”，且应当在其封面上注明“替代方案”字样，供招标人选用，但不作为评标的主要依据。

第二十九条 两个或两个以上单位联合投标的，应当按资质等级较低的单位确定联合体资质（资格）等级。招标人不得强制投标人组成联合体共同投标。

第三十条 投标人在递交投标文件的同时，应当递交投标保证金。

招标人与中标人签订合同后 5 个工作日内，应当退还投标保证金。

第三十一条 投标人应当对递交的资质（资格）预审文件及投标文件中有关资料的真实性负责。

第五章　评标标准与方法

第三十二条 评标标准和方法应当在招标文件中载明，在评标时不得另行制定或修改、补充任何评标标准和方法。

第三十三条 招标人在一个项目中，对所有投标人评标标准和方法必须相同。

第三十四条　评标标准分为技术标准和商务标准，一般包含以下内容：

（一）勘察设计评标标准

1. 投标人的业绩和资信；
2. 勘察总工程师、设计总工程师的经历；
3. 人力资源配备；
4. 技术方案和技术创新；
5. 质量标准及质量管理措施；
6. 技术支持与保障；
7. 投标价格和评标价格；
8. 财务状况；
9. 组织实施方案及进度安排。

（二）监理评标标准

1. 投标人的业绩和资信；
2. 项目总监理工程师经历及主要监理人员情况；
3. 监理规划（大纲）；
4. 投标价格和评标价格；
5. 财务状况。

（三）施工评标标准

1. 施工方案（或施工组织设计）与工期；
2. 投标价格和评标价格；
3. 施工项目经理及技术负责人的经历；
4. 组织机构及主要管理人员；
5. 主要施工设备；
6. 质量标准、质量和安全管理措施；
7. 投标人的业绩、类似工程经历和资信；
8. 财务状况。

（四）设备、材料评标标准

1. 投标价格和评标价格；
2. 质量标准及质量管理措施；
3. 组织供应计划；
4. 售后服务；
5. 投标人的业绩和资信；
6. 财务状况。

第三十五条　评标方法可采用综合评分法、综合最低评标价法、合理最低投标价法、综合评议法及两阶段评标法。

第三十六条　施工招标设有标底的，评标标底可采用：

（一）招标人组织编制的标底 A；

（二）以全部或部分投标人报价的平均值作为标底 B；

（三）以标底A和标底B的加权平均值作为标底；

（四）以标底A值作为确定有效标的标准，以进入有效标内投标人的报价平均值作为标底。

施工招标未设标底的，按不低于成本价的有效标进行评审。

第六章　开标、评标和中标

第三十七条　开标由招标人主持，邀请所有投标人参加。

第三十八条　开标应当按招标文件中确定的时间和地点进行。开标人员至少由主持人、监标人、开标人、唱标人、记录人组成，上述人员对开标负责。

第三十九条　开标一般按以下程序进行：

（一）主持人在招标文件确定的时间停止接收投标文件，开始开标；

（二）宣布开标人员名单；

（三）确认投标人法定代表人或授权代表人是否在场；

（四）宣布投标文件开启顺序；

（五）依开标顺序，先检查投标文件密封是否完好，再启封投标文件；

（六）宣布投标要素，并作记录，同时由投标人代表签字确认；

（七）对上述工作进行纪录，存档备查。

第四十条　评标工作由评标委员会负责。评标委员会由招标人的代表和有关技术、经济、合同管理等方面的专家组成，成员人数为7人以上单数，其中专家（不含招标人代表人数）不得少于成员总数的2/3。

第四十一条　公益性水利工程建设项目中，中央项目的评标专家应当从水利部或流域管理机构组建的评标专家库中抽取；地方项目的评标专家应当从省、自治区、直辖市人民政府水行政主管部门组建的评标专家库中抽取，也可从水利部或流域管理机构组建的评标专家库中抽取。

第四十二条　评标专家的选择应当采取随机的方式抽取。根据工程特殊专业技术需要，经水行政主管部门批准，招标人可以指定部分评标专家，但不得超过专家人数的1/3。

第四十三条　评标委员会成员不得与投标人有利害关系。所指利害关系包括：是投标人或其代理人的近亲属；在5年内与投标人曾有工作关系；或有其他社会关系或经济利益关系。

评标委员会成员名单在招标结果确定前应当保密。

第四十四条　评标工作一般按以下程序进行：

（一）招标人宣布评标委员会成员名单并确定主任委员；

（二）招标人宣布有关评标纪律；

（三）在主任委员主持下，根据需要，讨论通过成立有关专业组和工作组；

（四）听取招标人介绍招标文件；

（五）组织评标人员学习评标标准和方法；

（六）经评标委员会讨论，并经1/2以上委员同意，提出需投标人澄清的问题，以书面形式送达投标人；

（七）对需要文字澄清的问题，投标人应当以书面形式送达评标委员会；

（八）评标委员会按招标文件确定的评标标准和方法，对投标文件进行评审，确定中标候选人推荐顺序；

（九）在评标委员会 2/3 以上委员同意并签字的情况下，通过评标委员会工作报告，并报招标人。评标委员会工作报告附件包括有关评标的往来澄清函、有关评标资料及推荐意见等。

第四十五条　招标人对有下列情况之一的投标文件，可以拒绝或按无效标处理：

（一）投标文件密封不符合招标文件要求的；

（二）逾期送达的；

（三）投标人法定代表人或授权代表人未参加开标会议的；

（四）未按招标文件规定加盖单位公章和法定代表人（或其授权人）的签字（或印鉴）的；

（五）招标文件规定不得标明投标人名称，但投标文件上标明投标人名称或有任何可能透露投标人名称的标记的；

（六）未按招标文件要求编写或字迹模糊导致无法确认关键技术方案、关键工期、关键工程质量保证措施、投标价格的；

（七）未按规定交纳投标保证金的；

（八）超出招标文件规定，违反国家有关规定的；

（九）投标人提供虚假资料的。

第四十六条　评标委员会经过评审，认为所有投标文件都不符合招标文件要求时，可以否决所有投标，招标人应当重新组织招标。对已参加本次投标的单位，重新参加投标不应当再收取招标文件费。

第四十七条　评标委员会应当进行秘密评审，不得泄露评审过程、中标候选人的推荐情况以及与评标有关的其他情况。

第四十八条　在评标过程中，评标委员会可以要求投标人对投标文件中含义不明确的内容采取书面方式做出必要的澄清或说明，但不得超出投标文件的范围或改变投标文件的实质性内容。

第四十九条　评标委员会经过评审，从合格的投标人中排序推荐中标候选人。

第五十条　中标人的投标应当符合下列条件之一：

（一）能够最大限度地满足招标文件中规定的各项综合评价标准；

（二）能够满足招标文件的实质性要求，并且经评审的投标价格合理最低；但投标价格低于成本的除外。

第五十一条　招标人可授权评标委员会直接确定中标人，也可根据评标委员会提出的书面评标报告和推荐的中标候选人顺序确定中标人。当招标人确定的中标人与评标委员会推荐的中标候选人顺序不一致时，应当有充足的理由，并按项目管理权限报水行政主管部门备案。

第五十二条　自中标通知书发出之日起 30 日内，招标人和中标人应当按照招标文件和中标人的投标文件订立书面合同，中标人提交履约保函。招标人和中标人不得另行订立背离招标文件实质性内容的其他协议。

第五十三条 招标人在确定中标人后，应当在15日之内按项目管理权限向水行政主管部门提交招标投标情况的书面报告。

第五十四条 当确定的中标人拒绝签订合同时，招标人可与确定的候补中标人签订合同，并按项目管理权限向水行政主管部门备案。

第五十五条 由于招标人自身原因致使招标工作失败（包括未能如期签订合同），招标人应当按投标保证金双倍的金额赔偿投标人，同时退还投标保证金。

第七章 附 则

第五十六条 在招标投标活动中出现的违法违规行为，按照《中华人民共和国招标投标法》和国务院的有关规定进行处罚。

第五十七条 各省、自治区、直辖市可以根据本规定，结合本地区实际制订相应的实施办法。

第五十八条 本规定由水利部负责解释。

第五十九条 本规定自2002年1月1日起施行，《水利工程建设项目施工招标投标管理规定》（水建〔1994〕130号1995年4月21日颁发，水政资〔1998〕51号1998年2月9日修正）同时废止。

关于印发《水利基本建设项目竣工决算审计暂行办法》的通知

水监〔2002〕370号

（水利部2002年8月30日印发）

部直属各单位、各省、自治区、直辖市水利（水务）厅（局）、各计划单列市水利（水务）局、新疆生产建设兵团水利局：

现将《水利基本建设项目竣工决算审计暂行办法》印发给你们，请遵照执行，执行情况及执行中有何问题请及时向部审计室反映。

附件

水利基本建设项目竣工决算审计暂行办法

一、总则

第一条　为规范水利基本建设项目竣工决算审计，提高水利基本建设项目管理水平，根据《中华人民共和国审计法》、《审计署关于内部审计工作的规定》等有关法律、法规和规章，结合水利建设实际，制定本暂行办法。

第二条　本办法适用于以使用中央投资为主进行建设的水利基本建设项目和技术改造项目，以及水利部直属单位自筹资金进行的基本建设和技术改造项目。

第三条　本办法所称水利基本建设项目竣工决算审计，是指水利基本建设项目正式竣工验收前，水利审计部门对其竣工决算的真实性、合法性和效益性进行的内部审计监督。

二、审计内容

第四条　水利基本建设项目竣工决算审计应包括：水利建设项目竣工财务决算报表审计、水利基本建设项目投资及概算执行情况审计、水利基本建设项目建设支出审计、水利基本建设项目交付使用资产情况审计、水利基本建设项目未完工程及所需资金审计、水利基本建设项目建设收入审计、水利基本建设项目结余资金审计、水利基本建设项目工程和物资招投标执行情况审计。

第五条　水利建设项目竣工财务决算报表审计的主要内容：

（一）《水利基本建设竣工项目概况表》、《水利基本建设项目财务决算表》、《水利基本建设项目年度财务决算表》、《水利基本建设竣工项目投资分析表》、《水利基本建设竣工项目成本表》、《水利基本建设竣工项目预计未完工程及费用表》、《水利基本建设项目待核销基建支出表》、《水利基本建设竣工项目转出投资表》、《水利基本建设竣工项目交付使用资产表》的编制的真实性、完整性和合法性；

（二）竣工财务决算说明书的真实性、准确性及完整性。

第六条 水利基本建设项目投资及概算执行情况审计的主要内容：

（一）各种资金渠道投入的实际金额，资金不到位的数额及原因；

（二）实际投资完成额；

（三）概算审批、执行的真实性和合法性；

（四）概算调整的真实性和合法性。包括概算调整的原则、各种调整系数、设计变更和估算增加的费用等；

（五）核实建设项目超概算的金额，分析原因，并审查扩大规模、提高标准和计划外投资的情况；审查弥补资金缺口的来源，有无挤占、挪用其他基建资金和专项资金的情况。

第七条 水利基本建设项目建设支出审计的主要内容：

建筑安装工程支出、设备投资支出、待摊投资支出、其他投资支出、待核销基建支出和转出投资列支的内容和费用摊提的真实性、合法性和效益性。

第八条 水利基本建设项目交付使用资产情况审计的主要内容：

（一）交付使用的固定资产、流动资产是否真实，手续是否完备；

（二）交付使用的无形资产的计价依据；

（三）交付使用的递延资产的情况。

第九条 水利基本建设项目未完工程及所需资金审计的主要内容：

审查水利基本建设项目未完工程量及所需要的投资情况，所需资金和额度的留存及有无新增工程内容等情况。

第十条 水利基本建设项目建设收入审计的主要内容：

水利基本建设项目建设收入的来源、分配、上缴和留成使用情况的真实性和合法性。

第十一条 水利基本建设项目结余资金审计的主要内容：

（一）银行存款、现金和其他货币资金的情况；

（二）尚未使用的财政直接支付和授权支付额度情况；

（三）库存物资实存量的真实性、有无积压、隐瞒、转移、挪用等问题；

（四）各项债权债务的真实性，有无转移、挪用建设资金和债权债务清理不及时等问题，呆账坏账的处理情况等；

（五）按照有关规定，计提的投资包干节余数额是否准确，是否合理合法。

第十二条 水利基本建设项目工程和物资招投标执行情况审计的主要内容：

（一）工程勘测、设计、施工及物资采购是否按照规定进行了招标；

（二）所订合同或协议的相关条款是否完备，是否全面履行；

（三）合同变更、解除是否按规定履行了必要的手续；

（四）对违约者是否依照有关条款追究责任等。

三、审计管理

第十三条 由水利部及相关部门组织或主持验收的水利基本建设项目的竣工决算审计，除有专门要求外，一般由水利部审计室负责组织审计。其他水利基本建设项目的竣工决算审计，由主持该水利基本建设项目竣工验收的水行政主管部门的同级水利审计部门负责审计。

第十四条　水利基本建设项目的竣工决算审计可以由水利审计部门组织水利基本建设的专业审计力量组成审计组进行审计；也可以由水利审计部门委托具有专业审计资质的社会审计机构承担。

水利审计部门应当依照本办法及内部审计工作的有关规定，对被委托的社会审计机构办理的水利基本建设项目竣工决算审计加强指导和监督。

第十五条　参加水利基本建设项目竣工决算审计的审计人员应当具有相应的素质和业务工作能力，应当具备会计、经济、工程专业技术职务或具备必要的专业技术知识。

社会审计机构受委托承担水利基本建设项目竣工决算审计，应将参加审计人员的名单及执业经历等资料书面报委托的水利审计部门审查和备案。

第十六条　水利基本建设项目法人在申请进行竣工决算审计前，应通过相关经济合同预留部分工程尾款，待竣工决算审计结论下达后再予清算。

第十七条　水利基本建设项目中从事建设、勘察、设计、施工、监理、采购、供货等单位与竣工决算审计有关的财务收支，应当接受水利审计部门的审计调查，并提供有关证明材料。

第十八条　水利基本建设项目竣工决算未经审计，有关单位和部门不得办理水利基本建设项目竣工验收。

第十九条　水利基本建设项目竣工决算审计意见和审计决定，可以作为对水利基本建设项目法人代表进行任期经济责任审计的重要依据和参考。

第二十条　列入国家审计机关审计计划的水利基本建设项目竣工决算审计，水利审计部门可以根据需要，在国家审计机关审计前进行预审。国家审计机关审计后，水利基本建设项目法人应当将国家审计机关的审计结论和本单位根据审计结论进行整改的情况书面报上级水利审计部门。

四、审计程序

第二十一条　水利基本建设项目竣工决算审计，由水利审计部门负责组织实施。水利基本建设项目法人应在水利基本建设项目竣工财务决算编制完成后十日内向其主管水利审计部门提出水利基本建设项目竣工决算审计书面申请。水利审计部门应在接到水利基本建设项目法人竣工决算申请后十日内提出安排意见。

第二十二条　水利审计部门或受委托的社会审计机构对水利建设项目进行竣工决算审计，应当事先拟定审计实施方案，组织审计组，并向被审计单位下达审计通知书，审计通知书应当于审计组进驻被审计单位三日前送达。

第二十三条　水利基本建设项目法人应当积极配合审计部门或被其委托的社会审计机构的审计工作，并按照审计需要提供下列资料：

（一）水利基本建设项目建议书、可行性研究报告；

（二）水利基本建设项目初步设计的批准文件；

（三）水利基本建设项目的预算（概算）批复资料；

（四）水利基本建设项目的年度投资计划或资金筹措文件；

（五）水利基本建设项目的合同文本和招标、投标有关文件和资料；

（六）水利基本建设项目的施工图纸和设计变更的资料；

（七）水利基本建设项目的内控制度；

（八）水利基本建设项目有关的财务账簿、凭证、报表及工程结算资料；

（九）水利基本建设项目的竣工初步验收报告；

（十）水利基本建设项目工程竣工财务决算报表；

（十一）审计需要提供的其他资料。

水利基本建设项目法人应对提供资料的真实性、完整性、及时性负责。

第二十四条 审计组或受委托的社会审计机构对水利基本建设项目竣工决算审计终结后，应当及时提出审计报告，并征求被审计的水利建设项目法人的意见。

第二十五条 水利审计部门根据水利建设项目竣工决算审计报告、被审计单位的书面反馈意见，提出水利建设项目竣工决算审计意见书和审计决定。

第二十六条 水利审计部门应及时下达水利建设项目竣工决算审计意见书和审计决定。水利基本建设项目法人必须执行审计意见书和审计决定，按照审计的要求进行整改，并在60日内以书面形式将整改情况报告水利审计部门。

水利建设项目竣工决算审计意见书和审计决定作为主持组织竣工验收的主管部门的审计依据。

五、罚则

第二十七条 水利建设项目法人违反基本建设规定和财经法规的，水利审计部门应当建议有关主管部门按照法律、法规和有关规章的规定予以处理、处罚。

第二十八条 水利建设项目法人单位有关责任人员违反财经法规、财经纪律和本办法规定，应当追究责任的，水利审计部门应当向有关部门、单位提出追究责任的建议。

第二十九条 水利基本建设项目法人单位有关责任人员干扰、阻止、破坏水利基本建设项目竣工决算审计，水利审计部门应当给予警告和制止，必要时向有关部门提出处理、处罚的建议。对水利基本建设项目竣工决算审计的人员进行打击报复的有关责任人，由所在单位或者上级主管部门追究责任。

第三十条 审计人员办理水利基本建设项目竣工决算审计，应当客观公正、实事求是、廉洁奉公。对滥用职权、徇私舞弊、玩忽职守的审计人员，由所在单位或者上级主管部门追究主要负责人和直接责任人的责任。

六、附则

第三十一条 给予少量中央资金补助的项目和全部由地方资金进行建设的水利基本建设项目和技术改造项目，各省、自治区、直辖市水行政主管部门可结合当地实际，制定相应的审计办法。

第三十二条 本办法由水利部负责解释。

第三十三条 本办法自发布之日起实行。

关于印发《水利工程建设项目监理招标投标管理办法》的通知

水建管〔2002〕587号

（水利部2002年12月25日发布）

各流域机构，各省、自治区、直辖市水利（水务）厅（局），各计划单列市水利（水务）局，新疆生产建设兵团水利局：

现将《水利工程建设项目监理招标投标管理办法》印发给你们，请认真贯彻执行。

附件

水利工程建设项目监理招标投标管理办法

第一章　总　　则

第一条　为了规范水利工程建设项目监理招标投标活动，根据《水利工程建设项目招标投标管理规定》（水利部第14号令，以下简称《规定》）和国家有关规定，结合水利工程建设监理的特点，制定本办法。

第二条　本办法适用于水利工程建设项目（以下简称"项目"）监理的招标投标活动。

第三条　项目符合《规定》第三条规定的范围与标准必须进行监理招标。

国家和水利部对项目技术复杂或者有特殊要求的水利工程建设项目监理另有规定的，从其规定。

第四条　项目监理招标一般不宜分标。如若分标，各监理标的监理合同估算价应当在50万元人民币以上。

项目监理分标的，应当利于管理和竞争，利于保证监理工作的连续性和相对独立性，避免相互交叉和干扰，造成监理责任不清。

第五条　水行政主管部门依法对项目监理招标投标活动进行行政监督。内容包括：

（一）监督检查招标人是否按照招标前提交备案的项目招标报告进行监理招标；

（二）可派员监督项目开标、评标、定标等活动，查处监理招标投标活动中违法违规行为；

（三）接受招标人依法备案的项目监理招标投标情况报告。

第六条　项目监理招标投标活动应当遵循公开、公平、公正和诚实信用的原则。项目监理招标工作由招标人负责，任何单位和个人不得以任何方式非法干涉项目监理招标投标活动。

第二章 招 标

第七条 项目监理招标分为公开招标和邀请招标。

第八条 项目监理招标的招标人是该项目的项目法人。

第九条 招标人自行办理项目监理招标事宜时，应当按有关规定履行核准手续。

第十条 招标人委托招标代理机构办理招标事宜时，受委托的招标代理机构应符合水利工程建设项目招标代理有关规定的要求。

第十一条 项目监理招标应当具备下列条件：

（一）项目可行性研究报告或者初步设计已经批复；

（二）监理所需资金已经落实；

（三）项目已列入年度计划。

第十二条 项目监理招标宜在相应的工程勘察、设计、施工、设备和材料招标活动开始前完成。

第十三条 项目监理招标一般按照《规定》第十七条规定的程序进行。

第十四条 招标公告或者投标邀请书应当至少载明下列内容：

（一）招标人的名称和地址；

（二）监理项目的内容、规模、资金来源；

（三）监理项目的实施地点和服务期；

（四）获取招标文件或者资格预审文件的地点和时间；

（五）对招标文件或者资格预审文件收取的费用；

（六）对投标人的资质等级的要求。

第十五条 招标人应当对投标人进行资格审查。资格审查分为资格预审和资格后审。进行资格预审的，一般不再进行资格后审，但招标文件另有规定的除外。

第十六条 资格预审，是指在投标前对潜在投标人进行的资格审查。资格预审一般按照下列原则进行：

（一）招标人组建的资格预审工作组负责资格预审。

（二）资格预审工作组按照资格预审文件中规定的资格评审条件，对所有潜在投标人提交的资格预审文件进行评审。

（三）资格预审完成后，资格预审工作组应提交由资格预审工作组成员签字的资格预审报告，并由招标人存档备查。

（四）经资格预审后，招标人应当向资格预审合格的潜在投标人发出资格预审合格通知书，告知获取招标文件的时间、地点和方法，并同时向资格预审不合格的潜在投标人告知资格预审结果。

第十七条 资格后审，是指在开标后，招标人对投标人进行资格审查，提出资格审查报告，经参审人员签字由招标人存档备查，同时交评标委员会参考。

第十八条 资格审查应主要审查潜在投标人或者投标人是否符合下列条件：

（一）具有独立合同签署及履行的权利；

（二）具有履行合同的能力，包括专业、技术资格和能力，资金、设备和其他物质设施能力，管理能力，类似工程经验、信誉状况等；

（三）没有处于被责令停业，投标资格被取消，财产被接管、冻结等；

（四）在最近三年内没有骗取中标和严重违约及重大质量问题。

资格审查时，招标人不得以不合理的条件限制、排斥潜在投标人或者投标人，不得对潜在投标人或者投标人实行歧视待遇。任何单位和个人不得以行政手段或者其他不合理方式限制投标人的数量。

第十九条　招标文件应当包括下列内容：

（一）投标邀请书；

（二）投标人须知。投标人须知应当包括：招标项目概况，监理范围、内容和监理服务期，招标人提供的现场工作及生活条件（包括交通、通信、住宿等）和试验检测条件，对投标人和现场监理人员的要求，投标人应当提供的有关资格和资信证明文件，投标文件的编制要求，提交投标文件的方式、地点和截止时间，开标日程安排，投标有效期等；

（三）书面合同书格式。大、中型项目的监理合同书、应当使用《水利工程建设监理合同示范文本》（GF—2000—0211），小型项目可参照使用；

（四）投标报价书、投标保证金和授权委托书、协议书和履约保函的格式；

（五）必要的设计文件、图纸和有关资料；

（六）投标报价要求及其计算方式；

（七）评标标准与方法；

（八）投标文件格式；

（九）其它辅助资料。

第二十条　依法必须进行招标的项目，自招标文件开始发出之日起至投标人提交投标文件截止之日止，最短不得少于 20 日。

第二十一条　招标文件一经发出，招标内容一般不得修改。招标文件的修改和澄清，应当于提交投标文件截止日期 15 日前书面通知所有潜在投标人。该修改和澄清的内容为招标文件的组成部分。

第二十二条　投标人少于 3 个的，招标人应当依法重新招标。

第二十三条　资格预审文件售价最高不得超过 500 元人民币。

第二十四条　招标文件售价应当按照《规定》第二十四条规定的标准控制。

第二十五条　投标保证金的金额一般按照招标文件售价的 10 倍控制。履约保证金的金额按照监理合同价的 2%～5%控制，但最低不少于 1 万元人民币。

第三章　投　　标

第二十六条　投标人必须具有水利部颁发的水利工程建设监理资质证书，并具备下列条件：

（一）具有招标文件要求的资质等级和类似项目的监理经验与业绩；

（二）与招标项目要求相适应的人力、物力和财力；

（三）其他条件。

第二十七条　招标代理机构代理项目监理招标时，该代理机构不得参加或代理该项目监理的投标。

第二十八条 投标人应当按照招标文件的要求编制投标文件。投标文件一般包括下列内容：

（一）投标报价书；

（二）投标保证金；

（三）委托投标时，法定代表人签署的授权委托书；

（四）投标人营业执照、资质证书以及其它有效证明文件的复印件；

（五）监理大纲；

（六）项目总监理工程师及主要监理人员简历、业绩、学历证书、职称证书以及监理工程师资格证书和岗位证书等证明文件；

（七）拟用于本工程的设施设备、仪器；

（八）近3～5年完成的类似工程、有关方面对投标人的评价意见以及获奖证明；

（九）投标人近3年财务状况；

（十）投标报价的计算和说明；

（十一）招标文件要求的其他内容。

第二十九条 监理大纲的主要内容应当包括：工程概况、监理范围、监理目标、监理措施、对工程的理解、项目监理机构组织机构、监理人员等。

第三十条 投标人应当在招标文件要求提交投标文件的截止时间前，将投标文件密封送达招标人。投标人的投标文件正本和副本应当分别包装，包装封套上加贴封条，加盖“正本”或“副本”标记。

第三十一条 投标人在招标文件要求提交投标文件截止时间之前，可以书面方式对投标文件进行修改、补充或者撤回，但应当符合招标文件的要求。

第三十二条 两个以上监理单位可以组成一个联合体，以一个投标人的身份投标。

联合体各方签订共同投标协议后，不得再以自己名义单独投标，也不得组成新的联合体或参加其他联合体在同一项目中投标。

招标人不得强制投标人组成联合体共同投标。

第三十三条 联合体参加资格预审并获通过的，其组成的任何变化都必须在提交投标文件截止之日前征得招标人的同意。如果变化后的联合体削弱了竞争，含有事先未经过资格预审或者资格预审不合格的法人，或者使联合体的资质降到资格预审文件中规定的最低标准下，招标人有权拒绝。

第三十四条 联合体各方必须指定牵头人，授权其代表所有联合体成员负责投标和合同实施阶段的主办、协调工作，并应当向招标人提交由所有联合体成员法定代表人签署的授权书。

第三十五条 联合体投标的，应当以联合体各方或者联合体中牵头人的名义提交投标保证金。

第三十六条 投标人应当对递交的资格预审文件、投标文件中有关资料的真实性负责。

第四章　评标标准与方法

第三十七条　项目监理评标标准和方法应当体现根据监理服务质量选择中标人的原则。评标标准和方法应当在招标文件中载明，在评标时不得另行制定或者修改、补充任何评标标准和方法。

项目监理招标不宜设置标底。

第三十八条　评标标准包括投标人的业绩和资信、项目总监理工程师的素质和能力、资源配置、监理大纲以及投标报价等五个方面。其重要程度宜分别赋予20%、25%、25%、20%、10%的权重，也可根据项目具体情况确定。

第三十九条　业绩和资信可以从以下几个方面设置评价指标：

（一）有关资质证书、营业执照等情况；

（二）人力、物力与财力资源；

（三）近3～5年完成或者正在实施的项目情况及监理效果；

（四）投标人以往的履约情况；

（五）近5年受到的表彰或者不良业绩记录情况；

（六）有关方面对投标人的评价意见等。

第四十条　项目总监理工程师的素质和能力可以从以下几个方面设置评价指标：

（一）项目总监理工程师的简历、监理资格；

（二）项目总监理工程师主持或者参与监理的类似工程项目及监理业绩；

（三）有关方面对项目总监理工程师的评价意见；

（四）项目总监理工程师月驻现场工作时间；

（五）项目总监理工程师的陈述情况等。

第四十一条　资源配置可以从以下几个方面设置评价指标：

（一）项目副总监理工程师、部门负责人的简历及监理资格；

（二）项目相关专业人员和管理人员的数量、来源、职称、监理资格、年龄结构、人员进场计划；

（三）主要监理人员的月驻现场工作时间；

（四）主要监理人员从事类似工程的相关经验；

（五）拟为工程项目配置的检测及办公设备；

（六）随时可调用的后备资源等。

第四十二条　监理大纲可以从以下几个方面设置评价指标：

（一）监理范围与目标；

（二）对影响项目工期、质量和投资的关键问题的理解程度；

（三）项目监理组织机构与管理的实效性；

（四）质量、进度、投资控制和合同、信息管理的方法与措施的针对性；

（五）拟定的监理质量体系文件等；

（六）工程安全监督措施的有效性。

第四十三条　投标报价可以从以下几个方面设置评价指标：

（一）监理服务范围、时限；

（二）监理费用结构、总价及所包含的项目；

（三）人员进场计划；

（四）监理费用报价取费原则是否合理。

第四十四条 评标方法主要为综合评分法、两阶段评标法和综合评议法，可根据工程规模和技术难易程度选择采用。大、中型项目或者技术复杂的项目宜采用综合评分法或者两阶段评标法，项目规模小或者技术简单的项目可采用综合评议法。

（一）综合评分法。根据评标标准设置详细的评价指标和评分标准，经评标委员会集体评审后，评标委员会分别对所有投标文件的各项评价指标进行评分，去掉最高分和最低分后，其余评委评分的算术和即为投标人的总得分。评标委员会根据投标人总得分的高低排序选择中标候选人1～3名。若候选人出现分值相同情况，则对分值相同的投标人改为投票法，以少数服从多数的方式，也可根据总监理工程师、监理大纲的得分高低决定次序选择中标候选人。

（二）两阶段评标法。对投标文件的评审分为两阶段进行。首先进行技术评审，然后进行商务评审。有关评审方法可采用综合评分法或综合评议法。评标委员会在技术评审结束之前，不得接触投标文件中商务部分的内容。

评标委员会根据确定的评审标准选出技术评审排序的前几名投标人，而后对其进行商务评审。根据规定的技术和商务权重，对这些投标人进行综合评价和比较，确定中标候选人1～3名。

（三）综合评议法。根据评标标准设置详细的评价指标，评标委员会成员对各个投标人进行定性比较分析，综合评议，采用投票表决的形式，以少数服从多数的方式，排序推荐中标候选人1～3名。

第五章　开标、评标和中标

第四十五条 开标时间、地点应当为招标文件中确定的时间、地点。开标工作人员至少有主持人、监标人、开标人、唱标人、记录人组成。招标人收到投标文件时，应当检查其密封性，进行登记并提供回执。已收投标文件应妥善保管，开标前不得开启。在招标文件要求提交投标文件的截止时间后送达的投标文件，应当拒收。

第四十六条 开标由招标人主持，邀请所有投标人参加。

投标人的法定代表人或者授权代表人应当出席开标会议。评标委员会成员不得出席开标会议。

第四十七条 开标人员应当在开标前检查出席开标会议的投标人法定代表人的证明文件或者授权代表人有关身份证明。法定代表人或者授权代表人应当在指定的登记表上签名报到。

第四十八条 开标一般按照《规定》第三十九条规定的程序进行。

第四十九条 属于下列情况之一的投标文件，招标人可以拒绝或者按无效标处理：

（一）投标人的法定代表人或者授权代表人未参加开标会议；

（二）投标文件未按照要求密封或者逾期送达；

（三）投标文件未加盖投标人公章或者未经法定代表人（或者授权代表人）签字（或者印鉴）；

（四）投标人未按照招标文件要求提交投标保证金；

（五）投标文件字迹模糊导致无法确认涉及关键技术方案、关键工期、关键工程质量保证措施、投标价格；

（六）投标文件未按照规定的格式、内容和要求编制；

（七）投标人在一份投标文件中，对同一招标项目报有两个或者多个报价且没有确定的报价说明；

（八）投标人对同一招标项目递交两份或者多份内容不同的投标文件，未书面声明哪一个有效；

（九）投标文件中含有虚假资料；

（十）投标人名称与组织机构与资格预审文件不一致；

（十一）不符合招标文件中规定的其他实质性要求。

第五十条　评标由评标委员会负责。评标委员会的组成按照《规定》第四十条的规定进行。

第五十一条　评标专家的选择按照《规定》第四十一条、第四十二条的规定进行。

第五十二条　评标委员会成员实行回避制度，有下列情形之一的，应当主动提出回避并不得担任评标委员会成员：

（一）投标人或者投标人、代理人主要负责人的近亲属；

（二）项目主管部门或者行政监督部门的人员；

（三）在5年内与投标人或其代理人曾有工作关系；

（四）5年内与投标人或其代理人有经济利益关系，可能影响对投标的公正评审的人员；

（五）曾因在招标、评标以及其他与招标投标有关活动中从事违法行为而受到行政处罚或者刑事处罚的人员。

第五十三条　招标人应当采取必要的措施，保证评标过程在严格保密的情况下进行。

第五十四条　评标工作一般按照以下程序进行：

（一）招标人宣布评标委员会成员名单并确定主任委员；

（二）招标人宣布有关评标纪律；

（三）在主任委员的主持下，根据需要，讨论通过成立有关专业组和工作组；

（四）听取招标人介绍招标文件；

（五）组织评标人员学习评标标准与方法；

（六）评标委员会对投标文件进行符合性和响应性评定；

（七）评标委员会对投标文件中的算术错误进行更正；

（八）评标委员会根据招标文件规定的评标标准与方法对有效投标文件进行评审；

（九）评标委员会听取项目总监理工程师陈述；

（十）经评标委员会讨论，并经1/2以上成员同意，提出需投标人澄清的问题，并以书面形式送达投标人；

（十一）投标人对需书面澄清的问题，经法定代表人或者授权代表人签字后，作为投标文件的组成部分，在规定的时间内送达评标委员会；

（十二）评标委员会依据招标文件确定的评标标准与方法，对投标文件进行横向比较，确定中标候选人推荐顺序；

（十三）在评标委员会 2/3 以上成员同意并在全体成员签字的情况下，通过评标报告。评标委员会成员必须在评标报告上签字。若有不同意见，应明确记载并由其本人签字，方可作为评标报告附件。

第五十五条 评标报告应当包括以下内容：

（一）招标项目基本情况；

（二）对投标人的业绩和资信的评价；

（三）对项目总监理工程师的素质和能力的评价；

（四）对资源配置的评价；

（五）对监理大纲的评价；

（六）对投标报价的评价；

（七）评标标准和方法；

（八）评审结果及推荐顺序；

（九）废标情况说明；

（十）问题澄清、说明、补正事项纪要；

（十一）其它说明；

（十二）附件。

第五十六条 评标委员会要求投标人对投标文件中含义不明确的内容做出必要的澄清或者说明，但澄清或说明不得改变投标文件提出的主要监理人员、监理大纲和投标报价等实质性内容。

第五十七条 评标委员会经评审，认为所有投标文件都不符合招标文件要求，可以否决所有投标，招标人应当重新招标，并报水行政主管部门备案。

第五十八条 评标委员会成员应当客观、公正地履行职责，遵守职业道德，对所提出的评审意见承担个人责任。

第五十九条 遵循根据监理服务质量选择中标人的原则，中标人应当是能够最大限度地满足招标文件中规定的各项综合评价标准的投标人。

第六十条 招标人可授权评标委员会直接确定中标人，也可根据评标委员会提出的书面评标报告和推荐的中标候选人顺序确定中标人。当招标人确定的中标人与评标委员会推荐的中标候选人顺序不一致时，应当有充足的理由，并按项目管理权限报水行政主管部门备案。

第六十一条 在确定中标人前，招标人不得与投标人就投标方案、投标价格等实质性内容进行谈判。自评标委员会提出书面评标报告之日起，招标人一般应在 15 日内确定中标人，最迟应在投标有效期结束日 30 个工作日前确定。

第六十二条 中标人确定后，招标人应当在招标文件规定的有效期内以书面形式向中标人发出中标通知书，并将中标结果通知所有未中标的投标人。招标人不得向中标人提出压低报价、增加工作量、延长服务期或其他违背中标人意愿的要求，以此作为发出中标通知书和签订合同的条件。

第六十三条　中标通知书对招标人和中标人具有法律效力。中标通知书发出后，招标人改变中标结果的，或者中标人放弃中标项目的，应当依法承担法律责任。

第六十四条　中标人收到中标通知书后，应当在签订合同前向招标人提交履约保证金。

第六十五条　招标人和中标人应当自中标通知书发出之日起在30日内，按照招标文件和中标人的投标文件订立书面合同。招标人和中标人不得再行订立背离合同实质性内容的其他协议。

第六十六条　当确定的中标人拒绝签订合同时，招标人可与确定的候补中标人签订合同。

第六十七条　中标人不得向他人转让中标项目，也不得将中标项目肢解后向他人转让。

第六十八条　招标人与中标人签订合同后5个工作日内，应当向中标人和未中标的投标人退还投标保证金。

第六十九条　在确定中标人后15日之内，招标人应当按项目管理权限向水行政主管部门提交招标投标情况的书面总结报告。书面总结报告至少应包括下列内容：

（一）开标前招标准备情况；

（二）开标记录；

（三）评标委员会的组成和评标报告；

（四）中标结果确定；

（五）附件：招标文件。

第七十条　由于招标人自身原因致使招标失败（包括未能如期签订合同），招标人应当按照投标保证金双倍的金额赔偿投标人，同时退还投标保证金。

第六章　附　　则

第七十一条　在招标投标活动中出现的违法违规行为，按照《中华人民共和国招标投标法》和国务院的有关规定进行处罚。

第七十二条　使用国际组织或者外国政府贷款、援助资金的项目监理招标，贷款方、资金提供方对招标投标的具体条件和程序有不同规定的，可以从其规定，但违背中华人民共和国的社会公众利益的除外。

第七十三条　本办法由水利部负责解释。

第七十四条　本办法自发布之日起施行。

关于发布《水利建筑工程预算定额》、《水利建筑工程概算定额》、《水利工程施工机械台时费定额》及《水利工程设计概（估）算编制规定》的通知

水总〔2002〕116号

（水利部2002年3月6日发布）

各流域机构，部直属各设计院，各省、自治区、直辖市水利（水务）厅（局），各计划单列市水利（水务）局，新疆生产建设兵团水利局，中国水电工程总公司，武警水电指挥部：

为适应建立社会主义市场经济体制的需要，合理确定和有效控制水利工程基本建设投资，提高投资效益，由我部水利建设经济定额站组织编制的《水利建筑工程预算定额》、《水利建筑工程概算定额》、《水利工程施工机械台时费定额》及《水利工程设计概（估）算编制规定》，已经审查批准，现予以颁布，自2002年7月1日起执行。原水利电力部、能源部和水利部于1986年颁布的《水利水电建筑工程预算定额》、1988年颁发的《水利水电建筑工程概算定额》、1991年颁发的《水利工程施工机械台班费定额》及1998年颁发的《水利工程设计概（估）算费用构成及计算标准》同时废止。

此次颁布的定额及规定由水利部水利建设经济定额站负责解释。在执行过程中如有问题请及时函告水利部水利建设经济定额站。

附件

水利工程设计概（估）算编制规定

总　　则

一、为适应社会主义市场经济的发展和水利工程基本建设投资管理的需要，提高概（估）算编制质量，合理确定工程投资，根据建筑安装工程费用组成的有关规定，在水建〔1998〕15号文发布的《水利水电工程设计概（估）算费用构成及计算标准》的基础上，并结合近些年水利工程自身行业特点，制定了本编制规定。它是编制和审批水利工程设计概（估）算的依据，也是编制工程标底的指导性标准。

二、本规定适用于中央项目和中央参与投资的地方大型水利项目。

三、工程的设计概（估）算应按编制年的政策及价格水平进行编制。若工程开工年份的设计方案及价格水平与初步设计概算有明显变化时，则其初步设计概算应重编报批。

四、本规定由水利部水利建设经济定额站负责管理与解释。

初步设计概算

第一篇　总　论

第一章　工程分类及概算编制依据

第一节　工程分类和工程概算组成

1. 水利工程按工程性质划分为两大类，具体划分如下：

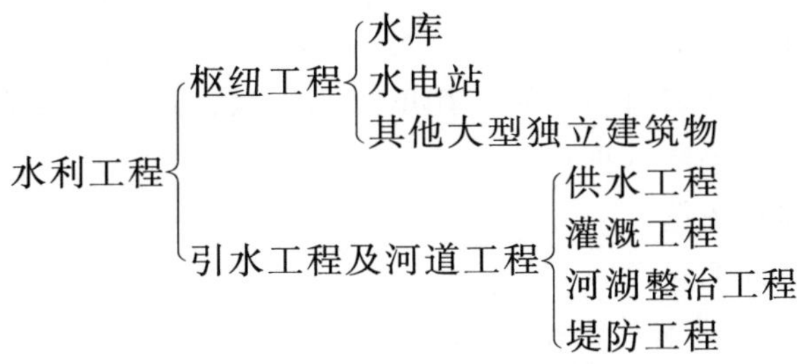

2. 水利工程概算由工程部分、移民和环境两部分构成。具体划分如下：

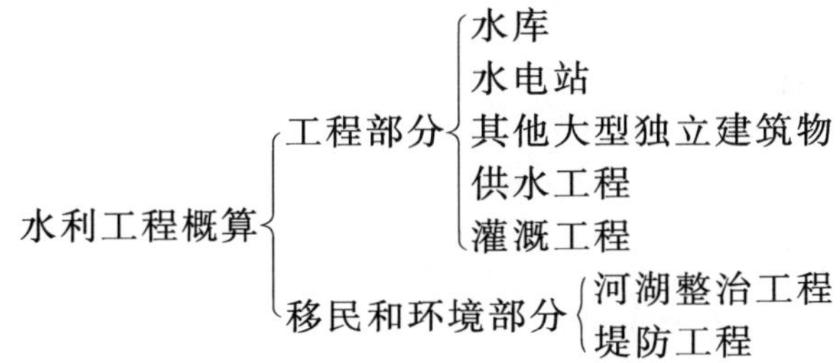

3. 工程各部分下设一级、二级、三级项目。

4. 移民和环境部分划分的各级项目执行《水利工程建设征地移民补偿投资概（估）算编制规定》、《水利工程环境保护设计概（估）算编制规定》和《水土保持工程概（估）算编制规定》。

第二节　初步设计概算文件编制依据

1. 国家及省、自治区、直辖市颁发的有关法令法规、制度、规程；

2. 水利工程设计概（估）算编制规定；

3. 水利建筑工程概算定额、水利水电设备安装工程概算定额、水利工程施工机械台时费定额和有关行业主管部门颁发的定额；

4. 水利工程设计工程量计算规则；

5. 初步设计文件及图纸；

6. 有关合同协议及资金筹措方案；

7. 其他。

第二章　概算文件组成内容

第一节　概算正件组成内容

一、编制说明

1. 工程概况

流域，河系，兴建地点，对外交通条件，工程规模，工程效益，工程布置型式，主体建筑工程量，主要材料用量，施工总工期，施工总工时，施工平均人数和高峰人数，资金筹措情况和投资比例等。

2. 投资主要指标

工程总投资和静态总投资，年度价格指数，基本预备费率，建设期融资额度、利率和利息等。

3. 编制原则和依据

（1）概算编制原则和依据。

（2）人工预算单价，主要材料，施工用电、水、风、砂石料等基础单价的计算依据。

（3）主要设备价格的编制依据。

（4）费用计算标准及依据。

（5）工程资金筹措方案。

4. 概算编制中其他应说明的问题

5. 主要技术经济指标表

6. 工程概算总表

二、工程部分概算表

1. 概算表

（1）总概算表

（2）建筑工程概算表

（3）机电设备及安装工程概算表

（4）金属结构设备及安装工程概算表

（5）施工临时工程概算表

（6）独立费用概算表

（7）分年度投资表

（8）资金流量表

2. 概算附表

（1）建筑工程单价汇总表

（2）安装工程单价汇总表

（3）主要材料预算价格汇总表

（4）次要材料预算价格汇总表

（5）施工机械台时费汇总表

（6）主要工程量汇总表

（7）主要材料量汇总表

（8）工时数量汇总表

（9）建设及施工场地征用数量汇总表

第二节　概算附件组成内容

1. 人工预算单价计算表

2. 主要材料运输费用计算表

3. 主要材料预算价格计算表
4. 施工用电价格计算书
5. 施工用水价格计算书
6. 施工用风价格计算书
7. 补充定额计算书
8. 补充施工机械台时费计算书
9. 砂石料单价计算书
10. 混凝土材料单价计算表
11. 建筑工程单价表
12. 安装工程单价表
13. 主要设备运杂费率计算书
14. 临时房屋建筑工程投资计算书
15. 独立费用计算书（按独立项目分项计算）
16. 分年度投资表
17. 资金流量计算表
18. 价差预备费计算表
19. 建设期融资利息计算书
20. 计算人工、材料、设备预算价格和费用依据的有关文件、询价报价资料及其他。

注：概算正件及附件均应单独成册并随初步设计文件报审。

第三章　工程部分项目组成

一、第一部分　建筑工程

（一）枢纽工程

指水利枢纽建筑物（含引水工程中的水源工程）和其他大型独立建筑物。包括挡水工程、泄洪工程、引水工程、发电厂工程、升压变电站工程、航运工程、鱼道工程、交通工程、房屋建筑工程和其他建筑工程。其中，挡水工程等前七项为主体建筑工程。

（1）挡水工程。包括挡水的各类坝（闸）工程。

（2）泄洪工程。包括溢洪道、泄洪洞、冲砂孔（洞）、放空洞等工程。

（3）引水工程。包括发电引水明渠、进水口、隧洞、调压井、高压管道等工程。

（4）发电厂工程。包括地面、地下各类发电厂工程。

（5）升压变电站工程。包括升压变电站、开关站等工程。

（6）航运工程。包括上下游引航道、船闸、升船机等工程。

（7）鱼道工程。根据枢纽建筑物布置情况，可独立列项。与拦河坝相结合的，也可作为拦河坝工程的组成部分。

（8）交通工程。包括上坝、进厂、对外等场内外永久公路、桥涵、铁路、码头等交通工程。

（9）房屋建筑工程。包括为生产运行服务的永久性辅助生产建筑、仓库、办公、生活及文化福利等房屋建筑和室外工程。

（10）其他建筑工程。包括内外部观测工程，动力线路（厂坝区），照明线路，通信线路，厂坝区及生活区供水、供热、排水等公用设施工程，厂坝区环境建设工程，水情自动测报工程及其他。

（二）引水工程及河道工程

指供水、灌溉、河湖整治、堤防修建与加固工程。包括供水、灌溉渠（管）道、河湖整治与堤防工程、建筑物工程（水源工程除外）。

交通工程、房屋建筑工程、供电设施工程和其他建筑工程。

(1) 供水、灌溉渠（管）道、河湖整治与堤防工程。包括渠（管）道工程、清淤疏浚工程、堤防修建与加固工程等。

(2) 建筑物工程。包括泵站、水闸、隧洞工程、渡槽、倒虹吸、跌水、小水电站、排水沟（涵）、调蓄水库工程等。

(3) 交通工程。指永久性公路、铁路、桥梁、码头等工程。

(4) 房屋建筑工程。包括为生产运行服务的永久性辅助生产建筑、仓库、办公、生活及文化福利等房屋建筑和室外工程。

(5) 供电设施工程。指为工程生产运行供电需要架设的输电线路及变配电设施工程。

(6) 其他建筑工程。包括内外部观测工程，照明线路，通信线路，厂坝（闸、泵站）区及生活区供水、供热、排水等公用设施工程，工程沿线或建筑物周围环境建设工程，水情自动测报工程及其他。

二、第二部分　机电设备及安装工程

（一）枢纽工程

指构成枢纽工程固定资产的全部机电设备及安装工程。本部分由发电设备及安装工程、升压变电设备及安装工程和公用设备及安装工程三项组成。

(1) 发电设备及安装工程。包括水轮机、发电机、主阀、起重机、水力机械辅助设备、电气设备等设备及安装工程。

(2) 升压变电设备及安装工程。包括主变压器、高压电气设备、一次拉线等设备及安装工程。

(3) 公用设备及安装工程。包括通信设备、通风采暖设备、机修设备、计算机监控系统、管理自动化系统、全厂接地及保护网，电梯，坝区馈电设备，厂坝区及生活区供水、排水、供热设备，水文、泥沙监测设备，水情自动测报系统设备，外部观测设备，消防设备，交通设备等设备及安装工程。

（二）引水工程及河道工程

指构成该工程固定资产的全部机电设备及安装工程。本部分一般由泵站设备及安装工程、小水电站设备及安装工程、供变电工程和公用设备及安装工程四项组成。

(1) 泵站设备及安装工程。包括水泵、电动机、主阀、起重设备、水力机械辅助设备、电气设备等设备及安装工程。

(2) 小水电站设备及安装工程。其组成内容可参照枢纽工程的发电设备及安装工程和升压变电设备及安装工程。

(3) 供变电工程。包括供电、变配电设备及安装工程。

(4) 公用设备及安装工程。包括通信设备、通风采暖设备、机修设备、计算机监控系统、管理自动化系统、全厂接地及保护网，坝（闸、泵站）区馈电设备，厂坝（闸、泵站）区供水、排水、供热设备，水文、泥沙监测设备，水情自动测报系统设备，外部观测设备，消防设备，交通设备等设备及安装工程。

三、第三部分　金属结构设备及安装工程

指构成枢纽工程和其他水利工程固定资产的全部金属结构设备及安装工程。包括闸门、启闭机、拦污栅、升船机等设备及安装工程，压力钢管制作及安装工程和其他金属结构设备及安装工程。

金属结构设备及安装工程项目要与建筑工程项目相对应。

四、第四部分　施工临时工程

指为辅助主体工程施工所必须修建的生产和生活用临时性工程。本部分组成内容如下：

(1) 导流工程。包括导流明渠、导流洞、施工围堰、蓄水期下游断流补偿设施、金属结构设备及安装工程等。

(2) 施工交通工程。包括施工现场内外为工程建设服务的临时交通工程，如公路、铁路、桥梁、施工支洞、码头、转运站等。

(3) 施工场外供电工程。包括从现有电网向施工现场供电的高压输电线路（枢纽工程：35kV及以上等级；引水工程及河道工程：10kV及以上等级）和施工变（配）电设施（场内除外）工程。

(4) 施工房屋建筑工程。指工程在建设过程中建造的临时房屋，包括施工仓库、办公及生活、文化福利建筑及所需的配套设施工程。

(5) 其他施工临时工程。指除施工导流、施工交通、施工场外供电、施工房屋建筑、缆机平台以外的施工临时工程。主要包括施工供水（大型泵房及干管）、砂石料系统、混凝土拌和浇筑系统、大型机械安装拆卸、防汛、防冰、施工排水、施工通信、施工临时支护设施（含隧洞临时钢支撑）等工程。

五、第五部分　独立费用

本部分由建设管理费、生产准备费、科研勘测设计费、建设及施工场地征用费和其他五项组成。

(1) 建设管理费。包括项目建设管理费、工程建设监理费和联合试运转费。

(2) 生产准备费。包括生产及管理单位提前进厂费、生产职工培训费、管理用具购置费、备品备件购置费、工器具及生产家具购置费。

(3) 科研勘测设计费。包括工程科学研究试验费和工程勘测设计费。

(4) 建设及施工场地征用费。包括永久和临时征地所发生的费用。

(5) 其他。包括定额编制管理费、工程质量监督费、工程保险费、其他税费。

第二篇　工　程　部　分

第四章　项　目　划　分

第一节　简　　述

根据水利工程性质，其工程项目分别按枢纽工程、引水工程及河道工程划分，工程各部分下设一、二、三级项目。

第二、三级项目中，仅列示了代表性子目，编制概算时，二、三级项目可根据水利工程初步设计编制规程的工作深度要求和工程情况增减或再划分，以三级项目为例：

（1）土方开挖工程，应将土方开挖与砂砾石开挖分列；

（2）石方开挖工程，应将明挖与暗挖，平洞与斜井、竖井分列；

（3）土石方回填工程，应将土方回填与石方回填分列；

（4）混凝土工程，应将不同工程部位、不同标号、不同级配的混凝土分列；

（5）模板工程，应将不同规格形状和材质的模板分列；

（6）砌石工程，应将干砌石、浆砌石、抛石、铅丝（钢筋）笼块石等分列；

（7）钻孔工程，应按使用不同钻孔机械及 WL 的不同用途分列；

（8）灌浆工程，应按不同灌浆种类分列；

（9）机电、金属结构设备及安装工程，应根据设计提供的设备清单，按分项要求逐一列出；

（10）钢管制作及安装工程，应将不同管径的钢管、叉管分列。

第二节 项 目 划 分

第一部分 建 筑 工 程

Ⅰ 枢纽工程				
序号	一级项目	二级项目	三级项目	技术经济指标
一	挡水工程			
1		混凝土坝（闸）工程		
			土方开挖	元/m^3
			石方开挖	元/m^3
			土石方回填	元/m^3
			模板	元/m^2
			混凝土	元/m^3
			防渗墙	元/m^2
			灌浆孔	元/m
			灌浆	
			排水孔	元/m
			砌石	元/m^3
			钢筋	元/t
			锚杆	元/根
			锚索	元/束
			启闭机室	元/m^2
			温控措施	
			细部结构工程	元/m^3
2		土（石）坝工程		
			土方开挖	元/m^3
			石方开挖	元/m^3
			土料填筑	元/m^3
			砂砾料填筑	元/m^3

续表

Ⅰ　枢纽工程				
序号	一级项目	二级项目	三级项目	技术经济指标
2		土（石）坝工程		
			斜（心）墙土料填筑	元/m^3
			反滤料、过渡料填筑	元/m^3
			坝体（坝趾）堆石	元/m^3
			土工膜	元/m^2
			沥青混凝土	元/m^3
			模板	元/m^2
			混凝土	元/m^3
			砌石	元/m^3
			铺盖填筑	元/m^3
			防渗墙	元/m^2
			灌浆孔	元/m
			灌浆	
			排水孔	元/m
			钢筋	元/t
			锚索（杆）	元/束（根）
			面（趾）板止水	元/m
			细部结构工程	元/m^3
二	泄洪工程			
1		溢洪道工程		
			土方开挖	元/m^3
			石方开挖	元/m^3
			土石方回填	元/m^3
			模板	元/m^2
			混凝土	元/m^3
			灌浆孔	元/m
			灌浆	
			排水孔	元/m
			砌石	元/m^3
			钢筋	元/t
			锚索（杆）	元/束（根）
			温控措施	
			细部结构工程	元/m^3
2		泄洪洞工程		
			土方开挖	元/m^3
			石方开挖	元/m^3
			土石方回填	元/m^2
			模板	元/m^3
			混凝土	元/m
			灌浆孔	元/m
			灌浆	
			排水孔	元/m

续表

Ⅰ 枢纽工程				
序号	一级项目	二级项目	三级项目	技术经济指标
2		泄洪洞工程		
			钢筋	元/t
			锚索（杆）	元/束（根）
			细部结构工程	元/m^3
3		冲砂洞（孔）工程		
			土方开挖	元/m^3
			石方开挖	元/m^3
			模板	元/m^2
			混凝土	元/m^3
			灌浆孔	元/m
			灌浆	
			排水孔	元/m
			钢筋	元/t
			锚索（杆）	元/束（根）
			细部结构工程	元/m^3
4		放空洞工程		
三	引水工程			
1		引水明渠工程		
			土方开挖	元/m^3
			石方开挖	元/m^3
			模板	元/m^2
			混凝土	元/m^3
			钢筋	元/t
			锚索（杆）	元/束（根）
			细部结构工程	元/m^3
2		进（取）水口工程		
			土方开挖	元/m^3
			石方开挖	元/m^3
			模板	元/m^2
			混凝土	元/m^3
			钢筋	元/t
			锚索（杆）	元/束（根）
			细部结构工程	元/m^3
3		引水隧洞工程		
			土方开挖	元/m^3
			石方开挖	元/m^3
			模板	元/m^2
			混凝土	元/m^3
			灌浆孔	元/m
			灌浆	
			钢筋	元/t
			锚索（杆）	元/束（根）
			细部结构工程	元/m^3

续表

Ⅰ　枢纽工程				
序号	一级项目	二级项目	三级项目	技术经济指标
4		调压井工程		
			土方开挖	元/m^3
			石方开挖	元/m^3
			模板	元/m^2
			混凝土	元/m^3
			喷浆	元/m^2
			灌浆孔	元/m
			灌浆	
			钢筋	元/t
			锚索（杆）	元/束（根）
			细部结构工程	元/m^3
5		高压管道工程		
			土方开挖	元/m^3
			石方开挖	元/m^3
			模板	元/m^2
			混凝土	元/m^3
			灌浆孔	元/m
			灌浆	
			钢筋	元/t
			锚索（杆）	元/束（根）
			细部结构工程	元/m^3
四	发电厂工程			
1		地面厂房工程		
			土方开挖	元/m^3
			石方开挖	元/m^3
			模板	元/m^2
			混凝土	元/m^3
			砖墙	元/m^3
			砌石	元/m^3
			灌浆孔	元/m
			灌浆	
			钢筋	元/t
			锚索（杆）	元/束（根）
			温控措施	
			厂房装修	元/m^2
			细部结构工程	元/m^3
2		地下厂房工程		
			石方开挖	元/m^3

续表

Ⅰ　枢纽工程				
序号	一级项目	二级项目	三级项目	技术经济指标
2		地下厂房工程		
			模板	元/m^2
			混凝土	元/m^3
			喷浆	元/m^2
			灌浆孔	元/m
			灌浆	
			排水孔	元/m
			钢筋	元/t
			锚索（杆）	元/束（根）
			温控措施	
			厂房装修	元/m^2
			细部结构工程	元/m^3
3		交通洞工程		
			土方开挖	元/m^3
			石方开挖	元/m^3
			模板	元/m^2
			混凝土	元/m^3
			灌浆孔	元/m
			灌浆	
			钢筋	元/t
			锚索（杆）	元/束（根）
			细部结构工程	元/m^3
4		出线洞（井）工程		
5		通风洞（井）工程		
6		尾水洞工程		
7		尾水调压井工程		
8		尾水渠工程		
			土方开挖	元/m^3
			石方开挖	元/m^3
			模板	元/m^2
			混凝土	元/m^3
			砌石	元/m^3
			钢筋	元/t
			细部结构工程	元/m^3
五	升压变电站工程			
1		变电站工程		
			土方开挖	元/m^3
			石方开挖	元/m^3
			模板	元/m^2

续表

Ⅰ 枢纽工程				
序号	一级项目	二级项目	三级项目	技术经济指标
1		变电站工程		
			混凝土	元/m^3
			砌石	元/m^3
			构架	元/m^3（t）
			钢筋	元/t
			细部结构工程	元/m^3
2		开关站工程		
			土方开挖	元/m^3
			石方开挖	元/m^3
			模板	元/m^2
			混凝土	元/m^3
			砌石	元/m^3
			构架	元/m^3（t）
			钢筋	元/t
			细部结构工程	元/m^3
六	航运工程			
1		上游引航道工程		
			土方开挖	元/m^3
			石方开挖	元/m^3
			模板	元/m^2
			混凝土	元/m^3
			砌石	元/m^3
			钢筋	元/t
			锚索（杆）	元/束（根）
			细部结构工程	元/m^3
2		船闸（升船机）工程		
			土方开挖	元/m^3
			石方开挖	元/m^3
			模板	元/m^2
			混凝土	元/m^3
			灌浆孔	元/m
			灌浆	
			防渗墙	元/m^2
			钢筋	元/t
			锚索（杆）	元/束（根）
			控制室	元/m^2
			温控措施	
			细部结构工程	元/m^3

续表

Ⅰ　枢纽工程				
序号	一级项目	二级项目	三级项目	技术经济指标
3		下游引航道工程		
			土方开挖	元/m^3
			石方开挖	元/m^3
			模板	元/m^2
			混凝土	元/m^3
			砌石	元/m^3
			钢筋	元/t
			锚索（杆）	元/束（根）
			细部结构工程	元/m^3
七	鱼道工程			
八	交通工程			
1		公路工程		
			土方开挖	元/m^3
			石方开挖	元/m^3
			土石方回填	元/m^3
			砌石	元/m^3
			路面	
2		铁路工程		元/km
3		桥梁工程		元/延米
4		码头工程		
九	房屋建筑工程			
		辅助生产厂房		元/m^2
		仓库		元/m^2
		办公室		元/m^2
		生活及文化福利建筑		
		室外工程		
十	其它建筑工程			
		内外部观测工程		
		动力线路工程（厂坝区）		元/km
		照明线路工程		元/km
		通信线路工程		元/km
		厂坝区及生活区供水、供热、排水等公用设施		
		厂坝区环境建设工程		
		水情自动系统工程		
		其它		

续表

Ⅱ　引水工程及河道工程				
序号	一级项目	二级项目	三级项目	技术经济指标
一	渠（管）道工程（堤防工程、疏浚工程）			
1		××～××段干渠（管）工程 （××～××段堤防工程、××～××段疏浚工程）		
			土方开挖（挖泥船挖土地、砂）	元/m^3
			石方开挖	元/m^3
			土石方回填	元/m^3
			模板	元/m^2
			混凝土	元/m^3
			输水管道	元/m
			砌石	元/m^3
			抛石	元/m^3
			钢筋	元/t
			细部结构工程	元/m^3
2		××～××段支渠（管）工程		
二	建筑物工程			
1		泵站工程(扬水站、排灌站)		
			土方开挖	元/m^3
			石方开挖	元/m^3
			土石方回填	元/m^3
			模板	元/m^2
			混凝土	元/m^3
			砌石	元/m^3
			钢筋	元/t
			锚杆	元/根
			厂房建筑	元/m^2
			细部结构工程	元/m^3
2		水闸工程		
			土方开挖	元/m^3
			石方开挖	元/m^3
			土石方回填	元/m^3
			模板	元/m^2

续表

Ⅱ　引水工程及河道工程				
序号	一级项目	二级项目	三级项目	技术经济指标
2		水闸工程		
			混凝土	元/m^3
			防渗墙	元/m^2
			灌浆孔	元/m
			灌浆	
			砌石	元/m^3
			钢筋	元/t
			启闭机室	元/m^2
			细部结构工程	元/m^3
3		隧洞工程		
			土方开挖	元/m^3
			石方开挖	元/m^3
			模板	元/m^2
			混凝土	元/m^3
			灌浆孔	元/m
			灌浆	
			钢筋	元/t
			锚索（杆）	元/束（根）
			细部结构工程	元/m^3
4		渡槽工程		
			土方开挖	元/m^3
			石方开挖	元/m^3
			土石方回填	元/m^3
			模板	元/m^2
			混凝土	元/m^3
			砌石	元/m^3
			钢筋	元/t
			细部结构工程	元/m^3
5		倒虹吸工程		
			土方开挖	元/m^3
			石方开挖	元/m^3
			土石方回填	元/m^3
			模板	元/m^2
			混凝土	元/m^3
			砌石	元/m^3
			钢筋	元/t
			细部结构工程	元/m^3
6		小水电站工程		
			土方开挖	元/m^3

续表

Ⅱ　引水工程及河道工程				
序号	一级项目	二级项目	三级项目	技术经济指标
6		小水电站工程		
			石方开挖	元/m^3
			土石方回填	元/m^3
			模板	元/m^2
			混凝土	元/m^3
			砌石	元/m^3
			钢筋	元/t
			锚筋	元/t
			厂房建筑	元/m^2
			细部结构工程	元/m^3
7		调蓄水库工程		
8		其他建筑物工程		
三	交通工程			
1		公路工程		
			土方开挖	元/m^3
			石方开挖	元/m^3
			土石方回填	元/m^3
			砌石	元/m^3
			路面	
2		铁路工程		元/km
3		桥梁工程		元/延米
4		码头工程		
四	房屋建筑工程			
		辅助生产厂房		元/m^2
		仓库		元/m^2
		办公室		元/m^2
		生活及文化福利建筑		
		室外工程		
五	供电设施工程			
六	其他建筑工程			
		内外部观测工程		
		照明线路工程		元/km
		通信线路工程		元/km
		厂坝（闸、泵站）区及生活区供水、供热、排水等公用设施		
		厂坝（闸、泵站）区环境建设工程		
		水情自动系统工程		
		其他		

第二部分　机电设备及安装工程

Ⅰ　枢纽工程				
序号	一级项目	二级项目	三级项目	技术经济指标
一	发电设备及安装工程			
1		水轮机设备及安装工程		
			水轮机	元/台
			调整器	元/台
			油压装置	元/台
			自动化元件	元/台
			透平油	元/t
2		发电机设备及安装工程		
			发电机	元/台
			励磁装置	元/台套
3		主阀设备及安装工程		
			蝴蝶阀（球阀、锥形阀）	元/台
			油压装置	元/台
4		起重机设备及安装工程		
			桥式起重机	元/台
			转子吊具	元/具
			平衡梁	元/付
			轨道	元/双 10m
			滑触线	元/三相 10m
5		水力机械辅助设备及安装工程		
			油系统	
			压气系统	
			水系统	
			水力量测系统	
			管路（管子、附件、阀门）	
6		电气设备及安装工程		
			发电电压装置	
			控制保护系统	
			直流系统	
			厂用电系统	
			电工试验	
			35kV 及以下动力电缆	
			控制和保护电缆	
			母线	
			电缆架	
			其他	

续表

Ⅰ　枢纽工程				
序号	一级项目	二级项目	三级项目	技术经济指标
二	升压变电设备及安装工程			
1		主变压器设备及安装工程		
			变压器	元/台
			轨道	元/双 10m
2		高压电气设备及安装工程		
			高压断路器	
			电流互感器	
			电压互感器	
			隔离开关	
			(SF_6 全封闭组合电器)	
			(GIS)	
			(高频阻波器)	
			(高压避雷器)	
			110kV 及以上高压电缆	
3		一次拉线及其他安装工程		
三	公用设备及安装工程			
1		通信设备及安装工程		
			卫星通信	
			光缆通信	
			微波通信	
			载波通信	
			生产调度通信	
			行政管理通信	
2		通风采暖设备及安装工程		
			通风机	
			空调机	
			管理系统	
3		机修设备及安装工程		
			车床	
			刨床	
			钻床	
4		计算机监控系统		
5		管理自动化系统		
6		全厂接地及保护网		

续表

Ⅰ　枢纽工程				
序号	一级项目	二级项目	三级项目	技术经济指标
7		电梯设备及安装工程		
			大坝电梯	
			厂房电梯	
8		坝区馈电设备及安装工程		
			变压器	
			配电装置	
9		厂坝区供水、排水、供热设备及安装工程		
10		水文、泥沙监测设备及安装工程		
11		水情自动测报系统设备及安装工程		
12		外部观测设备及安装工程		
13		消防设备		
14		交通设备		
Ⅱ　引水工程及河道工程				
一	泵站设备及安装工程			
1		水泵设备及安装工程		
2		电动机设备及安装工程		
3		主阀设备及安装工程		
4		起重设备及安装工程		
			桥式起重机	
			平衡梁	
			轨道	
			滑触线	
5		水力机械辅助设备及安装工程		
			油系统	
			压气系统	
			水系统	
			水力量测系统	
			管路（管子、附件、阀门）	
6		电气设备及安装工程		
			控制保护系统	

续表

Ⅱ　引水工程及河道工程				
序号	一级项目	二级项目	三级项目	技术经济指标
6		电气设备及安装工程		
			盘柜	
			电缆	
			母线	
二	小水电站设备及安装工程			
三	供变电工程			
		变电站设备及安装		
四	公用设备及安装工程			
1		通信设备及安装工程		
			卫星通信	
			光缆通信	
			微波通信	
			载波通信	
			生产调度通信	
			行政管理通信	
2		通风采暖设备及安装工程		
			通风机	
			空调机	
			管路系统	
3		机修设备及安装工程		
			车床	
			刨床	
			钻床	
4		计算机监控系统		
5		管理自动化系统		
6		全厂接地及保护网		
7		坝（闸、泵站）区馈电设备及安装工程		
			变压器	
			配电装置	
8		厂坝（闸、泵站）区供水、排水、供热设备及安装工程		
9		水文、泥沙监测设备及安装工程		

续表

Ⅱ 引水工程及河道工程				
序号	一级项目	二级项目	三级项目	技术经济指标
10		水情自动测报系统设备及安装工程		
11		外部观测设备及安装工程		
12		消防设备		
13		交通设备		

第三部分　金属结构设备及安装工程

Ⅰ 枢纽工程				
序号	一级项目	二级项目	三级项目	技术经济指标
一	挡水工程			
1		闸门设备及安装工程		
			平板门	元/t
			弧形门	元/t
			埋件	元/t
			闸门防腐	元/t
2		启闭设备及安装工程		
			卷扬式启闭机	元/台
			门式启闭机	元/台
			油压启闭机	元/台
			轨道启闭机	元/双 10m
3		拦污设备及安装工程		
			拦污栅	元/t
			清污机	元/t（台）
二	泄洪工程			
1		闸门设备及安装工程		
2		启闭设备及安装工程		
3		拦污设备及安装工程		
三	引水工程			
1		闸门设备及安装工程		
2		启闭设备及安装工程		
3		拦污设备及安装工程		
4		钢管制作及安装工程		
四	发电厂工程			

续表

Ⅰ　枢纽工程				
序号	一级项目	二级项目	三级项目	技术经济指标
1		闸门设备及安装工程		
2		启闭设备及安装工程		
五	航运工程			
		闸门设备及安装工程		
		启闭设备及安装工程		
		升船机设备及安装工程		
六	鱼道工程			
Ⅱ　引水工程及河道工程				
一	泵站工程			
1		闸门设备及安装工程		
2		启闭设备及安装工程		
3		拦污设备及安装工程		
二	水闸工程			
1		闸门设备及安装工程		
2		启闭设备及安装工程		
3		拦污设备及安装工程		
三	小水电站工程			
1		闸门设备及安装工程		
2		启闭设备及安装工程		
3		拦污设备及安装工程		
4		钢管制作及安装工程		
四	调蓄水库工程			
五	其他建筑物工程			

第四部分　施工临时工程

序号	一级项目	二级项目	三级项目	技术经济指标
一	导流工程			
1		导流明渠工程		
			土方开挖	元/m^3
			石方开挖	元/m^3
			模板	元/m^2
			混凝土	元/m^3

续表

序号	一级项目	二级项目	三级项目	技术经济指标
1		导流明渠工程		
			钢筋	元/t
			锚杆	元/根
2		导流洞工程		
			土方开挖	元/m^3
			石方开挖	元/m^3
			模板	元/m^2
			混凝土	元/m^3
			灌浆	
			钢筋	元/t
			锚杆（索）	元/束（根）
3		土石围堰		
			土方开挖	元/m^3
			石方开挖	元/m^3
			堰体填筑	元/m^3
			砌石	元/m^3
			防渗	元/m^3（m^2）
			堰体拆除	元/m^3
			截流	
			其他	
4		混凝土围堰		
			土方开挖	元/m^3
			石方开挖	元/m^3
			模板	元/m^2
			混凝土	元/m^3
			防渗	元/m^3（m^2）
			堰体拆除	元/m^3
			其他	
5		蓄水期下游断流补偿设施工程		
6		金属结构设备及安装工程		
二	施工交通工程			
1		公路工程		元/km
2		铁路工程		元/km
3		桥梁工程		元/km
4		施工支洞工程		元/延米
5		码头工程		
6		转运站工程		

续表

序号	一级项目	二级项目	三级项目	技术经济指标
三	施工交通工程			
1		220kV 供电线路		元/km
2		110kV 供电线路		元/km
3		35kV 供电线路		元/km
4		10kV 供电线路（引水及河道）		元/km
5		变配电设施（场内除外）		元/座
四	房屋建筑工程			
1		施工仓库		
2		办公、生活及文化福利建筑		
五	其他施工临时工程			

注 凡永久与临时相结合的项目列入相应永久工程项目内。

第五部分 独 立 费 用

序号	一级项目	二级项目	三级项目	技术经济指标
一	建设管理费			
1		项目建设管理费		
			建设单位开办费	
			建设单位经常费	
2		工程建设监理费		
3		联合试运转费		
二	生产准备费			
1		生产及管理单位提前进厂费		
2		生产职工培训费		
3		管理用具购置费		
4		工器具及生产家具购置费		
三	科研勘测设计费			
1		工程科学研究试验费		
2		工程勘测设计费		

续表

序号	一级项目	二级项目	三级项目	技术经济指标
四	建设及施工场地征用费			
五	其他			
1		定额编制管理费		
2		工程质量监督费		
3		工程保险费		
4		其他税费		

第五章　费　用　构　成

第一节　概　　述

水利工程费用组成内容如下：

建设项目费用
- 工程费
  - 建筑及安装工程费
  - 设备费
- 独立费用
- 预备费
- 建设期融资利息

一、建筑及安装工程费

由直接工程费、间接费、企业利润和税金组成。

1. 直接工程费

（1）直接费。

（2）其他直接费。

（3）现场经费。

2. 间接费

（1）企业管理费。

（2）财务费用。

（3）其他费用。

3. 企业利润

4. 税金

（1）营业税。

（2）城市维护建设税。

（3）教育费附加。

二、设备费

由设备原价、运杂费、运输保险费、采购及保管费组成。

1. 设备原价

2. 运杂费

3. 运输保险费

4. 采购及保管费

三、独立费用

由建设管理费、生产准备费、科研勘测设计费、建设及施工场地征用费和其他组成。

1. 建设管理费

（1）项目建设管理费。

（2）工程建设监理费。

（3）联合试运转费。

2. 生产准备费

（1）生产及管理单位提前进厂费。

（2）生产职工培训费。

（3）管理用具购置费。

（4）备品备件购置资。

（5）工器具及生产家具购置费。

3. 科研勘测设计费

（1）工程科学研究试验费。

（2）工程勘测设计费。

4. 建设及施工场地征用费

5. 其他

（1）定额编制管理费。

（2）工程质量监督费。

（3）工程保险费。

（4）其他税费。

四、预备费

1. 基本预备费

2. 价差预备费

五、建设期融资利息

第二节　建筑及安装工程费

建筑及安装工程费由直接工程费、间接费、企业利润和税金组成。

一、直接工程费

指建筑安装工程施工过程中直接消耗在工程项目上的活劳动和物化劳动。由直接费、其他直接费、现场经费组成。

直接费包括人工费、材料费、施工机械使用费。

其他直接费包括冬雨季施工增加费、夜间施工增加费、特殊地区施工增加费和其他。

现场经费包括临时设施费和现场管理费。

（一）直接费

1. 人工费

指直接从事建筑安装工程施工的生产工人开支的各项费用，内容包括：

（1）基本工资。由岗位工资和年功工资以及年应工作天数内非作业天数的工资组成。

①岗位工资。指按照职工所在岗位各项劳动要素测评结果确定的工资。

②年功工资。指按照职工工作年限确定的工资，随工作年限增加而逐年累加。

③生产工人年应工作天数以内非作业天数的工资，包括职工开会学习、培训期间的工资，调动工作、探亲、休假期间的工资，因气候影响的停工工资，女工哺乳期间的工资，病假在6个月以内的工资及产、婚、丧假期的工资。

（2）辅助工资。指在基本工资之外，以其他形式支付给职工的工资性收入，包括：根据国家有关规定属于工资性质的各种津贴，主要包括地区津贴、施工津贴、夜餐津贴、节日加班津贴等。

（3）工资附加费。指按照国家规定提取的职工福利基金、工会经费、养老保险费、医疗保险费、工伤保险费、职工失业保险基金和住房公积金。

2. 材料费

指用于建筑安装工程项目上的消耗性材料、装置性材料和周转性材料摊销费。包括定额工作内容规定应计入的未计价材料和计价材料。

材料预算价格一般包括材料原价、包装费、运杂费、运输保险费和采购及保管费五项。

（1）材料原价。指材料指定交货地点的价格。

（2）包装费。指材料在运输和保管过程中的包装费和包装材料的折旧摊销费。

（3）运杂费。指材料从指定交货地点至工地分仓库或相当于工地分仓库（材料堆放场）所发生的全部费用。包括运输费、装卸费、调车费及其他杂费。

（4）运输保险费。指材料在运输途中的保险费。

（5）材料采购及保管费。指材料在采购、供应和保管过程中所发生的各项费用。主要包括材料的采购、供应和保管部门工作人员的基本工资、辅助工资、工资附加费、教育经费、办公费、差旅交通费及工具用具使用费；仓库、转运站等设施的检修费、固定资产折旧费、技术安全措施费和材料检验费；材料在运输、保管过程中发生的损耗等。

3. 施工机械使用费

指消耗在建筑安装工程项目上的机械磨损、维修和动力燃料费用等。包括折旧费、修理及替换设备费、安装拆卸费、机上人工费和动力燃料费等。

（1）折旧费。指施工机械在规定使用年限内回收原值的台时折旧摊销费用。

（2）修理及替换设备费。修理费措施工机械使用过程中，为了使机械保持正常功能而进行修理所需的摊销费用和机械正常运转及日常保养所需的润滑油料、擦拭用品的费用，以及保管机械所需的费用。

替换设备费指施工机械正常运转时所耗用的替换设备及随机使用的工具附具等摊销费用。

（3）安装拆卸费。指施工机械进出工地的安装、拆卸、试运转和场内转移及辅助设施的摊销费用。部分大型施工机械的安装拆卸费不在其施工机械使用费中计列，包含在其他施工临时工程中。

（4）机上人工费。指施工机械使用时机上操作人员人工费用。

(5) 动力燃料费。指施工机械正常运转时所耗用的风、水、电。油和煤等费用。

(二) 其他直接费

1. 冬雨季施工增加费

指在冬雨季施工期间为保证工程质量和安全生产所需增加的费用。包括增加施工工序，增设防雨、保温、排水等设施增耗的动力、燃料、材料以及因人工、机械效率降低而增加的费用。

2. 夜间施工增加费

指施工场地和公用施工道路的照明费用。

3. 特殊地区施工增加费

指在高海拔和原始森林等特殊地区施工而增加的费用。

4. 其他

包括施工工具用具使用费、检验试验费、工程定位复测、工程点交、竣工场地清理、工程项目及设备仪表移交生产前的维护观察费等。其中，施工工具用具使用费，指施工生产所需，但不属于固定资产的生产工具，检验、试验用具等的购置、摊销和维护费。检验试验费，指对建筑材料、构件和建筑安装物进行一般鉴定、检查所发生的费用，包括自设实验室所耗用的材料和化学药品费用，以及技术革新和研究试验费，不包括新结构、新材料的试验费和建设单位要求对具有出厂合格证明的材料进行试验、对构件进行破坏性试验，以及其他特殊要求检验试验的费用。

(三) 现场经费

1. 临时设施费

指施工企业为进行建筑安装工程施工所必需的但又未被划入施工临时工程的临时建筑物、构筑物和各种临时设施的建设、维修、拆除、摊销等费用。如：供风、供水（支线）、供电（场内）、夜间照明、供热系统及通信支线，土石料场，简易砂石料加工系统，小型混凝土拌和浇筑系统，木工、钢筋、机修等辅助加工厂，混凝土预制构件厂，场内施工排水，场地平整、道路养护及其他小型临时设施。

2. 现场管理费

(1) 现场管理人员的基本工资、辅助工资、工资附加费和劳动保护费。

(2) 办公费。指现场办公用具、印刷、邮电、书报、会议、水、电。烧水和集体取暖（包括现场临时宿舍取暖）用燃料等费用。

(3) 差旅交通费。指现场职工因公出差期间的差旅费、误餐补助费，职工探亲路费，劳动力招募费，职工离退休、退职一次性路费，工伤人员就医路费，工地转移费以及现场职工使用的交通工具、运行费、养路费及牌照费。

(4) 固定资产使用费。指现场管理使用的属于固定资产的设备、仪器等的折旧、大修理、维修费或租赁费等。

(5) 工具用具使用费。指现场管理使用的不属于固定资产的工具、器具、家具、交通工具和检验、试验、测绘、消防用具等的购置、维修和摊销费。

(6) 保险费。指施工管理用财产、车辆保险费，高空、井下、洞内、水下、水上作业等特殊工种安全保险费等。

(7) 其他费用。

二、间接费

指施工企业为建筑安装工程施工而进行组织与经营管理所发生的各项费用。它构成产品成本。由企业管理费、财务费用和其他费用组成。

(一) 企业管理费

指施工企业为组织施工生产经营活动所发生的费用。内容包括：

(1) 管理人员基本工资、辅助工资、工资附加费和劳动保护费。

(2) 差旅交通费。措施工企业管理人员因公出差、工作调动的差旅费、误餐补助费，职工探亲路费，劳动力招募费，离退休职工一次性路费及交通工具油料、燃料、牌照、养路费等。

(3) 办公费。指企业办公用具、印刷、邮电、书报、会议、水电。燃煤（气）等费用。

(4) 固定资产折旧、修理费。指企业属于固定资产的房屋、设备、仪器等折旧及维修等费用。

(5) 工具用具使用费。指企业管理使用不属于固定资产的工具、用具、家具、交通工具、检验、试验、消防等的摊销及维修费用。

(6) 职工教育经费。指企业为职工学习先进技术和提高文化水平按职工工资总额计提的费用。

(7) 劳动保护费。指企业按照国家有关部门规定标准发放给职工的劳动保护用品的购置费、修理费、保健费、防暑降温费、高空作业及进洞津贴、技术安全措施费以及洗澡用水、饮用水的燃料费等。

(8) 保险费。指企业财产保险、管理用车辆等保险费用。

(9) 税金。指企业按规定交纳的房产税、管理用车辆使用税、印花税等。

(10) 其他。包括技术转让费、设计收费标准中未包括的应由施工企业承担的部分施工辅助工程设计费、投标报价费、工程图纸资料费及工程摄影费、技术开发费、业务招待费、绿化费、公证费、法律顾问费、审计费、咨询费等。

(二) 财务费用

指施工企业为筹集资金而发生的各项费用，包括企业经营期间发生的短期融资利息净支出、汇兑净损失、金融机构手续费，企业筹集资金发生的其他财务费用，以及投标和承包工程发生的保函手续费等。

(三) 其他费用

指企业定额测定费及施工企业进退场补贴费。

三、企业利润

指按规定应计入建筑、安装工程费用中的利润。

四、税金

指国家对施工企业承担建筑、安装工程作业收入所征收的营业税、城市维护建设税和教育费附加。

第三节 设 备 费

设备费包括设备原价、运杂费、运输保险费和采购及保管费。

一、设备原价

（1）国产设备，其原价指出厂价。

（2）进口设备，以到岸价和进口征收的税金、手续费、商检费及港口费等各项费用之和为原价。

（3）大型机组分瓣运至工地后的拼装费用，应包括在设备原价内。

二、运杂费

指设备由厂家运至工地安装现场所发生的一切运杂费用。包括运输费、调车费、装卸费、包装绑扎费、大型变压器充氮费及可能发生的其他杂费。

三、运输保险费

指设备在运输过程中的保险费用。

四、采购及保管费

指建设单位和施工企业在负责设备的采购、保管过程中发生的各项费用。主要包括：

（1）采购保管部门工作人员的基本工资、辅助工资、工资附加费、劳动保护费、教育经费、办公费、差旅交通费、工具用具使用费等。

（2）仓库、转运站等设施的运行费、维修费、固定资产折旧费、技术安全措施费和设备的检验、试验费等。

第四节　独　立　费　用

独立费用由建设管理费、生产准备费、科研勘测设计费、建设及施工场地征用费和其他五项组成。

一、建设管理费

指建设单位在工程项目筹建和建设期间进行管理工作所需的费用。包括项目建设管理费、工程建设监理费和联合试运转费。

1. 项目建设管理费

包括建设单位开办费和建设单位经常费。

（1）建设单位开办费。指新组建的工程建设单位，为开展工作所必须购置的办公及生活设施、交通工具等，以及其他用于开办工作的费用。

（2）建设单位经常费。包括建设单位人员经常费和工程管理经常费。

①建设单位人员经常费。指建设单位从批准组建之日起至完成该工程建设管理任务之日止，需开支的经常费用。主要包括工作人员的基本工资、辅助工资、工资附加费、劳动保护费、教育经费、办公费、差旅交通费、会议费、交通车辆使用费、技术图书资料费、固定资产折旧费、零星固定资产购置费、低值易耗品摊销费、工具用具使用费、修理费、水电费、采暖费等。

②工程管理经常费。指建设单位从筹建到竣工期间所发生的各种管理费用。包括该工程建设过程中用于资金筹措、召开董事（股东）会议、视察工程建设所发生的会议和差旅等费用；建设单位为解决工程建设涉及到的技术、经济、法律等问题需要进行咨询所发生的费用；建设单位进行项目管理所发生的土地使用税、房产税、合同公证费、审计费、招标业务费等；施工期所需的水情、水文、泥沙、气象监测费和报汛费；工程验收费和由主管部门主持对工程设计进行审查、安全进行鉴定等费用；在工程建设过程中，必须派驻工

地的公安、消防部门的补贴费以及其他属于工程管理性质开支的费用。

2. 工程建设监理费

指在工程建设过程中聘任监理单位，对工程的质量、进度、安全和投资进行监理所发生的全部费用。包括监理单位为保证监理工作正常开展而必须购置的交通工具、办公及生活设备、检验试验设备以及监理人员的基本工资、辅助工资、工资附加费、劳动保护费、教育经费、办公费、差旅交通费、会议费、技术图书资料费、固定资产折旧费、零星固定资产购置费、低值易耗品摊销费、工具用具使用费、修理费、水电费、采暖费等。

3. 联合试运转费

指水利工程的发电机组、水泵等安装完毕，在竣工验收前，进行整套设备带负荷联合试运转期间所需的各项费用。主要包括联合试运转期间所消耗燃料、动力、材料及机构使用费，工具用具购置费，施工单位参加联合试运转人员的工资等。

二、生产准备费

指水利建设项目的生产、管理单位为准备正常的生产运行或管理发生的费用。包括生产及管理单位提前进厂费、生产职工培训费、管理用具购置费、备品备件购置费和工器具及生产家具购置费。

1. 生产及管理单位提前进厂费

指在工程完工之前，生产、管理单位有一部分工人、技术人员和管理人员提前进厂进行生产筹备工作所需的各项费用。内容包括提前进厂人员的基本工资、辅助工资、工资附加费、劳动保护费、教育经费、办公费、差旅交通费、会议费、技术图书资料费、零星固定资产购置费、低值易耗品摊销费、工具用具使用费、修理费、水电费、采暖费等，以及其他属于生产筹建设期间应开支的费用。

2. 生产职工培训费

指工程在竣工验收之前，生产及管理单位为保证生产、管理工作能顺利进行，需对工人、技术人员和管理人员进行培训所发生的费用。内容包括基本工资、辅助工资、工资附加费、劳动保护费、差旅交通费、实尺费，以及其他属于职工培训应开支的费用。

3. 管理用具购置费

指为保证新建项目的正常生产和管理所必须购置的办公和生活用具等费用。内容包括办公室、会议室、资料档案室、阅览室、文娱室、医务室等公用设施需要配置的家具器具。

4. 备品备件购置费

指工程在投产运行初期，由于易损件损耗和可能发生的事故，而必须准备的备品备件和专用材料的购置费。不包括设备价格中配备的备品备件。

5. 工器具及生产家具购置费

指按设计规定，为保证初期生产正常运行所必须购置的不属于固定资产标准的生产工具、器具、仪表、生产家具等的购置费。不包括设备价格中已包括的专用工具。

三、科研勘测设计费

指为工程建设所需的科研、勘测和设计等费用。包括工程科学研究试验费和工程勘测设计费。

1. 工程科学研究试验费

指在工程建设过程中，为解决工程技术问题，而进行必要的科学研究试验所需的费用。

2. 工程勘测设计费

指工程从项目建设书开始至以后各设计阶段发生的勘测费、设计费。

四、建设及施工场地征用费

指根据设计确定的永久、临时工程征地和管理单位用地所发生的征地补偿费用应缴纳的耕地占用税等。主要包括征用场地上的林木、作物的赔偿，建筑物迁建及居民迁移费等。

五、其他

1. 定额编制管理费

指为水利工程定额的测定、编制、管理等所需的费用。该项费用交由定额管理机构安排使用。

2. 工程质量监督费

指为保证工程质量而进行的检测、监督、检查工作等费用。

3. 工程保险费

指工程建设期间，为使工程能在遭受水灾、火灾等自然灾害和意外事故造成损失后得到经济补偿，而对建设，设备及安装工程保险所发生的保险费用。

4. 其他税费

指按国家规定应缴纳的与工程建设有关的税费。

第五节　预备费及建设期融资利息

一、预备费

1. 基本预备费

主要为解决在工程施工过程中，经上级批准的设计变更和国家政策性变动增加的投资及为解决意外事故而采取的措施所增加的工程项目和费用。

2. 价差预备费

主要为解决在工程项目建设过程中，因人工工资、材料和设备价格上涨以及费用标准调整而增加的投资。

二、建设期融资利息

根据国家财政金融政策规定，工程在建设期内需偿还并应计入工程投资的融资利息。

第六章　编制方法及计算标准

第一节　基础单位编制

一、人工预算单价

（一）人工预算单价计算方法

1. 基本工资

基本工资(元/工日)＝基本工资标准(元/月)×地区工资系数×12 月÷年应工作天数×1.068

2. 辅助工资

(1) 地区津贴(元/工日)=津贴标准(元/月)×12月÷年应工作天数×1.068

(2) 施工津贴(元/工日)=津贴标准(元/天)×365天×95%÷年应工作天数×1.068

(3) 夜餐津贴(元/工日)=(中班津贴标准+夜班津贴标准)÷2×(20%~30%)

(4) 节日加班津贴(元/工日)=基本工资(元/工日)×3×10÷年应工作天数×35%

3. 工资附加费

(1) 职工福利基金(元/工日)=[基本工资(元/工日)+辅助工资(元/工日)]×费率标准(%)

(2) 工会经费(元/工日)、[基本工资(元/工日)+辅助工资(元/工日)]×费率标准(%)

(3) 养老保险费(元/工日)=[基本工资(元/工日)+辅助工资(元/工日)]×费率标准(%)

(4) 医疗保险费(元/工日)=[基本工资(元/工日)+辅助工资(元/工日)]×费率标准(%)

(5) 工伤保险费(元/工日)=[基本工资(元/工日)+辅助工资(元/工日)]×费率标准(%)

(6) 职工失业保险费基金(元/工日)=[基本工资(元/工日)+辅助工资(元/工日)]×费率标准(%)

(7) 住房公积金(元/工日)=[基本工资(元/工日)+辅助工资(元/工日)]×费率标准(%)

4. 人工工日预算单价

人工工日预算单价(元/工日)=基本工资+辅助工资+工资附加费

5. 人工工时预算单价

人工工时预算单价(元/工时)=人工工日预算单价(元/工日)÷日工作时间(工时/工日)

注:①1.068为年应工作天数内非工作天数的工资系数。②计算夜餐津贴时,式中百分数,枢纽工程取30%,引水及河道工程取20%。

(二) 人工预算单价计算标准

1. 有效工作时间

年应工作天数:251工日;

日工作时间:8工时/工日。

2. 基本工资

根据国家有关规定和水利部水利企业工资制度改革办法,并结合水利工程特点分别确定了枢纽工程、引水工程及河道工程六类工资区分级工资标准。按国家规定享受生活费补贴的特殊地区,可按有关规定计算,并计入基本工资。

(1) 基本工资。

表1　　基本工资标准表（六类工资区）

序　号	名　称	单　位	枢　纽　工　程	引水工程及河道工程
1	工长	元/月	550	385
2	高级工	元/月	500	350
3	中级工	元/月	400	280
4	初级工	元/月	270	190

（2）地区工资系数。根据劳动部规定，六类以上工资区的工资系数如下：

七类工资区　　1.0261

八类工资区　　1.0522

九类工资区　　1.0783

十类工资区　　1.1043

十一类工资区　　1.1304

3. 辅助工资标准

表2　　辅助工资标准表

序　号	项　目	枢　纽　工　程	
1	地区津贴	按国家、省、自治区、直辖市的规定	
2	施工津贴	5.3元/天	3.5元/天～5.3元/天
3	夜餐津贴	4.5元/夜班，3.5元/中班	

注　初级工的施工津贴标准按表中数值的50%计取。

4. 工资附加费标准

表3　　工资附加费标准表

序号	项　目	费率标准（%）	
		工长、高中级工	初级工
1	职工福利基金	14	7
2	工会经费	2	1
3	养老保险费	按各省、自治区、直辖市规定	按各省、自治区、直辖市规定的50%
4	医疗保险费	4	2
5	工伤保险费	1.5	1.5
6	职工失业保险基金	2	1
7	住房公积金	按各省、自治区、直辖市规定	按各省、自治区、直辖市规定的50%

注　养老保险费率一般取20%以内，住房公积金费率一般取5%左右。

二、材料预算价格

1. 主要材料预算价格。对于用量多、影响工程投资大的主要材料，如钢材、木材、水泥、粉煤灰、油料、火工产品、电缆及母线等，一般需编制材料预算价格。

计算公式为：

材料预算价格＝(材料原价＋包装费＋运杂费)×(1＋采购及保管费率)＋运输保险费

(1) 材料原价。按工程所在地区就近大的物资供应公司、材料交易中心的市场成交价或设计选定的生产厂家的出厂价计算。

(2) 包装费。应按工程所在地区的实际资料及有关规定计算。

(3) 运杂费。铁路运输按铁道部现行《铁路货物运价规则》及有关规定计算其运杂费。

公路及水路运输，按工程所在省、自治区、直辖市交通部门现行规定计算其运杂费。

(4) 运输保险费。按工程所在省、自治区、直辖市或中国人民保险公司的有关规定计算。

(5) 采购及保管费。按材料运到工地仓库价格（不包括运输保险费）的3%计算。

2. 其他材料预算价格可参考工程所在地区的工业与民用建筑安装工程材料预算价格或信息价格。

3. 西藏等地区，部分材料运输距离较远、预算价格较高，应限价计人工程单价，余额以补差形式计算税金后列入本相应部分之后。

三、电、风、水预算价格

1. 施工用电价格

施工用电价格由基本电价、电能损耗摊销费和供电设施维修摊销费组成，根据施工组织设计确定的供电方式以及不同电源的电量所占比例，按国家或工程所在省、自治区、直辖市规定的电网电价和规定的加价进行计算。

电价计算公式：

电网供电价格＝基本电价÷(1－高压输电线路损耗率)÷(1－35kV 以下变配电设备及配电线路损耗率)＋供电设施维修摊销(变配电设备除外)

$$\text{柴油发电机供电价格（自设水泵供冷却水）}=\frac{\text{柴油发电机组(台)时总费用}+\text{水泵组(台)时总费用}}{\text{柴油发电机额定容量之和}\times K}\div(1-\text{厂用电率})\div(1-\text{变配电设备及配电线路损耗率})+\text{供电设施维修摊销费}$$

柴油发电机供电如采用循环冷却水，不用水泵，电价计算公式为：

$$\text{柴油发电机供电价格}=\frac{\text{柴油发电机组(台)时总费用}}{\text{柴油发电机额定容量之和}\times K}\div(1-\text{厂用电率})\div(1-\text{变配电设备及配电线路损耗率})+\text{单位循环冷却水费}+\text{供电设施维修摊销费}$$

式中：K 为发电机出力系数，一般取 0.8～0.85；厂用电率取 4%～6%；高压输电线路损耗率取 4%～6%；变配电设备及配电线路损耗率取 5%～8%；供电设施维修摊销费取 0.02～0.03 元/(kW·h)；单位循环冷却水费取 0.03～0.05 元/(kW·h)。

2. 施工用水价格

施工用水价格由基本水价、供水损耗和供水设施维修摊销费组成，根据施工组织设计所配置的供水系统设备组（台）时总费用和组（台）时总有效供水量计算。

水价计算公式：

$$施工用水价格=\frac{水泵组(台)时总费用}{水泵额定容量之和\times K}\div(1-供水损耗率)+供水设施维修摊销费$$

式中：K 为能量利用系数，取 0.75～0.85；供水损耗率取 8%～12%；供水设施维修摊销费取 0.02～0.03 元/m^3。

注：①施工用水为多级提水井中间有分流时，要逐级计算水价。②施工用水有循环用水时，水价要根据施工组织设计的供水工艺流程计算。

3. 施工用风价格

施工用风价格由基本风价、供风损耗和供风设施维修摊销费组成，根据施工组织设计所配置的空气压缩机系统设备组（台）时总费用和组（台）时总有效供风量计算。

风价计算公式：

$$施工用风价格=\frac{空气压缩机组（台）时总费用+水泵组（台）时总费用}{空气压缩机额定容量之和\times 60min\times K}$$
$$\div（1-供风损耗率）+供风设施维修摊销费$$

空气压缩机系统如采用循环冷却水，不用水泵，则风价计算公式为：

$$施工用风价格=\frac{空气压缩机组(台)时总费用+水泵组(台)时总费用}{空气压缩机额定容量之和\times 60min\times K}$$
$$\div(1-供风损耗率)+单位循环冷却水费+供风设施维修摊销费$$

式中：K 为能量利用系数，取 0.70～0.85；供风损耗率取 8%～12%；单位循环冷却水费 0.005 元/m^3；供风设施维修摊销费 0.002～0.003 元/m^3。

四、施工机械使用费

施工机械使用费应根据《水利工程施工机械台时费定额》及有关规定计算。对于定额缺项的施工机械，可补充编制台时费定额。

五、砂石料单价

水利工程砂石料由承包商自行采备时，砂石料单价应根据料源情况、开采条件和工艺流程计算，并计入直接工程费、间接费、企业利润及税金。

砂、碎石（砾石）、块石、料石等预算价格控制在对 70 元/m^3 左右，超过部分计取税金后列入相应部分之后。

六、混凝土材料单价

根据设计确定的不同工程部位的混凝土标号、级配和龄期，分别计算出每立方米混凝土材料单价，计入相应的混凝土工程概算单价内。其混凝土配合比的各项材料用量，应根据工程试验提供的资料计算，若无试验资料时，也可参照《水利建筑工程概算定额》附录混凝土材料配合表计算。

第二节　建筑、安装工程单价编制

一、建筑工程单价

1. 直接工程费

（1）直接费

人工费＝定额劳动量(工时)×人工预算单价(元/工时)

材料费＝定额材料用量×材料预算单价

机械使用费＝定额机械使用量(台时)×施工机械台时费(元/台时)

(2) 其他直接费=直接费×其他直接费率之和

(3) 现场经费=直接费×现场经费费率之和

2. 间接费

间接费=直接工程费×间接费率

3. 企业利润

企业利润=(直接工程费+间接费)×企业利润率

4. 税金

税金=(直接工程费+间接费+企业利润)×税率

5. 建筑工程单价

建筑工程单价=直接工程费+间接费+企业利润+税金

二、安装工程单价

(一) 实物量形式的安装单价

1. 直接工程费

(1) 直接费

人工费=定额劳动量(工时)×人工预算单价(元/工时)

材料费=定额材料用量×材料预算单价

机械使用费=定额机械使用量(台时)×施工机械台时费(元/台时)

(2) 其他直接费=直接费×其他直接费率之和

(3) 现场经费=人工费×现场经费费率之和

2. 间接费

间接费=人工费×间接费率

3. 企业利润

企业利润=(直接工程费+间接费)×企业利润率

4. 未计价装置性材料费

未计价装置性材料费=未计价装置性材料用量×材料预算价

5. 税金

税金=(直接工程费+间接费+企业利润+未计价装置性料费)×税率

6. 安装单价

单价=直接工程费+间接费+企业利润+未计价装置性材料费十税金

(二) 费率形式的安装单价

1. 直接工程费

(1) 直接费

人工费=定额人工费(%)×设备原价

材料费=定额材料费(%)×设备原价

装置性材料费=定额装置性材料费(%)×设备原价

机械使用费=定额机械使用费(%)×设备原价

(2) 其他直接费=直接费×其他直接费率之和

（3）现场经费＝人工费×现场经费费率之和

2．间接费

间接费＝人工费×间接费率

3．企业利润

企业利润＝(直接工程费＋间接费)×企业利润率

4．税金

税金＝(直接工程费＋间接费＋企业利润)×税率

5．安装单价

单价＝直接工程费＋间接费＋企业利润＋税金

三、其他直接费

1．冬雨季施工增加费

计算方法：根据不同地区，按直接费的百分率计算。

西南、中南、华东区　0.5％～1.0％

华北区　1.0～2.5％

西北、东北区　2.5％～4.0％

西南、中南、华东区中，按规定不计冬季施工增加费的地区取小值，计算冬季施工增加费的地区可取大值；华北区中，内蒙古等较严寒地区可取大值，其他地区取中值或小值；西北、东北区中，陕西、甘肃等省取小值，其他地区可取中值或大值。

2．夜间施工增加费

按直接费的百分率计算，其中建筑工程为0.5％，安装工程为0.7％。

照明线路工程费用包括在“临时设施费”中；施工附属企业系统、加工厂、车间的照明，列入相应的产品中，均不包括在本项费用之内。

3．特殊地区施工增加费

指在高海拔和原始森林等特殊地区施工而增加的费用，其中高海拔地区的高程增加费，按规定直接进入定额；其他特殊增加费（如酷热、风沙），应按工程所在地区规定的标准计算，地方没有规定的不得计算此项费用。

4．其他

按直接费的百分率计算。其中，建筑工程为1.0％，安装工程为1.5％。

四、现场经费

根据工程性质不同现场经费标准分为枢纽工程、引水工程及河道工程两部分标准。对于有些施工条件复杂、大型建筑物较多的引水工程可执行枢纽工程的费率标准。

1．枢纽工程现场经费标准

表4　　枢纽工程现场经费费率表

序号	工　程　类　别	计算基础	现场经费费率（％）		
			合计	临时设施费	现场管理费
一	建筑工程				
1	土石方工程	直接费	9	4	5

续表

序号	工　程　类　别	计算基础	现场经费费率（%）		
			合计	临时设施费	现场管理费
2	砂石备料工程（自采）	直接费	2	0.5	1.5
3	模板工程	直接费	8	4	4
4	混凝土浇筑工程	直接费	8	4	4
5	钻孔灌浆及锚固工程	直接费	7	3	4
6	其他工程	直接费	7	3	4
二	机电、金属结构设备安装工程	人工费	45	20	25

工程类别划分：

(1) 土石方工程：包括土石方开挖与填筑、砌石、抛石工程等；

(2) 砂石备料工程：包括天然砂砾料和人工砂石料开采加工；

(3) 模板工程：包括现浇各种混凝土时制作及安装的各类模板工程；

(4) 混凝土浇筑工程：包括现浇和预制各种混凝土、钢筋制作安装、伸缩缝、止水、防水层、温控措施等；

(5) 钻孔灌浆及锚固工程：包括各种类型的钻孔灌浆、防渗墙及锚杆（索）、喷浆（混凝土）工程等；

(6) 其他工程：指除上述工程以外的工程。

2. 引水工程及河道工程现场经费标准

表 5　　引水工程及河道工程现场经费费率表

序号	工　程　类　别	计算基础	现场经费费率（%）		
			合计	临时设施费	现场管理费
一	建筑工程				
1	土方工程	直接费	4	2	2
2	石方工程	直接费	6	2	4
3	模板工程	直接费	6	3	3
4	混凝土浇筑工程	直接费	6	3	3
5	钻孔灌浆及锚固工程	直接费	7	3	4
6	疏浚工程	直接费	5	2	3
7	其他工程	直接费	5	2	3
二	机电、金属结构设备安装工程	人工费	45	20	25

注　若自采砂石料、则费率标准同枢纽工程。

工程类别划分：

(1) 除疏浚工程外，其余均与枢纽工程相同；

(2) 疏浚工程，指用挖泥船、水力冲控机组等机械疏浚江河、湖泊的工程。

五、间接费

根据工程性质不同间接费标准分为枢纽工程、引水工程及河道工程两部分标准。对于有些施工条件复杂、大型建筑物较多的引水工程可执行枢纽工程的费率标准。

1. 枢纽工程间接费标准

表 6　　枢纽工程间接费率表

序号	工　程　类　别	计算基础	间接费费率（%）
一	建筑工程		
1	土石石方工程	直接工程费	9（8）
2	砂石备料工程（自采）	直接工程费	6
3	模板工程	直接工程费	6
4	混凝土浇筑工程	直接工程费	5
5	钻孔灌浆及锚固工程	直接工程费	7
6	其他工程	直接工程费	7
二	机电、金属结构设备安装工程	人工费	50

注　1. 工程类别划分同现场经费。
2. 若土石方填筑等工程项目所利用原料为已计取现场经费、间接费、企业利润和税金的砂石料，则其间接费率选取括号中数值。

2. 引水工程及河首工程间接费标准

表 7　　引水工程及河首工程间接费费率表

序号	工　程　类　别	计算基础	间接费费率（%）
一	建筑工程		
1	土方工程	直接工程费	4
2	石方工程	直接工程费	6
3	模板工程	直接工程费	6
4	混凝土浇筑工程	直接工程费	4
5	钻孔灌浆及锚固工程	直接工程费	7
6	疏浚工程	直接工程费	5
7	其他工程	直接工程费	5
二	机电、金属结构设备安装工程	人工费	50

注　1. 工程类别划分同现场经费。
2. 若工程自采砂石料，则费率标准同枢纽工程。

六、企业利润

按直接工程费和间接费之和的7%计算。

七、税金

为了计算简便，在编制概算时，可按下列公式和税率计算：

税金=(直接工程费+间接费+企业利润)×税率

(若安装工程中含未计价装置性材料费，则计算税金时应计入未计价装置性材料费)

税率标准：

建设项目在市区的：3.41%；

建设项目在县城镇的：3.35%；

建设项目在市区或县城镇以外的：3.22%。

第三节　分部工程概算编制

第一部分　建　筑　工　程

建筑工程按主体建筑工程、交通工程、房屋建筑工程、外部供电线路工程、其他建筑工程分别采用不同的方法编制。

一、主体建筑工程

（1）主体建筑工程概算按设计工程量乘以工程单价进行编制。

（2）主体建筑工程量应根据《水利工程设计工程量计算规则》，按项目划分要求，计算到三级项目。

（3）当设计对混凝土施工有温控要求时，应根据温控措施设计，计算温控措施费用；也可以经过分析确定指标后，按建筑物混凝土方量进行计算。

（4）细部结构工程。参照水工建筑工程细部结构指标表确定，见表8。

表8　　水工建筑工程细部结构指标表

项目名称	混凝土重力坝、重力拱坝、宽缝重力坝、支墩坝		混凝土双曲拱坝	土坝、堆石坝	水闸	冲砂闸、汇洪闸
单位	元/m^3（坝体方）		元/m^3（坝体方）	元/m^3（坝体方）	元/m^3（混凝土）	元/m^3（混凝土）
综合指标	11.9		12.6	0.84	35	30.8
项目名称	进水口进水塔		溢洪道	隧洞	竖井、调压井	高压管道
单位	元/m^3（混凝土）		元/m^3（混凝土）	元/m^3（混凝土）	元/m^3（混凝土）	元/m^3（混凝土）
综合指标	14		13.3	11.2	14	3.0
项目名称	地面厂房	地下厂房	地面升压变电站	地下升压变压站	船闸	明渠（衬砌）
单位	元/m^3（混凝土）	元/m^3（混凝土）	元/m^3（混凝土）	元/m^3（混凝土）	元/m^3（混凝土）	元/m^3（混凝土）
综合指标	27.3	42	24.5	15.4	21.7	6.2

注　表中综合指标包括多孔混凝土排水管、廊道本模制作与安装、止水工程、伸缩缝工程、接缝灌浆管路、冷却水管路、栏杆、路面工程、照明工程、爬梯、通气管道，坝基渗水处理、排水工程、排水渗井钻孔及反滤料、坝坡踏步、孔洞钢盖板、厂房内上下水工程、防潮层、建筑钢材及其他细部结构工程。

二、交通工程

交通工程投资按设计工程量乘以单价进行计算，也可根据工程所在地区造价指标或有关实际资料，采用扩大单位指标编制。

三、房屋建筑工程

（1）水利工程的永久房屋建筑面积，用于生产和管理办公的部分，由设计单位按有关规定，结合工程规模确定；用于生活文化福利建筑工程的部分，在考虑国家现行房改政策的情况下，按主体建筑工程投资的百分率计算：

枢纽工程

50000万元≥投资　　　　1.5％～2.0％

100000 万元≥投资＞50000 万元　　1.1%～1.5%

100000 万元＜投资　　0.8%～1.1%

引水及河道工程　　0.5%～0.8%

注：在每档中，投资小或工程位置偏远者取大值；反之，取小值。

(2) 室外工程投资，一般按房屋建筑工程投资的 10%～15%计算。

四、供电线路工程

根据设计的电压等级、线路架设长度及所需配备的变配电设施要求，采用工程所在地区造价指标或有关实际资料计算。

五、其他建筑工程

(1) 内外部观测工程按建筑工程属性处理。内外部观测工程项目投资应按设计资料计算。如无设计资料时，可根据坝型或其他工程型式，按照主体建筑工程投资的百分率计算：

当地材料坝　　0.9%～1.1%

混凝土坝　　1.1%～1.3%

引水式电站（引水建筑物）　　1.1%～1.3%

堤防工程　　0.2%～0.3%

(2) 动力线路、照明线路、通信线路等工程投资按设计工程量乘以单价或采用扩大单位指标编制。

(3) 其余各项按设计要求分析计算。

第二部分　机电设备及安装工程

机电设备及安装工程投资由设备费和安装工程费两部分组成。

一、设备费

1. 设备原价

以出厂价或设计单位分析论证后的询价为设备原价。

2. 运杂费

分主要设备运杂费和其他设备运杂费，均按占设备原价的百分率计算。

(1) 主要设运杂费率。

表 9　　主要设备运杂费率表 (%)

设备分类	铁路		公路		公路直达基本费率
	基本运距 1000km	每增运 500km	基本运距 50km	每增运 10km	
水轮发电机组	2.21	0.40	1.06	0.10	1.01
主阀、桥机	2.99	0.70	1.85	0.18	1.33
主变压器					
120000kVA 及以上	3.50	0.56	2.80	0.25	1.20
120000kVA 以下	2.97	0.56	0.92	0.10	1.20

设备由铁路直达或铁路、公路联运时，分别按里程求得费率后叠加计算；如果设备由公路直达，应按公路里程计算费率后，再加公路直达基本费率。

(2) 其他设备运杂费率。

表 10　　其他设备运杂费率表

类别	适用地区	费率（%）
Ⅰ	北京、天津、江苏、江西、安徽、湖北、湖南、河南、广东、山西、山东、河北、陕西、辽宁、吉林、黑龙江等省、直辖市	4～6
Ⅱ	甘肃、云南、贵州、广西、四川、重庆、福建、海南、宁夏、内蒙古、青海等省、自治区、直辖市	6～8

工程地点距铁路线近者费率取小值，远者取大值。新疆、西藏地区的费率在表中未包括，可视具体情况另行确定。

3. 运输保险费

按有关规定计算。

4. 采购及保管费

按设备原价、运杂费之和的 0.7%计算。

5. 运杂综合费率

运杂综合费率＝运杂费率＋(1＋运杂费率)×采购及保管费率＋运输保险费率

上述运杂综合费率，适用于计算国产设备运杂费。国产设备运杂综合费率乘以相应国产设备原价占进口设备原价的比例系数，即为进口设备国内段运杂综合费率。

6. 交通工具购置费

工程竣工后，为保证建设项目初期生产管理单位正常运行必须配备生产、生活、消防车辆和船只。

计算方法：按表中所列设备数量和国产设备出厂价格加车船附加费、运杂费计算。

表 11　　交通工具购置指标表

工程类别			设备名称及数量（辆、艘）									
			轿车	载重汽车	工具车	面包车	消防车	越野车	大客车	汽船	机动船	驳船
枢纽工程	大（1）型		2	3	1	2	1	2	1	2	2	
	大（2）型		2	2	1	1	1	1	1	1	2	
大型引水工程	线路长度	＞300km	2	8	6	6		3	3			
		100～300km	1	6	4	3		2	2			
		≤100km		3	2	2		1	1			
大型灌区或排涝工程	灌排面积	＞150 万亩	1	6	5	5		2	2			
		50 万～150 万亩	1	2	2	2		1	1			
堤防工程	管理单位级别	1		6		2		2	1	1	2	2
		2		2		1		1	1		1	1
		3		1		1		1				

注　堤防工程的管理单位级别请参照水科技〔1996〕414 号文《堤防工程管理设计规范》。

二、安装工程费

安装工程投资按设备数量乘以安装单价工程进行计算。

第三部分　金属结构设备及安装工程

编制方法同第二部分机电设备及安装工程。

第四部分　施 工 临 时 工 程

一、导流工程

按设计工程量乘以工程单价进行计算。

二、施工交通工程

按设计工程量乘以单价进行计算，也可根据工程所在地区造价指标或有关实际资料，采用扩大单位指标编制。

三、施工场外供电工程

根据设计的电压等级、线路架设长度及所需配备的变配电设施要求，采用工程所在地区造价指标或有关实际资料计算。

四、施工房屋建筑工程

包括施工仓库和办公、生活及文化福利建筑两部分。施工仓库，指为工程施工而临时兴建的设备、材料、工器具等仓库；办公。

生活及文化福利建筑，指施工单位、建设单位（包括监理）及设计代表在工程建设期所需的办公室、宿舍、招待所和其他文化福利设施等房屋建筑工程。

不包括列入临时设施和其他施工临时工程项目内的电、风、水、通信系统，砂石料系统，混凝土拌和及浇筑系统，木工、钢筋、机修等辅助加工厂，混凝土预制构件厂，混凝土制冷、供热系统，施工排水等生产用房。

（1）施工仓库。建筑面积由施工组织设计确定，单位造价指标根据当地生活福利建筑的相应造价水平确定。

（2）办公、生活及文化福利建筑：

①枢纽工程和大型引水工程，按下列公式计算：

$$I=\frac{A \cdot U \cdot P}{N \cdot L} \cdot K_1 \cdot K_2 \cdot K_3$$

式中 I——房屋建筑工程投资；

A——建安工作量．按工报一至四部分建安工作量（不包括办公、生活及文化福利建筑和其他施工临时工程）之和乘以（1＋其他施工临时工程百分率）计算；

U——人均建筑面积综合指标，按 12～15m^2/人标准计算；

P——单位造价指标，参考工程所在地区的永久房屋造价指标（元/m^2）计算；

N——施工年限，按施工组织设计确定的合理工期计算；

L——全员劳动生产率，一般不低于 60000～100000 元/(人・年)，施工机械化程度高取大值，反之取小值；

K_1——施工高峰人数调整系数，取 1.10；

K_2——室外工程系数，取 1.10～1.15，地形条件差的可取大值，反之取小值；

K_3——单位造价指标调整系数，按不同施工年限，采用表 12 中的调整系数。

②河湖整治工程、灌溉工程、堤防工程、改扩建与加固工程按一至四部分建安工作量的百分率计算（表 13)。

表 12　　　　单位造价指标调整系数表

工　　期	系　　数	工　　期	系　　数
2 年以内	0.25	5～8 年	0.70
2～3 年	0.40	8～11 年	0.80
3～5 年	0.55		

表 13　　　　建安工作量百分率表

工　　期	百分率（%）	工　　期	百分率（%）
≤3 年	1.5～2.0	>3 年	1.0～1.5

五、其他施工临时工程

按工程一至四部分建安工作量（不包括其他施工临时工程）之和的百分率计算。

（1）枢纽工程和引水工程为 3.0%～4.0%；

（2）河道工程为 0.5%～1%。

第五部分　独　立　费　用

一、建设管理费

（一）项目建设管理费

1. 建设单位开办费

对于新建工程，其开办费根据建设单位开办费标准和建设单位定员来确定。对于改扩建与加固工程，原则上不计建设单位开办费。

（1）建设单位开办费标准。

表 14　　　　建设单位开办费标准

建设单位人数	20 人以下	21～40 人	41～70 人	71～140 人	140 人以上
开办费（万元）	120	120～220	220～350	350～700	700～850

注　1. 引水及河道工程按总工程计算，不得分段分别计算。
　　2. 定员人数在两个数之间的，开办费由内插法求得。

（2）建设单位定员标准。

表 15　　　　建设单位定员表

工程类别及规模				定员人数
枢纽工程	特大型工程（如南水北调）			≥140
	综合利用的水利枢纽工程	大（1）型	总库容>10 亿 m^3	70～140
		大（2）型	总库容 1 亿～10 亿 m^3	40～70
	以发电为主的枢纽工程	200 万 kW 以上		90～120
		150 万～200 万 kW		70～90
		100 万～150 万 kW		55～70
		50 万～100 万 kW		40～55
		30 万～50 万 kW		30～40
		30 万 kW		20～30
	枢纽扩建及加固工程	大型	总库容 1 亿 m^3	21～35
		中型	总库容 0.1 亿～1 亿 m^3	14～21

续表

工程类别及规模			定员人数
引水及河道工程	大型引水工程	线路总长　＞300km	84～140
		线路总长　100～300km	56～84
		线路总长　≤100km	28～56
	大型灌溉或排涝工程	灌溉或排涝面积　＞150万亩	56～84
		灌溉或排涝面积　50万～150万亩	28～56
	大江大河整治及堤防加固工程	河道长度　＞300km	42～56
		河道长度　100～300km	28～42
		河道长度　≤100km	14～28

注　1. 当大型引水、灌溉或排涝、大江大河整治及堤防加固工程包含有较多的泵站、水闸、船闸时，定员可适当增加。

2. 本定员口袋作为计算建设单位开办费和建设单位人员经常费的依据。

3. 工程施工条件复杂者，取大值；反之，取小值。

2. 建设单位经常费

(1) 建设单位人员经常费。根据建设单位定员、费用指标和经常费用计算期进行计算。

编制概算时，应根据工程所在地区和编制年的基本工资、辅助工资、工资附加费、劳动保护费以及费用标准调整“六类（北京）地区建设单位人员经常费用指标表”中的费用。

计算公式为：

建设单位人员经常费＝费用指标[元/人(人·年)]×定员人数×经常费用计算期(年)

①枢纽、引水工程费用指标：

表16　　六类（北京）地区建设单位人员经常费用指标表

序号	项　目	计算公式	金　额 [元/人(人·年)]
1	基本工资		6420
	工人	400元/月×12月×10%	480
	干部	550元/月×12月×90%	5940
2	辅助工资		2446
	地区津贴	北京地区无	
	施工津贴	5.3元/天×365×0.95	1838
	夜餐津贴	4.5元/工日×251工日×30%	339
	节日加班津贴	6420÷251×10×3×35%	269
3	工资附加费		4432
	职工福利基金	1～2项之各8866元的14%	1241
	工会经费	1～2项之各8866元的2%	177
	职工教育经费	1～2项之各8866元的1.5%	133
	养老保险费	1～2项之各8866元的20%	1773
	医疗保险费	1～2项之各8866元的4%	355
	工伤保险费	1～2项之各8866元的1.5%	133
	职工失业保险基金	1～2项之各8866元的2%	177
	住房公积金	1～2项之各8866元的5%	443

续表

序号	项　　目	计　算　公　式	金　　额 [元/人(人·年)]
4	劳动保护费	基本工资 6420 元的 12%	770
5	小计		14068
6	其他费用	1～4 项之和 14068 元×180%	25322
7	合计		39390

注　工期短或施工条件简单的引水工程费用指标应按河道工程费用指标执行。

②河道工程费用指标：

表 17　　　　六类（北京）地区建设单位人员经常费用指标表

序号	项　　目	计　算　公　式	金　　额 [元/人(人·年)]
1	基本工资 工人 干部	 280 元/月×12 月×10% 385 元/月×12 月×90%	4494 336 4158
2	辅助工资 地区津贴 施工津贴 夜餐津贴 节日加班津贴	 北京地区无 3.5 元/天×365×0.95 4.5 元/工日×251 工日×20% 4494÷251×10×3×35%	1628 1214 226 188
3	工资附加费 职工福利基金 工会经费 职工教育经费 养老保险费 医疗保险费 工伤保险费 职工失业保险基金 住房公积金	 1～2 项之各 6122 元的 14% 1～2 项之各 61226 元的 2% 1～2 项之各 6122 元的 1.5% 1～2 项之各 6122 元的 20% 1～2 项之各 6122 元的 4% 1～2 项之各 6122 元的 1.5% 1～2 项之各 6122 元的 2% 1～2 项之各 6122 元的 5%	3060 857 122 92 1224 245 92 122 306
4	劳动保护费	基本工资 4494 元的 12%	539
5	小计		9721
6	其他费用	1～4 项之和 9721 元×180%	17498
7	合计		27219

③经常费用计算期。根据施工组织设计确定的施工总进度和总工期，建设单位人员从工程筹建之日起，至工程竣工之日加 6 个月止，为经常费用计算期。其中：大型水利枢纽工程、大型引水工程、灌溉或排涝面积大于 150 万亩工程等的筹建期 1～2 年，其他工程 0.5～1 年。

(2) 工程管理经常费。枢纽工程及引水工程一般按建设单位开办费和建设单位人员经常费之和的 35%～40%计取。改扩建与加固工程、堤防及疏浚工程按 20%计取。

(二) 工程建设监理费

按照国家及省、自治区、直辖市计划（物价）部门有关规定计收。

(三) 联合试运转费

费用指标见表 18。

表 18　　联合试运转费指标表

水电站工程	单机容量（万 kW）	≤1	≤2	≤3	≤4	≤5	≤6	≤10	≤20	≤30	≤40	>40
	费用（万元/台）	3	4	5	6	7	8	9	11	12	16	22
泵站工程（电力泵站）		25～30 元/kW										

二、生产准备费

1. 生产及管理单位提前进厂费

枢纽工程按一至四部分建安工作量的 0.2%～0.4%计算，大（1）型工程取小值，大（2）型工程取大值。

引水和灌溉工程视工程规模参照枢纽工程计算。

改扩建与加固工程、堤防及疏浚工程原则上不计此项费用，若工程中含有新建大型泵站、船闸等建筑物，按建筑物的建安工作量参照枢纽工程费率适当计列。

2. 生产职工培训费

枢纽工程按一至四部分建安工作量的 0.3%～0.5%计算，大（1）型工程取小值，大（2）型工程取大值。

引水工程和灌溉工程规工程规模参照枢纽工程计算。

改扩建与加固工程、堤防及疏浚工程原则上不计此项费用，老工程中含有新建大型泵站、船闸等建筑物，按建筑物建安工作量参照枢纽工程费率适当计列。

3. 管理用具购置费

枢纽工程按一至四部分建安工作量的 0.02%～0.08%计算，大（1）型工程取小值，大（2）型工程取大值。

引水工程及河道工程按建安工作量的 0.02%～0.03%计算。

4. 备品备件购置费

按占设备费的 0.4%～0.6%计算。大（1）型工程取下限，其他工程取中、上限。

注：①设备费应包括机电设备、金属结构设备以及运杂费等全部设备费。②电站、泵站同容量、同型号机组超过一台时，只计算一台的设备费。

5. 工器具及生产家具购置费

按占设备费的 0.08%～0.2%计算。枢纽工程取下限，其他工程取中、上限。

三、科研勘测设计费

1. 工程科学研究试验费

按工程建安工作量的百分率计算。其中：枢纽和引水工程取 0.5%；河道工程取 0.2%。

2. 工程勘测设计费

按照国家计委、建设部计价格〔2002〕10 号文件规定执行。

四、建设及施工场地征用费

具体编制方法和计算标准参照移民和环境部分概算编制规定执行。

五、其他

1. 定额编制管理费

按照国家及省、自治区、直辖市计划（物价）部门有关规定计收。

2. 工程质量监督费

按照国家及省、自治区、直辖市计划（物价）部门有关规定计收。

3. 工程保险费

按工程一至四部分投资合计的4.5‰～5.0‰计算。

4. 其他税费

按国家有关规定计取。

第四节　分年度投资及资金流量

一、分年度投资

分年度投资是根据施工组织设计确定的施工进度和合理工期而计算出的工程各年度预计完成的投资额。

1. 建筑工程

（1）建筑工程分年度投资表应根据施工进度的安排，对主要工程按各单项工程分年度完成的工程量和相应的工程单价计算。对于次要的和其他工程，可根据施工进度，按各年所占完成投资的比例，摊入分年度投资表。

（2）建筑工程分年度投资的编制至少应按二级项目中的主要工程项目分别反映自的建筑工作量。

2. 设备及安装工程

设备及安装工程分年度投资应根据施工组织设计确定的设备安装进度计算各年预计完成的设备费和安装费。

3. 费用

根据费用的性质和费用发生的时段，按相应年度分别进行计算。

二、资金流量

资金流量是为满足工程项目在建设过程中各时段的资金需求，按工程建设所需资金投入时间计算的各年度使用的资金量。

资金流量表的编制以分年度投资表为依据，按建筑安装工程、永久设备工程和独立费用三种类型分别计算。本资金流量计算办法主要用于初步设计概算。

1. 建筑及安装工程资金流量

（1）建筑工程可根据分年度投资表的项目划分，考虑一级项目中的主要工程项目，以归项划分后各年度建筑工作量作为计算资金流量的依据。

（2）资金流量是在原分年度投资的基础上，考虑预付款。预付款的扣回、保留金和保留金的偿还等编制出的分年度资金安排。

（3）预付款一般可划分工程预付款和工程材料预付款两部分。

①工程预付款按划分的单个工程项目的建安工作量的10%～20%计算，工期在3年以内的工程全部安排在第一年，工期在3年以上的可安排在前两年。工程预付款的扣回从完成建安工作量的30%起开始，按完成建安工作量的20%～30%扣回至预付款全部回收完毕为止。

对于需要购置特殊施工机械设备或施工难度较大的项目，工程预付款可取大值，其他项目取中值或小值。

②工程材料预付款。水利工程一般规模较大，所需材料的种类及数量较多，提前备料所需资金较大，因此考虑向承包商支付一定数量的材料预付款。可按分年度投资中次年完成建安工作量的20%在本年提前支付，并于次年扣回，依此类推，直至本项目竣工（河道工程和灌溉工程等不计此项预付款）。

(4) 保留金。水利工程的保留金，按建安工作量的2.5%计算。在概算资金流量计算时，按分项工程分年度完成建安工作量的5%扣留至该项工程全部建安工作量的2.5%时终止（即完成建安工作量的50%时），并将所扣的保留金100%计入该项工程终止后一年（如该年已超出总工期，则此项保留金计入工程的最后一年）的资金流量表内。

2. 永久设备工程资金流量

永久设备工程资金流量计算，划分为主要设备和一般设备两种类型分别计算。

(1) 主要设备的资金流量计算，按设备到货周期确定各年资金流量比例，具体比例见表19。

(2) 其他设备，其资金流量按到货前一年预付15%定金，到货年支付85%的剩余价款。

3. 独立费用资金流量

独立费用资金流量主要是勘测设计费的支付方式应考虑质量保证金的要求，其他项目则均按分年投资表中的资金安排计算。

(1) 可行性研究和初步设计阶段勘测设计费按合理工期分年平均计算。

(2) 技施阶段勘测设计费的95%按合理工期分年平均计算，其余5%的勘测设计费用作为设计保证金，计入最后一年的资金流量表内。

表 19

时间 到货周期	第1年	第2年	第3年	第4年	第5年	第6年
1年	15%	75%*	10%			
2年	15%	25%	50%*	10%		
3年	15%	25%	10%	40%*	10%	
4年	15%	25%	10%	10%	30%*	10%

注 1. 表中带*号的年份为设备到货年份。

2. 主要设备为水轮发电机组、大型水泵、大型电机、主阀、主变压器、桥机、门机、高压断路器或高压组合电器、金属结构闸门启闭设备等。

第五节　预备费、建设期融资利息、静态总投资、总投资

一、预备费

1. 基本预备费

计算方法：根据工程规模、施工年限和地质条件等不同情况，按工程一至五部分投资合计（依据分年度投资表）的百分率计算。

初步设计阶段为5.0%～8.0%。

2. 价差预备费

计算方法：根据施工年限，以资金流量表的表态投资为计算基数。

按照国家计委根据物价变动趋势，适时调整和发布的年物价指数计算。

计算公式：

$$E = \sum_{n=1}^{N} F_n[(1+p)^n - 1]$$

式中 E——价差预备费；

N——合理建设工期；

n——施工年度；

F_n——建设期间资金流量表内第 n 年的投资；

p——年物价指数。

二、建设期融资利息

计算公式：

$$S = \sum_{n=1}^{N}\left[\left(\sum_{m=1}^{n} F_m b_m - \frac{1}{2}F_n b_n\right) + \sum_{m=0}^{n-1} S_m\right] i$$

式中 S——建设期融资利息；

N——合理建设工期；

n——施工年度；

m——还息年度；

F_n、F_m——建设期间资金流量表内第 n、m 年的投资；

b_n、b_m——各施工年份融次额占当年投资比例；

i——建设期融资利率；

S_m——第 m 年的付息额度。

三、静态总投资

工程一至五部分投资与基本预备费之和构成静态总投资。

四、总投资

工程一至五部分投资、基本预备费、价差预备费、建设期融资利息之和构成总投资。

编制总概算表时，在第五部分独立费用之后，按顺序计列以下项目：

(1) 一至五部分投资合计；

(2) 基本预备费；

(3) 静态总投资；

(4) 价差预备费；

(5) 建设期融资利息；

(6) 总投资。

第七章　概　算　表　格

一、工程概算总表

工程概算总表是由工程部分的总概算表与移民和环境部分的总概算表汇总而成。

表中Ⅰ是工程部分总概算表。

表中Ⅱ是移民环境总概算表。

表中Ⅲ为前两部分化整为零静态总投资和总投资。

表 20　　　　工 程 概 算 总 表　　　　单位：万元

序号	工程或费用名称	建安工程费	设备购置费	独立费用	合计
Ⅰ	工程部分投资 ⋮ 静态总投资 ⋮ 总投资				
Ⅱ	移民环境投资 ⋮ 静态总投资 ⋮ 总投资				
Ⅲ	工程投资总计				
	静态总投资				
	总投资				

二、概算表

概算表包括总概算表、建筑工程概算表、设备及安装工程概算表、分年度投资表、资金流量表。

1. 总概算表

按项目划分的五部分填表并列至一级项目。五部分之后的内容为：一至五部分投资合计、基本预备费、静态总投资、价差预备费、建设期融资利息、总投资。

表 21　　　　总 概 算 表　　　　单位：万元

序号	工程或费用名称	建安工程费	设备购置费	独立费用	合计	占一至五部分投资（%）
	各部分投资					
	一至五部分投资合计					
	基本预备费					
	静态总投资					
	价差预备费					
	建设期融资利息					
	总投资					

2. 建筑工程概算表

按项目划分列至三级项目。

本表适用于编制建筑工程概算、施工临时工程概算和独立费用概算。

表22 建筑工程概算表

序号	工程或费用名称	单位	数量	单价（元）	合计（元）

3. 设备及安装工程概算表

按项目划分列至三级项目。

本表适用于编制机电和金属结构设备及安装工程概算。

表23 设备及安装工程概算表

序号	名称及规格	单位	数量	单价（元）		合计（元）	
				设备费	安装费	设备费	安装费

4. 分年度投资表

可视不同情况按项目划分列至一级项目。枢纽工程原则上按下表编制分年度投资，为编制资金流量表作准备。某些工程施工期较短可不编制资金流量表，因此其分年度投资表的项目可按工程部分总概算表的项目列入。

表24 分年度投资表 单位：万元

项目	合计	建设工期（年）							
		1	2	3	4	5	6	7	8
一、建设工程									
1. 建筑工程									
×××工程（一级项目）									
2. 施工临时工程									
×××工程（一级项目）									
二、安装工程									
1. 发电设备安装工程									
2. 变电设备安装工程									
3. 公用设备安装工程									
4. 金属结构设备安装工程									
三、设备工程									
1. 发电设备									
2. 变电设备									
3. 公用设备									
4. 金属结构设备									
四、独立费用									
1. 建设管理费									

续表

项　　目	合计	建设工期（年）							
		1	2	3	4	5	6	7	8
2. 生产准备费									
3. 科研勘测设计费									
4. 建设及施工场地征用费									
5. 其他									
一至四部分合计									

5. 资金流量表

可视不同情况按项目划分列至一级或二级项目。

表 25　　　　**资 金 流 量 表**　　　　单位：万元

项　　目	合计	建设工期（年）							
		1	2	3	4	5	6	7	8
一、建筑工程									
分年度资金流量									
×××工程									
⋮									
二、安装工程									
分年度资金流量									
三、设备工程									
分年度资金流量									
四、独立费用									
分年度资金流量									
一至四部分合计									
分年度资金流量									
基本预备费									
静态总投资									
价差预备费									
建设期融资利息									
总投资									

三、概算附表

概算附表包括建筑工程单价汇总表、安装工程单价汇总表、主要材料预算价格汇总表、次要材料预算价格汇总表、施工机构台时费汇总表、主要工程量汇总表、主要材料量汇总表、工时数量汇总表、建设及施工场地征用数量汇总表。

1. 建筑工程单价汇总表

表 26 **建筑工程单价汇总表** 单位：元

序号	名称	单位	单价	其中							
				人工费	材料费	机构使用费	其他直接费	现场经费	间接费	企业利润	税金

2. 安装工程单价汇总表

表 27 **安装工程单价汇总表** 单位：元

序号	名称	单位	单价	其中								
				人工费	材料费	机构使用费	装置性材料费	其他直接费	现场经费	间接费	企业利润	税金

3. 主要材料预算价格汇总表

表 28 **主要材料预算价格汇总表** 单位：元

序号	名称及规格	单位	预算价格	其中			
				原价	运杂费	运输保险费	采购及保管费

4. 次要材料预算价格汇总表

表 29 **次要材料预算价格汇总表** 单位：元

序号	名称及规格	单位	原价	运杂费	合计

5. 施工机械台时费汇总表

表 30 **施工机械台时费汇总表** 单位：元

序号	名称及规格	台时费	其中				
			折旧费	修理及替换设备费	安拆费	人工费	动力燃料费

6. 主要工程量汇总表

表 31 **主要工程量汇总表**

序号	项目	土石方明挖（m^3）	石方洞挖（m^3）	土石方填筑（m^3）	混凝土（m^3）	模板（m^2）	钢筋（t）	帷幕灌浆（m）	固结灌浆（m）

7. 主要材料量汇总表

表 32 **主要材料量汇总表**

序号	项目	水泥（t）	钢筋（t）	钢材（t）	木材（t）	炸药（t）	沥青（t）	粉煤灰（t）	汽油（t）	柴油（t）

8. 工时数量汇总表

表 33　　　　　　　　　　　　**工时数量汇总表**

序　　号	项　　目	工　时　数　量	备　　注

9. 建设及施工场地征用数量汇总表

表 34　　　　　　　　　　　　**建设及施工场地征用数量汇总表**

序　　号	项　　目	占地面积（亩）	备　　注

四、概算附件附表

概算附件附表包括人工预算单价计算表、主要材料运输费用计算表、主要材料预算价格计算表、混凝土材料单价计算表、建筑工程单价表、安装工程单价表、资金流量计算表、主要技术经济指标表。

1. 人工预算单价计算表

表 35　　　　　　　　　　　　**人工预算单价计算表**

<table>
<tr><td colspan="2">地区　类别</td><td></td><td>定额人工等级</td><td></td></tr>
<tr><td>序号</td><td>项目</td><td>计算式</td><td colspan="2">单价（元）</td></tr>
<tr><td>1</td><td>基本工资</td><td></td><td colspan="2"></td></tr>
<tr><td>2</td><td>辅助工资</td><td></td><td colspan="2"></td></tr>
<tr><td>(1)</td><td>地区津贴</td><td></td><td colspan="2"></td></tr>
<tr><td>(2)</td><td>施工津贴</td><td></td><td colspan="2"></td></tr>
<tr><td>(3)</td><td>夜餐津贴</td><td></td><td colspan="2"></td></tr>
<tr><td>(4)</td><td>节日加班津贴</td><td></td><td colspan="2"></td></tr>
<tr><td>3</td><td>工资附加费</td><td></td><td colspan="2"></td></tr>
<tr><td>(1)</td><td>职工福利基金</td><td></td><td colspan="2"></td></tr>
<tr><td>(2)</td><td>工会经费</td><td></td><td colspan="2"></td></tr>
<tr><td>(3)</td><td>养老保险费</td><td></td><td colspan="2"></td></tr>
<tr><td>(4)</td><td>医疗保险费</td><td></td><td colspan="2"></td></tr>
<tr><td>(5)</td><td>工伤保险费</td><td></td><td colspan="2"></td></tr>
<tr><td>(6)</td><td>职工失业保险基金</td><td></td><td colspan="2"></td></tr>
<tr><td>(7)</td><td>住房公积金</td><td></td><td colspan="2"></td></tr>
<tr><td>4</td><td>人工工日预算单价</td><td></td><td colspan="2"></td></tr>
<tr><td>5</td><td>人工工时预算单价</td><td></td><td colspan="2"></td></tr>
</table>

2. 主要材料运输费用计算表

表 36　　主要材料运输费用计算表

编号	1	2	3	材料名称				材料编号	
交货条件				运输方式	火车	汽车	船运	火车	
交货地点				货物等级				整车	零担
交货比例（%）				装载系数					

编号	运输费用项目	运输起讫地点	运输距离（km）	计算公式	合计（元）
1	铁路运杂费				
	公路运杂费				
	水路运杂费				
	场内运杂费				
	综合运杂费				
2	铁路运杂费				
	公路运杂费				
	水路运杂费				
	场内运杂费				
	综合运杂费				
3	铁路运杂费				
	公路运杂费				
	水路运杂费				
	场内运杂费				
	综合运杂费				
每吨运杂费					

3. 主要材料预算价格计算表

表 37　　主要材料预算价格计算表

编号	名称及规格	单位	原价依据	单位毛重（t）	每吨运费（元）	价格（元）					
						原价	运杂费	采购及保管费	运到工地分仓库价格	保险费	预算价格

4. 混凝土材料单价计算表

表 38　　混凝土材料单价计算表　　单位：m^3

编号	混凝土标号	水泥强度等级	级配	预算量						单价（元）
				水泥（kg）	掺合料（kg）	砂（m^3）	石子（m^3）	外加剂（kg）	水（kg）	

5. 建筑工程单价表

表 39　　　　建筑工程单价表

定额编号＿＿＿＿＿＿　　项目＿＿＿＿＿　　定额单位：

施工方法：					
编号	名称	单位	数量	单价（元）	合计（元）

6. 安装工程单价表

表 40　　　　安装工程单价表

定额编号＿＿＿＿＿＿　　项目＿＿＿＿＿　　定额单位：

型号规格					
编号	名称	单位	数量	单价（元）	合计（元）

7. 资金流量计算表

表 41　　　　资金流量计算表　　　　单位：万元

项　　目	合计	建　设　工　期（年）							
		1	2	3	4	5	6	7	8
一、建筑工程									
（一）×××工程									
1. 分年度完成工作量									
2. 预付款									
3. 扣回预付款									
4. 保留金									
5. 偿还保留金									
（二）×××工程									
⋮									
二、安装工程									
1. 分年度完成安装费									
2. 预付款									
3. 扣回预付款									
4. 保留金									
5. 偿还保留金									
三、设备工程									
1. 分年度完成设备费									
2. 预付费									
3. 扣回预付款									

续表

项　　目	合计	建　设　工　期（年）							
		1	2	3	4	5	6	7	8
4. 保留金									
5. 偿还保留金									
四、独立费用									
1. 分年度费用									
2. 保留金									
3. 偿还保留金									
一至四部分合计									
1. 分年度工作量									
2. 预付款									
3. 扣回预付款									
4. 保留金									
5. 偿还保留金									
基本预备费									
静态总投资									
价差预备费									
建设融资利息									
总投资									

8. 主要技术经济指标表

本表可根据工程具体情况进行编制，反映出主要技术经济指标即可。

可行性研究投资估算

投资估算是可行性研究报告的重要组成部分，是国家为选定近期开发项目作出科学决策和批准进行初步设计的重要依据。

一、综述

水利工程可行性研究投资估算与初步设计概算在组成内空容、项目划分和费用构成上基本相同，但两者设计深度不同。投资估算可根据《水利水电工程可行性研究报告编制规程》的有关规定，对初步设计概算编制规定中部分内容进行适当简化、合并或调整。设计阶段和设计深度决定了两者编制方法及计算标准有所不同。

二、编制方法及计算标准

1. 基础单价

基础单价编制与概算相同。

2. 建筑、安装L程单价

投资估算主要建筑、安装工程单价编制与初设概算单价编制相同，一般均采用概算定额，但考虑投资估算工作深度和精度，应乘以10%扩大系数。

3. 分部工程估算编制

(1) 建筑工程。主体建筑工程、交通工程、房屋建筑工程基本与概算相同。其他建筑工程可视工程具体情况和规模按主体建筑工程投资的3%～5%计算。

(2) 机电设备及安装工程。主要机电设备及安装工程基本与概算相同。其他机电设备及安装工程可根据装机规模按占主要机电设备费的百分率或单位千瓦指标计算。

(3) 金属结构设备及安装工程。编制方法基本与概算相同。

(4) 施工临时工程。编制方法及计算标准基本与概算相同。

(5) 独立费用。编制方法及计算标准与概算相同。

三、分年度投资及资金流量

投资估算由于工作深度仅计算分年度投资而不计算资金流量。

四、预备费、建设期融资利息、静态总投资、总投资

可行性研究投资估算基本预备费率取10%～12%；项目建议书阶段基本预备费率取15%～18%。价差预备费率同初步设计概算。

五、估算表格

基本与概算相同。

附录1

关于发布《工程建设监理费有关规定》的通知

（国家物价局　建设部〔1992〕价费字479号）

各省、自治区、直辖市及计划单列市物价局（委员会）、建委（建设厅），国务院各有关部门：

一九八八年以来，我国开始试行工程建设监理制度。几年的实践表明，实行工程建设监理制度，在控制工期、投资和保证质量等方面都发挥了积极作用。为了保证工程建设监理事业的顺利发展，维护建设单位和监理单位的合法权益，现对工程建设监理费有关问题规定如下：

一、工程建设监理，由取得法人资格，具备监理条件的工程监理单位实施，是工程建设的一种技术性服务。

二、工程建设监理，要体现“自愿互利、委托服务”的原则，建设单位与监理单位要签订监理合同，明确双方的权利和义务。

三、工程建设监理费，根据委托监理业务的范围、深度和工程的性质、规模、难易程度以及工作条件等情况，按照下列方法之一计收：

（一）按所监理工程概（预）算的百分比计收（见附表）；

（二）按照参与监理工作的年度平均人数计算：3.5万～5万元/(人·年)；

（三）不宜按（一）、（二）两项办法计收的，由建设单位和监理单位按商定的其它方法计收。

四、以上（一）、（二）两项规定的工程建设监理收费标准为指导性价格，具体收费标准由建设单位和监理单位在规定的幅度内协商确定。

五、中外合资，合作、外商独资的建设工程，工程建设监理费由双方参照国际标准协商确定。

六、工程建设监理费用于监理工作中的直接、间接成本开支，交纳税金和合理利润。

七、各监理单位要加强对监理费的收支管理，自觉接受物价和财务监督。

八、国务院各有关部门和各省，自治区、直辖市物价部门、建设部门可依据本通知规定，结合本地区、本部门情况制定具体实施办法，报国家物价局、建设部备案。

九、本通知自一九九二年十月一日起施行。

附表

工程建设监理收费标准

序号	工程概（预）算 M （万元）	设计阶段（含设计招标） 监理取费 a（%）	施工（含施工招标） 及保修阶段监理取费 b（%）
1	$M<500$	$0.20<a$	$2.50<b$
2	$500\leqslant M<1000$	$0.15<a\leqslant 0.20$	$2.00<b\leqslant 2.50$
3	$1000\leqslant M<5000$	$0.10<a\leqslant 0.15$	$1.40<b\leqslant 2.00$
4	$5000\leqslant M<10000$	$0.08<a\leqslant 0.10$	$1.20<b\leqslant 1.40$
5	$10000\leqslant M<50000$	$0.05<a\leqslant 0.08$	$0.08<b\leqslant 1.20$
6	$50000\leqslant M<100000$	$0.03<a\leqslant 0.05$	$0.60<b\leqslant 0.80$
7	$100000\leqslant M$	$a\leqslant 0.03$	$b\leqslant 0.60$

附录 2

国家计委、财政部关于第一批降低 22 项收费标准的通知

（计价费〔1997〕2500 号）

根据《中共中央、国务院关于治理向企业乱收费、乱罚款和各种摊派等有关问题的决定》（中发〔1997〕14 号）精神，国家计委、财政部对部分行业的收费进行了清理，经国务院减轻企业负担部际联席会议批准，决定第一批降低 22 项收费标准。现将具体项目和标准通知如下：

一、管理费（9 项）

（一）公路运输管理费。收费标准从最高不超过营运（营业）收入的 1%降低到最高不超过营运（营业）收入的 0.8%。

（二）水路运输管理费。收费标准从最高不超过营运（营业）收入的 2%，降低到最高不超过营运（营业）收入的 1.6%。

（三）证券、期货市场监管费。国家计委、财政部已以计价费〔1997〕2023 号文件下达收费标准，请按照执行。

（四）乡镇企业管理费。收费标准从按销售收的 0.5%～0.7%，降低到 0.1%。

（五）野生动物资源保护管理费。对中医药生产企业收取的野生动物资源保护管理费

收费标准从按销售额的6%～8%，降低到1%～2%。

（六）免税商品海关监管手续费。收费标准从按进货到岸价格的2%，降低到1.5%。

（七）工程定额编制管理费。对沿海城市和建安工作量大的地区，收费标准从不超过建安工作量的0.5‰～1‰降低到0.4‰～0.8‰；对其他地区收费标准从不超过建安工作量的0.5‰～1.5‰，降低到0.4‰～1.3‰。

（八）劳动定额测定费。凡单独设立劳动定额管理机构进行定额测定编制工作，并为企业提供服务的，收费标准从不超过建安工作量的0.3‰～1‰，降低到0.2‰～0.8‰；未单独设立劳动定额管理机构的各级定额管理站，其测定劳动定额只是为编制概预算服务的，按本文第（七）项降低后收费标准执行；对在测定的基础上单独编制劳动定额，且为企业提供服务的，收费标准从在工程定额编制管理费基础上增加0.3‰～0.5‰的定额测定费一并收取，降低到在第（七）项降低后收费标准基础上增加0.1‰～0.3‰的定额测定费一并收取。

（九）城市房屋拆迁管理费。收费标准从示超过房屋拆迁补偿安置费用的0.5%～1%，降低到0.3%～0.6%。

二、证照费（3项）

（一）取水许可证收费。收费标准从每套35元，降低到每套10元。

（二）统一代码证书费。正本收费标准从每本50元，降低到工本费每本10元，另收技术服务费35元；副本收费标准从每本30元，降低到每本8元。

（三）监理工程师证书费。收费标准从每套35元，降低到每套10元。

三、许可证费（1项）

核材料许可证收费。对核研究单位收费标准从每个领证单位5000～10000元，降低到每个领证单位2500元。

四、资源费（1项）

无线寻呼系统频率占用费。收费标准从全国范围使用每频点300万元，全省范围使用每频点30万元，地方范围使用每频点6万元，降低到全国范围使用每频点200万元，全省范围使用每频点20万元，地方范围使用每频点4万元。

五、检验检疫费（6项）

（一）动植检运输工具检疫费。火车收费标准从每厢次20元降低到4元；汽车收费标准从每辆次10元降低到5元；集装箱收费标准从每厢次10元降低到4元。

（二）农业部门国内植物调运检疫费。调整为对国家专储粮调运部分不收费，商品粮调运检疫费标准由按货值的1.2‰降低到1‰。

（三）国境卫生检疫部门小批量进口食品检验费。收费标准从进口金额的6‰，降低到5‰。

（四）商检部门一般商品包装性能鉴定收费。麻袋包装性能鉴定收费标准从每件0.02元，降低到每件0.01元。

（五）商检部门进出口商品品质检验费。对进口化肥收费标准从商品总值的2.5‰，降低到2‰。

（六）交通部门船舶检验费。按《船舶检验计费规定》（〔93〕价费字119号）规定的各项收费标准降低10%。

六、其他（2项）

（一）条形码服务费。胶片研制费收费标准从60元降低到48元，对进出口公司收取的系统维护费收费标准从每年3500元，降低到每年3100元。

（二）内河航道养护费。收费标准从按运费收入的8%收取，降低到6%。

本通知自1998年1月1日起执行，过去国家计委（包括原国家物价局）会同财政部及国务院其它有关部门制定的收费标准与本通知规定不符的，以本通知为准。

附录3

国家计委收费管理司、财政部综合与改革司关于水利建设工程质量监督收费标准及有关问题的复函

（计司收费函〔1996〕2号）

水利部财务司：

你部《关于商请批准水利建设工程质量监督收费标准的函》收悉，经研究，现函复如下：

一、根据国务院有关抑制通货膨胀，控制物价过快上涨的精神，为了有利于保持价格总水平的基本稳定，保持不同行业建设工程质量监督收费的合理比价，对水利建设工程质量监督的收费标准暂不作调整。收费标准仍按原国家物价局、财政部〔1993〕价费字149号《关于发布建设工程质量监督费的通知》有关规定执行，即按建安工作量计费，大城市不超过1.5‰，中等城市不超过2‰，小城市不超过2.5‰；已实施工程监理的建设项目，按不超过建安工作量的0.5‰～1‰收取工程质量监督费。具体收费标准按水利建设工程所在地省级物价、财政部门的规定执行。

水利建设工程质量监督单位应按规定向物价部门申领收费许可证，使用财政部门统一印制的收费票据。

二、鉴于《规定》第六章中多处内容，如收费名称、征收办法和标准、规定收入上解以及收费资金的使用管理等都存在与现行国家有关规定不符的问题。为此，我们建议，对《规定》应做如下修改：

1. 将《规定》第二十条、第二十七条至第三十条中的“质量监督管理费”改为“工程质量监督费”，以便与国家批准的收费项目名称相一致；

2. 取消第二十八条；

3. 将第三十条改为：“质量监督费应用于质量监督工作的正常经费开支，不得挪作他用。其使用范围主要为：工程质量监督检测开支以及必要的旅费开支等”。

关于印发《水利工程建设项目勘察（测）设计招标投标管理办法》的通知

水总〔2004〕511号

（水利部2004年11月11日印发）

部直属各有关单位，各省、自治区、直辖市水利（水务）厅（局），各计划单列市水利（水务）局，新疆生产建设兵团水利局：

为贯彻《中华人民共和国招标投标法》，实施《工程建设项目勘察设计招标投标办法》（国家发展和改革委员会、建设部、铁道部、交通部、信息产业部、水利部、中国民用航空总局、国家广播电影电视总局令第2号）和《水利工程建设项目招标投标管理规定》（水利部令第14号），进一步规范水利工程建设项目勘察设计招标投标活动，维护水利勘察设计市场秩序，现将《水利工程建设项目勘察（测）设计招标投标管理办法》印发给你们，请遵照执行。

附件

水利工程建设项目勘察（测）设计招标投标管理办法

第一章　总　　则

第一条　为规范水利工程建设项目勘察（测）设计招标投标活动，维护水利勘察（测）设计市场秩序，提高投资效益，保证工程质量，保护招标投标者的合法权益，根据《中华人民共和国招标投标法》、《工程建设项目勘察设计招标投标办法》和《水利工程建设项目招标投标管理规定》，结合水利工程勘察（测）设计的特点，特制订本办法。

第二条　在中华人民共和国境内进行水利工程建设项目（包括新建、扩建、改建、加固、修复）以及配套和附属工程的勘察（测）设计招标投标活动，适用本办法。

本办法所称水利工程建设项目勘察（测）设计是指初步设计和施工图设计阶段的勘察（测）设计工作等；招标活动是指招标人通过招标方式选定水利工程建设项目勘察（测）设计的承包方的行为。

第三条　符合下列具体范围并达到规模标准之一的水利工程建设项目初步设计和施工图阶段的勘察（测）设计必须进行招标。

（一）具体范围

1. 关系社会公共利益、公共安全的防洪、排涝、灌溉、水力发电、引（供）水、滩涂治理、水土保持、水资源保护等水利工程建设项目；

2. 使用国有资金投资或者国家融资的水利工程建设项目；

3. 使用国际组织或者外国政府贷款、援助资金的水利工程建设项目。

（二）规模标准

1. 勘察（测）设计单项合同估算价在50万元人民币以上的；

2. 项目总投资额在3000万元人民币以上的。

第四条 第三条中规定必须进行勘察（测）设计招标的水利工程建设项目，有下列情形之一的，根据项目审批程序，经项目主管部门批准，可以不进行招标：

（一）涉及国家安全、国家秘密的；

（二）抢险救灾或紧急度汛的；

（三）采用特定的专利或者专有技术的；

（四）技术复杂或专业性强，能够满足条件的勘察（测）设计单位少于3家，不能形成有效竞争的。

第五条 招标投标活动应当遵循公开、公平、公正和诚实信用等原则。招标工作由招标人负责，任何单位和个人不得以任何方式非法干涉招标投标活动。

第六条 招标投标活动不应受工程所属部门或所在地区的影响。任何单位和部门不得违法限制或排斥本地区、本系统以外符合条件的单位参加投标。

第二章 招 标

第七条 招标人是依照招标投标法的规定提出招标项目、进行招标的法人或其他组织。

第八条 招标人可以依据水利工程建设项目的不同特点，实行勘察（测）、设计一次性总体招标；也可以在保证项目完整性的前提下，按照技术要求实行阶段性招标，或对勘察（测）、设计分别招标。

招标人不得将依法必须进行招标项目的整体建筑物人为分割进行招标，或者以其他任何方式规避招标。

第九条 依法必须进行勘察（测）设计招标的水利工程建设项目，按项目审批管理规定，凡应报送项目审批部门审批的，项目建设单位必须在报送的项目可行性研究报告中增加勘察（测）设计的招标范围（含发包初步方案）、招标方式（公开或邀请招标、委托招标或自行招标）等内容，同时必须报送勘察（测）设计招标所需的各类基础资料。

第十条 水利工程建设项目勘察（测）设计招标应当具备以下条件：

（一）勘察（测）设计项目已经确定；

（二）勘察（测）设计所需资金来源已经落实；

（三）必需的勘察（测）设计基础资料已收集完成。

（四）招标人不具备自行招标能力的，已委托有资格的招标代理机构办理招标事宜。

（五）法律法规规定的其他条件。

第十一条 招标分为公开招标和邀请招标。依法必须招标的项目中，全部使用国有资金投资或者国有资金投资占控股或者主导地位的项目及国家重点水利项目、地方重点水利项目勘察（测）设计应当公开招标。国家及地方重点水利工程的项目建议书、可行性研究以及综合性强的重大专题研究等前期项目，应当公开招标。

第十二条　有下列情况之一的水利工程建设项目勘察（测）设计，经批准后可采用邀请招标：

（一）项目的技术性、专业性较强，或者环境资源条件特殊，符合条件的潜在投标人数量有限的；

（二）如采用公开招标，所需费用占水利工程建设项目总投资的比例过大的；

（三）公开招标中，投标人少于 3 个，或者所有投标均被评标委员会否决，需要重新组织招标的。

招标人采用邀请招标方式的，应保证有 3 个以上具备承担招标项目勘察（测）设计的能力，并具有相应资质的特定法人或者其他组织参加投标。

第十三条　符合第十二条规定采用邀请招标的，招标前招标人必须履行下列批准手续：

（一）国家重点水利项目经水利部初审后，报国家发展和改革委员会批准；其他中央项目报水利部批准；

（二）地方重点水利项目经省、自治区、直辖市水行政主管部门审核后，报同级发展和改革主管部门批准；其他地方项目报省、自治区、直辖市水行政主管部门批准。

第十四条　当招标人具备以下条件时，按有关规定和管理权限经核准可自行办理招标事宜：

（一）具有项目法人资格（或法人资格）；

（二）具有与招标项目规模和复杂程度相适应的工程技术、概预算、财务和工程管理等方面专业技术力量；

（三）具有编制招标文件和组织评标的能力；

（四）具有从事同类水利工程建设项目勘察（测）设计招标的经验；

（五）设有专门的招标机构或者拥有 3 名以上专职人员；

（六）熟悉和掌握招标投标法律、法规、规章。

第十五条　招标人申请自行办理招标事宜时，应当向招标监督与管理部门报送以下书面材料：

（一）项目法人营业执照、法人证书或者项目法人组建文件；

（二）与招标项目相适应的专业技术力量情况；

（三）内设的招标机构或者专职招标业务人员的基本情况；

（四）拟使用的评标专家库情况；

（五）以往编制的同类水利工程建设项目勘察（测）设计招标文件和评标报告，以及招标业绩的证明材料；

（六）其他有关材料。

第十六条　当招标人不具备第十四条的条件时，应当委托符合相应条件的招标代理机构办理招标事宜。

第十七条　招标工作一般按下列程序进行：

（一）招标前，按项目管理权限向行政监督管理部门提交招标报告备案。报告具体内容应当包括：招标已具备的条件、招标方式、分标方案、招标计划安排、投标人资质（资格）条件、评标方法、评标委员会组建方案以及开标、评标的工作具体安排等；

（二）编制招标文件；

（三）发布招标信息（招标公告或投标邀请书）；

（四）发售资格预审文件；

（五）按规定日期接受潜在投标人编制的资格预审文件；

（六）组织对潜在投标人资格预审文件进行审核；

（七）向资格预审合格的潜在投标人发售招标文件；

（八）组织购买招标文件的潜在投标人现场踏勘；

（九）接受投标人对招标文件有关问题要求澄清的函件，对问题进行澄清，并书面通知所有潜在投标人；

（十）组织成立评标委员会，并在中标结果确定前保密；

（十一）在规定时间和地点，接受符合招标文件要求的投标文件；

（十二）组织开标评标会；

（十三）在评标委员会推荐的中标候选人中确定中标人（也可授权评标委员会直接确定中标人）；

（十四）发中标通知书，并将中标结果通知所有投标人；

（十五）进行合同谈判，并与中标人订立书面合同；

（十六）向行政监督部门提交招标投标情况的书面总结报告。

第十八条 采用公开招标方式的项目，招标人应当在国家发展和改革委员会指定的媒介发布招标公告，其中大型水利工程建设项目以及国家重点项目、中央项目、地方重点项目同时还应当在《中国水利报》发布招标公告，招标人应当对招标公告的真实性负责。招标公告不得限制潜在投标人的数量。

第十九条 招标公告或投标邀请书应当载明以下内容：

（一）招标人的名称和地址；

（二）招标项目的性质、规模、资金来源、实施地点和时间；

（三）对投标人的资质要求，如进行资格预审，获取资格预审文件的办法；

（四）获取招标文件的办法及费用；

（五）投标报名开始时间、截止时间和地点。

第二十条 招标人可以根据招标项目的要求，在招标公告或资格预审公告中规定对潜在投标人进行资格预审，并在预审结束后10天内以书面方式通知通过资格预审的投标人。

凡是资格预审合格的潜在投标人都应被允许参加投标。招标人不得以任何方式限制或者排斥资格预审合格的潜在投标人参加投标。

第二十一条 招标人应当根据招标项目的特点和需要编制招标文件。

国家对招标项目的技术、标准有规定的，招标人应当按照其规定在招标文件中提出相应要求。

第二十二条 水利工程建设项目勘察（测）设计招标文件应包括的主要内容：

（一）投标须知；

（二）工程说明书（包括工程内容、设计范围、地形测绘及工程地质勘察和试验资料、工程进度和设计进度要求等)；

（三）上级审批、审查、评估等有关文件；

（四）工程特殊要求；

（五）设计合同主要条款；

（六）设计基础资料供应方式；

（七）设计成品审查方式；

（八）组织现场查勘的时间和地点；

（九）投标起止日期及开标地点；

（十）对投标人资格审查的标准；

（十一）投标报价要求；

（十二）评标标准。

第二十三条　采用邀请招标方式的，法人或其他组织应于收到投标邀请书后5个工作日内以书面形式说明是否参加投标。未在规定期限内说明的，视为拒绝参加投标。

第二十四条　对招标文件的收费应仅限于补偿编制及印刷方面的成本支出，招标人不得通过出售招标文件谋取利益。

第二十五条　招标人负责提供与招标项目有关的基础资料，并保证所提供资料的真实性、完整性。涉及国家秘密的除外。

第二十六条　招标人根据招标项目的具体情况，可以组织潜在投标人踏勘项目现场。

第二十七条　对于潜在投标人在阅读招标文件和现场踏勘中提出的疑问，招标人可以书面形式或召开投标预备会的方式解答，但需同时将解答以书面方式通知所有招标文件收受人。该解答的内容为招标文件的组成部分。

第二十八条　招标人可以要求投标人在提交符合招标文件规定要求的投标文件外，提交备选投标文件，但应当在招标文件中做出说明，并提出相应的评审和比较办法。

第二十九条　招标人应当确定潜在投标人编制资格预审文件和投标文件所需要的合理时间。

依法必须进行勘察（测）设计招标的项目，自招标公告或资格预审公告发布之日起至发售资格预审文件或招标文件的时间间隔一般不得少于10个工作日；自资格预审文件或招标文件出售之日起至停止出售之日止，最短不得少于5个工作日；自招标文件开始发出之日起至投标人提交投标文件截止之日止，最短不得少于20个工作日。

第三十条　除不可抗力原因外，招标人在发布招标公告或者发出投标邀请书后不得终止招标，也不得在出售招标文件后终止招标。

第三章　投　　标

第三十一条　投标人是响应招标，参加投标竞争的法人或者其他组织。国家有关规定对投标人资格条件或者招标文件对投标人资格条件有规定的，投标人应当具备规定的资格条件。

第三十二条　当招标人要求对潜在投标人进行资格预审时，投标人须按招标公告中规定的时间内向招标人递交资格预审文件，资格预审文件应包含以下内容：

（一）有关资质证书；

（二）企业法人营业执照或事业法人组织机构代码证书；

（三）主要机构组成；

（四）主要人员、财务、设备状况；

（五）银行资信证明；

（六）企业近3年主要业绩；

（七）其他能证明履约能力的有效材料。

以上材料均需提供原件或加盖单位印章的复印件，招标人审验后退回投标人。

第三十三条 有资格参加投标的投标人，应当按照招标文件的要求编写投标文件，并在招标文件规定的投标截止时间之前密封送达招标人。投标文件由技术文件和商务文件组成，并应当对招标文件提出的实质性要求和条件做出响应。在投标截止时间之前，投标人可以撤回已递交的投标文件或进行更正和补充，但应当符合招标文件的要求。

第三十四条 勘察（测）设计投标文件须包括以下主要内容：

（一）商务文件

1. 法人代表资格证明、与投标项目相关的资质证明；

2. 投标人概况，内容包括主要技术装备、项目经理（设总）简历、拟投入技术骨干和主要设计人员概况；

3. 费用报价及计算书；

4. 近10年承担的国内（外）大中型水利水电工程前期或勘察（测）设计项目；

5. 近10年获奖情况。

（二）技术文件

1. 对工程的认识；

2. 勘察（测）设计工作大纲；

3. 总进度计划；

4. 项目管理及质量保证措施；

5. 组织管理；

6. 工程设计方案初步设想。

第三十五条 投标文件中的收费报价，应当符合国务院价格主管部门制定的《工程勘察收费标准》以及《工程设计收费标准》的规定。

第三十六条 投标人应并按招标文件的要求提交投标保证金。保证金数额一般不超过投标报价的2%，最多不超过10万元人民币。招标人与中标人签订合同后5个工作日内，应当向中标、未中标人退还投标保证金。

第三十七条 在提交投标文件截止时间后到招标文件规定的投标有效期终止之前，投标人不得补充、修改或者撤回其投标文件，否则其投标保证金将被没收。评标委员会要求对投标文件作必要澄清或者说明的除外。

第三十八条 招标文件中规定允许投标人投备选标的，投标人除按要求编写投标文件外，可以根据项目和自身情况，同时提交有关修改设计、技术、合同条件的建议方案以及选择性报价，供招标人选用。除招标人要求外，投标人在技术文件中不得指定与水利工程建设项目有关的重要设备、材料的生产供应者，以及含有倾向或者排斥特定生产供应者的内容。

第三十九条　投标人在投标截止时间前提交的投标文件，补充、修改或撤回投标文件的通知，备选投标文件等，都必须加盖所在单位公章，并且由其法定代表人或授权代表签字。

招标人在接收上述材料时，应检查其密封或签章是否完好，并向投标人出具标明签收人和签收时间的回执。

第四十条　为保证评标活动的公平、公正，招标人可以要求投标文件采用不署名方式，即除包装封套、附件按要求加盖投标人所在单位公章并由法定代表人或授权代表签字外，其余不得有任何表明投标人身份的文字、标志和符号，但应在投标须知中提出明确要求。

第四十一条　2个以上勘察（测）设计单位可组成1个联合体，以1个投标人的身份共同投标。联合体各方应签订共同投标协议，并不得再以自己名义单独投标，也不得参加另外的联合体投同一项目的标。

国家有关规定或者招标文件对投标人资格条件有规定的，联合体各方均应当具备规定的相应资格条件。由同一专业的单位组成的联合体，按照资质等级较低的单位确定资质等级。

第四十二条　联合体中标的，应指定牵头人或代表，授权其代表所有联合体成员与招标人签订合同，负责整个合同实施阶段的协调工作。但是，需要向招标人提交由所有联合体成员法定代表人签署的授权委托书。

第四十三条　投标人不得以他人名义投标，也不得利用伪造、转让、无效或者租借的资质证书参加投标，或者以任何方式请其他单位在自己编制的投标文件代为签字盖章，损害国家利益、社会公共利益和招标人的合法权益。

第四章　开标、评标与中标

第四十四条　开标应在招标文件确定的提交投标文件截止时间的同一时间公开进行，开标地点为招标文件中预先载明的地点。

第四十五条　开标由招标人主持，邀请所有投标人参加。

开标人员至少由主持人、监标人、开标人、唱标人、记录人组成，上述人员对开标负责。

第四十六条　开标一般按以下程序进行：

（一）主持人在招标文件确定的时间停止接收投标文件，开始开标；

（二）宣布开标人员名单；

（三）确认投标人法定代表人或授权代表人是否在场；

（四）宣布投标文件开启顺序；

（五）依开标顺序，先检查投标文件密封是否完好，再启封投标文件；

（六）宣布投标要素，并作记录，同时由投标人代表签字确认；

（七）对上述工作进行纪录，存档备查。

第四十七条 招标人应当采取必要措施，保证评标活动在严格保密的情况下进行。任何单位和个人不得非法干预、影响评标过程和结果。

第四十八条 评标工作由评标委员会负责。评标委员会的组成方式及要求，按《中华人民共和国招标投标法》及《评标委员会和评标方法暂行规定》的有关规定执行。

第四十九条 评标委员会由招标人的代表和有关技术、经济、合同管理等方面的专家组成，成员人数为 7 人以上单数，其中专家（不含招标人代表人数）不得少于成员总数的 2/3。

评标专家的选择应当采取随机的方式抽取。根据工程特殊专业技术需要，经水行政主管部门批准，招标人可以指定部分评标专家，但不得超过专家人数的 1/3。

公益性水利工程建设项目中，中央项目的评标专家应当从水利部或流域管理机构组建的评标专家库中抽取；地方项目的评标专家应当从省、自治区、直辖市政府主管部门组建的评标专家库中抽取，也可从水利部或流域管理机构组建的评标专家库中抽取，但其组成的评标委员会中本省（自治区、直辖市）以外专家不得少于专家总数的 1/3。

第五十条 进入评标委员会的勘察（测）、设计专家应符合下列基本条件：

（一）从事水利勘察（测）、设计工作或相关的技术经济工作满 10 年以上，具有高级职称或者同等专业水平；

（二）熟悉有关招标投标的法律法规并具有与招标项目相关的实践经验；

（三）能够认真、公正、诚实、廉洁地履行职责。

第五十一条 评标委员会成员不得与投标人有利害关系。所指利害关系包括：是投标人或其代理人的近亲属；在 5 年内与投标人曾有工作关系；或有其他社会关系或经济利益关系。

评标委员会成员名单在招标结果确定前应当保密。

第五十二条 评标标准和方法应当在招标文件中载明，在评标时不得另行制定或修改、补充任何评标标准和方法。

招标人在 1 个项目中，对所有投标人评标标准和方法必须相同。

第五十三条 评标方法一般可采取综合评估法进行。评标委员会应当按照招标文件确定的评标标准和方法，对投标人的业绩、信誉和相关技术人员的能力以及技术方案的优劣进行综合评定。招标文件中没有规定的标准和方法，不得作为评标的依据。

第五十四条 采用综合评标法的，应先评技术标，再评商务标。评标时分别打分，然后按照技术标评分占 40％权重、商务标评分占 60％权重评定最终得分，并按得分高低排序。

第五十五条 建议综合评标法评分标准如下：

（一）技术标评标标准

1. 技术方案的合理性占技术标总分的 40％～50％；

2. 技术创新占技术标总分的 20％～30％；

3. 质量保证体系占技术标总分的 10％～20％；

4. 项目进度安排占技术标总分的 5％～10％；

5. 其他占技术标总分的5%～10%。

（二）商务标评标标准

1. 投标人业绩和资信占商务标总分的25%～30%；

2. 项目主要技术负责人的业绩与资历占商务标总分的20%～30%；

3. 人力资源配备及服务方式占商务标总分的20%～30%；

4. 投标人财务状况占商务标总分的5%～10%；

5. 投标报价占商务标总分的5%～10%；

6. 其他占商务标总分的5%～10%。

第五十六条　评标委员会应当在封闭的环境中独立评审，评标委员会成员应当客观、公正地履行职务，严格按照招标文件规定的评标标准和方法对投标文件进行评审和比较，严格遵守评标纪律，不得泄露评审过程、中标候选人的推荐情况以及与评标有关的其他情况。

第五十七条　评标工作一般按以下程序进行：

（一）招标人宣布评标委员会成员名单并确定主任委员；

（二）招标人宣布有关评标纪律；

（三）在主任委员主持下，根据需要，讨论通过成立有关专业组和工作组；

（四）听取招标人介绍招标文件；

（五）组织评标人员学习评标标准和方法；

（六）经评标委员会讨论，并经1/2以上委员同意，提出需投标人澄清的问题，以书面形式送达投标人；

（七）对需要文字澄清的问题，投标人应当以书面形式送达评标委员会；

（八）评标委员会按招标文件确定的评标标准和方法，对投标文件进行评审，确定中标候选人推荐顺序；

（九）在评标委员会2/3以上委员同意的情况下，通过评标委员会工作报告，并报招标人。评标委员会工作报告附件包括有关评标的往来澄清函、有关评标资料及推荐意见等。

第五十八条　评标委员会可以要求投标人对其技术文件进行必要的说明或介绍，但不得提出带有暗示性或诱导性的问题，也不得明确指出其投标文件中的遗漏和错误。

第五十九条　根据招标文件的规定，允许投标人投备选标的，评标委员会可以对中标人所提交的备选标进行评审，以决定是否采纳备选标。不符合中标条件的投标人的备选标不予考虑。

第六十条　评标定标工作应当在投标有效期结束日30个工作日内完成，不能如期完成的，招标人应当通知所有投标人延长投标有效期。

同意延长投标有效期的投标人应当相应延长其投标担保的有效期，但不得修改投标文件的实质性内容。拒绝延长投标有效期的投标人有权收回投标保证金。招标文件中规定给予未中标人补偿的，拒绝延长的投标人有权获得补偿。

第六十一条　招标人对有下列情况之一的投标文件，应做为废标处理或被否决：

（一）投标文件密封不符合招标文件要求的；

（二）逾期送达的；

（三）投标人法定代表人或授权代表人未参加开标会议的；

（四）未按招标文件规定加盖单位公章和法定代表人（或其授权人）的签字（或印鉴）的；

（五）招标文件规定不得标明投标人名称，但投标文件上标明投标人名称或有任何可能透露投标人名称的标记的；

（六）未按招标文件要求编写或字迹模糊导致无法确认关键技术方案、关键工期、关键工程质量保证措施、投标价格的；

（七）未按规定交纳投标保证金的；

（八）超出招标文件规定，违反国家有关规定的；

（九）投标人提供虚假资料的。

（十）投标报价不符合国家颁布的勘察（测）设计取费标准，或者低于成本恶性竞争的；

（十一）未响应招标文件的实质性要求和条件的；

（十二）以联合体形式投标，未向招标人提交共同投标协议的；

（十三）投标文件附有招标人不能接受的条件。

第六十二条 评标委员会完成评标后，应当向招标人提出书面评标报告，并有2/3以上委员签字；对评标报告持不同意见的评标委员，有权拒绝在评标报告上签字，但必须以书面形式阐明理由并署名，与评标报告一并报招标人。

评标报告的内容应当符合《评标委员会和评标方法暂行规定》第四十二条的规定。但是，评标委员会决定否决所有投标的，应在评标报告中详细说明理由。

第六十三条 评标委员会推荐的中标候选人应当限定在1至3人，并标明排列顺序。

招标人应在接到评标委员会的书面评标报告后15日内，根据评标委员会的推荐结果确定中标人，或者授权评标委员会直接确定中标人。

第六十四条 使用国有资金投资或国家融资的水利工程建设项目，招标人应当确定排名第1的中标候选人为中标人。

排名第1的中标候选人放弃中标、因不可抗力提出不能履行合同，或者招标文件规定应当提交履约保证金而在规定的期限内未能提交的，招标人可以确定排名第2的中标候选人为中标人。

排名第2的中标候选人因前款规定的同样原因不能签订合同的，招标人可以确定排名第3的中标候选人为中标人。

第六十五条 招标人应当在确定中标人后5个工作日内向中标人发出中标通知书，同时将中标结果通知所有未中标人。

招标人和中标人应当自中标通知书发出之日起30日内，按照招标文件和中标人的投标文件订立书面合同。签订合同书后，该中标人即为本工程的总体承担单位。

第六十六条 招标人不得以压低勘察（测）设计费、增加工作量、缩短勘察（测）设计周期等作为发出中标通知书的条件，也不得与中标人再行订立背离合同实质性内容的其他协议。

第六十七条　招标人与中标人签订合同后5个工作日内，应当向中标人和未中标人1次性退还投标保证金。招标文件中规定给予未中标人经济补偿的，也应在此期限内一并给付。

招标文件要求中标人提交履约保证金的，中标人应当提交；经中标人同意，可将其投标保证金抵作履约保证金。

第六十八条　招标人应当在将中标结果通知所有未中标人后7个工作日内，逐一返还未中标人的投标文件。

招标人或者中标人采用其他未中标人投标文件中技术方案的，应当征得未中标人的书面同意，并支付合理的使用费。

第六十九条　依法必须进行招标的项目，招标人应当在确定中标人之日起15日内，向有关行政监督部门提交招标投标情况的书面报告。

书面报告一般应包括以下内容：

（一）招标项目基本情况；

（二）投标人情况；

（三）评标委员会成员名单；

（四）开标情况；

（五）评标标准和方法；

（六）评标委员会推荐的经排序的中标候选人名单；

（七）中标结果；

（八）未确定排名第一的中标候选人为中标人的原因。

（九）其他需说明的问题。

第七十条　在下列情况下，招标人应当依照本办法重新招标：

（一）资格预审合格的潜在投标人不足3个的；

（二）在投标截止时间前提交投标文件的投标人少于3个的；

（三）所有投标均被作废标处理或被否决的；

（四）评标委员会否决不合格投标或者界定为废标后，因有效投标不足3个使得投标明显缺乏竞争，评标委员会决定否决全部投标的；

（五）根据第六十条规定，同意延长投标有效期的投标人少于3个的。

第七十一条　招标人重新招标后，发生本办法第七十条情形之一的，可根据招投标行政监督管理权限，报经有关原项目审批部门批准后直接发包。

第七十二条　中标人应当按照合同约定履行义务，完成中标项目。中标人不得向他人转让中标项目，也不得将中标项目肢解后分别向他人转让。

依合同约定或者经招标人同意，中标人可以将中标项目的部分非主体、非关键性工作分包给其他具备相应资格条件的勘察（测）设计单位完成。接受分包的单位不得再次分包，并就分包项目承担连带责任。招标人不得直接指定分包单位。

第七十三条　由于招标人自身原因致使招标工作失败（包括未能如期签订合同），招标人应当按投标保证金双倍的金额赔偿投标人，同时退还投标保证金。

第五章 附 则

第七十四条 使用国际组织或者外国政府贷款、援助资金的项目进行招标，贷款方、资金提供方对工程勘察（测）设计招标投标的条件和程序另有规定的，可以适用其规定，但违背中华人民共和国社会公共利益的除外。

第七十五条 水利工程建设项目的项目建议书、可行性研究阶段以及重大专题研究、基础工作等前期工作的招投标活动参照本办法执行。

第七十六条 本办法由水利部负责解释。

第七十七条 本办法自发布之日起施行。

关于修改或者废止部分水利行政许可规范性文件的决定

水利部令第25号

（2005年7月8日公布，自2005年7月8日起施行）

根据《中华人民共和国行政许可法》和国务院有关文件的要求，水利部对有关水利行政许可的部分规范性文件进行了修改或者废止。水利部以前制定的规章和规范性文件与本决定不一致的，以本决定为准。

一、水文管理暂行办法（1991年10月15日水利部水政〔1991〕24号发布）

（一）第十六条："为保证水文资料的可靠性，对下列资料实行审定制度：

（一）工程规划设计所依据的基本水文资料；

（二）水事纠纷、水行政案件裁决所依据的水文资料；

（三）重要的取水、排水的水量资料和排污口设置、改建、扩建所依据的水文资料；

（四）其他作为执法依据的水文资料。

审定工作由有关省、自治区、直辖市水行政主管部门或流域机构负责。

对所使用的水文资料有争议时，在省、自治区、直辖市范围内的，由省、自治区、直辖市水行政主管部门负责裁决，跨省、自治区、直辖市的，由有关流域机构或水利部指定的单位负责裁决。"修改为："为保证水文资料的可靠性、代表性和一致性，对下列活动所依据的水文资料实行审定制度：

（一）编制各类规划所依据的水文资料；

（二）编制水量分配方案、水量调度预案、水文水资源预报方案和用水计划所依据的水文资料；

（三）建设项目的规划、设计所依据的基本水文资料；

（四）开展水资源评价、水环境影响评价等所依据的水文资料；

（五）对重要的取用水工程发放取水许可证或者核定水域的限制排污总量所依据的水文资料；

（六）处理水事纠纷、水事违法案件所依据的水文资料；

（七）其他应当审定的水文资料。"

（二）第十六条后增加三条，分别作为第十七条、第十八条和第十九条，第十七条："国务院水行政主管部门负责全国水文资料审定工作的统一管理和监督检查。水文资料审定具体工作由各省、自治区、直辖市人民政府水行政主管部门或者流域管理机构负责实施。"

第十八条："使用本办法第十六条规定的水文资料的，由使用单位向有关省级水行政主管部门提出书面申请；使用跨省级行政区域的水文资料的，由使用单位向有关流域管理机构提出书面申请。

省级水行政主管部门或者流域管理机构受理申请后，应当依据有关规定和技术规范组织审查，并应当自受理申请之日起20日内作出审查决定。”

第十九条：“水文资料具备以下条件的，应当审定同意使用：

（一）符合有关法律、法规、规章和规范性文件规定；

（二）符合有关技术规范和技术标准；

（三）符合保密工作的有关规定；

（四）由具有水文水资源调查评价资质的机构提供。”

二、水利部印发关于贯彻落实加强公益性水利工程建设管理若干意见的实施意见的通知（2001年3月9日水利部水建管〔2001〕74号）

删去第三部分第（六）条第6项的内容。

三、水利工程设备制造监理规定（2001年6月14日水利部水建管〔2001〕217号发布）

（一）第一条：“为加强对水利工程设备制造的监督管理，提高设备质量和投资效益，根据国家有关法律、法规，结合水利工程设备特点，制定本规定。”修改为：“为加强对水利工程设备制造的监督管理，提高设备质量和投资效益，根据《国务院关于印发质量振兴纲要（1996年—2010年）的通知》（国发〔1996〕51号）和《国务院关于进一步加强产品质量工作若干问题的决定》（国发〔1999〕24号），结合水利工程设备制造实际，制定本规定。”

（二）第七条第三项：“负责水利工程设备制造监理单位和监理人员的资格审批、发证、注册、动态管理等工作；组织设备制造监理人员的培训工作。”修改为：“负责水利工程设备制造监理单位和监理人员的管理和培训。”

（三）第八条：“水利部设立水利工程设备制造监理评审委员会，负责水利工程设备制造监理单位资格和监理人员资格的评审。”修改为：“水利工程设备制造监理单位应当具有健全的组织管理制度、固定的工作场所、必要的设备以及适应监理工作要求的技术能力和监理人员。”

（四）删去第三章的内容。

（五）第十五条第二项“符合资格要求的监理人员”修改为“符合要求的监理人员”。

（六）删去第十八条。

（七）第二十七条：“水利工程设备制造监理单位有下列行为之一的，由水利部主管部门分别给予警告、责令停业整顿、降级、吊销资格证书的处罚；构成犯罪的，由有关部门依法追究刑事责任。给项目法人造成损失的，应当按合同约定赔偿损失。受吊销资格证书处罚的工程设备制造监理单位，三年内不许重新申请监理资格。

一、隐瞒实际情况，弄虚作假骗取资格证书或未经批准擅自营业的。

二、超出批准的资格等级和业务范围从事监理活动的。

三、伪造、涂改、出租、转让、出卖监理单位资格证书的。

四、徇私舞弊、玩忽职守，造成重大质量或人身事故的。

五、违反合同约定泄漏委托方或被监理方经营或技术秘密，造成委托方或被监理方经济损失或其他严重后果的。”修改为：“水利工程设备制造监理单位违反合同约定泄漏委托方、被监理方的经营、技术秘密，造成委托方、被监理方经济损失的，或者徇私舞弊、玩忽职守，造成重大质量或者人身事故的，由县级以上人民政府水行政主管部门或者流域管理机构给予警告，有违法所得的，可以处违法所得3倍以下罚款，但是最高不得超过3万元，没有违法所得的，可以处1万元以下罚款，法律、法规另有规定的除外。构成犯罪的，依法追究刑事责任。”

（八）删去第二十八条。

四、水利计量认证程序规定（2003年2月19日水利部水国科〔2003〕60号发布）第九条：“办公室负责组织对申请材料的真实性、完整性、规范性和正确性进行审查，并于收到本规定第八条所列材料后30日内，做出如下处理：

（一）材料符合要求的，受理。

（二）材料存在一般问题的，由申请单位修改，符合要求后受理。

（三）材料严重不符合要求的，予以退回，暂不受理。”修改为：“办公室负责对申请材料的完整性和规范性进行审查，并做出如下处理：

（一）材料符合要求的，予以受理。

（二）材料存在一般问题的，应当当场或者在5日内一次告知需要补正的全部材料，符合要求后受理；逾期不告知的，自收到申请材料之日起即为受理。

（三）材料多项不符合要求的，不予受理。”

五、水土保持监测资格证书管理暂行办法（2003年5月27日水利部水保〔2003〕202号发布）

（一）第八条：“申请资格证书的单位向水利部提出书面申请，领取《水土保持监测资格证书申请表》并按规定填写，经主管部门、所在地省级水行政主管部门签署意见后，会同有关证明材料报水利部审批。

“流域管理机构的下属单位申请资格证书的，由流域管理机构签署意见。”修改为：“申请取得资格证书的单位，应当填写《水土保持监测资格证书申请表》，并按照本办法规定准备相关材料，报请所在地省级水行政主管部门初步审查；省级水行政主管部门应当自受理资质申请之日起20日内将初步审查意见和全部材料报送水利部审批。

流域管理机构的下属单位申请取得资格证书的，由流域管理机构按照前款规定进行初步审查。”

（二）第九条后增加一条，作为第十条：“水利部应当自收到初步审查意见和全部材料之日起20日内，作出审查决定。同意颁发资格证书的，应当自作出审查决定之日起10日内向申请单位颁发《水土保持监测资格证书》；不予颁发资格证书的，应当向申请单位书面说明理由，并告知申请单位享有依法申请行政复议或者提起行政诉讼的权利。”

六、水利工程启闭机使用许可证管理办法（2003年6月25日水利部水综合〔2003〕277号发布）

（一）第十三条：“使用许可证的发放一般每年进行一次，企业可随时向产品质量监督总站提出申请。”修改为：“水利部每年3月1日至3月31日、9月1日至9月30日集中受理水利工程启闭机使用许可证申请。”

（二）第十四条："产品质量监督总站组织专家审查组对产品检测报告、质量保证体系报告进行审查。对审查合格的企业，以水利部文件公布，同时向企业颁发水利工程启闭机使用许可证（简称使用许可证）。"修改为："水利部应当自受理申请之日起20日内做出审查决定。但是，产品质量监督总站组织专家审查组对产品检测报告、质量保证体系报告进行审查的时间除外。对审查合格的企业，由水利部公布，并自公布之日起10日内颁发水利工程启闭机使用许可证（简称使用许可证）。"

（三）第十五条："经审查不合格的企业，经过半年整顿后，可按本规定向产品质量监督总站提出复审申请。"修改为："对审查不合格的企业，水利部应当向申请单位书面说明理由，同时告知申请单位享有依法申请行政复议或者提起行政诉讼的权利。"

七、建设项目水资源论证报告书审查工作管理规定（试行）（2003年7月16日水利部水资源〔2003〕311号发布）

（一）第九条第一款："审查机关应自收齐送审材料之日起15日内做出是否予以受理的决定。"修改为："审查机关应当按照行政许可法的规定做出是否予以受理的决定。"

（二）在第十七条后增加一条，作为第十八条："建设项目水资源论证报告书的审查条件如下：

（一）符合有关法律、法规、规章和规范性文件；

（二）符合国家产业政策；

（三）符合有关技术标准、规程和规范；

（四）符合有关水量分配方案或者分水协议。"

（三）第十八条："审查机关应自下达受理通知之日起30日内完成审查工作。

逾期不能完成的，须说明理由，经上一级水行政主管部门同意后，可以延长15日；对取水规模较大、技术复杂、影响较大的报告书审查时限，经报请水利部同意后，可适当延长，但延长时限不得超过30日。"修改为："审查机关应当自受理之日起20日内完成审查工作。因取水规模较大、技术复杂、影响较大等原因，20日内不能完成审查工作的，经本机关负责人批准，可以延长10日，并应当将延长期限的理由告知业主单位。"

（四）第二十三条："禁止审查机关越权审查，越权审查的报告书审查意见无效；从事越权审查的审查机关应当对越权审查引起的后果承担责任。"修改为："禁止审查机关越权审查。越权审查的，由上级水行政主管部门予以通报批评；连续两次越权审查的，由上级水行政主管部门责令其进行不少于一年的限期整改，整改期间，其审查权由上一级水行政主管部门行使。整改结束并经上级水行政主管部门审核同意后，方可恢复其审查权。"

八、决定废止以下规范性文件；其涉及的有关事项需要采取其他后续监督管理措施的，另行制定：

（一）编制开发建设项目水土保持方案资格证书管理办法（1995年6月9日水利部水保〔1995〕155号发布）。

（二）关于印发《水工金属结构防腐蚀工作管理办法（试行）》及相关细则的通知（1997年10月14日水利部水机械〔1997〕398号）。

（三）水土保持方案编制资格证单位考核办法（1997年10月30日水利部水保〔1997〕410号发布）。

（四）水利工程建设项目报建管理办法（1998 年 7 月 8 日水利部水建〔1998〕275 号发布）。

（五）开发建设项目水土保持方案大纲编制规定（1999 年 6 月 1 日水利部水保〔1999〕288 号发布）。

（六）水利工程造价工程师资格管理暂行办法（1999 年 10 月 29 日水利部水建管〔1999〕590 号发布）。

（七）水利工程建设监理人员管理办法（1999 年 11 月 9 日水利部水建管〔1999〕637 号发布）。

（八）水利工程起重设备安全使用许可证管理规定（2001 年 5 月 28 日水利部水综合〔2001〕177 号发布）。

（九）水利工程设备制造监理单位与监理人员资格管理办法（2001 年 6 月 14 日水利部水建管〔2001〕217 号发布）。

（十）水利工程起重设备安全使用许可证管理实施细则（2002 年 5 月 18 日水利部水综合〔2002〕171 号发布）。

（十一）关于转发国际科学技术会议与展览管理暂行办法及规范申报和审批文件的通知（2001 年 10 月 10 日水利部国际合作与科技司国科科〔2001〕42 号）。

有关规范性文件条文顺序按照本决定作相应调整。

本决定自公布之日起施行。

水利工程建设安全生产管理规定

水利部令第26号

（2005年7月22日公布，自2005年9月1日起施行）

第一章　总　　则

第一条　为了加强水利工程建设安全生产监督管理，明确安全生产责任，防止和减少安全生产事故，保障人民群众生命和财产安全，根据《中华人民共和国安全生产法》、《建设工程安全生产管理条例》等法律、法规，结合水利工程的特点，制定本规定。

第二条　本规定适用于水利工程的新建、扩建、改建、加固和拆除等活动及水利工程建设安全生产的监督管理。

前款所称水利工程，是指防洪、除涝、灌溉、水力发电、供水、围垦等（包括配套与附属工程）各类水利工程。

第三条　水利工程建设安全生产管理，坚持安全第一，预防为主的方针。

第四条　发生生产安全事故，必须查清事故原因，查明事故责任，落实整改措施，做好事故处理工作，并依法追究有关人员的责任。

第五条　项目法人（或者建设单位，下同）、勘察（测）单位、设计单位、施工单位、建设监理单位及其他与水利工程建设安全生产有关的单位，必须遵守安全生产法律、法规和本规定，保证水利工程建设安全生产，依法承担水利工程建设安全生产责任。

第二章　项目法人的安全责任

第六条　项目法人在对施工投标单位进行资格审查时，应当对投标单位的主要负责人、项目负责人以及专职安全生产管理人员是否经水行政主管部门安全生产考核合格进行审查。有关人员未经考核合格的，不得认定投标单位的投标资格。

第七条　项目法人应当向施工单位提供施工现场及施工可能影响的毗邻区域内供水、排水、供电、供气、供热、通讯、广播电视等地下管线资料，气象和水文观测资料，拟建工程可能影响的相邻建筑物和构筑物、地下工程的有关资料，并保证有关资料的真实、准确、完整，满足有关技术规范的要求。对可能影响施工报价的资料，应当在招标时提供。

第八条　项目法人不得调减或挪用批准概算中所确定的水利工程建设有关安全作业环境及安全施工措施等所需费用。工程承包合同中应当明确安全作业环境及安全施工措施所需费用。

第九条　项目法人应当组织编制保证安全生产的措施方案，并自开工报告批准之日起15日内报有管辖权的水行政主管部门、流域管理机构或者其委托的水利工程建设安全生产监督机构（以下简称安全生产监督机构）备案。建设过程中安全生产的情况发生变化时，应当及时对保证安全生产的措施方案进行调整，并报原备案机关。

保证安全生产的措施方案应当根据有关法律法规、强制性标准和技术规范的要求并结合工程的具体情况编制，应当包括以下内容：

（一）项目概况；

（二）编制依据；

（三）安全生产管理机构及相关负责人；

（四）安全生产的有关规章制度制定情况；

（五）安全生产管理人员及特种作业人员持证上岗情况等；

（六）生产安全事故的应急救援预案；

（七）工程度汛方案、措施；

（八）其他有关事项。

第十条　项目法人在水利工程开工前，应当就落实保证安全生产的措施进行全面系统的布置，明确施工单位的安全生产责任。

第十一条　项目法人应当将水利工程中的拆除工程和爆破工程发包给具有相应水利水电工程施工资质等级的施工单位。

项目法人应当在拆除工程或者爆破工程施工 15 日前，将下列资料报送水行政主管部门、流域管理机构或者其委托的安全生产监督机构备案：

（一）施工单位资质等级证明；

（二）拟拆除或拟爆破的工程及可能危及毗邻建筑物的说明；

（三）施工组织方案；

（四）堆放、清除废弃物的措施；

（五）生产安全事故的应急救援预案。

第三章　勘察（测）、设计、建设监理及其他有关单位的安全责任

第十二条　勘察（测）单位应当按照法律、法规和工程建设强制性标准进行勘察（测），提供的勘察（测）文件必须真实、准确，满足水利工程建设安全生产的需要。

勘察（测）单位在勘察（测）作业时，应当严格执行操作规程，采取措施保证各类管线、设施和周边建筑物、构筑物的安全。

勘察（测）单位和有关勘察（测）人员应当对其勘察（测）成果负责。

第十三条　设计单位应当按照法律、法规和工程建设强制性标准进行设计，并考虑项目周边环境对施工安全的影响，防止因设计不合理导致生产安全事故的发生。

设计单位应当考虑施工安全操作和防护的需要，对涉及施工安全的重点部位和环节在设计文件中注明，并对防范生产安全事故提出指导意见。

采用新结构、新材料、新工艺以及特殊结构的水利工程，设计单位应当在设计中提出保障施工作业人员安全和预防生产安全事故的措施建议。

设计单位和有关设计人员应当对其设计成果负责。

设计单位应当参与与设计有关的生产安全事故分析，并承担相应的责任。

第十四条　建设监理单位和监理人员应当按照法律、法规和工程建设强制性标准实施监理，并对水利工程建设安全生产承担监理责任。

建设监理单位应当审查施工组织设计中的安全技术措施或者专项施工方案是否符合工程建设强制性标准。

建设监理单位在实施监理过程中，发现存在生产安全事故隐患的，应当要求施工单位整改；对情况严重的，应当要求施工单位暂时停止施工，并及时向水行政主管部门、流域管理机构或者其委托的安全生产监督机构以及项目法人报告。

第十五条　为水利工程提供机械设备和配件的单位，应当按照安全施工的要求提供机械设备和配件，配备齐全有效的保险、限位等安全设施和装置，提供有关安全操作的说明，保证其提供的机械设备和配件等产品的质量和安全性能达到国家有关技术标准。

第四章　施工单位的安全责任

第十六条　施工单位从事水利工程的新建、扩建、改建、加固和拆除等活动，应当具备国家规定的注册资本、专业技术人员、技术装备和安全生产等条件，依法取得相应等级的资质证书，并在其资质等级许可的范围内承揽工程。

第十七条　施工单位应当依法取得安全生产许可证后，方可从事水利工程施工活动。

第十八条　施工单位主要负责人依法对本单位的安全生产工作全面负责。施工单位应当建立健全安全生产责任制度和安全生产教育培训制度，制定安全生产规章制度和操作规程，保证本单位建立和完善安全生产条件所需资金的投入，对所承担的水利工程进行定期和专项安全检查，并做好安全检查记录。

施工单位的项目负责人应当由取得相应执业资格的人员担任，对水利工程建设项目的安全施工负责，落实安全生产责任制度、安全生产规章制度和操作规程，确保安全生产费用的有效使用，并根据工程的特点组织制定安全施工措施，消除安全事故隐患，及时、如实报告生产安全事故。

第十九条　施工单位在工程报价中应当包含工程施工的安全作业环境及安全施工措施所需费用。对列入建设工程概算的上述费用，应当用于施工安全防护用具及设施的采购和更新、安全施工措施的落实、安全生产条件的改善，不得挪作他用。

第二十条　施工单位应当设立安全生产管理机构，按照国家有关规定配备专职安全生产管理人员。施工现场必须有专职安全生产管理人员。

专职安全生产管理人员负责对安全生产进行现场监督检查。发现生产安全事故隐患，应当及时向项目负责人和安全生产管理机构报告；对违章指挥、违章操作的，应当立即制止。

第二十一条　施工单位在建设有度汛要求的水利工程时，应当根据项目法人编制的工程度汛方案、措施制定相应的度汛方案，报项目法人批准；涉及防汛调度或者影响其它工程、设施度汛安全的，由项目法人报有管辖权的防汛指挥机构批准。

第二十二条　垂直运输机械作业人员、安装拆卸工、爆破作业人员、起重信号工、登高架设作业人员等特种作业人员，必须按照国家有关规定经过专门的安全作业培训，并取得特种作业操作资格证书后，方可上岗作业。

第二十三条　施工单位应当在施工组织设计中编制安全技术措施和施工现场临时用电方案，对下列达到一定规模的危险性较大的工程应当编制专项施工方案，并附具安全验算结果，经施工单位技术负责人签字以及总监理工程师核签后实施，由专职安全生产管理人员进行现场监督：

（一）基坑支护与降水工程；

（二）土方和石方开挖工程；

（三）模板工程；

（四）起重吊装工程；

（五）脚手架工程；

（六）拆除、爆破工程；

（七）围堰工程；

（八）其他危险性较大的工程。

对前款所列工程中涉及高边坡、深基坑、地下暗挖工程、高大模板工程的专项施工方案，施工单位还应当组织专家进行论证、审查。

第二十四条　施工单位在使用施工起重机械和整体提升脚手架、模板等自升式架设设施前，应当组织有关单位进行验收，也可以委托具有相应资质的检验检测机构进行验收；使用承租的机械设备和施工机具及配件的，由施工总承包单位、分包单位、出租单位和安装单位共同进行验收。验收合格的方可使用。

第二十五条　施工单位的主要负责人、项目负责人、专职安全生产管理人员应当经水行政主管部门安全生产考核合格后方可任职。

施工单位应当对管理人员和作业人员每年至少进行一次安全生产教育培训，其教育培训情况记入个人工作档案。安全生产教育培训考核不合格的人员，不得上岗。

施工单位在采用新技术、新工艺、新设备、新材料时，应当对作业人员进行相应的安全生产教育培训。

第五章　监　督　管　理

第二十六条　水行政主管部门和流域管理机构按照分级管理权限，负责水利工程建设安全生产的监督管理。水行政主管部门或者流域管理机构委托的安全生产监督机构，负责水利工程施工现场的具体监督检查工作。

第二十七条　水利部负责全国水利工程建设安全生产的监督管理工作，其主要职责是：

（一）贯彻、执行国家有关安全生产的法律、法规和政策，制定有关水利工程建设安全生产的规章、规范性文件和技术标准；

（二）监督、指导全国水利工程建设安全生产工作，组织开展对全国水利工程建设安全生产情况的监督检查；

（三）组织、指导全国水利工程建设安全生产监督机构的建设、考核和安全生产监督人员的考核工作以及水利水电工程施工单位的主要负责人、项目负责人和专职安全生产管理人员的安全生产考核工作。

第二十八条　流域管理机构负责所管辖的水利工程建设项目的安全生产监督工作。

第二十九条　省、自治区、直辖市人民政府水行政主管部门负责本行政区域内所管辖的水利工程建设安全生产的监督管理工作，其主要职责是：

（一）贯彻、执行有关安全生产的法律、法规、规章、政策和技术标准，制定地方有关水利工程建设安全生产的规范性文件；

（二）监督、指导本行政区域内所管辖的水利工程建设安全生产工作，组织开展对本行政区域内所管辖的水利工程建设安全生产情况的监督检查；

（三）组织、指导本行政区域内水利工程建设安全生产监督机构的建设工作以及有关的水利水电工程施工单位的主要负责人、项目负责人和专职安全生产管理人员的安全生产考核工作。

市、县级人民政府水行政主管部门水利工程建设安全生产的监督管理职责，由省、自治区、直辖市人民政府水行政主管部门规定。

第三十条 水行政主管部门或者流域管理机构委托的安全生产监督机构，应当严格按照有关安全生产的法律、法规、规章和技术标准，对水利工程施工现场实施监督检查。

安全生产监督机构应当配备一定数量的专职安全生产监督人员。安全生产监督机构以及安全生产监督人员应当经水利部考核合格。

第三十一条 水行政主管部门或者其委托的安全生产监督机构应当自收到本规定第九条和第十一条规定的有关备案资料后20日内，将有关备案资料抄送同级安全生产监督管理部门。流域管理机构抄送项目所在地省级安全生产监督管理部门，并报水利部备案。

第三十二条 水行政主管部门、流域管理机构或者其委托的安全生产监督机构依法履行安全生产监督检查职责时，有权采取下列措施：

（一）要求被检查单位提供有关安全生产的文件和资料；

（二）进入被检查单位施工现场进行检查；

（三）纠正施工中违反安全生产要求的行为；

（四）对检查中发现的安全事故隐患，责令立即排除；重大安全事故隐患排除前或者排除过程中无法保证安全的，责令从危险区域内撤出作业人员或者暂时停止施工。

第三十三条 各级水行政主管部门和流域管理机构应当建立举报制度，及时受理对水利工程建设生产安全事故及安全事故隐患的检举、控告和投诉；对超出管理权限的，应当及时转送有管理权限的部门。举报制度应当包括以下内容：

（一）公布举报电话、信箱或者电子邮件地址，受理对水利工程建设安全生产的举报；

（二）对举报事项进行调查核实，并形成书面材料；

（三）督促落实整顿措施，依法作出处理。

第六章　生产安全事故的应急救援和调查处理

第三十四条 各级地方人民政府水行政主管部门应当根据本级人民政府的要求，制定本行政区域内水利工程建设特大生产安全事故应急救援预案，并报上一级人民政府水行政主管部门备案。流域管理机构应当编制所管辖的水利工程建设特大生产安全事故应急救援预案，并报水利部备案。

第三十五条 项目法人应当组织制定本建设项目的生产安全事故应急救援预案，并定期组织演练。应急救援预案应当包括紧急救援的组织机构、人员配备、物资准备、人员财产救援措施、事故分析与报告等方面的方案。

第三十六条　施工单位应当根据水利工程施工的特点和范围，对施工现场易发生重大事故的部位、环节进行监控，制定施工现场生产安全事故应急救援预案。实行施工总承包的，由总承包单位统一组织编制水利工程建设生产安全事故应急救援预案，工程总承包单位和分包单位按照应急救援预案，各自建立应急救援组织或者配备应急救援人员，配备救援器材、设备，并定期组织演练。

第三十七条　施工单位发生生产安全事故，应当按照国家有关伤亡事故报告和调查处理的规定，及时、如实地向负责安全生产监督管理的部门以及水行政主管部门或者流域管理机构报告；特种设备发生事故的，还应当同时向特种设备安全监督管理部门报告。接到报告的部门应当按照国家有关规定，如实上报。

实行施工总承包的建设工程，由总承包单位负责上报事故。

发生生产安全事故，项目法人及其他有关单位应当及时、如实地向负责安全生产监督管理的部门以及水行政主管部门或者流域管理机构报告。

第三十八条　发生生产安全事故后，有关单位应当采取措施防止事故扩大，保护事故现场。需要移动现场物品时，应当做出标记和书面记录，妥善保管有关证物。

第三十九条　水利工程建设生产安全事故的调查、对事故责任单位和责任人的处罚与处理，按照有关法律、法规的规定执行。

第七章　附　　则

第四十条　违反本规定，需要实施行政处罚的，由水行政主管部门或者流域管理机构按照《建设工程安全生产管理条例》的规定执行。

第四十一条　省、自治区、直辖市人民政府水行政主管部门可以结合本地区实际制定本规定的实施办法，报水利部备案。

第四十二条　本规定自 2005 年 9 月 1 日起施行。

水利工程建设项目档案管理规定

水办〔2005〕480号

（水利部2005年11月1日发布）

第一章　总　　则

第一条　为加强水利工程建设项目（以下简称“水利工程”）档案管理工作，明确档案管理职责，规范档案管理行为，充分发挥档案在水利工程建设与管理中的作用，根据《中华人民共和国档案法》、《水利档案工作规定》及有关业务建设规范，结合水利工程的特点，制定本规定。

第二条　水利工程档案是指水利工程在前期、实施、竣工验收等各建设阶段过程中形成的，具有保存价值的文字、图表、声像等不同形式的历史记录。

第三条　水利工程档案工作是水利工程建设与管理工作的重要组成部分。有关单位应加强领导，将档案工作纳入水利工程建设与管理工作中，明确相关部门、人员的岗位职责，健全制度，统筹安排档案工作经费，确保水利工程档案工作的正常开展。

第四条　本规定适用于大中型水利工程，其他水利工程可参照执行。

第二章　档　案　管　理

第五条　水利工程档案工作应贯穿于水利工程建设程序的各个阶段。即从水利工程建设前期就应进行文件材料的收集和整理工作；在签订有关合同、协议时，应对水利工程档案的收集、整理、移交提出明确要求；检查水利工程进度与施工质量时，要同时检查水利工程档案的收集、整理情况；在进行项目成果评审、鉴定和水利工程重要阶段验收与竣工验收时，要同时审查、验收工程档案的内容与质量，并作出相应的鉴定评语。

第六条　各级建设管理部门应积极配合档案业务主管部门，认真履行监督、检查和指导职责，共同抓好水利工程档案工作。

第七条　项目法人对水利工程档案工作负总责，须认真做好自身产生档案的收集、整理、保管工作，并应加强对各参建单位归档工作的监督、检查和指导。大中型水利工程的项目法人，应设立档案室，落实专职档案人员；其他水利工程的项目法人也应配备相应人员负责工程档案工作。项目法人的档案人员对各职能处室归档工作具有监督、检查和指导职责。

第八条　勘察设计、监理、施工等参建单位，应明确本单位相关部门和人员的归档责任，切实做好职责范围内水利工程档案的收集、整理、归档和保管工作；属于向项目法人等单位移交的应归档文件材料，在完成收集、整理、审核工作后，应及时提交项目法人。项目法人应认真做好有关档案的接收、归档和向流域机构档案馆的移交工作。

第九条　工程建设的专业技术人员和管理人员是归档工作的直接责任人，须按要求将工作中形成的应归档文件材料，进行收集、整理、归档，如遇工作变动，须先交清原岗位应归档的文件材料。

第十条　水利工程档案的质量是衡量水利工程质量的重要依据，应将其纳入工程质量管理程序。质量管理部门应认真把好质量监督检查关，凡参建单位未按规定要求提交工程档案的，不得通过验收或进行质量等级评定。工程档案达不到规定要求的，项目法人不得返还其工程质量保证金。

第十一条　大中型水利工程均应建设与工作任务相适应的、符合规范要求的专用档案库房，配备必要的档案装具和设备；其他建设项目，也应有满足档案工作需要的库房、装具和设备。所需费用可分别列入工程总概算的管理房屋建设工程项目类和生产准备费中。

第十二条　项目法人应按照国家信息化建设的有关要求，充分利用新技术，开展水利工程档案数字化工作，建立工程档案数据库，大力开发档案信息资源，提高档案管理水平，为工程建设与管理服务。

第十三条　项目法人应按时向上级主管单位报送《水利工程建设项目档案管理情况登记表》（附件1）（略）。国家重点建设项目，还应同时向水利部报送《国家重点建设项目档案管理登记表》（附件2）（略）。

第三章　归档与移交要求

第十四条　水利工程档案的保管期限分为永久、长期、短期三种。长期档案的实际保存期限，不得短于工程的实际寿命。

第十五条　《水利工程建设项目文件材料归档范围和保管期限表》（附件3）（略）是对项目法人等相关单位应保存档案的原则规定。项目法人可结合实际，补充制定更加具体的工程档案归档范围及符合工程建设实际的工程档案分类方案。

第十六条　水利工程档案的归档工作，一般是由产生文件材料的单位或部门负责。总包单位对各分包单位提交的归档材料负有汇总责任。各参建单位技术负责人应对其提供档案的内容及质量负责；监理工程师对施工单位提交的归档材料应履行审核签字手续，监理单位应向项目法人提交对工程档案内容与整编质量情况的专题审核报告。

第十七条　水利工程文件材料的收集、整理应符合《科学技术档案案卷构成的一般要求》（GB/T 1182—2000）。归档文件材料的内容与形式均应满足档案整理规范要求。即内容应完整、准确、系统；形式应字迹清楚、图样清晰、图表整洁、竣工图及声像材料须标注的内容清楚、签字（章）手续完备，归档图纸应按《技术制图 复制图的折叠方法》（GB/T 10609.3—1989）要求统一折叠。

第十八条　竣工图是水利工程档案的重要组成部分，必须做到完整、准确、清晰、系统、修改规范、签字手续完备。项目法人应负责编制项目总平面图和综合管线竣工图。施工单位应以单位工程或专业为单位编制竣工图。竣工图须由编制单位在图标上方空白处逐张加盖“竣工图章”（附件4-1）（略），有关单位和责任人应严格履行签字手续。每套竣工图应附编制说明、鉴定意见及目录。施工单位应按以下要求编制竣工图：

（一）按施工图施工没有变动的，须在施工图上加盖并签署竣工图章；

（二）一般性的图纸变更及符合杠改或划改要求的，可在原施工图上更改，在说明栏内注明变更依据，加盖并签署竣工图章；

（三）凡涉及结构形式、工艺、平面布置等重大改变，或图面变更超过1/3的，应重新绘制竣工图（可不再加盖竣工图章）。重绘图应按原图编号，并在说明栏内注明变更依据，在图标栏内注明“竣工阶段”和绘制竣工图的时间、单位、责任人。监理单位应在图标上方加盖并签署“竣工图确认章”（见附件4-2）（略）。

第十九条 水利工程建设声像档案是纸制载体档案的必要补充。参建单位应指定专人，负责各自产生的照片、胶片、录音、录像等声像材料的收集、整理、归档工作，归档的声像材料均应标注事由、时间、地点、人物、作者等内容。工程建设重要阶段、重大事件、事故，必须要有完整的声像材料归档。

第二十条 电子文件的整理、归档，参照《电子文件归档与管理规范》（GB/T 18894—2002）执行。

第二十一条 项目法人可根据实际需要，确定不同文件材料的归档份数，但应满足以下要求：

（一）项目法人与运行管理单位应各保存1套较完整的工程档案材料（当二者为一个单位时，应异地保存1套）；

（二）工程涉及多家运行管理单位时，各运行管理单位则只保存与其管理范围有关的工程档案材料；

（三）当有关文件材料需由若干单位保存时，原件应由项目产权单位保存，其他单位保存复制件；

（四）流域控制性水利枢纽工程或大江、大河、大湖的重要堤防工程，项目法人应负责向流域机构档案馆移交1套完整的工程竣工图及工程竣工验收等相关文件材料（具体内容参见附件3）（略）。

第二十二条 工程档案的归档与移交必须编制档案目录。档案目录应为案卷级，并须填写工程档案交接单（见附件5）（略）。交接双方应认真核对目录与实物，并由经手人签字、加盖单位公章确认。

第二十三条 工程档案的归档时间，可由项目法人根据实际情况确定。可分阶段在单位工程或单项工程完工后向项目法人归档，也可在主体工程全部完工后向项目法人归档。整个项目的归档工作和项目法人向有关单位的档案移交工作，应在工程竣工验收后三个月内完成。

第四章 档 案 验 收

第二十四条 水利工程档案验收是水利工程竣工验收的重要内容，应提前或与工程竣工验收同步进行。凡档案内容与质量达不到要求的水利工程，不得通过档案验收；未通过档案验收或档案验收不合格的，不得进行或通过工程的竣工验收。

第二十五条 各级水行政主管部门组织的水利工程竣工验收，应有档案人员作为验收委员参加。水利部组织的工程验收，由水利部办公厅档案部门派员参加；流域机构或省级水行政主管部门组织的工程验收，由相应的档案管理部门派员参加；其他单位组织的有关工程项目的验收，由组织工程验收单位的档案人员参加。

第二十六条　大中型水利工程在竣工验收前要进行档案专项验收。其他工程的档案验收应与工程竣工验收同步进行。档案专项验收可分为初步验收和正式验收。初步验收可由工程竣工验收主持单位委托相关单位组织进行；正式验收应由工程竣工验收主持单位的档案业务主管部门负责。

第二十七条　水利工程在进行档案专项验收前，项目法人应组织工程参建单位对工程档案的收集、整理、保管与归档情况进行自检，确认工程档案的内容与质量已达要求后，可向有关单位报送档案自检报告，并提出档案专项验收申请。

档案自检报告应包括：工程概况，工程档案管理情况，文件材料的收集、整理、归档与保管情况，竣工图的编制与整编质量，工程档案完整、准确、系统、安全性的自我评价等内容。

第二十八条　档案专项验收的主持单位在收到申请后，可委托有关单位对其工程档案进行验收前检查评定，对具备验收条件的项目，应成立档案专项验收组进行验收。档案专项验收组由验收主持单位、国家或地方档案行政管理部门、地方水行政管理部门及有关流域机构等单位组成。必要时，可聘请相关单位的档案专家作为验收组成员参加验收。

第二十九条　档案专项验收工作的步骤、方法与内容如下：

（一）听取项目法人有关工程建设情况和档案收集、整理、归档、移交、管理与保管情况的自检报告；

（二）听取监理单位对项目档案整理情况的审核报告；

（三）对验收前已进行档案检查评定的水利工程，还应听取被委托单位的检查评定意见；

（四）查看现场（了解工程建设实际情况）；

（五）根据水利工程建设规模，抽查各单位档案整理情况。抽查比例一般不得少于项目法人应保存档案数量的8%，其中竣工图不得少于一套竣工图总张数的10%；抽查档案总量应在200卷以上；

（六）验收组成员进行综合评议；

（七）形成档案专项验收意见，并向项目法人和所有会议代表反馈；

（八）验收主持单位以文件形式正式印发档案专项验收意见。

第三十条　档案专项验收意见应包括以下内容：

（一）工程概况。

（二）工程档案管理情况：

1. 工程档案工作管理体制与管理状况

2. 文件材料的收集、整理、立卷质量与数量

3. 竣工图的编制质量与整编情况

4. 工程档案的完整、准确、系统性评价

（三）存在问题及整改要求。

（四）验收结论。

（五）验收组成员签字表。

第五章　附　　则

第三十一条　本规定由水利部负责解释。

第三十二条　本规定自2005年12月10日起施行，原水利部制定的《水利基本建设项目档案资料管理规定》（水办〔1997〕275号），同时废止。

关于加强水利工程移民资金审计工作的通知

水审计〔2006〕212号

（水利部2006年6月8日发布）

移民工作是水利工程建设的重要组成部分。做好新时期移民工作，是树立和落实科学发展观，坚持科学发展、统筹发展、和谐发展的内在要求和现实需要，对促进水利事业可持续发展具有深远影响。党中央、国务院历来高度重视移民问题，先后制定了多项政策法规指导和规范移民工作，严肃查处侵害移民利益的事件，切实维护移民的合法权益。“十一五”期间，治淮骨干工程以及尼尔基、百色等防洪控制性枢纽工程等将陆续竣工，新的一批大江大河治理工程将开工建设，为加强移民资金管理，促进各项水利工程建设的顺利进行，现就加强水利工程移民资金审计工作通知如下：

一、进一步提高对移民资金审计重要性的认识。移民资金使用关系移民切身利益，政策性强，社会影响大。加强移民资金审计，是保证移民资金安全、合法、有效使用，维护移民工作正常秩序，保障移民工作顺利进行的重要举措；是实现“工程安全、资金安全、干部安全”工作目标的有效手段；是保护移民合法权益、维护社会稳定大局的具体体现。各单位要从贯彻落实科学发展观、构建社会主义和谐社会的高度认识移民资金审计工作，与时俱进，开拓创新，不断完善工作机制，努力提高移民资金审计工作水平，及时解决审计实践中遇到的新情况、新问题，为水利发展保驾护航。

二、将移民资金审计作为水利工程建设管理的重要内容，纳入建设管理的基本程序，充分发挥审计的监督职能。对移民资金审计要实行关口前移，积极开展事前、事中审计，始终抓住资金流程这个主线，与有关地方人民政府和各专业管理部门密切合作，推进移民资金使用全过程跟踪审计。促进和保证移民资金管理使用的真实、合法、有效，防止和坚决纠正转移挪用或挤占移民资金等问题，揭露和坚决查处由于决策失误、管理不善等原因造成的损失浪费问题。在工程竣工验收前，移民资金决算必须由相应管辖权的审计部门进行审计，并将审计结果作为移民安置专项验收和工程竣工验收的依据。对移民资金决算未按规定进行审计的工程，不得组织验收。

三、精心组织、统筹安排，保证移民资金审计工作顺利开展。严格按照水利基本建设资金内部审计有关规定，明确责任单位和责任人，对移民资金与工程建设资金要统筹部署内部审计，对移民资金的内部审计要审查和评价移民资金内部控制的情况，审查和评价移民资金管理使用的质量、进度和效益。移民资金内部审计可以由有关单位审计部门组织水利工程移民专业审计力量组成审计组进行，也可以委托具有专业审计资质的社会审计机构承担。委托社会审计机构的，有关单位审计部门应当依照《水利部委托社会审计业务管理办法》及内部审计工作的有关规定，对受委托的社会审计机构承担的移民资金审计进行指导和监督。上级主管部门要开展对水利工程移民资金内部审计整改执行情况的监督检查，并作为移民安置专项验收的重要依据。由水利部负责组织验收的水利工程，其移民资金政府审计按国家审计署管辖规定由具有相应管辖权的政府审计机关组织实施。由地方水行政主管部门负责组织验收的水利工程，其移民资金政府审计按地方人民政府审计机关管辖权限实施。水利部门要积极协调，并将政府审计结果和执行情况提交水利工程竣工验收审计部门和竣工验收委员会。

请各单位按照本通知的要求，结合本地区水利工程建设管理实际情况，切实抓好移民资金审计工作的贯彻落实。对工作中好的做法与经验，应及时加以总结，并将有关情况向我部报告。

关于印发《水利工程建设项目招标投标行政监察暂行规定》的通知

水监〔2006〕256号

（水利部2006年8月14日印发）

各流域机构，各省、自治区、直辖市水利（水务）厅（局），各计划单列市水利（水务）局，新疆生产建设兵团，各有关单位：

为进一步加强水利工程建设项目招标投标行政监察工作，规范行政监察行为，完善行政监察机制，预防水利工程建设项目招标投标过程中商业贿赂和职务犯罪行为发生，根据《中华人民共和国行政监察法》、《中华人民共和国招标投标法》和《中华人民共和国行政监察法实施条例》等法律、法规的规定，制定了《水利工程建设项目招标投标行政监察暂行规定》，现将该规定印发给你们，请遵照执行。执行中有何问题请及时向监察部驻水利部监察局反映。

附件

水利工程建设项目招标投标行政监察暂行规定

第一章　总　　则

第一条　为规范水利工程建设项目招标投标行政监察行为，强化监督，根据《中华人民共和国行政监察法》、《中华人民共和国招标投标法》、《中华人民共和国政府采购法》、《水利工程建设项目招标投标管理规定》等法律、法规和规章的规定，并结合实际，制定本规定。

第二条　本规定所称水利工程建设项目招标投标行政监察（以下简称“招标投标行政监察”）是指水利行政监察部门依法对行政监察对象在水利工程建设项目招标投标活动中遵守招标投标有关法律、法规和规章制度情况的监督检查，以及对违法违纪行为的调查处理。招标投标行政监察工作不得替代招标投标行政监督工作。

第三条　本规定适用于《水利工程建设项目招标投标管理规定》所规定的水利工程建设项目的勘察设计、施工、监理、与水利工程建设有关的重要设备、材料采购等的招标投标的行政监察活动。

第四条　招标投标行政监察工作实行分级管理、分级负责。上级水利行政监察部门可以指导和督查下级水利行政监察部门的招标投标行政监察工作。

第五条　招标投标行政监察工作遵循依法监察、实事求是、突出重点、监督检查与改进工作相结合的原则。

第二章　招标投标行政监察工作职责

第六条　招标投标行政监察部门履行下列职责：

（一）对水行政主管部门及其工作人员依法履行招标投标管理和监督职责等情况开展监察；

（二）对属于行政监察对象的招标人、招标代理机构及其工作人员遵守招标投标有关法律、法规和规章制度情况开展监察；

（三）对属于行政监察对象的评标委员会成员遵守招标投标有关法律、法规和规章制度情况开展监察；

（四）对属于行政监察对象的投标人及其工作人员遵守招标投标有关法律、法规和规章制度情况开展监察；

（五）受理涉及招标投标的信访举报，查处招标投标中的违法违纪行为。

第三章　招标投标行政监察工作方式与程序

第七条　招标投标行政监察工作可采取以下方式：

（一）对招标投标活动进行全过程监察；

（二）对重要环节和关键程序进行现场监察；

（三）开展事后的专项检查。

第八条　招标投标行政监察工作应遵循以下程序：

（一）根据工作计划和需要进行立项；

（二）制定监察工作方案并组织实施。

1. 根据招标投标项目，制定监察工作实施方案；

2. 确定监察人员和检查时间，必要时可以邀请专业技术人员参加；

3. 通知被监察单位；

4. 公布举报电话、信箱、电子邮箱等；

5. 组织实施。

（三）向所在监察部门提交监察工作报告；

（四）受理信访举报，并对违法违纪行为进行调查处理；

（五）根据检查与调查结果，作出监察决定或者提出监察建议。

第九条　招标投标行政监察部门可根据工作需要，加强与招标投标行政监督部门的配合与沟通。

第四章　招标投标行政监察工作内容

第十条　开标前的监察：

（一）对招标前准备工作的监察：

1. 招标项目是否按照国家有关规定履行了项目审批手续；

2. 招标项目的相应资金或者资金来源是否已经落实；

3. 招标项目分标方案是否已确定、是否合理。

（二）对招标方式的监察：

1. 招标人是否按已备案的招标方案进行招标；

2. 邀请招标的，是否已履行审批程序；

3. 自行招标的，招标人是否已履行报批程序；

4. 委托招标的，被委托单位是否具备相应的资格条件。

（三）对招标公告的监察：

1. 招标公告是否在国家或者省、自治区、直辖市人民政府指定的媒介发布，在两家以上媒介发布的同一招标公告内容是否一致；

2. 招标公告是否载明招标人的名称和地址、招标项目的性质、数量、实施地点和时间、投标截止日期以及获取招标文件的办法等事项，有关事项是否真实、准确和完整。

（四）对招标文件的监察：

1. 招标文件是否有以不合理的条件限制或者排斥潜在投标人以及要求或者标明特定的生产供应者的内容；

2. 评标标准与方法是否列入招标文件，并向所有潜在投标人公开；

3. 招标文件中规定的评标标准和方法是否合理，是否含有倾向或者排斥潜在投标人的内容，是否有妨碍或者限制投标人之间竞争的内容；

4. 招标文件中载明的递交投标文件的截止时间是否符合有关法律法规和规章的规定；

5. 对招标文件进行澄清或者修改的，是否在规定的时限前以书面形式通知所有投标人。

（五）对资格审查的监察：

1. 潜在投标人（或者投标人）资格条件是否符合招标文件要求和有关规定；

2. 是否对潜在投标人（或者投标人）仍在处罚期限内或者在工程质量、安全生产和信用等方面存在的不良记录进行审查；

3. 是否存在歧视、限制或者排斥潜在投标人（或者投标人）的行为。

（六）对标底编制的监察：

1. 招标人标底编制过程及结果在开标前是否保密；

2. 招标人标底（或者标底产生办法）是否唯一。

（七）对投标的监察：

1. 招标人或者其代理人是否核实投标文件递交人的合法身份；

2. 招标人或者其代理人是否当场检查投标文件的密封情况；

3. 招标人或者其代理人是否按规定的投标截止时间终止投标文件的接收。

第十一条　对开标的监察：

（一）开标程序是否合法、公开、公平、公正；

（二）开标时间是否与接收投标文件截止时间为同一时间；

（三）开标地点是否为招标文件预先确定的地点；

（四）有效投标人是否满足三个以上的要求；

（五）招标人或者其代理人是否核实参加开标会的投标人代表的合法身份；

（六）招标人或者其代理人是否按照法定程序，组织投标人或者其推选的代表检查投标文件的密封情况，或者委托公证机构检查并公证投标文件的密封情况；

（七）招标人或者其代理人是否将所有投标文件均当众予以拆封、宣读。设有标底（或者标底产生办法）的，是否当场宣布标底（或者标底产生办法）。

第十二条 对评标的监察：

（一）对评标委员会的监察：

1. 评标委员会组成人数以及专家库的使用是否符合有关法律法规和规章的规定；

2. 评标委员会成员是否符合有关法律法规和规章规定的回避要求；

3. 评标委员会中技术、经济、合同管理等方面的专家评委是否占成员总数的三分之二以上；

4. 专家评委的产生是否根据专业分工从符合规定的评标专家库中随机抽取产生。技术特别复杂、专业性要求特别高或者国家有特殊要求的招标项目，采取随机抽取方式确定的专家难以胜任的除外；

5. 评标委员会成员名单的产生时间是否符合有关规定；

6. 评标委员会成员名单在中标结果确定前是否保密。

（二）对评标过程的监察：

1. 评标程序是否符合有关规定；

2. 评标标准与方法是否与招标文件一致；

3. 招标人是否采取必要措施，保证评标在严格保密的情况下进行；

4. 评标委员会成员是否遵守职业道德和纪律要求；

5. 评标委员会成员是否独立评审，但确需集体评议的除外；

6. 评标委员会是否出具评标报告，评标报告的讨论及通过、中标候选人的推荐及其排序是否符合有关规定。

第十三条 对中标的监察：

（一）招标人是否按评标委员会的推荐意见确定中标人。与评标委员会推荐意见不一致的，理由是否充足；

（二）招标人是否在中标通知书发出之日起三十日内，按照招标文件和中标人的投标文件订立书面合同；

（三）招标人与中标人是否订立背离合同实质性内容的其他协议。

第十四条 对招标投标活动中其他情况的监察：

（一）水行政主管部门是否依法正确履行管理和监督职责；

（二）是否存在非法干预招标投标的行为；

（三）是否存在行贿、受贿等行为；

（四）中标合同的履行情况；

（五）其他需要监察的事项。

第五章　招标投标行政监察工作权限

第十五条 要求招标人将年度招标计划及时报送监察部门；列入监察工作计划的具体项目的招标公告发布、招标文件出售、评标委员会成员产生等事项于三天前报送监察部门；评标结果与报告按时报监察部门备案。

第十六条　对标底编制、资格审查、投标、开标、评标、中标及合同签订等与招标投标有关的活动进行监察。

查阅或者复制与招标投标有关的文件、资料、财务账目及其他有关的材料。

第十七条　要求涉及招标投标的被监察的单位和人员就有关事项作出解释和说明。

第十八条　协调建设管理、招标投标管理、财务、审计、预算执行、质量监督等单位（部门）参与监督检查。

第十九条　对招标投标中的违法违纪行为进行调查处理，要求有关单位（部门）和人员进行配合。

第二十条　对违反招标投标规定的行为，行政监察人员可以予以提醒、纠正或者制止；不及时进行整改的，可以提出监察建议；情节严重构成违纪的，依法作出监察决定；构成犯罪的，移交司法机关处理。

第六章　招标投标行政监察工作纪律要求

第二十一条　参与招标投标行政监察的监察人员应当依法办事、遵守纪律、坚持原则，正确履行职责。有下列行为之一的，应予以批评教育；经批评教育不改的，应予以撤换；情节严重的，依法依纪处理：

（一）对监察中发现问题不及时采取措施，以致造成损失或者使损失扩大的；

（二）纵容、包庇违法违纪行为的；

（三）利用职权谋取私利的；

（四）泄露保密事项的；

（五）不遵守工作纪律的；

（六）其他有碍招标投标工作公开、公平、公正进行的。

第二十二条　行政监察对象应当依法正确履行工作职责，配合监察部门开展工作。对在招标投标活动中有下列行为之一的，按照有关规定予以处理：

（一）拒绝、阻挠监察人员监察的；

（二）未严格执行有关招标投标法律、法规和规章规定的；

（三）不遵守招标投标工作纪律的；

（四）徇私舞弊、滥用职权和玩忽职守的；

（五）其他有碍招标投标活动公开、公平、公正进行的。

第七章　附　　则

第二十三条　本规定由监察部驻水利部监察局负责解释。

第二十四条　各流域机构，各省、自治区、直辖市水行政主管部门可以根据本规定，制订相应的实施办法。

第二十五条　对依据《中华人民共和国政府采购法》，采取招标方式实施的部门集中采购项目、限额以上分散采购项目开展行政监察的，参照本规定执行。

第二十六条　本规定自9月1日起施行。

水利工程建设监理规定

水利部令第28号

（2006年12月18日公布，自2007年2月1日起施行）

第一章　总　　则

第一条　为规范水利工程建设监理活动，确保工程建设质量，根据《中华人民共和国招标投标法》、《建设工程质量管理条例》、《建设工程安全生产管理条例》等法律法规，结合水利工程建设实际，制定本规定。

第二条　从事水利工程建设监理以及对水利工程建设监理实施监督管理，适用本规定。

本规定所称水利工程是指防洪、排涝、灌溉、水力发电、引（供）水、滩涂治理、水土保持、水资源保护等各类工程（包括新建、扩建、改建、加固、修复、拆除等项目）及其配套和附属工程。

本规定所称水利工程建设监理，是指具有相应资质的水利工程建设监理单位（以下简称监理单位），受项目法人（建设单位，下同）委托，按照监理合同对水利工程建设项目实施中的质量、进度、资金、安全生产、环境保护等进行的管理活动，包括水利工程施工监理、水土保持工程施工监理、机电及金属结构设备制造监理、水利工程建设环境保护监理。

第三条　水利工程建设项目依法实行建设监理。

总投资200万元以上且符合下列条件之一的水利工程建设项目，必须实行建设监理：

（一）关系社会公共利益或者公共安全的；

（二）使用国有资金投资或者国家融资的；

（三）使用外国政府或者国际组织贷款、援助资金的。

铁路、公路、城镇建设、矿山、电力、石油天然气、建材等开发建设项目的配套水土保持工程，符合前款规定条件的，应当按照本规定开展水土保持工程施工监理。

其他水利工程建设项目可以参照本规定执行。

第四条　水利部对全国水利工程建设监理实施统一监督管理。

水利部所属流域管理机构（以下简称流域管理机构）和县级以上地方人民政府水行政主管部门对其所管辖的水利工程建设监理实施监督管理。

第二章　监理业务委托与承接

第五条　按照本规定必须实施建设监理的水利工程建设项目，项目法人应当按照水利工程建设项目招标投标管理的规定，确定具有相应资质的监理单位，并报项目主管部门备案。

项目法人和监理单位应当依法签订监理合同。

第六条　项目法人委托监理业务，应当执行国家规定的工程监理收费标准。

项目法人及其工作人员不得索取、收受监理单位的财物或者其他不正当利益。

第七条　监理单位应当按照水利部的规定，取得《水利工程建设监理单位资质等级证书》，并在其资质等级许可的范围内承揽水利工程建设监理业务。

两个以上具有资质的监理单位，可以组成一个联合体承接监理业务。联合体各方应当签订协议，明确各方拟承担的工作和责任，并将协议提交项目法人。联合体的资质等级，按照同一专业内资质等级较低的一方确定。联合体中标的，联合体各方应当共同与项目法人签订监理合同，就中标项目向项目法人承担连带责任。

第八条　监理单位与被监理单位以及建筑材料、建筑构配件和设备供应单位有隶属关系或者其他利害关系的，不得承担该项工程的建设监理业务。

监理单位不得以串通、欺诈、胁迫、贿赂等不正当竞争手段承揽水利工程建设监理业务。

第九条　监理单位不得允许其他单位或者个人以本单位名义承揽水利工程建设监理业务。

监理单位不得转让监理业务。

第三章　监理业务实施

第十条　监理单位应当聘用具有相应资格的监理人员从事水利工程建设监理业务。监理人员包括总监理工程师、监理工程师和监理员。监理人员资格应当按照行业自律管理的规定取得。

监理工程师应当由其聘用监理单位（以下简称注册监理单位）报水利部注册备案，并在其注册监理单位从事监理业务；需要临时到其他监理单位从事监理业务的，应当由该监理单位与注册监理单位签订协议，明确监理责任等有关事宜。

监理人员应当保守执（从）业秘密，并不得同时在两个以上水利工程项目从事监理业务，不得与被监理单位以及建筑材料、建筑构配件和设备供应单位发生经济利益关系。

第十一条　监理单位应当按下列程序实施建设监理：

（一）按照监理合同，选派满足监理工作要求的总监理工程师、监理工程师和监理员组建项目监理机构，进驻现场；

（二）编制监理规划，明确项目监理机构的工作范围、内容、目标和依据，确定监理工作制度、程序、方法和措施，并报项目法人备案；

（三）按照工程建设进度计划，分专业编制监理实施细则；

（四）按照监理规划和监理实施细则开展监理工作，编制并提交监理报告；

（五）监理业务完成后，按照监理合同向项目法人提交监理工作报告、移交档案资料。

第十二条　水利工程建设监理实行总监理工程师负责制。

总监理工程师负责全面履行监理合同约定的监理单位职责，发布有关指令，签署监理文件，协调有关各方之间的关系。

监理工程师在总监理工程师授权范围内开展监理工作，具体负责所承担的监理工作，并对总监理工程师负责。

监理员在监理工程师或者总监理工程师授权范围内从事监理辅助工作。

第十三条 监理单位应当将项目监理机构及其人员名单、监理工程师和监理员的授权范围书面通知被监理单位。监理实施期间监理人员有变化的，应当及时通知被监理单位。

监理单位更换总监理工程师和其他主要监理人员的，应当符合监理合同的约定。

第十四条 监理单位应当按照监理合同，组织设计单位等进行现场设计交底，核查并签发施工图。未经总监理工程师签字的施工图不得用于施工。

监理单位不得修改工程设计文件。

第十五条 监理单位应当按照监理规范的要求，采取旁站、巡视、跟踪检测和平行检测等方式实施监理，发现问题应当及时纠正、报告。

监理单位不得与项目法人或者被监理单位串通，弄虚作假、降低工程或者设备质量。

监理人员不得将质量检测或者检验不合格的建设工程、建筑材料、建筑构配件和设备按照合格签字。

未经监理工程师签字，建筑材料、建筑构配件和设备不得在工程上使用或者安装，不得进行下一道工序的施工。

第十六条 监理单位应当协助项目法人编制控制性总进度计划，审查被监理单位编制的施工组织设计和进度计划，并督促被监理单位实施。

第十七条 监理单位应当协助项目法人编制付款计划，审查被监理单位提交的资金流计划，按照合同约定核定工程量，签发付款凭证。

未经总监理工程师签字，项目法人不得支付工程款。

第十八条 监理单位应当审查被监理单位提出的安全技术措施、专项施工方案和环境保护措施是否符合工程建设强制性标准和环境保护要求，并监督实施。

监理单位在实施监理过程中，发现存在安全事故隐患的，应当要求被监理单位整改；情况严重的，应当要求被监理单位暂时停止施工，并及时报告项目法人。被监理单位拒不整改或者不停止施工的，监理单位应当及时向有关水行政主管部门或者流域管理机构报告。

第十九条 项目法人应当向监理单位提供必要的工作条件，支持监理单位独立开展监理业务，不得明示或者暗示监理单位违反法律法规和工程建设强制性标准，不得更改总监理工程师指令。

第二十条 项目法人应当按照监理合同，及时、足额支付监理单位报酬，不得无故削减或者拖延支付。

项目法人可以对监理单位提出并落实的合理化建议给予奖励。奖励标准由项目法人与监理单位协商确定。

第四章　监　督　管　理

第二十一条 县级以上人民政府水行政主管部门和流域管理机构应当加强对水利工程建设监理活动的监督管理，对项目法人和监理单位执行国家法律法规、工程建设强制性标准以及履行监理合同的情况进行监督检查。

项目法人应当依据监理合同对监理活动进行检查。

第二十二条　县级以上人民政府水行政主管部门和流域管理机构在履行监督检查职责时，有关单位和人员应当客观、如实反映情况，提供相关材料。

县级以上人民政府水行政主管部门和流域管理机构实施监督检查时，不得妨碍监理单位和监理人员正常的监理活动，不得索取或者收受被监督检查单位和人员的财物，不得谋取其他不正当利益。

第二十三条　县级以上人民政府水行政主管部门和流域管理机构在监督检查中，发现监理单位和监理人员有违规行为的，应当责令纠正，并依法查处。

第二十四条　任何单位和个人有权对水利工程建设监理活动中的违法违规行为进行检举和控告。有关水行政主管部门和流域管理机构以及有关单位应当及时核实、处理。

第五章　罚　　则

第二十五条　项目法人将水利工程建设监理业务委托给不具有相应资质的监理单位，或者必须实行建设监理而未实行的，依照《建设工程质量管理条例》第五十四条、第五十六条处罚。

项目法人对监理单位提出不符合安全生产法律、法规和工程建设强制性标准要求的，依照《建设工程安全生产管理条例》第五十五条处罚。

第二十六条　项目法人及其工作人员收受监理单位贿赂、索取回扣或者其他不正当利益的，予以追缴，并处违法所得 3 倍以下且不超过 3 万元的罚款；构成犯罪的，依法追究有关责任人员的刑事责任。

第二十七条　监理单位有下列行为之一的，依照《建设工程质量管理条例》第六十条、第六十一条、第六十二条、第六十七条、第六十八条处罚：

（一）超越本单位资质等级许可的业务范围承揽监理业务的；

（二）未取得相应资质等级证书承揽监理业务的；

（三）以欺骗手段取得的资质等级证书承揽监理业务的；

（四）允许其他单位或者个人以本单位名义承揽监理业务的；

（五）转让监理业务的；

（六）与项目法人或者被监理单位串通，弄虚作假、降低工程质量的；

（七）将不合格的建设工程、建筑材料、建筑构配件和设备按照合格签字的；

（八）与被监理单位以及建筑材料、建筑构配件和设备供应单位有隶属关系或者其他利害关系承担该项工程建设监理业务的。

第二十八条　监理单位有下列行为之一的，责令改正，给予警告；无违法所得的，处 1 万元以下罚款，有违法所得的，予以追缴，处违法所得 3 倍以下且不超过 3 万元罚款；情节严重的，降低资质等级；构成犯罪的，依法追究有关责任人员的刑事责任：

（一）以串通、欺诈、胁迫、贿赂等不正当竞争手段承揽监理业务的；

（二）利用工作便利与项目法人、被监理单位以及建筑材料、建筑构配件和设备供应单位串通，谋取不正当利益的。

第二十九条 监理单位有下列行为之一的，依照《建设工程安全生产管理条例》第五十七条处罚：

（一）未对施工组织设计中的安全技术措施或者专项施工方案进行审查的；

（二）发现安全事故隐患未及时要求施工单位整改或者暂时停止施工的；

（三）施工单位拒不整改或者不停止施工，未及时向有关水行政主管部门或者流域管理机构报告的；

（四）未依照法律、法规和工程建设强制性标准实施监理的。

第三十条 监理单位有下列行为之一的，责令改正，给予警告；情节严重的，降低资质等级：

（一）聘用无相应监理人员资格的人员从事监理业务的；

（二）隐瞒有关情况、拒绝提供材料或者提供虚假材料的。

第三十一条 监理人员从事水利工程建设监理活动，有下列行为之一的，责令改正，给予警告；其中，监理工程师违规情节严重的，注销注册证书，2 年内不予注册；有违法所得的，予以追缴，并处 1 万元以下罚款；造成损失的，依法承担赔偿责任；构成犯罪的，依法追究刑事责任：

（一）利用执（从）业上的便利，索取或者收受项目法人、被监理单位以及建筑材料、建筑构配件和设备供应单位财物的；

（二）与被监理单位以及建筑材料、建筑构配件和设备供应单位串通，谋取不正当利益的；

（三）非法泄露执（从）业中应当保守的秘密的。

第三十二条 监理人员因过错造成质量事故的，责令停止执（从）业 1 年，其中，监理工程师因过错造成重大质量事故的，注销注册证书，5 年内不予注册，情节特别严重的，终身不予注册。

监理人员未执行法律、法规和工程建设强制性标准的，责令停止执（从）业 3 个月以上 1 年以下，其中，监理工程师违规情节严重的，注销注册证书，5 年内不予注册，造成重大安全事故的，终身不予注册；构成犯罪的，依法追究刑事责任。

第三十三条 水行政主管部门和流域管理机构的工作人员在工程建设监理活动的监督管理中玩忽职守、滥用职权、徇私舞弊的，依法给予处分；构成犯罪的，依法追究刑事责任。

第三十四条 依法给予监理单位罚款处罚的，对单位直接负责的主管人员和其他直接责任人员处单位罚款数额 5%以上、10%以下的罚款。

监理单位的工作人员因调动工作、退休等原因离开该单位后，被发现在该单位工作期间违反国家有关工程建设质量管理规定，造成重大工程质量事故的，仍应当依法追究法律责任。

第三十五条 降低监理单位资质等级、吊销监理单位资质等级证书的处罚以及注销监理工程师注册证书，由水利部决定；其他行政处罚，由有关水行政主管部门依照法定职权决定。

第六章　附　　则

第三十六条　本规定所称机电及金属结构设备制造监理是指对安装于水利工程的发电机组、水轮机组及其附属设施，以及闸门、压力钢管、拦污设备、起重设备等机电及金属结构设备生产制造过程中的质量、进度等进行的管理活动。

本规定所称水利工程建设环境保护监理是指对水利工程建设项目实施中产生的废（污）水、垃圾、废渣、废气、粉尘、噪声等采取的控制措施所进行的管理活动。

本规定所称被监理单位是指承担水利工程施工任务的单位，以及从事水利工程的机电及金属结构设备制造的单位。

第三十七条　监理单位分立、合并、改制、转让的，由继承其监理业绩的单位承担相应的监理责任。

第三十八条　有关水利工程建设监理的技术规范，由水利部另行制定。

第三十九条　本规定自2007年2月1日起施行。《水利工程建设监理规定》（水建管〔1999〕637号）、《水土保持生态建设工程监理管理暂行办法》（水建管〔2003〕79号）同时废止。

《水利工程设备制造监理规定》（水建管〔2001〕217号）与本规定不一致的，依照本规定执行。

水利工程建设项目验收管理规定

水利部令第30号

（2006年12月18日公布，自2007年4月1日起施行）

第一章　总　　则

第一条　为加强水利工程建设项目验收管理，明确验收责任，规范验收行为，结合水利工程建设项目的特点，制定本规定。

第二条　本规定适用于由中央或者地方财政全部投资或者部分投资建设的大中型水利工程建设项目（含1、2、3级堤防工程）的验收活动。

第三条　水利工程建设项目验收，按验收主持单位性质不同分为法人验收和政府验收两类。

法人验收是指在项目建设过程中由项目法人组织进行的验收。法人验收是政府验收的基础。

政府验收是指由有关人民政府、水行政主管部门或者其他有关部门组织进行的验收，包括专项验收、阶段验收和竣工验收。

第四条　水利工程建设项目具备验收条件时，应当及时组织验收。未经验收或者验收不合格的，不得交付使用或者进行后续工程施工。

第五条　水利工程建设项目验收的依据是：

（一）国家有关法律、法规、规章和技术标准；

（二）有关主管部门的规定；

（三）经批准的工程立项文件、初步设计文件、调整概算文件；

（四）经批准的设计文件及相应的工程变更文件；

（五）施工图纸及主要设备技术说明书等。

法人验收还应当以施工合同为验收依据。

第六条　验收主持单位应当成立验收委员会（验收工作组）进行验收，验收结论应当经2/3以上验收委员会（验收工作组）成员同意。

验收委员会（验收工作组）成员应当在验收鉴定书上签字。验收委员会（验收工作组）成员对验收结论持有异议的，应当将保留意见在验收鉴定书上明确记载并签字。

第七条　验收中发现的问题，其处理原则由验收委员会（验收工作组）协商确定。主任委员（组长）对争议问题有裁决权。但是，半数以上验收委员会（验收工作组）成员不同意裁决意见的，法人验收应当报请验收监督管理机关决定，政府验收应当报请竣工验收主持单位决定。

第八条　验收委员会（验收工作组）对工程验收不予通过的，应当明确不予通过的理由并提出整改意见。有关单位应当及时组织处理有关问题，完成整改，并按照程序重新申请验收。

第九条　项目法人以及其他参建单位应当提交真实、完整的验收资料，并对提交的资料负责。

第十条　水利部负责全国水利工程建设项目验收的监督管理工作。

水利部所属流域管理机构（以下简称流域管理机构）按照水利部授权，负责流域内水利工程建设项目验收的监督管理工作。

县级以上地方人民政府水行政主管部门按照规定权限负责本行政区域内水利工程建设项目验收的监督管理工作。

第十一条　法人验收监督管理机关对项目的法人验收工作实施监督管理。

由水行政主管部门或者流域管理机构组建项目法人的，该水行政主管部门或者流域管理机构是本项目的法人验收监督管理机关；由地方人民政府组建项目法人的，该地方人民政府水行政主管部门是本项目的法人验收监督管理机关。

第二章　法　人　验　收

第十二条　工程建设完成分部工程、单位工程、单项合同工程，或者中间机组启动前，应当组织法人验收。项目法人可以根据工程建设的需要增设法人验收的环节。

第十三条　项目法人应当在开工报告批准后60个工作日内，制定法人验收工作计划，报法人验收监督管理机关和竣工验收主持单位备案。

第十四条　施工单位在完成相应工程后，应当向项目法人提出验收申请。项目法人经检查认为建设项目具备相应的验收条件的，应当及时组织验收。

第十五条　法人验收由项目法人主持。验收工作组由项目法人、设计、施工、监理等单位的代表组成；必要时可以邀请工程运行管理单位等参建单位以外的代表及专家参加。

项目法人可以委托监理单位主持分部工程验收，有关委托权限应当在监理合同或者委托书中明确。

第十六条　分部工程验收的质量结论应当报该项目的质量监督机构核备；未经核备的，项目法人不得组织下一阶段的验收。

单位工程以及大型枢纽主要建筑物的分部工程验收的质量结论应当报该项目的质量监督机构核定；未经核定的，项目法人不得通过法人验收；核定不合格的，项目法人应当重新组织验收。质量监督机构应当自收到核定材料之日起20个工作日内完成核定。

第十七条　项目法人应当自法人验收通过之日起30个工作日内，制作法人验收鉴定书，发送参加验收单位并报送法人验收监督管理机关备案。

法人验收鉴定书是政府验收的备查资料。

第十八条　单位工程投入使用验收和单项合同工程完工验收通过后，项目法人应当与施工单位办理工程的有关交接手续。

工程保修期从通过单项合同工程完工验收之日算起，保修期限按合同约定执行。

第三章 政 府 验 收

第一节 验收主持单位

第十九条 阶段验收、竣工验收由竣工验收主持单位主持。竣工验收主持单位可以根据工作需要委托其他单位主持阶段验收。

专项验收依照国家有关规定执行。

第二十条 国家重点水利工程建设项目，竣工验收主持单位依照国家有关规定确定。

除前款规定以外，在国家确定的重要江河、湖泊建设的流域控制性工程、流域重大骨干工程建设项目，竣工验收主持单位为水利部。

除前两款规定以外的其他水利工程建设项目，竣工验收主持单位按照以下原则确定：

（一）水利部或者流域管理机构负责初步设计审批的中央项目，竣工验收主持单位为水利部或者流域管理机构；

（二）水利部负责初步设计审批的地方项目，以中央投资为主的，竣工验收主持单位为水利部或者流域管理机构，以地方投资为主的，竣工验收主持单位为省级人民政府（或者其委托的单位）或者省级人民政府水行政主管部门（或者其委托的单位）；

（三）地方负责初步设计审批的项目，竣工验收主持单位为省级人民政府水行政主管部门（或者其委托的单位）。

竣工验收主持单位为水利部或者流域管理机构的，可以根据工程实际情况，会同省级人民政府或者有关部门共同主持。

竣工验收主持单位应当在工程开工报告的批准文件中明确。

第二节 专 项 验 收

第二十一条 枢纽工程导（截）流、水库下闸蓄水等阶段验收前，涉及移民安置的，应当完成相应的移民安置专项验收。

工程竣工验收前，应当按照国家有关规定，进行环境保护、水土保持、移民安置以及工程档案等专项验收。经商有关部门同意，专项验收可以与竣工验收一并进行。

第二十二条 项目法人应当自收到专项验收成果文件之日起 10 个工作日内，将专项验收成果文件报送竣工验收主持单位备案。

专项验收成果文件是阶段验收或者竣工验收成果文件的组成部分。

第三节 阶 段 验 收

第二十三条 工程建设进入枢纽工程导（截）流、水库下闸蓄水、引（调）排水工程通水、首（末）台机组启动等关键阶段，应当组织进行阶段验收。

竣工验收主持单位根据工程建设的实际需要，可以增设阶段验收的环节。

第二十四条 阶段验收的验收委员会由验收主持单位、该项目的质量监督机构和安全监督机构、运行管理单位的代表以及有关专家组成；必要时，应当邀请项目所在地的地方人民政府以及有关部门参加。

工程参建单位是被验收单位，应当派代表参加阶段验收工作。

第二十五条 大型水利工程在进行阶段验收前，可以根据需要进行技术预验收。技术预验收参照本章第四节有关竣工技术预验收的规定进行。

第二十六条 水库下闸蓄水验收前，项目法人应当按照有关规定完成蓄水安全鉴定。

第二十七条 验收主持单位应当自阶段验收通过之日起 30 个工作日内，制作阶段验收鉴定书，发送参加验收的单位并报送竣工验收主持单位备案。

阶段验收鉴定书是竣工验收的备查资料。

第四节 竣 工 验 收

第二十八条 竣工验收应当在工程建设项目全部完成并满足一定运行条件后 1 年内进行。不能按期进行竣工验收的，经竣工验收主持单位同意，可以适当延长期限，但最长不得超过 6 个月。逾期仍不能进行竣工验收的，项目法人应当向竣工验收主持单位作出专题报告。

第二十九条 竣工财务决算应当由竣工验收主持单位组织审查和审计。竣工财务决算审计通过 15 日后，方可进行竣工验收。

第三十条 工程具备竣工验收条件的，项目法人应当提出竣工验收申请，经法人验收监督管理机关审查后报竣工验收主持单位。竣工验收主持单位应当自收到竣工验收申请之日起 20 个工作日内决定是否同意进行竣工验收。

第三十一条 竣工验收原则上按照经批准的初步设计所确定的标准和内容进行。

项目有总体初步设计又有单项工程初步设计的，原则上按照总体初步设计的标准和内容进行，也可以先进行单项工程竣工验收，最后按照总体初步设计进行总体竣工验收。

项目有总体可行性研究但没有总体初步设计而有单项工程初步设计的，原则上按照单项工程初步设计的标准和内容进行竣工验收。

建设周期长或者因故无法继续实施的项目，对已完成的部分工程可以按单项工程或者分期进行竣工验收。

第三十二条 竣工验收分为竣工技术预验收和竣工验收两个阶段。

第三十三条 大型水利工程在竣工技术预验收前，项目法人应当按照有关规定对工程建设情况进行竣工验收技术鉴定。中型水利工程在竣工技术预验收前，竣工验收主持单位可以根据需要决定是否进行竣工验收技术鉴定。

第三十四条 竣工技术预验收由竣工验收主持单位以及有关专家组成的技术预验收专家组负责。

工程参建单位的代表应当参加技术预验收，汇报并解答有关问题。

第三十五条 竣工验收的验收委员会由竣工验收主持单位、有关水行政主管部门和流域管理机构、有关地方人民政府和部门、该项目的质量监督机构和安全监督机构、工程运行管理单位的代表以及有关专家组成。工程投资方代表可以参加竣工验收委员会。

第三十六条 竣工验收主持单位可以根据竣工验收的需要，委托具有相应资质的工程质量检测机构对工程质量进行检测。

第三十七条 项目法人全面负责竣工验收前的各项准备工作，设计、施工、监理等工程参建单位应当做好有关验收准备和配合工作，派代表出席竣工验收会议，负责解答验收委员会提出的问题，并作为被验收单位在竣工验收鉴定书上签字。

第三十八条 竣工验收主持单位应当自竣工验收通过之日起 30 个工作日内，制作竣工验收鉴定书，并发送有关单位。

竣工验收鉴定书是项目法人完成工程建设任务的凭据。

第五节　验收遗留问题处理与工程移交

第三十九条　项目法人和其他有关单位应当按照竣工验收鉴定书的要求妥善处理竣工验收遗留问题和完成尾工。

验收遗留问题处理完毕和尾工完成并通过验收后，项目法人应当将处理情况和验收成果报送竣工验收主持单位。

第四十条　工程通过竣工验收，验收遗留问题处理完毕和尾工完成并通过验收的，竣工验收主持单位向项目法人颁发工程竣工证书。

工程竣工证书格式由水利部统一制定。

第四十一条　项目法人与工程运行管理单位不同的，工程通过竣工验收后，应当及时办理移交手续。

工程移交后，项目法人以及其他参建单位应当按照法律法规的规定和合同约定，承担后续的相关质量责任。项目法人已经撤销的，由撤消该项目法人的部门承接相关的责任。

第四章　罚　　则

第四十二条　违反本规定，项目法人不按时限要求组织法人验收或者不具备验收条件而组织法人验收的，由法人验收监督管理机关责令改正。

第四十三条　项目法人以及其他参建单位提交验收资料不真实导致验收结论有误的，由提交不真实验收资料的单位承担责任。竣工验收主持单位收回验收鉴定书，对责任单位予以通报批评；造成严重后果的，依照有关法律法规处罚。

第四十四条　参加验收的专家在验收工作中玩忽职守、徇私舞弊的，由验收监督管理机关予以通报批评；情节严重的，取消其参加验收的资格；构成犯罪的，依法追究刑事责任。

第四十五条　国家机关工作人员在验收工作中玩忽职守、滥用职权、徇私舞弊，尚不构成犯罪的，依法给予行政处分；构成犯罪的，依法追究刑事责任。

第五章　附　　则

第四十六条　本规定所称项目法人，包括实行代建制项目中，经项目法人委托的项目代建机构。

第四十七条　水利工程建设项目验收应当具备的条件、验收程序、验收主要工作以及有关验收资料和成果性文件等具体要求，按照有关验收规程执行。

第四十八条　政府验收所需费用应当列入工程投资，由项目法人列支。

第四十九条　其他水利工程建设项目的验收活动，可以参照本规定执行。

第五十条　流域管理机构、省级人民政府水行政主管部门可以根据本规定制定验收管理实施细则。

第五十一条　现行水利工程建设项目有关验收规定以及标准与本规定不一致的，按照本规定执行。

第五十二条　本规定自2007年4月1日起施行。

关于印发《水利工程建设项目招标投标审计办法》的通知

水审计〔2007〕56号

（水利部2007年12月29日印发）

部直属各单位，各省（自治区、直辖市）水利（水务）厅（局）、各计划单列市水利（水务）局，新疆生产建设兵团水利局：

现将《水利工程建设项目招标投标审计办法》印发给你们，请遵照执行。执行中如有问题请及时向部审计室反馈。

附件

水利工程建设项目招标投标审计办法

第一章　总　　则

第一条　为了加强对水利工程建设项目招标投标的审计监督，规范水利招标投标行为，提高投资效益，根据《中华人民共和国审计法》、《中华人民共和国招标投标法》、《中华人民共和国政府采购法》等法律、法规，结合水利工作实际，制定本办法。

第二条　各级水利审计部门（以下简称“审计部门”）在本单位负责人领导下，依法对本单位及其所属单位水利工程建设项目的招标投标进行审计监督。

上级水利审计部门对下级单位的招标投标审计工作进行指导和监督。

第三条　本办法适用于《水利工程建设项目招标投标管理规定》所规定的水利工程建设项目的勘察设计、施工、监理以及与水利工程建设项目有关的重要设备、材料采购等的招标投标的审计监督。

第四条　审计部门根据工作需要，对水利工程建设项目的招标投标进行事前、事中、事后的审计监督，对重点水利建设项目的招标投标进行全过程跟踪审计，对有关招标投标的重要事项进行专项审计或审计调查。

第二章　审　计　职　责

第五条　在招标投标审计中，审计部门具有以下职责：

（一）对招标人、招标代理机构及有关人员执行招标投标有关法律、法规和行业制度的情况进行审计监督；

（二）对招标项目评标委员会成员执行招标投标有关法律、法规和行业制度的情况进行审计监督；

（三）对属于审计监督对象的投标人及有关人员遵守招标投标有关法律、法规和行业制度的情况进行审计监督；

（四）对与招标投标项目有关的投资管理和资金运行情况进行审计监督；

（五）协同行政监督部门、行政监察部门查处招标投标中的违法违纪行为。

第三章　审　计　权　限

第六条　在招标投标审计中，审计部门具有以下权限：

（一）有权参加招标人或其代理机构组织的开标、评标、定标等活动，招标人或其代理机构应当通知同级审计部门参加；

（二）有权要求招标人或其代理机构提供与招标投标活动有关的文件、资料，招标人或其代理机构应当按照审计部门的要求提供相关文件、资料；

（三）对招标人或其代理机构正在进行的违反国家法律、法规规定的招标投标行为，有权予以纠正或制止；

（四）有权向招标人、投标人、招标代理机构等调查了解与招标投标有关的情况；

（五）监督检查招标投标结果执行情况。

第四章　审　计　内　容

第七条　审计部门对水利工程建设项目招标投标中的下列事项进行审计监督：

（一）招标项目前期工作是否符合水利工程建设项目管理规定，是否履行规定的审批程序；

（二）招标项目资金计划是否落实，资金来源是否符合规定；

（三）招标文件确定的水利工程建设项目的标准、建设内容和投资是否符合批准的设计文件；

（四）与招标投标有关的取费是否符合规定；

（五）招标人与中标人是否签订书面合同，所签合同是否真实、合法；

（六）与水利工程建设项目招标投标有关的其他经济事项。

第八条　审计部门会同行政监督部门、行政监察部门对招标投标中的下列事项进行审计监督：

（一）招标项目的招标方式、招标范围是否符合规定；

（二）招标人是否符合规定的招标条件，招标代理机构是否具有相应资质，招标代理合同是否真实、合法；

（三）招标项目的招标、投标、开标、评标和中标程序是否合法；

（四）招标项目评标委员会、评标专家的产生及人员组成、评标标准和评标方法是否符合规定；

（五）对招投标过程中泄露保密资料、泄露标底、串通招标、串通投标、规避招标、歧视排斥投标等违法行为进行审计监督；

（六）对勘察、设计、施工单位转包、违法分包和监理单位违法转让监理业务，以及无证或借用资质承接工程业务等违法违规行为进行审计监督。

第九条　审计部门和审计人员对招标投标工作中涉及保密的事项负有保密责任。

第五章　审　计　程　序

第十条　招标人编制的年度招标工作计划，以及重大水利工程建设项目的招投标文件，应当报送同级审计部门备案。

第十一条　审计部门根据年度审计工作计划、招标人年度招标计划和招标项目具体情况，确定招标投标项目审计计划，经单位主管审计工作负责人批准后实施审计。

第十二条　审计部门根据审计项目计划确定的审计事项组成审计组，并应在实施审计三日前，向被审计单位送达审计通知书。

被审计单位以及与招标投标活动有关的单位、部门，应当配合审计部门的工作，并提供必要的工作条件。

第十三条　审计人员通过审查招标投标文件、合同、会计资料，以及向有关单位和个人进行调查等方式实施审计，并取得证明材料。

第十四条　审计组对招标投标事项实施审计后，应当向派出的审计部门提出审计报告。审计报告应当征求被审计单位的意见。被审计单位应当自接到审计报告之日起十日内，将其书面意见送交审计组或者审计部门。

第十五条　审计部门审定审计报告，对审计事项作出评价，出具审计意见书；对违反国家规定的招标投标行为，需要依法给予处理、处罚的，在职权范围内作出审计决定或者向有关主管部门提出处理、处罚意见。

被审计单位应当执行审计决定并将结果反馈审计部门；有关主管部门对审计部门提出的处理、处罚意见应及时进行研究，并将结果反馈审计部门。

第六章　罚　　则

第十六条　被审计单位违反本办法，拒绝或者拖延提供与审计事项有关的资料，或者拒绝、阻碍审计的，审计部门责令改正；拒不改正的，可以通报批评，对负有直接责任的主管人员和其他直接责任人员提出给予行政处分的建议，被审计单位或者其主管单位、监察部门应当及时作出处理，并将结果抄送审计部门。

第十七条　被审计单位拒不执行审计决定的，对负有直接责任的主管人员和其他直接责任人员提出给予行政处分的建议，被审计单位或者其主管单位、监察部门应当及时作出处理，并将结果抄送审计部门。

第十八条　招标人、招标代理机构及其有关人员违反国家招标投标的法律、法规的，依照《中华人民共和国招标投标法》予以处理。

第十九条　审计人员滥用职权、徇私舞弊、玩忽职守，涉嫌犯罪的，依法移送司法机关处理；不构成犯罪的，给予行政处分。

第七章　附　　则

第二十条　各省、自治区、直辖市水行政主管部门、流域机构、新疆生产建设兵团，可以根据本办法制定实施细则并报部备案。

第二十一条　本办法由水利部负责解释。

第二十二条　本办法自 2008 年 4 月 1 日起执行。

关于印发《水利工程建设项目档案验收管理办法》的通知

水办〔2008〕366号

（水利部2008年9月9日印发）

部机关各司局，部直属各单位，各省、自治区、直辖市水利（水务）厅（局），各计划单列市水利（水务）局，新疆生产建设兵团水利局：

现将《水利工程建设项目档案验收管理办法》印发给你们，请结合实际认真贯彻执行，切实抓好建设项目档案工作。

附件

水利工程建设项目档案验收管理办法

第一章　总　　则

第一条　根据水利部《水利工程建设项目档案管理规定》（水办〔2005〕480号）和国家档案局、国家发改委联合印发的《重大建设项目档案验收办法》（档发〔2006〕2号），为进一步加强对水利工程建设项目档案验收工作的监督、指导，规范档案验收工作行为，统一档案验收标准，确保档案验收质量，特制定本办法。

第二条　本办法所称的档案验收是指各级水行政主管部门，依法组织的水利工程建设项目档案专项验收。

第三条　档案验收依据《水利工程建设项目档案验收评分标准》（见附件，以下简称《评分标准》）对项目档案管理及档案质量进行量化赋分，满分为100分。验收结果分为3个等级：总分达到或超过90分的，为优良；达到70～89.9分的，为合格；达不到70分或“应归档文件材料质量与移交归档”项达不到60分的，均为不合格。

第四条　大中型以上和国家重点水利工程建设项目，应按本办法要求进行档案验收。档案验收不合格的，不得进行项目竣工验收。

第五条　水利重大信息化建设项目及其他水利工程（含改建、扩建、除险加固等建设项目），可参照本办法进行档案验收。

第二章　验　收　申　请

第六条　申请档案验收应具备的条件：

（一）项目主体工程、辅助工程和公用设施，已按批准的设计文件要求建成，各项指标已达到设计能力并满足一定运行条件。

（二）项目法人与各参建单位已基本完成应归档文件材料的收集、整理、归档与移交工作。

（三）监理单位对主要施工单位提交的工程档案的整理与内在质量进行了审核，认为已达到验收标准，并提交了专项审核报告。

（四）项目法人基本实现了对项目档案的集中统一管理，且按要求完成了自检工作，并达到《评分标准》规定的合格以上分数。

第七条　项目法人在确认已达到第六条规定的条件后，应早于工程计划竣工验收的3个月前，按以下原则，向项目竣工验收主持单位提出档案验收申请：

主持单位是水利部的，应按归口管理关系通过流域机构或省级水行政主管部门申请；主持单位是流域机构的，直属项目可直接申请，地方项目应经省级水行政主管部门申请；主持单位是省级水行政主管部门的，可直接申请。

第八条　档案验收申请应包括项目法人开展档案自检工作的情况说明、自检得分数、自检结论等内容，并将项目法人的档案自检工作报告和监理单位专项审核报告附后。

档案自检工作报告的主要内容：工程概况，工程档案管理情况，文件材料收集、整理、归档与保管情况，竣工图编制与整理情况，档案自检工作的组织情况，对自检或以往阶段验收发现问题的整改情况，按《评分标准》自检得分与扣分情况，目前仍存在的问题，对工程档案完整、准确、系统性的自我评价等内容。

专项审核报告的主要内容：监理单位履行审核责任的组织情况，对监理和施工单位提交的项目档案审核、把关情况，审核档案的范围、数量，审核中发现的主要问题与整改情况，对档案内容与整理质量的综合评价，目前仍存在的问题，审核结果等内容。

第三章　验　收　组　织

第九条　档案验收由项目竣工验收主持单位的档案业务主管部门负责组织。

第十条　档案验收的组织单位，应对申请验收单位报送的材料进行认真审核，并根据项目建设规模及档案收集、整理的实际情况，决定先进行预验收或直接进行验收。对预验收合格或直接进行验收的项目，应在收到验收申请后的40个工作日内组织验收。

第十一条　对需进行预验收的项目，可由档案验收组织单位组织，也可由其委托流域机构或地方水行政主管部门组织（应有正式委托函）。被委托单位应在受委托的20个工作日内，按本办法要求组织预验收，并将预验收意见上报验收委托单位，同时抄送申请验收单位。

第十二条　档案验收的组织单位应会同国家或地方档案行政管理部门成立档案验收组进行验收。验收组成员，一般应包括档案验收组织单位的档案部门，国家或地方档案行政管理部门，有关流域机构和地方水行政主管部门的代表及有关专家。

第十三条　档案验收应形成验收意见。验收意见须经验收组2/3以上成员同意，并履行签字手续，注明单位、职务、专业技术职称。验收成员对验收意见有异议的，可在验收意见中注明个人意见并签字确认。验收意见应由档案验收组织单位印发给申请验收单位，并报国家或省级档案行政管理部门备案。

第四章　验　收　程　序

第十四条　档案验收通过召开验收会议的方式进行。验收会议由验收组组长主持，验收组成员及项目法人、各参建单位和运行管理等单位的代表参加。

第十五条　档案验收会议主要议程：

（一）验收组组长宣布验收会议文件及验收组组成人员名单；

（二）项目法人汇报工程概况和档案管理与自检情况；

（三）监理单位汇报工程档案审核情况；

（四）已进行预验收的，由预验收组织单位汇报预验收意见及有关情况；

（五）验收组对汇报有关情况提出质询，并察看工程建设现场；

（六）验收组检查工程档案管理情况，并按比例抽查已归档文件材料；

（七）验收组结合检查情况按验收标准逐项赋分，并进行综合评议，讨论、形成档案验收意见；

（八）验收组与项目法人交换意见，通报验收情况；

（九）验收组组长宣读验收意见。

第十六条　档案验收意见应包括的内容：

前言（验收会议的依据、时间、地点及验收组组成情况，工程概况，验收工作的步骤、方法与内容简述）；

一、档案工作基本情况：工程档案工作管理体制与管理状况；

二、文件材料的收集、整理质量，竣工图的编制质量与整理情况，已归档文件材料的种类与数量；

三、工程档案的完整、准确、系统性评价；

四、存在问题及整改要求；

五、得分情况及验收结论；

六、附件：档案验收组成员签字表。

第十七条　对档案验收意见中提出的问题和整改要求，验收组织单位应加强对落实情况的检查、督促；项目法人应在工程竣工验收前，完成相关整改工作，并在提出竣工验收申请时，将整改情况一并报送竣工验收主持单位。

第十八条　对未通过档案验收（含预验收）的，项目法人应在完成相关整改工作后，按本办法第二章要求，重新申请验收。

第五章　附　　则

第十九条　本办法由水利部负责解释。

第二十条　本办法自2008年10月10日起施行。

关于加强水利工程档案工作的通知

水办〔2009〕164号

（水利部2009年3月17日发布）

部直属各单位，各省、自治区、直辖市水利（水务）厅（局），各计划单列市水利（水务）局，新疆生产建设兵团水利局：

党中央、国务院高度重视水利基础设施建设，水利投资呈大幅增长趋势，一大批水利工程项目将要开工建设，新一转水利建设高潮已经开始。为进一步做好水利工程建设项目档案（以下简称工程档案）管理工作，实现在完成工程建设的同时形成“完整、准确、系统”工程档案的目标，根据国家有关法规政策和《水利工程建设项目档案管理规定》（水办〔2005〕480号）的要求，现就工程档案工作有关事项通知如下：

一、提高认识，加强领导

要高度重视工程档案工作。各级水行政主管部门要明确一名领导分管工程档案工作，明确相关业务主管部门对工程档案工作的监管责任，形成领导层面有人负责，具体工作有人抓、有人管，相关部门通力配合，共同促进工程档案工作开展的良好工作局面。项目法人是工程档案工作的责任主体，法人代表要充分认识自己的责任，加强对工程档案工作的领导，重点解决好工程档案工作机构、管理人员、工作经费、设备设施与安全管理等基本问题，为保障工程档案工作的依法开展创造条件。

二、明确要求，同步管理

要认真落实工程档案与工程项目建设的同步管理要求。各职能部门要将工程档案纳入项目管理工作程序，严格要求，同步管理。在研究布置项目工作时，要同步研究布置档案工作；在签订项目有关合同、协议时，要对工程档案的收集、整理与移交、归档工作提出明确要求；在检查项目进度、安全与施工质量时，要同步检查档案收集、整理情况；在进行项目成果评审、鉴定和重要阶段或竣工验收时，要同时审查、验收档案的质量。凡档案管理和整理质量达不到规范要求的，不得通过项目检查或验收。

三、认真履责、加强督导

要加强对工程档案工作的监督与指导。各级水行政主管部门和流域机构应认真履行对有关工程档案的监督、指导职责，其中工程建设主管部门对工程档案质量负有直接监管责任，档案业务主管部门对工程档案工作具有宏观监督、检查与指导责任。档案业务主管部门应与工程建设主管部门加强联系，了解工程建设动态，掌握行政区域或流域范围由有关重点工程建设情况，明确工程档案工作要求，并积极开展有针对性的检查、培训与业务指导工作。建设主管部门应积极配合档案业务主管部门，加强对有关工程档案工作落实情况的监督与检查，为确保工程档案与工程建设同步进行发挥积极作用。项目法人应依据国家有关法规政策和《水利工程建设项目档案管理规定》（水办〔2005〕480号）的要求，完善工程档案管理制度、分类方案和整编要求，加强对内设各职能部门和各参建单位产生档案材料的管理，确保各类应归档文件材料能够及时收集、规范整理、安全保管、按时归档或移交；项目法人内部的各职能部门与各参建单位，应严格按项目法人要求，加强管理，扎实工作，确保各类应归档文件材料的收集、整理符合完整、准确、系统的要求，并按规定进行归档或移交。

四、规范程序，严格把关

要进一步规范工程档案验收程序，严格把好验收关。各级水行政主管部门和项目法人要认真执行《水利工程建设项目验收管理规定》（水利部令第30号）和《水利工程建设项目档案验收管理办法》（水办〔2008〕366号），属于同步验收（含法人验收或阶段验收，以下同）的项目，主持验收单位要明确责任，落实检查或验收档案的范围与内容，确保阶段或全部档案能够如实记载工程建设历史，并符合规范要求。凡档案达不到规定要求的项目，不得通过验收。属于先期应进行档案专项验收的项目，要严格按要求，由项目主持验收单位的档案业务主管部门，按规定程序组织工程档案专项验收。凡档案专项验收不合格的，不得进行工程竣工验收；对虽有一定问题，但已通过档案专项验收的，应按专项验收意见的要求，完成相关整改工作后，才能申请工程竣工验收。

五、深入自查，切实整改

要认真查找差距，提高管理水平。各单位要根据本单位职责范围对工程档案工作进行一次认真的自查、部署，并在2009年6月底前，将自查情况形或书面报告报部办公厅。

书面报告的主要内容应包括：贯彻落实本通知的具体情况，本单位工程档案工作领导体制，工程档案与工程建设同步管理的情况，重点工程档案收集、整理与归档、移交情况，工程档案专项验收制度落实情况，自查发现的问题及其解决方案，进一步加强工程档案工作的打算，对水利部加强工程档案工作的意见与建议。

水利部将根据各单位报送报告的情况，对贯彻落实情况进行抽查。抽查工作将会同国家或地方档案行政管理部门共同进行，国家重点水利建设项目和其所在的省区市及流域机构将是抽查工作的重点。

关于印发《水利工程建设领域突出问题专项治理工作方案》的通知

水建管〔2009〕500号

（水利部2009年10月16日印发）

各流域机构，各省、自治区、直辖市水利（水务）厅（局），各计划单列市水利（水务）局，新疆生产建设兵团水利局，各有关单位：

为贯彻落实中共中央十七届四中全会精神和中共中央办公厅、国务院办公厅《关于开展工程建设领域突出问题专项治理工作的意见》（中办发〔2009〕27号，以下简称《意见》）、中央治理工程建设领域突出问题工作领导小组《工程建设领域突出问题专项治理工作实施方案》（中治工发〔2009〕2号），有计划、有步骤地做好水利工程建设领域突出问题专项治理工作，结合水利实际，我部制定了《水利工程建设领域突出问题专项治理工作方案》（以下简称《工作方案》），现印发给你们，请结合本部门和本单位的实际，认真贯彻执行。

一、充分认识开展水利工程建设领域突出问题专项治理工作的重要性和紧迫性

开展工程建设的领域突出问题专项治理工作，是党中央、国务院着眼于经济社会发展大局，着力解决工程建设领域影响和制约科学发展的突出问题而作出的重要决策，是推进以完善惩治和预防腐败体系为重点的反腐倡廉建设的重要举措，对于推动大内需、促进经济平稳较快发展，维护人民群众根本利益，促进科学发展，保持社会和谐稳定，具有十分重要的意义。

近年来，水利系统通过完善制度，强化措施，加强监管，水利建设市场秩序得到了明显规范，惩治和预防腐败体系建设得到进一步推进，水利工程质量和安全得到进一步改善，但是水利工程建设领域仍不同程度地存在一些突出问题，如在工程建设项目决策阶段，存在前期工作深度不够、工程设计报大建小、违规设计变更、地方配套资金不到位等问题；在招标投标阶段，存在规避招标，虚假招标、围标串标、评标不公等问题；在项目实施阶段，存在项目法人组建不规范、监理职责履行不到位、转包和违法分包、建设资金管理不规范等问题。个别工程建设项目存在质量和安全隐患等。在中央扩大投资规模、大力加强水利基础设施建设的情况下，开展水利工程建设领域突出问题专项治理工作，对于规范水利建设领域市场秩序，完善水利系统惩治和预防腐败体系建设，确保水利工程建设质量、安全和综合效益的充分发挥，具有十分重要的意义。

各级水行政主管部门一定要充分认识水利工程建设领域突出问题专项治理工作的重要性和紧迫性，切实增强做好专项治理工作的责任感和使命感，把思想和行动统一到中央的决策部署上来，把水利工程建设领域突出问题专项治理工作抓好抓实。

二、扎实做好专项治理各项工作

开展水利工程建设领域突出问题专项治理工作，要以科学发展观为统领，全面贯彻落实党的十七大精神，紧紧围绕大内需、加快发展、深化改革、改善民生、促进和谐等任务，以政府投资和使用国有资金的水利工程建设项目特别是大内需水利项目为重点，以改革创新、科学务实的精神，坚持围绕中心、统筹协调，标本兼治、惩防并举，坚持集中治理与加强日常监管相结合，着力解决水利工程建设领域存在的突出问题，确保工程安全、资金安全和干部安全，切实维护人民群众的根本利益，为水利事业又好又快发展提供坚强保证。要通过专项治理活动，使水利工程建设领域市场交易依法透明运行，水利工程建设法规制度比较完善，互联互通的水利工程建设市场诚信体系初步建立，水利工程建设健康有序发展的长效机制基本形成，领导干部违法违规插手干预水利工程建设的行为受到严肃查处，水利工程建设领域的腐败现象得到进一步遏制。为此，要重点做好以下几项工作：

（一）认真排查问题。要以 2008 年以来政府投资和使用国有资金的水利工程建设项目特别是大内需投资的水利工程建设项目为重点，进行全面排查，围绕规范水利工程建设项目决策行为，规范水利工程建设招标活动，加强水利工程建设实施和质量安全管理，推进水利工程建设项目信息公开和信用体系建设，加强水利工程建设稽查、审计、监察工作和加大案件查办力度等 5 个方面，找谁问题症结。各流域机构、各省（区、市）水利（水务）厅（局）要于 2010 年 2 月底前将自查报告报水利部专项治理工作领导小组办公室。

（二）狠抓整改落实。要通过专项治理工作，认真查找工作中存在的洞和薄弱环节，提出切实可行的措施和办法。要狠抓整改落实，明确整改工作的责任、任务分工和时间要求，进行全面、彻底地整改，确保不留隐患。要把解决突出问题和强化监管、建立长效机制相结合，及时把专项治理工作中形成的创新成果转化为规章制度。加强对重点部位和关键环节的制度建设，注重制度之间的配套衔接，增强制度的针对性、系统性和实效性。要加快水利建设市场信用体系建设，建立全国统一的水利建设市场主体信用信息平台，逐步建立失信惩戒和守信激励制度。

（三）加强监督检查。各有关部门要落实监管责任，健全有效联动、密切监控的监督机制，切实做好大规模水利基础设施建设的全过程、全方位监督检查，要着重加强对规划制定，项目审批，项目建设程序、招标投标活动、项目建设实施过程和工程质量与安全的监管。在充分发挥行政监督部门职能作用的同时，要继续发挥行政监察、稽察、审计等外部监督机制，积极探索利用现代科技手段增强监管效果的有效方法，发挥综合效能。

（四）加大办案力度。要坚决查办工程建设领域的腐败案件，重点查处有关工作人员特别是领导干部插手干预规划审批，招标投标等以权谋私行为，严厉查处规避招标、虚假招标以及擅自变更规划和设计、截留挪用建设资金等严重侵害国家和人民利益的违法违纪案件，要积极拓宽案源渠道，形成有效的举报投诉网络，健全举报投诉处理机制，深挖工程质量问题和安全事故背后的腐败问题。

三、建立强有力的专项治理领导和工作机制

水利部成立了以陈雷部长为组长的治理水利工程建设领域突出问题专项工作领导小组，领导小组办公室设在建设与管理司，并制定了《工作方案》，以加强对此项工作的组织领导，明确责任分工，强化指导协调，为专项治理工作顺利开展提供强有力的组织保障，确保专项治理工作取得实效。

各单位要认真学习领会中央精神，加强领导。把专项治理工作摆上重要议事日程。要成立相应的领导机构和工作机构，负责专项治理工作的组织实施；主要领导要亲自抓，分管领导要具体抓。要制定切实可行的工作方案，明确职责分工，做到责任到位、措施到位、工作到位、管理到位、监督到位，确保专项治理工作的人员、时间、内容、效果的四落实。请各流域机构、各省（区、市）水利（水务）厅（局）将领导机构成立文件和制定的其体实施方案于2009年11月10日前报水利部治理水利工程建设领域突出问题专项工作领导小组办公室。

水利部各牵头单位和各流域机构、各省（区、市）水利（水务）厅（局）领导小组要及时向部领导小组报告工作进展和有关工作建议，及时传达中央的重大决策部署和政策措施，确保政令通。要形成运转高效的沟通协调机制，形成工作合力，确保各项工作合理安排，迅速落实，全力推进。

附件

水利工程建设领域突出问题专项治理工作方案

为贯彻落实中共中央办公厅、国务院办公厅《关于开展工程建设领域突出问题专项治理工作的意见》（中办发〔2009〕27号）和中央治理工程建设领域突出问题工作领导小组《工程建设领域突出问题专项治理工作实施方案》（中治工发〔2009〕2号），有计划、有步骤地做好水利工程建设领域突出问题专项治理工作，结合水利实际，制定本工作方案。

一、总体要求、主要任务和阶段性目标

（一）总体要求

以科学发展观为统领，全面贯彻落实党的十七大精神，紧紧围绕扩大内需、加快发展、深化改革、改善民生、促进和谐等任务，以政府投资和使用国有资金的水利工程建设项目特别是扩大内需水利项目为重点，以改革创新、科学务实的精神，坚持围绕中心、统筹协调，标本兼治、惩防并举，坚持集中治理与加强日常监管相结合，着力解决水利工程建设领域存在的突出问题，确保工程安全、资金安全和干部安全，切实维护人民群众的根本利益，为水利事业又好又快发展提供坚强保证。

（二）主要任务

用2年左右的时间，对2008年以来政府投资和使用国有资金的规模以上的水利项目特别是扩大内需水利项目进行全面排查，切实解决水利工程建设领域存在的突出问题。进一步推进决策和规划管理工作公开透明，确保水利规划和项目审批依法实施；进一步规范招标投标活动，促进水利工程招标投标市场健康发展；进一步加强监督管理，确保水利工程建设领域的行政行为、市场行为更加规范；进一步深化体制机制制度改革，建立规范的水利工程建设市场体系；进一步落实工程建设质量和安全责任制，确保水利工程建设质量与安全。

（三）阶段性目标

水利工程建设法规制度比较完善，互联互通的水利工程建设市场信用体系初步建立，水利工程建设健康有序发展的长效机制基本形成，水利工程建设领域市场交易依法透明运

行，领导干部违法违规插手干预水利工程建设的行为受到严肃查处，水利工程建设领域的腐败现象得到进一步遏制。

二、职责分工

根据分级管理和业务归口管理的原则，明确分工，各负其责。水利部（包括流域机构）负责部直属水利工程建设项目的专项治理工作，对地方负责建设管理的水利工程建设项目专项治理工作进行督查指导；各省（区、市）水利（水务）厅（局）负责省直属水利工程建设项目的专项治理工作，部署、督查指导本地区地方水利工程建设项目的专项治理工作。水利工程建设项目的主管单位直接负责所管项目的专项治理工作。

水利部有关司局和单位按照职责分工，负责对所管理业务领域建设项目的专项治理工作进行督促检查和业务指导。规划计划司牵头负责水利工程规划、项目立项审查审批、投资计划管理等工作；建设与管理司负责水利工程建设的综合管理并牵头负责大江大河治理、骨干水利工程和病险水库（闸）除险加固等工程；水土保持司牵头负责水土保持建设工程；农村水利司牵头负责农村饮水安全、节水灌溉、灌区续建配套与节水改造、泵站建设与改造工程；水电局牵头负责水能资源开发和农村水电工程；驻部监察局牵头负责水利工程建设领域的执法监察、效能监察和案件查办工作。

三、任务分解、主要措施和责任单位

水利工程建设领域突出问题专项治理的任务分解为5个方面、29项主要措施，具体内容如下：

（一）规范水利工程建设项目决策行为

目标要求：着重解决或避免擅自改变规划、未批先建、违规审批、设计粗糙、“报大建小”、不按程序变更设计以及决策失误造成重大损失等突出问题，促进水利工程建设项目规划和审批公开透明、依法实施，不断提高水利工程建设项目前期工作质量。

主要措施和责任单位：

1. 加强水利规划管理。出台水利规划管理办法，明确政府在水利规划编制中的主导地位，强化规划编制单位的公正性与公平性，编制规划体系名录，加快规划编制、协调审批进度；完善规划论证制度，提高规划专家咨询与公众参与度，强化规划的科学性、民主性；加强对规划实施的监管，开展规划后评估；依法批准的水利工程规划，未经法定程序不得修改。

2. 严格水利项目审批。进一步明确水利工程建设项目行政审批事项的审批主体和审批权限，完善水利项目立项审批集体研究决策机制，逐步推行中央政府投资项目公示制度；根据《中华人民共和国水法》、《中华人民共和国防洪法》、《中华人民共和国水土保持法》、《中华人民共和国水污染防治法》、《中华人民共和国河道管理条例》等法律法规和《国务院关于投资体制改革的决定》（国发〔2004〕20号）等政策规定，认真执行水利建设项目审查、审批、核准、备案管理程序，加强项目立项审批前置条件监管，严格实施规划同意书审批、水资源论证及取水许可审批、涉河建设项目审批、环境影响报告书（表）预审、水土保持方案审批、移民安置规划大纲审批、移民安置规划审核等水利行政许可事项，开展重大水利工程建设项目安全评价；积极推行网上审批和网上监察；修订《水利基本建设投资计划管理暂行办法》，加强与有关部门在项目分类、审批权限、报批程序等方面的工作衔接。

牵头单位：规划计划司。

配合单位：政策法规司、水资源司、建设与管理司、水土保持司、农村水利司、驻部监察局、水电局、移民开发局、水规总院。

3. 提高水利项目前期工作质量。加大前期工作投入，积极推行项目前期工作招投标制度，选择具备相应资质的单位承担项目勘测设计任务，加强勘探测量工作，严格各设计阶段工程设计标准和等别，认真执行强制性标准和规程规范，确保勘测设计工作达到规程规范要求深度；加强概算编制管理，科学合理确定项目建设规模，严格控制工程造价；重视前期工作中的土地移民问题，从规划布局、工程方案比选论证、建筑物用地控制标准等方面从严把关，优选工程占地少、经济合理的工程方案；对前期工作不完善、不符合有关规定的中央项目和申请中央补助资金的地方项目，一律不安排投资计划。

牵头单位：规划计划司。

配合单位：建设与管理司、水土保持司、农村水利司、水电局、水规总院。

4. 加强设计变更和概算调整管理。编制出台《水利建设工程设计变更管理办法》，严格执行设计变更手续，重大设计变更须报原审批单位审批；严格执行国家发展改革委《关于加强中央预算内投资项目概算调整管理的通知》（发改投资〔2009〕1550 号），加强中央预算内投资项目概算调整管理，确需调整概算的中央投资水利项目，报原审批单位审批；对概算调增幅度超过原批复概算 10%的项目，原则上先安排进行审计，视审计情况再进行概算调整；严格资金拨付和使用程序，对未经审批的超概算、超计划的项目不下达预算，不支付资金。

牵头单位：规划计划司。

配合单位：财务司、建设与管理司、水土保持司、农村水利司、直属机关党委、水电局、水规总院。

5. 督促地方配套资金落实。督促检查地方落实水利建设项目配套资金，各地应明确地方配套投资责任主体，合理分摊配套投资比例，加大地方各级尤其是省级财政投入力度；对水利项目配套资金不到位的，采取控制审批新上项目、调减投资计划安排、申请财政部扣减预算、调整转移支付资金等方式进行处罚，促使地方配套资金足额及时到位。

牵头单位：规划计划司、财务司。

配合单位：建设与管理司、水土保持司、农村水利司、安全监督司、水电局。

6. 强化水能资源开发管理。建立健全水能资源开发制度和规范高效、协调有序的水能资源管理工作机制；坚决遏制水能资源无序开发，清理整顿“四无”水电站。

牵头单位：水电局、规划计划司。

配合单位：政策法规司、水资源司、驻部监察局、水规总院。

（二）规范水利工程建设招标投标活动

目标要求：着重解决规避招标、虚假招标、围标串标、评标不公等突出问题，促进水利工程建设招标投标活动的公开、公平、公正。

主要措施和责任单位：

7. 规范施工招标文件编制。继续做好《标准施工招标资格预审文件》、《标准施工招标文件》贯彻实施工作，加快编制完成《水利水电工程标准施工招标文件》和《水利水电工程标准施工招标资格预审文件》。

牵头单位：建设与管理司。

配合单位：政策法规司。

8. 规范招标投标行为。根据《中华人民共和国招标投标法》、《水利工程建设项目招标投标管理规定》（水利部令第 14 号）、《工程建设项目招标范围和规模标准规定》（国家发展计划委令第 3 号）和《关于印发贯彻落实扩大内需促进经济增长决策部署进一步加强工程建设招标投标监管工作意见的通知》（发改法规〔2009〕1361 号）等有关规定，严格履行招标投标程序，严格核准招标范围、招标方式和招标组织形式，严格审批非公开招标项目，确保依法应该公开招标的项目实行公开招标。

9. 规范评标工作。评标标准和方法应科学合理，建立防范低于成本价中标行为的机制，加强围标串标治理，有效控制围标串标、恶意低价中标行为；进一步加强评标专家管理，建立培训、考核、评价制度，规范评标专家行为，健全评标专家退出机制；积极探索招标投标电子化建设，开展电子招标的试点和推广应用；防范和打击水利建设领域围标串标、借用资质等违法违规行为。

牵头单位：建设与管理司、水土保持司、农村水利司、水电局。

配合单位：安全监督司、驻部监察局。

10. 健全招标投标监督机制和举报投诉处理机制。认真执行《水利工程建设项目招标投标行政监督暂行规定》（水建管〔2006〕38 号）等文件，建立健全科学、高效的监督机制和监控体系，对招标投标活动进行全过程监督。按照《工程建设项目招标投标活动投诉处理办法》（国家发展改革委令第 11 号）的要求，进一步健全举报投诉处理机构；强化招标投标行政监察和审计工作，严格落实招标投标违法行为记录公告制度。

牵头单位：建设与管理司、驻部监察局、直属机关党委。

配合单位：水土保持司、农村水利司、安全监督司、水电局。

（三）加强水利工程建设实施和质量安全管理

目标要求：着重解决项目法人组建不规范、管理力量薄弱，转包和违法分包，监理不到位，质量与安全责任制不落实、措施不到位，资金管理使用混乱等突出问题，避免重特大质量与安全事故的发生。

主要措施和责任单位：

11. 加强法规制度建设。全面清理水利工程建设领域的法规制度，分类作出处理，不适应的予以废止，不完善的及时修订，需要新出台的抓紧研究制定。加强对重点部位和关键环节的制度建设，注重制度之间的配套衔接，增强制度的针对性、系统性和实效性。

牵头单位：政策法规司。

配合单位：规划计划司、建设与管理司、水土保持司、农村水利司、安全监督司、水电局。

12. 研究解决民生水利工程建设管理不规范的问题。结合病险水库（闸）除险加固、农村饮水、灌区配套与节水改造、水土保持、农村水电等工程实际，加强对民生水利工程建设管理中项目法人组建、招标投标、工程监理等重点环节的调查研究，出台相关管理规定，规范建设管理；统筹建设管理力量，开展业务培训，培育发展专业化的水利建设管理队伍，积极稳妥地推进项目代建制和委托制。

牵头单位：建设与管理司、水土保持司、农村水利司、水电局。

13. 严把水利建设市场准入关。严格水利工程建设市场主体准入条件，做好水利建设市场设计、监理、施工、质量检测等单位的资质管理和水利工程建设从业人员的资格管理工作，建立完善市场清出机制；参建单位必须在其资质等级许可范围内从事相应的经营活动，不得超越资质权限和任意扩大经营范围。

14. 加强建设监理管理。按照《水利工程建设监理规定》（水利部令第 28 号）等有关制度开展监理工作，修订《水利工程建设项目施工监理规范》，制定《水土保持工程施工监理规范》、《机电及金属结构设备制造监理导则》、《水利工程建设环境保护监理导则》；积极培育水利工程监理市场，着力规范监理市场秩序；强化监理行为监管，督促监理单位严格履行监理职责，保证现场监理力量；加强监理人员知识更新培训，提高监理人员业务素质和实际能力。

牵头单位：建设与管理司。

配合单位：水土保持司、农村水利司、水电局、水规总院。

15. 加强合同管理。严格执行《中华人民共和国合同法》，督促项目主管部门、项目法人等提高依法履约意识，提高合同履行水平，防范水利工程建设转包和违法分包行为，逐步建立水利工程防止拖欠工程款和农民工工资长效机制。

牵头单位：建设与管理司。

配合单位：水土保持司、农村水利司、水电局。

16. 严把开工审批关。水利工程建设项目主体工程开工前，项目法人应按照《国务院办公厅关于加强和规范新开工项目管理的通知》（国办发〔2007〕64 号）和《关于加强水利工程建设项目开工管理工作的通知》（水建管〔2006〕144 号）的规定申请开工，经有审批权的水行政主管部门批准后，工程方能开工。严格审核项目开工条件，对未经批准擅自开工、弄虚作假骗取开工审批的建设项目要严肃处理。

牵头单位：建设与管理司。

配合单位：水土保持司、农村水利司、水电局。

17. 强化验收管理。验收工作要严格按照《水利工程建设项目验收管理规定》（水利部令第 30 号）、《水利水电建设工程验收规程》（SL 223—2008）等有关规定和技术标准进行；竣工验收前，应当按照国家有关规定，进行环境保护、水土保持、移民安置以及工程档案等专项验收，并完成竣工财务决算及审计工作；未经验收或者验收不合格的，不得交付使用或者进行后续工程施工。

牵头单位：建设与管理司。

配合单位：办公厅、规划计划司、水资源司、财务司、水土保持司、农村水利司、安全监督司、直属机关党委、水电局、移民开发局、水规总院。

18. 加强质量管理。修订《水利工程质量管理规定》（水利部令第 7 号）、《水利工程质量事故处理暂行规定》（水利部令第 9 号），健全项目法人负责、监理单位控制、施工单位保证和政府质量监督相结合的质量管理体系，严格质量标准和操作规程，落实质量终身负责制；修订《水利工程质量监督管理规定》（水建〔1997〕339号），完善水利工程质量监督管理制度，保证质量监督工作经费，健全质量监督工作机制，提高监督水平；认真贯彻执行《水利工程质量检测管理规定》（水利部令第36号），确保质量检测工作有序开展。

牵头单位：建设与管理司。

配合单位：政策法规司、水土保持司、农村水利司、驻部监察局、水电局。

19. 加强安全生产管理。严格执行《建设工程安全生产管理条例》和《水利工程建设安全生产管理规定》（水利部令第26号），制定《水利工程建设安全生产监督管理规定》，建立安全生产综合监管与专业监管相结合的管理体系，落实水利工程建设安全生产责任制，明确安全责任主体，加强现场安全管理，完善安全技术措施，强化安全生产监督检查，加大事故隐患排查治理、安全生产违法违规行为处罚和安全事故查处督导力度；完善水利工程建设项目安全设施“三同时”工作。

牵头单位：安全监督司。

配合单位：建设与管理司、水土保持司、农村水利司、水电局。

20. 加强基建财务管理。督促项目法人加强项目账务管理，严格资金拨付和使用程序，严禁大额现金支付工程款，规范物资采购、合同管理等；完善灌区、农村饮水安全以及扩大内需水利工程等项目资金管理办法。

牵头单位：财务司。

配合单位：规划计划司、建设与管理司、水土保持司、农村水利司、水电局。

21. 加强征地补偿和移民安置管理工作。组织开展水利工程移民安置实施工作专项检查和督导，督促、指导地方严格执行经批准的补偿标准。

牵头单位：移民开发局。

配合单位：规划计划司、财务司、直属机关党委、驻部监察局、水规总院。

（四）推进水利工程建设项目信息公开和诚信体系建设

目标要求：着重解决水利工程建设信息公开不规范不透明、市场准入和退出机制不健全以及水利工程建设领域信用缺失等突出问题，进一步规范水利建设市场秩序，逐步建立互联互通的水利工程建设市场信用体系。

主要措施和责任单位：

22. 公开项目建设信息。认真贯彻政府信息公开条例，及时发布水利工程建设项目招标信息，公开项目招标过程、施工管理、合同履约、质量检查、安全检查和竣工验收等相关建设信息。

23. 拓宽信息公开渠道。利用政府门户网站和各种媒体，完善水利工程建设项目信息平台，逐步实现水利行业信息共建共享。

24. 深入宣传报道。发挥新闻媒体的作用，加强对专项治理工作的宣传报道，强化对水利工程建设领域的舆论监督和社会监督。

牵头单位：办公厅、建设与管理司。

配合单位：规划计划司、政策法规司、水土保持司、农村水利司、安全监督司、驻部监察局、水电局、水规总院。

25. 加快信用体系建设。制定水利建设市场主体不良行为记录公告办法和水利建设市场主体信用信息管理暂行办法，建立全国统一的水利建设市场主体信用信息平台。研究出台建立水利建设市场信用体系的指导性意见，逐步建立失信惩戒和守信激励制度。

牵头单位：建设与管理司。

配合单位：驻部监察局、规划计划司、政策法规司、水土保持司、农村水利司、安全监督司、水电局、水规总院。

（五）加强水利工程建设稽察、审计、监察工作，加大案件查办力度

目标要求：着重解决水利工程建设过程中存在的违法、违规、违纪行为和机关工作人员特别是领导干部利用职权违规干预招标投标、规划审批等突出问题，加大稽察、审计、监察、检查和责任追究力度，遏制水利工程建设领域腐败现象。

主要措施和责任单位：

26. 强化水利工程建设稽察工作。加大对重点水利项目和重点民生水利工程的稽察力度；注重稽察工作成效，督促稽察整改意见落实，提高稽察工作效率和权威；开展稽察成果分析和对策研究，促进水利工程建设项目规范管理；加强稽察法制建设，规范稽察行为，修订《水利基本建设项目稽察暂行办法》。

牵头单位：安全监督司。

配合单位：规划计划司、建设与管理司、水土保持司、农村水利司、驻部监察局、水电局。

27. 强化水利工程建设审计工作。抓住重点，提前介入，主动跟进，客观评价水利工程建设项目绩效，及时揭示项目建设管理中存在的问题，督促整改落实，做到边审计、边整改、边规范、边提高，确保重点水利工程项目建设顺利进行。

牵头单位：直属机关党委。

配合单位：规划计划司、财务司、建设与管理司、水土保持司、农村水利司、水电局。

28. 强化水利工程建设监察工作。开展水利工程建设专项执法监察和效能监察，加强对水利建设领域重点项目、重点环节和重点岗位的监督检查力度。

牵头单位：驻部监察局。

配合单位：规划计划司、建设与管理司、水土保持司、农村水利司、安全监督司、水电局。

29. 加大案件查办力度。拓宽案源渠道，公布专项治理电话和网站，认真受理群众举报和投诉，注重案件线索，集中查处和通报一批水利工程建设领域典型案件；发挥查办案件的治本功能，剖析大案要案，开展警示教育，查找体制机制制度存在的缺陷和漏洞，提出加强管理的措施。

牵头单位：驻部监察局。

配合单位：办公厅、规划计划司、财务司、人事司、建设与管理司、水土保持司、农村水利司、安全监督司、直属机关党委、水电局。

四、工作步骤

水利工程建设领域突出问题专项治理工作从2009年9月开始，共分三个步骤。

（一）深入排查问题

各流域机构和地方各级水行政主管部门要对照有关法律法规和政策规定，组织自查自纠，认真查找重点工作和关键环节存在的突出问题，深刻分析原因，查找存在的漏洞和薄弱环节，提出整改措施和办法，作出处理。自查报告于 2010 年 2 月底前报部领导小组。各流域机构、各省（区、市）水利（水务）厅（局）选择重点项目、重点环节组织重点督查；部领导小组适时组织抽查。

（二）认真进行整改

针对自查、抽查中发现的问题，制定和完善整改措施，落实整改责任，及时纠正；落实监管责任，健全有效联动、密切监控的监督机制。加大行政执法力度，查处因监管不力、行政不作为和乱作为造成重大损失的行为；及时总结并推广专项治理工作中的做法和经验；认真清理水利工程建设领域的法规制度和规范性文件，不适用的要及时废止，不健全的要尽快修订完善。

（三）巩固治理成果

及时把专项治理工作中的有效措施和经验转化为法规制度，进一步提出需要完善的法规制度和加强日常监管的工作措施，建立健全长效机制。专项治理工作结束后，各牵头单位、各流域机构、各省（区、市）水利（水务）厅（局）要编写专项治理总结报告，2011 年 11 月底前报部领导小组。部领导小组将对水利系统专项治理工作进行全面总结，向中央专项治理工作领导小组报告。

五、保障措施

水利工程建设领域突出问题专项治理工作是一项复杂的系统工程，也是当前一项重大而紧迫的政治任务。要按照中央的部署和要求，以求真务实的精神，加强领导，落实责任，周密组织，确保专项治理工作的各项任务落到实处。

（一）加强组织领导

各级水行政主管部门要把专项治理工作作为近期水利工作的重点，加强领导，认真部署，全面落实。水利部成立治理水利工程建设领域突出问题专项工作领导小组，部党组书记、部长陈雷任组长，部党组成员、中纪委驻水利部纪检组组长董力，部党组成员、副部长矫勇任副组长，有关司局主要负责人为小组成员，办公室设在建设与管理司。各牵头单位、各流域机构、各省（区、市）水利（水务）厅（局）主要领导要负总责，明确一名分管领导具体抓，成立相应的领导机构和工作班子，负责专项治理工作的组织实施；结合实际制定具体方案，明确目标、进度和时间要求，分解工作任务和措施，落实相应的责任单位，2009 年 11 月 10 日前将方案报部领导小组。

（二）落实工作责任

要高度重视专项治理工作，扎扎实实地把工作做好，不搞形式主义，不走过场。各单位要根据职责分工进一步将工作责任和措施分解到处室，落实到人员，尽快形成主要领导亲自抓、负总责，分管领导具体抓，一级抓一级、层层抓落实的工作局面，确保领导到位、任务到位、责任到位、措施到位、管理到位、监督到位，保证按期完成任务。

（三）搞好协作配合

要发挥整体效应，系统解决水利工程建设领域存在的突出问题。各牵头单位和各流域机构、各省（区、市）水利（水务）厅（局）领导小组要及时向部领导小组报告工作进展和有关工作建议，及时向下传达中央的重大决策部署和政策措施，确保政令畅通。要加强与国家有关部门的沟通协商，及时通报有关情况，共同研究解决重大问题。要加强沟通协调、团结一致、密切配合，形成工作合力，确保各项工作合理安排，迅速落实，全力推进。

（四）强化督促检查

深入基层，深入现场，加强对重点项目、重点部位、关键环节的检查，掌握工作进度，督促工作落实；对治理工作迟缓的地区和部门，要重点督查，促其整改；对拒不自查、掩盖问题或弄虚作假的要实施严格的责任追究；要加强调查研究，多方面征求意见，从政策和工作两个层面提出治理措施；要及时总结和推广好的做法和经验，推动专项治理工作的健康有序开展。

三、土 地 征 占

关于印发《确定土地所有权和使用权的若干规定》的通知

〔1995〕国土［籍］字第 26 号

（国家土地管理局 1995 年 3 月 11 日印发）

各省、自治区、直辖市土地（国土）管理局（厅）：

国家土地管理局《关于确定土地权属问题的若干意见》（〔1989〕国土［籍］字第 73 号，以下简称《意见》）印发五年多来，对于贯彻《土地管理法》，解决土地权属争议，促进土地登记工作起到了重要作用。随着土地使用制度改革的深化和发展，需要对《意见》加以充实和完善。为此，我局在研究、总结了各地确权实践及各方面意见和建议的基础上，根据有关法律、法规和政策，将《意见》修订为《确定土地所有权和使用权的若干规定》。现印发给你们，请遵照执行，原《意见》同时废止。

附件

确定土地所有权和使用权的若干规定*

第一章 总 则

第一条 为了确定土地所有权和使用权，依法进行土地登记，根据有关的法律、法规和政策，制订本规定。

第二条 土地所有权和使用权由县级以上人民政府确定，土地管理部门具体承办。

土地权属争议，由土地管理部门提出处理意见，报人民政府下达处理决定或报人民政府批准后由土地管理部门下达处理决定。

第二章 国家土地所有权

第三条 城市市区范围内的土地属于国家所有。

---

* 本篇法规已根据《关于修改部分规范性文件的决定》（国土资发〔2010〕190 号）（发布日期：2010 年 12 月 3 日，实施日期：2010 年 12 月 3 日）修改。

第四条　依据一九五〇年《中华人民共和国土地改革法》及有关规定，凡当时没有将土地所有权分配给农民的土地属于国家所有；实施一九六二年《农村人民公社工作条例修正草案》（以下简称《六十条》）未划入农民集体范围内的土地属于国家所有。

第五条　国家建设征用的土地，属于国家所有。

第六条　开发利用国有土地，开发利用者依法享有土地使用权，土地所有权仍属国家。

第七条　国有铁路线路、车站、货场用地以及依法留用的其他铁路用地属于国家所有。土改时已分配给农民所有的原铁路用地和新建铁路两侧未经征用的农民集体所有土地属于农民集体所有。

第八条　县级以上（含县级）公路线路用地属于国家所有。公路两侧保护用地和公路其他用地凡未经征用的农民集体所有的土地仍属于农民集体所有。

第九条　国有电力、通讯设施用地属于国家所有。但国有电力通讯杆塔占用农民集体所有的土地，未办理征用手续的，土地仍属于农民集体所有，对电力通讯经营单位可确定为他项权利。

第十条　军队接收的敌伪地产及解放后经人民政府批准征用、划拨的军事用地属于国家所有。

第十一条　河道堤防内的土地和堤防外的护堤地，无堤防河道历史最高洪水位或者设计洪水位以下的土地，除土改时已将所有权分配给农民，国家未征用，且迄今仍归农民集体使用的外，属于国家所有。

第十二条　县级以上（含县级）水利部门直接管理的水库、渠道等水利工程用地属于国家所有。水利工程管理和保护范围内未经征用的农民集体土地仍属于农民集体所有。

第十三条　国家建设对农民集体全部进行移民安置并调剂土地后，迁移农民集体原有土地转为国家所有。但移民后原集体仍继续使用的集体所有土地，国家未进行征用的，其所有权不变。

第十四条　因国家建设征用土地，农民集体建制被撤销或其人口全部转为非农业人口，其未经征用的土地，归国家所有。继续使用原有土地的原农民集体及其成员享有国有土地使用权。

第十五条　全民所有制单位和城镇集体所有制单位兼并农民集体企业的，办理有关手续后，被兼并的原农民集体企业使用的集体所有土地转为国家所有。乡（镇）企业依照国家建设征用土地的审批程序和补偿标准使用的非本乡（镇）村农民集体所有的土地，转为国家所有。

第十六条　一九六二年九月《六十条》公布以前，全民所有制单位，城市集体所有制单位和集体所有制的华侨农场使用的原农民集体所有的土地（含合作化之前的个人土地），迄今没有退给农民集体的，属于国家所有。

《六十条》公布时起至一九八二年五月《国家建设征用土地条例》公布时止，全民所有制单位、城市集体所有制单位使用的原农民集体所有的土地，有下列情形之一的，属于国家所有：

1. 签订过土地转移等有关协议的；

2. 经县级以上人民政府批准使用的；

3. 进行过一定补偿或安置劳动力的；

4. 接受农民集体馈赠的；

5. 已购买原集体所有的建筑物的；

6. 农民集体所有制企事业单位转为全民所有制或者城市集体所有制单位的。

一九八二年五月《国家建设征用土地条例》公布时起至一九八七年《土地管理法》开始施行止，全民所有制单位、城市集体所有制单位违反规定使用的农民集体土地，依照有关规定进行了清查处理后仍由全民所有制单位、城市集体所有制单位使用的，确定为国家所有。

凡属上述情况以外未办理征地手续使用的农民集体土地，由县级以上地方人民政府根据具体情况，按当时规定补办征地手续，或退还农民集体。一九八七年《土地管理法》施行后违法占用的农民集体土地，必须依法处理后，再确定土地所有权。

第十七条 一九八六年三月中共中央、国务院《关于加强土地管理、制止乱占耕地的通知》发布之前，全民所有制单位、城市集体所有制租用农民集体所有的土地，按照有关规定处理后，能够恢复耕种的，退还农民集体耕种，所有权仍属于农民集体；已建成永久性建筑物的，由用地单位按租用时的规定，补办手续，土地归国家所有。凡已经按照有关规定处理了的，可按处理决定确定所有权和使用权。

第十八条 土地所有权有争议，不能依法证明争议土地属于农民集体所有的，属于国家所有。

第三章 集体土地所有权

第十九条 土地改革时分给农民并颁发了土地所有证的土地，属于农民集体所有；实施《六十条》时确定为集体所有的土地，属农民集体所有。依照第二章规定属于国家所有的除外。

第二十条 村农民集体所有的土地，按目前该村农民集体实际使用的本集体土地所有权界线确定所有权。

根据《六十条》确定的农民集体土地所有权，由于下列原因发生变更的，按变更后的现状确定集体土地所有权。

（一）由于村、队、社、场合并或分割等管理体制的变化引起土地所有权变更的：

（二）由于土地开发、国家征地、集体兴办企事业或者自然灾害等原因进行过土地调整的；

（三）由于农田基本建设和行政区划变动等原因重新划定土地所有权界线的。行政区划变动未涉及土地权属变更的，原土地权属不变。

第二十一条 农民集体连续使用其他农民集体所有的土地已满二十年的，应视为现使用者所有；连续使用不满二十年，或者虽满二十年但在二十年期满之前所有者曾向现使用者或有关部门提出归还的，由县级以上人民政府根据具体情况确定土地所有权。

第二十二条 乡（镇）或村在集体所有的土地上修建并管理的道路、水利设施用地，分别属于乡（镇）或农村农民集体所有。

第二十三条　乡（镇）或村办企事业单位使用的集体土地，《六十条》公布以前使用的，分别属于该乡（镇）或村农民集体所有；《六十条》公布时起至一九八二年国务院《村镇建房用地管理条例》发布时止使用的，有下情况之一的，分别属于该乡（镇）或村农民集体所有：

1. 签订过用地协议的（不含租借）；

2. 经县、乡（公社）、村（大队）批准或同意，并进行了适当的土地调整或者经过一定补偿的；

3. 通过购买房屋取得的；

4. 原集体企事业单位体制经批准变更的。

一九八二年国务院《村镇建房用地管理条例》发布时起至一九八七年《土地管理法》开始施行时止，乡（镇）、村办企事业单位违反规定使用的集体土地按照有关规定清查处理后，乡（镇）、村集体单位继续使用的，可确定为该乡（镇）或村集体所有。

乡（镇）、村办企事业单位采用上述以外的方式占用的集体土地，或虽采用上述方式，但目前土地利用不合理的，如荒废、闲置等，应将其全部或部分土地退还原村或乡农民集体，或按有关规定进行处理。一九八七年《土地管理法》施行后违法占用的土地，须依法处理后再确定所有权。

第二十四条　乡（镇）企业使用本乡（镇）、村集体所有的土地，依照有关规定进行补偿和安置的，土地所有权转为乡（镇）农民集体所有。经依法批准的乡（镇）、村公共设施、公益事业使用的农民集体土地，分别属于乡（镇）、村农民集体所有。

第二十五条　农民集体经依法批准以土地使用权作为联营条件与其他单位或个人举办联营企业的，或者农民集体经依法批准以集体所有的土地的使用权作价入股，举办外商投资企业和内联乡镇企业的，集体土地所有权不变。

第四章　国有土地使用权

第二十六条　土地使用权确定给直接使用土地的具有法人资格的单位或个人。但法律、法规、政策和本规定另有规定的除外。

第二十七条　土地使用者经国家依法划拨、出让或解放初期接收、沿用，或通过依法转让、继承、接受地上建筑物等方式使用国有土地的，可确定其国有土地使用权。

第二十八条　土地公有制之前，通过购买房屋或土地及租赁土地方式使用私有的土地，土地转为国有后迄今仍继续使用的，可确定现使用者国有土地使用权。

第二十九条　因原房屋拆除、改建或自然坍塌等原因，已经变更了实际土地使用者的，经依法审核批准，可将土地使用权确定给实际土地使用者；空地及房屋坍塌或拆除后两年以上仍未恢复使用的土地，由当地县级以上人民政府收回土地使用权。

第三十条　原宗教团体、寺观教堂宗教活动用地，被其他单位占用，原使用单位因恢复宗教活动需要退还使用的，应按有关规定予以退还。确属无法退还或土地使用权有争议的，经协商、处理后确定土地使用权。

第三十一条　军事设施用地（含靶场、试验场、训练场）依照解放初土地接收文件和人民政府批准征用或划拨土地的文件确定土地使用权。土地使用权有争议的，按照国务院、中央军委有关文件规定处理后，再确定土地使用权。

国家确定的保留或地方代管的军事设施用地的土地使用权确定给军队，现由其他单位使用的，可依照有关规定确定为他项权利。

经国家批准撤销的军事设施，其土地使用权依照有关规定由当地县级以上人民政府收回并重新确定使用权。

第三十二条 依法接收、征用、划拨的铁路线路用地及其他铁路设施用地，现仍由铁路单位使用的，其使用权确定给铁路单位。铁路线路路基两侧依法取得使用权的保护用地，使用权确定给铁路单位。

第三十三条 国家水利、公路设施用地依照征用、划拨文件和有关法律、法规划定用地界线。

第三十四条 驻机关、企事业单位内的行政管理和服务性单位，经政府批准使用的土地，可以由土地管理部门商被驻单位规定土地的用途和其他限制条件后分别确定实际土地使用者的土地使用权。但租用房屋的除外。

第三十五条 原由铁路、公路、水利、电力、军队及其他单位和个人使用的土地，一九八二年五月《国家建设征用土地条例》公布之前，已经转由其他单位或个人使用的，除按照国家法律和政策应当退还的外，其国有土地使用权可确定给实际土地使用者，但严重影响上述部门的设施安全和正常使用的，暂不确定土地使用权，按照有关规定处理后，再确定土地使用权。一九八二年五月以后非法转让的，经依法处理后再确定使用权。

第三十六条 农民集体使用的国有土地，其使用权按县级以上人民政府主管部门审批、划拨文件确定；没有审批、划拨文件的，依照当时规定补办手续后，按使用现状确定；过去未明确划定使用界线的，由县级以上人民政府参照土地实际使用情况确定。

第三十七条 未按规定用途使用的国有土地，由县级以上人民政府收回重新安排使用，或者按有关规定处理后确定使用权。

第三十八条 一九八七年一月《土地管理法》施行之前重复划拨或重复征用的土地，可按目前实际使用情况或者根据最后一次划拨或征用文件确定使用权。

第三十九条 以土地使用权为条件与其他单位或个人合建房屋的，根据此准文件、合建协议或者投资数额确定土地使用权，但一九八二年《国家建设征用土地条例》公布后合建的，应依法办理土地转让手续后再确定土地使用权。

第四十条 以出让方式取得的土地使用权或以划拨方式取得的土地使用权补办出让手续后作为资产入股的，土地使用权确定给股份制企业。

国家以土地使用权作价入股的，土地使用权确定给股份制企业。

国家将土地使用权租赁给股份制企业的，土地使用权确定给股份制企业。企业以出让方式取得的土地使用权或以划拨方式取得的土地使用权补办出让手续后，出租给股份制企业的，土地使用权不变。

第四十一条 企业以出让方式取得的土地使用权，企业破产后，经依法处置，确定给新的受让人；企业通过划拨方式取得的土地使用权，企业破产时，其土地使用权由县级以上人民政府收回后，根据有关规定进行处置。

第四十二条 法人之间合并，依法属于应当以有偿方式取得土地使用权的，原土地使用权应当办理有关手续，有偿取得土地使用权；依法可以以划拨形式取得土地使用权的，可以办理划拨土地权属变更登记，取得土地使用权。

第五章 集体土地建设用地使用权

第四十三条 乡（镇）村办企业事业单位和个人依法使用农民集体土地进行非农业建设的，可依法确定使用者集体土地建设用地使用权。对多占少用、占而不用的，其闲置部分不予确定使用权，并退还农民集体，另行安排使用。

第四十四条 依照本规定第二十五条规定的农民集体土地，集体土地建设用地使用权确定给联营或股份企业。

第四十五条 一九八二年二月国务院发布《村镇建房用地管理条例》之前农村居民建房中用的宅基地，超过当地政府规定的面积，在《村镇建房用地管理条例》施行后未经拆迁、改建、翻建的，可以暂按现有实际使用面积确定集体土地建设用地使用权。

第四十六条 一九八二年二月《村镇建房用地管理条例》发布时起至一九八七年一月《土地管理法》开始施行时止，农村居民建房占用的宅基地，其面积超过当地政府规定标准的，超过部分按一九八六年三月中共中央、国务院《关于加强土地管理、制止乱占耕地的通知》及地方人民政府的有关规定处理后，按处理后实际使用面积确定集体土地建设用地使用权。

第四十七条 符合当地政府分户建房规定而尚未分户的农村居民，其现有的宅基地没有超过分户建房用地合计面积标准的，可按现有宅基地面积确定集体土地建设用地使用权。

第四十八条 非农业户口居民（含华侨）原在农村的宅基础，房屋产权没有变化的，可依法确定其集体土地建设用地使用权。房屋拆除后没有批准重建的，土地使用权由集体收回。

第四十九条 接受转让、购买房屋取得的宅基地，与原有宅基地合计面积超过当地政府规定标准，按照有关规定处理后允许继续使用的，可暂确定其集体土地建设用地使用权。继承房屋取得的宅基地，可确定集体土地建设用地使用权。

第五十条 农村专业户宅基地以外的非农业建设用地与宅基地分别确定集体土地建设用地使用权。

第五十一条 按照本规定第四十五条至第四十九条的规定确定农村居民宅基地集体土地建设用地使用权时，其面积超过当地政府规定标准的，可在土地登记卡和土地证书内注明超过标准面积的数量。以后分户建房或现有房屋拆迁、改建、翻建或政府依法实施规划重新建设时，按当地政府规定的面积标准重新确定使用权，其超过部分退还集体。

第五十二条 空闲或房屋坍塌、拆除两年以上未恢复使用的宅基地，不确定土地使用权。已经确定使用权的，由集体报经县级人民政府批准，注销其土地登记，土地由集体收回。

第六章 附 则

第五十三条 一宗地由两个以上单位或个人共同使用的，可确定为共有土地使用权。共有土地使用权面积可以在共有使用人之间分摊。

第五十四条 地面与空中、地面与地下立体交叉使用土地的（楼房除外），土地使用权确定给地面使用者，空中和地下可确定为他项权利。

平面交叉使用土地的，可以确定为共有土地使用权；也可以将土地使用权确定给主要用途或优先使用单位，次要和服从使用单位可确定为他项权利。

上述两款中的交叉用地，如属合法批准征用、划拨的，可按批准文件确定使用权，其他用地单位确定为他项权利。

第五十五条 依法划定的铁路、公路、河道、水利工程、军事设施、危险品生产和储存地、风景区等区域的管理和保护范围内的土地，其土地的所有权和使用权依照土地管理有关法规确定。但对上述范围内的土地的用途，可以根据有关的规定增加适当的限制条件。

第五十六条 土地所有权或使用权证明文件上的四至界线与实地一致，但实地面积与批准面积不一致的，按实地四至界线计算土地面积，确定土地的所有权或使用权。

第五十七条 他项权利依照法律或当事人约定设定。他项权利可以与土地所有权或使用权同时确定，也可以土地所有权或使用权确定之后增设。

第五十八条 各级人民政府或人民法院已依法处理的土地权属争议，按处理决定确定土地所有权或使用权。

第五十九条 本规定由国家土地管理局负责解释。

第六十条 本规定自一九九五年五月一日起施行。一九八九年七月五日国家土地管理局印发的《关于确定土地权属问题的若干意见》同时停止执行。

建设用地审查报批管理办法

国土资源部令第3号

（1999年3月2日发布，自1999年3月2日起施行，2010年11月30日修正）

第一条　为加强土地管理，规范建设用地审查报批工作，根据《中华人民共和国土地管理法》（以下简称《土地管理法》）、《中华人民共和国土地管理法实施条例》（以下简称《土地管理法实施条例》），制定本办法。

第二条　依法应当报国务院和省、自治区、直辖市人民政府批准的建设用地的申请、审查、报批和实施，适用本办法。

第三条　县级以上人民政府土地行政主管部门负责建设用地的申请受理、审查、报批工作。

第四条　建设项目可行性研究论证时，建设单位应当向建设项目批准机关的同级土地行政主管部门提出建设用地预申请。

受理预申请的土地行政主管部门应当依据土地利用总体规划和国家土地供应政策，对建设项目的有关事项进行预审，出具建设项目用地预审报告。

第五条　在土地利用总体规划确定的城市建设用地范围外单独选址的建设项目使用土地的，建设单位应当向土地所在地的市、县人民政府土地行政主管部门提出用地申请。

建设单位提出用地申请时，应当填写《建设用地申请表》，并附具下列材料：

（一）建设单位有关资质证明；

（二）项目可行性研究报告批复或者其他有关批准文件；

（三）土地行政主管部门出具的建设项目用地预审报告；

（四）初步设计或者其他有关批准文件；

（五）建设项目总平面布置图；

（六）占用耕地的，必须提出补充耕地方案；

（七）建设项目位于地质灾害易发区的，应当提供地质灾害危险性评估报告。

第六条　市、县人民政府土地行政主管部门对材料齐全、符合条件的建设用地申请，应当受理，并在收到申请之日起30日内拟订农用地转用方案、补充耕地方案、征收土地方案和供地方案，编制建设项目用地呈报说明书，经同级人民政府审核同意后，报上一级土地行政主管部门审查。

第七条　在土地利用总体规划确定的城市建设用地范围内，为实施城市规划占用土地的，由市、县人民政府土地行政主管部门拟订农用地转用方案、补充耕地方案和征收土地方案，编制建设项目用地呈报说明书，经同级人民政府审核同意后，报上一级土地行政主管部门审查。

在土地利用总体规划确定的村庄和集镇建设用地范围内，为实施村庄和集镇规划占用土地的，由市、县人民政府土地行政主管部门拟订农用地转用方案、补充耕地方案，编制建设项目用地呈报说明书，经同级人民政府审核同意后，报上一级土地行政主管部门审查。

第八条 建设只占用国有农用地的，市、县人民政府土地行政主管部门只需拟订农用地转用方案、补充耕地方案和供地方案。

建设只占用农民集体所有建设用地的，市、县人民政府土地行政主管部门只需拟订征收土地方案和供地方案。

建设只占用国有未利用地，按照《土地管理法实施条例》第二十四条规定应由国务院批准的，市、县人民政府土地行政主管部门只需拟订供地方案；其他建设项目使用国有未利用地的，按照省、自治区、直辖市的规定办理。

第九条 建设项目用地呈报说明书应当包括项目用地安排情况、拟使用土地情况等，并应附具下列材料：

（一）经批准的市、县土地利用总体规划图和分幅土地利用现状图，占用基本农田的，还应当提供乡级土地利用总体规划图；

（二）由建设单位提交的、有资格的单位出具的勘测定界图及勘测定界技术报告书；

（三）地籍资料或者其他土地权属证明材料；

（四）以有偿方式供地的，还应当提供草签的土地有偿使用合同及说明和有关文件；

（五）为实施城市规划和村庄、集镇规划占用土地的，还应当提供城市规划图和村庄、集镇规划图。

第十条 农用地转用方案，应当包括占用农用地的种类、位置、面积、质量等。

补充耕地方案，应当包括补充耕地或者补划基本农田的位置、面积、质量，补充的期限，资金落实情况等，并附具相应的图件。

征收土地方案，应当包括征收土地的范围、种类、面积、权属，土地补偿费和安置补助费标准，需要安置人员的安置途径等。

供地方案，应当包括供地方式、面积、用途，土地有偿使用费的标准、数额等。

第十一条 有关土地行政主管部门收到上报的建设项目呈报说明书和有关方案后，对材料齐全、符合条件的，应当在5日内报经同级人民政府审核。同级人民政府审核同意后，逐级上报有批准权的人民政府，并将审查所需的材料及时送该级土地行政主管部门审查。

对依法应由国务院批准的建设项目呈报说明书和有关方案，省、自治区、直辖市人民政府必须提出明确的审查意见，并对报送材料的真实性、合法性负责。

省、自治区、直辖市人民政府批准农用地转用、国务院批准征收土地的，省、自治区、直辖市人民政府批准农用地转用方案后，应当将批准文件和下级土地行政主管部门上报的材料一并上报。

第十二条 有批准权的人民政府土地行政主管部门应当自收到上报的农用地转用方案、补充耕地方案、征收土地方案和供地方案并按规定征求有关方面意见后30日内审查完毕。

建设用地审查应当实行土地行政主管部门内部会审制度。

第十三条 农用地转用方案和补充耕地方案符合下列条件的，土地行政主管部门方可报人民政府批准：

（一）符合土地利用总体规划；

（二）确属必需占用农用地且符合土地利用年度计划确定的控制指标；

（三）占用耕地的，补充耕地方案符合土地整理开发专项规划且面积、质量符合规定要求；

（四）单独办理农用地转用的，必须符合单独选址条件。

第十四条　征收土地方案符合下列条件的，土地行政主管部门方可报人民政府批准：

（一）被征收土地界址、地类、面积清楚，权属无争议的；

（二）被征收土地的补偿标准符合法律、法规规定的；

（三）被征收土地上需要安置人员的安置途径切实可行。

建设项目施工和地质勘查需要临时使用农民集体所有的土地的，依法签订临时使用土地合同并支付临时使用土地补偿费，不得办理土地征收。

第十五条　供地方案符合下列条件的，土地行政主管部门方可报人民政府批准：

（一）符合国家的土地供应政策；

（二）申请用地面积符合建设用地标准和集约用地的要求；

（三）划拨方式供地的，符合法定的划拨用地条件；

（四）以有偿使用方式供地的，供地的方式、年限、有偿使用费的标准、数额符合规定；

（五）只占用国有未利用地的，必须符合规划、界址清楚、面积准确。

第十六条　农用地转用方案、补充耕地方案、征收土地方案和供地方案经有批准权的人民政府批准后，同级土地行政主管部门应当在收到批件后5日内将批复发出。

未按规定缴纳新增建设用地土地有偿使用费的，不予批准建设用地。

第十七条　经批准的农用地转用方案、补充耕地方案、征收土地方案和供地方案，由土地所在地的市、县人民政府组织实施。

第十八条　建设项目补充耕地方案经批准下达后，在土地利用总体规划确定的城市建设用地范围外单独选址的建设项目，由市、县人民政府土地行政主管部门负责监督落实；在土地利用总体规划确定的城市和村庄、集镇建设用地范围内，为实施城市规划和村庄、集镇规划占用土地的，由省、自治区、直辖市人民政府土地行政主管部门负责监督落实。

第十九条　征收土地方案经依法批准后，市、县人民政府应当自收到批准文件之日起10日内，在被征收土地所在地的乡、镇范围内，公告《土地管理法实施条例》第二十五条第一款规定的内容。

公告期满，市、县人民政府土地行政主管部门根据征收土地方案和征地补偿登记情况，拟订征地补偿、安置方案并在被征收土地所在地的乡、镇范围内公告。征地补偿、安置方案的内容，应当符合《土地管理法实施条例》第二十五条第三款的规定。

征地补偿、安置方案确定后，市、县人民政府土地行政主管部门应当依照征地补偿、安置方案向被征收土地的农村集体经济组织和农民支付土地补偿费、地上附着物和青苗补偿费，并落实需要安置农业人口的安置途径。

第二十条　在土地利用总体规划确定的城市建设用地范围内，为实施城市规划占用土地的，经依法批准后，市、县人民政府土地行政主管部门应当公布规划要求，设定使用条件，确定使用方式，并组织实施。

第二十一条 以有偿使用方式提供国有土地使用权的，由市、县人民政府土地行政主管部门与土地使用者签订土地有偿使用合同，并向建设单位颁发《建设用地批准书》。土地使用者缴纳土地有偿使用费后，依照规定办理土地登记。

以划拨方式提供国有土地使用权的，由市、县人民政府土地行政主管部门向建设单位颁发《国有土地划拨决定书》和《建设用地批准书》，依照规定办理土地登记。《国有土地划拨决定书》应当包括划拨土地面积、土地用途、土地使用条件等内容。

建设项目施工期间，建设单位应当将《建设用地批准书》公示于施工现场。

市、县人民政府土地行政主管部门应当将提供国有土地的情况定期予以公布。

第二十二条 各级土地行政主管部门应当对建设项目用地进行跟踪检查。

对违反本办法批准建设用地或者未经批准非法占用土地的，应当依法予以处罚。

第二十三条 本办法自发布之日起施行。1988 年 11 月 22 日原国家土地管理局发布的《关于国家建设用地审批工作的暂行规定》和 1990 年 4 月 29 日原国家土地管理局发布的《出让国有土地使用权审批管理暂行规定》同时废止。

关于印发《关于贯彻执行〈中华人民共和国土地管理法〉和〈中华人民共和国土地管理法实施条例〉若干问题的意见》的通知

国土资厅发〔1999〕97号

（国土资源部1999年9月17日印发）

各省、自治区、直辖市及计划单列市土地（国土）管理局（厅），解放军土地管理局，新疆生产建设兵团土地管理局：

《关于贯彻执行〈中华人民共和国土地管理法〉和〈中华人民共和国土地管理法实施条例〉若干问题的意见》经部研究同意，现印发给你们，请结合实际贯彻执行。

附件

关于贯彻执行《中华人民共和国土地管理法》和《中华人民共和国土地管理法实施条例》若干问题的意见

修订后的《中华人民共和国土地管理法》（以下简称《土地管理法》）和《中华人民共和国土地管理法实施条例》（以下简称《土地管理法实施条例》）颁布实施以来，各级土地管理部门转变观念，依法行政，在发挥土地利用总体规划的龙头作用、建立集约用地的新机制、强化土地资产管理、加大土地执法力度等方面有了长足的进步，使土地管理事业发生了深刻变化。最近，根据有些省（区、市）的反映，在一些地方由于对《土地管理法》和《土地管理法实施条例》一些条款的理解不准确，影响了新法的正确执行。为了准确理解新法的精神实质，全面贯彻新法确立的原则和制度，维护社会主义法制的统一，现就贯彻执行《土地管理法》和《土地管理法实施条例》中的若干问题提出如下意见：

一、关于土地登记

《土地管理法》第十一条第三款规定："中央国家机关使用的国有土地的具体登记发证机关，由国务院确定。"《土地管理法实施条例》第五条第一款规定："中央国家机关使用的国有土地的登记发证，由国务院土地行政主管部门负责，具体登记发证办法由国务院土地行政主管部门会同国务院机关事务管理局等有关部门制定"。这样规定，是为了明确中央国家机关使用的国有土地的资产处置权属于中央人民政府，便于解决中央和地方在土地资产处置上发生的纠纷。我部已与国务院机关事务管理局、北京市人民政府协商，在京中央国家机关使用的国有土地，拟委托北京市人民政府进行登记，发生争议时由我部进行裁决。各地在修订地方性土地管理法配套法规时，应当维护土地统一登记的原则，保证土地登记资料的完整性和统一性，涉及土地资产处置时，可将土地资产处置权与土地登记权分离，土地资产处置权按照资产隶属关系确定。

二、关于城市建设用地范围内现有建设用地的审批

根据《土地管理法》的立法精神，城市建设用地范围内现有建设用地的审批权应属于市、县人民政府，土地收益也应属于市、县人民政府。这样界定，有利于鼓励市、县人民政府盘活存量土地，建立集约利用土地的新机制，培育和完善城市土地市场。各地在修订地方性土地管理法配套法规时，不应对现有建设用地再实行新的限额审批。

三、关于城市和村庄、集镇建设用地范围内分批次办理农用地转用的报批

《土地管理法》第四十四条第三款规定，“在土地利用总体规划确定的城市和村庄、集镇建设用地规模范围内，为实施该规划而将农用地转为建设用地的，按土地利用年度计划分批次由原批准土地利用总体规划的机关批准。”按照这一规定，在土地利用总体规划确定的城市和村庄、集镇建设用地规模范围内，市、县人民政府可以依据土地利用年度计划分批次申请农用地转用审批，申请时应当提供农用地转用范围内土地的开发利用规划。但农用地转用的审批机关在办理农用地转用审批时，不应要求市、县人民政府附具具体建设项目或者具体建设项目用地的情况。

四、关于在已批准的农用地转用范围内具体建设项目用地的审批

《土地管理法》对在土地利用总体规划确定的城市和村庄、集镇建设用地规模范围内的建设用地审批采用了农用地转用审批和具体建设项目用地审批相分离的制度，即农用地转用由市、县人民政府根据土地利用总体规划、土地利用年度计划分批次报国务院或者省级人民政府以及省级人民政府授权的设区的市、自治州人民政府批准，而在已批准的农用地转用范围内，具体建设项目用地可以由市、县人民政府批准。这样规定，主要是为了体现土地用途管制的原则，在严格控制农用地转为建设用地的同时，充分调动市、县人民政府按照城市和村庄、集镇规划合理使用土地的积极性。各地在修订地方性土地管理法配套法规时，应当认真贯彻新法的这一立法精神，对在已批准的农用地转用范围内具体建设项目用地，不应再实行限额审批。省级以上人民政府土地管理部门应当加强对已批准的农用地转用范围内建设用地情况进行监督管理，指导市、县人民政府按照土地管理法律法规、国家产业政策以及国家供地目录的要求审批具体建设项目用地。

五、关于征用土地的安置补助费标准的确定

《土地管理法》第四十七条第二款规定，“征用耕地的土地补偿费，为该耕地被征用前三年平均年产值的六至十倍”。这里的“该耕地”，是指实际征用的耕地数量。而“每一个需要安置的农业人口的安置补助费标准，为该耕地被征用前三年平均年产值的四到六倍”中的“该耕地”，则是指在被征用土地所在地，被征地单位平均每人占有的耕地数量。这样规定，是将每一个需要安置的农业人口的安置补助费与人均耕地面积挂钩，以被征用土地所在地的人均耕地的平均年产值的倍数计算安置补助费，从而使安置补助费标准的确定更加公平、合理，有利于保护农民利益，维护社会稳定。

六、关于土地整理新增耕地面积百分之六十的折抵

根据《土地管理法》和《土地管理法实施条例》的有关规定，建设占用耕地的指标由土地利用总体规划和土地利用年度计划确定。非农业建设经批准占用耕地的，都必须按照“占多少，垦多少”的原则，由占用耕地的单位履行占补平衡的法定义务。补充耕地可以通过土地整理、复垦、开发等方式。如果占用耕地的单位自身没有条件按照法律规定的要求补偿耕地的，可以经县级以上人民政府土地管理部门批准，按规定缴纳耕地开垦费，由其他单位代为履行该项法定义务。《土地管理法实施条例》第十八条第二款规定的“土地整理新增耕地面积百分之六十可以用作折抵建设占用耕地的补偿指标”，是指土地整理单位新增加的耕地面积，其百分之六十可以作为占补平衡指标有偿转让给其他需要履行占补平衡义务的用地单位。这样规定，主要是为了鼓励土地整理，建立多整理多得利的机制，促进土地整理的市场化、产业化，保证耕地总量动态平衡目标的实现。

征收土地公告办法

国土资源部令第10号

(2001年10月22日发布，自2002年1月1日起施行，2010年11月30日修正)

第一条 为规范征收土地公告工作，保护农村集体经济组织、农村村民或者其他权利人的合法权益，保障经济建设用地，根据《中华人民共和国土地管理法》和《中华人民共和国土地管理法实施条例》，制定本办法。

第二条 征收土地公告和征地补偿、安置方案公告，适用本办法。

第三条 征收农民集体所有土地的，征收土地方案和征地补偿、安置方案应当在被征收土地所在地的村、组内以书面形式公告。其中，征收乡（镇）农民集体所有土地的，在乡（镇）人民政府所在地进行公告。

第四条 被征收土地所在地的市、县人民政府应当在收到征收土地方案批准文件之日起10个工作日内进行征收土地公告，该市、县人民政府土地行政主管部门负责具体实施。

第五条 征收土地公告应当包括下列内容：

（一）征地批准机关、批准文号、批准时间和批准用途；

（二）被征收土地的所有权人、位置、地类和面积；

（三）征地补偿标准和农业人员安置途径；

（四）办理征地补偿登记的期限、地点。

第六条 被征地农村集体经济组织、农村村民或者其他权利人应当在征收土地公告规定的期限内持土地权属证书到指定地点办理征地补偿登记手续。

被征地农村集体经济组织、农村村民或者其他权利人未如期办理征地补偿登记手续的，其补偿内容以有关市、县土地行政主管部门的调查结果为准。

第七条 有关市、县人民政府土地行政主管部门会同有关部门根据批准的征收土地方案，在征收土地公告之日起45日内以被征收土地的所有权人为单位拟订征地补偿、安置方案并予以公告。

第八条 征地补偿安置方案公告应当包括下列内容：

（一）本集体经济组织被征收土地的位置、地类、面积，地上附着物和青苗的种类、数量，需要安置的农业人口的数量；

（二）土地补偿费的标准、数额、支付对象和支付方式；

（三）安置补助费的标准、数额、支付对象和支付方式；

（四）地上附着物和青苗的补偿标准和支付方式；

（五）农业人员的具体安置途径；

（六）其他有关征地补偿、安置的具体措施。

第九条 被征地农村集体经济组织、农村村民或者其他权利人对征地补偿、安置方案有不同意见的或者要求举行听证会的，应当在征地补偿、安置方案公告之日起10个工作日内向有关市、县人民政府土地行政主管部门提出。

第十条　有关市、县人民政府土地行政主管部门应当研究被征地农村集体经济组织、农村村民或者其他权利人对征地补偿、安置方案的不同意见。对当事人要求听证的，应当举行听证会。确需修改征地补偿、安置方案的，应当依照有关法律、法规和批准的征收土地方案进行修改。

有关市、县人民政府土地行政主管部门将征地补偿、安置方案报市、县人民政府审批时，应当附具被征地农村集体经济组织、农村村民或者其他权利人的意见及采纳情况，举行听证会的，还应当附具听证笔录。

第十一条　征地补偿、安置方案经批准后，由有关市、县人民政府土地行政主管部门组织实施。

第十二条　有关市、县人民政府土地行政主管部门将征地补偿、安置费用拨付给被征地农村集体经济组织后，有权要求该农村集体经济组织在一定时限内提供支付清单。

市、县人民政府土地行政主管部门有权督促有关农村集体经济组织将征地补偿、安置费用收支状况向本集体经济组织成员予以公布，以便被征地农村集体经济组织、农村村民或者其他权利人查询和监督。

第十三条　市、县人民政府土地行政主管部门应当受理对征收土地公告内容和征地补偿、安置方案公告内容的查询或者实施中问题的举报，接受社会监督。

第十四条　未依法进行征收土地公告的，被征地农村集体经济组织、农村村民或者其他权利人有权依法要求公告，有权拒绝办理征地补偿登记手续。

未依法进行征地补偿、安置方案公告的，被征地农村集体经济组织、农村村民或者其他权利人有权依法要求公告，有权拒绝办理征地补偿、安置手续。

第十五条　因未按照依法批准的征收土地方案和征地补偿、安置方案进行补偿、安置引发争议的，由市、县人民政府协调；协调不成的，由上一级地方人民政府裁决。

征地补偿、安置争议不影响征收土地方案的实施。

第十六条　本办法自 2002 年 1 月 1 日起施行。

关于水利水电工程建设用地有关问题的通知*

国土资发〔2001〕355号

（国土资源部、国家经贸委、水利部2001年11月2日发布）

各省、自治区、直辖市及新疆生产建设兵团国土资源厅（国土环境资源厅、国土资源和房屋管理局、房屋土地资源管理局、规划和国土资源局、国土资源局）、经贸委（经委）、水利（水电、水务）厅（局）：

水利水电工程是国家重点扶持的基础设施建设项目，投资大、占地多、移民安置任务重，但经济、社会和生态效益显著，特别是使农业直接受益，对于保护耕地，保证国家粮食安全具有重大意义。《土地管理法》第五十一条规定，“大中型水利、水电工程建设征用土地的补偿标准和移民安置办法，由国务院另行规定”。为保障水利水电工程建设用地，在《大中型水利水电工程建设征地补偿和移民安置条例》修订颁布实施前，根据《土地管理法》和有关规定，现就水利水电工程建设用地有关问题通知如下：

一、关于建设项目用地预审

（一）水利水电工程可行性研究论证阶段，建设项目法人应按《建设项目用地预审办法》（国土资源部令第7号）的规定，办理用地预审手续。负责预审的土地行政主管部门出具的预审意见作为批准工程可行性研究报告的必备文件。

（二）建设项目法人向批准建设项目机关的同级人民政府土地行政主管部门提出建设项目用地预审申请并附有关资料。负责预审工作的人民政府土地行政主管部门应在2个工作日内通知申请人是否受理，逾期不通知视为受理。

负责预审工作的人民政府土地行政主管部门应在受理用地预审申请之日起15个工作日内完成审查工作，并出具预审意见。特大型建设项目的预审，经批准后可以延长预审时间，但不得超过30个工作日。

（三）水利水电工程用地须符合土地利用总体规划，未纳入规划的，原则上不得提供建设用地。对已列入规划，但用地位置需要调整，涉及占用少量基本农田和局部调整建设用地范围的，可以由当地人民政府土地行政主管部门按照预审意见编制规划调整方案，在报批用地时一并报批；未纳入规划，但符合《土地管理法》有关规定，由国务院和省级人民政府确定的水利水电工程，确需修改规划的，可以根据国务院或省级人民政府批准立项的文件，由当地人民政府土地行政主管部门按预审意见修改规划，与建设用地的有关报批材料一并报批。

（四）江河、湖泊综合治理和开发利用规划，应当与土地利用总体规划相衔接。在江河、湖泊、水库的管理和保护范围内以及蓄洪滞洪区内，土地利用应当符合江河、湖泊综

* 注：本篇法规已根据《国土资源部关于修改部分规范性文件的决定》（发布日期：2010年12月3日，实施日期：2010年12月3日）修改

合治理和开发利用规划，符合河道、湖泊行洪、蓄洪和输水的要求。

（五）水利水电工程建设项目法人在进行工程前期工作的同时，应会同地方人民政府编制移民安置规划。移民安置规划应与当地土地利用总体规划相衔接，涉及土地利用总体规划调整的，按国家有关规定办理相关手续。

二、关于建设用地审查报批

（一）水利水电工程建设项目法人、地方人民政府土地行政主管部门、移民主管部门要通力配合，共同做好水利水电工程用地申请、审查、报批工作。

水利水电工程坝区、库区用地由工程建设项目法人向用地所在县、市人民政府土地行政主管部门提出用地申请；移民迁建、专项设施迁建项目由县、市移民主管部门按移民安置规划及移民年度计划，向用地所在县、市人民政府土地行政主管部门提出用地申请；县级以上人民政府土地行政主管部门应按规定的报批要求和办理时限，组织报批材料，办理建设用地有关手续后提供用地。

（二）水利水电工程用地，可分别按不同类型用地组织报批：

1. 坝区、库区用地按单独选址建设项目用地报批；

2. 移民迁建用地应在经批准的城市或村庄、集镇土地利用总体规划确定的建设用地范围内安排，按城市（村庄、集镇）分批次建设用地报批；

3. 专项设施迁建用地，可按单独选址建设项目用地报批要求，另行报批。

（三）国务院批准的水利水电工程、国务院有关部门以及省级人民政府批准的大中型水利水电工程，其坝区、库区及专项设施迁建用地涉及农用地转用的，依法报国务院批准；其他水利水电工程，其坝区、库区及专项设施迁建用地涉及农用地转用的，依法由省级人民政府批准；涉及使用国有建设用地、未利用地的，与农用地转用一同报批。

在土地利用总体规划确定的城市（村庄、集镇）建设用地范围内，水利水电工程移民迁建用地涉及农用地转用的，由所在市、县人民政府按土地利用年度计划，纳入所在城市（村庄、集镇）分批次建设用地，依法报土地利用总体规划批准机关批准。在已批准的农用地转用范围内，具体迁建项目用地依法由市、县人民政府批准。

水利水电工程坝区、库区及移民迁建、专项设施迁建用地需要征用农村集体土地，涉及征用基本农田，或征用基本农田以外的一般耕地超过35公顷，或征用其他土地超过70公顷的，依法报国务院批准；其他征用土地，依法由省级人民政府批准，并报国务院备案。

（四）水利水电工程用地涉及农用地转用依法由国务院批准的，同时办理征地审批手续，不再另行办理征地审批；依法由省级人民政府批准农用地转用并且征用土地在省级人民政府批准权限范围内的，同时办理征地审批手续，不再另行办理征地审批；依法由省级人民政府批准农用地转用，征用土地超过省级人民政府批准权限的，由省级人民政府依法批准农用地转用后，报国务院批准征用土地。

（五）需报国务院批准的水利水电工程用地，涉及多个省（自治区、直辖市）或在省（自治区、直辖市）内涉及多个市、县的，由有关省（自治区、直辖市）组织有关市、县土地行政主管部门分别准备报批材料，省级国土资源管理部门汇总后，以省（自治区、直辖市）为单位报批。

（六）水利水电工程建设所需施工场地、设备堆放场地、弃（取）土场等临时用地，依法由县级以上人民政府土地行政主管部门批准。临时用地按照“谁破坏、谁复垦”的原则，由建设项目法人负责复垦。建设项目法人没有条件复垦或者复垦不符合要求的，依法缴纳土地复垦费，由当地人民政府负责组织复垦。

临时用地确需占用耕地的，复垦后的耕地面积应不少于占用的耕地面积。

（七）移民迁建用地占用城市（含建制镇）土地利用总体规划确定的建设用地范围内土地，经批准超出原建设用地面积的部分用地，由城市人民政府依法按国家有关规定缴纳新增建设用地土地有偿使用费。

（八）水利水电工程在申请报批用地时，由于工期紧，对控制工期的进场道路、导流涵洞（渠）、输电设施等用地，在查清所需使用土地的权属、地类、面积，兑现被用地单位群众的地上附着物和青苗补偿费，妥善处理好先行用地有关问题的前提下，经有批准权的一级人民政府土地行政主管部门同意，可以先行用地，但须在规定的时限内办理正式用地报批手续。

需报国务院批准用地的水利水电工程控制工期的单体工程用地，由省级国土资源管理部门会同省级计划主管部门提出申请，报国土资源部同意后，可以先行用地。

（九）抢险救灾等急需使用土地的水利工程，可以先行用地。其中，属于临时用地的，灾后应当恢复原状交还原土地使用者使用，不再办理用地审批手续；属于永久性建设用地的，建设项目法人应当在灾情结束后6个月内申请补办建设用地审批手续。

三、关于征地补偿安置

（一）水利水电工程建设项目法人在新《土地管理法》实施（1999年1月1日）以后开始进行坝区、库区建设以及移民迁建、专项设施迁建，申请建设用地涉及征用农村集体耕地的，应按新《土地管理法》规定的标准核定土地补偿费、安置补助费；涉及征用其他土地的土地补偿费、安置补助费标准，地上附着物和青苗的补偿标准，按各省、自治区、直辖市规定标准执行。移民迁建用地涉及地上附着物的补偿应遵守按原规模，原标准，恢复原功能的原则。

建设项目法人支付的土地补偿费和安置补助费尚不能使需要安置的移民保持原有生产和生活水平的，可酌情提高安置补助费标准。土地补偿费和安置补助费的总和不得超过法律规定的最高标准。征地补偿费用标准未达到法定标准的，建设项目法人应调整工程概算总投资。

（二）水利水电工程在新《土地管理法》（1999年1月1日）实施以前，坝区已经开工建设，或库区已经蓄水淹没，开始实施移民迁建、专项设施迁建用地的，坝区、库区以及已经使用的移民迁建、专项设施迁建用地，按原《土地管理法》有关规定核定征地补偿费用标准，以县为单位由所在省级人民政府批准完善用地手续；新《土地管理法》实施以后发生的库区淹没用地以及移民迁建、专项设施迁建用地，原则上按新《土地管理法》的规定核定征地补偿费用标准，依法办理建设用地审批手续。

（三）水利水电工程用地在新《土地管理法》实施（1999年1月1日）以前已依法经有批准权的人民政府批准，以后实际使用的土地，当地人民政府、建设项目法人要共同做好被征地单位群众的工作，保证工程及时用地。征地补偿费用确实难以妥善安置移民生产和生活的，建设项目法人可商当地人民政府，酌情予以补助，以保证被征地单位群众生活水平不降低。

（四）水利水电工程移民安置，应结合实施乡（镇）土地利用总体规划和小城镇建设，将原来分散的居住点通过拆旧建新向中心村和集镇集中，乡镇企业通过结构调整向工业园区集中，提高土地利用率。

四、关于耕地占补平衡

（一）水利水电工程建设占用耕地，由建设项目法人负责补充数量相等和质量相当的耕地；没有条件补充或补充的耕地不符合要求的，建设项目法人应按有关规定缴纳耕地开垦费。

（二）向建设项目法人收取耕地开垦费，可区分情况实行以下不同的标准：

坝区、移民迁建和专项设施迁建占用耕地，按各省、自治区、直辖市人民政府规定的耕地开垦费下限标准全额收取；

以发电效益为主的工程库区淹没耕地，可按各省、自治区、直辖市人民政府规定的耕地开垦费下限标准的80%收取；

以防洪、供水（含灌溉）效益为主的工程库区淹没耕地，可按各省、自治区、直辖市人民政府规定的耕地开垦费下限标准的70%收取。

省、自治区、直辖市人民政府已对水利水电工程耕地开垦费标准作出专门规定的，按地方政府有关规定收取耕地开垦费。

（三）根据水利水电工程用地特点，以下情况新增加的土地可以视同补充耕地：

1. 为安置移民的生产和生活新开发出的耕地及按有关规定新开发出的可以调整为耕地的园地；通过土地整理、坡地改梯田新增加的耕地、新增加的可以调整为耕地的园地；

2. 结合工程施工开发复垦整理土地新增加的耕地。

（四）水利水电工程建设占用25度以上坡耕地，不计入需补充耕地的范围。

（五）水利水电工程用地所在县、市人民政府土地行政主管部门要按建设项目补充耕地与土地开发整理项目挂钩的要求，认真拟订和组织落实补充耕地方案，保证达到补充耕地与建设占用耕地数量相等和质量相当。省级国土资源管理部门要对补充耕地方案的落实情况进行监督检查并组织验收。

关于切实做好征地补偿安置工作的通知

国土资发〔2001〕358号

（国土资源部2001年11月16日发布）

各省、自治区、直辖市国土资源厅（国土环境资源厅、国土资源和房屋管理局、房屋土地资源管理局、规划和国土资源局），计划单列市土地管理局（城乡规划土地局、规划和国土局），解放军土地管理局，新疆生产建设兵团土地管理局：

征地工作有关国家经济建设，涉及农民的切身利益和社会稳定。近年来，各级政府和国土资源管理部门通过加强征地管理。保证了国家经济建设用地，安置了被征地农民的生产和生活，维护了社会的稳定。但一些地方还不同程度地存在征地不依法补偿，征地费用管理混乱、安置不落实等问题，侵犯了被征地农村集体经济组织和农民的合法权益，导致群体信访大幅度增加，必须引起高度重视。10月22日，《征用土地公告办法》（国土资源部第10号令）正式发布。为切实做好征地补偿安置工作，落实征地公告制度，现就有关问题通知如下：

一、以“三个代表”重要思想为指导，加强征地补偿安置工作的组织领导

加强征地管理，做好补偿安置工作，是保障经济建设用地，切实维护广大农民合法权益的客观要求；是促进农业发展、农民增收、农村稳定的重要方面；是“三个代表”重要思想在国土资源管理工作中的具体体现。各级国土资源管理部门务必按“三个代表”，的要求，严格执行法定的征地补偿标准，探索以市场为导向的多种安置途径，妥善安置被征地农民的生产和生活；加快协调解决征地中出现的问题，有效地化解各种矛盾，切实维护社会稳定。征地偿安置工作必须妥善处理国家、集体、农民三者利益关系，促进地区经济发展、农村稳定和农民生活水平提高。地方各级国土资源管理部门要积极主动地向当地党委、政府领导汇报有关征地工作，以取得理解和支持；要加强与政府各有关部门联系和合作，共同做好有关工作。已被部确定为征地制度改革试点的城市，应根据统一部署，大胆尝试，积极探索适应社会主义市场经济体制的征地补偿安置方式。

二、依法拟定和严格审查征用土地有关方案，确保征地补偿安置费用合法合理

依法拟定征用土地方案和征地补偿安置方案，是搞好征地补偿安置工作的前提。各地可依照法律规定，从本地区实际出发，以保持被征地农民原有生活水平为原则，制定有关征地补偿安置具体办法，报政府批准后颁布实施。有条件地区在调查测算的基础上，可统一公布本地区不同地类的年亩产值标准，并根据当地经济发展水平、土地区位、农民人均收入、人均耕地面积和城镇居民最低生活保障线等因素确定不同地类的补偿倍数；或合理确定本地区不同区位、地类、用途的征地综合补偿标准。凡采取征地包干的，严格按照国家有关规定确定征地包干费用。严禁以“包干”等名义，巧立名目收取其他费用和违反规定收取征地管理费，挤占征地补偿安置费用，侵犯被征地农民的合法权益。市、县国土资源管理部门拟订的征用土地方案应真实、可靠、可行。国土资源管理部门对上报的征用土地方案应严格依法审查，不符合有关法律、法规的，应退回报送单位，不能上报。省级国土资源管理部门要对报部审查的征用土地方案的真实性、可行性全面负责。

三、认真执行“两公告一登记”制度，搞好征地批后实施管理

征用土地方案经依法批准后，市、县国土资源管理部门应及时会同政府有关部门，以村（组）为单位拟订有关农村集体经济组织的征地补偿安置方案。征用土地方案和征地补偿安置方案应依照法定程序和《征用土地公告办法》的有关规定予以公告，并办理征地补偿登记手续。要认真听取和研究被征地的农村集体经济组织、农民和其他权利人对征地补偿安置方案的不同意见；对要求举行听证会的，应当举行听证会，并依照有关法律、法规和批准的征用土地方案修改完善征地补偿安置方案，报市、县人民政府批准后组织实施。各地对征地补偿安置费用使用和管理应进行严格监管，做到专款专用，严禁侵占、截留或挪作它用。征地补偿安置费用在依照有关规定支付给农村集体经济组织后，市、县国土资源管理部门有权要求该集体经济组织在一定期限内提供征地补偿安置费用分配和支付清单，并配合政府有关部门和乡（镇）政府及时监督检查各项费用使用情况。由村（组）农村集体经济组织支配的征地补偿安置费用，应建立财务公开制度，定期向本集体经济组织成员公布收支状况。用于被征地农民生活安置的安置补助费，在农民自愿的基础上，可逐步建立安置人员的社会保险个人账户，购买养老、失业、医疗保险等，提供长期的生活保障。

四、建立征地批后检查制度，督促各项工作落实到位

地方各级国土资源管理部门应尽快建立征地批后检查制度。每年年底要对在本行政区域内征地批后实施情况进行全面检查或重点抽查，检查拟定的征地补偿安置方案是否符合有关法律、法规及批准的征用土地方案、征地批后实施程序是否合法、征地补偿安置费用是否及时足额到位、被征地的农业人口安置是否落实等。在检查中发现问题的，应及时纠正；对存在违法行为的，应依法追究法律责任。上级国土资源管理部门对下级国土资源管理部门的自查工作进行检查、指导。各级国土资源管理部门要不断总结经验，研究新情况、解决新问题，进一步落实本行政区域内的征地补偿安置工作。自2002年起，部建立国务院批准征用土地的征地批后实施情况反馈制度。各级国土资源管理部门要在地方各级国土资源管理部门检查的基础上汇总当年有关情况，包括征地批后实施有关工作到位、征地补偿安置各项费用支付、被征地农业人口安置等情况，于年底向部呈送报告。部根据情况进行抽查，并通报抽查结果。

五、做好被征地单位和群众思想工作，妥善处理信访反映的征地问题

征地工作群众性、政策性很强。地方各级国土资源管理部门要深入基层，加强对《土地管理法》和征地有关法律规定的宣传工作，使被征地单位和群众了解有关法律规定，理解国家经济建设征用土地的必要性，积极支持政府征地工作。同时，要不断改进工作作风和方法，通过扎实细致的工作，树立国土资源管理部门依法行政，深入实际，密切联系群众的形象。各级国土资源管理部门对被征地农村集体经济组织和农民通过不同渠道反映的征地补偿安置问题应高度重视、认真研究。应通过现场核实、联合办公或公文督办等形式，依照法律规定，实事求是地处理信访反映的问题。对补偿安置费用合法、到位，安置途径基本可行的，要耐心做好宣传、解释和疏导工作，取得群众的理解和支持；对补偿安置费用不合法、没有足额到位、安置不落实的，应责成市、县国土资源管理部门及时纠正；对侵占、截留、挪用征地补偿安置费用等严重违法违纪行为的，应移交有关部门依法严肃查处。各地要建立信访案件跟踪检查和回访制度，及时检查处理落实情况，切实维护被征地农村集体经济组织和农民的合法权益。

关于切实维护被征地农民合法权益的通知*

国土资发〔2002〕225号

（国土资源部2002年7月12日发布）

各省、自治区、直辖市国土资源厅（国土环境资源厅、国土资源和房屋管理局、房屋土地资源管理局、规划和国土资源局），计划单列市土地管理局（城乡规划土地局、规划国土局），解放军土地管理局，新疆生产建设兵团土地管理局：

当前，一些地方征地工作存在补偿低、费用不到位、安置不落实等问题，损害了被征地农民的利益。由此引发群众上访、集体访的情况时有发生，影响了社会稳定。为切实解决上述问题，维护社会稳定，根据国务院领导同志的批示精神，经研究，现就征地补偿安置工作有关问题通知如下：

一、充分认识做好征地工作的重要性

征地工作事关国家经济建设，涉及被征地农民的切身利益和长远生计。保障各类建设必需用地，切实维护农民的合法权益是征地工作必须长期坚持的基本原则。当前在新的形势下，做好征地补偿安置工作尤为重要。农民失去土地之后，如果生产和生活没有保障，将会成为影响社会稳定的一大隐患。各级国土资源管理部门要高度重视征地管理，通过扎实有效的工作，将落实失地农民的补偿安置作为实践"三个代表"重要思想的具体体现，妥善处理保障经济建设用地与保护农民合法权益的关系，促进经济发展和社会稳定。

二、依法把好征地补偿安置审查关

征地首先要考虑农民的补偿安置。各地要严格按照《土地管理法》、《土地管理法实施条例》有关征地管理的规定和部发《关于加强征地管理工作的通知》（国土资发〔1999〕480号）、《关于切实做好征地补偿安置工作的通知》（国土资发〔2001〕358号）的要求，认真做好征地调查、确定补偿标准、拟定方案、审查报批及批后实施、跟踪检查等征地过程中各环节的工作。国土资源管理部门要切实行使审查、监督、指导的职责，确保征地补偿安置措施真实、合法，为政府把好关。对征地补偿标准不符合法律规定、安置措施不能真正落实的，不得报批用地；对征地已依法批准，而没有妥善安置被征地农民生产和生活的，将停止受理该地区的建设用地申报。

三、大力加强征地批后跟踪检查工作

征用土地经依法批准后，省级国土资源管理部门要跟踪检查征地补偿安置方案的实施情况，督促市、县人民政府和有关部门、单位兑现补偿费用，落实安置措施。地方各级国土资源管理部门要对本行政区域内征地批后实施情况进行全面检查。2002年国务院已批准征用土地的批后实施情况，按部建立的反馈制度的要求，由省级国土资源管理部门汇总

* 本篇法规已根据《国土资源部关于修改部分规范性文件的决定》（发布日期：2010年12月3日，实施日期：2010年12月3日）修改。

后，于12月底前报部。根据反馈情况，部将组织对重点地区和重点项目进行抽查，并通报抽查结果。

四、积极探索解决征地问题的有效途径

对征地补偿安置工作中出现的问题，要及时分析，查找原因，研究解决问题的对策。群众反映的意见和问题，要按照国家法律法规和有关规定，结合本地实际情况，妥善解决；一时不能解决的，要耐心做好宣传、解释和疏导工作，化解矛盾。对征地补偿标准偏低、安置措施不到位、失地农民生活无出路的，要及时向当地人民政府汇报，采取补救措施。要推广各地做好征地工作的成功作法，采取多种途径，妥善安置被征地农民的生产和生活。要积极开展征地制度改革研究和试点工作，探讨适应社会主义市场经济体制的新型征地制度。

五、严厉查处征地中的违法违纪行为

对群众信访反映和检查发现的土地未批先用、越权批地和侵占、截留、挪用征地补偿安置费用等严重违法违纪行为，要依法严肃查处；对涉嫌犯罪的，有关国土资源管理部门必须将案件移送司法机关；对有关地方未按规定进行处理的，上级主管部门要责令限期纠正；对不依法处理并严重失职的，要依法追究有关主管部门负责人的法律责任。各地要进一步加大对征用土地的执法力度，强化国土资源管理部门的执法职能，调动农民保护自身权益的积极性，做到事前防范、事中监督与事后查处相结合，确保《土地管理法》确定的各项征地制度落到实处。

土地权属争议调查处理方法

国土资源部令第 17 号

（2003 年 1 月 3 日发布）

第一条　为依法、公正、及时地做好土地权属争议的调查处理工作，保护当事人的合法权益，维护土地的社会主义公有制，根据《中华人民共和国土地管理法》，制定本办法。

第二条　本办法所称土地权属争议，是指土地所有权或使用权归属争议。

第三条　调查处理土地权属争议，应当以法律、法规和土地管理规章为依据。从实际出发，尊重历史，面对现实。

第四条　县级以上国土资源行政主管部门负责土地权属争议案件（以下简称争议案件）的调查和调解工作；对需要依法作出处理决定的，拟定处理意见，报同级人民政府作出处理决定。

县级以上国土资源行政主管部门可以指定专门机构或者人员负责办理争议案件有关事宜。

第五条　个人之间、个人与单位、单位与单位之间发生的争议案件，由争议土地所在地的县级国土资源行政主管部门调查处理。

前款规定的个人之间、个人与单位、单位与单位之间发生的争议案件，可以根据当事人的申请，由乡级人民政府受理和处理。

第六条　设区的市、自治州国土资源行政主管部门调查处理下列争议案件：

（一）跨县级行政区域的；

（二）同级人民政府、上级国土资源部门交办或者其他部门转送的。

第七条　省、自治区、直辖市国土资源行政主管部门调查处理下列争议案件：

（一）跨设区的市、自治州行政区域的；

（二）争议一方为中央国家机关或者其直属单位，且涉及土地面积较大的；

（三）争议一方为军队，且涉及土地面积较大的；

（四）在本行政区域内有较大影响的；

（五）同级人民政府、国土资源部交办或者其他部门转送的。

第八条　国土资源部调查处理下列争议案件：

（一）国务院交办的；

（二）在全国范围内有重大影响的。

第九条　当事人发生土地权属争议，经协商不能解决的；可以依法向县级以上人民政府或者乡级人民政府提出处理申请，也可以依照本办法第五、六、七、八条的规定，向有关的国土资源行政主管部门提出调查处理申请。

第十条　申请调查处理土地权属争议的，应当符合下列条件：

（一）申请人与争议的土地有直接利害关系；

（二）有明确的请求处理对象、具体的处理请求和事实根据。

第十一条　申请调查处理土地权属争议的，应当提交书面申请书和有关证据材料，并按照被申请人数提交副本。

申请书应当载明以下事项：

（一）申请人和被申请人的姓名或者名称、地址、邮政编码、法定代表人姓名和职务；

（二）请求的事项、事实和理由；

（三）证人的姓名、工作单位、住址、邮政编码。

第十二条　当事人可以委托代理人代为申请土地权属争议的调查处理。委托代理人申请的，应当提交授权委托书。授权委托书应当写明委托事项和权限。

第十三条　对申请人提出的土地权属争议的申请，国土资源行政主管部门应当依照本办法第十条的规定进行审查，并在收到申请书之日起7个工作日内提出是否受理的意见。

认为应当受理的，在决定受理之日起5个工作日内将申请书副本发送被申请人。被申请人应当在接到申请书副本之日起30日内提交答辩书和有关证据材料。逾期不提交答辩书的，不影响案件的处理。

认为不应当受理的，应当及时拟定不予受理建议书，报同级人民政府作出不予受理决定。

当事人对不予受理决定不服的，可以依法申请行政复议或者提起行政诉讼。

同级人民政府、上级国土资源行政主管部门交办或者其他部门转办的争议案件，按照本条有关规定审查处理。

第十四条　下列案件不作为争议案件受理：

（一）土地侵权案件；

（二）行政区域边界争议案件；

（三）土地违法案件；

（四）农村土地承包经营权争议案件；

（五）其他不作为土地权属争议的案件。

第十五条　国土资源行政主管部门决定受理后，应当及时指定承办人，对当事人争议的事实情况进行调查。

第十六条　承办人与争议案件有利害关系的，应当申请回避；

当事人认为承办人与争议案件有利害关系的有权请求该承办人回避。承办人是否回避，由受理案件的国土资源行政主管部门决定。

第十七条　承办人在调查处理土地权属争议过程中，可以向有关单位或者个人调查取证。被调查的单位或者个人应当协助，并如实提供有关证明材料。

第十八条　在调查处理土地权属争议过程中，国土资源行政主管部门认为有必要对争议的土地进行实地调查的，应当通知当事人及有关人员到现现场。必要时，可以邀请有关部门派人协助调查。

第十九条　土地权属争议双方当事人对各自提出的事实和理由负有举证责任，应当及时向负责调查处理的国土资源行政主管部门提供有关证据材料。

第二十条　国土资源行政主管部门在调查处理争议案件时，应当审查双方当事人提供的有关证据材料：

（一）人民政府颁发的确定土地权属的凭证；

（二）人民政府或者主管部门批准征收、划拨、出让或者以其他方式批准使用土地的文件；

（三）争议双方当事人依法达成的书面协议；

（四）人民政府或者司法机关处理争议的文件或者附图；

（五）其他有关证明文件。

第二十一条　对当事人提供的证据材料，国土资源行政主管部门应当查证属实，方可作为认定事实的依据。

第二十二条　在土地所有权和使用权争议解决之前，任何一方不得改变土地利用的现状。

第二十三条　国土资源行政主管部门对受理的争议案件，应当在查清事实、分清权属关系的基础上先行调解，促使当事人以协商方式达成协议。调解应当坚持自愿、合法的原则。

第二十四条　调解达成协议的，应当制作调解书。调解书应当载明以下内容：

（一）当事人的姓名或者名称、法定代表人姓名和职务；

（二）争议的主要事实；

（三）协议内容及其他有关事项。

第二十五条　调解书经双方当事人签名或者盖章，由承办人署名并加盖国土资源行政主管部门的印章后生效的调解书具有法律效力，使土地登记的依据。

第二十六条　国土资源行政主管部门应当在调解书生效之日起 15 日内，依照民事诉讼法的有关规定，将调解书送达当事人，并同时报上级国土资源行政主管部门。

第二十七条　调解未达成协议的，国土资源行政主管部门应当及时提出调查处理意见，报同级人民政府作出处理决定。

第二十八条　国土资源行政主管部门应当自受理土地权属争议之日起 6 个月内提出调查处理意见。因情况复杂，在规定时间内不能提出调查处理意见的，经该国土资源行政主管部门负责人批准，可以适当延长。

第二十九条　调查处理意见应当包括以下内容：

（一）当事人的姓名或者名称、地址、法定代表人的姓名和职务；

（二）争议的事实和理由和要求；

（三）认定的事实和适用的法律、法规等依据；

（四）拟定的处理结论。

第三十条　国土资源行政主管部门提出调查处理意见后，应当在 5 个工作日内报同级人民政府，由人民政府下达处理决定。

国土资源行政主管部门的调查处理意见在报同级人民政府的同时，报上一级国土资源行政主管部门。

第三十一条　当事人对人民政府作出的处理决定不服的，可以依法行申请政复议或者提起行政诉讼。

在规定的时间内，当事人既不申请政复议，也不提起行政诉讼，处理决定即发生法律效力。生效的处理决定是土地登记的依据。

第三十二条 在土地权属争议调查处理过程中，国土资源行政主管部门的工作人员玩忽职守、滥用职权、徇私舞弊，构成犯罪的，依法追究刑事责任；不构成犯罪的，由其所在单位或者上级机关依法给予行政处分。

第三十三条 乡级人民政府处理土地权属争议参照本办法执行。

第三十四条 调查处理争议案件的文书格式，由国土资源部统一制定。

第三十五条 调查处理争议案件的费用，依照国家有关规定执行。

第三十六条 本办法自2003年3月1日起施行。1995年12月18日原国家土地管理局发布的〈土地权属争议处理暂行办法〉同时废止。

关于印发《关于完善农用地转用和土地征收审查报批工作的意见》的通知

国土资发〔2004〕237号

（国土资源部2004年11月2日印发）

各省、自治区、直辖市国土资源厅（国土环境资源厅、国土资源局、国土资源和房屋管理局、房屋土地资源管理局、规划和国土资源局），计划单列市国土资源行政主管部门，解放军土地管理局，新疆生产建设兵团国土资源局：

为贯彻落实《国务院关于深化改革严格土地管理的决定》（国发〔2004〕28号）精神，巩固土地市场治理整顿成果，进一步严格建设用地审查报批工作，部研究制定了《关于完善农用地转用和土地征收审查报批工作的意见》，现印发你们，请认真执行。

附件

关于完善农用地转用和土地征收审查报批工作的意见

为巩固土地市场治理整顿成果，根据《国务院关于深化改革严格土地管理的决定》（国发〔2004〕28号，以下简称《决定》）精神，现就完善农用地转用和土地征收审查报批工作提出以下意见：

一、严格控制农用地转用和土地征收报批条件

（一）《决定》下发后，通过清理有关文件，对仍未纠正违法下放的农用地转用和土地征收审批权的地方，继续暂停该地农用地转用和土地征收报批。

（二）各省、自治区、直辖市首先办理经国家发展改革委、国土资源部确认纳入2004年度农用地转用计划的重点急需建设项目的用地报批；年度计划有剩余指标的，再办理其他建设用地报批。年度农用地转用计划指标用完的省、自治区、直辖市或市、县，2004年年底前暂停农用地转用和土地征收报批；没有计划指标，擅自批准用地的，按非法批地查处。

（三）对以往拖欠的农民征地补偿安置费，在2004年年底前未足额偿还的市、县，暂缓下达2005年度农用地转用计划指标，暂停农用地转用和土地征收报批。

（四）对2004年年底前未按《关于基本农田保护中有关问题的整改意见》（国土资发〔2004〕223号）的要求，将现有的基本农田落实到地块的市、县，暂缓下达2005年度农用地转用计划指标，暂停农用地转用和土地征收报批。

二、规范农用地转用和土地征收审查报批工作

（五）城市分批次建设用地严格按法律规定报批。分批次范围内的用地要提供土地开发建设整体方案，有控制性规划的，还应提供控制性规划。分批次范围内已有具体建设项目的，应附具项目名单，列明项目名称、性质、规模和用地面积。

（六）能源、交通、水利、矿山、军事设施等确需单独选址建设的项目，在《国务院关于投资体制改革的决定》（国发〔2004〕24号）实施前批准立项的，仍按原规定报批用地；实施后，属国务院、国家发展改革等部门或省级人民政府批准、核准的单独选址建设项目，涉及农用地转用和土地征收的，报国务院批准；除此之外的单独选址建设项目，涉及农用地转用和土地征收的，报省级人民政府批准，其中征收土地面积超过省级批准权限的，土地征收必须报国务院批准；建设项目确需占用基本农田的，必须报国务院批准。

（七）各类建设的用地必须符合土地利用总体规划。确需单独选址建设的项目，依法可以改变土地利用总体规划的，规划修改方案可以在报批用地时一并报批；其他项目用地涉及修改规划的，按法定程序修改规划后，方可报批用地。

（八）建设项目的可行性研究报告或其他有关文件没有明确分期建设的，应一次性报批农用地转用和土地征收。城市分批次建设用地，市、县每年报批应控制在5个批次内。

（九）农村集体建设和村民住宅建设在向集镇、乡镇工业小区和中心村集中过程中，新址用地必须符合规划，纳入计划；涉及占用农用地的，不得以土地置换为名，规避农用地转用报批手续。

（十）对违法用地，须先按有关规定进行处罚。确需补办用地手续的，在补办用地手续时，须附具对违法案件和有关责任人的处理意见及落实情况，征地补偿安置费用、耕地开垦费按违法用地期间最高标准支付和缴纳。

（十一）补充耕地实行边占边补的，耕地开垦费必须列入工程投资概算，补充耕地的土地开发整理项目须按有关规定验收；建设单位缴纳耕地开垦费的，报批用地时应附具耕地开垦费缴纳证明和代其补充耕地单位的证明。经依法批准占用基本农田的，耕地开垦费缴纳标准按当地最高标准执行。补充耕地实行先补后占的，报批用地时应附具补充耕地验收文件和资金来源情况的说明。

三、强化农用地转用和土地征收批后监督管理

（十二）城市分批次建设用地和单独选址建设项目用地涉及缴纳新增建设用地土地有偿使用费的，国土资源管理部门应全额下达新增建设用地土地有偿使用费缴款通知书，由市、县人民政府按有关规定缴纳后，再下达批复文件。

（十三）国务院批准的城市分批次建设用地的供地情况、省级人民政府批准的单独选址建设项目用地和城市分批次建设用地及供地情况，应及时向部和省级国土资源部门备案。对于未按规定时间及有关要求备案或在备案中弄虚作假的省、自治区、直辖市或市、县，暂停其农用地转用和土地征收报批。

（十四）农用地转用和土地征收批准文件有效期两年。农用地转用或土地征收经依法批准后，市、县两年内未用地或未实施征地补偿安置方案的，有关批准文件自动失效；两年内未提供给具体用地单位的，按未供应土地面积扣减该市、县下一年度的农用地转用计划指标。

（十五）征地补偿安置方案经依法批准后，征地补偿安置费用应按法律规定的期限全额支付给被征地农村集体经济组织；未按期全额支付到位的，市、县不得发放建设用地批准书，农村集体经济组织和农民有权拒绝建设单位动工用地。

（十六）对一个成片开发项目中包含多个建设项目的用地，在一次报批农用地转用和土地征收后，供地时应区分各个建设项目土地用途和用地性质，依据法律规定和国家供地政策分别供地。

（十七）城市分批次建设用地和单独选址建设项目用地经依法批准后，国土资源部门应通过新闻媒体或其他形式向社会公开批准情况；建设单位应将农用地转用、土地征收批准文件及建设用地批准书等在施工场地悬挂，接受社会的监督。

关于印发《关于完善征地补偿安置制度的指导意见》的通知

国土资发〔2004〕238号

（国土资源部2004年11月3日印发）

各省、自治区、直辖市国土资源厅（国土环境资源厅、国土资源局、国土资源和房屋管理局、房屋土地资源管理局、规划和国土资源局），计划单列市国土资源行政主管部门，解放军土地管理局，新疆生产建设兵团国土资源局：

为贯彻落实《国务院关于深化改革严格土地管理的决定》（国发〔2004〕28号），巩固土地市场治理整顿成果，进一步加强和改进征地补偿安置工作，部研究制定了《关于完善征地补偿安置制度的指导意见》。现印发你们，请认真执行。

附件

关于完善征地补偿安置制度的指导意见

为合理利用土地，保护被征地农民合法权益，维护社会稳定，根据法律有关规定和《国务院关于深化改革严格土地管理的决定》（国发〔2004〕28号，以下简称《决定》）精神，现就完善征地补偿安置制度有关问题提出以下意见：

一、关于征地补偿标准

（一）统一年产值标准的制订。省级国土资源部门要会同有关部门制订省域内各县（市）耕地的最低统一年产值标准，报省级人民政府批准后公布执行。制订统一年产值标准可考虑被征收耕地的类型、质量、农民对土地的投入、农产品价格、农用地等级等因素。

（二）统一年产值倍数的确定。土地补偿费和安置补助费的统一年产值倍数，应按照保证被征地农民原有生活水平不降低的原则，在法律规定范围内确定；按法定的统一年产值倍数计算的征地补偿安置费用，不能使被征地农民保持原有生活水平，不足以支付因征地而导致无地农民社会保障费用的，经省级人民政府批准应当提高倍数；土地补偿费和安置补助费合计按30倍计算，尚不足以使被征地农民保持原有生活水平的，由当地人民政府统筹安排，从国有土地有偿使用收益中划出一定比例给予补贴。经依法批准占用基本农田的，征地补偿按当地人民政府公布的最高补偿标准执行。

（三）征地区片综合地价的制订。有条件的地区，省级国土资源部门可会同有关部门制订省域内各县（市）征地区片综合地价，报省级人民政府批准后公布执行，实行征地补偿。制订区片综合地价应考虑地类、产值、土地区位、农用地等级、人均耕地数量、土地供求关系、当地经济发展水平和城镇居民最低生活保障水平等因素。

（四）土地补偿费的分配。按照土地补偿费主要用于被征地农户的原则，土地补偿费应在农村集体经济组织内部合理分配。具体分配办法由省级人民政府制定。土地被全部征收，同时农村集体经济组织撤销建制的，土地补偿费应全部用于被征地农民生产生活安置。

二、关于被征地农民安置途径

（五）农业生产安置。征收城市规划区外的农民集体土地，应当通过利用农村集体机动地、承包农户自愿交回的承包地、承包地流转和土地开发整理新增加的耕地等，首先使被征地农民有必要的耕作土地，继续从事农业生产。

（六）重新择业安置。应当积极创造条件，向被征地农民提供免费的劳动技能培训，安排相应的工作岗位。在同等条件下，用地单位应优先吸收被征地农民就业。征收城市规划区内的农民集体土地，应当将因征地而导致无地的农民，纳入城镇就业体系，并建立社会保障制度。

（七）入股分红安置。对有长期稳定收益的项目用地，在农户自愿的前提下，被征地农村集体经济组织经与用地单位协商，可以以征地补偿安置费用入股，或以经批准的建设用地土地使用权作价入股。农村集体经济组织和农户通过合同约定以优先股的方式获取收益。

（八）异地移民安置。本地区确实无法为因征地而导致无地的农民提供基本生产生活条件的，在充分征求被征地农村集体经济组织和农户意见的前提下，可由政府统一组织，实行异地移民安置。

三、关于征地工作程序

（九）告知征地情况。在征地依法报批前，当地国土资源部门应将拟征地的用途、位置、补偿标准、安置途径等，以书面形式告知被征地农村集体经济组织和农户。在告知后，凡被征地农村集体经济组织和农户在拟征土地上抢栽、抢种、抢建的地上附着物和青苗，征地时一律不予补偿。

（十）确认征地调查结果。当地国土资源部门应对拟征土地的权属、地类、面积以及地上附着物权属、种类、数量等现状进行调查，调查结果应与被征地农村集体经济组织、农户和地上附着物产权人共同确认。

（十一）组织征地听证。在征地依法报批前，当地国土资源部门应告知被征地农村集体经济组织和农户，对拟征土地的补偿标准、安置途径有申请听证的权利。当事人申请听证的，应按照《国土资源听证规定》规定的程序和有关要求组织听证。

四、关于征地实施监管

（十二）公开征地批准事项。经依法批准征收的土地，除涉及国家保密规定等特殊情况外，国土资源部和省级国土资源部门通过媒体向社会公示征地批准事项。县（市）国土资源部门应按照《征用土地公告办法》规定，在被征地所在的村、组公告征地批准事项。

（十三）支付征地补偿安置费用。征地补偿安置方案经市、县人民政府批准后，应按法律规定的时限向被征地农村集体经济组织拨付征地补偿安置费用。当地国土资源部门应配合农业、民政等有关部门对被征地集体经济组织内部征地补偿安置费用的分配和使用情况进行监督。

（十四）征地批后监督检查。各级国土资源部门要对依法批准的征收土地方案的实施情况进行监督检查。因征地确实导致被征地农民原有生活水平下降的，当地国土资源部门应积极会同政府有关部门，切实采取有效措施，多渠道解决好被征地农民的生产生活，维护社会稳定。

关于南水北调工程建设中城市征地拆迁补偿有关问题的通知

国调委发〔2005〕2号

（国务院南水北调工程建设委员会2005年3月1日发布）

北京、天津市人民政府，河北、河南、湖北、江苏、山东省人民政府：

《国务院南水北调工程建设委员会第二次全体会议纪要》（国阅〔2004〕136号）决定"南水北调工程土地补偿和安置补助之和可按耕地征用前3年平均产值的16倍计列"，这一决定保护了被征地农民的合法权益，有力促进了南水北调工程的顺利进展。目前，在南水北调东、中线一期工程建设过程中，部分地方政府提出，即使按照该标准，涉及城市征地补偿与地方政府规定的补偿标准差距仍然较大，这一问题已经影响到相关工程征地移民工作的正常进行，要求尽快解决征地移民投资缺口。

为此，南水北调办与国家发展和改革委员会、国土资源部和建设部等建委会成员单位进行了研究，鉴于一是南水北调工程沿线涉及征地拆迁的城市有20余座，各地征地拆迁标准不同，难以分别制定各城市的拆迁补偿标准，二是南水北调工程征地拆迁补偿标准已是当前水利水电工程中较高的，进一步提高标准会导致更多城乡、行业征地移民的矛盾。经国务院领导同意，决定：南水北调工程沿线特别是城市征地拆迁补偿经国家批复后与当地征地拆迁标准之间的差额，根据《国务院关于深化改革严格土地管理的决定》（国发〔2004〕28号）精神，由当地人民政府使用国有土地有偿使用收入予以解决。请各省、直辖市人民政府在工作中遵照执行，并请各有关单位做好相关工作。

关于加快推进征地补偿安置争议协调裁决制度的通知

国土资发〔2006〕133号

（国土资源部2006年6月21日发布）

各省、自治区、直辖市国土资源厅（国土环境资源厅、国土资源局、国土资源和房屋管理局、房屋土地资源管理局）：

全国推行征地补偿安置争议协调裁决制度座谈会之后，按照部的统一部署，各地采取有效措施，积极推进征地补偿安置争议协调裁决制度建设，取得了一定进展。但是，一些地方对推行征地补偿安置争议协调裁决制度还存在着畏难情绪，思想认识不到位，工作缺乏主动性，协调裁决制度建设尚未在全国取得突破性进展。为进一步统一思想、提高认识，加快推进征地补偿安置争议协调裁决制度，及时化解因征地补偿安置引发的矛盾和纠纷，切实维护社会稳定，现就有关事项通知如下：

一、充分认识推行征地补偿安置争议协调裁决制度的紧迫性和重要性

推行征地补偿安置争议协调裁决制度，是构建社会主义和谐社会的客观需要。当前，我国正处在“发展机遇期”与“矛盾凸显期”，各种矛盾和纠纷纷繁复杂，突出多变。尤其是随着工业化、城市化进程的加快，因征地补偿安置引发的矛盾和纠纷日益突出，已成为人民群众日益关心的社会热点问题。一些地方由于征地补偿安置争议协调裁决制度不落实，致使许多因征地补偿引发的矛盾和纠纷得不到及时处理，部分地方甚至发生了群体性事件，影响了社会的稳定。全面推行征地补偿安置争议协调裁决制度，是建立和完善有效的群众利益诉求机制和权益保障机制的重要手段，对于引导被征地的农村集体经济组织和农民通过法定渠道化解征地矛盾，解决征地纠纷，切实维护社会稳定具有重要意义。

推行征地补偿安置争议协调裁决制度，是实施土地管理法规、完善征地程序的客观需要。征地补偿安置争议协调裁决制度，是《中华人民共和国土地管理法实施条例》为解决征地补偿安置争议确立的专门制度。2004年《国务院关于深化改革严格土地管理的决定》（国发〔2004〕28号）又提出了“加快建立和完善征地补偿安置争议的协调和裁决机制，维护被征地农民和用地者的合法权益”。当前，随着农民对征地补偿的日益关注和补偿标准的不断提高，在实施征地中发生的矛盾、纠纷和冲突不断增加，迫切需要启动征地补偿安置争议协调裁决程序，来解决矛盾，化解纠纷，这对于保证土地管理法规的顺利实施、完善征地程序、切实强化国土资源管理部门在实施征地中的社会管理和公共服务职能具有重要意义。

推行征地补偿安置争议协调裁决制度，是有效化解征地实施中矛盾和纠纷的有效途径。在市、县政府实施征地过程中，一旦发生纠纷，迫切需要上级政府进行协调和裁决，尽快解决矛盾，避免旷日持久的诉讼、上访，甚至激化矛盾，形成群体事件。湖南、重庆和安徽等省（市）推行征地补偿安置争议协调裁决制度的试点，已经在化解征地纠纷、维护社会稳定，规范政府行为、完善征地程序，普及法律法规、保护被征地农民合法权益等方面取得了良好效果。国务院领导对试点取得的成效给予了高度评价，对国土资源部全面推进这项工作给予了充分肯定。推行征地补偿安置争议协调裁决制度，是法规有要求，现实有需要，实践有经验，应当加快进行。

二、全面把握征地补偿安置争议协调裁决制度的基本内容

征地补偿安置争议协调裁决制度，是一项具有自身特点、专门针对征地补偿安置争议设立的纠纷解决制度，必须坚持政府主导、公众参与、重在协调的原则。各地在制定地方性的征地补偿安置争议协调裁决办法的过程中，要注意全面把握征地补偿安置争议协调裁决制度的基本内容：

（一）必须准确定位。协调裁决的范围是针对被征地农民与实施征地的市、县政府在补偿安置方面的争议。协调裁决不对经依法批准的征地合法性进行审查，不代替行政复议和诉讼。协调裁决的范围主要有：对市、县人民政府批准的征地补偿安置方案有异议的；对适用征地补偿安置方案涉及的对被征土地地类、人均耕地面积、被征土地前三年平均年产值的认定有异议的；实行区片综合地价计算征地补偿费的地区，对区片综合地价的适用标准和计算有异议的。

（二）必须兼顾合法性与合理性。协调要以土地管理法律、法规、规章和国家、省级人民政府有关政策为依据，主要是对市、县人民政府确定的征地补偿安置方案和实施过程进行合法性审查，同时兼顾合理性审查。合理性审查的标准是保证被征地农民原有生活水平不降低、长远生计有保障。各地要在对被征地农民原有生活水平调查、统计的基础上，逐步引入中立的中介组织对被征地土地进行评估，进一步量化合理性审查的标准。

关于调整新增建设用地土地有偿使用费政策等问题的通知

财综〔2006〕48号

（财政部、国土资源部、中国人民银行2006年11月7日发布）

各省、自治区、直辖市、计划单列市财政厅（局）、国土资源厅（国土环境资源厅、国土资源局、国土资源和房屋管理局、房屋土地资源管理局），新疆生产建设兵团财务局、国土资源局，中国人民银行上海总部，各分行、营业管理部，省会（首府）城市中心支行，副省级城市中心支行：

根据《国务院关于深化改革严格土地管理的决定》（国发〔2004〕28号）和《国务院关于加强土地调控有关问题的通知》（国发〔2006〕31号）的有关规定，为了进一步保护耕地，促进节约集约用地，加强土地调控管理，控制固定资产投资过快增长，现就调整新增建设用地土地有偿使用费政策等问题通知如下：

一、进一步明确新增建设用地土地有偿使用费征收范围

新增建设用地为农用地和未利用地转为建设用地。新增建设用地土地有偿使用费，由市、县人民政府按照国土资源部或省、自治区、直辖市国土资源管理部门核定的当地实际新增建设用地面积、相应等别和征收标准缴纳。新增建设用地土地有偿使用费的征收范围为：土地利用总体规划确定的城市（含建制镇）建设用地范围内的新增建设用地（含村庄和集镇新增建设用地）；在土地利用总体规划确定的城市（含建制镇）、村庄和集镇建设用地范围外单独选址、依法以出让等有偿使用方式取得的新增建设用地；在水利水电工程建设中，移民迁建用地占用城市（含建制镇）土地利用总体规划确定的经批准超出原建设用地面积的新增建设用地。

因违法批地、占用而实际发生的新增建设用地，应按照国土资源部认定的实际新增建设用地面积、相应等别和征收标准缴纳新增建设用地土地有偿使用费。

二、调整新增建设用地土地有偿使用费征收等别和征收标准

从2007年1月1日起，新批准新增建设用地的土地有偿使用费征收标准在原有基础上提高1倍，提高后的新增建设用地土地有偿使用费征收标准详见附件1（略）。同时，根据各地行政区划变动情况，相应细化新增建设用地土地有偿使用费征收等别，细化后的《新增建设用地土地有偿使用费征收等别》详见附件2（略）。

今后，财政部将会同国土资源部根据国家土地调控政策需要，结合各地基准地价水平、耕地总量和人均耕地面积、社会经济发展水平等状况，适时调整新增建设用地土地有偿使用费征收等别和征收标准，并向全社会公布。

三、调整地方新增建设用地土地有偿使用费分成管理方式

新增建设用地土地有偿使用费征收标准提高后，仍实行中央与地方30：70分成体制。

同时，为加强对土地利用的调控，从2007年1月1日起，调整地方分成的新增建设用地土地有偿使用费管理方式。地方分成的70%部分，一律全额缴入省级（含省、自治区、直辖市、计划单列市，下同）国库。

四、加强新增建设用地土地有偿使用费征收管理

新增建设用地土地有偿使用费由国土资源部和各省、自治区、直辖市国土资源管理部门在办理用地审批手续时负责征收，由财政部门负责征收管理，由财政部驻各省、自治区、直辖市、计划单列市财政监察专员办事处（以下简称财政部驻各地财政监察专员办事处）以及省级财政部门共同负责监督解缴。

国土资源部和各省、自治区、直辖市国土资源管理部门在办理用地审批手续时，应当开具新增建设用地土地有偿使用费缴款通知书，通知申请办理新增建设用地审批手续的市、县人民政府在规定的时间内依法足额缴纳新增建设用地土地有偿使用费，同时将缴款通知书抄送财政部、财政部驻各地财政监察专员办事处以及省级财政部门备查。缴款通知书应明确新增建设用地的地类、面积、适用的征收等别、征收标准以及应缴纳的新增建设用地土地有偿使用费具体数额。

市、县人民政府在收到国土资源管理部门开具的缴款通知书后，应当及时通知市、县财政部门填写一份“一般缴款书”，将应当缴纳的新增建设用地土地有偿使用费全额就地缴入国库。市、县财政部门在缴款时，“一般缴款书”中收款单位栏填写“财政部门”，预算级次填写“中央和省级共享收入”，收款国库栏填写当地实际收纳款项的国库名称；填写预算科目时，30%填列政府收支分类科目103013301目“中央新增建设用地土地有偿使用费收入”科目，70%填列政府收支分类科目103013302目“地方新增建设用地土地有偿使用费收入”科目。国库部门办理缴库手续后，将加盖国库印章的“一般缴款书”第四、五联退市、县财政部门。市、县财政部门将收到的“一般缴款书”第四、五联分别报送省级财政部门和财政部驻当地财政监察专员办事处备查。已经实施非税收入收缴管理制度改革的地方，新增建设用地土地有偿使用费的缴库方式，按照非税收入收缴管理制度改革的有关规定执行。市、县财政部门缴纳新增建设用地土地有偿使用费，可以从国有土地使用权出让收入等财政性资金中列支，并填列政府收支分类科目2120899项“其他土地使用权出让金支出”等相应科目。

国土资源部和各省、自治区、直辖市国土资源管理部门应当在收到市、县人民政府已足额缴纳新增建设用地土地有偿使用费的有效凭证后，再依法办理用地批准文件，并抄送财政部、财政部驻各地财政监察专员办事处以及省级财政部门。财政部驻各地财政监察专员办事处以及省级财政部门，要按照国土资源管理部门开具的新增建设用地土地有偿使用费缴款通知书、缴款凭证、用地批准文件等，抽查核实市、县人民政府是否及时足额缴纳新增建设用地土地有偿使用费，并按月做好与国库以及国土资源管理部门的对账工作，确保有关数据准确无误。

严禁市、县人民政府和有关部门将新增建设用地土地有偿使用费转嫁由用地单位缴纳。严禁在审批新增建设用地时采取“以租代征”等方式，逃避缴纳新增建设用地土地有偿使用费。市、县人民政府凡不按国家规定的等别和征收标准及时足额缴纳新增建设用地土地有偿使用费的，国土资源部和各省、自治区、直辖市国土资源管理部门一律不得办理用地审批手续和批准文件。任何地区、部门、单位和个人，均不得减免、缓缴、挤占、截留和挪用新增建设用地土地有偿使用费。

五、认真做好新增建设用地土地有偿使用费清欠工作

国土资源管理部门和财政部门要加强新增建设用地土地有偿使用费征收工作，对于地方违反规定减免和欠缴新增建设用地土地有偿使用费的，要进行逐项清理，并限期追缴。其中：对于2004年《国务院关于深化改革严格土地管理的决定》（国发〔2004〕28号）发布后，各地违反规定减免和欠缴的，要在2006年12月31日前全部清缴完毕。2006年12月31日前清缴的新增建设用地土地有偿使用费，按照原有规定解缴入库；2006年12月31日以后清缴的新增建设用地土地有偿使用费，一律按照本通知第四条规定解缴入库。逾期未缴的，一律暂停审批该市、县下一年度新增建设用地指标，并按其滞纳金额及日期按日加收1‰的滞纳金。滞纳金随同清缴的新增建设用地土地有偿使用费一并按规定比例分别缴入中央和省级国库。拒不缴纳的，除了由国土资源部和各省、自治区、直辖市国土资源管理部门会同同级财政部门进行公示、暂停办理新的新增建设用地审批手续和下达该市、县下一年度新增建设用地指标、加收滞纳金以外，还应由财政部和省级财政部门在办理年终结算时予以相应抵扣。

六、改进和完善新增建设用地土地有偿使用费使用管理

为提高新增建设用地土地有偿使用费使用效率，进一步改进和完善新增建设用地土地有偿使用费使用管理。从2007年1月1日起，中央分成的新增建设用地土地有偿使用费，由财政部会同国土资源部主要参照各地国土资源管理部门核实的截至上一年底基本农田面积和国家确定的土地开发整理重点任务分配给各省、自治区、直辖市、计划单列市，并向中西部地区和粮食主产区倾斜，专项用于基本农田建设和保护、土地整理、耕地开发等开支。各省、自治区、直辖市、计划单列市分成的部分，加上中央财政专项分配的新增建设用地土地有偿使用费，统一由省级财政部门会同国土资源管理部门，主要参照各地国土资源管理部门核实的截至上一年底基本农田面积、国家和省级确定的土地开发整理重点任务分配给市、县，专项用于基本农田建设和保护、土地整理、耕地开发等开支。

将政府收支分类科目212类“城乡社区事务”08款“国有土地使用权出让金支出”中的06项“耕地开发专项支出”科目，修改为12项“耕地开发专项支出”科目，增设13项“基本农田建设和保护支出”、14项“土地整理支出”科目，分别反映新增建设用地土地有偿使用费用于上述各项支出情况。

七、强化新增建设用地土地有偿使用费收支管理监督检查

省级财政部门以及财政部驻各地财政监察专员办事处要加强对新增建设用地土地有偿使用费管理的监督检查，建立定期检查制度。国土资源管理部门要建立新增建设用地和基本农田保有量监督检查制度，充分运用航空、遥感等技术方法和手段，核实当年新增建设用地面积和耕地面积，强化新增建设用地土地有偿使用费征收管理与监督。对未依法办理农用地审批、未利用地转用审批、“以租代征”和未批先用等违法批地、用地行为占用土地的，不按规定及时足额解缴新增建设用地土地有偿使用费的，以及擅自减免、缓缴、截留、挤占、挪用新增建设用地土地有偿使用费的，要严格按照《土地管理法》以及《财政违法行为处罚处分条例》（国务院令第427号）等有关法律法规规定进行处理，按日加收滞纳金，并依法追究有关责任人的责任。

各地收到本通知后，要严格按照本通知规定，抓紧做好相关工作。此前有关规定凡与本通知规定不一致的，一律以本通知规定为准。

关于切实做好被征地农民社会保障工作有关问题的通知

劳社部发〔2007〕14号

（劳动和社会保障部、国土资源部2007年4月28日发布）

各省、自治区、直辖市劳动和社会保障厅（局），国土资源厅（国土环境资源厅、国土资源局、国土资源和房屋管理局、房屋土地资源管理局）：

党中央、国务院高度重视被征地农民就业培训和社会保障问题，近年来先后下发了一系列重要文件，将做好被征地农民社会保障工作作为改革征地制度、完善社会保障体系的重要内容，摆在了突出位置，提出了明确要求。最近颁布的《物权法》，对安排被征地农民的社会保障费用作出了规定。许多地区开展了被征地农民社会保障工作，对维护被征地农民合法权益、促进社会稳定发挥了积极作用，但部分地区工作进展缓慢，亟待加快进度、完善政策、规范管理。为进一步贯彻落实《国务院关于加强土地调控有关问题的通知》（国发〔2006〕31号，以下简称国发31号文件）关于“社会保障费用不落实的不得批准征地”的精神，切实做好被征地农民社会保障工作，现就有关问题通知如下：

一、进一步明确被征地农民社会保障工作责任

为贯彻国发31号文件和《国务院办公厅转发劳动保障部关于做好被征地农民就业培训和社会保障工作指导意见的通知》（国办发〔2006〕29号，以下简称国办发29号文件）关于“实行一把手负责制，建立责任追究制度”和“严格实行问责制”的精神，地方各级人民政府主要负责人要对被征地农民社会保障工作负总责，劳动保障部门、国土资源部门要按照职能各负其责，制定切实可行的计划，加强工作调度和督促检查，切实做好本行政区域内被征地农民的社会保障工作。

各地要尽快建立被征地农民社会保障制度。按照国办发29号文件要求，已经出台实施办法的省份，要认真总结经验，完善政策和措施，提高管理水平，加强对市县工作的指导；其他省份要抓紧研究，争取在今年年底前出台实施办法。要严格按国办发29号文件关于保障项目和标准的要求，尽快将被征地农民纳入社会保障体系，确保被征地农民原有生活水平不降低、长远生计有保障，并建立相应的调整机制。

二、确保被征地农民社会保障所需资金

各地在制订被征地农民社会保障实施办法中，要明确和落实社会保障资金渠道。被征地农民社会保障所需资金，原则上由农民个人、农村集体、当地政府共同承担，具体比例、数额结合当地实际确定。根据国办发29号文件和《国务院办公厅关于规范国有土地使用权出让收支管理的通知》（国办发〔2006〕100号，以下简称国办发100号文件）规定，被征地农民社会保障所需资金从当地政府批准提高的安置补助费和用于被征地农户的土地补偿费中统一安排，两项费用尚不足以支付的，由当地政府从国有土地有偿使用收入中解决；地方人民政府可以从土地出让收入中安排一部分资金用于补助被征地农民社会保障支出，逐步建立被征地农民生活保障的长效机制。

各市县征地统一年产值标准和区片综合地价公布实施前，被征地农民社会保障所需资金的个人缴费部分，可以从其所得的土地补偿费、安置补助费中直接缴纳；各市县征地统一年产值标准和区片综合地价公布实施后，要及时确定征地补偿安置费用在农民个人、农村集体之间的分配办法，被征地农民社会保障个人缴费部分在农民个人所得中直接缴纳。

三、严格征地中对农民社会保障落实情况的审查

要严格执行国发31号文件关于"社会保障费用不落实的不得批准征地"的规定，加强对被征地农民社会保障措施落实情况的审查。被征地农民社会保障对象、项目、标准以及费用筹集办法等情况，要纳入征地报批前告知、听证等程序，维护被征地农民知情、参与等民主权利。市县人民政府在呈报征地报批材料时，应就上述情况作出说明。

劳动保障部门、国土资源部门要加强沟通协作，共同把好被征地农民社会保障落实情况审查关。需报省级政府批准征地的，上述说明材料由市（地、州）级劳动保障部门提出审核意见；需报国务院批准征地的，由省级劳动保障部门提出审核意见。有关说明材料和审核意见作为必备要件随建设用地报批资料同时上报。对没有出台被征地农民社会保障实施办法、被征地农民社会保障费用不落实、没有按规定履行征地报批前有关程序的，一律不予报批征地。

四、规范被征地农民社会保障资金管理

根据国办发100号文件规定，国有土地使用权出让收入全部缴入地方国库，支出一律通过地方基金预算从土地出让收入中予以安排。被征地农民社会保障所需费用，应在征地补偿安置方案批准之日起3个月内，按标准足额划入"被征地农民社会保障资金专户"，按规定记入个人账户或统筹账户。劳动保障部门负责被征地农民社会保障待遇核定和资金发放管理，具体工作由各级劳动保障部门的社保经办机构办理。

各地要制订被征地农民社会保障资金管理办法，加强对资金收支情况的监管，定期向社会公布，接受社会和被征地农民的监督。各地要按照国办发29号文件规定，确保必要的人员和工作经费。要加强被征地农民统计工作，做好对征地面积、征地涉及农业人口以及被征地农民社会保障参保人数、享受待遇人员、资金收支等情况的统计；加强对被征地农民社会保障工作的考核。

五、加强被征地农民社会保障工作的监督检查

根据中共中央办公厅、国务院办公厅《关于加强农村基层党风廉政建设的意见》（中办发〔2006〕32号）的要求，地方各级劳动保障部门、国土资源部门要认真贯彻落实有关方针政策，在对农村土地征收征用情况的监督检查中，切实搞好对被征地农民社会保障工作情况的监督检查，纠正征地过程中损害农民权益问题。

被征地农民社会保障资金要专款专用，独立核算，任何部门、单位和个人都不得挤占、截留、挪用、转借或擅自将资金用于任何形式的直接投资。被征地农民社会保障资金未能足额到位、及时发放的，要追究有关人员的责任。国家工作人员在被征地农民社会保障资金管理工作中玩忽职守、滥用职权、徇私舞弊的，要依照有关规定追究行政责任；构成犯罪的，依法追究刑事责任。

关于耕地占用税平均税额和纳税义务发生时间问题的通知

财税〔2007〕176号

（财政部、国家税务总局2007年12月28日发布）

各省、自治区、直辖市财政厅（局）、地方税务局，新疆生产建设兵团财务局：

为做好新修订的《中华人民共和国耕地占用税暂行条例》（国务院令第511号）的贯彻落实工作，现就耕地占用税平均税额和纳税义务发生时间问题通知如下：

一、各省、自治区、直辖市每平方米平均税额为：上海市45元；北京市40元；天津市35元；江苏、浙江、福建、广东4省各30元；辽宁、湖北、湖南3省各25元；河北、安徽、江西、山东、河南、四川、重庆7省市各22.5元；广西、海南、贵州、云南、陕西5省区各20元；山西、吉林、黑龙江3省各17.5元；内蒙古、西藏、甘肃、青海、宁夏、新疆6省区各12.5元。

各地依据耕地占用税暂行条例和上款的规定，经省级人民政府批准，确定县级行政区占用耕地的适用税额，占用林地、牧草地、农田水利用地、养殖水面以及渔业水域滩涂等其他农用地的适用税额可适当低于占用耕地的适用税额。

各地确定的县级行政区适用税额须报财政部、国家税务总局备案。

二、经批准占用耕地的，耕地占用税纳税义务发生时间为纳税人收到土地管理部门办理占用农用地手续通知的当天。

未经批准占用耕地的，耕地占用税纳税义务发生时间为实际占用耕地的当天。

请遵照执行。

土 地 登 记 办 法

国土资源部令第 40 号

（2007 年 12 月 30 日公布，自 2008 年 2 月 1 日起施行）

第一章　总　　则

第一条　为规范土地登记行为，保护土地权利人的合法权益，根据《中华人民共和国物权法》、《中华人民共和国土地管理法》、《中华人民共和国城市房地产管理法》和《中华人民共和国土地管理法实施条例》，制定本办法。

第二条　本办法所称土地登记，是指将国有土地使用权、集体土地所有权、集体土地使用权和土地抵押权、地役权以及依照法律法规规定需要登记的其他土地权利记载于土地登记簿公示的行为。

前款规定的国有土地使用权，包括国有建设用地使用权和国有农用地使用权；集体土地使用权，包括集体建设用地使用权、宅基地使用权和集体农用地使用权（不含土地承包经营权）。

第三条　土地登记实行属地登记原则。

申请人应当依照本办法向土地所在地的县级以上人民政府国土资源行政主管部门提出土地登记申请，依法报县级以上人民政府登记造册，核发土地权利证书。但土地抵押权、地役权由县级以上人民政府国土资源行政主管部门登记，核发土地他项权利证明书。

跨县级行政区域使用的土地，应当报土地所跨区域各县级以上人民政府分别办理土地登记。

在京中央国家机关使用的土地，按照《在京中央国家机关用地土地登记办法》的规定执行。

第四条　国家实行土地登记人员持证上岗制度。从事土地权属审核和登记审查的工作人员，应当取得国务院国土资源行政主管部门颁发的土地登记上岗证书。

第二章　一　般　规　定

第五条　土地以宗地为单位进行登记。

宗地是指土地权属界线封闭的地块或者空间。

第六条　土地登记应当依照申请进行，但法律、法规和本办法另有规定的除外。

第七条　土地登记应当由当事人共同申请，但有下列情形之一的，可以单方申请：

（一）土地总登记；

（二）国有土地使用权、集体土地所有权、集体土地使用权的初始登记；

（三）因继承或者遗赠取得土地权利的登记；

（四）因人民政府已经发生法律效力的土地权属争议处理决定而取得土地权利的登记；

（五）因人民法院、仲裁机构已经发生法律效力的法律文书而取得土地权利的登记；

（六）更正登记或者异议登记；

（七）名称、地址或者用途变更登记；

（八）土地权利证书的补发或者换发；

（九）其他依照规定可以由当事人单方申请的情形。

第八条 两个以上土地使用权人共同使用一宗土地的，可以分别申请土地登记。

第九条 申请人申请土地登记，应当根据不同的登记事项提交下列材料：

（一）土地登记申请书；

（二）申请人身份证明材料；

（三）土地权属来源证明；

（四）地籍调查表、宗地图及宗地界址坐标；

（五）地上附着物权属证明；

（六）法律法规规定的完税或者减免税凭证；

（七）本办法规定的其他证明材料。

前款第（四）项规定的地籍调查表、宗地图及宗地界址坐标，可以委托有资质的专业技术单位进行地籍调查获得。

申请人申请土地登记，应当如实向国土资源行政主管部门提交有关材料和反映真实情况，并对申请材料实质内容的真实性负责。

第十条 未成年人的土地权利，应当由其监护人代为申请登记。申请办理未成年人土地登记的，除提交本办法第九条规定的材料外，还应当提交监护人身份证明材料。

第十一条 委托代理人申请土地登记的，除提交本办法第九条规定的材料外，还应当提交授权委托书和代理人身份证明。

代理境外申请人申请土地登记的，授权委托书和被代理人身份证明应当经依法公证或者认证。

第十二条 对当事人提出的土地登记申请，国土资源行政主管部门应当根据下列情况分别作出处理：

（一）申请登记的土地不在本登记辖区的，应当当场作出不予受理的决定，并告知申请人向有管辖权的国土资源行政主管部门申请；

（二）申请材料存在可以当场更正的错误的，应当允许申请人当场更正；

（三）申请材料不齐全或者不符合法定形式的，应当当场或者在五日内一次告知申请人需要补正的全部内容；

（四）申请材料齐全、符合法定形式，或者申请人按照要求提交全部补正申请材料的，应当受理土地登记申请。

第十三条 国土资源行政主管部门受理土地登记申请后，认为必要的，可以就有关登记事项向申请人询问，也可以对申请登记的土地进行实地查看。

第十四条 国土资源行政主管部门应当对受理的土地登记申请进行审查，并按照下列规定办理登记手续：

（一）根据对土地登记申请的审核结果，以宗地为单位填写土地登记簿；

（二）根据土地登记簿的相关内容，以权利人为单位填写土地归户卡；

（三）根据土地登记簿的相关内容，以宗地为单位填写土地权利证书。对共有一宗土地的，应当为两个以上土地权利人分别填写土地权利证书。

国土资源行政主管部门在办理土地所有权和土地使用权登记手续前，应当报经同级人民政府批准。

第十五条　土地登记簿是土地权利归属和内容的根据。土地登记簿应当载明下列内容：

（一）土地权利人的姓名或者名称、地址；

（二）土地的权属性质、使用权类型、取得时间和使用期限、权利以及内容变化情况；

（三）土地的坐落、界址、面积、宗地号、用途和取得价格；

（四）地上附着物情况。

土地登记簿应当加盖人民政府印章。

土地登记簿采用电子介质的，应当每天进行异地备份。

第十六条　土地权利证书是土地权利人享有土地权利的证明。

土地权利证书记载的事项，应当与土地登记簿一致；记载不一致的，除有证据证明土地登记簿确有错误外，以土地登记簿为准。

第十七条　土地权利证书包括：

（一）国有土地使用证；

（二）集体土地所有证；

（三）集体土地使用证；

（四）土地他项权利证明书。

国有建设用地使用权和国有农用地使用权在国有土地使用证上载明；集体建设用地使用权、宅基地使用权和集体农用地使用权在集体土地使用证上载明；土地抵押权和地役权可以在土地他项权利证明书上载明。

土地权利证书由国务院国土资源行政主管部门统一监制。

第十八条　有下列情形之一的，不予登记：

（一）土地权属有争议的；

（二）土地违法违规行为尚未处理或者正在处理的；

（三）未依法足额缴纳土地有偿使用费和其他税费的；

（四）申请登记的土地权利超过规定期限的；

（五）其他依法不予登记的。

不予登记的，应当书面告知申请人不予登记的理由。

第十九条　国土资源行政主管部门应当自受理土地登记申请之日起二十日内，办结土地登记审查手续。特殊情况需要延期的，经国土资源行政主管部门负责人批准后，可以延长十日。

第二十条　土地登记形成的文件资料，由国土资源行政主管部门负责管理。

土地登记申请书、土地登记审批表、土地登记归户卡和土地登记簿的式样，由国务院国土资源行政主管部门规定。

第三章　土 地 总 登 记

第二十一条　本办法所称土地总登记，是指在一定时间内对辖区内全部土地或者特定区域内土地进行的全面登记。

第二十二条　土地总登记应当发布通告。通告的主要内容包括：

（一）土地登记区的划分；

（二）土地登记的期限；

（三）土地登记收件地点；

（四）土地登记申请人应当提交的相关文件材料；

（五）需要通告的其他事项。

第二十三条　对符合总登记要求的宗地，由国土资源行政主管部门予以公告。公告的主要内容包括：

（一）土地权利人的姓名或者名称、地址；

（二）准予登记的土地坐落、面积、用途、权属性质、使用权类型和使用期限；

（三）土地权利人及其他利害关系人提出异议的期限、方式和受理机构；

（四）需要公告的其他事项。

第二十四条　公告期满，当事人对土地总登记审核结果无异议或者异议不成立的，由国土资源行政主管部门报经人民政府批准后办理登记。

第四章　初　始　登　记

第二十五条　本办法所称初始登记，是指土地总登记之外对设立的土地权利进行的登记。

第二十六条　依法以划拨方式取得国有建设用地使用权的，当事人应当持县级以上人民政府的批准用地文件和国有土地划拨决定书等相关证明材料，申请划拨国有建设用地使用权初始登记。

新开工的大中型建设项目使用划拨国有土地的，还应当提供建设项目竣工验收报告。

第二十七条　依法以出让方式取得国有建设用地使用权的，当事人应当在付清全部国有土地出让价款后，持国有建设用地使用权出让合同和土地出让价款缴纳凭证等相关证明材料，申请出让国有建设用地使用权初始登记。

第二十八条　划拨国有建设用地使用权已依法转为出让国有建设用地使用权的，当事人应当持原国有土地使用证、出让合同及土地出让价款缴纳凭证等相关证明材料，申请出让国有建设用地使用权初始登记。

第二十九条　依法以国有土地租赁方式取得国有建设用地使用权的，当事人应当持租赁合同和土地租金缴纳凭证等相关证明材料，申请租赁国有建设用地使用权初始登记。

第三十条　依法以国有土地使用权作价出资或者入股方式取得国有建设用地使用权的，当事人应当持原国有土地使用证、土地使用权出资或者入股批准文件和其他相关证明材料，申请作价出资或者入股国有建设用地使用权初始登记。

第三十一条　以国家授权经营方式取得国有建设用地使用权的，当事人应当持原国有土地使用证、土地资产处置批准文件和其他相关证明材料，申请授权经营国有建设用地使用权初始登记。

第三十二条　农民集体土地所有权人应当持集体土地所有权证明材料，申请集体土地所有权初始登记。

第三十三条　依法使用本集体土地进行建设的，当事人应当持有批准权的人民政府的批准用地文件，申请集体建设用地使用权初始登记。

第三十四条　集体土地所有权人依法以集体建设用地使用权入股、联营等形式兴办企业的，当事人应当持有批准权的人民政府的批准文件和相关合同，申请集体建设用地使用权初始登记。

第三十五条　依法使用本集体土地进行农业生产的，当事人应当持农用地使用合同，申请集体农用地使用权初始登记。

第三十六条　依法抵押土地使用权的，抵押权人和抵押人应当持土地权利证书、主债权债务合同、抵押合同以及相关证明材料，申请土地使用权抵押登记。

同一宗地多次抵押的，以抵押登记申请先后为序办理抵押登记。

符合抵押登记条件的，国土资源行政主管部门应当将抵押合同约定的有关事项在土地登记簿和土地权利证书上加以记载，并向抵押权人颁发土地他项权利证明书。申请登记的抵押为最高额抵押的，应当记载所担保的最高债权额、最高额抵押的期间等内容。

第三十七条　在土地上设定地役权后，当事人申请地役权登记的，供役地权利人和需役地权利人应当向国土资源行政主管部门提交土地权利证书和地役权合同等相关证明材料。

符合地役权登记条件的，国土资源行政主管部门应当将地役权合同约定的有关事项分别记载于供役地和需役地的土地登记簿和土地权利证书，并将地役权合同保存于供役地和需役地的宗地档案中。

供役地、需役地分属不同国土资源行政主管部门管辖的，当事人可以向负责供役地登记的国土资源行政主管部门申请地役权登记。负责供役地登记的国土资源行政主管部门完成登记后，应当通知负责需役地登记的国土资源行政主管部门，由其记载于需役地的土地登记簿。

第五章　变　更　登　记

第三十八条　本办法所称变更登记，是指因土地权利人发生改变，或者因土地权利人姓名或者名称、地址和土地用途等内容发生变更而进行的登记。

第三十九条　依法以出让、国有土地租赁、作价出资或者入股方式取得的国有建设用地使用权转让的，当事人应当持原国有土地使用证和土地权利发生转移的相关证明材料，申请国有建设用地使用权变更登记。

第四十条　因依法买卖、交换、赠与地上建筑物、构筑物及其附属设施涉及建设用地使用权转移的，当事人应当持原土地权利证书、变更后的房屋所有权证书及土地使用权发生转移的相关证明材料，申请建设用地使用权变更登记。涉及划拨土地使用权转移的，当事人还应当提供有批准权人民政府的批准文件。

第四十一条 因法人或者其他组织合并、分立、兼并、破产等原因致使土地使用权发生转移的，当事人应当持相关协议及有关部门的批准文件、原土地权利证书等相关证明材料，申请土地使用权变更登记。

第四十二条 因处分抵押财产而取得土地使用权的，当事人应当在抵押财产处分后，持相关证明文件，申请土地使用权变更登记。

第四十三条 土地使用权抵押期间，土地使用权依法发生转让的，当事人应当持抵押权人同意转让的书面证明、转让合同及其他相关证明材料，申请土地使用权变更登记。

已经抵押的土地使用权转让后，当事人应当持土地权利证书和他项权利证明书，办理土地抵押权变更登记。

第四十四条 经依法登记的土地抵押权因主债权被转让而转让的，主债权的转让人和受让人可以持原土地他项权利证明书、转让协议、已经通知债务人的证明等相关证明材料，申请土地抵押权变更登记。

第四十五条 因人民法院、仲裁机构生效的法律文书或者因继承、受遗赠取得土地使用权，当事人申请登记的，应当持生效的法律文书或者死亡证明、遗嘱等相关证明材料，申请土地使用权变更登记。

权利人在办理登记之前先行转让该土地使用权或者设定土地抵押权的，应当依照本办法先将土地权利申请登记到其名下后，再申请办理土地权利变更登记。

第四十六条 已经设定地役权的土地使用权转移后，当事人申请登记的，供役地权利人和需役地权利人应当持变更后的地役权合同及土地权利证书等相关证明材料，申请办理地役权变更登记。

第四十七条 土地权利人姓名或名称、地址发生变化的，当事人应当持原土地权利证书等相关证明材料，申请姓名或者名称、地址变更登记。

第四十八条 土地的用途发生变更的，当事人应当持有关批准文件和原土地权利证书，申请土地用途变更登记。

土地用途变更依法需要补交土地出让价款的，当事人还应当提交已补交土地出让价款的缴纳凭证。

第六章　注　销　登　记

第四十九条 本办法所称注销登记，是指因土地权利的消灭等而进行的登记。

第五十条 有下列情形之一的，可直接办理注销登记：

（一）依法收回的国有土地；

（二）依法征收的农民集体土地；

（三）因人民法院、仲裁机构的生效法律文书致使原土地权利消灭，当事人未办理注销登记的。

第五十一条 因自然灾害等原因造成土地权利消灭的，原土地权利人应当持原土地权利证书及相关证明材料，申请注销登记。

第五十二条 非住宅国有建设用地使用权期限届满，国有建设用地使用权人未申请续期或者申请续期未获批准的，当事人应当在期限届满前十五日内，持原土地权利证书，申请注销登记。

第五十三条 已经登记的土地抵押权、地役权终止的，当事人应当在该土地抵押权、地役权终止之日起十五日内，持相关证明文件，申请土地抵押权、地役权注销登记。

第五十四条 当事人未按照本办法第五十一条、第五十二条和第五十三条的规定申请注销登记的，国土资源行政主管部门应当责令当事人限期办理；逾期不办理的，进行注销公告，公告期满后可直接办理注销登记。

第五十五条 土地抵押期限届满，当事人未申请土地使用权抵押注销登记的，除设定抵押权的土地使用权期限届满外，国土资源行政主管部门不得直接注销土地使用权抵押登记。

第五十六条 土地登记注销后，土地权利证书应当收回；确实无法收回的，应当在土地登记簿上注明，并经公告后废止。

第七章 其 他 登 记

第五十七条 本办法所称其他登记，包括更正登记、异议登记、预告登记和查封登记。

第五十八条 国土资源行政主管部门发现土地登记簿记载的事项确有错误的，应当报经人民政府批准后进行更正登记，并书面通知当事人在规定期限内办理更换或者注销原土地权利证书的手续。当事人逾期不办理的，国土资源行政主管部门报经人民政府批准并公告后，原土地权利证书废止。

更正登记涉及土地权利归属的，应当对更正登记结果进行公告。

第五十九条 土地权利人认为土地登记簿记载的事项错误的，可以持原土地权利证书和证明登记错误的相关材料，申请更正登记。利害关系人认为土地登记簿记载的事项错误的，可以持土地权利人书面同意更正的证明文件，申请更正登记。

第六十条 土地登记簿记载的权利人不同意更正的，利害关系人可以申请异议登记。

对符合异议登记条件的，国土资源行政主管部门应当将相关事项记载于土地登记簿，并向申请人颁发异议登记证明，同时书面通知土地登记簿记载的土地权利人。

异议登记期间，未经异议登记权利人同意，不得办理土地权利的变更登记或者设定土地抵押权。

第六十一条 有下列情形之一的，异议登记申请人或者土地登记簿记载的土地权利人可以持相关材料申请注销异议登记：

（一）异议登记申请人在异议登记之日起十五日内没有起诉的；

（二）人民法院对异议登记申请人的起诉不予受理的；

（三）人民法院对异议登记申请人的诉讼请求不予支持的。

异议登记失效后，原申请人就同一事项再次申请异议登记的，国土资源行政主管部门不予受理。

第六十二条 当事人签订土地权利转让的协议后，可以按照约定持转让协议申请预告登记。

对符合预告登记条件的，国土资源行政主管部门应当将相关事项记载于土地登记簿，并向申请人颁发预告登记证明。

预告登记后，债权消灭或者自能够进行土地登记之日起三个月内当事人未申请土地登记的，预告登记失效。

预告登记期间，未经预告登记权利人同意，不得办理土地权利的变更登记或者土地抵押权、地役权登记。

第六十三条 国土资源行政主管部门应当根据人民法院提供的查封裁定书和协助执行通知书，报经人民政府批准后将查封或者预查封的情况在土地登记簿上加以记载。

第六十四条 国土资源行政主管部门在协助人民法院执行土地使用权时，不对生效法律文书和协助执行通知书进行实体审查。国土资源行政主管部门认为人民法院的查封、预查封裁定书或者其他生效法律文书错误的，可以向人民法院提出审查建议，但不得停止办理协助执行事项。

第六十五条 对被执行人因继承、判决或者强制执行取得，但尚未办理变更登记的土地使用权的查封，国土资源行政主管部门依照执行查封的人民法院提交的被执行人取得财产所依据的继承证明、生效判决书或者执行裁定书及协助执行通知书等，先办理变更登记手续后，再行办理查封登记。

第六十六条 土地使用权在预查封期间登记在被执行人名下的，预查封登记自动转为查封登记。

第六十七条 两个以上人民法院对同一宗土地进行查封的，国土资源行政主管部门应当为先送达协助执行通知书的人民法院办理查封登记手续，对后送达协助执行通知书的人民法院办理轮候查封登记，并书面告知其该土地使用权已被其他人民法院查封的事实及查封的有关情况。

轮候查封登记的顺序按照人民法院送达协助执行通知书的时间先后进行排列。查封法院依法解除查封的，排列在先的轮候查封自动转为查封；查封法院对查封的土地使用权全部处理的，排列在后的轮候查封自动失效；查封法院对查封的土地使用权部分处理的，对剩余部分，排列在后的轮候查封自动转为查封。

预查封的轮候登记参照本条第一款和第二款的规定办理。

第六十八条 查封、预查封期限届满或者人民法院解除查封的，查封、预查封登记失效，国土资源行政主管部门应当注销查封、预查封登记。

第六十九条 对被人民法院依法查封、预查封的土地使用权，在查封、预查封期间，不得办理土地权利的变更登记或者土地抵押权、地役权登记。

第八章 土地权利保护

第七十条 依法登记的国有土地使用权、集体土地所有权、集体土地使用权和土地抵押权、地役权受法律保护，任何单位和个人不得侵犯。

第七十一条 县级以上人民政府国土资源行政主管部门应当加强土地登记结果的信息系统和数据库建设，实现国家和地方土地登记结果的信息共享和异地查询。

第七十二条 国家实行土地登记资料公开查询制度。土地权利人、利害关系人可以申请查询土地登记资料，国土资源行政主管部门应当提供。

土地登记资料的公开查询，依照《土地登记资料公开查询办法》的规定执行。

第九章　法　律　责　任

第七十三条　当事人伪造土地权利证书的，由县级以上人民政府国土资源行政主管部门依法没收伪造的土地权利证书；情节严重构成犯罪的，依法追究刑事责任。

第七十四条　国土资源行政主管部门工作人员在土地登记工作中玩忽职守、滥用职权、徇私舞弊的，依法给予行政处分；构成犯罪的，依法追究刑事责任。

第十章　附　　则

第七十五条　经省、自治区、直辖市人民政府确定，县级以上地方人民政府由一个部门统一负责土地和房屋登记工作的，其房地产登记中有关土地登记的内容应当符合本办法的规定，其房地产权证书的内容和式样应当报国务院国土资源行政主管部门核准。

第七十六条　土地登记中依照本办法需要公告的，应当在人民政府或者国土资源行政主管部门的门户网站上进行公告。

第七十七条　土地权利证书灭失、遗失的，土地权利人应当在指定媒体上刊登灭失、遗失声明后，方可申请补发。补发的土地权利证书应当注明“补发”字样。

第七十八条　本办法自2008年2月1日起施行。

建设项目用地预审管理办法

国土资源部令第42号

（2001年6月28日国土资源部第5次部务会议通过，2004年10月29日国土资源部第9次部务会议修订，2008年11月12日国土资源部第13次部务会议修正，2008年11月29日公布，自2009年1月1日起施行）

第一条 为保证土地利用总体规划的实施，充分发挥土地供应的宏观调控作用，控制建设用地总量，根据《中华人民共和国土地管理法》、《中华人民共和国土地管理法实施条例》和《国务院关于深化改革严格土地管理的决定》，制定本办法。

第二条 本办法所称建设项目用地预审，是指国土资源管理部门在建设项目审批、核准、备案阶段，依法对建设项目涉及的土地利用事项进行的审查。

第三条 预审应当遵循下列原则：

（一）符合土地利用总体规划；

（二）保护耕地，特别是基本农田；

（三）合理和集约节约利用土地；

（四）符合国家供地政策。

第四条 建设项目用地实行分级预审。

需人民政府或有批准权的人民政府发展和改革等部门审批的建设项目，由该人民政府的国土资源管理部门预审。

需核准和备案的建设项目，由与核准、备案机关同级的国土资源管理部门预审。

第五条 需审批的建设项目在可行性研究阶段，由建设用地单位提出预审申请。

需核准的建设项目在项目申请报告核准前，由建设单位提出用地预审申请。

需备案的建设项目在办理备案手续后，由建设单位提出用地预审申请。

第六条 依照本办法第四条规定应当由国土资源部预审的建设项目，国土资源部委托项目所在地的省级国土资源管理部门受理，但建设项目占用规划确定的城市建设用地范围内土地的，委托市级国土资源管理部门受理。受理后，提出初审意见，转报国土资源部。

涉密军事项目和国务院批准的特殊建设项目用地，建设用地单位可直接向国土资源部提出预审申请。

应当由国土资源部负责预审的输电线塔基、钻探井位、通讯基站等小面积零星分散建设项目用地，由省级国土资源管理部门预审，并报国土资源部备案。

第七条 已批准项目建议书的审批类建设项目与需备案的建设项目申请用地预审的，应当提交下列材料：

（一）建设项目用地预审申请表；

（二）建设项目用地预审申请报告，内容包括拟建项目的基本情况、拟选址占地情况、拟用地面积确定的依据和适用建设用地指标情况、补充耕地初步方案、征地补偿费用和矿山项目土地复垦资金的拟安排情况等；

（三）项目建议书批复文件或者项目备案批准文件；

（四）单独选址建设项目拟选址位于地质灾害防治规划确定的地质灾害易发区内的，提交地质灾害危险性评估报告；

（五）单独选址建设项目所在区域的国土资源管理部门出具是否压覆重要矿产资源的证明材料。

直接审批可行性研究报告的审批类建设项目与需核准的建设项目，申请用地预审的不提交前款第（三）、（四）、（五）项材料。

本条第一款规定的用地预审申请表，由国土资源部统一规定。

第八条　直接审批可行性研究报告的审批类建设项目与需核准的建设项目，项目单位应当在用地预审完成后，申请用地审批前，依据相关法律法规的规定，办理地质灾害危险性评估与矿产资源压覆情况证明等手续。

第九条　受国土资源部委托负责初审的国土资源管理部门在转报用地预审申请时，应当提供下列材料：

（一）依据本办法第十一条的有关规定，对申报材料作出的初步审查意见。

（二）标注项目用地范围的县级以上土地利用总体规划图及相关图件；

（三）属于《土地管理法》第二十六条规定情形，建设项目用地需修改土地利用总体规划的，应当出具经相关部门和专家论证的规划修改方案、规划修改对规划实施影响评估报告和修改规划听证会纪要。

第十条　符合本办法第七条规定的预审申请和第九条规定的初审转报件，国土资源管理部门应当受理和接收。不符合的，应当场或在五日内书面通知申请人和转报人，逾期不通知的，视为受理和接收。

受国土资源部委托负责初审的国土资源管理部门应当自受理之日起二十日内完成初审工作，并转报国土资源部。

第十一条　预审应当审查以下内容：

（一）建设项目选址是否符合土地利用总体规划，是否符合国家供地政策和土地管理法律、法规规定的条件；

（二）建设项目用地规模是否符合有关建设用地指标的规定；

（三）建设项目占用耕地的，补充耕地初步方案是否可行；

（四）征地补偿费用和矿山项目土地复垦资金的拟安排情况；

（五）属《土地管理法》第二十六条规定情形，建设项目用地需修改土地利用总体规划的，规划的修改方案、规划修改对规划实施影响评估报告等是否符合法律、法规的规定。

第十二条　国土资源管理部门应当自受理预审申请或者收到转报材料之日起二十日内，完成审查工作，并出具预审意见。二十日内不能出具预审意见的，经负责预审的国土资源管理部门负责人批准，可以延长十日。

第十三条　预审意见应当包括对本办法第十一条规定内容的结论性意见和对建设用地单位的具体要求。

第十四条 预审意见是有关部门审批项目可行性研究报告、核准项目申请报告的必备文件。

第十五条 建设项目用地预审文件有效期为两年，自批准之日起计算。已经预审的项目，如需对土地用途、建设项目选址等进行重大调整的，应当重新申请预审。

未经预审或者预审未通过的，不得批复可行性研究报告、核准项目申请报告；不得批准农用地转用、土地征收，不得办理供地手续。预审审查的相关内容在建设用地报批时，未发生重大变化的，不再重复审查。

第十六条 本办法自 2009 年 1 月 1 日起施行。

关于调整部分地区新增建设用地土地有偿使用费征收等别的通知

财综〔2009〕24号

（财政部、国土资源部2009年4月22日发布）

各省、自治区、直辖市、计划单列市财政厅（局）、国土资源厅（局），新疆生产建设兵团财务局、国土资源局：

2002年，国家制定的新增建设用地土地有偿使用费征收等别，对于抑制建设用地快速增长发挥了积极作用。但是，随着各地经济社会的发展变化，部分地区新增建设用地土地有偿使用费征收等别已不尽合理。为保障新增建设用地土地有偿使用费的征收等别与各地实际情况相适应，决定对部分地区的新增建设用地土地有偿使用费征收等别进行调整，现就有关事宜通知如下：

一、从2009年5月1日（含）起，各地依法获得批准的新增建设用地，均统一按照本通知附件规定的《新增建设用地土地有偿使用费征收等别》计征新增建设用地土地有偿使用费，《财政部国土资源部中国人民银行关于调整新增建设用地土地有偿使用费政策等问题的通知》（财综〔2006〕48号）附件2同时废止。

二、新增建设用地土地有偿使用费征收等别调整后，每个征收等别对应的新增建设用地土地有偿使用费征收标准保持不变，仍继续按照财综〔2006〕48号文件附件1规定执行。

附件

新增建设用地土地有偿使用费征收等别

一等：

上海：长宁区虹口区　黄浦区　静安区　卢湾区　普陀区　徐汇区　杨浦区　闸北区

二等：

北京：朝阳区　崇文区　东城区　丰台区　海淀区　石景山区　西城区　宣武区

上海：浦东新区

三等：

广东：广州市（白云区　海珠区　荔湾区　萝岗区　天河区　越秀区）深圳市（福田区　罗湖区　南山区　盐田区）

四等：

天津：和平区　河东区　河西区　河北区　红桥区　南开区

河北：石家庄市（长安区　桥东区　桥西区　新华区　裕华区）

辽宁：大连市（甘井子区　沙河口区　西岗区　中山区）沈阳市（大东区　东陵区　和平区　皇姑区　沈河区　铁西区　于洪区）

江苏：常州市（天宁区　钟楼区）南京市（白下区　鼓楼区　建邺区　秦淮区　下关区　玄武区　雨花台区）苏州市（沧浪区　虎丘区　金阊区　平江区）

无锡市（北塘区　滨湖区　崇安区　南长区）

浙江：杭州市（滨江区　拱墅区　江干区　上城区　西湖区　下城区）宁波市（海曙区　江东区　江北区）

福建：福州市（仓山区　鼓楼区　晋安区　台江区）厦门市（海沧区　湖里区　思明区　集美区）

山东：济南市（市中区　历下区　槐荫区　天桥区）青岛市（市南区　市北区　四方区　崂山区　李沧区）

湖北：武汉市（汉阳区　洪山区　江岸区　江汉区　硚口区　青山区　武昌区）

湖南：长沙市（芙蓉区　开福区　天心区　雨花区 岳麓区）

广东：汕头市（金平区　龙湖区）珠海市（金湾区　香洲区）深圳市宝安区

重庆：江北区　九龙坡区　南岸区　沙坪坝区　渝中区

四川：成都市（成华区　锦江区　金牛区　青羊区　武侯区）

五等：

北京：通州区

天津：塘沽区

河北：唐山市（路北区　路南区）

山西：太原市（万柏林区　杏花岭区　迎泽区）

吉林：长春市（朝阳区　二道区　宽城区　绿园区　南关区）

黑龙江：哈尔滨市（道里区　道外区　南岗区　香坊区）

江苏：徐州市（鼓楼区　云龙区）南通市（崇川区　港闸区）

安徽：合肥市（包河区　庐阳区　蜀山区　瑶海区）

江西：南昌市（东湖区　西湖区　青山湖区　青云谱区）

河南：郑州市（二七区　管城回族区　惠济区　金水区　中原区）

广东：东莞市　佛山市禅城区　惠州市惠城区　中山市　深圳市龙岗区　广州市黄埔区

广西：南宁市（江南区　良庆区　青秀区　西乡塘区　兴宁区）

重庆：大渡口区

云南：昆明市（官渡区　盘龙区　五华区）

陕西：西安市（灞桥区　碑林区　莲湖区　未央区　新城区　雁塔区）

六等：

北京：大兴区　昌平区　顺义区

天津：津南区　西青区

河北：保定市（北市区　南市区　新市区）邯郸市（丛台区　邯山区　复兴区）

内蒙古：包头市（昆都仑区　青山区 ）

辽宁：大连市（金州区　旅顺口区）盘锦市（兴隆台区　双台子区）鞍山市（立山区　千山区　铁东区　铁西区）

吉林：吉林市（船营区　龙潭区　昌邑区　丰满区）

黑龙江：大庆市萨尔图区

上海：嘉定区　宝山区　闵行区

江苏：常州市（戚墅堰区　新北区）江阴市　昆山市　南京市栖霞区　苏州市（吴中区　相城区）扬州市（维扬区　广陵区）镇江市（京口区　润州区）张家港市

浙江：温州市（龙湾区　鹿城区　瓯海区）

安徽：马鞍山市（花山区　金家庄区　雨山区）芜湖市（镜湖区　鸠江区　弋江区）

福建：福州市马尾区

山东：潍坊市（潍城区　奎文区）烟台市芝罘区　淄博市（临淄区　张店区　淄川区）济南市历城区

河南：洛阳市（瀍河回族区　涧西区　老城区　洛龙区　西工区）

湖北：黄石市（黄石港区　西塞山区）武汉市东西湖区　襄樊市（襄城区　樊城区）

湖南：衡阳市（石鼓区　雁峰区　蒸湘区　珠晖区）湘潭市（岳塘区　雨湖区）

广东：佛山市（南海区　顺德区）广州市（番禺区　南沙区）江门市（江海区　蓬江区）汕头市濠江区　湛江市（赤坎区　霞山区　麻章区）

广西：柳州市（城中区　柳北区　柳南区　鱼峰区）

海南：海口市（龙华区　秀英区）

云南：昆明市西山区

贵州：贵阳市（南明区　小河区　云岩区）

甘肃：兰州市（安宁区　城关区　七里河区　西固区）

新疆：乌鲁木齐市（沙依巴克区　水磨沟区　头屯河区　天山区　新市区）

七等：

北京：门头沟区　房山区

天津：东丽区　大港区　北辰区　汉沽区

河北：秦皇岛市（海港区　山海关区　北戴河区）唐山市开平区

山西：太原市（晋源区　小店区　尖草坪区）长治市（城区　郊区）阳泉市（城区　郊区）

内蒙古：呼和浩特市（回民区　赛罕区　新城区　玉泉区）包头市东河区

辽宁：丹东市（元宝区　振安区　振兴区）锦州市（古塔区　凌河区　太和区）辽阳市（白塔区　太子河区　文圣区）营口市（老边区　西市区　站前区）

沈阳市（沈北新区　苏家屯区）抚顺市（东洲区　顺城区　新抚区　望花区）本溪市（平山区　溪湖区　明山区）

黑龙江：牡丹江市（爱民区　东安区　西安区　阳明区）

上海：南汇区　松江区　金山区

江苏：连云港市新浦区　泰州市（海陵区　高港区）南京市江宁区　无锡市（锡山区　惠山区）宜兴市　吴江市　常熟市

浙江：嘉兴市（南湖区　秀洲区）绍兴市越城区　台州市（黄岩区　椒江区　路桥区）杭州市萧山区 宁波市（北仑区　镇海区）湖州市（南浔区　吴兴区）

安徽：淮南市（大通区　田家庵区）淮北市（相山区　烈山区）铜陵市（郊区　狮子山区　铜官山区）

福建：泉州市（鲤城区　丰泽区）漳州市芗城区　厦门市（同安区　翔安区）

江西：九江市浔阳区

山东：威海市环翠区

河南：安阳市（北关区　龙安区　文峰区　殷都区）平顶山市（新华区　卫东区　湛河区）

湖北：荆州市（沙市区　荆州区）宜昌市（西陵区　伍家岗区　点军区　猇亭区）

湖南：岳阳市岳阳楼区　株洲市（荷塘区　芦淞区　石峰区　天元区）

广东：潮州市湘桥区　茂名市（茂南区　茂港区）佛山市三水区　韶关市（武江区　浈江区）阳江市江城区　肇庆市端州区　广州市花都区　湛江市坡头区

广西：桂林市（叠彩区　七星区　象山区　秀峰区）

重庆：渝北区巴南区

八等：

北京：怀柔区

天津：武清区

河北：沧州市（新华区　运河区）承德市双桥区　衡水市桃城区　廊坊市（安次区　广阳区）邢台市（桥东区　桥西区）张家口市（桥东区　桥西区）唐山市丰润区

山西：大同市（城区 南郊区）

内蒙古：包头市九原区

辽宁：朝阳市（龙城区　双塔区）阜新市（海州区　太平区　细河区）铁岭市银州区　辽阳市宏伟区　葫芦岛市（连山区　龙港区）

吉林：四平市（铁东区　铁西区）延吉市

黑龙江：哈尔滨市（平房区　松北区）佳木斯市（东风区　郊区　前进区　向阳区）

上海：奉贤区　青浦区

江苏：淮安市（清河区　清浦区）常州市武进区　连云港市海州区　太仓市

浙江：杭州市余杭区　宁波市鄞州区　义乌市

安徽：安庆市（大观区　宜秀区　迎江区）蚌埠市（蚌山区　淮上区　龙子湖区　禹会区）芜湖市三山区

福建：福清市晋江市　石狮市　泉州市洛江区　漳州市龙文区

江西：赣州市章贡区

山东：济宁市（任城区　市中区）临沂市兰山区　枣庄市市中区　青岛市（黄岛区　城阳区）泰安市（岱岳区　泰山区）烟台市莱山区　淄博市（博山区周村区）

河南：焦作市（解放区　山阳区）开封市（鼓楼区金明区　龙亭区　顺河回族区　禹王台区）

湖北：十堰市（茅箭区　张湾区）

湖南：常德市武陵区

广东：汕头市（潮南区　潮阳区　澄海区）河源市源城区　惠州市惠阳区　揭阳市榕城区　开平市　梅州市梅江区　清远市清城区　汕尾市城区　台山市　增城市　普宁市　肇庆市鼎湖区　珠海市斗门区　江门市新会区

海南：三亚市海口市（美兰区　琼山区）

贵州：遵义市（红花岗区　汇川区）

云南：玉溪市红塔区

青海：西宁市（城北区　城东区　城西区　城中区）

宁夏：银川市（金凤区　西夏区　兴庆区）

新疆：克拉玛依市克拉玛依区

九等：

北京：密云县　平谷区　延庆县

天津：宝坻区　蓟县　静海县

河北：鹿泉市唐山市（古冶区　丰南区）张家口市宣化区　承德市双滦区

山西：临汾市尧都区　晋中市榆次区　晋城市城区

辽宁：海城市瓦房店市　营口市鲅鱼圈区

吉林：长春市双阳区辽源市（龙山区 西安区）松原市宁江区　通化市（东昌区　二道江区）

黑龙江省：齐齐哈尔市（建华区　龙沙区　铁锋区）鸡西市鸡冠区

上海：崇明县

江苏：南京市（六合区　浦口区）丹阳市　海门市　靖江市　溧阳市　如皋市　泰兴市　通州市　盐城市亭湖区　扬中市　徐州市　泉山区　连云港市　连云区　启东市　金坛市

浙江：慈溪市绍兴县　余姚市　舟山市（定海区　普陀区）诸暨市

福建：龙岩市新罗区　莆田市（城厢区　涵江区　荔城区）三明市（梅列区　三元区）

江西：南昌市湾里区　景德镇市（昌江区　珠山区）萍乡市安源区　新余市渝水区　宜春市袁州区九江市庐山区

山东：滨州市滨城区　德州市德城区　菏泽市牡丹区　莱芜市莱城区　聊城市东昌府区　龙口市　日照市东港区　荣成市　文登市东营市东营区　烟台市（福山区　牟平区）潍坊市坊子区

河南：漯河市源汇区　南阳市（宛城区　卧龙区）新乡市（红旗区　牧野区　卫滨区）

湖北：鄂州市鄂城区　荆门市掇刀区　潜江市　仙桃市　武汉市江夏区

湖南：常德市鼎城区　郴州市（北湖区　苏仙区）娄底市娄星区　邵阳市（北塔区　大祥区　双清区）永州市冷水滩区　岳阳市云溪区　衡阳市南岳区

广东：从化市　恩平市　佛山市高明区　高要市　鹤山市　惠东县　廉江市　罗定市　云浮市云城区

广西：北海市（海城区 银海区）桂林市雁山区

重庆：北碚区

四川：德阳市旌阳　区绵阳市（涪城区　游仙区）

贵州：贵阳市（花溪区　乌当区　白云区）

陕西：宝鸡市（金台区　渭滨区）铜川市（王益区　印台区）

新疆：石河子市

十等：

天津：宁河县

河北：藁城市　迁安市　三河市　辛集市　正定县　涿州市　石家庄市井陉矿区

山西：侯马市　运城市　盐湖区　阳泉市矿区　朔州市朔城区

内蒙古：赤峰市　红山区　乌海市（海勃湾区　海南区　乌达区）

辽宁：大石桥市　盖州市　普兰店市　庄河市　本溪市南芬区　铁岭市清河区

吉林：白城市洮北区　白山市　八道江区　敦化市　公主岭市　梅河口市　图们市

黑龙江：哈尔滨市（阿城区　呼兰区）　黑河市　爱辉区　双城市　双鸭山市（宝山区　尖山区　岭东区　四方台区）　绥芬河市　伊春市伊春区　大庆市（红岗区　龙凤区　让胡路区）　鹤岗市（东山区　工农区　南山区　向阳区　兴安区　兴山区）

江苏：东台市　江都市　姜堰市　仪征市　徐州市（贾汪区　九里区）　镇江市　丹徒区　淮安市　楚州区　扬州市　邗江区

浙江：东阳市　富阳市　海宁市　乐清市　丽水市莲都区　临海市　衢州市柯城区　瑞安市　上虞市　温岭市　永康市　金华市（金东区　婺城区）　玉环县

安徽：亳州市谯城区　滁州市（南谯区　琅琊区）　肥东县　肥西县　阜阳市（颍东区　颍泉区　颍州区）　宁国市　宣城市宣州区

福建：长乐市龙海市　南安市　南平市延平区　永安市　泉州市泉港区

江西：丰城市贵溪市　上饶市信州区　鹰潭市月湖区　吉安市（吉州区　青原区）

山东：即墨市　胶州市　寿光市　招远市　邹城市　莱芜市钢城区　临沂市（河东区　罗庄区）　日照市岚山区　潍坊市寒亭区　莱州市

河南：鹤壁市（淇滨区　山城区）　濮阳市华龙区　三门峡市湖滨区　许昌市魏都区　商丘市（梁园区　睢阳区）

湖北：黄冈市黄州区　随州市曾都区　孝感市孝南区　武汉市蔡甸区　黄石市（铁山区　下陆区）　鄂州市华容区　荆门市东宝区

湖南：长沙县　怀化市鹤城区　浏阳市　张家界市永定区　岳阳市君山区　益阳市（赫山区　资阳区）　永州市零陵区

广东：博罗县　潮安县　电白县　佛冈县　高州市　海丰县　化州市　揭东县　乐昌市　雷州市　连州市　陆丰市　南澳县　南雄市　韶关市曲江区　四会市　吴川市　信宜市阳春市　英德市

广西：武鸣县　南宁市邕宁区　玉林市玉州区　防城港市（防城区　港口区）　北海市铁山港区　梧州市（万秀区　蝶山区　长洲区）

海南：儋州市　琼海市

四川：成都市（龙泉驿区　新都区　温江区　青白江区）　乐山市（沙湾区市中区）　泸州市江阳区　内江市市中区　攀枝花市（东区　仁和区）　宜宾市翠屏区　自贡市（大安区　自流井区）　双流县　郫县

贵州：六盘水市钟山区

云南：昆明市东川区　曲靖市麒麟区

西藏：拉萨市城关区

陕西：渭南市临渭区　咸阳市（秦都区　渭城区）　西安市（长安区　临潼区　阎良区）　汉中市汉台区

甘肃：嘉峪关市　天水市秦州区　兰州市红古区

宁夏：石嘴山市大武口区

十一等：

河北：霸州市　定州市　高碑店市　邯郸县　黄骅市　任丘市　武安市　新乐市　遵化市　邯郸市峰峰矿区　张家口市下花园区

山西：介休市　孝义市　忻州市忻府区　原平市　大同市（矿区　新荣区）　吕梁市离石区　清徐县

内蒙古：呼伦贝尔市海拉尔区　满洲里市　赤峰市（松山区　元宝山区）　鄂尔多斯市东胜区　通辽市科尔沁区

辽宁：北票市　灯塔市　东港市　凤城市　开原市　凌海市　凌源市　调兵山市　新民市　兴城市　本溪满族自治县　阜新市（清河门区　新邱区）　辽阳市弓长岭区　葫芦岛市南票区　辽中县　铁岭县　大洼县

吉林：和龙市　桦甸市　珲春市　集安市　蛟河市　九台市　临江市　龙井市　磐石市　舒兰市　榆树市

黑龙江：海林市　七台河市（茄子河区　桃山区　新兴区）　五常市　鸡西市滴道区　尚志市　绥化市北林区　肇东市

江苏：宝应县　大丰市　高淳县　高邮市　海安县　句容市　溧水县　邳州市　如东县　宿迁市宿城区　新沂市　兴化市

浙江：嘉善县　临安市　桐乡市

安徽：长丰县　巢湖市居巢区　黄山市（徽州区　屯溪区）　六安市（金安区　裕安区）　宿州市埇桥区　淮北市杜集区　繁昌县　芜湖县

福建：惠安县　连江县　闽侯县　宁德市蕉城区　莆田市秀屿区

江西：抚州市临川区　乐平市　萍乡市湘东区

山东：安丘市　昌邑市　肥城市　胶南市　莱西市　莱阳市　蓬莱市　平度市　青州市　曲阜市　乳山市　滕州市　新泰市　兖州市　章丘市　诸城市　枣庄市（薛城区　峄城区）

河南：济源市　信阳市（平桥区　浉河区）　驻马店市驿城区　郑州市上街区　洛阳市吉利区　焦作市（马村区　中站区）　新乡市凤泉区　鹤壁市鹤山区

湖北：赤壁市　大冶市　洪湖市　老河口市　麻城市　石首市　松滋市　武穴市　咸宁市咸安区　宜城市　应城市　襄樊市襄阳区　枣阳市　钟祥市　武汉市（汉南区　黄陂

区　新洲区）　鄂州市梁子湖区　天门市

湖南：耒阳市　醴陵市　临湘市　汨罗市　湘乡市　沅江市　张家界市武陵源区　宁乡县

广东：德庆县　封开县　怀集县　惠来县　揭西县　连平县　龙门县　梅县　清新县　饶平县　遂溪县　新丰县　新兴县　兴宁市　徐闻县　阳东县　阳西县　云安县

广西：贵港市（港北区　港南区　覃塘区）　钦州市（钦北区　钦南区）

海南：澄迈县　东方市　万宁市　文昌市

重庆：涪陵区　万州区　江津区

四川：达州市通川区　都江堰市　南充市（高坪区　顺庆区）　彭州市　遂宁市船山区　内江市东兴区

贵州：安顺市西秀区

云南：安宁市

陕西：安康市汉滨区　韩城市　延安市宝塔区

甘肃：白银市白银区　天水市麦积区　金昌市金川区

新疆：乌鲁木齐市（米东区　达坂城区）　库尔勒市

十二等：

河北：安国市　泊头市　沧县　大厂回族自治县　抚宁县　高邑县　河间市　冀州市　定兴县　晋州市　井陉县　乐亭县　蠡县　卢龙县　栾城县　滦南县　滦县　迁西县　青县　清河县　沙河市　深州市　唐海县　香河县　徐水县　永年县　玉田县　承德市鹰手营子矿区

山西：长治县　汾阳市　高平市　古交市　河津市　怀仁县　霍州市　灵石县　潞城市　平定县　永济市　朔州市平鲁区

内蒙古：巴彦淖尔市临河区牙　克石市　扎兰屯市　乌兰察布市集宁区　乌兰浩特市

辽宁：北镇市　朝阳县　抚顺县　阜新蒙古族自治县　辽阳县　盘山县　绥中县　长海县

吉林：安图县　白山市江源区　长白朝鲜族自治县　大安市　德惠市　东丰县　东辽县　抚松县　辉南县　梨树县　柳河县　农安县　前郭尔罗斯蒙古族自治县　双辽市　洮南市　通化县　汪清县　永吉县

黑龙江：宁安市　大庆市大同区　齐齐哈尔市（昂昂溪区　富拉尔基区　梅里斯达斡尔族区）　鸡西市（城子河区　恒山区　梨树区　麻山区）　伊春市（南岔区　汤旺河区　西林区）　密山市　海伦市　庆安县

江苏：东海县　赣榆县　洪泽县　建湖县　金湖县　沛县　射阳县　铜山县　盐城市盐都区　淮安市淮阴区

浙江：德清县　奉化市　海盐县　建德市　平湖市　嵊州市　桐庐县　新昌县　象山县　兰溪市　平阳县

安徽：池州市贵池区　当涂县　绩溪县　泾县　舒城县　桐城市　铜陵县　淮南市（八公山区潘集区　谢家集区）

福建：福安市　福鼎市　建瓯市　罗源县　闽清县　南靖县　沙县　邵武市　武夷山

市　云霄县　漳平市　漳浦县　诏安县

江西：安福县　德兴市　高安市　进贤县　芦溪县　南昌县　南康市　瑞昌市　泰和县　樟树市

山东：济南市长清区　长岛县　高密市　海阳市　临清市　栖霞市　枣庄市（山亭区　台儿庄区）　桓台县　邹平县

河南：安阳县　长葛市　登封市　邓州市　巩义市　辉县市　林州市　灵宝市　孟州市　沁阳市　荥阳市　汝州市　卫辉市　舞钢市　项城市　新密市　新乡县　新郑市　许昌县　偃师市　漯河市（郾城区　召陵区）　义马市　永城市　禹州市　中牟县　周口市川汇区　平顶山市石龙区　太康县

湖北：安陆市　当阳市　恩施市　广水市　汉川市　宜都市　枝江市　宜昌市夷陵区　丹江口市　沙洋县　江陵县

湖南：安仁县　安乡县　常宁市　桂阳县　汉寿县　衡东县　衡南县　衡山县　衡阳县　华容县　津市市　冷水江市　澧县　涟源市临澧县　临武县　南县　祁东县　祁阳县　韶山市　邵东县　邵阳县　石门县　双峰县　桃江县　桃源县　望城县　武冈市　湘潭县　湘阴县　新邵县　攸县　岳阳县　株洲县　资兴市吉首市

广东：大埔县　东源县　丰顺县　广宁县　和平县　蕉岭县　连南瑶族自治县　连山壮族瑶族自治县　龙川县　陆河县　平远县仁化县　始兴县　翁源县　五华县　阳山县　郁南县　紫金县　乳源瑶族自治县

广西：百色市右江区　东兴市　合山市　河池市金城江区　贺州市八步区　临桂县　柳江县　来宾市兴宾区　容县　昭平县　钟山县

海南：陵水黎族自治县

重庆：合川区永川区　双桥区　万盛区　长寿区　璧山县

四川：崇州市　广安市广安区　广汉市　绵竹市　邛崃市　什邡市　攀枝花市西区　自贡市（贡井区　沿滩区）　泸州市（龙马潭区　纳溪区）　乐山市五通桥区　金堂县　大邑县　蒲江县　江油市　南充市嘉陵区　广元市利州区　新津县　峨眉山市　彭山县　资阳市雁江区　眉山市东坡区

贵州：都匀市　凯里市　清镇市　铜仁市　兴义市

云南：大理市　个旧市　石林彝族自治县　丽江市古城区　昭通市昭阳区　河口瑶族自治县

西藏：日喀则市

陕西：华县　华阴市　黄陵县　洛川县　潼关县　兴平市　榆林市榆阳区　铜川市耀州区　咸阳市杨凌区

甘肃：成县　临夏市　永登县　武威市凉州区　陇南市武都区　白银市平川区

宁夏：灵武市

新疆：克拉玛依市（白碱滩区　独山子区　乌尔禾区）　乌鲁木齐县　喀什市　阿克苏市　哈密市　昌吉市　伊宁市

十三等：

河北：安平县　柏乡县　昌黎县　磁县　大城县　东光县　高阳县　固安县　故城县

怀来县　景县　临城县　灵寿县　满城县南宫市　宁晋县　清苑县　容城县　深泽县　肃宁县　唐县　望都县　文安县　吴桥县　献县　兴隆县　邢台县　雄县　宣化县　阳原县　易县　元氏县　枣强县　赵县

山西：长子县　代县　定襄县　繁峙县　河曲县　洪洞县　壶关县　稷山县　绛县　交城县　黎城县　临猗县　陵川县　柳林县　宁武县　平陆县　平顺县　平遥县　蒲县　祁县　沁水县　曲沃县　芮城县　山阴县　寿阳县　太谷县　文水县　闻喜县　五台县　乡宁县　襄汾县　襄垣县　新绛县　阳城县　翼城县　应县　盂县　垣曲县　泽州县　中阳县　左云县

内蒙古：额尔古纳市根河市　包头市白云鄂博矿区　锡林浩特市

辽宁：昌图县法库县　黑山县　桓仁满族自治县　建昌县　建平县　喀喇沁左翼蒙古族自治县　康平县　宽甸满族自治县　清原满族自治县　台安县　西丰县　新宾满族自治县　岫岩满族自治县义县　彰武县

吉林：靖宇县伊通满族自治县

黑龙江：巴彦县　勃利县　方正县　鸡东县　林口县　穆棱市　讷河市　通河县　延寿县　肇源县　肇州县　齐齐哈尔市碾子山区伊春市（翠峦区　带岭区　红星区　金山屯区　美溪区　上甘岭区　新青区　五营区　乌马河区　乌伊岭区　友好区）　宾县　北安市　铁力市　五大连池市　富锦市　虎林市　安达市

江苏：滨海县　丰县　阜宁县　灌南县　灌云县　涟水县　沭阳县　宿迁市宿豫区　睢宁县　响水县　盱眙县　泗洪县　泗阳县

浙江：安吉县　苍南县　长兴县　龙游县　宁海县　永嘉县　嵊泗县　衢州市衢江区　江山市　青田县

安徽：砀山县　东至县　凤台县　广德县　和县　霍邱县　霍山县　界首市　金寨县　庐江县　明光市　南陵县　祁门县　青阳县　石台县　寿县　濉溪县　天长市　涡阳县　无为县　歙县　萧县　黄山市黄山区　含山县

福建：安溪县　长泰县　东山县　古田县　建阳市　将乐县　平潭县　上杭县　顺昌县　霞浦县　仙游县　永春县　永定县　永泰县　尤溪县

江西：大余县　分宜县　广丰县　吉水县　九江县　宁都县　上栗县　上饶县　万安县　万年县　新建县　永丰县　永修县　余江县　瑞金市　井冈山市　吉安县　峡江县　新干县

山东：博兴县　曹县　昌乐县　东阿县　东明县　费县　高青县　高唐县　济阳县　嘉祥县　金乡县　莒县　乐陵市　梁山县　临朐县　临邑县　陵县　宁阳县　平邑县　平阴县　平原县　齐河县　郯城县　微山县　汶上县　阳谷县　沂源县　鱼台县　禹城市　郓城县　东营市河口区

河南：宝丰县　博爱县　长垣县　方城县　淮阳县　潢川县　临颍县　鹿邑县　孟津县　内乡县　濮阳县　淇县　清丰县　汝南县　陕县　遂平县　汤阴县　唐河县　通许县　尉氏县　西平县　新安县　新野县　修武县　鄢陵县　延津县　镇平县　浚县

湖北：保康县　长阳土家族自治县　崇阳县　大悟县　公安县　谷城县　红安县　黄梅县　嘉鱼县　监利县　京山县　利川市　南漳县　蕲春县　团风县　浠水县　孝昌县

远安县　云梦县　郧县　秭归县

湖南：安化县　茶陵县　辰溪县　慈利县　东安县　洞口县　洪江市　会同县　嘉禾县　靖州苗族侗族自治县　蓝山县　隆回县麻阳苗族自治县　宁远县　平江县　绥宁县　新化县　新宁县　新田县　溆浦县　炎陵县　宜章县　永兴县　芷江侗族自治县　中方县　道县　沅陵县

广西：博白县　富川瑶族自治县　荔浦县　灵川县　陆川县　南丹县　平果县　平乐县　全州县　上思县　田阳县　兴安县　阳朔县　宜州市　岑溪市　北流市　合浦县　田东县　崇左市江州区

海南：保亭黎族苗族自治县　乐东黎族自治县　屯昌县　昌江黎族自治县　定安县　临高县

重庆：南川区　　黔江区

四川：安县　长宁县　达县　大竹县　富顺县　高县　珙县　简阳市　江安县　筠连县　阆中市　泸县　米易县　南溪县　仁寿县　荣县　三台县　射洪县　万源市　宜宾县　雅安市雨城区　巴中市巴州区　广元市（朝天区　元坝区）　遂宁市安居区　夹江县　西昌市

贵州：毕节市　赤水市　贵定县　开阳县　龙里县　仁怀市　息烽县　修文县　遵义县

云南：保山市隆阳区　呈贡县　澄江县　江川县　晋宁县　景洪市　开远市　潞西市　水富县　普洱市思茅区　通海县　宜良县　楚雄市

陕西：安塞县　白水县　城固县　大荔县　府谷县　富平县　富县　甘泉县　高陵县　横山县　户县　黄龙县　佳县　靖边县　米脂县　清涧县　三原县　子长县　子洲县　神木县　绥德县　吴堡县　吴起县　延长县　宜川县　志丹县　商洛市商州区

甘肃：定西市安定区　皋兰县　合水县　合作市　徽县　两当县　宁县　平凉市崆峒区　庆城县　文县　庆阳市西峰区　榆中县　张掖市甘州区　敦煌市　酒泉市肃州区　玉门市

宁夏：贺兰县　石嘴山市惠农区　平罗县　永宁县　青铜峡市　吴忠市利通区　中卫市沙坡头区

新疆：五家渠市　吐鲁番市　阜康市　奎屯市　阿勒泰市　塔城市　乌苏市

十四等：

河北：安新县　博野县　成安县　承德县　赤城县　大名县　肥乡县　阜城县　阜平县　馆陶县　广平县　广宗县　海兴县　怀安县　鸡泽县　巨鹿县　宽城满族自治县　涞水县　涞源县　临西县　临漳县　隆化县　隆尧县　滦平县　孟村回族自治县　内丘县　南和县　南皮县　平泉县　平山县　平乡县　青龙满族自治县　邱县　曲阳县　曲周县　饶阳县　任县　涉县　顺平县　万全县　威县　蔚县　魏县　无极县　武强县　武邑县　新河县　行唐县　盐山县　永清县　赞皇县　涿鹿县

山西：保德县　方山县　汾西县　古县　广灵县　和顺县　浑源县　交口县　静乐县　岢岚县　岚县　临县　灵丘县　娄烦县　偏关县　沁县　沁源县　神池县　石楼县　屯留县　万荣县　五寨县　武乡县　昔阳县　夏县　兴县　阳高县　阳曲县　右玉县　榆社县

左权县　大同县

内蒙古：阿尔山市　阿荣旗　敖汉旗　巴林左旗　达拉特旗　鄂伦春自治旗　鄂温克族自治旗　二连浩特市　丰镇市　杭锦后旗霍林郭勒市　科尔沁左翼后旗　林西县　莫力达瓦达斡尔族自治旗　宁城县　土默特右旗　土默特左旗　翁牛特旗　乌拉特前旗　五原县　包头市石拐区　托克托县　伊金霍洛旗　准格尔旗西乌珠穆沁旗

吉林：长岭县　扶余县　乾安县

黑龙江：宝清县　抚远县　富裕县　集贤县　克东县　克山县　兰西县　萝北县　明水县　木兰县　嫩江县　绥滨县　塔河县　汤原县　友谊县　大兴安岭加格达奇　依兰县　同江市　望奎县

浙江：常山县　淳安县　岱山县　洞头县　缙云县　景宁畲族自治县　开化县　磐安县　浦江县　庆元县　三门县　松阳县　遂昌县　泰顺县　天台县　文成县　武义县　仙居县　云和县　龙泉市

安徽：枞阳县　定远县　凤阳县　阜南县　固镇县　怀宁县　怀远县　旌德县　来安县　郎溪县　利辛县　临泉县　灵璧县　蒙城县　潜山县　全椒县　泗县　宿松县　太和县　太湖县　望江县　五河县　休宁县　黟县　颍上县

福建：大田县　德化县　华安县　连城县　平和县　浦城县　泰宁县

江西：安义县　安远县　鄱阳县　崇仁县　德安县　定南县　东乡县　浮梁县　赣县　横峰县　会昌县　金溪县　靖安县　莲花县　龙南县　南城县　铅山县　上高县　上犹县　石城县　遂川县　万载县　武宁县　婺源县　信丰县　兴国县　修水县　寻乌县　弋阳县　永新县　于都县　玉山县　资溪县

山东：单县　广饶县　垦利县　利津县　蒙阴县　武城县　沂南县　沂水县　商河县　茌平县　宁津县　莒南县　临沭县　泗水县　东平县　定陶县　惠民县

河南：范县　封丘县　扶沟县　固始县　光山县　滑县　淮滨县　获嘉县　开封县　兰考县　鲁山县　栾川县　罗山县　泌阳县　民权县　南乐县　南召县　杞县　确山县　商城县　上蔡县　社旗县　沈丘县　渑池县　桐柏县　温县　武陟县　舞阳县　西华县　西峡县　淅川县　襄城县　叶县　伊川县　原阳县　正阳县　商水县

湖北：巴东县　房县　建始县　来凤县　罗田县　通城县　五峰土家族自治县　兴山县　阳新县　英山县　竹山县

湖南：保靖县　城步苗族自治县　凤凰县　古丈县　桂东县　花垣县　江华瑶族自治县　江永县　龙山县　泸溪县　汝城县　桑植县　双牌县　通道侗族自治县　新晃侗族自治县　永顺县

广西：宾阳县　大化瑶族自治县　扶绥县　横县　金秀瑶族自治县　乐业县灵山县　凌云县　隆林各族自治县　鹿寨县　蒙山县　浦北县　田林县　西林县　兴业县　柳城县　苍梧县　藤县　平南县　桂平市

海南：五指山市　白沙黎族自治县　琼中黎族自治县

重庆：大足县　垫江县　丰都县　奉节县　开县　梁平县　綦江县　荣昌县　铜梁县　潼南县　巫山县　武隆县　云阳县　忠县

四川：安岳县　北川羌族自治县　大英县　丹棱县　德昌县　古蔺县　汉源县　合江

县　洪雅县　华蓥市　会理县　犍为县　剑阁县　井研县　九寨沟县　开江县　康定县　乐至县　邻水县　隆昌县　芦山县　泸定县　罗江县　马边彝族自治县　茂县　冕宁县　名山县　沐川县　南部县　南江县　蓬安县　蓬溪县　平昌县　平武县　屏山县　青川县　青神县　渠县　天全县　通江县　旺苍县　威远县　汶川县　武胜县　西充县　兴文县　叙永县　宣汉县　盐边县　盐亭县　仪陇县　营山县　岳池县　中江县　资中县　梓潼县　乐山市金口河区　苍溪县　宝兴县　石棉县　荥经县

贵州：独山县　福泉市　金沙县　荔波县　平坝县　施秉县　桐梓县　玉屏侗族自治县　镇远县

云南：宾川县　大姚县　洱源县　富民县　富源县　华宁县　会泽县　建水县　景东彝族自治县　兰坪白族普米族自治县　临沧市临翔区　陆良县　禄丰县　禄劝彝族苗族自治县　绿春县　罗平县　马龙县　勐海县　勐腊县　弥渡县　弥勒县　牟定县　南华县　宁洱哈尼族彝族自治县　师宗县　双柏县　嵩明县　绥江县　腾冲县　文山县　武定县　祥云县　新平彝族傣族自治县　宣威市　寻甸回族彝族自治县　姚安县　易门县　永仁县　元江哈尼族彝族傣族自治县　元谋县　沾益县　玉龙纳西族自治县　峨山彝族自治县　屏边苗族自治县　瑞丽市　石屏县　蒙自县

陕西：　澄城县　定边县　凤县　凤翔县　扶风县　汉阴县　合阳县　泾阳县　蓝田县　礼泉县　略阳县　眉县　勉县　南郑县　平利县　岐山县　商南县　石泉县　太白县　武功县　西乡县　旬阳县　延川县　镇安县　周至县　柞水县　宝鸡市陈仓区

甘肃：瓜州县　崇信县　宕昌县　迭部县　甘谷县　广河县　华池县　华亭县　环县　会宁县　金塔县　泾川县　景泰县　靖远县　康乐县　康县　礼县　临洮县　灵台县　碌曲县　玛曲县　民勤县　山丹县　肃北蒙古族自治县　天祝藏族自治县　武山县　西和县　夏河县　永昌县　永靖县　镇原县　正宁县　卓尼县　阿克赛哈萨克族自治县

青海：大通回族土族自治县　德令哈市　格尔木市　互助土族自治县　湟中县　乐都县　民和回族土族自治县　平安县

宁夏：固原市　原州区中宁县

新疆：阿瓦提县　巴楚县　博湖县　察布查尔锡伯自治县　额敏县　富蕴县　伽师县　和静县　和硕县　吉木萨尔县　麦盖提县　沙雅县　疏附县　疏勒县　尉犁县　温宿县　叶城县　伊宁县　英吉沙县　岳普湖县　阿拉尔市　图木舒克市　莎车县　泽普县　和田市　库车县　鄯善县　托克逊县　阿图什市　博乐市呼图壁县　精河县　玛纳斯县　轮台县　焉耆回族自治县　霍城县　新源县　沙湾县

十五等：

河北：崇礼县　沽源县　康保县　尚义县　张北县　丰宁满族自治县围场满族蒙古族自治县

山西：天镇县　安泽县　大宁县　浮山县　吉县　隰县　永和县

内蒙古：阿巴嘎旗　阿拉善右旗　阿拉善左旗　阿鲁科尔沁旗　巴林右旗　察哈尔右翼后旗　察哈尔右翼前旗　察哈尔右翼中旗陈巴尔虎旗　达尔罕茂明安联合旗　磴口县　东乌珠穆沁旗　多伦县　额济纳旗　鄂托克旗　鄂托克前旗　固阳县　杭锦旗　和林格尔县　化德县　喀喇沁旗　开鲁县　科尔沁右翼前旗科尔沁右翼中旗　科尔沁左翼中旗　克

什克腾旗　库伦旗　凉城县　奈曼旗　清水河县　商都县　四子王旗　苏尼特右旗　苏尼特左旗　太仆寺旗　突泉县　乌拉特后旗　乌拉特中旗乌审旗　武川县　镶黄旗　新巴尔虎右旗　新巴尔虎左旗　兴和县　扎赉特旗　扎鲁特旗　正蓝旗　正镶白旗　卓资县

吉林：通榆县镇赉县

黑龙江：拜泉县　东宁县　杜尔伯特蒙古族自治县　甘南县　呼玛县　桦川县　桦南县　嘉荫县　林甸县　龙江县　漠河县　青冈县　饶河县　绥棱县　孙吴县　泰来县　逊克县　依安县

安徽：岳西县

福建：长汀县　光泽县　建宁县　明溪县　宁化县　屏南县　清流县　寿宁县　松溪县　武平县　柘荣县　政和县　周宁县

江西：崇义县　都昌县　奉新县　广昌县　湖口县　乐安县　黎川县　南丰县　彭泽县　全南县　铜鼓县　星子县　宜丰县　宜黄县　余干县

山东：苍山县　成武县　冠县　巨野县　鄄城县　庆云县　无棣县　五莲县　夏津县　莘县　阳信县　沾化县

河南：郸城县　郏县　卢氏县　洛宁县　内黄县　宁陵县　平舆县　汝阳县　嵩县　睢县　台前县　息县　夏邑县　新蔡县　新县　宜阳县　虞城县　柘城县

湖北：鹤峰县神农架林区　通山县　咸丰县　宣恩县　郧西县　竹溪县

广西：巴马瑶族自治县　大新县　德保县　东兰县　都安瑶族自治县　凤山县　恭城瑶族自治县　灌阳县　环江毛南族自治县　靖西县龙胜各族自治县　龙州县　隆安县　罗城仫佬族自治县　马山县　那坡县　宁明县　凭祥市　融安县　融水苗族自治县　三江侗族自治县　上林县　天等县　天峨县　武宣县　象州县　忻城县　永福县　资源县

重庆：城口县　彭水苗族土家族自治县　石柱土家族自治县　巫溪县　秀山土家族苗族自治县　酉阳土家族苗族自治县

四川：阿坝县　白玉县　丹巴县　道孚县　稻城县　得荣县　德格县　峨边彝族自治县　甘孜县　黑水县　红原县　会东县　金川县　金阳县　九龙县　雷波县　理塘县　理县　炉霍县　美姑县　木里藏族自治县　宁南县　普格县　壤塘县　若尔盖县　色达县　石渠县　松潘县　喜德县　乡城县　小金县　新龙县　雅江县　盐源县　越西县　昭觉县　巴塘县　布拖县　甘洛县　马尔康县

贵州：安龙县　册亨县　岑巩县　长顺县　从江县　大方县　丹寨县　道真仡佬族苗族自治县　德江县　凤冈县　关岭布依族苗族自治县赫章县　黄平县　惠水县　剑河县　江口县　锦屏县　雷山县　黎平县　六枝特区　罗甸县　麻江县　湄潭县　纳雍县　盘县　平塘县　普安县　普定县　黔西县　晴隆县　榕江县三都水族自治县　三穗县　石阡县　水城县　思南县　松桃苗族自治县　绥阳县　台江县　天柱县　万山特区　望谟县　威宁彝族回族苗族自治县　瓮安县　务川仡佬族苗族自治县习水县　兴仁县　沿河土家族自治县　印江土家族苗族自治县　余庆县　贞丰县　镇宁布依族苗族自治县　正安县　织金县　紫云苗族布依族自治县

云南：沧源佤族自治县　昌宁县　大关县　德钦县　凤庆县　福贡县　富宁县　耿马傣族佤族自治县　贡山独龙族怒族自治县　广南县鹤庆县　红河县　华坪县　剑川县　江

城哈尼族彝族自治县　金平苗族瑶族傣族自治县　景谷傣族彝族自治县　澜沧拉祜族自治县　梁河县　龙陵县　陇川县　泸水县　泸西县　鲁甸县麻栗坡县　马关县　孟连傣族拉祜族佤族自治县　墨江哈尼族自治县　南涧彝族自治县　宁蒗彝族自治县　巧家县　丘北县　施甸县　双江拉祜族佤族布朗族傣族自治县　威信县　巍山彝族回族自治县维西傈僳族自治县　西畴县　西盟佤族自治县　盐津县　砚山县　漾濞彝族自治县　彝良县　盈江县　永德县　永平县　永善县　永胜县　元阳县　云龙县　云县　镇康县　镇雄县镇沅彝族哈尼族拉祜族自治县　香格里拉县

西藏：安多县　昂仁县　八宿县　巴青县　白朗县　班戈县　比如县　边坝县　波密县　察雅县　察隅县　昌都县　措美县　措勤县　错那县　达孜县　当雄县　丁青县　定结县　定日县　堆龙德庆县　噶尔县　改则县　岗巴县　革吉县　工布江达县　贡嘎县　贡觉县　吉隆县　加查县　嘉黎县　江达县　江孜县　康马县　拉孜县　朗县　浪卡子县　类乌齐县　林芝县　林周县　隆子县　洛隆县　洛扎县　芒康县　米林县　墨脱县　墨竹工卡县　那曲县　乃东县　南木林县　尼玛县　尼木县　聂拉木县　聂荣县　普兰县　琼结县　曲水县　曲松县　仁布县　日土县　萨嘎县　萨迦县　桑日县　申扎县　索县　谢通门县　亚东县　札达县　扎囊县　仲巴县　左贡县

陕西：白河县　彬县　长武县　淳化县　丹凤县　佛坪县　岚皋县　麟游县　留坝县　陇县　洛南县　宁强县　宁陕县　蒲城县　千阳县　乾县　山阳县　旬邑县　洋县　宜君县　永寿县　镇巴县　镇坪县　紫阳县

甘肃：东乡族自治县　高台县　古浪县　和政县　积石山保安族东乡族撒拉族自治县　静宁县　临潭县　临夏县　临泽县　陇西县　民乐县　岷县　秦安县　肃南裕固族自治县　通渭县　渭源县　张家川回族自治县　漳县　清水县　舟曲县　庄浪县

青海：班玛县　称多县　达日县　都兰县　甘德县　刚察县　共和县　贵德县　贵南县　海晏县　河南蒙古族自治县　化隆回族自治县湟源县　尖扎县　久治县　玛多县　玛沁县　门源回族自治县　祁连县　曲麻莱县　天峻县　同德县　同仁县　乌兰县　囊谦县　兴海县　循化撒拉族自治县　玉树县　杂多县　泽库县　治多县

宁夏：海原县　泾源县　隆德县　彭阳县　同心县　西吉县　盐池县

新疆：阿合奇县　阿克陶县　巴里坤哈萨克自治县　拜城县　昭苏县　布尔津县　策勒县　福海县　巩留县　哈巴河县　和布克赛尔蒙古自治县和田县　吉木乃县　柯坪县　洛浦县　民丰县　墨玉县　木垒哈萨克自治县　尼勒克县　皮山县　奇台县　且末县　青河县　若羌县　塔什库尔干塔吉克自治县　特克斯县　托里县温泉县　乌恰县　乌什县　新和县　伊吾县　于田县　裕民县

关于进一步做好征地管理工作的通知

国土资发〔2010〕96号

（国土资源部2010年6月26日发布）

各省、自治区、直辖市国土资源厅（国土环境资源厅、国土资源局、国土资源和房屋管理局、规划和国土资源管理局），新疆生产建设兵团国土资源局：

为贯彻落实党中央、国务院关于做好征地工作的一系列指示精神，以及日前国务院办公厅《关于进一步严格征地拆迁管理工作切实维护群众合法权益的紧急通知》（国办发明电〔2010〕15号，以下简称《紧急通知》）有关规定和要求，切实加强和改进征地管理，确保被征地农民原有生活水平不降低，长远生计有保障，现就有关事项通知如下：

一、推进征地补偿新标准实施，确保补偿费用落实到位

（一）全面实行征地统一年产值标准和区片综合地价。制定征地统一年产值标准和区片综合地价是完善征地补偿机制、实现同地同价的重要举措，也是提高征地补偿标准、维护农民权益的必然要求，各类建设征收农村集体土地都必须严格执行。对于新上建设项目，在用地预审时就要严格把关，确保项目按照公布实施的征地统一年产值标准和区片综合地价核算征地补偿费用，足额列入概算。建设用地位于同一年产值或区片综合地价区域的，征地补偿水平应基本保持一致，做到征地补偿同地同价。

各地应建立征地补偿标准动态调整机制，根据经济发展水平、当地人均收入增长幅度等情况，每2至3年对征地补偿标准进行调整，逐步提高征地补偿水平。目前实施的征地补偿标准已超过规定年限的省份，应按此要求尽快调整修订。未及时调整的，不予通过用地审查。

（二）探索完善征地补偿款预存制度。为防止拖欠征地补偿款，确保补偿费用及时足额到位，各地应探索和完善征地补偿款预存制度。在市县组织用地报批时，根据征地规模与补偿标准，测算征地补偿费用，由申请用地单位提前缴纳预存征地补偿款；对于城市建设用地和以出让方式供地的单独选址建设项目用地，由当地政府预存征地补偿款。用地经依法批准后，根据批准情况对预存的征地补偿款及时核算，多退少补。

省级国土资源部门应结合本省（区、市）实际情况，会同有关部门，建立健全征地补偿款预存的有关规章制度，并在用地审查报批时审核把关。

（三）合理分配征地补偿费。实行征地统一年产值标准和区片综合地价后，省级国土资源部门要会同有关部门，按照征地补偿主要用于被征地农民的原则，结合近年来征地实施情况，制定完善征地补偿费分配办法，报省级政府批准后执行。

征地批后实施时，市县国土资源部门要按照确定的征地补偿安置方案，及时足额支付补偿安置费用；应支付给被征地农民的，要直接支付给农民个人，防止和及时纠正截留、挪用征地补偿安置费的问题。

二、采取多元安置途径，保障被征地农民生产生活

（四）优先进行农业安置。各地应结合当地实际，因地制宜，采取多种有效的征地安置方式。在一些通过土地整治增加了耕地以及农村集体经济组织预留机动地较多的农村地区，征地时应优先采取农业安置方式，将新增耕地或机动地安排给被征地农民，使其拥有一定面积的耕作土地，维持基本的生产条件和收入来源。

（五）规范留地安置。在土地利用总体规划确定的城镇建设用地范围内实施征地，可结合本地实际采取留地安置方式，但要加强引导和管理。留用地应安排在城镇建设用地范围内，并征为国有；涉及农用地转用的，要纳入年度土地利用计划，防止因留地安置扩大城市建设用地规模；留用地开发要符合城市建设规划和有关规定要求。实行留用地安置的地区，当地政府应制定严格的管理办法，确保留用地的安排规范有序，开发利用科学合理。

（六）推进被征地农民社会保障资金的落实。将被征地农民纳入社会保障，是解决被征地农民长远生计的有效途径。各级国土资源部门要在当地政府的统一领导下，配合有关部门，积极推进被征地农民社会保障制度建设。当前，解决被征地农民社保问题的关键在于落实社保资金，本着“谁用地、谁承担”的原则，鼓励各地结合征地补偿安置积极拓展社保资金渠道。各地在用地审查报批中，要对被征地农民社保资金落实情况严格把关，切实推进被征地农民社会保障资金的落实。

实行新型农村社会养老保险试点的地区，要做好被征地农民社会保障与新农保制度的衔接工作。被征地农民纳入新农保的，还应落实被征地农民的社会保障，不得以新农保代替被征地农民社会保障。

三、做好征地中农民住房拆迁补偿安置工作，解决好被征地农民居住问题

（七）切实做好征地涉及的拆迁补偿安置工作。各地要高度重视征地中农民住房拆迁工作，按照《紧急通知》规定要求切实加强管理。农民住房拆迁补偿安置涉及土地、规划、建设、户籍、民政管理等多方面，同时也关系到社会治安、环境整治以及民俗民风等社会问题，市县国土资源部门应在当地政府的统一组织领导和部署下，配合相关部门，建立协调机制，制订办法，共同做好拆迁工作。要严格执行相关法律法规和政策规定，履行有关程序，做到先安置后拆迁，坚决制止和纠正违法违规强制拆迁行为。

（八）住房拆迁要进行合理补偿安置。征地中拆迁农民住房应给予合理补偿，并因地制宜采取多元化安置方式，妥善解决好被拆迁农户居住问题。在城市远郊和农村地区，主要采取迁建安置方式，重新安排宅基地建房。拆迁补偿既要考虑被拆迁的房屋，还要考虑被征收的宅基地。房屋拆迁按建筑重置成本补偿，宅基地征收按当地规定的征地标准补偿。

在城乡结合部和城中村，原则上不再单独安排宅基地建房，主要采取货币或实物补偿的方式，由被拆迁农户自行选购房屋或政府提供的安置房。被拆迁农户所得的拆迁补偿以及政府补贴等补偿总和，应能保障其选购合理居住水平的房屋。

（九）统筹规划有序推进征地拆迁。在城乡结合部和城中村，当地政府应根据城市发展需要，合理预测一段时期内征地涉及的农民住房拆迁安置规模，统筹规划，对拆迁安置用地和建造安置住房提前作出安排，有序组织拆迁工作。安置房建设要符合城市发展规划，防止出现“重复拆迁”。在城市远郊和农村地区，实行迁建安置应在村庄和集镇建设用地范围内安排迁建用地，优先利用空闲地和闲置宅基地。纳入拆并范围的村庄，迁建安置应向规划的居民点集中。有条件的地方应结合新农村或中心村建设，统筹安排被拆迁农户的安置住房。

四、规范征地程序，提高征地工作透明度

（十）认真做好用地报批前告知、确认、听证工作。征地工作事关农民切身利益，征收农民土地要确保农民的知情权、参与权、申诉权和监督权。市县国土资源部门要严格按照有关规定，征地报批前认真履行程序，充分听取农民意见。征地告知要切实落实到村组和农户，结合村务信息公开，采取广播、在村务公开栏和其他明显位置公告等方式，多形式、多途径告知征收土地方案。被征地农民有异议并提出听证的，当地国土资源部门应及时组织听证，听取被征地农民意见。对于群众提出的合理要求，必须妥善予以解决。

（十一）简化征地批后实施程序。为缩短征地批后实施时间，征地报批前履行了告知、确认和听证程序并完成土地权属、地类、面积、地上附着物和青苗等确认以及补偿登记的，可在征地报批的同时拟订征地补偿安置方案。征地批准后，征收土地公告和征地补偿安置方案公告可同步进行。公告中群众再次提出意见的，要认真做好政策宣传解释和群众思想疏导工作，得到群众的理解和支持，不得强行征地。

五、切实履行职责，加强征地管理

（十二）强化市县政府征地实施主体职责。依照法律规定，市县政府是征地组织实施的主体，对确定征地补偿标准、拆迁补偿安置、补偿费用及时足额支付到位、组织被征地农民就业培训、将被征地农民纳入社会保障等负总责。国土资源部门应在政府的统一组织领导下，认真履行部门职责，确保征地工作依法规范有序地进行。

（十三）落实征地批后实施反馈制度。建设用地批准后（其中国务院批准的城市建设用地，在省级政府审核同意农用地转用和土地征收实施方案后）6个月内，市县国土资源部门应将征地批后实施完成情况，包括实施征地范围和规模、履行征地批后程序、征地补偿费用到位、被征地农民安置及社会保障落实等情况，通过在线报送系统及时报送省级国土资源部门和国土资源部。省级国土资源部门要督促、指导市县做好报送工作，检查核实报送信息，及时纠正不报送、迟报送及报送错误等问题。各级国土资源部门要充分运用报送信息，及时掌握、分析征地批后实施情况，加强用地批后监管，确保按批准要求实施征地。

关于修改部分规章的决定

国土资源部令第 49 号

（2010 年 11 月 30 日发布，自 2010 年 11 月 30 日起施行）

为了维护社会主义法制统一，进一步完善国土资源法律体系，决定对以下规章作出如下修改：

一、将《征用土地公告办法》（国土资源部令第 10 号）的名称修改为“征收土地公告办法”。

二、将下列规章有关规定中的“征用”修改为“征收”

1.《建设用地审查报批管理办法》（国土资源部令第 3 号）第六条、第七条、第八条、第十条、第十一条、第十二条、第十四条、第十六条、第十七条、第十九条

2.《征用土地公告办法》（国土资源部令第 10 号）第一条、第二条、第三条、第四条、第五条、第六条、第七条、第八条、第十条、第十三条、第十四条、第十五条

3.《土地权属争议调查处理办法》（国土资源部令第 17 号）第二十条

三、本决定自发布之日起施行。

《建设用地审查报批管理办法》、《征用土地公告办法》、《土地权属争议调查处理办法》根据本决定作相应修改后，重新公告。

关于修改部分规范性文件的决定

国土资发〔2010〕190号

（国土资源部2010年12月3日发布）

为维护社会主义法制统一，进一步加强国土资源管理制度建设，根据《国务院办公厅关于做好规章清理工作有关问题的通知》（国办发〔2010〕28号）的有关要求，国土资源部决定对以下规范性文件作出如下修改：

一、将下列规范性文件中的“征用”修改为“征收”

1.《关于印发〈确定土地所有权和使用权的若干规定〉的通知》（〔1995〕国土〔籍〕字第26号）

2.《关于建立建设用地信息发布制度的通知》（国土资发〔1998〕222号）

3.《关于加强对“果园、庄园”等农林开发活动管理的通知》（国土资发〔1999〕40号）

4.《关于转发国务院对国土资源部〈报国务院批准的建设用地审查办法〉批复的通知》（国土资发〔1999〕384号）

5.《国土资源部关于加强征地管理工作的通知》（国土资发〔1999〕480号）

6.《关于确定土地所有权和使用权有关问题的复函》（国土资厅函〔1999〕112号）

7《关于报国务院批准的建设用地审查报批工作有关问题的通知》（国土资发〔2000〕201号）

8.《关于农业开发项目和土地整理能否征用土地的批复》（国土资函〔2000〕249号）

9.《关于三峡输变电工程建设用地有关问题的通知》（国土资发〔2001〕328号）

10.《关于水利水电工程建设用地有关问题的通知》（国土资发〔2001〕355号）

11.《关于切实做好征地补偿安置工作的通知》（国土资发〔2001〕358号）

12.《关于依法加快集体土地所有权登记发证工作的通知》（国土资发〔2001〕359号）

13.《关于进一步简化报国务院批准的建设用地审批工作程序有关问题的通知》（国土资厅发〔2001〕43号）

14.《关于切实维护被征地农民合法权益的通知》（国土资发〔2002〕225号）

15.《关于进一步规范建设用地审查报批工作有关问题的通知》（国土资发〔2002〕233号）

16.《关于供销合作社使用土地权属问题的复函》（国土资厅函〔2002〕328号）

17.《关于清理各类园区用地加强土地供应调控的紧急通知》（国土资发〔2003〕45号）

18.《关于依法做好退耕还林中土地变更调查和土地变更登记工作的通知》（国土资发〔2003〕302号）

19.《关于转发〈国务院办公厅关于清理整顿各类开发区加强建设用地管理的通知〉的通知》(国土资发〔2003〕330号)

20.《关于加强土地供应管理促进房地产市场持续健康发展的通知》(国土资发〔2003〕356号)

21.《关于进一步规范土地登记工作的通知》(国土资发〔2003〕383号)

22.《关于国有划拨土地使用权抵押登记有关问题的通知》(国土资发〔2004〕9号)

23.《关于印发〈关于加强农村宅基地管理的意见〉的通知》(国土资发〔2004〕234号)

24.《关于开展制订征地统一年产值标准和征地区片综合地价工作的通知》(国土资发〔2005〕144号)

25.《关于印发〈国土资源"十一五"规划纲要〉的通知》(国土资发〔2006〕79号)

26.《关于认真贯彻〈国务院关于解决城市低收入家庭住房困难的若干意见〉进一步加强土地供应调控的通知》(国土资发〔2007〕236号)

二、对以下规范性文件涉及"土地估价结果确认"的内容作相应修改

将《关于印发〈省级土地利用总体规划会审办法〉〈各类用地报批会审办法〉和〈土地估价结果确认及处置方案会审办法〉的通知》(国土资发〔1998〕145号)的名称修改为《关于印发〈省级土地利用总体规划会审办法〉和〈各类用地报批会审办法〉的通知》,并删去文件内容中的《土地估价结果确认及处置方案会审办法》。

三、对以下规范性文件涉及"探矿权采矿权使用费减免审批"的内容作相应修改

将《关于印发〈探矿权采矿权使用费减免办法〉的通知》(国土资发〔2000〕174号)中的"审批"修改为"核准",并将《探矿权采矿权使用费减免办法》第五条第四款中的"批准文件"修改为"核准文件"。

四、对以下规范性文件涉及"矿业权价款确认"的内容作相应修改

将《关于调整矿业权价款确认(备案)和储量评审备案管理权限的通知》(国土资发〔2006〕166号)名称和内容中的"确认(备案)"修改为"备案"。

本决定自发布之日起施行。以上文件根据本决定作相应修改后,重新公布。

关于切实做好征地拆迁管理工作的紧急通知

国土资电发〔2011〕72号

（国土资源部办公厅2011年1月1日发布）

各省、自治区、直辖市国土资源厅（国土环境资源厅、国土资源局、国土资源和房屋管理局、规划和国土资源管理局），新疆生产建设兵团国土资源局：

近期，各地在加快工业化、城镇化建设中，一些地方因征地拆迁引发的恶性事件时有发生，社会反响强烈。为严格规范征地拆迁管理、坚决防范查处强征强拆等违法行为，切实维护群众合法权益，现就有关事项紧急通知如下：

一、进一步提高认识，认真贯彻落实中央有关规定要求

做好征地拆迁补偿安置工作，关系国家经济建设发展、农民群众切身利益和社会和谐稳定，党中央、国务院对此高度重视。2010年5月，国务院办公厅下发《关于进一步严格征地拆迁管理工作切实维护群众合法权益的紧急通知》（国办发明电〔2010〕15号），强调征地拆迁要严格执行有关规定，坚决纠正违法违规征地拆迁行为。2011年3月，中纪委办公厅下发《关于加强监督检查进一步规范征地拆迁行为的通知》（中纪办发〔2011〕8号），要求加强对征地拆迁政策规定执行情况的监督检查。特别是国务院颁发《国有土地上房屋征收与补偿条例》以来，进一步增强了广大干部群众依法依规做好农村集体土地征收拆迁的自觉性。但是，各地在加快发展中，用地需求猛增，土地征收拆迁任务加重，因各种原因引发的违法违规土地征收拆迁行为，有增加趋势。各级国土资源部门要从切实维护人民群众利益、构建和谐社会的高度，认真领会并贯彻落实好中央一系列规定要求，一把手亲自抓。要配合政府和有关部门，从本省（区、市）实际情况出发，完善征地拆迁补偿安置的政策措施；督促市、县政府切实履行“对征地拆迁管理工作负总责”的责任，加强对各地征地拆迁工作的指导监督，切实做好征地拆迁补偿安置工作。

二、严格征地拆迁管理，维护被征地农民利益

部《关于进一步做好征地管理工作的通知》（国土资发〔2010〕96号）中对提高征地补偿标准、采取多元安置途径、做好农民房屋拆迁补偿安置工作、规范征地程序等提出了明确要求，各级国土资源部门在征地拆迁中要认真执行，加强管理。实施征地拆迁，必须在政府的统一组织领导下依法规范进行。征地中拆迁农民房屋要给予合理补偿，并因地制宜采取迁建安置、货币安置或实物补偿等多种安置方式，妥善解决好农户生产生活用房问题。要严格履行规定程序，征地前及时组织征地公告，并就征地补偿安置标准和政策征求群众意见。群众有意见的，要认真反复做好政策宣传解释和群众思想疏导工作，得到群众的理解和支持，不得强行实施征地拆迁；对于群众提出的合理要求，必须妥善予以解决。征地经依法批准后，要依法规范实施，确保征地补偿费用及时足额支付到位，防止出现拖欠、截留、挪用问题。

三、及时化解矛盾纠纷，妥善处理征地拆迁突发事件

各级国土资源部门要建立健全征地拆迁矛盾纠纷排查调处机制，认真做好征地拆迁中矛盾纠纷化解工作。在征地拆迁前，要分析评估易引发不稳定风险的环节和因素，提出预防和化解不稳定风险的对策措施。征地拆迁实施中要加强监管，及时发现出现的苗头性、倾向性问题，做好有关沟通协调工作，做到早发现、早处理，避免矛盾积累激化。要建立应急预案，对征地拆迁突发事件，要及时分析原因，主动向政府报告，积极采取措施妥善解决，防止简单粗暴压制群众，引发恶性和群体性事件。要积极探索创新土地征收拆迁中做好宣传引导、化解不同意见及组织实施的有效途径和办法，认真做好征地拆迁群众信访工作，深入到问题反映较多的地方去接访、下访，主动倾听群众诉求，及时改进工作，把问题解决在初始阶段。

四、开展全面检查，坚决纠正违法违规征地拆迁行为

省级国土资源主管部门要迅速组织，对本省（区、市）内各项建设正在实施的征地拆迁开展一次全面自查自纠，重点检查征地拆迁程序是否严格规范、补偿标准是否符合规定要求、安置是否落实，是否存在违法违规强制征地拆迁行为等。对发现存在程序不合法、补偿不到位、被拆迁人居住条件未得到保障或违法违规强制征地拆迁等行为的，必须立即予以制止，并采取有力措施进行整改，整改到位前，不得继续实施征地拆迁。对发现的违法违规征地拆迁行为，要依法依规严肃查处。

各省（区、市）要认真按照本通知规定要求，在全面梳理的基础上抓紧完善和落实征地拆迁相关制度规定，有关完善落实情况连同全面检查整改结果汇总形成报告，于 2011 年 7 月底前报部。

关于加强监督检查进一步规范征地拆迁行为的通知

中纪办发〔2011〕8号

（中共中央纪委办公厅、监察部办公厅2011年3月17日发布）

各省、自治区、直辖市和新疆生产建设兵团纪委、监察厅（局）：

近年来，各地认真贯彻落实党中央、国务院的决策部署，严格执行农村集体土地征收和城市房屋拆迁法律法规和政策规定，不断完善征地拆迁补偿机制，努力做好群众工作，征地拆迁状况总体是好的。但随着城市化进程推进，征地拆迁规模不断扩大，一些地方仍然存在违法违规强制征地拆迁问题，个别地方甚至发生因违法违规强制征地拆迁致人伤亡事件，造成了恶劣的社会影响，严重危害群众利益，损害党和政府形象。各级纪检监察机关要按照十七届中央纪委第六次全会的部署，切实加强对征地拆迁政策规定执行情况的监督检查，坚决制止和纠正违法违规强制征地拆迁行为，维护群众利益，促进科学发展和社会和谐稳定。现通知如下。

一、加强监督检查，保证《国有土地上房屋征收与补偿条例》的贯彻执行

2011年1月21日国务院颁布的《国有土地上房屋征收与补偿条例》（以下简称《条例》），是规范国有土地上房屋征收与补偿的基础性法规。《条例》规定，取消行政强制拆迁，申请司法强制执行；先补偿后搬迁，禁止采取暴力威胁迫使搬迁；明确征收补偿标准和公共利益范围；被征收人有权请求行政救济和司法救济等，为保障被征收人的合法权益提供了依据。各级纪检监察机关要加强《条例》贯彻执行情况的监督检查，督促各地及有关部门认真学习宣传：贯彻执行《条例》精神，按照规定的征收范围、补偿标准和征收程序，依法征收、公平补偿。督促地方政府及有关部门认真清理现行规章制度和规范性文件，该废止的予以废止，该修订的抓紧修订，该配套完善的尽快配套完善。对《条例》颁布前已经作出行政强制拆迁决定但尚未组织实施的项目，不得再组织实施，要重新组织论证，由人民法院裁定是否强制执行。

二、推动完善政策，切实维护被征地拆迁农民的合法权益

要督促有关地方政府和部门严格按照《国务院办公厅关于进一步严格征地拆迁管理工作切实维护群众合法权益的紧急通知》（国办发明电〔2010〕15号）要求，进一步建立健全有关政策规定，认真做好农村集体土地征收和房屋拆迁工作，确保被征地拆迁农民原有生活水平不降低，长远生计有保障。要督促认真落实补偿安置政策规定，做到先安置后拆迁，住房安置要充分考虑农民的生活习惯和生产需要，妥善解决好被征地拆迁农民的居住问题；房屋拆迁要按照建筑重置成本补偿，宅基地征收按当地规定的征地标准补偿，被征地拆迁农户所得拆迁补偿以及政府补贴，能够保障其选购合理居住水平的房屋。要督促建立与当地经济发展水平相适应、收入增长幅度相协调的补偿标准动态调整机制，并认真加以执行。在《土地管理法》等法律法规作出修订之前，集体土地上房屋拆迁，要参照新颁布的《国有土地上房屋征收与补偿条例》的精神执行。

三、强化责任落实，督促地方政府和有关部门依法履行职责

要督促地方政府及有关部门深入贯彻落实以人为本、执政为民的要求，加强和改进群众工作，畅通被征地拆迁群众反映问题、表达诉求的渠道，广泛听取群众意见，妥善解决群众的合理诉求，紧紧依靠群众的支持和参与开展征地拆迁。要对有关地方政府履行征地拆迁主体责任情况进行监督检查，督促严格审批征地拆迁项目，认真履行公告、告知、听证等程序，加强管理监督，依法依规进行征地拆迁。要对有关部门履行职责情况进行监督检查，督促住房城乡建设部门严格拆迁许可证的审批管理，加强对国有土地上房屋征收与补偿工作的监管；督促国土资源部门严把新上项目用地预审关，加强对农村集体土地征收和房屋拆迁工作的监管；督促农业部门严格农村集体土地征地补偿费分配使用情况的监管。要建立健全矛盾纠纷排查调处机制，及时解决苗头性、倾向性问题，防止矛盾纠纷积累激化。

四、严肃查办案件，严格追究有关责任人的责任

加大查办违法违规强制征地拆迁案件的力度，重点查处采取中断供水、供热、供气、供电和道路通行等非法方式迫使搬迁行为，采取暴力、威胁手段或突击、“株连”等方式强制征地拆迁行为，以及《国有土地上房屋征收与补偿条例》颁布后仍然组织实施行政强制拆迁等问题。对有令不行、有禁不止的，违规动用警力参与征地拆迁的，因工作不力、简单粗暴、失职渎职引发恶性事件和群体性事件的，对违法违规征地拆迁行为不制止、隐瞒不报、压案不查的，要严肃追究有关领导人员的责任。涉嫌犯罪的，移送司法机关依法追究刑事责任。对征地拆迁中官商勾结、权钱交易的，要发现一起、查处一起，绝不姑息。

五、加大宣传力度，正确引导社会舆论

要加大对《条例》等有关法律法规和政策规定的宣传力度，注意加强对征地拆迁社会舆情的分析研判，建立快速的应对机制。要及时总结依法拆迁、“阳光”拆迁、和谐拆迁的好经验、好做法，组织力量进行宣传报道，加强对社会舆论的正确引导。对社会广泛关注的违法违规强制征地拆迁典型案件，及时公布查处结果。对群众反映强烈的突出问题和突发性事件，依法妥善处置，及时回应社会关切，避免出现过度炒作等不利局面。

四、房 屋 拆 迁

房产测绘管理办法

建设部、国家测绘局令第83号

（2000年12月28日发布，自2001年5月1日起施行）

总　　则

第一条　为加强房产测绘管理，规范房产测绘行为，保护房屋权利人的合法权益，根据《中华人民共和国测绘法》和《中华人民共和国城市房地产管理法》，制定本办法。

第二条　在中华人民共和国境内从事房产测绘活动，实施房产测绘管理，应当遵守本办法。

第三条　房产测绘单位应当严格遵守国家有关法律、法规，执行国家房产测量规范和有关技术标准、规定，对其完成的房产测绘成果质量负责。

房产测绘单位应当采用先进技术和设备，提高测绘技术水平，接受房地产行政主管部门和测绘行政主管部门的技术指导和业务监督。

第四条　房产测绘从业人员应当保证测绘成果的完整、准确，不得违规测绘、弄虚作假，不得损害国家利益、社会公共利益和他人合法权益。

第五条　国务院测绘行政主管部门和国务院建设行政主管部门根据国务院确定的职责分工负责房产测绘及成果应用的监督管理。

省、自治区、直辖市人民政府测绘行政主管部门（以下简称省级测绘行政主管部门）和省、自治区人民政府建设行政主管部门、直辖市人民政府房地产行政主管部门（以下简称省级房地产行政主管部）

房产测绘的委托

第六条　有下列情形之一的，房屋权利申请人、房屋权利人或者其他利害关系人应当委托房产测绘单位进行房产测绘：

（一）申请产权初始登记的房屋；

（二）自然状况发生变化的房屋；

（三）房屋权利人或者其他利害关系人要求测绘的房屋。

房产管理中需要的房产测绘，由房地产行政主管部门委托房产测绘单位进行。

第七条　房产测绘成果资料应当与房产自然状况保持一致。房产自然状况发生变化时，应当及时实施房产变更测量。

第八条　委托房产测绘的，委托人与房产测绘单位应当签订书面房产测绘合同。

第九条　房产测绘单位应当是独立的经济实体，与委托人不得有利害关系。

第十条　房产测绘所需费用由委托人支付。

房产测绘收费标准按照国家有关规定执行。

资格管理

第十一条　国家实行房产测绘单位资格审查认证制度。

第十二条　房产测绘单位应当依照《中华人民共和国测绘法》和本办法的规定，取得省级以上人民政府测绘行政主管部门颁发的载明房产测绘业务的《测绘资格证书》。

第十三条　除本办法另有规定外、房产测绘资格审查、分级标准、作业限额、年度检验等按照国家有关规定执行。

第十四条　申请房产测绘资格的单位应当向所在地省级测绘行政主管部门提出书面申请，并按照测绘资格审查管理的要求提交有关材料。

省级测绘行政主管部门在决定受理之日起 5 日内，转省级房地产行政主管部门初审。省级房地产行政主管部门应当在 15 日内，提出书面初审意见，并反馈省级测绘行政主管部门；其中，对申请甲级房产测绘资格的初审意见应当同时报国务院建设行政主管部门备案。

申请甲级房产测绘资格的，由省级测绘行政主管部门报国务院测绘行政主管部门审批发证；申请乙级以下房产测绘资格的，由省级测绘行政主管部门审批发证。

取得甲级房产测绘资格的单位，由国务院测绘行政主管部门和国务院建设行政主管部门联合向社会公告。取得乙级以下房产测绘资格的单位，由省级测绘行政主管部门和省级房地产行政主管部门联合向社会公告。

第十五条　《测绘资格证书》有效期为 5 年，期满 3 个月前，由持证单位提请复审，发证机关负责审查和换证。对有房产测绘项目的，发证机关在审查和换证时，应当征求同级房地产行政主管部门的意见。

在《测绘资格证书》有效期内，房产测绘资格由测绘行政主管部门进行年检。年检时，测绘行政主管部门应当征求同级房地产行政主管部门的意见。对年检中被降级或者取消房产测绘资格的单位，由年检的测绘行政主管部门和同级房地产行政主管部门联合向社会公告。在《测绘资格证书》有效期内申请房产测绘资格升级的，依照本办法第十四条的规定重新办理资格审查手续。

成果管理

第十六条　房产测绘成果包括：房产簿册、房产数据和房产图集等。

第十七条　当事人对房产测绘成果有异议的，可以委托国家认定的房产测绘成果鉴定机构鉴定。

第十八条　用于房屋权属登记等房产管理的房产测绘成果，房地产行政主管部门应当对施测单位的资格、测绘成果的适用性、界址点准确性、面积测算依据与方法等内容进行审核。审核后的房产测绘成果纳入房产档案统一管理。

第十九条 向国（境）外团体和个人提供、赠送、出售未公开的房产测绘成果资料，委托国（境）外机构印制房产测绘图件，应当按照《中华人民共和国测绘法》和《中华人民共和国测绘成果管理规定》以及国家安全、保密等有关规定办理。

法 律 责 任

第二十条 未取得载明房产测绘业务的《测绘资格证书》从事房产测绘业务以及承担房产测绘任务超出《测绘资格证书》所规定的房产测绘业务范围、作业限额的，依照《中华人民共和国测绘法》和《测绘资格审查认证管理规定》的规定处罚。

第二十一条 房产测绘单位有下列情形之一的，由县级以上人民政府房地产行政主管部门给予警告并责令限期改正，并可处以1万元以上3万元以下的罚款；情节严重的，由发证机关予以降级或者取消其房产测绘资格：

（一）在房产面积测算中不执行国家标准、规范和规定的；

（二）在房产面积测算中弄虚作假、欺骗房屋权利人的；

（三）房产面积测算失误，造成重大损失的。

第二十二条 违反本办法第十九条规定的，根据《中华人民共和国测绘法》、《中华人民共和国测绘成果管理规定》及国家安全、保密法律法规的规定处理。

第二十三条 房产测绘管理人员、工作人员在工作中玩忽职守、滥用职权、徇私舞弊的，给予行政处分；构成犯罪的，依法追究刑事责任。

附则

第二十四条 省级房地产行政主管部门和测绘行政主管部门可以根据本办法制定实施细则。

第二十五条 本办法由国务院建设行政主管部门和国务院测绘行政主管部门共同解释。

第二十六条 本办法自2001年5月1日起施行。

关于房屋建筑面积计算与房屋权属登记有关问题的通知

建住房〔2002〕74号

（建设部2002年3月27日发布）

各省、自治区建设厅，直辖市建委及有关部门：

为了切实做好房屋面积计算和房屋权属登记工作，保护当事人合法权益，现就有关问题通知如下：

一、在房屋权属证书附图中应注明施测的房产测绘单位名称、房屋套内建筑面积（在图上标注尺寸）和房屋分摊的共有建筑面积。

二、根据《房产测绘管理办法》的有关规定，由房产测绘单位对其完成的房产测绘成果的质量负责。

三、房屋权属登记涉及的有关房屋建筑面积计算问题，《房产测量规范》未作规定或规定不明确的，暂按下列规定执行：

（一）房屋层高

计算建筑面积的房屋，层高（高度）均应在2.20米以上（含2.20米，以下同）。

（二）外墙墙体

同一楼层外墙，既有主墙，又有玻璃幕墙的，以主墙为准计算建筑面积，墙厚按主墙体厚度计算。

各楼层墙体厚度不同时，分层分别计算。

金属幕墙及其他材料幕墙，参照玻璃幕墙的有关规定处理。

（三）斜面结构屋顶

房屋屋顶为斜面结构（坡屋顶）的，层高（高度）2.20米以上的部位计算建筑面积。

（四）不规则围护物

阳台、挑廊、架空通廊的外围水平投影超过其底板外沿的，以底板水平投影计算建筑面积。

（五）变形缝

与室内任意一边相通，具备房屋的一般条件，并能正常利用的伸缩缝、沉降缝应计算建筑面积。

（六）非垂直墙体

对倾斜、弧状等非垂直墙体的房屋，层高（高度）2.20米以上的部位计算建筑面积。

房屋墙体向外倾斜，超出底板外沿的，以底板投影计算建筑面积。

（七）楼梯下方空间

楼梯已计算建筑面积的，其下方空间不论是否利用均不再计算建筑面积。

（八）公共通道

临街楼房、挑廊下的底层作为公共道路街巷通行的，不论其是否有柱，是否有维护结构，均不计算建筑面积。

（九）二层及二层以上的房屋建筑面积均按《房产测量规范》中多层房屋建筑面积计算的有关规定执行。

（十）与室内不相通的类似于阳台、挑廊、檐廊的建筑，不计算建筑面积。

（十一）室外楼梯的建筑面积，按其在各楼层水平投影面积之和计算。

四、房屋套内具有使用功能但层高（高度）低于2.20米的部分，在房屋权属登记中应明确其相应权利的归属。

五、本通知自二〇〇二年五月一日起执行。

各地在执行中有何问题，请及时告我部住宅与房地产业司。

关于印发《城市房屋拆迁行政裁决工作规程》的通知

建住房〔2003〕252号

（建设部2003年12月30日发布）

各省、自治区建设厅、直辖市建委、房地局、规划局，新疆生产建设兵团建设局：

为了规范城市房屋拆迁行政裁决行为，维护拆迁当事人的合法权益，根据《城市房屋拆迁管理条例》，建设部制定了《城市房屋拆迁行政裁决工作规程》。现印发给你们，请遵照执行。

附件

城市房屋拆迁行政裁决工作规程

第一条　为了规范城市房屋拆迁行政裁决行为，维护拆迁当事人的合法权益，根据《城市房屋拆迁管理条例》，制定本工作规程。

第二条　按照《城市房屋拆迁管理条例》的规定，因拆迁人与被拆迁人就搬迁期限、补偿方式、补偿标准以及搬迁过渡方式、过渡期限等原因达不成协议，当事人申请裁决的，适用本规程。

第三条　市、县人民政府城市房屋拆迁管理部门负责本行政区域内城市房屋拆迁行政裁决工作。房屋拆迁管理部门及其工作人员应当按照有关法律、法规规定，依法履行行政裁决职责。

第四条　行政裁决应当以事实为依据、以法律为准绳，坚持公平、公正、及时的原则。

第五条　拆迁人申请行政裁决，应当提交下列资料：

（一）裁决申请书；

（二）法定代表人的身份证明；

（三）被拆迁房屋权属证明材料；

（四）被拆迁房屋的估价报告；

（五）对被申请人的补偿安置方案；

（六）申请人与被申请人的协商记录；

（七）未达成协议的被拆迁人比例及原因；

（八）其他与裁决有关的资料。

第六条　被拆迁人申请行政裁决，应当提交下列资料：

（一）裁决申请书；

（二）申请人的身份证明；

（三）被拆迁房屋的权属证明；

（四）申请裁决的理由及相关证明材料；

（五）房屋拆迁管理部门认为应当提供的与行政裁决有关的其他材料。

第七条 未达成拆迁补偿安置协议户数较多或比例较高的，房屋拆迁管理部门在受理裁决申请前，应当进行听证。具体标准、程序由省、自治区、直辖市人民政府房屋拆迁管理部门规定。

第八条 有下列情形之一的，房屋拆迁管理部门不予受理行政裁决申请：

（一）对拆迁许可证合法性提出行政裁决的；

（二）申请人或者被申请人不是拆迁当事人的；

（三）拆迁当事人达成补偿安置协议后发生合同纠纷，或者行政裁决做出后，当事人就同一事由再次申请裁决的；

（四）房屋已经灭失的；

（五）房屋拆迁管理部门认为依法不予受理的其他情形。

对裁决申请不予受理的，房屋拆迁管理部门应当自收到申请之日起 5 个工作日内书面通知申请人。

第九条 房屋拆迁管理部门受理房屋拆迁裁决申请后，经审核，资料齐全、符合受理条件的，应当在收到申请之日起 5 个工作日内向申请人发出裁决受理通知书；申请裁决资料不齐全、需要补充资料的，应当在 5 个工作日内一次性书面告知申请人，可以当场补正的，应当当场补正。受理时间从申请人补齐资料的次日起计算。

第十条 房屋拆迁管理部门受理房屋拆迁裁决申请后，应当按照下列程序进行：

（一）向被申请人送达房屋拆迁裁决申请书副本及答辩通知书，并告知被申请人的权利；

（二）审核相关资料、程序的合法性；

（三）组织当事人调解。房屋拆迁管理部门必须充分听取当事人的意见，对当事人提出的事实、理由和证据进行复核；对当事人提出的合理要求应当采纳。房屋拆迁管理部门不得因当事人申辩而做出损害申辩人合法权益的裁决。

拆迁当事人拒绝调解的，房屋拆迁管理部门应依法作出裁决。

（四）核实补偿安置标准。当事人对评估结果有异议，且未经房屋所在地房地产专家评估委员会鉴定的，房屋拆迁管理部门应当委托专家评估委员会进行鉴定，并以鉴定后的估价结果作为裁决依据。鉴定时间不计入裁决时限。

（五）经调解，达成一致意见的，出具裁决终结书；达不成一致意见的，房屋拆迁管理部门应当作出书面裁决。部分事项达成一致意见的，裁决时应当予以确认。书面裁决必须经房屋拆迁管理部门领导班子集体讨论决定。

第十一条 行政裁决工作人员与当事人有利害关系或者有其他关系可能影响公正裁决的，应当回避。

第十二条 有下列情形之一的，中止裁决并书面告知当事人：

（一）发现新的需要查证的事实；

（二）裁决需要以相关裁决或法院判决结果为依据的，而相关案件未结案的；

（三）作为自然人的申请人死亡，需等待其近亲属表明是否参加裁决的；

（四）因不可抗力或者其他特殊情况需要中止的情况。

中止裁决的因素消除后，恢复裁决。中止时间不计入裁决时限。

第十三条　有下列情形之一的，终结裁决并书面告知当事人：

（一）受理裁决申请后，当事人自行达成协议的；

（二）发现申请人或者被申请人不是裁决当事人的；

（三）作为自然人的申请人死亡，15天之内没有近亲属或者近亲属未表示参加裁决或放弃参加裁决的；

（四）申请人撤回裁决申请的。

第十四条　行政裁决应当自收到申请之日起30日内做出。房屋拆迁管理部门做出裁决，应当出具裁决书。

裁决书应当包括下列内容：

（一）申请人与被申请人的基本情况；

（二）争议的主要事实和理由；

（三）裁决的依据、理由；

（四）根据行政裁决申请需要裁决的补偿方式、补偿金额、安置用房面积和安置地点、搬迁期限、搬迁过渡方式和过渡期限等；

（五）告知当事人行政复议、行政诉讼的权利及申请复议期限、起诉期限；

（六）房屋拆迁管理部门的名称、裁决日期并加盖公章；

行政裁决规定的搬迁期限不得少于15天。

第十五条　裁决书应当通过直接送达、留置送达、委托送达或邮寄送达等方式送达。

第十六条　当事人对行政裁决不服的，可以依法申请行政复议或者向人民法院起诉。

第十七条　被拆迁人或者房屋承租人在裁决规定的搬迁期限内未搬迁的，由市、县人民政府责成有关部门行政强制拆迁，或者由房屋拆迁管理部门依法申请人民法院强制拆迁。

第十八条　房屋拆迁管理部门申请行政强制拆迁前，应当邀请有关管理部门、拆迁当事人代表以及具有社会公信力的代表等，对行政强制拆迁的依据、程序、补偿安置标准的测算依据等内容，进行听证。

房屋拆迁管理部门申请行政强制拆迁，必须经领导班子集体讨论决定后，方可向政府提出行政强制拆迁申请。未经行政裁决，不得实施行政强制拆迁。

第十九条　拆迁人未按裁决意见向被拆迁人提供拆迁补偿资金或者符合国家质量安全标准的安置用房、周转用房的，不得实施强制拆迁。

第二十条　房屋拆迁管理部门申请行政强制拆迁，应当提交下列资料：

（一）行政强制拆迁申请书；

（二）裁决调解记录和裁决书；

（三）被拆迁人不同意拆迁的理由；

（四）被拆迁房屋的证据保全公证书；

（五）被拆迁人提供的安置用房、周转用房权属证明或者补偿资金证明；

（六）被拆迁人拒绝接收补偿资金的，应当提交补偿资金的提存证明；

（七）市、县人民政府房屋拆迁管理部门规定的其他材料。

第二十一条 依据强制拆迁决定实施行政强制拆迁，房屋拆迁管理部门应当提前15日通知被拆迁人，并认真做好宣传解释工作，动员被拆迁人自行搬迁。

第二十二条 行政强制拆迁应当严格依法进行。强制拆迁时，应当组织街道办事处（居委会）、被拆迁人单位代表到现场作为强制拆迁证明人，并由公证部门对被拆迁房屋及其房屋内物品进行证据保全。

第二十三条 房屋拆迁管理部门工作人员或者行政强制拆迁执行人员违反本规程的，由所在单位给予警告；造成错案的，按照有关规定追究错案责任；触犯刑律的，依法追究刑事责任。

第二十四条 拆迁人、接受委托的拆迁单位在实施拆迁中采用恐吓、胁迫以及停水、停电、停止供气、供热等手段，强迫被拆迁人搬迁或者擅自组织强制拆迁的，由所在市、县房屋拆迁管理部门责令停止拆迁，并依法予以处罚；触犯刑律的，依法追究刑事责任。

第二十五条 房屋拆迁管理部门是被拆迁人的，由同级人民政府裁决。

第二十六条 在城市规划区外国有土地上实施房屋拆迁申请行政裁决的，可参照本规程执行。

第二十七条 本规程自2004年3月1日起施行。

关于印发《城市房屋拆迁工作规程》的通知

建住房〔2005〕200号

（建设部2005年10月31日发布）

各省、自治区建设厅，直辖市建委（房地局），新疆生产建设兵团建设局：

为进一步规范城市房屋拆迁工作程序，加强房屋拆迁管理，维护拆迁当事人的合法权益，根据《城市规划法》、《城市房屋拆迁管理条例》，我部制定了《城市房屋拆迁工作规程》。现印发你们，请遵照执行。

附件

城市房屋拆迁工作规程

第一条　为进一步规范城市房屋拆迁工作程序，加强拆迁管理，维护拆迁当事人合法权益，保障建设项目顺利实施，根据《城市规划法》、《城市房屋拆迁管理条例》及有关规定，制定本规程。

第二条　在城市规划区内国有土地上实施房屋拆迁，并需要对被拆迁人补偿安置的，适用本规程。

第三条　城市房屋拆迁管理工作程序是：拆迁计划管理、拆迁许可审批、拆迁补偿安置；必要时还应当依法进行行政裁决或者强制拆迁。城市房屋拆迁管理应当严格按照上述程序进行，前一程序未进行或者未达到规定要求的，不得进入后一程序。

第四条　城市房屋拆迁实行年度计划审批备案制度。市、县人民政府应当根据本地区经济社会发展的实际情况，依据城市总体规划、近期建设规划和控制性详细规划，编制房屋拆迁中长期规划和年度计划，由省、自治区、直辖市人民政府建设（房地产）行政主管部门会同发展改革（计划）部门审批下达。

第五条　需要拆迁的项目，应当按照《城市房屋拆迁管理条例》第七条的规定取得房屋拆迁许可证。

对于面积较大或者户数较多的拆迁项目，房屋拆迁管理部门应当在核发拆迁许可证前，就拆迁许可有关事项召开听证会，听取拆迁当事人意见。需听证项目的面积或者户数的具体标准，由省、自治区和直辖市人民政府建设（房地产）行政主管部门制定。

第六条　拆迁许可听证应当对拆迁许可条件，特别是拆迁计划、拆迁方案和拆迁补偿安置资金落实情况进行听证。听证意见作为房屋拆迁管理部门核发拆迁许可证的重要参考依据。

第七条　对于符合拆迁许可证核发条件的，房屋拆迁管理部门应当依法核发拆迁许可证，同时将房屋拆迁许可证中载明的拆迁人、拆迁范围、拆迁期限等事项，以房屋拆迁公告的形式予以公布。对于补偿安置方案、补偿安置资金不落实的项目，房屋拆迁管理部门不得核发拆迁许可证。

第八条 在取得拆迁许可前，拆迁人应当对拆迁范围内房屋情况进行摸底，区分有产权证与无产权证房屋。

对于未取得房产证但能够证明该房屋是合法拥有的，由所在地房地产管理部门确认后，依法补偿；对于手续不全或者无产权产籍的房屋，应当经有关部门进行合法性认定后，依据相关法律法规处理；对于存在产权或者使用权（承租权）争议的，应当通过民事诉讼后，按照诉讼结果依法补偿。

第九条 对于拆迁中的住房困难和低收入家庭，地方政府要通过健全和完善住房保障制度等办法，切实采取有效措施，确保其得到妥善安置。对于符合廉租住房条件的，要及时纳入廉租房保障范围。

第十条 拆迁人应当在房屋拆迁许可证确定的拆迁范围和拆迁期限内，实施房屋拆迁。需要延长拆迁期限的，拆迁人应当依法办理相关手续。

第十一条 《城市规划法》实施后，未取得规划许可证或违反规划许可证规定进行建设的，以及临时建筑使用期限届满未拆除的为违法建筑。对违法建筑依据《城市规划法》及地方城市规划实施条例规定处理。

《城市规划法》实施前违法建筑的认定，由县级以上地方人民政府城市规划行政主管部门充分考虑历史情况，依据所在省、自治区、直辖市人民政府规定处理。

第十二条 拆迁当事人应当按照《城市房屋拆迁管理条例》等有关法律法规规定，就补偿方式和补偿金额、安置用房面积和安置地点、搬迁期限、搬迁过渡方式和过渡期限等事项进行协商，订立拆迁补偿安置协议。

第十三条 对于达不成补偿安置协议的，应当按照《城市房屋拆迁管理条例》、《城市房屋拆迁行政裁决工作规程》的规定进行裁决。

第十四条 当事人对裁决不服的，可以依法申请行政复议或者向人民法院起诉。但拆迁人已按规定对被拆迁人给予货币补偿或者提供安置用房、周转用房的，诉讼期间不停止拆迁的执行。

第十五条 被拆迁人或者房屋承租人在裁决规定的搬迁期限内未搬迁的，由市、县人民政府责成有关部门强制拆迁，或者由房屋拆迁管理部门依法申请人民法院强制拆迁。

第十六条 房屋拆迁管理部门申请行政强制拆迁前，应当邀请有关管理部门、拆迁当事人代表以及具有社会公信力的代表等，对行政强制拆迁的依据、程序、补偿安置标准的测算依据等内容进行听证。

房屋拆迁管理部门申请行政强制拆迁，必须经领导班子集体讨论决定后，方可向政府提出强制拆迁申请。

第十七条 实施行政强制拆迁时，应当组织街道办事处（居委会）、被拆迁人单位代表到现场作为强制拆迁证明人，并由公证部门对被拆迁房屋及其房屋内物品进行证据保全。

第十八条　各级房屋拆迁管理部门，要加强对拆迁程序执行情况的监督检查。对不依法行政、滥用职权、侵害拆迁当事人合法权益并造成严重后果的工作人员，要依法追究责任。

第十九条　在城市规划区外国有土地上实施房屋拆迁，并需要对被拆迁人补偿安置的，参照本规程执行。

第二十条　本规程自2005年12月1日起施行。

关于贯彻实施《城乡规划法》的指导意见

建规〔2008〕21号

（建设部2008年1月30日发布）

各省、自治区建设厅，直辖市建委、规划局（委）及有关部门，新疆生产建设兵团建设局：

十届全国人民代表大会常务委员会第三十次会议审议通过的《中华人民共和国城乡规划法》（以下简称《城乡规划法》）于2008年1月1日起施行。为贯彻实施《城乡规划法》，现提出如下意见。

一、充分认识《城乡规划法》的重要意义

《城乡规划法》是在总结十几年来《城市规划法》和《村庄和集镇规划建设管理条例》施行的基础上，及在总结改革开放以来、特别是近十年来我国城乡规划管理工作经验的基础上，以科学发展观为指导所制定的法律。《城乡规划法》的施行，将进一步强化城乡规划的综合调控作用，在城乡经济发展与建设中，加强对自然资源和文化遗产的保护与合理利用，加强对环境的保护，坚持社会的平衡发展，从而促进城乡经济社会全面协调可持续发展，实现全面建设小康社会的目标。《城乡规划法》的施行，还将加强对国家机关工作人员和政府及所属各有关部门行政行为的监督检查，提高国家机关工作人员依法行政的自觉性。要从加强依法执政能力建设、构建和谐社会的高度，充分认识实施《城乡规划法》的重大意义，增强做好城乡规划工作的责任感和使命感，把城乡规划工作做得更好。

二、坚持遵循《城乡规划法》的基本原则

1. 坚持城乡统筹。《城乡规划法》体现了党的十七大提出的“城乡、区域协调互动发展机制基本形成”的目标要求。各地在制定城乡规划的过程中应统筹考虑城市、镇、乡和村庄发展，根据各类规划的内容要求和特点，编制好相关规划。实施城乡规划时，要根据城乡特点，强化对乡村规划建设的管理，完善乡村规划许可制度，坚持便民利民和以人为本。

2. 节约资源、保护环境，坚持可持续发展。必须充分认识我国人口众多、人均资源短缺和环境容量压力大的基本国情。在制定城乡规划时，认真分析城乡建设发展的资源环境条件，明确为保护环境、资源需要严格控制的区域，合理确定发展规模、建设步骤和建设标准，推进城乡建设发展方式从粗放型向集约型转变，增强可持续发展能力。

3. 关注民生。要按照《城乡规划法》的有关要求，落实党的十七大提出的加快推进以改善民生为重点的社会建设的重要战略部署，在制定和实施城乡规划时进一步重视社会公正和改善民生。要有效配置公共资源，合理安排城市基础设施和公共服务设施，改善人居环境，方便群众生活。要关注中低收入阶层的住房问题，做好住房建设规划。要加强对公共安全的研究，提高城乡居民点的综合防灾减灾能力。

4. 提高规划的科学性和规划实施的依法行政。要进一步改进规划编制方法，充实规划内容，落实规划“四线”等强制性内容。要坚持“政府组织、专家领衔、部门合作、公众参与、科学决策”的规划编制组织方式。严格执行规划编制、审批、修改、备案的程序性要求。要按照《城乡规划法》的规定和要求，建立完善规划公开和公众参与的程序和制度。要依法作好城乡规划实施效果的评估和总结。规划的实施要严格按法定程序要求进行，保证规划许可内容和程序的合法性。

5. 先规划后建设。要按照《城乡规划法》的要求，依法编制城乡规划，包括近期建设规划、控制性详细规划、乡和村庄规划。坚持以经依法批准的上位规划为依据，编制下位规划不得违背上位规划的要求，编制城乡规划不得违背国家有关的技术标准、规范。各地及城乡规划主管部门必须依据经法定程序批准的规划实施规划管理。县级以上人民政府及其城乡规划主管部门应当按照《城乡规划法》规定的事权进行监督检查，查处、纠正违法行为。

三、落实《城乡规划法》当前要做好的工作

（一）制定和修订《城乡规划法》配套法规、规章。要按《城乡规划法》的要求，充分考虑各地的实际情况，出台针对性强、切实有效的法规或规章。进一步深化、细化落实《城乡规划法》的各项规定和要求。

1. 抓紧制定或修订有关实施《城乡规划法》的行政法规、部门规章。

2. 积极推进地方规划条例或实施办法的制定和修订工作，修改与《城乡规划法》不相适应的配套制度和规定。

（二）建立和完善城乡规划技术标准体系。结合当前城乡规划制定和实施管理的需要，及时修订现行标准，加快在编标准的工作进度，抓紧其他标准的前期研究和开题立项工作，保证城乡规划标准体系制定工作高质量、高效率地推进。

1. 大力推动目前在编的 11 项国家标准的编制与审查工作。

2. 对于现有的城乡规划技术标准体系进行研究，补充完善有关内容。

3. 要将具备甲级资质的规划设计单位完成技术标准编制任务的情况，作为其资质考核与后续评估的主要内容。

（三）加强和完善城镇体系规划工作。突出国家和省（自治区）在城乡建设与发展中的管理要求，明确必须严格管制的内容，使经批准的规划可以作为省（自治区）政府城乡规划行政审批的依据。

抓紧修订《城镇体系规划编制审批办法》。

（四）加强控制性详细规划制定工作。重点解决规划成果要兼顾在近、远期建设用地的管理上都有针对性、可操作性。保证控制性详细规划能够成为国有土地有偿出让与转让的基本前提条件和对各类建设工程进行规划许可的直接依据。

1. 根据当前实际情况，规定控制性详细规划编制过程中的工作深度要求。制定相应的控制性详细规划编制、审批、备案办法。

2. 规范国有土地出让合同中“规划条件”的内容。

（五）完善规划编制单位资质和注册规划师执业制度。强化对规划编制单位和人员的责任要求。

1. 结合规划资质换证工作，摸清规划编制单位基本情况，对已不再符合相应资质条件的，根据法律要求，给予相应处罚。

2. 修订《城市规划编制单位资质管理规定》和《外商投资城市规划服务企业管理规定》。

3. 会同有关部门研究制定《注册规划师执业资格管理办法》。

（六）加强规划制定的公众参与。保障广泛组织社会各方面人士参与和了解规划。

1. 在有关配套法规和规定中细化规划制定过程中公众参与的程序办法。

2. 针对不同的规划，制定公开公示的具体方法和要求。

3. 明确规划编制成果报送上级人民政府审批时，附具的专家和公众意见及处理情况的材料要求。

（七）完善规划选址和城市、镇规划区内规划行政许可制度。明确与项目立项、土地划拨出让等审批环节的协同办法。

1. 推动省域城镇体系规划实施的地方立法，加强并规范省级规划行政主管部门参与规划选址工作。

2. 确定建设用地规划许可、建设工程规划许可等规划许可发放的范围、程序和基本条件。

3. 抓紧制定临时建设和临时用地规划管理的具体办法。

4. 在地方配套法规中，针对不同类型的建设活动，明确规划核实的具体内容要求。

（八）建立乡村建设规划许可证制度。充分体现农村特点，体现便民利民和以人为本，满足农民生产和生活需要，遏制农村无序建设和浪费土地。

1. 地方配套法规要进一步细化乡村建设规划许可证核发的具体内容、程序、条件要求。

2. 各地在实施《城乡规划法》办法或条例中，要认真研究、明确可以核发建设工程规划许可证的镇的范围。

3. 各省、自治区、直辖市要抓紧制定在乡、村庄规划区内使用原有宅基地进行农村村民住宅建设的规划管理办法。

（九）建立对规划的评估制度，完善城乡规划修改的审批制度和备案制度。防止违反法定程序，随意干预和变更规划。

1. 制定省域城镇体系规划、城市和镇总体规划评估的具体办法，明确评估的周期、评估参与的部门、评估的方法、评估的主要内容和评估报告上报的程序等。

2. 制定城乡规划修改审批、备案的操作办法。

3. 制定有关配套法规、依法界定“利害关系人”，作为修改详细规划时征求意见的对象。并明确征求利害关系人意见的方式、方法，以及处理意见的具体办法。

（十）强化监督检查措施。突出监督检查对处理、纠正违法行为的力度。

1. 结合城乡规划效能监察，会同监察部门、组织部门共同研究执行法律有关规定过程中具体的协同方式，起草案件移送及查处办法。

2. 继续推进规划督察员制度的建立完善。

3. 建立上级城乡规划主管部门对下级违反《城乡规划法》规定作出规划许可的纠正办法以及违法者相应的赔偿措施。

（十一）完善对违法建设的处理机制，用好行政强制权。区分不同违法建设情况，作出相应处罚规定，增强针对性和可操作性。

1. 地方人民政府要制定配套法规，明确对“可采取改正措施消除对规划实施的影响的”认定程序。

2. 地方人民政府在制定配套法规中，要明确有关行政强制措施的具体操作办法。

四、认真抓好《城乡规划法》的学习和培训工作

1. 学习好《城乡规划法》是贯彻《城乡规划法》的基础。建设部将大力开展《城乡规划法》的学习培训工作。要与全国人大和国务院法制办的有关单位共同起草解说，要组织专门的培训师资队伍，对地级市政府分管领导和省、市城乡规划主管部门的主要工作人员进行培训和组织学习研讨。建设部所属干部培训机构也要按照统一安排，积极开展《城乡规划法》的培训工作。

2. 各省（自治区）建设厅要尽快制定学习培训《城乡规划法》的工作计划。组织县级市、县和镇乡政府的领导学习《城乡规划法》，学习城乡规划知识。各级城乡规划主管部门和工作人员要搞好自身的学习与培训。把学习好《城乡规划法》作为从事城乡规划管理和城乡规划编制工作人员上岗的条件，注册城乡规划师资格考试与在职培训，也应把《城乡规划法》作为重要内容。

3. 各地在贯彻落实《城乡规划法》的过程中，要研究贯彻执行《城乡规划法》遇到的新情况、新问题，结合本地区的实际，完善相应的办法和措施。建设部将区分不同层次、地区适时组织研讨和经验交流。

五、有效开展《城乡规划法》执法检查

1. 2008 年，建设部、监察部城乡规划效能监察领导小组办公室将以《城乡规划法》贯彻实施为重点，依法开展规划效能监察，并针对存在的问题开展专项整治。各地城乡规划效能监察领导小组办公室也要将贯彻实施《城乡规划法》作为效能监察工作的重点工作，着力推进城乡规划依法行政。

2. 将贯彻实施《城乡规划法》的情况与城乡规划效能监察绩效考核结合起来。完善绩效考核指标体系，将贯彻实施的有关具体要求纳入指标体系，定量、定性分析执行情况。各地要按照要求，认真做好城乡规划效能监察绩效考核工作。

3. 在《城乡规划法》实施一年左右时，与全国人大联合开展《城乡规划法》执法检查。同时，地方人民政府也要开展《城乡规划法》执法检查。重点了解规划法实施以来的执法现状；掌握执法过程中存在的主要问题并分析原因；总结经验教训，提出有效整改措施。从而进一步宣传《城乡规划法》，推进《城乡规划法》的贯彻实施。

贯彻实施《城乡规划法》是一项长期的工作，各地要加强组织协调、调查研究和检查落实工作。要根据文件要求，提出本地区贯彻实施《城乡规划法》的具体意见，并将实施情况及时报送我部。

关于印发《国有土地上房屋征收评估办法》的通知

建房〔2011〕77号

（住房和城乡建设部2011年6月3日印发）

各省、自治区住房城乡建设厅，直辖市住房城乡建设委员会（房地局），新疆生产建设兵团建设局：

根据《国有土地上房屋征收与补偿条例》，我部制定了《国有土地上房屋征收评估办法》。现印发给你们，请遵照执行。

附件

国有土地上房屋征收评估办法

第一条 为规范国有土地上房屋征收评估活动，保证房屋征收评估结果客观公平，根据《国有土地上房屋征收与补偿条例》，制定本办法。

第二条 评估国有土地上被征收房屋和用于产权调换房屋的价值，测算被征收房屋类似房地产的市场价格，以及对相关评估结果进行复核评估和鉴定，适用本办法。

第三条 房地产价格评估机构、房地产估价师、房地产价格评估专家委员会（以下称评估专家委员会）成员应当独立、客观、公正地开展房屋征收评估、鉴定工作，并对出具的评估、鉴定意见负责。

任何单位和个人不得干预房屋征收评估、鉴定活动。与房屋征收当事人有利害关系的，应当回避。

第四条 房地产价格评估机构由被征收人在规定时间内协商选定；在规定时间内协商不成的，由房屋征收部门通过组织被征收人按照少数服从多数的原则投票决定，或者采取摇号、抽签等随机方式确定。具体办法由省、自治区、直辖市制定。

房地产价格评估机构不得采取迎合征收当事人不当要求、虚假宣传、恶意低收费等不正当手段承揽房屋征收评估业务。

第五条 同一征收项目的房屋征收评估工作，原则上由一家房地产价格评估机构承担。房屋征收范围较大的，可以由两家以上房地产价格评估机构共同承担。

两家以上房地产价格评估机构承担的，应当共同协商确定一家房地产价格评估机构为牵头单位；牵头单位应当组织相关房地产价格评估机构就评估对象、评估时点、价值内涵、评估依据、评估假设、评估原则、评估技术路线、评估方法、重要参数选取、评估结果确定方式等进行沟通，统一标准。

第六条 房地产价格评估机构选定或者确定后，一般由房屋征收部门作为委托人，向房地产价格评估机构出具房屋征收评估委托书，并与其签订房屋征收评估委托合同。

房屋征收评估委托书应当载明委托人的名称、委托的房地产价格评估机构的名称、评估目的、评估对象范围、评估要求以及委托日期等内容。

房屋征收评估委托合同应当载明下列事项：

（一）委托人和房地产价格评估机构的基本情况；

（二）负责本评估项目的注册房地产估价师；

（三）评估目的、评估对象、评估时点等评估基本事项；

（四）委托人应提供的评估所需资料；

（五）评估过程中双方的权利和义务；

（六）评估费用及收取方式；

（七）评估报告交付时间、方式；

（八）违约责任；

（九）解决争议的方法；

（十）其他需要载明的事项。

第七条　房地产价格评估机构应当指派与房屋征收评估项目工作量相适应的足够数量的注册房地产估价师开展评估工作。

房地产价格评估机构不得转让或者变相转让受托的房屋征收评估业务。

第八条　被征收房屋价值评估目的应当表述为“为房屋征收部门与被征收人确定被征收房屋价值的补偿提供依据，评估被征收房屋的价值”。

用于产权调换房屋价值评估目的应当表述为“为房屋征收部门与被征收人计算被征收房屋价值与用于产权调换房屋价值的差价提供依据，评估用于产权调换房屋的价值”。

第九条　房屋征收评估前，房屋征收部门应当组织有关单位对被征收房屋情况进行调查，明确评估对象。评估对象应当全面、客观，不得遗漏、虚构。

房屋征收部门应当向受托的房地产价格评估机构提供征收范围内房屋情况，包括已经登记的房屋情况和未经登记建筑的认定、处理结果情况。调查结果应当在房屋征收范围内向被征收人公布。

对于已经登记的房屋，其性质、用途和建筑面积，一般以房屋权属证书和房屋登记簿的记载为准；房屋权属证书与房屋登记簿的记载不一致的，除有证据证明房屋登记簿确有错误外，以房屋登记簿为准。对于未经登记的建筑，应当按照市、县级人民政府的认定、处理结果进行评估。

第十条　被征收房屋价值评估时点为房屋征收决定公告之日。

用于产权调换房屋价值评估时点应当与被征收房屋价值评估时点一致。

第十一条　被征收房屋价值是指被征收房屋及其占用范围内的土地使用权在正常交易情况下，由熟悉情况的交易双方以公平交易方式在评估时点自愿进行交易的金额，但不考虑被征收房屋租赁、抵押、查封等因素的影响。

前款所述不考虑租赁因素的影响，是指评估被征收房屋无租约限制的价值；不考虑抵押、查封因素的影响，是指评估价值中不扣除被征收房屋已抵押担保的债权数额、拖欠的建设工程价款和其他法定优先受偿款。

第十二条　房地产价格评估机构应当安排注册房地产估价师对被征收房屋进行实地查

勘，调查被征收房屋状况，拍摄反映被征收房屋内外部状况的照片等影像资料，做好实地查勘记录，并妥善保管。

被征收人应当协助注册房地产估价师对被征收房屋进行实地查勘，提供或者协助搜集被征收房屋价值评估所必需的情况和资料。

房屋征收部门、被征收人和注册房地产估价师应当在实地查勘记录上签字或者盖章确认。被征收人拒绝在实地查勘记录上签字或者盖章的，应当由房屋征收部门、注册房地产估价师和无利害关系的第三人见证，有关情况应当在评估报告中说明。

第十三条 注册房地产估价师应当根据评估对象和当地房地产市场状况，对市场法、收益法、成本法、假设开发法等评估方法进行适用性分析后，选用其中一种或者多种方法对被征收房屋价值进行评估。

被征收房屋的类似房地产有交易的，应当选用市场法评估；被征收房屋或者其类似房地产有经济收益的，应当选用收益法评估；被征收房屋是在建工程的，应当选用假设开发法评估。

可以同时选用两种以上评估方法评估的，应当选用两种以上评估方法评估，并对各种评估方法的测算结果进行校核和比较分析后，合理确定评估结果。

第十四条 被征收房屋价值评估应当考虑被征收房屋的区位、用途、建筑结构、新旧程度、建筑面积以及占地面积、土地使用权等影响被征收房屋价值的因素。

被征收房屋室内装饰装修价值，机器设备、物资等搬迁费用，以及停产停业损失等补偿，由征收当事人协商确定；协商不成的，可以委托房地产价格评估机构通过评估确定。

第十五条 房屋征收评估价值应当以人民币为计价的货币单位，精确到元。

第十六条 房地产价格评估机构应当按照房屋征收评估委托书或者委托合同的约定，向房屋征收部门提供分户的初步评估结果。分户的初步评估结果应当包括评估对象的构成及其基本情况和评估价值。房屋征收部门应当将分户的初步评估结果在征收范围内向被征收人公示。

公示期间，房地产价格评估机构应当安排注册房地产估价师对分户的初步评估结果进行现场说明解释。存在错误的，房地产价格评估机构应当修正。

第十七条 分户初步评估结果公示期满后，房地产价格评估机构应当向房屋征收部门提供委托评估范围内被征收房屋的整体评估报告和分户评估报告。房屋征收部门应当向被征收人转交分户评估报告。

整体评估报告和分户评估报告应当由负责房屋征收评估项目的两名以上注册房地产估价师签字，并加盖房地产价格评估机构公章。不得以印章代替签字。

第十八条 房屋征收评估业务完成后，房地产价格评估机构应当将评估报告及相关资料立卷、归档保管。

第十九条 被征收人或者房屋征收部门对评估报告有疑问的，出具评估报告的房地产价格评估机构应当向其作出解释和说明。

第二十条 被征收人或者房屋征收部门对评估结果有异议的，应当自收到评估报告之日起 10 日内，向房地产价格评估机构申请复核评估。

申请复核评估的，应当向原房地产价格评估机构提出书面复核评估申请，并指出评估报告存在的问题。

第二十一条　原房地产价格评估机构应当自收到书面复核评估申请之日起10日内对评估结果进行复核。复核后，改变原评估结果的，应当重新出具评估报告；评估结果没有改变的，应当书面告知复核评估申请人。

第二十二条　被征收人或者房屋征收部门对原房地产价格评估机构的复核结果有异议的，应当自收到复核结果之日起10日内，向被征收房屋所在地评估专家委员会申请鉴定。被征收人对补偿仍有异议的，按照《国有土地上房屋征收与补偿条例》第二十六条规定处理。

第二十三条　各省、自治区住房城乡建设主管部门和设区城市的房地产管理部门应当组织成立评估专家委员会，对房地产价格评估机构做出的复核结果进行鉴定。

评估专家委员会由房地产估价师以及价格、房地产、土地、城市规划、法律等方面的专家组成。

第二十四条　评估专家委员会应当选派成员组成专家组，对复核结果进行鉴定。专家组成员为3人以上单数，其中房地产估价师不得少于1/2。

第二十五条　评估专家委员会应当自收到鉴定申请之日起10日内，对申请鉴定评估报告的评估程序、评估依据、评估假设、评估技术路线、评估方法选用、参数选取、评估结果确定方式等评估技术问题进行审核，出具书面鉴定意见。

经评估专家委员会鉴定，评估报告不存在技术问题的，应当维持评估报告；评估报告存在技术问题的，出具评估报告的房地产价格评估机构应当改正错误，重新出具评估报告。

第二十六条　房屋征收评估鉴定过程中，房地产价格评估机构应当按照评估专家委员会要求，就鉴定涉及的评估相关事宜进行说明。需要对被征收房屋进行实地查勘和调查的，有关单位和个人应当协助。

第二十七条　因房屋征收评估、复核评估、鉴定工作需要查询被征收房屋和用于产权调换房屋权属以及相关房地产交易信息的，房地产管理部门及其他相关部门应当提供便利。

第二十八条　在房屋征收评估过程中，房屋征收部门或者被征收人不配合、不提供相关资料的，房地产价格评估机构应当在评估报告中说明有关情况。

第二十九条　除政府对用于产权调换房屋价格有特别规定外，应当以评估方式确定用于产权调换房屋的市场价值。

第三十条　被征收房屋的类似房地产是指与被征收房屋的区位、用途、权利性质、档次、新旧程度、规模、建筑结构等相同或者相似的房地产。

被征收房屋类似房地产的市场价格是指被征收房屋的类似房地产在评估时点的平均交易价格。确定被征收房屋类似房地产的市场价格，应当剔除偶然的和不正常的因素。

第三十一条　房屋征收评估、鉴定费用由委托人承担。但鉴定改变原评估结果的，鉴定费用由原房地产价格评估机构承担。复核评估费用由原房地产价格评估机构承担。房屋征收评估、鉴定费用按照政府价格主管部门规定的收费标准执行。

第三十二条　在房屋征收评估活动中，房地产价格评估机构和房地产估价师的违法违规行为，按照《国有土地上房屋征收与补偿条例》、《房地产估价机构管理办法》、《注册房地产估价师管理办法》等规定处罚。违反规定收费的，由政府价格主管部门依照《中华人民共和国价格法》规定处罚。

第三十三条 本办法自公布之日起施行。2003 年 12 月 1 日原建设部发布的《城市房屋拆迁估价指导意见》同时废止。但《国有土地上房屋征收与补偿条例》施行前已依法取得房屋拆迁许可证的项目，继续沿用原有规定。

五、征占林地及伐移

关于印发《城市古树名木保护管理办法》的通知

建城〔2000〕192号

（建设部2000年9月1日印发）

各省、自治区、直辖市建委（建设厅），直辖市园林局，计划单列市建委，深圳市城管办：

为切实加强城市古树名木保护管理工作，我部制定了《城市古树名木保护管理办法》，现印发给你们，请认真贯彻执行。

附件

城市古树名木保护管理办法

第一条 为切实加强城市古树名木的保护管理工作，制定本办法。

第二条 本办法适用于城市规划区内和风景名胜区的古树名木保护管理。

第三条 本办法所称的古树，是指树龄在100年以上的树木。

本办法所称的名木，是指国内外稀有的以及具有历史价值和纪念意义及重要科研价值的树木。

第四条 古树名木分为一级和二级。

凡树龄在300年以上，或者特别珍贵稀有，具有重要历史价值和纪念意义，重要科研价值的古树名木，为一级古树名木；其余为二级古树名木。

第五条 国务院建设行政主管部门负责全国城市古树名木保护管理工作。

省、自治区人民政府建设行政主管部门负责本行政区域内的城市古树名木保护管理工作。

城市人民政府城市园林绿化行政主管部门负责本行政区域内城市古树名木保护管理工作。

第六条 城市人民政府城市园林绿化行政主管部门应当对本行政区域内的古树名木进行调查、鉴定、定级、登记、编号，并建立档案，设立标志。

一级古树名木由省、自治区、直辖市人民政府确认，报国务院建设行政主管部门备案；二级古树名木由城市人民政府确认，直辖市以外的城市报省、自治区建设行政主管部门备案。

城市人民政府园林绿化行政主管部门应当对城市古树名木，按实际情况分株制定养护、管理方案，落实养护责任单位、责任人，并进行检查指导。

第七条 古树名木保护管理工作实行专业养护部门保护管理和单位、个人保护管理相结合的原则。

生长在城市园林绿化专业养护管理部门管理的绿地、公园等的古树名木，由城市园林绿化专业养护管理部门保护管理；

生长在铁路、公路、河道用地范围内的古树名木，由铁路、公路、河道管理部门保护管理；

生长在风景名胜区内的古树名木，由风景名胜区管理部门保护管理。

散生在各单位管界内及个人庭院中的古树名木，由所在单位和个人保护管理。

变更古树名木养护单位或者个人，应当到城市园林绿化行政主管部门办理养护责任转移手续。

第八条 城市园林绿化行政主管部门应当加强对城市古树名木的监督管理和技术指导，积极组织开展对古树名木的科学研究，推广应用科研成果，普及保护知识，提高保护和管理水平。

第九条 古树名木的养护管理费用由古树名木责任单位或者责任人承担。

抢救、复壮古树名木的费用，城市园林绿化行政主管部门可适当给予补贴。

城市人民政府应当每年从城市维护管理经费、城市园林绿化专项资金中划出一定比例的资金用于城市古树名木的保护管理。

第十条 古树名木养护责任单位或者责任人应按照城市园林绿化行政主管部门规定的养护管理措施实施保护管理。古树名木受到损害或者长势衰弱，养护单位和个人应当立即报告城市园林绿化行政主管部门，由城市园林绿化行政主管部门组织治理复壮。

对已死亡的古树名木，应当经城市园林绿化行政主管部门确认，查明原因，明确责任并予以注销登记后，方可进行处理。处理结果应及时上报省、自治区建设行政主管部门或者直辖市园林绿化行政主管部门。

第十一条 集体和个人所有的古树名木，未经城市园林绿化行政主管部门审核，并报城市人民政府批准的，不得买卖、转让。捐献给国家的，应给予适当奖励。

第十二条 任何单位和个人不得以任何理由、任何方式砍伐和擅自移植古树名木。

因特殊需要，确需移植二级古树名木的，应当经城市园林绿化行政主管部门和建设行政主管部门审查同意后，报省、自治区建设行政主管部门批准；移植一级古树名木的，应经省、自治区建设行政主管部门审核，报省、自治区人民政府批准。

直辖市确需移植一、二级古树名木的，由城市园林绿化行政主管部门审核，报城市人民政府批准。

移植所需费用，由移植单位承担。

第十三条 严禁下列损害城市古树名木的行为：

（一）在树上刻划、张贴或者悬挂物品；

（二）在施工等作业时借树木作为支撑物或者固定物；

（三）攀树、折枝、挖根摘采果实种子或者剥损树枝、树干、树皮；

（四）距树冠垂直投影5米的范围内堆放物料、挖坑取土、兴建临时设施建筑、倾倒有害污水、污物垃圾，动用明火或者排放烟气；

（五）植、砍伐、转让买卖。

第十四条　新建、改建、扩建的建设工程影响古树名木生长的，建设单位必须提出避让和保护措施。城市规划行政部门在办理有关手续时，要征得城市园林绿化行政部门的同意，并报城市人民政府批准。

第十五条　生产、生活设施等产生的废水、废气、废渣等危害古树名木生长的，有关单位和个人必须按照城市绿化行政主管部门和环境保护部门的要求，在限期内采取措施，清除危害。

第十六条　不按照规定的管理养护方案实施保护管理，影响古树名木正常生长，或者古树名木已受损害或者衰弱，其养护管理责任单位和责任人未报告，并未采取补救措施导致古树名木死亡的，由城市园林绿化行政主管部门按照《城市绿化条例》第二十七条规定予以处理。

第十七条　对违反本办法第十一条、十二条、十三条、十四条规定的，由城市园林绿化行政主管部门按照《城市绿化条例》第二十七条规定，视情节轻重予以处理。

第十八条　破坏古树名木及其标志与保护设施，违反《中华人民共和国治安管理处罚条例》的，由公安机关给予处罚，构成犯罪的，由司法机关依法追究刑事责任。

第十九条　城市园林绿化行政主管部门因保护、整治措施不力，或者工作人员玩忽职守，致使古树名木损伤或者死亡的，由上级主管部门对该管理部门领导给予处分；情节严重、构成犯罪的，由司法机关依法追究刑事责任。

第二十条　本办法由国务院建设行政主管部门负责解释。

第二十一条　本办法自发布之日起施行。

占用征用林地审核审批管理办法*

国家林业局令第2号

（2001年1月4日发布，自2001年1月4日起施行）

第一条 为了规范占用、征用林地的审核和审批，根据《中华人民共和国森林法》及其实施条例的规定，制定本办法。

第二条 本办法适用于下列情况：

（一）进行勘查、开采矿藏和各项建设工程（以下简称建设工程）需要占用或者征用林地的审核；

（二）建设工程需要临时占用林地的审批；

（三）森林经营单位在所经营的林地范围内修筑直接为林业生产服务的工程设施需要占用林地的审批。

第三条 用地单位需要占用、征用林地或者需要临时占用林地的，应当向县级人民政府林业主管部门提出占用或者征用林地申请；需要占用或者临时占用国务院确定的国家所有的重点林区（以下简称重点林区）的林地，应当向国务院林业主管部门或者其委托的单位提出占用林地申请。

第四条 用地单位申请占用、征用林地或者临时占用林地，应当填写《使用林地申请表》，同时提供下列材料：

（一）项目批准文件；

（二）被占用或者被征用林地的权属证明材料；

（三）有资质的设计单位作出的项目使用林地可行性报告；

（四）与被占用或者被征用林地的单位签订的林地、林木补偿费和安置补助费协议（临时占用林地安置补助费除外）。

森林经营单位申请在所经营的林地范围内修筑直接为林业生产服务的工程设施占用林地的，应当提供前款（一）、（二）项规定的材料。

第五条 建设工程占用或者征用林地的审核权限，按照森林法实施条例第十六条的规定执行。

第六条 建设工程需要临时占用林地的，必须遵守下列规定：

（一）临时占用防护林或者特种用途林林地面积5公顷以上，其他林地面积20公顷以上的，由国务院林业主管部门审批；

（二）临时占用防护林或者特种用途林林地面积5公顷以下，其他林地面积10公顷以上20公顷以下的，由省、自治区、直辖市人民政府林业主管部门审批；

* 本篇法规已根据《关于废止和修改部分部门规章的决定》（发布日期：2011年1月25日，实施日期：2011年1月25日）修改。

（三）临时占用除防护林和特种用途林以外的其它林地面积 2 公顷以上 10 公顷以下的，由设区的市和自治州人民政府林业主管部门审批；

（四）临时占用除防护林和特种用途林以外的其它林地面积 2 公顷以下的，由县级人民政府林业主管部门审批。

第七条　森林经营单位在所经营的范围内修筑直接为林业生产服务的工程设施需要占用林地的，应当遵守下列规定：

（一）国有森林经营单位需要占用林地的，由省、自治区、直辖市人民政府林业主管部门批准，其中国务院确定的国家所有的重点林区内国有森林经营单位需要占用林地的，由国务院林业主管部门或其委托的单位批准；

（二）其它森林经营单位需要占用林地的，由县级人民政府林业主管部门批准。

第八条　国务院林业主管部门委托的单位和县级人民政府林业主管部门在受理用地单位提交的用地申请后，应派出有资质的人员（不少于 2 人），进行用地现场查验，并填写《使用林地现场查验表》。

第九条　国务院林业主管部门委托的单位和县级人民政府林业主管部门对建设项目类型、林地地类、面积、权属、树种、林种和补偿标准进行初步审查同意后，应当在 10 个工作日内制定植树造林、恢复森林植被的措施。

第十条　按照规定需要报上一级人民政府林业主管部门审核或者审批的征用或者占用林地申请，县级以上地方人民政府林业主管部门或者国务院林业主管部门委托的单位应当逐级在《使用林地申请表》上签署审查意见后，将全部材料报上一级人民政府林业主管部门审核或者审批。

第十一条　县级以上人民政府林业主管部门按照规定审核同意或者批准占用、征用林地申请后，按照规定预收森林植被恢复费，并向用地单位发放《使用林地审核同意书》，同时将签署意见的《使用林地申请表》等材料退被占用、被征用林地所在地的林业主管部门或者国务院林业主管部门委托的单位存档。

第十二条　对用地单位需要临时占用林地的申请，或者对森林经营单位在所经营的林地范围内修筑直接为林业生产服务的工程设施需要占用林地的申请，县级以上人民政府林业主管部门按照规定予以批准的，应当用文件形式批准。

第十三条　国务院林业主管部门委托的单位和县级以上地方人民政府林业主管部门对用地单位提出的申请，应当在收到申请或上报材料后，在 15 个工作日内提出审核或者审批意见。

第十四条　县级以上人民政府林业主管部门对用地单位提出的申请，经审核不予同意或者不予批准的，应当在《使用林地申请表》中明确记载不同意的理由，并将申请材料退还申请用地单位。

第十五条　县级以上人民政府林业主管部门应当建立占用、征用林地审核和审批管理档案。

第十六条　省、自治区和直辖市人民政府林业主管部门应当在每年的第一季度，将上年度全省（自治区、直辖市）占用、征用林地和临时占用林地，以及修筑直接为林业生产服务的工程设施占用林地的情况报告国务院林业主管部门。

第十七条 农村居民按照规定标准修建自用住宅需要占用林地的，应当以行政村为单位编制规划，落实地块，按照年度向县级人民政府林业主管部门提出申请，经过县级人民政府林业主管部门依法审查，在逐级报省、自治区和直辖市人民政府林业主管部门审核同意后，由行政村依照有关土地管理的法律、法规办理用地审批手续。

第十八条 《使用林地申请表》和《使用林地现场查验表》由国务院林业主管部门统一式样，省、自治区和直辖市人民政府林业主管部门统一印制。《使用林地审核同意书》由国务院林业主管部门统一印制。

第十九条 本办法由国家林业局负责解释。

第二十条 本办法自发布之日起施行。

关于印发《森林植被恢复费征收使用管理暂行办法》的通知

财综〔2002〕73号

（财政部、国家林业局2002年10月25日印发）

各省、自治区、直辖市财政厅（局）、林业（农林）厅（局），内蒙古、吉林、黑龙江、大兴安岭森工（林业）集团公司：

根据《中华人民共和国森林法》和《中华人民共和国森林法实施条例》（国务院令第278号）的有关规定，我们制定了《森林植被恢复费征收使用管理暂行办法》，现印发给你们，请遵照执行。

附件

森林植被恢复费征收使用管理暂行办法

第一章　总　　则

第一条　为保护森林资源，促进我国林业可持续发展，根据《中华人民共和国森林法》和《中华人民共和国森林法实施条例》（国务院令第278号）的有关规定，制定本办法。

第二条　森林植被恢复费属于政府性基金，纳入财政预算管理，实行专款专用，年终结余结转下年安排使用。

第三条　森林植被恢复费的征收、使用和管理应当接受财政、审计部门和上级林业主管部门的监督检查。

第二章　征　　收

第四条　凡勘查、开采矿藏和修建道路、水利、电力、通讯等各项建设工程需要占用、征用或者临时占用林地，经县级以上林业主管部门审核同意或批准的，用地单位应当按照本办法规定向县级以上林业主管部门预缴森林植被恢复费。

第五条　县级以上林业主管部门按照下列规定预收森林植被恢复费：

（一）占用或临时占用国务院确定的国家所有的重点林区（以下简称“重点林区”）林地的，由国务院林业主管部门或其委托的单位负责预收。

（二）占用或征用除重点林区以外林地的，各省、自治区、直辖市林业主管部门负责预收。

（三）临时占用重点林区以外林地的，由县、地（州、市）、省（自治区、直辖市）林业主管部门按照国家林业局《占用征用林地审核审批管理办法》（国家林业局令第 2 号）规定的审批权限负责预收。其中，属于国家林业局审批的，由省、自治区、直辖市林业主管部门负责预收。

第六条 森林植被恢复费征收标准按照恢复不少于被占用或征用林地面积的森林植被所需要的调查规划设计、造林培育等费用核定。具体征收标准如下：

（一）用材林林地、经济林林地、薪炭林林地、苗圃地，每平方米收取 6 元。

（二）未成林造林地，每平方米收取 4 元。

（三）防护林和特种用途林林地。每平方米收取 8 元；国家重点防护林和特种用途林地，每平方米收取 10 元。

（四）疏林地、灌木林地，每平方米收取 3 元。

（五）宜林地、采伐迹地、火烧迹地，每平方米收取 2 元。

城市及城市规划区的林地，可按照上述规定标准 2 倍收取。对农民按规定标准建设住宅占用林地，在“十五”期间暂不收取森林植被恢复费。

第七条 县级以上林业主管部门收取森林植被恢复费，按照财务隶属关系使用财政部和省、自治区、直辖市财政部门统一印制的政府性基金票据。

第三章 缴 库

第八条 县级以上林业主管部门收取的森林植被恢复费，按照预算收入级次上缴国库。

（一）国务院林业主管部门及其委托单位收取的森林植被恢复费，全额缴入中央国库。

（二）省、自治区、直辖市以下各级林业主管部门收取的森林植被恢复费，全额缴入同级地方国库。

第九条 森林植被恢复费实行就地缴库办法。县级以上林业主管部门收取森林植被恢复费后，自取得收入之日起 3 日内就地缴入同级国库。

第十条 县级以上林业主管部门在办理缴库手续时，应填制一般缴款书，并填列“基金预算收入”科目中第 84 类“农业部门基金收入”第 8409 款“森林植被恢复费收入”。国务院林业主管部门及其委托单位在缴款书的“收款单位”栏填写“财政部”，“预算级次”栏填写“中央级”；省、自治区、直辖市以下林业主管部门按同级财政部门的有关规定填写。

第十一条 占用、征用或者临时占用林地未被批准，有关林业主管部门需要将预收的森林植被恢复费退还用地单位时，应当由有关林业主管部门汇总实际发生的退还金额，并附有关证明材料，按照财政部规定的退库项目，向同级财政部门申请办理森林植被恢复费退库手续。

第四章 使 用 管 理

第十二条 森林植被恢复费实行专款专用，专项用于林业主管部门组织的植树造林、恢复森林植被，包括调查规划设计、整地、造林、抚育、护林防火、病虫害防治、资源管护等开支，不得平调、截留或挪作他用。

第十三条　国务院林业主管部门及其委托单位收取的森林植被恢复费，纳入中央财政预算管理。其中：占用或临时占用大兴安岭林业集团管理的林地收取的森林植被恢复费，列入中央本级支出预算，用于大兴安岭林区植树造林、恢复森林植被；占用或临时占用内蒙古、吉林、黑龙江森工集团管理的林地收取的森林植被恢复费，列入中央补助地方专款预算，用于有关森工集团管理林区范围内的植树造林、恢复森林植被。

省、自治区、直辖市林业主管部门收取的森林植被恢复费，纳入省级财政预算管理。其中：省、自治区集中用于全省（自治区）范围内异地植树造林、恢复森林植被的比例可高于20%；通过省、自治区财政专项转移支付返还被占用或征用林地所在地县、地（州、市）级财政用于植树造林、恢复森林植被的比例不得低于80%。直辖市集中用于全市范围内异地植树造林、恢复森林植被的比例不得高于20%。具体比例由各省、自治区、直辖市财政部门商林业主管部门制定。

县、地（州、市）级林业主管部门收取的森林植被恢复费，纳入同级财政预算管理，全部用于本区域范围内的植树造林、恢复森林植被。

第十四条　县级以上林业主管部门应当按照规定编制森林植被恢复费收支预决算报同级财政部门审核，并按照批准的预算以及财政部门核拨的资金安排使用。

第十五条　森林植被恢复费支出时，填列“基金预算支出”科目中的第84类“农业部门基金支出”第8409款“森林植被恢复费支出”。

第五章　违　规　处　理

第十六条　占用或者临时占用林地的单位和个人不按照本办法规定缴纳森林植被恢复费；县级以上林业主管部门违反本办法规定，多收、减收、免收、缓收，或者隐瞒、截留、挪用、坐收、坐支森林植被恢复费，由上级或同级财政部门会同有关部门责令改正，并按照《国务院关于违反财政法规处罚的暂行规定》（国发〔1987〕58号）等有关法律、行政法规的规定进行处罚。

第十七条　对违反第十六条规定行为中涉及有关部门或单位直接负责的主管部门和其他直接责任人员，按照《违反行政事业性收费和罚没收入收支两条线管理规定行政处分暂行规定》（国务院令第281号），给予行政处分；构成犯罪的，移交司法机关依法追究其刑事责任。

第六章　附　　则

第十八条　本办法自2003年1月1日起执行。各省、自治区、直辖市有关规定与本办法不一致的，一律以本办法为准。

第十九条　本办法由财政部、国家林业局负责解释。

第二十条　各省、自治区、直辖市财政部门、林业主管部门可以根据本办法规定制定具体实施办法，并报财政部、国家林业局备案。

关于印发《占用征用林地审核审批管理规定》的通知

林资发〔2003〕139号

（国家林业局2003年8月14日印发）

各省、自治区、直辖市林业（农林）厅（局），内蒙古、吉林、黑龙江、大兴安岭森工（林业）集团公司，新疆生产建设兵团林业局，国家林业局派驻各森林资源监督机构，国家林业局各调查规划设计院：

为保护林地资源，加强占用征用林地审核审批管理，规范审核审批程序，明确审核审批内容和职责，根据《中华人民共和国森林法》、《中华人民共和国森林法实施条例》和《占用征用林地审核审批管理办法》等法律、法规的有关规定，我局制定了《占用征用林地审核审批管理规范》，现予印发，请遵照执行。

附件

占用征用林地审核审批管理规定

一、建设项目确需占用征用林地的条件和范围

（一）国务院批准或同意的建设项目，国家和省级重点建设项目，国务院有关部门、国家计划单列企业、省级人民政府批准的国防、交通、能源、水利、农业、林业、矿山、科技、教育、通讯、广播电视、公检法、城镇等基础设施（以下简称基础设施）建设项目，原则上可以占用征用（含临时占用，下同）各类林地。

（二）国务院有关部门、国家计划单列企业、省级人民政府批准的非基础设施建设项目，省级人民政府有关部门批准的基础设施建设项目，原则上可以占用征用除国家级自然保护区核心区和缓冲区、国家级森林公园和风景名胜区范围以外的林地。

（三）省级人民政府有关部门批准的非基础设施建设项目，省级以下（不含省级，下同）、县级以上（含县级，下同）人民政府及其有关部门批准的基础设施建设项目，原则上可以占用征用除国家级自然保护区、省级自然保护区核心区和缓冲区、国家和省级森林公园和风景名胜区范围以外的林地。

（四）省级以下、县级以上人民政府及其有关部门批准的非基础设施建设项目，原则上可以占用征用除国家和省级自然保护区、森林公园、风景名胜区（以下简称保护区）范围以外的用材林林地、经济林林地、薪炭林林地和农田防护林、护路林林地，以及县级以上人民政府规划的宜林地。

（五）经批准的乡镇企业、乡（镇）村公共设施、公益事业、农村村民住宅等乡（镇）村建设，原则上可以使用除保护区范围以外的农民集体所有的用材林林地、经济林林地、薪炭林林地和农田防护林、护路林林地，以及县级以上人民政府规划的宜林地。

（六）地方人民政府及其有关部门批准的采石、采沙、取土、基本农田建设等，原则上可以占用征用县级以上人民政府规划的宜林地；因对石质、沙质、土质有特殊要求的，原则上可以占用征用除保护区范围以外的用材林林地、经济林林地、薪炭林林地和农田防护林、护路林林地，以及县级以上人民政府规划的宜林地。

（七）其他特殊项目确需占用征用林地的，应将具体情况报国家林业局审查同意后，按规定权限办理占用征用林地审核审批手续。

二、占用征用林地的申报材料

（一）占用征用林地的建设单位法人证明。

建设单位或其法人代表变更的，要有变更证明。

（二）建设项目批件。

1. 大中型建设项目，要有可行性研究报告批复和初步设计批复。水电建设项目，按有关规定将可行性研究报告和初步设计两阶段合并的，要有可行性研究报告批复。

2. 小型建设项目，要有选址和用地规模的批准文件。

3. 勘查、开采矿藏项目，要有勘查许可证、采矿许可证和其他相关批准文件。

4. 因建设项目勘测设计需要临时占用林地的，要有建设项目可行性研究报告的批复。

5. 森林经营单位在所经营的林地范围内修筑直接为林业生产服务的工程设施占用林地的，要有县级以上林业（森工）主管部门的批准文件。

（三）其他证明材料。

1. 占用征用保护区范围内林地的，要提交有关保护区行政主管部门同意项目建设的证明材料。其中，占用征用国家级自然保护区、森林公园、风景名胜区林地的，要提交国务院有关行政主管部门同意的意见；占用征用省级自然保护区、森林公园、风景名胜区林地的，要提交省级有关行政主管部门同意的意见。

2. 西部地区除关系国民经济全局和长远发展、对国家安全有重要影响的重大项目或有特殊规定的项目外，企业利用自有资金或国内银行贷款投资于国家非限制类产业的项目，需要政府平衡建设、经营条件的，要有项目建议书批复和符合本条对项目规定的证明材料。

（四）林地权属证明。

申请占用征用的林地，已发放林权证的，要提交林权证复印件；未发放林权证的，要提交县级以上人民政府出具的权属清楚的证明；有林权争议的，要提交县级以上人民政府依法处理的决定。

（五）补偿协议。

建设单位与被占用征用林地单位或个人签订的林地、林木补偿和安置补助协议。由县级以上地方人民政府统一制定补偿、补助方案的，要有该人民政府制定的方案。

（六）项目使用林地可行性报告。

符合国家林业局林资发〔2002〕237号文规定资质的设计单位作出的项目使用林地可行性报告。

（七）占用征用林地申请表。

建设单位申请占用征用林地时，填写的《占用征用林地申请表》。

占用国务院确定的国家所有的重点林区（以下简称重点林区）林地的，建设单位向被占用林地所在地的国有林业局申请；跨国有林业局经营区的，分别向各国有林业局申请。占用征用非重点林区林地的，建设单位向被占用征用林地所在地的县级林业主管部门申请；跨县级行政区的，分别向各县级林业主管部门申请。

三、占用征用林地审核审批的受理

（一）建设单位向县级林业主管部门或重点林区国有林业局申请后，县级林业主管部门或重点林区国有林业局应当严格核对申请材料的复印件与原件，凡二者一致的，在复印件上加盖县级林业主管部门或重点林区国有林业局印章后退回原件；不一致的，将申请材料退回；申请材料不齐全的，告知建设单位重新申请。

（二）县级林业主管部门或重点林区国有林业局确认申请材料齐全、合格的，应当组织制定在当年或次年内恢复不少于被占用征用林地面积的森林植被措施。被占用征用林地所在地的林业主管部门或重点林区国有林业局不能按时按量恢复森林植被的，必须将不能按时按量恢复森林植被的说明材料与申请材料一同上报上级林业主管部门，由上级林业主管部门组织落实。恢复森林植被措施包括造林地点、面积、树种、林种和作业设计，以及森林资源保护管理措施等。

（三）占用征用非重点林区林地的，地方林业主管部门要组织力量对申请占用征用的林地进行现场查验，其中，占用征用林地面积 2 公顷以下的，由县级林业主管部门组织不少于 2 名有资质的工作人员进行现场查验；占用征用林地面积 2 公顷以上 70 公顷以下且未跨县级行政区的，由县级林业主管部门组织具有丙级以上资质的林业调查规划设计单位进行现场查验；占用征用林地跨行政区的，由所在地共同的林业主管部门组织乙级以上资质的林业调查规划设计单位进行现场查验。占用重点林区林地，在一个国有林业局经营区内的，由所在地国有林业局组织具有丙级以上资质的林业调查规划设计单位进行现场查验；在两个以上国有林业局经营区的，由所在地共同的林业（森工）主管部门组织具有乙级以上资质的林业调查规划设计单位到现场查验。占用征用林地面积 70 公顷以上的，由省级林业主管部门组织乙级以上资质的林业调查规划设计单位到现场查验。

（四）承担现场查验的人员或单位，查验后要按照规定向有关林业主管部门提交现场查验报告。报告要说明占用征用林地的面积、位置、地貌等基本情况，地类、权属、林分起源、林种、林木蓄积或竹林株数等森林资源现状，是否在保护区范围内，是否在实施森林生态效益补偿的防护林林地、特种用途林林地和实施天然林保护工程的范围内，是否有国家重点保护的野生动、植物资源和古树名木，是否存在先占地后办手续或擅自改变林地用途、采伐林木的行为。查验人员或单位要对报告的真实性负责，凡提交虚假现场查验报告的，要追究有关人员和领导的行政责任。

（五）林业主管部门应从受理占用征用林地的申请之日起 15 个工作日内提出具体明确的审查意见，留存一套申请材料后，报上一级林业主管部门。需组织制定恢复森林植被措施或现场查验的，林业主管部门应在 25 个工作日内将具体明确的审查意见与恢复森林植被措施和现场查验报告一并报上一级林业主管部门。

（六）占用征用林地应由国家林业局审核审批的，省级林业主管部门的审查意见要用正式文件上报，并附具一套申请材料和恢复森林植被措施、现场查验报告。

四、审核审批的管理

（一）根据建设项目批件，一个项目的全部占用征用林地，建设单位应当一次申请，不得分为若干段或若干个子项目进行申请；林业主管部门也不得分级、分次进行审核审批。临时占用林地的，按照审批权限分别办理临时占用林地审批手续。

（二）国务院批准或同意的建设项目，国家和省级重点建设项目，国务院有关部门、国家计划单列企业、省级人民政府及其有关部门批准的基础设施建设项目中控制工期的单体工程，如公路、铁路的桥梁、隧道，水利（电）枢纽的导流（渠）洞、进场道路和输电设施等，其占用征用林地申请材料齐全的，省级林业主管部门或国家林业局依据规定权限可以先行审核审批单体工程。整体项目申请时，附单体工程的批件，一次办理审核审批手续。

（三）对审核同意或批准的占用征用林地项目，建设单位依照国家有关规定缴纳森林植被恢复费后，负责审核审批的林业主管部门才能核发使用林地审核同意书或批准文件。县级以上林业主管部门或其主管负责人和其他直接责任人员，违规多收、减收、免收、缓收，或者隐瞒、截留、挪用、坐收坐支森林植被恢复费的，依照有关法律、行政法规的规定处罚；构成犯罪的，依法追究刑事责任。

（四）依照有关规定批准建设用地并兑现补偿、补助费后，林业主管部门才能依法办理林地移交、变更林权登记；同时有永久占用征用和临时占用林地的项目，批准永久用地并兑现补偿、补助费后，才能依法办理临时占地移交手续；需要采伐林木的，依法办理采伐林木手续。

县级以上林业主管部门违反规定审核审批林地的，要依法追究有关人员和领导的行政责任；构成犯罪的，依法追究刑事责任。县级以上地方林业主管部门对未被批准的建设用地，发放林木采伐许可证的，要追究发证人员和领导的行政责任；情节严重，致使森林资源遭受严重破坏，构成犯罪的，依法追究刑事责任。

（五）占用征用实施森林生态效益补偿的防护林林地、特种用途林林地和实施天然林保护工程的天然林林地的，有审核或审批权的林业主管部门应将审核同意书或批准文件抄送相关部门。

国家林业局审核同意或批准的占用征用林地项目，应将使用林地审核同意书或批准文件送省级林业主管部门，抄送国家林业局派驻的森林资源监督机构。县级以上林业主管部门和国家林业局派驻的森林资源监督机构要对占用征用林地实施情况进行监督检查。可以公开的占用征用林地项目，通过国家林业局网站向社会公布。

（六）林业主管部门对擅自改变林地用途的，依照《森林法实施条例》第四十三条的规定进行处理。对未经批准采伐林木的，依照《森林法实施条例》第三十八条、第三十九条的规定进行处理。经查处后，对确需占用征用林地的，依照有关规定和本通知的要求补办占用征用林地手续并附查处报告。

关于废止和修改部分部门规章的决定

国家林业局令第 26 号

（2011 年 1 月 25 日发布，自 2011 年 1 月 25 日起施行）

根据《中华人民共和国立法法》和国务院的有关规定，我局对现行部门规章进行了清理，对部门规章名称不规范、引用法律法规名称不一致和明显不符合法律规定的下列部门规章予以废止或者进行修改：

一、废止的部门规章

林业系统内部审计工作规定（1996 年 4 月 2 日 林业部令第 7 号）

二、修改部分条款的部门规章

（一）对下列部门规章中涉及行政许可的规定作出修改

1. 植物检疫条例实施细则（林业部分）（1994 年 7 月 26 日 林业部令第 4 号）

（1）将第十二条修改为“生产、经营应实施检疫的森林植物及其产品的单位和个人，应当在生产和经营之前向当地森检机构备案，并在生产期间或者调运之前向当地森检机构申请产地检疫。对检疫合格的，由森检机构发给《产地检疫合格证》；对检疫不合格的，由森检机构发给《检疫处理通知单》。产地检疫的技术要求按照《国内森林植物检疫技术规程》的规定执行”。

（2）将第十八条修改为“森检机构应当自受理检疫申请之日起 20 日内实施检疫并核发检疫单证。20 日内不能作出决定的，经森检机构所属的林业主管部门负责人批准，可以延长 10 日，并告知申请人”。

（3）将第二十三条中的“森检机构应当在收到引进申请后 30 日内按林业部有关规定进行审批”修改为“森检机构应当自受理引进申请后 20 日内作出决定”。

2. 林木种子生产、经营许可证管理办法（2002 年 11 月 2 日 国家林业局令第 5 号）

（1）将第十条中的“县级以上人民政府林业行政主管部门应当在收到申请或者审核材料之日起 15 个工作日内”修改为“县级以上人民政府林业行政主管部门应当自受理之日起 20 日内”。

（2）删除第十六条。

（3）删除第十八条第一款中的“年检材料”。

3. 国家重点保护野生动物驯养繁殖许可证管理办法（1991 年 1 月 9 日 林业部发布）

将第五条第三款修改为“批准驯养繁殖野生动物的，作出行政许可决定的林业行政主管部门应当核发《驯养繁殖许可证》”。

（二）对下列部门规章中涉及行政复议的规定作出修改

植物检疫条例实施细则（林业部分）（1994 年 7 月 26 日 林业部令第 4 号）

将第三十二条中的“当事人对森检机构的行政处罚决定不服的，可以自接到处罚通知书之日起 15 日内，向作出行政处罚决定的森检机构的上级机构申请复议”修改为“当事人对森检机构的行政处罚决定不服的，可以自接到处罚通知书之日起60日内提起行政复议”。

（三）对下列部门规章中涉及“征用”的规定作出修改

1. 将《林木和林地权属登记管理办法》（2000年12月31日 国家林业局令第1号）第七条修改为“林地被依法征收、征用、占用或者由于其他原因造成林地灭失的，原林权权利人应当到初始登记机关申请办理注销登记”。

2. 将《占用征用林地审核审批管理办法》（2001年1月4日 国家林业局令第2号）修改为《占用征收征用林地审核审批管理办法》；将第一条、第二条、第三条、第四条、第五条、第十条、第十一条、第十五条、第十六条中的“征用”修改为“征收、征用”。

3. 将《森林公园管理办法》（1993年12月11日 林业部令第3号）第十三条中的“征用”修改为“征收、征用”。

4. 将《沿海国家特殊保护林带管理办法》（1996年11月13日 林业部令第11号）第十一条、第十二条、第十三条中的“征用”修改为“征收、征用”。

（四）对下列部门规章中引用法律、行政法规名称或者上位法修改后条文内容不对应的规定作出修改

林木良种推广使用管理办法（1997年6月15日 林业部令第13号）

（1）将第一条中的“《中华人民共和国种子管理条例》”修改为“《中华人民共和国种子法》”。

（2）将第十一条第二款修改为“国家投资或者国家投资为主的造林项目和国有林业单位造林，应当根据林业行政主管部门制定的计划使用林木良种，实行目标管理，逐步实现造林良种化”。

（3）删除第十二条、第十三条、第十九条、第二十二条。

（4）将第十七条第二款修改为“对国家投资或者国家投资为主的造林项目和国有林业单位造林，应当将使用林木良种的情况作为验收内容”。

（5）将第二十条中的“伪造《林木良种合格证》或者《良种壮苗合格证》的”修改为“伪造林木良种证书的”。

（五）对下列部门规章中涉及行政收费的规定作出修改

1. 植物检疫条例实施细则（林业部分）

将第十六条第二款中的“不收检疫费，只收证书工本费”修改为“不收检疫费和证书工本费”。

2. 国家重点保护野生动物驯养繁殖许可证管理办法

删去第十三条中的“核发《驯养繁殖许可证》时，可适当收取工本、手续费。收费标准由省、自治区、直辖市政府林业行政主管部门提出，报同级物价、财政部门核定，并报林业部备案”。

（六）对下列部门规章中涉及行政审批改革的规定作出修改

1. 植物检疫条例实施细则（林业部分）

将第二十五条修改为“对森检对象的研究，不得在该森检对象的非疫情发生区进行。因教学、科研需要在非疫情发生区进行时，应当经省、自治区、直辖市林业主管部门批

准，并采取严密措施防止扩散”。

2. 林业标准化管理办法（2003 年 7 月 21 日 国家林业局令第 9 号）

将第十一条第二款第三项修改为“国家林业局经汇总、协调后，组织实施林业行业标准项目年度计划”。

3. 中华人民共和国植物新品种保护条例实施细则（林业部分）（1999 年 8 月 10 日 国家林业局令第 3 号）

（1）删除第八条第二款。

（2）将第十四条修改为“中国的单位和个人申请品种权的，可以直接或者委托代理机构向国家林业局提出申请”。

（3）将第十六条修改为“外国人、外国企业或者其他外国组织向国家林业局提出品种权申请和办理其他品种权事务的，应当委托代理机构办理”。

三、本决定自公布之日起实行。

六、文　物　保　护

文物认定管理暂行办法

文化部令第 46 号

（2009 年 8 月 10 日公布，自 2009 年 10 月 1 日起施行）

第一条　为规范文物认定管理工作，根据《中华人民共和国文物保护法》制定本办法。

本办法所称文物认定，是指文物行政部门将具有历史、艺术、科学价值的文化资源确认为文物的行政行为。

第二条　《中华人民共和国文物保护法》第二条第一款所列各项，应当认定为文物。

乡土建筑、工业遗产、农业遗产、商业老字号、文化线路、文化景观等特殊类型文物，按照本办法认定。

第三条　认定文物，由县级以上地方文物行政部门负责。认定文物发生争议的，由省级文物行政部门作出裁定。

省级文物行政部门应当根据国务院文物行政部门的要求，认定特定的文化资源为文物。

第四条　国务院文物行政部门应当定期发布指导意见，明确文物认定工作的范围和重点。

第五条　各级文物行政部门应当定期组织开展文物普查，并由县级以上地方文物行政部门对普查中发现的文物予以认定。

各级文物行政部门应当完善制度，鼓励公民、法人和其他组织在文物普查工作中发挥作用。

第六条　所有权人或持有人书面要求认定文物的，应当向县级以上地方文物行政部门提供其姓名或者名称、住所、有效身份证件号码或者有效证照号码，以及认定对象的来源说明。县级以上地方文物行政部门应当作出决定并予以答复。

县级以上地方文物行政部门应当告知文物所有权人或持有人依法承担的文物保护责任。

县级以上地方文物行政部门应当整理并保存上述工作的文件和资料。

第七条　公民、法人和其他组织书面要求认定不可移动文物的，应当向县级以上地方文物行政部门提供其姓名或者名称、住所、有效身份证件号码或者有效证照号码。县级以上地方文物行政部门应当通过听证会等形式听取公众意见并作出决定予以答复。

第八条 县级以上地方文物行政部门认定文物，应当开展调查研究，收集相关资料，充分听取专家意见，召集专门会议研究并作出书面决定。

县级以上地方文物行政部门可以委托或设置专门机构开展认定文物的具体工作。

第九条 不可移动文物的认定，自县级以上地方文物行政部门公告之日起生效。

可移动文物的认定，自县级以上地方文物行政部门作出决定之日起生效。列入文物收藏单位藏品档案的文物，自主管的文物行政部门备案之日起生效。

第十条 各级文物行政部门应当根据《中华人民共和国文物保护法》第三条的规定，组织开展经常性的文物定级工作。

第十一条 文物收藏单位收藏文物的定级，由主管的文物行政部门备案确认。

文物行政部门应当建立民间收藏文物定级的工作机制，组织开展民间收藏文物的定级工作。定级的民间收藏文物，由主管的地方文物行政部门备案。

第十二条 公民、法人和其他组织，以及所有权人书面要求对不可移动文物进行定级的，应当向有关文物行政部门提供其姓名或者名称、住所、有效身份证件号码或者有效证照号码。有关文物行政部门应当通过听证会等形式听取公众意见并予以答复。

第十三条 对文物认定和定级决定不服的，可以依法申请行政复议。

第十四条 国家实行文物登录制度，由县级以上文物行政部门委托或设置专门机构开展相关工作。

文物登录，应当对各类文物分别制定登录指标体系。登录指标体系应当满足文物保护、研究和公众教育等需要。

根据私有文物所有权人的要求，文物登录管理机构应当对其身份予以保密。

第十五条 违反本办法规定，造成文物破坏的，对负有责任的主管人员和其他直接责任人员依法给予处分；构成犯罪的，依法追究刑事责任。

第十六条 古猿化石、古人类化石、与人类活动有关的第四纪古脊椎动物化石，以及上述化石地点和遗迹地点的认定和定级工作，按照本办法的规定执行。

历史文化名城、街区及村镇的认定和定级工作，按照有关法律法规的规定执行。

第十七条 本办法自 2009 年 10 月 1 日起施行。

七、工 程 管 理

（一）资金管理

关于免征国家重大水利工程建设基金的城市维护建设税和教育费附加的通知

财税〔2010〕44号

（财政部　国家税务总局2010年5月25日发布）

各省、自治区、直辖市、计划单列市财政厅（局）、地方税务局，新疆生产建设兵团财务局：

经国务院批准，为支持国家重大水利工程建设，对国家重大水利工程建设基金免征城市维护建设税和教育费附加。

本通知自发文之日起执行。

（二）政府采购

招标公告发布暂行办法

国家发展计划委员会令第4号

（2000年7月1日发布，自2000年7月1日起施行）

第一条 为了规范招标公告发布行为，保证潜在投标人平等、便捷、准确地获取招标信息，根据《中华人民共和国招标投标法》，制定本办法。

第二条 本办法适用于依法必须招标项目招标公告发布活动。

第三条 国家发展计划委员会根据国务院授权，按照相对集中、适度竞争、受众分布合理的原则，指定发布依法必须招标项目招标公告的报纸、信息网络等媒介（以下简称指定媒介），并对招标公告发布活动进行监督。指定媒介的名单由国家发展计划委员会另行公告。

第四条 依法必须招标项目的招标公告必须在指定媒介发布。

招标公告的发布应当充分公开，任何单位和个人不得非法限制招标公告的发布地点和发布范围。

第五条 指定媒介发布依法必须招标项目的招标公告，不得收取费用，但发布国际招标公告的除外。

第六条 招标公告应当载明招标人的名称和地址、招标项目的性质、数量、实施地点和时间、投标截止日期以及获取招标文件的办法等事项。

招标人或其委托的招标代理机构应当保证招标公告内容的真实、准确和完整。

第七条 拟发布的招标公告文本应当由招标人或其委托的招标代理机构的主要负责人签名并加盖公章。

招标人或其委托的招标代理机构发布招标公告，应当向指定媒介提供营业执照（或法人证书）、项目批准文件的复印件等证明文件。

第八条 在指定报纸免费发布的招标公告所占版面一般不超过整版的四十分之一，且字体不小于六号字。

第九条 招标人或其委托的招标代理机构应至少在一家指定的媒介发布招标公告。指定报纸在发布招标公告的同时，应将招标公告如实抄送指定网络。

第十条 招标人或其委托的招标代理机构在两个以上媒介发布的同一招标项目的招标公告的内容应当相同。

第十一条 指定报纸和网络应当在收到招标公告文本之日起七日内发布招标公告。指定媒介应与招标人或其委托的招标代理机构就招标公告的内容进行核实，经双方确认无误后在前款规定的时间内发布。

第十二条 拟发布的招标公告文本有下列情形之一的，有关媒介可以要求招标人或其委托的招标代理机构及时予以改正、补充或调整：

（一）字迹潦草、模糊，无法辨认的；

（二）载明的事项不符合本办法第六条规定的；

（三）没有招标人或其委托的招标代理机构主要负责人签名并加盖公章的；

（四）在两家以上媒介发布的同一招标公告的内容不一致的。

第十三条　指定媒介发布的招标公告的内容与招标人或其委托的招标代理机构提供的招标公告文本不一致，并造成不良影响的，应当及时纠正，重新发布。

第十四条　指定媒介应当采取快捷的发行渠道，及时向订户或用户传递。

第十五条　指定媒介的名称、住所发生变更的，应及时公告并向国家发展计划委员会备案。

第十六条　招标人或其委托的招标代理机构有下列行为之一的，由国家发展计划委员会和有关行政监督部门视情节依照《中华人民共和国招标投标法》第四十九条、第五十一条的规定处罚：

（一）依法必须招标的项目，应当发布招标公告而不发布的；

（二）不在指定媒介发布依法必须招标项目的招标公告的；

（三）招标公告中有关获取招标文件的时间和办法的规定明显不合理的；

（四）招标公告中以不合理的条件限制或排斥潜在投标人的；

（五）提供虚假的招标公告、证明材料的，或者招标公告含有欺诈内容的；

（六）在两个以上媒介发布的同一招标项目的招标公告的内容不一致的。

第十七条　指定媒介有下列情形之一的，给予警告；情节严重的，取消指定：

（一）违法收取或变相收取招标公告发布费用的；

（二）无正当理由拒绝发布招标公告的；

（三）不向网络抄送招标公告的；

（四）无正当理由延误招标公告的发布时间的；

（五）名称、住所发生变更后，没有及时公告并备案的；

（六）其他违法行为。

第十八条　任何单位和个人非法干预招标公告发布活动，限制招标公告的发布地点和发布范围的，由有关行政监督部门依照《中华人民共和国招标投标法》第六十二条的规定处罚。

第十九条　任何单位或个人认为招标公告发布活动不符合本办法有关规定的，可向国家发展计划委员会投诉或举报。

第二十条　各地方人民政府依照审批权限审批的依法必须招标的民用建筑项目的招标公告，可在省、自治区、直辖市人民政府发展计划部门指定的媒介发布。

第二十一条　使用国际组织或者外国政府贷款，援助资金的招标项目，贷款方、资金提供方对招标公告的发布另有规定的，适用其规定。

第二十二条　本办法自二〇〇〇年七月一日起执行。

评标委员会和评标方法暂行规定

国家发展计划委员会、国家经济贸易委员会、建设部、铁道部、
交通部、信息产业部、水利部令第12号

（2001年7月5日发布，自2001年7月5日起施行）

第一章 总 则

第一条 为了规范评标活动，保证评标的公平、公正，维护招标投标活动当事人的合法权益，依照《中华人民共和国招标投标法》，制定本规定。

第二条 本规定适用于依法必须招标项目的评标活动。

第三条 评标活动遵循公平、公正、科学、择优的原则。

第四条 评标活动依法进行，任何单位和个人不得非法干预或者影响评标过程和结果。

第五条 招标人应当采取必要措施，保证评标活动在严格保密的情况下进行。

第六条 评标活动及其当事人应当接受依法实施的监督。

有关行政监督部门依照国务院或者地方政府的职责分工，对评标活动实施监督，依法查处评标活动中的违法行为。

第二章 评标委员会

第七条 评标委员会依法组建，负责评标活动，向招标人推荐中标候选人或者根据招标人的授权直接确定中标人。

第八条 评标委员会由招标人负责组建。

评标委员会成员名单一般应于开标前确定。评标委员会成员名单在中标结果确定前应当保密。

第九条 评标委员会由招标人或其委托的招标代理机构熟悉相关业务的代表，以及有关技术、经济等方面的专家组成，成员人数为五人以上单数，其中技术、经济等方面的专家不得少于成员总数的三分之二。

评标委员会设负责人的，评标委员会负责人由评标委员会成员推举产生或者由招标人确定。评标委员会负责人与评标委员会的其他成员有同等的表决权。

第十条 评标委员会的专家成员应当从省级以上人民政府有关部门提供的专家名册或者招标代理机构的专家库内的相关专家名单中确定。

按前款规定确定评标专家，可以采取随机抽取或者直接确定的方式。一般项目，可以采取随机抽取的方式；技术特别复杂、专业性要求特别高或者国家有特殊要求的招标项目，采取随机抽取方式确定的专家难以胜任的，可以由招标人直接确定。

第十一条 评标专家应符合下列条件：

（一）从事相关专业领域工作满八年并具有高级职称或者同等专业水平；

（二）熟悉有关招标投标的法律法规，并具有与招标项目相关的实践经验；

（三）能够认真、公正、诚实、廉洁地履行职责。

第十二条　有下列情形之一的，不得担任评标委员会成员：

（一）投标人或者投标人主要负责人的近亲属；

（二）项目主管部门或者行政监督部门的人员；

（三）与投标人有经济利益关系，可能影响对投标公正评审的；

（四）曾因在招标、评标以及其他与招标投标有关活动中从事违法行为而受过行政处罚或刑事处罚的。

评标委员会成员有前款规定情形之一的，应当主动提出回避。

第十三条　评标委员会成员应当客观、公正地履行职责，遵守职业道德，对所提出的评审意见承担个人责任。

评标委员会成员不得与任何投标人或者与招标结果有利害关系的人进行私下接触，不得收受投标人、中介人、其他利害关系人的财物或者其他好处。

第十四条　评标委员会成员和与评标活动有关的工作人员不得透露对投标文件的评审和比较、中标候选人的推荐情况以及与评标有关的其他情况。

前款所称与评标活动有关的工作人员，是指评标委员会成员以外的因参与评标监督工作或者事务性工作而知悉有关评标情况的所有人员。

第三章　评标的准备与初步评审

第十五条　评标委员会成员应当编制供评标使用的相应表格，认真研究招标文件，至少应了解和熟悉以下内容：

（一）招标的目标；

（二）招标项目的范围和性质；

（三）招标文件中规定的主要技术要求、标准和商务条款；

（四）招标文件规定的评标标准、评标方法和在评标过程中考虑的相关因素。

第十六条　招标人或者其委托的招标代理机构应当向评标委员会提供评标所需的重要信息和数据。

招标人设有标底的，标底应当保密，并在评标时作为参考。

第十七条　评标委员会应当根据招标文件规定的评标标准和方法，对投标文件进行系统地评审和比较。招标文件中没有规定的标准和方法不得作为评标的依据。

招标文件中规定的评标标准和评标方法应当合理，不得含有倾向或者排斥潜在投标人的内容，不得妨碍或者限制投标人之间的竞争。

第十八条　评标委员会应当按照投标报价的高低或者招标文件规定的其他方法对投标文件排序。以多种货币报价的，应当按照中国银行在开标日公布的汇率中间价换算成人民币。

招标文件应当对汇率标准和汇率风险作出规定。未作规定的，汇率风险由投标人承担。

第十九条 评标委员会可以书面方式要求投标人对投标文件中含义不明确、对同类问题表述不一致或者有明显文字和计算错误的内容作必要的澄清、说明或者补正。澄清、说明或者补正应以书面方式进行并不得超出投标文件的范围或者改变投标文件的实质性内容。

投标文件中的大写金额和小写金额不一致的，以大写金额为准；总价金额与单价金额不一致的，以单价金额为准，但单价金额小数点有明显错误的除外；对不同文字文本投标文件的解释发生异议的，以中文文本为准。

第二十条 在评标过程中，评标委员会发现投标人以他人的名义投标、串通投标、以行贿手段谋取中标或者以其他弄虚作假方式投标的，该投标人的投标应作废标处理。

第二十一条 在评标过程中，评标委员会发现投标人的报价明显低于其他投标报价或者在设有标底时明显低于标底，使得其投标报价可能低于其个别成本的，应当要求该投标人作出书面说明并提供相关证明材料。投标人不能合理说明或者不能提供相关证明材料的，由评标委员会认定该投标人以低于成本报价竞标，其投标应作废标处理。

第二十二条 投标人资格条件不符合国家有关规定和招标文件要求的，或者拒不按照要求对投标文件进行澄清、说明或者补正的，评标委员会可以否决其投标。

第二十三条 评标委员会应当审查每一投标文件是否对招标文件提出的所有实质性要求和条件作出响应。未能在实质上响应的投标，应作废标处理。

第二十四条 评标委员会应当根据招标文件，审查并逐项列出投标文件的全部投标偏差。

投标偏差分为重大偏差和细微偏差。

第二十五条 下列情况属于重大偏差：

（一）没有按照招标文件要求提供投标担保或者所提供的投标担保有瑕疵；

（二）投标文件没有投标人授权代表签字和加盖公章；

（三）投标文件载明的招标项目完成期限超过招标文件规定的期限；

（四）明显不符合技术规格、技术标准的要求；

（五）投标文件载明的货物包装方式、检验标准和方法等不符合招标文件的要求；

（六）投标文件附有招标人不能接受的条件；

（七）不符合招标文件中规定的其他实质性要求。

投标文件有上述情形之一的，为未能对招标文件作出实质性响应，并按本规定第二十三条规定作废标处理。招标文件对重大偏差另有规定的，从其规定。

第二十六条 细微偏差是指投标文件在实质上响应招标文件要求，但在个别地方存在漏项或者提供了不完整的技术信息和数据等情况，并且补正这些遗漏或者不完整不会对其他投标人造成不公平的结果。细微偏差不影响投标文件的有效性。

评标委员会应当书面要求存在细微偏差的投标人在评标结束前予以补正。拒不补正的，在详细评审时可以对细微偏差作不利于该投标人的量化，量化标准应当在招标文件中规定。

第二十七条 评标委员会根据本规定第二十条、第二十一条、第二十二条、第二十三条、第二十五条的规定否决不合格投标或者界定为废标后，因有效投标不足三个使得投标明显缺乏竞争的，评标委员会可以否决全部投标。

投标人少于三个或者所有投标被否决的，招标人应当依法重新招标。

第四章　详　细　评　审

第二十八条　经初步评审合格的投标文件，评标委员会应当根据招标文件确定的评标标准和方法，对其技术部分和商务部分作进一步评审、比较。

第二十九条　评标方法包括经评审的最低投标价法、综合评估法或者法律、行政法规允许的其他评标方法。

第三十条　经评审的最低投标价法一般适用于具有通用技术、性能标准或者招标人对其技术、性能没有特殊要求的招标项目。

第三十一条　根据经评审的最低投标价法，能够满足招标文件的实质性要求，并且经评审的最低投标价的投标，应当推荐为中标候选人。

第三十二条　采用经评审的最低投标价法的，评标委员会应当根据招标文件中规定的评标价格调整方法，对所有投标人的投标报价以及投标文件的商务部分作必要的价格调整。

采用经评审的最低投标价法的，中标人的投标应当符合招标文件规定的技术要求和标准，但评标委员会无需对投标文件的技术部分进行价格折算。

第三十三条　根据经评审的最低投标价法完成详细评审后，评标委员会应当拟定一份“标价比较表”，连同书面评标报告提交招标人。“标价比较表”应当载明投标人的投标报价、对商务偏差的价格调整和说明以及经评审的最终投标价。

第三十四条　不宜采用经评审的最低投标价法的招标项目，一般应当采取综合评估法进行评审。

第三十五条　根据综合评估法，最大限度地满足招标文件中规定的各项综合评价标准的投标，应当推荐为中标候选人。

衡量投标文件是否最大限度地满足招标文件中规定的各项评价标准，可以采取折算为货币的方法、打分的方法或者其他方法。需量化的因素及其权重应当在招标文件中明确规定。

第三十六条　评标委员会对各个评审因素进行量化时，应当将量化指标建立在同一基础或者同一标准上，使各投标文件具有可比性。

对技术部分和商务部分进行量化后，评标委员会应当对这两部分的量化结果进行加权，计算出每一投标的综合评估价或者综合评估分。

第三十七条　根据综合评估法完成评标后，评标委员会应当拟定一份“综合评估比较表”，连同书面评标报告提交招标人。“综合评估比较表”应当载明投标人的投标报价、所作的任何修正、对商务偏差的调整、对技术偏差的调整、对各评审因素的评估以及对每一投标的最终评审结果。

第三十八条　根据招标文件的规定，允许投标人投备选标的，评标委员会可以对中标人所投的备选标进行评审，以决定是否采纳备选标。不符合中标条件的投标人的备选标不予考虑。

第三十九条 对于划分有多个单项合同的招标项目，招标文件允许投标人为获得整个项目合同而提出优惠的，评标委员会可以对投标人提出的优惠进行审查，以决定是否将招标项目作为一个整体合同授予中标人。将招标项目作为一个整体合同授予的，整体合同中标人的投标应当最有利于招标人。

第四十条 评标和定标应当在投标有效期结束日三十个工作日前完成。不能在投标有效期结束日三十个工作日前完成评标和定标的，招标人应当通知所有投标人延长投标有效期。拒绝延长投标有效期的投标人有权收回投标保证金。同意延长投标有效期的投标人应当相应延长其投标担保的有效期，但不得修改投标文件的实质性内容。因延长投标有效期造成投标人损失的，招标人应当给予补偿，但因不可抗力需延长投标有效期的除外。

招标文件应当载明投标有效期。投标有效期从提交投标文件截止日起计算。

第五章 推荐中标候选人与定标

第四十一条 评标委员会在评标过程中发现的问题，应当及时作出处理或者向招标人提出处理建议，并作书面记录。

第四十二条 评标委员会完成评标后，应当向招标人提出书面评标报告，并抄送有关行政监督部门。评标报告应当如实记载以下内容：

（一）基本情况和数据表；

（二）评标委员会成员名单；

（三）开标记录；

（四）符合要求的投标一览表；

（五）废标情况说明；

（六）评标标准、评标方法或者评标因素一览表；

（七）经评审的价格或者评分比较一览表；

（八）经评审的投标人排序；

（九）推荐的中标候选人名单与签订合同前要处理的事宜；

（十）澄清、说明、补正事项纪要。

第四十三条 评标报告由评标委员会全体成员签字。对评标结论持有异议的评标委员会成员可以书面方式阐述其不同意见和理由。评标委员会成员拒绝在评标报告上签字且不陈述其不同意见和理由的，视为同意评标结论。评标委员会应当对此作出书面说明并记录在案。

第四十四条 向招标人提交书面评标报告后，评标委员会即告解散。评标过程中使用的文件、表格以及其他资料应当即时归还招标人。

第四十五条 评标委员会推荐的中标候选人应当限定在一至三人，并标明排列顺序。

第四十六条 中标人的投标应当符合下列条件之一：

（一）能够最大限度满足招标文件中规定的各项综合评价标准；

（二）能够满足招标文件的实质性要求，并且经评审的投标价格最低；但是投标价格低于成本的除外。

第四十七条 在确定中标人之前，招标人不得与投标人就投标价格、投标方案等实质性内容进行谈判。

第四十八条　使用国有资金投资或者国家融资的项目，招标人应当确定排名第一的中标候选人为中标人。排名第一的中标候选人放弃中标、因不可抗力提出不能履行合同，或者招标文件规定应当提交履约保证金而在规定的期限内未能提交的，招标人可以确定排名第二的中标候选人为中标人。

排名第二的中标候选人因前款规定的同样原因不能签订合同的，招标人可以确定排名第三的中标候选人为中标人。

招标人可以授权评标委员会直接确定中标人。

国务院对中标人的确定另有规定的，从其规定。

第四十九条　中标人确定后，招标人应当向中标人发出中标通知书，同时通知未中标人，并与中标人在三十个工作日之内签订合同。

第五十条　中标通知书对招标人和中标人具有法律约束力。中标通知书发出后，招标人改变中标结果或者中标人放弃中标的，应当承担法律责任。

第五十一条　招标人应当与中标人按照招标文件和中标人的投标文件订立书面合同。招标人与中标人不得再行订立背离合同实质性内容的其他协议。

第五十二条　招标人与中标人签订合同后五个工作日内，应当向中标人和未中标的投标人退还投标保证金。

第六章　罚　　则

第五十三条　评标委员会成员在评标过程中擅离职守，影响评标程序正常进行，或者在评标过程中不能客观公正地履行职责的，给予警告；情节严重的，取消担任评标委员会成员的资格，不得再参加任何依法必须进行招标项目的评标，并处一万元以下的罚款。

第五十四条　评标委员会成员收受投标人、其他利害关系人的财物或者其他好处的，评标委员会成员或者与评标活动有关的工作人员向他人透露对投标文件的评审和比较、中标候选人的推荐以及与评标有关的其他情况的，给予警告，没收收受的财物，可以并处三千元以上五万元以下的罚款；对有所列违法行为的评标委员会成员取消担任评标委员会成员的资格，不得再参加任何依法必须进行招标项目的评标；构成犯罪的，依法追究刑事责任。

第五十五条　招标人在评标委员会依法推荐的中标候选人以外确定中标人的，依法必须进行招标项目在所有投标被评标委员会否决后自行确定中标人的，中标无效。责令改正，可以处中标项目金额千分之五以上千分之十以下的罚款；对单位直接负责的主管人员和其他直接责任人员依法给予处分。

第五十六条　招标人与中标人不按照招标文件和中标人的投标文件订立合同的，或者招标人、中标人订立背离合同实质性内容的协议的，责令改正；可以处中标项目金额千分之五以上千分之十以下的罚款。

第五十七条　中标人不与招标人订立合同的，投标保证金不予退还并取消其中标资格，给招标人造成的损失超过投标保证金数额的，应当对超过部分予以赔偿；没有提交投标保证金的，应当对招标人的损失承担赔偿责任。

招标人迟迟不确定中标人或者无正当理由不与中标人签订合同的，给予警告，根据情节可处一万元以下的罚款；造成中标人损失的，并应当赔偿损失。

第七章　附　　则

第五十八条　依法必须招标项目以外的评标活动，参照本规定执行。

第五十九条　使用国际组织或者外国政府贷款、援助资金的招标项目的评标活动，贷款方、资金提供方对评标委员会与评标方法另有规定的，适用其规定，但违背中华人民共和国的社会公共利益的除外。

第六十条　本规定颁布前有关评标机构和评标方法的规定与本规定不一致的，以本规定为准。法律或者行政法规另有规定的，从其规定。

第六十一条　本规定由国家发展计划委员会会同有关部门负责解释。

第六十二条　本规定自发布之日起施行。

关于印发《招标代理服务收费管理暂行办法》的通知

计价格〔2002〕1980 号

（国家计委 2002 年 10 月 15 日印发）

各省、自治区、直辖市计委、物价局：

为规范招标代理服务收费行为，维护招标人、投标人和招标代理机构的合法权益，促进招标代理行业的健康发展，我委制定了《招标代理服务收费管理暂行办法》（以下简称《办法》），现印发给你们，请按照执行。

根据《国家计委、财政部关于整顿招标投标收费的通知》（计价格〔2002〕520 号）规定，实行由中标人付费的机电设备招标代理服务，可暂按现行有关规定执行，至 2004 年 1 月 1 日统一执行委托人付费。机电设备招标代理服务收费标准，自《办法》生效之日起按《办法》规定执行。

药品集中招标采购收费暂按现行有关规定执行。

特此通知。

附件

招标代理服务收费管理暂行办法

第一条　为规范招标代理服务收费行为，维护招标人、投标人和招标代理机构的合法权益，根据《中华人民共和国价格法》、《中华人民共和国招标投标法》及有关法律、行政法规，制定本办法。

第二条　中华人民共和国境内发生的各类招标代理服务的收费行为，适用本办法。

第三条　本办法所称招标代理服务收费，是指招标代理机构接受招标人委托，从事编制招标文件（包括编制资格预审文件和标底），审查投标人资格，组织投标人踏勘现场并答疑，组织开标、评标、定标，以及提供招标前期咨询、协调合同的签订等业务所收取的费用。

第四条　招标代理机构从事招标代理业务并收取服务费用的，必须符合《中华人民共和国招标投标法》第十三条、第十四条规定的条件，具备独立法人资格和相应资质。

第五条　招标代理机构应当在招标人委托的范围内办理招标事宜，遵守国家法律、法规及政策规定，符合招标人的技术、质量要求。

第六条　招标代理服务应当遵循公开、公正、平等、自愿、有偿的原则。严格禁止任何单位和个人为招标人强制指定招标代理机构或强制具有自行招标资格的单位接受代理并收取费用。

第七条 招标代理服务收费按照招标代理业务性质分为：

（一）各类土木工程、建筑工程、设备安装、管道线路敷设、装饰装修等建设以及附带服务的工程招标代理服务收费。

（二）原材料、产品、设备和固态、液态或气态物体和电力等货物及其附带服务的货物招标代理服务收费。

（三）工程勘察、设计、咨询、监理，矿业权、土地使用权出让、转让和保险等工程和货物以外的服务招标代理服务收费。

第八条 招标代理服务收费实行政府指导价。

第九条 招标代理服务收费采用差额定率累进计费方式。收费标准按本办法附件规定执行，上下浮动幅度不超过20%。具体收费额由招标代理机构和招标委托人在规定的收费标准和浮动幅度内协商确定。

出售招标文件可以收取编制成本费，具体定价办法由省、自治区、直辖市价格主管部门按照不以营利为目的的原则制定。

第十条 招标代理服务实行“谁委托谁付费”。

工程招标委托人支付的招标代理服务费，可计入工程前期费用。货物招标和服务招标委托人支付的招标代理服务费，按照财政部门规定列支。

第十一条 招标代理机构按规定收取代理费用和出售招标文件后，不得再要求招标委托人无偿提供食宿、交通等或收取其他费用。

第十二条 招标代理业务中有超出本办法第三条规定的要求的，招标代理机构可与招标委托人就所增加的工作量，另行协商确定服务费用。

第十三条 招标代理服务收费纠纷，依据《中华人民共和国价格法》、《中华人民共和国合同法》及其他有关法律、法规处理。

第十四条 各级政府有关部门或者其授权、委托的单位，按照国务院关于招标投标管理职能分工规定履行监督职能；要求招标投标当事人履行审批、备案及其他手续的，一律不得收费。

违反前款规定，擅自设立收费项目、制定收费标准以及收取管理性费用的，由政府价格主管部门予以处罚。

第十五条 招标代理机构违反本办法规定的，由政府价格主管部门依据《中华人民共和国价格法》和《价格违法行为行政处罚规定》予以查处。

第十六条 本办法由国家计委负责解释。

第十七条 本办法自2003年1月1日起执行。国家计委及有关部门，各省、自治区、直辖市价格主管部门制定的相关规定，凡与本办法相抵触的，自本办法生效之日起废止。

附件

招标代理服务收费标准

中标金额（万元）	货物招标	服务招标	工程招标
100 以下	1.5%	1.5%	1.0%
100～500	1.1%	0.8%	0.7%
500～1000	0.8%	0.45%	0.55%
1000～5000	0.5%	0.25%	0.35%
5000～10000	0.25%	0.1%	0.2%
10000～100000	0.05%	0.05%	0.05%
1000000 以上	0.01%	0.01%	0.01%

关于招标代理服务收费有关问题的通知

发改办价格〔2003〕857号

（国家发展改革委办公厅2003年9月15日发布）

各省、自治区、直辖市计委、物价局：

为规范招标代理服务收费行为，2002年10月，我委以计价格〔2002〕1980号文印发了《招标代理服务收费管理暂行办法》（以下简称《办法》）。根据有关方面的意见，为有利于《办法》的顺利实施，现将有关事项通知如下：

一、删去计价格〔2002〕1980号文第二自然段的内容。

二、将《办法》第十条中“招标代理服务实行‘谁委托谁付费’”，修改为“招标代理服务费用应由招标人支付，招标人、招标代理机构与投标人另有约定的，从其约定”。

工程建设项目施工招标投标办法

国家发展计划委员会、建设部、铁道部、交通部、信息产业部、
水利部、中国民用航空总局令第30号

（2003年3月8日发布，自2003年5月1日起施行）

第一章　总　　则

第一条　为规范工程建设项目施工（以下简称工程施工）招标投标活动，根据《中华人民共和国招标投标法》和国务院有关部门的职责分工，制定本办法。

第二条　在中华人民共和国境内进行工程施工招标投标活动，适用本办法。

第三条　工程建设项目符合《工程建设项目招标范围和规模标准规定》（国家计委令第3号）规定的范围和标准的，必须通过招标选择施工单位。

任何单位和个人不得将依法必须进行招标的项目化整为零或者以其他任何方式规避招标。

第四条　工程施工招标投标活动应当遵循公开、公平、公正和诚实信用的原则。

第五条　工程施工招标投标活动，依法由招标人负责。任何单位和个人不得以任何方式非法干涉工程施工招标投标活动。

施工招标投标活动不受地区或者部门的限制。

第六条　各级发展计划、经贸、建设、铁道、交通、信息产业、水利、外经贸、民航等部门依照《国务院办公厅印发国务院有关部门实施招标投标活动行政监督的职责分工意见的通知》（国办发〔2000〕34号）和各地规定的职责分工，对工程施工招标投标活动实施监督，依法查处工程施工招标投标活动中的违法行为。

第二章　招　　标

第七条　工程施工招标人是依法提出施工招标项目、进行招标的法人或者其他组织。

第八条　依法必须招标的工程建设项目，应当具备下列条件才能进行施工招标：

（一）招标人已经依法成立；

（二）初步设计及概算应当履行审批手续的，已经批准；

（三）招标范围、招标方式和招标组织形式等应当履行核准手续的，已经核准；

（四）有相应资金或资金来源已经落实；

（五）有招标所需的设计图纸及技术资料。

第九条　工程施工招标分为公开招标和邀请招标。

第十条　依法必须进行施工招标的工程建设项目，按工程建设项目审批管理规定，凡应报送项目审批部门审批的，招标人必须在报送的可行性研究报告中将招标范围、

招标方式、招标组织形式等有关招标内容报项目审批部门核准。

第十一条 国务院发展计划部门确定的国家重点建设项目和各省、自治区、直辖市人民政府确定的地方重点建设项目，以及全部使用国有资金投资或者国有资金投资占控股或者主导地位的工程建设项目，应当公开招标；有下列情形之一的，经批准可以进行邀请招标：

（一）项目技术复杂或有特殊要求，只有少量几家潜在投标人可供选择的；

（二）受自然地域环境限制的；

（三）涉及国家安全、国家秘密或者抢险救灾，适宜招标但不宜公开招标的；

（四）拟公开招标的费用与项目的价值相比，不值得的；

（五）法律、法规规定不宜公开招标的。

国家重点建设项目的邀请招标，应当经国务院发展计划部门批准；地方重点建设项目的邀请招标，应当经各省、自治区、直辖市人民政府批准。

全部使用国有资金投资或者国有资金投资占控股或者主导地位的并需要审批的工程建设项目的邀请招标，应当经项目审批部门批准，但项目审批部门只审批立项的，由有关行政监督部门批准。

第十二条 需要审批的工程建设项目，有下列情形之一的，由本办法第十一条规定的审批部门批准，可以不进行施工招标：

（一）涉及国家安全、国家秘密或者抢险救灾而不适宜招标的；

（二）属于利用扶贫资金实行以工代赈需要使用农民工的；

（三）施工主要技术采用特定的专利或者专有技术的；

（四）施工企业自建自用的工程，且该施工企业资质等级符合工程要求的；

（五）在建工程追加的附属小型工程或者主体加层工程，原中标人仍具备承包能力的；

（六）法律、行政法规规定的其他情形。

不需要审批但依法必须招标的工程建设项目，有前款规定情形之一的，可以不进行施工招标。

第十三条 采用公开招标方式的，招标人应当发布招标公告，邀请不特定的法人或者其他组织投标。依法必须进行施工招标项目的招标公告，应当在国家指定的报刊和信息网络上发布。

采用邀请招标方式的，招标人应当向三家以上具备承担施工招标项目的能力、资信良好的特定的法人或者其他组织发出投标邀请书。

第十四条 招标公告或者投标邀请书应当至少载明下列内容：

（一）招标人的名称和地址；

（二）招标项目的内容、规模、资金来源；

（三）招标项目的实施地点和工期；

（四）获取招标文件或者资格预审文件的地点和时间；

（五）对招标文件或者资格预审文件收取的费用；

（六）对招标人的资质等级的要求。

第十五条　招标人应当按招标公告或者投标邀请书规定的时间、地点出售招标文件或资格预审文件。自招标文件或者资格预审文件出售之日起至停止出售之日止，最短不得少于五个工作日。

招标人可以通过信息网络或者其他媒介发布招标文件，通过信息网络或者其他媒介发布的招标文件与书面招标文件具有同等法律效力，但出现不一致时以书面招标文件为准。招标人应当保持书面招标文件原始正本的完好。

对招标文件或者资格预审文件的收费应当合理，不得以营利为目的。对于所附的设计文件，招标人可以向投标人酌收押金；对于开标后投标人退还设计文件的，招标人应当向投标人退还押金。

招标文件或者资格预审文件售出后，不予退还。招标人在发布招标公告、发出投标邀请书后或者售出招标文件或资格预审文件后不得擅自终止招标。

第十六条　招标人可以根据招标项目本身的特点和需要，要求潜在投标人或者投标人提供满足其资格要求的文件，对潜在投标人或者投标人进行资格审查；法律、行政法规对潜在投标人或者投标人的资格条件有规定的，依照其规定。

第十七条　资格审查分为资格预审和资格后审。

资格预审，是指在投标前对潜在投标人进行的资格审查。

资格后审，是指在开标后对投标人进行的资格审查。

进行资格预审的，一般不再进行资格后审，但招标文件另有规定的除外。

第十八条　采取资格预审的，招标人可以发布资格预审公告。资格预审公告适用本办法第十三条、第十四条有关招标公告的规定。

采取资格预审的，招标人应当在资格预审文件中载明资格预审的条件、标准和方法；采取资格后审的，招标人应当在招标文件中载明对投标人资格要求的条件、标准和方法。

招标人不得改变载明的资格条件或者以没有载明的资格条件对潜在投标人或者投标人进行资格审查。

第十九条　经资格预审后，招标人应当向资格预审合格的潜在投标人发出资格预审合格通知书，告知获取招标文件的时间、地点和方法，并同时向资格预审不合格的潜在投标人告知资格预审结果。资格预审不合格的潜在投标人不得参加投标。

经资格后审不合格的投标人的投标应作废标处理。

第二十条　资格审查应主要审查潜在投标人或者投标人是否符合下列条件：

（一）具有独立订立合同的权利；

（二）具有履行合同的能力，包括专业、技术资格和能力，资金、设备和其他物质设施状况，管理能力，经验、信誉和相应的从业人员；

（三）没有处于被责令停业，投标资格被取消，财产被接管、冻结，破产状态；

（四）在最近三年内没有骗取中标和严重违约及重大工程质量问题；

（五）法律、行政法规规定的其他资格条件。

资格审查时，招标人不得以不合理的条件限制、排斥潜在投标人或者投标人，不得对潜在投标人或者投标人实行歧视待遇。任何单位和个人不得以行政手段或者其他不合理方式限制投标人的数量。

第二十一条 招标人符合法律规定的自行招标条件的，可以自行办理招标事宜。任何单位和个人不得强制其委托招标代理机构办理招标事宜。

第二十二条 招标代理机构应当在招标人委托的范围内承担招标事宜。招标代理机构可以在其资格等级范围内承担下列招标事宜：

（一）拟订招标方案，编制和出售招标文件、资格预审文件；

（二）审查投标人资格；

（三）编制标底；

（四）组织投标人踏勘现场；

（五）组织开标、评标，协助招标人定标；

（六）草拟合同；

（七）招标人委托的其他事项。

招标代理机构不得无权代理、越权代理，不得明知委托事项违法而进行代理。

招标代理机构不得接受同一招标项目的投标代理和投标咨询业务；未经招标人同意，不得转让招标代理业务。

第二十三条 工程招标代理机构与招标人应当签订书面委托合同，并按双方约定的标准收取代理费；国家对收费标准有规定的，依照其规定。

第二十四条 招标人根据施工招标项目的特点和需要编制招标文件。招标文件一般包括下列内容：

（一）投标邀请书；

（二）投标人须知；

（三）合同主要条款；

（四）投标文件格式；

（五）采用工程量清单招标的，应当提供工程量清单；

（六）技术条款；

（七）设计图纸；

（八）评标标准和方法；

（九）投标辅助材料。

招标人应当在招标文件中规定实质性要求和条件，并用醒目的方式标明。

第二十五条 招标人可以要求投标人在提交符合招标文件规定要求的投标文件外，提交备选投标方案，但应当在招标文件中做出说明，并提出相应的评审和比较办法。

第二十六条 招标文件规定的各项技术标准应符合国家强制性标准。

招标文件中规定的各项技术标准均不得要求或标明某一特定的专利、商标、名称、设计、原产地或生产供应者，不得含有倾向或者排斥潜在投标人的其他内容。如果必须引用某一生产供应者的技术标准才能准确或清楚地说明拟招标项目的技术标准时，则应当在参照后面加上“或相当于”的字样。

第二十七条 施工招标项目需要划分标段、确定工期的，招标人应当合理划分标段、确定工期，并在招标文件中载明。对工程技术上紧密相连、不可分割的单位工程不得分割标段。

招标人不得以不合理的标段或工期限制或者排斥潜在投标人或者投标人。

第二十八条　招标文件应当明确规定评标时除价格以外的所有评标因素，以及如何将这些因素量化或者据以进行评估。

在评标过程中，不得改变招标文件中规定的评标标准、方法和中标条件。

第二十九条　招标文件应当规定一个适当的投标有效期，以保证招标人有足够的时间完成评标和与中标人签订合同。投标有效期从投标人提交投标文件截止之日起计算。

在原投标有效期结束前，出现特殊情况的，招标人可以书面形式要求所有投标人延长投标有效期。投标人同意延长的，不得要求或被允许修改其投标文件的实质性内容，但应当相应延长其投标保证金的有效期；投标人拒绝延长的，其投标失效，但投标人有权收回其投标保证金。因延长投标有效期造成投标人损失的，招标人应当给予补偿，但因不可抗力需要延长投标有效期的除外。

第三十条　施工招标项目工期超过十二个月的，招标文件中可以规定工程造价指数体系、价格调整因素和调整方法。

第三十一条　招标人应当确定投标人编制投标文件所需要的合理时间；但是，依法必须进行招标的项目，自招标文件开始发出之日起至投标人提交投标文件截止之日止，最短不得少于二十日。

第三十二条　招标人根据招标项目的具体情况，可以组织潜在投标人踏勘项目现场，向其介绍工程场地和相关环境的有关情况。潜在投标人依据招标人介绍情况作出的判断和决策，由投标人自行负责。

招标人不得单独或者分别组织任何一个投标人进行现场踏勘。

第三十三条　对于潜在投标人在阅读招标文件和现场踏勘中提出的疑问，招标人可以书面形式或召开投标预备会的方式解答，但需同时将解答以书面方式通知所有购买招标文件的潜在投标人。该解答的内容为招标文件的组成部分。

第三十四条　招标人可根据项目特点决定是否编制标底。编制标底的，标底编制过程和标底必须保密。

招标项目编制标底的，应根据批准的初步设计、投资概算，依据有关计价办法，参照有关工程定额，结合市场供求状况，综合考虑投资、工期和质量等方面的因素合理确定。

标底由招标人自行编制或委托中介机构编制。一个工程只能编制一个标底。

任何单位和个人不得强制招标人编制或报审标底，或干预其确定标底。

招标项目可以不设标底，进行无标底招标。

第三章　投　　标

第三十五条　投标人是响应招标、参加投标竞争的法人或者其他组织。招标人的任何不具独立法人资格的附属机构（单位），或者为招标项目的前期准备或者监理工作提供设计、咨询服务的任何法人及其任何附属机构（单位），都无资格参加该招标项目的投标。

第三十六条 投标人应当按照招标文件的要求编制投标文件。投标文件应当对招标文件提出的实质性要求和条件作出响应。

投标文件一般包括下列内容：

（一）投标函；

（二）投标报价；

（三）施工组织设计；

（四）商务和技术偏差表。

投标人根据招标文件载明的项目实际情况，拟在中标后将中标项目的部分非主体、非关键性工作进行分包的，应当在投标文件中载明。

第三十七条 招标人可以在招标文件中要求投标人提交投标保证金。投标保证金除现金外，可以是银行出具的银行保函、保兑支票、银行汇票或现金支票。

投标保证金一般不得超过投标总价的百分之二，但最高不得超过八十万元人民币。投标保证金有效期应当超出投标有效期三十天。

投标人应当按照招标文件要求的方式和金额，将投标保证金随投标文件提交给招标人。

投标人不按招标文件要求提交投标保证金的，该投标文件将被拒绝，作废标处理。

第三十八条 投标人应当在招标文件要求提交投标文件的截止时间前，将投标文件密封送达投标地点。招标人收到投标文件后，应当向投标人出具标明签收人和签收时间的凭证，在开标前任何单位和个人不得开启投标文件。

在招标文件要求提交投标文件的截止时间后送达的投标文件，为无效的投标文件，招标人应当拒收。

提交投标文件的投标人少于三个的，招标人应当依法重新招标。重新招标后投标人仍少于三个的，属于必须审批的工程建设项目，报经原审批部门批准后可以不再进行招标；其他工程建设项目，招标人可自行决定不再进行招标。

第三十九条 投标人在招标文件要求提交投标文件的截止时间前，可以补充、修改、替代或者撤回已提交的投标文件，并书面通知招标人。补充、修改的内容为投标文件的组成部分。

第四十条 在提交投标文件截止时间后到招标文件规定的投标有效期终止之前，投标人不得补充、修改、替代或者撤回其投标文件。投标人补充、修改、替代投标文件的，招标人不予接受；投标人撤回投标文件的，其投标保证金将被没收。

第四十一条 在开标前，招标人应妥善保管好已接收的投标文件、修改或撤回通知、备选投标方案等投标资料。

第四十二条 两个以上法人或者其他组织可以组成一个联合体，以一个投标人的身份共同投标。

联合体各方签订共同投标协议后，不得再以自己名义单独投标，也不得组成新的联合体或参加其他联合体在同一项目中投标。

第四十三条 联合体参加资格预审并获通过的，其组成的任何变化都必须在提交投标文件截止之日前征得招标人的同意。如果变化后的联合体削弱了竞争，含有事先未经过资格预审或者资格预审不合格的法人或者其他组织，或者使联合体的资质降到资格预审文件中规定的最低标准以下，招标人有权拒绝。

第四十四条　联合体各方必须指定牵头人，授权其代表所有联合体成员负责投标和合同实施阶段的主办、协调工作，并应当向招标人提交由所有联合体成员法定代表人签署的授权书。

第四十五条　联合体投标的，应当以联合体各方或者联合体中牵头人的名义提交投标保证金。以联合体中牵头人名义提交的投标保证金，对联合体各成员具有约束力。

第四十六条　下列行为均属投标人串通投标报价：

（一）投标人之间相互约定抬高或压低投标报价；

（二）投标人之间相互约定，在招标项目中分别以高、中、低价位报价；

（三）投标人之间先进行内部竞价，内定中标人，然后再参加投标；

（四）投标人之间其他串通投标报价的行为。

第四十七条　下列行为均属招标人与投标人串通投标：

（一）招标人在开标前开启招标文件，并将投标情况告知其他投标人，或者协助投标人撤换投标文件，更改报价；

（二）招标人向投标人泄露标底；

（三）招标人与投标人商定，投标时压低或抬高标价，中标后再给投标人或招标人额外补偿；

（四）招标人预先内定中标人；

（五）其他串通投标行为。

第四十八条　投标人不得以他人名义投标。

前款所称以他人名义投标，指投标人挂靠其他施工单位，或从其他单位通过转让或租借的方式获取资格或资质证书，或者由其他单位及其法定代表人在自己编制的投标文件上加盖印章和签字等行为。

第四章　开标、评标和定标

第四十九条　开标应当在招标文件确定的提交投标文件截止时间的同一时间公开进行；开标地点应当为招标文件中确定的地点。

第五十条　投标文件有下列情形之一的，招标人不予受理：

（一）逾期送达的或者未送达指定地点的；

（二）未按招标文件要求密封的。

投标文件有下列情形之一的，由评标委员会初审后按废标处理：

（一）无单位盖章并无法定代表人或法定代表人授权的代理人签字或盖章的；

（二）未按规定的格式填写，内容不全或关键字迹模糊、无法辨认的；

（三）投标人递交两份或多份内容不同的投标文件，或在一份投标文件中对同一招标项目报有两个或多个报价，且未声明哪一个有效，按招标文件规定提交备选投标方案的除外；

（四）投标人名称或组织结构与资格预审时不一致的；

（五）未按招标文件要求提交投标保证金的；

（六）联合体投标未附联合体各方共同投标协议的。

第五十一条 评标委员会可以书面方式要求投标人对投标文件中含义不明确、对同类问题表述不一致或者有明显文字和计算错误的内容作必要的澄清、说明或补正。评标委员会不得向投标人提出带有暗示性或诱导性的问题，或向其明确投标文件中的遗漏和错误。

第五十二条 投标文件不响应招标文件的实质性要求和条件的，招标人应当拒绝，并不允许投标人通过修正或撤销其不符合要求的差异或保留，使之成为具有响应性的投标。

第五十三条 评标委员会在对实质上响应招标文件要求的投标进行报价评估时，除招标文件另有约定外，应当按下述原则进行修正：

（一）用数字表示的数额与用文字表示的数额不一致时，以文字数额为准；

（二）单价与工程量的乘积与总价之间不一致时，以单价为准。若单价有明显的小数点错位，应以总价为准，并修改单价。

按前款规定调整后的报价经投标人确认后产生约束力。

投标文件中没有列入的价格和优惠条件在评标时不予考虑。

第五十四条 对于投标人提交的优越于招标文件中技术标准的备选投标方案所产生的附加收益，不得考虑进评标价中。符合招标文件的基本技术要求且评标价最低或综合评分最高的投标人，其所提交的备选方案方可予以考虑。

第五十五条 招标人设有标底的，标底在评标中应当作为参考，但不得作为评标的唯一依据。

第五十六条 评标委员会完成评标后，应向招标人提出书面评标报告。评标报告由评标委员会全体成员签字。

评标委员会提出书面评标报告后，招标人一般应当在十五日内确定中标人，但最迟应当在投标有效期结束日三十个工作日前确定。

中标通知书由招标人发出。

第五十七条 评标委员会推荐的中标候选人应当限定在一至三人，并标明排列顺序。招标人应当接受评标委员会推荐的中标候选人，不得在评标委员会推荐的中标候选人之外确定中标人。

第五十八条 依法必须进行招标的项目，招标人应当确定排名第一的中标候选人为中标人。排名第一的中标候选人放弃中标、因不可抗力提出不能履行合同，或者招标文件规定应当提交履约保证金而在规定的期限内未能提交的，招标人可以确定排名第二的中标候选人为中标人。

排名第二的中标候选人因前款规定的同样原因不能签订合同的，招标人可以确定排名第三的中标候选人为中标人。

招标人可以授权评标委员会直接确定中标人。

国务院对中标人的确定另有规定的，从其规定。

第五十九条　招标人不得向中标人提出压低报价、增加工作量、缩短工期或其他违背中标人意愿的要求，以此作为发出中标通知书和签订合同的条件。

第六十条　中标通知书对招标人和中标人具有法律效力。中标通知书发出后，招标人改变中标结果的，或者中标人放弃中标项目的，应当依法承担法律责任。

第六十一条　招标人全部或者部分使用非中标单位投标文件中的技术成果或技术方案时，需征得其书面同意，并给予一定的经济补偿。

第六十二条　招标人和中标人应当自中标通知书发出之日起三十日内，按照招标文件和中标人的投标文件订立书面合同。招标人和中标人不得再行订立背离合同实质性内容的其他协议。

招标文件要求中标人提交履约保证金或者其他形式履约担保的，中标人应当提交；拒绝提交的，视为放弃中标项目。招标人要求中标人提供履约保证金或其他形式履约担保的，招标人应当同时向中标人提供工程款支付担保。

招标人不得擅自提高履约保证金，不得强制要求中标人垫付中标项目建设资金。

第六十三条　招标人与中标人签订合同后五个工作日内，应当向未中标的投标人退还投标保证金。

第六十四条　合同中确定的建设规模、建设标准、建设内容、合同价格应当控制在批准的初步设计及概算文件范围内；确需超出规定范围的，应当在中标合同签订前，报原项目审批部门审查同意。凡应报经审查而未报的，在初步设计及概算调整时，原项目审批部门一律不予承认。

第六十五条　依法必须进行施工招标的项目，招标人应当自发出中标通知书之日起十五日内，向有关行政监督部门提交招标投标情况的书面报告。

前款所称书面报告至少应包括下列内容：

（一）招标范围；

（二）招标方式和发布招标公告的媒介；

（三）招标文件中投标人须知、技术条款、评标标准和方法、合同主要条款等内容；

（四）评标委员会的组成和评标报告；

（五）中标结果。

第六十六条　招标人不得直接指定分包人。

第六十七条　对于不具备分包条件或者不符合分包规定的，招标人有权在签订合同或者中标人提出分包要求时予以拒绝。发现中标人转包或违法分包时，可要求其改正；拒不改正的，可终止合同，并报请有关行政监督部门查处。

监理人员和有关行政部门发现中标人违反合同约定进行转包或违法分包的，应当要求中标人改正，或者告知招标人要求其改正；对于拒不改正的，应当报请有关行政监督部门查处。

第五章　法　律　责　任

第六十八条　依法必须进行招标的项目而不招标的，将必须进行招标的项目化整为零或者以其他任何方式规避招标的，有关行政监督部门责令限期改正，可以处项目合同金额千分之五以上千分之十以下的罚款；对全部或者部分使用国有资金的项目，项目审批部门可以暂停项目执行或者暂停资金拨付；对单位直接负责的主管人员和其他直接责任人员依法给予处分。

第六十九条 招标代理机构违法泄露应当保密的与招标投标活动有关的情况和资料的，或者与招标人、投标人串通损害国家利益、社会公共利益或者他人合法权益的，由有关行政监督部门处五万元以上二十五万元以下罚款，对单位直接负责的主管人员和其他直接责任人员处单位罚款数额百分之五以上百分之十以下罚款；有违法所得的，并处没收违法所得；情节严重的，有关行政监督部门可停止其一定时期内参与相关领域的招标代理业务，资格认定部门可暂停直至取消招标代理资格；构成犯罪的，由司法部门依法追究刑事责任。给他人造成损失的，依法承担赔偿责任。

前款所列行为影响中标结果，并且中标人为前款所列行为的受益人的，中标无效。

第七十条 招标人以不合理的条件限制或者排斥潜在投标人的，对潜在投标人实行歧视待遇的，强制要求投标人组成联合体共同投标的，或者限制投标人之间竞争的，有关行政监督部门责令改正，可处一万元以上五万元以下罚款。

第七十一条 依法必须进行招标项目的招标人向他人透露已获取招标文件的潜在投标人的名称、数量或者可能影响公平竞争的有关招标投标的其他情况的，或者泄露标底的，有关行政监督部门给予警告，可以并处一万元以上十万元以下的罚款；对单位直接负责的主管人员和其他直接责任人员依法给予处分；构成犯罪的，依法追究刑事责任。

前款所列行为影响中标结果，并且中标人为前款所列行为的受益人的，中标无效。

第七十二条 招标人在发布招标公告、发出投标邀请书或者售出招标文件或资格预审文件后终止招标的，除有正当理由外，有关行政监督部门给予警告，根据情节可处三万元以下的罚款；给潜在投标人或者投标人造成损失的，并应当赔偿损失。

第七十三条 招标人或者招标代理机构有下列情形之一的，有关行政监督部门责令其限期改正，根据情节可处三万元以下的罚款；情节严重的，招标无效：

（一）未在指定的媒介发布招标公告的；

（二）邀请招标不依法发出投标邀请书的；

（三）自招标文件或资格预审文件出售之日起至停止出售之日止，少于五个工作日的；

（四）依法必须招标的项目，自招标文件开始发出之日起至提交投标文件截止之日止，少于二十日的；

（五）应当公开招标而不公开招标的；

（六）不具备招标条件而进行招标的；

（七）应当履行核准手续而未履行的；

（八）不按项目审批部门核准内容进行招标的；

（九）在提交投标文件截止时间后接收投标文件的；

（十）投标人数量不符合法定要求不重新招标的。

被认定为招标无效的，应当重新招标。

第七十四条 投标人相互串通投标或者与招标人串通投标的，投标人以向招标人或者评标委员会成员行贿的手段谋取中标的，中标无效，由有关行政监督部门处中标项目金额千分之五以上千分之十以下的罚款，对单位直接负责的主管人员和其他直接责任人员处单位罚款数额百分之五以上百分之十以下的罚款；有违法所得的，并处没收违法所得；情节严重的，取消其一至二年的投标资格，并予以公告，直至由工商行政管理机关吊销营业执照；构成犯罪的，依法追究刑事责任。给他人造成损失的，依法承担赔偿责任。

第七十五条 投标人以他人名义投标或者以其他方式弄虚作假，骗取中标的，中标无效，给招标人造成损失的，依法承担赔偿责任；构成犯罪的，依法追究刑事责任。

依法必须进行招标项目的投标人有前款所列行为尚未构成犯罪的，有关行政监督部门处中标项目金额千分之五以上千分之十以下的罚款，对单位直接负责的主管人员和其他直接责任人员处单位罚款数额百分之五以上百分之十以下的罚款；有违法所得的，并处没收违法所得；情节严重的，取消其一至三年投标资格，并予以公告，直至由工商行政管理机关吊销营业执照。

第七十六条 依法必须进行招标的项目，招标人违法与投标人就投标价格、投标方案等实质性内容进行谈判的，有关行政监督部门给予警告，对单位直接负责的主管人员和其他直接责任人员依法给予处分。

前款所列行为影响中标结果的，中标无效。

第七十七条 评标委员会成员收受投标人的财物或者其他好处的，评标委员会成员或者参加评标的有关工作人员向他人透露对投标文件的评审和比较、中标候选人的推荐以及与评标有关的其他情况的，有关行政监督部门给予警告，没收收受的财物，可以并处三千元以上五万元以下的罚款，对有所列违法行为的评标委员会成员取消担任评标委员会成员的资格并予以公告，不得再参加任何招标项目的评标；构成犯罪的，依法追究刑事责任。

第七十八条 评标委员会成员在评标过程中擅离职守，影响评标程序正常进行，或者在评标过程中不能客观公正地履行职责的，有关行政监督部门给予警告；情节严重的，取消担任评标委员会成员的资格，不得再参加任何招标项目的评标，并处一万元以下的罚款。

第七十九条 评标过程有下列情况之一的，评标无效，应当依法重新进行评标或者重新进行招标，有关行政监督部门可处三万元以下的罚款：

（一）使用招标文件没有确定的评标标准和方法的；

（二）评标标准和方法含有倾向或者排斥投标人的内容，妨碍或者限制投标人之间竞争，且影响评标结果的；

（三）应当回避担任评标委员会成员的人参与评标的；

（四）评标委员会的组建及人员组成不符合法定要求的；

（五）评标委员会及其成员在评标过程中有违法行为，且影响评标结果的。

第八十条 招标人在评标委员会依法推荐的中标候选人以外确定中标人的，依法必须进行招标的项目在所有投标被评标委员会否决后自行确定中标人的，中标无效。有关行政监督部门责令改正，可以处中标项目金额千分之五以上千分之十以下的罚款；对单位直接负责的主管人员和其他直接责任人员依法给予处分。

第八十一条 招标人不按规定期限确定中标人的，或者中标通知书发出后，改变中标结果的，无正当理由不与中标人签订合同的，或者在签订合同时向中标人提出附加条件或者更改合同实质性内容的，有关行政监督部门给予警告，责令改正，根据情节可处三万元以下的罚款；造成中标人损失的，并应当赔偿损失。

中标通知书发出后，中标人放弃中标项目的，无正当理由不与招标人签订合同的，在签订合同时向招标人提出附加条件或者更改合同实质性内容的，或者拒不提交所要求的履约保证金的，招标人可取消其中标资格，并没收其投标保证金；给招标人的损失超过投标保证金数额的，中标人应当对超过部分予以赔偿；没有提交投标保证金的，应当对招标人的损失承担赔偿责任。

第八十二条 中标人将中标项目转让给他人的，将中标项目肢解后分别转让给他人的，违法将中标项目的部分主体、关键性工作分包给他人的，或者分包人再次分包的，转让、分包无效，有关行政监督部门处转让、分包项目金额千分之五以上千分之十以下的罚款；有违法所得的，并处没收违法所得；可以责令停业整顿；情节严重的，由工商行政管理机关吊销营业执照。

第八十三条 招标人与中标人不按照招标文件和中标人的投标文件订立合同的，招标人、中标人订立背离合同实质性内容的协议的，或者招标人擅自提高履约保证金或强制要求中标人垫付中标项目建设资金的，有关行政监督部门责令改正；可以处中标项目金额千分之五以上千分之十以下的罚款。

第八十四条 中标人不履行与招标人订立的合同的，履约保证金不予退还，给招标人造成的损失超过履约保证金数额的，还应当对超过部分予以赔偿；没有提交履约保证金的，应当对招标人的损失承担赔偿责任。

中标人不按照与招标人订立的合同履行义务，情节严重的，有关行政监督部门取消其二至五年参加招标项目的投标资格并予以公告，直至由工商行政管理机关吊销营业执照。

因不可抗力不能履行合同的，不适用前两款规定。

第八十五条 招标人不履行与中标人订立的合同的，应当双倍返还中标人的履约保证金；给中标人造成的损失超过返还的履约保证金的，还应当对超过部分予以赔偿；没有提交履约保证金的，应当对中标人的损失承担赔偿责任。

因不可抗力不能履行合同的，不适用前款规定。

第八十六条 依法必须进行施工招标的项目违反法律规定，中标无效的，应当依照法律规定的中标条件从其余投标人中重新确定中标人或者依法重新进行招标。

中标无效的，发出的中标通知书和签订的合同自始没有法律约束力，但不影响合同中独立存在的有关解决争议方法的条款的效力。

第八十七条 任何单位违法限制或者排斥本地区、本系统以外的法人或者其他组织参加投标的，为招标人指定招标代理机构的，强制招标人委托招标代理机构办理招标事宜的，或者以其他方式干涉招标投标活动的，有关行政监督部门责令改正；对单位直接负责的主管人员和其他直接责任人员依法给予警告、记过、记大过的处分，情节较重的，依法给予降级、撤职、开除的处分。

个人利用职权进行前款违法行为的，依照前款规定追究责任。

第八十八条　对招标投标活动依法负有行政监督职责的国家机关工作人员徇私舞弊、滥用职权或者玩忽职守，构成犯罪的，依法追究刑事责任；不构成犯罪的，依法给予行政处分。

第八十九条　任何单位和个人对工程建设项目施工招标投标过程中发生的违法行为，有权向项目审批部门或者有关行政监督部门投诉或举报。

第六章　附　　则

第九十条　使用国际组织或者外国政府贷款、援助资金的项目进行招标，贷款方、资金提供方对工程施工招标投标活动的条件和程序有不同规定的，可以适用其规定，但违背中华人民共和国社会公共利益的除外。

第九十一条　本办法由国家发展计划委员会会同有关部门负责解释。

第九十二条　本办法自 2003 年 5 月 1 日起施行。

工程建设项目勘察设计招标投标办法

国家发展和改革委员会、建设部、铁道部、交通部、信息产业部、水利部、中国民用航空总局、国家广播电影电视总局令第2号

(2003年6月12日发布，自2003年8月1日起施行)

第一章　总　　则

第一条　为规范工程建设项目勘察设计招标投标活动，提高投资效益，保证工程质量，根据《中华人民共和国招标投标法》制定本办法。

第二条　在中华人民共和国境内进行工程建设项目勘察设计招标投标活动，适用本办法。

第三条　工程建设项目符合《工程建设项目招标范围和规模标准规定》(国家计委令第3号)规定的范围和标准的，必须依据本办法进行招标。

任何单位和个人不得将依法必须进行招标的项目化整为零或者以其他任何方式规避招标。

第四条　按照国家规定需要政府审批的项目，有下列情形之一的，经批准，项目的勘察设计可以不进行招标：

(一) 涉及国家安全、国家秘密的；

(二) 抢险救灾的；

(三) 主要工艺、技术采用特定专利或者专有技术的；

(四) 技术复杂或专业性强，能够满足条件的勘察设计单位少于三家，不能形成有效竞争的；

(五) 已建成项目需要改、扩建或者技术改造，由其他单位进行设计影响项目功能配套性的。

第五条　勘察设计招标工作由招标人负责。任何单位和个人不得以任何方式非法干涉招标投标活动。

第六条　各级发展计划、经贸、建设、铁道、交通、信息产业(通信、电子)、水利、民航、广电等部门依照《国务院办公厅印发国务院有关部门实施招标投标活动行政监督的职责分工意见的通知》(国办发〔2000〕34号)和各地规定的职责分工，对工程建设项目勘察设计招标投标活动实施监督，依法查处招标投标活动中的违法行为。

第二章　招　　标

第七条　招标人可以依据工程建设项目的不同特点，实行勘察设计一次性总体招标；也可以在保证项目完整性、连续性的前提下，按照技术要求实行分段或分项招标。

招标人不得利用前款规定将依法必须进行招标的项目化整为零，或者以其他任何方

式规避招标。

第八条　依法必须招标的工程建设项目，招标人可以对项目的勘察、设计、施工以及与工程建设有关的重要设备、材料的采购，实行总承包招标。

第九条　依法必须进行勘察设计招标的工程建设项目，在招标时应当具备下列条件：

（一）按照国家有关规定需要履行项目审批手续的，已履行审批手续，取得批准；

（二）勘察设计所需资金已经落实；

（三）所必需的勘察设计基础资料已经收集完成；

（四）法律法规规定的其他条件。

第十条　工程建设项目勘察设计招标分为公开招标和邀请招标。

全部使用国有资金投资或者国有资金投资占控股或者主导地位的工程建设项目，以及国务院发展和改革部门确定的国家重点项目和省、自治区、直辖市人民政府确定的地方重点项目，除符合本办法第十一条规定条件并依法获得批准外，应当公开招标。

第十一条　依法必须进行勘察设计招标的工程建设项目，在下列情况下可以进行邀请招标：

（一）项目的技术性、专业性较强，或者环境资源条件特殊，符合条件的潜在投标人数量有限的；

（二）如采用公开招标，所需费用占工程建设项目总投资的比例过大的；

（三）建设条件受自然因素限制，如采用公开招标，将影响项目实施时机的。

招标人采用邀请招标方式的，应保证有三个以上具备承担招标项目勘察设计的能力，并具有相应资质的特定法人或者其他组织参加投标。

第十二条　招标人应当按招标公告或者投标邀请书规定的时间、地点出售招标文件或者资格预审文件。自招标文件或者资格预审文件出售之日起至停止出售之日止，最短不得少于五个工作日。

第十三条　进行资格预审的，招标人只向资格预审合格的潜在投标人发售招标文件，并同时向资格预审不合格的潜在投标人告知资格预审结果。

第十四条　凡是资格预审合格的潜在投标人都应被允许参加投标。

招标人不得以抽签、摇号等不合理条件限制或者排斥资格预审合格的潜在投标人参加投标。

第十五条　招标人应当根据招标项目的特点和需要编制招标文件。

勘察设计招标文件应当包括下列内容：

（一）投标须知；

（二）投标文件格式及主要合同条款；

（三）项目说明书，包括资金来源情况；

（四）勘察设计范围，对勘察设计进度、阶段和深度要求；

（五）勘察设计基础资料；

（六）勘察设计费用支付方式，对未中标人是否给予补偿及补偿标准；

（七）投标报价要求；

（八）对投标人资格审查的标准；

（九）评标标准和方法；

（十）投标有效期。

投标有效期，是招标文件中规定的投标文件有效期，从提交投标文件截止日起计算。

对招标文件的收费应仅限于补偿编制及印刷方面的成本支出，招标人不得通过出售招标文件谋取利益。

第十六条 招标人负责提供与招标项目有关的基础资料，并保证所提供资料的真实性、完整性。涉及国家秘密的除外。

第十七条 对于潜在投标人在阅读招标文件和现场踏勘中提出的疑问，招标人可以书面形式或召开投标预备会的方式解答，但需同时将解答以书面方式通知所有招标文件收受人。该解答的内容为招标文件的组成部分。

第十八条 招标人可以要求投标人在提交符合招标文件规定要求的投标文件外，提交备选投标文件，但应当在招标文件中做出说明，并提出相应的评审和比较办法。

第十九条 招标人应当确定潜在投标人编制投标文件所需要的合理时间。

依法必须进行勘察设计招标的项目，自招标文件开始发出之日起至投标人提交投标文件截止之日止，最短不得少于二十日。

第二十条 除不可抗力原因外，招标人在发布招标公告或者发出投标邀请书后不得终止招标，也不得在出售招标文件后终止招标。

第三章 投　　标

第二十一条 投标人是响应招标、参加投标竞争的法人或者其他组织。

在其本国注册登记，从事建筑、工程服务的国外设计企业参加投标的，必须符合中华人民共和国缔结或者参加的国际条约、协定中所作的市场准入承诺以及有关勘察设计市场准入的管理规定。

投标人应当符合国家规定的资质条件。

第二十二条 投标人应当按照招标文件的要求编制投标文件。投标文件中的勘察设计收费报价，应当符合国务院价格主管部门制定的工程勘察设计收费标准。

第二十三条 投标人在投标文件有关技术方案和要求中不得指定与工程建设项目有关的重要设备、材料的生产供应者，或者含有倾向或者排斥特定生产供应者的内容。

第二十四条 招标文件要求投标人提交投标保证金的，保证金数额一般不超过勘察设计费投标报价的百分之二，最多不超过十万元人民币。

第二十五条 在提交投标文件截止时间后到招标文件规定的投标有效期终止之前，投标人不得补充、修改或者撤回其投标文件，否则其投标保证金将被没收。评标委员会要求对投标文件作必要澄清或者说明的除外。

第二十六条 投标人在投标截止时间前提交的投标文件，补充、修改或撤回投标文件的通知，备选投标文件等，都必须加盖所在单位公章，并且由其法定代表人或授权代表签字。

招标人在接收上述材料时，应检查其密封或签章是否完好，并向投标人出具标明签收人和签收时间的回执。

第二十七条　以联合体形式投标的，联合体各方应签订共同投标协议，连同投标文件一并提交招标人。

联合体各方不得再单独以自己名义，或者参加另外的联合体投同一个标。

第二十八条　联合体中标的，应指定牵头人或代表，授权其代表所有联合体成员与招标人签订合同，负责整个合同实施阶段的协调工作。但是，需要向招标人提交由所有联合体成员法定代表人签署的授权委托书。

第二十九条　投标人不得以他人名义投标，也不得利用伪造、转让、无效或者租借的资质证书参加投标，或者以任何方式请其他单位在自己编制的投标文件代为签字盖章，损害国家利益、社会公共利益和招标人的合法权益。

第三十条　投标人不得通过故意压低投资额、降低施工技术要求、减少占地面积，或者缩短工期等手段弄虚作假，骗取中标。

第四章　开标、评标和中标

第三十一条　开标应当在招标文件确定的提交投标文件截止时间的同一时间公开进行；除不可抗力原因外，招标人不得以任何理由拖延开标，或者拒绝开标。

第三十二条　评标工作由评标委员会负责。评标委员会的组成方式及要求，按《中华人民共和国招标投标法》及《评标委员会和评标方法暂行规定》（国家计委等七部委联合令第 12 号）的有关规定执行。

第三十三条　勘察设计评标一般采取综合评估法进行。评标委员会应当按照招标文件确定的评标标准和方法，结合经批准的项目建议书、可行性研究报告或者上阶段设计批复文件，对投标人的业绩、信誉和勘察设计人员的能力以及勘察设计方案的优劣进行综合评定。

招标文件中没有规定的标准和方法，不得作为评标的依据。

第三十四条　评标委员会可以要求投标人对其技术文件进行必要的说明或介绍，但不得提出带有暗示性或诱导性的问题，也不得明确指出其投标文件中的遗漏和错误。

第三十五条　根据招标文件的规定，允许投标人投备选标的，评标委员会可以对中标人所提交的备选标进行评审，以决定是否采纳备选标。不符合中标条件的投标人的备选标不予考虑。

第三十六条　投标文件有下列情况之一的，应作废标处理或被否决：

（一）未按要求密封；

（二）未加盖投标人公章，也未经法定代表人或者其授权代表签字；

（三）投标报价不符合国家颁布的勘察设计取费标准，或者低于成本恶性竞争的；

（四）未响应招标文件的实质性要求和条件的；

（五）以联合体形式投标，未向招标人提交共同投标协议的。

第三十七条　投标人有下列情况之一的，其投标应作废标处理或被否决：

（一）未按招标文件要求提供投标保证金；

（二）与其他投标人相互串通报价，或者与招标人串通投标的；

（三）以他人名义投标，或者以其他方式弄虚作假；

（四）以向招标人或者评标委员会成员行贿的手段谋取中标的；

（五）联合体通过资格预审后在组成上发生变化，含有未经过资格预审或者资格预审不合格的法人或者其他组织；

（六）投标文件中标明的投标人与资格预审的申请人在名称和组织结构上存在实质性差别的。

第三十八条 评标委员会完成评标后，应当向招标人提出书面评标报告，推荐合格的中标候选人。

评标报告的内容应当符合《评标委员会和评标方法暂行规定》第四十二条的规定。但是，评标委员会决定否决所有投标的，应在评标报告中详细说明理由。

第三十九条 评标委员会推荐的中标候选人应当限定在一至三人，并标明排列顺序。

能够最大限度地满足招标文件中规定的各项综合评价标准的投标人，应当推荐为中标候选人。

第四十条 使用国有资金投资或国家融资的工程建设项目，招标人一般应当确定排名第一的中标候选人为中标人。

排名第一的中标候选人放弃中标、因不可抗力提出不能履行合同，或者招标文件规定应当提交履约保证金而在规定的期限内未能提交的，招标人可以确定排名第二的中标候选人为中标人。

排名第二的中标候选人因前款规定的同样原因不能签订合同的，招标人可以确定排名第三的中标候选人为中标人。

第四十一条 招标人应在接到评标委员会的书面评标报告后十五日内，根据评标委员会的推荐结果确定中标人，或者授权评标委员会直接确定中标人。

第四十二条 招标人和中标人应当自中标通知书发出之日起三十日内，按照招标文件和中标人的投标文件订立书面合同。

中标人履行合同应当遵守《合同法》以及《建设工程勘察设计管理条例》中勘察设计文件编制实施的有关规定。

第四十三条 招标人不得以压低勘察设计费、增加工作量、缩短勘察设计周期等作为发出中标通知书的条件，也不得与中标人再行订立背离合同实质性内容的其他协议。

第四十四条 招标人与中标人签订合同后五个工作日内，应当向中标人和未中标人一次性退还投标保证金。招标文件中规定给予未中标人经济补偿的，也应在此期限内一并给付。

招标文件要求中标人提交履约保证金的，中标人应当提交；经中标人同意，可将其投标保证金抵作履约保证金。

第四十五条 招标人应当在将中标结果通知所有未中标人后七个工作日内，逐一返还未中标人的投标文件。

招标人或者中标人采用其他未中标人投标文件中技术方案的，应当征得未中标人的书面同意，并支付合理的使用费。

第四十六条　评标定标工作应当在投标有效期结束日三十个工作日前完成，不能如期完成的，招标人应当通知所有投标人延长投标有效期。

同意延长投标有效期的投标人应当相应延长其投标担保的有效期，但不得修改投标文件的实质性内容。

拒绝延长投标有效期的投标人有权收回投标保证金。招标文件中规定给予未中标人补偿的，拒绝延长的投标人有权获得补偿。

第四十七条　依法必须进行勘察设计招标的项目，招标人应当在确定中标人之日起十五日内，向有关行政监督部门提交招标投标情况的书面报告。

书面报告一般应包括以下内容：

（一）招标项目基本情况；

（二）投标人情况；

（三）评标委员会成员名单；

（四）开标情况；

（五）评标标准和方法；

（六）废标情况；

（七）评标委员会推荐的经排序的中标候选人名单；

（八）中标结果；

（九）未确定排名第一的中标候选人为中标人的原因；

（十）其他需说明的问题。

第四十八条　在下列情况下，招标人应当依照本办法重新招标：

（一）资格预审合格的潜在投标人不足三个的；

（二）在投标截止时间前提交投标文件的投标人少于三个的；

（三）所有投标均被作废标处理或被否决的；

（四）评标委员会否决不合格投标或者界定为废标后，因有效投标不足三个使得投标明显缺乏竞争，评标委员会决定否决全部投标的；

（五）根据第四十六条规定，同意延长投标有效期的投标人少于三个的。

第四十九条　招标人重新招标后，发生本办法第四十八条情形之一的，属于按照国家规定需要政府审批的项目，报经原项目审批部门批准后可以不再进行招标；其他工程建设项目，招标人可自行决定不再进行招标。

第五章　罚　　则

第五十条　依法必须进行勘察设计招标的项目，招标人有下列情况之一的，责令改正，可以并处一万元以上三万元以下罚款；情节严重的，招标无效：

（一）不具备招标条件而进行招标的；

（二）应当公开招标而不公开招标的；

（三）应当发布招标公告而不发布的；

（四）不在指定媒介发布依法必须招标项目的招标公告的；

（五）未经批准采用邀请招标方式的；

（六）自招标文件或者资格预审文件出售之日起至停止出售之日止，时间少于五个工作日的；

（七）自招标文件开始发出之日起至提交投标文件截止之日止，时间少于二十日的；

（八）非因不可抗力原因，在发布招标公告、发出投标邀请书或者发售资格预审文件或招标文件后终止招标的。

第五十一条 以联合体形式投标的，联合体成员又以自己名义单独投标，或者参加其他联合体投同一个标的，责令改正，可以并处一万元以上三万元以下罚款。

第五十二条 依法必须进行招标的项目的投标人以他人名义投标，利用伪造、转让、租借、无效的资质证书参加投标，或者请其他单位在自己编制的投标文件上代为签字盖章，弄虚作假，骗取中标的，中标无效。尚未构成犯罪的，处中标项目金额千分之五以上千分之十以下的罚款，对单位直接负责的主管人员和其他直接责任人员处单位罚款数额百分之五以上百分之十以下的罚款；有违法所得的，并处没收违法所得；情节严重的，取消其一年至三年内参加依法必须进行招标的项目的投标资格并予以公告，直至由工商行政管理机关吊销营业执照。

第五十三条 招标人以抽签、摇号等不合理的条件限制或者排斥资格预审合格的潜在投标人参加投标，对潜在投标人实行歧视待遇的，强制要求投标人组成联合体共同投标的，或者限制投标人之间竞争的，责令改正，可以处一万元以上五万元以下的罚款。

第五十四条 评标过程有下列情况之一的，评标无效，应当依法重新进行评标或者重新进行招标，可以并处三万元以下的罚款：

（一）使用招标文件没有确定的评标标准和方法的；

（二）评标标准和方法含有倾向或者排斥投标人的内容，妨碍或者限制投标人之间竞争，且影响评标结果的；

（三）应当回避担任评标委员会成员的人参与评标的；

（四）评标委员会的组建及人员组成不符合法定要求的；

（五）评标委员会及其成员在评标过程中有违法行为，且影响评标结果的。

第五十五条 下列情况属于招标人与中标人不按照招标文件和中标人的投标文件订立合同，责令改正，可以处中标项目金额千分之五以上千分之十以下的罚款：

（一）招标人以压低勘察设计费、增加工作量、缩短勘察设计周期等作为发出中标通知书的条件；

（二）招标人无正当理由不与中标人订立合同的；

（三）招标人向中标人提出超出招标文件中主要合同条款的附加条件，以此作为签订合同的前提条件；

（四）中标人无正当理由不与招标人签订合同的；

（五）中标人向招标人提出超出其投标文件中主要条款的附加条件，以此作为签订合同的前提条件；

（六）中标人拒不按照要求提交履约保证金的。

因不可抗力造成上述情况的，不适用前款规定。

第五十六条　本办法对违法行为及其处罚措施未做规定的，依据《中华人民共和国招标投标法》和有关法律、行政法规的规定执行。

第六章　附　　则

第五十七条　使用国际组织或者外国政府贷款、援助资金的项目进行招标，贷款方、资金提供方对工程勘察设计招标投标的条件和程序另有规定的，可以适用其规定，但违背中华人民共和国社会公共利益的除外。

第五十八条　本办法发布之前有关勘察设计招标投标的规定与本办法不一致的，以本办法为准。法律或者行政法规另有规定的，从其规定。

第五十九条　本办法由国家发展和改革委员会会同有关部门负责解释。

第六十条　本办法自 2003 年 8 月 1 日起施行。

关于印发《政府采购评审专家管理办法》的通知

财库〔2003〕119号

（财政部、监察部2003年11月17日印发）

各省、自治区、直辖市、计划单列市财政厅（局）、监察厅（局），新疆生产建设兵团财务局、监察局，党中央有关部门，国务院各部委、各直属机构，各人民团体，全国人大常委会办公厅，全国政协办公厅，高法院，高检院：

为了加强对政府采购评审专家的管理，保证政府采购工作的公正、公平，根据《中华人民共和国政府采购法》和国务院办公厅转发《财政部关于全面推进政府采购制度改革意见》的通知精神（国办发〔2003〕74号），财政部和监察部制定了《政府采购评审专家管理办法》。现印发给你们，请遵照执行。

附件

政府采购评审专家管理办法

第一章 总 则

第一条 为加强对政府采购评审活动的管理，规范评审专家执业行为，提高政府采购工作质量，依据有关法律和国务院规定，制定本办法。

第二条 本办法所称政府采购评审专家（以下简称“评审专家”），是指符合本办法规定条件和要求，以独立身份从事和参加政府采购有关评审工作的人员。

评审专家从事和参加政府采购招标、竞争性谈判、询价、单一来源等采购活动评审，以及相关咨询活动适用本办法。

第三条 评审专家实行“统一条件，分级管理，资源共享，随机选取、管用分离”的管理办法。

第四条 评审专家资格由财政部门管理，采取公开征集、推荐与自我推荐相结合的方式确定。集中采购机构和经财政部门登记备案的政府采购业务代理机构（以下统称“采购代理机构”）可以按照本办法规定对自身管理的专家进行初审，并作为评审专家候选人报财政部门审核登记。

第五条 评审专家应当通过政府采购专家库进行管理。各级财政部门可以根据本地区实际和资源整合要求，统一建立政府采购专家库，也可以借助采购人、采购代理机构已有的专家资源建库。

第六条 评审专家名单必须在财政部指定的政府采购信息发布媒体上公告，也可以同时在省级财政部门指定的政府采购信息发布媒体上公告。

第七条　财政部门应当加强对评审专家的监督管理，切实规范专家执业行为。

第二章　评审专家资格管理

第八条　评审专家应当具备以下条件：

（一）具有较高的业务素质和良好的职业道德，在政府采购的评审过程中能以客观公正、廉洁自律、遵纪守法为行为准则；

（二）从事相关领域工作满8年，具有本科（含本科）以上文化程度，高级专业技术职称或者具有同等专业水平，精通专业业务，熟悉产品情况，在其专业领域享有一定声誉；

（三）熟悉政府采购、招标投标的相关政策法规和业务理论知识，能胜任政府采购评审工作；

（四）本人愿意以独立身份参加政府采购评审工作，并接受财政部门的监督管理；

（五）没有违纪违法等不良记录；

（六）财政部门要求的其他条件。

第九条　对达不到第八条第二款所列条件和要求，但在相关工作领域有突出的专业特长并熟悉商品市场销售行情，且符合专家其他资格条件的，可以经财政部门审核后，认定为评审专家。

第十条　凡符合本办法第八条和第九条规定的在职和离退休人员，均可向财政部门、采购人、采购代理机构自我推荐，也可以由所在单位或本行业其他专家推荐。自我推荐或推荐时应提供以下材料：

（一）个人文化及专业简历；

（二）文化及专业资格证书（原件及复印件）；

（三）个人研究或工作成就简况（包括学术论文、科研成果、发明创造等）；

（四）证明本人身份的有效证件；

（五）本人所在单位或行业组织出具的评荐意见。

第十一条　凡经财政部门审核登记的专家，即获得评审专家资格。财政部门可以根据管理需要，颁发《政府采购评审专家聘书》。

第十二条　财政部门应当对所聘评审专家的资格每两年检验复审一次，符合条件的可以继续聘用。

第十三条　评审专家资格检验复审工作应当包括以下内容：

（一）本人专业水平和执业能力是否能够继续满足政府采购评审工作要求；

（二）本人是否熟悉和掌握政府采购法律、法规、规章制度和方针政策方面的新规定，并参加必要的政府采购培训；

（三）本人在参加政府采购活动中是否严格遵守客观公正等职业道德规范，认真履行自己的职责；

（四）本人有无违反本办法规定或其他违纪违法不良记录；

（五）财政部门认为应当考核的其他内容。

第十四条　对在政府采购评审工作中有违规行为、不再胜任评审工作、检验复审不合格的，或者本人提出不再担任评审专家申请的，财政部门可以随时办理有关解除资格聘用手续。

第三章　评审专家的权利义务

第十五条　评审专家在政府采购活动中享有以下权利：

（一）对政府采购制度及相关情况的知情权；

（二）对供应商所供货物、工程和服务质量的评审权；

（三）推荐中标候选供应商的表决权；

（四）按规定获得相应的评审劳务报酬；

（五）法律、法规和规章规定的其他权利。

第十六条　评审专家在政府采购活动中承担以下义务：

（一）为政府采购工作提供真实、可靠的评审意见；

（二）严格遵守政府采购评审工作纪律，不得向外界泄露评审情况（不包括本条第四款内容）；

（三）发现供应商在政府采购活动中有不正当竞争或恶意串通等违规行为，应及时向政府采购评审工作的组织者或财政部门报告并加以制止；

（四）解答有关方面对政府采购评审工作中有关问题的咨询或质疑；

（五）法律、法规和规章规定的其他义务。

第十七条　财政部门、采购人和采购代理机构的有关工作人员应对评审专家的私人情况予以保密。

第四章　评审专家的使用与管理

第十八条　评审专家的管理与使用要相对分离。财政部门要建立专家库维护管理与抽取使用相互制约的管理制度，即政府采购专家库的维护管理与使用抽取工作分离。

第十九条　抽取使用专家时，原则上由采购人或采购代理机构的经办人在财政部门监督下随机抽取。特殊情况下，经采购人或采购代理机构同意，也可以由财政部门专家库维护管理人员从专家库中随机抽取后，推荐给采购人或采购代理机构。任何单位和个人都不得指定评审专家或干预评审专家的抽取工作。

第二十条　每次抽取所需评审专家时，应当根据情况多抽取两名以上候补评选专家，并按先后顺序排列递补。

评审专家抽取结果及通知情况应当场记录备案，以备后查。

第二十一条　遇有行业和产品特殊，政府采购专家库不能满足需求时，可以由采购人、采购代理机构按有关规定确定评审专家人选，但应当报财政部门备案。

第二十二条　评审专家的抽取时间原则上应当在开标前半天或前一天进行，特殊情况不得超过两天。

参加评审专家抽取的有关人员对被抽取专家的姓名、单位和联系方式等内容负有保密的义务。

第二十三条　财政部门统一建立的专家库必须公开向采购人、采购代理机构提供服务，不得有意隐瞒专家库资源。

第二十四条　评审专家原则上在一年之内不得连续三次参加政府采购评审工作。

第二十五条　评审专家应以科学、公正的态度参加政府采购的评审工作，在评审过程中不受任何干扰，独立、负责地提出评审意见，并对自己的评审意见承担责任。

第二十六条　评审专家不得参加与自己有利害关系的政府采购项目的评审活动。对与自己有利害关系的评审项目，如受到邀请，应主动提出回避。财政部门、采购人或采购代理机构也可要求该评审专家回避。

有利害关系主要是指三年内曾在参加该采购项目供应商中任职（包括一般工作）或担任顾问，配偶或直系亲属在参加该采购项目的供应商中任职或担任顾问，与参加该采购项目供应商发生过法律纠纷，以及其他可能影响公正评标的情况。

第二十七条　财政部门应建立政府采购评审专家信息反馈制度，听取有关各方对评审专家业务水平、工作能力、职业道德等方面的意见，核实并记录有关内容。定期组织专家进行政府采购法律法规和政策方面的学习。

第五章　违　规　处　罚

第二十八条　评审专家有下列情况之一的，将作为不良行为予以通报批评或记录。

（一）被选定为某项目并且已接受邀请的评审项目专家，未按规定时间参与评审，影响政府采购工作的；

（二）在评标工作中，有明显倾向或歧视现象的；

（三）违反职业道德和国家有关廉洁自律规定，但对评审结果没有实质性影响的；

（四）违反政府采购规定，向外界透露有关评标情况及其他信息的；

（五）不能按规定回答或拒绝回答采购当事人询问的；

（六）在不知情情况下，评审意见违反政府采购政策规定的。

第二十九条　评审专家有下列情况之一的，财政部门将取消其政府采购评审专家资格。

（一）故意并且严重损害采购人、供应商等正当权益的；

（二）违反国家有关廉洁自律规定，私下接触或收受参与政府采购活动的供应商及有关业务单位的财物或者好处的；

（三）违反政府采购规定向外界透露有关评审情况及其他信息，给招标结果带来实质影响的；

（四）评审专家之间私下达成一致意见，违背公正、公开原则，影响和干预评标结果的；

（五）以政府采购名义从事有损政府采购形象的其他活动的；

（六）弄虚作假骗取评审专家资格的；

（七）评审意见严重违反政府采购有关政策规定的。

第三十条　评审专家在一年内发生两次通报批评或不良记录的，将取消其一年以上评审资格。累计三次以上者将不得再从事评审工作。

第三十一条　各级监察机关要对属于行政监察对象的评审专家的个人行为加强监督

检查，涉及有关违规违纪行为的，应当按照有关规定给予相关人员行政处分。

第三十二条 由于评审专家个人的违规行为给有关单位造成经济损失的，相关评审专家应当承担经济赔偿责任；构成犯罪的，将移送司法机关追究其刑事责任。

第三十三条 通报批评、不良记录和取消资格等对评审专家的处理结果，可以在财政部门指定的政府采购信息发布媒体上公告。

第三十四条 财政部门、采购人或采购代理机构在抽取评审专家工作中，违反操作要求予以指定或进行暗箱操作的，或故意对外泄露被抽取评审专家有关姓名、单位、联系方式等内容的，可根据具体情况，由其上级部门或监察机关给予相应的行政处分。

第三十五条 财政部门及其工作人员在对评审专家的管理工作中，有失职、渎职、徇私舞弊等行为，不正确履行职责，或借管理行为不正当干预政府采购工作的，要予以通报批评；情节严重的，由其上级部门或监察机关给予相应的行政处分。

第六章 附 则

第三十六条 各省、自治区、直辖市、计划单列市财政厅（局），可以根据本办法规定，制定具体实施办法。

第三十七条 本办法自发布之日起执行。

工程建设项目招标投标活动投诉处理办法

国家发展和改革委员会、建设部、铁道部、交通部、信息产业部、水利部、中国民用航空总局令第11号

（2004年6月21日公布，自2004年8月1日起施行）

第一条　为保护国家利益、社会公共利益和招标投标当事人的合法权益，建立公平、高效的工程建设项目招标投标活动投诉处理机制，根据《中华人民共和国招标投标法》第六十五条规定，制定本办法。

第二条　本办法适用于工程建设项目招标投标活动的投诉及其处理活动。

前款所称招标投标活动，包括招标、投标、开标、评标、中标以及签订合同等各阶段。

第三条　投标人和其他利害关系人认为招标投标活动不符合法律、法规和规章规定的，有权依法向有关行政监督部门投诉。

前款所称其他利害关系人是指投标人以外的，与招标项目或者招标活动有直接和间接利益关系的法人、其他组织和个人。

第四条　各级发展改革、建设、水利、交通、铁道、民航、信息产业（通信、电子）等招标投标活动行政监督部门，依照《国务院办公厅印发国务院有关部门实施招标投标活动行政监督的职责分工的意见的通知》（国办发〔2000〕34号）和地方各级人民政府规定的职责分工，受理投诉并依法做出处理决定。

对国家重大建设项目（含工业项目）招标投标活动的投诉，由国家发展改革委受理并依法做出处理决定。对国家重大建设项目招标投标活动的投诉，有关行业行政监督部门已经受理的，应当通报国家发展改革委，国家发展改革委不再受理。

第五条　行政监督部门处理投诉时，应当坚持公平、公正、高效原则，维护国家利益、社会公共利益和招标投标当事人的合法权益。

第六条　行政监督部门应当确定本部门内部负责受理投诉的机构及其电话、传真、电子信箱和通信地址，并向社会公布。

第七条　投诉人投诉时，应当提交投诉书。投诉书应当包括下列内容：

（一）投诉人的名称、地址及有效联系方式；

（二）被投诉人的名称、地址及有效联系方式；

（三）投诉事项的基本事实；

（四）相关请求及主张；

（五）有效线索和相关证明材料。

投诉人是法人的，投诉书必须由其法定代表人或者授权代表签字并盖章；其他组织或个人投诉的，投诉书必须由其主要负责人或投诉人本人签字，并附有效身份证明复印件。

投诉书有关材料是外文的，投诉人应当同时提供其中文译本。

第八条 投诉人不得以投诉为名排挤竞争对手，不得进行虚假、恶意投诉，阻碍招标投标活动的正常进行。

第九条 投诉人应当在知道或者应当知道其权益受到侵害之日起十日内提出书面投诉。

第十条 投诉人可以直接投诉，也可以委托代理人办理投诉事务。代理人办理投诉事务时，应将授权委托书连同投诉书一并提交给行政监督部门。授权委托书应当明确有关委托代理权限和事项。

第十一条 行政监督部门收到投诉书后，应当在五日内进行审查，视情况分别做出以下处理决定：

（一）不符合投诉处理条件的，决定不予受理，并将不予受理的理由书面告知投诉人；

（二）对符合投诉处理条件，但不属于本部门受理的投诉，书面告知投诉人向其他行政监督部门提出投诉；

对于符合投诉处理条件并决定受理的，收到投诉书之日即为正式受理。

第十二条 有下列情形之一的投诉，不予受理：

（一）投诉人不是所投诉招标投标活动的参与者，或者与投诉项目无任何利害关系；

（二）投诉事项不具体，且未提供有效线索，难以查证的；

（三）投诉书未署具投诉人真实姓名、签字和有效联系方式的；以法人名义投诉的，投诉书未经法定代表人签字并加盖公章的；

（四）超过投诉时效的；

（五）已经作出处理决定，并且投诉人没有提出新的证据的；

（六）投诉事项已进入行政复议或行政诉讼程序的。

第十三条 行政监督部门负责投诉处理的工作人员，有下列情形之一的，应当主动回避。

（一）近亲属是被投诉人、投诉人，或者是被投诉人、投诉人的主要负责人；

（二）在近三年内本人曾经在被投诉人单位担任高级管理职务；

（三）与被投诉人、投诉人有其他利害关系，可能影响对投诉事项公正处理的。

第十四条 行政监督部门受理投诉后，应当调取、查阅有关文件，调查、核实有关情况。

对情况复杂、涉及面广的重大投诉事项，有权受理投诉的行政监督部门可以会同其他有关的行政监督部门进行联合调查，共同研究后由受理部门做出处理决定。

第十五条 行政监督部门调查取证时，应当由两名以上行政执法人员进行，并做笔录，交被调查人签字确认。

第十六条 在投诉处理过程中，行政监督部门应当听取被投诉人的陈述和申辩，必要时可通知投诉人和被投诉人进行质证。

第十七条 行政监督部门负责处理投诉的人员应当严格遵守保密规定，对于在投诉处理过程中所接触到的国家秘密、商业秘密应当予以保密，也不得将投诉事项透露给与投诉无关的其他单位和个人。

第十八条　对行政监督部门依法进行的调查，投诉人、被投诉人以及评标委员会成员等与投诉事项有关的当事人应当予以配合，如实提供有关资料及情况，不得拒绝、隐匿或伪报。

第十九条　投诉处理决定做出前，投诉人要求撤回投诉的，应当以书面形式提出并说明理由，由行政监督部门视以下情况，决定是否准予撤回：

（一）已经查实有明显违法行为的，应当不准撤回，并继续查处直至做出处理决定；

（二）撤回投诉不损害国家利益、社会公共利益或其他当事人合法权益的，应当准予撤回，投诉处理过程终止。投诉人不得以同一事实和理由再提出投诉。

第二十条　行政监督部门应当根据调查和取证情况，对投诉事项进行审查，按照下列规定做出处理决定：

（一）投诉缺乏事实根据或者法律依据的，驳回投诉；

（二）投诉情况属实，招标投标活动确实存在违法行为的，依据《中华人民共和国招标投标法》及其他有关法规、规章做出处罚。

第二十一条　负责受理投诉的行政监督部门应当自受理投诉之日起三十日内，对投诉事项做出处理决定，并以书面形式通知投诉人、被投诉人和其他与投诉处理结果有关的当事人。

情况复杂，不能在规定期限内做出处理决定的，经本部门负责人批准，可以适当延长，并告知投诉人和被投诉人。

第二十二条　投诉处理决定应当包括下列主要内容：

（一）投诉人和被投诉人的名称、住址；

（二）投诉人的投诉事项及主张；

（三）被投诉人的答辩及请求；

（四）调查认定的基本事实；

（五）行政监督部门的处理意见及依据。

第二十三条　行政监督部门应当建立投诉处理档案，并做好保存和管理工作，接受有关方面的监督检查。

第二十四条　行政监督部门在处理投诉过程中，发现被投诉人单位直接负责的主管人员和其他直接责任人员有违法、违规或者违纪行为的，应当建议其行政主管机关、纪检监察部门给予处分；情节严重构成犯罪的，移送司法机关处理。

对招标代理机构有违法行为，且情节严重的，依法暂停直至取消招标代理资格。

第二十五条　当事人对行政监督部门的投诉处理决定不服或者行政监督部门逾期未做处理的，可以依法申请行政复议或者向人民法院提起行政诉讼。

第二十六条　投诉人故意捏造事实、伪造证明材料的，属于虚假恶意投诉，由行政监督部门驳回投诉，并给予警告；情节严重的，可以并处一万元以下罚款。

第二十七条　行政监督部门工作人员在处理投诉过程中徇私舞弊、滥用职权或者玩忽职守，对投诉人打击报复的，依法给予行政处分；构成犯罪的，依法追究刑事责任。

第二十八条　行政监督部门在处理投诉过程中，不得向投诉人和被投诉人收取任何费用。

第二十九条 对于性质恶劣、情节严重的投诉事项，行政监督部门可以将投诉处理结果在有关媒体上公布，接受舆论和公众监督。

第三十条 本办法由国家发展改革委会同国务院有关部门解释。

第三十一条 本办法自2004年8月1日起施行。

政府采购货物和服务招标投标管理办法

财政部令第 18 号

（2004 年 8 月 11 日公布，自 2004 年 9 月 11 日起施行）

第一章　总　　则

第一条　为了规范政府采购当事人的采购行为，加强对政府采购货物和服务招标投标活动的监督管理，维护社会公共利益和政府采购招标投标活动当事人的合法权益，依据《中华人民共和国政府采购法》（以下简称政府采购法）和其他有关法律规定，制定本办法。

第二条　采购人及采购代理机构（以下统称“招标采购单位”）进行政府采购货物或者服务（以下简称“货物服务”）招标投标活动，适用本办法。

前款所称采购代理机构，是指集中采购机构和依法经认定资格的其他采购代理机构。

第三条　货物服务招标分为公开招标和邀请招标。

公开招标，是指招标采购单位依法以招标公告的方式邀请不特定的供应商参加投标。

邀请招标，是指招标采购单位依法从符合相应资格条件的供应商中随机邀请 3 家以上供应商，并以投标邀请书的方式，邀请其参加投标。

第四条　货物服务采购项目达到公开招标数额标准的，必须采用公开招标方式。因特殊情况需要采用公开招标以外方式的，应当在采购活动开始前获得设区的市、自治州以上人民政府财政部门的批准。

第五条　招标采购单位不得将应当以公开招标方式采购的货物服务化整为零或者以其他方式规避公开招标采购。

第六条　任何单位和个人不得阻挠和限制供应商自由参加货物服务招标投标活动，不得指定货物的品牌、服务的供应商和采购代理机构，以及采用其他方式非法干涉货物服务招标投标活动。

第七条　在货物服务招标投标活动中，招标采购单位工作人员、评标委员会成员及其他相关人员与供应商有利害关系的，必须回避。供应商认为上述人员与其他供应商有利害关系的，可以申请其回避。

第八条　参加政府采购货物服务投标活动的供应商（以下简称“投标人”），应当是提供本国货物服务的本国供应商，但法律、行政法规规定外国供应商可以参加货物服务招标投标活动的除外。

外国供应商依法参加货物服务招标投标活动的，应当按照本办法的规定执行。

第九条　货物服务招标投标活动，应当有助于实现国家经济和社会发展政策目标，包括保护环境，扶持不发达地区和少数民族地区，促进中小企业发展等。

第十条 县级以上各级人民政府财政部门应当依法履行对货物服务招标投标活动的监督管理职责。

第二章 招 标

第十一条 招标采购单位应当按照本办法规定组织开展货物服务招标投标活动。

采购人可以依法委托采购代理机构办理货物服务招标事宜，也可以自行组织开展货物服务招标活动，但必须符合本办法第十二条规定的条件。

集中采购机构应当依法独立开展货物服务招标活动。其他采购代理机构应当根据采购人的委托办理货物服务招标事宜。

第十二条 采购人符合下列条件的，可以自行组织招标：

（一）具有独立承担民事责任的能力；

（二）具有编制招标文件和组织招标能力，有与采购招标项目规模和复杂程度相适应的技术、经济等方面的采购和管理人员；

（三）采购人员经过省级以上人民政府财政部门组织的政府采购培训。

采购人不符合前款规定条件的，必须委托采购代理机构代理招标。

第十三条 采购人委托采购代理机构招标的，应当与采购代理机构签订委托协议，确定委托代理的事项，约定双方的权利和义务。

第十四条 采用公开招标方式采购的，招标采购单位必须在财政部门指定的政府采购信息发布媒体上发布招标公告。

第十五条 采用邀请招标方式采购的，招标采购单位应当在省级以上人民政府财政部门指定的政府采购信息媒体发布资格预审公告，公布投标人资格条件，资格预审公告的期限不得少于 7 个工作日。

投标人应当在资格预审公告期结束之日起 3 个工作日前，按公告要求提交资格证明文件。招标采购单位从评审合格投标人中通过随机方式选择 3 家以上的投标人，并向其发出投标邀请书。

第十六条 采用招标方式采购的，自招标文件开始发出之日起至投标人提交投标文件截止之日止，不得少于 20 日。

第十七条 公开招标公告应当包括以下主要内容：

（一）招标采购单位的名称、地址和联系方法；

（二）招标项目的名称、数量或者招标项目的性质；

（三）投标人的资格要求；

（四）获取招标文件的时间、地点、方式及招标文件售价；

（五）投标截止时间、开标时间及地点。

第十八条 招标采购单位应当根据招标项目的特点和需求编制招标文件。招标文件包括以下内容：

（一）投标邀请；

（二）投标人须知（包括密封、签署、盖章要求等）；

（三）投标人应当提交的资格、资信证明文件；

（四）投标报价要求、投标文件编制要求和投标保证金交纳方式；

（五）招标项目的技术规格、要求和数量，包括附件、图纸等；

（六）合同主要条款及合同签订方式；

（七）交货和提供服务的时间；

（八）评标方法、评标标准和废标条款；

（九）投标截止时间、开标时间及地点；

（十）省级以上财政部门规定的其他事项。

招标人应当在招标文件中规定并标明实质性要求和条件。

第十九条　招标采购单位应当制作纸质招标文件，也可以在财政部门指定的网络媒体上发布电子招标文件，并应当保持两者的一致。电子招标文件与纸质招标文件具有同等法律效力。

第二十条　招标采购单位可以要求投标人提交符合招标文件规定要求的备选投标方案，但应当在招标文件中说明，并明确相应的评审标准和处理办法。

第二十一条　招标文件规定的各项技术标准应当符合国家强制性标准。

招标文件不得要求或者标明特定的投标人或者产品，以及含有倾向性或者排斥潜在投标人的其他内容。

第二十二条　招标采购单位可以根据需要，就招标文件征询有关专家或者供应商的意见。

第二十三条　招标文件售价应当按照弥补招标文件印制成本费用的原则确定，不得以营利为目的，不得以招标采购金额作为确定招标文件售价依据。

第二十四条　招标采购单位在发布招标公告、发出投标邀请书或者发出招标文件后，不得擅自终止招标。

第二十五条　招标采购单位根据招标采购项目的具体情况，可以组织潜在投标人现场考察或者召开开标前答疑会，但不得单独或者分别组织只有 1 个投标人参加的现场考察。

第二十六条　开标前，招标采购单位和有关工作人员不得向他人透露已获取招标文件的潜在投标人的名称、数量以及可能影响公平竞争的有关招标投标的其他情况。

第二十七条　招标采购单位对已发出的招标文件进行必要澄清或者修改的，应当在招标文件要求提交投标文件截止时间 15 日前，在财政部门指定的政府采购信息发布媒体上发布更正公告，并以书面形式通知所有招标文件收受人。该澄清或者修改的内容为招标文件的组成部分。

第二十八条　招标采购单位可以视采购具体情况，延长投标截止时间和开标时间，但至少应当在招标文件要求提交投标文件的截止时间 3 日前，将变更时间书面通知所有招标文件收受人，并在财政部门指定的政府采购信息发布媒体上发布变更公告。

第三章　投　　标

第二十九条　投标人是响应招标并且符合招标文件规定资格条件和参加投标竞争的法

人、其他组织或者自然人。

第三十条 投标人应当按照招标文件的要求编制投标文件。投标文件应对招标文件提出的要求和条件作出实质性响应。

投标文件由商务部分、技术部分、价格部分和其他部分组成。

第三十一条 投标人应当在招标文件要求提交投标文件的截止时间前，将投标文件密封送达投标地点。招标采购单位收到投标文件后，应当签收保存，任何单位和个人不得在开标前开启投标文件。

在招标文件要求提交投标文件的截止时间之后送达的投标文件，为无效投标文件，招标采购单位应当拒收。

第三十二条 投标人在投标截止时间前，可以对所递交的投标文件进行补充、修改或者撤回，并书面通知招标采购单位。补充、修改的内容应当按招标文件要求签署、盖章，并作为投标文件的组成部分。

第三十三条 投标人根据招标文件载明的标的采购项目实际情况，拟在中标后将中标项目的非主体、非关键性工作交由他人完成的，应当在投标文件中载明。

第三十四条 2 个以上供应商可以组成 1 个投标联合体，以 1 个投标人的身份投标。

以联合体形式参加投标的，联合体各方均应当符合政府采购法第二十二条第一款规定的条件。采购人根据采购项目的特殊要求规定投标人特定条件的，联合体各方中至少应当有一方符合采购人规定的特定条件。

联合体各方之间应当签订共同投标协议，明确约定联合体各方承担的工作和相应的责任，并将共同投标协议连同投标文件一并提交招标采购单位。联合体各方签订共同投标协议后，不得再以自己名义单独在同一项目中投标，也不得组成新的联合体参加同一项目投标。

招标采购单位不得强制投标人组成联合体共同投标，不得限制投标人之间的竞争。

第三十五条 投标人之间不得相互串通投标报价，不得妨碍其他投标人的公平竞争，不得损害招标采购单位或者其他投标人的合法权益。

投标人不得以向招标采购单位、评标委员会成员行贿或者采取其他不正当手段谋取中标。

第三十六条 招标采购单位应当在招标文件中明确投标保证金的数额及交纳办法。招标采购单位规定的投标保证金数额，不得超过采购项目概算的 1%。

投标人投标时，应当按招标文件要求交纳投标保证金。投标保证金可以采用现金支票、银行汇票、银行保函等形式交纳。投标人未按招标文件要求交纳投标保证金的，招标采购单位应当拒绝接收投标人的投标文件。

联合体投标的，可以由联合体中的一方或者共同提交投标保证金，以一方名义提交投标保证金的，对联合体各方均具有约束力。

第三十七条 招标采购单位应当在中标通知书发出后 5 个工作日内退还未中标供应商的投标保证金，在采购合同签订后 5 个工作日内退还中标供应商的投标保证金。招标采购单位逾期退还投标保证金的，除应当退还投标保证金本金外，还应当按商业银行同期贷款利率上浮 20%后的利率支付资金占用费。

第四章　开标、评标与定标

第三十八条　开标应当在招标文件确定的提交投标文件截止时间的同一时间公开进行；开标地点应当为招标文件中预先确定的地点。

招标采购单位在开标前，应当通知同级人民政府财政部门及有关部门。财政部门及有关部门可以视情况到现场监督开标活动。

第三十九条　开标由招标采购单位主持，采购人、投标人和有关方面代表参加。

第四十条　开标时，应当由投标人或者其推选的代表检查投标文件的密封情况，也可以由招标人委托的公证机构检查并公证；经确认无误后，由招标工作人员当众拆封，宣读投标人名称、投标价格、价格折扣、招标文件允许提供的备选投标方案和投标文件的其他主要内容。

未宣读的投标价格、价格折扣和招标文件允许提供的备选投标方案等实质内容，评标时不予承认。

第四十一条　开标时，投标文件中开标一览表（报价表）内容与投标文件中明细表内容不一致的，以开标一览表（报价表）为准。

投标文件的大写金额和小写金额不一致的，以大写金额为准；总价金额与按单价汇总金额不一致的，以单价金额计算结果为准；单价金额小数点有明显错位的，应以总价为准，并修改单价；对不同文字文本投标文件的解释发生异议的，以中文文本为准。

第四十二条　开标过程应当由招标采购单位指定专人负责记录，并存档备查。

第四十三条　投标截止时间结束后参加投标的供应商不足 3 家的，除采购任务取消情形外，招标采购单位应当报告设区的市、自治州以上人民政府财政部门，由财政部门按照以下原则处理：

（一）招标文件没有不合理条款、招标公告时间及程序符合规定的，同意采取竞争性谈判、询价或者单一来源方式采购；

（二）招标文件存在不合理条款的，招标公告时间及程序不符合规定的，应予废标，并责成招标采购单位依法重新招标。

在评标期间，出现符合专业条件的供应商或者对招标文件作出实质响应的供应商不足 3 家情形的，可以比照前款规定执行。

第四十四条　评标工作由招标采购单位负责组织，具体评标事务由招标采购单位依法组建的评标委员会负责，并独立履行下列职责：

（一）审查投标文件是否符合招标文件要求，并作出评价；

（二）要求投标供应商对投标文件有关事项作出解释或者澄清；

（三）推荐中标候选供应商名单，或者受采购人委托按照事先确定的办法直接确定中标供应商；

（四）向招标采购单位或者有关部门报告非法干预评标工作的行为。

第四十五条　评标委员会由采购人代表和有关技术、经济等方面的专家组成，成员人数应当为 5 人以上单数。其中，技术、经济等方面的专家不得少于成员总数的 2/3。采购数额在 300 万元以上、技术复杂的项目，评标委员会中技术、经济方面的专家人数应当为

5 人以上单数。

招标采购单位就招标文件征询过意见的专家，不得再作为评标专家参加评标。采购人不得以专家身份参与本部门或者本单位采购项目的评标。采购代理机构工作人员不得参加由本机构代理的政府采购项目的评标。

评标委员会成员名单原则上应在开标前确定，并在招标结果确定前保密。

第四十六条 评标专家应当熟悉政府采购、招标投标的相关政策法规，熟悉市场行情，有良好的职业道德，遵守招标纪律，从事相关领域工作满 8 年并具有高级职称或者具有同等专业水平。

第四十七条 各级人民政府财政部门应当对专家实行动态管理。

第四十八条 招标采购单位应当从同级或上一级财政部门设立的政府采购评审专家库中，通过随机方式抽取评标专家。

招标采购机构对技术复杂、专业性极强的采购项目，通过随机方式难以确定合适评标专家的，经设区的市、自治州以上人民政府财政部门同意，可以采取选择性方式确定评标专家。

第四十九条 评标委员会成员应当履行下列义务：

（一）遵纪守法，客观、公正、廉洁地履行职责；

（二）按照招标文件规定的评标方法和评标标准进行评标，对评审意见承担个人责任；

（三）对评标过程和结果，以及供应商的商业秘密保密；

（四）参与评标报告的起草；

（五）配合财政部门的投诉处理工作；

（六）配合招标采购单位答复投标供应商提出的质疑。

第五十条 货物服务招标采购的评标方法分为最低评标价法、综合评分法和性价比法。

第五十一条 最低评标价法，是指以价格为主要因素确定中标候选供应商的评标方法，即在全部满足招标文件实质性要求前提下，依据统一的价格要素评定最低报价，以提出最低报价的投标人作为中标候选供应商或者中标供应商的评标方法。

最低评标价法适用于标准定制商品及通用服务项目。

第五十二条 综合评分法，是指在最大限度地满足招标文件实质性要求前提下，按照招标文件中规定的各项因素进行综合评审后，以评标总得分最高的投标人作为中标候选供应商或者中标供应商的评标方法。

综合评分的主要因素是：价格、技术、财务状况、信誉、业绩、服务、对招标文件的响应程度，以及相应的比重或者权值等。上述因素应当在招标文件中事先规定。

评标时，评标委员会各成员应当独立对每个有效投标人的标书进行评价、打分，然后汇总每个投标人每项评分因素的得分。

采用综合评分法的，货物项目的价格分值占总分值的比重（即权值）为 30%至 60%；服务项目的价格分值占总分值的比重（即权值）为 10%至 30%。执行统一价格标准的服务项目，其价格不列为评分因素。有特殊情况需要调整的，应当经同级人民政府财政部门批准。

评标总得分＝F1×A1＋F2×A2＋…＋Fn×An

F1、F2、…、Fn分别为各项评分因素的汇总得分；

A1、A2、…、An分别为各项评分因素所占的权重（A1＋A2＋…＋An＝1）。

第五十三条　性价比法，是指按照要求对投标文件进行评审后，计算出每个有效投标人除价格因素以外的其他各项评分因素（包括技术、财务状况、信誉、业绩、服务、对招标文件的响应程度等）的汇总得分，并除以该投标人的投标报价，以商数（评标总得分）最高的投标人为中标候选供应商或者中标供应商的评标方法。

评标总得分＝B/N

B为投标人的综合得分，B＝F1×A1＋F2×A2＋…＋Fn×An，其中：F1、F2、…、Fn分别为除价格因素以外的其他各项评分因素的汇总得分；A1、A2、…、An分别为除价格因素以外的其他各项评分因素所占的权重（A1＋A2＋…＋An＝1）。

N为投标人的投标报价。

第五十四条　评标应当遵循下列工作程序：

（一）投标文件初审。初审分为资格性检查和符合性检查。

1. 资格性检查。依据法律法规和招标文件的规定，对投标文件中的资格证明、投标保证金等进行审查，以确定投标供应商是否具备投标资格。

2. 符合性检查。依据招标文件的规定，从投标文件的有效性、完整性和对招标文件的响应程度进行审查，以确定是否对招标文件的实质性要求作出响应。

（二）澄清有关问题。对投标文件中含义不明确、同类问题表述不一致或者有明显文字和计算错误的内容，评标委员会可以书面形式（应当由评标委员会专家签字）要求投标人作出必要的澄清、说明或者纠正。投标人的澄清、说明或者补正应当采用书面形式，由其授权的代表签字，并不得超出投标文件的范围或者改变投标文件的实质性内容。

（三）比较与评价。按招标文件中规定的评标方法和标准，对资格性检查和符合性检查合格的投标文件进行商务和技术评估，综合比较与评价。

（四）推荐中标候选供应商名单。中标候选供应商数量应当根据采购需要确定，但必须按顺序排列中标候选供应商。

1. 采用最低评标价法的，按投标报价由低到高顺序排列。投标报价相同的，按技术指标优劣顺序排列。评标委员会认为，排在前面的中标候选供应商的最低投标价或者某些分项报价明显不合理或者低于成本，有可能影响商品质量和不能诚信履约的，应当要求其在规定的期限内提供书面文件予以解释说明，并提交相关证明材料；否则，评标委员会可以取消该投标人的中标候选资格，按顺序由排在后面的中标候选供应商递补，以此类推。

2. 采用综合评分法的，按评审后得分由高到低顺序排列。得分相同的，按投标报价由低到高顺序排列。得分且投标报价相同的，按技术指标优劣顺序排列。

3. 采用性价比法的，按商数得分由高到低顺序排列。商数得分相同的，按投标报价由低到高顺序排列。商数得分且投标报价相同的，按技术指标优劣顺序排列。

（五）编写评标报告。评标报告是评标委员会根据全体评标成员签字的原始评标记录和评标结果编写的报告，其主要内容包括：

1. 招标公告刊登的媒体名称、开标日期和地点；

2. 购买招标文件的投标人名单和评标委员会成员名单；

3. 评标方法和标准；

4. 开标记录和评标情况及说明，包括投标无效投标人名单及原因；

5. 评标结果和中标候选供应商排序表；

6. 评标委员会的授标建议。

第五十五条 在评标中，不得改变招标文件中规定的评标标准、方法和中标条件。

第五十六条 投标文件属下列情况之一的，应当在资格性、符合性检查时按照无效投标处理：

（一）应交未交投标保证金的；

（二）未按照招标文件规定要求密封、签署、盖章的；

（三）不具备招标文件中规定资格要求的；

（四）不符合法律、法规和招标文件中规定的其他实质性要求的。

第五十七条 在招标采购中，有政府采购法第三十六条第一款第（二）至第（四）项规定情形之一的，招标采购单位应当予以废标，并将废标理由通知所有投标供应商。

废标后，除采购任务取消情形外，招标采购单位应当重新组织招标。需要采取其他采购方式的，应当在采购活动开始前获得设区的市、自治州以上人民政府财政部门的批准。

第五十八条 招标采购单位应当采取必要措施，保证评标在严格保密的情况下进行。

任何单位和个人不得非法干预、影响评标办法的确定，以及评标过程和结果。

第五十九条 采购代理机构应当在评标结束后5个工作日内将评标报告送采购人。

采购人应当在收到评标报告后5个工作日内，按照评标报告中推荐的中标候选供应商顺序确定中标供应商；也可以事先授权评标委员会直接确定中标供应商。

采购人自行组织招标的，应当在评标结束后5个工作日内确定中标供应商。

第六十条 中标供应商因不可抗力或者自身原因不能履行政府采购合同的，采购人可以与排位在中标供应商之后第1位的中标候选供应商签订政府采购合同，以此类推。

第六十一条 在确定中标供应商前，招标采购单位不得与投标供应商就投标价格、投标方案等实质性内容进行谈判。

第六十二条 中标供应商确定后，中标结果应当在财政部门指定的政府采购信息发布媒体上公告。公告内容应当包括招标项目名称、中标供应商名单、评标委员会成员名单、招标采购单位的名称和电话。

在发布公告的同时，招标采购单位应当向中标供应商发出中标通知书，中标通知书对采购人和中标供应商具有同等法律效力。

中标通知书发出后，采购人改变中标结果，或者中标供应商放弃中标，应当承担相应的法律责任。

第六十三条 投标供应商对中标公告有异议的，应当在中标公告发布之日起7个工作日内，以书面形式向招标采购单位提出质疑。招标采购单位应当在收到投标供应商书面质疑后7个工作日内，对质疑内容作出答复。

质疑供应商对招标采购单位的答复不满意或者招标采购单位未在规定时间内答复的，可以在答复期满后15个工作日内按有关规定，向同级人民政府财政部门投诉。财政部门应当在收到投诉后30个工作日内，对投诉事项作出处理决定。

处理投诉事项期间，财政部门可以视具体情况书面通知招标采购单位暂停签订合同等活动，但暂停时间最长不得超过30日。

第六十四条　采购人或者采购代理机构应当自中标通知书发出之日起30日内，按照招标文件和中标供应商投标文件的约定，与中标供应商签订书面合同。所签订的合同不得对招标文件和中标供应商投标文件作实质性修改。

招标采购单位不得向中标供应商提出任何不合理的要求，作为签订合同的条件，不得与中标供应商私下订立背离合同实质性内容的协议。

第六十五条　采购人或者采购代理机构应当自采购合同签订之日起7个工作日内，按照有关规定将采购合同副本报同级人民政府财政部门备案。

第六十六条　法律、行政法规规定应当办理批准、登记等手续后生效的合同，依照其规定。

第六十七条　招标采购单位应当建立真实完整的招标采购档案，妥善保管每项采购活动的采购文件，并不得伪造、变造、隐匿或者销毁。采购文件的保存期限为从采购结束之日起至少保存15年。

第五章　法　律　责　任

第六十八条　招标采购单位有下列情形之一的，责令限期改正，给予警告，可以按照有关法律规定并处罚款，对直接负责的主管人员和其他直接责任人员，由其行政主管部门或者有关机关依法给予处分，并予通报：

（一）应当采用公开招标方式而擅自采用其他方式采购的；

（二）应当在财政部门指定的政府采购信息发布媒体上公告信息而未公告的；

（三）将必须进行招标的项目化整为零或者以其他任何方式规避招标的；

（四）以不合理的要求限制或者排斥潜在投标供应商，对潜在投标供应商实行差别待遇或者歧视待遇，或者招标文件指定特定的供应商、含有倾向性或者排斥潜在投标供应商的其他内容的；

（五）评标委员会组成不符合本办法规定的；

（六）无正当理由不按照依法推荐的中标候选供应商顺序确定中标供应商，或者在评标委员会依法推荐的中标候选供应商以外确定中标供应商的；

（七）在招标过程中与投标人进行协商谈判，或者不按照招标文件和中标供应商的投标文件确定的事项签订政府采购合同，或者与中标供应商另行订立背离合同实质性内容的协议的；

（八）中标通知书发出后无正当理由不与中标供应商签订采购合同的；

（九）未按本办法规定将应当备案的委托招标协议、招标文件、评标报告、采购合同等文件资料提交同级人民政府财政部门备案的；

（十）拒绝有关部门依法实施监督检查的。

第六十九条　招标采购单位及其工作人员有下列情形之一，构成犯罪的，依法追究刑事责任；尚不构成犯罪的，按照有关法律规定处以罚款，有违法所得的，并处没收违法所得，由其行政主管部门或者有关机关依法给予处分，并予通报：

（一）与投标人恶意串通的；

（二）在采购过程中接受贿赂或者获取其他不正当利益的；

（三）在有关部门依法实施的监督检查中提供虚假情况的；

（四）开标前泄露已获取招标文件的潜在投标人的名称、数量、标底或者其他可能影响公平竞争的有关招标投标情况的。

第七十条 采购代理机构有本办法第六十八条、第六十九条违法行为之一，情节严重的，可以取消其政府采购代理资格，并予以公告。

第七十一条 有本办法第六十八条、第六十九条违法行为之一，并且影响或者可能影响中标结果的，应当按照下列情况分别处理：

（一）未确定中标候选供应商的，终止招标活动，依法重新招标；

（二）中标候选供应商已经确定但采购合同尚未履行的，撤销合同，从中标候选供应商中按顺序另行确定中标供应商；

（三）采购合同已经履行的，给采购人、投标人造成损失的，由责任人承担赔偿责任。

第七十二条 采购人对应当实行集中采购的政府采购项目不委托集中采购机构进行招标的，或者委托不具备政府采购代理资格的中介机构办理政府采购招标事务的，责令改正；拒不改正的，停止按预算向其支付资金，由其上级行政主管部门或者有关机关依法给予其直接负责的主管人员和其他直接责任人员处分。

第七十三条 招标采购单位违反有关规定隐匿、销毁应当保存的招标、投标过程中的有关文件或者伪造、变造招标、投标过程中的有关文件的，处以 2 万元以上 10 万元以下的罚款，对其直接负责的主管人员和其他直接责任人员，由其行政主管部门或者有关机关依法给予处分，并予通报；构成犯罪的，依法追究刑事责任。

第七十四条 投标人有下列情形之一的，处以政府采购项目中标金额 5‰以上 10‰以下的罚款，列入不良行为记录名单，在 1 至 3 年内禁止参加政府采购活动，并予以公告，有违法所得的，并处没收违法所得，情节严重的，由工商行政管理机关吊销营业执照；构成犯罪的，依法追究刑事责任：

（一）提供虚假材料谋取中标的；

（二）采取不正当手段诋毁、排挤其他投标人的；

（三）与招标采购单位、其他投标人恶意串通的；

（四）向招标采购单位行贿或者提供其他不正当利益的；

（五）在招标过程中与招标采购单位进行协商谈判、不按照招标文件和中标供应商的投标文件订立合同，或者与采购人另行订立背离合同实质性内容的协议的；

（六）拒绝有关部门监督检查或者提供虚假情况的。

投标人有前款第（一）至（五）项情形之一的，中标无效。

第七十五条 中标供应商有下列情形之一的，招标采购单位不予退还其交纳的投标保证金；情节严重的，由财政部门将其列入不良行为记录名单，在 1 至 3 年内禁止参加政府采购活动，并予以通报：

（一）中标后无正当理由不与采购人或者采购代理机构签订合同的；

（二）将中标项目转让给他人，或者在投标文件中未说明，且未经采购招标机构同意，将中标项目分包给他人的；

（三）拒绝履行合同义务的。

第七十六条　政府采购当事人有本办法第六十八条、第六十九条、第七十四条、第七十五条违法行为之一，给他人造成损失的，应当依照有关民事法律规定承担民事责任。

第七十七条　评标委员会成员有下列行为之一的，责令改正，给予警告，可以并处1000元以下的罚款：

（一）明知应当回避而未主动回避的；

（二）在知道自己为评标委员会成员身份后至评标结束前的时段内私下接触投标供应商的；

（三）在评标过程中擅离职守，影响评标程序正常进行的；

（四）在评标过程中有明显不合理或者不正当倾向性的；

（五）未按招标文件规定的评标方法和标准进行评标的。

上述行为影响中标结果的，中标结果无效。

第七十八条　评标委员会成员或者与评标活动有关的工作人员有下列行为之一的，给予警告，没收违法所得，可以并处3000元以上5万元以下的罚款；对评标委员会成员取消评标委员会成员资格，不得再参加任何政府采购招标项目的评标，并在财政部门指定的政府采购信息发布媒体上予以公告；构成犯罪的，依法追究刑事责任：

（一）收受投标人、其他利害关系人的财物或者其他不正当利益的；

（二）泄露有关投标文件的评审和比较、中标候选人的推荐以及与评标有关的其他情况的。

第七十九条　任何单位或者个人非法干预、影响评标的过程或者结果的，责令改正；由该单位、个人的上级行政主管部门或者有关机关给予单位责任人或者个人处分。

第八十条　财政部门工作人员在实施政府采购监督检查中违反规定滥用职权、玩忽职守、徇私舞弊的，依法给予行政处分；构成犯罪的，依法追究刑事责任。

第八十一条　财政部门对投标人的投诉无故逾期未作处理的，依法给予直接负责的主管人员和其他直接责任人员行政处分。

第八十二条　有本办法规定的中标无效情形的，由同级或其上级财政部门认定中标无效。中标无效的，应当依照本办法规定从其他中标人或者中标候选人中重新确定，或者依照本办法重新进行招标。

第八十三条　本办法所规定的行政处罚，由县级以上人民政府财政部门负责实施。

第八十四条　政府采购当事人对行政处罚不服的，可以依法申请行政复议，或者直接向人民法院提起行政诉讼。逾期未申请复议，也未向人民法院起诉，又不履行行政处罚决定的，由作出行政处罚决定的机关申请人民法院强制执行。

第六章　附　　则

第八十五条　政府采购货物服务可以实行协议供货采购和定点采购，但协议供货采购和定点供应商必须通过公开招标方式确定；因特殊情况需要采用公开招标以外方式确定的，应当获得省级以上人民政府财政部门批准。

协议供货采购和定点采购的管理办法，由财政部另行规定。

第八十六条 政府采购货物中的进口机电产品进行招标投标的，按照国家有关办法执行。

第八十七条 使用国际组织和外国政府贷款进行的政府采购货物和服务招标，贷款方或者资金提供方与中方达成的协议对采购的具体条件另有规定的，可以适用其规定，但不得损害国家利益和社会公共利益。

第八十八条 对因严重自然灾害和其他不可抗力事件所实施的紧急采购和涉及国家安全和秘密的采购，不适用本办法。

第八十九条 本办法由财政部负责解释。

各省、自治区、直辖市人民政府财政部门可以根据本办法制定具体实施办法。

第九十条 本办法自 2004 年 9 月 11 日起施行。财政部 1999 年 6 月 24 日颁布实施的《政府采购招标投标管理暂行办法》(财预字〔1999〕363 号）同时废止。

关于加强政府采购货物和服务项目价格评审管理的通知

财库〔2007〕2号

（财政部2007年1月10日发布）

党中央有关部门，国务院各部委、各直属机构，全国人大常委会办公厅，全国政协办公厅，高法院，高检院，有关人民团体，各省、自治区、直辖市、计划单列市财政厅（局），新疆生产建设兵团财务局，中央国家机关政府采购中心，中直机关采购中心，全国人大机关采购中心：

为了加强政府采购货物和服务项目价格评审管理，规范评审行为，维护政府采购活动的公开、公正和公平，保护政府采购当事人合法权益，现就政府采购货物和服务项目价格评审有关事项通知如下：

一、充分认识价格评审的重要性

价格是政府采购货物和服务项目评审的重要因素，是评价采购资金使用效益的关键性指标之一，各地区、各部门在政府采购活动中，要严格执行《政府采购法》和《政府采购货物和服务招标投标管理办法》（财政部令第18号）的规定，科学选择评审方法，在满足需求的情况下，坚持低价优先、价廉物美的原则，加强价格评审管理，保护政府采购当事人的合法权益，切实提高采购资金的使用效益。

二、统一综合评分法价格分评审方法

政府采购货物和服务项目采用综合评分法的，除执行统一价格标准的服务项目外，采购人或其委托的采购代理机构应当依法合理设置价格分值，货物项目的价格分值占总分值的比重（权重）不得低于30%，不得高于60%；服务项目的价格分值占总分值的比重（权重）不得低于10%，不得高于30%。

综合评分法中的价格分统一采用低价优先法计算，即满足招标文件要求且投标价格最低的投标报价为评标基准价，其价格分为满分。其他投标人的价格分统一按照下列公式计算：投标报价得分＝(评标墓准价/投标报价)×价格权值、100采购人或其委托的采购代理机构对同类采购项目采用综合评分法的，原则上不得改变评审因素和评分标准。

三、统一竞争性谈判采购方式和询价采购方式评审方法

采购人或其委托的采购代理机构采用竞争性谈判采购方式和询价采购方式的，应当比照最低评标价法确定成交供应商，即在符合采购需求、质量和服务相等的前提下，以提出最低报价的供应商作为成交供应商。

四、公开评审方法和评审因素

采购人或其委托的采购代理机构采用综合评分法的，应当根据采购项目情况，在招标文件中明确合理设置各项评审因素及其分值，并明确具体评分标准。投标人的资格条件，不得列为评分因素。加分或减分因素及评审标准应当在招标文件中载明；采用竞争性谈判或询价采购方式的，应当在谈判文件或询价文件中载明“符合采购需求、质量和服务相等”的评审方法、最后报价时间等相关评审事项。

五、加强评审活动管理

采购人或其委托的采购代理机构在政府采购货物和服务项目评审之前，应当制定评审纪律和评审工作规则，但不得改变采购文件载明的评审方法和评审标准，评审纪律和评审工作规则在评审活动开始前印发各评审人员遵照执行。评审人员应当严格遵守评审纪律和评审工作规则，按照采购文件载明的评审方法、评审标准开展评审活动。

政府采购货物和服务项目评审过程中，不得去掉最低报价。

六、加强监督检查

采购人或采购代理机构在采购文件中未载明或未清晰载明评审方法及相关事项的，财政部门应当责令采购人或采购代理机构改正，限期修改采购文件，并延长投标截止期或谈判、询价日期。评审工作规则实质性改变采购文件载明的评审方法或评审标准的，以及评审人员未按照采购文件载明的评审方法、评审标准进行评审的，财政部门应当认定采购无效，责令重新开展采购活动，并视情况给予采购人、采购代理机构或相关评审人员警告或通报批评；情节严重的，应当取消相关评审人员资格并在财政部指定媒体上公告。

(三) 档案管理

关于发布《国家重点建设项目档案管理登记办法》的通知

档发字〔1997〕15号

(国家档案局、国家计委1997年8月19日发布)

国务院有关部委、直属机构,各省、自治区、直辖市及计划单列市计委(计经委)、档案局,新疆生产建设兵团计委、办公厅,总参办公厅档案局:

现将《国家重点建设项目档案管理登记办法》予以发布,请按有关要求认真组织实施。

制定颁发《国家重点建设项目档案管理登记办法》是实现国家重点建设项目档案管理规范化、标准化的重要步骤,是保证建设项目档案完整、准确、系统的手段,是加强国家重点建设项目档案管理的重要措施,为建设项目投产后的生产运营、管理提供科学依据。

国家重点建设项目档案工作要与项目建设同步进行,各有关方面要加强协调,执行统一领导、统一管理的原则。各有关部门应按本通知要求做好对国家重点建设项目档案管理登记工作的监督、检查和指导,已向建设项目收取工程档案保证金的单位,应于1997年12月31日前退还完毕。实施中的问题请及时反馈给国家档案局、国家计委。

附件

国家重点建设项目档案管理登记办法

第一条 为了做好国家重点建设项目档案工作,确保重点建设项目档案的完整、准确、系统和有效利用,根据《中华人民共和国档案法》及有关法规,特制定本登记办法。

第二条 重点建设项目档案既是重点建设项目的历史记录,也是项目投产后运行、维修、管理、改扩建和技改等工作的重要依据。为了及时掌握国家重点建设项目档案工作情况,加强监督和指导,从1997年开始,国家档案局建立国家重点建设项目档案管理的登记制度。

第三条 登记工作的组织:

1. 国家档案局每年转发国家计委发布的国家重点建设项目名单,并统一部署对国家重点建设项目档案的登记工作;各项目主管部门的档案机构和项目所在地的省级档案行政管理部门应做好对本部门和本地区国家重点建设项目档案管理登记工作的组织、指导和监督工作。

2. 凡新建、在建、收尾和竣工试生产的国家重点建设项目,按隶属关系组织登记。

属于国务院行业主管部门的，由项目主管部门的档案机构负责组织填写“国家重点建设档案管理登记表”（见附表），同时抄送项目所在地省级档案行政管理部门，便于相互配合，监督指导；属于地方的，由项目所在地省级档案行政管理部门负责组织填写“国家重点建设项目档案管理登记表”。

3. 登记表共分三种，表一、表二、表三分别于项目开工后 6 个月内、项目档案预验收后 1 个月内和项目正式竣工验收后 1 个月内填写，并逐级报至国家档案局经济科技档案业务指导司。

4. 国家档案局于每年 12 月底汇总国家重点建设项目档案管理登记情况，并及时向全国公布。对未按规定进行登记的单位予以通报，并限期登记。

第四条 登记工作的要求：

1. 项目主管部门档案机构应与地方档案行政管理部门互通情况，互相合作，以保证做好国家重点建设项目的档案管理登记工作。

2. 项目主管部门档案机构和省级档案行政管理部门对于新建项目，应按本规定第三条第 2 款及时组织和监督建设单位（或项目法人）做好档案管理登记，建立档案工作。对于未进行竣工验收的国家重点建设项目，每年填写“表一”报送，以便及时了解项目及项目档案工作的进展和变化情况。

3. 要保证项目档案工作与项目建设同步进行，特别要认真做好项目档案的预验收工作。国务院各行业主管部门档案机构应主动与项目建设部门加强联系，根据项目计划工期和进度，及时对登记的项目提出档案验收要求，并会同或委托项目所在地省级档案行政管理部门组织预验收。隶属于地方的项目，省级档案行政管理部门应根据相应的工作要求，及时对登记的项目组织预验收。预验收结束后，验收组织单位不论本年度是否已报送过“表一”，应按本登记办法第三条第 3 款及时填写“表二”报送。（注：登记表中的编号由国家档案局统一填写）。

4. 项目竣工验收后，应按本规定第三条第 3 款，将项目档案验收情况填写“表三”并报送。国家档案局根据填表情况不定期地对项目档案进行抽查。

第五条 为确保国家重点建设项目的正常秩序，任何部门和单位不得向国家重点建设项目和省级重点建设项目收取任何名目的工程档案保证金和任何形式的档案管理登记费用。违反上述规定的属乱收费行为，由各级价格检查机构依法查处。

第六条 对于重大技改项目和一般基本建设大中型项目的档案管理登记工作，可参照本办法执行或制定具体的实施办法。

第七条 本办法由国家档案局和国家计委负责解释。

第八条 本办法自发布之日起执行。

关于印发《重大建设项目档案验收办法》的通知

档发〔2006〕2号

（国家档案局、国家发展和改革委员会2006年6月14日印发）

各省、自治区、直辖市、计划单列市及新疆生产建设兵团档案局、发展改革委、经委（经贸委），中央和国家机关各部门（直属机构）、各中央管理企业：

为贯彻《国务院关于投资体制改革的决定》，加强重大建设项目档案管理，规范建设项目档案专项验收工作，使档案工作更好地为建设项目建设、运行和管理服务，根据《中华人民共和国档案法》及有关规定，特制定《重大建设项目档案验收办法》，现印发给你们，请认真贯彻执行。各地区、各部门可结合实际情况制定实施细则。各级档案部门和发展改革部门要加强协调，相互配合，共同做好重大建设项目档案验收工作。

附件

重大建设项目档案验收办法

第一章　总　　则

第一条　为加强重大建设项目档案管理工作，确保重大建设项目档案的完整、准确、系统和安全，根据《中华人民共和国档案法》和国家有关规定制定本办法。

第二条　本办法适用于各级政府投资主管部门组织或委托组织进行竣工验收的固定资产投资项目（以下简称项目）。

本办法所称各级政府投资主管部门是指各级政府发展改革部门和具有投资管理职能的经济（贸易）部门。

第三条　项目档案是项目建设、管理过程中形成的，具有保存价值的各种形式的历史记录。

第四条　项目档案验收是项目竣工验收的重要组成部分。未经档案验收或档案验收不合格的项目，不得进行或通过项目的竣工验收。

第五条　项目建设单位（法人）应将项目档案工作纳入项目建设管理程序，与项目建设实行同步管理，建立项目档案工作领导责任制和相关人员岗位责任制。

第二章　验　收　组　织

第六条　项目档案验收的组织：

（一）国家发展和改革委员会组织验收的项目，由国家档案局组织项目档案的验收；

（二）国家发展和改革委员会委托中央主管部门（含中央管理企业，下同）、省级政府投资主管部门组织验收的项目，由中央主管部门档案机构、省级档案行政管理部门组织项目档案的验收，验收结果报国家档案局备案；

（三）省以下各级政府投资主管部门组织验收的项目，由同级档案行政管理部门组织项目档案的验收；

（四）国家档案局对中央主管部门档案机构、省级档案行政管理部门组织的项目档案验收进行监督、指导。项目主管部门、各级档案行政管理部门应加强项目档案验收前的指导和咨询，必要时可组织预检。

第七条 项目档案验收组的组成：

（一）国家档案局组织的项目档案验收，验收组由国家档案局、中央主管部门、项目所在地省级档案行政管理部门等单位组成。

（二）中央主管部门档案机构组织的项目档案验收，验收组由中央主管部门档案机构及项目所在地省级档案行政管理部门等单位组成。

（三）省级及省以下各地档案行政管理部门组织的项目档案验收，由档案行政管理部门、项目主管部门等单位组织。

（四）凡在城市规划区范围内建设的项目，项目档案验收组成员应包括项目所在地的城建档案接收单位。

（五）项目档案验收组人数为不少于5人的单数，组长由验收组织单位人员担任。必要时可邀请有关专业人员参加验收组。

第三章　验　收　申　请

第八条 项目建设单位（法人）应向项目档案验收组织单位报送档案验收申请报告，并填报《重大建设项目档案验收申请表》（附件1）。项目档案验收组织单位应在收到档案验收申请报告的10个工作日内作出答复。

第九条 申请项目档案验收应具备下列条件：

（一）项目主体工程和辅助设施已按照设计建成，能满足生产或使用的需要；

（二）项目试运行指标考核合格或者达到设计能力；

（三）完成了项目建设全过程文件材料的收集、整理与归档工作；

（四）基本完成了项目档案的分类、组卷、编目等整理工作。

第十条 项目档案验收前，项目建设单位（法人）应组织项目设计、施工、监理等方面负责人以及有关人员，根据档案工作的相关要求，依照《重大建设项目档案验收内容及要求》（附件2）进行全面自检。

第十一条 项目档案验收申请报告的主要内容包括：

（一）项目建设及项目档案管理概况；

（二）保证项目档案的完整、准确、系统所采取的控制措施；

（三）项目文件材料的形成、收集、整理与归档情况，竣工图的编制情况及质量状况；

（四）档案在项目建设、管理、试运行中的作用；

（五）存在的问题及解决措施。

第四章　验　收　要　求

第十二条　项目档案验收应在项目竣工验收3个月之前完成。

第十三条　项目档案验收以验收组织单位召集验收会议的形式进行。

第十四条　项目档案验收组全体成员参加项目档案验收会议，项目的建设单位（法人）、设计、施工、监理和生产运行管理或使用单位的有关人员列席会议。

第十五条　项目档案验收会议的主要议程包括：

（一）项目建设单位（法人）汇报项目建设概况、项目档案工作情况；

（二）监理单位汇报项目档案质量的审核情况；

（三）项目档案验收组检查项目档案及档案管理情况；

（四）项目档案验收组对项目档案质量进行综合评价；

（五）项目档案验收组形成并宣布项目档案验收意见。

第十六条　检查项目档案，采用质询、现场查验、抽查案卷的方式。抽查档案的数量应不少于100卷，抽查重点为项目前期管理性文件、隐蔽工程文件、竣工文件、质检文件、重要合同、协议等。

第十七条　项目档案验收应根据DA/T 28—2002《国家重大建设项目文件归档要求与档案整理规范》，对项目档案的完整性、准确性、系统性进行评价。

第十八条　项目档案验收意见的主要内容包括：

（一）项目建设概况；

（二）项目档案管理情况，包括：项目档案工作的基础管理工作，项目文件材料的形成、收集、整理与归档情况，竣工图的编制情况及质量，档案的种类、数量，档案的完整性、准确性、系统性及安全性评价，档案验收的结论性意见；

（三）存在问题、整改要求与建议。

第十九条　项目档案验收结果分为合格与不合格。项目档案验收组半数以上成员同意通过验收的为合格。

第二十条　项目档案验收合格的项目，由项目档案验收组出具项目档案验收意见。

第二十一条　项目档案验收不合格的项目，由项目档案验收组提出整改意见，要求项目建设单位（法人）于项目竣工验收前对存在的问题限期整改，并进行复查。复查后仍不合格的，不得进行竣工验收，并由项目档案验收组提请有关部门对项目建设单位（法人）通报批评。造成档案损失的，应依法追究有关单位及人员的责任。

第五章　附　　则

第二十二条　本办法由国家档案局负责解释。

第二十三条　其他建设项目的档案验收工作，可参照本办法执行。

第二十四条　本办法自颁布之日起施行。

附件 1

重大建设项目档案验收申请表

项目名称			
审批（核准）机关		立项日期	
投资规模		建设时间	
建设单位（法人）		设计单位	
主要施工单位		主要监理单位	
计划档案验收日期		计划竣工验收日期	
联 系 人		联系电话	
地址/邮编		电子信箱	
申请单位自检意见	（单位盖章） 年 月 日		
验收组织单位意见	（单位盖章） 年 月 日		

附件 2

重大建设项目档案验收内容及要求

一、项目档案的基础管理工作

1. 项目建设单位（法人）认真执行国家档案工作法律法规，建立健全项目档案工作各项规章制度，建立了切合实际的项目档案工作的管理体制和工作程序。

2. 项目建设单位（法人）对项目档案工作实行统一管理，对本单位各部门和设计、施工、监理等参建单位进行有效的监督、指导，确保项目档案工作与项目建设同步进行。

3. 项目档案工作实行领导负责制，确定了负责项目档案工作的领导和部门，实行了各部门和有关人员档案工作责任制，并采取了有效的考核措施。

4. 项目文件材料的收集、整理和归档纳入合同管理，要求明确，控制措施有力。

5. 配备适应工作需要的档案管理人员，档案管理人员经过档案管理专业培训。

6. 采用先进信息技术，实现项目档案管理的信息化。

7. 保证档案工作所需经费，配备了计算机、复印机及声像器材等必备的办公设备，且性能优良，满足工作需要。

二、项目档案的完整、准确、系统情况

1. 按照 DA/T 28—2002《国家重大建设项目文件归档要求与档案整理规范》，结合项目产生文件材料的实际情况，检查项目档案的完整性、准确性、系统性。

2. 项目文件材料的收集、整理、归档和项目档案的整理与移交符合 DA/T 28—2002《国家重大建设项目文件归档要求与档案整理规范》及 GB/T 11822—2000《科学技术档案案卷构成的一般要求》。

三、项目档案的安全

1. 档案库房采取防火、防盗、防有害生物和温湿度控制措施，档案库房与阅览、办公用房分开。

2. 档案柜架、卷盒、卷皮等档案装具符合标准要求。

3. 归档文件材料的制成材料符合耐久性要求。

4. 采取有效措施保证档案实体和信息安全。

（四）建设管理

关于印发《建设项目前期工作咨询收费暂行规定》的通知

计价格〔1999〕1283号

（国家计委1999年9月10日印发）

各省、自治区、直辖市物价局（委员会）、计委（计经委），中国工程咨询协会：

为规范建设项目前期工作咨询收费行为，维护委托人和工程咨询机构的合法权益，促进工程咨询业的健康发展，我委制定了《建设项目前期工作咨询收费暂行规定》，现印发给你们，请按照执行，并将执行中遇到的问题及时反馈我委。

附件

建设项目前期工作咨询收费暂行规定

第一条 为提高建设项目前期工作质量，促进工程咨询社会化、市场化，规范工程咨询收费行为，根据《中华人民共和国价格法》及有关法律法规，制定本规定。

第二条 本规定适用于建设项目前期工作的咨询收费，包括建设项目专题研究、编制和评估项目建议书或者可行性研究报告，以及其它与建设项目前期工作有关的咨询服务收费。

第三条 建设项目前期工作咨询服务，应遵循自愿原则，委托方自主决定选择工程咨询机构，工程咨询机构自主决定是否接收委托。

第四条 从事工程咨询的机构，必须取得相应工程咨询资格证书，具有法人资格，并依法纳税。

第五条 工程咨询机构应遵守国家法律、法规和行业行为准则，开展公平竞争，不得采取不正当手段承揽业务。

第六条 工程咨询机构提供咨询服务，应遵循客观、科学、公平、公正原则，符合国家经济技术政策、规定，符合委托方的技术、质量要求。

第七条 工程咨询机构承担编制建设项目的项目建议书、可行性研究报告、初步设计文件的，不能再参与同一建设项目的项目建议书、可行性研究报告以及工程设计文件的咨询评估业务。

第八条 工程咨询收费实行政府指导价。具体收费标准由工程咨询机构与委托方根据本规定的指导性收费标准协商确定。

第九条 工程咨询收费根据不同工程咨询项目的性质、内容，采取以下方法计取费用：

（一）按建设项目估算投资额，分档计算工程咨询费用（见附件一、附件二）。

（二）按工程咨询工作所耗工日计算工程咨询费用（见附件三）。

按照前款两种方法不便于计费的，可以参照本规定的工日费用标准由工程咨询机构与委托方议定。但参照工日计算的收费额，不得超过按估算投资额分档计费方式计算的收费额。

第十条　采取按建设项目估算投资额分档计费的，以建设项目的项目建议书或者可行性研究报告的估算投资为计费依据。使用工程咨询机构推荐方案计算的投资与原估算投资发生增减变化时，咨询收费不再调整。

第十一条　工程咨询机构在编制项目建议书或者可行性研究报告时需要勘察、试验，评估项目建议书或者可行性研究报告时需要对勘察、试验数据进行复核，工作量明显增加需要加收费用的，可由双方另行协商加收的费用额和支付方式。

第十二条　工程咨询服务中，工程咨询机构提供自有专利、专有技术，需要另行支付费用的，国家有规定的，按规定执行；没有规定的，由双方协商费用额和支付方式。

第十三条　建设项目前期工作咨询应体现优质优价原则，优质优价的具体幅度由双方在规定的收费标准的基础上协商确定。

第十四条　工程咨询费用，由委托方与工程咨询机构依据本规定，在工程咨询合同中以专门条款确定费用数额及支付方式。

第十五条　工程咨询机构按合同收取咨询费用后，不得再要求委托方无偿提供食宿、交通等便利。

第十六条　工程咨询机构对外聘专家的付费按工日费用标准计算并支付，外聘专家，如有从业单位的，专家费用应支付给专家从业单位。

第十七条　委托方应按合同规定及时向工程咨询机构提供开展咨询业务所必须的工作条件和资料。由于委托方原因造成咨询工作量增加或延长工程咨询期限的，工程咨询机构可与委托方协商加收费用。

第十八条　工程咨询机构提交的咨询成果达不到合同规定标准的，应负责完善，委托方不另支付咨询费。

第十九条　工程咨询合同履行过程中，由于咨询机构失误造成委托方损失的，委托方可扣减或者追回部分以至全部咨询费用，对造成的直接经济损失，咨询机构应部分或全部赔偿。

第二十条　涉外工程咨询业务中有特殊要求的，工程咨询机构可与委托方参照国外有关收费办法协商确定咨询费用。

第二十一条　建设项目投资额在3000万元以下的和除编制、评估项目建议书或者可行性研究报告以外的其他建设项目前期工作咨询服务的收费标准，由各省、自治区、直辖市价格主管部门会同同级计划部门制定。

第二十二条　本规定由各级价格主管部门监督执行。

第二十三条　本规定由国家发展计划委员会负责解释。

第二十四条　本规定自发布之日起执行。

附件一

按建设项目估算投资额分档收费标准

单位：万元

估算投资额咨询评估项目	3000万元～1亿元	1亿元～5亿元	5亿元～10亿元	10亿元～50亿元	50亿元以上
一、编制项目建议书	6～14	14～37	37～55	55～100	100～125
二、编制可行性研究报告	12～28	28～75	75～110	110～200	200～250
三、评估项目建议书	4～8	8～12	12～15	15～17	17～20
四、评估可行性研究报告	5～10	10～15	15～20	20～25	25～35

注 1. 建设项目估算投资额是指项目建议书或者可行性研究报告的估算投资额。

2. 建设项目的具体收费标准，根据估算投资额在相对应的区间内用插入法计算。

3. 根据行业特点和各行业内部不同类别工程的复杂程度，计算咨询费用时可分别乘以行业调整系数和工程复杂程度调整系数（见附件二）。

附件二

按建设项目估算投资额分档收费的调整系灵敏

行　　业	调整系数（以表一所列收费标准为1）
一、行业调整系数	
1. 石化、化工、钢铁	1.3
2. 石油、天然气、水利、水电、交通（水运）、化纤	1.2
3. 有色、黄金、纺织、轻工、邮电、广播电视、医药、煤炭、火电（含核电）、机械（含船舶、航空、航天、兵器）	1.0
4. 林业、商业、粮食、建筑	0.8
5. 建材、交通（公路）、铁道、市政公用工程石化、化工、钢铁、石油、天然气、水利、水电、交通（水运）、化纤、有色、黄金、纺织、轻工、邮电、广播电视、医药、煤炭、火电（含核电）、机械（含船舶、航空、航天、兵器）、林业、商业、粮食、建筑、建材、交通（公路）、铁道、市政公用工程 石化、化工、钢铁、石油、天然气、水利、水电、交通（水运）、化纤、有色、黄金、纺织、轻工、邮电、广播电视、医药、煤炭、火电（含核电）、机械（含船舶、航空、航天、兵器）、林业、商业、粮食、建筑、建材、交通（公路）、铁道、市政公用工程	0.7
二、工程复杂程度调整系数	0.8～1.2

注 工程复杂程度具体调整系数由工程咨询机构与委托单位根据各类工程情况协商确定。

附件三

工程咨询人员工日费用标准

单位：元

咨询人员职级	工日费用标准
一、高级专家	1000～1200
二、高级专业技术职称的咨询人员	800～1000
三、专业技术职称的咨询人员	600～800

关于发布《工程勘察设计收费管理规定》的通知

计价格〔2002〕10号

（国家计委、建设部2002年1月7日发布）

国务院各有关部门，各省、自治区、直辖市计委、物价局，建设厅：

为贯彻落实《国务院办公厅转发建设部等部门关于工程勘察设计单位体制改革若干意见的通知》（国办发〔1999〕101号），调整工程勘察设计收费标准，规范工程勘察设计收费行为，国家计委、建设部制定了《工程勘察设计收费管理规定》（以下简称《规定》），现予发布，自2002年3月1日起施行。原国家物价局、建设部颁发的《关于发布工程勘察和工程设计收费标准的通知》（〔1992〕价费字375号）及相关附件同时废止。

本《规定》施行前，已完成建设项目工程勘察或者工程设计合同工作量50%以上的，勘察设计收费仍按原合同执行；已完成工程勘察或者工程设计合同工作量不足50%的，未完成部分的勘察设计收费由发包人与勘察人、设计人参照本《规定》协商确定。

附件

工程勘察设计收费管理规定

第一条　为了规范工程勘察设计收费行为，维护发包人和勘察人、设计人的合法权益，根据《中华人民共和国价格法》以及有关法律、法规，制定本规定及《工程勘察收费标准》和《工程设计收费标准》。

第二条　本规定及《工程勘察收费标准》和《工程设计收费标准》，适用于中华人民共和国境内建设项目的工程勘察和工程设计收费。

第三条　工程勘察设计的发包与承包应当遵循公开、公平、公正、自愿和诚实信用的原则。依据《中华人民共和国招标投标法》和《建设工程勘察设计管理条例》，发包人有权自主选择勘察人、设计人，勘察人、设计人自主决定是否接受委托。

第四条　发包人和勘察人、设计人应当遵守国家有关价格法律、法规的规定，维护正常的价格秩序，接受政府价格主管部门的监督、管理。

第五条　工程勘察和工程设计收费根据建设项目投资额的不同情况，分别实行政府指导和市场调节价。建设项目总投资估算额500万元及以上的工程勘察和工程设计收费实行政府指导价；建设项目总投资估算额500万元以下的工程勘察和工程设计收费实行市场调节价。

第六条　实行政府指导价的工程勘察和工程设计收费，其基准价根据《工程勘察收费标准》或者《工程设计收费标准》计算，除本规定第七条另有规定者外，浮动幅度为上下20%。发包人和勘察人、设计人应当根据建设项目的实际情况在规定的浮动幅度内协商确定收费额。

实行市场调节价的工程勘察和工程设计收费，由发包人和勘察人、设计人协商确定收费额。

第七条 工程勘察费和工程设计费，应当体现优质优价的原则。工程勘察和工程设计收费实行政府指导价的，凡在工程勘察设计中采用新技术、新工艺、新设备、新材料，有利于提高建设项目经济效益、环境效益和社会效益的，发包人和勘察人、设计人可以在上浮 25％的幅度内协商确定收费额。

第八条 勘察人和设计人应当按照《关于商品和服务实行明码标价的规定》，告知发包人有关服务项目、服务内容、服务质量、收费依据，以及收费标准。

第九条 工程勘察费和工程设计费的金额以及支付方式，由发包人和勘察人、设计人在《工程勘察合同》或者《工程设计合同》中约定。

第十条 勘察人或者设计人提供的勘察文件或者设计文件，应当符合国家规定的工程技术质量标准，满足合同约定的内容、质量等要求。

第十一条 由于发包人原因造成工程勘察、工程设计工作量增加或者工程勘察现场停工、窝工的，发包人应当向勘察人、设计人支付相应的工程勘察费或者工程设计费。

第十二条 工程勘察或者工程设计质量达不到本规定第十条规定的，勘察人或者设计人应当返工。由于返工增加工作量的，发包人不另外支付工程勘察费或者工程设计费。由于勘察人或者设计人工作失误给发包人造成经济损失的，应当按照合同约定承担赔偿责任。

第十三条 勘察人、设计人不得欺骗发包人或者与发包人互相串通，以增加工程勘察工作量或者提高工程设计标准等方式，多收工程勘察费或者工程设计费。

第十四条 违反本规定和国家有关价格法律、法规规定的，由政府价格主管部门依据《中华人民共和国价格法》、《价格违法行为行政处罚规定》予以处罚。

第十五条 本规定及所附《工程勘察收费标准》（略）和《工程设计收费标准》（略），由国家发展计划委员会负责解释。

第十六条 本规定自二〇〇二年三月一日起施行。

关于印发《水利、水电、电力建设项目前期工作工程勘察收费暂行规定》的通知

发改价格〔2006〕1352号

（国家发展改革委、建设部2006年7月10日发布）

国务院有关部门，各省、自治区、直辖市发展改革委、物价局、建设厅（委）：

为规范水利、水电、电力等建设项目前期工作工程勘察收费行为，根据《建设项目前期工作咨询收费暂行规定》（计价格〔1999〕1283号）和《工程勘察设计收费管理规定》（计价格〔2002〕10号），我们制定了《水利、水电、电力建设项目前期工作工程勘察收费暂行规定》。现印发给你们，请按照执行。

附件

水利、水电、电力建设项目前期工作工程勘察收费暂行规定

第一条　为规范水利、水电、电力等建设项目（下称“建设项目”）前期工作工程勘察收费行为，根据《建设项目前期工作咨询收费暂行规定》（计价格〔1999〕1283号）和《工程勘察设计收费管理规定》（计价格〔2002〕10号）的规定，制定本规定。

第二条　本规定适用于总投资估算额在500万元及以上的水利工程编制项目建议书、可行性研究阶段，电力工程编制初步可行性研究、可行性阶段（含核电工程项目前期工作工程勘察成果综合分析），以及水电工程预可行性研究阶段的工程勘察收费。总投资估算额在500万元以下的建设项目前期工作工程勘察收费实行市场调节价。

第三条　工程勘察的发包与承包应当遵循公开、公平、自愿和诚实信用的原则。发包人依法有权自主选择勘察人，勘察人自主决定是否接受委托。

第四条　建设项目前期工作工程勘察收费是指勘察人根据发包人的委托，提供收集建设场地已有资料、现场踏勘、制订勘察纲要，进行测绘、勘探、取样、试验、测试、检测等勘察作业，以及编制项目前期工作工程勘察文件等服务收取的费用。

第五条　建设项目前期工作工程勘察收费实行政府指导价。其基准价按本规定附件计算，上浮幅度不超过20％，下浮幅度不超过30％。具体收费额由发包人与勘察人按基准价和浮动幅度协商确定。

第六条　建设项目前期工作工程勘察发生以下作业准备的，可按照相应工程勘察收费基准价的10％～20％另行收取。包括办理工程勘察相关许可，以及购买有关资料；拆除障碍物，开挖以及修复地下管线；修通至作业现场道路，接通电源、水源以及平整场地；勘察材料以及加工；勘察作业大型机具搬运；水上作业用船、排、平台以及水监等。

第七条　水利、水电工程项目前期工作可根据需要，由承担项目前期工作的单位加收

前期工作工程勘察成果分析和工程方案编制费用。加收的编制费用按相应阶段水利、水电工程勘察收费基准价的30%～40%计收。工作内容按照相应的工程技术质量标准和规程规范的规定执行。主要包括工程建设必要性论证、工程开发任务编制、初选代表性坝（厂）址、初选工程规模、建设征地和移民安置初步规划、估算工程投资以及初步经济评价等。核电工程项目前期工作工程勘察成果综合加工费（含主体勘察协调费），按计价格〔2002〕10号文件中通用工程勘察收费基准价的22%～25%计收。

第八条 建设项目前期工作工程勘察收费的金额以及支付方式，由发包人和勘察人在工程勘察合同中约定。勘察人提供的勘察文件，应当符合国家规定的工程技术质量标准，满足合同约定的内容、质量等要求。

第九条 因发包人原因造成工程勘察工作量增加的，勘察人可依据约定向发包人另行收取相应费用。工程勘察质量达不到规定和约定的，勘察人应当返工，由于返工增加工作量的，勘察人不得另行向发包人收取费用，发包人还可依据合同扣减其勘察费用。由于勘察人工作失误给发包人造成经济损失的，应当按照合同约定依法承担相应的责任。

第十条 勘察人提供工程勘察文件的标准份数为4份，发包人要求增加勘察文件份数的，由发包人另行支付印制勘察文件工本费。

第十一条 建设项目前期工作工程勘察收费应严格执行国家有关价格法律、法规和规定，违反有关规定的，由政府价格主管部门依法予以处罚。

第十二条 本规定于2006年9月1日起实施。此前已签定合同的，双方可根据勘察工作进展情况和本规定重新协商收费额，协商不一致的按此前双方约定执行。

附件一

水利、水电工程建设项目前期工作工程勘察收费标准

一、本标准适用于水利工程编制项目建设书，可行性研究阶段的工程勘察收费，水电工程（含潮汐发电工程）预可行性研究阶段的工程勘察收费。

二、水利水电工程项目前期工作工程勘察收费按照下列公式计算：

水利水电工程项目前期工作相应阶段工程勘察收费基准价＝水利水电工程前期工作工程勘察收费基价×相应阶段各占前期工作工程勘察工作量比例×工程类型调整系数×工程勘察复杂程度调整系数×附加方案及其他调整系数

1. 水利、水电工程前期工作工程勘察收费基价表（金额单位：万元）。

序号	投资估算值（计费额）	收费基价	序号	投资估算值（计费额）	收费基价
1	500	12.00	6	10000	168.07
2	1000	22.20	7	20000	307.32
3	3000	59.50	8	40000	560.80
4	5000	92.70	9	60000	791.50
5	8000	139.10	10	80000	1008.25

续表

序号	投资估算值（计费额）	收费基价	序号	投资估算值（计费额）	收费基价
11	100000	1215.10	15	800000	7145.80
12	200000	2207.50	16	1000000	8591.20
13	400000	4002.60	17	2000000	15506.20
14	600000	5626.50			

注　投资估算值处于两个数值区间的，采用内插法确定工程勘察收费基价。投资估算值大于2000000万元的，收费基价增幅按投资估算额超出幅度的0.77%计算。

2. 项目前期工作相应阶段工作勘察各占前期工作工程勘察工作量比例。

（1）水电工程预可行性研究阶段勘察工作量比例按28%计取。

（2）各类水利工程前期工作各阶段勘察工作量比例表。

<table>
<tr><th colspan="2">阶段
工程类别</th><th>项目建设书阶段（%）</th><th>可行性研究阶段（%）</th></tr>
<tr><td colspan="2">水库工程</td><td>45</td><td>55</td></tr>
<tr><td rowspan="2">引调水工程
灌区骨干工程（支渠以上，下同）
河道治理工程
城市防护工程
河口整治工程
围垦工程</td><td>建筑物</td><td>38</td><td>62</td></tr>
<tr><td>渠道管线河道堤防</td><td>43</td><td>57</td></tr>
<tr><td colspan="2">水土保持工程</td><td>40</td><td>60</td></tr>
</table>

3. 工程类型调整系数表

<table>
<tr><th>序号</th><th colspan="2">工　程　类　别</th><th>调整系数</th></tr>
<tr><td>1</td><td colspan="2">水电工程</td><td>1.4</td></tr>
<tr><td>2</td><td colspan="2">潮汐发电工程</td><td>1.7</td></tr>
<tr><td>3</td><td colspan="2">水库工程</td><td>1.2</td></tr>
<tr><td>4</td><td colspan="2">水土保持工程</td><td>0.61</td></tr>
<tr><td rowspan="2">5</td><td rowspan="2">引调水工程
灌区骨干工程
河道治理工程</td><td>建筑物</td><td>1.08</td></tr>
<tr><td>渠道管线、河道堤防</td><td>0.80</td></tr>
<tr><td rowspan="2">6</td><td rowspan="2">城市防护工程
河口整治工程</td><td>建筑物</td><td>1.15</td></tr>
<tr><td>其他工程</td><td>0.82</td></tr>
<tr><td rowspan="2">7</td><td rowspan="2">围垦工程</td><td>建筑物</td><td>1.03</td></tr>
<tr><td>其他工程</td><td>0.75</td></tr>
</table>

4．工程勘察复杂程度调整系数：水库工程和水电工程，根据复杂程度赋分表确定分值，再根据工程勘察复杂程度调整系数表确定复杂程度调整系数；其他水利工程直接查复杂程度调整系数表确定复杂程度调整系数。

水库、水电工程前期工作阶段工程勘察复杂程度赋分值表

序号	项目	赋分条件	分值
1	坝高 H (m)	$H<30$	－5
		$30\leqslant H<50$	－2
		$50\leqslant H<70$	1
		$70\leqslant H<150$	3
		$150\leqslant H<250$	5
2	建筑物	一般土石坝	－1
		常规重力坝	1
		两种坝型或引水线路大于3km或抽水蓄能电站	2
		拱坝、碾压混凝土坝、混凝土面板堆石坝，新坝型	3
		大型地下洞室群	4
3	岩石级别	Ⅴ级以下	－2
		Ⅵ级岩石	0
		Ⅶ级岩石	1
		Ⅷ、Ⅸ级岩石	2
		Ⅹ级岩石	3
4	地形地貌	简单	－2
		中等	1
		较复杂	2
		复杂	3
5	地层岩性	均一．	－2
		较均一	1
		较复杂	2
		复杂	3
6	地质构造	简单	－2
		中等	1
		较复杂	2
		复杂	3
7	坝基或厂基覆盖层厚度	＜10m	－2
		10～20m	1
		20～40m	2
		40～60m	4
8	水文地质	简单	－2
		中等	1
		较复杂	2
		复杂	3
9	库岸稳定	可能不稳定体＜10万m^3	0
		可能不稳定体10万～100万m^3	2
		可能不稳定体100万～500万m^3	3
		可能不稳定体500万m^3以上	4
10	库区渗漏	无永久性渗漏	－1
		断层或古河道渗漏	2
		单薄分水岭渗漏	3
11	水文勘察	简单	－1
		中等	1
		复杂	3

水库、水电和其它水利工程前期工作阶段勘察复杂程度调整系数表

复杂程度调整系数	0.85	1.0	1.15
水库、水电工程	赋分值之和≤－3	赋分值之和－3～10	赋分值之和≥10
引调水建筑物工程	丘陵、山区、沙漠地区建筑物投资之和占全部建筑物总投资≤30％	丘陵、山区、沙漠地区建筑物投资之和占全部建筑物总投资≤60％	丘陵、山区、水漠地区建筑物投资之和占全部建筑物总投资＞60％

续表

引调水渠道管线工程	丘陵、山区、沙漠地区渠道管线长度之和总长度≤30%	丘陵、山区、沙漠地区渠道管线长度之和总长度≤60%	丘陵、山区、沙漠地区渠道管线长度之和总长度>60%
河道治理建筑物及河道堤防工程	堤防等级Ⅴ级	堤防等级Ⅲ、Ⅳ级	堤防等级Ⅰ、Ⅱ级
其他		水土保持工程	

5. 水利水电工程前期工作工程勘察附加方案及其它调整系数表。

序号	项　目	工 作 内 容	调 整 系 数
1	坝址比较	一个或一条	0.7～1
2		三个或三条	1～1.3
3	引水线路比较	两条以上（含两条）	1～1.2
4	岩溶地区	岩溶地区勘察	1～1.2
5	河床覆盖层厚度	>60m	1～1.1
6	地震设防烈度	≥8 度	1.1～1.2
7	高坝勘察	>250m	1～1.1
8	深埋长隧洞	埋深>1000m，长度>8km	1～1.2
9	线路勘察	两条以上	1.05～1.5

注　1. 高程附加调整系数按计价格〔2002〕10 号规定执行。

2. 附加方案调整系数为两个或两个以上的，不得连乘，应当先将各调整系数相加，然后减去附加调整系数的个数，再加上定值 1，作为附加方案调整系数的取值。

3. 水库、水电等工程淹没处理区处理补偿费和施工转辅助工程费列入计费额的比例，视承担工作量的大小取全额或部分费用列入计费额，具体比例由发包人和勘察人协商确定。不承担上述工作内容的不列入计费额。

附件二

电力工程建设项目前期工作工程勘察收费标准

一、本标准适用于编制火电厂、变电站及架空送电线路初步可行性研究、可行性研究阶段的工程勘察收费。

二、电力工程前期工作工程勘察收费按下列公式计算：

电力工程前期工作相应阶段工作勘察收费基准价＝电力工程前期工作相应阶段工程勘察收费基价×工程勘察复杂程度调整系数×附加方案及其他调整系数。

架空关电线路工程计算收费额时，应另乘以工作量（以公里为单位）。大跨越工作勘察执行《工作勘察设计收费管理规定》（计价格〔2002〕10 号）中通用工程勘察收费标准。

1. 电力工程前期工作工程勘察收费基价。

（1）新建火电工程前期工作工程勘察收费基价表。

规划容量（MW）	＜600	600～1200以下	1200～2400以下	2400～3600以下	≥3600
初步可行性研究阶段（万元）	10.19	13.64	17.71	22.13	26.86
可行性研究阶段（万元）	104.9	140.47	182.42	228.03	349.60

注 表列收费基价，均为选择两个厂址的收费标准。

（2）扩建火电工程可行性研究阶段工程勘察收费基价表。

机组容量（MW）	＜200	200	300	600	800	1000	＞1000
可行性研究阶段（万元）	15.22	22.99	29.85	37.31	44.18	50.15	55.52

注 本表为扩建两台机组的收费标准，每增加一台机组的收费附加调整系数为1.35。扩建一台机组按本收费标准80%计收。

（3）变电及架空送电线路工程可行性研究阶段工程勘察收费基价表。

电压等级（kV）	220	330	500	750
变电工程（万元）	3.15	5.94	7.33	9.53
架空送电线路工程（元/km）	470	790	930	1200

注 变电工程为两个站（所）址、安装一台变压器的收费标准；架空送电线路工程为两个线路方案的收费标准。

2. 电力工程项目前期工作工程勘察复杂程度调整系数。根据工程复杂程度赋分值表确定分值，再确定工程勘察复杂程度调整系数。

（1）电力工程前期工作工程勘察复杂程度赋分值表。

内容	复杂程度Ⅰ	赋分值	复杂程度Ⅱ	赋分值	复杂程度Ⅲ	赋分值	复杂程度Ⅳ	赋分值	复杂程度Ⅴ	赋分值
地形	地形平坦或稍有坡度	1/1	地形起伏小，高差在≤20m的缓丘地区	3/3	地形起伏较大，高差在≤80m的重丘地区	6/6	地形起伏变化大，高差在≤150m的山区	10/10	地形起伏变化很大，高差在＞150m的山区	14/14
通视通行	地区开阔，通视良好；通行方便的平原或划草原	1/10	高草、高农作物、树林、竹林、隐蔽地区面积≤20%；有部分杂草和低农作物或比高较小的梯田地区	5/16	高草、高农作物、树林、竹林、隐蔽地区面积≤40%；容易通过的沼泽水网、高差较大的梯田地区	8/22	高草、高农作物、树林、竹林、隐蔽地区面积≤50%；沙漠、较难通行的水网、沼泽、较深的冲沟、石峰石林及难于通行的岩石露头地区	12/28	高草、高农作物、树林、竹林、隐蔽地区面积＞50%；岭谷险峻、地形切割剧烈、攀登艰难的山区、很难通行的沼泽、密集的荆棘灌木丛林区	16/36

续表

内容	复杂程度 Ⅰ	赋分值	复杂程度 Ⅱ	赋分值	复杂程度 Ⅲ	赋分值	复杂程度 Ⅳ	赋分值	复杂程度 Ⅴ	赋分值
地物	房屋、矿洞、地质勘探点（线）、沟坎、道路、水系、灌网及各种管线等面积≤5%	1/1	房屋、矿洞、地质勘探点（线）、沟坎、道路、水系、灌网及各种管线等面积≤10%	2/2	房屋、矿洞、地质勘探点（线）、沟坎、道路、水系、灌网及各种管线等面积≤25%	3/3	房屋、矿洞、地质勘探点（线）、沟坎、道路、水系、灌网及各种管线等面积≤40%	4/4	房屋、矿洞、地质勘探点（线）、沟坎、道路、水系、灌网及各种管线等面积>40%	5/5
工程地质	地质构造简单、地层岩性单一（以Ⅰ类岩土为主）	5/2	地质构造简单、地层岩性较简单，不良地质及特殊地质现象极少（以Ⅱ类岩土为主）	15/5	地质构造、地层岩性较复杂，不良地质现象较发育，特殊地质现象较多（以Ⅲ类岩土为主）	25/8	地质构造复杂，地层岩性变化大，不良地质现象发育，特殊地质现象多（以Ⅳ类岩土为主）	35/11	地质构造很复杂、地层岩性种类繁多，不良地质、特殊地质现象规模大且复杂（以Ⅴ类岩土为主）	45/14
水文气象	基础资料齐全；水文情势简单	1/1	基础资料齐全；水文情势较简单	2/2	基础资料年限短；水文情势较复杂	3/3	基础资料较缺乏；水文情势复杂	4/4	基础资料缺乏；水文情势极其复杂	5/5

注 1. 分子为火电、变电工程赋分值，分母为送电工程赋分值。

2. 岩土的分类和鉴定见国标《岩土工程勘察规范》。

（2）电力工程前期工作工程勘察复杂程度调整系数表。

工程类别复杂程度	Ⅰ	Ⅱ	Ⅲ	Ⅳ	Ⅴ
火电、变电复杂程度赋分值	9	18	35	52	73
架空送电线路复杂程度赋分值	12	21	34	50	67
工程复杂程度调整系数	0.51	0.71	1	1.35	1.75

注 工程勘察复杂程度赋分值处于两档之间的，采用内插法确定工程勘察复杂程度调整系数。

3. 电力工程前期工作工程勘察附加方案及其他调整系数表。

序号	项目	工 作 内 容	调整系数
1	火电	每增加一个灰场方案	1.15
2		每增加一个取水方案	1.10
3		灰坝高度超过 30m	1.05
4	火电变电	每增加一个厂（站）址方案	1.40
5		人工高边坡勘察	1.10
6		只考虑一个厂（站）址方案	0.8

续表

序号	项目	工 作 内 容	调整系数
7	火电变电	水下地形测量超过 0.4km^2、水下钻探总进尺超过 100m 的部分执行《工程勘察设计收费标准》（计价格〔2002〕10 号）中通用工程勘察收费标准	
8	变电	直流换流站勘察	1.80
9		每增加一个变压器	1.30
10	架空送电	重冰区勘察	1.20
11		稳定性评价	1.20
12		线路勘测长度超过方案规划长度 1.5 倍的部分，按架空送电线路工程相应收费标准收费	

注 1. 高程附加调整系数按计价格〔2002〕10 号规定执行。

2. 附加方案调整系数为两个或两个以上的，不得连乘，应当先将各调整系数相加，然后减去附加调整系数的个数，再加上定值 1，作为附加方案调整系数的取值。

关于印发《建设工程监理与相关服务收费管理规定》的通知

发改价格〔2007〕670号

（国家发展和改革委员会、建设部2007年3月30日印发）

国务院有关部门，各省、自治区、直辖市发展改革委、物价局、建设厅（委）：

为规范建设工程监理及相关服务收费行为，维护委托双方合法权益，促进工程监理行业健康发展，我们制定了《建设工程监理与相关服务收费管理规定》，现印发给你们，自2007年5月1日起执行。原国家物价局、建设部下发的《关于发布工程建设监理费有关规定的通知》（〔1992〕价费字479号）自本规定生效之日起废止。

附件

建设工程监理与相关服务收费管理规定

第一条　为规范建设工程监理与相关服务收费行为，维护发包人和监理人的合法权益，根据《中华人民共和国价格法》及有关法律、法规，制定本规定。

第二条　建设工程监理与相关服务，应当遵循公开、公平、公正、自愿和诚实信用的原则。依法须招标的建设工程，应通过招标方式确定监理人。监理服务招标应优先考虑监理单位的资信程度、监理方案的优劣等技术因素。

第三条　发包人和建立人应当遵守国家有关价格法律法规的规定，接受政府价格主管部门的监督、管理。

第四条　建设工程监理与相关服务收费根据建设项目性质不同情况，分别实行政府指导价或市场调节价。依法必须实行监理的建设工程施工阶段的监理收费实行政府指导价；其它建设工程施工阶段的监理收费和其它阶段的监理与相关服务收费实行市场调节价。

第五条　实行政府指导价的建设工程施工阶段监理收费，其基准价根据《建设工程监理与相关服务收费标准》计算，浮动幅度为上下20%。发包人和监理人应当根据建设工程的实际情况在规定的浮动幅度内协商确定收费额。实行市场调节价的建设工程监理与相关服务收费，由发包人和监理人协商确定收费额。

第六条　建设工程监理与相关服务收费，应当体现优质优价的原则。在保证工程质量的前提下，由于监理人提供的监理与相关服务节省投资，缩短工期，取得显著经济效益的，发包人可根据合同约定奖励监理人。

第七条　监理人应当按照《关于商品和服务实行明码标价的规定》，告知发包人有关服务项目、服务内容、服务质量、收费依据，以及收费标准。

第八条　建设工程监理与相关服务的内容、质量要求和相应的收费金额以及支付方式，由发包人和监理人在监理与相关服务合同中约定。

第九条 监理人提供的监理与相关服务，应当符合国家有关法律、法规和标准规范，满足合同约定的服务内容和质量等要求。监理人不得违反标准规范规定或合同约定，通过降低服务质量、减少服务内容等手段进行恶性竞争，扰乱正常市场秩序。

第十条 由于非监理人原因造成建设工程监理与相关服务工作量增加或减少的，发包人应当按照合同约定与监理人协商另行支付或扣减相应的监理与相关服务费用。

第十一条 由于监理人原因造成监理与相关服务工作量增加的，发包人不另行支付监理与相关服务费用。

监理人提供的监理与相关服务不符合国家有关法律、法规和标准规范的，提供的监理服务人员、执业水平和服务时间未达到监理工作要求的，不能满足合同约定的服务内容和质量等要求的，发包人可按合同约定扣减相应的监理与相关服务费用。

由于监理人工作失误给发包人造成经济损失的，监理人应当按照合同约定依法承担相应赔偿责任。

第十二条 违反本规定和国家有关价格法律、法规规定的，由政府价格主管部门依据《中华人民共和国价格法》、《价格违法行为行政处罚规定》予以处罚。

第十三条 本规定及所附《建设工程监理与相关服务收费标准》，由国家发展改革委会同建设部负责解释。

第十四条 本规定自2007年5月1日起施行，规定生效之日前已签订服务合同及在建项目的相关收费不再调整。原国家物价局与建设部联合发布的《关于发布工程建设监理费有关规定的通知》(〔1992〕价费字479号）同时废止。国务院有关部门及各地制定的相关规定与本规定相抵触的，以本规定为准。

附件

建设工程监理与相关服务收费标准

1 总则

1.0.1 建设工程监理与相关服务是指监理人接受发包人的委托，提供建设工程施工阶段的质量、进度、费用控制管理和安全生产监督管理、合同、信息等方面协调管理服务，以及勘察、设计、保修等阶段的相关服务；各阶段的工作内容见《建设工程监理与相关服务的主要工作内容》(附表一)。

1.0.2 建设工程监理与相关服务收费包括建设工程施工阶段的工程监理（以下简称“施工监理”）服务收费和勘察、设计、保修等阶段的相关服务（以下简称“其他阶段的相关服务”）收费。

1.0.3 铁路、水运、公路、水电、水库工程的施工监理服务收费按建筑安装工程费分档定额计费方式计算收费。其他工程的施工监理服务收费按照建设项目工程概算投资额分档定额计费方式计算收费。

1.0.4 其他阶段的相关服务收费一般按相关服务工作所需工日和《建设工程监理与相关

服务人员人工日费用标准》（附表四）收费。

1.0.5　施工监理服务收费按照下列公式计算：

（1）施工监理服务收费＝施工监理服务收费基准价×(1±浮动幅度值)

（2）施工监理服务收费基准价＝施工监理服务收费基价×专业调整系数×工程复杂程度调整系数×高程调整系数

1.0.6　施工监理服务收费基价

施工监理服务收费基价是完成国家法律法规、规范规定的施工阶段监理基本服务内容的价格。施工监理服务收费基价按《施工监理服务收费基价表》（附表二）确定，计费额处于两个数值区间的，采用直线内插法确定施工监理服务收费基价。

1.0.7　施工监理服务收费基价

施工监理服务收费基价是完成国家法律法规、行业规范规定的基价和1.0.5（2）计算出的施工监理服务基准收费额。发包人与监理人根据项目的实际情况，在规定的浮动幅度范围内协商确定施工监理服务收费合同额。

1.0.8　施工监理服务收费的计费额

施工监理服务收费以建设项目工程概算投资额分档定额计费方式收费的，其计费额为工程概算中的建筑安装工程费、设备购置费和联合试运转费之和，即工程概算投资额。对设备购置费和联合试运转费占工程概算投资额40%以上的工程项目，其建筑安装工程费全部计入计费额，设备购置费和联合试运转费按40%的比例计入计费额。但其计费额不应小于建筑安装工程费与其相同且设备购置费和联合试运转费等于工程概算投资额40%的工程项目的计费额。

工程中有利用原有设备并进行安装调试服务的，以签订工程监理合同时同类设备的当期价格作为施工监理服务收费的计费额；工程中有缓配设备的，应扣除签订监理合同时同类设备的当期价格作为施工监理服务收费的计费额；工程中有引进设备的，按照购进设备的离岸价格折换成人民币作为施工监理服务收费的计费额。

施工监理服务收费以建筑安装工程费分档定额计费方式收费的，其计费额为工程概算中的建筑安装工程费。

作为施工监理服务收费计费额的建设项目工程概算投资额或建筑安装工程费均指每个监理合同中约定的工程项目范围的计费额。

1.0.9　施工监理服务收费调整系数

施工监理服务收费调整系数包括：专业调整系数、工程复杂程度调整系数和高程调整系数。

（1）专业调整系数是对不同专业建设工程的施工监理工作复杂程度和工作量差异进行调整的系数。计算施工监理服务收费时，专业调整系数在《施工监理服务收费专业调整系数表》（附表三）中查找确定。

（2）工程复杂程度调整系数是对同一专业不同建设工程项目的施工监理复杂程度和工作量差异进行调整的系数。工程复杂程度分为一般、较复杂和复杂三个等级，其调整系数分别为：一般（Ⅰ级）0.85；较复杂（Ⅱ级）1.0；复杂（Ⅲ级）1.15。计算施工监理服务收费时，工程复杂程度在相应章节的《工程复杂程度表》中查找确定。

（3）高程调整系数如下：

海拔高程2001m以下的为1；

海拔高程2001～3000m为1.1；

海拔高程3001～3500m为1.2；

海拔高程3501～4000m为1.3；

海拔高程4001m以上的，高程调整系数由发包人和监理人协商确定。

1.0.10 发包人将施工监理服务中的某一部分工作单独发包给监理人，按照其占施工监理服务工作量的比例计算施工监理服务收费，其中质量控制和安全生产监督管理服务收费不宜低于施工监理服务收费额的70%。

1.0.11 建设工程项目施工监理服务由两个或者两个以上监理人承担的，各监理人按照其占施工监理服务工作量的比例计算施工监理服务收费。发包人委托其中一个监理人对建设工程项目施工监理服务总负责的，该监理人按照各监理人合计监理服务收费额的4%～6%向发包人加收总体协调费。

1.0.12 本收费标准不包括本总则1.0.1以外的其他服务收费。其他服务收费，国家有规定的，从其规定；国家没有规定的，由发包人与监理人协商确定。

2 矿山采选工程

2.1 矿山采选工程范围

适用于有色金属、黑色冶金、化学、非金属、黄金、铀、煤炭以及其他矿种采选工程。

2.2 矿山采选工程复杂程度

2.2.1 采矿工程

表2.2-1 **采矿工程复杂程度表**

等级	工程特征
Ⅰ级	1. 地形、地质、水文条件简单； 2. 煤层、煤质稳定，全区可采，无岩浆岩侵入，无自然发火的矿井工程； 3. 立井筒垂深<300m，斜井筒斜长<500m； 4. 矿田地形为Ⅰ、Ⅱ类，煤层赋存条件属Ⅰ、Ⅱ类，可采煤层2层及以下，煤层埋藏深度<100m，采用单一开采工艺的煤炭露天采矿工程； 5. 两种矿石品种，有分采、分贮、分运设施的露天采矿工程； 6. 矿体埋藏垂深<120m的山坡与深凹露天矿； 7. 矿石品种单一，斜井，平硐溜井，主、副、风井条数<4条的矿井工程
Ⅱ级	1. 地形、地质、水文条件较复杂； 2. 低瓦斯、偶见少量岩浆岩、自然发火倾向小的矿井工程； 3. 300m≤立井筒垂深<800m，500m≤斜井筒斜长<1000m，表土层厚度<300m； 4. 矿田地形为Ⅲ类及以上，煤层赋存条件属Ⅲ类，煤层结构复杂，可采煤层多于2层，煤层埋藏深度≥100m，采用综合开采工艺的煤炭露天采矿工程； 5. 有两种矿石品种，主、副、风井条数≥4条，有分采、分贮、分运设施的矿井工程； 6. 两种以上开拓运输方式，多采场的露天矿； 7. 矿体埋藏垂深≥120m的深凹露天矿； 8. 采金工程
Ⅲ级	1. 地形、地质、水文条件复杂； 2. 水患严重、有岩浆岩侵入、有自然发火危险的矿井工程； 3. 地压大，地温局部偏高，煤尘具爆炸性，高瓦斯矿井，煤层及瓦斯突出的矿井工程

续表

等级	工　程　特　征
Ⅲ级	4. 立井筒垂深≥800m，斜井筒斜长≥1000m，表土层厚度≥300m； 5. 开采运输系统复杂，斜井胶带，联合开拓运输系统，有复杂的疏干、排水系统及设施； 6. 两种以上矿石品种，有分采、分贮、分运设施，采用充填采矿法或特殊采矿法的各类采矿工程； 7. 铀矿采矿工程

2.2.2　选矿工程

表 2.2－2　　选矿工程复杂程度表

等级	工　程　特　征
Ⅰ级	1. 新建筛选厂（车间）工程； 2. 处理易选矿石，单一产品及选矿方法的选矿工程
Ⅱ级	1. 新建和改扩建入洗下限≥25mm 选煤厂工程； 2. 两种矿产品及选矿方法的选矿工程
Ⅲ级	1. 新建和改扩建入洗下限<25mm 选煤厂、水煤浆制备及燃烧应用工程； 2. 两种以上矿产品及选矿方法的选矿工程

3　加工冶炼工程

3.1　加工冶炼工程范围

适用于机械、船舶、兵器、航空、航天、电子、核加工、轻工、纺织、商物粮、建材、钢铁、有色等各类加工工程，钢铁、有色等冶炼工程。

3.2　加工冶炼工程复杂程度

表 3.2－1　　加工冶炼工程复杂程度表

等级	工　程　特　征
Ⅰ级	1. 一般机械辅机及配套厂工程； 2. 船舶辅机及配套厂，船舶普航仪器厂，吊车道工程； 3. 防化民爆工程、光电工程 4. 文体用品、玩具、工艺美术品、日用杂品、金属制品厂等工程 5. 针织、服装厂工程； 6. 小型林产加工工程； 7. 小型冷库、屠宰厂，制冰厂，一般农业（粮食）与内贸加工工程； 8. 普通水泥、砖瓦水泥制品厂工程； 9. 一般简单加工及冶炼辅助单体工程和单体附属工程； 10. 小型、技术简单的建筑铝材、铜材加工及配套工程
Ⅱ级	1. 试验站（室）、试车台、计量检测站、自动化立体和多层仓库工程； 2. 造船厂、修船厂、坞修车间、船台滑道、海洋开发工程设备厂、水声设备及水中兵器厂工程； 3. 坦克装甲车车辆、枪炮工程； 4. 航空装配厂、维修厂、辅机厂，航空、航天试验测试及零部件厂，航天产品部装厂工程； 5. 电子整机及基础产品项目工程，显示器件项目工程； 6. 食品发酵烟草工程、制糖工程、制盐及盐化工工程、皮革毛皮及其制品工程、家电及日用机械工程、日用硅酸盐工程； 7. 纺织工程

续表

等级	工　程　特　征
Ⅱ级	8. 林产加工工程； 9. 商物粮加工工程； 10. <2000t/d 的水泥生产线，普通玻璃、陶瓷、耐火材料工程、特种陶瓷生产线工程，新型建筑材料工程； 11. 焦化、耐火材料、烧结球团及辅助、加工和配套工程、有色、钢铁冶炼等辅助、加工和配套工程
Ⅲ级	1. 机械主机制造厂工程； 2. 船舶工业特种涂装车间，干船坞工程； 3. 火炸药及火工品工程、弹箭引信工程； 4. 航空主机厂、航天产品总装厂工程； 5. 微电子产品项目工程、电子特种环境工程、电子系统工程； 6. 核燃料元/组件、铀浓缩、核技术及同位素应用工程； 7. 制浆造纸工程、日用化工工程； 8. 印染工程； 9. ≥2000t/d 的水泥生产线，浮法玻璃生产线； 10. 有色、钢铁冶炼（含连铸）工程，轧钢工程

4　石油化工工程

4.1　石油化工工程范围

适用于石油、天然气、石油化工、化工、火化工、核化工、化纤、医药工程。

4.2　石油化工工程复杂程度

表 4.2-1　　石油化工工程复杂程度表

等级	工　程　特　征
Ⅰ级	1. 油气田井口装置和内部集输管线，油气计量站、接转站等场站、总容积<50000m^3 或品种<5 种的独立油库工程； 2. 平原微丘陵地区长距离油、气、水煤浆等各种介质的输送管道和中间场站工程； 3. 无机盐、橡胶制品、混配肥工程； 4. 石油化工工程的辅助生产设施和公用工程
Ⅱ级	1. 油气田原油脱水转油站、油气水联合处理站、总容积≥50000m^3 或品种≥5 种的独立油库、天然气处理和轻烃回收厂站、三次采油回注水处理工程；硫黄回收及下游装置、稠油及三次采油联合处理站、油气田天然气液化及提氦、地下储气库； 2. 山区沼泽地带长距离油、气、水煤浆等各种介质的输送管道和首站、末站、压气站、调度中心工程； 3. 500 万 t/年以下的常、减压蒸馏及二次加工装置，丁烯氧化脱氢、MTBE、丁二烯抽提、乙腈生产装置工程； 4. 磷肥、农药、精细化工、生物化工、化纤工程； 5. 医药工程； 6. 冷冻、脱盐、联合控制室、中高压热力站、环境监测、工业监视、三级污水处理工程
Ⅲ级	1. 海上油气田工程； 2. 长输管道的穿跨越工程； 3. 500 万 t/年以上的常减压蒸馏及二次加工装置，芳烃抽提、芳烃（PX），乙烯、精对苯二甲酸等单体原料，合成材料，LPG、LNG 低温储存运输设施工程； 4. 合成氨、制酸、制碱、复合肥、火化工、煤化工工程； 5. 核化工、放射性药品工程

5　水利电力工程

5.1　水利电力工程范围

适用于水利、发电、送电、变电、核能工程。

5.2　水利电力工程复杂程度

5.2.1　水利、发电、送电、变电、核能工程

表 5.2-1　　水利、发电、送电、变电、核能工程复杂程度表

等级	工　程　特　征
Ⅰ级	1. 单机容量 200MW 及以下凝汽式机组发电工程，燃气轮机发电工程，50MW 及以下供热机组发电工程； 2. 电压等级 220kV 及以下的送电、变电工程； 3. 最大坝高<70m，边坡高度<50m，基础处理深度<20m 的水库水电工程； 4. 施工明渠导流建筑物与土石围堰； 5. 总装机容量<50MW 的水电工程； 6. 单洞长度<1km 的隧洞； 7. 无特殊环保要求
Ⅱ级	1. 单机容量 300MW～600MW 凝汽式机组发电工程，单机容量 50MW 及以上供热机组发电工程，新能源发电工程（可再生能源、风电、潮汐等）； 2. 电压等级 330kV 的送电、变电工程； 3. 70m≤最大坝高<100 或 1000 万 m^3≤库容<1 亿 m^3 的水库水电工程； 4. 地下洞室的跨度<15m，50m≤边坡高度<100m，20≤基础处理深度<40m 的水库水电工程； 5. 施工隧洞导流建筑物（洞径<10m）或混凝土围堰（最大堰高<20m）； 6. 50MW≤总装机容量<1000MW 的水电工程； 7. 1km≤单洞长度<4km 的隧洞； 8. 工程位于省级重点环境（生态）保护区内，或毗邻省级重点环境（生态）保护区，有较高的环保要求
Ⅲ级	1. 单机容量 600MW 以上凝汽式机组发电工程； 2. 换流站工程，电压等级≥500kV 送电、变电工程； 3. 核能工程； 4. 最大坝高≥100m 或库容≥1 亿 m^3 的水库水电工程； 5. 地下洞室的跨度≥15m，边坡高度≥100m，基础处理深度≥40m 的水库水电工程； 6. 施工隧洞导流建筑物（洞径≥10m）或混凝土围堰（最大堰高≥20m）； 7. 总装机容量≥1000MW 的水库水电工程； 8. 单洞长度≥4km 的水工隧洞； 9. 工程位于国家级重点环境（生态）保护区内，或毗邻国家级重点环境（生态）保护区，有特殊的环保要求

5.2.2　其他水利工程

表 5.2-2　　其他水利工程复杂程度表

等级	工　程　特　征
Ⅰ级	1. 流量<15m^3/s 的引调水渠道管线工程； 2. 堤防等级Ⅴ级的河道治理建（构）筑物及河道堤防工程； 3. 灌区田间工程； 4. 水土保持工程

续表

等级	工 程 特 征
Ⅱ级	1. $15m^3/s$≤流量<$25m^3/s$引调水渠道管线工程； 2. 引调水工程中的建筑物工程； 3. 丘陵、山区、沙漠地区的引调水渠道管线工程； 4. 堤防等级Ⅲ、Ⅳ级的河道治理建（构）筑物及河道堤防工程
Ⅲ级	1. 流量≥$25m^3/s$的引调水渠道管线工程； 2. 丘陵、山区、沙漠地区的引调水建筑物工程； 3. 堤防等级Ⅰ、Ⅱ级的河道治理建（构）筑物及河道堤防工程； 4. 护岸、防波堤、围堰、人工岛、围垦工程，城镇防洪、河口整治工程

6 交通运输工程

6.1 交通运输工程范围

适用于铁路、公路、水运、城市交通、民用机场、索道工程。

6.2 交通运输工程复杂程度

6.2.1 铁路工程

表 6.2-1　　铁路工程复杂程度表

等级	工 程 特 征
Ⅰ级	Ⅱ、Ⅲ、Ⅳ级铁路
Ⅱ级	1. 时速 200km 客货共线； 2. Ⅰ级铁路； 3. 货运专线； 4. 独立特大桥； 5. 独立隧道
Ⅲ级	1. 客运专线； 2. 技术特别复杂的工程

注　1. 复杂程度调整系数Ⅰ级为 0.85，Ⅱ级为 1，Ⅲ为 0.95；
　　2. 复杂等级Ⅱ级的新建双线复杂程度调整系数为 0.85；

6.2.2 公路、城市道路、轨道交通、索道工程

表 6.2-2　　公路、城市道路、轨道交通、索道工程复杂程度表

等级	工 程 特 征
Ⅰ级	1. 三级、四级公路及相应的机电工程； 2. 一级公路、二级公路的机电工程
Ⅱ级	1. 一级公路、二级公路； 2. 高速公路的机电工程； 3. 城市道路、广场、停车场工程
Ⅲ级	1. 高速公路工程； 2. 城市地铁、轻轨； 3. 客（货）运索道工程

注　穿越山岭重丘区的复杂程度Ⅱ、Ⅲ级公路工程项目的部分复杂程度调整系数分别为 1.1 和 1.26。

6.2.3　公路桥梁、城市桥梁和隧道工程

表 6.2-3　　公路桥梁、城市桥梁和隧道工程复杂程度表

等级	工　程　特　征
Ⅰ级	1. 总长＜1000m 或单孔跨径＜150m 的公路桥梁； 2. 长度＜1000m 的隧道工程； 3. 人行天桥、涵洞工程
Ⅱ级	1. 总长≥1000m 或 150m≤单孔跨径＜250m 的公路桥梁； 2. 1000m≤长度＜3000m 的隧道工程； 3 城市桥梁、分离式立交桥、地下通道工程
Ⅲ级	1. 主跨≥250m 拱桥，单跨≥250m 预应力混凝土连续结构，≥400m 斜拉桥，≥800m 悬索桥； 2. 连拱隧道、水底隧道、长度≥3000m 的隧道工程； 3. 城市互通式立交桥

6.2.4　水运工程

表 6.2-4　　水运工程复杂程度表

等级	工　程　特　征
Ⅰ级	1. 沿海港口、航道工程：码头＜1000t 级，航道＜5000t 级； 2. 内河港口、航道整治、通航建筑工程：码头、航道整治、船闸＜100t 级； 3. 修造船厂水工工程：船坞、舾装码头＜3000t 级，船台、滑道船体重量＜1000t； 4. 各类疏浚、吹填、造陆工程
Ⅱ级	1. 沿海港口、航道工程：1000t 级≤码头≤10000t 级，5000t 级≤航道＜30000t 级，护岸、引堤、防波堤等建筑物； 2. 油、气等危险品码头工程＜1000t 级； 3. 内河港口、航道整治、通航建筑工程：100t 级≤码头＜1000t 级，100t 级≤航道整治＜1000t 级，100t 级≤船闸＜500t 级，升船机＜300t 级； 4. 修造船厂水工工程：3000t 级≤船坞、舾装码头＜10000t 级，1000t≤船台、滑道船体重量＜5000t
Ⅲ级	1. 沿海港口、航道工程：码头≥10000t 级，航道≥30000t 级； 2. 油、气等危险品码头工程≥1000t 级； 3. 内河港口、航道整治、通航建筑工程：码头、航道整治≥1000t 级，船闸≥500t 级，升船机≥300t 级； 4. 航运（电）枢纽工程； 5. 修造船厂水工工程：船坞、舾装码头≥10000t 级，船台、滑道船体重量≥5000t； 6. 水上交通管制工程

6.2.5　民用机场工程

表 6.2-5　　民用机场工程复杂程度表

等级	工　程　特　征
Ⅰ级	3C 及以下场道、空中交通管制及助航灯光工程（项目单一或规模较小工程）
Ⅱ级	4C、4D 场道及空中交通管制及助航灯光工程（中等规模工程）
Ⅲ级	4E 及以上场道、空中交通管制及助航灯光工程（大型综合工程含配套措施）

注　工程项目规模划分标准见《民用机场飞行区技术标准》。

7 建筑市政工程

7.1 建筑市政工程范围

适用于建筑、人防、市政公用、园林绿化、电信、广播电视、邮政、电信工程。

7.2 建筑市政工程复杂程度

7.2.1 建筑、人防工程

表 7.2-1 建筑、人防工程复杂程度表

等级	工程特征
Ⅰ级	1. 高度<24m 的公共建筑和住宅工程； 2. 跨度<24m 厂房和仓储建筑工程； 3. 室外工程及简单的配套用房； 4. 高度<70m 的高耸构筑物
Ⅱ级	1. 24m≤高度<50m 的公共建筑工程； 2. 24m≤跨度<36m 厂房和仓储建筑工程； 3. 高度≥24m 的住宅工程； 4. 仿古建筑，一般标准的古建筑、保护性建筑以及地下建筑工程； 5. 装饰、装修工程； 6. 防护级别为四级及以下的人防工程； 7. 70m≤高度<120m 的高耸构筑物
Ⅲ级	1. 高度≥50m 或跨度≥36m 的厂房和仓储建筑工程； 2. 高标准的古建筑、保护性建筑； 3. 防护级别为四级以上的人防工程； 4. 高度≥120m 的高耸构筑物

7.2.2 市政公用、园林绿化工程

表 7.2-2 市政公用、园林绿化工程复杂程度表

等级	工程特征
Ⅰ级	1. DN<1.0m 的给排水地下管线工程； 2. 小区内燃气管道工程； 3. 小区供热管网工程，<2MW 的小型换热站工程； 4. 小型垃圾中转站，简易堆肥工程
Ⅱ级	1. DN≥1.0m 的给排水地下管线工程；<$3m^3/s$ 的给水、污水泵站；<10 万 t/d 给水厂工程，<5 万 t/d 污水处理厂工程； 2. 城市中、低压燃气管网（站），<1000m^3 液化气贮罐场（站）； 3. 锅炉房，城市供热管网工程，≥2MW 换热站工程； 4. ≥100t/d 的大型垃圾中转站，垃圾填埋工程； 5. 园林绿化工程
Ⅲ级	1. ≥$3m^3/s$ 的给水、污水泵站，≥10 万 t/d 给水厂工程，≥5 万 t/d 污水处理厂工程； 2. 城市高压燃气管网（站），≥1000m^3 液化气贮罐场（站）； 3. 垃圾焚烧工程； 4. 海底排污管线，海水取排水、淡化及处理工程

7.2.3　广播电视、邮政、电信工程

表 7.2－3　　广播电视、邮政、电信工程复杂程度表

等级	工　程　特　征
Ⅰ级	1. 广播电视中心设备（广播 2 套及以下，电视 3 套及以下）工程； 2. 中短波发射台（中波单机功率 $P<1$kW，短波单机功率 $P<50$kW）工程； 3. 电视、调频发射塔（台）设备（单机功率 $P<1$kW）工程； 4. 广播电视收测台设备工程；三级邮件处理中心工艺工程
Ⅱ级	1. 广播电视中心设备（广播 3～5 套，电视 4～6 套）工程； 2. 中短波发射台（中波单机功率 1kW$\leqslant P<$20kW，短波单机功率 50kW$\leqslant P<$150kW）工程； 3. 电视、调频发射塔（台）设备（中波单机功率 1kW$\leqslant P<$10kW，塔高<200m）工程； 4. 广播电视传输网络工程；二级邮件处理中心工艺工程； 5. 电声设备、演播厅、录（播）音馆、摄影棚设备工程； 6. 广播电视卫星地球站、微波站设备工程； 7. 电信工程
Ⅲ级	1. 广播电视中心设备（广播 6 套以上，电视 7 套以上）工程； 2. 中短波发射台设备（中波单机功率 $P\geqslant$20kW，短波单机功率 $P\geqslant$150kW）工程； 3. 电视、调频发射塔（台）设备（中波单机功率 $P\geqslant$10kW，塔高≥200m）工程； 4. 一级邮件处理中心工艺工程

8　农业林业工程

8.1　农业林业工程范围

适用于农业、林业工程。

8.2　农业林业工程复杂程度

农业、林业工程复杂程度为Ⅱ级。

附表一

建设工程监理与相关服务的主要工作内容

服务阶段	具体服务范围构成	备注
勘察阶段	协助发包人编制勘察要求、选择勘察单位，核查勘察方案并监督实施和进行相应的控制，参与验收勘察成果	建设工程勘察、设计、施工、保修等阶段监理与相关服务的具体工作内容执行国家、行业有关规范、规定
设计阶段	协助发包人编制设计要求、选择设计单位，组织评选设计方案，对各设计单位进行协调管理，监督合同履行，审查设计进度计划并监督实施，核查设计大纲和设计深度、使用技术规范合理性，提出设计评估报告（包括各阶段设计的核查意见和优化建议），协助审核设计概算	
施工阶段	施工过程中的质量、进度、费用控制，安全生产监督管理、合同、信息等方面的协调管理	
保修阶段	检查和记录工程质量缺陷，对缺陷原因进行调查分析并确定责任归属，审核修复方案，监督修复过程并验收，审核修复费用	

附表二

施工监理服务收费基价表　　单位：万元

序号	计费额	收费基价
1	500	16.5
2	1000	30.1
3	3000	78.1
4	5000	120.8
5	8000	181.0
6	10000	218.6
7	20000	393.4
8	40000	708.2
9	60000	991.4
10	80000	1255.8
11	100000	1507.0
12	200000	2712.5
13	400000	4882.6
14	600000	6835.6
15	800000	8658.4
16	1000000	10390.1

注　计费额大于1000000万元的，以计费额乘以1.039%的收费率计算收费基价。其他未包含的其收费由双方协商议定。

附表三

施工监理服务收费专业调整系数表

工　程　类　型	专业调整系数
1. 矿山采选工程	
黑色、有色、黄金、化学、非金属及其他矿采选工程	0.9
选煤及其他煤炭工程	1.0
矿井工程，铀矿采选工程	1.1
2. 加工冶炼工程	
冶炼工程	0.9
船舶水工工程	1.0
各类加工	1.0
核加工工程	1.2

续表

工　程　类　型	专业调整系数
3. 石油化工工程	
石油工程	0.9
化工、石化、化纤、医药工程	1.0
核化工工程	1.2
4. 水利电力工程	
风力发电、其他水利工程	0.9
火电工程、送变电工程	1.0
核能、水电、水库工程	1.2
5. 交通运输工程	
机场场道、助航灯光工程	0.9
铁路、公路、城市道路、轻轨及机场空管工程	1.0
水运、地铁、桥梁、隧道、索道工程	1.1
6. 建筑市政工程	
园林绿化工程	0.8
建筑、人防、市政公用工程	1.0
邮政、电信、广播电视工程	1.0
7. 农业林业工程	
农业工程	0.9
林业工程	0.9

附表四

建设工程监理与相关服务人员人工日费用标准

建设工程监理与相关服务人员职级	工日费用标准（元）
一、高级专家	1000～1200
二、高级专业技术职称的监理与相关服务人员	800～1000
三、中级专业技术职称的监理与相关服务人员	600～800
四、初级及以下专业技术职称监理与相关服务人员	300～600

注　本表适用于提供短期服务的人工费用标准。

关于修改《房屋建筑工程和市政基础设施工程竣工验收备案管理暂行办法》的决定

住房和城乡建设部令第2号

（2009年10月19日发布，自2009年10月19日起施行）

住房和城乡建设部决定对《房屋建筑工程和市政基础设施工程竣工验收备案管理暂行办法》（建设部令第78号）作如下修改：

一、名称修改为“《房屋建筑和市政基础设施工程竣工验收备案管理办法》”。

二、第五条第一款第（三）项删去“公安消防”。

三、第五条第一款增加一项“（四）法律规定应当由公安消防部门出具的对大型的人员密集场所和其他特殊建设工程验收合格的证明文件”。

四、第五条第二款修改为“住宅工程还应当提交《住宅质量保证书》和《住宅使用说明书》”。

五、第九条修改为“建设单位在工程竣工验收合格之日起15日内未办理工程竣工验收备案的，备案机关责令限期改正，处20万元以上50万元以下罚款”。

此外，对部分条文的文字作相应的修改。

本决定自发布之日起施行。《房屋建筑工程和市政基础设施工程竣工验收备案管理暂行办法》根据本决定作相应的修正，重新发布。

附件

房屋建筑工程和市政基础设施工程竣工验收备案管理暂行办法

第一条 为了加强房屋建筑和市政基础设施工程质量的管理，根据《建设工程质量管理条例》，制定本办法。

第二条 在中华人民共和国境内新建、扩建、改建各类房屋建筑和市政基础设施工程的竣工验收备案，适用本办法。

第三条 国务院住房和城乡建设主管部门负责全国房屋建筑和市政基础设施工程（以下统称工程）的竣工验收备案管理工作。

县级以上地方人民政府建设主管部门负责本行政区域内工程的竣工验收备案管理工作。

第四条 建设单位应当自工程竣工验收合格之日起15日内，依照本办法规定，向工程所在地的县级以上地方人民政府建设主管部门（以下简称备案机关）备案。

第五条 建设单位办理工程竣工验收备案应当提交下列文件：

（一）工程竣工验收备案表；

（二）工程竣工验收报告。竣工验收报告应当包括工程报建日期，施工许可证号，施工图设计文件审查意见，勘察、设计、施工、工程监理等单位分别签署的质量合格文件及验收人员签署的竣工验收原始文件，市政基础设施的有关质量检测和功能性试验资料以及备案机关认为需要提供的有关资料；

（三）法律、行政法规规定应当由规划、环保等部门出具的认可文件或者准许使用文件；

（四）法律规定应当由公安消防部门出具的对大型的人员密集场所和其他特殊建设工程验收合格的证明文件；

（五）施工单位签署的工程质量保修书；

（六）法规、规章规定必须提供的其他文件。

住宅工程还应当提交《住宅质量保证书》和《住宅使用说明书》。

第六条　备案机关收到建设单位报送的竣工验收备案文件，验证文件齐全后，应当在工程竣工验收备案表上签署文件收讫。

工程竣工验收备案表一式两份，一份由建设单位保存，一份留备案机关存档。

第七条　工程质量监督机构应当在工程竣工验收之日起5日内，向备案机关提交工程质量监督报告。

第八条　备案机关发现建设单位在竣工验收过程中有违反国家有关建设工程质量管理规定行为的，应当在收讫竣工验收备案文件15日内，责令停止使用，重新组织竣工验收。

第九条　建设单位在工程竣工验收合格之日起15日内未办理工程竣工验收备案的，备案机关责令限期改正，处20万元以上50万元以下罚款。

第十条　建设单位将备案机关决定重新组织竣工验收的工程，在重新组织竣工验收前，擅自使用的，备案机关责令停止使用，处工程合同价款2%以上4%以下罚款。

第十一条　建设单位采用虚假证明文件办理工程竣工验收备案的，工程竣工验收无效，备案机关责令停止使用，重新组织竣工验收，处20万元以上50万元以下罚款；构成犯罪的，依法追究刑事责任。

第十二条　备案机关决定重新组织竣工验收并责令停止使用的工程，建设单位在备案之前已投入使用或者建设单位擅自继续使用造成使用人损失的，由建设单位依法承担赔偿责任。

第十三条　竣工验收备案文件齐全，备案机关及其工作人员不办理备案手续的，由有关机关责令改正，对直接责任人员给予行政处分。

第十四条　抢险救灾工程、临时性房屋建筑工程和农民自建低层住宅工程，不适用本办法。

第十五条　军用房屋建筑工程竣工验收备案，按照中央军事委员会的有关规定执行。

第十六条　省、自治区、直辖市人民政府住房和城乡建设主管部门可以根据本办法制定实施细则。

第十七条　本办法自发布之日起施行。

房屋建筑和市政基础设施工程质量监督管理规定

住房和城乡建设部令第5号

（2010年8月1日发布，自2010年9月1日起施行）

第一条 为了加强房屋建筑和市政基础设施工程质量的监督，保护人民生命和财产安全，规范住房和城乡建设主管部门及工程质量监督机构（以下简称主管部门）的质量监督行为，根据《中华人民共和国建筑法》、《建设工程质量管理条例》等有关法律、行政法规，制定本规定。

第二条 在中华人民共和国境内主管部门实施对新建、扩建、改建房屋建筑和市政基础设施工程质量监督管理的，适用本规定。

第三条 国务院住房和城乡建设主管部门负责全国房屋建筑和市政基础设施工程（以下简称工程）质量监督管理工作。

县级以上地方人民政府建设主管部门负责本行政区域内工程质量监督管理工作。

工程质量监督管理的具体工作可以由县级以上地方人民政府建设主管部门委托所属的工程质量监督机构（以下简称监督机构）实施。

第四条 本规定所称工程质量监督管理，是指主管部门依据有关法律法规和工程建设强制性标准，对工程实体质量和工程建设、勘察、设计、施工、监理单位（以下简称工程质量责任主体）和质量检测等单位的工程质量行为实施监督。

本规定所称工程实体质量监督，是指主管部门对涉及工程主体结构安全、主要使用功能的工程实体质量情况实施监督。

本规定所称工程质量行为监督，是指主管部门对工程质量责任主体和质量检测等单位履行法定质量责任和义务的情况实施监督。

第五条 工程质量监督管理应当包括下列内容：

（一）执行法律法规和工程建设强制性标准的情况；

（二）抽查涉及工程主体结构安全和主要使用功能的工程实体质量；

（三）抽查工程质量责任主体和质量检测等单位的工程质量行为；

（四）抽查主要建筑材料、建筑构配件的质量；

（五）对工程竣工验收进行监督；

（六）组织或者参与工程质量事故的调查处理；

（七）定期对本地区工程质量状况进行统计分析；

（八）依法对违法违规行为实施处罚。

第六条 对工程项目实施质量监督，应当依照下列程序进行：

（一）受理建设单位办理质量监督手续；

（二）制订工作计划并组织实施；

（三）对工程实体质量、工程质量责任主体和质量检测等单位的工程质量行为进行抽查、抽测；

（四）监督工程竣工验收，重点对验收的组织形式、程序等是否符合有关规定进行监督；

（五）形成工程质量监督报告；

（六）建立工程质量监督档案。

第七条　工程竣工验收合格后，建设单位应当在建筑物明显部位设置永久性标牌，载明建设、勘察、设计、施工、监理单位等工程质量责任主体的名称和主要责任人姓名。

第八条　主管部门实施监督检查时，有权采取下列措施：

（一）要求被检查单位提供有关工程质量的文件和资料；

（二）进入被检查单位的施工现场进行检查；

（三）发现有影响工程质量的问题时，责令改正。

第九条　县级以上地方人民政府建设主管部门应当根据本地区的工程质量状况，逐步建立工程质量信用档案。

第十条　县级以上地方人民政府建设主管部门应当将工程质量监督中发现的涉及主体结构安全和主要使用功能的工程质量问题及整改情况，及时向社会公布。

第十一条　省、自治区、直辖市人民政府建设主管部门应当按照国家有关规定，对本行政区域内监督机构每三年进行一次考核。

监督机构经考核合格后，方可依法对工程实施质量监督，并对工程质量监督承担监督责任。

第十二条　监督机构应当具备下列条件：

（一）具有符合本规定第十三条规定的监督人员。人员数量由县级以上地方人民政府建设主管部门根据实际需要确定。监督人员应当占监督机构总人数的75%以上；

（二）有固定的工作场所和满足工程质量监督检查工作需要的仪器、设备和工具等；

（三）有健全的质量监督工作制度，具备与质量监督工作相适应的信息化管理条件。

第十三条　监督人员应当具备下列条件：

（一）具有工程类专业大学专科以上学历或者工程类执业注册资格；

（二）具有三年以上工程质量管理或者设计、施工、监理等工作经历；

（三）熟悉掌握相关法律法规和工程建设强制性标准；

（四）具有一定的组织协调能力和良好职业道德。

监督人员符合上述条件经考核合格后，方可从事工程质量监督工作。

第十四条　监督机构可以聘请中级职称以上的工程类专业技术人员协助实施工程质量监督。

第十五条　省、自治区、直辖市人民政府建设主管部门应当每两年对监督人员进行一次岗位考核，每年进行一次法律法规、业务知识培训，并适时组织开展继续教育培训。

第十六条　国务院住房和城乡建设主管部门对监督机构和监督人员的考核情况进行监督抽查。

第十七条 主管部门工作人员玩忽职守、滥用职权、徇私舞弊，构成犯罪的，依法追究刑事责任；尚不构成犯罪的，依法给予行政处分。

第十八条 抢险救灾工程、临时性房屋建筑工程和农民自建低层住宅工程，不适用本规定。

第十九条 省、自治区、直辖市人民政府建设主管部门可以根据本规定制定具体实施办法。

第二十条 本规定自2010年9月1日起施行。

八、其　　他

国土资源听证规定

国土资源部令第22号

（2004年1月9日公布，自2004年5月1日起施行）

第一章　总　　则

第一条　为了规范国土资源管理活动，促进依法行政，提高国土资源管理的科学性和民主性，保护公民、法人和其他组织的合法权益，根据有关法律、法规，制定本规定。

第二条　县级以上人民政府国土资源行政主管部门（以下简称主管部门）依职权或者依当事人的申请组织听证的，适用本规定。

第三条　听证由拟作出行政处罚、行政许可决定，制定规章和规范性文件、实施需报政府批准的事项的主管部门组织。

依照本规定具体办理听证事务的法制工作机构为听证机构；但实施需报政府批准的事项可以由其经办机构作为听证机构。

本规定所称需报政府批准的事项，是指依法由本级人民政府批准后生效但主要由主管部门具体负责实施的事项，包括拟定或者修改基准地价、组织编制或者修改土地利用总体规划和矿产资源规划、拟定或者修改区域性征地补偿标准、拟定拟征地项目的补偿标准和安置方案、拟定非农业建设占用基本农田方案等。

第四条　主管部门组织听证，应当遵循公开、公平、公正和便民的原则，充分听取公民、法人和其他组织的意见，保证其陈述意见、质证和申辩的权利。

依职权组织的听证，除涉及国家秘密外，以听证会形式公开举行，并接受社会监督；依当事人的申请组织的听证，除涉及国家秘密、商业秘密或者个人隐私外，听证公开举行。

第五条　法律、法规和规章规定应当听证的事项，当事人放弃听证权利或者因情况紧急须即时决定的，主管部门不组织听证。

第二章　听证的一般规定

第六条　听证参加人包括拟听证事项经办机构的指派人员、听证会代表、当事人及其代理人、证人、鉴定人、翻译等。

第七条 听证一般由一名听证员组织；必要时，可以由三或五名听证员组织。听证员由主管部门指定。

听证设听证主持人，在听证员中产生；但须是听证机构或者经办机构的有关负责人。

记录员由听证主持人指定，具体承担听证准备和听证记录工作。

拟听证事项的具体经办人员，不得作为听证员和记录员；但可以由经办机构办理听证事务的除外。

第八条 在听证开始前，记录员应当查明听证参加人的身份和到场情况，宣布听证纪律和听证会场有关注意事项。

第九条 听证会按下列程序进行：

（一）听证主持人宣布听证开始，介绍听证员、记录员，宣布听证事项和事由，告知听证参加人的权利和义务；

（二）拟听证事项的经办机构提出理由、依据和有关材料及意见；

（三）当事人进行质证、申辩，提出维护其合法权益的事实、理由和依据（听证会代表对拟听证事项的必要性、可行性以及具体内容发表意见和质询）；

（四）最后陈述；

（五）听证主持人宣布听证结束。

第十条 记录员应当将听证的全部活动记入笔录。听证笔录应当载明下列事项，并由听证员和记录员签名：

（一）听证事项名称；

（二）听证员和记录员的姓名、职务；

（三）听证参加人的基本情况；

（四）听证的时间、地点；

（五）听证公开情况；

（六）拟听证事项的理由、依据和有关材料；

（七）当事人或者听证会代表的观点、理由和依据；

（八）延期、中止或者终止的说明；

（九）听证主持人对听证活动中有关事项的处理情况；

（十）听证主持人认为的其他事项。

听证笔录经听证参加人确认无误或者补正后当场签字或者盖章；无正当理由又拒绝签字或者盖章的，记明情况附卷。

第十一条 公开举行的听证会，公民、法人或者其他组织可以申请参加旁听。

第三章 依职权听证的范围和程序

第十二条 有下列情形之一的，主管部门应当组织听证：

（一）拟定或者修改基准地价；

（二）编制或者修改土地利用总体规划和矿产资源规划；

（三）拟定或者修改区域性征地补偿标准。

有下列情形之一的，直接涉及公民、法人或者其他组织的重大利益的，主管部门根据需要组织听证：

（一）制定规章和规范性文件；

（二）主管部门规定的其他情形。

第十三条　主管部门对本规定第十二条规定的事项举行听证的，应当在举行听证会30日前，向社会公告听证会的时间、地点、内容和申请参加听证会须知。

第十四条　符合主管部门规定条件的公民、法人和其他组织，均可申请参加听证会，也可推选代表参加听证会。

主管部门根据拟听证事项与公民、法人和其他组织的申请情况，指定听证会代表；指定的听证会代表应当具有广泛性、代表性。

公民、法人和其他组织推选的代表，符合主管部门条件的，应当优先被指定为听证会代表。

第十五条　听证机构应当在举行听证会的10个工作日前将听证会材料送达听证会代表。

第十六条　听证会代表应当亲自参加听证，并有权对拟听证事项的必要性、可行性以及具体内容发表意见和质询，查阅听证纪要。

听证会代表应当忠于事实，实事求是地反映所代表的公民、法人和其他组织的意见，遵守听证纪律，保守国家秘密。

第十七条　听证机构应当在举行听证会后7个工作日内，根据听证笔录制作包括下列内容的听证纪要：

（一）听证会的基本情况；

（二）听证事项的说明；

（三）听证会代表的意见陈述；

（四）听证事项的意见分歧；

（五）对听证会意见的处理建议。

第十八条　主管部门应当参照听证纪要依法制定规章和规范性文件；在报批拟定或者修改的基准地价、编制或者修改的土地利用总体规划和矿产资源规划、拟定或者修改的区域性征地补偿标准时，应当附具听证纪要。

第四章　依申请听证的范围和程序

第十九条　有下列情形之一的，主管部门在报批之前，应当书面告知当事人有要求举行听证的权利：

（一）拟定拟征地项目的补偿标准和安置方案的；

（二）拟定非农业建设占用基本农田方案的。

有下列情形之一的，主管部门在作出决定之前，应当书面告知当事人有要求举行听证的权利：

（一）较大数额罚款、责令停止违法勘查或者违法开采行为、吊销勘查许可证或者采矿许可证等行政处罚的；

（二）国有土地使用权、探矿权、采矿权的许可直接涉及申请人与他人之间重大利益关系的；

（三）法律、法规或者规章规定的其他情形。

第二十条 当事人对本规定第十九条规定的事项要求听证的，主管部门应当组织听证。

第二十一条 当事人应当在告知后5个工作日内向听证机构提出书面申请，逾期未提出的，视为放弃听证；但行政处罚听证的时限为3个工作日。放弃听证的，应当书面记载。

第二十二条 当事人可以委托1～2名代理人参加听证，收集、提供相关材料和证据，进行质证和申辩。

第二十三条 听证的书面申请包括以下内容：

（一）当事人的姓名、地址（法人或者其他组织的名称、地址、法定代表人）；

（二）申请听证的具体事项；

（三）申请听证的依据、理由。

申请听证的，应当同时提供相关材料。

第二十四条 听证机构收到听证的书面申请后，应当对申请材料进行审查；申请材料不齐备的，应当一次告知当事人补正。

有下列情形之一的，不予受理：

（一）提出申请的不是听证事项的当事人或者其代理人的；

（二）在告知后超过5个工作日提出听证的；

（三）其他不符合申请听证条件的。

不予受理的，主管部门应当书面告知当事人不予听证。

第二十五条 听证机构审核后，对符合听证条件的，应当制作《听证通知书》，并在听证的7个工作日前通知当事人和拟听证事项的经办机构。

《听证通知书》应当载明下列事项：

（一）听证的事由与依据；

（二）听证的时间、地点；

（三）听证员和记录员的姓名、职务；

（四）当事人、拟听证事项的经办机构的权利和义务；

（五）注意事项。

第二十六条 当事人在接到《听证通知书》后，应当准时到场；无正当理由不到场的，或者未经听证主持人允许中途退场的，视为放弃听证。放弃听证的，记入听证笔录。

第二十七条 拟听证事项的经办机构在接到《听证通知书》后，应当指派人员参加听证，不得放弃听证。

第二十八条 当事人认为听证员、记录员与拟听证事项有利害关系可能影响公正的，有权申请回避，并说明理由。

听证主持人的回避由主管部门决定。听证员、记录员的回避，由听证主持人决定。

第二十九条 有下列情形之一的，可以延期举行听证：

（一）因不可抗力的事由致使听证无法按期举行的；

（二）当事人申请延期，有正当理由的；

（三）可以延期的其他情形。

延期听证的，主管部门应当书面通知听证参加人。

第三十条　有下列情形之一的，中止听证：

（一）听证主持人认为听证过程中提出新的事实、理由和依据或者提出的事实有待调查核实的；

（二）申请听证的公民死亡、法人或者其他组织终止，尚未确定权利、义务承受人的；

（三）应当中止听证的其他情形。

中止听证的，主管部门应当书面通知听证参加人。

第三十一条　延期、中止听证的情形消失后，由主管部门决定恢复听证，并书面通知听证参加人。

第三十二条　有下列情形之一的，终止听证：

（一）有权申请听证的公民死亡，没有继承人，或者继承人放弃听证权利的；

（二）有权申请听证的法人或者其他组织终止，承受其权利的法人或者组织放弃听证权利的；

（三）当事人在听证过程中声明退出的；

（四）当事人在告知后明确放弃听证权利或者被视为放弃听证权利的；

（五）需要终止听证的其他情形。

第三十三条　主管部门应当根据听证笔录，作出行政许可决定，依法作出行政处罚决定；在报批拟定的拟征地项目的补偿标准和安置方案、非农业建设占用基本农田方案时，应当附具听证笔录。

第五章　法　律　责　任

第三十四条　法律、法规和规章规定应当听证的事项，当事人要求听证而未组织的，对直接负责的主管人员和其他直接责任人员依法给予行政处分。

第三十五条　主管部门的拟听证事项经办机构指派人员、听证员、记录员在听证时玩忽职守、滥用职权、徇私舞弊的，依法给予行政处分；构成犯罪的，依法追究刑事责任。

第六章　附　　则

第三十六条　组织听证不得向当事人收取或者变相收取任何费用。

组织听证所需经费列入主管部门预算。听证机构组织听证必需的场地、设备、工作条件，主管部门应当给予保障。

第三十七条　主管部门办理行政复议，受委托起草法律、法规或者政府规章草案时，组织听证的具体程序参照本规定执行。

第三十八条　本规定自2004年5月1日起施行。

国土资源信访规定

国土资源部令第32号

（2006年1月4日公布，自2006年3月1日起施行）

第一章　总　　则

第一条　为规范国土资源信访行为，维护国土资源信访秩序，保护信访人的合法权益，根据《信访条例》和国土资源管理法律、法规，制定本规定。

第二条　本规定所称国土资源信访，是指公民、法人或者其他组织采用书信、电子邮件、传真、电话、走访等形式，向国土资源管理部门反映情况，提出建议、意见或者投诉请求，依法由国土资源管理部门处理的活动。

本规定所称信访人，是指采用前款规定的形式，反映情况，提出建议、意见或者投诉请求的公民、法人或者其他组织。

第三条　国土资源信访工作应当遵循下列原则：

（一）属地管理、分级负责，谁主管、谁负责；

（二）畅通信访渠道，方便信访人；

（三）实事求是，有错必纠；

（四）依法、及时、就地解决问题与疏导教育相结合；

（五）坚持依法行政，从源头上预防导致国土资源信访事项发生的矛盾和纠纷。

第四条　上级国土资源管理部门应当定期对下级国土资源管理部门的信访工作绩效进行考核。

第五条　有下列情形之一的，有关的国土资源管理部门应当给予奖励：

（一）在国土资源信访工作中成绩显著的单位或者个人；

（二）信访人反映的情况，提出的建议、意见，对改进国土资源管理工作有重要贡献的。

第二章　信访工作机构和人员

第六条　县级以上国土资源管理部门应当按照有利工作、方便信访人的原则，确定负责信访工作的机构，配备与工作任务相适应的工作人员，设立接待场所，提供必要的工作保障。

第七条　国土资源信访工作人员应当熟悉国土资源法律、法规和政策，具有较丰富的群众工作经验，作风正派，责任心强，实事求是，廉洁奉公。

第八条　国土资源信访工作机构依法履行下列职责：

（一）受理、交办、转送国土资源信访事项；

（二）承办本级人民政府和上级国土资源管理部门交办的国土资源信访事项；

（三）协调处理重要国土资源信访事项；

（四）督促检查国土资源信访事项的处理；

（五）研究分析信访情况，开展调查研究，及时向本部门提出完善政策、解决问题和改进工作的建议；

（六）对下级国土资源管理部门的信访工作进行指导。

第九条　信访工作机构根据工作需要，可以参加会审会等有关会议，阅读相关文件，查阅、复制与信访事项有关的文件、凭证。

第十条　国土资源信访工作人员应当做到：

（一）全心全意为人民服务，严格依法行政；

（二）认真处理人民来信，热情接待群众来访，依法解答信访人提出的问题，耐心做好疏导工作，宣传国土资源法律、法规和有关方针、政策；

（三）保护信访人的隐私权利，不得将举报、控告材料、信访人姓名及其他有关情况透露或者转送给被举报、被控告的对象或者单位。

第十一条　国土资源信访工作人员享受本级人民政府或者上级国土资源管理部门有关的岗位津贴和卫生保健福利待遇。

第三章　信　访　渠　道

第十二条　县级以上国土资源管理部门应当通过互联网或者发布公告等方式，向社会公开下列信访信息：

（一）信访工作机构的通信地址、电子信箱和投诉电话；

（二）信访接待的时间和地点；

（三）查询信访事项处理进展及结果的方式；

（四）与信访工作有关的法律、法规、规章；

（五）信访事项的处理程序；

（六）其他为信访人提供便利的相关事项。

第十三条　县级以上国土资源管理部门应当充分利用现有的政务信息网络资源，建立国土资源信访信息系统，实现与本级人民政府信访工作机构、上下级国土资源管理部门的互联互通，为信访人在当地提出信访事项、查询信访事项办理情况提供便利。

第十四条　国土资源信访工作机构应当将信访人的投诉请求输入信访信息系统。信访人可以持有关的国土资源管理部门出具的投诉请求受理凭证，到当地国土资源管理部门的信访接待场所查询其所提出的投诉请求的办理情况。

第十五条　县级以上国土资源管理部门应当建立健全信访工作制度。主要负责人应当阅批重要来信，接待重要来访，听取信访工作汇报，研究解决国土资源信访工作中的突出问题。

第十六条　市、县国土资源管理部门应当建立行政机关负责人信访接待日制度，由市、县国土资源管理部门负责人协调处理信访事项。信访人可以在市、县国土资源管理部门公布的信访接待日和接待地点，当面向市、县国土资源管理部门负责人反映信访事项。

县级以上国土资源管理部门的负责人或者工作人员，可以就信访人反映的突出问题到信访人居住地与信访人面谈沟通。

第四章 信访事项的提出

第十七条 信访人对国土资源管理部门及其工作人员的职务行为反映情况，提出建议、意见，或者不服国土资源管理部门及其工作人员的职务行为，可以向有关的国土资源管理部门提出信访事项。

对依法应当通过诉讼、仲裁、行政复议等法定途径解决的投诉请求，信访人应当依照有关法律、行政法规规定向有关机关提出。

第十八条 信访人提出国土资源信访事项，应当向依法有权处理的国土资源管理部门提出。

第十九条 信访人向国土资源管理部门提出信访事项，一般应当采取书信、电子邮件、传真等书面形式。信访人提出投诉请求的，还应当载明信访人的姓名(名称)、住址和请求、事实、理由。

对采用口头形式提出投诉请求的，国土资源管理部门应当记录信访人的姓名（名称）、住址和请求、事实、理由。

第二十条 信访人采用走访形式向国土资源管理部门提出信访事项的，应当到国土资源管理部门设立、指定的接待场所提出；多人采用走访形式提出共同信访事项的，应当推选代表，代表人数不得超过五人。

第五章 信访事项的受理

第二十一条 县级以上国土资源管理部门收到信访人提出的信访事项，或者人民政府、人民政府的信访工作机构转送、交办的信访事项，应当进行登记。属于下列情形之一的，应当制作《国土资源信访事项告知书》，在十五日内书面告知信访人：

（一）已经或者依法应当通过诉讼、仲裁、行政复议等法定途径解决的信访事项，应当告知信访人依照有关法律、行政法规规定的程序向有关机关提出；

（二）属于各级人民代表大会及其常务委员会、人民法院、人民检察院职权范围内的信访事项，应当告知信访人分别向有关的人民代表大会及其常务委员会、人民法院、人民检察院提出；

（三）依法不属于国土资源管理部门职权范围内的信访事项，应当告知信访人向有权处理的部门或者人民政府提出。信访人重复提起的信访事项仍在办理期限内的，信访工作机构可以不再书面告知信访人。

第二十二条 依照法定职责属于国土资源管理部门职权范围内的信访事项，有关国土资源管理部门应当按照“属地管理、分级负责，谁主管、谁负责”的原则，在十五日内分别按照下列方式处理：

（一）属于下级国土资源管理部门职权范围内的信访事项，制作《国土资源信访事项转送书》，直接转送有管辖权的下级国土资源管理部门。涉及下级国土资源管理部门负责人或者工作人员的信访事项，应当转送其上一级国土资源管理部门；

（二）属于上级国土资源管理部门职权范围内的信访事项，直接报送有管辖权的上级国土资源管理部门；

（三）情况重大、紧急，需要反馈办理结果的信访事项，制作《国土资源信访事项交办书》，直接交由有权处理的国土资源管理部门办理。有权处理的国土资源管理部门应当在指定办理的期限内，向交办的国土资源管理部门提交《国土资源信访事项办结报告》，反馈信访事项的办理结果；

（四）属于本部门职权范围内的信访事项，应当受理，不得推诿、敷衍、拖延，并制作《国土资源信访事项受理通知书》，书面告知信访人；

（五）信访事项已经受理或者正在办理的，信访人在规定期限内向受理、办理的国土资源管理部门的上级国土资源管理部门提出同一信访事项的，该上级国土资源管理部门制作《国土资源信访事项不予受理通知书》，书面告知信访人；

（六）信访人提出的信访事项属于征地补偿标准争议，有关人民政府已经或者正在依法进行裁决的，该国土资源管理部门制作《国土资源信访事项不予受理通知书》，书面告知信访人不予受理。

依照前款第（一）项至第（三）项规定，接到转送、交办信访事项的国土资源管理部门应当自收到《国土资源信访事项转送书》或者《国土资源信访事项交办书》之日起十五日内决定是否受理，并书面告知信访人。

第二十三条　上级国土资源管理部门应当定期向下级国土资源管理部门通报信访事项的转送、交办情况。下级国土资源管理部门应当定期向上一级国土资源管理部门报告转送、交办信访事项的办理情况。

第六章　信访事项的办理和督办

第二十四条　国土资源管理部门办理信访事项，应当听取信访人陈述事实和理由；必要时可以要求信访人、有关组织和人员说明情况；需要进一步核实有关情况的，可以向其他组织和人员调查。

第二十五条　对重大、复杂、疑难的信访事项，国土资源管理部门需要举行听证的，依照《国土资源听证规定》中依职权听证的程序进行。听证所需时间不计算在本规定第二十八条、第三十条和第三十一条规定的时限内。

第二十六条　国土资源管理部门对依法受理的信访事项，应当依照有关法律、法规、规章及其他有关规定，分别做出以下处理，并制作《国土资源信访事项处理意见书》，书面答复信访人：

（一）请求事实清楚，符合法律、法规、规章或者其他有关规定的，予以支持；

（二）请求事由合理但缺乏法律依据的，应当对信访人做好解释工作；

（三）请求缺乏事实根据或者不符合法律、法规、规章或者其他有关规定的，不予支持。

国土资源管理部门依照前款第（一）项规定，作出支持信访请求意见的，有关机关或者单位应当执行。

第二十七条　国土资源管理部门收到信访人提出的信访事项后，能够当场答复的，应当当场答复。

第二十八条 国土资源管理部门办理信访事项，应当自受理之日起六十日内办结。情况重大、复杂的，经本部门负责人批准，可以适当延长办理期限，但延长期限不得超过三十日，并告知信访人延期理由。

第二十九条 信访工作机构受理信访事项后，发现信访人就该信访事项又提起行政复议或者行政诉讼，有关部门已经受理的，信访工作机构可以决定终止办理。

第三十条 信访人对国土资源管理部门作出的信访事项处理意见不服的，可以自收到《国土资源信访事项处理意见书》之日起三十日内，请求同级人民政府或者上一级国土资源管理部门复查。原办理机关为省级国土资源管理部门的，按照国务院有关规定向省级人民政府请求复查。

收到复查请求的上一级国土资源管理部门应当自收到复查请求之日起三十日内，提出复查意见，并制作《国土资源信访事项复查意见书》，书面答复信访人。

第三十一条 信访人对国土资源管理部门的复查意见不服的，可以自收到《国土资源信访事项复查意见书》之日起三十日内，向复查机关的同级人民政府或者上一级国土资源管理部门请求复核。复查机关为省级国土资源管理部门的，按照国务院有关规定向省级人民政府请求复核。

收到复核请求的上一级国土资源管理部门应当自收到复核请求之日起三十日内提出复核意见，制作《国土资源信访事项复核意见书》，书面答复信访人。

第三十二条 上级国土资源管理部门发现下级国土资源管理部门有下列情形之一的，应当及时督办，并提出改进建议：

（一）未按规定的办理期限办结信访事项的；

（二）未按规定反馈信访事项办理结果的；

（三）未按规定程序办理信访事项的；

（四）不执行信访处理意见的；

（五）收到督办文书，未在规定期限内反馈办理情况的；

（六）其他需要督办的情形。

第三十三条 信访人对国土资源管理部门作出的复核意见不服，或者信访人在规定时限内未提出复查或者复核请求，仍然以同一事实和理由提出投诉请求的，有关国土资源管理部门应当制作《国土资源信访事项不再受理通知书》，书面告知信访人不再受理该信访事项。

第三十四条 国土资源管理部门出具的《国土资源信访事项处理意见书》、《国土资源信访事项复查意见书》、《国土资源信访事项复核意见书》、《国土资源信访事项不予受理通知书》和《国土资源信访事项不再受理通知书》，应当加盖国土资源管理部门印章。

第三十五条 县级以上国土资源管理部门应当建立和完善国土资源信访分析统计制度。下级国土资源管理部门应当向上级国土资源管理部门报送国土资源信访情况年度、季度分析报告。

国土资源信访情况分析报告应当包括以下内容：

（一）受理信访事项的数据统计；

（二）信访事项涉及的领域和地域；

（三）信访事项转送、交办、督办情况；

（四）信访事项反映出的国土资源管理工作中存在的主要问题以及解决问题的相关政策性建议；

（五）信访人提出的改进国土资源管理工作的建议及其被采纳情况。

第七章　信访秩序的维护

第三十六条　信访人提出信访事项，应当客观真实，对其所提供材料内容的真实性负责，不得捏造、歪曲事实，不得诬告、陷害他人。

第三十七条　县级以上国土资源管理部门应当成立处置群体上访事件应急组织并制订应急预案。

对可能造成社会影响的重大、紧急信访事项和信访信息，国土资源信访工作人员应当立即报告其部门负责人。有关国土资源管理部门负责人认为必要的，应当立即报告本级人民政府和上级国土资源管理部门，并在职责范围内依法及时采取有效措施，防止不良影响的产生和扩大。

第三十八条　信访人不遵守信访秩序，在信访过程中采取过激行为的，有关国土资源管理部门可以依法及时采取劝阻、批评、教育等措施；对拒不听从劝阻，可能导致事态扩大的，有关国土资源管理部门可以建议公安机关予以警告、训诫或者制止。

第八章　法律责任

第三十九条　县级以上国土资源管理部门超越或者滥用职权，不依法履行法定职责，适用法律、法规错误或者违反法定程序，侵害信访人合法权益的，或者拒不执行有关机关作出的支持信访请求意见的，依照《信访条例》第四十条的规定，依法追究法律责任。

第四十条　县级以上国土资源管理部门在办理信访事项过程中，有下列行为之一的，上级国土资源管理部门应当责令限期改正；造成严重后果的，对直接负责的主管人员和其他直接责任人员依法给予行政处分；构成犯罪的，依法追究刑事责任：

（一）对收到的信访事项不按规定登记的；

（二）对属于其法定职权范围内的信访事项不予受理的；

（三）未在规定期限内书面告知信访人是否受理信访事项的；

（四）推诿、敷衍、拖延信访事项办理或者未在法定期限内办结信访事项的；

（五）未在法定期限内将处理意见或者复查意见、复核意见书面答复信访人的；

（六）对事实清楚，符合法律、法规、规章或者其他有关规定的投诉请求未予以支持的；

（七）对重大、紧急信访事项和信访信息隐瞒、谎报、缓报，或者授意他人隐瞒、谎报、缓报的。

第四十一条　信访工作人员处理信访事项有下列情形之一的，依法给予行政处分：

（一）玩忽职守、徇私舞弊的；

（二）作风粗暴，激化矛盾并造成严重后果的；

（三）将信访人的检举、揭发材料或者有关情况透露给被检举、揭发的人员或者单位的。

第九章　附　　则

第四十二条　本规定自2006年3月1日起施行。

国土资源行政复议规定

国土资源部令第46号

（2009年11月14日公布，自2010年1月1日起施行）

第一章　总　　则

第一条　为规范国土资源行政复议工作，进一步发挥行政复议制度在解决国土资源行政争议、化解社会矛盾中的作用，保护公民、法人和其他组织的合法权益，根据《中华人民共和国行政复议法》（以下简称行政复议法）和《中华人民共和国行政复议法实施条例》（以下简称行政复议法实施条例），制定本规定。

第二条　本规定所称国土资源行政复议机关（以下简称行政复议机关），是指根据行政复议法和行政复议法实施条例的规定履行行政复议职责的国土资源行政主管部门。国土资源行政复议机构（以下简称行政复议机构），是指国土资源行政主管部门中负责法制工作的机构或者专门承办行政复议事项的机构。

第三条　国土资源部对全国国土资源行政复议和行政应诉工作进行指导和监督。

上级国土资源行政主管部门对下级国土资源行政主管部门的行政复议和行政应诉工作进行指导和监督。

第四条　行政复议机关可以根据工作需要设立行政复议委员会。行政复议委员会的主要职责是：

（一）审定行政复议的工作规则、制度和程序；

（二）研究处理行政复议法第七条规定的抽象行政行为，提出处理意见；

（三）审定重大、复杂的行政复议案件，研究因行政复议决定引起的重大、复杂的行政诉讼案件，提出处理意见；

（四）研究、解决行政复议涉及的其他重大问题。

行政复议机构是行政复议委员会的日常办事机构。

第五条　行政复议机构办理行政复议事项，组织办理行政应诉事项，具体指导和监督下级国土资源行政主管部门的行政复议和行政应诉工作。

行政复议机关的其他机构根据本规定负责相关工作。

第六条　行政复议机构审理行政复议案件，应当由2名以上行政复议人员参加。

行政复议人员应当具备良好的法律素养，熟悉国土资源管理法律法规，忠于职守，秉公执法，并取得相应资格。

第七条　行政复议机关应当配备必需的行政复议人员及办案设施，根据工作需要定期组织业务培训，对在行政复议工作中取得显著成绩的单位和个人，依照有关规定给予表彰和奖励。

第二章 受 理

第八条 行政复议机构统一受理行政复议申请。

行政复议机关的其他机构收到行政复议申请的，应当自收到行政复议申请之日起 2 个工作日内转送本行政复议机关的行政复议机构。

行政复议机构应当对收到的行政复议申请进行专门登记。

第九条 行政复议申请材料不齐全或者表述不清楚的，行政复议机构可以在收到该行政复议申请之日起 5 个工作日内书面通知申请人补正。

补正通知书应当载明下列事项：

（一）行政复议申请书中需要修改、补充的具体内容；

（二）需要补正的材料；

（三）合理的补正期限；

（四）逾期未补正的法律后果。

第十条 行政复议申请符合行政复议法实施条例第二十八条规定的，行政复议机构应当受理，制作行政复议受理通知书并发送申请人。

行政复议受理通知书应当告知申请人依法享有的权利。

第十一条 对不属于本行政复议机关职责范围的行政复议申请，应当书面告知申请人向有关行政复议机关提出。

申请人以同一事实和理由重复提出行政复议申请的，应当书面告知申请人不再重复处理。

第十二条 对不符合法定受理条件，但是在审查中发现被申请人或者下级国土资源行政主管部门的行政行为存在违法或者明显不当情形的，行政复议机关可以要求有关部门查明事实，纠正违法行为，并将纠正结果书面报送行政复议机关。

第三章 审 理

第十三条 行政复议机构应当自受理行政复议申请之日起 7 个工作日内，将提出答复通知书与申请书副本或者申请笔录复印件一并发送被申请人。

第十四条 国土资源部为被申请人的，由具体行政行为的原承办机构提出书面答复，送本机构分管部领导审签，加盖国土资源部印章。具体行政行为由几个机构共同承办的，由主办机构负责提出书面答复，其他机构协助办理。

地方国土资源行政主管部门为被申请人的，由具体行政行为的原承办机构提出书面答复，经本机关行政复议机构审核后，报本机关负责人签发。

具体行政行为的原承办机构应当指定 1 至 2 名代理人参加行政复议活动。

第十五条 被申请人应当自收到申请书副本或者申请笔录复印件之日起 10 日内，提交行政复议答复书，并提交当初作出具体行政行为的证据、依据和其他有关材料。

被申请人不按照前款规定提出书面答复、提交当初作出具体行政行为的证据、依据和其他有关材料的，视为该具体行政行为没有证据、依据。

行政复议答复书应当载明下列事项，并加盖被申请人印章：

（一）被申请人的名称、地址、法定代表人的姓名、职务；

（二）作出具体行政行为的事实和有关证据材料；

（三）作出具体行政行为依据的法律、法规、规章和规范性文件的具体条款和内容；

（四）对申请人复议请求的意见和理由；

（五）作出答复的日期。

被申请人应当对其提交的证据材料分类编号，对证据材料的来源、证明对象和内容作简要说明。

第十六条　有下列情形之一的，经行政复议机构同意，被申请人可以补充相关证据：

（一）在作出具体行政行为时已经收集并作为作出该具体行政行为的证据，但在提出行政复议答复时因不可抗力等正当理由不能提供的；

（二）申请人或者第三人在行政复议过程中，提出了在作出具体行政行为时没有提出的申辩理由或者证据的。

第十七条　行政复议机关应当为申请人、第三人查阅案卷材料提供必要的场所和条件。查阅时，申请人、第三人及其代理人应当出示证件，行政复议机构人员应当在场。

第十八条　对受理的行政复议案件，行政复议机构可以根据案件需要征求本行政复议机关相关机构的意见。

第十九条　行政复议原则上采取书面审理的办法。行政复议机构也可以召开行政复议案件审查会，当面听取当事人的意见。

当事人一方超过 3 人的，推选 1 至 3 名代表参加审查会。

审查会由行政复议机构主持，相关机构应当派人参加并根据审查情况提出评议意见。

当事人参加审查会应当出示证件，可以陈述、质证和申辩。

审查会可以制作审查笔录和评议笔录，审查笔录应当交参加审查会的当事人签字或者盖章，评议笔录应当交评议人员签字或者盖章。

第二十条　重大、复杂的行政复议案件，申请人提出要求或者行政复议机构认为必要时，可以采取听证的方式审理。

听证应当遵循公开、公平、公正和便民的原则，充分听取当事人的意见，保证其陈述、质证和申辩的权利。除涉及国家秘密、商业秘密或者个人隐私外，听证公开举行。

第二十一条　行政复议机构决定举行听证的，应当于举行听证的 7 个工作日前将举行听证的时间、地点、具体要求等事项书面通知当事人。

被申请人必须参加听证，申请人无正当理由不参加听证的，视为放弃听证权利。

第三人不参加听证的，不影响听证的举行。

当事人一方超过 3 人的，推选 1 至 3 名代表参加听证。

第二十二条　听证由行政复议机构负责人或者其指派的人员主持，听证员由行政复议机构人员和相关机构人员组成。听证员的人数应当为单数。

第二十三条　听证应当按照以下程序进行：

（一）核对当事人的身份，告知当事人权利和义务；

（二）当事人陈述；

（三）当事人质证；

（四）当事人辩论；

（五）当事人进行最后陈述。

第二十四条 听证应当制作听证笔录。

听证笔录应当载明下列事项：

（一）听证的时间、地点；

（二）当事人及其代理人的基本情况；

（三）听证主持人、听证员、书记员的姓名、职务等；

（四）案由；

（五）当事人争议的焦点问题，有关事实、证据和依据；

（六）其他应当载明的事项。

听证笔录应当交当事人核对并签字或者盖章。

第二十五条 依法中止的行政复议案件，中止的情形消除后，应当在5个工作日内恢复审理，并书面通知当事人。

第二十六条 行政复议期间有下列情形之一的，行政复议终止：

（一）申请人要求撤回行政复议申请，行政复议机构准予撤回的；

（二）作为申请人的自然人死亡，没有近亲属或者其近亲属放弃行政复议权利的；

（三）作为申请人的法人或者其他组织终止，其权利义务的承受人放弃行政复议权利的；

（四）申请人与被申请人依照行政复议法实施条例第四十条的规定，经行政复议机构准许达成和解的。

第四章 决　　定

第二十七条 行政复议机构应当依法审查被申请人作出的具体行政行为，提出处理意见，经本行政复议机关负责人或者本行政复议机关分管行政复议工作的负责人审查批准后，作出行政复议决定。

重大、复杂行政复议案件的处理意见，可以提交本行政复议机关行政复议委员会审定。

第二十八条 作出行政复议决定，应当制作行政复议决定书。行政复议决定书应当载明下列内容并加盖行政复议机关的印章或者行政复议专用章：

（一）申请人的姓名、性别、年龄、民族、职业、住址（法人或者其他组织的名称、地址、法定代表人的姓名、职务），申请人委托代理人的姓名、住址；

（二）被申请人的名称、地址，法定代表人的姓名、职务，被申请人委托代理人的姓名、住址；

（三）第三人的姓名、性别、年龄、民族、职业、住址（法人或者其他组织的名称、地址、法定代表人的姓名、职务），第三人委托代理人的姓名、住址；

（四）申请人的复议请求和理由；

（五）被申请人答复的理由和依据；

（六）第三人答复的理由和依据；

（七）行政复议审查认定的事实和证据；

（八）行政复议结论和依据；

（九）不服行政复议决定向人民法院提起诉讼或者向国务院申请裁决的期限；

（十）作出行政复议决定的日期。

第二十九条　行政复议机关在送达行政复议决定书时，应当填写送达回证。

第三十条　行政复议决定维持引起行政诉讼的，由具体行政行为的原承办机构收集、整理作出具体行政行为的证据、依据和其他有关材料，提出答辩状，确定 1 至 2 名代理人出庭应诉，行政复议机构协助办理；行政复议决定改变原具体行政行为弓 1 起行政诉讼的，由行政复议机构负责应诉。

具体行政行为直接引起行政诉讼的，由具体行政行为的原承办机构收集、整理作出具体行政行为的证据、依据和其他有关材料，提出答辩状，确定 1 至 2 名代理人出庭应诉，行政复议机构协助办理。

第五章　执行和监督检查

第三十一条　被申请人应当履行行政复议决定。被申请人不履行或者无正当理由拖延履行行政复议决定的，行政复议机关应当责令其在法定期限内履行。

责令限期履行的，应当制作责令限期履行通知书。

被申请人自收到责令履行通知书之日起应当在法定期限内履行行政复议决定，并将履行情况报送行政复议机关。

第三十二条　被责令重新作出具体行政行为的，被申请人不得以同一事实和理由作出与原具体行政行为相同或者基本相同的具体行政行为，但因违反法定程序被责令重新作出具体行政行为的除外。

第三十三条　上级国土资源行政主管部门应当通过定期检查、抽查等方式，对下级国土资源行政主管部门的行政复议工作和制度执行情况进行检查。

第三十四条　行政复议机构未依法对行政复议申请登记或者审查的，行政复议机关可以责令其依法履行职责。其他机构未按本规定转送行政复议申请的，承担由此引起的相关法律责任。

具体行政行为的原承办机构未按本规定第十四条的要求提出书面答复和确定代理人的，承担由此引起的相关法律责任。

第三十五条　国土资源行政主管部门应当将行政复议工作、行政复议决定的执行情况纳入依法行政的考核范围。

不履行行政复议决定，或者在收到行政复议意见书之日起 60 日内未将纠正相关行政违法行为的情况报送行政复议机关的，行政复议机关应当通报批评，被通报批评的国土资源行政主管部门直接负责的主管人员和其他直接责任人员不能参加当年度和下一年度的各项评优活动。

第三十六条　行政复议案件审结后，案件承办人员应当及时将案件材料立卷归档。

第六章　附　　则

第三十七条　国土资源行政复议文书格式，由国土资源部统一制定。

第三十八条　本规定自 2010 年 1 月 1 日起施行。

第五部分

地方政府规章及规范性文件(北京)

一、水 利 工 程

北京市征收防洪工程建设维护管理费暂行规定

北京市人民政府令第 21 号

（1994 年 9 月 26 日发布，自 1994 年 10 月 15 日起施行）

第一条 为加强防洪工程建设和维护管理，提高防洪抗灾能力，保障首都人民生命财产安全，根据《中华人民共和国水法》、《中华人民共和国河道管理条例》、《中华人民共和国防汛条例》和国家其他有关规定，结合本市实际情况，制定本规定。

第二条 凡在本市行政区域内征用土地、划拨土地和通过出让方式取得国有土地使用权（以下简称批租）新建、扩建、改建工程项目以及使用土地从事非农业生产的单位和个人，均须依照本规定缴纳防洪工程建设维护管理费（以下简称防洪费）。

能源、交通等重点项目免缴防洪费。

第三条 防洪费征收标准：

（一）对征用土地（含批租）的单位和个人，以市、区、县土地管理部门按审批权限核发用地许可证所确定的征用土地面积，按每平方米 20 元的标准征收防洪费。

（二）对在划拨国有土地上（含批租）新建、扩建、改建工程项目的单位和个人，以市、区、县房地产管理部门按审批权限核发的建设用地批准书所确定的占用土地面积，按每平方米 20 元的标准征收防洪费。

（三）对使用土地从事非农业生产的单位和个人，以实际占地面积，按每平方米每年 2 元的标准征收防洪费。

第四条 征用土地、批租和划拨土地新建、扩建、改建工程项目的单位和个人，在办理用地许可证和建设用地批准书时，凭房屋土地管理局核定的占地面积，属城区、近郊区的，到中国建设银行北京朝阳支行缴纳防洪费；属远郊区、县的，到所在地中国建设银行支行缴纳防洪费。房屋土地管理局凭中国建设银行有关支行已缴防洪费的凭据，办理用地许可证和建设用地批准书。

对使用土地从事非农业生产的单位和个人征收防洪费的具体办法另行规定。

第五条 城近郊区征收的防洪费，全部上缴市财政；远郊区、县征收的防洪费，50% 上缴市财政，其余 50%由区、县人民政府安排用于本区、县防洪工程的建设和维护管理。

上缴市财政的防洪费，由市计划委员会根据防洪费收入和防洪工程需要，统筹安排，市财政局按计划拨款。

第六条 防洪费全部用于防洪工程的建设和维护管理，专户存储，专款专用，不得挪用。

第七条 本规定执行中的具体问题，由市计划委员会负责解释。

第八条 本规定自1994年10月15日起施行。

北京市工程建设监理管理办法

北京市人民政府令第5号

（1995年2月21日北京市人民政府令第5号公布，根据1997年12月31日北京市人民政府令第12号第一次修改，根据2004年6月1日北京市人民政府令第150号第二次修改，根据2007年11月23日北京市人民政府令第200号第三次修改，根据2010年11月27日北京市人民政府令第226号第四次修改）

第一条　为加强对工程建设监理的管理，提高建设工程质量，充分发挥建设投资的综合效益，制定本办法。

第二条　本办法所称建设监理，是指具有法人资格的监理单位受建设单位的委托，依据有关法律、法规以及合同等对施工阶段工程建设投资、工期和质量进行的监督管理。

第三条　凡在本市行政区域内进行建筑、市政、设备安装等工程建设监理，均按本办法执行。

第四条　市建设委员会（以下简称市建委）是本市工程建设监理的主管机关。

第五条　工程建设监理主管机关主要履行以下职责：（一）贯彻执行国家和本市有关工程建设监理的法律、法规和规章；（二）负责本市监理单位的资质管理；（三）负责中央各部门、军队系统所属监理单位和外省市监理单位，港、澳、台地区以及外国监理单位在本市从事监理业务的管理；（四）负责本市监理工程师的培训、资格审定和执业注册的管理；（五）负责工程建设监理招标投标工作的管理；（六）调解监理争议，调查处理重大监理事故；（七）检查处理违法的监理行为。

第六条　下列建设工程应当实行监理：（一）大中型工业和交通建设项目，市政工程和大型民用建设工程；（二）国家和本市的重点建设工程；（三）利用外资的建设工程；（四）高新技术产业开发区工程；（五）住宅小区和危旧房改造小区工程。

第七条　成立建设监理单位应当具备下列条件：（一）有固定的经营场所；（二）甲级监理单位的注册资金不少于100万元，乙级监理单位的注册资金不少于50万元，丙级监理单位的注册资金不少于10万元；（三）有符合国家和本市规定的工程技术与管理人员。

第八条　成立监理单位应当在工商行政管理机关登记注册后，到建设监理主管部门办理资质认定手续。第九条从事监理工作的人员必须取得。

第九条　从事监理工作的人员必须取得《监理工程师资格证书》，并由所在的监理单位向建设监理主管机关办理注册登记，领取《监理工程师岗位证书》。未取得《监理工程师岗位证书》的，不得从事监理工作。

第十条　建设单位应当通过招标投标方式选择监理单位。建设单位和监理单位应当签订合同，合同应当具备以下主要条款：

（一）监理的范围和内容；（二）对工程工期、质量和投资控制的要求；（三）建设单位赋予监理单位的权限和提供的工作条件；（四）监理费率和支付方式；（五）建设单位对监理单位合理化建议的奖励办法；（六）违约责任。监理合同签订后，监理单位应当将合同向建设监理主管机关备案。

第十一条 建设单位在监理单位实施监理前应当将监理的范围、内容、总监理工程师姓名及其授予监理单位的权限等，书面通知施工单位；总监理工程师应当将其授予监理工程师的权限书面通知施工单位。

第十二条 监理单位必须按照规定的营业范围和资质等级承接监理业务，并遵守下列规定：（一）不得监理与本单位有同一隶属关系的单位所承建的建设工程；（二）禁止将本单位监理的建设工程转给其他单位监理；（三）不得承包施工或进行材料及设备的销售；（四）本单位从业人员不得在施工、设备制造和材料销售单位兼职。

第十三条 监理人员进行监理，必须严格执行合同和有关法律、法规、技术标准。

第十四条 工程监理实行总监理工程师负责制。总监理工程师行使合同赋予监理单位的权限，对工程的投资、工期和质量进行全面监督和管理。在监理过程中，总监理工程师应当向建设单位报告工程情况，未经建设单位特别授权，总监理工程师无权变更建设单位与施工单位签订的工程承包合同。

第十五条 总监理工程师对危及工程质量和安全的施工，按照监理权限可以下达停工指令，对施工单位人员不符合工作要求的，可以要求撤换，施工单位应当执行。

第十六条 对监理的工程项目，施工单位结算工程进度款要经总监理工程师核定签字认可，建设单位同意并报开户银行审查后方可支付。被总监理工程师拒绝签字认可的，建设单位不予支付工程款。

第十七条 对影响工程质量和使用功能以及不合理的设计图纸，监理单位有权要求有关单位修改。对不符合质量要求的材料、设备和构配件，监理单位有权要求生产或者供应单位退换。

第十八条 监理费用的收取应当按照《建设工程监理与相关服务收费管理规定》执行。外商独资和国外贷款、赠款建设的工程建设监理费，国内监理单位监理的，可按国内同类型工程监理费率的130％至150％计收；合作监理的，可参照国外标准由建设单位和监理单位商定。

第十九条 实行监理的工程必须接受建设工程质量监督部门的监督管理。建设单位应当按照国家和本市的有关规定，向建设工程质量监督部门缴纳监督管理费。

第二十条 对违反本办法，没有办理委托监理的，由建设监理主管机关给予警告，并处1万元至3万元罚款的处罚。

第二十一条 本办法自1995年3月10日起施行。

北京市建筑工程施工许可办法

北京市人民政府令第 139 号

（2003 年 11 月 25 日公布，自 2004 年 1 月 1 日起施行）

第一条　为了加强对建筑活动的监督管理，维护建筑市场秩序，保证建筑工程质量和施工安全，根据《中华人民共和国建筑法》和《建设工程质量管理条例》，结合本市实际情况，制定本办法。

第二条　在本市行政区域内进行工程投资额在 30 万元以上或者建筑面积在 300 平方米以上的下列建筑工程施工的，建设单位应当领取施工许可证：

（一）房屋建筑及其附属设施和与其配套的线路、管道、设备安装的新建、改建、扩建工程；

（二）市政基础设施的新建、改建、扩建工程；

（三）房屋装饰装修工程。

按照国务院规定的权限和程序批准开工报告的建筑工程，不再领取施工许可证。

第三条　依法应当领取施工许可证而未领取的，建筑工程不得开工。

本办法所称开工，是指建筑工程开始施工作业，其中，新建工程的开工，是指开始进行基础桩施工或者土方开挖；改建、扩建工程和旧有房屋装饰装修工程的开工，是指开始进行拆改作业。

第四条　任何单位和个人不得将应该申请领取施工许可证的工程项目分解为若干限额以下的工程项目，规避申请领取施工许可证。

第五条　市建设委员会是本市建筑工程施工许可的主管机关。区、县建设委员会按照规定职责负责本行政区域内建筑工程施工许可工作。

第六条　建设单位领取施工许可证，应当具备下列条件：

（一）已经办理该建筑工程用地批准手续并取得土地使用权，房屋装饰装修工程应当取得房屋所有权人同意；

（二）取得建设工程规划许可证；

（三）需要拆迁的，其拆迁进度符合施工要求；需要挖掘道路的，已经征得道路主管部门同意，影响交通安全的，已经征得公安机关交通管理部门的同意；

（四）已经确定建筑施工企业，并签订施工承包合同；

（五）有满足施工需要的施工图纸及技术资料，施工图设计文件已按规定进行了审查，依法建设的人防工程的施工图符合有关法律规定；

（六）有保证工程质量和安全的具体措施，并按规定办理了工程质量监督手续；

（七）建设资金已经落实，建设工期不足 1 年的，到位资金不得少于工程合同价款的 50％；建设工期超过 1 年的，到位资金不得少于工程合同价款的 30％；

（八）法律、行政法规规定的其他条件。

第七条 施工许可证应当以建设项目为单位领取。但房屋建筑工程可以以一个或者若干单项工程为单位分别领取；线状市政基础设施工程可以分段领取。

按照前款规定建设项目分别领取施工许可证的，各单项工程、分段工程的工程投资额或者建筑面积不得低于本办法第二条规定的限额；各单项工程、分段工程的建设规模、工程投资额总和应当分别与建设项目的总建设规模和总工程投资额一致。

第八条 新建道路的地下管线工程应当随同新建道路工程领取施工许可证；房屋附属设施工程、与房屋配套的线路、管道、设备安装工程应当随同房屋建筑工程领取施工许可证；新建房屋装饰装修工程可以随同房屋建筑工程领取施工许可证。

第九条 建设单位应当在建筑工程开工前向市建设委员会或者建筑工程所在地的区、县建设委员会（以下简称发证机关）申请领取施工许可证，并提交下列文件：

（一）填写齐备并加盖建设单位印章的施工许可证申请表，申请表可以从市建设委员会网站上下载或者向发证机关免费索取；

（二）符合本办法第六条规定条件的证明文件。

第十条 发证机关应当即时审查建设单位的施工许可申请，对申请人提交的文件不齐备的，应当当场一次告知需要补正的全部文件；对提交文件齐备的，应当受理施工许可申请并出具加盖本行政机关专用印章和注明日期的书面凭证。

对符合本办法第六条规定的，发证机关应当自受理之日起10日内核发施工许可证；对不符合本办法第六条规定的，应当作出不予发证的书面决定并说明理由。

发证机关可以根据需要对建筑工程用地进行现场踏勘。

第十一条 施工许可证分为一件正本和两件副本，副本和正本具有同等法律效力。

禁止伪造、变造和涂改施工许可证。

第十二条 施工许可证发放后，建设单位或者施工单位发生变更的，应当重新申请领取施工许可证。

本办法第六条规定的其他条件发生变更，依法应当报经有关行政主管部门办理变更手续的，建设单位应当在办理变更手续后10日内告知发证机关；依法不需要报经有关行政主管部门办理变更手续的，建设单位应当在条件变更后10日内告知发证机关。

第十三条 建设单位应当在建筑工程施工现场的显著位置公示施工许可证复印件。

第十四条 建设单位应当自领取施工许可证之日起3个月内开工。因故不能开工的，应当在期满前向发证机关申请延期；延期以两次为限，每次不超过3个月。既不开工又不申请延期或者超过延期次数、时限的，施工许可证自行废止。

第十五条 在建的建筑工程因故中止施工的，建设单位应当自中止施工之日起1个月内以书面形式向发证机关报告，报告内容包括中止施工的时间、原因、施工进度、维修管理措施等，并按照规定做好建筑工程的维护管理工作。

建筑工程恢复施工时，应当向发证机关报告；中止施工满1年的工程恢复施工前，建设单位应当报发证机关核验施工许可证。

第十六条 市建设委员会应当定期汇总全市颁发的施工许可证情况，向社会公布并接受公众查询。

第十七条 任何单位和个人有权对未取得施工许可证擅自施工或者不按照施工许可证

规定施工的行为进行检举和举报。

第十八条　市建设委员会应当按照规定将建设单位、施工单位与施工许可有关的信用信息记入北京市企业信用信息系统。

第十九条　建设单位未取得施工许可证擅自施工的，或者建设单位、施工单位发生变更未重新领取施工许可证的，由市或者区、县建设委员会责令停止施工，限期改正，处工程合同价款1%以上2%以下的罚款。

第二十条　违反本办法第十二条第二款的规定，建设单位未按时告知发证机关有关变更事项的，由市或者区、县建设委员会给予警告，并处5000元以上3万元以下罚款。

第二十一条　发证机关及其工作人员不按照规定核发施工许可证，或者核发施工许可证后不履行监督管理职责的，或者对依法应当查处的违法行为不予查处的，由上级机关责令改正，对责任人员依法给予行政处分；构成犯罪的，依法追究刑事责任。

第二十二条　建设单位认为发证机关办理施工许可的具体行政行为侵犯其合法权益的，可以依法申请行政复议或者提起行政诉讼。

第二十三条　依法核定作为文物保护的纪念建筑物和古建筑等的修缮，依照文物保护的有关法律、法规的规定执行。

军用房屋建筑工程施工许可管理办法，按照国务院、中央军事委员会的有关规定执行。

抢险救灾及其他临时性房屋建筑和农民自建两层以下（含两层）住宅的建设，不适用本办法。

第二十四条　本办法自2004年1月1日起施行。1989年11月25日北京市人民政府第36号令发布、根据1997年12月31日北京市人民政府第12号令修改的《北京市建设工程开工管理办法》同时废止。

关于印发《北京市南水北调配套工程建设管理办法》的通知

京调委〔2009〕1号

（北京市南水北调工程建设委员会2009年4月15日印发）

各成员单位：

经市政府领导同意，现将《北京市南水北调配套工程建设管理办法》印发给你们，请认真贯彻执行。

附件

北京市南水北调配套工程建设管理办法

第一章　总　　则

第一条　为实现北京市南水北调配套工程科学、和谐建设，规范工程建设管理，确保工程质量和安全，提高工程投资效益，根据国务院第32次常务会议、国务院南水北调工程建设委员会第三次全体会议、北京市南水北调工程建设委员会第五次全体会议的精神，以及国务院南水北调工程建设委员会《南水北调工程建设管理的若干意见》和有关规定，结合北京市南水北调配套工程的实际，制定本办法。

第二条　本办法所称北京市南水北调配套工程（以下简称市南水北调配套工程）是指纳入《北京市南水北调配套工程总体规划》中的工程。

第三条　凡从事市南水北调配套工程建设活动的单位均应遵守本办法。

第二章　管理体制与职能

第四条　北京市南水北调工程建设委员会（以下简称市南水北调建委会）是市南水北调配套工程建设的决策机构，负责贯彻落实国家有关南水北调工程建设的法律、法规、政策、措施和决定，决定市南水北调配套工程建设的方针、政策、措施和重大问题。

第五条　北京市南水北调工程建设委员会办公室（以下简称市南水北调办）是市南水北调建委会的办事机构，负责贯彻落实市南水北调建委会的决定事项，对市南水北调配套工程的建设进行监督管理。

第六条　北京市南水北调工程拆迁办公室（以下简称市南水北调拆迁办）负责市南水北调配套工程征地拆迁总体计划的编制，协调、指导征地拆迁实施工作，并组织专项设施迁建的实施工作。

第七条　北京市南水北调工程建设管理中心（以下简称市南水北调建管中心）受市南

水北调办的委托，作为市南水北调配套工程项目法人，主要承担以政府投资为主的市南水北调配套工程项目法人职责。

第八条　南水北调工程北京质量监督站承担市南水北调配套工程的质量监督、安全生产监督工作。

第三章　建设程序基本要求

第九条　市南水北调配套工程严格执行总体规划、项目建议书、可行性研究报告、初步设计、施工准备、建设实施、生产准备、竣工验收、后评价的建设程序。工程建设过程中涉及的行政许可事项按有关规定办理。

第十条　工程设计按审批权限批准后，不得随意修改变更，确需进行修改变更的，应按管理权限报批。

第四章　项目法人

第十一条　市南水北调配套工程建设实行项目法人责任制。项目法人接受市南水北调办的指导、监督。

第十二条　项目法人必须做到组织机构健全，规章制度完善，人员结构合理，配备满足工程建设需要的技术、经济、财务、合同、安全生产、管理等方面的人员。

第十三条　项目法人是项目工程建设的责任主体。项目法人依据有关法规、规划等，组织编制工程初步设计；对工程质量、安全、进度、资金等进行管理；协调工程建设的外部关系。

第十四条　对政府投资占主体的工程，由市南水北调建管中心担任项目法人；社会投资占主体的水厂及相关工程，原则上由出资方担任项目法人。

第十五条　项目法人可采用直管制、代建制、委托制等模式对工程建设进行管理。

第五章　合同管理

第十六条　市南水北调配套工程建设合同的订立应采用规范性合同文本。市南水北调办依法对合同执行情况实施监督，在重要项目合同签订过程中应派员监督。

第十七条　实行建设市场准入管理制度。

凡从事市南水北调配套工程建设活动的单位，必须具备市场准入条件。

第十八条　对市南水北调配套工程建设涉及的勘测、设计、施工、监理以及重要设备、材料采购等活动应依法实行招标投标。

（一）项目法人按照项目可行性研究批复的招标方式负责组织招标工作，变更招标方式的应报市南水北调办商市发展改革委批准。

（二）招标投标活动必须遵循公开、公平、公正和诚信的原则，依法进行。

（三）从评标专家库中抽取专家组建评标委员会，评标专家名单和评标过程在中标结果确定前必须严格保密。

第十九条　市南水北调办对重大项目的招标投标活动进行监督检查。

第六章 信息与进度管理

第二十条 市南水北调配套工程建设实行信息报告制度。项目法人须配备信息员，定期汇总工程设计、建设信息，分别按照周、月、季、年编制工程建设信息报告，报市南水北调办。

第二十一条 市南水北调配套工程建设进度计划由项目法人依据可行性研究报告及初步设计组织编制，报市南水北调办批准后执行。凡是要对进度目标进行更改的，必须提出书面申请报市南水北调办批准。

第七章 监理管理

第二十二条 项目法人应按照国家有关规定，与监理单位签订书面监理合同，保证监理单位责任和权利的统一，充分发挥监理单位的作用。

第二十三条 监理单位应选派有资格的监理人员组成派驻现场的项目监理机构，对工程建设的质量、安全、进度和投资等进行监督、控制管理，协调有关各方的关系，依法履行职责。

第八章 施工管理

第二十四条 贯彻“绿色施工、文明施工、和谐施工”的原则。在工程建设中，全过程、全方位落实绿色施工、文明施工的各项规定；加强资源节约和生态环境保护；强调以人为本，维护社会和谐稳定，全面提高工程建设管理水平，保障工程顺利建设。

第二十五条 在签订市南水北调配套工程建设项目施工承包合同时，必须对“绿色施工、文明施工、和谐施工”作出明确约定。“绿色施工、文明施工、和谐施工”的项目及有关费用须在工程招标投标时予以明确。

第二十六条 承担市南水北调配套工程建设的施工单位应对施工质量和安全负责，建立健全施工质量保证体系，制定质量保证措施，落实质量责任制；强化安全生产管理，建立健全安全生产责任制、安全生产规章制度和预案。

第二十七条 施工单位要严格遵守有关工程建设项目施工的规定，严禁转包和违法分包。

第二十八条 凡进入工程施工现场的建筑材料和工程设备必须进行质量检验，未经检验或经检验不合格的不得在工程中使用。

第二十九条 市南水北调配套工程建设中采用的新技术、新材料、新工艺，应严格按照国家标准和行业标准执行；没有国家标准和行业标准的，应按照市南水北调办的要求由有资质的检测机构进行试验论证，出具检测报告，并经专家审定后方可使用。

第三十条 承担市南水北调配套工程施工建设的单位应严格执行国家颁布的技术标准和档案资料管理规定，按照有关规定成立机构，配备专职安全生产管理人员、现场检测人员、档案管理人员和相应设备。

第九章　质　量　管　理

第三十一条　市南水北调办对工程质量实施监督。项目法人、勘测、设计、监理、施工等单位依照法律法规及合同要求承担工程质量责任。

第三十二条　南水北调工程北京质量监督站对市南水北调配套工程建设实时进行质量检查、验收和质量监督。市南水北调配套工程实行质量缺陷备案制度，建设中发现的质量缺陷必须及时处理，质量缺陷的处理、报告及备案依照有关规范执行。工程竣工验收时，项目法人必须向验收委员会汇报并提交历次质量缺陷的备案资料。

第三十三条　市南水北调配套工程实行质量事故报告、调查和处理制度。质量事故报告、调查程序和处理办法依法执行。

第十章　安 全 生 产 管 理

第三十四条　项目法人是安全生产的责任主体，其主要负责人是安全生产的第一责任人。

总承包单位对施工现场的安全生产负总责。施工单位的主要负责人依法对本单位的安全生产工作全面负责。项目法人、勘测、设计、监理、施工及其他与建设工程安全生产有关的单位必须遵守安全生产法律法规，建立健全安全生产规章制度，落实安全生产责任制，制定切实可行的安全生产方案，完善安全生产各项防范措施。

第三十五条　施工单位发生生产安全事故，应按照国家有关事故报告和调查处理的规定，立即、如实地向项目法人、相关管理部门报告，不得隐瞒不报、谎报或者拖延不报，不得故意破坏事故现场，毁灭有关证据。

第十一章　征 地 拆 迁 管 理

第三十六条　市南水北调办负责市南水北调配套工程征地拆迁的监督指导工作，协调环境保护、生态建设等相关问题，参与文物保护工作。

市南水北调拆迁办负责做好市南水北调配套工程的组织拆迁工作；工程所在地的区人民政府应当积极配合，做好本辖区内市南水北调配套工程的相关征地拆迁实施工作。

第三十七条　征地拆迁工作应注意协调周边关系，尽量少占用林地绿化，做好征地拆迁影响评估，保障社会和谐稳定。

第三十八条　征地拆迁安置工作实行计划管理，征地拆迁资金实行专款专用、单独建账、独立核算。

第十二章　投资计划与资金管理

第三十九条　项目法人根据批复的项目初步设计报告确定的建设内容和概算，结合工程建设进度编制年度工程建设投资建议计划。

第四十条　市南水北调办根据项目法人报送的工程建设投资建议计划，在综合平衡、统筹安排各项资金的基础上，汇总编制市南水北调配套工程建设年度投资建议计划，按程序报批。

第四十一条 市南水北调办根据批准的年度投资计划，分解到项目法人组织实施。项目法人必须严格按照下达的计划和批复的初步设计组织实施，不得随意调整计划。因各种原因不能按计划执行而需要调整的项目，由项目法人提出调整意见，按程序报批。

第四十二条 市南水北调配套工程建设资金应按照基本建设财务管理的有关规定管理使用，专款专用，不得以任何名义截留、挤占和挪用建设资金。

第四十三条 基本建设项目年度预算下达后应严格执行，严禁擅自调整预算。

确需调整的，由项目法人提出调整意见，按程序报批。

第四十四条 项目法人应建立健全内部财务管理制度，并接受政府相关部门的监督检查。

第十三章 监 督 检 查

第四十五条 市南水北调办对工程建设质量、施工安全、进度、资金使用管理及基本建设程序等执行情况进行经常性监督检查，对检查中发现的问题责令有关单位及时整改。

第四十六条 市南水北调配套工程监督检查工作实行组长负责制。监督检查人员必须按照国家有关法律、法规、规章和技术标准等开展工作，不得参与或干预被检查项目的正常建设活动。

第十四章 验 收 管 理

第四十七条 市南水北调配套工程建设严格执行验收制度。未经验收或验收不合格的工程不得进行后续工程施工和交付使用。项目法人应按规定及时组织合同验收，市南水北调办主持工程的阶段验收和竣工验收。

第四十八条 市南水北调配套工程在投入使用或竣工验收前，项目法人对重点隐蔽工程、关键部位、重要设备材料等进行检测检验，并向市南水北调办提供相关检测检验资料。

第四十九条 市南水北调配套工程竣工验收前，应对环境保护设施、水土保持项目、征地拆迁、工程档案管理等内容进行专项验收，并完成竣工决算。

第五十条 工程竣工验收后，项目法人应将建设工程竣工验收资料报市南水北调办备案，并按规定向有关部门移交工程建设项目档案。

第十五章 风 险 管 理

第五十一条 市南水北调配套工程建设有关单位应针对工程建设中可能发生的重大安全生产事故、可能影响社会稳定的群体性事件、可能出现的重大自然灾害等可能造成重大生命财产损失和危及城市运行秩序的因素，建立健全预警预防机制，制定预案，开展风险分析评估，做到早发现、早预防、早处置。

第十六章 附 则

第五十二条 有关本办法的配套实施细则由市南水北调办另行制定。

第五十三条 本办法自颁布之日起施行。

北京市南水北调工程保护办法

北京市人民政府令第230号

（2011年2月10日公布，自2011年2月10日起施行）

第一条　为保护南水北调工程，保障输水安全，促进首都经济社会可持续发展，结合本市实际情况，制定本办法。

第二条　本市行政区域内南水北调工程的保护，适用本办法。

本办法所称南水北调工程，是指南水北调中线北京段干线工程及其配套附属设备设施。

第三条　市南水北调工程主管部门负责本市南水北调工程的保护工作，组织南水北调工程保护规划的编制和实施，统筹协调工程保护的重大问题，依法查处危害工程安全的违法行为。

规划、国土、水务、公安等有关行政部门在各自职责范围内做好南水北调工程保护的相关工作。

第四条　南水北调工程沿线区人民政府应当加强对本行政区域内工程保护工作的组织和领导，开展工程保护的宣传教育，督促有关单位和个人履行工程保护义务，配合市南水北调工程主管部门查处危害工程安全的违法行为。

南水北调工程沿线街道办事处、乡镇人民政府应当对违反本办法的行为予以制止，并及时向当地区人民政府和市南水北调工程主管部门报告。

第五条　南水北调工程保护规划应当与本市土地利用规划、城乡规划相协调，经市人民政府批准后公布施行。

第六条　南水北调工程及其合法使用的土地，依法受法律保护。

任何单位和个人不得实施危害南水北调工程安全的行为。

第七条　南水北调工程运行单位（以下简称运行单位）具体负责南水北调工程的运行管理。

运行单位应当遵守本办法和有关水务、规划、建设、安全生产、质量监督、环境保护等法律、法规和规章，执行国家和本市技术规范的强制性要求，建立健全本单位有关工程保护的规章制度和操作规程并组织实施，宣传工程安全与保护知识，履行工程保护义务，接受政府及有关行政部门依法实施的监督，保障工程安全运行。

第八条　运行单位应当建立健全南水北调工程巡查养护制度，配备专门人员对工程进行日常巡查养护，如实记录巡查养护情况。

运行单位发现危害工程安全的隐患，应当及时处理；对工程存在的外部安全隐患自身排除确有困难的，应当向市南水北调工程主管部门报告。市南水北调工程主管部门接到报告后，应当及时处理。

第九条　运行单位应当定期对南水北调工程进行检测、维修，确保其处于良好状态。

对工程安全风险较大的区段和场所，应当进行重点监测，采取有效措施防止安全事故的发生；对不符合安全要求的，应当及时改造、更新或者停止使用。

第十条 运行单位应当加强对巡线道路的养护，保证巡线道路完好、畅通。

在确保南水北调工程安全的前提下，运行单位可以允许社会车辆使用巡线道路，并根据实际需要对使用巡线道路提出要求。相关人员和车辆应当严格遵守使用要求。

第十一条 运行单位对南水北调工程进行巡查养护、检测、维修等作业时，工程沿线的有关单位和个人应当予以配合。

因工程巡查养护、检测、维修等作业给相关单位或者个人造成财产损失的，运行单位应当给予补偿。

第十二条 南水北调工程管涵中心线两侧和调压池、调节池、调蓄水库等调蓄工程合法使用土地的外边沿向外的限定区域，为南水北调工程保护范围。限定区域的具体范围，由市南水北调工程主管部门会同工程沿线区人民政府和有关行政部门，遵循确保工程安全、科学合理节约用地、保护工程沿线相关权利人权益的原则提出，报市人民政府批准后向社会公布施行。

运行单位应当对南水北调工程保护范围设置标志。任何单位和个人不得擅自移动、毁损、涂改工程标志。

第十三条 任何单位和个人不得擅自开启、关闭闸、阀（井）或者采用移动、切割、打孔、砸撬、拆卸等手段损坏工程管涵及其附属设备设施。

第十四条 在南水北调工程保护范围内，禁止下列危害工程安全的行为：

（一）种植根系可能深达管涵埋设部位的植物；

（二）爆破、打井、打桩、钻探、采石、采矿、取土、挖砂；

（三）倾倒垃圾、废渣等固体废物，排放污水、废液等有毒有害化学物品；

（四）擅自建设建筑物、构筑物，堆放超过管涵承受荷载设计标准的重物；

（五）行驶重型车辆，但在本办法实施前已通车的公路上行驶的除外；

（六）其他可能危害工程安全的行为。

第十五条 位于工程保护范围内的农用地，应当自本办法公布之日起维持既有土地用途和使用方式；非农用地，可以通过规划调整土地用途。农民、村集体或者其他相关权利人由此受到利益损失的，政府给予补偿。

具体补偿方式由市南水北调工程主管部门会同市财政、农业、园林绿化、规划、国土等有关行政部门和工程沿线区人民政府确定。

第十六条 运行单位应当制定南水北调工程安全应急预案，配备抢险救援人员和设备，定期进行应急救援演练。

工程安全应急预案应当报市南水北调工程主管部门备案。

第十七条 新建穿、跨越南水北调工程的建设工程，应当符合南水北调工程的安全保护要求；需要运行单位增加保护设施的，由此产生的费用由相关工程建设单位承担。

第十八条 对危害南水北调工程安全的行为，任何单位和个人都有权向市南水北调工程主管部门或者当地区人民政府举报。

市南水北调工程主管部门或者有关区人民政府接到举报后，应当及时处理。

第十九条　市南水北调工程主管部门及其执法人员履行本办法规定的监督检查职责时，有权采取下列措施：

（一）进入现场调查取证，询问、了解有关情况；

（二）检查有关文件、证照等资料，并有权复制；

（三）责令停止违反本办法的行为、履行法定义务。

执法人员在履行监督检查职责时，应当出示执法证件；有关单位或者个人应当给予配合，不得拒绝或者阻碍。

第二十条　违反本办法第十二条第二款规定的，由市南水北调工程主管部门责令限期改正，可处200元以上1000元以下罚款；逾期不改正的，由市南水北调工程主管部门采取相应补救措施，由此产生的费用由违法行为人承担。

第二十一条　违反本办法第十三条规定的，由市南水北调工程主管部门责令改正，处3000元以上10万元以下罚款。

第二十二条　违反本办法第十四条第（一）项、第（二）项、第（三）项、第（四）项或者第（六）项规定的，由市南水北调工程主管部门责令限期改正，可处3000元以上10万元以下罚款；逾期不改正的，由市南水北调工程主管部门采取相应补救措施，由此产生的费用由违法行为人承担。

第二十三条　违反本办法第十四条第（五）项规定的，由市南水北调工程主管部门责令改正，可处200元以上1000元以下罚款。

第二十四条　有违反本办法规定的行为，对南水北调工程附属设备设施造成损坏的，违法行为人应当依法向运行单位承担民事赔偿责任；构成违反治安管理行为的，由公安机关依法给予治安管理处罚；构成犯罪的，依法追究刑事责任。

第二十五条　运行单位不履行巡查养护、检测和维修、巡线道路保护、应急演练等本办法规定职责的，由市南水北调工程主管部门责令限期改正；逾期不改正或者造成不良后果的，对直接负责的主管人员和其他直接责任人员依法给予行政处分。

第二十六条　市南水北调工程主管部门或者其他有关行政部门及其工作人员玩忽职守、滥用职权、徇私舞弊的，对直接负责的主管人员和其他直接责任人员依法给予行政处分；构成犯罪的，依法追究刑事责任。

第二十七条　本办法自公布之日起施行。

二、土 地 征 占

北京市实施《中华人民共和国城镇土地使用税暂行条例》办法

京政发〔1988〕115号

（北京市人民政府1988年12月30日发布，根据1998年6月12日北京市人民政府第6号令第一次修改，根据2007年4月27日北京市人民政府第188号令第二次修改）

第一条 根据《中华人民共和国城镇土地使用税暂行条例》（以下简称《条例》），结合本市实际情况，制定本办法。

第二条 在本市城区、近郊区行政区域内，远郊区的区、县政府所在地（县城）和建制镇、工矿区使用土地的单位和个人，为城镇土地使用税（以下简称土地使用税）的纳税人，应当依照《条例》和本办法缴纳土地使用税。

第三条 土地使用税以纳税人实际占用的土地面积为计税依据，依照本办法规定的税额计算征收。占用的土地面积按建设用地规划许可证或者土地权属文件的土地占用面积确定；没有建设用地规划许可证或者土地权属文件的，以纳税人据实申报并经地方税务机关核实的土地占用面积确定。

第四条 本市土地使用税的纳税等级划分为六级，每平方米年税额如下：

一级土地30元；二级土地24元；三级土地18元；四级土地12元；五级土地3元；六级土地1.5元。土地纳税等级范围的划分，由北京市地方税务机关参照北京市出让国有土地使用权基准地价级别范围确定和调整。

第五条 下列土地免缴土地使用税：

（一）国家机关、人民团体、军队自用的土地；

（二）由财政机关拨付事业经费的单位自用的土地；

（三）宗教寺庙、公园、名胜古迹自用的土地；

（四）市政道路、广场、绿化地带等公共用地；

（五）直接用于农、林、牧、渔业的生产用地；

（六）经批准开山整治的土地和改造的废弃土地，从使用的月份起免缴土地使用税10年；

（七）由财政部另行规定免税的能源、交通、水利设施用地和其他用地。

第六条　缴纳土地使用税确有困难的纳税人，经纳税人提出减免税申请，由地方税务机关按照规定的程序办理。

第七条　本市土地使用税全年税额分两次申报缴纳，申报纳税期限为每年 4 月 1 日至 4 月 15 日和 10 月 1 日至 10 月 15 日。

第八条　纳税人应在地方税务机关规定的期限内向地方税务机关提交使用土地面积数量的依据，办理土地情况登记手续。

纳税人使用土地情况变动的，应当自变动之日起 30 日内，到登记地的地方税务机关办理土地情况变更税务登记手续。

第九条　纳税人应当向土地所在地的地方税务机关缴纳土地使用税。土地所在地与纳税人登记地不一致的，由市地方税务机关按照国家有关规定确定纳税地点。

第十条　土地管理机关应当定期向地方税务机关提供土地权属资料信息，具体办法由市地方税务机关会同市土地管理机关制定。

第十一条　土地使用税的征收管理，按照《中华人民共和国税收征收管理法》、《中华人民共和国税收征收管理法实施细则》和本市有关规定执行。

第十二条　本办法自 1988 年 11 月 1 日起施行。

关于印发《北京市耕地开垦费收缴和使用管理办法》的通知

京政办发〔2002〕51号

（北京市人民政府办公厅2002年11月25日印发）

各区、县人民政府，市政府各委、办、局，各市属机构：

市国土房管局和市财政局制订的《北京市耕地开垦费收缴和使用管理办法》已经市政府批准，现印发给你们，请认真遵照执行。

附件

北京市耕地开垦费收缴和使用管理办法

第一条 为加强和规范耕地开垦费收缴和使用管理工作，实施北京市土地利用总体规划，确保全市耕地占补平衡，根据《中华人民共和国土地管理法》和《中华人民共和国土地管理法实施条例》，结合本市实际情况，制定本办法。

第二条 本市行政区域内耕地开垦费收缴和使用管理适用本办法。

第三条 根据国家占用耕地补偿制度，经批准的非农业建设占用耕地的区县政府、农村集体经济组织和建设单位（以下简称缴纳义务人），在没有条件开垦或者开垦的耕地不符合要求时，须依照本办法的规定缴纳耕地开垦费。

第四条 耕地开垦费的缴纳标准：

（一）朝阳、海淀、丰台、石景山区行政区域范围内一般耕地每公顷30万元，基本农田每公顷37.5万元；

（二）顺义、昌平、通州、大兴区行政区域范围内一般耕地每公顷27万元，基本农田每公顷33万元；

（三）房山、门头沟、怀柔、平谷区和密云、延庆县行政区域范围内一般耕地每公顷22.5万元，基本农田每公顷27万元。

根据土地后备资源状况和社会经济发展水平，经市政府批准，本市耕地开垦费缴纳标准可以适时进行调整。

第五条 耕地开垦费由缴纳义务人在申请办理农用地转用审批手续时缴纳。基本程序为，由缴纳义务人持市土地行政主管部门开具的《一般缴款书》，向市财政部门缴纳；市土地行政主管部门凭市财政部门反馈的收款凭据复印件办理用地报批手续。

没有依照本办法缴纳耕地开垦费的，市土地行政主管部门不得办理建设用地报批手续。

第六条 耕地开垦费不得减、缓、免。

第七条　耕地开垦费必须专款专用，单独核算，专项用于耕地占补平衡的资金投入。主要包括：

（一）土地开发整理项目的投资（项目支出科目按国土资源部的有关管理办法执行）；

（二）宜农后备土地资源的调查和评价费用；

（三）土地开发整理专项规划编制研究费用；

（四）实施耕地占补平衡所需设备购置、图件、数据库的更新和维护等费用。

第八条　耕地开垦费实行基金预算管理。市土地行政主管部门在每年编制下一年度部门预算的同时，要编制耕地开垦费收入支出预算，并经市财政部门审核后，按预算拨款计划及项目进展情况拨付资金。

耕地开垦费收缴工作所需的业务费，由市财政局参照新增建设用地有偿使用费收缴工作所需费用列支比例，核付并纳入部门预算。

第九条　市土地行政主管部门根据耕地开垦费拨付情况，对全市年度耕地开垦计划按项目组织实施，并对资金使用实行项目管理。市土地行政主管部门要与有关区（县）土地行政主管部门签订耕地开垦管理责任书。市或者区（县）土地行政主管部门要与耕地开垦项目承担单位签订耕地开垦项目合同。条件成熟时，要采取招投标方式确定项目承担单位。

第十条　区（县）土地行政主管部门应分别在每年6月底和12月15日前，将本区（县）耕地开垦项目实施情况按项目报市土地行政主管部门。项目承担单位要按规定将资金使用情况报资金核付单位。

市土地行政主管部门会同市财政部门对耕地开垦项目实施和资金使用情况进行检查、监督和指导。

第十一条　本办法在执行中的具体问题，由市土地行政主管部门和市财政部门负责协调解决。

第十二条　本办法自2002年12月1日起施行。

北京市建设征地补偿安置办法

北京市人民政府令第148号

（2004年5月21日公布，自2004年7月1日起施行）

第一章　总　　则

第一条　为了保护被征地农村村民、农村集体经济组织和征地单位合法权益，促进首都经济发展，维护社会稳定，根据《中华人民共和国土地管理法》、《中华人民共和国劳动法》等有关规定，结合本市实际情况，制定本办法。

第二条　本市行政区域内依法征用农民集体所有土地的，依照本办法进行补偿安置。

第三条　市土地行政主管部门负责征地补偿管理工作；市劳动保障行政主管部门负责转非劳动力就业和社会保险管理工作；市民政部门负责超转人员管理工作。区、县土地、劳动保障、民政部门按照分工负责本行政区域内征地补偿安置具体管理工作。

公安、农村工作等部门应当按照各自的职责对征地补偿安置工作实施管理。

区、县人民政府应当对本行政区域内的征地补偿安置工作实施监督管理。乡镇人民政府应当协助做好征地补偿安置工作。

第四条　本市征地补偿安置工作坚持公开的原则，征地补偿费由征地双方依法协商确定。

第五条　经批准征用农民集体所有土地的单位（以下简称征地单位）应当支付征地补偿费。征地补偿费应当按时、足额支付到位。

本市征地补偿费实行最低保护标准制度。

第六条　任何单位和个人不得侵占、挪用征地补偿费用和其他有关费用。

第七条　农村集体经济组织和村民委员会应当按照本办法规定做好征地补偿安置中相应工作。

第二章　征　地　补　偿

第八条　征地单位支付的征地补偿费包括土地补偿费和安置补助费。涉及青苗和其他土地附着物的，还应当向所有权人支付青苗补偿费和其他土地附着物补偿费。

青苗是指尚未收获的农作物。其他土地附着物包括房屋、水井、道路、管线、水渠等建筑物、构筑物以及林木和其他经济作物等。

第九条　征地补偿费最低保护标准由市土地行政主管部门以乡镇为单位结合被征地农村村民的生活水平、农业产值、土地区位以及本办法规定的人员安置费用等综合因素确定，报市人民政府批准后公布执行。

征地补偿费最低保护标准应当根据社会、经济发展水平适时调整。

第十条　征地单位与被征地农村集体经济组织或者村民委员会应当在不低于本市征地

补偿费最低保护标准的基础上，协商签订书面征地补偿安置协议。协议应当包括补偿方式、补偿款金额及支付方式、安置人员数量及安置方式、青苗及土地附着物补偿、违约责任和纠纷处理方式等内容。

签订协议前，被征地农村集体经济组织或者村民委员会应当就协议主要内容经村民大会或者村民代表大会等民主程序形成书面决议。决议应当妥善保存。签订协议后，农村集体经济组织或者村民委员会应当向农村村民公示征地补偿安置协议。

第十一条　土地行政主管部门应当对农村集体经济组织或者村民委员会在签订征地补偿安置协议前是否履行民主程序、征地双方达成协议的内容是否符合法律规定进行监督，并可就监督内容听取农村村民意见。

土地行政主管部门在向批准征地机关报送征用土地方案时，应当附具征地双方签订的征地补偿安置协议。

第十二条　区、县人民政府应当自收到征用土地批准文件之日起 10 日内在被征地的乡镇、村进行征地公告。征地公告的内容应当包括批准机关、批准时间、批准文件名称和文号，被征地范围、地类、土地面积，征地单位、项目名称、征后用途，双方协议的征地补偿款金额和人员安置方式等内容。

第十三条　征地单位应当将征地补偿费专户存储，接受土地行政主管部门的监督，依法支付。

征地补偿费监管的具体办法，由市土地行政主管部门规定并公布。

第十四条　征地补偿费用于人员安置后，其余部分作为土地补偿费支付给被征地的农村集体经济组织或者村民委员会，用于农村村民生产生活。

农村集体经济组织或者村民委员会应当依法公开土地补偿费和安置补助费的使用情况，接受监督。

第十五条　征地双方经协商可以实行非货币补偿。在符合规划的前提下，征地单位可以在征用范围内留出部分土地由农村集体经济组织或者村民委员会使用，作为征地补偿。

第十六条　青苗补偿按照 1 季产值计算，但多年生的农作物青苗按照 1 年产值计算。

林木的补偿按照本市有关规定执行。

其他经济作物的补偿，由征地双方根据经济作物生长情况协商确定；协商不成的，可以委托评估机构参照届时市场价格评估确定。

第十七条　拆迁住宅房屋的，按照《北京市集体土地房屋拆迁管理办法》执行。

拆迁非住宅房屋和其他建筑物、构筑物的，按照重置成新价格予以补偿；公益公共设施确需迁建的，应当迁建。拆迁经营性用房造成停产停业经济损失的，应当按照规定给予一次性停产停业补助费。

拆迁未超过批准期限的临时建筑，按照重置成新价格予以适当补偿；超过批准期限的临时建筑和违法建设，不予补偿。

第十八条　违法建设、违法占用土地的，涉及的土地附着物不予补偿。征地公告发布后，在征地范围内新种植的青苗、经济作物、林木等，不予补偿。

第三章 人 员 安 置

第十九条 征用农民集体所有土地的，相应的农村村民应当同时转为非农业户口。应当转为非农业户口的农村村民数量，按照被征用的土地数量除以征地前被征地农村集体经济组织或者该村人均土地数量计算。应当转为非农业户口的农村村民人口年龄结构应当与该农村集体经济组织的人口年龄结构一致。

第二十条 农村集体经济组织或者村民委员会应当自征地公告之日起 60 日内确定应当转为非农业户口人员、转非劳动力、超转人员名单，向农村村民公示，并分别报区、县公安、劳动保障和民政部门。各有关部门应当依照职责办理相关手续。

超转人员安置办法依照市人民政府有关规定执行。

第二十一条 不满 16 周岁的未成年人及 16 周岁以上正在接受义务教育和学历教育的学生，只办理转为非农业户口的手续，不享受本办法规定的转非劳动力安置补偿待遇。

第二十二条 依照本办法第十五条规定实行非货币补偿的，农村集体经济组织或者村民委员会应当保证转非劳动力和超转人员安置补偿所需费用。

第四章 就 业 促 进

第二十三条 转非劳动力的就业应当坚持征地单位优先招用、劳动者自主择业、政府促进就业的方针。

第二十四条 征地单位招用人员时，应当优先招用转非劳动力。乡镇企业、农村集体经济组织有条件的，可以吸纳转非劳动力就业。

鼓励用人单位招用转非劳动力。

第二十五条 公共就业服务机构应当为转非劳动力提供职业指导、职业介绍、职业技能培训等促进就业服务。

第二十六条 转非劳动力在征地时被单位招用的，征地单位应当从征地补偿款中支付招用单位一次性就业补助费；转非劳动力自谋职业的，一次性就业补助费支付给本人。

第二十七条 一次性就业补助费不低于下列标准：

（一）转非劳动力年满 30 周岁、不满 40 周岁的，为征地时本市月最低工资标准的 60 倍；

（二）转非劳动力男年满 55 周岁、女年满 45 周岁的，为征地时本市月最低工资标准的 48 倍，年龄每增加 1 岁递减 1/6，至达到国家规定的退休年龄时止；

（三）其他转非劳动力为征地时本市月最低工资标准的 48 倍。

第二十八条 依照本办法第二十六条规定招用转非劳动力的单位，应当按照劳动管理法律、法规、规章的规定，对转非劳动力实行同工同酬、进行岗前职业技能培训等，并遵守下列规定：

（一）与转非劳动力签订劳动合同，并到土地所在区、县劳动保障部门办理招聘备案手续。转非劳动力要求签订无固定期限合同的，应当与其签订无固定期限劳动合同，并不得约定试用期。

（二）与转非劳动力履行劳动合同未满 5 年且转非劳动力未达到国家规定退休年龄的，

解除或终止劳动合同时，每少履行 1 年，一次性就业补助费按照 1/5 的比例返还给转非劳动力，不足 1 年的，按 1 年计算。

第二十九条　转非劳动力自谋职业的，应当与乡镇人民政府、农村集体经济组织或者村民委员会签订自谋职业协议并经公证机关公证。

按照前款规定签订自谋职业协议后，转非劳动力应当办理就业登记手续，将档案转到市或者区、县职业介绍服务中心，并按照国家和本市规定缴纳各项社会保险费。

第三十条　转非劳动力失业的，可以将本人档案转到户籍所在地的区、县失业保险经办机构，并办理失业登记、申领失业保险金手续。有关部门应当按照规定为其发放《北京市再就业优惠证》。

失业的转非劳动力和招用失业转非劳动力的单位，享受本市促进就业的各项优惠政策。

第三十一条　正在服有期徒刑或者被劳动教养的转非劳动力，其一次性就业补助费可以支付给其委托的人，也可以先由农村集体经济组织或者村民委员会代为保管，待其刑满释放或者解除劳动教养后一次性全额支付给本人。

第三十二条　转非劳动力的档案由农村集体经济组织或者村民委员会负责建立。档案中应当有转非劳动力登记表及相关材料，自谋职业的还应当有经公证的自谋职业协议书。

第五章　社　会　保　险

第三十三条　自批准征地之月起，转非劳动力应当按照国家和本市规定参加各项社会保险，并按规定缴纳社会保险费。

农村集体经济组织或者村民委员会应当在转非劳动力办理转为非农业户口手续后 30 日内，到所在区、县社会保险经办机构为其办理参加社会保险手续，补缴社会保险费。

转非劳动力补缴的社会保险费，由征地单位从征地补偿费中直接拨付到其所在区、县社会保险经办机构。

第三十四条　转非劳动力达到国家规定的退休年龄时，累计缴纳基本养老保险费满 15 年及其以上的，享受按月领取基本养老金待遇。基本养老金由基础养老金和个人账户养老金两部分组成。基础养老金按照本人退休时上一年本市职工月平均工资的 20%计发；个人账户养老金按照个人账户累计储存额的 1/120 计发。转非劳动力按月领取的基本养老金低于本市基本养老金最低标准的，按照最低标准发放，并执行基本养老金调整的统一规定。

转非劳动力达到国家规定的退休年龄时，累计缴纳基本养老保险费不满 15 年的，不享受按月领取基本养老金待遇，其个人账户储存额一次性支付给本人，并终止养老保险关系。

第三十五条　依法批准征地时，转非劳动力男年满 41 周岁、女年满 31 周岁的补缴 1 年基本养老保险费；年龄每增加 1 岁增补 1 年基本养老保险费，最多补缴 15 年。

补缴基本养老保险费以依法批准征地时上一年本市职工平均工资的 60%为基数，按照 28%的比例一次性补缴。补缴后，由社会保险经办机构按照 11%的比例一次性为其建立基本养老保险个人账户。

第三十六条 转非劳动力达到国家规定的退休年龄时，基本医疗保险累计缴费年限男满25年、女满20年且符合按月领取基本养老金条件的，办理退休手续后按规定享受退休人员基本医疗保险待遇；不符合上述条件的不享受退休人员基本医疗保险待遇，个人账户余额一次性支付给本人。

第三十七条 依法批准征地时，转非劳动力男年满31周岁的补缴1年基本医疗保险费，至年满51周岁前每增加1岁增补1年，最多补缴10年；年满51周岁的补缴11年基本医疗保险费，至退休前每增加1岁增补1年，最多补缴15年。

依法批准征地时，转非劳动力女年满26周岁的补缴1年基本医疗保险费，至年满41周岁前每增加1岁增补1年，最多补缴5年；年满41周岁补缴6年基本医疗保险费，至退休前每增加1岁增补1年，最多补缴10年。

补缴基本医疗保险费以依法批准征地时上一年本市职工平均工资的60%为基数，按照12%的比例一次性补缴。补缴后，由社会保险经办机构将其中9%划入统筹基金、1%划入大额医疗互助资金、2%划入个人账户。

第三十八条 转非劳动力按本办法第三十五条规定一次性补缴基本养老保险费的，其补缴基本养老保险费年限视同基本医疗保险缴费年限，但最多视同10年缴费年限。

第三十九条 转非劳动力按照本办法第三十七条规定补缴基本医疗保险费后，在达到国家规定的退休年龄前继续缴纳基本医疗保险费的，享受当期基本医疗保险待遇；不继续缴纳基本医疗保险费的，不享受当期基本医疗保险待遇。

第四十条 依法批准征地时，转非劳动力年满16周岁的补缴1年失业保险费，至达到国家规定的退休年龄前，每增加1岁增补1年，最多补缴20年。补缴失业保险费以依法批准征地时上一年本市职工平均工资的60%为基数，按照2%的比例一次性补缴。

转非劳动力失业后，按照规定享受失业保险待遇。但其在领取失业保险金期间自谋职业的，不执行一次性领取失业保险金的规定。未领取失业保险金的期限予以保留，与再次失业后应当领取失业保险金的期限合并计算。

第四十一条 转非劳动力中的复员退伍军人，其在军队工作的年限视同社会保险费缴费年限。

参加了城镇企业农民工社会保险的转非劳动力，其参加农民工社会保险的时间计算为缴费年限。但已一次性领取养老保险费、一次性生活补助费的，不计算养老保险和失业保险的缴费年限。

第四十二条 正在服有期徒刑或者被劳动教养的转非劳动力，其补偿安置适用本章有关规定。

第六章 法 律 责 任

第四十三条 侵占、挪用征地补偿费用和其他有关费用的，由上级机关或者监察部门依法给予行政处分；构成犯罪的，依法追究刑事责任。

第四十四条 土地、劳动保障、民政、公安等有关管理部门不依法履行职责的，由其上级主管部门责令限期改正，逾期不改正的，依法追究主管责任人员和其他直接责任人员的行政责任。

第七章　附　　则

第四十五条　本办法所称下列名词的含义是：

转非劳动力是指征地转为非农业户口且在法定劳动年龄范围内具有劳动能力的人员，不包括 16 周岁以上正在接受义务教育和学历教育的学生。

超转人员是指征地转为非农业户口且男年满 60 周岁、女年满 50 周岁及其以上的人员和经认定完全丧失劳动能力的人员。

以上年龄计算以依法批准征地之日为准。

第四十六条　农村村民转为非农业户口后，不丧失对农村集体经济组织积累应当享有的财产权利。

第四十七条　国家对大中型水利、水电工程建设征地补偿另有规定的，从其规定。

第四十八条　本办法自 2004 年 7 月 1 日起实施，1993 年 10 月 6 日市人民政府发布的《北京市建设征地农转工人员安置办法》同时废止。

关于征地公示公告程序的通知

京国土征〔2004〕238号

（北京市国土资源局2004年9月30日发布）

各区县国土房管局、北京经济技术开发区国土房管局：

为保护被征地农村村民、农村集体经济组织的合法权益，保障城市建设用地，根据《北京市建设征地补偿安置办法》（北京市人民政府148号令）和相关规定，现就征地公示、公告程序的有关事宜通知如下：

一、征地补偿安置公示

根据《北京市建设征地补偿安置办法》第十一条规定，区县国土房管局受理征地单位的申请后5个工作日内，应对征地补偿安置协议进行审查并将征地补偿安置协议主要内容及征地补偿安置情况在拟征地地点予以公示，听取农村村民意见，同时告知农村村民有要求就征地补偿安置内容举行听证的权利。征地补偿安置公示主要内容包括：被征地单位、征地位置、征地地类、征地面积，征地补偿标准、征地安置情况、农村集体经济组织的民主决议情况等。

征地补偿安置公示时间不少于5个工作日。

征地补偿安置公示期间，区县国土房管局应当听取被征地农村村民关于农村集体经济组织或者村民委员会在签订征地补偿安置协议前是否履行民主程序、征地双方达成协议的内容是否符合法律规定的意见。经审查，对征地补偿安置协议签订不符合规定的，不予向批准征地机关报送征用土地方案；征地补偿安置协议符合规定的，在报批材料时应当附具被征地农村集体经济组织、农村村民的意见及采纳情况。

被征地农村村民就征地补偿标准和安置方案在规定期限内提出听证申请的，区县国土房管局应当依法举行听证，并将听证记录和结果随征地材料上报。

二、征地公告

征地批准后，市国土局在本局的网站上公示征地批准情况，并按规定下发市政府批准征地的文件。

区县人民政府收到市人民政府征地批准文件之日起10个工作日内，在被征地所在的乡镇、村范围内进行征地公告。公告内容包括：征地批准机关、批准时间、批准文件名称和批准文号，征地单位、项目名称、征后用途，被征地范围、地类、土地面积，双方协议的征地补偿款金额和人员安置方式等内容。

征地公告由区县国土房管局负责实施，公告时间不少于10个工作日。

区县国土房管局自征地公告之日起，依法组织实施征地方案，落实征地补偿、安置事宜。

三、征地公示、公告的要求

征地补偿安置公示的内容应以征地单位与被征地集体经济组织或者村民委员会签订的

征地补偿安置协议的内容为基础，不得违反相关法律、法规，不得违法本市征地相关政策规定。

征用村集体经济组织所有土地，在村委会或村集体经济组织所在地公示、公告；征用乡镇集体所有土地，在乡镇政府所在地公示、公告。

线形工程、大型工程涉及征用多个区县土地的，应经协调后一并公示、公告。

附件一

征地补偿安置公示（格式）

京（____）地征〔____〕____号

经______________乡镇______________村（农村集体经济组织）民主决议，并与______________（征地单位）协商，于________年______月________日达成征地补偿安置协议，拟征用乡镇______________村农村集体土地________公顷（________亩），现就征地补偿安置协议主要内容及征地补偿安置情况公示如下：

一、拟征用土地位置及面积：

东：______________南：______________西：______________北：______________

附图（带地形的勘测定界图）。

地类名称	征地面积（公顷）	征地面积（亩）
耕地		
林地		
园地		
牧草地		
水域		
交通设施用地		
村庄工矿用地		
未利用地		
合计		

二、征地补偿安置协议书主要内容

征地补偿标准为______________万元/亩，总计______________万元。

其中，采取货币补偿______________万元；

采取非货币补偿（还建、合作分成等形式）的形式为______________，折合总价值______________万元，合______________万元/亩。

安置农业人口______________名；其中超转人员______________名，劳动力______________名采取______________（安置方式）进行安置。

三、其他内容

××××

四、提出意见及听证权利

自本公示张贴之日起5个工作日内（到________年________月________日止），____________乡镇____________村集体经济组织成员对上述公示的征地补偿安置协议签订是否履行民主程序、协议的内容是否符合法律规定有不同意见的，可以向__________区县国土房管局（地址、邮编、联系人、联系电话）提出具体意见。在此期限内可以就征地补偿标准和安置方案提出听证申请；逾期未提出意见或听证申请的，视为放弃权利。

我局将在听取意见或听证的基础上，依据本次征地补偿安置公示拟定报批征用土地方案，征地补偿安置以市人民政府批准为准。

特此公示。

________区县国土房管局（盖章）

________年______月______日

附件二

征地公告（格式）

京（____）政地征〔____〕____号

区县国土房管局依________年______月______日的征地补偿安置公示（京（______）地征［________］____________号）结果拟定的征用土地方案，已经北京市人民政府批准（京政地［________］________号），现根据《中华人民共和国土地管理法》和《北京市建设征地补偿安置办法》的规定，将经批准的征用土地方案内容和有关事项公告如下：

一、建设单位及建设项目名称、土地用途：

建设单位：____________，建设项目：____________，土地用途：____________。

二、征用土地位置（附图）：

东：____________南：____________西：____________北：____________

附图（带地形的勘测定界图）。

三、征用土地权属、地类、面积

征地____________乡镇____________村集体土地____________公顷（________亩），具体情况如下：

地类名称	征地面积（公顷）	征地面积（亩）
耕地		
林地		
园地		
牧草地		
水域		
交通用地		
村庄工矿用地		

续表

地类名称	征地面积（公顷）	征地面积（亩）
未利用土地		
合计		

四、征地补偿标准及补偿安置方案

本次征地采取货币补偿，征地补偿标准为______万元/亩，总计______万元。

本次征地补偿采取非货币补偿（还建、合作分成等形式），具体非货币补偿形式为______，折合总价值______万元，折合______万元/亩。

五、征地安置人员数量及安置方式

依照北京市规定，本次征地安置农业人口______名；其中超转人员______名按我市有关规定安置，其中______名劳动力采取______（安置方式）进行安置。

六、青苗和地上物依照我市有关规定补偿

七、其他内容

××××

特此公告。

______区县人民政府

______年____月____日

关于实施《北京市征地补偿费最低保护标准》的通知（以延庆县为例）

（北京市国土资源局2004年9月30日印发）

延庆县人民政府：

根据《北京市建设征地补偿安置办法》（北京市人民政府令第148号）第九条规定，市国土资源局制定了《北京市征地补偿费最低保护标准》，已经市人民政府批准。按照市领导的意见，现将《北京市征地补偿费最低保护标准》（延庆县部分）印发给你县，并将有关事项通知如下：

一、征地补偿费最低保护标准包括土地补偿费和安置补助费。

二、征地补偿费最低保护标准是指被征地乡镇征地补偿费的最低限。征地项目的具体征地补偿费，以征地单位与被征地农村集体经济组织协商签订的征地补偿安置协议书为准。

三、你县土地行政主管部门在组织报批建设征地材料时，应根据征地补偿费最低保护标准和征地双方签订的征地补偿安置协议书为依据拟定征用土地方案。

你县应以《北京市建设征地补偿安置办法》规定和征地补偿费最低保护标准为依据审核上报征用土地方案。

四、依《北京市建设征地补偿安置办法》规定，今后市国土资源局将根据农村村民的生活水平、农业产值、人员安置费用的提高和土地区位条件的变化等因素，确定综合调整系数，对《北京市征地补偿费最低保护标准》进行动态调整，并报市人民政府批准后公布执行。

五、你县应将各乡镇征地补偿费最低保护标准分别印发给各乡镇人民政府。

你县可以将各乡镇征地补偿费最低保护标准进一步细化到村，报市国土局备案后执行；但该村的征地补偿费最低保护标准不得低于该村所在乡镇的征地补偿费最低保护标准。

六、本标准自2004年10月1日起执行。自《北京市建设征地补偿安置办法》实施之日（2004年7月1日）至2004年9月30日之间批准的征地，征地补偿费在确保农民合法权益的基础上，参照本标准执行。

附件

北京市征地补偿费最低保护标准（延庆县部分）

区　　县	乡　　镇	征地补偿费最低保护标准（万元/亩）
延庆	刘斌堡	1
延庆	香营	1
延庆	旧县	1
延庆	大庄科	1
延庆	四海	1
延庆	珍珠泉	1
延庆	千家店	1
延庆	张山营	2
延庆	沈家营	2
延庆	井庄	2
延庆	永宁	2
延庆	康庄	4
延庆	大榆树	4
延庆	八达岭	4
延庆	延庆	6

北京市征地补偿费最低保护标准（平谷区部分）

区　　县	乡　　镇	征地补偿费最低保护标准（万元/亩）
平谷	大华山	1
平谷	镇罗营	1
平谷	熊耳寨	1
平谷	黄松峪	1
平谷	峪口	2
平谷	金海湖	2
平谷	南独乐河	2
平谷	刘店	2

续表

区　县	乡　镇	征地补偿费最低保护标准（万元/亩）
平谷	夏各庄	3
平谷	马坊	4
平谷	大兴庄	4
平谷	东高村	4
平谷	山东庄	4
平谷	王辛庄	4
平谷	马昌营	5
平谷	兴谷街道	5
平谷	平谷	6

北京市征地补偿费最低保护标准（怀柔区部分）

区　县	乡　镇	征地补偿费最低保护标准（万元/亩）
怀柔	九渡河	1
怀柔	渤海	1
怀柔	琉璃庙	1
怀柔	汤河口	1
怀柔	宝山	1
怀柔	长哨营	1
怀柔	喇叭沟门	1
怀柔	怀北	2
怀柔	北房	4
怀柔	桥梓	4
怀柔	杨宋	5
怀柔	庙城	5
怀柔	雁栖	6
怀柔	怀柔	6

北京市征地补偿费最低保护标准（密云县部分）

区　　县	乡　　镇	征地补偿费最低保护标准（万元/亩）
密云	大城子	1
密云	东邵渠	1
密云	太师屯	1
密云	北庄	1
密云	新城子	1
密云	高岭	1
密云	古北口	1
密云	不老屯	1
密云	冯家峪	1
密云	石城	1
密云	巨各庄	2
密云	穆家峪	3
密云	溪翁庄	3
密云	西田各庄	3
密云	河南寨	5
密云	十里堡	5
密云	密云	6
密云	檀营	6

北京市征地补偿费最低保护标准（门头沟区部分）

区　　县	乡　　镇	征地补偿费最低保护标准（万元/亩）
门头沟	雁翅	1
门头沟	斋堂	1
门头沟	清水	1
门头沟	王平地区	1
门头沟	潭柘寺	2

续表

区　县	乡　镇	征地补偿费最低保护标准（万元/亩）
门头沟	妙峰山	2
门头沟	军庄	3
门头沟	永定	6
门头沟	龙泉	6

北京市征地补偿费最低保护标准（房山区部分）

区　县	乡　镇	征地补偿费最低保护标准（万元/亩）
房山	蒲洼	1
房山	霞云岭	1
房山	史家营	1
房山	佛子庄	1
房山	南窖	1
房山	大安山	1
房山	河北	2
房山	周口店	3
房山	大石窝	3
房山	张坊	3
房山	十渡	3
房山	石楼	4
房山	韩村河	4
房山	琉璃河	4
房山	长沟	4
房山	青龙湖	5
房山	窦店	6
房山	阎村	7
房山	城关街道	7
房山	良乡	8
房山	长阳	8

北京市征地补偿费最低保护标准（大兴区部分）

区　　县	乡　　镇	征地补偿费最低保护标准（万元/亩）
大兴	礼贤	3
大兴	安定	3
大兴	榆垡	4
大兴	魏善庄	4
大兴	青云店	4
大兴	采育	4
大兴	长子营	4
大兴	北臧村	5
大兴	庞各庄	6
大兴	瀛海	6
大兴	黄村	9
大兴	西红门	9
大兴	旧宫	9
大兴	亦庄	9

北京市征地补偿费最低保护标准（通州区部分）

区　　县	乡　　镇	征地补偿费最低保护标准（万元/亩）
通州	永乐店	3
通州	于家务	3
通州	西集	4
通州	漷县	5
通州	宋庄	6
通州	潞城	6
通州	张家湾	6
通州	台湖	7
通州	马驹桥	8
通州	梨园	10
通州	城关	12

北京市征地补偿费最低保护标准（顺义区部分）

区　　县	乡　　镇	征地补偿费最低保护标准（万元/亩）
顺义	张镇	4
顺义	北务	4
顺义	大孙各庄	4
顺义	木林	4
顺义	龙湾屯	4
顺义	北石槽	5
顺义	杨镇	5
顺义	赵全营	6
顺义	南彩	6
顺义	李遂	6
顺义	北小营	6
顺义	牛栏山	7
顺义	高丽营	7
顺义	李桥	7
顺义	南法信	9
顺义	马坡	9
顺义	仁和	10
顺义	后沙峪	10
顺义	天竺	11

北京市征地补偿费最低保护标准（昌平区部分）

区　　县	乡　　镇	征地补偿费最低保护标准（万元/亩）
昌平	兴寿	3
昌平	崔村	3
昌平	长陵	3
昌平	流村	3
昌平	南口	4

续表

区　　县	乡　　镇	征地补偿费最低保护标准（万元/亩）
昌平	十三陵	4
昌平	马池口	5
昌平	阳坊	5
昌平	百善	6
昌平	南邵	6
昌平	沙河	6
昌平	小汤山	7
昌平	昌平	7
昌平	城北街道	8
昌平	北七家	8
昌平	东小口	9
昌平	回龙观	9

北京市征地补偿费最低保护标准（丰台区部分）

区　　县	乡　　镇	征地补偿费最低保护标准（万元/亩）
丰台	老庄子	5
丰台	长辛店	6
丰台	王佐	6
丰台	花乡	13
丰台	南苑	14
丰台	卢沟桥	15

北京市征地补偿费最低保护标准（石景山区部分）

区　　县	乡　　镇	征地补偿费最低保护标准（万元/亩）
石景山	石景山农工商总公司	10

北京市征地补偿费最低保护标准（海淀区部分）

区　　县	乡　　镇	征地补偿费最低保护标准（万元/亩）
海淀	苏家坨	6
海淀	上庄	6
海淀	温泉	8
海淀	西北旺	8
海淀	四季青	13
海淀	海淀	14
海淀	东升	15
海淀	玉渊潭	18

北京市征地补偿费最低保护标准（朝阳区部分）

区　　县	乡　　镇	征地补偿费最低保护标准（万元/亩）
朝阳	楼梓庄	6
朝阳	黄港	6
朝阳	东坝	7
朝阳	金盏	7
朝阳	豆各庄	7
朝阳	黑庄户	7
朝阳	王四营	8
朝阳	孙河	8
朝阳	崔各庄	8
朝阳	来广营	9
朝阳	平房	9
朝阳	南皋	9
朝阳	将台	10
朝阳	东风	12
朝阳	三间房	13
朝阳	高碑店	14

续表

区　　县	乡　　镇	征地补偿费最低保护标准（万元/亩）
朝阳	小红门	15
朝阳	常营	15
朝阳	洼里	16
朝阳	管庄	16
朝阳	十八里店	17
朝阳	大屯	18
朝阳	太阳宫	18
朝阳	南磨房	18

关于印发《北京市收回企业国有土地使用权补偿办法》的通知

京国土用〔2005〕534号

（北京市国土资源局2005年8月1日印发）

各有关单位：

《北京市收回企业国有土地使用权补偿办法》已经市政府同意，现予印发。

附件

北京市收回企业国有土地使用权补偿办法

第一条 为严格国有土地使用与管理制度，完善国有建设用地供应调控机制，维护土地使用权人的合法权益，根据有关法律和《北京市国有建设用地供应办法》，制定本办法。

第二条 为公共利益需要使用土地或者为实施城市规划进行改建需要调整使用土地的，政府可以收回企业国有土地使用权并按照本办法给予适当补偿。

第三条 北京市国土资源局（以下简称市国土局）负责企业国有土地使用权收回补偿工作，具体工作由市土地储备机构组织实施。

市发展改革、规划、财政等行政主管部门按照各自职责，做好收回企业国有土地使用权补偿的有关工作。

第四条 收回企业国有土地使用权补偿采取货币补偿、实物补偿或货币实物相结合的补偿方式。

第五条 补偿价格由有评估资质的中介机构按照现状用途进行评估，评估结果由市国土局会同市发展和改革委员会和市财政局等有关部门确定。

第六条 土地使用权人已交纳土地出让金的，将已交的剩余年期的土地出让金返还。

第七条 补偿价格确定后，应与土地使用权人签订国有土地使用权收回补偿协议，对补偿金额、付款期限、交付土地等内容做出约定。

第八条 企业申请土地转让，经批准可以入市交易的，由政府收回国有土地使用权，补偿价格的确定按照本办法执行。

关于实施《北京市人民政府办公厅关于明确界定本市国土资源管理行政许可事项政府职责权限的通知》的办法（试行）

京国土法〔2006〕440号

（北京市国土资源局2006年7月18日印发）

各区县国土资源分局：

《关于实施〈北京市人民政府办公厅关于明确界定本市国土资源管理行政许可事项政府职责权限的通知〉的办法（试行）》已经北京市国土资源局2006年第22次局长办公会通过，现予印发，请遵照执行。执行中的问题，请及时向市局报告。

附件

北京市人民政府办公厅关于明确界定本市国土资源管理行政许可事项政府职责权限的通知

《北京市人民政府办公厅关于明确界定本市国土资源管理行政许可事项政府职责权限的通知》（京政办发〔2005〕70号，以下简称《70号通知》），明确界定了区县政府负责在特定范围和前提条件下的审批事项，明确了区县国土资源分局是具体办事部门。为实施《70号通知》，现将区县分局办理的有关事项作如下规定：

一、办理有关事项的范围和条件

（一）关于办理农用地（未利用地）转为建设用地和征收集体土地事项

各区县分局按现行规定程序办理有关审查手续，一律报市局审核后，上报市政府。

（二）关于办理外资企业用地事项

外资企业是指依照国家有关法律在中国境内设立的全部资本由外国投资者投资的企业，不包括外国的企业和其他经济组织在中国境内的分支机构。

各区县分局受理外资企业用地申请，其范围是符合北京城市总体规划和土地利用总体规划，且属于本市已保留的开发区内的国有土地，按照《北京市征收外商投资企业土地使用费规定》签订《北京市外商投资企业用地合同》；依法应以出让方式取得国有土地使用权的外资项目，须办理国有土地使用权出让手续。

（三）关于办理国有土地使用权出让事项（不含招标拍卖挂牌形式）

各区县分局受理国有土地使用权出让申请，其范围是属于本市已保留的开发区内及已保留的开发区外符合北京城市总体规划、土地利用总体规划和本市产业政策的工业项目。其中已建但需要补办手续的项目，在市政府有关具体处理规定未公布前暂不办理。

各区县分局办理规定范围内的国有土地使用权出让手续，应符合北京城市总体规划和土地利用总体规划及本市产业政策；通过建设项目用地预审；取得发展改革行政主管部门的审批、核准、备案手续，并已列入年度建设计划；取得规划行政主管部门的规划意见；取得土地权属文件或土地权属来源文件，且土地权属清楚、无争议。

对符合条件的项目，各区县分局须将地价审核资料报市局土地利用事务中心，由市局地价评审办公室按有关规定审定地价水平。地价款由土地使用者（受让方）持《非税收入一般缴款书》到银行办理缴款手续。

（四）关于办理国有土地使用权划拨事项

各区县分局受理国有土地使用权划拨申请，应严格执行《70号通知》规定的范围。

各区县分局办理规定范围内的国有土地使用权划拨手续，应符合北京城市总体规划和土地利用总体规划；建设项目要取得建设用地预审意见；经发展改革行政主管部门审批、核准、备案，并已列入年度建设计划；取得规划行政主管部门的规划意见。涉及农转用和征地的，需完成征地补偿和安置工作。

（五）关于办理农村村民住宅用地事项

各区县分局按照《土地管理法》第六十二条和《北京市人民政府关于加强农村村民建房用地管理若干规定》（市政府令1989年第39号，1997年12月31日市政府第12号令修改）及国土资源部《关于加强农村宅基地管理的意见》（国土资发〔2004〕234号）的规定执行。

（六）关于办理开发未确定土地使用权的国有荒山、荒地、荒滩用地事项

面积限定在600公顷以下，并应符合土地利用总体规划和开发整理专项规划；开发后的土地用于种植业、林业、畜牧业、渔业生产；用地权属清楚无争议，地类和面积准确；涉及农（牧、渔）业、水利、环保、林业等有关问题，应取得该项行政主管部门对土地开发用地的意见；涉及拆迁的，应取得拆迁补偿安置方案或有关协议。

（七）关于办理乡镇企业建设使用集体土地事项

其范围是已取得合法批准手续或土地使用权的集体存量建设用地；应符合乡镇土地利用总体规划；已通过建设项目用地预审；取得发展改革行政主管部门立项批准；取得规划行政主管部门的规划意见。

其中涉及绿化隔离地区以占地方式建设的产业或经营性项目，待市政府有关规定公布后再予办理。

（八）关于办理乡镇（村）公共设施、公益事业建设使用集体土地事项

其范围是已取得合法批准手续或土地使用权的集体存量建设用地；应符合乡镇土地利用总体规划；已经该乡镇政府审核同意；已通过建设项目用地预审；取得发展改革行政主管部门立项批准；取得规划行政主管部门的规划意见。

二、有关土地使用权登记手续

各区县分局办理的上述行政许可事项，同时负责其土地使用权登记，土地登记结果报区县政府批准。

三、严格依法行政，依法办事

（一）各区县分局办理上述许可事项，其申请人需提交的材料、办理时限、办理程序、

收费标准等，按《北京市国土资源局关于印发〈北京市国土资源局行政许可事项〉的通知》（京国土法〔2005〕549号）规定执行。有关申请表单及审批表单应使用市局统一规定的格式。

各区县分局必须严格按照法定条件和法定程序办理上述许可事项，办理结果报所在区县政府审批；不得为不符合审批权限和条件的事项办理相关手续。试行期间审批事项办理结果应在每月末报市局主管处室备案。

（二）各区县分局应当积极利用网上办理审批的方式，提高办事效率。

（三）市局对各区县分局办理的上述许可事项实行定期检查和监督制度。对违反法律法规、政策及条件的，市局有权予以纠正，并追究责任。

四、各区县分局应履行报请区县政府授权的手续

为保证各区县分局办理上述行政许可事项合法、有效，按照《70号通知》的要求，各区县分局应抓紧履行向所在区县政府报请授权和启用审批专用章的手续。

（一）经区县政府统一授权后承担各项审批事项的具体办理工作，并使用“北京市××区（县）人民政府建设用地审批专用章”，凡已使用的印章与本专用章名称不一致的，以本印章名称为准。

（二）为规范土地登记发证工作，统一土地登记印章，原“北京市××区（县）土地权属证专用章”一律停止使用并封存，启用“北京市××区（县）人民政府土地登记专用章”，经区县政府授权后由各区县分局管理、使用。

北京市实施《中华人民共和国耕地占用税暂行条例》办法

北京市人民政府令第210号

（2009年2月2日公布，自2009年2月2日起施行）

第一条 根据《中华人民共和国耕地占用税暂行条例》（以下简称《条例》），结合本市实际情况，制定本办法。

第二条 在本市行政区域内占用耕地建房或者从事非农业建设的单位和个人，应当按照《条例》及其实施细则和本办法的规定缴纳耕地占用税。

第三条 耕地占用税的税额规定如下：

（一）朝阳区、海淀区、丰台区、石景山区为每平方米45元；

（二）门头沟区、房山区、昌平区、怀柔区、平谷区为每平方米42元；

（三）大兴区、通州区、顺义区、密云县为每平方米40元；

（四）延庆县为每平方米35元。

第四条 占用基本农田的，适用税额在本办法第三条规定的当地适用税额的基础上提高50%。

第五条 占用园地、林地、牧草地、农田水利用地、养殖水面以及渔业水域滩涂等其他农用地建房或者从事非农业建设的，适用税额按照本办法第三条规定执行。

第六条 农村烈士家属、残疾军人、鳏寡孤独以及革命老根据地、少数民族聚居区和边远贫困山区生活困难的农村居民，在规定用地标准以内新建住宅缴纳耕地占用税确有困难的，可以向所在地乡（镇）人民政府提出申请，经审核，报经区（县）人民政府批准后，免征耕地占用税。

前款所称民族聚居区是指民族乡、民族村；生活困难的农村居民是指享受区（县）农村最低生活保障的农村居民。

第七条 纳税人应当向耕地或者其他农用地所在地的地方税务机关申报纳税。

第八条 土地管理部门凭纳税人的完税凭证或者减免税凭证和其他有关证明文件发放建设用地批准书。

第九条 耕地占用税的征收管理，按照《中华人民共和国税收征收管理法》、《中华人民共和国税收征收管理法实施细则》和本市有关规定执行。

第十条 本办法自公布之日起施行。1987年7月23日公布的《北京市实施〈中华人民共和国耕地占用税暂行条例〉的办法》同时废止。

关于印发《北京市国土资源局土地权属审查办法（试行)》的通知

京国土籍〔2011〕365号

（北京市国土资源局2011年7月29日印发）

市国土局各区县分局、机关各处室、直属各单位：

《北京市国土资源局土地权属审查办法（试行)》已经2011年7月6日第11次局长办公会审议通过，现予印发，请遵照执行。

特此通知。

附件

北京市国土资源局土地权属审查办法（试行）

第一条　为明晰土地权属状况，规范土地权属审查工作程序，适应国土资源行政管理工作需要，充分发挥地籍管理基础作用，根据《确定土地所有权和使用权的若干规定》，制定本办法。

第二条　本办法所称土地权属审查，是指区（县）国土资源分局（以下简称分局）对土地权属、用途（地类）、面积等基本情况进行调查核实的工作。

第三条　土地权属审查依申请办理。

当事人办理下列事项前，应向土地所在地分局提出申请，取得《土地权属审查告知书》(附件三)：

（一）征收集体土地；

（二）农用地转为建设用地；

（三）国有建设用地使用权划拨；

（四）国有建设用地使用权协议出让；

（五）已出让的国有建设用地使用权需变更出让合同；

（六）乡镇（村）公共设施、公益事业使用集体建设用地；

（七）乡镇（村）企业使用集体建设用地；

（八）建设项目施工和地质勘查临时用地；

（九）采用收回、收购方式储备国有土地；

（十）土地开发整理。

第四条　办理国有建设用地使用权划拨或协议出让手续，属于下列情形之一的，不再办理土地权属审查：

（一）2008年1月1日后已办理过土地登记，取得《国有土地使用证》的；

（二）征收集体土地阶段已经进行过土地权属审查的；

（三）土地储备阶段已经进行过土地权属审查的。

第五条 已出让的国有建设用地使用权变更出让合同，属于2008年1月1日后已办理过土地登记，取得《国有土地使用证》，且变更后的土地出让范围不超过原有土地出让范围的，不再办理土地权属审查。

第六条 本办法第三条（一）、（二）、（六）、（七）项的情形，当事人应当在勘测定界之前申请办理土地权属审查，取得《土地权属审查告知书》。

第七条 土地权属审查由土地所在地分局负责，分局地籍管理部门具体承办。土地权属审查中涉及征地、耕地保护、土地利用、土地储备等工作的，分局相关部门应当予以积极配合。

第八条 土地权属审查的程序分为申请受理、调查核实、审核和出具《土地权属审查告知书》。

第九条 当事人申请办理土地权属审查手续，应当提交下列材料：

（一）土地权属审查申请书（附件一）；

（二）规划部门出具的规划批准文件和用地钉桩成果，但办理现状项目协议出让手续的除外；

（三）办理现状项目协议出让手续的，提交《房屋所有权证》；

（四）当事人身份证明材料：

1. 当事人为企业法人的，提交《企业法人营业执照》和《组织机构代码证》（复印件），其他法人组织提交《组织机构代码证》（复印件），驻京部队不提交；

2. 法定代表人身份证明（原件）和身份证（复印件）；

3. 委托办理的，提交授权委托书（原件）和委托人、受托人的身份证明（原件）。

第十条 分局对提交材料齐全、符合土地权属审查条件的申请事项，应当在1个工作日内予以受理。

第十一条 受理土地权属审查申请后，土地权属审查人员应当根据当事人提供的用地范围，调取土地登记发证及土地调查档案资料，核实土地权属及土地用途情况，并到现场进行勘查复核。

当事人应积极配合分局开展相关工作，如实告知宗地有关事实情况。

第十二条 分局应当在受理之日起20个工作内完成审核工作，并向当事人出具《土地权属审查告知书》。

因情况复杂，在规定期限内不能完成权属审查的，经分局主管领导批准，可以延长工作期限，但最长不超过10个工作日。

《土地权属审查告知书》及《地籍状况表》应加盖分局土地权属审查专用章。

第十三条 调查核实期间，确需当事人补充有关证明材料的，应当告知当事人，补充材料时间不计入工作期限。

第十四条 审核分为初审和复审，审核的内容包括土地登记发证、土地权利人、土地权属性质、市政代征用地、土地地类（用途）、土地面积、界线、产权纠纷、抵押登记、异议登记等情况。审核完成后，土地权属审查人员应当填写《土地权属审查表》（附件二）。

第十五条　尚未办理土地登记发证的，利用已有地籍调查成果，进行勘查复核，按照土地确权的有关规定，依法确定土地所有权和土地使用权。

经勘查复核，已有地籍调查成果符合确权条件的，可以直接引用；用地范围有变化的，应当进行变更地籍调查；尚未完成指界程序的，按照地籍调查的要求完成指界。土地权属有争议或不符合土地确权条件的，应当在《地籍状况表》上予以注明。

第十六条　本办法第三条（一）、（二）、（六）、（七）、（十）项规定的事项办结后，有关用地审批部门应当将用地批准结果及时抄送北京市土地权属登记事务中心，进行土地利用现状变更。

第十七条　本办法自2011年8月1日起实施。北京市国土资源局印发的《关于出具地籍调查成果有关问题的通知》（京国土籍〔2006〕157号）和《关于为重点工程项目用地出具地籍调查成果的紧急通知》（京国土籍〔2009〕150号）同时停止执行。

三、房 屋 拆 迁

关于房地产中介服务收费的通知

京价（房）字〔1997〕第398号

（北京市物价局、北京市房屋土地管理局1997年11月28日发布）

各区、县物价局、房屋土地管理局，各房地产价格评估、经纪、咨询等中介服务机构：

根据国家计划委员会、建设部《关于房地产中介服务收费的通知》（计价格〔1994〕2017号）文件精神，结合《关于房地产中介服务收费的通知》（京价（房）字〔1996〕第396号）一年来试行情况，现对我市房地产中介服务收费的有关规定修订如下：

一、凡依法设立并经资质审核合格的房地产价格评估、经纪、咨询等中介服务机构，为企事业单位、社会团体和其它社会组织、公民及外国当事人提供有关房地产开发投资、经营管理、消费等方面的中介服务，可向委托人收取合理的费用。

二、房地产中介服务费收费是房地产交易市场重要的经营性服务收费，根据不同情况分别实行政府定价、政府指导价和协商定价。实行政府定价和政府指导价的收费标准、收费项目，由北京市物价局会同北京市房屋土地管理局制定。

三、房地产价格评估收费、土地价格评估收费标准实行政府定价，其收费标准按照标的总额采取差额定率分档累进制。具体收费标准见附表一、二。土地价格评估中的宗地价格评估收费按附表一标准执行；基准地价评估收费按附表二标准执行。

每宗房地产价格评估收费不足300元的，按300元收取。

为土地使用权抵押而进行的土地价格评估，评估机构按一般宗地评估费标准的50%计收评估费。

清产核资中的土地价格评估，按一般宗地评估费标准的30%计收评估费。

因征用拆迁对房屋进行价格评估的，按补偿价款金额的1%～1.5%向征用拆迁单位收取评估费。

仲裁房地产价格评估中出现的价格纠纷，需重新核定价格的，按标准的20%～40%计收评估费。

企业转制、资产重组过程中，涉及房地产评估的，按房地产价格评估标准的50%计收评估费。

四、实行政府指导价的房地产中介服务收费是书面咨询费、房屋租赁代理费和房屋买卖代理费。

普通咨询报告，每份收费 300～1000 元；技术难度大、情况复杂、耗用人员和时间较多的咨询报告，可适当提高收费标准，收费标准最高不超过咨询标的额的 0.5%。

房屋租赁代理费，无论成交的租赁期限长短，均按半至一月成交租金额标准，由双方协商议定一次性计收。

房屋买卖代理收费，按成交价格总额分档累进计收：

500 万元以下　　　　2.5%

501 万～2000 万元　　2%

2001 万～5000 万元　　1.5%

5001 万～10000 万元　1%

10001 万元以上　　　0.5%

实行独家代理的最高收费标准不得超过成交价格总额的 2.8%。

五、房地产中介服务机构对委托人的口头咨询，按照咨询服务所需时间结合咨询人员专业技术等级由双方协商议定收费标准。

六、中介服务机构应当本着合理、公开、诚实、信用的原则，接受自愿委托，双方签订合同。房地产中介服务收费实行明码标价制度。中介服务机构应当在其经营场所或交缴费用的地点，在醒目位置公布其收费项目、服务内容、计费方法、收费标准。

房地产中介服务机构在接受当事人委托时应当主动向当事人介绍有关中介服务的收费办法及服务的内容。

七、各房地产中介服务机构应严格执行物价部门规定的收费原则和收费标准，切实提供质价相称的服务，并对服务内容的真实性和合法性负责。因中介服务机构主观故意服务失实、违法造成委托方经济损失或者有欺诈行为的，承担相应的民事或行政责任，情节严重构成犯罪的，由司法机关依法追究刑事责任。

凡中介服务机构资格未经确认，自立名目乱收费、擅自提高收费标准或越权制定、调整收费标准的，属于价格违法行为，由物价检查机关按有关法规予以处罚。

八、本市行政区域内的房地产中介服务机构均按本通知规定执行。

九、本通知自 1997 年 12 月 1 日起执行。1996 年 11 月 5 日北京市物价局、北京市房屋土地管理局《关于房地产中介服务收费的通知》（京价（房）字〔1996〕396 号）同时废止。

附件

房地产价格评估收费标准

档　　次	标的总额（万元）	累进计费率（‰）
1	100 以下（含 100）	5
2	101 以上至 1000	2.5
3	1001 以上至 2000	1.5
4	2001 以上至 5000	0.8

续表

档　次	标的总额（万元）	累进计费率（‰）
5	5001 以上至 8000	0.4
6	8001 以上至 10000	0.2
7	10000 以上	0.1

注　1. 本标准执行中可下浮，但下浮幅度不得超过 20%。

2. 差额定率分档累进制收费方法举例说明：

例如：标的总额 40000 万元，计算评估收费额。

100 万元×5‰=0.5 万元

(1000－100)万元×2.5‰=2.25 万元

(2000－1000)万元×1.5‰=1.5 万元

(5000－2000)万元×0.8‰=2.4 万元

(8000－5000)万元×0.4‰=1.2 万元

(10000－8000)万元×0.2‰=0.4 万元

(40000－10000)万元×0.1‰=3 万元

收费总金额为：0.5+2.25+1.5+2.4+1.2+0.4+3=11.25 万元

基准地价评估收费标准

档　次	城镇面积（平方公里）	收费标准（万元）
1	5 以下（含 5）	4～8
2	5～20（含 20）	8～12
3	20～50（含 50）	12～20
4	50 以上	20～40

关于印发《北京市非住宅房屋拆迁评估技术标准》的通知

京房地评字〔1999〕656号

（北京市房屋土地管理局、北京市物价局1999年6月20日印发）

各区县房屋土地管理局、物价局：

为规范本市非住宅房屋拆迁评估工作，结合《北京市城市房屋拆迁管理办法》特制定《北京市非住宅房屋拆迁评估技术标准》，现印发给你们，请参照执行。

特此通知。

附件

北京市非住宅房屋拆迁评估技术标准

第一条　为贯彻实施《北京市城市房屋拆迁管理办法》（北京市人民政府令第16号）合理确定本市非住宅房屋的市场评估价格，特制定本标准。

第二条　本标准适用于北京市非住宅房屋拆迁以货币形式进行补偿的评估。

第三条　非住宅房屋拆迁补偿价格包含两部分内容，即房屋区位补偿价和地上物补偿价。计算公式为：

非住宅房屋拆迁价格＝区位价格×$K1$×$K2$×$K3$×建筑面积＋地上物补偿价

其中$K1$为容积率调整系数

$K2$为房屋原用途调整系数

$K3$为规划用途调整系数，当规划用途为市政府确定市政公益事业等重点工程时取0.7，其它情况取1.0。

第四条　地上物补偿价的计取，按北京市有关规定采取成本估价法，用房屋重置成本结合成新进行计算。

第五条　确定房屋区位价时，首先确定被拆迁房屋所在的区位类别。依照北京市非住宅区位类别图及文字说明确定委估房产区位类别，特别情况可按如下原则处理：

5.1 支路比其所在主路（或街道）低一个类别；

5.2 两条类别不同的道路交汇的十字路口处，取两条道路之中的较高类别作为其类别；

5.3 在类别跳跃地区，可取跳跃的两类及它们之间的区位类别。

第六条　确定区位类别后，估价人员根据被拆迁房屋的具体区位状况，在该类别区位价格幅度范围内，确定委估房屋单位建筑面积的区位价格基数。

第七条　根据被拆迁房屋房产证及土地证件所载的建筑面积和土地面积，确定现状容积率，并在容积率调整系数表中查取相应的调整系数。违章建筑及超过批准期限的临时建筑物不计建筑面积；不具备土地证时，按有关划拨文件及征地文件中载明的、与事实相符的土地面积计算。

若不具备以上文件，应委托有关房屋土地管理部门进行实测。

第八条 根据行业类别划分表，确定现状用地类别，并在用途类别修正系数表中查取相应的调节系数。

第九条 对房屋单位建筑面积的区位价格基数分别进行现状容积率、房屋原用途和规划用途系数调整，得到修正后的房屋区位价格。

第十条 本标准中的区位价格水平将根据实际情况适时调整。

第十一条 各远郊区县非住宅房屋拆迁评估方法按本技术标准进行，各远郊区县的《非住宅拆迁作价区位价格表》及《非住宅区类划分说明》由各远郊区县根据实际情况自行制订，报北京市房屋土地管理局备案。

第十二条 本标准由北京市房屋土地管理局负责解释。

附件1：非住宅拆迁作价区位价格及各类调整系数表（表1～表3）

附件2：非住宅用途说明表（表4）

附件3：北京市市区非住宅区类划分说明

附件4：北京市市区非住宅区类分布图（略）

附件1

表1　　非住宅拆迁作价区位价格及各类调整系数表

区　类	区位价格（元）	区　类	区位价格（元）
一类地区	10500～12500	五类地区	4000～5500
二类地区	9000～10500	六类地区	3000～4000
三类地区	7500～9000	七类地区	3000以下
四类地区	5500～7500		

表2　　非住宅拆迁作价容积率调整系数表（*K*1）

容积率（%）	<0.1	0.1	0.2	0.3	0.4	0.5	0.6	0.7	0.8	0.9
系数	6.00	6.00	3.22	2.30	1.83	1.56	1.37	1.24	1.14	1.06
容积率（%）	1.0	2.0	3.0	4.0	5.0	6.0	7.0	8.0	9.0	10.0
系数	1.00	0.95	0.91	0.87	0.82	0.78	0.73	0.69	0.64	0.60

表3　　非住宅拆迁作价房屋原用途调整系数表

序　号	房屋原使用性质	调整系数
1	商业、金融业、保险业	0.1
2	娱乐业、餐饮业	0.95
3	办公	0.9

续表

序　　号	房屋原使用性质	调整系数
4	服务业	0.85
5	工业，仓储业及其他	0.8

附件 2

表 4　　非住宅用途说明表

使用性质	说　　明
商业	指食品、饮料、烟草、日用百货、纺织品、服装、鞋帽、日用杂品、五金、交电、化工、药品、医疗器械、图书报刊、家具、石油制品、汽车、摩托车及其他零配件，煤炭、计算机及软件、办公设备、首饰、生产资料等批零业
金融，保险业	指各种银行、信用社、信托公司、证券交易所、证券公司、保险公司、融资租赁公司等
工业，仓储业	工业指各种工厂、车间、手工业作坊等，具体包括：食品加工制造业，饮料制造业，烟草加工业，纺织业，服装及其他纤维制品制造业，皮革、毛皮、羽绒及其制品制造业。木材加工及竹、藤、棕、草制品业，家具制造业，造纸及纸制品业，印刷业，记录媒介的复制，文教体育用品制造业，石油加工及炼焦业，化学原料及化学制品制造业，医药制造业。化学纤维制造业，橡胶制品业。塑料制品业，非金属矿物制品业，金属冶炼及压延加工业，金属制品业，各种机械设备制造业，武器弹药制造业，仪器仪表制造业等 仓储业指国家或地方的储备，中转、外贸、供应等各种仓库、油库、材料厂等
娱乐业	指歌舞厅、电子游戏厅、游乐园（场）、夜总会等娱乐场所
餐饮业	指饭店、酒店、饭馆、快餐店、小吃店（铺）、冷饮店、茶馆等
服务业	指理发及美容化妆业、沐浴业、洗染业、摄影及扩印业、托儿所、日用品修理业、家务服务业、殡葬业、刻字、印名片、晒图、复印、誊写、旅馆业（各种宾馆、旅馆、招待所、大车店）、租赁服务业、旅游业等
办公	指写字楼、非营业的公司用房
其他	以上未包括的非住宅使用性质

附件 3

北京市市区非住宅区类划分说明

一类地区

东城区：王府井大街；东长安街；建国门内大街

西城区：西单北大街；西长安街；复兴门内大街

二类地区

东城区：东单北大街；东四南大街；王府井大街以东、东单北大街和东四南大街以西、东四西大街以南、东长安街以北地区；东二环路（东便门至东直门）、崇内大街

西城区：宣武门内大街；西四南大街；西四北大街；复兴门外大街；西二环路（复兴门至西直门）

崇文区：前门大街、崇外大街　（崇文门至天坛东门）

宣武区：大栅栏街

朝阳区：建国门外大街；朝阳门外大街；东二环路（东便门至东直门）

三类地区　北京市市区非住宅区类划分说明

东城区：前门东大街、崇文门东大街和崇文门西大街以北，东二环路以西，北二环路以南范围内，除一、二类地区以外的区域；北二环路（东直门至鼓楼桥）；鼓楼外大街（区内部分）；安定门外大街；和平里东街（区内部分）；东直门外斜街（区内部分）；东直门外大街（区内部分）；工人体育场北路（区内部分）；北三环路（区内部分）

西城区：西直门西大街和北二环路以南，三里河路以东，护城河（木樨地至天宁寺桥）以东、以北，前门西大街、宣武门东大街和宣武门西大街以北范围内，除一、二类地区以外的区域；三里河路；西直门西大街；北二环路（西直门至鼓楼桥）；西直门北大街（区内部分）；德胜门外大街；新街口外大街；北三环路（区内部分）

崇文区：前门东大街；崇文门东大街；崇文门西大街；东二环路（东便门桥至左安门桥，区内部分）；南二环路（区内部分）；体育馆路（光明桥至天坛东门）

宣武区：珠宝市街；粮食店街；廊房头条；廊房二条；煤市街；珠市口西大街；宣武门外大街；前门西大街；宣武门东大街；宣武门大街；莲花池东路（区内部分）；西二环路（西便门桥至菜户营桥）；南二环路（区内部分）；广安门内大街；骡马市大街；广安门外大街（区内部分）

朝阳区：东二环路以东。通惠河以北，东三环路以西，朝阳门外大街以南范围内除二类地区以外的区域；东二环路（东便门桥至左安门桥，区内部分）；东三环路（双井桥至三元桥）；北三环路（区内部分）；体育场北路（区内部分）；东直门外大街以北（区内部分）；东直门外斜街（区内部分）；和平里东街（区内部分）；安外大街（区内部分）；亮马桥路（燕莎桥至枣营路）

海淀区：北三环路（区内部分）；西三环路（区内部分）；西直门北大街；西土城路（蓟门桥以南）；白颐路（白石桥至规划四环）；西直门外大街（区内部分）；紫竹院路（紫竹桥以东）；复兴路（木樨地至翠微路口东）；新街口外大街；莲花池东路（区内部分）

丰台区：西二环路（区内部分）；南二环路（区内部分）；莲花池东路（区内部分）；西三环路（六里桥以北）；广安路（六里桥至湾子）

四类地区

东城区：区界范围内除一、二、三类地区以外的区域

西城区：区界范围内除一、二、三类地区以外的区域

崇文区：前门东大街、崇文门东大街和崇文门西大街以南，东二环以西，前门大街和永定门内大街以东南二环以北范围内除三类地区以外的区域；东二环以东（区内部分）；永定门内大街；永定门站站前路

宣武区：前门西大街、宣武门东大街和宣武门西大街以南，西二环以东，南二环以北，前门大街和永定门内大街以西范围内，除二、三类地区以外的区域；广安门外大街以北，莲花池东路以南。西二环路以西。区界以东范围内区域

朝阳区：东二环路以东，东直门外大街以南，东三环路以西，朝阳门外大街以北范围

内除三类地区以外的区域；东二环路以东．通惠河以南，东三环以东，华威南路以北范围内区域（区界内部分）；北二环路以北，北三环路以南，安定门外大街以东，东直门外斜街以西北范围内除三类地区以外的区域（区内部分）；朝阳路（呼家楼至十里堡）；展览馆路；亮马河桥路（枣营路以东）；宵云路；首都机场路（三元桥至四元桥）；惠新东街；樱花园东街；惠新西街；樱花园西街；安立路（大屯至安慧桥）；安定路；北四环路（区内部分）；北苑路（北四环路至大屯路）；北辰路（北三环路至北四环路）东三环路以西，东直门外大街以北，东直门外斜街以东南范围内区域（区内部分）；华威南路以南，南三环东路以西。区界范围内地区

海淀区：车公庄西路：阜石路（甘家口至航天桥）；西土城路（蓟门桥以南）；八达岭高速公路（马甸至健翔桥）；花园东路；花园路；西土城路（蓟门桥至北土城西路）；学院路（北土城西路至北四环路）；知春路（白颐路至中关村南路）：北四环路（区内部分）；海淀大街（白颐路至苏州街）；紫竹院路（紫竹桥至蓝靛厂南路）；阜石路（甘家口至五棵松路）；复兴路（翠微路口西至五棵松路）；北二环路及西直门外大街以北，北三环路以南，西三环北路以东。新街口外大街以西范围内除三类地区以外的区域（区内部分）；三里河路和护城河以西，西三环路以东，西直门外大街和紫竹院路以南，莲花池东路以北范围内除三类地区以外的区域（区内部分）

丰台区：西三环南路（六里桥至万柳桥）；南三环（万柳桥至分钟寺桥）；蒲黄榆路；方庄路；蒲黄榆路以东，方庄路以西，南三环路以北，左安门西滨河路以南范围内区域

五类地区

崇文区：南二环以南地区（区内部分）

宣武区：广安门外大街以南，广安门南滨河路以西（区内部分）

朝阳区：南四环东路；东四环路；北四环东路；京通快速路（四惠桥至规划东五环路）；酒仙桥路；芳园西路；机场高速路（四元桥至规划五环路）；北苑路（大屯至规划五环路）；安立路（大屯路至规划五环路）；南磨房路以北、四环路与三环路之间的地区（区内部分）；南磨房以南，京津塘高速公路以北，三环路和四环路之间地区（区内部分）

海淀区：板井路；成府路；白颐路（北大南侧）；颐和园路（北大西侧）；西四环路（已建部分）；复兴路（玉泉路至五棵松路）；阜石路（五棵松路至区界）；八达岭高速公路（健翔桥至规划五环）；莲花桥附近铁路线以北、三环路与四环路之间除四类地区以外的区域

丰台区：西四环路（区内部分。南至科丰桥）；丰北路；丰管路；南四环路（区内部分）；京开公路（玉泉营至南四环路）；南苑路（木樨园桥至南四环路）；丰台镇即丰北路以南．南四环路以北，东大街南延长线至西四环路以西，西四环路以东范围内地区（含区域边界）；二环至三环路之间除四类地区以外的区内部分

石景山区：石景山路（玉泉路至古城）；鲁谷路；阜石路（区内部分）

六类地区

朝阳区：广渠路以南，规划五环以内的地区（含五环路）；北苑路（规划五环至区界）；京顺路（规划五环至区界）；朝阳路（规划五环至区界）；京通路（规划五环至区界）

海淀区：八达岭高速公路（规划五环至区界）；北太平路，四环路和五环路之间除四

类、五类地区以外的地区域（含五环路）；香山地区；东北旺地区；肖家河地区；西二旗地区；西三旗地区；清河地区；上地地区

丰台区：三环路和规划四环路之间除五类地区以外的区域（区内部分）

石景山区：除五类地区以外的区内主要道路，包括杨庄大街、古城大街、京原路、广宁路、京门路、八大处路

七类地区

上述地区以外的区域

关于调整本市城市房屋拆迁补偿办法的批复

京政函〔2000〕60号

（北京市人民政府2000年5月17日发布）

市国土资源和房屋管理局：

你局《关于报送调整本市城市房屋拆迁补偿办法的请示》（京国土房屋拆字〔2000〕第323号）收悉。现批复如下：

原则同意《关于调整本市城市房屋拆迁补偿办法的有关规定》（以下简称《规定》），请你局发布执行，认真组织实施，并注意及时研究和解决执行中出现的问题，总结经验。各有关部门和单位要积极配合，确保本市城市房屋拆迁工作的顺利进行。

附件

关于调整本市城市房屋拆迁补偿办法的有关规定

根据近期城市房屋拆迁情况，现就调整本市城市房屋拆迁补偿办法作如下规定：

一、将拆迁人对被拆除非成套住宅房屋使用人的补偿款计算公式调整为：

补偿款＝拆迁补偿价格×原建筑面积＋经济适用住房均价×拆迁补贴面积

其中，拆迁补贴面积按照下列公式计算：

拆迁补贴面积＝原建筑面积×拆迁补偿系数

拆迁补偿价格由各区、县政府参照被拆除房屋所在地区届时普通住宅商品房价确定，并报市国土资源和房屋管理局批准后执行。经市政府批准，纳入本市计划的道路交通、供水、供气、供热、环境保护、污水管道和处理、城市河湖、电力、邮政、电信等城市市政建设工程的房屋拆迁，拆迁补偿价格由市政府有关主管部门根据项目范围内的届时普通住宅商品房价平均水平确定。

城区和近郊区的经济适用住房均价，由市政府有关主管部门根据本市经济适用住房的市场供应价格确定；远郊区、县的经济适用住房均价，由区、县政府根据本地经济适用住房的市场供应价格确定。

拆迁补偿系数一般为0.7。本市近郊区和远郊区、县的房屋拆迁，当地区、县政府可以根据拆迁项目实际情况降低拆迁补偿系数；按市政府文件规定经认定的特困住户的房屋拆迁，当地区、县政府可以决定增加拆迁补偿系数0.1至0.2。

根据前款规定计算的被拆除房屋使用人的拆迁补贴面积仍不足15平方米，并且符合下列条件的，可以按照15平方米计算拆迁补贴面积：

（一）在拆迁范围外别无正式住房；

（二）在拆迁范围内有本市常住户口并且长期居住的人口在2人以上（含2人）；

（三）不属于拆迁公告发布之日以前三年以内通过办理房屋租赁分户、析产、交换、赠与等手续新增的户；

（四）不属于原农民宅基地上房屋。

二、拆除原划拨土地上的成套住宅房屋，对被拆除房屋使用人的补偿款中不含土地出让金，具体标准参照已购公有住房上市有关规定执行。

三、拆迁人以回迁房及其在 1992 年 6 月以前取得的划拨土地上自行开发建设或者作为出地方与有关单位联建、合建项目中分成的住宅房屋补偿被拆迁人的，补偿房屋参照经济适用住房政策管理。

四、拆迁人提供的集体土地上的房屋，在依法补办建设立项、规划、用地等手续后，方可用于拆迁补偿。

五、拆除住宅楼房，其厨房、卫生间齐全的，一律按照成套住宅房屋给予补偿。

拆除有厨房而卫生间公用或者有卫生间而厨房公用的住宅楼房，对被拆除房屋使用人加上其分摊的公用卫生间或者公用厨房的建筑面积后，按照成套住宅房屋给予补偿。

拆除成套住宅房屋，其厨房、卫生间等由两户以上合用的，对被拆除房屋使用人按照成套住宅房屋给予补偿，其原建筑面积按照被拆除房屋使用人单独使用的房间的建筑面积加上其分摊的该套房屋合用的附属建筑面积后计算。

六、本规定自 2000 年 6 月 1 日起实施。此前本市有关拆迁规定与本规定有抵触的，以本规定为准。

本规定实施前已由区、县房屋土地管理局公告的房屋拆迁，不适用本规定。

绿化隔离地区建设和市区危旧房改造的房屋拆迁不适用本规定。

北京市城市房屋拆迁管理办法*

北京市人民政府令第 87 号

（2001 年 11 月 1 日公布，自 2001 年 11 月 1 日起施行）

第一章　总　　则

第一条　为加强本市城市房屋拆迁管理，维护拆迁当事人的合法权益，保障城市建设顺利进行，根据国务院《城市房屋拆迁管理条例》，结合本市实际情况，制定本办法。

第二条　凡在本市行政区域内国有土地上实施房屋拆迁，并需要对被拆迁人补偿、安置的，适用本办法。

第三条　本市城市房屋拆迁，必须符合城市规划，适应城镇住房制度改革，促进危旧房改造，有利于改善生态环境和保护文物古迹。

本市危旧房改造采取多种形式推进，鼓励居民结合住房制度改革实施危旧房改造。

第四条　拆迁人应当依照本办法的规定，对被拆迁人给予补偿。被拆迁人和被拆迁租赁房屋的承租人应当在规定的搬迁期限内完成搬迁。

本办法所称拆迁人是指依法取得房屋拆迁许可证的建设单位。

本办法所称被拆迁人是指被拆迁房屋的所有权人。

第五条　市国土资源和房屋管理局（以下简称市国土房管局）主管本市城市房屋拆迁管理工作，负责本办法的组织实施和监督检查。区、县房屋行政主管部门（以下简称区、县国土房管局）负责本行政区域内的城市房屋拆迁管理工作。

市和区、县人民政府有关部门应当按照各自的职责，做好城市房屋拆迁工作。

第二章　拆　迁　管　理

第六条　建设单位取得房屋拆迁许可证后，方可作为拆迁人实施拆迁。

拆迁人可以自行拆迁，也可以委托拆迁。被委托的拆迁单位不得转让拆迁业务。

市和区、县国土房管局不得接受拆迁委托。

第七条　本市对城市房屋拆迁单位实行资格管理、资质等级评审和资质年审制度，具体办法由市国土房管局制定并公布。

第八条　拆迁范围确定后，拆迁范围内暂停办理下列事项：

（一）新建、改建、扩建房屋。

（二）房屋租赁。

---

* 本篇法规已根据《北京市人民政府关于废止〈北京市城市房屋拆迁管理办法〉等规章和规范性文件的决定》（北京市人民政府令第 239 号）（发布日期：2011 年 10 月 19 日，实施日期：2011 年 10 月 19 日）废止。因实际工作中具有参考价值，因此收录。

（三）改变房屋、土地用途。

区、县国土房管局应当就前款所列事项书面通知有关部门暂停办理相关手续，并在拆迁范围内予以公示。通知和公示应当载明拆迁范围、暂停事项和暂停期限。暂停期限不超过 1 年；建设单位需要延长暂停期限的，必须经区、县国土房管局批准，延长暂停期限不超过 1 年。

拆迁范围由区、县国土房管局按照规划许可证件批准的范围确定。

第九条 建设单位申请核发房屋拆迁许可证时应当提交下列文件：

（一）建设项目批准文件。

（二）建设用地规划许可证或者建设工程规划许可证。

（三）国有土地使用批准文件。

（四）城市房屋拆迁资格证书。

（五）办理存款业务的金融机构出具的拆迁补偿安置资金证明文件。

（六）拆迁计划，包括项目基本情况、拆迁范围和方式、搬迁期限、工程开工和竣工时间等。

（七）拆迁方案，包括被拆迁房屋状况、补偿款和补助费预算等。

（八）法律、法规和规章明确规定应当提交的其他材料。

区、县国土房管局应当在收到申请之日起 30 日内，对申请事项进行审查，经审查符合条件的，核发房屋拆迁许可证。其中，属于市人民政府确定的重大市政基础设施建设工程和跨区、县建设工程的，区、县国土房管局应当报经市国土房管局复审同意后，方可核发房屋拆迁许可证。

第十条 区、县国土房管局核发房屋拆迁许可证后，应当在拆迁范围内发布拆迁公告。拆迁公告应当载明拆迁许可证批准文号、拆迁人、工程名称、拆迁范围和搬迁期限等。

搬迁期限是指拆迁公告规定的被拆迁人或者房屋承租人与拆迁人订立拆迁补偿安置协议并搬离拆迁范围的期限。

第十一条 拆迁人应当按照房屋拆迁许可证规定的拆迁范围和拆迁期限实施拆迁。

房屋拆迁许可证规定的拆迁期限最长为 1 年。拆迁人在规定的拆迁期限内未完成拆迁的，应当在期限届满 15 日前向核发房屋拆迁许可证的区、县国土房管局申请延期，延期不超过 6 个月。

第十二条 拆迁人应当与被拆迁人按照本办法的规定订立拆迁补偿安置书面协议。实行货币补偿的，协议应当规定补偿金额、付款方式、付款期限、搬迁期限和违约责任以及当事人约定的其他条款；实行产权调换的，双方还应当就房屋位置、房屋面积、差价结算、原房屋承租人安置等订立协议。

协议的示范文本，由市国土房管局制定。

第十三条 代管房屋的拆迁补偿协议必须经公证机关公证，并办理证据保全。

前款所称代管房屋是指所有权人出走弃留或者下落不明，由市或者区、县国土房管局代为管理待发还产权的房屋。

第十四条 拆迁补偿安置协议订立后，被拆迁人应当办理房地权属注销登记手续。

第十五条　在区、县国土房管局公告的搬迁期限内，拆迁人与被拆迁人、房屋承租人达不成拆迁补偿安置协议的，自搬迁期限届满之日起至拆迁许可证规定的拆迁期限届满之日前，经当事人申请，由核发房屋拆迁许可证的区、县国土房管局裁决。被拆迁人是核发房屋拆迁许可证的区、县国土房管局的，由同级人民政府裁决。裁决应当自收到申请之日起30日内作出。

当事人对裁决不服的，可以依法向人民法院提起诉讼，拆迁人已向被拆迁人或者被拆迁人已向房屋承租人提供房屋的，依法不停止拆迁的执行。

第十六条　裁决规定的搬迁期限届满，被拆迁人或者房屋承租人拒绝搬迁的，由区、县人民政府责成有关部门强制拆迁，或者由裁决机关申请人民法院强制拆迁。

第十七条　拆迁中涉及军事设施、教堂、寺庙、文物古迹、外国驻华使（领）馆房屋的，依照有关法律、法规的规定办理。

第十八条　拆迁人实施房屋拆迁的补偿安置资金应当全部用于房屋拆迁补偿安置，不得挪作他用。被拆迁住房所有权人和房屋承租人的补偿款应当用于住房安置。

市和区、县国土房管局应当加强对拆迁补偿安置资金使用的监督。

第十九条　拆迁人应当按照规定及时整理并妥善保管拆迁档案资料，在完成拆迁后1个月内向区、县国土房管局移交拆迁档案资料并办理有关手续。

市和区、县国土房管局应当建立拆迁档案制度，加强对拆迁档案资料的管理。

第二十条　市和区、县国土房管局应当明确其在拆迁行政管理中审批、核准事项的审批时限、具体条件和责任人员，建立健全责任追究制度。

第三章　拆迁补偿与安置

第二十一条　房屋拆迁可以实行货币补偿，也可以实行产权调换。

拆迁租赁房屋，被拆迁人与房屋承租人解除租赁关系的，或者被拆迁人对房屋承租人进行安置的，拆迁人对被拆迁人给予补偿；被拆迁人与房屋承租人对解除租赁关系达不成协议的，拆迁人应当对被拆迁人实行房屋产权调换，产权调换的房屋由原房屋承租人承租，被拆迁人应当与原房屋承租人重新订立房屋租赁合同。

拆迁租赁房屋实行产权调换，拆迁人提供的产权调换房屋在规划市区内（在规划市区外的房屋拆迁除外）、与原房屋价格相当并且使用面积不低于原房屋使用面积的，被拆迁人、房屋承租人应当服从。

第二十二条　实行货币补偿的，补偿款根据被拆迁房屋的区位、用途、建筑面积等因素，以房地产市场评估价确定。被拆迁房屋的房地产市场评估价包括房屋的重置成新价和区位补偿价，具体评估规则由市国土房管局制定公布。

第二十三条　拆迁人应当委托有资质的房地产价格评估机构（以下简称评估机构）对被拆迁房屋进行评估，并将评估报告报区、县国土房管局备案。

被拆迁人对评估结果有异议的，应当持其委托的评估机构出具的评估报告向区、县国土房管局提出申请，由区、县国土房管局指定评估机构复核，并按复核结果补偿。评估机构复核的费用，由过失方承担。

市国土房管局按照国家有关评估机构资质管理的规定，定期公布符合规定条件的评估机构名录。

第二十四条 实行产权调换的，拆迁人与被拆迁人应当按照本办法第二十二条的规定，计算被拆迁房屋的补偿金额与所调换房屋的房地产市场评估价款，结算差价。

第二十五条 拆迁公益事业用房的，拆迁人应当依照有关法律、法规的规定和城市规划的要求予以重建，或者给予货币补偿。

第二十六条 拆迁执行本市规定租金标准的私有出租房屋，拆迁人对被拆迁人给予补偿，房屋承租人应当按照市人民政府关于解决城镇私有标准租出租房屋问题的有关规定搬出。房屋承租人搬出确有困难的，拆迁人可以给予资助或者提供房屋临时安置。

第二十七条 拆迁已购公有住房，拆迁人应当按照被拆迁房屋的房地产市场评估价对被拆迁人给予补偿，政府对被拆迁人不再提供经济适用住房。被拆迁人住房超过房改政策规定的标准的，拆迁人应当扣除超标部分的补偿款中属于应当上缴财政或者返还原售房单位的部分，并分别上缴或者返还。

第二十八条 拆迁市和区、县人民政府所有、并指定有关单位管理的公有住房（以下简称直管公有住房）的，直管公有住房应当按照房改政策出售给房屋承租人。房屋承租人购买现住公房后作为被拆迁人，由拆迁人按照本办法第二十七条规定给予补偿。

拆迁机关、企业、事业单位自管的公有住房（以下简称自管公有住房）的，可以按照前款规定处理。

直管公有住房的出售收入、补偿款应当纳入同级人民政府的住房基金，专项用于廉租住房。

第二十九条 拆迁出租的公有住房，被拆迁人可以通过协议收购房屋承租人依法享有的公房使用权或者异地安置房屋承租人的方式，与房屋承租人解除租赁关系，由拆迁人对被拆迁人给予补偿。

被拆迁人提供的异地安置房应当在规划市区内（在规划市区外的房屋拆迁除外）、并且使用面积不低于原房屋使用面积的，双方应当重新订立房屋租赁合同，并继续执行本市规定的租金标准。

第三十条 私有房屋和已购公有住房的自住人、执行本市规定租金标准的出租住房的承租人住房确有困难的，可以向拆迁人申请给予适当补助。

第三十一条 拆迁人应当对被拆迁人或者房屋承租人支付搬迁补助费。

拆迁住宅房屋的，搬迁补助费根据原住房建筑面积和规定的补助标准计算；拆迁人负责搬迁的，拆迁人不再支付搬迁补助费。

拆迁非住宅房屋的，搬迁补助费包括：

（一）设备搬迁、安装费用。

（二）无法恢复使用的设备按照重置价结合成新结算的费用。

第三十二条 被拆迁私有房屋和已购公有住房的所有权人或者租赁房屋的承租人在规定的搬迁期限届满前搬迁的，拆迁人可以给予提前搬家奖励费。

第三十三条 因拆迁非住宅房屋造成停产、停业经济损失的，拆迁人可以结合被拆迁房屋的区位和使用性质，按照规定标准给予一次性停产停业综合补助费。

第三十四条 在本市确定的结合房改实施危旧房改造的地区（以下简称房改危改区），

由各区人民政府确定有关单位作为拆迁人组织实施危改，以划拨方式取得建设用地建设安置房，有关单位应当服从统一规划。安置房按照经济适用住房产权管理。房改危改区的安置和补偿应当遵守下列规定：

（一）属于直管公有住房的，被拆迁人放弃补偿。拆迁人对房屋承租人给予就地安置的，房屋承租人按照规定价格购买就地安置房；房屋承租人放弃就地安置的，拆迁人可以收购房屋承租人依法享有的公房使用权，由房屋承租人异地购买经济适用住房。

（二）属于自管公有住房的，拆迁人可以对被拆迁人按照原建筑面积就地实行产权调换，并且按照被拆迁房屋的重置成新价与所调换房屋的建设综合成本价结算差价，所调换的房屋由原房屋承租人继续承租，被拆迁人与房屋承租人重新订立租赁合同；也可以按照前项规定实施。

（三）属于非住宅房屋的，能够予以就地返还的，拆迁人应当对被拆迁人按照原建筑面积就地返还，互不结算差价；不能按照原建筑面积就地返还的，拆迁人应当对被拆迁人给予适当经济补偿。

拆迁房改危改区内的自住私有房屋（不含已购公有住房）的，被拆迁人可以参照直管公有住房承租人就地或者异地购买经济适用住房价的安置房，所购房屋按照商品房产权管理；也可以按照房改危改区危改前被拆迁房屋的房地产市场评估价获得补偿。

拆迁房改危改区内执行本市规定租金标准的私有出租住房的，被拆迁人可以按照被拆迁房屋的重置成新价和安置房的建设综合成本价的差价，按照原建筑面积就地换购住房，换购后的房屋按照商品房产权管理，被拆迁人也可以按照房改危改区危改前被拆迁房屋的房地产市场评估价获得补偿；房屋承租人参照本条第一款第（一）项规定的房屋承租人的权益处理。

房改危改区安置和补偿的具体办法按照本市有关规定执行。

第三十五条　市政基础设施等公益事业建设项目的房屋拆迁，对被拆迁人可以按照被拆迁房屋的房地产市场评估价给予补偿；也可以按照被拆迁房屋原建筑面积的经济适用住房价格补偿，并允许其用补偿款购买经济适用住房，其中私有住房所有权人所购经济适用住房按照商品房产权管理。

第三十六条　拆迁产权不明确的房屋（包括在区、县国土房管局公告的搬迁期限内产权仍未明确的），经公证机关办理证据保全，由拆迁人按照本办法规定的标准给予货币补偿后先行拆迁。补偿款由拆迁人向公证机关办理提存公证，并将被拆迁房屋的有关证明文件交区、县国土房管局保存。

房屋所有权人下落不明或者在拆迁公告规定的搬迁期限内未答复的，参照前款规定执行。

第三十七条　拆除违章建筑、超过批准期限的临时建筑和规划批准建设时规定如遇规划调整应当拆除的临时建筑的，不予补偿；拆除未超过批准期限的临时建筑，按照其建筑面积的重置成新价结合剩余期限给予补偿。

第四章　法　律　责　任

第三十八条　违反本办法和《城市房屋拆迁管理条例》，有下列行为之一的，由市或者区、县国土房管局按照《城市房屋拆迁管理条例》的规定予以处罚：

（一）未取得房屋拆迁许可证，擅自实施拆迁的。

（二）以欺骗手段取得房屋拆迁许可证的。

（三）未按照房屋拆迁许可证确定的拆迁范围实施拆迁的。

（四）委托不具有拆迁资格的单位实施拆迁的。

（五）擅自延长拆迁期限的。

第三十九条 违反本办法第六条第二款规定，被委托的拆迁单位转让拆迁业务的，由市或者区、县国土房管局责令改正，没收违法所得，并处合同约定拆迁服务费25%以上50%以下的罚款。

第四十条 评估机构不按照规定进行评估的，由市或者区、县国土房管局依照国家有关规定责令停止中介服务、收回资格证书、处以1万元以上3万元以下罚款等行政处罚；责任人构成犯罪的，依法追究刑事责任。

第四十一条 市或者区、县国土房管局违反本办法有下列行为之一的，对直接负责的主管人员和其他直接责任人员依法给予行政处分；情节严重，构成犯罪的，依法追究刑事责任：

（一）不按照规定核发房屋拆迁许可证以及其他批准文件的。

（二）核发房屋拆迁许可证以及其他批准文件后不履行监督管理职责的。

（三）对依法应当查处的违法行为不予查处的。

第五章 附 则

第四十二条 本办法第三十一条、第三十二条、第三十三条规定的搬迁补助费、提前搬家奖励费和停产停业综合补助费的具体标准，由市国土房管局制定，报市人民政府批准后公布实施。

第四十三条 历史文化保护区房屋修缮和改建以及文物保护等项目涉及房屋拆迁，本市另有规定的，从其规定。

第四十四条 本办法自2001年11月1日起施行。市人民政府1998年10月15日发布的《北京市城市房屋拆迁管理办法》同时废止。

本办法施行前已由区、县国土房管局公告的房屋拆迁，不适用本办法。

关于加强城市房屋拆迁补偿安置资金使用监督的通知

京国土房管拆字〔2001〕1177 号

（北京市国土资源和房屋管理局 2001 年 11 月 23 日发布）

为加强对城市房屋拆迁补偿安置资金使用的监督，保证拆迁补偿安置资金用于拆迁补偿和住房安置，根据国务院《城市房屋拆迁管理条例》和《北京市城市房屋拆迁管理办法》，北京市国土资源和房屋管理局联合中国人民银行北京营业管理部近日下发了《关于加强城市房屋拆迁补偿安置资金使用监督的通知》

一、建设单位需要拆迁房屋，只能到一家银行开立拆迁补偿安置资金专户，并存入拆迁补偿安置所需资金。银行向区、县房屋拆迁主管部门出具建设单位的存款证明。拆迁人存入的拆迁补偿安置资金不足的，应当及时补足。拆迁完毕后，拆迁补偿安置资金有结余的，银行应当根据拆迁人的申请和区、县房屋拆迁主管部门出具的证明，将余款划转到拆迁人的账户内。

二、受理拆迁补偿安置资金存款业务的银行应当与市国土房管局就本通知规定的拆迁补偿安置资金使用监督事项签订承诺书。

三、拆迁人与被拆迁人签订拆迁补偿安置协议后，拆迁人应按照协议约定向被拆迁人开具领款凭证。

四、被拆迁人持领款凭证到银行支取补偿款。其中，拆除已购公有住房的，被拆迁人还须在购买、建造或者承租住房发生首次支出时，凭下列材料支取全部补偿款：

（一）购买住房的，提交购房合同。银行依此将支取款划入售房单位（人）的账户。

（二）建造住房的，提交政府的宅基地批复或其他建房批准证明文件。

五、已购公有住房的被拆迁人要求直接提现或者用于其他支出的，应按北京市人民政府房改办公室、北京市财政局、北京市房屋土地管理局《关于印发〈北京市城近郊区已购公有住房和经济适用住房上市出售土地出让金和收益分配管理暂行规定〉的通知》（〔1999〕京房改办字第 130 号）计算，属于原住房所有人应得部分，被拆迁人可以支取；剩余部分，按财政隶属关系和财政体制，分别上交中央财政和地方财政或返还原产权单位。

六、本通知自发布之日起实施。

关于《北京市城市房屋拆迁补助费有关规定》的批复*

京政函〔2001〕109号

（北京市人民政府2001年12月5日发布）

市国土房管局：

你局《关于报送北京市城市房屋拆迁补助费有关规定的请示》（京国土房管拆字〔2001〕1141号）收悉。根据《北京市城市房屋拆迁管理办法》（市政府令〔2001〕第87号）的有关规定，现批复如下：

一、原则同意《北京市城市房屋拆迁补助费有关规定》（以下简称《规定》）。

二、各有关部门和单位要认真执行《规定》，确保《北京市城市房屋拆迁管理办法》顺利贯彻落实。

三、自本通知发布之日起，下列文件同时废止：

（一）《关于北京市城市房屋拆迁补偿的有关规定的批复》（京政函〔1998〕76号）。

（二）《关于调整本市城市房屋拆迁补偿办法的批复》（京政函〔2000〕60号）。

（三）《关于适用〈北京市城市房屋拆迁管理办法〉中有关问题的批复》（京政函〔2000〕123号）。

附件

北京市城市房屋拆迁补助费有关规定

根据《北京市城市房屋拆迁管理办法》（以下简称《办法》），对本市城市房屋拆迁补助费的有关内容规定如下：

一、根据《办法》第三十条规定，私有房屋和已购公有住房自住人、执行本市规定租金标准的出租住房的承租人住房确有困难的（以下统称住房困难户），可以按照以下规定申请拆迁安置补助：

（一）住房困难户申请拆迁安置补助，必须在拆迁范围外别无正式住房，而且对被拆迁房屋的补偿款低于规定的补偿低限。

（二）住房困难户申请拆迁安置补助，应当在拆迁公告发布之日起10日内向拆迁人提出。执行本市规定租金标准的出租住房的承租人住房确有困难的，拆迁安置补助申请由被

* 本篇法规已根据《北京市人民政府关于废止〈北京市城市房屋拆迁管理办法〉等规章和规范性文件的决定》（北京市人民政府令第239号）（发布日期：2011年10月19日，实施日期：2011年10月19日）废止。因实际工作中具有参考价值，因此收录。

拆迁房屋的承租人与被拆迁人共同提出。

申请拆迁安置补助的住房困难户，应当提交以下材料：

1. 已按要求填写的《拆迁安置补助申请表》。

2. 所在单位出具的在拆迁范围外别无正式住房情况的证明；没有单位的，由所在街道办事处出具证明。

有下列情况之一的，均为在拆迁范围外另有正式住房：

1. 本人或者其配偶在拆迁范围外的国有土地上自有或者按照本市规定租金标准承租住房（以房屋所有权证或房屋租赁合同为准）的；

2. 在拆迁范围外的国有土地上住用其父母、子女自有的房屋或其按照本市规定租金标准承租的房屋（以房屋所有权证或房屋租赁合同为准）的；

3. 本人或者其配偶在朝阳区、海淀区、丰台区、石景山区规划市区内的集体土地上自有正式房屋的。

（三）拆迁人应在收到拆迁安置补助申请 3 日内，按照规定要求对申请人情况及其提供的材料进行核查。经核查，对基本符合规定条件的申请人，拆迁人应在拆迁范围内予以公示。公示期限为 10 日。公示期间有人提出异议的，由拆迁人重新核查。公示期间无人提出异议，或者经重新核查申请人符合规定条件的，拆迁人应当按照规定给予拆迁安置补助费。

（四）申请人对拆迁人的核查结果有异议的，可以向所在区、县国土房管局申请复核；经区、县国土房管局复核，被拆迁人符合规定条件的，拆迁人应当给予安置补助费。

（五）拆迁安置补助标准按照对被拆迁房屋的补偿款和规定补偿低限的差额确定。

拆迁补偿低限按照经济适用住房均价和规定面积标准计算。

城区和近郊区的经济适用住房均价，由市政府有关主管部门根据本市经济适用住房的市场供应价格确定；远郊区、县的经济适用住房均价，由区、县政府根据本地经济适用住房的市场供应价格确定。

2002 年 12 月 31 日前，城、近郊区规定面积标准按照每户 30 平方米计算；远郊区、县由区、县政府根据当地居民住房水平自行确定。

（六）拆迁安置补助费的支付和使用。对私有房屋和已购公有住房自住人的拆迁安置补助费，由私有房屋和已购公有住房自住人领取，应当用于购买或者承租住房；对执行本市规定租金标准的出租住房的承租人的拆迁安置补助费，由被拆迁人领取，并应当全部用于改善承租人的住房条件，不直接支付给承租人。

二、在拆迁范围内有本市常住户口，长期居住在自建房内，并且符合下列条件的居民，可以参照前条规定的程序向拆迁人申请拆迁安置补助：

（一）单独立户；

（二）本人及其配偶、子女在拆迁范围内无正式住房；

（三）本人及其配偶在拆迁范围外无正式住房。

自建房居民向拆迁人申请拆迁安置补助，除上述规定的材料外，还应当提交其户籍证明等材料。

经核查，对符合规定条件的自建房居民，拆迁人应当按照经济适用住房均价和规定面积标准给予拆迁安置补助。

2002 年 12 月 31 日前，城、近郊区规定面积标准按照每户 20 平方米计算；远郊区、县由区、县政府根据当地居民住房水平自行确定。

三、根据《办法》第三十一条规定，拆迁住宅房屋，搬迁补助费根据被拆迁正式房屋的建筑面积计算，城、近郊区按照每平方米 20 元补助；远郊区、县按照每平方米 15 元补助。由拆迁人出车搬迁的，不予补助。

拆迁非住宅房屋，其设备搬迁和安装费用，按照被拆迁正式房屋建筑面积每平方米 25 元计算；无法恢复使用的设备，按照设备重置价结合成新给予补偿。

四、根据《办法》第三十二条规定，被拆迁私有房屋和已购公有住房的所有权人或者租赁房屋的承租人在规定的搬迁期限届满前搬迁的，提前搬家奖励费按照提前的日期计算，城、近郊区每户付给 500 元至 5000 元；远郊区县每户付给 200 元至 2000 元。

五、根据《办法》第三十三条规定，因拆迁非住宅房屋造成停产、停业经济损失的，对被拆迁人根据被拆迁房屋的区位、使用性质，按照每平方米建筑面积 500 元至 1500 元给予一次性停产停业综合补助费。具体标准由各区、县房屋、拆迁行政主管部门制定。

属出租非住宅房屋的，对承租人的停产、停业损失，由被拆迁人按照双方协议约定给予补偿；双方没有约定的，由被拆迁人参照前款规定的标准对承租人给予适当补偿。

六、本规定所称的户，按照 2001 年 11 月 1 日时的房屋所有权证或者公有住房租赁合同认定；

拆迁居民自建住房和原集体土地上尚未办理房屋所有权证的房屋，按照 2001 年 11 月 1 日时公安机关发放的户口簿认定，但是夫妻双方、未成年子女在拆迁范围内分别立户的，按照一户认定。

2001 年 11 月 1 日以后通过办理房屋交换、赠与、析产和房屋租赁分户等手续新增的户，以及通过办理户籍分户新增的户，不予认定。

七、今后房屋拆迁中各项补助费标准的调整，由市国土房管局拟定报市政府批准后公布。

关于印发《北京市房屋拆迁评估规则（暂行）》的通知

京国土房管拆字〔2001〕1234号

（北京市国土资源和房屋管理局2001年12月19日发布）

各区、县国土房管局、各拆迁单位、各房地产价格评估机构：

根据《北京市城市房屋拆迁管理办法》（市人民政府令第87号）第二十二条规定，我局制定了《北京市房屋拆迁评估规划（暂行）》。现予印发，请遵照执行。

附件

北京市房屋拆迁评估规则（暂行）

第一条　根据《北京市城市房屋拆迁管理办法》第二十二条规定，结合本市实际情况，制定本规则。

第二条　被拆迁住宅房屋的房地产市场评估价（以下简称房屋拆迁补偿价），按照本规则第二条至第七条规定评估确定。

第三条　房屋拆迁补偿价计算公式为

房屋拆迁补偿价=（基准地价×K十基准房价）×被拆迁房屋建筑面积＋被拆迁房屋重置成新价。

第四条　基准地价和基准房价构成区位补偿房价。其中，基准地价，是指在一定时间和一定区域内，普通住宅商品房和楼面地价平均水平；基准房价，是指一定时间，和一定区域内，普通住宅商品房平均建设综合成本价和被拆迁房屋平均重置成新价的差额。

住宅房屋拆迁的基准地价、基准房价和土地级别范围，由市国土资源和房屋管理局（以下简称市国土房管局）制定并定期公布。土地级别为七至十级的地区的基准房价，由区、县人民政府在市国土房管局规定的幅度内确定并报市国土房管局备案。

第五条　K为容积率修正系数，按照《房屋拆迁容积率修正系数表》确定。

被拆迁房屋现状容积率，按照被拆迁房屋建筑面积除以土地面积计算。被拆迁房屋建筑面积和土地面积，按照被拆迁人提交的房地权属征明文件标明的面积确定；房地权属证明文件没有标明土地面积的，平房容积率按照0.7计算，地上二层及二层以上楼房容积率按照计算；当事人有异议的，也可以按照测绘部门实际测量的数据计算。

第六条　被拆迁房屋重置成新价的评估，按照《北京市房屋估价办法》（京房地评字〔1996〕573号）和《北京市住宅楼房估价技术规范》（京房地评字〔1999〕655号）执行。

第七条　根据《北京市城市房屋拆迁管理办法》第三十四条规定．房改危改区内被拆迁私有房屋（不含已购公有住房）的房屋拆迁补偿价，按照危改前的市场交易价格，采用市场比较法评估。

按照《北京市城市房屋拆迁管理办法》第二十四条规定实行产权调换的，所调换房屋的价格按照前款规定评估。

第八条 非住宅房屋拆迁评估，可以按照《北京市非住宅房屋拆迁评估技术标准》（京房地评字〔1999〕656 号）执行，也可以按照国家规定的其他评估方法进行评估。

第九条 本规则由市国土资源和房屋管理局负责解释。

关于印发《北京市城市房屋拆迁裁决程序规定》的通知

京国土房管拆〔2002〕1116号

（北京市国土资源和房屋管理局2002年12月16日发布）

各区、县国土房管局：

根据《北京市城市房屋拆迁管理办法》（市人民政府令第87号），我局制定了《北京市城市房屋拆迁裁决程序规定》，现予印发，请遵照执行。

本通知自发布之日起施行，原北京市房屋土地管理局1999年3月31日发布的《北京市房屋拆迁纠纷裁决规则》同时废止。

附件

北京市城市房屋拆迁裁决程序规定

第一条　为维护城市房屋拆迁当事人的合法权益，公正、及时地进行拆迁裁决，根据国务院《城市房屋拆迁管理条例》和《北京市城市房屋拆迁管理办法》，制定本规定。

第二条　北京市城市房屋拆迁的裁决，由核发房屋拆迁许可证的区、县国土房管局作出（以下简称裁决机关）；被拆迁人是核发房屋拆迁许可证的区、县国土房管局的，由同级人民政府作出。

第三条　在区、县国土房管局公告的搬迁期限内，拆迁人与被拆迁人或者拆迁人、被拆迁人与房屋承租人达不成拆迁补偿安置协议的，自搬迁期限期满之日起至拆迁许可证规定的拆迁期限届满之日前，拆迁当事人可以向有管辖权的裁决机关申请裁决。

本规定所称拆迁当事人包括拆迁人、被拆迁人、被拆迁房屋的承租人。

第四条　有下列情形之一的，裁决机关不予受理：

（一）当事人已签订拆迁补偿安置协议的；

（二）搬迁期限未满，或者已超过拆迁期限的；

（三）非因拆迁补偿安置事项申请裁决的。

除市政府确定的重大市政基础设施建设工程以外，同一拆迁项目已裁决居民户数超过拆迁范围内居民总户数5%，拆迁人再申请裁决的，裁决机关也可以不予受理。

第五条　申请人申请裁决，应当向裁决机关递交裁决申请书，并按被申请人人数提交申请书副本。

第六条　申请书应当载明下列事项：

（一）申请人、被申请人及其委托代理人的姓名、性别、年龄、住所，法人或其他组织的名称、地址、法定代表人姓名和职务；

（二）裁决请求和所依据的事实、理由；

（三）申请日期。

申请书应当由申请人签名或者盖章。

第七条 裁决机关收到裁决申请书后，认为裁决申请书不符合本规则第六条规定条件的，可以要求申请人补正。

裁决机关对符合本规则第六条规定条件的申请，应当在5日内进行审查。对不符合本规则规定的申请，决定不予受理，并书面告知申请人；对符合本规则规定，但是不属于本机关管辖范围的申请，应当告知申请人向有管辖权的机关提出；对符合本规则规定，且属于本机关管辖范围的申请，应予受理，受理日期自裁决机关收到申请之日起计算。

第八条 裁决机关应当自裁决申请受理之日起5日内，将裁决申请书副本提供给被申请人。被申请人应当自收到裁决申请书副本之日起5日内提出书面答复。被申请人未在规定时间内提交书面答复的，不影响裁决的进行。

第九条 当事人可以委托1至2人作为代理人参加裁决。

当事人委托他人作为代理人参加裁决的，应当向裁决机关提交授权委托书。

第十条 裁决机关进行裁决时，应当召集拆迁当事人调查询问。调查询问由裁决人员主持。

裁决机关在调查询问时，可以进行调解。

第十一条 申请人经通知不参加调查询问或者未经裁决人员许可中途退出调查询问的，视为撤回裁决申请。

被申请人经通知不参加调查询问或者未经裁决人员许可中途退出调查询问的，可以缺席裁决。

第十二条 当事人应当对自己的主张提供证据。

第十三条 裁决人员应当将调查询问情况记入调查笔录并签名。

调查询问笔录应当由当事人签名或者盖章。当事人认为对自己陈述的记录有遗漏或者差错的，可以要求补正。当事人拒绝签名或盖章的，由裁决人员记明情况附卷。

第十四条 裁决机关受理裁决申请的，应当自收到裁决申请之日起30日内做出裁决。

第十五条 有下列情形之一的，裁决终止。申请人应当及时书面告知裁决机关：

（一）经裁决机关调解当事人签订拆迁补偿安置协议的；

（二）当事人自行和解签订拆迁补偿安置协议的。

第十六条 裁决机关作出裁决，应当制作裁决书。裁决书应当载明下列事项：

（一）申请人与被申请人的姓名、性别、年龄、住所（法人或者其他组织的名称、地址、法定代表人姓名、职务）；

（二）申请裁决的请求和理由；

（三）裁决机关认定的事实、理由和适用法律依据；

（四）裁决结果；

（五）起诉期限和起诉法院；

（六）作出裁决的日期。

裁决书应当加盖裁决机关印章。

本条第一款第（四）项所称裁决结果，应当包括拆迁补偿款数额、搬迁期限和用于执行的房屋等内容。

第十七条　裁决书自送达之日起生效。

第十八条　送达裁决书必须有送达回证，由受送达人在送达回证上记明收到日期，签名或者盖章。

受送达人在送达回证上的签收日期为送达日期。

第十九条　送达裁决书，应当直接送交受送达人。受送达人是公民的，本人不在由其同住的成年家属签收；受送达人是法人或者其他组织的，由法人的法定代表人、其他组织的主要负责人或者该法人、组织负责收件的人员签收；受送达人有代理人的，可以送交其代理人签收；受送达人已向裁决机关指定代收人的，送交代收人签收。受送达人的同住成年家属、法人或者其他组织负责收件的人、代理人或者代收人在送达回证上签收的日期为送达日期。

受送达人或其同住成年家属拒绝接收裁决书的，送达人应当邀请有关基层组织或者所在单位人员到场，说明情况，在送达回证上记明拒收事由和日期，由送达人、见证人签名或者盖章，把裁决书留在受送达人住所或者收发部门，即视为送达。

受送达人是军人的，通过其所在部队团以上单位的政治机关转交；受送达人是被监禁的，通过其所在监所或者劳动改造单位转交；受送达人是被劳动教养的，通过其所在劳动教养单位转交。代为转交的机关、单位收到裁决书后，应立即交受送达人签收，以在送达回证上的签收日期，为送达日期。

第二十条　直接送达裁决书有困难的，可以邮寄送达。邮寄送达的，以挂号回执上注明的收件日期为送达日期。

第二十一条　受送达人下落不明，或者用本规定第十九条、第二十条规定的其他方式无法送达的，可以公告送达。自公告发布之日起，经过 60 日，即视为送达。

公告送达，应当在案卷中记明原因和经过。

第二十二条　裁决书规定的搬迁期限届满，被拆迁人或者房屋承租人拒绝搬迁的，由区、县人民政府责成有关部门强制拆迁，或者由裁决机关申请人民法院强制拆迁。

第二十三条　本规定自发布之日起施行。

原北京市房屋土地管理局 1999 年 3 月 31 日发布的《北京市房屋拆迁纠纷裁决规则》同时废止。

关于本市城市房屋拆迁评估中基准地价有关问题的批复

京国土房管拆〔2002〕1167号

（北京市国土资源和房屋管理局2002年12月27日发布）

朝阳区国土资源和房屋管理局：

你局《关于对调整基准地价有关问题的请示》（朝国土房管拆字〔2002〕87）收悉，现批复如下：

一、根据《北京市城市房屋拆迁管理办法》（市政府令第87号）规定，我局制定并公布了《北京市城市房屋拆迁评估规则（暂行）》（京国土房管拆〔2001〕1234号，以下简称《拆迁评估规则》）。本市城市房屋拆迁评估，应当按照《拆迁评估规则》等有关规定执行。

二、北京市人民政府《关于调整本市出让国有土地使用权基准地价的通知》（京政发〔2002〕32号，以下简称32号文件）所确定的《北京市基准价格表》，是建设单位通过出让、转让方式取得本市国有土地使用权时，评估确定宗地出让、转让价格时参照执行的标准。

三、《拆迁评估规则》是2001年12月19日公布的，最近公布调整国有土地使用权出让、转让基准地价的基准期日是2002年1月1日，二者有关基准地价水平的规定是基于同一时期的情况确定的，是一致的。其中，居住类型国有土地使用权出让、转让的基准地价，是指包括普通住宅、公寓、别墅等各种居住类型在内的区域平均地价水平。拆迁评估中基准地价水平，是在同一时期居住类型国有土地出让、转让基准地价规定的幅度内，基于被拆迁的普通住宅用地类型确定的。

此复

关于房屋权属登记有关问题的通知

京国土房管权〔2003〕526号

（北京市国土资源和房屋管理局2003年6月16日发布）

各区县国土房管局、北京市房屋土地权属登记事务中心、北京市房地产勘察测绘所：

为进一步优化我市的投资环境，提高房屋权属登记的效率，保护房屋产权人的合法权益，市国土房管局从6月18日起改革原有的房屋权属登记面积的测绘均由市、区县国土房管系统的测绘部门按属地负责承担测绘的方法，逐步开放房屋权属登记面积的测绘市场，为适应改革的需要，现将房屋权属登记中涉及面积测绘有关问题的通知如下：

一、申请人申请房屋权属登记时，应提交房屋面积测绘成果。房屋权利人、房屋权利申请人在申请房屋权属登记前，应委托房产测绘单位进行房屋面积测量。

二、房地产开发企业、房屋权利申请人持有经测绘服务大厅公示的测绘单位实测的房屋面积测绘成果申请权属登记的，市、区县房屋权属登记部门应予以受理。凡无正当理由拒不受理登记申请的，市局将予以通报批评，同时将指定有关登记部门受理申请人的登记申请。

三、申请人提交的房屋面积测绘成果，登记部门按照有关规定审核后，直接用于房屋权属登记。测绘单位应对其房产测绘成果是否完成于房屋竣工验收之后、其测量的房屋是否符合城市规划批准的条件、其测量的分摊公用建筑面积是否和商品房销（预）售合同约定的相一致等问题负责。在房屋权属登记中，因房产测绘成果质量引起的问题，由测绘单位承担相应的责任。

四、房屋所有权人出售其购买的成套商品房、经济适用房、公有住房，交易后当事人申请房屋权属登记的，所购房屋不再重新测量面积，由买房人提交原房屋所有权证附图复印件，登记部门依据原房屋所有权证中的面积直接填写房屋登记表（表中房屋所有权人栏可不填），按有关规定审核后，办理登记手续。所发已售公有住房的房屋所有权证中未附图、附表的，办理转移登记时也不再重新附图、附表。

五、本办法自公布之日起实施。

北京市集体土地房屋拆迁管理办法

北京市人民政府令第124号

（2003年6月6日公布，自2003年8月1日起施行）

第一章　总　　则

第一条　为了加强集体土地房屋拆迁管理，维护拆迁当事人合法权益，保障城乡建设顺利进行，根据《中华人民共和国土地管理法》等有关法律、法规，结合本市实际情况，制定本办法。

第二条　在本市行政区域内因国家建设征用集体土地（以下简称征地）或者因农村建设占用集体土地（以下简称占地）拆迁房屋，并需要对被拆迁人补偿、安置的，适用本办法。

征地拆迁宅基地以外的房屋的，按照本市有关规定执行。

第三条　本办法所称拆迁人是指经依法批准征用或者占用集体土地并取得房屋拆迁许可证的用地单位。

本办法所称被拆迁人是指对被拆除房屋拥有所有权的单位或者个人。

第四条　市国土资源和房屋管理局（以下简称市国土房管局）主管本市集体土地房屋拆迁管理工作；区、县国土资源和房屋管理局（以下简称区、县国土房管局）负责本行政区域内集体土地房屋拆迁管理工作。

第五条　区、县人民政府和乡（民族乡）、镇人民政府应当依照本办法规定的职责，做好本行政区域内的房屋拆迁管理工作。

第六条　拆迁人应当依照本办法的规定对被拆迁人进行补偿安置。被拆迁人应当在规定的搬迁期限内完成搬迁。

第二章　拆　迁　管　理

第七条　用地单位取得房屋拆迁许可证后，方可实施拆迁。

第八条　用地单位取得征地或者占地批准文件后，可以向区、县国土房管局申请在用地范围内暂停办理下列事项：

（一）新批宅基地和其他建设用地；

（二）审批新建、改建、扩建房屋；

（三）办理入户和分户，但因婚姻、出生、回国、军人退伍转业、经批准由外省市投靠直系亲属、刑满释放和解除劳动教养等原因必须入户、分户的除外；

（四）核发工商营业执照；

（五）房屋、土地租赁；

（六）改变房屋、土地用途。

区、县国土房管局核准用地单位的申请后，应当就前款所列事项书面通知有关部门暂停办理相关手续，并在用地范围内予以公告。通知和公告应当载明拆迁范围、暂停办理事项和暂停期限。暂停期限自公告之日起算，最长不超过1年。用地单位确需延长暂停期限的，应当报经区、县国土房管局批准，延长的期限不超过半年。

暂停期限内，擅自办理本条第一款所列事项的，房屋拆迁时不予认定。

第九条　用地单位申请核发房屋拆迁许可证的，应当向被拆迁房屋所在地的区、县国土房管局提交下列文件：

（一）用地批准文件；

（二）规划批准文件；

（三）拆迁实施方案；

（四）安置房屋或者拆迁补偿资金的证明文件。

区、县国土房管局应当自收到申请之日起30日内审查完毕；对符合条件的，核发房屋拆迁许可证，并将拆迁人、拆迁范围、搬迁期限等情况向被拆迁人公告。

第十条　征地拆迁宅基地上房屋的，拆迁实施方案由拆迁人根据本办法第三章的规定和经批准的征地方案拟订，报区、县国土房管局批准后执行。

占地拆迁房屋的，拆迁实施方案由拆迁人拟订，经乡（民族乡）、镇人民政府审核并报区、县国土房管局备案后执行；其中旧村改造的拆迁实施方案在报乡（民族乡）、镇人民政府审核前，应当经村民会议或者村民代表会议讨论通过。

拆迁人应当在拆迁范围内公布拆迁实施方案，公布的期限不少于10日。

第十一条　拆迁人与被拆迁人应当就房屋拆迁补偿安置事宜签订书面协议。协议应当规定补偿安置方式和标准、搬迁期限、违约责任等内容。

第十二条　在区、县国土房管局公告的搬迁期限内，拆迁人与被拆迁人没有达成拆迁补偿安置协议的，经一方或者双方当事人申请，由区、县国土房管局裁决。

裁决规定的搬迁期限届满被拆迁人拒绝搬迁的，属于征地拆迁宅基地上房屋的，由区、县国土房管局申请人民法院强制执行；属于占地拆迁房屋的，由当事人依法向人民法院提起民事诉讼。

第三章　拆迁补偿和安置

第十三条　宅基地上的房屋拆迁，可以实行货币补偿或者房屋安置，有条件的地区也可以另行审批宅基地。

第十四条　拆迁宅基地上房屋实行货币补偿的，拆迁人应当向被拆迁人支付补偿款。补偿款按照被拆除房屋的重置成新价和宅基地的区位补偿价确定。房屋重置成新价的评估规则和宅基地区位补偿价的计算办法由市国土房管局制定并公布。

按照前款规定对被拆迁人给予货币补偿的，不再进行房屋安置或者另行审批宅基地。

第十五条　拆除宅基地上房屋以国有土地上房屋安置的，拆迁人与被拆迁人应当按照本办法第十四条第一款的规定确定拆迁补偿款，并与安置房屋的市场评估价款结算差价；但按照市人民政府规定以经济适用住房安置被拆迁人的除外。

农村集体经济组织或者村民委员会作为拆迁人实施拆迁，以本集体建设用地范围内的房屋安置被拆迁人的，经村民会议或者村民代表会议讨论通过并报乡（民族乡）、镇人民政府批准后，可以按照被拆除房屋建筑面积安置，也可以结合被拆迁人家庭人口情况安置。

其他拆迁人委托农村集体经济组织或者村民委员会安置被拆迁人的，可以参照本条第二款的规定执行。

第十六条 农村集体经济组织或者村民委员会在集体土地上建设安置房屋的，应当符合城市规划、土地利用规划和年度计划，依法取得用地和规划许可。

第十七条 农村集体经济组织或者村民委员会作为拆迁人拆迁宅基地上房屋，有条件的地区，可以按照土地管理法律、法规和规章的规定，另行审批宅基地由被拆迁人自建房屋，并对被拆除的房屋按照重置成新价给予补偿。

其他拆迁人委托农村集体经济组织或者村民委员会安置被拆迁人的，可以参照前款规定执行。

第十八条 拆迁补偿中认定的宅基地面积应当经过合法批准，且不超过控制标准。未经合法批准的宅基地，不予认定。

经合法批准的宅基地超出控制标准的部分，不予补偿；但 1982 年以前经合法批准的宅基地超出控制标准的部分，可以按照区、县人民政府的规定给予适当补偿。

每户宅基地面积的控制标准，按照区、县人民政府根据《北京市人民政府关于加强农村村民建房用地管理若干规定》第六条确定的标准执行。

第十九条 拆迁补偿中认定宅基地上房屋建筑面积，以房屋所有权证标明的面积为准；未取得房屋所有权证但具有规划行政主管部门批准建房文件的，按照批准的建筑面积认定。

本办法施行前宅基地上已建成的房屋，未取得房屋所有权证和规划行政主管部门批准建房文件，但确由被拆迁人长期自住的，应当给予适当补偿。属于征地拆迁房屋的，补偿标准由乡（民族乡）、镇人民政府根据当地实际情况确定，报区、县人民政府批准后执行；属于占地拆迁房屋的，补偿标准由农村集体经济组织或者村民委员会确定，报乡（民族乡）、镇人民政府批准后执行。

本办法施行后宅基地上新建、改建、扩建的房屋，未取得房屋所有权证或者规划行政主管部门批准建房文件的，拆迁房屋时不予认定。

第二十条 农村村民符合审批宅基地条件但未实际取得宅基地，且按照拆迁实施方案安置确有困难的，拆迁人应当按照区、县人民政府的规定给予适当补助。但拆迁实施方案确定以另行审批宅基地的方式予以补偿安置的除外。

第二十一条 占地拆迁宅基地以外房屋的补偿，参照征地拆迁的有关规定执行。

第二十二条 对利用宅基地内自有房屋从事生产经营活动并持有工商营业执照的，拆迁人除按照本办法的规定予以补偿、安置外，还应当适当补偿停产、停业的经济损失。其中，征地拆迁房屋的经济损失补偿标准，由区、县人民政府规定；占地拆迁房屋的经济损失补偿标准，由乡（民族乡）、镇人民政府规定并报区、县人民政府备案。

第二十三条 拆迁人应当向被拆迁人支付搬迁补助费。征地拆迁房屋的搬迁补助费，由区、县人民政府规定；占地拆迁房屋的搬迁补助费，由乡（民族乡）、镇人民政府规定并报区、县人民政府备案。

第二十四条　拆除违法建筑和超过批准期限的临时建筑不予补偿；拆除未超过批准期限的临时建筑，按照重置成新价结合剩余期限给予适当补偿。

第四章　法　律　责　任

第二十五条　违反本办法第七条规定，未取得房屋拆迁许可证擅自实施拆迁的，由市或者区、县国土房管局责令停止拆迁行为，处 1 万元以上 3 万元以下罚款。

第二十六条　市和区、县国土房管局违反本办法规定核发房屋拆迁许可证以及其他批准文件的，核发房屋拆迁许可证以及其他批准文件后不履行监督管理职责的，或者对违法行为不予查处的，对直接负责的主管人员和其他直接责任人员依法给予行政处分；情节严重，致使公共财产、国家和人民利益遭受重大损失，构成犯罪的，依法追究刑事责任。

第五章　附　　则

第二十七条　因进行水利水电工程建设、绿化隔离地区建设、贫困山区农民搬迁以及因地质灾害移民涉及集体土地房屋拆迁的，不适用本办法。

第二十八条　本办法自 2003 年 8 月 1 日起施行。

本办法施行前已发布拆迁公告的，不适用本办法。

关于印发《北京市宅基地房屋拆迁补偿规则》的通知

京国土房管征〔2003〕606号

（北京市国土资源和房屋管理局2003年7月10日印发）

各区、县国土房管局、各拆迁单位、各房地产价格评估机构：

根据《北京市集体土地房屋拆迁管理办法》（市人民政府令第124号）第十四条规定，我局制定了《北京市宅基地房屋拆迁补偿规则》，现予印发，自2003年8月1日起施行。

附件

北京市宅基地房屋拆迁补偿规则

第一条 根据《北京市集体土地房屋拆迁管理办法》（市人民政府令第124号）第十四条规定，制定本规则。

第二条 拆迁集体宅基地房屋的补偿价（以下简称房屋拆迁补偿价），按照本规则计算。

第三条 房屋拆迁补偿价，由宅基地区位补偿价、被拆迁房屋重置成新价构成；计算公式为：

房屋拆迁补偿价＝宅基地区位补偿价×宅基地面积＋被拆迁房屋重置成新价

宅基地面积按照《北京市集体土地房屋拆迁管理办法》第十八条确定；宅基地区位补偿价由区县人民政府以乡镇为单位，依本规则第四条的规定确定并公布，报市国土房管局备案。

第四条 宅基地区位补偿价按下列公式计算：

当地普通住宅指导价，由区县人民政府参照一定时间、一定区域内普通商品住宅均价、城市规划等情况综合确定。

房屋重置成新均价，是指一定时间、一定区域内的被拆迁宅基地房屋重置成新平均价，具体标准由区县人民政府按照前述区域内农村房屋建设情况在400～700元/平方米幅度内确定。

户均安置面积，按照100～150平方米控制，具体安置标准由区县人民政府根据当地农村经济发展水平、农民居住情况确定。

户均宅基地面积，原则上暂统一按0.3亩（200平方米）计算。

与国有土地相邻的集体土地，其宅基地区位补偿价，可以参照《北京市城市房屋拆迁管理办法》（市人民政府令第87号）确定。

第五条　按照《北京市集体土地房屋拆迁管理办法》第十五条规定，以经济适用住房或其他房屋定向安置被拆迁人的，依本规则计算拆迁补偿时，当地普通住宅指导价分别为经济适用住房价、定向安置房屋价。

第六条　被拆迁房屋重置成新价按照《北京市房屋估价办法》（京房地评字〔1996〕573 号）和《北京市住宅楼房估价技术规范》（京房地评字〔1996〕655 号）执行。

第七条　本规则自 2003 年 8 月 1 日起施行。

关于印发《〈北京市集体土地房屋拆迁管理办法〉实施意见》的通知

京国土房管拆〔2003〕666号

（北京市国土资源和房屋管理局2003年7月28日印发）

各区县国土房管局、各房地产开发公司、各房地产价格评估机构、各拆迁单位：

根据《北京市集体土地房屋拆迁管理办法》（市人民政府令第124号），我局制定了《〈北京市集体土地房屋拆迁管理办法〉实施意见》，现予印发，请遵照执行。

本通知自2003年8月1日起施行。

附件

《北京市集体土地房屋拆迁管理办法》实施意见

一、暂停办理有关事项

1.〔暂停事项申请〕按照《北京市集体土地房屋拆迁管理办法》（市人民政府令第124号，以下简称《办法》）第八条规定，用地单位取得征地或者占地批准文件后，可以向区、县国土房管局申请在征地或者占地批准文件规定的用地范围内暂停办理有关事项。用地单位应当提交暂停办理事项申请书、规划批准文件、征地或者占地批准文件。

2.〔暂停事项通知和公告〕区、县国土房管局收到用地单位暂停办理事项申请后，应当在7个工作日内审查完毕；审查批准后，应当在7个工作日内就暂停事项书面通知当地规划、建设、户籍、工商、税务等部门及乡镇人民政府，并在用地范围内予以公告。通知和公告应当载明拆迁范围、暂停办理事项、暂停期限等内容。

3.〔暂停期限〕暂停期限自公告之日起算，最长不超过1年。用地单位需要延长暂停期限的，应当提前30日向区、县国土房管局提出申请，并说明需延长期限的理由和拟采取的措施。延长的期限不超过半年。区、县国土房管局批准延期申请后，应当将延长暂停期限的决定书面通知当地规划、建设、户籍、工商、税务等部门及乡镇人民政府，并在拆迁范围内公示。区县国土房管局的审查和通知时限按照本实施意见第2条规定执行。除市政府确定的重大市政基础设施建设工程或者其他建设项目经市政府批准的以外，暂停期限满20日后，区县国土房管局方可发布拆迁公告。

二、房屋拆迁许可证的申请与核发

4.〔用地批准文件〕按照《办法》第九条的规定，用地单位申请核发房屋拆迁许可证，提交的用地批准文件包括：

（1）属于征地拆迁的，提交市人民政府批准征用集体土地的批复；

（2）属于占地拆迁的，提交市人民政府批准占用集体土地的批复或者区县人民政府批准占用集体建设用地的批复。

5.〔规划批准文件〕按照《办法》第九条规定，用地单位申请核发房屋拆迁许可证，提交的规划批准文件是指市或者区、县规划行政主管部门核发的建设用地规划许可证。

6.〔拆迁实施方案〕按照《办法》第九条规定，用地单位申请核发房屋拆迁许可证，提交的拆迁实施方案，是指拆迁人根据《办法》第十条规定拟订的文件。拆迁实施方案应当包括以下内容：

（1）项目基本情况；

（2）拆迁范围、拆迁方式，搬迁期限，委托拆迁和评估等内容；

（3）被拆除房屋及其附属物基本情况；

（4）补偿安置方式及其主要内容；

（5）拆迁补助办法；

（6）其他应当在拆迁实施方案中明确的内容。

7.〔占地拆迁实施方案〕按照《办法》第十条规定，占地拆迁房屋的，乡（民族乡）、镇人民政府审核拆迁人拟订的拆迁实施方案，需要时，可以征求区、县国土房管局的意见。

8.〔公布拆迁实施方案〕拆迁人应当按照《办法》第十条规定，在拆迁范围内公布经区县国土房管局批准的征地拆迁实施方案或者经乡（民族乡）、镇人民政府审核并报区县国土房管局备案的占地拆迁实施方案，公布期限不少于10日。

拆迁实施方案应当在区县国土房管局发布拆迁公告之日前（含拆迁公告发布当日）公布。

9.〔安置房屋证明〕按照《办法》第九条规定，用地单位申请核发房屋拆迁许可证，提交的安置房屋证明文件，包括建设工程竣工验收备案表、土地使用权证明文件或房屋所有权证。

10.〔补偿资金证明文件〕按照《办法》第九条规定，用地单位申请核发房屋拆迁许可证，提交的拆迁补偿资金证明文件，是指银行向区、县国土房管局出具的拆迁补偿资金到位证明文件，具体办法按照市国土房管局、中国人民银行营业管理部《关于加强城市房屋拆迁补偿安置资金使用监督的通知》（京国土房管拆字〔2001〕1177号）有关规定执行。

11.〔跨区县项目发证〕跨区、县项目的房屋拆迁许可证，可以分别由所涉区、县国土房管局核发，也可以由市国土房管局根据实际情况指定其中一个区县国土房管局核发，并将有关情况通知相关区、县国土房管局。

12.〔兼有国有土地和集体土地房屋拆迁的情形〕建设项目用地范围内兼有国有土地和集体土地的房屋拆迁的，建设单位应按照《北京市城市房屋拆迁管理办法》和《北京市集体土地房屋拆迁管理办法》有关规定申请房屋拆迁许可证，区县国土房管局审核后，统一发放房屋拆迁许可证和发布拆迁公告。

13.〔拆迁范围和拆迁期限〕拆迁人应当按照房屋拆迁许可证规定的拆迁范围和拆迁期限实施拆迁。

房屋拆迁许可证规定的拆迁范围不得超过用地批准文件确定的用地范围，但是用地范围外的房屋与拆迁范围内的房屋不可分割时，拆迁主管部门可以把拆迁范围外的该房屋划入拆迁范围。

房屋拆迁许可证规定的拆迁期限最长为1年。拆迁人在规定的拆迁期限内未完成拆迁的，应当在期限届满15日前向核发房屋拆迁许可证的区县国土房管局申请延期，延期不超过6个月。

14.〔拆迁公告〕区、县国土房管局核发房屋拆迁许可证后，应当在拆迁范围内发布拆迁公告。拆迁公告应当载明房屋拆迁许可证批准文号、拆迁人、工程名称、拆迁范围、搬迁期限等主要内容。

15.〔许可证印制〕房屋拆迁许可证由市国土房管局统一印制，内容主要包括拆迁人、项目名称、拆迁范围、拆迁期限、发证机关、发证时间等。

16.〔拆迁许可证备案〕区、县国土房管局核发房屋拆迁许可证后，应报市国土房管局备案。

三、委托拆迁和评估

17.〔委托拆迁〕拆迁人可以自行拆迁，也可以委托拆迁。

征地拆迁，拆迁人自行拆迁的，应当具备本市自行拆迁资质。

委托拆迁的，受托拆迁单位应当具备本市受托拆迁资质；拆迁人应当与受托拆迁单位签订委托拆迁书面合同；拆迁人申办房屋拆迁许可证时，应当向区县国土房管局提交委托拆迁合同和受托拆迁单位的资质证明材料。

18.〔拆迁评估〕征地拆迁的，被拆迁房屋的重置成新价，由拆迁人委托有资质的房地产价格评估机构按照本市房屋评估规定评估确定；拆迁人应当与评估机构签订委托评估合同。拆迁人申办房屋拆迁许可证时，应当向区县国土房管局提交委托评估合同和受托评估机构的营业执照、资质证书。占地拆迁的，被拆迁房屋的重置成新价，可以参照前款规定评估，也可以按乡镇人民政府审核并报区县国土房管局备案的拆迁实施方案确定。

19.〔拆迁招标投标〕征地拆迁，属于下列项目的，用地单位应当通过招标投标方式确定受托拆迁单位和评估单位：

（一）全部或者部分使用国有资金投资或者国家融资的项目；

（二）国际组织或者外国政府贷款、援助资金的项目；

（三）建设项目拆迁居民户数在500户以上或者拆迁总费用在8000万元以上的。

有关招投标事宜按照市国土房管局《关于本市拆迁项目实行招投标管理的通知》（京国土房管拆〔2003〕306号）执行。

四、拆迁补偿安置协议

20.〔拆迁补偿安置协议〕拆迁人应当与被拆迁人签订拆迁补偿安置书面协议。协议一式两份，当事人双方各持一份；在房屋拆迁中必须给被拆迁人拆迁补偿协议原件。

实行货币补偿的，协议应当包括补偿金额、付款方式、付款期限、搬迁期限、违约责任、纠纷处理方式等内容。

实行房屋安置的，协议应当包括安置房屋地点、安置房屋面积、差价及结算方式、搬迁期限、违约责任、纠纷处理方式等内容；期房安置的，还应当明确搬迁过渡方式和过渡期限等内容。

另行审批宅基地安置的，协议应当包括地上物补偿、新批宅基地地点、面积、搬迁期限、违约责任、纠纷处理方式等内容。

21.〔权属证件移交〕拆迁补偿安置协议签订后，被拆迁人应将原土地使用证、房屋所有权证交给拆迁人，由拆迁人移交房地权属管理部门。

五、拆迁裁决程序

22.〔拆迁裁决程序〕集体土地房屋拆迁裁决程序，参照市国土房管局 2002 年 12 月 9 日印发的《北京市城市房屋拆迁裁决程序规定》（京国土房管拆〔2002〕1116 号）执行。

23.〔行政复议与行政诉讼〕拆迁当事人对区、县国土房管局的裁决不服的，可以依法申请行政复议或者向人民法院提起行政诉讼。

六、货币补偿方式

24.〔宅基地区位补偿价〕宅基地区位补偿价，由区县人民政府按照《北京市宅基地房屋拆迁补偿规则》（京国土房管征〔2003〕606 号）第四条的规定，以乡镇为单位确定和公布，并报市国土房管局备案。

区县人民政府确定宅基地区位补偿价，应当考虑各乡镇行政区域内的土地区位差异，具有一定的幅度。

具体拆迁项目的宅基地区位补偿价，可以按照下列方式确定：

（一）由拆迁人委托有资质的评估机构在区县人民政府公布的幅度内，根据被拆迁房屋宅基地的实际情况评估确定；

（二）由区县人民政府或者其指定的相关部门在区县人民政府公布的幅度内，根据被拆迁房屋宅基地的实际情况确定；

（三）区县人民政府确定的其他方法。

25.〔兼有国有土地和集体土地的乡镇〕乡镇行政区域内兼有国有土地和集体土地，或者与国有土地相邻的，区县人民政府可以批准该乡镇统一参照国有土地房屋拆迁补偿相关规定，确定宅基地区位补偿价格或拟订拆迁实施方案。

七、房屋安置方式

26.〔房屋安置方式解释及协议〕按照《办法》第十五条第一款规定，拆除宅基地上房屋以国有土地上房屋安置的，拆迁人与被拆迁人应当按照被拆迁房屋的补偿款与安置房屋的市场评估价款结算差价。即拆迁人对被拆迁人依法给予货币补偿后，被拆迁人再以其所得的货币补偿款购买拆迁人提供的国有土地上的安置房屋，拆迁人与被拆迁人可以先按照货币补偿相关规定签订拆迁货币补偿协议，再另行签订安置房屋买卖协议。

27.〔市政府规定以经济适用住房安置〕按照《办法》第十五条第一款规定以经济适用住房安置被拆迁人的，对被拆迁人按照《北京市宅基地房屋拆迁补偿规则》（京国土房管征〔2003〕606 号）第五条规定给予补偿，由被拆迁人按照规定价格购买政府定向提供的经济适用住房。

28.〔拆迁补偿资金和房屋要求〕征地拆迁宅基地房屋，拆迁人在银行专户存入的拆迁补偿资金，原则上不得低于该项目拆迁货币补偿所需资金总量的 60%. 拆迁人准备的拆迁补偿资金低于该项目拆迁货币补偿所需资金总量的，应就不足部分提供相应数量的安置房屋。

采取货币补偿方式的被拆迁人数量超过预计比例或其他原因致使拆迁人存入的拆迁补偿资金不足的，拆迁人应当及时补足；拆迁完毕后，拆迁补偿资金有结余的，拆迁人持区县国土房管局出具的证明，向银行申请划转余款。

29.〔征地拆迁安置房屋条件〕拆迁人提供的安置房屋，原则上应当是现房，并具备合法审批手续；安置用房的市政配套设施和生活服务配套设施，应当具备使用条件。

拆迁人提供的下列房屋，经与被拆迁人协商同意，可以用于拆迁安置，但是在区县国土房管局核发房屋拆迁许可证时，不予计入拆迁人准备的安置用房数量：

（一）期房；

（二）朝阳、海淀、丰台、石景山区的拆迁，安置房屋不在四区范围内、也不在规划市区内，且距离拆迁地点超过15公里的；其他郊区县拆迁，安置房屋不在本区县范围内的。

30.〔农村集体经济组织或者村民委员会作为拆迁人〕按照《办法》第十五条第二款规定，农村集体经济组织或者村民委员会作为拆迁人实施拆迁，以本集体建设用地范围内的房屋安置被拆迁人的，安置房屋应当具备用地、规划批准文件。

31.〔委托安置〕按照《办法》第十五条第三款规定，其他拆迁人委托农村集体经济组织或者村民委员会安置被拆迁人的，按照下列规定执行：

（一）拆迁人应当与农村集体经济组织或者村民委员会签订书面委托合同，并向区县国土房管局备案。

（二）拆迁实施方案由受托的农村集体经济组织或者村民委员会拟订，属于征地拆迁的，报区县国土房管局批准后执行；属于占地拆迁的，经乡（民族乡）、镇人民政府审核后，报区县国土房管局备案。

（三）拆迁补偿安置协议可以由拆迁人与被拆迁人签订，也可以由拆迁人委托农村集体经济组织或者村民委员会与被拆迁人签订。

八、另批宅基地安置

32.〔适用条件〕按照《办法》第十七条规定另行批准宅基地安置被拆迁人的，拆迁人应当事先征得区县人民政府同意，且本集体经济组织区域内具备安排宅基地的土地，符合土地利用规划和城市规划，被拆迁人符合申请宅基地条件。

33.〔审批手续〕拆迁宅基地上房屋，另行审批宅基地安置被拆迁人的，拆迁人应当为被拆迁人办理宅基地申报审批手续和建房审批手续，被拆迁人应予协助。

34.〔宅基地减少的补偿〕新批宅基地面积少于原合法使用的宅基地面积，对不足部分可以按照区、县人民政府的规定给予适当补偿。

九、宅基地面积标准

35.〔宅基地面积控制标准〕根据《北京市人民政府关于加强农村村民建房用地管理若干规定》第六条规定，本市村民每户建房用地的标准，由各区、县人民政府根据本行政区域的情况确定并予公布，但近郊区各区和远郊区人多地少的乡村，最高不得超过0.25亩（折合167平方米）；其他地区最高不得超过0.3亩（折合200平方米）。

1982年以前划定的宅基地，多于前款规定的标准，每户最高不超过0.4亩（折合267平方米）。

36.〔宅基地面积认定标准〕被拆迁人宅基地面积认定的具体标准，由区、县人民政府根据本区县实际情况确定。

十、其他问题

37.〔拆迁结案〕拆迁人应当按照规定及时整理并妥善保管拆迁档案资料，在完成拆迁后1个月内向区、县国土房管局移交拆迁档案资料并办理有关手续。

38.〔提前搬迁奖励费〕被拆迁人在规定的搬迁期限届满前提前搬迁的，拆迁人可以给予提前搬迁奖励费，具体标准由区、县人民政府确定。

39.〔非本集体经济组织成员房屋〕用地范围内涉及非本集体经济组织成员合法取得的房屋土地，经区、县人民政府批准，可以按照《办法》有关宅基地房屋拆迁有关规定给予补偿安置。

40.〔已发布拆迁公告的项目〕2003年8月1日以前，已经按照《北京市城市房屋拆迁管理办法》（北京市人民政府令第87号）发布拆迁公告的，不适用《北京市集体土地房屋拆迁管理办法》，继续执行《北京市城市房屋拆迁管理办法》。

41.〔施行日期和文件废止〕本实施意见自2003年8月1日起施行。

原北京市房地产管理局1992年6月11日发布的《关于国家建设项目需拆迁集体土地上农村房屋有关规定的通知》（京房地字〔1992〕第274号）同时废止。

关于发布《北京市房屋重置成新价评估技术标准》的通知

京国土房管拆〔2003〕808号

（北京市国土资源和房屋管理局2003年发布）

各区县国土房管局、物价局，各房地产价格评估机构：

为规范本市房屋重置成新价评估行为，合理确定各类房屋的重置成新价，根据建设部《房地产估价规范》（GB/T 50291—1999）和本市实际情况，北京市国土资源和房屋管理局、北京市物价局对原《北京市房屋估价办法》、《北京市住宅楼房估价技术规范》作了修订，现予发布，并就有关事项通知如下：

一、本标准适用于本市各类房屋重置成新价的评估。

二、按照《北京市城市房屋拆迁管理办法》和《北京市集体土地房屋拆迁管理办法》进行房屋拆迁时，需要对被拆迁房屋重置成新价进行评估的，应当按照本标准执行。

三、平房、中式楼房重置成新价评估的分值，东城区、西城区、崇文区、宣武区、朝阳区、海淀区、丰台区、石景山区八个城近郊区为227元/分，其他远郊区（县）为182元/分。

四、本标准自2003年10月1日起施行。原市房屋土地管理局和市物价局1996年11月1日《关于发布修订后的〈北京市房屋估价办法〉的通知》（京房地评字〔1996〕573号）、市房屋土地管理局1997年1月7日《关于实施〈北京市房屋估价办法〉有关拆迁问题的通知》（京房地拆字〔1997〕第018号）、市房屋土地管理局和市物价局1999年7月6日《关于印发〈北京市住宅楼房估价技术规范〉的通知》（京房地评字〔1999〕655号）同时废止。

附件

北京市房屋重置成新价评估技术标准

第一章　总　　则

1-1　〔立法目的和依据〕

为规范本市房屋重置成新价评估行为，合理确定各类房屋的重置成新价，根据建设部《房地产价格估价规范》，特制定本标准。

1-2　〔适用范围及重置成新价定义〕

本标准适用于本市各类房屋重置成新价的评估。

房屋拆迁中所称重置成新价，是指用估价时点的建筑材料和建筑技术，按估价时点的价格水平，重新建造与估价对象具有同等功能效用并且在相同成新状态下的建筑物的正常价格。

1－3　〔估价技术路线〕

本标准采用成本法测算。

1－4　〔未列入的项目〕

本标准未列入的项目，可参照估价时点的市场价格结合该项目具体情况进行评估。

第二章　平房、中式楼房重置成新价评估

2－1　〔估价路线、部件及分值〕

平房、中式楼房重置成新价的评估采用分部件按条件计分、依成新折扣的办法计算房屋总分，再按规定的分值计算房屋价格。

房屋的组成部件包括：屋面、屋架、墙身、门窗、顶棚、地面、装修、设备、附属物等九类。前六类部件以标准间为单位按条件计分，后三类部件依实际数量按条件计分。

各部件分数分别见屋面计分表、屋架计分表、墙身计分表、门窗计分表、顶棚计分表、地面计分表、装修计分表、设备计分表、附属物计分表。标准间计分的各类部件，一间房屋内条件不同的，按比例计分。各类部件未列入的项目，可参照分数相近的项目计分或据实估价。

分值由市国土房管局公布。

2－2　〔标准间〕

房屋的标准间：平房为建筑面积20平方米，中式楼房为建筑体积60立方米。其计算公式为：

平房

标准间数＝建筑面积÷20

中式楼房

标准间数＝房屋基底面积×柱高÷60

2－3　计算公式：

（1）砖木结构房屋

房屋及附属物重置成新价＝{[屋面分数＋屋架分数＋顶棚分数＋地面分数＋(墙身分数＋门窗分数)×柱高差率]×标准间数×成新折余率＋装修分数×成新折余率＋设备分数×成新折余率＋附属物分数×成新折余率}×分值＋附属物据实估价

成新折余率的确定：按《砖木结构房屋成新评定说明》和《砖木结构房屋成新折余率表》执行；在房屋各部件计分表附计栏中另有规定的，依其规定；计残值的，按《各类房屋折余率表》计算；不计残值的，按成新百分比计算。

柱高差率的确定：按《柱高差率表》执行。

附属物据实估价按《附属物据实估价表》执行。

（2）砖混结构房屋

房屋及附属物重置成新价＝{[屋面分数＋屋架分数＋顶棚分数＋地面分数＋(墙身分数＋门窗分数)×柱高差率]×标准间数×(成新折余率＋使用年限折余率)÷2＋装修分数

×成新折余率＋设备分数×成新折余率＋附属物分数×成新折余率｝×分值＋附属物据实估价

成新折余率的确定：按《砖混结构完损等级评定说明及折余率表》执行；使用年限折余率的确定：按《砖混结构房屋使用年限折余率表》执行；在房屋各部件计分表附计栏中另有规定的，依其规定。

柱高差率的确定：按《柱高差率表》执行。

附属物据实估价按《附属物据实估价表》执行。

（3）中式楼房

房屋及附属物重置成新价＝[（屋面分数＋屋架分数＋顶棚分数＋地面分数＋墙身分数＋门窗分数）×标准间数×成新折余率＋装修分数×成新折余率＋设备分数×成新折余率＋附属物分数×成新折余率]×分值＋附属物据实估价

成新折余率的确定：按《砖木结构房屋成新评定说明》和《砖木结构房屋成新折余率表》执行；在房屋各部件计分表附计栏中另有规定的，依其规定；计残值的，按《各类房屋折余率表》计算；不计残值的，按成新百分比计算。

附属物据实估价按《附属物据实估价表》执行。

2－4 房屋部件计分表

（1）屋面计分表

项目		说明	简称	单位	分数
瓦屋面	琉璃瓦	各种釉子的琉璃瓦	瓦1	间	102.18
	筒瓦	筒瓦下满铺望板、油毡	瓦2	间	29.14
	筒瓦	筒瓦下满铺席箔	瓦3	间	17.71
	合瓦	合瓦下满铺望板	瓦4	间	29.36
	合瓦	合瓦下满铺席箔	瓦5	间	18.79
	石板瓦	石板瓦下满铺望板、油毡	瓦6	间	26.55
	石板瓦	石板瓦下满铺席箔	瓦7	间	19.10
	水泥瓦	水泥瓦下满铺望板、油毡	瓦8	间	16.06
	水泥瓦	水泥瓦下满铺席箔	瓦9	间	10.80
灰瓦屋面	干插瓦	有无合瓦边稍垄不予区分	灰瓦1	间	9.58
	仰瓦灰梗	有无合瓦边稍垄、分间垄不予区分	灰瓦2	间	8.87
	棋盘心	前坡合瓦后坡青灰及前后棋盘心，屋脊及分间垄为合瓦，其余为青灰	灰瓦3	间	11.82
	棋盘心	前坡合瓦后坡棋盘心	灰瓦4	间	15.51

续表

项目		说明	简称	单位	分数
灰屋面	青灰顶	不分平顶、坡顶，含麦壳灰	灰1	间	6.68
	焦渣顶	不分平顶、坡顶，含泥顶	灰2	间	3.86
混凝土屋面	现浇板	各种现浇的钢筋混凝土屋面	浇	间	19.53
	槽型板	预制槽型板	预1	间	23.86
	圆孔板	预制圆孔板	预2	间	16.77
	加气板	预制加气板	预3	间	14.37
其他屋面	玻璃钢	各种钢性玻璃坡顶屋面	玻坡	间	9.16
	玻璃钢	各种钢性玻璃平顶屋面	玻平	间	7.75
	木板油毡	木板上铺油毡、石子坡顶屋面	板毡坡	间	11.16
	木板油毡	木板上铺油毡、石子平顶屋面	板毡平	间	8.89
	铅铁	镀锌瓦楞铁下铺望板、油毡	铅1	间	15.98
	铅铁	镀锌瓦楞铁下铺席箔	铅2	间	10.20
	铅铁	干挂黑铁板	铅3	间	6.78
	石棉瓦	石棉瓦下铺望板、油毡	石棉1	间	11.80
	石棉瓦	石棉瓦下铺席箔	石棉2	间	6.18
	干挂瓦	小屋架干挂水泥瓦、石棉瓦	干挂瓦	间	3.16

附计：

屋面包括望板、席箔以上各种面层和各种屋脊。

平顶屋面上铺设花砖、水磨石等块料面层的，除按平面屋面计分外，另按地面所属项目的80%计分，并随房折旧。

用条砖、方砖、瓦笆替作望板、席箔的，按席箔计分。

利用地下室顶面作房屋地面的，分别按以下计算：

在地下室顶面上做木地板的，按地下室顶面和木地板所属项目分别计分。地下室顶面为木地板又作上层地面的不重复计分。

在地下室顶面上铺设花砖、水磨石等块料面层的，除按平面屋面计分外，另按地面所属项目的80%计分。

在地下室顶面上做水泥、焦渣地面的，即视为地下室屋面，房屋地面不再计价。

其他屋面，如石棉瓦、铅铁顶、玻璃钢顶、木板油毡顶按灰瓦房折旧；彩色瓦楞铁屋面并入铅1。

（2）屋架计分表

项目		说明	简称	单位	分数
中式屋架	七檩柁	高级做法	中架 1	间	36.3
	七檩柁	普通做法	中架 2	间	26.47
	五檩柁	高级做法	中架 3	间	22.93
	五檩柁	普通做法	中架 4	间	18.05
	平台柁	五檩高级做法	平柁 1	间	14.04
	平台柁	五檩普通做法	平柁 2	间	13.23
	平台柁	四檩普通做法	平柁 3	间	10.57
	平台柁	三檩普通做法	平柁 4	间	8.92
	硬山搁檩	七檩以上、进深＞8 米	硬 1	间	11.4
	硬山搁檩	七檩、进深＞6 米	硬 2	间	9.19
	硬山搁檩	五檩、进深＞4 米	硬 3	间	7.53
	硬山搁檩	四檩、进深≤4 米	硬 4	间	5.34
人字架	木屋架	跨度≤6 米	人架 1	间	9.60
	木屋架	6 米＜跨度≤8 米	人架 2	间	12.98
	木屋架	8 米＜跨度≤10 米	人架 3	间	16.58
	小型木屋架	屋架间距 1 米以内	人架 4	间	8.56
	钢木屋架	跨度≤6 米	人架 5	间	9.50
	钢木屋架	6 米＜跨度≤8 米	人架 6	间	12.78
	钢木屋架	8 米＜跨度≤10 米	人架 7	间	17.05
	小型钢木屋架	屋架间距 1 米以内	人架 8	间	8.90
钢屋架	钢屋架	跨度≤6 米，角钢檩，石棉瓦屋面	钢架 1	间	11.68
	钢屋架	6 米＜跨度≤9 米，角钢檩，石棉瓦屋面	钢架 2	间	17.55
	钢屋架	9 米＜跨度≤15 米，角钢檩，石棉瓦屋面	钢架 3	间	23.28
	钢屋架	跨度≤9 米，大型屋面板	钢架 4	间	17.55
	钢屋架	9 米＜跨度≤15 米，大型屋面板	钢架 5	间	28.56
	钢屋架	跨度＞15 米，大型屋面板	钢架 6	间	39.48
钢混结构	钢混凝土屋架	跨度≤9 米	钢混 1	间	5.40
	钢混凝土梁	9 米＜跨度≤12 米	钢混 2	间	18.95
	钢混凝土梁	12 米＜跨度≤15 米	钢混 3	间	22.57

附计：

中式屋架高级做法：材质为松木，檩直径不低于 25cm，柱、柁直径不低于 40cm，三间房两架跨空柁，两架排山柁，檩、柱见圆，檩带垫板、垫枋，前后檐椽带飞头。

屋架计分表中分数仅指房屋屋架全为同一屋架时分数，当有不同屋架时，则分别按比例计分。

平台柁与腊阡柁不予区分。

中式柁没有柱子，按木屋架计分。

（3）墙身计分表

项　　目	说　　明	简称	单位	分数
缸砖墙	全部缸砖垒砌	缸	间	58.23
细磨砖墙	整个墙身外部细磨砖垒砌，兰整砖衬里	磨 1	间	68.52
细磨砖墙	整个墙身外部细磨砖垒砌，碎砖衬里	磨 2	间	49.13
磨砖棋盘心	山墙四框、坎墙、后檐下碱为细磨砖，碎砖衬里	磨棋	间	43.16
粗磨砖墙	粗磨砖垒砌，兰整砖衬里	粗磨 1	间	52.65
粗磨砖墙	粗磨砖垒砌，碎砖衬里	粗磨 2	间	33.26
整砖墙	红砖墙、矽酸盐砖墙，满门窗	红整 1	间	26.87
整砖墙	红砖墙、矽酸盐砖墙，半门窗	红整 2	间	28.28
整砖墙	红砖墙、矽酸盐砖墙，一门一窗	红整 3	间	29.62
兰砖墙	兰砖墙，满门窗	兰整 1	间	30.82
兰砖墙	兰砖墙，半门窗	兰整 2	间	32.23
兰砖墙	兰砖墙，一门一窗	兰整 3	间	33.57
半整砖墙	四框整砖、外整里碎、整砖下碱、烟灰砖、焦渣砖、空斗砖	半整	间	23.88
碎砖墙	全部碎砖垒砌，两腿整砖	碎	间	19.74
虎皮石墙	虎皮石墙，水泥沙浆勾缝，满门窗	虎 1	间	23.58
虎皮石墙	虎皮石墙，水泥沙浆勾缝，半门窗	虎 2	间	24.58
虎皮石墙	虎皮石墙，水泥沙浆勾缝，一门一窗	虎 3	间	25.75

附计：

各类墙身包括基础、墙檐、女儿墙。

磨方砖贴棋盘心的按磨砖墙计分。

墙身下碱为虎皮石的分别按比例计分。

房屋台基高度调整系数：

台　基　高　度	调整系数	台　基　高　度	调整系数
台基高度＜0.3米	1.0	1.3米≤台基高度＜1.5米	1.5
0.3米≤台基高度＜0.5米	1.1	1.5米≤台基高度＜1.8米	1.6
0.5米≤台基高度＜0.8米	1.2	1.8米≤台基高度＜2.0米	1.7
0.8米≤台基高度＜1.0米	1.3	台基高度≥2.0米	1.8
1.0米≤台基高度＜1.3米	1.4		

说明：台基高度指从院内地面到房屋室内地面的高度。

房屋组合调整系数

组合间数（自然间）	调整系数	组合间数（自然间）	调整系数
一间	1.50	八间	0.80
二间	1.30	九间	0.77
三间	1.00	十间	0.75
四间	0.96	十一间	0.73
五间	0.92	十二间	0.71
六间	0.88	再每增加一间	递减0.01
七间	0.84		

六、勾连搭房屋，按墙身调整后分数的80%计分。

(4) 门窗计分表

项　目	说　　明	简称	单位	分数
中式	中式，雕刻精细、完整、带帘架、有心屉	中1	间	17.35
中式	中式，部分雕刻或制作精细	中2	间	15.69
塑钢	塑钢门窗，双玻、含纱	塑钢1	间	15.69
塑钢	塑钢门窗，单玻、含纱	塑钢2	间	13.58
塑钢	塑钢门窗，其他	塑钢3	间	10.66
铝合金	铝合金门窗，双玻、含纱	铝1	间	14.55
铝合金	铝合金门窗，单玻、含纱	铝2	间	12.06
铝合金	铝合金门窗，其他	铝3	间	9.37
木门窗	木门窗，两玻一纱或一玻一纱带鱼磷板，满门窗	木1	间	11.71
木门窗	木门窗，两玻一纱或一玻一纱带鱼磷板，半门窗	木2	间	8.58
木门窗	木门窗，两玻一纱或一玻一纱带鱼磷板，一门一窗	木3	间	6.56
其他门窗	一玻一纱、两玻无纱、钢门窗，满门窗	其他1	间	7.24
其他门窗	满玻无纱或半玻璃门窗或一门一窗	其他2	间	5.42

附计：

各类门窗单独计算时均按瓦房折旧，与房屋同时折旧时随房折旧。

地下室带铁栏杆的小窗仍按小窗所属项目计分，铁栏杆不另计。

带护窗板门窗仍按所属项目计分，护窗板不另计。

（5）顶棚计分表

项　目	说　　明	简称	单位	分数
钙塑板顶棚	轻钢龙骨，钙塑板，铝扣板	棚 1	间	9.00
钙塑板顶棚	木龙骨，钙塑板	棚 2	间	5.77
石膏板顶棚	轻钢龙骨，石膏板	棚 3	间	8.90
石膏板顶棚	木龙骨，石膏板	棚 4	间	5.47
石膏板顶棚	铁丝吊石膏板	棚 5	间	1.58
三合板顶棚	三合板带压条顶棚，刷清漆	棚 6	间	9.88
纤维板顶棚	纤维板顶棚，刷调和漆	棚 7	间	6.09
木丝板顶棚	木丝板顶棚，刷乳胶漆	棚 8	间	5.89
PVC 顶棚	PVC 顶棚	棚 9	间	4.00
抹灰顶棚	板条抹灰，带高级装饰线	棚 10	间	4.34
抹灰顶棚	普通板条抹灰	棚 11	间	4.29
抹灰顶棚	苇箔抹灰	棚 12	间	3.48
纸顶棚	纸顶棚	棚 16	间	0.63

附计：

抹灰顶棚、纤维板顶棚、木丝板顶棚、石膏板顶棚、纸顶棚随房折旧。

三合板顶棚、钙塑板顶棚按木装修折旧。

预制板勾缝喷浆不计顶棚。

（6）地面计分表

项　目	说　　明	简称	单位	分数
高级木地板	红檀、柚木、花梨等高级实木地板	板 1	间	42.56
细木地板	柞木、水曲柳等各种硬木地板	板 2	间	32.55
普通地板	红松木地板	板 3	间	24.58
粗木地板	松木或其他木质粗劣的木地板	板 4	间	16.02
复合木地板	复合木地板	板 5	间	15.66
花岗岩	高级光面花岗岩，天然，尺寸不小于 50 厘米×50 厘米	岗 1	间	40.0
花岗岩	普通花岗岩，天然	岗 2	间	25.38

续表

项　目	说　　明	简称	单位	分数
大理石	高级大理石，天然，尺寸不小于50厘米×50厘米	理1	间	28.0
大理石	普通大理石，天然	理2	间	16.1
大理石	拼碎大理石，天然	理3	间	8.96
水磨石	预制水磨石	磨1	间	8.85
水磨石	现制水磨石，嵌条、美术	磨2	间	7.41
水磨石	现制水磨石普通	磨3	间	5.19
拼花马赛克	拼制成各种美术图案的马赛克	赛1	间	8.86
马赛克	普通马赛克	赛2	间	7.42
耐酸砖	沥青粘贴耐酸砖地面	酸	间	20.24
缸砖	高档缸砖，含仿造花岗岩、大理石	缸1	间	8.09
缸砖	普通缸砖、锦砖、磁砖、防滑砖、花砖、玻化砖	缸2	间	6.09
塑料地砖	聚氨乙烯塑料地砖	塑1	间	3.86
塑料地砖	石英砂塑料地砖	塑2	间	5.45
细方砖	经砍磨加工的方砖	方1	间	10.55
粗方砖	未经砍磨加工的方砖	方2	间	5.46
水泥砖	仿方砖水泥地面	地1	间	2.7
水泥	普通水泥地	地2	间	1.87
礁渣	白灰礁渣打实轧光	礁	间	1.58
条砖		条砖	间	1.67
条石		条石	间	28.01
碎砖		碎	间	0.63

附计：

水泥地分格与不分格不予区分。

散水不计、甬路按实际面积依院地计分。

台阶按投影面积依院地计分。

廊瓦房室内与廊子为不同地面时按其比例分别计分。

地面计分含踢脚板。

（7）装修计分表

项　目	说　　明	简称	单位	分数
大街门	街门在门道中间脊檩下，标准间面积10.8平方米	门1	槽	54.8
中街门	街门在门道前檐檩下或较小街门三面砌砖并雕花者，标准间面积9平方米	门2	槽	41.33
小街门	小街门，三面砌粗磨砖，标准间面积9平方米	门3	槽	15.02
格扇	硬木六抹，雕刻精细	格1	m^2	9.21
格扇	红松、黄杨等，雕刻较差	格2	m^2	4.73
格扇	普通木格扇及落地罩	格3	m^2	1.33
隔断	五合板隔断、包镶门	隔1	m^2	0.92
隔断	三合板隔断、包镶门	隔2	m^2	0.74
隔断	轻钢龙骨石膏板隔断	隔3	m^2	0.62
隔断	木龙骨石膏板	隔4	m^2	0.37
隔断	单砖（整砖12）	隔5	m^2	0.36
隔断	整砖24	隔6	m^2	0.77
隔断	碎砖	隔7	m^2	0.35
隔断	空心砖	隔8	m^2	0.35
隔断	木龙骨纤维板隔断半玻璃门	隔9	m^2	0.36
隔断	板条苇箔抹灰隔断	隔10	m^2	0.21
护墙板	五合板带压条	护1	m^2	0.66
护墙板	三合板带压条	护2	m^2	0.60
油漆护墙		护3	m^2	0.10
壁纸护墙		护4	m^2	0.14
壁布护墙	高级布料	护5	m^2	0.44
壁步护墙	一般布料	护6	m^2	0.22
大理石贴面	高级大理石贴面	大理石1	m^2	4.01
大理石贴面	普通大理石贴面	大理石2	m^2	2.06
锦砖贴面	高级锦砖	锦砖1	m^2	0.55
锦砖贴面	普通锦砖	锦砖2	m^2	0.40
马赛克贴面		马赛克	m^2	0.38
水磨石贴面		水磨石	m^2	0.50
花岗岩	高级花岗岩贴面	花岗岩1	m^2	4.76
花岗岩	普通花岗岩贴面	花岗岩2	m^2	4.76
水刷石	水刷石、干粘石	水刷石	m^2	2.76

续表

项目	说明	简称	单位	分数
假石		假石	m^2	0.30
顶棚灯孔	普通面层顶棚筒灯孔	灯孔 1	个	0.04
顶棚灯孔	金属基层轻钢龙骨筒灯孔	灯孔 2	个	0.07
顶棚灯槽	木基层顶棚灯槽	灯槽 1	m	0.28
顶棚灯槽	金属基层轻钢龙骨顶棚灯槽	灯槽 2	m	0.41
窗帘盒	松木窗帘盒带木窗帘棍	窗帘盒 1	m	0.46
窗帘盒	硬木窗帘盒带木窗帘棍	窗帘盒 2	m	0.70
窗帘盒	松木窗帘盒带金属轨道	窗帘盒 3	m	0.59
窗帘盒	硬木窗帘盒带金属轨道	窗帘盒 4	m	0.83
挂镜线	硬木挂镜线	挂镜线 1	m	0.07
挂镜线	松木挂镜线	挂镜线 2	m	0.05
挂镜线	石膏挂镜线	挂镜线 3	m	0.05
挂镜线	塑料挂镜线	挂镜线 4	m	0.02

附计：

街门按门道屋面所属类别随房折旧。

各种墙身贴面均按新旧程度单独折旧，不留残值。

格扇、护墙板单独折旧。

除以上二、三两项外，其他墙面装饰均随房折旧。

各种灯孔、灯槽均随顶棚折旧。

中式楼房的楼梯不单独计价，但楼梯间面积并入楼房间数计价，并随房折旧。

(8) 设备计分表

项目		说明	简称	单位	分数
普通卫生间	管道	上水管和下水管	管 1	份	3.00
	浴盆	不分规格，不分种类	盆 1	个	2.43
	浴盆炕	浴盆周边砌筑及贴面	浴盆炕	个	0.90
	陶瓷洗脸盆	不分规格	盆 2	个	1.02
	坐式大便器	含水箱	恭桶	个	0.73
	蹲式大便器	含水箱	蹲坑	个	0.70
	立式小便器		小便池 1	个	1.04
	挂式小便器		小便池 2	个	0.41
	淋浴器		淋浴	个	0.22
	地漏		地漏	个	0.14

续表

项　目		说　明	简称	单位	分数
简易卫生间	陶瓷洗脸盆	不分规格，含上下水管		个	1.22
	洗手盆	不分规格，含上下水管		个	0.95
	蹲式大便器	不分规格，含上下水管		个	1.76
	坐式大便器	不分规格，含上下水管		个	2.19
	立式小便器	不分规格，含上下水管		个	1.50
	挂式小便器	不分规格，含上下水管		个	1.56
	淋浴器	不分规格，含上下水管		个	0.54
	地漏			个	0.14
水池	陶瓷池	不分规格，含上下水管及水嘴	池 1	个	1.37
	水磨石池	不分规格，含上下水管及水嘴	池 2	个	1.15
	水泥池	不分规格，含上下水管及水嘴	池 3	个	0.80
暖气	四柱铸铁	包括室内、外管道及暖气炉	气 1	m^2	0.30
	板式钢制	包括室内、外管道及暖气炉	气 2	m^2	0.24
	其他	包括室内、外管道及暖气炉	气 3	m^2	0.20
其他设备	室外上水管	室外镀锌管铺设，不分规格	管 2	m	0.70
	室外下水管	室外缸瓦管铺设，不分规格	管 3	m	0.80
	室外下水管	室外钢管铺设，不分规格	管 4	m	1.00
	自来水表井	包括表井及安装	水表井	份	2.00
	砖化粪池	容积大小 3 立方米	化粪池 1	座	5.50
	简易化粪池	容积小于 3 立方米	化粪池 2	座	1.85
	渗井	井底面积 6 平方米以上，砖砌	渗井	座	3.33
	水落管		水落管	m	0.14
	水漏斗		水漏斗	个	0.20
	檐沟		檐沟	m	0.13
	普通灯	包括线、开关、灯泡、灯罩及插座等	灯 1	份	0.50
	荧光灯	包括线、开关、灯泡、灯罩及插座等	灯 2	份	1.00
	电表	包括箱、盘、闸、保险等	电表	个	0.58

附计：

卫生设备分普通卫生间和简易卫生间两种，凡装有浴盆、洗脸盆和大便器三件以上的，按普通卫生间计分，其他按简易卫生间计分。

普通卫生间室内上下水管道单独计分，设备按实有项目计分。

简易卫生间设备按实有项目计分，室内上下水管道不单独计分。

各种卫生设备和上下水管道的零配件均不单独计分。

卫生间内非固定设备不予计分。

照明灯具中的各种花灯均视为非固定设备，不予计分。

暖气按建筑面积计算（含暖气片、暖气管及锅炉等）。

灯、水、暖气等设备均按新旧程度计算折旧，不留残值。

实物不符合表中所列标准的，可根据实际情况打折扣。

（9）附属物计分表

项目		说明	简称	单位	分数
院门	屏风门	木质较好油饰精细的屏风门，面积5平方米	门4	樘	13.26
	随墙门	单扇或双扇小街门或粗略的屏风门，面积9平方米	门5	樘	7.02
	门楼	磨砖腿、筒瓦顶、门楼高2.4米、面积达3平方米	门楼1	座	29.89
	门楼	整砖腿、水泥瓦顶、门楼高2.4米、面积达3平方米	门楼2	座	12.99
	门楼	碎砖腿、灰平顶、门楼高2.4米、面积达3平方米	门楼3	座	11.54
	垂花门	有雕饰、榻子和座凳	垂1	m^2	22.00
	垂花门	无雕饰、无榻子、无座凳	垂2	m^2	15.00
	铁板门	包括铁栅栏门、门面积达4平方米	门6	座	11.40
院墙	整砖墙	整砖基础整砖墙	整	m^2	0.79
	半整砖墙	整砖下碱或整砖垛、碎砖墙或棋盘心	半整	m^2	0.40
	虎皮石墙	虎皮石墙	虎	m^2	0.31
院地	花岗岩	光面花岗岩石块	花岗岩	m^2	1.85
	条石	砍剁整齐的条石	条石	m^2	1.20
	大理石	整大理石	大理石	m^2	1.27
	水磨石	预制水磨石	磨1	m^2	0.43
	水磨石	现制嵌条美术水磨石	磨2	m^2	0.36
	水磨石	现制嵌条普通水磨石或不嵌条水磨石	磨3	m^2	0.30
	拼花岗岩	拼碎花岗岩石块	拼1	m^2	0.36
	拼大理石	拼碎大理石块	拼2	m^2	0.28
	拼水磨石	拼碎预制水磨石块	拼3	m^2	0.20
	水泥格砖	预制水泥格砖	格砖	m^2	0.13
	方砖	粗墁方砖、预制水泥砖	方砖	m^2	0.19
	条砖	条砖、水泥地、焦渣砖	条	m^2	0.08

附计：

屏风门、随墙门依其质量分别按瓦房、灰瓦房折旧。

门楼 1、门楼 2 按瓦房折旧，门楼 3 按灰瓦房折旧。门楼面积小于 3 平方米的按比例计算。

铁板门按成新计算，不留残值。门面积小于 4 平方米的按比例计算。

各种院墙包括基础和墙帽。

各种院墙均按成新计算，不留残值。

各种院地均按成新计算，不留残值。

2－5　柱高差率表

柱　高（米）	与立面条件标准间分数百分比（%）	柱　高（米）	与立面条件标准间分数百分比（%）
3.0	100.0	3.0	100.0
3.1	104.7	2.9	95.5
3.2	109.7	2.8	91.2
3.3	114.9	2.7	87.1
3.4	120.3	2.6	83.1
3.5	126.0	2.5	79.4
3.6	132.0	2.4	75.8
3.7	138.2	2.3	72.4
3.8	144.7	2.2	69.1
3.9	151.6	2.1	66.0
4.0	158.8	2.0	63.0
4.1	166.3		
4.2	174.1		
4.3	182.1		
4.4	191.0		
4.5	200.0		

2－6　砖木结构房屋成新评定说明

一成新：墙身大部分碱坏，木料腐朽，门窗不整，屋顶屈曲不平，虽然能勉强支持，已属危险建筑，濒于倒塌者。

二成新：屋顶多次抹灰，屈曲不平，木架、墙身均已倾斜，或虽不整二柁檩陈旧，椽子席箔已见腐朽，短期内尚不致倒塌者。一成新与二成新之房屋均须大修方能解除危险。

三成新：屋顶已见屈曲不平，墙身碱坏大半，木料大部陈旧者。

四成新：屋顶不甚整齐，但无显著倾斜，木架已有走动迹象，墙身碱坏半，虽经小修但本质已属陈旧的房屋。

五成新：房屋全部完整，木架虽陈旧而未走动，墙身下部已见碱坏者。

六成新：屋顶、木架、墙身、装修虽旧，但完整坚固，不歪不斜，部分墙身虽见剥蚀，但不影响整个房屋之坚固性。此外，用旧料新建的房屋，未经油饰粉刷者，依其旧料的情况咳分别定其为五、六、七成新，一般以六成新为宜。

七成新：房屋各部整齐，唯色彩不够鲜明。房屋外皮部分剥落，但仍为较新的房屋，又翻修的房屋其木架砖瓦较新者，亦为七成新为宜。

八成新：屋顶、屋架、墙身均完整坚固，情况与新建者无显著区别，但色泽稍旧，略加油饰仍为新房者。

九成新：新建不久之房屋，油饰粉刷后极少部分微见剥落，门窗有接触痕迹，屋顶、屋架、墙身稍有剥落者，又完全新建之房屋，未加油饰粉刷者亦为九成新。

十成新：完全新料新建的房屋，并经过油饰粉刷者。

2-7 砖木结构房屋成新折余率表

折余率(%) 房屋种类 成新度	瓦 房	灰瓦房	灰 房
0.5	10.7	8.8	7.8
1.0	15.4	13.6	12.8
1.5	20.1	18.4	17.5
2.0	24.8	23.2	22.4
2.5	29.5	28.0	27.2
3.0	34.2	32.8	32.1
3.5	38.9	37.6	36.9
4.0	43.6	42.4	41.8
4.5	48.3	47.2	46.6
5.0	53.0	52.0	51.6
5.5	57.7	56.8	56.3
6.0	62.4	61.6	61.2
6.5	67.1	66.4	66.0
7.0	71.8	71.2	70.9
7.5	76.5	76.0	75.7
8.0	81.2	80.8	80.6
8.5	85.9	85.6	85.4
9.0	90.6	90.4	90.3
9.5	95.3	85.2	95.1
10.0	100	100	100
注：残值率	6%	4%	3%

2－8　房屋格扇、护墙板和钙塑板、三合板顶棚成新评定说明

室内装修中的格扇、护墙板、钙塑板和三合板顶棚比其他装修、装饰价格较高，残值较大，不宜随房折旧，应按实际情况单独折旧。其残值率：格 1 为 30％、格 2 为 10％、护墙板和钙塑板、三合板顶棚为 10％。

一成新：骨架、板面严重破损，残缺不全，油漆老化见底。

三成新：缺棱短角，局部残缺变形，明显老化。

五成新：边棱磨损，骨架松动，局部破损。

七成新：整体完整，稍有松动，油漆上光腊虽完好，但已失去光泽，格扇、护墙板边框或雕花局部开胶起翘。

九成新：整体安装牢固、完整、上光蜡、油漆完好、光亮，接触面略有磨擦痕迹。

2－9　房屋格扇、护墙板和钙塑板、三合板顶棚折余率表

种类 / 折余率(％) / 成新度	格 1	格 2	格 3、护墙板、钙塑板、三合板顶棚
一成	37	28	19
二成	44	36	28
三成	51	44	37
四成	58	52	46
五成	65	60	55
六成	72	68	64
七成	79	76	73
八成	86	84	82
九成	93	92	91
十成	100	100	100
注：残值率	30％	20％	10％

2－10　块料面层成新评定说明

墙身、地面的块料面层依其成新度单独折旧，不留残值。

二成新：墙身、地面的块料面层严重松动，大部分块料破碎、脱落或大部分块料残缺不全，为二成新。

四成新：墙身、地面的块料面层粘贴不牢，出现整块贴面脱落现象或部分块料裂缝、脱落，为四成新。

六成新：墙身、地面的块料面层粘贴高低不平，部分块料面层不仅磨损且出现裂缝，个别块料破损、掉角、脱落的，可定为六成新。

八成新：墙身、地面的块料面层粘贴不甚平整，部分块料面层已无光泽且略有磨损起

砂，个别块料出现裂痕，略有空鼓现象，为八成新。

十成新：墙身、地面的块料面层不论粘贴迟早，其块料粘贴平整、牢固、块料表面有光泽，无裂痕、残缺、掉角等损坏，为十成新。

2-11 房屋暖气、卫生设备成新评定说明

暖气卫生设备其构造情况与房屋不同，且使用价值所占比重较大，至损坏严重不堪使用时，所剩残余无几，不宜随房折旧，故按其成新度折旧，不留残值。

二成新：主要构成铁件锈蚀严重，已经修补多次，搪瓷陶瓷器具已有大部分掉瓷或有较大的裂痕，附属零件部分损坏残缺，虽勉强支持使用，非经大修配件而无使用价值。

四成新：大部铁件锈蚀较重，搪瓷陶瓷器具部分硬伤，掉瓷或有小裂痕，附属零件小部残缺，如经修理尚能使用者。

六成新：各部铁件虽见锈蚀，瓷面稍有磨乌或有水裂龟纹的迹象，但各部构件均完整无缺，不影响使用者。

八成新：各构成部件比新装者稍旧，但无锈蚀剥落迹象，或有部分新安装者，亦为八成新。

十成新：完全新构件新安装者。

2-12 砖混结构房屋完损等级和成新评定说明及折余率表

完损等级	成新评定说明	成新度	折余率（%）
完好房	完全新料新建房	十成新	100
	地基可有轻微不均匀沉降，结构构件平直牢固，无倾斜变形。屋面无渗漏，基层完好，有少量积尘。地面平整、坚固，地板稍有磨损、稀缝	九成新	90～99
基本完好房	地基稍有超过允许范围的不均匀沉降，但已稳定，有承载能力。承重构件有轻微变形。屋面局部渗漏，排水畅通。地面稍有磨损、小裂	八成新	80～89
	地基稍有超过允许范围的不均匀沉降，有承载能力。承重构件稍有变形、裂缝、倾斜、混凝土构件有轻度剥落露筋。屋面渗漏，防水层稍有空鼓翘边。地面稍有裂缝、空鼓、起砂	七成新	70～79
一般损坏房	地基有超过允许范围的不均匀沉降。承重构件有局部变形、裂缝、倾斜，部分节点松动。屋面局部漏雨、高低不平。地面局部裂缝、空鼓、起砂，木地板变形	六成新	60～69
	地基不均匀沉降已引起主体结构局部变形、裂缝，混凝土构件局部变形、裂缝、露筋，木构件局部糟朽。墙身部分裂缝、腐蚀、灰缝疏松。屋面局部漏雨，防水层老化，木基层糟朽、变形。地面局部空鼓、剥落、严重起砂，木地板下沉颤动	五成新	50～59

续表

完损等级	成新评定说明	成新度	折余率（%）
严重损坏房	地基有明显不均匀沉降或压碎、折断、腐蚀。承重构件明显损坏变形。屋面严重漏雨，排水设施严重锈蚀、断裂、残缺。地面严重剥落、起砂、空鼓	四成新	40～49
	地基有明显不均匀沉降，并继续发展，承重构件严重损坏变形。屋面严重漏雨，排水设施严重锈蚀、断裂、残缺。地面严重剥落、起砂、下沉	三成新	30～39
危险房	结构、装修、设备严重破损以至有倒塌危险	不足三成新	3～29

2－13　砖混结构房屋使用年限折余率表

折余率(%)　年限 年限		10	20	30	40	50
1	98.17	81.87	65.57	49.27	32.97	16.67
2	96.56	80.24	63.94	47.46	31.34	15.04
3	94.91	78.61	62.31	46.01	29.71	13.41
4	93.28	76.98	60.68	44.38	28.03	11.78
5	91.65	75.35	59.06	42.75	26.15	10.15
6	90.02	73.73	57.42	41.12	24.82	8.52
7	88.39	72.09	55.79	39.49	23.19	6.89
8	86.76	80.40	54.16	37.86	21.56	5.26
9	85.13	68.83	52.53	36.23	19.93	3.63
10	83.50	67.20	50.90	34.60	18.30	2.00

注　残值率2%。

2－14　砖混结构房屋装修设备完损等级和成新评定说明及折余率表

完损等级	装修成新评定说明	设备成新评定说明	成新度	折余率（%）
完好房	完全新料新建房屋	完全新料新建房屋	十成新	100
	门窗完整无损，开关灵活，零件齐全，油漆完好或局部轻度锈蚀。抹灰完整、牢固、无空鼓、破损，局部有风裂	上下水管道畅通无阻，各种卫生器具完全，零件齐全。照明装置、线路完好，绝缘良好	九成新	90～99
基本完好房	门窗稍有变形，开关不严，油漆失光。抹灰稍有空鼓，顶棚稍有变形，但不明显	部分符合上述条件	八成新	80～89

续表

完损等级	装修成新评定说明	设备成新评定说明	成新度	折余率（%）
基本完好房	门窗、玻璃、五金、窗纱少量残缺，开关失灵。抹灰稍有空鼓、风化剥落。顶棚少量下垂	上下水管道基本畅通，各种卫生器具基本完好，个别零件缺损。照明装置、线路基本完好，基本正常供暖，特种设备现状基本完好，使用正常	七成新	70～79
一般损坏房	门窗部分开关不灵，部分翘裂，钢门窗变形、锈蚀，油漆老化。抹灰部分空鼓、裂缝，顶棚局部裂缝、变形	部分符合上述条件	六成新	60～69
	门窗部分榫头松动，木料糟朽，油漆翘皮、剥落。抹灰部分空鼓、剥落，顶棚局部裂缝，明显变形、下垂	上下水管道不够畅通，卫生器具部分损坏，零件缺损不齐。照明装置有少量损坏、残缺，部分电线老化。暖气部分锈蚀严重，供暖不正常，特种设备不能保证正常使用	五成新	50～59
严重损坏房	门窗开关不灵，榫头松动，木料腐朽，钢门窗锈蚀、变形。油漆剥落。抹灰空鼓、裂缝、剥落。顶棚变形、下垂，龙骨糟朽	部分符合上述条件	四成新	40～49
	门窗严重糟朽、松动、锈蚀、变形。油漆剥落见底。抹灰严重空鼓、剥落。顶棚严重变形、下垂，龙骨糟朽	上下水管道严重堵塞、锈蚀漏水，卫生器具零件损坏残缺。照明装置损坏、残缺，电线老化。暖气锈蚀严重，基本无法使用。特种设备严重损坏，已无法使用	三成新	30～39
危险房	装修、设备严重破损		不足三成新	3～29

2－15　附属物据实估价表

附属物名称	单位	价格（元）	附属物名称	单位	价格（元）
棚房	个	500～1600	猪圈	个	150～550
简易棚	个	100～500	鸡兔鸽狗窝	个	20～100
厕所	座	500～1000	高灶	个	100～300

续表

附属物名称	单位	价格（元）	附属物名称	单位	价格（元）
压水机井	座	1000	机井（＜35m）	座	1500～3000
土井	座	300	机井（＞35m）	座	3000～20000
砖井（＜15m）	座	1000～2000	太阳能	个	100～1500
锅台	个	20～100	防盗门	个	200～1500
火炕	m^2	70	铁护窗	个	50～300
回水井	座	200			

说明　附属物据实估价表仅适用于本市近郊区及远郊区县。

2－16　树木估价表

单位：元/cm

<table>
<tr><td rowspan="6">成材树木</td><td rowspan="2">树种</td><td colspan="6">直径（cm）</td></tr>
<tr><td colspan="2">4～9</td><td>10～19</td><td>20～29</td><td>30～39</td><td>≥40</td></tr>
<tr><td>柏、雪松、龙爪槐、国槐</td><td colspan="2">8</td><td>14</td><td>22</td><td>30</td><td>40</td></tr>
<tr><td>松、榆、桑、白蜡</td><td colspan="2">6</td><td>8</td><td>10</td><td>12</td><td>20</td></tr>
<tr><td>杨、柳、臭椿、泡桐、洋槐</td><td colspan="2">4</td><td>6</td><td>8</td><td>10</td><td>14</td></tr>
<tr><td>果树、香椿</td><td colspan="2">14</td><td>20</td><td>24</td><td>26</td><td>30</td></tr>
<tr><td rowspan="3">树苗</td><td></td><td colspan="2">成畦苗</td><td colspan="2">移植＜1cm</td><td colspan="2">移植 1～4cm</td></tr>
<tr><td>材树幼苗</td><td colspan="2">12～20 元/m^2</td><td colspan="2">4 元/棵</td><td colspan="2">8 元/棵</td></tr>
<tr><td>果树幼苗</td><td colspan="2">20～60 元/m^2</td><td colspan="2">20 元/棵</td><td colspan="2">30 元/棵</td></tr>
</table>

第三章　楼房重置成新价评估

3－1　〔计算公式〕

楼房重置成新价的评估采用成本法进行测算，计算公式：

楼房重置成新价＝(楼房基本价格×楼房折余率＋Σ增项价格×增项折余率)×建筑面积×区域系数＋装修及附属物重置成新价

3－2　楼房基本价格表

楼房基本价格包含土建、上下水、照明及普通内装修。

(1) 住宅楼房基本价格表

(单位：元/建筑平方米)

结构形式＼基本价格＼墙体类型		黏土砖	空斗墙	空心砖	砌块	外挂板
多层砖房	筒子楼（层高 3.3m）	1150	1050	1080	1120	—
	外廊式（层高 3m）	1070	1030	1015	1050	—
	单元式（层高 3m）	1200	—	1130	1150	—
混凝土结构	多层大模板（层高 3m）	1430	—	—	1480	1560
	高层剪力墙（层高 3m）	1450	—	—	1410	1560
	框架（层高 3m）	1400	—	—	1360	1500

备注：

（1）坡屋顶或新型平屋顶（含新型防水作法）价格增加 5%～10%；

（2）加气混凝土屋面价格减少 5%；

（3）评估时按实际层高调整价格±5%。

（2）非住宅楼房基本价格表

单位：元/建筑平方米

结构形式＼基本价格＼墙体类型	黏土砖	空心砖	砌块	外挂板
砖混	1200	1130	1150	
框架	1400	—	1360	1500
剪力墙	1450	—	1410	1560
钢结构	1800	—	1760	1920
模板房	1430	—	1480	1560

备注：

（1）坡屋顶或新型平屋顶（含新型防水作法）价格增加 5%～10%；

（2）加气混凝土屋面价格减少 5%；

（3）以上层高为标准层高 3m，层高每增减 50cm，价格增减 5%。

3-3 楼房折余率：

依据以下楼房成新评定说明和楼房直线折旧参数说明表，取直接观察法和直线折旧法的算术平均值作为楼房折余率。

（1）楼房成新评定说明

完损等级	成新评定说明	成新度	折余率（%）
完好房	结构状况安全可靠，整体性好，屋面或板缝不露水，装修设备完整、基本无损的房屋，虽存在一定的陈旧现象或个别构件有轻微损坏但在允许值之内，不影响安全居住和正常使用，通过小修即能修复的房屋	十成新	100
		九成新	90～99
		八成新	80～89
基本完好房	结构构件安全可靠，个别部件的损坏程度稍有超过设计允许值但已稳定；屋面局部渗漏；装修、设备基本良好，个别部位有影响使用的损坏，通过在原有构件或部位上进行修补即用可恢复使用功能的房屋	七成新	70～79
		六成新	60～69
一般损坏房	个别结构构件变形、裂缝、腐蚀或老化，强度不足，存在危险隐患；屋面或板缝局部漏雨；外装修和设备局部破损的房屋	五成新	50～59
		四成新	40～49
严重损坏房	部分结构构件严重倾斜、开裂、变形或强度不足个别构件已处于危险状态；屋面或板缝严重漏雨，内外装修、设备明显损毁、残缺，存在局部危险的房屋	三成新	30～39
危险房	主体结构构件的强度严重不足，稳定性很差，随时有倒塌的可能，采用局部的加固修理仍不能保证安全，需要折除、翻修或挑修的整栋房屋	不足三成新	3～29

（2）楼房直线折旧参数说明表

建筑结构	耐用年限（年）	残值率（%）
钢混结构	60	0
砖混结构	50	2
砖木结构	40	3

3－4　增项价格：

增项是指由产权人统一安装或修建的项目，包括暖气、中央空调、煤气（天然气）及抗震加固。各增项价格在《增项价格表》中查取，增项折余率按《增项成新评定说明》执行。

（1）增项价格表

单位：元/建筑平方米

增　项	暖　气	中央空调	煤　气	抗震加固
价格	20～40	50～200	20～50	110～175

（2）增项成新评定说明

项目	暖气、中央空调	煤气	抗震加固
二成新			圈梁、壁柱混凝土大部剥落，钢筋外露，钢筋及钢拉纤锈蚀严重，已基本失去加固作用，或使用超过20年
四成新	已无法使用者		圈梁、壁柱混凝土部分剥落，钢筋有外露，钢筋及钢拉纤锈蚀，加固作用减弱，或使用期为15～20年
六成新	各部铁件虽见锈蚀，但各部构件均较完整无缺，不影响使用	各部铁件虽见锈蚀，但各部构件均较完整无缺，不影响使用	圈梁、壁柱混凝土有剥落，钢筋有外露，钢筋及钢拉纤锈蚀较轻，或使用期为10～15年
八成新	各部件无锈蚀剥落迹象，或部分旧构件新安装的，使用良好	各部件无锈蚀剥落迹象，或部分旧构件新安装的，使用良好	圈梁、壁柱混凝土基本无剥落，钢筋及钢拉纤锈蚀不明显，或使用期为5～10年
十成新	完全新构件新安装的	完全新构件新安装的	完全新材料、新设备新建造

3－5　区域系数：

东城区、西城区、崇文区、宣武区、朝阳区、海淀区、丰台区、石景山区八个城近郊区按1.0，其他远郊区（县）按0.8。

3－6　装修及附属物重置成新价的评估

参照平房的装修和附属物评估方法，也可以根据定额据实估价。

第四章　附　　则

4－1　〔规定价格与实际偏离的情况〕

对于在实际估价过程中与本标准规定价格严重偏离的实物，产权人或使用权人应提供相关票据，估价人员按照市场价格结合实物具体情况进行作价。

关于做好房屋拆迁工作维护社会稳定的意见

京政发〔2003〕24号

（北京市人民政府2003年11月10日发布）

各区、县人民政府，市政府各委、办、局，各市属机构：

房屋拆迁工作是城市建设中的一个重要方面和重要环节。近年来，本市房屋拆迁工作总体上进行平稳，为推动首都经济社会发展和城市建设，改善城市环境和广大被拆迁人居住条件，保障各项重点建设工程的顺利实施做出了积极贡献。但随着城市建设步伐进一步加快，房屋拆迁量增大，拆迁纠纷和上访增加，特别是近期发生了多起违法拆迁事件，造成了不良影响。

为加强房屋拆迁管理，规范拆迁市场秩序，保护拆迁当事人的合法权益，维护社会稳定，根据《国务院办公厅关于认真做好城镇房屋拆迁工作维护社会稳定的紧急通知》（国办发明电〔2003〕42号）精神，现就做好全市房屋拆迁工作，提出如下意见：

一、高度重视新形势下的房屋拆迁工作

按照十六大精神和市第九次党代会的部署，北京要全面建设小康社会，实现“新北京、新奥运”的战略目标，率先基本实现现代化。当前，北京城市建设围绕奥运基础设施建设已经进入全面展开的关键时期。各区县政府和市有关部门要从实践“三个代表”重要思想的高度，充分认识做好房屋拆迁工作的重要性，正确处理好首都城市建设发展与保护群众合法权益、维护社会稳定的关系，转变重建设、轻管理的做法，切实加强房屋拆迁管理工作。

各区县政府要加强对房屋拆迁工作的组织领导，市各有关部门要按照职责分工，加强配合和协调。对影响大、涉及面广的城市基础设施建设等重大工程的房屋拆迁，要实行区县领导负责制，可组建临时性专门机构，组织协调、督促检查各责任部门和单位做好房屋拆迁工作。

二、严格审批房屋拆迁许可证，落实房屋拆迁前的准备工作

市、区县房屋拆迁管理部门要按照《城市房屋拆迁管理条例》、《北京市城市房屋拆迁管理办法》和《北京市集体土地房屋拆迁管理办法》等规定，严格依法审批房屋拆迁许可证。城市规划是实施房屋拆迁的重要依据，房屋拆迁审批要严格依据立项、规划等相关批准文件，按照规划批准的用地范围确定拆迁范围。建设工程规划方案一经批准，拆迁人不得擅自变更，确需变更的，须按规定程序审批。拆迁人必须做好拆迁前的各项准备工作，按照规定落实拆迁补偿资金、安置房源。拆迁补偿资金要专项存储，保证拆迁需要。对不具备规定条件、不符合规划要求、拆迁前期准备工作不落实的项目，不得核发房屋拆迁许可证。

三、坚持依法拆迁，保护拆迁当事人合法权益，防止矛盾激化

坚决打击违法拆迁行为。各区县政府要切实加强对房屋拆迁工作的管理和监督，依法保护拆迁当事人权益。各有关部门和单位要严格依照法律法规做好房屋拆迁工作，依法补偿安置被拆迁人。在拆迁过程中，对确有生活困难及特殊情况的被拆迁人，要在坚持政策严肃性的同时，研究合情合理的办法，妥善安排和处置；对特殊困难户在没有妥善安排的情况下，不得采取强制拆迁措施。对于极少数不讲政策、提出不合理要求的被拆迁人，要在耐心细致做好思想工作、采取积极措施进行引导的前提下，按照法律法规规定及时处理。拆迁裁决和实施强制拆迁必须严格按照法定条件和程序进行。要严格强制拆迁管理，规范强制拆迁行为。在国土房管部门裁决后，被拆迁人经反复做工作仍拒绝搬迁的，裁决机关可以申请人民法院强制执行，也可以申请区县政府批准组织行政强制执行。区县政府批准和组织行政强制拆迁的，必须按照有关法规规定严格审查，明确执行机关、协助部门及其责任，执行前要制定详尽的强制拆迁预案，要有应对突发事件的周密措施和现场组织实施方案，确保强制拆迁工作有序、平稳进行。

除经房屋拆迁管理部门依法裁决并由人民法院或者区县政府强制执行外，在拆迁当事人未达成拆迁补偿安置协议的情况下，任何单位和个人不得强行拆除被拆迁人的房屋。各区县政府必须高度重视，加强监督检查工作。对于不按法律程序拆除被拆迁人房屋等违法拆迁行为，要严肃查处，并依法追究涉案单位和当事人的法律责任；公安机关要及时立案破案，依法严惩犯罪分子，公开处理；国土房管部门要严肃查处拆迁单位和工作人员违法、违规行为，依法撤销违法、违规的单位资质和工作人员上岗证；各相关部门、单位和街道办事处及居委会、村委会等要加强协调，密切配合，切实保障被拆迁人的合法权益。

四、推进拆迁“阳光工程”，坚持文明拆迁，加强拆迁队伍管理，提高拆迁管理水平

推进拆迁“阳光工程”，坚决查处房屋拆迁中的腐败问题，增加拆迁政策和拆迁工作的透明度。实行拆迁补偿安置公示制度，拆迁现场必须公示拆迁政策、拆迁许可证、拆迁范围、拆迁单位资质证书、拆迁工作人员情况、拆迁工作纪律和拆迁举报监督电话等。拆迁、评估工作人员必须持证上岗，无岗位证书的人员不得从事拆迁工作。完善拆迁市场，落实拆迁招投标制度，建立拆迁行业信用系统和拆迁信息公开查询制度。坚持规范服务、文明拆迁。拆迁、评估和拆除单位都应制定文明拆迁守则，讲文明语言，不得使用威胁、恐吓、欺诈等不正当手段。

加强对拆迁、评估和拆除单位的资质管理，严格资质条件。拆迁和评估机构必须与政府主管部门脱钩，防止拆迁行业盲目扩张。调控拆迁行业整体规模，引导和促进拆迁队伍向规模化、规范化发展。加强对拆迁、评估和拆除单位工作人员的政策、法制和职业道德教育，强化拆迁执业资格管理。市国土房管部门要组织清理整顿全市拆迁和评估单位，对不符合资质条件或有违规拆迁行为的，要严肃处理；对不认真落实拆迁“阳光工程”和文明拆迁各项措施的拆迁和评估单位，要责令其限期整改。

加强拆迁行政管理队伍建设，提高人员素质。各区县政府要重视和加强房屋拆迁管理机构自身建设，建立健全适应市场经济体制要求的房屋拆迁管理监督机制。市国土房管部门要加强对区县房屋拆迁管理部门的指导和监督，创新拆迁管理体制，提高拆迁管理和监督效率，建立房屋拆迁长效管理体制。

五、保证拆迁安置住房供应，加强危改回迁房建设管理

保证城市建设拆迁安置用房的供应。市发展和改革、建设等行政主管部门要根据房屋拆迁工作需要，安排年度开发建设计划。当前，要特别组织好经济适用住房和中低价位商品住房的开发建设；进一步搞活住房二、三级市场，满足被拆迁人特别是低收入家庭的购租住房需求。加强危改回迁房建设管理，确保被拆迁人按期回迁，减少安置纠纷。属于集体土地上房屋拆迁实行房屋安置的，要按照规定筹建安置住房，房屋拆迁管理部门要严格审核，安置住房不落实的，不得批准拆迁。

六、明确拆迁工作责任，建立责任追究制度

要按照平稳、有序、依法拆迁的要求，建立和落实各级政府、各有关部门和单位的工作责任制，分级管理，各负其责。对于没有依法审批房屋拆迁许可证、没有落实拆迁招投标制度、没有督促落实拆迁公示制度、没有依法裁决、拆迁单位资质管理不到位的，要追究拆迁管理部门责任。对在实施行政强制拆迁过程中，组织工作不到位，没有制定和落实强制拆迁预案，引起突发事件造成不良影响的，追究区县政府责任。对尚未签订拆迁补偿安置协议，不按法定程序即拆除被拆迁人房屋等违法拆迁的行为，属于违反《中华人民共和国治安管理处罚条例》或者触犯刑律的，要及时立案查处，追究当事人法律责任。

七、努力做好信访接待工作，落实拆迁举报、监察制度

加强拆迁信访接待工作，按照属地管理原则，实行区县政府负责制。对信访人员的合理要求，应认真督促拆迁人限期解决；一时难以解决的，要耐心细致地做好解释工作，督促拆迁人创造条件，早日解决。对信访人员的不合理要求，要做好说服工作。完善拆迁纠纷排查调处工作机制，各有关部门和单位要加强配合，积极预防和化解拆迁矛盾。拆迁和评估单位要在拆迁现场设立政策咨询和接待点，争取在现场和当地解决问题。

落实拆迁举报和监察制度。市、区县房屋拆迁管理部门都要设立举报电话，建立健全举报制度。对举报的拆迁违法、违纪行为，要依法及时进行核实和处理，做到有案必查，有举报必答复。加强房屋拆迁监察审计工作，严肃查处拆迁中以权谋私、营私舞弊等腐败行为，对违法、违纪行为要一查到底，严肃追究有关人员的责任。

八、加强房屋拆迁宣传工作，建立舆论和社区监督机制

加大房屋拆迁政策和拆迁工作的宣传力度，高度重视舆论监督作用，及时研究社会舆论反映的拆迁问题，完善拆迁政策，改进拆迁管理工作。及时向社会公布拆迁政策和办事程序，积极组织拆迁和评估单位开展拆迁现场政策宣传和咨询活动。通过多种渠道和方式，宣传和解释拆迁政策，告知被拆迁人在拆迁中的权利以及如何保护自己的权利。宣传部门要坚持正确的舆论导向，协调电视、报刊等新闻媒体从维护社会稳定大局出发，加强对城市建设和拆迁工作的宣传，防止渲染、炒作，避免误导，激化矛盾。充分发挥社区和居委会、村委会的监督作用，引导群众支持配合拆迁工作，监督各项拆迁政策的执行，以及拆迁“阳光工程”和文明拆迁各项措施的落实情况。

关于加强拆迁现场房屋拆除施工管理的通知

京建拆〔2005〕1006号

（北京市建设委员会2005年11月8日发布）

各区、县建设委员会，各建设单位、拆迁单位、拆除施工单位：

为加强我市拆迁现场管理，促进文明施工、规范作业，维护拆迁现场秩序和环境，保护被拆迁群众合法权益，依据房屋拆迁和拆除施工管理有关规定，现就加强我市拆迁现场房屋拆除施工管理有关事项通知如下：

一、本通知所称拆迁现场，是指在房屋拆迁许可证规定的范围内，拆迁人委托房屋拆除施工单位对房屋及其附属物实施拆除的施工场地。

二、拆迁现场房屋拆除施工管理，按照属地的原则由项目所在地的区县建委负责。

三、拆迁人应当委托拆除施工单位对拆迁范围内的房屋实施拆除作业。拆除施工单位必须具有建设行政主管部门核发的房屋拆除施工企业资质证书，并取得《安全生产许可证》；承担的拆除工程必须限定在资质许可范围内。

拆除施工单位接受委托后，不得以任何方式将承接的拆除工程进行转包或者分包。

四、建设单位向区县拆迁管理部门申请房屋拆迁许可证时，应当提交房屋拆除施工委托合同及受托房屋拆除施工单位的资质证书、《安全生产许可证》等材料，由区县建委进行审查。

五、拆迁人应当就拆除施工工作流程、文明施工、防治扬尘污染等现场管理主要措施制定工作方案，报区县拆迁管理部门备案。

六、拆迁人应当将拆除施工单位的资质证书、《安全生产许可证》及拆除工作流程等内容在拆迁现场公示。

七、拆迁现场必须坚持文明施工的原则，对已签订拆迁协议并腾空的房屋实施拆除时，应当采取有效措施，切实减少对现场未签协议单位和住户正常生产、生活秩序的不良影响。严禁采用恐吓、胁迫以及停水、停电、停气、停暖、阻碍交通及上门骚扰、砸门破窗等手段，强迫被拆迁人搬迁。

因市政管理部门拆除或者迁移相关市政设施，或者因工程需要并经市政管理部门批准确需先行拆除或者迁移相关市政设施，导致拆迁现场未签协议单位和住户临时停水、停电、停气、停暖或者阻碍交通的，应当事先告知相关单位和住户，并尽快采取架设临时管线或者其他措施予以恢复，尽量减少对现场正常生产、生活秩序的影响。

八、拆迁人应当组织拆迁单位、拆除施工单位，按照先搬迁腾房，后拆除施工的原则，严格执行工作流程，明确责任，切实做好前期居民和单位搬迁与后期房屋拆除施工的衔接工作。

除经房屋拆迁管理部门依法裁决并由人民法院或者区县政府强制执行外，在拆迁当事人未达成拆迁补偿安置协议的情况下，任何单位和个人不得先行拆除被拆迁人的房屋。

九、拆迁人应当按照《北京市城市房屋拆迁施工现场防治扬尘污染管理规定》的要求，承担拆迁现场房屋拆除施工的环境保护责任，做好现场防治扬尘污染等各项环保工作。

十、各区县建委应当加强拆迁现场房屋拆除施工管理，督促拆迁人及相关单位落实拆除施工各项措施，并加强监督检查，依法查处违法违规拆除施工行为。

十一、违反本通知第七条规定，采用恐吓、胁迫以及停水、停电、停气、停暖、阻碍交通及上门骚扰、砸门破窗等手段，强迫被拆迁人搬迁的，由区、县拆迁管理部门会同有关部门及时制止，责令恢复水、电、气、暖、交通，并对有关单位及当事人依法严肃处理。

违反本通知第八条规定，擅自拆除被拆迁人房屋的，由房屋所在区、县拆迁管理部门责令停止拆迁，并依法予以处罚；触犯刑律的，依法追究刑事责任。

对有前两款规定行为的拆迁单位或者拆除施工单位，还应视情节轻重，责令停业整顿，直至撤销其拆迁资质或者拆除施工资质，并由市建委记入企业信用信息系统。

十二、拆迁现场涉及房屋拆除施工安全管理事项，按照市建委《关于加强建筑拆除工程施工安全管理的通知》（京建施〔2005〕567号）执行。

十三、本通知自发布之日起施行。

关于印发《北京市房屋拆迁单位工作守则》和《拆迁工作文明用语》的通知

京建拆〔2005〕1179号

（北京市建设委员会2005年12月22日发布）

各区县建委（国土房管局）、各拆迁单位：

为了加强对全市拆迁单位的管理，规范拆迁工作人员行为，促进依法、文明拆迁，市建委制定了《北京市房屋拆迁单位工作守则》和《拆迁工作文明用语》，现印发给你们，请认真贯彻执行。

附件1

北京市房屋拆迁单位工作守则

一、热爱首都城建事业，顾全大局

充分认识做好房屋拆迁工作的重要性，爱岗敬业，甘于奉献，顾全大局，处理好首都城市建设发展与保护群众合法权益、维护社会稳定的关系，为加快首都城市建设、全面建设小康社会、实现“新北京、新奥运”战略目标和北京率先基本实现现代化贡献力量。

二、熟练掌握政策法规，依法拆迁

自觉学习国家有关法律、法规和规章，模范遵纪守法；熟练掌握《国务院城市房屋拆迁管理条例》、《北京市城市房屋拆迁管理办法》等相关法律法规和政策，提高政策水平和依法拆迁意识。依法实施房屋拆迁工作，认真执行相关法律程序，依法补偿安置被拆迁人，严格履行拆迁补偿协议。除经依法裁决并由人民法院或者区县政府强制执行外，在当事人未达成协议的情况下，不得强行拆除被拆迁人的房屋。

三、坚持公开透明原则，阳光拆迁

增加拆迁政策和拆迁工作的透明度，推行拆迁补偿安置公示制度，接受拆迁当事人和社会的监督，实施阳光拆迁。拆迁现场必须公示拆迁政策、拆迁许可证、拆迁范围、拆迁公司资质证书、工作人员情况、拆迁工作流程、拆迁工作纪律等资料（或复印件），并设立拆迁举报电话。除被拆迁人明确表示不愿意公示的以外，对被拆迁人的初步估价结果应当进行公示。

四、实行持证上岗制度，规范服务

拆迁工作人员必须经过政策、法制和职业道德培训并取得本市房屋拆迁岗位证书。拆迁工作人员履行职务时，应当向拆迁当事人或有关人员出示岗位证书；无岗位证书人员不得从事拆迁工作。实现拆迁工作规范化，有序开展各项工作，减少拆迁工作随意性，做到工作流程规范、现场管理规范、谈话记录规范、签订协议规范、档案管理规范。摆正位置，提高服务意识、服务质量和服务效率，切实履行好服务职责，为拆迁当事人提供规范服务。

五、模范遵守社会公德，文明拆迁

模范遵守社会公德，遵守首都市民文明公约，文明实施拆迁工作，做到语言文明、行为文明、环境文明。坚持讲文明用语，耐心细致地宣传解释政策法规，以理服人，不讲污言秽语，不使用侮辱、谩骂词语；举止文明，礼貌待人；不得使用威胁、恐吓、欺诈等不正当手段，对未签协议的单位和居民不得进行断水、断电、断路或其他严重影响其正常生活工作的行为；办公环境和工作人员着装干净整洁；拆迁现场围挡整齐，文明施工，及时清运渣土，认真落实防治扬尘污染各项措施。

六、换位思考方便群众，有情拆迁

满腔热情从事房屋拆迁服务工作，耐心解释政策法规，认真倾听被拆迁人意见，经常换位看待被拆迁群众提出的问题，设身处地为群众着想，态度耐心诚恳，不急不躁，讲法又重情，深入了解并想方设法帮助群众解决实际困难。坚持便民原则，处处、事事、时时为群众着想，凡事从方便群众角度考虑，不嫌麻烦，不刁难群众，服务到家，对孤老残疾等行动不便者上门服务。妥善处理好拆迁中的纠纷，及时、就地化解矛盾。

七、不断加强自身学习，提高素质

适应把首都建设成学习型城市的发展要求，争做学习型人才。努力学习政治理论和国家方针政策、国家法律法规及相关文化知识，提高自身文化修养；认真学习拆迁业务，注重总结交流工作经验，提高业务素质。正确看待和分析拆迁工作中出现的新情况、新问题，与时俱进，勤于思考，勇于创新。

八、坚决抵制不正之风，廉洁自律

恪守职业道德，廉洁奉公，坚持原则，不徇私情，不贪赃枉法，不利用工作之便谋取私利，杜绝以任何形式向被拆迁人吃、拿、卡、要等腐败行为。

附件 2

拆迁工作文明用语

（一）基本用语

1. 您好！
2. 您请进！
3. 您请坐！
4. 请问？
5. 请稍等！
6. 谢谢！
7. 对不起！
8. 请原谅！
9. 很抱歉！

10. 没关系!

11. 不客气!

12. 欢迎您再来!

13. 再见!

(二)拆迁行业用语

1. 我们是……公司的工作人员,受拆迁人的委托,在此从事拆迁工作,请您多支持!

2. 请您出示房产证(租赁合同),我们做一下登记,谢谢。

3. 方便的话请您带我们看一下您房屋的具体情况,我们进行详细地登记,谢谢。

4. 以上是我们登记的具体内容,如果您没有疑义,请您签一下字。

5. 请问您是否愿意将对您的初步估价结果公示上墙?

6. 这是根据您房屋的实际情况出具的拆迁估价报告,请您签收。

7. 如果您对估价报告有什么疑问,我们可以给您解释。

8. 请问,您贵姓?

9. 请问,您有什么事吗?

10. 请您再说具体点。

11. 不要紧,请慢慢讲。

12. 我理解您的心情。

13. 请您稍等,我帮您看看(查查)。

14. 您反映的问题,我们马上向领导汇报,争取尽快办理。

15. 我能为您提供什么帮助吗?

16. 为您服务是我们应该做的。

17. 请您到这边办理(谈谈)。

18. 您还有什么不明白的事情吗?请讲。

19. 对不起,让您久等了。

20. 对不起,负责这项工作的同志不在,是否可以转告?

21. 请您看一下协议的填写是否正确,如果正确,请您在乙方的位置签字。

22. 请您核实款项与协议是否相符,如果正确,请您在领取人栏目签字。

23. 请您在协议规定的时间内,将您居住的房屋腾空,并交给工程组,以便验收,谢谢。

24. 请您排队领取拆迁补偿款。

25. 您反映的情况,我们一定尽快调查,给您答复。

26. 感谢您对首都城市建设的贡献!

27. 感谢您对我们拆迁工作的理解和支持!

(三)拆迁工作禁用语

1. 急什么!

2. 不知道。

3. 不清楚。

4. 别装糊涂了!

5．早晚强迁了你。
6．你怎么什么都不懂。
7．不办你两回你不知道我是干什么的。
8．办的就是你！
9．你问我，我问谁！
10．墙上贴着呢，自己看去！
11．不归我管，问别人去！
12．不是给您说了吗？怎么还不清楚！
13．我的态度就这样，你能怎样？
14．有能耐你告去，你随便告！
15．找领导去，我管不着。
16．为什么不看清楚协议！
17．我不是跟你说了吗。
18．少罗唆，快着点！
19．不要胡说。
20．没上班，到外边等着去。
21．快走吧，我们要下班了！
22．不成，没门！
23．“小心点”！
24．别找事！

关于印发《北京市房屋拆迁现场管理办法》的通知

京建拆〔2006〕573号

（北京市建设委员会2006年7月10日印发）

各区县建委（房管局），各建设、拆迁、评估、拆除施工单位：

为进一步规范拆迁现场管理，推进“依法、阳光、文明、有情”拆迁，打击拆迁现场违法违规行为，保障拆迁当事人合法权益，市建委制定了《北京市房屋拆迁现场管理办法》。现印发给你们，请认真贯彻执行。

附件

北京市房屋拆迁现场管理办法

第一条　为加强本市房屋拆迁现场管理，促进依法、文明拆迁，根据《北京市城市房屋拆迁管理办法》、《北京市集体土地房屋拆迁管理办法》及其他相关规定，制定本办法。

第二条　本办法所称拆迁现场，是指拆迁人或者其委托的房地产价格评估、房屋拆迁及房屋拆除施工单位，在规定的拆迁范围和拆迁期限内，进行被拆迁房屋评估、居民和单位拆迁、房屋拆除施工等相关工作的场地。

拆迁人是指依法取得房屋拆迁许可证的建设单位。

第三条　拆迁现场实行拆迁人负责制。拆迁人应当加强拆迁现场管理，并对拆迁现场依法、文明进行评估、拆迁服务、房屋拆除施工承担主要责任。拆迁人应当确定拆迁现场管理责任人，并报区县建委（或房管局，下同）。

受托的房地产价格评估、房屋拆迁及房屋拆除施工单位（以下统称受托单位），必须严格按照法律法规规定和行业规范进行评估、拆迁服务和拆除施工作业，并对其具体实施的工作承担相应的责任。

第四条　本市拆迁现场管理，按照属地的原则由项目所在地的区县建委负责。区县建委应当加强拆迁现场监督检查，督促拆迁人和相关单位落实拆迁现场管理各项措施。

第五条　受托的房地产价格评估机构必须具备国家或者本市建设、国土主管部门核发的评估机构资质证书。

受托的房屋拆迁单位必须具备市建委核发的拆迁资质证书；承担的拆迁项目必须限定在资质许可范围内。

受托的房屋拆除施工单位必须具备国家或者本市建设主管部门核发的房屋拆除施工企业资质证书，并取得《安全生产许可证》；承担的拆除工程范围和拆除方式必须限定在资质许可范围内。

建设单位向区县建委申请房屋拆迁许可证时，应当提交委托评估合同、委托拆迁合同、委托拆除施工合同以及本条前三款规定的受托单位的资质证书等相关材料。

受托的评估、拆迁和拆除施工单位接受委托后，不得以任何方式将承接的业务进行转包或者违法分包。

第六条　评估、拆迁和房屋拆除施工工作人员（以下统称现场工作人员）必须持证上岗。

区县建委统一制作胸卡的，必须注明项目名称、受托单位名称、上岗人员的执业资格证书号（包括估价人员的估价师证书号、拆迁人员的岗位证书号等）。

被拆迁人可以登录北京估价师协会网站（http：//www. bjgj. org. cn）和北京拆迁信息网（http：//bjchaiqian. bjjs. gov. cn），根据评估和拆迁上岗人员姓名、单位及执业资格证书号，核查从业状况。

第七条　受托单位必须在拆迁现场设置临时办公地，作为公示相关信息、现场接待被拆迁单位和居民、提供政策和业务咨询、接受监督举报的场所。

受托单位现场办公场所必须保持必要的干净、整洁。

第八条　拆迁现场必须坚持阳光拆迁的全程公示制度。

拆迁人或者受托单位，应当在拆迁现场公示以下内容：

（一）拆迁许可证；

（二）拆迁范围；

（三）拆迁基本法规、规章；

（四）拆迁评估补偿和补助费基本标准或确定办法；

（五）评估单位资质证书、评估工作人员名单及估价师证书号；

（六）拆迁单位资质证书、拆迁工作人员名单及拆迁岗位证书号；

（七）拆除施工单位资质证书、《安全生产许可证》及拆除施工人员情况；

（八）拆迁工作流程；

（九）拆迁工作纪律；

（十）拆迁文明规范和拆迁文明用语；

（十一）按照规定依被拆迁人要求予以公示的拆迁估价初步结果；

（十二）其他应当公示的内容。

区县建委在拆迁现场依法发布拆迁公告、拆迁裁决受理听证通知和拆迁申请强制执行听证通知等事项。

拆迁现场公示及相关公告、通知，必须做到规范、统一、整齐。

第九条　拆迁人应当组织评估、拆迁服务、拆除单位在拆迁现场设置政策咨询窗口。

拆迁现场工作人员应当切实做好现场政策咨询工作，并提供相关法规、规章和政策查询服务。

第十条　拆迁现场各受托单位应当坚持规范服务和文明拆迁，不得使用威胁、恐吓、欺诈等不正当手段。

第十一条　拆迁现场对已签订拆迁协议并腾空的房屋实施拆除时，应当采取有效措施，切实减少对现场未签协议单位和住户正常生产、生活秩序的不良影响。严禁采用恐吓、胁迫以及停水、停电、停气、停暖、阻碍交通及上门骚扰、砸门破窗等手段，强迫被拆迁人搬迁。

因市政管理部门拆除或者迁移相关市政设施，或者因工程需要并经市政管理部门批准确需先行拆除或者迁移相关市政设施，导致拆迁现场未签协议单位和住户临时停水、停电、停气、停暖或者阻碍交通的，应当事先告知相关单位和住户，并尽快采取架设临时管线或者其他措施予以恢复，尽量减少对现场正常生产、生活秩序的影响。

第十二条 拆迁人应当组织拆迁单位、拆除施工单位，按照先搬迁腾房，后拆除施工的原则，严格执行工作流程。

除经依法裁决并由人民法院或者区县政府强制执行外，在拆迁当事人未达成拆迁补偿安置协议的情况下，任何单位和个人不得先行拆除被拆迁人的房屋。

第十三条 拆迁人应当按照市建委《关于加强基础设施管线施工防护和拆除工程施工安全监督管理的若干规定》（京建施〔2006〕256号）的规定，在拆除工程施工15日前，将保证安全施工的相关资料报区县建委施工安全管理部门备案。区县建委拆迁管理部门核发房屋拆迁许可证时，应当检查拆迁人是否取得备案证明。

拆除施工企业在进行建筑拆除工程施工时，应严格执行《建筑拆除工程安全技术规范》和有关标准，并按照《北京市城市房屋拆迁施工现场防治扬尘污染管理规定》要求落实现场防治扬尘污染等各项环保措施。

第十四条 拆迁人、拆迁单位以及拆除施工单位应加强拆迁现场房屋安全使用情况检查。

尚未搬迁腾空的房屋，出现险情的，应通知产权人或实际使用人及时采取安全防护措施。对已搬迁腾空房屋进行拆除施工，可能造成毗邻未搬迁房屋安全隐患的，在制定并落实好毗邻房屋安全防护措施前，不得进行拆除施工。

第十五条 拆迁人应当认真落实拆迁项目进度报表和拆迁结案报表制度。

“拆迁项目进度报表”包括“拆迁固定月报表”和“公告搬迁期限奖励期报表”。“拆迁固定月报表”应当在每月10日以前填报完毕；“公告搬迁期限报表”应当在公告规定的搬迁期限届满后5日内填报完毕。“拆迁结案报表”应当在完成拆迁后10日内填报完毕。

各区、县建委应当建立拆迁现场台账，及时掌握所辖区县范围内所有拆迁现场的项目进展情况和现场管理状况。

第十六条 市、区县建委应当加强对拆迁现场的监督检查，建立健全拆迁现场检查制度。

区县建委发布拆迁公告之后，应当组织对拆迁现场办公场所设置、现场工作人员配置、现场公示等情况进行检查。

拆迁现场进入拆除施工阶段后，区县建委应当组织对拆除施工方案、安全措施、现场围挡、渣土清运和管理等施工及防扬尘措施落实情况进行检查。

市、区县建委根据项目进展情况定期或者不定期组织拆迁现场检查。

凡涉及举报拆迁现场违法违规行为的，区县建委应当立即组织拆迁现场检查，核实情况，及时阻止违法违规行为，并依法查处责任单位和人员。

建委应对拆迁现场检查情况作好记录。

第十七条　市、区县建委监督检查拆迁现场各项措施落实情况，发现违法违规情形的，应按照下列规定及时进行处理：

（一）拆迁人委托不符合规定资质条件的单位实施评估、拆迁服务或者房屋拆除施工；受托单位超越资质等级业务范围承接业务，或者转让所承接业务的，对拆迁人和受托单位按照《城市房屋拆迁管理条例》、《北京市城市房屋拆迁管理办法》、《房地产估价机构管理办法》、《建筑业企业资质管理规定》等相关规定处理。

（二）现场工作人员不具备规定的岗位证书或者雇用非本单位人员进行现场作业的，由建委责令其立即停止现场作业，对所在单位提出批评并责令改正。

（三）违反本办法第十一条规定，采用停水、停电、停气、停暖、阻碍交通或其他胁迫、骚扰手段，强迫被拆迁人搬迁的，由建委责令改正，立即恢复水、电、气、暖、交通；情节严重的，责令限期整顿，整顿期间停止拆迁。

（四）违反本办法第十二条规定，未经依法裁决并由人民法院或者区县政府强制执行，在拆迁当事人未达成拆迁补偿安置协议的情况下，先行拆除被拆迁人房屋的，由建委责令拆迁人限期整顿，整顿期间停止拆迁；属于受托单位责任的，可以降低责任单位资质等级或者撤销责任单位资质证书和责任人的岗位证书；给拆迁当事人造成损失的，还应当依法承担相应的民事责任。

违反本办法第十一条规定，采用上门骚扰、砸门破窗等恶性手段，强迫被拆迁人搬迁，情节严重的，参照本项规定处理。

（五）拆迁人和受托单位违反本办法规定，触犯刑律的，依法追究刑事责任。

（六）对拆迁人及受托单位违法违规行为处理情况，由市建委记入企业信用信息系统。

区县建委查处拆迁人及受托单位违法违规行为后，应将查处情况报市建委。

第十八条　本办法自 2006 年 8 月 1 日起施行。

关于印发《北京市房屋拆迁前期工作指导意见》的通知

京建拆〔2006〕1045号

（北京市建设委员会2006年11月13日发布）

各区、县建委（房管局）：

为规范本市房屋拆迁前期工作，市建委制定了《北京市房屋拆迁前期工作指导意见》。现印发给你们，请结合本区、县房屋拆迁实际情况贯彻执行。

各区、县在执行中遇到的情况和问题，请及时反馈我委。

附件

北京市房屋拆迁前期工作指导意见

1　总则

1.0.1　拆迁前期工作是房屋拆迁的重要工作和环节，做好充分地前期准备工作是下一步拆迁工作顺利推进的前提和关键。为规范拆迁前期工作，制定本意见。

1.0.2　房屋拆迁前期工作是指建设单位取得房屋拆迁许可证前，为具备拆迁许可要件和确保拆迁工作顺利实施而进行的一系列准备工作。

1.0.3　建设单位的拆迁前期工作主要内容包括：

1. 抓紧办理立项、规划、用地等前期审批手续；
2. 及时申报年度拆迁计划；
3. 确定拆迁、评估、房屋拆除施工单位；
4. 申请暂停办理相关事项和拆迁公示；
5. 委托拆迁、评估单位入户调查和评估，了解被拆迁人拆迁安置意向；
6. 制定拆迁补偿安置方案和工作计划；
7. 筹集补偿资金和可购安置房源；
8. 按照规定申请办理房屋拆迁许可证。
9. 其他工作。

1.0.4　在拆迁前期工作环节，区县建委（房管局）主要工作是：

1. 征集年度拆迁计划，经区县政府核准后上报；
2. 批准在拆迁范围内暂停办理相关事项，通知相关部门并在拆迁范围内予以公示；
3. 办理拆迁招标备案，指导、监督建设单位采取招投标等方式确定拆迁、评估、拆除施工单位；
4. 受理和审核拆迁许可申请；

5. 积极指导、督促建设单位进行前期各项工作。

2　年度拆迁计划

2.0.1　市建委于每年年底征集下一年度拆迁计划。凡下一年度有拆迁任务的建设单位，应当按照要求及时向区县建委（房管局）申报；区县建委（房管局）报区县政府同意后上报市建委，由市建委提交市拆迁计划编制工作小组核定并报市政府批准后下达。

2.0.2　建设单位按照规定向区县建委（房管局）申报下一年度年度拆迁计划，除应当对申报项目的前期工作深度予以说明并提交相关证明材料外，还应当提出初步的补偿安置方案，尤其是对被拆迁住户的安置方向。

建设单位申报年度拆迁计划时，应当确定项目拆迁工作的具体负责人并报区县建委（房管局）。

2.0.3　区县建委（房管局）对申报项目的前期工作深度及补偿安置方案进行审核，对于立项和规划审批尚未到位的项目、安置房源没有落实的项目，原则上不予报审拆迁计划。

2.0.4　年度拆迁计划经市政府批准由市建委下达后，各区县建委（房管局）对本区县计划内拆迁项目，应当建立台账，确定具体管理人员，负责联系建设单位，并指导和督促建设单位做好拆迁前期工作。

2.0.5　未列入年度拆迁计划的项目，不予核发房屋拆迁许可证。确需追加计划的，原则上由区县建委（房管局）核减计划内同等规模的其他项目后，报市建委批准。

3　拆迁招投标

3.0.1　建设单位应当根据原北京市国土房管局《关于本市拆迁项目实行招投标管理的通知》等文件要求，按照公开、透明的原则，确定拆迁、评估和拆除施工单位。

拆迁项目招标实行业主（建设单位）负责制。

3.0.2　区县建委（房管局）在核报年度拆迁计划时，对于计划内按照规定应当采取招投标方式确定拆迁、评估和拆除施工单位的项目，应当提示建设单位。

3.0.3　建设单位取得建设用地规划许可证或者建设工程规划许可证后，即可就规划许可证件确定的拆迁范围内的房屋拆迁（包括拆迁、评估、房屋拆除项目）进行招投标。

建设单位应当在发布招标公告或者招标邀请书5日前，到拆迁项目所在地的区县建委（房管局）办理招标备案。

3.0.4　市、区县建委（房管局）不得为建设单位指定房屋拆迁、评估、拆除施工单位以及招标代理机构。

建设单位可以向市、区县建委（房管局）查询投标单位的资信情况。市、区县建委（房管局）发现投标单位不具备相应的资质条件、资质等级不符合招标条件、或者有不良记录的，可以向建设单位提出。

3.0.5　评标专家委员会应当以投标人的工作业绩、资质登记情况、同类项目经验、拆迁工作方案、人力和精力投入情况等作为评标的主要参照。

拆迁招投标不宜将服务收费最低报价作为评标主要依据。评标专家委员会可以根据项目规模、工作难度、预计拆迁工作周期、受托单位需投入情况等因素，并参照所在区县其他项目服务收费水平，在规定的收费标准幅度内合理确定服务收费标底。

投标单位不得采取恶意降低服务费等方式不正当方式进行投标。

3.0.6 市、区县建委（房管局）拆迁管理人员原则上不得受邀作为拆迁评标专家。

3.0.7 招标人完成拆迁项目招投标活动后，应就招投标活动主要内容制作招投标情况报告。

属于《通知》规定应采取招投标方式确定受托拆迁单位和评估单位的拆迁项目，区县建委（房管局）应将建设单位招投标情况的书面报告作为核发房屋拆迁许可证的审查内容。

3.0.8 建设单位确定拆迁、评估和房屋拆除施工单位后，可以邀请区县建委（房管局）对其工作人员及受托单位现场工作人员进行培训。

4 拆迁公示

4.0.1 建设单位在申请核发房屋拆迁许可证之前，应当向区县建委（房管局）申请在拆迁范围内暂停办理相关事项并进行公示。

未经拆迁公示，原则上不予核发房屋拆迁许可证。

4.0.2 建设单位在申请在拆迁范围内暂停办理相关事项和进行拆迁公示，需向区县建委（房管局）提交以下材料：

1.《拆迁范围内暂停办理相关事项申请表》；

2. 建设项目立项文件；

3. 建设用地规划许可证或建设工程规划许可证及附图。

4. 前一阶段拆迁准备工作情况说明、下一阶段（尤其是公示期间）拆迁工作计划和安排。

4.0.3 区县建委（房管局）在发布拆迁公示前，应根据建设单位提供的建设项目规划许可等相关文件到现场核实拆迁范围。

4.0.4 区县建委（房管局）在拆迁范围内发布公示，应根据项目规模确定公示张贴的份数及地点，并予拍照留存证据。

拆迁公示应同时在市建委“拆迁信息网”上发布。

4.0.5 公示期限（暂停办理有关事项的期限）最长为1年；确需延长的，应当按照规定报区县建委（房管局）批准。属于国有土地房屋拆迁的，延长期限不超过1年，属于集体土地房屋拆迁的，延长期限不超过半年。

公示期限（暂停办理有关事项的期限）原则上不少于20日。

4.0.6 拆迁公示后，建设单位应当将其办公场所地址、联系人、联系电话等书面告知被拆迁人，接受被拆迁人关于拆迁工作计划、拆迁政策等情况的咨询，并了解和搜集被拆迁人的意向。

4.0.7 对于拆迁规模较大或者预计拆迁难度较大的项目，区县建委（房管局）发布拆迁公示前，可以建议并协助建设单位先行召开项目拆迁相关情况通报会。

通报会一般可邀请当地乡镇政府、街道办事处、社区居委会、村委会，区县法制、信访、公安、工商、税务、城管等相关部门或单位参加，由建设单位介绍建设项目规划、拆迁工作准备、拆迁补偿安置初步方案及拆迁工作计划等情况，与参会单位就下一步拆迁入户调查和评估等工作进行沟通。

5 拆迁入户调查和评估

5.0.1　建设单位委托拆迁、评估单位进行入户调查和评估前，应当事先与区县建委（房管局）沟通，申请区县建委（房管局）签发房屋拆迁入户调查通知书和房屋拆迁价格评估通知书，并接受区县建委（房管局）的指导和监督。

区县建委（房管局）应当加强本区县拆迁入户摸底调查和评估工作的指导和监督，规范和统一工作程序、入户摸底调查内容、相关文书表格等。

5.0.2　拆迁单位工作人员入户调查，应当出示区县建委（房管局）签发的房屋拆迁入户调查通知书及拆迁上岗证书。入户调查内容，主要包括被拆迁人的房屋权属和使用状况、户籍和家庭人口结构情况、拆迁范围外另有住房情况、家庭收入及生活水平情况等，同时注意了解被拆迁人的拆迁补偿安置意向，并对被拆迁人就拆迁补偿安置政策及方案等问题提供咨询服务。

各拆迁项目应制作详细的拆迁入户调查情况登记表。

5.0.3　评估单位估价人员入户评估，应当出示区县建委（房管局）签发的房屋拆迁价格评估通知书及估价人员的资格证书。

估价人员应就现场勘查情况制作房屋估价条件登记表，并由被拆迁人签字或者盖章。被拆迁人拒绝签字或者盖章的，估价人员应当记明情况。

5.0.4　拆迁人或者其委托的拆迁、评估单位应当就拆迁范围内房屋，到房屋土地权属及租赁管理部门查阅相关档案，根据权属和租赁档案结合现场入户调查和勘查情况，核实被拆迁房屋状况。

拆迁人或者其委托的拆迁单位应当到当地公安户籍管理部门查阅被拆迁范围内户籍人口情况并予抄录。

5.0.5　入户摸底调查和评估勘查中，发现被拆迁房屋存在产权不明、产权或使用权有争议等问题的，应当及时研究采取措施，包括查档、外调、公告等；发现被拆迁房屋涉及抵押等他项权利的，应当及时通知他项权利人。

5.0.6　拆迁、评估单位在入户摸底调查和评估勘查中，应当注意了解和收集被拆迁人的补偿安置意愿、情绪及动向，并及时整理，向拆迁人和区县建委（房管局）书面反馈。

5.0.7　区县建委（房管局）具体管理人员应经常性到拆迁现场检查入户摸底调查和评估情况，召集现场工作人员了解拆迁范围内被拆迁人的反应、情绪及动向等，进行分类分析，动态掌握拆迁项目的进展情况。如发现拆迁、评估人员的违规操作，按照相关法规进行处罚，并记录在案。

6　编制拆迁补偿安置实施细则和方案

6.0.1　建设单位根据拆迁入户摸底调查和入户评估情况，按照国家和本市房屋拆迁有关法规政策规定，编制拆迁补偿安置方案。

住宅房屋拆迁补偿安置方案包括分户方案和项目汇总方案。分户方案内容包括被拆迁人人口情况（包括常住人口、户籍人口及结构等）、被拆除房屋及其附属物的状况（包括产权归属、房屋使用性质、面积等）、补偿安置方式、评估补偿款（包括区位补偿价、重置成新价）、补助费预算、安置方向等内容。拆迁人应当按照上述内容制作项目汇总方案。

6.0.2　建设单位编制拆迁补偿安置方案前，应当就项目拆迁补偿安置具体方式和标准等事宜制定实施细则，并报区县建委（房管局）备案。实施细则应当以本市房屋拆迁补偿安置规定的标准为基础，充分参考区县范围内临近地段或者同类地段已拆或者在拆项目的补偿安置实际水平，并可以根据所参考项目的拆迁实施实际情况予以适当调整。

6.0.3 建设单位制定拆迁补偿安置实施细则和编制拆迁补偿安置方案，可以要求区县建委（房管局）提供咨询并予指导。

区县建委（房管局）对建设单位制定拆迁补偿安置实施细则和方案提供必要的指导，包括为其提供周边或者同类地段参考项目的实际补偿安置水平。

6.0.4 拆迁补偿安置实施细则一般应当实行货币补偿和提供可购安置房源相结合的方式。

6.0.5 拆迁补偿安置实施细则经区县建委（房管局）备案后，作为区县建委（房管局）行政调解的参考依据。

7　筹集补偿安置资金和可购安置房源

7.0.1 建设单位应当根据拆迁补偿安置方案要求，及时筹集补偿安置资金和安置房源。

7.0.2 建设单位申请核发房屋拆迁许可证，原则上必须提出安置专项方案及相应的安置房源证明，比例一般不宜低于30%。

各区县可以根据拆迁项目性质、所在区位、拆迁范围内户均面积等具体情况，合理确定项目拆迁补偿安置资金和安置房源的比例。

7.0.3 建设单位应当本着方便被拆迁人存取和保障拆迁补偿资金安全的原则，确定拆迁补偿安置资金开户银行。

受理拆迁补偿安置资金存款业务的银行应当与市或者区县建委（房管局）就拆迁补偿安置资金使用监督事项签订承诺书。

8　申请和核发房屋拆迁许可证

8.0.1 凡属《北京市城市房屋拆迁管理办法》和《北京市集体土地房屋拆迁管理办法》调整范围内的建设项目，建设单位取得房屋拆迁许可证后，方可作为拆迁人实施拆迁。法律、法规、规章另有规定的除外。

8.0.2 建设单位违反规定，未取得房屋拆迁许可证，擅自实施拆迁的，由市或者区县建委（房管局）按照《城市房屋拆迁管理条例》第三十四条、《北京市城市房屋拆迁管理办法》第三十八条、《北京市集体土地房屋拆迁管理办法》第二十五条的相应规定予以处罚；建设单位用地范围内房屋尚未拆迁完毕的，应责令建设单位立即停止擅自拆迁行为，并依法办理相关手续。

8.0.3 建设单位在未取得房屋拆迁许可证的情形下，与被拆迁人签订的补偿安置协议，符合民法、合同法规定的生效条件的，市或者区县建委（房管局）对建设单位的处罚不影响协议的效力。

属于本意见第8.0.2条规定情形，建设单位就其用地范围内剩余房屋申请办理房屋拆迁许可证的，对剩余房屋的被拆迁人应按照规定予以补偿安置，且补偿安置标准原则上不得低于对已签协议的被拆迁人的补偿安置标准。

8.0.4 建设单位按照《城市房屋拆迁管理条例》、《北京市城市房屋拆迁管理办法》、《北京市集体土地房屋拆迁管理办法》等相关规定，向区县建委（房管局）申请核发房屋拆迁许可证；区县建委（房管局）依法受理、审查和核发房屋拆迁许可证。

区县建委（房管局）收到建设单位拆迁许可申请后，发现所申报的拆迁项目没有纳入本市房屋拆迁年度计划的，应暂缓受理、通知建设单位，并告知建设单位本市拆迁计划管理相关要求。

8.0.5 本市凡拆迁居民超过500户的房屋拆迁项目，建设单位申请房屋拆迁许可证的，区县建委（房管局）在核发房屋拆迁许可证前，应当按照相关规定组织听证。

8.0.6 拆迁范围按照规划许可证件批准的用地范围确定。用地范围较大的，可以分期实施拆迁，分别申请核发房屋拆迁许可证。

用地范围内既有建设用地又有代征用地的建设项目，分期实施拆迁的，应坚持代征地优先启动拆迁的原则。

8.0.7 区县建委（房管局）在批准核发房屋拆迁许可证前，可以视项目需要，要求建设单位就拆迁调查摸底情况、拆迁工作计划和安排、拆迁补偿安置方案等事宜，召开有当地乡镇政府、街道办事处、社区居委会、村委会，区县法制、信访、公安、工商、税务、城管等相关部门或单位参加的情况通报会。

8.0.8 区县建委（房管局）核发房屋拆迁许可证后，应当在拆迁范围内发布拆迁公告。拆迁许可与拆迁公告的时间间隔不宜超过15日。

拆迁公告应同时在市建委“拆迁信息网”上发布。

9 其他

9.0.1 本意见自发布之日起施行。

关于进一步做好北京市城市房屋拆迁安置和补偿工作的若干意见

京建拆〔2009〕431号

（北京市住房和城乡建设委员会2009年6月11日发布）

各区、县人民政府，各有关单位：

为进一步做好本市城市房屋拆迁工作，维护拆迁当事人合法权益，保障城市建设的顺利进行，根据《城市房屋拆迁管理条例》（国务院令第305号，以下简称《条例》）、《北京市城市房屋拆迁管理办法》（市政府令第87号，以下简称《办法》）等有关规定，经市政府批准，现就进一步做好本市城市房屋拆迁安置和补偿工作提出如下意见：

一、做好城市房屋拆迁安置和补偿工作，关系到依法维护拆迁当事人合法权益和首都经济社会发展与稳定大局，各区县、各部门要高度重视，按照市委市政府关于保增长、保民生、保稳定的工作部署和要求，坚持以人为本和公平、公正、公开的原则，依法切实做好城市房屋拆迁安置和补偿工作。

二、各区县政府要加强对房屋拆迁工作的组织领导和管理，统筹做好房屋拆迁各项工作；要加快组织建设或收购定向拆迁安置房，多渠道做好拆迁安置房源保障工作；要指导和监督建设单位合理编制拆迁实施计划和安置补偿方案、落实安置房源和补偿资金、依法实施房屋拆迁；要依法履行维护拆迁当事人的合法权益和维护稳定等责任，加大拆迁执法力度，保障建设项目顺利进行。

三、本市城市住宅房屋拆迁，被拆迁人可以选择房屋安置，也可以选择货币补偿。

建设单位要进一步加大房屋安置力度，妥善安置被拆迁人，保障被拆迁人的居住条件。

四、实行房屋安置的，根据被拆迁人原住房状况和拆迁项目实际情况，可以采取以下方式：

（一）拆迁双方当事人按照《条例》、《办法》规定实行产权调换，并按照被拆迁房屋的补偿金额与所调换房屋的价格结算差价。

（二）拆迁双方当事人按照被拆迁房屋原建筑面积实行房屋置换。各区县可以结合被拆迁人原住房实际状况、外迁区位差异等因素，制定具体置换办法。

五、拆迁工作要与住房保障工作紧密结合。对于申请廉租房、经济适用住房、限价商品房的被拆迁困难家庭，区县住房保障管理部门在拆迁公告规定的搬迁期限内要实行拆迁现场受理、审核、公示；对符合条件的，住房保障管理部门要优先配租、配售。

六、实行货币补偿的，拆迁货币补偿价格由房地产价格评估机构（以下简称评估机构）根据被拆迁房屋的区位、用途、建筑面积等因素，参照近期类似房地产的市场交易价格评估确定。

拆迁评估一般应采用市场比较法。评估机构应当先行评估确定拆迁范围内房屋拆迁评估的基准价格，再结合被拆迁房屋的实际状况评估确定具体补偿金额，并出具分户评估报告。

七、拆迁评估的基准价格，应当在拆迁范围内公示 7 日。公示期间，评估机构应当进行现场说明，听取有关意见；拆迁当事人对基准价格有异议的，在公示期内可以向北京房地产估价师和土地估价师协会专家委员会（以下简称专家委员会）申请技术鉴定。

八、拆迁当事人对评估机构出具的分户评估报告有异议的，自收到评估报告之日起 5 日内，可以采取以下方式：

（一）向原评估机构书面申请复核。评估机构应当自收到书面申请之日起 5 日内给予答复。

（二）另行委托评估机构评估。受托估价机构应当在 10 日内出具评估报告。

（三）直接向专家委员会申请技术鉴定。

拆迁当事人对原评估机构的复核结果有异议或者另行委托评估的结果与原评估结果有差异且协商达不成一致意见的，自收到复核结果或者另行委托评估机构出具的评估报告之日起 5 日内，可以向专家委员会申请技术鉴定。

专家委员会应当自收到申请之日起 10 日内出具书面鉴定意见。

九、各区县政府要进一步整合和规范各项拆迁补助、补贴等费用，并对辖区内各拆迁项目的综合补偿补助费用进行监督和平衡。

十、建设单位要按照《条例》、《办法》等相关规定，合理编制拆迁安置补偿方案；要切实落实安置房源筹集责任，根据拆迁项目具体情况，通过自行建设、市场收购或者其他方式筹集适量房源用于拆迁安置。

各区县拆迁管理部门要依法对建设单位提交的拆迁安置补偿方案进行审查；对于拆迁安置房源以及补偿资金不落实的，不予核发房屋拆迁许可证。

十一、各区县要加大拆迁法规和政策的宣传力度，按照“公平、公正、公开”的原则推进拆迁工作。拆迁政策、货币补偿补助标准、房屋安置办法、拆迁许可信息、拆迁单位和人员情况、拆迁工作流程、拆迁工作纪律和举报监督电话等应当在现场公示。

十二、要进一步加大拆迁执法力度，维护拆迁政策和安置补偿方案的严肃性。在拆迁公告规定的搬迁期限内未达成安置补偿协议，拆迁当事人申请裁决的，区县拆迁管理部门应依法及时受理；经调解仍达不成协议的，应依法及时做出行政裁决。拆迁当事人未在裁决规定的期限内履行裁决的，由区县政府责成有关部门强制拆迁，或者由区县拆迁管理部门申请人民法院强制拆迁。拆迁当事人对裁决不服的，可以依法申请行政复议或者提起行政诉讼；拆迁人已按照政策规定和拆迁安置补偿方案对被拆迁人给予安置补偿的，行政复议、行政诉讼期间不停止拆迁的执行。

十三、本意见自 2009 年 6 月 15 日起实施。

关于批转北京房地产估价师和土地估价师协会《北京市城市住宅房屋拆迁市场评估技术方案》的通知

京建拆〔2009〕450号

（北京市住房和城乡建设委员会2009年6月18日发布）

各区县建委、房管局：

为贯彻落实《关于进一步做好本市城市房屋拆迁安置和补偿工作的若干意见》（京建拆〔2009〕431号），规范和指导评估机构和估价人员做好城市房屋拆迁评估工作，现将北京房地产估价师和土地估价师协会《北京市城市住宅房屋拆迁市场评估技术方案》转发给你们，请认真贯彻执行。

特此通知。

附件

北京市城市住宅房屋拆迁市场评估技术方案

一、根据《房地产估价规范》的有关规定，结合本市实际情况，现就在本市行政区域内国有土地上住宅房屋拆迁的市场评估，提出本技术方案。

二、拆迁评估的计算公式为：拆迁评估价款=[（基准价格×K+拆迁房屋重置成新价）×因素修正系数]×拆迁房屋建筑面积+拆迁房屋设备、装修及附属物价格

三、基准价格是指拆迁区域标准房地产价格减去标准重置价的差额。

四、标准房地产价格是指在拆迁区域内与被拆迁房屋物业类型相似的标准样本房屋平均价格。

（一）标准样本房屋，是指在被拆迁房屋所在区域的环境状况下，模拟新建普通住宅商品房。一般应满足以下条件：

1. 钢混或砖混结构；

2. 毛坯房或普通装修（四白落地、水泥地面、带门窗等）；

3. 项目容积率大于1。

若拆迁区域环境状况特殊，也可根据区域环境状况确定标准样本房屋。

（二）标准房地产价格应采用市场比较法评估确定，不具备采用市场比较法条件的，可采用其它评估方法。

1. 一般情况下，在同一拆迁区域内可评估一个标准房地产价格，如果拆迁区域呈狭长带状分布，可将其划分为不同区段，分别评估各区段的标准房地产价格。

2. 市场比较法计算公式为：

标准房地产价格＝可比实例价格×交易情况修正×交易日期修正×区域因素修正×个别因素修正×其它因素修正

3. 可比实例，一般应在与拆迁范围具有相同特征的临近区域内符合要求的交易案例中搜集和选取，可比实例原则上不少于三个。前述范围内可比实例不足时，可将选取范围扩展为与拆迁区域具有替代关系、价格会相互影响的相似区域。可比实例应优先选取近期成交的新建普通住宅商品房。

4. 可比实例的成交价格应符合下列要求：

①成交价格一般为正常交易情况下的房屋价格；

②成交价格应选取楼盘或项目的平均价格；条件不具备时，可选取个案价格，但须修正为楼层、朝向、成新等因素均处于一般状况下的价格。

5. 市场比较法中交易情况、交易日期、区域因素、个别因素、其它因素等各项因素的修正，均采用百分率法。

①区域因素修正内容主要包括：繁华程度，交通便捷程度，环境、景观，公共配套设施完备程度，城市规划限制等因素。具体内容应根据用途确定。

②个别因素修正内容主要包括：新旧程度，装修，设施设备，平面布置，工程质量，建筑结构，楼层，朝向等。具体内容应根据用途确定。

③每项修正对可比实例成交价格的调整不得超过20%，综合调整不得超过30%。

五、标准重置价是指标准样本房屋的重新建造成本价格。可根据造价部门或行业管理部门公布的数据确定。

六、拆迁房屋重置成新价，根据《北京市房屋重置成新价评估技术标准》，平房和中式楼房按照房屋的屋面、屋架、墙身、门窗、顶棚、地面分部件以标准间为单位按条件计分、依成新折扣的办法计算，再按房屋建筑面积折算成单价；楼房按照楼房基本价格及增项价格分别依成新折扣的办法计算。房屋的设备、装修及附属物价格依实际数量按条件计分、计价计算。

七、K为容积率修正系数，按照《容积率修正系数表》（见附件一）确定。

八、因素修正系数包括朝向修正系数、楼层修正系数及其他情况修正系数，按照相关修正体系（见附件二、三）确定。

九、本技术方案涉及相关评估技术问题，由北京房地产估价师和土地估价师协会负责解释。

附件一

容积率修正系数（*K*）表

容积率 r	修正系数 K	容积率 r	修正系数 K
$r<0.1$	2	$0.2\leqslant r<0.3$	1.8
$0.1\leqslant r<0.2$	1.9	$0.3\leqslant r<0.4$	1.7

续表

容积率 r	修正系数 K	容积率 r	修正系数 K
0.4≤r＜0.5	1.6	0.8≤r＜0.9	1.2
0.5≤r＜0.6	1.5	0.9≤r＜1	1.1
0.6≤r＜0.7	1.4	r≥1	1
0.7≤r＜0.8	1.3		

注 1. 被拆迁房屋容积率，按照房屋建筑面积除以土地面积计算；被拆迁房屋建筑面积和土地面积，按照房地权属证明文件标明的面积确定。

2. 房地权属证明文件没有标明土地面积的，平房的容积率修正系数（K）按照1.3计算；成套楼房（主要指有独立的居室、厨房及卫生间）的容积率修正系数（K）按照1.0计算；非成套楼房的容积率修正系数根据其房屋附属设施（主要指厨房、卫生间）的实际配套情况在1.0～1.3之间选取。当事人有异议的，也可以按照测绘部门实际测量的数据计算。

附件二

表一　　朝向修正系数表（住宅平房）

朝　　向	北	西	东	南
修正系数	−2%	−1.0%	0%	1%

注 1. 平房朝向指房屋坐落的自然朝向。

2. 非成套楼房朝向按平房朝向进行修正。

表二　　朝向修正系数表（住宅楼房）

朝向	南北	南	东南	西南	东西	东	西	东北	西北	北
修正系数	2%	1.5%	1%	0.5%	0%	−0.5%	−1%	−1.5%	−2%	−2.5%

附件三

住宅楼房楼层修正系数表

总层数								
层次	一	二	三	四	五	六	七	高层
半地下	−5%	−5%	−5%	−5%	−5%	−5%	−5%	−5%
1	0%	0%	0%	−1%	−1%	−1%	−1%	0%
2	2%	2%	0%	0%	0%	0%	−1%	
3	1%	2%	1.5%	1.5%	2%	0.5%		
4	−2%	1%	1%	1.5%	0%			
5	−2.5%	0%	0.5%	0%				
6	−3%	−0.5%	0.5%					
7	−4%	0.5%						
8—11	1%							
12—(顶层—1)	2%							
顶层	−2%							

注 1. 全地下房屋修正系数为−10%，12层以上的住宅楼房，可根据实际情况参照上述标准进行合理修正。

2. 非成套楼房不进行楼层修正。

关于印发《北京市国有土地上房屋征收与补偿实施意见》的通知

京政发〔2011〕27号

（北京市人民政府2011年5月27日印发）

各区、县人民政府，市政府各委、办、局，各市属机构：

现将《北京市国有土地上房屋征收与补偿实施意见》印发给你们，请认真遵照执行。

附件

北京市国有土地上房屋征收与补偿实施意见

为规范本市国有土地上房屋征收与补偿活动，维护公共利益，保障被征收房屋所有权人（以下简称被征收人）的合法权益，依据《国有土地上房屋征收与补偿条例》（国务院令第590号，以下简称《征收补偿条例》），结合本市实际，提出以下实施意见：

一、市政府相关部门按照各自职责分工做好房屋征收与补偿实施工作的指导和监督，完善相关工作机制。

区县人民政府负责本行政区域内房屋征收与补偿工作；区县房屋行政管理部门为本区县房屋征收部门，负责组织实施本行政区域内房屋征收与补偿工作。

二、房屋征收部门可以委托符合条件的房屋征收实施单位承担房屋征收与补偿的具体工作，并对房屋征收实施单位在委托范围内实施的房屋征收与补偿行为负责监督。

房屋征收部门或者房屋征收实施单位根据需要可以通过购买服务方式完成房屋征收与补偿过程中涉及的测绘、评估、房屋拆除、法律服务等专业性工作。

三、为了公共利益需要征收房屋的，由建设单位向建设项目所在地区县人民政府提出征收申请，并提交项目批准文件、规划意见、土地预审意见等文件。收到申请后，区县人民政府按照《征收补偿条例》规定审核建设项目是否符合房屋征收条件。

四、对符合房屋征收条件的建设项目，区县房屋征收部门自收到区县人民政府的确认意见后5个工作日内，在征收范围内发布暂停公告，告知被征收人不得在房屋征收范围内实施新建、扩建、改建房屋和改变房屋用途、变更房屋权属登记等不当增加补偿费用的行为；违反规定实施的，不当增加部分不予补偿。

房屋征收部门应当将前款所列事项书面通知规划、工商、公安、房管等有关部门暂停办理相关手续。暂停办理相关手续的书面通知应当载明暂停期限，暂停期限最长不得超过1年。

五、房屋征收部门发布暂停公告后，可以委托房屋征收实施单位或属地街道办事处（乡镇人民政府）组织被征收人在规定期限内协商选定房地产价格评估机构；协商不成的，根据多数被征收人意见确定；若无法形成多数意见，则由房屋征收部门通过公开摇号的方式随机选定，结果应当在征收范围内公布。

六、房屋征收部门可以委托房屋征收实施单位对房屋征收范围内房屋的权属、区位、用途、建筑面积等情况进行调查登记，被征收人应当予以配合。调查结果应当在房屋征收范围内向被征收人公布。

七、房屋征收部门应当按照公平的原则，会同财政、发展改革、监察、审计等部门及街道办事处（乡镇人民政府）拟定房屋征收补偿方案，报区县人民政府批准后，在征收范围内予以公布，征求公众意见，征求意见期限为30日。被征收人有意见的，持本人身份证明和房屋权属证明，在征求意见期限内以书面形式提交房屋征收部门。区县人民政府应当将征求意见情况和根据公众意见修改的情况及时公布。

八、区县人民政府作出房屋征收决定前，应当按照有关规定进行社会稳定风险评估，制定并认真落实各项防范、化解、处置措施。

房屋征收决定涉及被征收人数量较多的，应当经区县人民政府常务会议讨论决定。

九、对危房集中、基础设施落后等地段进行旧城区改建需要征收房屋的，多数被征收人认为征收补偿方案不符合规定的，区县人民政府应当组织由被征收人和公众代表参加的听证会，并根据听证会情况修改方案。

十、在作出房屋征收决定前，应当明确征收项目补偿资金的总额和产权调换房源。房屋征收部门应当设立房屋征收补偿资金专用账户，确保资金足额到位、专款专用。

十一、区县人民政府依据《征收补偿条例》规定，履行上述程序后方可作出房屋征收决定，并及时在征收范围内公告。公告应当载明征收范围、实施单位、征收补偿方案、签约期限和行政复议、行政诉讼权利等事项。

区县人民政府及房屋征收部门应当做好房屋征收与补偿的宣传、解释工作。

房屋被依法征收的，国有土地使用权同时收回。

十二、区县人民政府及房屋征收部门应当按照《征收补偿条例》规定对被征收人给予公平补偿，补偿方式包括货币补偿和房屋产权调换。被征收人符合住房保障条件的，应当优先给予住房保障。

十三、房屋征收部门与被征收人在征收补偿方案确定的签约期限内达不成补偿协议，或者被征收房屋所有权人不明确的，由房屋征收部门报请作出房屋征收决定的区县人民政府按照征收补偿方案作出补偿决定，并在房屋征收范围内予以公告。

被征收人对补偿决定不服的，可以依法申请行政复议，也可以依法提起行政诉讼。

十四、被征收人在法定期限内不申请行政复议或者不提起行政诉讼，在补偿决定规定的期限内又不搬迁的，由作出房屋征收决定的区县人民政府依法申请人民法院强制执行。

十五、实施房屋征收应当先补偿、后搬迁。作出房屋征收决定的区县人民政府对被征收人给予补偿后，被征收人应当在补偿协议约定或者补偿决定确定的搬迁期限内完成搬迁。

任何单位和个人不得采取暴力、威胁或者违反规定中断供水、供热、供气、供电和道路通行等非法方式迫使被征收人搬迁。禁止建设单位参与搬迁活动。

十六、在《征收补偿条例》实施前已经依法取得拆迁许可证的项目，继续沿用原有规定办理，但政府不得责成有关部门强制拆迁；对被拆迁人与拆迁人达不成拆迁补偿协议，经行政裁决后不搬迁的，可依法向人民法院申请强制执行。

十七、本实施意见自公布之日起施行。

四、征占林地及伐移

关于调整北京地区木材费用负担的规定

〔89〕京林［计］字第99号

（北京市经委　北京市税务局　北京市物价局　北京市财政局　北京市工商局　北京市林业局1989年9月14日发布）

各县（区）经委、林业（农林）局、财政局、税务局、物价局、工商行政管理局、北京市水利局、北京市铁路分局、北京市交通运输总公司、北京矿务局、北京市国营农场管理局、北京卫戍区：

根据北京市人民政府《关于实施〈北京市农村林木资源保护管理条例〉的若干规定》第五条的规定，参照一九八八年三月，国家经济委员会、林业部、财政部、国家物价局、国家工商行政管理局发的经重〔1988〕122号《关于整顿南方集体林区木材费用负担问题的通知》及林业部、财政部对此作的补充通知和说明，结合经济形势的实际变化，现对北京市人民政府《关于实施〈北京市农村林木资源保护管理条例〉的若干规定》，征收育林基金标准进行调整，同时补充征收更改资金和林政管理费规定如下：

一、国营有林单位、集体和个人，在申请林木采伐许可证时，均按物价部门确认的林木价格的12%交纳育林基金，8%交纳更改资金；每立方米木材交纳林政管理费3元。

二、据一九八八年四月林业部、财政部林财字〔1988〕176号补充通知的规定，调整后增收的育林基金，一律上交市林业局作为市林业基金收入，用于营造重点速生丰产林、防护林等建设。

三、更改资金由市、县（区）林业主管部门征收并专户存储，主要用采伐后更新造林，经检查验收合格后返还，如第二年没有进行更新，没收其更改资金，交乡林业工作站组织更新造林。

四、林政管理费由市、县（区）林政部门征收使用。市级铁路、水利、公路和部队采伐林木及经市林业局审批发放采伐许可证单位上缴的林政管理费，统一由市林业局征收使用。林政管理费主要用于林政管理的宣传、业务培训支出，也可适当用于奖励等支出。

五、国家和农村集体合作造林有合同的，分别按合同分成比例向市林业局和县（区）

林业（农林）局交纳育林基金、更改资金和林政管理费。

六、经县（区）林业主管部门确认的薪炭林、农民自留地、庭院内及规定的房前屋后个人所有的零星树木的采伐，不交纳育林基金、更改资金和林政管理费。

七、规定从一九八九年十一月一日起执行。

八、本规定在执行中的具体问题由北京市林业局负责解释。

关于加强本市工程建设征占用林地和伐移林木管理的通知

京政发〔2000〕42号

（北京市人民政府2000年12月28日发布）

各区、县人民政府，市政府各委、办、局，各市属机构：

林地、林木是森林资源的主要组成部分，对于调节气候、涵养水源、防风固沙、减少污染、改善生态等具有重要作用。多年来，本市坚持实施首都绿化规划，加强森林资源保护，强化林业管理，改善生态环境，取得了明显成绩，全市林木覆盖率现已达到43%，但与建设现代化国际大都市的要求还有较大差距，森林资源保护和管理还存在薄弱环节。为了加强本市工程建设征占用林地和伐移林木管理，加大森林资源保护力度，巩固首都绿化美化成果，根据《中华人民共和国森林法》（以下简称《森林法》），现就有关事项通知如下：

一、本市工程建设要严格遵守不占或少占林地以及少砍伐林木的原则

近几年，本市因工程建设征占林地和伐移林木的数量增加较快。有些工程建设单位事先没有按规定征求林业主管部门的意见，就进行规划选址、用地申请、设计施工，在工程建设过程中，需要砍伐林木时才向林业主管提出林木采伐申请。有些施工单位，在林业主管部门尚未批准时，便开始采伐林木。为了保护本市绿化成果，顺利实施《北京市生态环境建设规划》，根据《森林法》的规定，本市工程建设必须严格遵守不占或少占林地以及少砍伐林木的原则，能够移植的林木一律不得砍伐。今后，本市工程建设单位在报批大量砍伐林木时，必须说明移植和保留树木的详细情况，否则，林业主管部门不予审批。

二、本市工程建设项目在立项时，必须征求林业主管部门意见

本市计划、规划等部门在进行工程建设项目立项和选址规划时，要充分考虑本市林业总体规划，尽可能地保护林地和林木资源，并征求林业主管部门的意见。本市道路新建、改建和扩建工程在立项、选址、施工等各个阶段，都要尽量保护林木，确需伐移林木的，要报经林业主管部门审批。工程化建设单位在项目规划时，要在项目概算中明确列出绿化资金，按规定留出绿化用地，并在申请林木伐移的同时，上报绿化的具体方案、实施责任人及完成日期。绿化方案应由具有绿化设计资格的单位进行专业设计，绿化任务原则上竣工后当年或次年春季完成。

三、本市工程建设确需征占用林地的，必须按法定程序办理有关手续

根据《中华人民共和国森林法实施条例》的规定，本市工程建设征占用防护林林地或者特种用途林林地面积10公顷以下的，用材林、经济林、薪炭林林地及其采伐迹地面积35公顷以下的，其他林地面积70公顷以下的，用地单位必须向林地所在区（县）人民政府林业主管部门提出用地申请，依法缴纳森林植被恢复费，经市人民政府林业主管部门审核同意后，到土地行政主管部门办理建设用地申请。工程建设征占用林地面积超过上述规定数量的，由市人民政府林业主管部门初审后报国务院林业主管部门审核。

四、本市工程建设伐移林木，应尽量安排在林木采期内进行

根据《北京市森林资源保护管理条例》，本市工程建设伐移林木的采伐期确定为每年10月15日至次年3月31日。在林木采伐期内，林木因季节因素生长趋缓，采伐的林木可以利用，同时还有充足的时间对采伐迹地进行造林前期准备工作。另外，在林木采伐期内移林木，成活率较高，有利于绿化成果的保护。今后，本市工程建设确需伐移林木的，原则上都要安排在确定的林木采伐期内采伐施工，非采伐期内不准进行采伐。

五、本市工程建设采伐林木，必须在年森林采伐限额内申请林木采伐许可证

根据《森林法》的规定，国家对森林采伐实行严格的年森林采伐限额制度，这是控制森林资源消耗，保护森林资源的重要措施。任何审核发放采伐许可证的部门，都不得超过年采伐限额发放林木采伐许可证。因工程建设采伐量较大，需要增加年森林采伐限额的，工程建设单位必须在年初向区（县）人民政府林业主管部门申报计划，由市人民政府林业主管部门审核，经市人民政府同意后报国务院审批。

本市现有的绿化成果和森林资源来之不易，必须加强保护和管理。各级人民政府和各有关部门必须提高认识，高度重视，进一步增强紧迫感和责任感，把森林资源保护工作提到重要议事日程，加强组织和领导。各级林业主管部门要严格执行征占用林地和伐移林木的申报、审批和检查监督制度，加大执法力度。各有关部门要大力支持和配合，严肃查处并坚决打击各种违法征占用林地和乱砍滥伐林木的行为，确保首都林木资源的不断增长。

关于在本市城市建设中加强树木保护的紧急通知

京政办发〔2001〕75号

（北京市人民政府办公厅2001年9月28日发布）

各区、县人民政府，市政府各委、办、局，各市属机构：

保护树木，特别是古树、大树，对于美化和保护城市环境有着极为重要的作用。但在城市建设中，特别是在市政道路建设和成片危旧房改造中，一些单位擅自伐移、少报多伐树木或未对古树、大树采取严格保护措施，致使一些地区大树大量减少，影响了城市景观和环境，引起了社会各界的关注。保护树木已经成为当前城市建设和环境保护中一个重要、紧迫的问题。为切实加强城市建设中树木保护工作，现就有关问题紧急通知如下：

一、在本市城近郊区建设中（包括市政道路建设、危旧房改造），不准伐移古树名木，其他树木原则上不准砍伐。因工程建设确需调整和伐移的，须经批准：其中伐移树木10株以下（含10株）的，由市园林局负责审批；伐移树木11株以上的，由市园林局报市政府审批。城近郊区中涉及市林业局职责范围的树木伐移，由市林业局按市政府有关规定审批。其他任何部门都无权审批伐移树木。对越权审批和变相越权审批伐移树木的现象，一经发现，依法严肃处置。

二、凡在城近郊区进行建设，特别是进行道路改扩建和危旧房改造中，建设单位必须在规划前期调查清楚工程范围内的树木情况，在规划设计中能够避让古树、大树的，坚决避让，并在施工中采取严格保护措施。任何单位和个人都不得擅自伐移树木。确因工程需要进行调整或伐移的树木，必须严格履行报批手续。

三、各级规划、建设和园林、林业主管部门要严格执行《北京市城市绿化条例》、《北京市古树名木保护管理条例》、《北京市森林资源保护管理条例》、《北京市人民政府关于加强本市工程建设征占用林地和伐移林木管理规定的通知》（京政发〔2000〕42号）和本通知规定，按照各自的职责分工，进一步加强对现有树木的保护工作。

规划部门在下达建设项目规划意见书时要明确保护树木的要求；在审查上报的规划设计方案时，要把是否伐移树木和落实树木保护方案作为重要审查内容。对能够采取不伐移树木措施而没有采取的和没有树木保护方案的规划设计方案不予批准。

建设主管部门对没有树木保护措施的工程，不准开工。对在施工程发现树木保护措施不落实的，要责令其停工直至树木保护措施完全落实。

园林、林业部门对申报伐移树木的要严格把关，做到能不伐的树木坚决不伐，能移栽的树木坚决不伐；同时要加强审批后的监督检查。

四、各级园林、林业部门和城管部门要切实加强城市建设中树木保护的执法监督，对擅自伐移树木、少报多伐树木的现象，发现一起，坚决依法处理一起；同时要会同监察部门，追究有关领导的责任。要向社会公布监督举报电话，制定鼓励检举的政策，充分发挥社会各界和人民群众的监督作用。

五、远郊区县也要加强建设中的树木保护工作，具体工作由市林业局负责。

六、要处理好城市建设和树木保护的关系，切实提高各级领导保护树木的意识。各地区、各部门、各单位必须从对人民群众负责，对子孙后代负责的高度，认识保护树木特别是古树、大树的重要性。在城市建设中，把树木作为重要的环境资源，切实做好树木特别是古树、大树的保护工作，为人民群众提供优美的生活环境。

关于在本市工程建设中进一步加强林木保护的通知

京政发〔2002〕17号

（北京市人民政府2002年6月1日发布）

各区、县人民政府，市政府各委、办、局，各市属机构：

保护林木，特别是古树、大树，对于首都生态环境建设具有极为重要的作用。多年来，本市坚持实施首都绿化规划，建立健全各项政策措施，加强森林保护，强化林木管理，取得了明显成绩。但仍有少数单位重视不够、执行不力，特别是在工程建设中对古树、大树没有严格保护措施，不利于生态环境的保护和建设。为在本市工程建设中进一步加强林木保护，现就有关事项通知如下：

一、进一步提高对保护林木，特别是保护古树、大树的认识。林木作为生态环境资源，具有调节气候、涵养水源、防风固沙、减少污染、改善生态等重要作用。城市中的古树、大树，不仅是城市景观的重要组成部分，而且也是城市文化的重要载体。保护林木、加快绿化建设，是举办绿色奥运会的重要前提，也是建设“空气清新、环境优美、生态良好、人居和谐”的现代化国际大都市的重要保证。各地区、各部门特别是规划、设计、建设等部门要进一步提高保护林木的意识，在城市道路和危旧房改造的规划、设计与施工中，尽量采用保护措施，减少伐树，禁伐古树，统筹兼顾城市建设与林木保护。

二、本市工程建设项目在立项时，必须征求林业或园林主管部门的意见，从源头上加强林木保护工作。本市计划、规划等部门要严格贯彻执行《北京市人民政府关于加强本市工程建设征占用林地和伐移林木管理的通知》（京政发〔2000〕42号）、《北京市人民政府办公厅关于在本市城市建设中加强树木保护的紧急通知》（京政办发〔2001〕75号）等文件的有关规定，在工程建设立项和选址规划时，事先征求林业或园林主管部门的意见。各级林业、园林主管部门必须按照“本市工程建设要严格遵守不占或少占林地以及少砍伐林木”的原则，积极提出尽量保护林木的意见。各有关部门、各建设单位必须尊重林业或园林主管部门的意见，在规划设计时优化方案，注意从工程建设的源头上加强林木保护。

三、林业、园林主管部门对采伐、移植林木的申请要严格审查，依法审批。在优化规划设计的前提下，工程建设确需采伐（移植）少量林木的，各级林业、园林主管部门要依照法定程序严格审查，依法审批，做到能不采伐的林木坚决不伐，能移植的林木确保移植并采取措施确保成活。

四、工程建设单位要自觉遵守本市林木保护的有关规定，不得擅自伐移林木。对工程建设范围内的林木，要采取有效措施切实加以保护。规划部门对没有林木保护方案的规划设计不予批准；建设主管部门对没有林木保护措施的工程不准开工，对在施工过程中发现林木保护措施不落实的，要责令其停工，直至保护措施完全落实。

五、林业、园林主管部门要加强监督检查，确保本市林木保护的各项政策措施真正地落到实处。各级林业、园林主管部门要建立监督责任制，明确监督检查的责任人，落实林木采伐移植的公示、验收等制度。对于工程建设项目中的林木采伐、移植及工程范围内林木保护情况，林业、园林主管部门要进行全过程监督，凡是林木保护措施不落实或违法伐移林木的工程建设单位，一经发现应立即处理。监察部门按照规定对各有关部门履行职责情况进行监督，发现失职、渎职等行为的，依法严肃处理。

关于加强批后移伐树木工作的有关规定的通知

（北京市园林局2003年4月4日发布）

各区、县园林绿化主管部门：

为了进一步加强城市树木保护工作，确保批后移植树木工作规范有序地进行，根据城市移植树木工作的特点，特制定本规定。

一、移植树木必须要保留完整的树冠

在移植树木过程中，尤其是在移植大树的过程中，除按我局的树木养护修剪规程规范实施以外，要根据树木的种类、习性和不同规格，打破以往对正常及非正常施工季节移植的传统方法，采取疏枝短截，摘叶移植；不提倡一律采取强修剪（抹头）的移植方法；要基本保持该树种所应有的树冠轮廓外形，确保树木在移植过程中保景成活。

二、移植树木要满足树木的根冠比平衡

在移植树木的过程中，一是除了满足上述树形、树冠的要求外，还要适当加强对根系的保护；二是为了保证移植树木成活，要在原干径与树根土坨比的规范要求及按我局的树木养护修剪规程规范实施的基础上，加大土坨的规格，以满足树木根、冠比的平衡及肥、水的需求，确保移植树木，尤其是移植大树成活；三是对获准移植的树木、尤其是大树，原则上要求就近移植；四是开发建设单位要在建设用地范围内提早辟出规划绿地，将获准移植的树木，就近移植到规划绿地中。

三、移植树木的施工企业要具备资质许可条件

移植树木要由具备绿化施工资质的绿化施工单位承担，并将施工单位的名称及修剪、移植、保护方案报市园林部门，待方案通过后再开据树木移植许可证。

四、进一步加强移植后树木的养护管理

为了保证移植树木的成活率，要进一步加强对移植后树木的养护管理，尤其要加强对非正常移植季节移植树木的养护管理。

要在实施正常春季、雨季、秋季移植养护技术标准的基础上，科学地加强水、肥管理，控制病虫害，确保成活；杜绝目前在移植树木工作中存在的重移植、轻养护的现象。

五、扩大可移植树种的范围

为了尽可能多地保留建设工程中涉及到的树木，除在审批过程中严格掌握、严格把关外，还要适当扩大可移植树种的范围，将目前掌握的快长落叶乔木，如：毛白杨干径20厘米以下、洋槐干径15厘米以下、椿树干径20厘米以下、白蜡干径20厘米以下等树种，列入移植树种范围。

六、移伐树木工作实行施工现场许可公示制度

移伐树木施工现场要在较明显的部位设立公示牌示，将项目规划许可，移伐树木园林许可，在公示牌上公布（复印件），以便接受园林执法人员、城管监察人员的检查和人民群众的监督。

七、移伐树木施工作业企业要文明施工

移伐树木施工现场要做到文明施工，礼貌施工，避免扰民。要对施工现场进行全覆盖式围挡，并实行夜间施工作业。

八、要对施工生产垃圾随产随清

要对移伐树木及因移伐树木而生产出的垃圾、杂物、废土、废渣等，及时清运干净，做到施工作业后场光地净。

九、批后移伐树木工作建立黄牌警示系统

要对批后移伐树木工作建立业绩警示系统制度。对不按上述规定进行移伐树木施工作业的专业队伍和各施工企业，进行违规登记警示，并作为企业年审的重要依据。对连续违规作业的企业，给予不予年审、降低企业资质等级、直至收回企业资质许可的处理。

局执法监察大队及各区、县园林绿化管理部门，要注意做好宣传贯彻工作，并根据此项规定做好批后监督管理工作。

《北京市森林资源保护管理条例》实施办法

北京市人民政府令第 133 号

（2003 年 8 月 21 日发布，自 2003 年 10 月 1 日起施行，
根据 2007 年 11 月 23 日北京市人民政府令第 200 号修改）

第一条 为实施《北京市森林资源保护管理条例》（以下简称《条例》），制定本办法。

第二条 本市森林、林木分为生态公益林和商品林。

生态公益林分为国家公益林和市级公益林。

国家公益林的范围按国家有关规定确定。市级公益林的范围由市林业行政主管部门划定，报市人民政府批准后公布。

商品林的范围由区、县林业行政主管部门根据国家关于林种划分的规定和本市林业发展总体规划认定，报区、县人民政府批准后公布。

第三条 市和区、县林业行政主管部门应当依照《中华人民共和国森林法》（以下简称《森林法》）及其实施条例和《条例》办理林木、林地权属登记的具体工作。

第四条 市和区、县林业行政主管部门应当会同有关部门制定林地保护利用规划，报同级人民政府批准后实施。

第五条 因扑救森林火灾、防洪抢险、防治检疫性森林病虫害等紧急情况需要采伐林木的，组织抢险的单位或者部门应当自紧急情况结束之日起 30 日内，将采伐林木的情况报告当地区、县林业行政主管部门。

第六条 因工程建设需要申请林木采伐许可证的，应当符合《森林法》第三十四条第一款的规定，并提交工程建设批准文件、林地现状图、工程规划设计方案、补偿协议、绿化方案等资料。

因占用或者征用林地申请林木采伐许可证的，除提交前款规定的文件外，还需提交建设用地审批手续。

本市工程建设项目立项和规划选址应当符合林业总体规划。有关部门在办理工程建设项目立项、规划审批手续时应当征求林业行政主管部门的意见。在工程施工时，施工单位应当采取必要措施保护林木。

第七条 因农村产业结构调整在非规划林地新造的用材林，林木所有者申请采伐利用的，林业主管部门应当及时办理采伐手续。

因农村产业结构调整在耕地上种植的经济林，林木所有者可以自主采伐、移植。

第八条 因工程建设或者其它原因需要移植林木的，移植的单位或者个人应当依照有关技术规范编制移植方案，并向林业行政主管部门申请办理林木移植审批手续。

第九条 林业行政主管部门应当对本市木材经营加工的原料进行监督管理。

木材（含外省市在本市的落地材）运出本市的，应当办理出省木材运输证和植物检疫证。

本条所称木材包括原木、锯材、竹材、木片和以木材为主要原料的半成品。

第十条　森林防火期内，在一级、二级防火区组织一百人以上大型群众活动的，主办单位应当在活动举办日15日前将防火方案报举办地的区、县森林防火指挥部审批。森林防火指挥部应当在收到主办单位防火方案之日起5个工作日内予以答复。

第十一条　利用森林资源开发旅游项目的单位，应当严格执行保护森林资源方案。市和区、县林业行政主管部门应当定期监督检查，定期公布检查结果。

第十二条　市和区、县林业行政主管部门应当加强森林植被恢复费和育林费征收工作的管理，收取的森林植被恢复费和育林费应当专项用于植树造林、恢复森林植被和森林资源的保护管理。

第十三条　工程建设占用或者征用林地采伐林木的，按下列标准给予补偿：

（一）特种用途林、防护林按木材价值3倍计算；

（二）用材林、薪炭林按木材价值2.5倍计算；

（三）经济林以前3年平均产值为基数，鲜果按5至6倍计价，干果按7至8倍计价，有材值的另加材值计价；未形成产量的，按实际投入计算。

工程建设占用或者征用苗圃地的，苗木的补偿标准按市场价格计算。

第十四条　盗伐、毁坏林木，造成林木损失的，赔偿金额依照前条规定的标准计算。

第十五条　违反本办法第十条的规定，组织大型群众活动未采取防火措施或者未按批准的方案采取防火措施，尚未造成森林火灾的，由举办地的区、县林业行政主管部门处2000元以上5000元以下罚款。

组织大型群众活动造成森林火灾的，依照有关法律、法规处罚。

第十六条　违反《条例》第十七条规定，未经市或者区县林业行政主管部门审核同意，擅自改变林地用途的，由林业行政主管部门责令限期恢复原状，并按非法改变用途林地面积每平方米10元以上30元以下的标准处以罚款。

第十七条　《条例》第四十七条所称的“情节严重”是指未经批准移植100株以上的林木。

第十八条　森林、林木、林地的损失鉴定由市林业行政主管部门认定公布的具有林业调查设计资质的中介组织承担。

森林资源资产评估，由市林业行政主管部门认定公布的具有森林资源评估资质的组织承担。

第十九条　本市木材价值的计算方法，由市林业行政主管部门会同市物价行政主管部门制定；木材材积，依照市林业行政主管部门公布的标准计算。

第二十条　本办法自2003年10月1日起施行。1987年8月20日北京市人民政府发布的《关于实施〈北京市农村林木资源保护管理条例〉若干规定》同时废止。

关于印发《北京市古树名木保护管理条例实施办法》的通知

京绿保发〔2007〕4号

（北京市园林绿化局2007年6月25日发布）

各区县园林绿化主管部门：

为进一步加强全市古树名木的保护管理工作，我局制定了《北京市古树名木保护管理条例实施办法》，现印发给你们，请认真贯彻执行。

附件

北京市古树名木保护管理条例实施办法

第一条 为了全面实施《北京市古树名木保护管理条例》（以下简称《条例》），结合本市实际，制定本办法。

第二条 本市古树名木由市园林绿化局根据《古树名木评价标准》确认公布。市园林绿化局应定期组织古树名木普查，根据普查结果对古树名木实行动态管理。

第三条 区、县古树名木主管部门应对行政辖区内的古树名木进行调查登记、建立档案、卫星定位，制定保护措施并确定管护责任单位或责任人，标挂统一标识，并将上述事项完成情况报市园林绿化局备案。

第四条 本市鼓励单位和个人资助古树名木的管护，提倡认养古树名木。

第五条 古树名木行政主管部门应当对认养古树名木和管护古树名木成绩显著的单位或者个人给予表彰和奖励。

第六条 古树名木应以树冠垂直投影之外三米为界划定保护范围。由于历史原因造成保护范围和空间不足的，应在城市建设和改造中予以调整完善。

第七条 古树名木管护责任单位或责任人应当按照《城市园林绿化养护管理标准》对古树名木进行养护管理。

区、县古树名木主管部门应当定期对古树名木的生长和管护情况进行检查，发现问题应向古树名木管护责任单位或责任人提出整改意见。

第八条 古树名木受害或者长势衰弱，管护责任单位或责任人应制定治理复壮方案，报区、县古树名木主管部门审查并在其指导下实施。

濒危古树名木抢救复壮工程，应由具有相应资质的单位承担。

第九条 古树名木枯枝死杈存在安全隐患需要进行清理的，由古树名木管护责任单位或责任人提出申请并制定方案，经区、县古树名木主管部门审查同意后由古树名木管护责任单位或责任人组织实施。

第十条　古树名木管护费用、古树名木抢救和复壮费用由管护责任单位或责任人、市和区县主管部门共同负担，其数额应根据古树名木抢救复壮和管护需求予以核定。

第十一条　古树名木保护范围内禁止挖坑取土，动用明火，排放烟气、废气，倾倒污水、污物，堆放物料、修建建筑物或者构筑物等危害树木生长的行为。空调室外机排风口应避开古树名木。对影响古树名木生长的各类生产、生活设施，由区、县古树名木主管部门责令有关单位或者个人限期采取措施，消除影响和危害。

第十二条　建设项目规划选址应当在古树名木保护范围以外，因市级以上重点工程等特殊情况涉及古树名木保护范围的，在规划、设计、施工、安装中，应当采取避让保护措施。避让保护措施由建设单位征求古树名木管护责任单位或责任人意见，经所在区、县古树名木主管部门签署意见后，报市园林绿化局审批。

区、县古树名木主管部门应对古树名木避让保护措施的执行进行监督、指导。

第十三条　建设项目涉及古树名木的，在工程建设中，其管护责任由建设单位承担，区县古树名木主管部门应与其签订临时管护责任书。工程竣工后，管护责任由使用单位依法承担。

第十四条　因市级以上重点工程建设等特殊情况确需迁移古树名木的，建设单位应征得古树名木树权人、管护责任单位或责任人同意，由所在区、县古树名木主管部门审查签署意见后，经市园林绿化局审核，报市人民政府批准，办理移植许可证。区、县古树名木主管部门应对移植工程进行监督、指导，对移植后的古树名木生长情况进行监测，监测情况应当报市园林绿化局备案。

古树名木移植工程应由具有相应资质的专业单位承担。

第十五条　古树名木受伤损害的，应由古树名木管护责任单位或责任人提请具有相应资质的机构依据《北京市古树名木评价标准》做出鉴定。

第十六条　古树名木死亡，管护责任单位或责任人应当及时报告当地区、县古树名木主管部门，经区、县古树名木主管部门审核后报市园林绿化局确认。

经确认死亡的古树名木存在安全隐患的，其管护责任单位或责任人应制定方案及时处置。

第十七条　本办法自发布之日起施行。

转发市园林绿化局、市国土局《关于遏止本市基础设施建设征地拆迁过程中抢栽抢种树木苗木行为意见》的通知

京政办发〔2007〕20号

（北京市人民政府办公厅2007年4月12日发布）

各区、县人民政府，市政府各委、办、局，各市属机构：

市园林绿化局、市国土局《关于遏止本市基础设施建设征地拆迁过程中抢栽抢种树木苗木行为的意见》已经市政府同意，现转发给你们，请认真贯彻执行。

附件

关于遏止本市基础设施建设征地拆迁过程中抢栽抢种树木苗木行为的意见

北京市园林绿化局、北京市国土局

目前，在本市重点基础设施建设征地拆迁过程中，抢栽抢种树木、苗木寻求高额补偿的投机现象较为严重，影响了工程建设的正常进展。为保证本市基础设施建设的顺利进行，依法遏止征地拆迁过程中抢栽抢种树木、苗木行为，合理确定补偿范围和标准，现提出如下意见：

一、各区县政府是遏止本市基础设施建设征地拆迁过程中抢栽抢种树木、苗木行为的责任主体，要依法制定并认真落实相关管理措施，切实加强对当地群众的宣传、教育和劝导，加大对各类违法违规行为的查处力度，坚决遏止抢栽抢种行为。

二、对基础设施建设征地拆迁过程中抢栽抢种的树木、苗木，依法实施管理并确定补偿范围和标准。

（一）《中华人民共和国土地管理法》第三十六条规定：禁止占用基本农田发展林果业和挖塘养鱼。对违反上述规定在基本农田上抢栽抢种树木、苗木的，按照违法违规用地行为进行查处，其抢栽抢种的树木、苗木，不予补偿。

（二）《北京市建设征地补偿安置办法》（市政府令第148号）第十二条规定：区县人民政府应当自收到征收土地批准文件之日起10日内在被征地的乡镇、村进行征地公告。自征地公告发布之日起，对在征地范围内新种植的树木、苗木，不予补偿。建设单位在获得批准文件后，应立即组织对征地拆迁用地范围内的土地附着物进行录像取证并及时开展清理登记工作。

（三）对征地公告发布之日前，在一般农田、规划林地上种植的树木、苗木，如符合

《北京市绿化造林、育苗适宜栽植密度表》（附件）确定的栽植密度，参照《〈北京市森林资源保护管理条例〉实施办法》（市政府令第 133 号）第十三条的规定给予补偿。超过相关栽植密度的，其超过部分不予补偿。

三、市国土、建设、市政、交通、园林绿化等部门要与各区县政府密切配合，加强指导，积极支持建设单位征地拆迁工作，及时解决工作中发现的问题，确保本市基础设施建设顺利进行。

附件

北京市绿化造林、育苗适宜栽植密度表

（一）防护林、特种用途林、用材林栽植密度表

林　　种	主要造林树种	造林密度（株/亩）
杨树速生丰产用材林（DB11/T 333—2005）	107 杨、108 杨、中林 46、沙兰杨、意大利 214 和廊坊杨 1 号、2 号、3 号等	22～111
防护林（GB/T 15776—2006）	杨树、柳树、刺槐、国槐、油松、侧柏等	40～267
特种用途林（GB/T 15776—2006）	国槐、银杏、杜仲、玉兰、油松、雪松、白皮松、华山松及连翘、月季等花灌木	40～267
备　　注	目前北京市造林的苗林规格：油松、雪松、白皮松、华山松、侧柏等针叶树树高多在 1.5m 以上；杨树、柳树、国槐、银杏、杜仲、玉兰等阔叶树种胸径多在 3.0cm 以上；连翘、月季等花灌木地径在 1.0cm 以上。乔木林造林密度一般在每亩 74～167 株；花灌木造林密度一般在每亩 167～666 株	

（二）经济林栽植密度表

种　　类	栽植密度（株/亩）	种　　类	栽植密度（株/亩）
苹果	28～148	李	33～83
梨	33～111	枣	33～148
桃	18～66	红果	33～55
葡萄	111～333	柿子	33～83
樱桃	33～83	板栗	55～111
杏	33～111	核桃	33～111

备注　超过以上密度的密植园，由专家现场认定。

（三）苗圃苗木栽植密度表（针叶树）

序号	类别	树种名称	苗木规格			参考密度（株/亩）	参考株行距（m×m）
			苗龄	树高（m）	胸径（地径、冠幅）(cm)		
1	针叶树	白皮松	移植苗	<0.5		4000～5000	0.3×0.4,0.4×0.4
2			移植苗	1.5～1		1040～2700	0.5×0.5,0.8×0.8
3			移植苗	1～2		660～1050	0.8×0.8,1×1
4			移植苗	2～4		70～670	1×1,3×3
5			移植苗	>4		40～140	2.2×2.2,4×4
6		油松	移植苗	0.5～2		160～2700	0.5×0.5,2×2
7			移植苗	>2		40～170	2×2,4×4
8		华山松	移植苗	0.5～2		160～2700	0.5×0.5,2×2
9			移植苗	>2		40～170	2×2,4×4
10		雪松	移植苗	0.5～2		160～1400	1×0.5,2×2
11			移植苗	2～3		70～170	2×2,3×3
12			移植苗	3～4		40～120	2.4×2.4,4×4
13			移植苗	4～5		30～75	3×3,4.5×5
14		桧柏	移植苗	0.5～2		290～670	1.5×1.5,1×1
15			移植苗	2～3		160～670	1×1,2×2
16			移植苗	>3		100～300	1.5×1.5,2.5×2.5
17		侧柏	移植苗	0.5～1.5		660～2700	0.5×0.5,1×1
18			移植苗	1.5～2		290～1300	1×0.5,1.5×1.5
19			移植苗	2～3		100～670	1×1,2.5×2.5
20		沙地柏	移植苗		冠幅<40	1900～3000	0.5×0.4,0.5×0.7
21			移植苗		冠幅 40～70	1330～2700	0.5×0.5,0.5×1
22			移植苗		冠幅>70	290～1300	0.5×1,1.5×1.5

（四）苗圃苗木栽植密度表（阔叶树）

序号	类别	树种名称	苗木规格			参考密度（株/亩）	参考株行距（m×m）
			苗龄	树高（m）	胸径（地径、冠幅）（cm）		
23	阔叶树	欧美杨	插条苗		地径 1.5～2.5	1900～5000	0.5×0.3,0.5×0.7
24			插条苗		地径＞2.5	660～1350	0.5×1,1×1
25			移植苗		地径＞2.5	660～1350	0.5×1,1×1
26		毛白杨雄株	嫁接苗		地径 1.5～2	1900～4000	0.5×0.3,0.5×0.7
27			嫁接苗		地径＞2.5	660～1350	0.5×1,1×1
28			移植苗		地径＞2.5	660～1350	0.5×1,1×1
29		金丝垂柳	插条苗		地径 1～2	1900～4000	0.5×0.3,0.5×0.7
30			插条苗		地径＞2.5	290～2700	0.5×0.5,1.5×1.5
31			移植苗		地径＞2.5	290～2700	0.5×0.5,1.5×1.5
32		国槐	留床苗或移植苗		胸径 1～4	660～1350	0.5×1,1×1
33			移植苗		胸径 4～6	160～600	1×1,2×2
34			移植苗		胸径＞7	100～170	1×1,2.5×2.5
35		刺槐	留床苗或移植苗		胸径 1～4	660～1350	0.5×1,1×1
36			移植苗		胸径 4～6	290～670	0.5×1,1×1
37			移植苗		胸径 6～10	160～300	1.5×1.5,2×2
38		银杏	移植苗		胸径 1～5	660～1100	0.8×0.8,1×1
39			移植苗		胸径 5～7	440～670	1.5×1,1×1
40			移植苗		胸径 7～8	220～300	1.5×1.5,1.5×2
41			移植苗		胸径 8～12	100～170	1.5×1.5,2×2
42		红叶臭椿	移植苗		胸径 1～2	1330～2700	0.5×0.5,0.5×1
43			移植苗		胸径 2～3	660～1350	0.5×1,1×1
44			移植苗		胸径 3～6	160～670	1×1,2×2
45		臭椿	移植苗		胸径 4～5	1330～2700	0.5×0.5,0.5×1
46			移植苗		胸径 5～8	160～670	1×1,2×2
47			移植苗		胸径 8～15	100～500	1.2×1.2,2.5×2.5
48		白蜡	移植苗		胸径 1～2	1330～2700	0.5×0.5,0.5×1
49			移植苗		胸径 2～7	660～1350	0.5×1,1×1
50			移植苗		胸径 7～15	160～670	1×1,2×2
51		元宝枫	移植苗		胸径＜2	1330～2700	0.5×0.5,0.5×1
52			移植苗		胸径 2～5	660～1350	0.5×1,1×1
53			移植苗		胸径 5～8	160～670	1×1,2×2
54		玉兰	移植苗		胸径 2～4	440～670	1×1,1×1.5
55			移植苗		胸径 4～6	290～450	1×1.5,1.5×1.5
56			移植苗		胸径 6～15	160～300	1.5×1.5,2×2

（五）苗圃苗木栽植密度表（果树）

序号	类别	树种名称	苗木规格			参考密度（株/亩）	参考株行距（m×m）
			苗龄	树高（m）	胸径（地径、冠幅）（cm）		
57	果树	苹果	1～2年播种嫁接苗			6000～15000	(0.1～0.15)×(0.35～0.7)
58		梨				6000～10000	(0.1～0.15)×0.7
59		桃				4000～6000	(0.15～0.2)×(0.4～0.7)
60		核桃	1～2年播种苗			6000～10000	(0.1～0.15)×0.7
61		李子	1～2年播种嫁接苗			4000～6000	(0.15～0.2)×0.7
62		杏				4000～6000	(0.15～0.2)×0.7
63		枣				4000～6000	(0.15～0.2)×(0.4～0.7)
64		柿子				6000～10000	(0.1～0.15)×(0.5～0.7)
65		板栗	1～2年播种苗			6000～10000	(0.1～0.15)×(0.5～0.7)
66		葡萄	插条苗			6000～15000	(0.1～0.15)×(0.4～0.7)

（六）苗圃苗木栽植密度表（花灌木）

序号	类别	树种名称	苗木规格			参考密度（株/亩）	参考株行距（m×m）
			苗龄	树高（m）	胸径（地径）（cm）		
67	花灌木	丁香	播种苗	＜0.5		3800～5500	0.25×(0.5～0.7)
68			移植苗	0.5～2		1330～2700	0.5×0.5,0.5×1
69			移植苗	2～3.5		290～1350	0.5×1,1×1.5
70		紫薇	丛生	1～2		660～2700	0.5×0.5,1×1
71				2～3.5		160～670	1×1,2×2
72			独干		胸径2～3	290～670	0.5×1,1×1
73					胸径＞3	220～300	1.5×1.5,1.5×2
74		连翘	1年生播种苗			6000～7000	0.2×0.5
75			移植苗	2～3.5		290～670	1×1,1.5×1.5
76		碧桃	嫁接苗		地径1～2	660～1350	0.5×1,1×1
77			移植苗		地径2～8	220～670	1×1,1.5×2
78			移植苗		地径8～15	160～300	1.5×1.5,2×2

续表

序号	类别	树种名称	苗木规格			参考密度（株/亩）	参考株行距（m×m）
			苗龄	树高（m）	胸径（地径）(cm)		
79	花灌木	黄栌	播种苗		地径 0.5～1	6500～13000	(0.1～0.2)×0.5
80			移植苗		地径 1～3	660～2670	0.5×0.5,1×1
81			移植苗		地径 3～6	220～1350	0.5×1,1.5×2
82		月季	2～3 年生移植苗			1900～16700	0.2×0.2,0.5×0.7
83		大叶黄杨	移植苗	0.3～0.5		1900～4000	0.5×0.3,0.5×0.7
84			移植苗	0.5～0.7		660～2700	0.5×0.5,1×1
85		小叶黄杨	移植苗	0.3～0.6		1900～8500	0.2×0.4,0.5×0.7
86		金叶女贞	移植苗	0.4～1		1900～8500	0.2×0.4,0.5×0.7
87		小檗	移植苗	0.4～1		1900～8500	0.2×0.4,0.5×0.7

关于城市绿地养护管理投资标准的意见

京绿地发〔2008〕11号

（北京市园林绿化局2008年11月3日发布）

为进一步提高首都城市园林绿化养护管理水平，巩固和不断提高奥运绿化美化成果，逐步把首都城市绿地养护管理工作纳入规范化、科学化管理轨道，为首都的可持续发展、建设宜居城市、实现生态文明奠定良好的基础。通过对我市城市绿地养护工、料、机、运等方面的投入进行实际调查，对各区、县城市绿地养护经费的投入情况和养护成本进行实际测算，并与国内多个城市绿地养护投资标准进行比对，在充分征求各区、县政府及园林绿化主管部门意见的基础上，现就我市城市绿地养护管理投资标准提出如下意见：

一、依据我市《城市园林绿化养护管理标准》（DB11/T 213—2003）和《北京市城市绿地建设和管理等级质量标准（试行）》，我市城市绿地养护定额投资标准为：

特级绿地养护管理为15元/(m^2·年)；

一级绿地养护管理为9元/(m^2·年)；

二级绿地养护管理为6元/(m^2·年)；

三级绿地养护管理为4元/(m^2·年)。

二、此投资标准包含绿地养护管理作业过程中的直接人工费、水费、农药费、肥料费、机械费、运输费、综合管理费，但不包含下列费用：园林设施（栏杆、座椅、果皮箱、园路、灯、牌示、园林植物防寒和防盐设施等）运行及维护费；应时花卉和植物造型等花卉摆放和绿地更新改造费用；园林绿化应急抢险及防治危险性有害生物、普查等应急处置费用；绿地内古树名木养护费；苗木因调整、维护而发生的土建材料费；新增苗木、花卉等材料费，疏植苗木处理费。

此标准为不同等级绿地内植物养护管理的基本费用，由于城区与郊区之间、各区县之间绿地养护管理的难易程度、技术要求、管理标准等方面各有不同，各区、县应结合本辖区的绿地养护管理实际情况参照执行。

三、各区、县要切实落实城市绿地养护管理经费，建立健全绿地管理长效保障机制，以确保首都城市绿化美化工作健康稳步地向前发展。

关于印发《北京市树木移植砍伐许可管理办法（试行）》的通知

京绿资发〔2010〕4号

（北京市园林绿化局2010年2月21日印发）

各区、县园林绿化局：

现将《北京市树木移植砍伐许可管理办法（试行）》印发给你们，请结合实际认真贯彻落实。

附件

北京市树木移植砍伐许可管理办法（试行）

第一章　总　　则

第一条　为规范本市树木移植、砍伐许可管理，根据《中华人民共和国行政许可法》、《北京市绿化条例》等法律法规的有关规定，结合实际，制定本办法。

第二条　本办法适用于本市行政区域绿地内的树木移植、砍伐许可管理（法律法规对森林、林木，古树名木有规定的，适用其规定）。

第三条　市和区、县园林绿化局是树木移植、砍伐许可管理的责任单位，负责办理本市树木移植、砍伐许可工作。

第四条　树木移植、砍伐许可管理要坚持依法行政，严格限制树木移植，严格控制树木砍伐，保护现有景观、大规格树木。严格按照权限审批，各负其责，提高服务效率，加强检查监督。

第二章　许　可　权　限

第五条　下列树木移植、砍伐由区、县园林绿化局受理和审批：

（一）同一建设项目移植树木不满50株的；

（二）同一建设项目砍伐树木胸径小于30厘米并且不满20株的；

（三）因居住安全、设施安全、抚育或更新改造等原因，在同一地点（居住区、单位院内、市政道路、胡同等）移植树木不满50株的，或者砍伐树木胸径小于30厘米且不满20株的；

（四）在区、县园林绿化局受理的树木砍伐申请中，有胸径30厘米以上树木的，由区、县园林绿化局代为受理，报市园林绿化局审批。

第六条　下列树木移植、砍伐由市园林绿化局受理和审批：

（一）同一建设项目移植树木50株以上的；

（二）跨区、县建设项目移植、砍伐树木的；

（三）同一建设项目砍伐树木20株以上不满50株的；

（四）因居住安全、设施安全、抚育或更新改造等原因，在同一地点（居住区、单位院内、市政道路、胡同等）移植树木50株以上的，砍伐树木20株以上不满50株的；

（五）砍伐树木胸径30厘米以上并且不满50株的。

第七条 砍伐树木50株以上的，由市园林绿化局报市政府审批。

第三章 许 可 审 批

第八条 市和区、县园林绿化局应制定树木移植、砍伐许可程序规定，设立受理、审核、复审、审定岗位，明确各岗位工作标准、职责、权限、办理时限等，严格按照受理、审核、复审、审定（上报）、制发行政许可决定、送达行政决定的程序审批。

第九条 树木移植、砍伐许可程序规定和办理程序、方法、步骤，应当在市和区、县园林绿化局网站上及办公场所公布，方便申报单位或个人办理，接受社会监督。

第十条 因城市建设、居住安全、设施安全等移植树木，审核人员应认真核查树木与拟建项目的位置关系和树木影响居住、设施安全的情况。确实影响施工和居住、设施安全无法避让的树木，应当批准移植。

第十一条 因严重病虫害等因素造成树木长势严重衰退或死亡的；对城市建设、居住安全、设施安全等有严重影响的，无移植价值的树木，应当批准砍伐。

第四章 许 可 证 管 理

第十二条 市和区、县园林绿化局受理的树木移植、砍伐许可，经批准后，由市和区、县园林绿化局制定核发许可证。

第十三条 市园林绿化局统一印制《北京市树木移植许可证》和《北京市树木砍伐许可证》。

第十四条 许可证应严格按批准的树木移植和砍伐数量填写，项目齐全，内容翔实。分别加盖“北京市园林绿化局”、“北京市××区、县园林绿化局”公章，并加盖带有编号的审核人员名章。

第十五条 树木移植、砍伐许可证为三联凭证，第一联由市和区、县园林绿化局留存，第三联作为申报单位或个人移植、砍伐树木的凭证。区、县园林绿化局批准的树木移植、砍伐许可证第二联报市园林绿化局备案；市园林绿化局批准的树木移植、砍伐许可证的第二联由许可所在区、县园林绿化局留存。

第十六条 许可证有效期限为三个月。因特殊情况许可证超过有效期限的，经申请并审查后，按照有关规定办理。许可证丢失的，申请者应当重新申请，经撤销该许可证并公告后，予以重新办理。期限自批准（盖章）之日起计算。

第五章 许 可 证 公 示

第十七条 树木移植、砍伐许可批准后，区、县园林绿化局应督促申报单位或个人在树木移植和砍伐实施前至结束后五日内，在树木移植和砍伐实施现场明显位置公示树木移植、砍伐许可证。

第六章　检　查　监　督

第十八条　市园林绿化局应加强对区、县园林绿化局树木移植、砍伐许可管理的检查指导，定期通报工作情况。

第十九条　树木移植、砍伐许可经市政府或市园林绿化局批准后，区、县园林绿化局应采取现场核实、查阅资料等方法，对申报单位或个人树木移植、砍伐工作进行检查，监督申报单位或个人严格按批准的时间、范围、树种、株数等实施树木移植和砍伐。抽查申报单位或个人履行树木移植方案和绿化恢复方案落实情况，并做好监督检查情况记录。

第二十条　市和区、县园林绿化局应及时接受和处理群众投诉的涉及树木移植和砍伐管理方面的违法问题。

第七章　档　案　管　理

第二十一条　树木移植、砍伐许可档案为一件一卷，按时间顺序整理材料。加强对审批材料管理，档案保存期为三年。

第二十二条　审批材料应建立档案，专人管理。对超过保存期限的审批材料，应由市和区、县园林绿化局统一组织销毁，防止丢失、泄密。

第八章　附　　则

第二十三条　本办法由北京市园林绿化局负责解释。

第二十四条　本办法自 2010 年 3 月 1 日起施行。

附件 1

北京市树木移植许可程序

一、受理

申报单位或个人需提供如下材料：

(一)《北京市树木移植申请表》，加盖树木管护单位或个人名章（签名）和申报单位名章；

（二）因城市建设移植树木的，需提供《建设工程规划许可证》及附图；因居住、设施安全等移植树木的，需提供书面申请和相关安全鉴定部门的鉴定书；

（三）树木位置图（在规划许可证附图上标注或提供具有绿化调查资质单位测绘的树木位置图及树木测绘表）；

（四）项目竣工后绿化规划方案或树木补栽计划；

（五）树木移植方案（应明确移植详细地点、责任人）；

（六）道路开口工程需提交市或区、县公安交通管理部门的批准文件。

工作标准：申报材料齐全、符合法定形式。

岗位负责人：局政务大厅受理人员。

岗位职责及权限：按照受理标准查验申办材料。

对申请事项依法不需要取得行政许可的，即时告知申请人不予受理；申报事项依法不属于本行政机关职权范围的，即时做出不予受理决定，告知申请人向有关行政机关申请。

对申报材料不齐全或不符合法定形式的，当场或者5个工作日内一次性告知申请人需补正的全部内容。

对申报材料齐全、符合法定形式，或者申请人按照本行政机关的要求提交全部补正申请材料的，予以受理并出具《北京市园林绿化局受理通知书》，受理后及时移交审核人员。

办理时限：1个工作日。

二、审核

工作标准：

（一）申报树木移植的单位或个人应按《北京市树木移植申请表》所列栏目认真填写，项目齐全，字迹清楚，符合规定要求。

（二）树木（常乔、落乔、单株灌木）按胸径、株填写，每种树木只填一格，规格由小至大（如：雪松，胸径15～20厘米，15株；碧桃，8～12厘米，8株）。

（三）绿化面积的填写：

1.“已绿化面积”是指已经绿化的现有绿化面积。

2.“移植后的绿化面积”是指已绿化面积减去此次移植树木的绿化面积之差。

3.“规划绿化面积”指申请单位在规划中预留但尚未绿化的面积。

岗位负责人：林政资源管理处审核人员。

岗位职责及权限：按照审核标准进行审核。

对于符合审核标准的申报，在规定时限内，两名以上工作人员实施现场勘察，认真核查申报树木移植情况。

对符合标准的，提出同意的审核意见，将申报材料和审核意见转复审人员。

对不符合标准的，提出不予许可的审核意见，将申报材料和审核意见转复审人员。

办理时限：7个工作日（含现场调查）。

三、复审

标准：同审核标准。

岗位责任人：林政资源管理处处长。

岗位职责及权限：按照复审标准对审核意见进行复审。

同意审核人员意见的，提出复审意见后转审定人员。

不同意审核人员意见的，应与审核人员沟通情况，交换意见后，将复审意见及理由与审核人员的意见一并转审定人员。

办理时限：1个工作日。

四、审定

标准：同审核标准。

本岗位负责人：主管局长。

岗位职责及权限：按照审定标准对复审意见进行审定。

同意复审意见的，签署审定意见，退审核人员。不同意复审意见，应与复审人员沟通情况，交换意见后，提出审定意见及理由，退审核人员。

办理时限：3 个工作日。

五、制定许可决定

工作标准：

（一）北京树木移植许可审批单应有审核人员、复审人员、审定人员明确的意见；

（二）留存归档的许可材料齐全、完整、规范、标准；

（三）树木移植许可决定或不予许可通知书签写齐全。

岗位责任人：林政资源管理处审核人员。

岗位职责及权限：按照批准的树木移植许可制定北京市树木移植许可证，转受理人员。对不予许可的，将不予许可通知书及申报材料退受理人员，由受理人员将不予许可通知书及申报材料一并退申请人，并书面告知不予许可的理由及申请人的相关权利，投诉渠道。许可工作结束后，将许可过程中形成的文书材料按要求归档。

六、送达决定

岗位责任部门：林政资源处受理人员。

工作标准：及时、准确告知申请人行政许可结果。

工作程序：对许可结果，在许可决定之日起 10 个工作日内完成送达工作。

收费标准：本许可项目不收费。

附件 2

北京市树木砍伐许可程序

一、受理

申报单位或个人需提供如下材料：

（一）《北京市树木砍伐申请表》，加盖树木管护单位或个人名章（签名）和申报单位名章；

（二）因城市建设砍伐树木需提供《建设工程规划许可证》及附图；因居住、设施安全等砍伐树木需提供书面申请和相关安全鉴定部门的鉴定书；严重病虫害或死亡树木需提供具有相关专业资质的专业技术部门确认书；

（三）树木位置图（在规划许可证附图上标注或提供具有绿化调查资质单位测绘的树木位置图及树木测绘表）；

（四）项目竣工后绿化规划方案或树木补栽计划（更新改造方案）；

（五）道路开口工程需提交市或区、县公安交通管理部门的批准文件。

工作标准：申报材料齐全、符合法定形式。

岗位负责人：局政务大厅受理人员。

岗位职责及权限：按照受理标准查验申办材料。

对申请事项依法不需要取得行政许可的，即时告知申请人不予受理；申请事项依法不属于本行政机关职权范围的，即时做出不予受理决定，告知申请人向有关行政机关申请，并出具《北京市园林绿化局不予受理通知书》。

对申报材料不齐全或不符合法定形式的，当场或者5个工作日内一次性告知申请人需补正的全部内容。

对申请材料齐全、符合法定形式，或者申请人按照本行政机关的要求提交全部补正申报材料的，予以受理并出具《北京市园林绿化局受理通知书》，受理后及时移交审核人员。

办理时限：1个工作日。

二、审核

工作标准：

（一）申报砍伐树木的单位（个人）应按申请表所列栏目认真填写，项目齐全，字迹清楚，符合规定要求。

（二）树木（常乔、落乔、单株灌木）按胸径、株填写，每种树木只填一格，规格由小至大（如：毛白杨，胸径20～50厘米，3株；碧桃，胸径12厘米，1株）。

（三）绿化面积的填写：

1. “已绿化面积”是指已经绿化的现有绿化面积。

2. “砍伐后的绿化面积”是指已绿化面积减去此次树木砍伐的绿化面积之差。

3. “规划绿化面积”指申报单位在规划中预留但尚未绿化的面积。

岗位负责人：林政资源管理处审核人员。

岗位职责及权限：按照审核标准进行审核。

对于符合审核标准的项目，在规定时限内，联系申报单位（个人），两名以上工作人员实施现场勘察，认真核查申报树木砍伐情况。

对符合标准的，提出同意的审核意见，将申报材料和审核意见转复审人员。

对不符合标准的，提出不予许可的审核意见，将申报材料和审核意见转复审人员。

办理时限：7个工作日（含现场调查）。

三、复审

标准：同审核标准。

岗位责任人：主管局长。

岗位职责及权限：按照复审标准对审核意见进行复审。

同意审核人员意见的，提出复审意见后转审定人员。

不同意审核人员意见的，应与审核人员沟通情况，交换意见后，将复审意见及理由与审核人员的意见一并转审定人员。

办理时限：1个工作日。

四、审定

标准：同审核标准。

本岗位负责人：局长。

岗位职责及权限：按照审定标准对复审意见进行审定。

同意复审意见的，签署审定意见，退审核人员。

不同意复审意见，应与复审人员沟通情况，交换意见后，提出审定意见及理由，退审核人员。

办理时限：2 个工作日。

五、上报

需报请市政府批准的申请，由市园林绿化局局长审核后，按规定上报。

工作标准：

（一）北京市树木砍伐许可审核意见书应有审核人员、复审人员、审定人员明确的意见；

（二）申报材料及项目办理情况材料齐全、完整、规范、标准。

岗位责任人：林政资源管理处审核人员。

办理时限：1 个工作日。

六、制定许可决定

工作标准：

（一）北京市树木砍伐许可审批单应有审核人员、复审人员、审定人员明确的意见；

（二）留存归档的许可材料齐全、完整、规范、标准；

（三）树木砍伐许可证或不予许可通知书签写齐全。

岗位责任人：林政资源管理处审核人员。

岗位职责及权限：按照批准的树木砍伐许可制发许可文书。

对本级受理批准的和市政府批准的，制定北京市树木砍伐许可证，转受理人员；对不予许可的，将不予许可通知书及申报材料退受理人员，由受理人员将不予许可通知书及申报材料一并退申请人，并书面告知不予许可的理由及申请人的相关权利，投诉渠道。许可工作结束后，将许可过程中形成的文书材料按要求归档。

七、送达决定

岗位责任部门：林政资源处受理人员。

工作标准：及时、准确告知申请人行政许可结果。

工作程序：对许可结果，在许可决定之日起 10 个工作日内完成送达工作。

收费标准：本许可项目不收费。

北京市森林、林木生产性采伐（移植）管理程序

一、申请

生产性采伐（移植）林木必须由村集体经济组织或树权人（单位）提出申请，报乡、镇林业工作站或主管部门。没有林业工作站的乡、镇，需采伐（移植）林木的，由乡、镇人民政府直接向区、县林业行政主管部门申报办理有关手续。

二、调查设计

乡、镇林业工作站或有关主管部门依据年度林木采伐量计划和有关批准文件，对申请采伐（移植）的林木进行现场勘察，制定采伐（移植）作业调查设计方案和迹地更新设计方案。

人工种植的山林、平原片林采伐1公顷以上、国有林业企业事业单位林分抚育间伐和更新性采伐，须由持有资格证书的林业调查设计单位进行伐区调查设计或认证，提出伐区调查设计文件。

三、申报

乡、镇林业工作站或市公路、铁路、水利、矿务等部门和部队、市林业局直属单位负责林政工作的人员到现场调查，情况属实的，填写《采伐（移植）林木申请表》，签署意见，经站长或主管领导审核同意后，签章并上报区、县林业行政主管部门或市林业行政主管部门。

对需市人民政府或市林业局批准的采伐（移植）林木申请，区、县林业行政主管部门主要负责人在《采伐（移植）林木申请表》上签字盖公章，请示同级人民政府同意并盖公章后，上报市林业局。

四、审查

（一）林业行政主管部门审查以下文件、材料

1. 采伐（移植）林木请示或函。

2. 采伐（移植）林木申请表。

3. 林木权属证明。

4. 伐区调查设计文件。

（二）现场审查

1. 非禁（限）伐区采伐（移植）林木，由区、县林业行政主管部门进行现场审查。

2. 禁伐区采伐（移植）林木的申请、限伐区采伐林木或移植林木50株以上的申请，市林业局需进行现场审查。

3. 对需市林业局批准的本辖区内采伐（移植）林木申请，由采伐（移植）林木所在区县林业行政主管部门初审。

五、批准

（一）需由市人民政府审定的采伐林木申请，经市林业局审核后上报。

（二）市林业局批准的：

1. 市公路、铁路、水利、矿务等部门和部队、市林业局直属单位采伐（移植）林木申请。

2. 市人民政府赋予权限内的禁伐区采伐（移植）林木申请、限伐区采伐林木或移植林木50株以上的申请。

3. 非采伐期，非禁（限）伐区采伐林木的申请。

（三）区、县林业行政主管部门批准的：

1. 采伐期，本区县非禁（限）伐区采伐（移植）林木申请和限伐区移植林木1～49株的申请。

2. 清除死树、危树的申请（不分采伐期与非采伐期，但需有县级以上林业保护部门鉴定意见）；非禁（限）伐区移植林木的申请和限伐区移植林木1～49株的申请。

六、收费

采伐林木收取育林基金、更改资金，市政府另有规定情况除外。

七、核发林木采伐（移植）许可证

经审查批准的采伐（移植）林木申请，按规定发放林木采伐（移植）许可证，加盖“林木采伐许可专用章”（“林政资源管理机构章”）和“发证员专用名章”方为有效。

各区、县林业行政主管部门、市园林部门应于每月10日前将上月发放采伐（移植）许可证情况上报市林业局。

八、伐前准备

（一）公示。乡镇林业工作站或市级有林部门、市林业局直属单位负责林政工作的人员，在领取采伐许可证之日起，责成村委会或树权人（单位）必须对批准采伐（移植）林木的情况予以公示。

（二）拨交采伐（移植）作业区、采伐（移植）林木。乡镇林业工作站或市级有林部门、市林业局直属单位负责林政工作人员持《林木采伐（移植）许可证》与村（树权单位）有关负责人到现场，按许可证的规定拨交采伐（移植）作业区（标清伐区界线）、采伐（移植）林木。按林木采伐（移植）许可证的规定进行采伐（移植）。

九、验收

林木采伐结束后，由原调查设计人员进行检查验收，填“采伐（移植）林木验收回执单”，报主管的林政资源管理机构，并及时进行小班资源档案卡片消耗注记。林政稽查部门负责抽查，对发现的问题进行处理。

十、检查

各级林业行政主管部门，市公路、铁路、水利、矿务、园林等部门和部队、市林业局直属单位需按规定及时组织力量，对采伐（移植）林木进行检查，市林业局进行抽查，并将检查结果予以通报。

北京市园林局关于城市树木伐移申报审批办法

根据《北京市城市绿化条例》(以下简称《条例》)有关规定，为了便于管理申报审批伐移城市树木，特定如下申报审批办法。

一、审批权限

(1) 市园林局负责审查伐移树木在六株以上的申请和重点地区及所有胸径在 30cm 以上慢长乔木伐移一株树木的申请。伐移树木超过十株以上的申请，市园林局审核无误后，报市政府审批。(附录像带上报)

(2) 凡伐移六至十株树木和重点地区(三元桥至公主坟段，三里河沿线的树木)及所有胸径在 30cm 以上慢长乔木一株的，由市园林局定期召开协调会审批。凡伐移一至五株树木(绿篱 5 延长米)，市园林局委托区(县)城市绿化管理部门主管领导负责审批。市园林局直属公园系统伐移一至五株树木(绿篱 5 延长米以下含 5 延长米)，由市园林局公园处主管领导审批，六至十株由主管局长审批。市园林局绿化处伐移一至五株树木(绿篱 5 延长米以下含 5 延长米)，由市园林局委托绿化处主管领导审批。

(3) 对确需伐移的古树名木，由市园林局主管局长审核，经市园林局局长签发正式文件，上报市政府审批。

(4) 严格按《条例》第二十三条规定审批伐移树木，即："一项工程一处一次审批"不允许化整为零，分次批准伐移。

二、伐移树木程序

为使树木伐移工作规范化，凡伐移树木需按下列程序申报。

1. 领取填写"北京市园林局伐移树木申请书"——申报伐移树木单位或个人必备的手续。

(1)"申请书"按"申请书填写要求"填写。

(2) 单位庭院和居住区伐移树木，申请单位须附庭院或居住区现状绿化平面图一份，绿化面积计算按北京市人民政府 1990 年 11 月 12 日批准北京市城市规划管理局、北京市园林局 1990 年 12 月 7 日发布的《北京市建设工程绿化用地面积比例实施办法》计算。绿化面积均应先由所在区(县)园林部门审核。

(3) 凡因基建伐移树木，除具备"申请书"备注要求外，还要持有市建委工程处签章后颁发的"工程开工审批表"。部队系统也要持有由总后营房部签章后颁发的"工程开工审批表"。

(4) 凡市政工程需伐移树木，要持有规划部门颁发的"市政工程许可证"及有规划部门印章的平面图。市政管线施工除上述"许可证"平面图外，要附"纵断图"市政工程也要持有市建委市政处签章后颁发的"市政工程开工审批表"。

(5) 单位内部按各自规划的道路、管线等室外工程，需伐移树木，也要有室外工程设计平面图、纵断图。

（6）单位和个人因任何原因伐移树木，都必须遵照《条例》第二十三条的规定提出补栽计划，补栽计划要求见“申请书”备注第四条。

2. 审核、勘察、审批及上报。

（1）所在区（县）接到申请书后，要审批申请书填写是否符合要求，应附文件是否具备并合格。对需上报的申请也要审核，做到符合要求，附件齐备、合格，方能上报。

（2）所有申报伐移树木都必须进行现场勘察，核实所报伐移树木品种、数量、树位，根据允许的伐移树木范围，确定可批伐移树木范围、数量，并按《条例》规定核查申报单位绿化面积与所报绿化面积是否相符。

（3）凡确需伐移树木一至五株的申请，经现场核实无误，按审批权限审批。

凡确需伐移树木六至十株或十株以上，及重点地区，胸径 30cm 以上慢长乔木一株的申请，所有区（县）园林部门也要进行现场勘察、核实无误，在申请书“所在区（县）意见栏”签署区（县）明确具体的意见后，上报市园林局。市园林局按伐移树木程序审核后，按审批权限审批或上报市政府审批。

（4）市、区两级城市绿化管理部门，分别在接到完备申请材料之日起到十五日之内作出答复或上报。

3. 核发“北京市城市树木砍伐移植许可证”。

（1）由区（县）园林局（绿化办公室），园林局绿化处在受园林局委托的权限内批准伐移的树木，由上述机关核发“许可证”。“许可证”统一加盖“北京市园林局处理伐树专用章”。“通知单”（绿联）送园林局绿办备案。

（2）市园林局权限范围内批准伐移的树木，市政府批准伐移的树木，由市园林局核发“许可证”。“许可证”（红联）由所在区（县）园林部门转发申报伐移树木单位。“通知单”（绿联）由区（县）留存备查。并负责将补栽计划转发或通知办事处，由办事处负责督促、检查、落实。市区属园林专业部门及各大公园批准伐移树木“许可证”（红联）发给管理单位，“通知单”（绿联）由市园林局转送市木材公司。单位庭院和居住区经审批伐移树木由办事处负责检查、验收。

（3）“北京市城市树木砍伐移植许可证”为市园林局统一印制，统一编号的凭证，在加盖“北京市园林局处理伐树专用章”并在开证人签字或盖章后生效。

（4）“许可证”自签发之日起三个月内有效，过期重新申报办理新证。

4. 市政或基建工程因施工临时或永久占用绿化用地（指城市公共绿地）属《条例》第二十五条、第二十六条规定范围内的，要履行占用绿地审批手续，申报批准后，由园林局核发“许可证”。

三、申请书填写要求

1. 凡申请伐移树木的单位或个人必须按申请书所列栏目认真填写，字迹清楚。

2. 树种、规格、数量栏按乔木、灌木、绿篱、草坪、园林设施依次排列。每种树木只填一格，规格由小至大（如毛白杨 $\phi 7 \sim 48$cm，15 株），灌木按丛株填［如丁香 $h=1.5$m，4 株（丛）］，绿篱按延长米填（如桧柏篱 15m），草坪按平方米填（如草坪 150 平方米），园林设施按计算单位填。

3. 绿化面积的填写：

(1)“已绿化面积”是指已经绿化现有的绿化面积。

“已绿化面积百分比”指：已绿化面积/单位总用地×100%。

(2)“砍伐移植后的绿化面积”是指已绿化面积减去此次伐移树木的绿化面积之差。

“砍伐移植后绿化面积百分比”指：已绿化面积减去此次伐移树木绿化面积/单位总用地×100%。

(3)“规划绿化面积”指申请单位在规划中预留但尚未绿化的面积。

“规划绿化面积百分比”指：规划绿化面积/单位总用地×100%。

北京市工程建设采伐（移植）林木管理程序

根据《中华人民共和国森林法》、《中华人民共和国森林法实施条例》、《北京市森林资源保护管理条例》、《北京市人民政府关于加强本市工程建设征占用林地和伐移林木管理的通知》（京政发〔2000〕42号），制定本管理程序。

一、前期介入

计划、规划等部门在进行工程建设项目立项和选址规划时，要充分考虑本市林业总体规划，尽可能地保护林地和林木资源，并征求林业行政主管部门的意见。

二、受理申请

（一）工程建设确需采伐林木的由业主单位申请，所在区、县林业行政主管部门受理，涉及市林业局直属单位的，由市林业局受理。

（二）工程建设业主单位在向林业行政主管部门申请林木采伐时，应提供以下材料：

1. 工程建设业主单位在征得树权人（单位）同意后，书面提出采伐林木的请示或函。

2. 县级以上人民政府（含主管部门）按国家基本建设程序批准的项目书或批准文件。

三、勘查审核

（一）区县林业行政主管部门受理申请后，需派人员会同树权人（单位）与工程建设业主单位共同对工程建设涉及采伐（移植）林木的情况进行现场勘查，如实填写《采伐（移植）林木申请表》。

（二）受理申请的区、县林业行政主管部门需对现场勘查情况进行审核，并审核如下书面材料。

1.《采伐（移植）林木申请表》及林木权属证明文件；

2. 工程建设设计图、涉及采伐（移植）林木的示意图，以及采伐、移植、保留树木详细情况的报告；

3. 工程建设配套绿化的具体方案、实施责任人及完成日期；

4. 采伐（移植）林木的补偿协议。

5. 如有占用或者征用林地的，需提交《使用林地审核同意书》。

需上报市林业局办公会或市政府审定的采伐（移植）申请，还需提供录相带一盘。

（三）对需采伐禁（限）伐区和市级有林部门林木的申请，按市人民政府办公厅《关于调整林木采伐审批权限的通知》（京政办发〔1997〕24号）的有关规定，由区、县林业行政主管部门初审并报同级人民政府签署意见加盖公章后上报市林业局审核、审批。

四、批准

（一）根据市人民政府办公厅《关于调整林木采伐审批权限的通知》（京政办发〔1997〕24号）的规定，需市人民政府审批的采伐林木申请，经市林业局审核后上报。

（二）由市林业局批准的：

1. 市级有林部门及市林业局直属单位的采伐（移植）申请。

2. 市人民政府赋予权限内禁（限）伐区的采伐（移植）林木申请。

3. 非采伐期，非禁（限）伐区采伐林木的申请。

（三）由区县林业行政主管部门批准的：最终审核权在区、县林业行政主管部门的采伐（移植）林木申请。

对非禁（限）伐区涉及林木500株以上的采伐申请，区、县林业行政主管部门在审批后，需及时上报市林业局备案。

五、核发林木采伐（移植）许可证

经审查批准的林木采伐（移植）申请，由县以上林业行政主管部门发放《林木采伐（移植）许可证》，并加盖"林木采伐许可专用章"（林政资源管理机构章）和"发证员专用名章"。

同时，对采伐（移植）林木的单位按有关规定收取费用（采伐林木收取育林基金、更改资金），市政府另有规定的除外。

六、监督检查

（一）林木采伐申请批准后，由受理申请的林业行政主管部门与工程建设业主单位和树权人（单位）签订林木采伐（移植）责任书，提出措施，严格按照批准的时间、范围、树种、株数等进行采伐（移植）。

（二）实行林木采伐（移植）监督责任制。经市人民政府或市林业局批准的林木采伐申请，受理采伐申请的区、县林业行政主管部门，需按有关规定进行检查，对发现的问题予以纠正和处理，市林业局抽查。

（三）采伐（移植）完成后，核发林木采伐（移植）许可证的林业行政主管部门按规定组织验收，由验收实施单位填写"采伐（移植）林木回执单"，报原发证机关。

（四）工程竣工后，由受理申请的林业行政主管部门监督检查绿化方案的实施。

北京市占用、征用林地管理程序

（北京市林业局 2001 年 3 月 23 日发布）

根据《中华人民共和国森林法》和《中华人民共和国森林法实施条例》、国家林业局发布的《占用征用林地审核审批管理办法》（2001 年 2 号令）、《北京市森林资源保护管理条例》和《北京市人民政府关于加强工程建设征占用林地和伐移林木管理的通知》（京政发〔2000〕42 号），特制定本管理程序。

一、申请

1. 用地单位需要占用国有林地的，需征得林地使用权单位的同意后，填写《北京市使用林地申请表》，向县级以上林业行政主管部门提出占用林地的申请。

2. 用地单位需要征用集体林地的，需经乡、镇林业工作站现场勘查，征得林地所有权单位同意，填写《北京市使用林地申请表》，向县级以上林业行政主宇航局部门提出征用林地的申请；没有林业工作站的乡镇，由区、县林业行政主管部门进行现场勘查，填写《北京市使用林地申请表》。

二、审核

（一）用地单位申请占用、征用或者临时用林地时，县级以上林业行政主管部门需审核以下有关文件，材料。

1. 用地单位占用、征用林地的请示或函，填报的《北京市使用林地申请表》。

2. 县级以上人民政府（含主管部门）按国家基本建设程序批准的项目书或批准文件。

（1）国家建设工程占用、征用林地，建设单位必须持国务院主管部门或县级以上人民政府（含主管部门）按照国家基本建设程序批准的设计任务书或批准立项的文件。

（2）部队修筑军事设施等需要使用林地的，须持师级以上主管部门批准的文件。

（3）乡（镇）、村企业建设需要使用林地的，必须持县级以上人民政府批准的设计任务书或有关批准的文件。

（4）农村居民住宅建设、乡（镇）村公共设施、公益事业建设需要使用林地的，需持区县人民政府或有关主宇航局部门批准的乡（镇）、村建设规划或批准文件。

3. 被占用、征用林地的林权证或其它权属证明材料。

4. 利用森林资源开发的项目征、占林地要由有资质的调查设计单位做出的项目命名用林地可行性报千和由林业行政主管部门组织进行森林资源资产评估的文件及协议书。

5. 与被占用或征用林地单位签订的林地、林木补偿及安置补助协议书。

6. 申请使用林地的地点、面积、“四至”范围说明、设计图及有关材料。

（二）现场查验。县级以上林业行政主管部门审核提交的有关文件、材料后，派有资质的人员（不少于 2 人）进行现场查验，填写《使用林地现场查验表》，签署现场查验意见。

（三）占用、征用林地，需由区、县林业行政主管部门进行初审，经同级人民政同意并盖章后，上报市林业局审核。

（四）森林经营单位申请在所经营的林地范围内修筑直接为林业生产服务的工程设施占用林地的，应当提供（一）款中1、3、6项规定的材料及林业行政主管部门的批准文件。其中：国有林地由市林业局批准，集体林地由区、县林业行政主管部门批准。

（五）临时占用林地的，应当提供（一）款中1、3、5、6项规定的材料，（一）款2项中规定的有关批准文件和按期恢复林业生产条件保证书。临时占用防护林和特种用途林、临时占用其他林地面积2公顷以上的，由市林业局或国家林业局审批；临时占用除防护林和特种用途林以外的其他林地面积2公顷以下的，由区、县林业行政主管部门审批。

三、预交森林植被恢复费，领取使用林地审核同意书

用地单位提出征占用林地的申请，经林业行政主管部门审核同意后，须按国家规定预交森林植被恢复费，才能领取《使用林地审核同意书》。森林植被恢复费专款专用，由收取部门按规定组织有关单位进行植被恢复。

四、办理建设占用、征用林地审批手续

用地单位凭《使用林地审核同意书》依法到土地行政主管部门办理建设占用、征用林地审批手续。对占用、征用林地未被批准的，有关林业行政主管部门应当自接到不予批准通知之日起7日内将收取的森林植被恢复费如数退还。

五、拨交林地

已经批准占用、征用的林地，由林地使用权或所有权单位按《使用林地审核同意书》的面积、“四至”界定的范围向占用、征用林地单位拨交林地。

六、采伐或移植树木

在批准占用、征用林地的范围内，需要采伐或移植树木的，凭《使用林地审核同意书》到区县以上林业行政主管部门依法办理林木采伐（移植）许可证。否则，任何单位和个人不得采伐或移植树木。

七、林权变更登记

对占用、征用和改变林地用途的林地，原林地所有权，使用权单位须持原林权证向林权证登记机关申请办理林权变更登记手续。

八、检查监督

林政稽查部门同原批准部门对征占用林地情况进行检查。

五、文 物 保 护

北京市文物保护单位保护范围及建设控制地带管理规定

京政发〔1987〕144号

（北京市人民政府1987年11月13日发布，根据2007年11月23日北京市人民政府令第200号修改）

第一条 为加强文物保护单位保护范围及建设控制地带的管理，特制定本规定。

第二条 本市行政区域内的全国重点文物保护单位、市级文物保护单位和区、县级文物保护单位（以下统称文物保护单位）的保护范围及建设控制地带，均须依照本规定管理。

第三条 凡已核定的文物保护单位，均应根据保护文物古迹的格局、安全、环境和景观的需要，划出保护范围和建设控制地带。

全国重点文物保护单位、市级文物保护单位的保护范围及建设控制地带，由市文物事业管理局（以下简称市文物局）会同市城市规划管理局（以下简称市规划局）划定，市人民政府核定公布；区、县级文物保护单位的保护范围及建设控制地带，由区、县文物行政管理机关会同区、县城市规划管理机关划定，征得市文物局和市规划局同意后，区、县人民政府核定公布。

第四条 在文物保护单位的保护范围内，依照《北京市文物保护管理条例》进行管理。

第五条 文物保护单位周围的建设控制地带分为五类：

一类地带：为非建设地带。地带内只准进行绿化和修筑消防通道，不得建设任何建筑和地上附属建筑物。地带内现有建筑，应创造条件拆除，一时难以拆除的，须制定拆除计划和年限。

二类地带：为可保留平房地带。地带内现有的平房应加强维护，不得任意改建添建。不符合要求的建筑或危险建筑，应创造条件按传统四合院形式进行改建，经批准改建、新建的建筑物，高度不得超过3.3米，建筑密度不得大于40%。

三类地带：为允许建筑高度9米以下的地带。地带内的建筑物形式、体量、色调都必须与文物保护单位相协调；建筑楼房时，建筑密度不得大于35%。

四类地带：为允许建筑高度 18 米以下的地带。地带内靠近文物保护单位一侧的建筑物和通向文物保护单位的道路、通视走廊两侧的建筑物，其形式、体量、色调应与文物保护单位相协调。

五类地带：为特殊控制地带。地带内针对有特殊价值和特殊要求的文物保护单位的情况实行具体管理。

第六条 建设控制地带允许建筑的高度，指建筑物和构筑物的最高点（包括电梯间、楼梯间、水箱、烟囱等）；中国传统大屋顶形式的，其高度按檐口计算。成片建设（包括改建）的地区，经市文物局同意，市规划局批准，个别建筑物可提高建筑高度。

第七条 文物保护单位周围未划一类建设控制地带或所划一类建设控制地带小于防火规范规定的防火间距的，在其周围建房时，应按《建筑设计防火规范》办理。

第八条 因特殊情况，必须更改文物保护单位的保护范围及建设控制地带时，须按本规定第三条程序办理。

第九条 在保护范围及建设控制地带内未经批准或违反本规定要求进行建设工程的，由文物行政管理机关或城市规划管理机关责令停止施工，并由城市规划管理机关按违章建筑处理。

第十条 本规定执行中的具体问题，由市文物局和市规划局共同负责解释。

第十一条 本规定经市人民政府批准，自 1987 年 12 月 1 日起施行。市人民政府 1984 年 11 月 20 日以京政发〔1984〕128 号文件批转的《关于文物保护单位的保护范围及建设控制地带的说明》同时废止。

关于在全国重点文物保护单位、市级文物保护单位的保护范围内进行建设工程的有关规定*

京文物〔2002〕271号

（北京市文物局2002年4月23日发布）

各区县文委、市级以上文保单位管理使用单位及有关单位：

为进一步加强对在全国重点文物保护单位、市级文物保护单位的保护范围内进行建设工程的管理，根据《中华人民共和国文物保护法》、《北京市实施〈中华人民共和国文物保护法〉办法》的规定，特制定本规定。

凡申请在全国重点文物保护单位、市级文物保护单位的保护范围内进行建设工程的，需要提交以下申办材料：

1. 申请函。内容包括：建设单位名称、建设项目、建设地点、建设规模。

2. 计划任务书（计委或上级主管部门对建设项目的批复）。

3. 建设工程的规划、设计方案一式两份。内容包括：1/500或1/2000现状地形图（标出涉及的文物保护单位）、设计方案要求上报建筑总平面图、平面、立面、剖面图。

经审核材料符合规定的，由市文物局统一上报国家文物局、北京市政府审批，并根据国家文物局、北京市政府的审批结果，对允许进行建设工程的项目，提出具体要求，书面通知申请人。

---

* 本篇法规已根据《北京市文物局关于公布行政规范性文件清理结果的通知》（发布日期：2008年12月30日，实施日期：2008年12月30日）修改。

关于在全国重点文物保护单位、市级文物保护单位的建设控制地带内进行建设工程的有关规定*

京文物〔2003〕457号

（北京市文物局2003年7月15日发布）

为进一步加强北京市文物保护单位的建设控制地带内进行建设工程的管理，根据《中华人民共和国文物保护法》、《北京市实施〈中华人民共和国文物保护法〉办法》的规定，特制定本规定。

凡申请在北京市文物保护单位建设控制地带内进行建设工程的，需要提交以下申办材料：

1. 申请函。内容包括：建设单位名称、建设项目、建设地点、建设规模。

2. 计划任务书（计委或上级主管部门对基建项目的批复）。

3. 建设工程的规划、设计方案一式两份。内容包括：1/500或1/2000现状地形图（标出涉及的文物保护单位），设计方案要求上报1/100或1/200建筑总平面图、平面、立面、剖面图。

4. 以上文件为A4规格，图纸为A4、A3规格装订成册。

在北京市文物保护单位建设控制地带内的建设工程，应符合北京市人民政府公布的文物保护单位保护范围及建设控制地带图纸及管理规定要求。不得破坏文物保护单位的安全、环境、历史风貌。建筑物、构筑物的形式、高度、体量、色调等与文物保护单位的环境风貌相协调。

经审核符合规定的，提出具体要求，书面通知申报人。

在全国重点文物保护单位建设控制地带内进行建设工程的，由市文物局报国家文物局审批。

---

* 本篇法规已根据《北京市文物局关于公布行政规范性文件清理结果的通知》（发布日期：2008年12月30日，实施日期：2008年12月30日）修改。

北京市《文物认定管理暂行办法》实施细则（试行）

（北京市文物局2010年3月9日发布）

第一条　为公正、及时开展文物认定工作，依据《中华人民共和国文物保护法》、文化部《文物认定管理暂行办法》，结合本市文物保护工作实际情况，特制定本实施细则。

第一章　总　　则

第二条　文物认定、定级和备案工作的对象，包括特定文化资源。

第三条　文物认定、裁定、定级、登录、备案为文物行政主管部门的行政行为。

第四条　文物认定工作应当遵循公正、客观的原则。

第二章　不可移动文物认定

第五条　依据属地管理原则，申请人申请对某一文化资源申请认定为不可移动文物的，由该文化资源所在区县文物行政部门开展具体的认定、登记、公布工作。

第六条　文化资源包括建筑、遗址、人类活动遗迹、特殊文化景观、文化线路、古人类古脊椎动物化石出土地等。

第七条　北京市文物行政部门根据国务院文物行政部门的要求，开展特定文化资源的认定工作。

第八条　北京市文物行政部门依申请开展古遗址、古墓葬、古人类活动遗迹、古脊椎动物化石出土地、跨区县的特殊文化资源的认定。

第九条　申请人在向北京市文物行政部门提出特殊文化资源认定申请时，应如实填写《不可移动文物认定申请表》。此表一式两份，申请人和北京市文物行政部门各存一份。

第十条　申请人在向区县文物行政部门提出除特殊文化资源以外的不可移动文物认定申请时，应如实填写《不可移动文物认定申请表》。此表一式两份，申请人和区县文物行政部门各存一份。

第十一条　如申请人为企事业单位、社会团体、民间组织，应由法人代表提出申请。

第十二条　区县文物行政部门可根据本区县实际情况，制定本区县文物认定的实施细则。

第十三条　区县文物行政管理部门可以直接开展认定工作，也可以委托相关事业单位开展认定工作。

第十四条　区县文物行政管理部门在开展认定工作时，应当通过网上公示、座谈会、实地走访、征求专家意见或组织听证会等形式听取公众意见。

第十五条　区县文物行政部门受理文物认定申请后，应在20个工作日内作出决定，需要委托专业机构或专家评估，以及需要网上公示等形式听取公众意见的，所需时间不计算在20个工作日内。

第十六条 区县文物行政部门在完成文物认定后应当向申请人送达《不可移动文物认定表》。此表一式两份，申请人和区县文物行政部门各存一份。

第十七条 认定结果为认定为不可移动文物的，区县文物行政部门应在向申请人送达《不可移动文物认定表》后60天内，将认定结果向市文物行政部门备案，并以网上公告、新闻媒体发布等形式向社会公告。

第三章 可移动文物认定

第十八条 北京市各级文物行政部门，只接受户籍所在地为北京市的北京市民的可移动文物认定申请。

第十九条 申请人申请可移动文物认定，应向户籍所在地区县文物行政部门提出申请。

第二十条 申请人在向区县文物行政部门提出可移动文物认定申请时，应如实填写《可移动文物认定申请表》，并提交可移动文物的所有权证明及合法来源证明文件，以及文物行政管理部门认为必要的补充材料。此表一式两份，申请人、区县文物行政部门各存一份。

第二十一条 申请人要求区县文物行政部门开展可移动文物认定工作的，各区县文物行政部门可以直接开展认定工作，也可以委托相关事业单位开展认定工作。

第二十二条 区县文物行政部门受理申请后一般情况下组织两位以上（含两位）鉴定、评估工作人员，负责技术鉴定和评估论证。

第二十三条 区县文物行政部门受理文物认定申请后，应在20个工作日内作出决定，需要委托专业机构或专家评估所需时间不计算在20个工作日内。

第二十四条 区县文物行政部门在完成文物认定工作后，应当向申请人送达《可移动文物认定表》。此表一式两份，申请人、区县文物行政部门各存一份。

第二十五条 本办法自2010年4月10日起施行。

六、工 程 管 理

（一）资金管理

关于北京市财政基本建设资金管理有关问题的通知

京财建〔1997〕594号

（北京市财政局1997年5月15日发布）

市属各局、总公司（集团）、各区县财政局：

根据《北京市财政基本建设拨款暂行办法》，为加强基本建设资金管理，提高资金使用效果，现对基本建设资金管理的有关问题规定如下：

一、申请基建拨款程序

1. 申报有关资料：各主管部门必须将项目可行性研究报告的批准文件和初步（或扩初）设计、设计概算的批准文件报同级财政部门一份进行备案，并在《北京市固定资产投资计划草案》下发后必须向同级财政部门报年度基建财务计划和年度基本建设分月用款计划（有关办法另行制定）。

各区县财政部门在收到市财政部门转发的市计委分配的“切块”资金指标后，必须将“切块”资金的分配和项目安排情况报市财政局城建处备案。

2. 填报基建拨款申请单：各项目主管部门向财政部门申请基建拨款时，应在年度基本建设计划和财政下达的基本建设预算范围内，根据工程进度、用款的需要，填写《基建拨款申请单》（附件一）一式三份报送市财政部门。财政部门对单位报送的有关资料及《基建拨款申请单》进行审核，根据财政收入、工程进度、财务进度等情况，在可动用资金额度内，核定拨款数额，将资金拨入项目主管部门的拨款账户，并通知主管部门。

二、基建资金的支用

建设单位支用基建资金时，需向同级财政部门报送以下资料：

（一）前期费用支付

1. 管理费的支用：提供有权部门批准的筹建机构文件。

2. 土地征用和拆迁补偿：提供市政府批准用地文件及土地管理部门、房管部门作价清单。

3. 设计费、勘察费：提供设计、勘察合同。

4. 供电贴费、四源费、学校网点费等：提供协议或合同。

（二）建筑安装工程和设备款的支用

1. 备料款的支用：项目开工证、中标通知书、工程合同（经北京市建筑安装市政工程合同预算审查处审查的合同）。

2. 工程款的支用：提供工程价款结算账单（实行工程监理的项目，拨付工程款时，需凭监理公司出具的凭单）。

3. 设备款支用：提供设备订货合同（列明名称、价格、规格、数量、交货时间）。

4. 归垫支用：需提供归垫清单，经审查有关账目后方可支用（补齐应有手续）。

财政部门对资料进行审核后根据项目用款需要确定实际支用数额，通知开户行拨付资金并监督资金使用。

三、银行开户

1. 市属项目，其主管部门和建设单位（不含远郊区县的建设单位），在收到市财政部门下达的基建支出预算通知后，即到建行北京市分行营业部开设基建拨款账户。建设单位必须按计划确定的项目开设二级账户。

2. 各区县财政部门可在建行各区县支行开设一级基建拨款账户，所属的建设单位在各区县财政局指定的经办行开户。

3. 各主管部门及所属建设单位应按资金渠道分别设置：地方基建限额存款账户（包括基建、更改）、地方基建资金存款账户（包括基础设施费、土地批租）。

四、报账对账

1. 主管部门应于月份终了5日内，向同级财政部门报送《199　年1—　月份基本建设拨款情况表》（附件二）。

2. 建行北京市分行营业部和各经办行应于月份终了5日内向同级财政部门报送《199　年1—　月基建支出情况表》（附件三）。

五、其它有关要求

1. 建设单位必须将财政拨入的基本建设资金专款专用，不得转移、挪用资金。

2. 有财政拨款和自筹资金等其它资金来源的项目，自筹资金以及其它资金来源要与财政拨款同步到位，以保证项目资金的需要。

3. 建设单位不能随意发生财政性垫款，确实需要者，需向市财政局报送申请表（附件四），经批准方可发生垫款。

4. 按要求及时、准确报送有关报表。

不符合上述要求，财政部门及建行不予办理拨款。

请各有关单位严格按本通知规定提供有关资料、办理基建拨款，并认真填报表格。

此文只适用基建拨款项目，贷款项目办法另定。

六、本办法由北京市财政局负责解释

此文于下发之日起执行。

附件一：基建拨款申请表（略）

附件二：199　年1—　月份基本建设拨款情况表（略）

附件三：199　年1—　月基建支出情况表（略）

附件四：财政性垫款申请表（略）

北京市会计管理办法

北京市人民政府令第4号

（1998年5月15日发布，自1998年7月1日起施行）

第一章 总 则

第一条 为加强本市会计工作的管理，根据《中华人民共和国会计法》和有关法律、法规，结合本市实际情况，制定本办法。

第二条 凡本市国家机关、社会团体、企业、事业单位、个体工商户和其他组织（以下统称“单位”）办理会计事务，必须遵守《中华人民共和国会计法》（以下简称《会计法》）和本办法。

第三条 市和区、县财政局负责管理本行政区域内的会计工作。

第四条 各单位的业务主管部门管理本单位、本系统的会计工作。

第五条 单位领导人领导会计机构、会计人员和其他人员执行《会计法》和本办法，保证会计资料的合法、真实、准确、完整，保障会计人员的职权不受侵犯。任何单位和个人不得对依法行使职权的会计人员打击报复。

对认真遵守和执行会计法律、法规和本办法，忠于职守，做出显著成绩的会计机构、会计人员，予以表彰和奖励。

第二章 会 计 核 算

第六条 下列事项，应当办理会计手续，进行会计核算：

（一）款项和有价证券的收付；

（二）财物的收发、增减和使用；

（三）债权、债物的发生和结算；

（四）资本、基金的增减和经费的收支；

（五）收入、费用、成本的计算；

（六）财务成果的计算和处理；

（七）其他需要办理会计手续、进行会计核算的事项。

第七条 会计凭证、会计账簿、会计报表和其他会计资料必须符合国家统一的会计准则、会计制度的规定。不得伪造、变造会计凭证、会计账簿，报送虚假的会计报表。

用电子计算机进行会计核算的，对使用的软件及其生成的会计凭证、会计账簿、会计报表和其他会计资料的要求，应当符合国务院财政部门的规定。

第八条 办理本办法第六条规定的会计事项，必须填制或者取得合法的原始凭证，并及时送交会计机构。

会计机构、会计人员必须对原始凭证进行审核，并根据经过审核的原始凭证编制记账凭证。

不得填制不符合国家统一的会计准则、会计制度规定的发票、收据等原始凭证。

第九条 各单位应当按照国家统一的会计准则、会计制度的规定，设置会计科目和会计账簿。

会计机构、会计人员应当根据经过审核的原始凭证和记账凭证以及国家统一的会计准则、会计制度的有关规定记账。

对各单位设置的总分类账、现金日记账、银行存款日记账，财政部门应当实行监管制度。

第十条 各单位采用的会计处理方法前后各期应当一致，不得随意变更；确需变更的，应当将变更的情况、变更的原因及其对单位财务状况的影响，在财务报告中予以说明。

第十一条 各单位的开支必须符合国家规定的范围和标准。核算成本必须按照国家规定的成本核算办法计算，不得以估计成本、定额成本、计划（预算）成本代替实际成本或者任意调整成本。

第十二条 各单位应当建立、健全财产清查制度。在编制年度财务报告前，应当对全部资产进行清查，清查中出现的盘盈、盘亏、报废、削价损失等情况，应当按照国家和本市的有关规定处理。

第十三条 各单位必须按照国家统一的会计准则、会计制度的规定，根据账簿记录编制财务报告，并按期报送财政部门和有关部门。

财务报告由单位领导人和会计机构负责人、会计主管人员签名或者盖章。设置总会计师的单位还应有总会计师签名或者盖章。

单位领导人对财务报告的合法性、真实性承担法律责任。

第十四条 各单位应当建立、健全内部财务管理制度，对本单位的财政收支、财务收支及财产物资实行严格的监督控制。

第十五条 会计凭证、会计账簿、会计报表和其他会计资料，应当按照国家有关规定建立档案。会计档案的保管和销毁，应当按照国家有关规定处理。

第三章 会 计 监 督

第十六条 各单位的会计机构、会计人员对本单位实行会计监督。

第十七条 会计机构、会计人员对不真实、不合法的原始凭证不予受理；对记载不准确、不完整的原始凭证应当退回，并要求其更正、补充。

第十八条 会计机构、会计人员认为是违法的收支，应当制止和纠正；制止和纠正无效的，应当向单位领导人提出书面意见，要求处理。单位领导人自接到书面意见之日起10日内作出书面决定，并对决定承担责任。

对严重违法损害国家和社会公众利益的收支，会计机构、会计人员应当向主管单位或者财政、审计、税务机关报告，接到报告的机关应当负责处理。

第十九条 各单位应当加强内部审计监督，建立健全内部审计制度。

第二十条 各单位必须依照法律和国家有关规定接受财政、审计、税务机关的监督和检查，如实提供会计凭证、会计账簿、会计报表和其他会计资料以及有关情况，不得拒绝、隐匿、谎报。

第二十一条 各级财政、审计部门应当加强对企业年度会计报表审计制度的管理。

第二十二条 各级财政、审计部门应当加强对会计师事务所、审计事务所的监督检查，每年应当抽查一定数量由注册会计师出具的企业年度会计报表审计报告。

第四章 会计机构和会计人员

第二十三条 各单位应当根据会计业务的需要设置会计机构，或者在有关机构中设置会计人员，并指定会计主管人员。不具备设置会计机构或者会计人员条件的，可以委托经批准设立的会计咨询、服务机构进行代理记账。

第二十四条 会计机构应当建立健全会计人员岗位责任制度和内部稽核制度。

会计机构中的出纳人员不得兼管稽核、会计档案保管及收入、费用、债权、债务账目的登记工作。除出纳人员外，会计人员不得经管现金、有价证券和票据。

第二十五条 会计人员实行持证上岗管理制度。

各单位任用的会计人员应当持有《会计证》。任何单位不得任用未取得《会计证》的人员独立担任会计工作。

第二十六条 各单位依法设置总会计师，应当由具有会计师（含会计师）以上专业技术任职资格的人员担任。

第二十七条 单位任用或者变动总会计师及会计机构负责人，应当依照国家规定执行，并同时向同级财政部门备案。

第二十八条 一般会计人员的任用或者变动，应当事先征求本单位总会计师或者会计机构负责人的意见。

第二十九条 会计机构、会计人员的主要职责是：

（一）按照《会计法》和本办法的有关规定进行会计核算和会计监督；

（二）拟定本单位财务收支计划，编制年度决算及制定单位内部财务会计管理制度；

（三）拟定本单位办理会计事务的具体办法；

（四）参与拟定经济计划、业务计划，考核、分析预算、财务计划的执行情况；

（五）参与本单位的重大投资、产权变动、资产处置等经济活动的论证、决策与管理工作；

（六）检查本单位和所属单位的会计核算、财务收支、资金使用和财产保管、收发、计量、检验等工作情况以及财经纪律执行情况，并提出意见和建议；

（七）办理其他会计事务。

第三十条 会计人员工作调动或者离职，必须按照国家有关规定，在30日内与接管人员办清交接手续。

单位被依法撤销、合并、分立，会计人员应当会同有关人员编制单位的资金、债权、债务以及其他财产的移交清册，向有关部门或者组织办理交接手续。

办理以上交接手续，必须执行法定的监交制度。

移交人员对所移交的会计凭证、会计账簿、会计报表和其他会计资料的合法性、真实性承担法律责任。

第五章　法　律　责　任

第三十一条　单位领导人有下列违法行为之一的，应当给予行政处分；构成犯罪的，依法追究刑事责任：

（一）违反或者胁迫、指使、授意他人违反《会计法》和本办法有关会计核算规定的；

（二）接到会计人员要求对违法收支作出处理决定的书面意见后，无正当理由逾期不作出处理决定的；

（三）对按照《会计法》及本办法履行职责的会计人员进行打击报复的。

第三十二条　会计人员有下列违法行为之一的，应当给予行政处分；构成犯罪的，依法追究刑事责任：

（一）违反《会计法》和本办法有关会计核算规定的；

（二）对违法的收支予以办理的；

（三）对违法的收支不制止，不纠正，又不向单位领导人提出书面意见或者报告的；

（四）对严重违法损害国家和社会公众利益的收支不向主管部门或者财政、审计、税务部门报告的。

第三十三条　单位领导人、会计人员和其他人员伪造、变造、故意毁灭会计凭证、会计账簿、会计报表和其他会计资料的，或者利用虚假的会计凭证、会计账簿、会计报表和其他会计资料偷税或者损害国家利益、社会公众利益的，由财政、审计、税务机关或者其他有关主管部门依据法律、行政法规规定的职责负责处理，追究责任；构成犯罪的，依法追究刑事责任。

第三十四条　对会计师事务所、审计事务所和注册会计师违反《会计法》、《中华人民共和国注册会计师法》或者审计准则、规则，有意隐瞒真实情况，甚至通同作弊的，由市财政局依法取消其注册会计师的执业资格；情节严重的，由工商行政管理部门依法吊销该会计师事务所或者审计事务所的营业执照。

第六章　附　　则

第三十五条　各级人民政府及有关综合部门，应当协助、配合做好会计工作。

第三十六条　本办法执行中的具体问题，由市财政局负责解释。

第三十七条　本办法自 1998 年 7 月 1 日起施行。

（二）政府采购

关于建设工程施工和设备招投标交易服务收费标准的函

京价（收）字〔1999〕第042号

（北京市物价局1999年2月2日发布）

市城乡建设委员会：

你委“关于申请核准北京市招标办建筑市场服务收费标准的函”（京建企〔1999〕10号）收悉。经市政府批准，市招标办收取的工程施工和设备招投标管理费转为经营性收费。现将北京市建设工程招标投标管理办公室（北京市建设工程发包承包交易中心）建设工程施工和设备招投标交易服务费收费标准等规定如下：

一、建设工程施工和设备招投标服务费按中标价的0.11％收取。其中，招标方交纳60％，中标方交纳40％。

二、会议室收费

大型会议室（90平方米）每半天200元，中型会议室（60平方米）每半天150元，小型会议室（30平方米）每半天100元，以上会议室不足半天按半天计算。

三、服务费

参加投标企业每次50元。对中标企业不收此项费用。

四、除以上收费项目外，不得收取其他任何费用。

五、区县招投标管理办公室按以上规定执行。

六、各收费单位到市区县物价局办理《收费许可证》，并使用税务发票方可收费。

特此复函。

北京市工程建设项目招标范围和规模标准规定

北京市人民政府令第89号

（2001年12月6日公布，自2002年1月1日施行）

第一条　为了确定本市必须进行招标的工程建设项目的具体范围和规模标准，规范招标投标活动，根据《中华人民共和国招标投标法》和《工程建设项目招标范围和规模标准规定》，结合本市实际情况，制定本规定。

第二条　本市行政区域内的下列工程建设项目，包括项目的勘察、设计、施工、监理以及与工程建设有关的重要设备、材料等的采购，达到本规定第八条所列规模标准之一的，必须进行招标：

（一）基础设施、公用事业等关系社会公共利益、公众安全的项目；

（二）使用国有资金投资或者国家融资的项目；

（三）使用国际组织或者外国政府贷款、援助资金的项目。

第三条　关系社会公共利益、公众安全的基础设施项目的范围包括：

（一）煤炭、电力、新能源等能源生产和开发项目；

（二）铁路、公路、管道、航空以及其他交通运输业等交通运输项目；

（三）邮政、电信枢纽、通信、信息网络等邮电通信项目；

（四）防洪、灌溉、排涝、引水、滩涂治理、水土保持、水利枢纽等水利项目；

（五）道路、桥梁、地铁和轻轨交通、地下管道、公共停车场等城市设施项目；

（六）污水排放及其处理、垃圾处理、河湖水环境治理、园林、绿化等生态环境建设和保护项目；

（七）其他基础设施项目。

第四条　关系社会公共利益、公众安全的公用事业项目的范围包括：

（一）供水、供电、供气、供热等市政工程项目；

（二）科技、教育、文化等项目；

（三）体育、旅游等项目；

（四）卫生、社会福利等项目；

（五）住宅、酒店、公寓、写字楼等项目；

（六）政法设施项目；

（七）防灾减灾项目；

（八）其他公用事业项目。

第五条　使用国有资金投资项目的范围包括：

（一）使用政府投资的项目，包括使用各级财政预算内资金的项目，使用政府土地收益，政府减免税费抵用，城市基础设施“四源”建设费，市政公用设施建设费，社会事业建设费，水利建设基金，养路费，污水处理费以及其他纳入财政管理的各种政府性专项建设基金的项目；

（二）使用国有企业事业单位自有资金，并且国有资产投资者实际拥有控制权的项目。

第六条 使用国家融资项目的范围包括：

（一）使用国家发行债券所筹资金的项目；

（二）使用国家对外借款、政府担保或者承诺还款所筹资金的项目；

（三）使用国家政策性贷款资金的项目；

（四）政府授权投资主体融资的项目；

（五）政府特许的融资项目。

第七条 使用国际组织或者外国政府贷款、援助资金项目的范围包括：

（一）使用世界银行、亚洲开发银行等国际组织贷款资金的项目；

（二）使用外国政府及其机构贷款资金的项目；

（三）使用国际组织或者外国政府援助资金的项目。

第八条 本规定第三条至第七条规定范围内的各类工程建设项目应当达到下列规模标准之一：

（一）施工（含土建施工、设备安装、装饰装修等）单项合同估算价在200万元人民币以上或者建筑面积在2000平方米以上的；

（二）重要设备、材料等货物的采购，单项合同估算价在100万元人民币以上或者单台重要设备估算价在30万元人民币以上的；

（三）勘察、设计、监理等服务的采购，单项合同估算价在50万元人民币以上的；

（四）单项合同估算价低于第（一）、（二）、（三）项规定的规模标准，但符合下列标准之一的：

1. 项目总投资额在3000万元人民币以上的；

2. 全部或者部分使用政府投资或者国家融资的项目中，政府投资或者国家融资金额在100万元人民币以上的。

鼓励政府投资或者国家融资金额在100万元人民币以下的项目进行招标。

第九条 选择基础设施和公用事业项目的投资主体、经营主体或者政府投资项目的项目法人，具备竞争条件的，应当通过招标的方式确定。

第十条 招标投标活动不受地区、部门的限制，任何单位和个人不得对潜在投标人实行歧视待遇。

第十一条 依照本规定必须进行招标的项目具备下列情况之一的，经项目审批部门批准，可以不进行招标：

（一）涉及国家安全或者有特殊保密要求的；

（二）抢险救灾或者利用扶贫资金实行以工代赈的；

（三）项目的勘察、设计采用特定专利或者专有技术或者其建筑艺术造型有特殊要求的；

（四）承包商、供应商或者服务提供者少于3家，不能形成有效竞争的；

（五）国内外民间组织或者个人全额捐赠的；

（六）其他特殊情况不适宜招标的。

第十二条　法律、行政法规对必须进行招标的项目的范围和规模标准另有规定的，依照其规定执行。

第十三条　违反本规定，必须进行招标的项目而不招标的，将必须进行招标的项目化整为零或者以其他任何方式规避招标的，由有关行政部门依照《中华人民共和国招标投标法》第四十九条的规定追究法律责任。

第十四条　本规定自2002年1月1日起施行。

北京市建设工程招标投标监督管理规定

北京市人民政府令第 122 号

（2003 年 4 月 2 日公布，自 2003 年 6 月 1 日施行）

第一条 为加强建设工程招标投标活动的监督管理，根据《中华人民共和国建筑法》、《中华人民共和国招标投标法》、《北京市招标投标条例》等有关法律法规，制定本规定。

第二条 在本市行政区域内进行建设工程勘察、设计、施工、监理和与工程建设有关的重要设备、材料采购的招标投标活动，以及对其实施的监督管理，适用本规定。

本规定所称建设工程，是指各类房屋建筑及其附属设施和与其配套的线路、管道、设备的安装工程、室内外装修工程，以及市政基础设施新建项目。

本规定所称重要设备、材料，是指涉及建设工程安全、质量、环保、节能的设备和材料，具体名录由市建设委员会（以下简称市建委）确定并公布。

第三条 依法必须招标的建设工程的范围和规模标准，按照国务院《工程建设项目招标范围和规模标准规定》和《北京市工程建设项目招标范围和规模标准规定》执行。

第四条 市规划委员会（以下简称市规划委）负责本市建设工程勘察、设计招标投标活动的监督工作。市建委负责本市建设工程施工、监理和与工程建设有关的重要设备、材料采购的招标投标活动的监督工作；区、县建设委员会（以下简称区、县建委）对本行政区域内的相关建设工程招标投标活动进行监督。

市规划委、市建委或者区、县建委可以委托建设工程招标投标管理机构负责建设工程招标投标活动的日常监督工作。

有关行政监督部门按照各自的职责，依法对本市建设工程招标投标活动实施监督。

第五条 建设工程招标应当具备下列条件：

（一）招标人已经依法成立；

（二）按照国家有关规定履行审批手续且已获得批准；

（三）按照国家有关规定应当履行核准手续的，已经核准；

（四）建设工程资金或者资金来源已经落实；

（五）有满足招标需要的文件和技术资料。

第六条 依法必须招标的建设工程项目需要履行项目审批手续的，项目审批部门应当在核准建设工程项目招标范围、招标方式和招标组织形式后 5 个工作日内向市规划委、市建委通报。

依法必须招标的建设工程项目不需要履行项目审批手续的，其招标方式由招标人自行确定。招标人应当在发布招标公告或者发出投标邀请书 5 个工作日前将招标方式抄报市规划委、市建委或者区、县建委。

第七条 招标人自行办理招标事宜的，应当具有编制招标文件和组织评标的能力。依法必须招标的建设工程，招标人自行招标的，应当在发布招标公告或者发出投标邀请书 5

个工作日前，向市规划委、市建委或者区、县建委备案，并提交下列材料：

（一）招标组织机构和专职招标业务人员的证明材料；

（二）专业技术人员名单、职称证书或者执业资格证书及其工作经历的证明材料。

第八条　招标人委托招标代理机构办理招标事宜的，双方应当签订书面委托合同。招标代理机构应当在其资格等级范围内承揽代理业务。未经招标人书面同意，招标代理机构不得转让代理业务。

招标代理机构的资格认定，按照国家有关规定执行。

第九条　招标人对投标人进行资格预审的，应当根据建设工程的性质、特点和要求，编制资格预审的条件和方法，并在招标公告或者资格预审公告中载明。

招标人拟限制投标人数量的，应当在招标公告或者资格预审公告中载明预审后投标人的数量，并按照招标公告或者资格预审公告中载明的资格预审的条件和方法选择投标人。招标公告或者资格预审公告中没有载明预审后投标人数量的，招标人不得限制符合资格预审条件的投标人投标。

第十条　依法必须公开招标的建设工程，招标公告应当在国家或者本市指定的媒介发布。

第十一条　建设工程设计招标的招标人应当在招标公告或者投标邀请书中明确是否给予设计方案未中标的单位经济补偿及补偿金额。

第十二条　招标人应当根据招标项目的特点和需要编制招标文件。进行设计招标的建设工程，需另择设计单位承担施工图设计的，招标人应当在招标文件中明确。

依法必须进行施工、监理和与工程建设有关的重要设备、材料采购招标的建设工程，招标人应当在招标文件发出的同时，向市建委或者区、县建委备案。招标人对已发出的招标文件进行必要的澄清或者修改的，应当在提交投标文件截止日期 15 日前以书面形式通知所有招标文件的收受人，并向市建委或者区、县建委备案。

招标文件及对其澄清或者修改的文件，不得违反法律、法规、规章的规定。

第十三条　建设工程投标人应当具有承担招标的建设工程的能力；国家有关规定对投标人资格或者招标文件对投标人资格有规定的，投标人应当具备规定的资格条件。

境外设计单位参加本市建设工程设计投标的，按照国家有关规定执行。

第十四条　建设工程勘察设计投标文件，应当由具有与投标建设工程相应资格的注册建筑师、注册工程师签章并加盖单位公章。

第十五条　开标应当在招标文件确定的提交投标文件截止时间的同一时间公开进行；开标地点应当为招标文件中预先确定的地点。

招标人应当接受市规划委、市建委或者区、县建委等有关行政监督部门对开标过程的监督。

第十六条　评标工作由招标人依法组建的评标委员会负责。评标专家应当从市规划委、市建委确定的专家名册或者建设工程招标代理机构的专家库中随机抽取确定。特殊项目的评标专家选取方式按照国家和本市有关规定执行。

市规划委、市建委确定的评标专家名册应当逐步纳入全市统一的评标专家名册。

第十七条　评标委员会成员不得私下接触投标人，不得收受投标人的财物或者其他好处。

评标委员会成员不得透露对投标文件的评审情况、中标候选人的推荐情况以及与评标有关的其他情况。

第十八条 评标委员会完成评标后，应当向招标人提出书面评标报告，阐明评标委员会对各投标文件的评审意见，并按照招标文件中规定的评标方法，推荐1至3名中标候选人，并标明排列顺序。招标人根据评标委员会提出的书面评标报告和推荐的中标候选人确定中标人。

对使用国有资金投资或者国家融资的建设工程，招标人应当按照中标候选人的排序确定中标人。当确定的中标人放弃中标、因不可抗力提出不能履行合同，或者招标文件规定应当提交履约保证金而在规定的期限内未能提交的，招标人可以依序确定其他中标候选人为中标人。

招标人也可以授权评标委员会直接确定中标人。

第十九条 依法必须招标的建设工程，招标人应当自发出中标通知书之日起15日内，向市规划委、市建委或者区、县建委提交招标投标情况的书面报告。书面报告应当包括下列内容：

（一）招标投标的基本情况，包括招标范围、招标方式、资格审查情况、开标和评标过程和确定中标人的方式及理由等；

（二）相关的文件材料，包括招标公告或者投标邀请书、投标报名表、资格预审文件和资格预审结果、招标文件、评标委员会成员名单和评标报告、中标结果及中标人的投标文件。委托工程招标代理机构进行招标的，应当提交建设工程招标代理委托合同。

前款第（二）项中已按照本规定办理了备案的文件材料，不再重复提交。

第二十条 市规划委、市建委或者区、县建委应当对招标人在招标投标活动中的行为进行监督，并有权责令招标人改正在招标投标活动中的违法行为。招标人在改正前不得向中标人发出中标通知书。

第二十一条 建设工程施工招标的招标人和中标人应当在依法订立书面合同后7个工作日内，向市建委或者区、县建委备案。

招标人和中标人不得再行订立背离合同实质性内容的其他协议。

第二十二条 招标文件要求中标人提交履约担保的，中标人应当提交。招标人应当同时向中标人提交工程款支付担保。

第二十三条 招标人、中标人使用未中标的设计方案的，应当征得提交方案的投标人同意并支付使用费。

第二十四条 违反本规定应当予以处罚的，由市规划委、市建委或者区、县建委按照《中华人民共和国招标投标法》、《北京市招标投标条例》等法律、法规和规章的规定处理，并将违法行为记入本市招标投标活动违法行为记录系统。

第二十五条 建设工程施工专业分包、劳务分包采用招标投标方式的，参照本规定执行。

第二十六条 本规定自2003年6月1日起施行。1987年10月24日市人民政府发布的《北京市建设工程施工招标投标管理暂行办法》、1994年10月6日市人民政府发布的《北京市建设工程设备招标投标管理规定》、1995年4月7日市人民政府发布的《北京市勘察招标投标管理规定》同时废止。

关于本市拆迁项目实行招投标管理的通知

京国土房管拆〔2003〕306 号

（北京市国土资源和房屋管理局 2003 年 4 月 16 日发布）

各区县国土房管局、各拆迁单位、各评估单位：

为规范本市房屋拆迁市场秩序，维护公平竞争，提高拆迁服务质量，增加拆迁工作透明度，促进依法行政，根据《中华人民共和国招标投标法》、《城市房屋拆迁管理条例》等国家和本市招投标、房屋拆迁有关法律、法规及相关规定，现就本市房屋拆迁项目实施招投标管理有关事项通知如下：

一、自 2003 年 5 月 1 日起，本市下列建设项目的房屋拆迁，建设单位（招标人）应当按照本通知规定采取招投标方式确定受托拆迁单位和评估单位：

（一）全部或者部分使用国有资金投资或者国家融资的项目；

（二）使用国际组织或者外国政府贷款、援助资金的项目；

（三）其他建设项目拆迁居民户数在 500 户以上或者拆迁总费用在 8000 万元以上的。

前款规定以外本市其他建设项目，建设单位也可以参照本通知规定采取招投标方式确定受托拆迁单位和评估单位。

二、拆迁招标，可以公开招标，也可以邀请招标。

本通知第一条第（一）、（二）项所列项目，拆迁居民户数在 50 户以上或者拆迁总费用在 1000 万元以上的，应当实行公开招标。

实行公开招标的，招标人应当在北京市国土资源和房屋管理局网站（http：//www.bjgtfgj.gov.cn）和《北京晚报》上发布招标公告。

三、招标人发布招标公告或者招标邀请书前，应当取得建设用地规划许可证或者建设工程规划许可证。

四、参加投标的拆迁单位必须具备本市受托拆迁单位资质，并且资质等级符合招标项目规模的要求；参加投标的评估单位必须具备本市房地产价格评估资质。

五、评标由招标人依法组建的评标委员会负责。

按照本通知第一条规定必须实行招标项目的评标委员会，由招标人代表和拆迁、评估相关行业的专家组成，成员人数为 5 人以上单数；其中专家人数不得少于成员总数的 2/3。

市国土房管局逐步建立全市拆迁招投标评标专家库。

六、项目中标人确定后，招标人应当向中标人发出中标通知书，并通知未中标人。

招标人应当与中标人按照招标文件和中标人的投标文件签订拆迁、评估委托书面协议；拆迁、评估委托协议应当报区、县国土房管局备案。

七、按照本通知规定应当实行招投标的拆迁项目，建设单位向区县国土房管局申请核发房屋拆迁许可证时，应当提交招投标情况的书面报告。

八、拆迁招投标中涉及本通知未予规定的其他事项，按照国家和本市招投标管理有关规定执行。

关于印发《拆迁项目招投标操作规程》的通知

京国土房管拆〔2003〕870号

（北京市国土资源和房屋管理局2003年9月30日印发）

各区县国土房管局、各拆迁单位、评估单位、招标代理机构：

为进一步规范拆迁招投标活动，促进拆迁市场健康发展，我局制定了《拆迁项目招投标操作规程》，现印发给你们，请遵照执行。

附件

拆迁项目招投标操作规程

一、一般规定

1. 市国土房管局《关于本市拆迁项目实行招投标管理的通知》（京国土房管拆〔2003〕308号，以下简称《通知》）第一条规定的（一）、（二）、（三）类项目，建设单位采取招投标方式确定受托拆迁单位和评估单位时，适用本规程。

其他建设项目采取招投标方式确定受托拆迁单位和评估单位的，可以参照本规程执行。

2. 拆迁项目的招标、投标，应当遵循公开、公正、公平和诚实信用的原则。

3. 拆迁项目招标实行业主负责制。

本规程所称业主，是指取得项目主体资格，需要对用地范围内房屋进行拆迁并对被拆迁人进行补偿、安置的建设单位。

4. 市国土资源和房屋管理局（以下简称市国土房管局）主管本市拆迁项目招标、投标工作；区、县国土资源和房屋管理局（以下简称区县国土房管局）负责本行政区域内拆迁项目招标、投标的监督管理工作。

拆迁项目招标投标活动及其当事人应当接受市、区县国土房管局的监督。

二、招标

5. 拆迁项目招标人，是指依照《通知》和本规程规定对其拆迁项目进行招标的建设单位。

6. 招标人取得建设用地规划许可证或者建设工程规划许可证后，应当在发布招标公告或者招标邀请书5日前，到拆迁项目所在地的区、县国土房管局办理招标备案。

7. 招标人可以自行办理招标事宜，也可以委托有资质的招标代理机构办理招标事宜。

受托代理拆迁项目招投标的机构名单由市国土房管局公布。

8. 招标分为公开招标和邀请招标。鼓励公开招标。

9. 按照《通知》第二条规定必须实行公开招标的项目，招标人应当在北京市国土资源和房屋管理局网站（http：//www.bjgtfgj.gov.cn）和《北京晚报》上发布招标公告。

招标人采用邀请招标方式的，应当向三个以上符合资质条件的拆迁单位和评估单位发出投标邀请书。

招标公告和招标邀请书应当载明招标人的名称和地址、招标项目的主要情况及获取招标文件的办法等事项。

10. 招标文件应包括招标邀请书、招标须知、合同条件、要求投标人提供的资格证明及相关文件的格式和说明、相关图纸及附件等内容。

招标文件的内容应当准确、详尽，应清楚表述项目性质和基本情况、对投标人及投标文件的要求、评标定标的原则和办法、委托合同的主要条款等。

招标文件的内容不得违背国家和本市法律、法规、规章及相关政策规定。

11. 招标项目需要划分标段、确定工期的，招标人应当合理划分标段、确定工期，并在招标文件中载明。

12. 招标人可以根据拆迁项目的性质、特点和要求，对投标人进行资格预审；资格预审的条件和方法应在招标公告或者资格预审公告中载明。

三、投标

13. 参加投标的拆迁单位和评估单位，必须具备相应的房屋拆迁和房地产价格评估资质，并且符合招标人的有关要求。

14. 公开招标和邀请招标时，提交投标文件的合格投标人不足三名时，招标人应当重新组织招标。

15. 投标人应当按照招标文件的要求编制投标文件，并按照规定的期限和方式送交招标人。

四、开标和评标

16. 开标、评标活动由招标人主持，并接受市、区县国土房管局和有关部门的现场监督。

17. 市国土房管局为本市房屋拆迁项目招投标活动提供开标场所。

按照《通知》规定应当采取招投标方式确定受托拆迁单位和评估单位的项目，属于下列情形的，除特殊情况经市国土房管局同意外，开标场所应安排在市国土房管局：

（1）按照《通知》规定应当实行公开招标的项目；

（2）招标人委托招标代理机构办理招标事宜的项目。

18. 招标人应当邀请所有投标的法定代表人或者其委托的代理人参加开标、评标会议。

19. 开标、评标会议的内容及程序：

（1）开标：公布评标原则和办法，启封投标文件，确认投标文件的效力，宣读投标人和投标文件的主要内容。

（2）评标：评标由招标人依法组建的评标委员会负责。

评标委员会应当遵守国家法律、行政法规有关规定，按照招标文件规定的评标标准和方法对投标文件进行系统的评审和比较。评标委员会评标完成后，应当向招标人提出书面评标报告并推荐中标候选人。

招标人根据评标委员会提出的书面评标报告和推荐的中标候选人确定项目中标人。招标人也可以授权评标委员会直接确定中标人。

20．中标人确定后，招标人应当向中标人发出中标通知书，同时将中标结果书面通知所有未中标的投标人。

招标人应当与中标人按照招标文件和中标人的投标文件签订拆迁、评估委托书面协议；拆迁、评估委托协议应当报区、县国土房管局备案。

五、其他

21．招标人完成拆迁项目招投标活动后，应就招投标活动主要内容制作招投标情况报告。

属于《通知》规定应采取招投标方式确定受托拆迁单位和评估单位的拆迁项目，区、县国土房管局应将建设单位招投标情况的书面报告作为核发房屋拆迁许可证的审查内容。

22．拆迁项目招标投标中涉及的其他事项，按照国家和本市招投标管理有关规定执行。

关于建设工程勘察设计招投标交易服务收费标准的函

京发改〔2004〕736号

（北京市发展和改革委员会2004年4月26日发布）

市规划委员会：

你委《关于申请核定勘察设计招投标收费标准的函》（市规发〔2004〕284号）收悉。根据《中华人民共和国招投标法》、国家发展计划委员会《工程建设项目招标范围和规模标准规定》、国家发展计划委员会等六部门发布的《中介服务收费管理办法》，现将建设工程勘察、设计招投标交易服务收费标准具体规定如下：

一、建设工程招投标交易服务收费标准

（一）勘察招投标交易服务收费标准。

项目投资额5000万元以下（含5000万元）的按每项1200元收费，5000万元至1亿元（含1亿元）的按每项1600元收费，1亿元至3亿元（含3亿元）的按每项2500元收费，3亿元以上的按每项4000元收费。

（二）设计招投标交易服务收费标准。

项目投资额5000万元以下（含5000万元）的按每项7000元收费，5000万元至1亿元（含1亿元）的按每项8000元收费，1亿元至3亿元（含3亿元）的按每项20000元收费，3亿元以上的按每项30000元收费。

（三）以上收费中，招标方交纳70％、中标方交纳30％。

（四）项目投资额是指该项目建筑安装投资额，不包括土地费用、拆迁和各种补偿费用以及设备费用的投资额。

二、大会议室（90平方米）每半天150元，小会议室（45平方米）每半天100元。以上会议室不足半天按半天计。

此收费标准为经营性收费，要按有关规定明码标价，依法纳税。

本函自发布之日起实行。

特此复函。

关于建设工程监理招投标交易服务收费标准的函

京发改〔2004〕737号

（北京市发展和改革委员会2004年4月26日发布）

市建设委员会：

你委《关于审定“建设工程监理招投标交易服务费”收费标准的函》（京建经〔2004〕108号）收悉。根据《中华人民共和国招投标法》、原国家发展计划委员会《工程建设项目招标范围和规模标准规定》、原国家发展计划委员会等六部门发布的《中介服务收费管理办法》，现将建设工程监理招投标交易服务收费标准具体规定如下：

一、建设工程监理招投标交易服务费按以下收费标准收取

（一）项目投资额5千万元以下（含5千万元）的按每项5000元收费，5千万元至8千万元（含8千万元）的按每项7000元收费，8千万元至1亿元（含1亿元）的按每项8000元收费，1亿元至3亿元（含3亿元）的按每项9000元收费，3亿元以上的按每项15000元收费。

（二）以上收费中，招标方交纳70%、中标方交纳30%。

（三）项目投资额是指该项目建筑安装投资额，不包括土地费用、拆迁和各种补偿费用以及设备费用的投资额。

二、大会议室（90平方米）每半天200元，中会议室（60平方米）每半天150元，小会议室（45平方米）每半天100元。以上会议室不足半天按半天计。

此收费标准为经营性收费，要按有关规定明码标价，依法纳税。

本函自发布之日起实行。

特此复函。

关于北京市政府采购工程项目招投标有关问题的通知

京财采购〔2004〕1723 号

（北京市财政局、北京市建设委员会 2004 年 11 月 4 日发布）

市属各委、办、局；各区县财政局、建委：

为进一步贯彻落实《中华人民共和国招标投标法》《中华人民共和国政府采购法》和《财政部 2004 年政府采购工作要点》精神，加强政府采购工程招标投标管理，规范政府采购工程招标投标活动行为，促进政府采购工程建设顺利实施，提高采购效率，现将我市政府采购工程项目的有关问题通知如下：

一、我市政府采购工程类项目包括：使用财政性资金进行房屋建筑及其附属设施和与其配套的线路、管道、设备安装的新建、改建、扩建工程；市政基础设施的新建、改建、扩建工程；房屋装饰装修工程。

二、列入年度政府投资计划的政府采购工程项目的招标投标工作仍按现行管理模式实施，即在同级建委招投标管理部门的监督下完成招标工作。招标工作完成后，项目单位需将有关资料报政府采购监管部门备案。

三、已纳入当年政府采购计划的续建项目或新建项目，项目单位需将项目建议书及批复、可行性研究报告及批复、初步设计概算及批复等文件的复印件一次性报采购办备案。

四、政府采购工程项目的招标投标活动必须严格按照《中华人民共和国招标投标法》进行公开招标。纳入当年政府采购计划的续建项目，项目单位需将招标公告、招标文件（含评标办法）、评审专家名单、评标报告、中标通知书及合同等复印件报采购办备案；纳入当年政府采购计划的新建项目，项目单位需在开标前将招标公告、招标文件（含评标办法）等复印件报采购办备案，公开招标投标活动结束后，项目单位需将评审专家名单、评标报告、中标通知书及合同等复印件报采购办备案。

五、除投资主管部门已批准招投标活动方式外的修缮、维护及改造项目，采购资金在 100 万元（不含 100 万元）以下，但建筑面积在 300 平方米以上的项目，经政府采购监管部门批准后，可以自行组织或委托集中采购机构（政府采购中心）或委托政府采购业务代理机构实施。采购活动结束后，项目单位持政府采购监管部门的批复、项目评审意见书、中标通知书、合同等有关手续到同级建委办理施工许可证等手续。

各有关单位在执行中如遇到问题，请及时与同级建委和财政局主管部门取得联系，以便此项工作顺利开展。

关于印发《关于依法加强本市政府投资项目招投标管理工作的意见》的通知

京发改〔2005〕124号

（北京市发展和改革委员会、北京市建设委员会、北京市规划委员会、北京市交通委员会、北京市水务局、北京市商务局、北京市监察局、北京市审计局2005年1月26日印发）

各有关单位：

为依法加强本市政府投资项目招投标管理工作，根据《中华人民共和国招标投标法》、《北京市招标投标条例》及配套规定，市发展改革委、市建委、市规划委、市交通委、市水务局、市商务局、市监察局和市审计局共同制定了《关于依法加强本市政府投资项目招投标管理工作的意见》，现予以印发，自2005年6月1日起施行。

附件

关于依法加强本市政府投资项目招投标管理工作的意见

为加强本市政府投资项目招投标管理工作，严格规范政府投资项目招投标活动，依据《中华人民共和国招标投标法》、《北京市招标投标条例》及配套规定，提出如下意见：

一、严格执行招标方案核准制度

（一）政府投资项目的建设单位在申报可行性研究报告时，应当按照《北京市工程建设项目可行性研究报告增加招标内容和核准招标事项实施办法》（京计政策字〔2002〕2243号）有关规定办理招标方案核准手续，并且严格按照发展改革部门核准的招标方案开展招投标活动。

（二）项目建设单位有特殊情况，需要在报送可行性研究报告前先行开展招标活动，可以在申报项目建议书时或者项目建议书批准后，将拟先行开展招标的方案及理由报发展改革部门核准。

（三）属于法律规定强制公开招标范围的项目必须依法公开招标。确实具有符合《北京市招标投标条例》第十一条、《工程建设项目勘察设计招标投标办法》（国家发展改革委2003年第2号令）第十一条、《工程建设项目施工招标投标办法》（国家计委2003年第30号令）第十一条规定的特殊情形需要邀请招标的，应当经发展改革部门批准，其中市级重点项目与国家重点项目，分别报市人民政府与国家发展改革委批准。

（四）市有关部门在办理项目基本建设手续时，应当依法审查项目招投标情况，发现项目建设单位未经核准擅自不招标或者擅自邀请招标的，应当暂停办理相关手续，并按照《市政府办公厅关于市政府有关部门实施招标投标活动行政监督有关问题的通知》（京政办函〔2002〕90号）规定的职责分工，及时调查处理，或者通报有关行政监督部门依法调查处理。

（五）政府给以投资补助或贷款贴息的建设项目，项目建设单位在报送资金申请报告时，应当附送原项目《招标核准意见书》及有关招标情况的书面材料；发展改革部门应当依法审查项目招投标情况，对于未按照发展改革部门核准的招标方案进行招标的，不予批准资金申请报告。原来没有经发展改革部门核准招标方案的企业投资项目，由发展改革部门根据项目进展情况依法核准招标方案。

二、严格执行招标公告发布制度

依法必须招标的政府投资项目公开招标的，招标人或者其委托的招标代理机构应当至少选择一家国家或者本市的指定媒介发布招标公告（含资格预审公告）。在国家指定媒介发布招标公告的，招标人或者其委托的招标代理机构应当同时通过电子邮箱或传真或自助发布的方式，直接将招标公告传送《投资北京》网站。

政府各有关部门在办理项目建设有关手续时，应当依法审查政府投资项目发布招标公告的情况，发现未依法在国家或者本市指定媒介上发布招标公告的，应当暂停办理相关手续，并及时通报市发展改革部门依法查处。

三、建立政府投资项目中标候选人公示制度

政府投资项目的中标候选人应当在《北京市招投标信息平台》公示，公示期为5个工作日，从发布公示信息的次日起算。招标人或者其委托的招标代理机构可以将中标候选人公示信息通过有关行政监督部门网站传送至《北京市招投标信息平台》，也可以通过自助发布的方式直接登录《北京市招投标信息平台》。

公示期内，若无投标人或其他利害关系人向有关行政监督部门投诉、或者投诉不予受理的，招标人应当按照国家有关规定确定中标人；若有投标人或其他利害关系人投诉、有关行政监督部门决定受理的，受理单位应当通知招标人暂缓确定中标人，并及时调查处理。经调查后无法证实违法行为的，受理单位应当及时通知招标人依法确定中标人。

政府投资项目机电产品采购采用国际招标的，招标人或者其委托的代理机构按照《机电产品国际招标投标实施办法》（商务部2004年第13号令）公示中标候选人。

四、严格执行招投标情况书面报告和中标合同备案制度

政府投资项目的建设单位应当根据《北京市招标投标条例》第三十五条、第三十七条规定，按照《市政府办公厅关于市政府有关部门实施招标投标活动行政监督有关问题的通知》规定的职责分工分别向有关行政监督部门提交招标情况书面报告和中标合同备案。

有关行政监督部门要做好有关审查工作，发现违法违规行为的，应当依法调查处理；对于不属于本部门职权范围查处的违法案件，及时移送有关部门依法处理。

五、建立政府投资项目招投标信息全过程公开制度

市发展改革部门在《投资北京》网站设置《北京市招投标信息平台》，依法公开政府投资项目招标方案核准情况、招标项目资格预审公告及结果、招标公告、中标候选人公示、中标结果、招投标监督执法等信息，使政府投资项目招投标信息做到全过程公开，接受社会监督。

各有关部门和项目建设单位应当积极做好招投标信息公开工作，及时将政府投资项目招投标信息传送《北京市招投标信息平台》。

六、切实加强对政府投资项目招投标活动的监督执法

有关行政监督部门要切实加强对本市政府投资项目招投标活动的监督，加大审计、稽察、监察、检查工作力度，严厉查处违法行为，并及时将调查处理结果通报发展改革部门，发展改革部门根据情况依法暂停项目执行或者暂停资金拨付。

有关行政监督部门应当建立健全招投标违法案件投诉举报制度，将本部门负责受理投诉举报的机构及其电话、传真、电子信箱和通信地址向社会公布。情况复杂、涉及面广的重大案件，案件受理单位认为必要的，可以与发展改革、监察、审计和相关行政监督部门组成联合调查组进行调查，确有违法违规问题的，由有关部门按照职责和权限分别做出处理决定。

有关行政监督部门对招投标违法案件调查处理终结后，应当按照《北京市招标投标条例》规定，及时将行政处罚决定及违法当事人的基本情况等信息传送市发展改革部门，由市发展改革部门统一录入“北京市招标投标违法行为记录系统”，供社会公众查询，有效提高违法成本，加大失信惩戒和警示力度。

关于贯彻《国务院办公厅进一步规范招投标活动若干意见》的通知

京政办发〔2005〕67号

（北京市人民政府办公厅2005年12月29日发布）

各区、县人民政府，市政府各委、办、局，各市属机构：

为贯彻落实《国务院办公厅关于进一步规范招投标活动的若干意见》（国办发〔2004〕56号，以下简称《意见》），加快建立健全本市统一开放、竞争有序的招标投标市场，经市政府同意，现就有关事宜通知如下：

一、统一思想，提高认识，加强领导

《中华人民共和国招标投标法》（以下简称《招标投标法》）和《北京市招标投标条例》（以下简称《招标投标条例》）颁布以来，市政府高度重视，认真组织贯彻实施，在完善相关政策体系、推广招投标制度、加强招投标行政监督、规范招投标活动等方面取得了重大进展。同时，《意见》中所指出的行业垄断、逃避招标、虚假招标、串通招标、非法干预等具有普遍性的问题，目前在本市也不同程度地存在。这些问题不仅影响建设质量和效益，而且滋生腐败，败坏社会风气，扰乱市场经济秩序和投资环境。

大力推广招投标制度，进一步规范招投标活动，是完善社会主义市场经济体制、深化投资体制改革、维护公平竞争的市场经济秩序的内在要求，是加强工程质量管理、提高首都城市建设质量和效益、提高国有资金使用效益的有效手段，是进一步转变政府职能、从源头上防治腐败和纠正不正之风的必要措施，也是改善投资环境、吸引境内外投资、确保奥运建设任务顺利完成、实现“新北京、新奥运”战略构想的重要保障。

各地区、各部门、各单位要高度重视，加强领导，认真学习、全面贯彻中央关于进一步规范招投标活动的决策和部署，结合本地区、本部门、本单位实际，以政府投资项目为重点，采取有效措施，抓住重点领域和关键环节，标本兼治，切实改进和加强招投标行政监督工作。

二、建立招投标行政监督协调机制，完善行政监督体系

发展改革部门要加强对招投标工作的指导协调，加强对政府投资和政府融资项目招投标活动的监督检查，以及对重点建设项目、工业项目招投标活动的监督执法。商务、水务、交通、市政、信息、规划、建设等行政主管部门要严格按现行职责分工，加强对相关领域招投标过程中泄露保密资料、泄露标底、串通招标、串通投标、歧视和排斥投标等违法活动的监督执法。各部门要严格依法履行职责，加强协调配合，形成监督执法的合力。既要重视招投标过程的监督检查，更要注重招投标结果和建设工程竣工验收的审计核查，加大对违法违规行为的惩处力度。

为加大对本市招投标行政监督工作的协调力度，建立市招投标行政监督协调机制，由市发展改革委牵头，市政府法制办、市编办、市监察局、市审计局、市财政局、市建委、市规划委、市交通委、市水务局、市商务局、市卫生局、市国土局、市市政管委等相关部门参加，负责研究本市招投标行政监督的重要事项，沟通协调有关监督工作，组织开展招投标执法检查和联合调查。具体工作规则由市发展改革委负责制定。聘请人大代表、政协委员、专家和行业协会代表为招投标活动特约监督员。市发展改革委负责组织特约监督员对本市招投标活动进行监督和调查研究，必要时对本市政府投资项目和重点建设项目招投标活动进行全过程监督。特约监督员有权举报招投标违法违规行为，向有关部门反映情况，提出意见和建议。

三、以政府投资项目为重点，加大招投标监督执法力度

要严格执行招标方案核准制度、政府投资项目中标候选人公示制度、招投标情况书面报告制度和中标合同备案制度。发展改革部门在审批或核准项目时，依法核准项目招标方案。对于未按照核准方案依法开展招标活动的项目，有关部门不予办理相关基本建设手续。政府投资项目确定中标候选人后，招标人必须将中标候选人名单在“北京市招投标信息平台”公示5个工作日，公示期内有投标人或其他利害关系人投诉、有关行政监督部门决定受理的，受理单位应当通知招标人暂缓确定中标人，并及时调查处理。政府投资项目中标通知书发出后和中标合同签订后，招标人应当根据《招标投标条例》规定，向有关行政监督部门提交招投标情况书面报告和中标合同备案。

切实加强对招投标活动的监督执法，依法维护招投标当事人的合法权益。要按照国家发展改革委等7部委《工程建设项目招标投标活动投诉处理办法》要求，确定并公布本部门负责受理投诉的机构及电话、传真、电子信箱和通讯地址。要强化审计、稽察、监察、检查工作，依法严厉查处违法行为。对于情况复杂、涉及面广的重大招投标投诉案件，受理部门可以和有关部门组成联合调查组进行调查处理，发挥执法合力，加大执法力度。

建立严格的信用惩戒制度。在“北京市招投标信息平台”设立“招投标违法行为记录系统”，全市各有关部门应及时将本系统有关招投标的行政处罚决定及违法当事人的基本情况等信息传送市发展改革委，由市发展改革委统一录入记录系统，公开曝光违法行为，增强警示力度。

四、加快建立全市统一的评标专家库，依法规范评标活动

为实现全市评标专家资源共享，为各行业、各领域提供质量较高、数量充足、客观公正的评标专家资源，从源头上规范评标活动，在整合各部门现有评标专家库资源的基础上，建立全市跨部门、跨地区的北京市评标专家库。北京市评标专家库建立后，各部门、各区县不再重复建立评标专家库。

各类招标项目所需的评标专家，均可以从北京市评标专家库免费抽取；其中本市政府投资和政府融资建设项目、政府采购项目、全部使用国有资金投资或国有资金投资占控股或主导地位的建设项目以及重点建设项目的评标专家，必须从北京市评标专家库随机抽取确定。上述四类项目的招标人或其委托的招标代理机构，不按规定从北京市评标专家库中抽取专家的，评标无效；情节严重的，由有关行政监督部门给予警告。

北京市评标专家库的评标专家应依法、独立、客观、公正地参加评标活动。有关部门应建立评标专家信用记录。评标专家有严重违法违规行为的，由有关部门取消评标专家资格，三年内不得重新申报北京市评标专家库评标专家，不得参与本市政府投资项目评标活动。

市发展改革部门负责协调北京市评标专家库的组建、管理和监督工作。市人事部门要严格认定评标专家资格，建立评标专家动态管理制度。市政府各有关部门要积极推荐评标专家人选，加强对评标活动的监督。

五、严格执行公告制度，依法公开招投标信息

依法必须招标项目拟采取公开招标的，招标人必须严格按照《招标投标法》和《招标投标条例》的规定，在国家或本市指定媒介发布招标公告。对于不在指定媒介发布招标公告的，有关行政监督部门要依法查处。在其他媒介发布招标公告应遵循招标人自愿的原则，任何单位和个人不得违法指定或限制招标公告发布地点和发布范围。指定媒介发布依法必须招标项目的招标公告，除国家另有规定外，不得违法收取费用。

市发展改革部门负责设置“北京市招投标信息平台”，集中发布招投标法律、法规、规章及其他有关重要规定和监督执法信息，发布政府投资项目招标事项核准、公告、中标等信息，实现政府投资项目招投标全过程信息公开，为行政监督、社会监督和当事人监督提供全面、可靠、方便的信息平台。其他招投标行政监督部门也要在各自职责范围内，充分利用网站等媒介，依法公开信息，并及时将有关信息传送“北京市招投标信息平台”。

六、实行严格的市场准入制度，依法规范招标代理行为

要依法整顿和规范招标代理活动，加强对代理机构的资质管理，实行严格的招标代理市场准入制度。招标代理机构必须与政府行政机关脱钩，不得存在任何隶属关系或者其他利益关系。招标代理机构有违法行为被给予行政处罚的，三年内不得代理本市政府投资项目招标工作；严重违法违规的，取消其招标代理资格。禁止任何个人私自为招标人和投标人充当中介，扰乱招投标市场秩序。

建立和完善招投标行业自律机制，组建全市跨行业、跨地区的招投标协会，通过行规、行约，规范招投标活动，维护招投标当事人的合法权益，提高行业整体素质。

七、进一步深化投资体制改革，全面推广招投标制度

本市依法必须招标的工程建设项目，其勘察、设计、施工、监理以及与工程建设有关的重要设备、材料采购，必须严格按照法律规定开展招标活动。同时，要按照国务院深化投资体制改革的要求，通过引入招投标等市场公平竞争的机制，改进项目的建设和管理，打破行业垄断，消除地区封锁和所有制歧视。经营性的和有一定投资回收能力的城市基础设施和公用设施项目建设，以及实行政府特许经营的各类项目，要全面推行项目法人招标和特许经营招标；政府投资的公益性项目，要积极推行“代建人”招标，提高项目管理的专业化水平，强化利益约束；政府贴息贷款的项目，要逐步通过招标方式选择贷款银行，降低投资成本，提高投资效益；积极探索通过招标等竞争方式选择工程咨询、招标代理等中介服务机构，培育公平竞争的投资中介服务市场。在政府采购、土地使用权出让、房屋拆迁、物业管理、药品和医疗物资采购、户外广告设置使用权出让等领域，要大力推行招投标制度，严格规范招投标行为。

八、继续完善招投标政策体系，依法规范行政行为

市政府有关部门要严格依据《招标投标法》和《招标投标条例》的规定，针对招投标的关键环节和问题多发环节，研究制定具体办法。今后，本市出台有关招投标的重要规定，必须按照《招标投标条例》规定，由市发展改革委会同有关行政主管部门制订，报市政府批准后实施。市政府法制办要加强有关文件的备案审查工作，市有关部门和各区县政府要适时组织清理有关规章和规范性文件，自觉维护政令统一，防止政出多门。

各级政府有关部门要依法规范招投标行政监督行为，确保行政行为合法、规范、有效，确保监督工作不错位、不越位、不缺位。不得违反法律法规设立审批、核准、登记、备案等事项，已经设立的要一律取消。各部门要加强沟通与交流，密切配合，及时传递招投标监督执法信息，协调解决招投标行政监督中的问题，共同做好招投标监督管理工作。行政机关和有关管理单位的负责人及工作人员，不得以权谋私，不得以任何方式违法干预具体招投标活动。行政监察部门要加强对有关部门招投标行政监督行为的监督，严厉查处招投标活动中的腐败行为，促进招投标市场健康发展。

关于印发《北京市招投标行政监督协调机制工作规则》的通知

京发改〔2006〕628号

（北京市发展和改革委员会2006年4月24日印发）

各有关单位：

根据《北京市人民政府办公厅关于贯彻国务院办公厅进一步规范招投标活动若干意见的通知》（京政办发〔2005〕67号）关于建立招投标行政监督协调机制的规定，我委研究起草了《北京市招投标行政监督协调机制工作规则》，经协调机制会议讨论原则通过，现予以印发。

附件

北京市招投标行政监督协调机制工作规则

第一条　按照《北京市人民政府办公厅关于贯彻国务院办公厅进一步规范招投标活动若干意见的通知》（京政办发〔2005〕67号）关于建立招投标行政监督协调机制（以下简称协调机制）的规定，为保证协调机制的规范、有效、顺畅运行，制定本规则。

第二条　建立协调机制的目的是：加强各有关部门行政监督工作的协调与配合，及时、有效地解决本市招投标领域的突出矛盾和问题，保障政令统一，依法加强和规范行政监督，促进招投标市场健康发展。

第三条　协调机制的成员单位由市发展改革委、市政府法制办、市编办、市监察局、市审计局、市人事局、市财政局、市建委、市规划委、市交通委、市水务局、市商务局、市卫生局、市国土局、市市政管委、市园林绿化局、市信息办等部门组成。市发展改革委为牵头单位。

第四条　成立协调机制领导小组，由市发展改革委主任担任组长，各成员单位主管招投标工作的领导担任成员，各成员单位有关部门负责同志担任联络员。

第五条　协调机制协调事项范围如下：

（一）加强本市招投标行政监督工作的重要计划与思路；

（二）本市招投标领域的突出矛盾和重要问题；

（三）有关招投标的规定及范本的制定；

（四）涉及多部门招投标工作、需呈报市政府决策的重要事项；

（五）北京市评标专家库的建设、管理和监督；

（六）全市招投标执法检查或联合调查工作；

（七）各部门招投标行政监督工作信息交流；

（八）需要多部门研究或协调的其他有关事项。

第六条 协调机制办公室（以下简称协调办公室）设在市发展改革委，负责处理日常事务，主要职责是：

（一）筹备、组织协调机制会议；

（二）起草、印发协调机制会议纪要；

（三）了解、督促有关成员单位落实会议议定事项；

（四）组织、落实成员单位有关信息交流事宜；

（五）办理、落实其他有关事项。

第七条 协调机制议事采取不定期会议形式，可以根据成员单位的要求随时召开。各成员单位可以就第五条规定事项范围内的具体议题提请协调机制会议研究。

协调机制会议的议题、开会时间及参加人员，由协调办公室商有关单位确定，提前书面通知各参会单位。

第八条 会议由市发展改革委负责召集并主持。一般会议由各成员单位联络员并具体经办处室负责同志参加；研究重要事项或重大问题，由各成员单位的领导小组成员参加；根据工作需要，可以邀请相关单位、专家参加会议。

第九条 协调机制会议议定事项以会议纪要的形式印发各有关成员单位。对于情况较为复杂、难以达成统一意见的问题，应当在会议纪要中明确表达。重大事项可以由有关成员单位联合报市政府决定。

第十条 各成员单位应当在会前认真研究有关问题，准备相关材料，按时参加会议；会议结束后，参会人员应当根据需要及时向本单位有关领导报告；如有未尽事宜或不同意见，应当在3个工作日内向协调办公室书面反馈，必要时，由协调办公室在会议纪要中予以明确。

对于会议纪要明确的事项，由各成员单位按照职责分工组织落实。

第十一条 本工作规则由市发展改革委负责解释。

第十二条 本工作规则自印发之日起施行。

附件

北京市招投标行政监督协调机制领导小组成员及联络员名单

一、北京市招投标行政监督协调机制领导小组成员

组长	丁向阳	市发展改革委主任
成员	吴桂英	市发展改革委副主任
	王　军	市编办副主任
	王金山	市政府法制办副主任
	王荣军	市监察局副局长
	程显华	市审计局副局长
	张祖德	市人事局副局长

续表

成员	苏　辉	市财政局副局长
	侯承儒	市建委委员
	谈绪祥	市规划委副主任
	周正宇	市交通委副主任
	毕小刚	市水务局副局长
	林雪梅	市市政管委副主任
	陈泽星	市商务局副局长
	康德铭	市园林绿化局副局长
	王立平	市信息办副主任
	史贤英	市国土局助理巡视员
	郭晋和	市卫生局助理巡视员

二、各成员单位联络员

韩晓芳	市发展改革委法规处处长
张剑松	市编办研究室副处长
孔繁荣	市政府法制办法制一处处长
赵玉岐	市监察局执法监察室副主任
王汝秋	市审计局投资审计一处处长
汪晓明	市人事局专业技术管理处副处长
王永怀	市财政局经建二处副处长
葛长荣	市建委招标办主任
丁秀云	市规划委勘察设计与测绘管理办公室主任
李鸿文	市交通委计划处调研员
杨　帆	市路政局建设处副处长
伊　锋	市水务局建管处处长
秦惠雄	市市政管委计划处处长
安　琪	市商务局机电进出口处副处长
叶向忠	市土地储备中心部门负责人
朱国成	市园林绿化局计财审计处处长
唐　玮	市信息办发展计划处副处长
房　薇	市卫生局药械处干部

关于印发《北京市招投标活动特约监督员制度暂行规定》的通知

京发改〔2006〕748号

（北京市发展和改革委员会2006年5月22日印发）

市属有关部门：

根据《北京市人民政府办公厅关于贯彻国务院办公厅进一步规范招投标活动若干意见的通知》（京政办发〔2005〕67号）关于聘请招投标活动特约监督员的规定，我委研究制定了《北京市招投标活动特约监督员制度暂行规定》，现予以印发。

附件

北京市招投标活动特约监督员制度暂行规定

第一条 为进一步加强和改进我市招投标行政监督工作，依法规范招投标活动，依据《北京市人民政府办公厅关于贯彻国务院办公厅进一步规范招投标活动若干意见的通知》（京政办发〔2005〕67号），本市建立招投标活动特约监督员制度，特制定本规定。

第二条 市发展改革委聘请部分人大代表、政协委员、专家和招投标协会等有关方面的代表作为北京市招投标活动特约监督员（以下简称特约监督员）。

第三条 特约监督员应具备的条件：

（一）了解有关招标投标的法律法规规章规定和业务知识；

（二）在人大代表、政协委员、专家和招投标协会及有关方面有一定的代表性和社会影响；

（三）具有较强的事业心和责任感，遵纪守法，作风正派；

（四）身体健康，能够适应特约监督员工作。

第四条 特约监督员的选聘、期限及解聘：

（一）特约监督员人选由各有关方面推荐，经市发展改革委审查并征得本人和所在工作单位同意后，颁发聘书，并向社会公布名单；

（二）特约监督员在聘期内如发生违法违纪行为，或有特殊情况不适合继续担任特约监督员工作的，由市发展改革委予以解聘，并书面通知特约监督员所在单位，从解聘之日起收回聘书；

（三）特约监督员由于某种原因主动要求提前解聘的，须由本人提出书面申请，经市发展改革委予以解聘，并书面通知特约监督员所在单位，从解聘之日起收回聘书；

（四）特约监督员聘期每届二年。期满后，无违法违纪行为，并能够继续适应特约监督员工作的，可以续聘。

第五条　特约监督员可以采取集中监督、定向监督和经常监督相结合的工作方式从事下列工作：

（一）在市发展改革委统一组织安排下，参加本市政府投资项目和重点建设项目的招投标活动的监督检查活动；

（二）在市发展改革委统一组织安排下，对本市招投标活动开展调查研究，提出意见和建议；

（三）结合自身专业特长，在日常工作、生活中了解收集有关招投标的信息，向市发展改革委反映所发现的问题，提出意见和建议；

（四）就本市有关招投标的重要决策和规范招投标行政监督行为提出意见和建议；

（五）受邀列席北京市招投标行政监督协调机制会议。

第六条　特约监督员应遵守以下工作规范：

（一）积极参加市发展改革委组织开展的各项监督检查、调查研究活动，准时出席有关会议，遵守工作纪律，保守工作秘密；

（二）坚持实事求是，尽职尽责，及时、公正、准确地反映有关问题和意见；

（三）遵守国家及本市招投标法律法规规章有关回避的规定，不以任何方式插手或干预具体招投标活动；

（四）不以特约监督员的身份谋求个人私利或为本单位谋求非法利益。

第七条　市发展改革委收到特约监督员反映的问题、意见和建议，登记后分别按如下方式进行处理：

（一）对于特约监督员反映具体建设项目招投标活动的违法违规问题，按照市政府有关部门职责分工，分送有关部门依法调查处理，由有关部门将办理结果反馈特约监督员；

（二）对于特约监督员反映有关部门招投标行政监督工作的意见和建议，分送有关部门研究，由有关部门将吸收意见和改进工作情况反馈特约监督员；

（三）对于特约监督员提出的有关全市招投标行政监督的建议，由市发展改革委会同有关部门研究，并将采纳情况反馈特约监督员。

第八条　市发展改革委要采用多种方式加强与特约监督员的信息交流，及时沟通情况、交换意见、通报工作及有关事宜；对于特约监督员所反映的问题、意见和建议，要做好登记、办理和反馈工作。

第九条　本规定由市发展改革委负责解释。

第十条　本规定自印发之日起施行。

市发展改革委公布北京市招投标活动特约监督员名单

王宗礼	市十二届人大代表，北京市建筑业联合会会长，2008工程指挥部顾问，原市人大常委会城建环保委员会主任
王晓沙	中共北京市纪委驻北京市发展改革委纪律检查组组长，北京市发展改革委党组成员
王綦正	清华大学水电工程系、建设管理系教授，全国注册咨询工程师（投资）职业资格管理委员会委员，中国对外承包工程商会专家委员会国际工程专家，北京仲裁委员会仲裁员，原清华大学国际工程项目管理研究院常务副院长，FIDIC－清华大学－中咨协会培训中心主任
邱　闯	中咨工程建设监理公司总工程师，中国监理协会理论研究委员会副主任，北京仲裁委员会仲裁员，中国注册监理工程师、注册建筑师，英国皇家特许建造师协会资深会员、中国北方区主席，英国皇家特许仲裁员协会会员，英国建筑法律协会会员，英国裁决员协会会员
刘红宇	市十二届人大代表，第九届中华全国青年联合会委员，金诚同达律师事务所高级合伙人律师，中华全国女律师协会执委，北京市非公经济联谊会常务理事，北京市非公经济中介人士分会监事长，中国社会科学院经济法专业研究生，北京大学光华管理学院EMBA工商管理硕士
曲际水	政协北京市第十届委员会委员，中国土木工程学会常务理事，中国勘察设计协会常务理事，市政工程设计分会会长，北京城市规划学会常务理事，教授级高级工程师，中国注册咨询工程师（投资）、注册设备工程师，原北京市市政工程设计研究总院党委书记、院长
李少华	政协北京市第十届委员会常务委员，北京三替城市管理（集团）公司董事长，市工商联副会长，北京市城市管理科技协会副会长，北京市社区管理协会副会长，1999年北京市十佳民营企业家，2000年北京市劳动模范
罗　青	市十二届人大常委会委员，市人大财经委副主任委员，北京市注册会计师协会会长、非执业注册会计师
宛素春	市十二届人大常委会城建环保委员会委员，北京工业大学建筑与城市规划学院教授、博士生导师、院学术委员会主任，曾任市人大常委会第十届、第十一届常委委员，北京工业大学建筑工程学院副院长，北京市女教授联谊会副会长，澳大利亚墨尔本大学客座教授
赵玉岐	市纪委监察局执法监察室副主任
唐广庆	水利部水利建设与管理总站顾问，教授级高级工程师，曾参加了鲁布革水电站、江垭水电站和小浪底水利枢纽工程等国际招标工作、评标委员会成员、国际合同管理和管理咨询工作，以及两个国际水利水电工程的投标和承包建设

关于印发《北京市工程建设项目招标方案核准办法》的通知

京发改〔2006〕664号

（北京市发展和改革委员会2006年4月30日印发）

各有关单位：

为适应投资体制改革新形势的要求，依法规范工程建设项目招标方案核准工作，依据《中华人民共和国招标投标法》、《北京市招标投标条例》及有关配套规定，参考《国家发展改革委办公厅印发关于我委办理工程建设项目审批（核准）时核准招标内容的意见的通知》（发改办法规〔2005〕824号），制定《北京市工程建设项目招标方案核准办法》，现印发给你们，请遵照执行。

附件

北京市工程建设项目招标方案核准办法

一、为贯彻依法必须招标制度，规范工程建设项目招标方案核准工作，依据《中华人民共和国招标投标法》和《北京市招标投标条例》及有关配套规定，制定本办法。

二、本市各级政府投资项目和实行核准制管理的企业投资项目应当将招标方案报市或区县发展改革部门核准。

招标方案的内容包括：建设项目勘察、设计、施工、监理以及重要设备、材料等方面的采购细项，每个采购细项是否招标，拟采用的招标方式（公开招标或邀请招标）和招标组织形式（委托招标或自行招标）。

三、核准项目招标方案的条件与标准

（一）按照国家有关规定，需要履行项目审批（核准）手续的，已经获得批准（核准）。

（二）依法必须招标的项目申请不招标的，应当具备下列条件之一：

1. 涉及国家安全、国家秘密或抢险救灾而不适宜招标的；

2. 利用扶贫资金实行以工代赈需要使用农民工的；

3. 主要工艺、技术采用特定专利或专有技术的；

4. 国内外民间组织或个人全额捐赠的；

5. 承包商、供应商或服务提供者少于3家，不能形成有效竞争的；

6. 有效投标或投标人不足3人，经依法重新招标后仍不足3人的；

7. 项目单位自身具有符合国家规定的相应资质等级，或符合国家规定的有关设备、材料的生产条件和能力，不需要另行采购的；

8. 在建工程追加附属小型工程或主体加层工程，原中标人仍具备承包能力的；

9. 已建成项目需要改扩建或技术改造，由其他单位进行设计影响项目功能配套性的，项目设计可以不招标；

10. 法律、法规、规章规定不适宜招标的其他情形。

（三）项目总投资3000万元人民币以上，政府投资或国家融资金额100万元人民币以上的建设项目，应当依法招标。若单项合同估算金额符合下列标准、相对招标成本过高、不适宜招标的，可以核准不招标：

1. 勘察单项合同估算金额在50万元人民币以下的；

2. 设计单项合同估算金额在20万元人民币以下的；

3. 施工单项合同估算金额在100万元人民币以下的；

4. 监理单项合同估算金额在10万元人民币以下的。

（四）项目单位申请自行招标的，应当具有编制招标文件和组织评标的能力，具体包括：

1. 具有与招标项目规模和复杂程度相适应的工程技术、概预算、财务和工程管理等方面专业技术力量；

2. 设有专门的招标机构或拥有3名以上专职招标业务人员；

3. 有从事同类工程建设项目招标的经验。

（五）依法应当公开招标的项目，项目单位申请邀请招标的，应当具备下列条件之一：

1. 技术复杂、专业性较强，只有少数潜在投标人可供选择的；

2. 受资源或自然地域环境条件限制，只有少数潜在投标人可供选择的；

3. 项目建设条件受自然因素限制，如采用公开招标，将影响项目实施时机的；

4. 法律、法规、规章规定不适宜公开招标的其他情形。

四、项目单位申报招标方案应提交的书面材料：

（一）项目招标方案核准申请书及申报表；

（二）项目已经获得批准（核准）的有关批复文件（具有特殊情况拟提前招标的需提交有关说明材料）；

（三）项目单位的营业执照、法人证书或项目法人组建文件（复印件需加盖公章）；

（四）依法必须招标的项目拟不招标的，应当说明不招标的范围及理由，并提交相关证明材料；

（五）项目单位申请自行招标的，应当提交有关专业技术力量情况、内设的招标机构或专职招标业务人员的情况、能够证明具备招标经验的有关材料；

（六）项目单位拟邀请招标的，应当提交其公司章程或股权结构有关证明文件、项目建设资金来源的性质及相关证明材料。依法应当公开招标的项目，还应当说明拟邀请招标的范围及理由，并提交相关证明材料。

五、项目单位申报招标方案核准的程序

（一）国家审批（核准）权限内的项目，项目单位应当在申报可行性研究报告或资金申请报告、项目申请报告的同时报送第四条规定的材料，经市发展改革委初审后转报国家发展改革委核准。

（二）本市审批（核准）权限内的项目，项目单位可以在申报可行性研究报告或项目申请报告的同时报送第四条规定的材料，也可以单独申报。

（三）国家和本市重点项目拟邀请招标的，项目单位应当提交第四条规定的材料，经市发展改革委初审后，报国家发展改革委或市政府批准。

六、核准项目招标方案的时限

（一）项目单位单独申报招标方案的，发展改革部门应当自受理申请之日起20个工作日内完成核准工作。

（二）项目单位将招标方案与可行性研究报告或资金申请报告、项目申请报告同时申报的，发展改革部门应当在完成有关项目审批（核准）或初审工作的同时，完成招标方案的核准或初审工作。

（三）发展改革部门核准项目招标方案后，在5个工作日内将项目招标方案的核准情况通报有关行政主管部门，并同时在“北京市招投标信息平台”公布。

七、在建设项目实施过程中，确有特殊情况需要变更已经核准的招标方案的，项目单位应当将变更的内容、理由及相关证明材料，报原核准机关核准。

八、实行备案制管理的企业投资项目，不再核准招标方案。但是依法必须招标的项目，项目单位应当依法开展招投标活动。

依法必须招标的项目具有特殊情况拟不招标的，或依法应当公开招标的项目拟邀请招标的，项目单位应当报项目所在区县发展改革部门批准。

九、本办法所称依法必须招标的项目，是指达到《北京市工程建设项目招标范围和规模标准规定》（北京市人民政府第89号令）第八条规定的规模标准的以下三类项目：

（一）基础设施、公用事业等关系社会公共利益、公众安全的项目；

（二）使用国有资金投资或国家融资的项目；

（三）使用国际组织或外国政府贷款、援助资金的项目。

十、本办法所称依法应当公开招标的项目包括：全部使用国有资金投资或国有资金投资占控股或主导地位的项目，国家和本市重点项目。

十一、本办法自2006年6月1日起施行。原《北京市发展计划委员会关于印发〈北京市工程建设项目可行性研究报告增加招标内容和核准招标事项实施办法〉的通知》（京计政策字〔2002〕2243号）同时废止。

附件1：项目招标方案核准申请书的示范文本（略）

附件2：项目招标方案核准批复的示范文本（略）

关于《北京市工程建设项目招标方案核准办法》的补充通知

京发改〔2006〕1126号

（北京市发展和改革委员会2006年6月29日发布）

《北京市工程建设项目招标方案核准办法》（京发改〔2006〕664号，以下简称664号文件）已于2006年6月1日起正式施行，为做好招标方案核准工作与现行项目审批及公文运转程序的衔接，现就有关事宜补充说明如下：

一、关于招标方案的申请与受理

项目单位应按照664号文件的示范文本，向市发展改革委提交招标方案核准的请示和建设项目招标方案核准申报表；按照项目审批的有关规定需要经过区县发展改革委申报的项目，同时提交区县发展改革委出具的意见。

招标方案与项目申请报告或可行性研究报告或资金申请报告同时申报的，作为一个事项受理。

二、关于批复形式

招标方案单独申报的，按照664号文件的示范文本进行批复。

招标方案与项目申请报告或可行性研究报告或资金申请报告同时申报的，在项目批复文件中一并批复，批复正文中增加一条关于招标方案核准的表述："本批复附《建设项目招标方案核准意见书》1份，请项目单位据此依法开展招标工作。在建设项目实施过程中，确有特殊情况需要变更已核准的招标方案的，应当报市发展改革委重新核准"。《建设项目招标方案核准意见书》作为批复的附件。

664号文件的示范文本，可以在我委外网《行政许可栏目》的"行政许可示范文本"中下载。

附件1

关于××项目招标方案核准的请示

××发展和改革委员会：

根据《北京市招标投标条例》有关规定，现将××项目的《建设项目招标方案核准申报表》及相关材料报送贵委，并就有关事项说明如下，请予以核准：

一、项目基本情况：包括项目建设内容、建设规模、投资估算、资金来源等。

二、……

（盖章）

年　月　日

（联系人：　　　；联系电话：　　　）

附件 2

依法必须招标的范围及规模标准

☆《中华人民共和国建筑法》第十九条规定，建筑工程依法实行招标发包，对不适于招标发包的可以直接发包。因此，建设工程发包方式分为：招标方式和直接发包方式。

☆《中华人民共和国招标投标法》第三条、及《北京市招标投标条例》第四条对工程建设项目必须采取招标方式进行发包的范围作了规定，三大类工程建设项目的勘察、设计、施工、监理以及与工程建设有关的重要设备材料采购，必须进行招标发包。

☆《北京市工程建设项目招标范围和规模标准规定》（北京市人民政府令第 89 号）对本市行政区域内的工程建设项目，依法必须招标的范围和规模作了具体规定。其勘察、设计、施工、监理以及与工程有关的重要设备材料采购，依法必须进行招标的范围和规模标准如下。

1. 范围：

以下三大类工程建设项目的勘察、设计、施工、监理以及与工程建设有关的重要设备材料采购等，即：

（1）基础设施、公用事业等关系社会公众利益、公众安全的项目（从项目性质界定）；

（2）使用国有资金投资或者国家融资的项目（从资金来源界定）；

（3）使用国际组织或者外国政府贷款、援助资金的项目（从资金来源界定）。

2. 规模标准：

北京市人民政府令第 89 号对依法必须招标范围内建设工程的规模标准作出如下规定：

（1）施工（含土建施工、设备安装、装饰装修等）单项合同估算价在 200 万元人民币以上或者建筑面积在 2000 平方米以上的；

（2）重要设备、材料等货物的采购，单项合同估算价在 100 万元人民币以上的或者单台重要设备估算价在 30 万元人民币以上的；

（3）勘察、设计、监理等服务的招标，单项合同估算价在 50 万元人民币以上的；

（4）单项合同估算价低于第（1）至（3）项规定的规模标准，但符合下列标准之一的：

1）项目总投资 3000 万元人民币以上的；

2）全部或者部分使用政府投资或者国家融资的项目中，政府投资或者国家融资金额在 100 万元人民币以上的。

《北京市工程建设项目招标方案核准办法》（京发改〔2006〕664 号）第三条第三款，对市政府 89 号令规定的规模标准作出如下新的规定：

项目总投资 3000 万元人民币以上，政府投资或国家融资金额 100 万元人民币以上的建设项目，应当依法招标。若单项合同估算金额符合下列标准、相对招标成本过高、不适宜招标的，可以核准不招标：

1. 勘察单项合同估算金额在 50 万元人民币以下的；

2. 设计单项合同估算金额在 20 万元人民币以下的；

3. 施工单项合同估算金额在 100 万元人民币以下的；

4. 监理单项合同估算金额在10万元人民币以下的。

☆关于建设工程“基础设施项目的范围”、“公用事业项目的范围”、“国有资金投资项目的范围”、“国家融资项目的范围”、“国际组织或者外国政府贷款、援助资金项目的范围”，在《北京市工程建设项目招标范围和规模标准规定》（北京市人民政府令第89号）规章中，作了明确界定。

☆《北京市建设工程施工许可办法》（北京市人民政府令第139号）第二条规定，本市行政区域内进行工程投资额在30万元以上或者建筑面积在300平方米以上的房屋建筑及其附属设施和与其配套的线路、管道、设备安装的新建、改建、扩建工程，市政基础设施的新建、改建、扩建工程，房屋装饰装修工程施工的，建设单位应当领取施工许可证。招投标监管时，对于应当领取施工许可证，但不属于依法必须进行招标规定范围和规模标准的建设工程，监管部门应当办理直接发包（施工、监理）备案登记手续，之后建设单位才能领取施工许可证。

☆根据《北京市工程建设项目招标范围和规模标准规定》（北京市人民政府令第89号）、及有关规章、规范性文件规定，对施工、监理招标的范围和规模标准分述如下：

一、施工招标的范围和规模标准

建设工程依法必须进行施工［包括土建施工、设备安装、装饰装修等。施工总承包发包或建设单位作为招标人进行的新建工程的专业工程发包（指定分包或直接发包范围）］招标的范围和规模标准，遵从《北京市工程建设项目招标范围和规模标准规定》（北京市人民政府令第89号）、《北京市工程建设项目招标方案核准办法》（京发改〔2006〕664号）规定。

《北京市建设工程专业与劳务发包承包交易管理规定》（试行）（京建法〔2000〕606号）第二、五条，对建设工程依法必须进行专业发包（建设单位作为招标人进行的既有建筑的改建、扩建、装饰装修等各专业工程发包）的规模标准作出如下规定：单项合同估算价在50万元人民币以上的专业工程。

二、监理招标的范围和规模标准

根据有关法律、法规及市人民政府89号令、京发改〔2006〕664号文件规定，并考虑监理费用与招投标成本关系，招投标监管时把控的工程建设项目依法必须进行监理招标的范围和规模标准如下：

1. 政府投资的工程建设项目：投资项目管理部门未核准招标方案，建安造价1000万元以上的，必须公开招标；1000万元以下、单项合同估算金额10万元以上的，可以邀请招标，单项合同估算金额10万元以下的，可以直接发包；

2. 非政府投资的工程建设项目：投资项目管理部门未核准招标方案的，单体15000平方米或同一批30000平方米或投资额（建安造价）3000万元以下，单项合同估算金额10万元以上的，可以邀请招标；单项合同估算金额10万元以下的，可以直接发包。超过上述标准的按《北京市工程建设项目招标范围和规模标准规定》（北京市人民政府令第89号）规定执行。

☆可以不进行招标，直接发包范围：

1. 建设工程不属于依法必须进行招标范围和规模标准的，即上述施工、监理依法必须进行招标范围和规模标准之外的；

2. 根据《北京市招标投标条例》、《北京市工程建设项目招标范围和规模标准规定》（北京市人民政府令第 89 号，以下简称“市政府 89 号令”）、《工程建设项目施工招标投标办法》（原国家计委等七部委 30 号令，以下简称“七部委 30 号令”）、《北京市工程建设项目招标方案核准办法》（京发改〔2006〕664 号，以下简称“发改委 664 号文”）、《房屋建筑和市政基础设施工程施工招标投标管理办法》（建设部令第 89 号）等法律、法规及规章规定，依法必须进行招标的建设工程，具有下列情形之一，且经投资项目管理部门或者招投标监管部门批准（投资项目管理部门不再核准招标方案的项目，规定见七部委 30 号令第十二条）的：

（1）涉及国家安全、国家秘密或者抢险救灾不适宜招标的；（七部委 30 号令、发改委 664 号文）

（2）属于利用扶贫资金实行以工代赈需要使用农民工的；（七部委 30 号令、发改委 664 号文）

（3）项目勘察、设计、施工主要技术采用特定专利或者专有技术的；（七部委 30 号令、市政府 89 号令、发改委 664 号文）

（4）项目勘察、设计其建筑艺术造型有特殊要求的；（市政府 89 号令）

（5）承包商、供应商或者服务提供者少于三家，不能形成有效竞争的；（市政府 89 号令、发改委 664 号文）

（6）国内外民间组织或者个人全额捐款的；（市政府 89 号令、发改委 664 号文）

（7）施工企业自建自用的工程（简称“自营工程”），且该施工企业资质等级满足建设工程要求的；（七部委 30 号令、建设部令第 89 号）

（8）在建工程追加的附属小型工程或者主体加层工程（简称“追加工程”），原中标人仍具有承包能力的；（七部委 30 号令、建设部令第 89 号、发改委 664 号文）。（附属小型工程是指建设规模和合同额比较小，相对次要的、对主体建设工程的使用功能没有影响的配套工程）

（9）停建或者缓建后恢复建设的单位工程（简称“续建工程”），且承包人未发生变更，仍具有承包能力的；（建设部令第 89 号）

（10）有效投标或投标人不足 3 人，经依法重新招标后仍不足 3 人的；（发改委 664 号文，对应本部分第九节“重新招标”所述第 1 至 2 条情形）

（11）项目单位自身具有符合国家规定的相应资质等级，或符合国家规定的有关设备、材料的生产条件和能力，不需要另行采购的；（发改委 664 号文，类似对“自营工程”的规定，包括项目的勘察、设计、施工、监理、以及重要设备材料采购）

（12）投资项目管理部门关于项目招标方案核准文件［可行性研究报告批复的附件一发展和改革委员会核准意见书、建设项目招标方案核准意见书（2006 年 6 月 1 日后新审批或核准的项目）］予以核准的

（13）法律、法规、规章规定不适宜招标的其他情形（发改委 664 号文）

☆涉及国家安全、国家秘密的项目，监管部门应当要求招标人提交相关证明材料，本市项目提交市或国家安全机关或保密机关的书面证明文件；部委项目提交有部委保密委员会书面证明文件。

关于发布《北京市工程建设项目施工评标办法》的通知

京发改〔2006〕1217号

（北京市发展和改革委员会、北京市建设委员会、北京市交通委员会、北京市水务局2006年7月26日发布）

各有关单位：

为依法规范工程建设项目施工招投标活动中的评标行为，维护招投标当事人的合法权益，根据《中华人民共和国招标投标法》、《北京市招标投标条例》及配套规定，市发展改革委、市建委、市交通委和市水务局共同制定了《北京市工程建设项目施工评标办法》，现予发布，自2006年9月1日起施行，请遵照执行。

附件

北京市工程建设项目施工评标办法

第一章　总　　则

第一条　为了规范工程建设项目施工招投标活动中的评标行为，维护招投标当事人的合法权益，根据《中华人民共和国招标投标法》、《北京市招标投标条例》等有关法律法规规章规定，结合本市实际情况，制定本办法。

第二条　本市依法必须招标的工程建设项目施工评标活动适用本办法。国家法律、法规、规章对评标活动另有规定的，遵照其规定。

第三条　评标活动应当遵循公平、公正、科学、择优的原则依法进行。

第四条　招标人或其委托的招标代理机构应当采取必要的措施，保证评标活动在严格保密的情况下进行。

第二章　评标委员会

第五条　评标活动由招标人依法组建的评标委员会负责。

第六条　评标委员会由招标人代表和有关技术、经济等方面的专家组成，成员人数为五人以上的单数，其中技术、经济专家不得少于评标委员会成员总数的三分之二；实行工程量清单招标的房屋建筑及其附属设施工程建设项目，经济方面的评标专家应当不少于二名。

评标委员会中的招标人代表应当是本单位熟悉相关业务的在职人员。其中国家和本市重点项目以及全部使用国有资金投资和国有资金投资占控股或主导地位的项目，招标人代表还应当具有相关专业高级以上职称或同等专业水平。

第七条　在评标前，由评标委员会成员共同推举产生或者招标人直接确定一名评标委员会负责人。评标委员会负责人主要负责以下工作：

（一）组织评标委员会成员学习招标文件中载明的评标标准和方法。

（二）提醒招标人做好评标准备工作，包括提供所需的评标基础资料、实行暗标评审的应除去能够识别投标人身份的信息等。

（三）在评审项目较复杂或者投标人较多时，合理安排评标委员会成员的分工。

（四）汇总各评标委员会成员认为需要投标人澄清、说明或者补正的问题，组织评标委员会对投标人质询并对投标人的答复进行评审。

（五）对出现较大争议的事项进行书面记录。

（六）回收评标用表格和评审记录并查验完整性及有效性。

（七）组织编写评标报告。

第八条　实行工程量清单招标的，招标人可以在评标前自行或者组织造价咨询、招标代理等专业机构进行清标，即对基础性数据进行分析和整理，但不得对投标文件进行评价、打分等评审性工作。清标人员有第十三条规定的情形的，应当回避。

评标委员会评标时应当复核并确认已整理的资料、数据。

第九条　招标人或其委托的招标代理机构应当把经有关行政监督部门备案的招标文件，包括招标文件补充文件、答疑文件、评标标准和方法等全部提供给评标委员会，至少保证每两名评标委员会成员共同使用一份，其中评标标准和方法应当保证每人使用一份。

第三章　评标方法与评标要求

第十条　具有通用技术、性能标准，且施工难度不大的工程建设项目，一般应当采用经评审的最低投标价法。

技术复杂、施工难度较大的工程建设项目，一般应当采用综合评标法。

第十一条　评标专家出席评标时，应当准时签到，并主动出示专家证书和本人有效身份证件，经招标人或其委托的招标代理机构确认其身份后参与评标。

第十二条　评标委员会成员在评标前，应当签署评标专家声明书（格式附后），声明本人没有依法应当回避的情形，保证遵守有关评标管理规定以及评标纪律，客观、公正地进行评标，并接受有关行政监督部门的监督。

第十三条　评标委员会成员具有下列情形之一的，应当主动提出回避：

（一）投标人或者投标人主要负责人的近亲属。

（二）评标项目主管部门或者行政监督部门的人员。

（三）与投标人有利害关系或者经济利益关系的，包括本人所在单位与投标人有隶属关系；从投标人单位调离、辞职或者离职不足三年；从投标人单位退休不足五年；投标人单位的股东等。

（四）曾因招标、评标以及其他与招标投标有关活动中从事违法行为受过行政处罚或者刑事处罚的。

招标人或其招标代理机构发现评标委员会成员有前款规定情形之一的，应当予以更换。

第十四条 评标委员会成员在评标过程中应当遵守下列规定：

（一）独立进行评审，不得对其他评委的评审意见施加影响。

（二）不得将投标文件带离评标地点评审。

（三）不得无故中途退出评标。

（四）不得复印、带走与评标内容有关的资料。

第十五条 评标委员会应当严格按照招标文件规定的评标标准和方法对投标文件进行评标。招标文件中没有的评标标准和方法不得作为评标依据。

第四章 评 标 程 序

第十六条 评标委员会评标时，先对投标文件进行初步评审，逐项列出投标文件的投标偏差；再对经初步评审合格后的投标文件的技术标和商务标部分作详细评审、比较。

技术标实行暗标评审的，应当先评审技术标，再评审商务标。

第十七条 技术标评审的一般程序为：

（一）技术标的符合性评审。

（二）施工组织措施、质量保证措施、施工方案评审。

（三）按照评标标准和方法计算得分，并就每项评分写出评审意见。

第十八条 商务标评审的一般程序为：

（一）对投标价格及其各组成要素的合理性和符合性进行逐项评审。

（二）汇总需要投标人澄清、说明或者补正的问题，以书面形式发放投标人。

（三）按照评标标准和方法，计算得分或者给出评标结论。

第十九条 投标人应当以书面形式对评标委员会提出的问题作出澄清、说明或者补正，但不得超出投标文件的范围或者改变投标文件的实质性内容；

评标委员会对投标人澄清、说明或者补正的内容进行评审，并依法判定是否低于成本或者实质响应招标文件。

低于成本或者未能实质响应的投标，应当废标。

第二十条 招标人设有标底的，在评标时作为参考。

标底应当由造价工程师签字，并加盖造价工程师执业专用章。招标人不具有自行招标能力的，应当委托有相应资质的社会中介机构编制，并加盖该中介机构的公章。

第二十一条 招标人可以在招标文件中规定建设项目投资概算作为投标控制价，超出投标控制价的投标作为废标。

政府投资项目的投标超出政府批准的投资概算的，应当废标。

第二十二条 在评标过程中发现下列情形之一的，评标委员会应当否决投标人的投标或者作废标处理：

（一）符合《工程建设项目施工招标投标办法》（国家计委等七部委第 30 号令）第五十条第二款规定情形之一的。

（二）投标人不按照要求对投标文件进行澄清、说明或者补正的。

（三）投标人的报价明显低于其他投标报价或者在设有标底时明显低于标底，使得其投标报价可能低于其个别成本且不能说明合理理由的，经评标委员会评审投标报价低于投标人个别成本的。

（四）投标人资格不符合招标文件要求，或者与资格预审结果相比资格、业绩有降低的。

（五）投标文件未能对招标文件作出实质性响应的。

（六）投标人以他人名义投标、串通投标、在投标过程中有行贿行为或者以其他弄虚作假方式投标的。

（七）符合招标文件规定的其他废标条件的。

第二十三条　评标委员会否决不合格投标或者认定废标后，当有效投标不足三个时，可以继续进行评标，也可以否决全部投标。经评审后，认为有效投标均不符合招标文件的技术要求或者明显缺乏竞争力时，应当否决全部投标。

所有投标被否决的，招标人应当依法重新招标。

第二十四条　评标委员会对于评标过程中发现的问题，应当及时处理，并作出书面记录。

第二十五条　在技术标评审过程中，评标委员会个别成员的单项评分与其余评标委员会成员的单项评分平均差异在20%以上或者有重大意见分歧时，评标委员会负责人应当提醒其进行复核，经复核后该评标委员会成员仍坚持其独立意见的，应当作出书面说明。但是该成员所评出的总分顺序与其他成员相对一致、不影响中标结果的，应当视为合理。

第二十六条　采用综合评标法评标的，可以采用所有评委打分的平均值计算每份投标文件的总分。该平均值可以采用去掉一个最高分和一个最低分后的算术平均数。

第二十七条　招标人应当根据工程建设项目规模、技术复杂程度、评标方法和投标人数量等，确定合理的评标时间。

招标人和评标委员会不得随意缩短评标时间。

第二十八条　评标委员会每位成员均应当对本人的评审意见写出说明并签字，并对本人评审意见的真实性和准确性负责，不得随意涂改所填内容。

第二十九条　招标人认为部分评标专家的评标结果出现重大偏差，可能影响中标结果的，可以提请评标委员会进行复审。评标委员会拒绝复审的，招标人应当作出书面记录。

第三十条　评标结束后，评标委员会应当及时编写并向招标人提交书面评标报告。

评标报告由评标委员会全体成员签字。

第三十一条　对评标结论持有异议的评标委员会成员可以书面阐述其不同意见和理由。评标委员会成员拒绝在评标报告上签字且不陈述其不同意见和理由的，视为同意评标结论。评标委员会应当对此作出书面说明并记录在案。

第三十二条　评标结束后，由招标人向评标专家支付劳务费。除此之外，评标专家不得接受该项目招投标相关单位和个人的任何其他礼物、现金或者有价证券等财物。

第三十三条　招投标双方应当分别为对方在招标文件和投标文件中涉及的商业秘密保密，未经对方书面同意，不得披露或者提供给第三人，违反者应当承担相应的法律责任。

第五章　附　　则

第三十四条　违反本办法规定应当予以处罚的，由有关行政监督部门按照国家及本市有关法律法规规章的规定处理，并于处理决定送达后五个工作日内将违法行为及处理结果记入本市招标投标活动违法行为记录系统。

第三十五条　工程建设项目监理、重要设备、材料采购招标的评标活动，可以参照本办法执行。

第三十六条　本办法自2006年9月1日起施行。

附件

评标专家声明书

本人接受招标人邀请，担任××工程建设项目（施工□监理□重要设备采购□材料采购□）招标的评标专家。

本人声明：本人在评标前未与招标人、招标代理机构以及投标人发生可能影响评标结果的接触；在中标结果确定之前，不向外透露对投标文件的评审、中标候选人的推荐情况以及与评标有关的其他情况；不收受招标人超出合理报酬以外的任何现金、有价证券和礼物；不收受有关利害关系人的任何财物和好处；无国家及本市有关规定需要回避的情形。

本人郑重保证：在评标过程中，遵守有关法律法规规章和评标纪律；服从评标委员会的统一安排；独立、客观、公正地履行评标专家职责。

本人接受有关行政监督部门依法实施监督。如违反上述承诺或者不能履行评标专家职责，本人愿意承担一切由此带来的法律责任。

特此声明。

评标专家签名：

关于发布《北京市工程建设项目施工招标标底编制和使用的若干规定》的通知

京发改〔2007〕537 号

（北京市发展和改革委员会 2007 年 3 月 22 日发布）

各有关单位：

为依法规范工程建设项目施工招标标底的编制和使用，保护国家及社会公众利益，维护招标投标当事人的合法权益，根据《中华人民共和国招标投标法》、《北京市招标投标条例》及配套规定，市发展改革委和市建委共同制定了《北京市工程建设项目施工招标标底编制和使用的若干规定》，现予发布，自 2007 年 5 月 1 日起施行，请遵照执行。

附件

北京市工程建设项目施工招标标底编制和使用的若干规定

第一条　为进一步规范工程建设项目施工招标标底的编制和使用，保护国家及社会公众利益，维护招标投标当事人的合法权益，依据《中华人民共和国招标投标法》、《北京市招标投标条例》、《工程建设项目施工招标投标办法》（国家计委等七部委令第 30 号）、《建筑工程施工发包与承包计价管理办法》（建设部令第 107 号）等法律、法规、规章，结合本市实际情况，制定本规定。

第二条　本市行政区域内依法必须招标的工程建设项目进行施工招标时需要设置标底的，其标底的编制和使用适用本规定。国家法律、法规、规章对标底编制和使用另有规定的，遵照其规定。

本规定所称工程建设项目，是指各类房屋建筑工程及其附属设施和与其配套的线路、管道、设备的安装工程、室内外装修工程以及市政基础设施新建项目。

第三条　标底的编制和使用应当遵循客观、科学、公正和诚实信用的原则。

任何单位和个人不得强制招标人编制或报审标底，或干预其确定标底。

一个招标项目只能设置一个标底。

第四条　工程建设项目设置标底的，标底由招标人组织编制。

标底的编制人员必须是注册在标底编制单位的造价工程师，或者登记在标底编制单位的造价员。

不具备标底编制能力的招标人应当委托具有相应资质的工程造价咨询单位或招标代理机构编制。

第五条　编制标底，应当根据批准的初步设计投资概算，依据国家和本市有关工程造价计价办法和招标文件，参照有关工程定额，结合市场供求状况和工程实际情况，综合考虑投资、工期、质量等方面的因素合理确定。

招标人或其委托的标底编制单位不得故意抬高或压低标底价格。

第六条 标底应当反映标底编制期的市场价格水平。

标底中的材料、机械、人工等价格应参照市造价管理部门公布的市场价格信息并结合市场行情确定；主要材料价格及人工价格应当单独列项；主要材料的范围应在招标文件中明确规定。

标底中各项规费费率及税金不得调整，其他各项费用的费率一般不低于现行定额取费标准的80％。

标底中措施项目清单价格应根据招标文件的要求，按照本市现行的预算定额及有关规定计算。

第七条 标底应当包括但不限于标底编制说明、汇总表、工程量清单计价表（或者预算书）、综合单价分析表、主要材料价格表、人工价格表等文件。

工程量清单计价表（或者预算书）的表现形式和计算口径应当与招标文件对投标人投标报价的要求一致。

第八条 标底编制完成后，应由编制人员、审核人员签字，加盖注册造价工程师执业专用章和编制单位法人印章，并由编制单位盖章密封，一式两份。

标底的准确性由编制人、审核人和编制单位共同负责。

第九条 招标人设有标底的，标底在评标时作为评标的参考。

采用综合评估法评标时，标底一般不参与基准价合成。对于技术特别复杂、工艺要求比较高的招标项目，为保证工程质量，招标人也可以将标底参与基准价合成，但是应在招标文件中明确规定。

第十条 招标人可以以标底为基础，上浮合理的幅度设立拦标价，以拒绝投标中的过高报价。

招标人可以将标底下浮合理的幅度，作为本工程最低工程造价的预警线。施工总承包招标的标底下浮幅度一般不超过6％。对低于预警线的报价，评标委员会应详细分析并向投标人质询。

设置拦标价或预警线的，招标文件应明确规定拦标价或预警线的幅度。

第十一条 开标前，标底应当严格保密。开标时，标底应及时送达开标现场，置于招标人、投标人和现场工作人员共同的视线范围内，由招标人当场打开密封并宣布标底。

第十二条 在标底编制和使用过程中出现泄漏标底的违法行为，由有关行政监督部门依据国家法律、法规和规章的有关规定进行处罚。

第十三条 标底编制单位有意抬高、压低价格或提供虚假报告的，由建设行政主管部门依据国家法律、法规和规章的有关规定处理。

造价员或造价工程师在编制标底时，有意抬高或压低价格的，由其资格管理机构依照有关规定处理。

第十四条 招标人、标底编制单位和相关人员在标底编制和使用中的不良行为，记入市建设行政主管部门的信用信息系统；相关违法行为受有关行政监督部门处罚的，同时记入北京市招标投标活动违法行为记录系统；构成经济犯罪和刑事犯罪的，由司法机关依法追究刑事责任。

第十五条　投标人和其他利害关系人认为标底编制和使用不符合法律、法规、规章规定的，有权向招标人提出异议，或者依法向市或区、县有关行政监督部门投诉。

第十六条　有关行政监督部门在处理标底投诉过程中，可以责成招标人和投诉人共同委托具有相应工程造价咨询资质的中介机构（以下简称鉴定机构）对标底进行鉴定。

双方当事人应当以书面形式对鉴定机构、鉴定费用的承担和鉴定结果的使用等内容进行约定，约定不成的，可以依法申请仲裁或向人民法院提起诉讼。

第十七条　工程建设项目施工专业分包、劳务分包招标需要编制标底的，其标底的编制和使用，可以参照本规定执行。

第十八条　本规定由市发展改革委会同市建委负责解释。

第十九条　本规定自 2007 年 5 月 1 日起施行。

关于进一步明确招标代理服务收费标准的通知

京发改〔2008〕1086号

（北京市发展和改革委员会2008年6月24日发布）

市各有关单位：

为规范招标代理服务收费行为，维护招标人、投标人和招标代理机构的合法权益，现就进一步明确本市招标代理服务收费标准的有关事宜通知如下，请遵照执行。

一、招标代理服务收费执行原国家计委《关于印发〈招标代理服务收费管理暂行办法〉的通知》（计价格〔2002〕1980号）规定的收费管理办法、收费项目和收费标准，以及国家发展改革委办公厅《关于招标代理服务收费有关问题的通知》（发改办价格〔2003〕857号）的规定。

二、出售招标文件按以下标准收费。

单项合同估算价	收费标准（元/份）
1000万元以下（含1000万元）	200
1000万元至5000万元（含5000万元）	300
5000万元至1亿元（含1亿元）	350
1亿元以上	400

三、本通知自印发之日起执行，原市物价局《转发国家计委关于印发〈招标代理服务收费管理暂行办法〉的通知》京价（收）字〔2002〕480号同时废止。

特此通知。

（三）档案管理

关于加强建设项目竣工档案移交工作的通知

市规发〔2001〕213号

（北京市规划委员会、北京市档案局2001年2月26日发布）

各建设单位：

为加强城市建设工程竣工档案移交的管理，保证首都城市建设的顺利发展，根据《中华人民共和国城市规划法》、《建设工程质量管理条例》及《北京市实施〈中华人民共和国档案法〉办法》，现将有关事宜通知如下：

1. 依照北京市党政机构改革中确定的职能，北京市规划委员会是北京市城建档案工作的主管部门。市城建档案馆在市规划委员会领导下负责城建档案管理的具体工作。市档案局依法对全市城建档案工作进行监督和指导。

2. 在北京地区建设的单位应当严格按照国家有关档案管理的规定，及时建立、健全建设项目档案，并在建设工程竣工验收后六个月内按分工向市城建档案馆或区县城建档案主管部门移交建设项目档案。

3. 建设单位在工程竣工验收后六个月仍未向城建档案馆移交建设项目竣工档案的，由城建档案馆向建设单位发出催交通知书，要求限期移交，期限为1到3个月。

4. 建设单位在催交的期限内仍未移交建设项目竣工档案的，由北京市规划委员会根据《建设工程质量管理条例》第五十九条和第七十三条规定视情况对建设单位处1万元以上10万元以下的罚款。

5. 此《通知》发布之日前已竣工，应移交建设项目竣工档案的建设工程未按规定移交的，须在三个月内办理移交手续，逾期未办理的按规定处罚。

6. 依据《北京市实施〈中华人民共和国档案法〉办法》第三十五条规定，凡不按规定移交城建竣工档案的，由市或者区县档案行政管理部门、有关主管部门对直接负责的主管人员或者其他直接责任人员依法给予行政处分。

北京市城市建设档案管理办法

北京市人民政府令第129号

(2003年8月4日公布，自2003年10月1日起施行)

第一条 为了加强本市城市建设档案的管理和收集、整理工作，有效地保护和利用城市建设档案，充分发挥城市建设档案在城市规划、建设、管理工作中的作用，根据《中华人民共和国档案法》、《中华人民共和国城市规划法》、《建设工程质量管理条例》，结合本市实际情况，制定本办法。

第二条 本办法适用于本市行政区域内城市建设档案的形成、接收、收集、整理、保管、利用和管理。

本办法所称城市建设档案是指在城市规划、建设、管理活动中直接形成的，对国家和社会具有保存价值的文字、图纸、图表、声像等不同形式的记录。

第三条 本市的城市建设档案事业应当纳入国民经济和社会发展计划，并保障其与城市建设需要相适应。

第四条 市规划行政管理部门负责本市城市建设档案的监督和管理工作。

市规划行政管理部门各分局（以下简称各分局）负责所辖区域内城市建设档案的监督和管理工作。

市和区、县档案行政管理部门对城市建设档案工作依法行使监督和指导职权。

第五条 市城市建设档案馆负责接收、收集、整理、保管全市应当永久和长期保存的城市建设档案，对城市建设档案进行科学管理和利用。

各分局城市建设档案机构负责所辖区域内城市建设档案接收、收集、整理、保管、利用等日常管理工作。

第六条 城市建设档案工作人员应当忠于职守，遵纪守法，具备城市建设档案专业知识，并按照规定取得岗位资格证书。

第七条 建设单位应当根据本单位形成、编制、整理、归档城市建设档案的实际情况，设置专门的档案机构或者配备专职管理人员，提供必要工作条件，建立健全工作制度，并收集齐全和安全保管本单位的城市建设档案。

第八条 建设单位应当按照国家和本市有关规定对本单位的城市建设档案进行编制，并经市城市建设档案馆或者各分局城市建设档案机构（以下统称城市建设档案馆）检验合格后，方可移交。编制城市建设档案确有困难的，可以委托档案馆编制。

第九条 城市建设档案馆接收下列城市建设档案：

（一）城市建设专业管理部门形成的，包括规划、勘测、设计、建设和市政、环卫、公用、园林、人民防空等业务管理和业务技术档案。

（二）建设工程档案。

（三）有关城市规划、建设、管理的文件及科学研究成果和城市建设基础资料。

第十条　建设单位应当在建设工程竣工验收后 6 个月内，向城市建设档案馆移交齐全、准确的城市建设工程档案原件。

第十一条　本市供水、排水、燃气、热力、电力、通信、地下交通、人民防空等专业管理单位，应当每年向城市建设档案馆移交更改、报废、漏测部分的地下管线现状图和资料。地下管线普查和补测补绘形成的档案，应当在普查、补测、补绘结束后 6 个月内移交城市建设档案馆。

第十二条　停建、缓建工程的建设工程档案，由建设单位负责保管。

建设单位被撤销的，应当及时整理城市建设档案，通知并移交城市建设档案馆保管。

建筑物、构筑物产权变动时，原建筑物、构筑物产权人保存的城市建设档案必须随同产权一并移交给新的产权人保存，也可以在城市建设档案馆寄存。

第十三条　市规划行政管理部门及其各分局核发建设工程规划许可证时，应当告知建设单位向城市建设档案馆按时移交建设工程档案。

城市建设档案馆应当对建设单位城市建设档案形成、编制、整理、归档工作进行业务指导，对国家和本市重点工程的城市建设工程档案编制、整理、归档工作应当指派专人进行具体指导。

第十四条　建设单位在组织竣工验收前，应当提请城市建设档案馆对建设工程档案进行预验收。建设行政管理部门在办理建设工程竣工验收备案时，应当按照规定查验建设工程档案预验收情况。

第十五条　城市建设档案馆应当对接收进馆的城市建设档案实行科学规范管理，及时登记、整理，编制检索工具。

城市建设档案馆应当建立健全城市建设档案保护的各项管理制度，配置适宜保管、利用城市建设档案的专门库房和必要设施，采用先进技术，防治有害物质，及时消除不安全因素，确保档案的完整与安全。对破损或者变质的档案，应当及时抢救、修复。

第十六条　城市建设档案馆应当按照国家和本市有关规定确定城市建设档案保管期限以及应当保密的密级。

城市建设档案馆应当定期对保管的档案进行鉴定。对失去保存价值的档案列出销毁清册，按照国家有关规定予以销毁。禁止擅自销毁档案。

对具有密级的城市建设档案管理和利用，以及密级的变更和解密必须按照国家有关保密的法律和法规办理。

第十七条　城市建设档案馆应当按照国家有关规定定期公布开放的城市建设档案目录。

单位和个人持介绍信或者工作证、身份证等合法证明，可以利用已开放的城市建设档案。单位按照有关规定，可以利用未开放的城市建设档案。

向城市建设档案馆移交、捐赠、委托保管城市建设档案的单位和个人，对其档案享有优先利用权，并可对其档案不宜向社会开放的部分提出限制利用意见，城市建设档案馆应当依法维护他们的合法权益。

第十八条　城市建设档案馆应当充分利用城市建设档案信息资源，建立城市建设档案资料信息库、目录库，汇编城市建设档案综合信息，为社会提供城市建设基础数据、城市建设信息咨询和技术服务等。

第十九条 建设单位或者施工单位在施工前应当查阅施工地点有关地下管线、设施等隐蔽工程档案资料。

地下管线、设施等隐蔽工程的建设单位应当及时移交齐全、准确的地下管线、设施等隐蔽工程档案资料。未移交以及未按时移交工程档案资料，或者移交工程档案资料不齐全、不准确，致使其他建设单位、施工单位因无法查阅有关档案资料或者查阅的档案资料内容不准确造成施工破坏地下管线、设施等隐蔽工程的，地下管线、设施等隐蔽工程的建设单位应当依法承担相应责任。

第二十条 城市建设档案馆应当加强城市建设档案理论研究、宣传教育和业务培训工作，利用媒体、展览等形式向社会开展爱国主义和国情、市情教育。

第二十一条 建设工程竣工后，建设单位未按照规定移交建设工程档案的，由市规划行政管理部门或者各分局责令改正，并处 1 万元以上 10 万元以下罚款；对单位直接负责的主管人员和其他直接责任人员处单位罚款数额 5%以上 10%以下罚款。

第二十二条 本办法自 2003 年 10 月 1 日起施行。1983 年 6 月 14 日市人民政府发布的《北京市城市建设档案管理规定》同时废止。

关于印发《北京市政府采购项目档案管理暂行办法》的通知

京财采购〔2005〕1006号

（北京市财政局2005年6月28日印发）

市属各有关单位、各区县财政局、北京市政府采购中心及采购代理机构：

为加强北京市政府采购项目档案的管理，保证政府采购项目档案的完整和规范，根据《中华人民共和国政府采购法》和《中华人民共和国档案法》，我们制定了《北京市政府采购项目档案管理暂行办法》。现印发给你们，请认真遵照执行。执行中遇有问题，请及时函告北京市政府采购办公室。

附件

北京市政府采购项目档案管理暂行办法

第一条　为加强政府采购项目档案的管理，有效保护和利用政府采购项目档案资源，根据《中华人民共和国政府采购法》和《中华人民共和国档案法》的有关规定，结合北京市实际情况，制定本办法。

第二条　本办法适用北京市政府采购项目档案管理。

第三条　各级政府采购监督管理部门负责同级政府采购项目档案工作的指导、监督和检查。

第四条　政府采购项目档案是反映政府采购活动的重要记录。政府采购监督管理部门、采购人和采购代理机构在管理、组织实施政府采购项目活动中形成的文件材料，都应归入政府采购项目档案管理，保证档案资料的真实性、完整性。

第五条　政府采购项目档案是指政府采购监督管理部门、采购人和采购代理机构在政府采购活动中形成的文字、图纸、图表、声像、纸质、磁盘、光盘等不同媒质载体的记录。

政府采购项目档案包括的内容执行《中华人民共和国政府采购法》第四十二条的有关规定。

第六条　政府采购监督管理部门、采购人和采购代理机构要依法做好政府采购项目档案管理工作，加强项目档案的立卷、归档、保管和销毁的管理，确保政府采购项目档案存放有序、查阅方便，严防毁损、散失。

第七条　政府采购监督管理部门、采购人和采购代理机构应根据具体采购方式，参照《政府采购项目档案目录》（附件），分别建立政府采购项目档案。

政府采购项目档案文件、资料应采用标准A4纸记录和打印。工程项目的设计图纸可根据具体情况确定。

第八条 政府采购监督管理部门、采购人和采购代理机构在政府采购项目合同签订、交付验收完成后，分别按归档内容要求负责收集、整理、立卷、装订、编制目录。

政府采购项目档案按照年度项目编号顺序进行组卷。卷内档案材料按照政府采购工作流程，参照《政府采购项目档案目录》的顺序排列。

第九条 政府采购监督管理部门、采购人和采购代理机构应指定专人负责政府采购项目档案的管理，并建立健全政府采购项目档案查阅、复制及借阅制度。

第十条 未中标供应商的投标文件作为资料由采购代理机构从采购结束之日起保存二年。

政府采购项目档案从采购结束之日起至少保存十五年。保管期满的政府采购项目档案，可按档案管理的有关规定销毁。

第十一条 政府采购项目档案管理人员变更，应按规定办理档案移交手续。

第十二条 采购人或采购代理机构因撤销、解散、破产或者其他原因而终止的，在终止和办理注销登记手续之前形成的政府采购项目档案，应当按档案管理的有关规定移交相关部门。法律、行政法规另有规定的，从其规定。

第十三条 采购人和采购代理机构应积极配合政府采购监督管理部门及有关部门对其政府采购档案的检查。

第十四条 违反上述规定的，依据《中华人民共和国政府采购法》和《中华人民共和国档案法》的有关规定处理。

第十五条 本办法由北京市财政局负责解释。

第十六条 本办法自发布之日起施行。

关于印发《北京市政府采购项目档案管理暂行办法》的补充通知

京财采购〔2011〕112号

（北京市财政局2011年1月25日印发）

市属各有关单位、各区县财政局、北京市政府采购中心及各政府采购代理机构：

为进一步加强我市政府采购项目档案管理，明确采购人、采购代理机构的责任，确保政府采购项目档案的完整与规范，现对市本级政府采购项目档案管理做出如下补充规定：

一、政府采购项目档案管理工作继续执行《北京市政府采购项目档案管理暂行办法》（京财采购〔2005〕1006号）。

二、市本级各采购人、采购代理机构应根据采购方式分别建立市本级政府采购项目档案，北京市财政局政府采购管理处负责市本级政府采购项目档案的备案管理工作。存档和备案的具体内容详见《市本级政府采购项目档案目录》（附件一）。

三、独立分包的自主创新产品政府采购合同备案时应当标明自主创新产品政府采购合同。

四、采购人在政府采购项目（包括所有分包）合同签订工作后，应按照《政府采购法》的规定，将《市本级政府采购项目档案目录》中需报财政部门备案的档案资料和《市本级政府采购项目档案备案情况说明》（详见附件二）一并报市财政局政府采购管理处备案。政府采购项目档案资料不再报送北京市财政局部门预算处室。

五、采购人对项目档案资料的真实性、完整性负责。

六、本通知自印发之日起三十日后实施。同时，北京市财政局《关于〈北京市政府采购项目档案管理暂行办法〉的补充通知》（京财采购〔2007〕1705号）文件废止。

附件：1. 市本级政府采购项目档案目录（公开招标采购方式）

　　　2. 市本级政府采购项目档案备案情况说明

附件一

市本级政府采购项目档案目录（公开招标采购方式）

序号	档案目录	采购代理机构*	采购人	
		需存档的材料	需存档的材料	需到财政部门备案的材料
1	财政部门出具的预算批复文件	√	√	
2	委托代理协议	√	√	√
3	采购人技术需求资料	√	√	
4	政府采购进口产品核准函（含进口论证专家名单）	√	√	
5	招标文件论证意见	√	√	
6	采购人对招标文件的确认资料	√	√	
7	招标文件	√	√	√
8	招标公告（附打印的网页）	√	√	
9	招标文件发售/下载记录	√	√	
10	招标文件补充文件或澄清文件	√	√	√
11	供应商收到补充或澄清文件确认资料	√	√	
12	评标委员会组建资料（含北京市评标专家库专家抽取登记表、北京市评标专家库专家抽取结果通知单、项目受理截图）	√	√	
13	投标记录表	√	√	
14	变更采购方式申请及相关附件	√	√	
15	变更采购方式审批函	√	√	
16	中标供应商投标文件	√	√	√
17	开标和唱标记录表	√	√	
18	评委签到表	√	√	
19	评委对评标纪律承诺资料	√	√	
20	评标过程中中标供应商的澄清文件	√	√	
21	评委个人打分表和评分汇总表	√	√	
22	评标报告（附评标委员会意见）	√	√	√
23	采购人对评标结果的确认文件	√	√	
24	中标结果公告（附打印的网页）	√	√	
25	中标通知书	√	√	
26	落标通知书	√	√	
27	供应商质疑材料、处理过程记录及答复	√	√	
28	供应商投诉书、投诉处理有关文书、投诉处理决定书	√	√	
29	公证书（需公证的项目）	√	√	
30	政府采购合同	√	√	√
31	验收证明文件		√	
32	其他有关重要文件	√	√	

* 含自行组织实施的采购人。

附件二

市本级政府采购项目档案备案情况说明

我单位××政府采购项目（包括所有分包）已完成合同签订工作，现将该项目有关档案材料向北京市财政局备案，档案材料附后。

特此说明。

单位名称（盖公章）

二〇××年×月×日

（四）建设管理

关于建设项目前期工作咨询收费的补充通知

京价（房）字〔1999〕第487号

（北京市物价局、北京市计划委员会1999年12月3日发布）

县物价局、计划委员会（计经委），市各有关工程咨询机构：

根据国家计委《关于印发建设项目前期工作咨询收费暂行规定的通知》（计价格〔1999〕1283号，以下简称《通知》）第二十一条的规定，结合我市情况，现对建设项目前期工作咨询服务收费标准补充规定如下，请与《转发国家计委关于印发建设项目前期工作咨询收费暂行规定文件的通知》（京价（房）字〔1999〕第373号）一并执行。

一、投资额在3000万元以下的建设项目的前期工作咨询服务收费标准如下：

单位：万元

估算投资额 咨询评估项目	1000万元以下 （含1000万元）	1000万元～3000万元 （含3000万元）
编制项目建议书	1.5～2.5	2.5～6.0
编制可行性研究报告	3.0～5.0	5.0～12.0
评估项目建议书	0.8～1.7	1.7～4.0
评估可行性研究报告	1.4～2.4	2.4～5.0

注 1. 投资估算额是指项目建议书或者可行性研究报告的估算投资额。

2. 建设项目前期工作咨询具体服务收费标准，根据估算投资额在相应区间内用插入法求出。

3. 计算咨询费用时，应根据行业特点和各行业内部不同类别工程的复杂程度，经行业调整系数和工程复杂程度调整系数（见《通知》附表二）调整后求出。

二、其他建设项目前期工作咨询服务收费标准：

1. 凡属价格主管部门规定取费标准的，按规定的取费标准执行。

2. 凡委托方仅要求对编制、评估项目建议书或可行性研究报告的部分内容提供咨询服务的，可与工程咨询机构协商，认定其委托部分的内容在完整的编制、评估项目建议书或者可行性研究报告工作量中所占的份额，按不超过规定的低限收费标准来确定相应的收费标准。

3. 对于建设项目前期常规服务内容以外的，或者无法估算项目投资额的委托项目，可以根据项目所需各类工程咨询人员的工日数，按《通知》附表三规定的标准计费。

特此通知。

关于印发《北京市基本建设财务管理规定》的通知

京财经二〔2003〕305 号

（北京市财政局 2003 年 2 月 21 日发布）

市属各单位、区县财政局：

根据财政部印发的《基本建设财务管理规定》（财建〔2002〕394 号），为适应新形式下基本建设财务管理的需要，结合北京市的实际情况，我们制定了《北京市基本建设财务管理规定》。为保证此规定与《关于转发财政部基本建设财务管理若干规定的通知》（京财建〔1998〕894 号）的良好衔接，我们将有关问题补充通知如下：

一、对《北京市基本建设财务管理规定》下发之前已经市财政局批准同意并核定建设单位管理费的在建项目，仍按照原批准额度控制建设单位管理费支出，支出范围及标准要严格按照《北京市基本建设财务管理规定》具体规定执行。

二、对《北京市基本建设财务管理规定》下发之前已经市财政局批准同意实行投资包干责任制的建设单位仍按照原签定的投资包干协议的有关条款执行。

请各单位认真贯彻执行，执行中如有问题，望及时反馈。

附件：1. 建设单位管理费总额控制数费率表（略）

2. 基本建设项目竣工财务决算报表（略）

3. 北京市财筹投资基本建设项目实施进度及投资安排计划（略）

4. 年度财政基建投资全年分月用款计划表（略）

附件

北京市基本建设财务管理规定

第一条　为了适应社会主义市场经济体制的需要，规范基本建设投资行为，加强基本建设财务管理和监督，提高投资效益，根据《中华人民共和国预算法》、《会计法》和《政府采购法》等法律、行政法规、规章，制定本规定。

第二条　本规定适用于国有建设单位和使用财政性资金的非国有建设单位，包括当年安排基本建设投资、当年虽未安排投资但有在建工程、有停缓建项目和资产已交付使用但未办理竣工决算项目的建设单位。其他建设单位可参照执行。

经同级财政部门批准实行基本建设财务和企业财务并轨的单位，不执行本规定。

第三条　基本建设财务管理的基本任务是：贯彻执行国家有关法律、行政法规、方针政策；依法、合理、及时筹集、使用建设资金；做好基本建设资金的预算编制、执行、控制、监督和考核工作，严格控制建设成本，减少资金损失和浪费，提高投资效益。

第四条 各级财政部门是主管基本建设财务的职能部门，基本建设的财务活动实施财政财务管理和监督。

第五条 使用财政性资金的建设单位，在初步设计和工程概算获得批准后，其主管部门要在一个月内向同级财政部门提交初步设计的批准文件和项目概算，并按照预算管理的要求，及时向同级财政部门报送项目进度及投资排除计划（见附件三）（略）、项目年度预算及全年分月用款计划（见附件四）（略），待财政部门审核确认后，作为安排项目年度预算的依据。

建设项目停建、缓建、迁移、合并、分立以及其他主要变更事项，应当在确立和办理变更手续之日起30日内，向同级财政部门提交有关文件、资料的复制件。

第六条 建设单位要做好基本建设财务管理的基础工作，按规定设置独立的财务管理机构或指定专人负责基本建设财务工作，所有建设项目的基建财务人员必须具备会计人员上岗资格，大中型建设项目要配备专职基本建设财务人员；严格按照批准的概预算建设内容，做好账务设置和账务管理，建立健全内部财务管理制度3对基本建设活动中的材料、设备采购、存货、各项财产物资及时做好原始记录；及时掌握工程进度，定期进行财产物资清查；按规定向财政部门报送基建财务报表。

主管部门应指导和督促所属的建设单位做好基本建设财务管理的基础工作。

第七条 经营性项目，应按照国家关于项目资本金制度的规定，在项目总投资（以经批准的动态投资计算）中筹集一定比例的非负债资金作为项目资本金。

本规定中有关经营性项目和非经营性项目界定如下：

经营性项目和非经营性项目以是否或即将领取营业执照，进行独立核算，自负盈亏为标准。凡是为了取得长期、稳定的经营收入，并且项目确实具有收入功能和效用，即为经营性项目，反之，则为非经营性项目。除具有企业经营行为的项目确定为经营性项目外，对行政事业单位的建设项目按其建设是否以经营收入为目的界定，如以社会公益服务为目的但附有经营收入的，仍界定为非经营性项目。如果事业单位已经实行企业化管理，已经核定资本，并计算盈亏，则作为经营性项目处理。

如有特殊情况无法确认建设项目性质，由市财政局根据上述原则予以界定。

第八条 经营性项目筹集的资本金，须聘请中国注册会计师验资并出具验资报告。投资者以实物、工业产权、非专利技术、土地使用权等非货币资产投入项目的资本金，必须经过有资格的资产评估机构依照法律、行政法规评估作价。

经营性项目筹集的资本金，在项目建设期间和生产经营期间，投资者除依法转让外，不得以任何方式抽走。

第九条 经营性项目收到投资者投入项目的资本金，要按照投资主体的不同，分别以国家资本金、法人资本金、个人资本金和外商资本金单独反映。项目建成交付使用并办理竣工财务决算后，相应转为生产经营企业的国家资本金、法人资本金、个人资本金、外商资本金。

第十条 凡使用国家财政投资的建设项目，应当执行财政部门有关基本建设资金支付的程序，财政资金按批准的年度基本建设支出预算到位。

实行政府采购和国库集中支付的基本建设项目，应当根据政府采购和国库集中支付的有关规定办理资金支付。

第十一条　经营性项目对投资者实际缴付的出资额超出其资本金的差额（包括发行股票的溢价净收入）、接受捐赠的财产、外币资本折算差额等，在项目建设期间，作为资本公积金，项目建成交付使用并办理竣工财务决算后，相应转为生产经营企业的资本公积金。

第十二条　建设项目在建设期间的存款利息收入计入待摊投资，冲减工程成本。

第十三条　经营性项目在建设期间的财政贴息资金，作冲减工程成本处理。

第十四条　经北京市财政局批准实行投资包干的非经营性项目，按照北京市财政局与建设单位签定的投资包干责任协议具体条款执行。

第十五条　建设项目在编制竣工财务决算前要认真清理结余资金。应变价处理的库存设备、材料以及应处理的自用固定资产要公开变价处理，应收、应付款项要及时清理，清理出来的结余资金按下列情况进行财务处理：

经营性项目的结余资金，相应转人生产经营企业的有关资产。

非经营性项目的结余资金，首先用于归还项目贷款。如有结余，30%作为建设单位留成收入，主要用于项目配套设施建设、职工奖励和工程质量奖，70%按投资来源比例归还投资方。

第十六条　项目建设单位应当将应交财政的竣工结余资金在竣工财务决算批复后30日内上交财政。

第十七条　建设成本包括建筑安装工程投资支出、设备投资支出、待摊投资支出和其他投资支出。

第十八条　建筑安装工程投资支出是指建设单位按项目概算内容发生的建筑工程和安装工程的实际成本，其中不包括被安装设备本身的价值以及按照合同规定支付给施工企业的预付备料款和预付工程款。

第十九条　设备投资支出是指建设单位按照项目概算内容发生的各种设备的实际成本，包括需要安装设备、不需要安装设备和为生产准备的不够固定资产标准的工具、器具的实际成本。

需要安装设备是指必须将其整体或几个部位装配起来，安装在基础上或建筑物支架上才能使用的设备；不需要安装设备是指不必固定在一定位置或支架上就可以使用的设备。

第二十条　待摊投资支出是指建设单位按项目概算内容发生的，按照规定应当分摊计入交付使用资产价值的各项费用支出，包括：建设单位管理费、土地征用及迁移补偿费、土地复垦及补偿费、勘察设计费、研究试验费、可行性研究费、临时设施费、设备检验费、负荷联合试车费、合同公证及工程监理费、质量监督费、（贷款）项目评估费、国外借款手续费及承诺费、社会中介机构审计（查）费、招投标费、经济合同仲裁费、诉讼费、律师代理费、土地使用税、耕地占用税、车船使用税、汇兑损益、报废工程损失、坏账损失、借款利息、固定资产损失、器材处理亏损、设备盘亏及毁损、调整器材调拨价格折价、企业债券发行费用、航道维护费、航标设施费、航测费、其他待摊投资等。

政府投资项目发生社会中介审计（查）费必须经同级财政部门审查社会中介机构资质并核定付费标准。

建设单位要严格按照规定的内容和标准控制待摊投资支出，不得将非法的收费、摊派等计入待摊投资支出。

第二十一条 其他投资支出是指建设单位按项目概算内容发生的构成基本建设实际支出的房屋购置和基本畜禽、林木等购置、饲养、培育支出以及取得各种无形资产和递延资产发生的支出。

第二十二条 建设单位管理费是指建设单位从项目开工之日起至办理竣工财务决算之日止发生的管理性质的开支。包括：不在原单位发工资的工作人员工资、基本养老保险费、基本医疗保险费、失业保险费，办公费、差旅交通费、劳动保护费、印花税、工具用具使用费、固定资产使用费、零星购置费、招募生产工人费、技术图书资料费、业务招待费、施工现场津贴、竣工验收费和其他管理性质开支。

业务招待费支出不得超过建设单位管理费总额的10%。

施工现场津贴标准比照当地财政部门制定的差旅费标准执行。

第二十三条 建设单位管理费需经同级财政部门确认，实行总额控制，分年度据实列支。

建设单位管理费的总额控制数以项目审批部门批准的项目投资总概算为基数，并按投资总概算的不同规模分档计算。具体计算方法见附件。

特殊情况确需超过上述开支标准的，须事前报同级财政部门审核批准。

第二十四条 建设单位发生单项工程报废，必须经有关部门鉴定。报废单项工程的净损失经财政部门批准后，作增加建设成本处理，计入待摊投资。

第二十五条 非经营性项目发生的江河清障、航道清淤、飞播造林、补助群众造林、退耕还林（草）、封山（沙）育林（草）、水土保持、城市绿化、取消项目可行性研究费、项目报废及其他经财政部门认可的不能形成资产部分的投资，作待核销处理。在财政部门批复竣工决算后，冲销相应的资金。形成资产部分的投资，计入交付使用资产价值。

第二十六条 非经营性项目为项目配套的专用设施投资，包括专用道路、专用通讯设施、送变电站、地下管道等，产权归属本单位的，计入交付使用资产价值；产权不归属本单位的，作转出投资处理，冲销相应的资金。

经营性项目为项目配套的专用设施投资，包括专用铁路线、专用公路、专用通讯设施、送变电站、地下管道、专用码头等，建设单位必须与有关部门明确界定投资来源和产权关系。由本单位负责投资但产权不归属本单位的，作无形资产处理；产权归属本单位的，计入交付使用资产价值。

第二十七条 建设项目隶属关系发生变化时，应进行财务关系划转，要认真做好各项资产和债权、债务清理交接工作，主要包括各项投资来源、已交付使用的资产、在建工程、结余资金、各项债权和债务等，由划转双方的主管部门报同级财政部门审批，并办理资产、财务划转手续。

第二十八条 基建收入是指在基本建设过程中形成的各项工程建设副产品变价净收入、负荷试车和试运行收入以及其他收入。

（一）工程建设副产品变价净收入包括：煤炭建设中的工程煤收入，矿山建设中的矿产品收入，油（汽）田钻井建设中的原油（汽）收入和森工建设中的路影材收入等。

（二）经营性项目为检验设备安装质量进行的负荷试车或按合同及国家规定进行试运行所实现的产品收入。包括：水利、电力建设移交生产前的水、电、热费收入，原材料、机电轻纺、农林建设移交生产前的产品收入，铁路、交通临时运营收入等。

（三）其他收入包括：1. 各类建设项目总体建设尚未完成和移交生产，但其中部分工程简易投产而发生的营业性收入等；2. 工程建设期间各项索赔以及违约金等其他收入。

第二十九条　各类副产品和负荷试车产品基建收入按实际销售收人扣除销售过程中所发生的费用和税金确定。负荷试车费用计入建设成本。

试运行期间基建收入以产品实际销售收入减去销售费用及其他费用和销售税金后的纯收入确定。

第三十条　试运行期按照以下规定确定：引进国外设备项目按建设合同中规定的试运行期执行；国内一般性建设项目试运行期原则上按照批准的设计文件所规定期限执行。个别行业的建设项目试运行期需要超过规定试运行期的，应报项目设计文件审批机关批准。

第三十一条　建设项目按批准的设计文件所规定的内容建成，工业项目经负荷试车考核（引进国外设备项目合同规定试车考核期满）或试运行期能够正常生产合格产品，非工业项目符合设计要求，能够正常使用时，应及时组织验收，移交生产或使用。凡已超过批准的试运行期，并已符合验收条件但未及时办理竣工验收手续的建设项目，视同项目已正式投产，其费用不得从基建投资中支付，所实现的收入作为生产经营收入，不再作为基建收入。试运行期一经确定，各建设单位应严格按规定执行，不得擅自缩短或延长。

第三十二条　各项索赔、违约金等收入，首先用于弥补工程损失，结余部分接本规定第三十三条处理。

第三十三条　基建收入应依法缴纳企业所得税，税后收入按以下规定处理：

经营性项目基建收入的税后收入，相应转为生产经营企业的盈余公积。

非经营性项目基建收入的税后收入，相应转入行政事业单位的其他收入。

第三十四条　试生产期间一律不得计提固定资产折旧。

第三十五条　建设单位应当严格执行工程价款结算的制度规定，坚持按照规范的工程价款结算程序支付资金。建设单位与施工单位签订的施工合同中确定的工程价款结算方式要符合财政支出预算管理的有关规定。工程建设期间，建设单位与施工单位进行工程价款结算，建设单位必须按工程价款结算总额的5%预留工程质量保证金，待工程竣工验收一年后再清算。

第三十六条　基本建设项目竣工交付使用验收合格后，应在三个月内编制基本建设项目竣工财务决算。建设周期长、建设内容多的项目，单项工程竣工，具备交付使用条件的，可编制单项工程竣工财务决算。建设项目全部竣工后应编制竣工财务总决算。

第三十七条　基本建设项目竣工财务决算是正确核定新增固定资产价值，反映竣工项目建设成果的文件，是办理固定资产交付使用手续的依据。各编制单位要认真执行有关的财务核算办法，严肃财经纪律，实事求是地编制基本建设项目竣工财务决算，做到编报及时，数字准确，内容完整。

第三十八条　建设单位及其主管部门应加强对基本建设项目竣工财务决算的组织领导，组织专门人员，及时编制竣工财务决算。设计、施工、监理等单位应积极配合建设单位做好竣工财务决算编制工作。在竣工财务决算未经批复之前，原机构不得撤销，项目负责人及财务主管人员不得调离。

第三十九条 基本建设项目竣工财务决算的依据，主要包括：可行性研究报告、初步设计、概算调整及其批准文件；招投标文件（书）；历年投资计划；经财政部门审核批准的项目预算3承包合同、工程结算等有关资料；有关的财务核算制度、办法；其他有关资料。

第四十条 在编制基本建设项目竣工财务决算前，建设单位要认真做好各项清理工作。清理工作主要包括基本建设项目档案资料的归集整理、账务处理、财产物资的盘点核实及债权债务的清偿，做到账账、账证、账实、账表相符。各种材料、设备、工具、器具等，要逐项盘点核实，填列清单，妥善保管，或按照国家规定进行处理，不准任意侵占、挪用。

基本建设项目档案要严格按照预算管理的要求归集和管理。

第四十一条 基本建设项目竣工财务决算的内容，主要包括以下两个部分：

（一）基本建设项目竣工财务决算报表

主要有以下内容（表式见附件二）（略）

1. 封面

2. 基本建设项目概况表

3. 基本建设项目竣工财务决算表

4. 基本建设项目交付使用资产总表

5. 基本建设项目交付使用资产明细表

（二）竣工财务决算说明书

主要包括以下内容：

1. 基本建设项目概况

2. 会计账务的处理、财产物资清理及债权债务的清偿情况

3. 基建结余资金等分配情况

4. 主要技术经济指标的分析、计算情况

5. 基本建设项目管理及决算中存在的问题、建议

6. 决算与概算的差异和原因分析

7. 需说明的其他事项

第四十二条 基本建设项目的竣工财务决算，按下列要求报批：

（一）中央级项目

1. 小型项目

属国家确定的重点项目，其竣工财务决算经主管部门审核后报财政部审批，或由财政部授权主管部门审批；其他项目竣工财务决算报主管部门审批。

2. 大、中型项目

中央级大、中型基本建设项目竣工财务决算，经主管部门审核后报财政部审批。

（二）地方级项目

1. 财政性投资额度小于500万元的项目

其竣工财务决算由财政部门授权其主管部门审批，并将审批结果报同级财政部门备

案，同级财政部门可对主管部门审批情况进行抽查。但如项目竣工后需核销基建支出、转出投资或存在结余资金的，需经市财政确认后方可行使审批权限。

2. 财政性投资额度大于等于500万元的项目

其竣工财务决算由建设单位编报，经主管部门审核后，报同级财政部门审批。

对评审核减投资，经市财政审核确认后，按投资来源比例归还投资方。需上交财政的资金，建设单位要在批复文件下达后30日内将资金上交财政。对评审核增投资，市财政提出调整概算的建议。

第四十三条　基本建设项目竣工财务决算大中小型划分标准。经营性项目投资额在5000万元（含5000万元）以上、非经营性项目投资额在3000万元（含3000万元）以上的为大中型项目。其他项目为小型项目。

第四十四条　已具备竣工验收条件的项目，3个月内不办理竣工验收和固定资产移交手续的，视同项目已正式投产，其费用不得从基建投资中支付，所实现的收入作为生产经营收入，不再作为基建收入管理。

第四十五条　各区（县）财政局可以根据本规定，结合本区（县）建设项目的实际，制定实施细则并报市财政局备案。

第四十六条　本规定自2003年1月1日起施行。北京市财政局1998年《关于转发财政部基本建设财务管理若干规定的通知》（京财建〔1998〕894号文）同时废止。

关于北京市地震安全性评价收费标准的函

京发改〔2009〕507号

（北京市发展和改革委员会2009年4月17日发布）

北京市地震局：

贵局《关于制定北京市地震安全性评价收费标准的函》（京震函〔2008〕103号）收悉。根据《地震安全性评价管理条例》（国务院令第323号）、《北京市实施〈中华人民共和国防震减灾法〉办法》、《北京市工程建设场地地震安全性评价管理办法》（市政府令1997年第5号）、原国家计委《中介服务收费管理办法》（计价格〔1999〕2255号）等有关规定，现就北京市地震安全性评价收费标准及有关规定函复如下：

一、凡经国家或市地震主管部门批准具有承担地震安全性评价工作资质的相关单位接受委托，对在本市行政区域内按规定应进行地震安全性评价的各类建设工程项目进行地震安全性评价工作时，可收取地震安全性评价费用。具体标准详见附件。

二、地震安全性评价收费属经营服务性收费，应遵循自愿互利、有偿服务的原则，并要按有关规定明码标价。

三、对违反本规定擅自提高收费标准或只收费不提供服务的单位，价格管理部门要按照有关规定进行查处。

本函自发文之日起执行。

专此复函。

附件

北京市地震安全性评价收费标准

一、区域地震活动性和地震构造分析

工作项目	方法	收费标准（元）	
		二级工作	三级工作
区域地震活动性分析、区域地震构造研究、地震区带划分	收集、研究有关资料、现场工作、分析、计算	10000	14500

二、近场及场区地震活动性和地震构造分析

工作项目	方法	收费标准（元/$2km^2$）	
		二级工作	三级工作
近场区地震活动性、近场和场区活动构造、综合分析	收集、研究有关资料、野外工作考察、室内分析、测试	16000	22000
近场和场区活动构造	物探、化探、槽探	执行原国家计委工程勘察收费规定	
备注	不足两平方公里按两平方公里计		

三、场地工程地震条件分析

工作项目	方法	收费标准（元/$2km^2$）	
		二级工作	三级工作
场地勘察	调查分析有关资料	2000	3000
	钻探、槽探	执行原国家计委工程勘察收费规定	
场地土动力性质及常规测定	场地现场和室内实验、测试		
备注	不足两平方公里按两平方公里计		

四、地震动衰减关系确定

工作项目	方法	收费标准（元）	
		二级工作	三级工作
地震动峰值衰减关系、地震动反应谱衰减关系	研究、分析计算、类比案例及有关资料	13000	17000

五、地震危险性概率分析

工作项目	方法	收费标准（元）	
		二级工作	三级工作
潜在震源区划分、地震活动参数确定、地震危险性概率计算、不确定性因子分析校正	分析计算、数据调整、综合研究	28500	35000

六、场地设计地震动参数确定

工作项目	方法	收费标准	
		二级工作	三级工作
场地地震动反应分析模型确定、模型参数确定、输入地震动参数的确定、场地地震反应与场地地震相关反应谱的计算、地震动参数确定	资料整理、综合分析、调整参数、综合计算	54000元	72000元/$2km^2$
备注	三级工作不足两平方公里按两平方公里计		

七、地震地质灾害评价

工作项目	方法	收费标准（元）	
		二级工作	三级工作
现场考察 综合分析		13000	17000

八、地震动小区划

工作项目	方法	收费标准（元/$2km^2$）
		三级工作
场地工程地质分区、加速度峰值小区划、反应谱特征周期小区划	现场考察、综合分析、计算、成图	23000
备注	不足两平方公里按两平方公里计	

九、地震地质灾害小区划

工作项目	方法	收费标准（元/$2km^2$）
		三级工作
灾害评价、地质灾害小区划	实地调查、综合分析成图	13000
备注	不足两平方公里按两平方公里计	

1. 地震安全性评价工作分级按照《工程场地地震安全性评价》（GB 17741—2005）执行；
2. 一级工作收费标准由双方协商确定；
3. 四级工作按二级工作的50%收费；
4. 所列收费标准为上限，下浮不限。

七、其　　他

北京市行政处罚听证程序实施办法

北京市人民政府令第 14 号

（1996 年 9 月 23 日发布，自 1996 年 10 月 1 日起施行）

第一条 为保障听证程序合法、规范、顺利进行，根据《中华人民共和国行政处罚法》（以下简称行政处罚法）有关听证的规定，制定本办法。

第二条 本市各级行政机关（含经依法授权或者受委托的行政执法组织，下同）对当事人依法作出责令停产停业、吊销许可证或者执照、对公民处以超过 1000 元的罚款，对法人或者其它组织处以超过 3 万元的罚款，以及市人民政府规定的其它行政处罚决定前，当事人要求举行听证的，依照行政处罚法和本办法执行。

第三条 听证应当遵循公开、公正和效率的原则，保障当事人的合法权益。

第四条 听证由作出行政处罚的行政机关组织。具体实施工作由其法制机构或者相应机构负责。

第五条 行政机关在案件调查终结后，经行政机关负责人对调查结果进行审查，拟作出本办法第二条规定的行政处罚决定前，应当告知当事人有要求举行听证的权利。向当事人告知听证权利时，应当送达听证告知书。听证告知书应当载明认定当事人违法的基本事实和拟作出的行政处罚。

当事人要求听证的，可以在告知书的送达回证上签署意见，也可以在 3 日内以其他书面方式向行政机关提出听证要求。当事人逾期未提出要求的，视为放弃听证权利。

第六条 当事人提出听证要求后，行政机关应当及时组织听证，并在听证举行 7 日前书面通知当事人举行听证的时间、地点、主持人等有关事项，由当事人在通知书送达回证上签字。

当事人应当按期参加听证。当事人有正当理由要求延期的，准许延期一次；当事人未按期参加听证并且事先未说明理由的，视为放弃听证权利。

第七条 听证由行政机关的法制机构工作人员等非本案调查人员主持，并应当有专人记录。

听证主持人应当由在行政机关从事法制工作 2 年以上或者从事行政执法工作 5 年以上、公道正派的人员担任。

当事人认为听证主持人与本案有直接利害关系，有权向行政机关提出回避申请；是否回避，由行政机关负责人决定。

第八条 听证参加人包括行政处罚案件的当事人及其委托代理人，以及该案调查人员。

当事人委托代理人参加听证的，应当在举行听证前向行政机关提交授权委托书。

第九条 除涉及国家机密、商业秘密或者个人隐私外，听证应当公开举行。听证举行前，行政机关应当将听证的内容、时间、地点以及有关事项，予以公告。

第十条 当事人在听证中的权利和义务：

（一）有权对案件涉及的事实、适用法律及有关情况进行陈述和申辩。

（二）有权对案件调查人员提出的证据进行质证并提出新的证据。

（三）如实陈述案件事实和回答主持人的提问。

（四）遵守听证会场纪律，服从听证主持人指挥。

第十一条 听证应当按下列程序进行：

（一）听证记录人宣布听证会场纪律、当事人的权利和义务。听证主持人介绍主持人和记录人，询问核实听证参加人的身份，宣布听证开始。

（二）案件调查人员提出当事人违法的事实、证据、处罚依据以及行政处罚建议。

（三）当事人就案件的事实进行陈述和辩解，提出有关证据，对调查人员提出的证据进行质证。

（四）听取当事人的最后陈述。

（五）主持人宣布听证结束。听证笔录交当事人审核无误后签字或者盖章。

听证主持人在听证中有权对参加人不当的辩论内容予以制止，维护正常的听证秩序。

第十二条 听证结束后，听证主持人应当依据听证情况，向行政机关负责人提出书面意见。行政机关负责人应当根据听证主持人的意见和听证笔录，依法作出行政处罚决定。

听证的举行，不影响当事人申请行政复议、提起行政诉讼以及请求国家赔偿等权利的行使。

第十三条 行政机关举行听证，不得向当事人收取费用。

第十四条 本办法执行中的具体问题，由市人民政府法制办公室负责解释。

第十五条 本办法自 1996 年 10 月 1 日起施行。

北京市实施行政处罚程序若干规定

北京市人民政府令第15号

（1996年9月23日发布，自1996年10月1日起实施）

第一条　为贯彻实施《中华人民共和国行政处罚法》（以下简称行政处罚法），制定本规定。

第二条　本市各级行政机关以及经合法授权或者受委托的组织（以下统称行政机关）实施行政处罚，应当遵守行政处罚法和本规定。

第三条　除法律、行政法规另有规定的外，行政处罚由违法行为发生地的市、区、县人民政府及其所属行政机关依照职权管辖。

对当事人的同一违法行为，根据不同法律、法规、规章规定，两个以上的行政机关都有管辖权的，应当由先立案的行政机关处罚，但是行政机关在决定行政处罚时，不得给予当事人两次以上罚款的处罚。

行政机关之间对管辖权发生争议时，应当协商解决或者提请共同的上级行政机关指定管辖。

一个行政机关对违法行为实施行政处罚后，依法应当移送有关行政机关处理的，应当及时将案件及有关材料移送相应机关，被移送的机关应当接收。

第四条　市人民政府根据行政处罚法第十六条的规定，可以决定一个行政机关行使有关行政机关的行政处罚权。

行政机关之间委托行使行政处罚权，必须经市人民政府批准，并以书面形式规定委托内容、权限及相应责任。

第五条　行政机关实施行政处罚时，应当责令当事人改正或者限期改正违法行为。法律、法规或者规章规定应当先责令当事人改正违法行为的，依照规定执行。

第六条　当事人违法行为轻微并及时纠正，没有造成危害后果的，不予行政处罚。

第七条　执法人员依法当场作出处罚决定，必须遵守下列程序：

（一）向当事人出示身份证件；

（二）告知当事人违法事实、处罚理由和依据；

（三）填写预定格式、编有号码的行政处罚决定书；

（四）将处罚决定书当场交付当事人；

（五）在2日内将行政处罚决定报所属行政机关备案。

依法可以当场收缴罚款的，还必须向当事人出具市财政局统一制发的罚款收据。

第八条　除依法可以当场决定行政处罚的外，执法人员发现公民、法人或者其他组织有违法行为依法应当给予行政处罚的，应当报行政机关负责人批准立案。

第九条　执法人员调查案件应当收集证据。证据有以下几种：

（一）书证；

（二）物证；

（三）视听资料；

（四）证人证言；

（五）当事人的陈述；

（六）鉴定结论；

（七）勘验笔录。

第十条 执法人员依法向当事人和有关人员调查案件情况，应当向被调查人出示证件，并制作调查或者询问笔录，笔录由当事人和有关人员签名或者盖章。当事人和有关人员拒绝签名或者盖章的，应当有两名以上执法人员在笔录上注明情况并签名。

行政机关为调查案件需要，有权依法进行现场勘验和技术鉴定。对重要的书证，有权进行复制。

第十一条 执法人员收集证据时，可以采取抽样取证的方法。在证据可能灭失或者以后难以取得的情况下，经行政机关负责人批准，可以先行登记保存。

第十二条 行政机关对先行登记保存的证据，应当在7日内作出下列处理决定：

（一）需要进行技术检验或者鉴定的，送交检验或者鉴定；

（二）对依法不需要没收的物品，退还当事人；对依法应予没收的财物，决定没收；

（三）对于依法应当移送有关部门处理的，移交有关部门；

（四）法律、法规、规章规定的其他处理方式。

第十三条 行政机关对证据进行抽样取证或者登记保存，应当有当事人在场。当事人不在场或者拒绝到场的，执法人员可以邀请有关人员参加。

对抽样取证或者登记保存的物品应当开列清单，一式两份，写明物品名称、数量、规格等事项，由执法人员、当事人签名或者盖章，一份清单交付当事人。当事人拒绝签名、盖章或者接收的，应当有两名以上执法人员在清单上注明情况。

登记保存物品时，在原地保存可能妨害公共秩序或者公共安全的，可以异地保存。

第十四条 对违法行为调查终结，执法人员应当就案件的事实、证据、处罚依据和建议，向本行政机关负责人提出书面报告。行政机关负责人应当对调查结果进行审查，并根据情况分别作出给予行政处罚、不予行政处罚或者移送司法机关处理的决定。

第十五条 对给予本规定第十六条所列的行政处罚，以及对情节复杂或者重大违法行为给予其他较重的行政处罚，行政机关负责人应当集体讨论决定。法律、法规、规章规定应当经市或者区、县人民政府批准的行政处罚，应当报经批准后决定。

前款所称其他较重的行政处罚，由市级行政机关确定，并报市人民政府法制办公室备案。

第十六条 行政机关在对当事人作出责令停产停业、吊销许可证或者执照、较大数额罚款等行政处罚决定前，应当告知当事人有要求举行听证的权利。

听证的具体组织实施，按照行政处罚法和《北京市行政处罚听证程序实施办法》执行。

第十七条 行政机关在作出行政处罚决定之前，必须告知当事人给予处罚的事实、理由和依据，听取当事人的陈述和申辩。

第十八条　行政机关作出行政处罚决定，应当制作行政处罚决定书。

行政处罚决定书应当载明下列事项：

（一）当事人的姓名或者名称、地址；

（二）违法事实和证据；

（三）行政处罚的种类、数额和依据；

（四）行政处罚的履行方式和期限；

（五）不服行政处罚决定，申请行政复议或者提起行政诉讼的途径和期限；

（六）作出行政处罚决定的行政机关名称和日期，并加盖行政机关印章。

经市或者区、县人民政府批准的行政处罚，应当在处罚决定书中写明。

第十九条　行政处罚决定书应当向当事人宣告，并当场交付当事人；当事人不在场的，应当在7日内按照民事诉讼法的规定送达当事人或者当事人指定的代收人。送达处罚决定书，必须由受送达人或者代收人在送达回证上记明收到日期，并签名或者盖章。

受送达人拒收处罚决定书的，送达人应当记明拒收的事由和日期，将处罚决定书留置受送达人住所或者收发部门，即视为送达。

委托送达的，应当委托行政机关送达。邮寄送达的，必须有邮寄凭证。

第二十条　行政处罚决定依法作出后，当事人应当按照行政处罚决定书规定的内容、方式和期限，履行行政处罚决定。

当事人到期不缴纳罚款的，作出处罚决定的行政机关可以依法申请人民法院强制执行，并可以从逾期之日起每日按罚款数额的3%加处罚款。

第二十一条　当事人确有经济困难，需要延期或者分期缴纳罚款的，应当写出书面申请，提出具体、可行的延期或者分期缴纳罚款的计划，经作出处罚决定的行政机关批准，可以延期或者分期缴纳。

第二十二条　除行政处罚法规定可以当场收缴罚款的情形外，决定罚款的行政机关或者执法人员应当书面告知当事人向指定的银行缴纳罚款。

银行代收罚款的具体办法，按照国务院和市人民政府的规定执行。

第二十三条　行政机关及其执法人员违反本规定实施行政处罚，或者收缴罚没财物的，按照行政处罚法的规定追究法律责任。

第二十四条　本规定自1996年10月1日起实施。1993年10月12日市人民政府发布的《北京市执行行政处罚若干规定》同时废止。

本规定公布前市属各行政机关以及各区、县人民政府制定的行政处罚程序，与行政处罚法和本规定不符合的，自本规定实施之日起，应当停止执行。

北京市人民政府贯彻实施国务院关于投资体制改革决定的意见

京政发〔2005〕11号

（北京市人民政府2005年5月20日发布）

各区、县人民政府，市政府各委、办、局，各市属机构：

为认真贯彻落实《国务院关于投资体制改革的决定》（国发〔2004〕20号，以下简称《决定》），进一步完善社会主义市场经济体制，落实企业的投资决策权，充分发挥市场配置资源的基础性作用，规范政府投资行为，完善投资宏观调控体系，加强投资监管，结合本市实际，现提出以下意见。

一、加强领导，深刻认识深化投资体制改革的重要意义

深化投资体制改革，是党中央、国务院完善社会主义市场经济体制的重大举措，是深化经济体制改革的关键环节，也是实践科学发展观的有效保障。深化投资体制改革，对于扩大对外开放、加快政府职能转变、促进经济增长方式转变、加强和改善宏观调控、全面建设小康社会，具有重要的现实意义。

各区县政府、各部门要切实转变观念，加强学习，把贯彻落实《决定》作为落实科学发展观和推进依法行政的具体实践，精心组织，周密安排，不折不扣地把《决定》落到实处。市发展改革委要加强综合协调，会同有关职能部门，认真研究和推进本市投资体制改革，注重调动市、区（县）积极性，完善工作机制，加强科学决策，改进工作作风，强化行政监管，简化办事程序，提高办事效率，进一步优化发展环境，促进本市经济社会持续健康快速发展。

二、改革投资项目管理制度

根据《决定》精神，按照“谁投资、谁决策、谁受益、谁承担风险”的原则，落实企业投资自主权。

（一）改革投资项目审批制度。对企业不使用政府投资建设的项目，一律不再实行审批制，区别情况实行核准制或备案制；对政府投资项目，实行同级政府审批管理。项目单位依据审批、核准或备案文件，办理城市规划、土地使用、开工、设备进口和减免税确认等方面的手续。国家法律法规和国务院有专门规定的项目的审批或核准，按有关规定执行。

（二）规范核准制。对国务院《政府核准的投资项目目录》（以下简称《目录》）内的企业投资项目，实行核准制管理。根据《目录》，结合本市实际，由市政府投资主管部门会同有关部门研究提出《北京市政府核准的投资项目目录细则》（以下简称《目录细则》），报市政府批准后实施。《目录细则》具体明确实行核准制的投资项目范围，划分市及区县政府投资主管部门的核准权限。市及区县政府对企业提交的项目申请报告，主要从维护公共安全、合理开发利用资源、保护生态环境、优化产业布局、保障公共利益、控制交通流量、防止出现垄断等方面进行核准。

对核准制管理的项目，企业应当在项目取得规划、国土资源、环境保护、交通等部门的预审意见或批准文件之后，向政府投资主管部门提交项目核准申请报告，政府投资主管部门按照规定要求进行核准。其中，报市政府投资主管部门核准的项目，各类预审意见或批准文件应由市政府相关部门出具。

权限内企业投资项目核准暂行实施办法，由市政府投资主管部门依据《企业投资项目核准暂行办法》（国家发展改革委第 19 号令）另行制订，报市政府批准后实施。

对外商投资项目，政府投资主管部门除按照内资企业投资项目核准内容进行核准外，还要依据《外商投资产业指导目录》规定，从市场准入、资本项目管理等方面进行核准。鼓励和支持有条件的企业进行境外投资。对境外投资的项目，按资源开发类和用汇类管理，政府投资主管部门从维护国家经济安全、保持国家经济和社会的可持续发展等方面进行核准。权限内外商投资项目、境外投资项目核准暂行实施办法，由市政府投资主管部门根据《外商投资项目核准暂行管理办法》（国家发展改革委第 22 号令）、《境外投资项目核准暂行管理办法》（国家发展改革委第 21 号令）另行制订，报市政府批准后实施。

（三）规范备案制。对《目录》以外的非政府投资项目，实行备案制管理。对按照备案制管理的项目，投资企业应按属地原则，在项目实施前向政府投资主管部门提交项目备案文件。备案制的具体实施办法，由市政府投资主管部门按照国家发展改革委《关于实行企业投资项目备案制指导意见的通知》（发改投资〔2004〕2656 号）要求另行制订，报政府批准后执行。

三、加强政府投资管理

（一）合理界定政府投资范围。合理划分市政府和区县政府的投资事权。市政府投资主要用于关系国家安全和市场不能有效配置资源的经济社会领域，包括公益性社会事业和公共基础设施建设、保护和改善生态环境、促进城乡经济统筹发展、推进科技进步和高新技术产业化、本级政权基础设施建设，以及跨区县、跨行业和对全市经济发展有重大影响、具有全局性作用的项目。

（二）规范政府投资资金管理。按照公开、透明、规范的原则，市政府投资主管部门对政府投资需求进行综合平衡，编制政府投资年度计划，并落实到具体项目。根据项目进度和国家宏观调控政策，编制下达政府投资计划。政府投资包括预算内投资、各类专项建设资金、中央补助投资、由政府承诺还款的借款资金和政府性收费中用于固定资产投资的部分。各类专项建设资金指用于固定资产投资的土地出让收益、城市基础设施建设费、水利基金、养路费和其他各类财政安排的专项建设资金。对利用政府资源担保获得的与固定资产投资相关的银行贷款和政府减免的与固定资产投资相关的税费（不含进口设备减免关税和购置国产设备抵免所得税等普惠政策），也视同于政府投资，纳入政府投资项目管理程序进行管理。

（三）健全政府投资项目决策机制。要制定科学的决策规则和程序，提高政府投资项目决策的科学化、民主化水平，建立和完善政府投资项目的风险管理机制。要编制政府投资专项规划，建立政府投资项目储备库，作为政府投资项目决策的重要依据。要严格履行政府投资项目咨询评估程序，政府投资项目的可行性研究报告要进行评估，初步设计概算要进行审核，决算投资要进行评审。对重大项目要实行专家评议制度；对部分社会影响较大的项目，要逐步实行政府投资项目公示制度，广泛听取各方面的意见和建议。

（四）规范政府投资项目审批程序。政府投资建设项目实行审批制管理。政府投资分直接投资、资本金注入、投资补助和贷款贴息等投入方式。对采取直接投资和资本金注入方式投入的政府投资项目，须审批项目建议书、可行性研究报告、初步设计概算和年度投资计划。对采取投资补助和贷款贴息方式投入的政府投资项目，只审批资金申请报告。政府投资项目审批的具体办法，由市政府投资主管部门根据《决定》精神，另行制订，报请市政府批准后实施。

（五）转变政府投资项目的组织实施方式。对自来水、燃气、热力、污水处理、收费公路等有合理收益和投资回收能力的经营性基础设施和社会事业项目，要结合特许经营，实行项目法人招标管理。对轨道交通和垃圾处理等有一定收益但收益不能弥补成本的项目或根据产业政策需要扶持的产业项目，要通过政府注入部分资本金方式，吸引社会投资者合作建设。对于政府投资采取资本金注入方式投入建设项目的，可将政府投资注入政府授权投资机构，由其按照政府投资主管部门的要求进行投资。政府投资形成的股权或资产，由政府授权投资机构行使出资人的权利。对没有直接收益的非经营性政府投资项目，要实行“代建制”管理，由政府投资主管部门通过公开招标选定专业化的项目管理单位，负责项目的建设实施。对政府投资拟采取投资补助和贴息方式投入的项目，原则上应当向社会公开征集或向社会公示，政府投资补助总额在项目建设投资中所占比例不能超过30%，贴息支持时间不超过3年。

四、加强和改善投资调控与管理

（一）加强对社会投资的引导。依据全市国民经济和社会发展中长期规划，编制产业规划或行业发展专项规划，明确重点行业准入标准、发展目标、总体布局和储备项目等，向社会公布。按照规定程序批准的发展建设规划是投资决策的重要依据。根据经济运行情况和宏观调控需要，适时修订《目录细则》，加强对社会投资的引导和调控。继续坚持和完善投资统计信息及发布制度，建立健全投资风险预警和防范体系，通过举办信息披露会等方式，向社会发布产业政策，披露全市投资运行态势和经济发展形势，公开政府投资项目招投标信息等，引导投资者正确决策和社会资源合理配置。规范重点行业的环保标准、安全标准、能耗水耗和产品技术、质量标准，防止低水平重复建设。

（二）发挥土地供应计划对固定资产投资的调控作用。合理配置发展用地和公共建设用地，从土地供应源头引导产业，调控投资。在产业规划、区域布局和产业用地指标体系等的指导下，根据全市国民经济和社会发展计划，编制土地供应年度计划，报经市政府批准后实施。

（三）加强政府职能部门工作衔接。按照“简化、衔接、透明、高效”的原则，理顺发展改革、财政、规划、国土资源、建设、环境保护等部门在固定资产投资项目监管过程中的协调关系。固定资产投资管理程序主要包括项目核准（审批、备案）、规划、土地、开工（含年度投资计划和施工许可证）和竣工验收等环节。本市固定资产投资管理的程序和流程，由市发展改革委牵头会同市有关部门研究提出，报市政府批准后执行。

五、加强投资项目监管

（一）完善企业投资监管体系。国土资源、环境保护、规划、建设、工商行政管理、质量技术监督、安全生产、海关、外汇管理等部门，要依法加强对企业投资活动的监管。各级政府投资主管部门要加强对企业投资项目的事中和事后监督检查。对违反法律法规及国家有关政策规定，不履行项目审批、核准或备案手续而擅自开工建设的项目，有关部门不得办理相关手续，政府投资主管部门要责令其停止建设，并依法追究有关企业和人员的责任。审计部门要依法加强对政府投资项目以及对国有企业投资行为的审计监督，监察部门要加强对国有企业负责人的监督力度。对违反诚信制度，在项目申报和建设过程中提供虚假信息、违反法律法规的，要予以惩处，并公开披露，在一定时间内限制其投资建设活动。

（二）建立政府投资责任追究制度。各有关部门要依据职能分工，对政府投资的管理进行相互监督，健全政府投资制衡机制。对政府有关部门违反政府投资项目决策程序和相关规定，或违规越权干预，造成政府投资重大损失的，由监察部门追究相关责任人的行政责任。对项目单位违反政府投资项目管理程序，擅自变更设计方案、改变建设内容、提高建设标准，造成严重超概算、质量低劣、损失浪费或责任事故的，审计等部门要加大监督力度，查清事实，严肃财经纪律，由监察部门或其主管部门追究项目单位主要责任人和直接责任人的行政责任。完善重大项目稽察制度，建立政府投资风险管理、后评价制度，发挥社会中介机构力量对政府投资项目进行全过程监管。建立政府投资项目的社会监督机制，提高政府投资的管理水平和投资效益。

（三）加强对投资中介服务的监管。各类投资服务机构均须与政府部门脱钩，坚持诚信原则。政府投资主管部门要建立中介机构信用档案记录制度。凡在政府投资项目中从事招标代理、咨询评估时弄虚作假或者评估结论意见严重失实的投资中介机构，政府投资主管部门要将有关情况记入该企业信用档案，公开曝光，并向有关主管部门建议降低该企业资质等级，直至取消资质；造成损失的，该投资中介机构要依法承担赔偿责任。

改革现行投资体制涉及面大，任务艰巨。各区县政府、市政府各部门要进一步解放思想，转变观念，加强协调配合，认真做好深化投资体制改革的组织实施工作。

附件

北京市政府核准的投资项目目录细则（2004年本）

简要说明：

（一）本目录细则所列项目，是指企业不使用政府性资金投资建设的重大和限制类固定资产投资项目。

（二）企业不使用政府性资金投资建设本目录细则以外的项目，除国家法律法规和国务院专门规定禁止投资的项目以外，实行备案管理。

（三）国家法律法规和国务院及市政府有专门规定的项目的审批或核准，按有关规定执行。

（四）本目录细则为2004年本。根据情况变化，将适时调整。

一、农林水利

农业：涉及开荒的项目由市政府投资主管部门核准。

水库：国际河流和跨省（自治区、直辖市）河流上的水库项目由国务院投资主管部门核准，其余项目由市政府投资主管部门核准。

其他水事工程：需中央政府协调的国际河流、涉及跨省（自治区、直辖市）水资源配置调整的项目由国务院投资主管部门核准。本市行政区域内跨区县的水利工程以及水资源开发（包括地下水开采）、利用和配置的项目，由市政府投资主管部门核准，其余项目由区县政府投资主管部门核准。

二、能源

（一）电力。

水电站：在主要河流上建设的项目和总装机容量25万千瓦及以上项目由国务院投资主管部门核准，在本市行政区域内非主要河流上建设的，且总装机容量5万千瓦及以上、25万千瓦以下的项目，以及在潮白河、永定河建设水电站，由市政府投资主管部门核准；在其他非主要河流上建设的总装机容量5万千瓦以下的项目，由所在区县政府投资主管部门核准。

抽水蓄能电站：由国务院投资主管部门核准。

火电站：由国务院投资主管部门核准。

热电站：燃煤项目由国务院投资主管部门核准，其余项目由市政府投资主管部门核准。

风电站：总装机容量5万千瓦及以上项目由国务院投资主管部门核准，其余项目由市政府投资主管部门核准。

核电站：由国务院核准。

电网工程：330千伏及以上电压等级的电网工程由国务院投资主管部门核准，110千伏及以上、330千伏以下电压等级的电网工程由市政府投资主管部门核准，110千伏以下电压等级的电网工程由所在区县政府投资主管部门核准。

（二）煤炭。

煤矿：国家规划矿区内的煤炭开发项目由国务院投资主管部门核准，其余煤炭开发项目由市政府投资主管部门核准。

煤炭液化：年产50万吨及以上项目由国务院投资主管部门核准，其余项目由市政府投资主管部门核准。

（三）石油、天然气。

原油：年产100万吨及以上的新油田开发项目由国务院投资主管部门核准，其他项目由具有石油开采权的企业自行决定，报国务院投资主管部门备案。

天然气：年产20亿立方米及以上新气田开发项目由国务院投资主管部门核准，其他项目由具有天然气开采权的企业自行决定，报国务院投资主管部门备案。

液化石油气接收、储存设施（不含油气田、炼油厂的配套项目）：由市政府投资主管部门核准。

进口液化天然气接收、储运设施：由国务院投资主管部门核准。

国家原油存储设施：由国务院投资主管部门核准。

输油管网（不含油田集输管网）：跨省（自治区、直辖市）干线管网项目由国务院投资主管部门核准，其余项目由市政府投资主管部门核准。

输气管网（不含油气田集输管网）：跨省（自治区、直辖市）或年输气能力5亿立方米及以上项目由国务院投资主管部门核准，其余项目由市政府投资主管部门核准。

三、交通运输

（一）铁道。

新建（含增建）铁路：跨省（自治区、直辖市）或100公里及以上项目由国务院投资主管部门核准，其余新建（含增建）铁路项目按隶属关系分别由国务院行业主管部门或市政府投资主管部门核准。

（二）公路。

公路：国道主干线、国家高速公路网、跨省（自治区、直辖市）的项目由国务院投资主管部门核准。其他高速公路、一级公路、国道、市级道路、跨区县的项目由市政府投资主管部门核准，其余项目由区县政府投资主管部门核准。

独立公路桥梁、隧道：跨大江大河（通航段）的项目由国务院投资主管部门核准。跨市管河道的独立桥梁、隧道由市政府投资主管部门核准，其余项目由区县政府投资主管部门核准。

（三）水运。

煤炭、矿石、油气专用泊位：新建港区和年吞吐能力200万吨及以上项目由国务院投资主管部门核准，其余项目由市政府投资主管部门核准。

集装箱专用码头：由国务院投资主管部门核准。

内河航运：千吨级以上通航建筑物项目由国务院投资主管部门核准，其余项目由市政府投资主管部门核准。

（四）民航。

新建机场：由国务院核准。

扩建机场：总投资10亿元及以上项目由国务院投资主管部门核准，其余项目按隶属关系由国务院行业主管部门或市政府投资主管部门核准。

扩建军民合用机场：由国务院投资主管部门会同军队有关部门核准。

四、信息产业

电信：国内干线传输网（含广播电视网）、国际电信传输电路、国际关口站、专用电信网的国际通信设施及其他涉及信息安全的电信基础设施项目由国务院投资主管部门核准。

邮政：国际关口站及其他涉及信息安全的邮政基础设施项目由国务院投资主管部门核准。

电子信息产品制造：卫星电视接收机及关键件、国家特殊规定的移动通信系统及终端等生产项目由国务院投资主管部门核准。

五、原材料

钢铁：已探明工业储量5000万吨及以上规模的铁矿开发项目和新增生产能力的炼铁、炼钢、轧钢项目由国务院投资主管部门核准，其他铁矿开发项目由市政府投资主管部门核准。

有色：新增生产能力的电解铝项目、新建氧化铝项目和总投资5亿元及以上的矿山开发项目由国务院投资主管部门核准，其他矿山开发项目由市政府投资主管部门核准。

石化：新建炼油及扩建一次炼油项目、新建乙烯及改扩建新增能力超过年产20万吨乙烯项目，由国务院投资主管部门核准。改扩建新增能力年产20万吨以下的乙烯项目由市政府投资主管部门核准。

化工原料：新建PTA、PX、MDI、TDI项目，以及PTA、PX改造能力超过年产10万吨的项目，由国务院投资主管部门核准。其他化学原料生产项目由市政府投资主管部门核准。

化肥：年产50万吨及以上钾矿肥项目由国务院投资主管部门核准。其他钾矿肥、磷矿肥项目由市政府投资主管部门核准。

水泥：除禁止类项目外，由市政府投资主管部门核准。

稀土：矿山开发、冶炼分离和总投资1亿元及以上稀土深加工项目由国务院投资主管部门核准，其余项目由市政府投资主管部门核准。

黄金：日采选矿石500吨及以上项目由国务院投资主管部门核准，其余项目由市政府投资主管部门核准。

六、机械制造

汽车：按照国务院批准的专项规定执行。

船舶：新建10万吨级以上造船设施（船台、船坞）和民用船舶中、低速柴油机生产项目由国务院投资主管部门核准。

城市轨道交通：城市轨道交通车辆、信号系统和牵引传动控制系统制造项目由国务院投资主管部门核准。

七、轻工烟草

纸浆：年产10万吨及以上纸浆项目由国务院投资主管部门核准，年产3.4（含）万吨至10（不含）万吨纸浆项目由市政府投资主管部门核准，其他纸浆项目禁止建设。

变形燃料乙醇：由国务院投资主管部门核准。

聚酯：日产300吨及以上项目由国务院投资主管部门核准。

制盐：由国务院投资主管部门核准。

糖：日处理糖料1500吨及以上项目由市政府投资主管部门核准，其他糖料项目禁止建设。

烟草：卷烟、烟用二醋酸纤维素及丝束项目由国务院投资主管部门核准。

八、高新技术

民用航空航天：民用飞机（含直升机）制造、民用卫星制造、民用遥感卫星地面站建设项目由国务院投资主管部门核准。

九、城建

（一）城市快速轨道交通：由国务院核准。

（二）城市供水：跨省（自治区、直辖市）日调水50万吨及以上项目由国务院投资主管部门核准；本市行政区域内跨区县调水工程、跨区县城市供水以及城市供水规模在5万吨及以上的工程由市政府投资主管部门核准；其他调水、供水工程由区县政府投资主管部门核准。

（三）城市道路桥梁：跨越大江大河（通航段）、重要海湾的桥梁、隧道项目由国务院投资主管部门核准；本市行政区域内跨市管河道的桥梁、隧道项目由市政府投资主管部门核准，其余项目由区县政府投资主管部门核准。

（四）其他城建项目：

城市供热：城区热力管网、跨区县供热能力在20蒸吨及以上项目由市政府投资主管部门核准，其余项目由区县政府投资主管部门核准。

再生水：规划市区内再生水厂及管线建设项目由市政府投资主管部门核准，其余项目由区县政府投资主管部门核准。

污水：规划市区内污水处理厂及管线建设项目由市政府投资主管部门核准，其余项目由区县政府投资主管部门核准。

交通：二级以上客、货运站，中心站（含）以上公共交通站由市政府投资主管部门核准，其余项目由区县政府投资主管部门核准。

土地成片开发：由市政府投资主管部门核准。

高尔夫球场项目：由市政府投资主管部门核准。

经济适用房项目、危改项目、绿化隔离地区房地产开发项目：由市政府投资主管部门核准。

易燃、易爆、剧毒、放射性等危险品生产储藏经营项目：由市政府投资主管部门核准。

固体废弃物处理项目：由市政府投资主管部门核准。

国有独资或国有控股企业的办公楼、培训中心、疗养院项目：由市政府投资主管部门核准。

外省市政府驻京机构设施建设：由市政府投资主管部门核准。

十、社会事业

（一）教育、卫生、文化、广播电影电视：大学城、医学城及其他园区性建设项目由国务院投资主管部门核准。

（二）旅游：国家重点风景名胜区、国家自然保护区、国家重点文物保护单位区域内总投资5000万元及以上旅游开发和资源保护设施，世界自然、文化遗产保护区内总投资3000万元及以上项目由国务院投资主管部门核准。

（三）体育：F1赛车场由国务院投资主管部门核准。

（四）娱乐：大型主题公园由国务院核准。

（五）其他社会事业：

教育、卫生、文化等：新建各级广播电台（站）、电视台（站）和广播电视传输覆盖网的建设，由市政府投资主管部门核准。各类学校教育设施、医院卫生设施，总投资3000（含）万元以上的，由市政府投资主管部门核准，总投资3000万元以下的，由区县政府投资主管部门核准。

殡葬、疗养、老年公寓等社会福利类项目：总投资3000（含）万元以上的，由市政府投资主管部门核准，总投资3000万元以下的，由区县政府投资主管部门核准。

教堂、清真寺等宗教项目建设：新建项目由市政府投资主管部门核准，改扩建项目总投资3000（含）万元以上的，由市政府投资主管部门核准，总投资3000万元以下的，由区县政府投资主管部门核准。

电子游戏厅（室）、网吧建设：总投资3000（含）万元以上的，由市政府投资主管部门核准，总投资3000万元以下的，由区县政府投资主管部门核准。

市级风景名胜区、市级自然保护区、市级重点文物保护单位区域内旅游开发和资源保护设施：由市政府投资主管部门核准。

十一、金融

印钞、造币、钞票纸项目由国务院投资主管部门核准。

十二、外商投资

《外商投资产业指导目录》中总投资（包括增资）1亿美元及以上鼓励类、允许类项目由国家发展和改革委员会核准；3000万美元及以上1亿美元以下鼓励类、允许类项目由市政府投资主管部门核准；3000万美元以下鼓励类、允许类项目由区县政府投资主管部门核准。

《外商投资产业指导目录》中总投资（包括增资）5000万美元及以上限制类项目由国家发展和改革委员会核准；5000万美元以下限制类项目由市政府投资主管部门核准。

国家规定的限额以上、限制投资和涉及配额、许可证管理的外商投资企业的设立及其变更事项，大型外商投资项目的合同、章程及法律特别规定的重大变更（增资减资、转股、合并）事项，由商务部核准，其他事项由市及区县商务部门核准。

十三、境外投资

中方投资3000万美元及以上资源开发类境外投资项目由国家发展和改革委员会核准。

中方投资用汇额1000万美元及以上的非资源类境外投资项目由国家发展和改革委员会核准。

上述项目之外的境外投资项目，中央管理企业投资的项目报国家发展和改革委员会、商务部备案；其他企业投资的项目由市政府投资主管部门核准。

国内企业对外投资开办企业（金融企业除外）由商务部核准。

关于印发《北京市国土资源重大信访信息报送制度》的通知

京国土办〔2006〕1号

（北京市国土资源局2006年1月4日发布）

各区县国土资源分局、局机关各处室、局属各单位：

近年来，全局系统高度重视信访工作，加大了信访信息报送力度，为局领导和机关协助有关政府部门处理重大信访问题和突发事件做出了努力。但是，也存在一些不容忽视的问题，主要是没有按照规定的范围和标准报送重大信访信息；没有按照规定的时限报送，甚至事发后才知道，造成工作被动；报送方法不规范，影响了信息报送和处理的质量。为进一步做好重大信访信息报送工作，市局制定了《北京市国土资源重大信访信息报送制度》。现印发你们，请遵照执行。

附件

北京市国土资源重大信访信息报送制度

为做好重大信访信息报送工作，妥善处理和协调重大信访问题，根据国务院《信访条例》和《国家信访局重大信访信息报送办法》，制定本制度。

一、报送原则

（一）逐级报送与直接报送相结合；

（二）属地报送与系统报送相结合；

（三）及时报送与阶段报送相结合。

二、报送方法

国土资源系统重大信访信息一般通过电话或电传方式向市局信访室报送，（电话64409452、64409453、传真64409453，夜晚：电话64409789、传真64409577）特殊情况下，可向市局办公室报送。（电话：64409841、传真：64409999）

三、报送标准

涉及国土资源的下列重大信访事项发生后，有关部门在协调处置的同时，应在事发后2小时内向市局报送信息；市局在接到信息后，核实属实，经主管领导同意后报国土资源部。

（一）50人以上、且有严重过激行为，如阻塞交通，围堵党政机关等重要场所或滞留24小时以上，影响当地社会稳定的集体上访；

（二）50人以上准备和实施到市委、市政府或市局集体上访的；

（三）上访人数虽不多，但反映的问题具有较强政策性和苗头性，或问题涉及地方、部门多个单位，有跨地区串联迹象的；

（四）进京后已经到中南海、天安门等重要场所和中央领导同志驻地聚集、滋事的；

（五）携带武器、爆炸物等危险品上访或在上访中扬言自杀、制造恶性事件的；

（六）其他可能引发群众集体上访的重大事件和动态。

四、报送要素

（一）事件发生的时间、地点、人数及原因；

（二）事件当事人、所属地区、身份、单位；

（三）事件的影响与危害程度；

（四）事件前后的有关情况，当地政府领导是否到达现场做工作，采取了哪些处置办法；

（五）其他需要报告的事项。

五、跟踪与续报、汇总

未处理完结的重大信访事项，报送单位要跟踪事件处理进展情况，随时续报信息，直到事件处理完毕。各区县国土资源分局每月 23 日前将本系统重大信访信息情况报市局信访室，市局信访室每月 25 日汇总分析后报国土资源部办公厅信访处。

关于南水北调配套工程大宁调蓄水库工程项目伐移林木的通告

京绿资发〔2010〕2号

（北京市园林绿化局2010年1月11日发布）

现就南水北调配套工程大宁调蓄水库工程项目伐移林木事项通告如下：

一、因南水北调配套工程大宁调蓄水库工程建设，需采伐大宁水库林木1451株，移植林木7843株，共计9294株。其中，丰台区老庄子乡段采伐林木124株，移植林木4017株；房山区长阳镇段采伐林木1327株，移植林木3826株。主要树种为杨树、柳树、榆树、桧柏、油松等。

二、本次林木伐移及造林绿化工作由北京市水务局永定河管理处负责完成。林木伐移实施时段为2010年1月8日至2010年2月8日，造林绿化工作在2011年12月完成。

三、监督单位：丰台区园林绿化局　监督电话：63813293；

房山区园林绿化局　监督电话：69353142。

北京市行政问责办法

北京市人民政府令第233号

（2011年6月16日发布，自2011年10月1日起施行）

第一章　总　　则

第一条　为了加强对行政人员的管理和监督，促进行政人员依法履行行政职责，推进依法行政，建设法治政府，根据有关法律、法规，结合本市实际情况，制定本办法。

第二条　本市各级行政机关的工作人员和法律、法规授权的具有公共事务管理职能的组织及国家行政机关依法委托从事公共事务管理活动的组织中从事公务的人员（以下统称行政人员）不履行、违法履行、不当履行行政职责，导致国家利益、公共利益或者公民、法人和其他组织的合法权益受到损害，或者造成不良影响，依照本办法规定追究责任。

第三条　市人民政府统一领导本市行政问责工作。市人民政府工作部门、区县人民政府及其工作部门和乡镇人民政府、街道办事处按照干部管理权限负责行政问责工作的实施。

第四条　市和区、县监察机关在行政问责工作中履行下列职责：

（一）指导、监督本级人民政府工作部门的行政问责工作；

（二）研究行政问责工作中出现的重大问题，并向本级人民政府提出相应建议；

（三）负责受理、调查按照干部管理权限应当由本级人民政府作出处理决定的行政问责案件，并提出处理建议；

（四）统计、分析本行政区域行政问责的处理情况；

（五）本级人民政府交办的其他行政问责工作。

其他行政机关应当建立健全工作责任制，明确监察、法制、人事等部门或者机构在行政问责工作中的职责，负责受理投诉、控告和检举，开展调查，提出拟处理意见等工作。

第五条　行政问责应当坚持实事求是、公平公正、权责统一、教育与惩处相结合的原则，做到事实清楚、证据确凿、定性准确、处理恰当、程序合法、手续完备。

第六条　市人民政府工作部门、区县人民政府应当定期向市监察机关报告行政问责工作情况。

区、县人民政府工作部门和乡镇人民政府、街道办事处应当定期向区、县监察机关报告行政问责工作情况。

第七条　行政人员应当依法行政，自觉执行法律、法规、规章和上级的决定、命令、部署，确保政令畅通，提高行政效能，保障公民、法人和其他组织的合法权益。

监察机关、人力资源和社会保障部门、法制工作机构应当通过多种形式对行政人员进行有关建设法治政府知识的培训。

第二章　行政问责情形

第八条　行政人员有下列应当履行而未履行行政职责情形之一，导致国家利益、公共利益或者公民、法人和其他组织的合法权益受到损害，或者造成不良影响的，应当进行行政问责：

（一）对依申请、请求、申诉的行政行为，未按照规定受理、审查、决定的；

（二）未按照规定检查、检验、检测、检疫的；

（三）对发现的违法行为未制止、纠正的；

（四）对依法应当给予行政处罚或者采取行政强制措施的违法行为，未予处理的；

（五）收到公民、法人或者其他组织的投诉、举报后，未按照规定调查、处理的；

（六）应当履行保护公民、法人和其他组织人身权和财产权等法定职责，而未履行的；

（七）行政相对人询问有关行政许可、行政给付条件、程序、标准等事项，拒绝答复的；

（八）未履行行政复议职责、行政诉讼应诉职责、行政赔偿或者行政补偿职责，损害政府与行政相对人关系的；

（九）未履行信息公开义务、告知义务或者保密义务的；

（十）国家和本市规定的其他不履行行政职责的情形。

第九条　行政人员有下列违法履行行政职责情形之一，导致国家利益、公共利益或者公民、法人和其他组织的合法权益受到损害，或者造成不良影响的，应当进行行政问责：

（一）违反议事规则，个人或者少数人对重大事项作出决定，或者改变集体作出的决定的；

（二）无依据实施影响公民、法人和其他组织合法权益或者增加公民、法人和其他组织义务的行政行为的；

（三）违反规定的步骤、顺序、方式、形式等规定程序实施行政行为的；

（四）超过法定时限或者合理时限履行职责的；

（五）超越法定权限实施行政行为的；

（六）隐瞒、截留、挪用、私分或者变相私分行政征收征用款物的；

（七）违法查封、扣押、没收、征收、征用财物的；

（八）不具有行政执法资格或者违反规定使用执法证件的；

（九）违反规定乱收费，或者要求行政相对人接受有偿服务、购买指定商品以及承担其他非法定义务的；

（十）违反规定制作法律文书、使用票据的；

（十一）违法委托其他组织或者个人履行职责的；

（十二）实施行政行为无事实根据，或者主要事实不清，主要证据不足的；

（十三）国家和本市规定的其他违法履行行政职责的情形。

第十条　行政人员有下列不当履行行政职责情形之一，导致国家利益、公共利益或者公民、法人和其他组织的合法权益受到损害，或者造成不良影响的，应当进行行政问责：

（一）工作作风懈怠、工作态度恶劣的；

（二）对于明显相同情况的相对人不同对待，歧视特定相对人，或者为实现行政管理目标采取的行政方法、手段明显失当等滥用自由裁量权履行行政职责的；

（三）国家和本市规定的其他不当履行行政职责的情形。

第三章　行政问责方式和适用

第十一条　行政问责的方式为：

（一）责令作出书面检查；

（二）责令道歉；

（三）通报批评；

（四）行政告诫；

（五）停职检查；

（六）调离工作岗位；

（七）责令辞去领导职务；

（八）免职。

行政人员有本办法规定的违法违纪情形，按照《行政机关公务员处分条例》和其他有关规定应当给予处分的，不得以前款规定的行政问责方式代替行政处分，也不得以行政处分代替前款规定的行政问责方式。

第十二条　对应当问责的行政人员，应当根据其行为性质、危害程度等因素确定情节轻重，分别作出如下处理：

（一）情节较轻的，给予责令作出书面检查、责令道歉、通报批评处理；

（二）情节较重的，给予行政告诫、停职检查、调离工作岗位处理；

（三）情节严重的，给予责令辞去领导职务、免职处理。

给予行政告诫、停职检查、调离工作岗位、责令辞去领导职务、免职处理的，可以同时适用责令作出书面检查、责令道歉、通报批评。

第十三条　有下列情形之一的，应当从重处理：

（一）拒绝改正错误的；

（二）隐瞒事实真相，干扰、阻碍行政问责工作的；

（三）对投诉人、控告人、检举人打击报复的；

（四）一年内被给予行政问责两次以上的；

（五）在两人以上共同违法违纪行为中起主要作用的；

（六）其他按照规定应当从重处理的。

第十四条　有下列情形之一的，可以从轻或者减轻处理：

（一）主动交代违法违纪行为的；

（二）积极配合调查或者有立功表现的；

（三）主动采取措施，有效避免或者挽回损失、消除不良影响的；

（四）其他按照规定可以从轻、减轻处理的。

第十五条　行政人员有本办法规定应当予以行政问责的情形，情节轻微，经过批评教育后改正的，可以免予行政问责。

行政人员在紧急情况下有本办法规定的应当予以行政问责情形，但尽到合理注意义务的，不予行政问责。

第十六条 行政人员实施行政行为时，认为上级的决定或者命令有错误的，可以向上级提出改正或者撤销该决定、命令的意见；上级不改变该决定、命令，或者要求立即执行的，行政人员应当执行该决定、命令，执行的后果由上级负责，行政人员不承担责任；但是，行政人员执行明显违法的决定、命令的，应当依法承担相应的责任。

两人以上共同实施行政行为的，主办人员承担主要责任，协办人员承担相应责任；责任无法区分的，共同承担责任。

第十七条 行政人员有本办法规定的违法违纪情形，受到行政问责，所在单位需要承担法律责任的，单位应当依法承担法律责任，不得以对行政人员的行政问责代替单位应当承担的法律责任。

第十八条 对行政人员的考核、任用、奖励、表彰应当考虑其被行政问责的情况。

受到行政问责的行政人员，取消当年年度相关的考核评优和评选先进的资格。

第四章 行政问责程序

第十九条 对下列途径发现的行政人员应当行政问责的线索，按照管理权限初步核实后，对需要行政问责的，应当进行调查：

（一）上级或者本级人大常委会、人民政府的监督、检查；

（二）监察、审计、法制等行政部门的监督、检查；

（三）本单位的内部监督、检查；

（四）行政诉讼；

（五）行政复议；

（六）公民、法人和其他组织的投诉、控告、检举；

（七）公共媒体披露本办法规定的应当予以行政问责的情形且确有证据的报道；

（八）其他途径。

第二十条 行政问责案件，应当自决定调查之日起 3 个月内作出行政问责处理决定。情况复杂的，经行政机关主要负责人批准，可以延长 3 个月。

对于事实清楚、不需要进行问责调查的行政问责案件，应当直接作出行政问责处理决定。

第二十一条 调查行政问责案件，应当由两名以上工作人员进行。

调查处理行政问责案件，应当听取被调查的行政人员的陈述和申辩，并予以记录。对其合理意见，应当予以采纳；不予采纳的，应当说明理由。

第二十二条 参与行政问责案件调查、处理的人员与被调查的行政人员是近亲属关系的，或者与被调查的行政人员有其他关系，可能影响案件公正处理的，应当提出回避申请；被调查的行政人员以及与案件有利害关系的公民、法人或者其他组织有权要求其回避。

行政问责决定机关负责人的回避，由行政问责决定机关的上一级行政机关负责人决定；其他调查、处理人员的回避，由行政问责决定机关负责人决定。

行政问责决定机关或者行政问责决定机关的上一级行政机关，发现调查、处理人员有应当回避的情形，可以直接决定该人员回避。

第二十三条 调查终结，应当形成调查报告并提出拟处理意见，经行政机关的监察(包括派驻监察机构)、法制、人事等工作部门主要负责人签字，提交行政机关领导成员集体讨论后，作出给予行政问责、免予行政问责或者撤销行政问责案件的书面处理决定。

第二十四条 依照本办法第二十三条规定给予行政问责的，应当在行政问责处理决定书中载明下列内容：

(一) 受到问责的行政人员的姓名、职务、级别、工作单位等基本情况；

(二) 违法违纪事实；

(三) 处理结果和依据；

(四) 不服行政问责处理决定的复核、申诉途径和期限；

(五) 行政问责决定机关的名称、印章和作出决定的日期。

第二十五条 行政问责处理决定书应当在3个工作日内送达受到问责的行政人员，并应当及时函告有关人力资源和社会保障部门。

有关机关要求处理或者公民、法人和其他组织实名投诉、控告、检举的，应当书面告知其处理结果。

行政问责处理决定应当在一定范围公开，对于造成恶劣社会影响的行政问责案件的处理决定，一般应当向社会公开。

第二十六条 依照本办法规定应当给予行政问责的行政人员已调至其他行政机关工作的，原所在行政机关可以向其现任职行政机关提出处理建议，其现任职行政机关应当依法作出行政问责处理决定。

第五章　复　核　申　诉

第二十七条 受到问责的行政人员对处理决定不服的，可以自收到处理决定之日起30日内向作出处理决定的机关申请复核；对复核决定不服的，可以自收到复核决定之日起15日内向同级人力资源和社会保障部门或者作出该复核决定的机关的上一级机关提出申诉；也可以不经复核，自收到处理决定之日起30日内直接提出申诉。

第二十八条 行政机关应当自受理复核申请之日起30日内作出书面复核决定并送达申请人。

申诉受理机关应当自受理申诉之日起60日内作出申诉处理决定书并送达申请人和原处理机关；案情复杂的，可以适当延长，但延长时间不得超过30日。

复核、申诉期间不停止执行原问责处理决定。

受到问责的行政人员不因提出复核、申诉被加重处理。

第二十九条 申诉受理机关审查认定原处理决定有错误的，原处理机关应当自收到申诉处理决定书后15日内予以纠正。

第三十条 经复核、申诉认定行政问责处理决定错误，对行政人员造成名誉损害的，原处理机关应当赔礼道歉、恢复名誉、消除影响；造成经济损失的，应当依法补偿。

第六章　附　　则

第三十一条　对经市或者区、县人民代表大会及其常务委员会选举或者决定任命的人员予以停职检查、调离工作岗位、责令辞去领导职务、免职处理的，按照有关法律规定的程序办理。

第三十二条　本办法自2011年10月1日起施行。

第六部分

其他规范性文件

一、北京市南水北调工程建设委员会办公室及其下属机构发布的规范性文件

北京市南水北调工程征地拆迁资金使用管理细则

（2009年8月16日发布）

第一章　总　　则

第一条　为规范和加强北京市南水北调工程征地拆迁资金的使用管理，保证资金合理、有效使用，保障资金安全，根据《中华人民共和国会计法》和现行基本建设财政财务管理有关规定，按照国务院南水北调工程建设委员会办公室《南水北调工程建设征地补偿和移民安置资金管理办法（试行）》，结合北京市南水北调工程征地拆迁资金组成和项目管理特点，制定本管理细则。

第二条　本细则适用于北京市南水北调工程拆迁办公室（以下简称拆迁办）和房山、丰台、海淀三区征地拆迁主管部门，以及专项设施产权单位或迁建实施单位对南水北调北京段干线工程征地拆迁资金的使用与管理。

本细则所称征地拆迁资金，包括征地拆迁的直接费用、其他费用、预备费和有关税费。

第三条　北京市南水北调工程征地拆迁资金由两部分组成。一是国家发展和改革委员会安排的国家投资，二是由北京市发展和改革委员会安排的本市自筹资金。

第四条　北京市南水北调工程征地拆迁资金管理遵循责权统一、计划管理、专款专用的原则。

第二章　投　资　管　理

第五条　北京市南水北调工程征地拆迁资金实行与征地拆迁任务相对应的使用制度，资金额度按市发改委核定的北京市征地拆迁投资概算确定，超支不补。除因政策调整、不可抗力等因素引起的投资增加外，不得突破概算数额。

第六条　拆迁办应与各区征地拆迁主管部门签定征地拆迁工作协议。工作协议中必须明确规定下列内容：

1. 征地拆迁任务的具体内容；

2. 征地拆迁工作的进度要求；

3. 征地拆迁资金额度和费用组成；

4. 征地拆迁资金拨付方式；

5. 双方的责任、权利和义务。

第三章　计　划　管　理

第七条　按照国家和北京市相关管理规定，依据市政府批准的征地拆迁概算，区分不同资金来源，市拆迁办根据工程建设进度要求编制上报年度征地拆迁投资计划。

第八条　年度拆迁投资计划的内容，应包括农村征地补偿和移民安置（城集）镇拆建，企业单位和专项设施迁建等的规模和投资，同时符合与原概算口径对比的要求。

第九条　市拆迁办依据下达的年度征地拆迁投资计划，结合工程建设进度情况和相关协议，分解下达到区及有关单位，并组织按计划实施。

第十条　各区主管部门应及时统计计划执行情况，逐级定期报送给上一级主管部门。市拆迁办负责汇总统计资料，并经项目法人报国务院南水北办公室，同时经上级主管部门报北京市相关部门。

第四章　财　务　管　理

第十一条　市拆迁办和各区征地拆迁主管部门、专项设施产权单位或迁建实施单位需配备专门的财务管理人员，建立完善的财务内控制度，严格执行财政部财颁发的《南水北调工程征地移民资金会计核算办法》，加强票据、印章管理，实行会计、出纳分设，严格资金收支程序，严肃财务纪律，严禁设立小金库，加强对征地拆迁资金的管理。

第十二条　市拆迁办和各区征地拆迁主管部门、专项设施产权单位或迁建实施单位须在一家国有或国有控股商业银行开设征地拆迁资金专户，征地拆迁资金必须专账管理、专款专用。

市拆迁办开设、变更、撤销银行账户需报北京市南水北调工程建设委员会办公室备案，各区征地拆迁主管部门征地拆迁资金银行账户需报拆迁办备案。

第十三条　市拆迁办和各区征地拆迁主管部门、专项设施产权单位或迁建实施单位应确保到账征地拆迁资金专项用于南水北调工程北京段征地拆迁工作，不得以任何理由和形式截留、挤占、挪用征地拆迁资金。

市拆迁办和各区征地拆迁主管部门、专项设施产权单位或迁建实施单位应严格执行经批准的征地拆迁实施方案，不得超标准、超规模使用征地拆迁资金。

第十四条　各区征地拆迁主管部门按月向拆迁办报送财务报告，拆迁办按月向北京市南水北调工程建设委员会办公室报送财务报告。在征地拆迁工程完工后，有关区征地拆迁主管部门、专项设施产权单位或迁建实施单位应向拆迁办报送征地拆迁资金财务决算报告，拆迁办审核汇总后向北京市南水北调工程建设委员会办公室报送决算报告。

第十五条　征地拆迁资金形成的银行存款利息收入，应用于相关征地拆迁工作，不得挪作他用。

第五章　资金拨付审批程序

第十六条　北京市南水北调工程征地拆迁资金的直接费由各区征地拆迁主管部门和专项设施改移产权单位或迁建实施单位按批准概算使用。

第十七条　资金拨付依据：北京市发展和改革委员会批复的北京市南水北调工程征地拆迁投资概算及经北京市南水北调工程建设委员会办公室批复的年度资金使用计划。

第十八条　资金的使用

1. 直接费

1.1. 征地拆迁直接费：按照北京市南水北调工程建设委员会办公室批复的年度资金使用计划拨付给拆迁办。拆迁办根据协议、拆迁进度拨付区征地拆迁主管部门、专项设施产权单位或迁建实施单位。

1.2. 基本预备费：需要动用基本预备费的由各区征地拆迁主管部门和专项设施产权单位或迁建实施单位提出申请，由拆迁办审核后报北京市南水北调工程建设委员会办公室审批。基本预备费使用额度应严格控制在概算预列的金额之内，不得突破。

2. 其他费用：其他费用中的招投标代理服务费用于征地拆迁及专项设施迁建招投标代理工作。管理费支出，必须按照下列程序严格管理：

2.1. 管理费支出必须控制在国家和北京市批复管理费概算的额度范围内。

2.2. 管理费开支范围按照财政部《关于印发〈基本建设财务管理规定〉的通知》（财建字〔2002〕394号）规定，包括不在原单位发放的工作人员工资、基本养老保险费、基本医疗保险费、失业保险费，办公费、差旅交通费、劳动保护费、工具用具使用费、固定资产使用费、零星购置费、招募生产工人费、技术图书资料费、印花税、业务招待费、施工现场津贴、竣工验收费和其他管理性质开支。

3. 有关税费由拆迁办按规定缴纳给有关部门或单位。

第十九条　资金拨付的审批程序是：

（一）经办人审查。具体业务经办人对支付凭证的合法性、手续的完备性（包括附件材料的完整性）和金额的真实性进行审查。

（二）主管部门审核。业务经办人审查无误后，送主管部门负责人审核。

（三）财务部门复核相应的文件、合同后签署拨付意见。

（四）单位领导核准签字。

（五）财务部门拨付资金。

第二十条　凡存在下列情况之一的，财会部门不予支付北京市南水北调工程征地拆迁资金：

（一）违反国家法律、法规和财经纪律的；

（二）不符合批准的建设内容的；

（三）不符合合同条款规定的；

（四）结算手续不完备，支付审批程序不规范的；

（五）不合理的负担和摊派。

第六章 监督管理

第二十一条 拆迁办和各区征地拆迁主管部门领导要不定期检查征地拆迁资金内控制度的实施情况，加强财务管理。

第二十二条 对监督检查过程中发现的薄弱环节要责令有关人员限期纠正和完善。发现严重违纪等重大问题，应及时向上级单位汇报，并提交审计、纪检等部门处理。

第二十三条 北京市南水北调工程建设委员会办公室会同有关部门对征地拆迁资金使用进行审计和稽查。

第七章 附则

第二十四条 各级征地拆迁主管部门应根据本办法制定和完善本单位征地拆迁资金使用管理的各项规章制度，并逐级上报上级主管部门备案。

第二十五条 本办法由北京市南水北调工程建设委员会办公室负责解释。

第二十六条 本办法自下发之日起施行。

二、司 法 解 释

关于受理房屋拆迁、补偿、安置等案件问题的批复

法复〔1996〕12号

（最高人民法院1996年7月24日发布）

各省、自治区、直辖市高级人民法院：

近来，有些高级人民法院就有关受理房屋拆迁，补偿、安置等案件的问题向我院请示。经研究，答复如下：

一、公民、法人或者其他组织对人民政府或者城市房屋主管行政机关依职权作出的有关房屋拆迁、补偿、安置等问题的裁决不服，依法向人民法院提起诉讼的，人民法院应当作为行政案件受理。

二、拆迁人与被拆迁人因房屋补偿，安置等问题发生争议，或者双方当事人达成协议后，一方或者双方当事人反悔，未经行政机关裁决，仅就房屋补偿、安置等问题，依法向人民法院提起诉讼的，人民法院应当作为民事案件受理。

三、本批复发布之日起，最高人民法院（1993）法民字第9号《关于适用〈城市房屋拆迁管理条例〉第十四条有关问题的复函》同时废止。

关于办理申请人民法院强制执行国有土地上房屋征收补偿决定案件若干问题的规定

法释〔2012〕4号

（最高人民法院2012年3月26日公布）

为依法正确办理市、县级人民政府申请人民法院强制执行国有土地上房屋征收补偿决定（以下简称征收补偿决定）案件，维护公共利益，保障被征收房屋所有权人的合法权益，根据《中华人民共和国行政诉讼法》、《中华人民共和国行政强制法》、《国有土地上房屋征收与补偿条例》（以下简称《条例》）等有关法律、行政法规规定，结合审判实际，制定本规定。

第一条 申请人民法院强制执行征收补偿决定案件，由房屋所在地基层人民法院管辖，高级人民法院可以根据本地实际情况决定管辖法院。

第二条 申请机关向人民法院申请强制执行，除提供《条例》第二十八条规定的强制执行申请书及附具材料外，还应当提供下列材料：

（一）征收补偿决定及相关证据和所依据的规范性文件；

（二）征收补偿决定送达凭证、催告情况及房屋被征收人、直接利害关系人的意见；

（三）社会稳定风险评估材料；

（四）申请强制执行的房屋状况；

（五）被执行人的姓名或者名称、住址及与强制执行相关的财产状况等具体情况；

（六）法律、行政法规规定应当提交的其他材料。

强制执行申请书应当由申请机关负责人签名，加盖申请机关印章，并注明日期。

强制执行的申请应当自被执行人的法定起诉期限届满之日起三个月内提出；逾期申请的，除有正当理由外，人民法院不予受理。

第三条 人民法院认为强制执行的申请符合形式要件且材料齐全的，应当在接到申请后五日内立案受理，并通知申请机关；不符合形式要件或者材料不全的应当限期补正，并在最终补正的材料提供后五日内立案受理；不符合形式要件或者逾期无正当理由不补正材料的，裁定不予受理。

申请机关对不予受理的裁定有异议的，可以自收到裁定之日起十五日内向上一级人民法院申请复议，上一级人民法院应当自收到复议申请之日起十五日内作出裁定。

第四条 人民法院应当自立案之日起三十日内作出是否准予执行的裁定；有特殊情况需要延长审查期限的，由高级人民法院批准。

第五条 人民法院在审查期间，可以根据需要调取相关证据、询问当事人、组织听证或者进行现场调查。

第六条 征收补偿决定存在下列情形之一的，人民法院应当裁定不准予执行：

（一）明显缺乏事实根据；

（二）明显缺乏法律、法规依据；

（三）明显不符合公平补偿原则，严重损害被执行人合法权益，或者使被执行人基本生活、生产经营条件没有保障；

（四）明显违反行政目的，严重损害公共利益；

（五）严重违反法定程序或者正当程序；

（六）超越职权；

（七）法律、法规、规章等规定的其他不宜强制执行的情形。

人民法院裁定不准予执行的，应当说明理由，并在五日内将裁定送达申请机关。

第七条　申请机关对不准予执行的裁定有异议的，可以自收到裁定之日起十五日内向上一级人民法院申请复议，上一级人民法院应当自收到复议申请之日起三十日内作出裁定。

第八条　人民法院裁定准予执行的，应当在五日内将裁定送达申请机关和被执行人，并可以根据实际情况建议申请机关依法采取必要措施，保障征收与补偿活动顺利实施。

第九条　人民法院裁定准予执行的，一般由作出征收补偿决定的市、县级人民政府组织实施，也可以由人民法院执行。

第十条　《条例》施行前已依法取得房屋拆迁许可证的项目，人民法院裁定准予执行房屋拆迁裁决的，参照本规定第九条精神办理。

第十一条　最高人民法院以前所作的司法解释与本规定不一致的，按本规定执行。

索　引

南水北调工程

部门规章及规范性文件

水利工程

法律

行政法规及法规性文件

地方性法规

部门规章及规范性文件

地方政府规章及规范性文件（北京）

土地征占

法律

房屋拆迁

其他规范性文件

征占林地及伐移

法律

行政法规及法规性文件

地方性法规

部门规章及规范性文件

地方政府规章及规范性文件（北京）

文 物 保 护

法律

行政法规及法规性文件

地方性法规

部门规章及规范性文件

地方政府规章及规范性文件（北京）

工程管理　建设管理

行政法规及法规性文件

部门规章及规范性文件

工程管理　政府采购

工程管理　档案管理

法律

地方性法规

部门规章及规范性文件

地方政府规章及规范性文件（北京）

工程管理　资金管理

法律

行政法规及法规性文件

地方性法规